언어 1000제

솔빛국어팀

솔빛국어연구소

언어와 매체
기출 총망라

전문항
해설 강의
탑재

언매 전영역
필수 개념
탑재

언어 천재
30일 프로젝트

매체 N제
다운로드

이 책을 내면서

반갑습니다. 이렇게 『언어 1000제』를 통해 여러분과 만나게 되어 참 기쁘고 가슴 벅찹니다. 많은 학생들이 수능 국어 영역에서 언어(문법) 영역을 어려워하며 올바른 길을 찾지 못하고 있습니다. 이에 저는 수능 국어를 대비하여 개정 수능 언어(문법)에 대해 가장 많이 고민했으며, 학생들에게 언어(문법)를 강의하면서 가장 많은 호응을 얻었습니다.

국어 언어(문법)라고 하면 내용이 딱딱하고 어려워서 재미없고 지루해하는 학생들이 매우 많습니다. 그 이유는 언어(문법) 내용이 매우 생소하고, 시중의 기출 문제집 역시 대부분 연도별 모의고사 형태로 편집되어 있기 때문입니다. 저는 다년간의 연구와 강의를 통해 학생들이 어떻게 하면 재미있고 흥미롭게 언어(문법)를 공부할 수 있을까 연구했으며, 그 결실이 『언어 1000제』라는 책으로 탄생한 것입니다.

한국교육과정평가원에서 밝힌 바에 따르면, 수능 언어(문법) 영역에서 '언어의 본질, 국어 단위의 체계, 국어의 역사에 대한 이해를 바탕으로 국어 자료를 탐구하여 국어의 특징을 파악하는 능력'을 평가 목표로 제시하고 있습니다. 따라서 문법은 필수 개념을 숙지한 뒤 이를 사례에 적용하는 능력이 중요합니다. 이러한 능력을 기르려면 반복 학습을 통해 개념을 확실하게 머릿속에 저장해야 합니다. 솔빛국어연구소는 학생들이 문법 필수 개념을 정확하게 이해하고 기억하며 적용할 수 있도록 책에 여러 가지 장치를 마련했습니다.

1. 『언어와 매체』 교과서에 제시된 필수 개념부터 심화 개념까지 철저하게 분석했습니다.

2. 기존의 언어(문법) 교재와 달리 '단어, 문장, 음운, 의미 및 담화, 국어의 규범, 국어의 변천, 문법 비문학'의 순서로 단원을 배열하여, 학습자 입장에서 문법 개념의 유기적 연결성을 최우선으로 고려했습니다.

3. 14개년 수능, 평가원 및 교육청 모의고사 문제를 총망라하여 최신 수능 경향을 모두 반영했습니다.

4. 언어(문법) 영역별로 제시하여 기출 문제를 보는 '눈'을 기를 수 있도록 구성했습니다. 기출 문제의 분석을 통해 수능에서 요구하는 용어와 개념을 익힐 수 있고, 향후 출제될 새로운 문제를 풀고 분석할 수 있는 능력을 길러줍니다.

또한 수능 국어에 새롭게 등장한 **매체 영역**에 대한 대비도 확실히 할 수 있도록 했습니다. 매체 영역의 기본 개념은 물론 실전 문제까지 모두 수록하여 학생들이 생소한 매체에서 빠르고 정확하게 정답을 고를 수 있도록 『언어 1000제』를 구성했습니다. 이 책 한 권으로 수능 국어 '언어와 매체'에 대한 개념과 실전 능력이 완벽하게 완성되리라 믿습니다. 이 책에 수록된 1000 전문항에 대해 솔빛국어연구소 현직 강사의 해설 영상도 함께 제공하고 있으니, 대한민국의 수많은 수험생들이 이 책을 통해 수능 국어에서 최고의 성과를 거두길 진심으로 기원합니다.

마지막으로 이 교재의 구성과 편집 그리고 해설 강의 촬영에 도움을 주신 ㈜솔빛국어연구소의 아름다운 식구들, 윤관수 선생님, 송현정 선생님, 임주연 선생님, 서주희 선생님, 정재민 선생님, 김도성 선생님, 최민식 선생님, 박정훈 선생님, 진수빈 선생님, 김소윤 선생님, 최범선 선생님, 안현경 선생님, 김병섭 팀장, 최재호 팀장, 이윤성 연구원, 하유빈 연구원, 최슬기 연구원, 김다희 연구원, 이지은 디자이너, 홍예은 마케터, 권은정 실장, 임수민 실장, 강동현, 강미주, 강윤지, 고은채, 공하연, 김도유, 김동윤, 김민주, 김서연, 김정원, 김태규, 김하은, 김현서, 박서정, 박서현, 박승주, 박시현, 박유림, 박정윤, 박지원, 박태이, 송승희, 신예린, 안동주, 안서진, 양다은, 여하진, 유필상, 이가은, 이다은, 이서현, 이은채, 이재진, 이주영, 이채원, 이채윤, 이하경, 장윤나, 조수경, 조유진, 최현서, 홍채경, 황유정 조교에게 진심으로 고맙다는 말을 전합니다.

찬란한 1교시를 위한 페이스 메이커

찬바람이 부는 겨울 밤
솔빛국어연구소에서

방 동 진

이 책의 구성과 특징

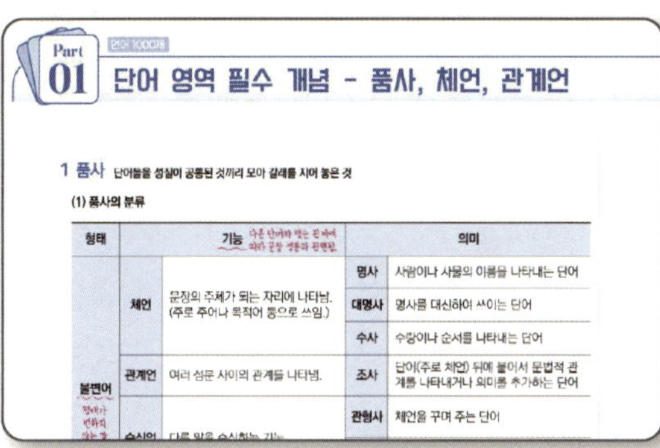

필수 개념

◆ 『언어와 매체』 교과서에 제시된 필수 개념부터 심화 개념 까지 철저하게 분석했습니다.

◆ 언어(문법)와 매체의 기출 문제를 분석하여 지문과 발문에서 자주 등장하는 핵심 개념을 익힐 수 있습니다.

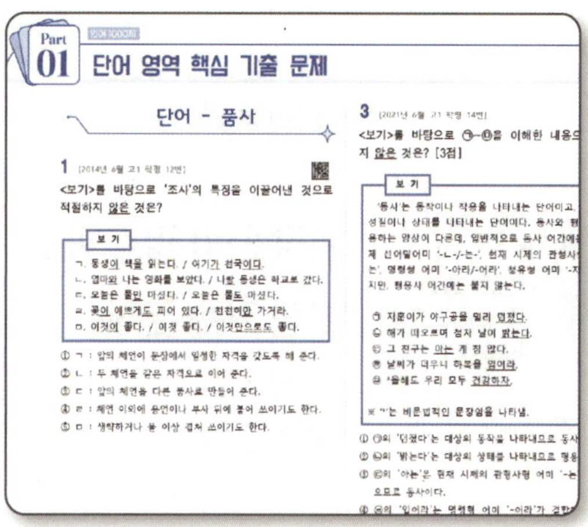

핵심 기출 문제

◆ 12개년 수능, 평가원 및 교육청 모의고사 문제를 총망라하여 최신 수능 경향을 모두 반영했습니다.

◆ 언어(문법) 영역별로 제시하여 기출 문제를 보는 '눈'을 기를 수 있도록 구성했습니다. 이를 통해 향후 출제될 새로운 문제를 풀고 분석할 수 있는 능력을 기를 수 있습니다.

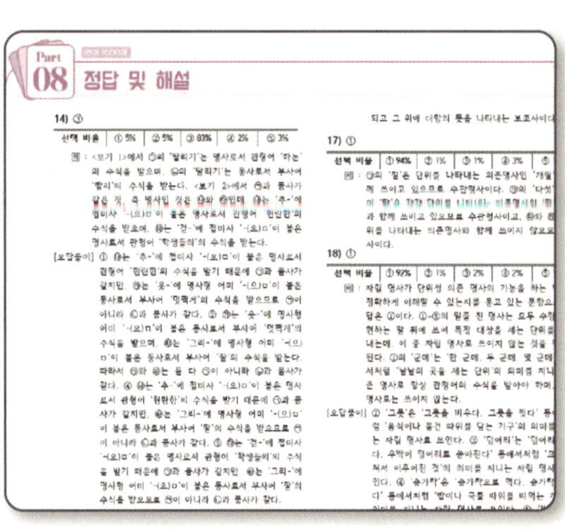

정답 및 해설

◆ 단순 되풀이식의 해설이 아닌, 학생 혼자서도 해설만을 보고 이해할 수 있도록 문항 선지에 정답과 오답이 되는 이유를 상세하게 서술했습니다.

◆ 시험에 응시했던 학생들의 문항별 정답률과 선지 선택 비율을 제시하여 문항의 난이도를 체감할 수 있습니다.

전문항 해설 영상

◆ 이 책에 수록된 1000 전문항에 대해 솔빛국어연구소 현직 강사의 자세한 해설 영상을 제공합니다.

◆ 전자책 : 문항 번호 우측에 위치한 아이콘을 터치하면 해설 영상을 시청할 수 있습니다.
　종이책 : 문항 번호 우측에 위치한 QR 코드를 스캔하면 해설 영상을 시청할 수 있습니다.

◀ **매체 N제 QR**
매체 N제는 PDF 파일로 받아보실 수 있습니다.

부록
매체
N제

30일 '매일 혁명' 프로젝트

◆ 『언어 1000제』를 통해 수능 국어 '언어와 매체' 영역에서 1등급을 받을 수 있도록 도와주는 학습 계획표입니다. 아래의 계획표를 활용하여 자신만의 학습 일정을 계획하고 학습 결과를 체크해 보세요!

◆ 날짜별로 정해진 분량에 맞춰 꾸준히 공부하되, 개인의 학습 상황에 따라 자신만의 학습 일정을 계획하여 공부해도 돼요!

◆ 매일 문제를 풀기 전, 해당하는 파트의 '필수 개념'부터 공부한 후 '핵심 기출 문제'를 풀어 보세요. 매일 공부한 개념과 문제를 완전히 자신의 것으로 만들겠다는 각오로 학습을 시작한다면 반드시 좋은 성적을 받을 수 있을 거예요!

Day	공부 날짜		공부한 내용	문항 번호	학습 결과		복습
1일차	월	일	1. 단어 – 품사, 본용언/보조 용언	001~033	×틀림 :	개	□
2일차	월	일	1. 단어 – 규칙/불규칙 활용, 어미, 형태소	034~071	×틀림 :	개	□
3일차	월	일	1. 단어 – 단어의 형성①	072~104	×틀림 :	개	□
4일차	월	일	1. 단어 – 단어의 형성②, 문장 성분①	105~136	×틀림 :	개	□
5일차	월	일	2. 문장 – 문장 성분②, 문장의 짜임①	137~173	×틀림 :	개	□
6일차	월	일	2. 문장 – 문장의 짜임②	174~210	×틀림 :	개	□
7일차	월	일	2. 문장 – 종결 표현, 높임 표현	211~237	×틀림 :	개	□
8일차	월	일	2. 문장 – 시간 표현, 부정 표현	238~261	×틀림 :	개	□
9일차	월	일	2. 문장 – 피동/사동 표현	262~289	×틀림 :	개	□
10일차	월	일	2. 문장 – 정확한 문장 표현	290~325	×틀림 :	개	□
11일차	월	일	3. 음운 – 음운의 개념 및 종류, 음운의 변동①	326~358	×틀림 :	개	□
12일차	월	일	3. 음운 – 음운의 변동②	359~391	×틀림 :	개	□
13일차	월	일	3. 음운 – 음운의 변동③	392~424	×틀림 :	개	□
14일차	월	일	3. 음운 – 음운의 변동④	425~455	×틀림 :	개	□
15일차	월	일	3. 음운 – 음운의 변동⑤	456~493	×틀림 :	개	□
16일차	월	일	4. 의미 및 담화 – 의미 관계, 담화의 구성	494~533	×틀림 :	개	□
17일차	월	일	4. 의미 및 담화 – 사전의 활용①	534~566	×틀림 :	개	□
18일차	월	일	5. 국어의 규범 – 사전의 활용②, 한글 맞춤법①	567~600	×틀림 :	개	□
19일차	월	일	5. 국어의 규범 – 한글 맞춤법②, 로마자 표기법	601~635	×틀림 :	개	□
20일차	월	일	6. 국어의 변천 – 음운, 단어, 문법의 변화①	636~665	×틀림 :	개	□
21일차	월	일	6. 국어의 변천 – 음운, 단어, 문법의 변화②	666~695	×틀림 :	개	□
22일차	월	일	6. 국어의 변천 – 음운, 단어, 문법의 변화③	696~728	×틀림 :	개	□
23일차	월	일	7. 문법 비문학① – 단어①	729~760	×틀림 :	개	□
24일차	월	일	7. 문법 비문학② – 단어②	761~790	×틀림 :	개	□
25일차	월	일	7. 문법 비문학③ – 문장①	791~820	×틀림 :	개	□
26일차	월	일	7. 문법 비문학④ – 문장②, 음운①	821~850	×틀림 :	개	□
27일차	월	일	7. 문법 비문학④ – 음운②	851~882	×틀림 :	개	□
28일차	월	일	7. 문법 비문학⑤ – 의미 및 담화, 국어의 규범	883~922	×틀림 :	개	□
29일차	월	일	7. 문법 비문학⑥ – 국어의 변천①	923~961	×틀림 :	개	□
30일차	월	일	7. 문법 비문학⑦ – 국어의 변천②	962~1000	×틀림 :	개	□

MEMO

언어
1000제

Part 01

단어

Part 01 단어 영역 필수 개념 – 품사, 체언, 관계언

1 품사 단어들을 성질이 공통된 것끼리 모아 갈래를 지어 놓은 것

(1) 품사의 분류

형태	기능 (다른 단어와 맺는 관계에 따라 문장 성분과 관련됨.)			의미
불변어 (형태가 변하지 않는 말)	체언	문장의 주체가 되는 자리에 나타남. (주로 주어나 목적어 등으로 쓰임.)	**명사**	사람이나 사물의 이름을 나타내는 단어
			대명사	명사를 대신하여 쓰이는 단어
			수사	수량이나 순서를 나타내는 단어
	관계언	여러 성분 사이의 관계를 나타냄.	**조사**	단어(주로 체언) 뒤에 붙어서 문법적 관계를 나타내거나 의미를 추가하는 단어
	수식언	다른 말을 수식하는 기능	**관형사**	체언을 꾸며 주는 단어
			부사	용언이나 관형사, 부사, 문장 전체를 꾸며 주는 단어
	독립언	독립적으로 쓰임.	**감탄사**	부름, 느낌 등을 나타내면서 독립성이 있는 단어
가변어 (형태가 변하는 말)	용언	문장의 주어를 서술하는 기능	**동사**	주어의 동작이나 작용을 나타내는 단어
			형용사	주어의 성질이나 상태를 나타내는 단어

> **유의+** **서술격 조사 '이다'** : 관계언에 속하지만 다른 조사와 달리 형태가 변한다는 점에서 가변어에 속함. 예 학생**이다.**

2 체언 문장에서 주어 따위의 기능을 하는 명사, 대명사, 수사를 통틀어 이르는 말

(1) 체언의 특징
① 체언은 그 뒤에 조사가 붙어서 '주어, 목적어, 보어, 서술어, 관형어, 부사어, 독립어'의 다양한 문장 성분으로 쓰일 수 있다.
② 체언은 관형어의 수식을 받는다.

(2) 명사 : 사람이나 사물, 장소의 이름을 나타내는 말

사용 범위에 따라	고유 명사	특정한 하나의 개체를 다른 개체와 구별하기 위해 붙인 이름으로 인명, 지역명, 상호명 등이 고유 명사에 속함. 예 세종, 인천, 철수
	보통 명사	어떤 속성을 지닌 대상에 두루 쓰이는 이름 예 나무, 꽃
자립 여부에 따라	자립 명사	혼자서 자립적으로 쓰이는 명사 예 하늘, 이름
	의존 명사*	관형어의 꾸밈을 받아야만 쓰일 수 있는 단어 예 먹을 **것**, 나는 할 **수** 있다, 사과 두 **개**

*의존 명사의 특징
– 관형어의 수식을 받음.
– 자립할 수 없음.
– 문장의 첫머리에 위치하지 못함.
예 웃을 뿐, 먹는 대로, 연필 한 자루

(3) 대명사 : 명사를 대신하여 쓰이는 말

지시 대명사	사물 지시	이(것), 그(것), 저(것)
	처소 지시	여기, 거기, 저기
인칭 대명사	1인칭	나, 저, 우리, 저희, 소인, 짐
	2인칭	너, 너희, 당신, 자네, 그대, 임자
	3인칭	그, 이분, 그분, 저분, 이이, 그이, 저이
	재귀칭	앞에 한 번 나온 명사를 다시 가리킬 때 쓰이는 인칭 대명사 (자기, 저, 저희, 당신) 예 애들이 어려서 **자기**밖에 모른다. / 할머니께서는 **당신**이 젊었을 때 미인이셨다.
미지칭 대명사		모르는 사람, 사물, 장소 따위를 가리키는 대명사 예 **누구**의 얼굴이 먼저 떠오르냐?
부정칭 대명사		정해지지 아니한 사람, 물건, 방향, 장소 따위를 가리키는 대명사 예 **누구**든지 할 수 있으면 해라! / **아무**라도 응시할 수 있다.

(4) 수사 : 사물의 수량이나 순서를 나타내는 말

양수사	수량을 나타내는 수사 예 **둘**에 **셋**을 더하면 **다섯**이다.
서수사	순서를 나타내는 수사 예 우리의 이념은 **첫째**는 진리이고, **둘째**는 정의이다.

3 관계언

(1) 조사 : 자립성 있는 말에 붙어 그 말과 다른 말의 문법적 관계를 표시하거나 특별한 의미를 더해 주는 말

격조사	앞에 오는 체언이 문장 안에서 일정한 자격을 가지도록 하는 조사 ① 주격 조사 : 이/가, 께서, 에서 ② 목적격 조사 : 을/를 ③ 보격 조사 : 이/가 ('되다', '아니다' 앞에 오는 (주어 이외의) 필수 성분) ④ 서술격 조사 : 이다 (활용 가능) ⑤ 관형격 조사 : 의 ⑥ 부사격 조사 : 에, 에게, 에서, (으)로, 와/과, 처럼 등 ⑦ 호격 조사 : 아/야, 이여
접속 조사	두 단어를 같은 자격으로 이어 주는 구실을 하는 조사 (와/과,* 랑, 하고) 예 봄이 되면 개나리**와** 진달래가 가장 먼저 핀다.
보조사	앞말에 특별한 뜻을 더하여 주는 조사 예 은/는(대조), 도(역시), 만(한정), 요(상대 높임), 조차(더함), 까지(범위의 끝, 더함), (이)라도 (차선의 선택), 밖에(그것 말고는, 그것 이외에는), 야말로(강조, 확인), 부터(시작, 먼저), (이)나 (선택)

📢 **조사 vs 의존 명사**

- **만큼, 대로, 뿐**
  ① 나도 너**만큼** 공부했다, 너**뿐**이야, 너**대로** – 조사 (체언 뒤에 곧바로 붙음.)
  ② 노력한 **만큼** 결과가 나왔다, 웃을 **뿐**, 먹는 **대로** – 의존 명사 (관형어의 수식을 받고 앞말과 띄어 씀.)

* **'와/과'의 기능**
- **접속 조사** : 같은 자격의 두 단어가 곧바로 연결되어 '주어와 목적어' 등으로 쓰일 때만 접속 조사가 쓰인다. 두 개의 문장으로 나눌 수 있음.
  예 서희**와** 나경이는 대학생이다.

- **부사격 조사** : 부사어로 쓰여 뒷말을 꾸며주는 단어에 붙는다. 두 개의 문장으로 나눌 수 없음.
  예 철수는 영희**와** 사귄다.

Part 01 단어 영역 필수 개념 - 용언, 용언의 활용

1 용언 문장의 주어를 서술하는 기능을 가진 단어의 묶음

(1) 용언의 특징 : 문장에서 그 쓰임에 따라 형태가 변하며 부사어의 꾸밈을 받을 수 있다.

(2) 동사 : 사람이나 사물의 움직임이나 작용을 나타내는 말

종류	개념	예시
자동사	동사의 움직임이나 작용이 그 주어에만 그쳐서 목적어가 필요 없는 동사	예 철수가 집에 **간다**.
타동사	동사의 움직임이나 작용이 다른 대상에 미쳐서 목적어가 필요한 동사	예 철수가 밥을 **먹는다**.

(3) 형용사 : 사람이나 사물의 성질이나 상태를 나타내는 말

종류	개념	예시
성상 형용사	성질이나 상태를 나타내는 형용사	예 노랗다, 아름답다, 길다, 많다
지시 형용사	성상 형용사의 의미를 대신 가리키는 형용사	예 이러하다, 그러하다, 저러하다

📢 동사와 형용사의 구분

1. 형용사는 성질이나 상태를 나타내는 말이기 때문에 대체로 동사처럼 행동이나 움직임을 요구하는 명령이나 청유형 문장에서 쓸 수 없다.
   예 형용사 '예쁘다'를 청유형 '*얼굴이 예쁘자.'나 명령형 '*얼굴이 예뻐라.'로 쓸 수 없다. 단, '얼굴이 예뻐라.'와 같이 감탄의 의미일 경우 사용할 수 있다.

2. 동사의 어간에는 현재 시제 선어말 어미 '-ㄴ/는-'이 사용되지만 형용사에는 쓸 수 없다.
   예 '*얼굴이 예쁜다.'라는 문장은 쓸 수 없다. 현재를 나타내려면 기본형 그대로 '예쁘다'를 쓰면 된다.

2 용언의 활용 용언의 어간에 다양한 어미가 붙어서 문법적 기능을 바꾸는 것을 말한다. 용언이 활용할 때 변하지 않는 부분이 '어간'이고, 변하는 부분이 '어미'이다.

(1) 규칙 활용 : 용언이 활용할 때 어간과 어미의 기본 형태 변화가 없거나, 있어도 보편적인 음운 규칙('ㄹ' 탈락*, 'ㅡ' 탈락)으로 설명되는 경우

(2) 규칙 활용의 종류
① 어간과 어미의 기본 형태가 바뀌지 않는 경우
   예 얻다 : 얻- + -어 → 얻어 / 솟다 : 솟- + -아 → 솟아

② 어간과 어미의 기본 형태가 바뀌는 모습을 일정한 규칙으로 설명할 수 있는 경우

종류	용례
'ㅡ' 탈락	어간의 끝 모음 'ㅡ' 뒤에 모음으로 시작하는 어미가 오면 'ㅡ'가 탈락함. 예 담그다 : 담그- + -아 → 담가, 따르다 : 따르- + -아 → 따라, 쓰다 : 쓰- + -어 → 써
'ㄹ' 탈락	어간 받침 'ㄹ' 뒤에 'ㄴ, ㅂ, ㅅ'으로 시작하는 어미나 '-오' 앞에서, 'ㄹ'이 탈락함. 예 길다 - 기니, 깁니다, 기오 　　갈다 - 가니, 갑시다, 가시오, 가오 　　쓸다 - 쓰니, 씁니다, 쓰세요, 쓰오
동음 탈락	'ㅏ/ㅓ'로 끝나는 어간의 모음이 'ㅏ/ㅓ'로 시작하는 어미와 결합할 때 'ㅏ/ㅓ'가 탈락함. 예 가다 : 가- + -아서 → 가서

* 단어 형성 과정에서 일어나는 'ㄹ' 탈락

① 'ㄹ'이 'ㄴ, ㄷ, ㅅ, ㅈ' 앞에서 탈락하는 현상
  예 다달이 : 달 + 달 + -이
　　따님 : 딸 + -님
　　마소 : 말 + 소
　　바느질 : 바늘 + -질
　　부삽 : 불 + 삽
　　여닫이 : 열- + 닫- + -이
　　우짖다 : 울- + 짖다
　　화살 : 활 + 살

② 한자 '불(不)'이 첫소리 'ㄷ, ㅈ' 앞에서 탈락하는 현상
  예 부득이(不得己), 부정(不正), 부조리(不條里), 부주의(不注意)

(3) 불규칙 활용 : 용언이 활용할 때 뒤에 붙는 어미에 따라 어간과 어미의 형태가 변하는 경우

(4) 불규칙 활용의 종류

기준	종류	용례
어간이 변하는 경우	'人' 불규칙	ㅅ 받침 + 모음 어미 → ㅅ 탈락 예 짓다 : 짓- + -어 → 지어 　낫다 : 낫- + -아 → 나아
	'ㄷ' 불규칙	ㄷ 받침 + 모음 어미 → 'ㄷ → ㄹ'로 교체 예 묻다(問) : 묻- + -어 → 물어 　듣다[聞] : 듣- + -어 → 들어
	'ㅂ' 불규칙	ㅂ 받침 + 모음 어미 → 'ㅂ → 오/우'로 교체 예 곱다 : 곱- + -아 → 고와 　굽다 : 굽- + -어 → 구워
	'르' 불규칙	르 + 모음 어미 → '르 → ㄹㄹ'로 교체 예 흐르다 : 흐르- + -어 → 흘러 　오르다 : 오르- + -아 → 올라 　거르다 : 거르- + -어서 → 걸러서
	'우' 불규칙	우 + 모음 어미 → '우' 탈락 예 푸다 : 푸- + -어 → 퍼
어미가 변하는 경우	'여' 불규칙	하- + -아/어 → '-아/어 → -여'로 교체 예 하다 : 하- + -어 → 하여
	'러' 불규칙	르 + -어 → '-어 → -러'로 교체 예 이르다[至] : 이르- + -어 → 이르러 　푸르다 : 푸르- + -러 → 푸르러 → '르'로 끝나는 어간 뒤에 어미 '-어'가 '-러'로 바뀜
	'오' 불규칙	달- + -아라 → '-아라 → -오'로 교체 (달다 : 〈동사〉 '요구하다'의 뜻) 예 달- + -아라 → 다오
어간과 어미 모두 변하는 경우	'ㅎ' 불규칙	ㅎ 받침 + '-아/-어' → ㅎ 탈락(어간)과 동시에 어미 변화 예 파랗다 : 파랗- + -아 → 파래 　까맣다 : 까맣- + -아 → 까매 　하얗다 : 하얗- + -아서 → 하얘서

• 혼동되는 활용
- 따르- + -아 → 따라(규칙)
- 치르- + -어 → 치러(규칙)
- (그곳에) 이르- + -어 → 이르러
　(어미가 바뀌는 불규칙)
- 우러르- + -어 → 우러러(규칙)
- (시간이) 이르- + -어 → 일러
　(어간이 바뀌는 불규칙)

Part 01 단어 영역 필수 개념 – 용언의 종류, 본용언과 보조 용언

1 어미의 종류*

(1) 어말 어미 : 단어의 끝에 붙는 어미

종류	개념	예시
종결 어미	문장을 끝맺어 주는 어미	평서형, 의문형, 명령형, 청유형, 감탄형 어미 → '–다, –느냐, –아/어라, –자, –구나' 등
연결 어미	앞 문장과 뒤 문장 또는 본용언과 보조 용언을 연결해 주는 어미	① 대등적 연결 어미(두 문장을 대등적으로 이어 주는 연결 어미) : '–고, –며, –지만, –(으)나' 등 ② 종속적 연결 어미 (앞의 문장을 뒤의 문장에 종속시키는 연결 어미) : '–아/어서, –러, –면, –니까' 등 ③ 보조적 연결 어미(본용언에 보조 용언을 이어 주는 어미) : '–아/어, –게, –지, –고'
전성 어미	용언의 서술 기능을 다른 기능으로 바꾸어 주는 어미	① 명사형 전성 어미 : –(으)ㅁ, –기 ② 관형사형 전성 어미 : –(으)ㄴ, –는, –(으)ㄹ, –던 ③ 부사형 전성 어미 : –게, –도록

(2) 선어말 어미 : 어말 어미의 앞자리에 붙는 어미

주체 높임 선어말 어미	주체의 높임을 나타내는 선어말 어미	–(으)시–
시제 선어말 어미	어간 뒤에 비교적 자유롭게 나타나는 어미 가운데 하나로, '과거/ 현재/ 미래'를 나타내는 어미	① 과거 시제 선어말 어미: –았/었– ② 현재 시제 선어말 어미: –는/ㄴ– ③ 미래 시제 선어말 어미: –겠–, –리–
공손 선어말 어미	상대방에게 공손의 뜻을 표시할 때 쓰이는 어미	–옵–, –오–

2 본용언과 보조 용언*

본용언	보조 용언의 앞에 쓰이면서 문장에서 핵심적 의미를 지닌 용언
보조 용언	본용언에 연결되어 의존적으로 쓰이면서 문장에 문법적 의미를 더해 주는 용언

예 '나는 웃고 싶다.'에서 '싶다'는 앞에 나온 본용언 '웃고'에 하고자 한다는 의미를 더해 줌.
*서술어가 '본용언+보조 용언'의 구성일 때 두 용언 사이에 어미 '–서'나 다른 문장 성분을 넣을 수 없음.
　예 책을 사(서) 읽다.
　　→ 두 용언 사이에 어미 '–서'가 들어갈 수 있다면 '읽다'는 본용언임.
　예 국수를 먹어서 버리다.(X)
　　→ 이때 '버리다'는 보조 용언으로 '앞 본용언이 나타내는 행동이 이미 끝났음'이라는 문법적 의미를 더해 줌.

＊어미의 종류
– 어미 : 어간 뒤에 붙어서 변화하는 부분
– 어말(語末) 어미 : 단어의 끝에 오는 어미(반드시 있어야 함.)
　예 가라, 가냐, 가고, 가지
– 선어말(先語末) 어미 : 어말 어미의 앞에 오는 어미
　가– + –겠– + –다 = 가겠다
　(어간) (선어말 어미) (어말 어미)
　가– + –ㄴ– + –다 = 간다
　(어간) (선어말 어미) (어말 어미)

＊본용언과 보조 용언의 띄어쓰기
– 보조 용언은 띄어 씀을 원칙으로 하되, 경우에 따라서는 붙여 씀도 허용한다.
　예 불이 꺼져 간다.(원칙)
　　불이 꺼져간다.(허용)
– 앞말에 조사가 붙는 경우에는 그 뒤에 오는 보조 용언은 띄어 쓴다.
　예 밥을 먹지는 않았다.
– 중간에 조사가 들어갈 적에는 그 뒤에 오는 보조 용언은 띄어 쓴다.
　예 아는 척만 한다.
– 앞말(본용언)이 합성어일 경우는 그 뒤에 오는 보조 용언은 띄어 쓴다.
　예 덤벼들어 보아라.

MEMO

단어 영역 필수 개념 – 수식언, 독립언, 품사의 통용

1 수식언 다른 말을 수식하는 기능을 하는 단어

관형사	체언 앞에 놓여 주로 명사를 꾸며 주는 역할을 하는 말	
	지시 관형사	어떤 대상을 가리키는 관형사 예 이, 그, 저
	수 관형사	수량이나 순서를 나타내는 관형사 예 한, 두, 첫째
	성상 관형사	명사의 성질이나 상태를 꾸며 주는 관형사 예 헌, 모든, 새
부사*	용언이나 다른 부사, 문장 전체를 꾸며 주는 역할을 하는 말	
	성분 부사	문장의 한 성분만을 수식하는 부사 예 아주, 바로, 너무, 많이, 빨리
	문장 부사	뒤에 오는 문장이나 절을 수식하는 부사 예 설마, 과연, 의외로

📢 체언과 관형사의 구분

① **하나**에 **둘**을 더하다. **이**는 매우 중요한 일이다. – 체언 (체언 뒤에는 조사가 붙을 수 있다.)
② **한** 사람, **두** 사람, **이** 사람은 내 친구이다. – 관형사 (관형사는 체언을 수식하고 조사가 붙을 수 없다.)

*** 부사의 수식**
부사는 일반적으로 용언이나 다른 부사, 문장 전체를 수식하지만, 경우에 따라서는 관형사나 체언을 수식할 수도 있다.
예 내가 좋아하는 음식은 <u>바로</u> 치킨이야. / <u>겨우</u> 둘만 동아리에 들어왔다. – 체언 수식
예 여기서 어떤 책이 <u>가장</u> 새 책이니? / 그 집은 <u>아주</u> 외딴 곳에 있다. – 관형사 수식

2 독립언 다른 문장 성분과 관계를 맺지 않고, 독립성을 가진 단어

① 놀람, 느낌, 부름, 대답 등을 나타내는 말로, 다른 말과 떨어져 홀로 쓰임.
  예 앗, 어머나, 여보세요, 네, 아니요
② 문장 성분과 달리 독립적인 성격을 가진다는 것을 드러내기 위해 대개 감탄사 뒤에는 쉼표나 느낌표를 사용함.
  예 '여보세요,', '이봐!'

3 품사의 통용 하나의 단어가 둘 이상의 문법적 성질을 함께 가지고 있는 것

① ㄱ. 야구를 좋아하는 사람 **다섯**이 모였어요. (수사)
  ㄴ. 야구를 좋아하는 **다섯** 사람이 모였어요. (수관형사)
② ㄱ. 노력한 **만큼** 성과를 거두었다. (의존 명사)
  ㄴ. 명주는 무명**만큼** 질기지 못하다. (조사)
③ ㄱ. 본 **대로** 말하십시오. (의존 명사)
  ㄴ. 선생님 말**대로** 하면 좋아. (조사)
④ ㄱ. 그는 **평생**을 바쳐 봉사하였다. (명사)
  ㄴ. **평생** 놀고 먹었다. (부사)
⑤ ㄱ. 오늘은 **아니** 온다더라. (부사)
  ㄴ. **아니**! 벌써 갔어? (감탄사)

MEMO

단어 영역 필수 개념 - 형태소, 단어

1 형태소
일정한 뜻을 지닌 가장 작은 말의 단위(이때의 '뜻'은 실질적 의미뿐만 아니라 조사나 어미, 접사 등의 문법적 의미도 포함한다.

(1) 형태소의 분류

기준	종류	성격	예시
'자립성 여부'에 따라	자립 형태소	홀로 쓰이는 형태소	명사, 대명사, 수사, 관형사, 부사, 감탄사
	의존 형태소	반드시 다른 말에 붙어 쓰이는 형태소	조사, 용언의 어간·어미, 접사
'실질적 의미의 유무'에 따라	실질 형태소	실질적 의미를 지닌 형태소	명사, 대명사, 수사, 관형사, 부사, 감탄사, 용언의 어간
	형식 형태소	문법적 의미만을 나타내는 형태소	조사, 용언의 어미, 접사

(2) 형태소 분석의 예

문장	나는 밥을 먹었다.						
형태소	나	는	밥	을	먹-	-었-	-다
분석	화자가 자기를 가리키는 1인칭 대명사	보조사로, 문법적 의미를 지님.	'끼니로 먹는 음식물'이라는 의미를 지닌 명사임.	목적격 조사로, 문법적 의미를 지님.	용언 '먹다'의 어간으로, '입으로 씹거나 하여 뱃속으로 들여보내다'라는 의미를 지님.	과거시제 선어말 어미로, 과거에 일어난 일임을 드러냄.	종결 어미로, 문장의 마침을 드러냄.

2 단어

단어
• 홀로 쓰일 수 있는 말의 최소 단위 예 햇밤, 밤나무
• 조사는 홀로 쓰일 수 없지만, 홀로 쓰일 수 있는 말에 쉽게 붙어 분리될 수 있다는 점에서 단어로 분류하고 있다.

어근	접사*
실질적 의미를 나타내는 중심이 되는 부분 예 '햇밤'에서 '밤', '밤나무'에서 '밤'과 '나무'	어근에 뜻을 더함으로써 새로운 단어를 만드는 데 쓰이는 형태소 예 '햇밤'에서 '햇-'

📢 접사와 어미의 차이

> 이것은 참 재미있는 ⊙놀이이구나. / 우리 놀이터에 가서 ⓛ놀자.

⊙ '놀이'는 동사 '놀다'의 어근에 명사를 만드는 접미사 '-이'가 붙어 파생된 단어이다. ⓛ '놀자'는 청유형 어미 '-자'가 붙어 활용한 것으로 '놀다'와 문법적 기능만 다를 뿐 같은 단어이다. 즉, 접사가 붙은 말은 어미가 붙은 말과 달리 새로운 단어가 될 수 있다. 한편, 접사는 일부 어근과만 결합하는 분포의 제한성을 보이지만(예 놀이(○), 잡이(×), 웃이(×)) 어미는 모든 어간 뒤에 결합할 수 있다.

＊ 위치에 따른 접사의 구분
- 접두사 (+어근) : 어근 앞에 결합하는 접사로, 어근의 뜻을 한정하는 의미적 기능을 함.
  예 '햇밤'에서 '햇-'('그해에 새로 재배한'의 뜻을 더함.)
- (어근+) 접미사 : 어근 뒤에 결합하는 접사로, 어근의 뜻을 한정하는 의미적 기능과 함께 어근의 품사를 바꾸기도 함.
  예 '멋쟁이'에서 '-쟁이'('그러한 특성을 가진 사람'이라는 뜻을 더함.)

MEMO

1 단어의 형성

단일어		하나의 어근만으로 이루어진 단어 예 바다, 나무, 사과, 먹다
복합어	파생어	'어근+접사'로 이루어진 단어 예 생고기, 덧신, 나무꾼, 장난꾸러기, 지우개
	합성어	'어근+어근'으로 이루어진 단어 예 사과나무, 새해, 벗어나다, 척척박사

(1) 파생어

접두 파생어	접두사+어근 예 생고기, 덧신, 강마르다 : 생-(익히지 않은), 덧-(겹쳐 입는), 강-(매우, 심하게)
접미 파생어	어근+접미사 예 나무꾼, 지우개, 잡히다 : -꾼(어떤 일에 능숙한 사람), -개('그러한 행위를 하는 간단한 도구'의 뜻을 더하고 명사를 만드는 접미사), -히-('피동'의 뜻을 더하는 접미사)

(2) 합성어

① 어근의 의미 관계에 따른 합성어 분류

대등 합성어	두 어근의 결합 방식이 대등한 합성어 예 앞뒤, 손발, 뛰놀다, 까막까치, 똥오줌
종속 합성어	앞 어근이 뒤 어근에 종속되어 있는 합성어 예 가죽신, 손수레, 나뭇가지, 덮밥, 돌다리
융합 합성어	두 어근과는 완전히 다른 제3의 의미가 도출되어 나오는 합성어 예 밤낮, 돌아가시다, 피땀, 쥐뿔, 물불

② 국어의 통사적 구성 방식과의 일치 여부에 따른 합성어 분류

• 통사적 합성어 : 합성어의 배열법이 우리말의 일반적인 단어 형성 방법과 일치하는 합성어

명사+명사	예 구멍+가게, 손+발
부사+부사	예 잘+못, 곧+잘, 이리+저리
관형사+명사	예 새+색시, 첫+사랑
용언의 어간+관형사형 어미+명사	예 작-+-은+아버지, 크-+-ㄴ+집
주어(주격 조사 생략 가능)+서술어	예 그늘+지다, 힘+들다
목적어(목적격 조사 생략 가능)+서술어	예 겁+먹다, 본+받다
용언의 어간+연결 어미+용언의 어간	예 돌-+-아+가다, 벗-+-어+나다

• 비통사적 합성어 : 합성어의 배열법이 우리말의 일반적인 단어 형성 방법과 일치하지 않는 합성어

용언의 어간+명사 (전성 어미가 없는 경우)	예 덮-+밥, 꺾-+쇠
용언의 어간+용언의 어간 (연결 어미가 없는 경우)	예 열-+닫다, 오-+가다
부사+체언	예 척척+박사, 부슬+비

MEMO

Part 01 단어 영역 핵심 기출 문제

단어 - 품사

1 [2013년 3월 고3 학평 A형 12번]

<보기>의 품사 분류 기준에 따라 예문의 단어를 분류해 보았다. 적용한 기준에 따른 분류로 알맞은 것은? [3점]

> **보 기**
>
> □ 품사 분류 기준
> ○ 형태에 따라 : 가변어, 불변어
> ○ 기능에 따라 : 체언, 용언, 관계언, 수식언, 독립언
> ○ 의미에 따라 : 명사, 대명사, 수사, 동사, 형용사, 관형사, 부사, 감탄사, 조사
> □ 예문
> ○ 호수가 깊다.
> ○ 강의 깊이는 누구도 모른다.

	기준	분류 (※‖는 분류의 경계를 표시함.)
①	형태	깊다, 깊이‖호수, 가, 강, 의, 는, 누구, 도, 모르다
②	기능	깊다, 모르다‖호수, 강, 깊이‖누구‖가, 의‖는, 도
③	기능	깊다, 모르다‖호수, 강, 깊이, 누구‖가, 의, 는, 도
④	의미	깊다, 깊이‖모르다‖호수, 강‖누구‖가, 의, 는, 도
⑤	의미	깊다‖깊이‖모르다‖호수‖강‖누구‖가‖의‖는‖도

2 [2014년 6월 고1 학평 12번]

<보기>를 바탕으로 '조사'의 특징을 이끌어낸 것으로 적절하지 <u>않은</u> 것은?

> **보 기**
>
> ㄱ. 동생<u>이</u> 책을 읽는다. / 여기<u>가</u> 천국<u>이다</u>.
> ㄴ. 엄마<u>와</u> 나는 영화를 보았다. / 나랑 동생은 학교로 갔다.
> ㄷ. 오늘은 물<u>만</u> 마셨다. / 오늘은 물<u>도</u> 마셨다.
> ㄹ. 꽃<u>이</u> 예쁘게<u>도</u> 피어 있다. / 천천히<u>만</u> 가거라.
> ㅁ. 이것<u>이</u> 좋다. / 이것 좋다. / 이것<u>만으로도</u> 좋다.

① ㄱ : 앞의 체언이 문장에서 일정한 자격을 갖도록 해 준다.

② ㄴ : 두 체언을 같은 자격으로 이어 준다.

③ ㄷ : 앞의 체언을 다른 품사로 만들어 준다.

④ ㄹ : 체언 이외에 용언이나 부사 뒤에 붙어 쓰이기도 한다.

⑤ ㅁ : 생략하거나 둘 이상 겹쳐 쓰이기도 한다.

3 [2017년 11월 고1 학평 11번]

다음은 문법 수업의 내용을 정리한 학생의 노트이다. 이를 바탕으로 <보기>를 탐구한 내용으로 적절하지 <u>않은</u> 것은?

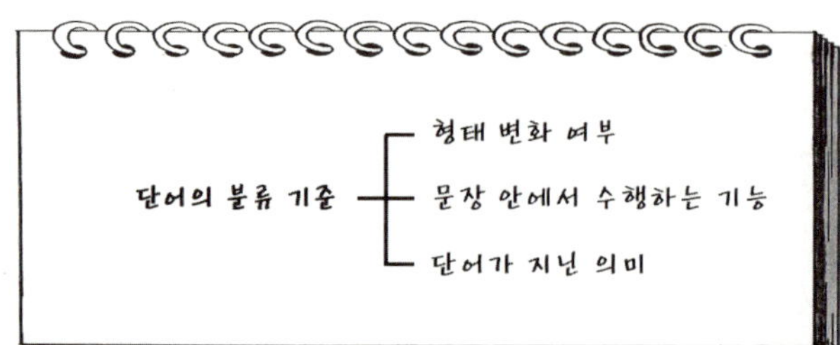

> **보 기**
>
> ○ 우리도 두 팔을 넓게 벌려 원 하나를 이루었다.
> ○ 동생이 나무로 된 탁자에 그린 꽃만 희미하다.

① '도'와 '만'은 형태가 변하지 않는 단어이다.

② '이루었다'와 '그린'은 형태가 변하는 단어이다.

③ '두'와 '하나'는 문장 안에서 수식의 기능을 하는 단어이다.

④ '나무'와 '꽃'은 사물의 이름을 나타내는 단어이다.

⑤ '넓게'와 '희미하다'는 대상의 상태를 나타내는 단어이다.

4 [2021년 6월 고1 학평 14번]

<보기>를 바탕으로 ㉠~㉤을 이해한 내용으로 적절하지 <u>않은</u> 것은? [3점]

> **보 기**
>
> '동사'는 동작이나 작용을 나타내는 단어이고, '형용사'는 성질이나 상태를 나타내는 단어이다. 동사와 형용사는 활용하는 양상이 다른데, 일반적으로 동사 어간에는 현재 시제 선어말어미 '-ㄴ-/-는-', 현재 시제의 관형사형 어미 '-는', 명령형 어미 '-아라/-어라', 청유형 어미 '-자' 등이 붙지만, 형용사 어간에는 붙지 않는다.
>
> ㉠ 지훈이가 야구공을 멀리 <u>던졌다</u>.
> ㉡ 해가 떠오르며 점차 날이 <u>밝는다</u>.
> ㉢ 그 친구는 <u>아는</u> 게 참 많다.
> ㉣ 날씨가 더우니 하복을 <u>입어라</u>.
> ㉤ *올해도 우리 모두 <u>건강하자</u>.
>
> ※ '*'는 비문법적인 문장임을 나타냄.

① ㉠의 '던졌다'는 대상의 동작을 나타내므로 동사이다.

② ㉡의 '밝는다'는 대상의 상태를 나타내므로 형용사이다.

③ ㉢의 '아는'은 현재 시제의 관형사형 어미 '-는'이 결합하였으므로 동사이다.

④ ㉣의 '입어라'는 명령형 어미 '-어라'가 결합하였으므로 동사이다.

⑤ ㉤의 '건강하자'의 기본형 '건강하다'는 청유형 어미 '-자'가 결합할 수 없으므로 형용사이다.

5 [2022년 3월 고1 학평 14번]

<보기 1>의 밑줄 친 부분에 해당하는 단어를 <보기 2>에서 있는 대로 모두 고른 것은?

보기 1

선생님 : 하나의 단어가 수사로 쓰이기도 하고 수 관형사로도 쓰이는 경우가 많습니다. 그런데 <u>수 관형사로만 쓰이는 단어</u>도 있습니다.

보기 2

- 나는 필통에서 연필 <u>하나</u>를 꺼냈다.
- 그 마트는 매월 <u>둘째</u> 주 화요일에 쉰다.
- 이번 학기에 책 <u>세</u> 권을 읽는 게 내 목표야.
- <u>여섯</u> 명이나 이 일에 자원해서 정말 기쁘다.

---

① 하나　　　　② 세　　　　③ 하나, 여섯

④ 둘째, 세　　　⑤ 둘째, 여섯

[2023년 6월 고1 학평 11번]

[6] 다음 글을 읽고 물음에 답하시오.

보조사는 앞말에 붙어 특별한 뜻을 더해 주는 기능을 한다. 격조사가 문법적 관계를 나타내 주는 것과 달리, 보조사는 앞말에 결합되어 의미를 첨가하는 기능을 한다.

　ㄱ. 소설만 읽지 말고 시도 읽어라.
　ㄴ. 소설만을 읽지 말고 시도 읽어라.

위의 ㄱ에서 '만'은 앞 체언에 '한정'의 의미를 더해 주고 있으며, '도'는 앞 체언에 '역시, 또한'의 의미를 더해 주고 있다. 한편 ㄴ의 '만을'에서 확인할 수 있듯이, 보조사와 격 조사가 함께 나타날 수 있다. 이때 문법적 관계는 격 조사가 담당하고 보조사는 앞말에 특정한 의미를 더해 주는 기능을 한다.

보조사의 다른 특징은 결합할 수 있는 앞말이 체언에 국한되지 않고, 부사, 어미 등의 뒤에도 결합할 수 있다는 것이다. 또한 '격 조사+보조사' 혹은 '보조사+보조사'의 형태로도 결합할 수 있고, 격 조사 자리에 보조사가 나타날 수도 있다.

한편 보조사 중에서 의존 명사 또는 어미와 그 형태가 동일한 경우가 있어 헷갈릴 수 있다.

　ㄱ. 나는 나대로 계획이 있다.
　ㄴ. 네가 아는 대로 말해라.

위 ㄱ에서 '대로'는 대명사 '나'에 결합되었기 때문에 보조사로, ㄴ에서 '대로'는 관형어의 수식을 받기 때문에 의존 명사로 본다.

6

윗글을 참고하여 <보기>의 ㉠~㉢을 이해한 것으로 적절하지 <u>않은</u> 것은? [3점]

보 기

㉠ 라면마저도 품절됐네.
㉡ 형도 동생만을 믿었다.
㉢ 그는 아침에만 운동했다.

---

① ㉠ : 격 조사 뒤에 '역시, 또한'의 의미를 더해 주는 보조사가 덧붙고 있다.

② ㉡ : 주격 조사 자리에 '도'라는 보조사가 나타나고 있다.

③ ㉡ : 보조사 '만'과 격 조사 '을'이 함께 나타나고 있다.

④ ㉢ : '에'는 체언에 결합하여 문법적 관계를 나타낸다.

⑤ ㉢ : '만'은 보조사가 결합할 수 있는 앞말이 체언에 국한되지 않음을 보여 준다.

7 [2024년 6월 고1 학평 13번] 

<보기>를 바탕으로 탐구한 내용으로 적절하지 <u>않은</u> 것은?

보 기

○ 동사와 형용사의 특징
▸ 동사는 선어말 어미 '-는-/-ㄴ-'의 결합으로, 형용사는 기본형으로 현재 시제를 나타냄.
▸ 관형사형 어미 '-(으)ㄴ'이 결합했을 때, 동사는 과거 시제를 나타내지만, 형용사는 현재 시제를 나타냄.

① '감이 떫다.'에서는 기본형으로 현재 시제를 나타내고 있기 때문에 '떫다'는 형용사이군.
② '책을 읽는다.'에서는 선어말 어미 '-는-'이 결합하여 현재 시제를 나타내고 있기 때문에 '읽다'는 동사이군.
③ '친구와 논다.'에서는 선어말 어미 '-ㄴ-'이 결합하여 현재 시제를 나타내고 있기 때문에 '놀다'는 동사이군.
④ '집에 간 사람'에서는 관형사형 어미 '-(으)ㄴ'이 결합하여 과거 시제를 나타내고 있기 때문에 '가다'는 동사이군.
⑤ '우리가 이긴 시합'에서는 관형사형 어미 '-(으)ㄴ'이 결합하여 현재 시제를 나타내고 있기 때문에 '이기다'는 형용사이군.

8 [2025년 3월 고1 학평 14번] 

<보기>의 밑줄 친 단어에 대한 설명으로 적절하지 <u>않은</u> 것은?

보 기

　재귀 대명사는 문장 내에서 앞에 나온 체언을 다시 나타내는 3인칭 대명사로, '저', '저희', '자기', '당신' 등이 있다. 한편 명사 '스스로', '서로'는 재귀 대명사처럼 쓰이기도 한다.

ㄱ. 정우는 동생에게 <u>자기</u> 사탕을 주었다.
ㄴ. 막내는 엄마에게 <u>저</u>도 모르게 달려갔다.
ㄷ. 아이들은 선생님 몰래 <u>저희</u>끼리 속삭였다.
ㄹ. 할머니께서는 손님을 <u>당신</u>께서 직접 맞이하셨다.
ㅁ. 신입생에게 선배들 <u>스스로</u>가 모범을 보여야 한다.

① ㄱ : '자기'는 '동생'을 나타내는 재귀 대명사이다.
② ㄴ : '저'는 '막내'를 나타내는 재귀 대명사이다.
③ ㄷ : '저희'는 '아이들'을 나타내는 재귀 대명사이다.
④ ㄹ : '당신'은 '할머니'를 나타내는 재귀 대명사이다.
⑤ ㅁ : '스스로'는 '선배들'을 나타내는 재귀 대명사처럼 쓰인다.

9 [2016년 6월 고2 학평 12번] 

<보기>의 [가]를 바탕으로 [나]를 분석한 내용으로 적절하지 <u>않은</u> 것은? [3점]

보 기

[가] 품사는 단어를 '형태', '기능', '의미'를 기준으로 분류한 것이다. ㉠'형태'에 따라 불변어, 가변어로, ㉡'기능'에 따라 체언, 용언, 수식언, 관계언, 독립언으로 나뉜다. 그리고 ㉢'의미'에 따라 명사, 대명사, 수사, 동사, 형용사, 관형사, 부사, 조사, 감탄사로 나뉜다.

[나] 열에 아홉은 매우 착실한 학생이다.

① ㉠에 따라 나누면 '착실한'과 '이다'는 가변어이다.
② ㉡에 따라 나누면 '열'과 '학생'은 체언이다.
③ ㉡에 따라 나누면 '은'과 '이다'는 관계언이다.
④ ㉢에 따라 나누면 '아홉'과 '학생'은 같은 품사이다.
⑤ ㉢에 따라 나누면 '매우'와 '착실한'은 다른 품사이다.

10 [2016년 9월 고2 학평 12번]

<보기>의 ㉠~㉢에 해당하는 것을 바르게 분류한 것은?

보 기

　㉠관형사, ㉡대명사, ㉢부사 중에는 '이, 그, 여기, 이리, 그리' 등과 같이 '지시성'을 지닌 단어들이 있다. 이들은 지시성이라는 공통점 때문에 구별이 쉽지 않으므로 문장 내에서의 기능을 통해 단어의 품사를 파악해야 한다.

ⓐ <u>이</u> 사과는 맛있게 생겼다.
ⓑ <u>그</u> 책 좀 나에게 빌려줄 수 있어?
ⓒ <u>여기</u>가 바로 우리의 고향입니다.
ⓓ <u>이리</u> 가까이 오게.
ⓔ <u>그리</u> 물건을 보내겠습니다.

	㉠	㉡	㉢
①	ⓐ	ⓑ, ⓒ	ⓓ, ⓔ
②	ⓐ, ⓑ	ⓒ	ⓓ, ⓔ
③	ⓑ, ⓒ	ⓓ, ⓔ	ⓐ
④	ⓑ, ⓓ	ⓔ	ⓐ, ⓒ
⑤	ⓒ, ⓓ	ⓐ	ⓑ, ⓔ

11 [2017년 11월 고2 학평 13번]　

<보기>에 대한 설명으로 가장 적절한 것은?

보 기

　부사는 수식하는 범위에 따라 문장의 한 성분을 수식하는 성분 부사와 문장 전체를 수식하는 문장 부사로 나뉜다. 이 중 성분 부사는 주로 용언을 수식하지만 때로는 체언을 수식하거나 관형사, 부사를 수식하는 경우도 있다.

　ㄱ. 그녀는 <u>매우</u> 빨리 달린다.
　ㄴ. <u>설마</u> 나에게 맞는 옷이 없을까?
　ㄷ. 우리 학교 <u>바로</u> 옆에 우체국이 있다.
　ㄹ. 내 차는 얼마 전까지 <u>아주</u> 새 차였다.
　ㅁ. <u>과연</u> 그 아이는 재능이 <u>정말</u> 뛰어나군.

---

① ㄱ에서 '매우'는 용언을 수식하고 있다.
② ㄴ에서 '설마'는 체언을 수식하고 있다.
③ ㄷ에서 '바로'는 부사를 수식하고 있다.
④ ㄹ에서 '아주'는 관형사를 수식하고 있다.
⑤ ㅁ에서 '과연'과 '정말'은 문장을 수식하고 있다.

12 [2018년 3월 고2 학평 11번]　

밑줄 친 말 중 ㉠의 예로 적절하지 <u>않은</u> 것은?

보 기

　조사는 주로 체언에 붙어서, 그 체언이 문장 중의 다른 단어와 맺<u>는</u> 관계를 나타내거나 특별한 뜻을 더해 주는 단어이다. 조사는 체언이 문장 속에서 다른 말과 맺는 관계를 표현하는 격조사, 둘 이상의 체언을 같은 자격으로 이어서 하나의 명사구를 형성하는 접속 조사, <u>㉠앞말에 특별한 뜻을 더해 주는 보조사</u>로 구분된다.

---

① 오직 새소리<u>만</u> 들렸다.
② 시험까지 한 달<u>도</u> 안 남았다.
③ 나는 개<u>와</u> 고양이를 좋아한다.
④ 할아버지께서<u>는</u> 신문을 보셨다.
⑤ 그는 평생 가족<u>밖에</u> 모르고 살았다.

13 [2022년 11월 고2 학평 13번]　

<보기>는 문법 수업의 일부이다. 선생님의 설명에 따라 밑줄 친 단어를 이해한 내용으로 적절하지 <u>않은</u> 것은?

보 기

선생님 : 관형사는 체언을 꾸며 주는 품사로 뒤에 오는 체언의 성질이나 상태를 분명하게 해주는 성상 관형사, 구체적인 대상을 지시해 주는 지시 관형사, 수량을 나타내는 수 관형사로 구분할 수 있습니다. 이러한 관형사는 형태가 변하지 않고 어떤 조사와도 결합하지 않는 특징이 있습니다.

　ㄱ. <u>이</u> 상점, <u>두</u> 곳에서는 <u>헌</u> 물건을 판다.
　ㄴ. 우리 <u>다섯</u>이 <u>새로</u> 산 구슬을 나눠 가지자.
　ㄷ. 나는 오늘 어머니께 드릴 <u>새</u> 옷 <u>한</u> 벌을 샀다.

---

① ㄱ에서 '이'는 '상점'을 꾸며 주는 지시 관형사이다.
② ㄱ에서 '헌'은 체언인 '물건'의 상태를 드러내 준다.
③ ㄴ의 '다섯'은 조사와 결합하는 것을 보니 관형사가 아니다.
④ ㄱ의 '두'와 ㄷ의 '한'은 수량을 나타내는 수 관형사이다.
⑤ ㄴ의 '새로'와 ㄷ의 '새'는 형태가 변하지 않는 성상 관형사이다.

14 [2024년 10월 고2 학평 14번]　

<보기>의 [A]에 들어갈 예로 적절하지 <u>않은</u> 것은?

보 기

선생님 : 우리말에서는 동일한 형태의 한 단어가 문법적 환경에 따라 다양한 품사로 사용되기도 합니다. 그래서 어떤 품사로 사용되었는지 구분하기 어려울 때가 있죠. 이럴 때 품사의 특성을 고려하면 쉽게 구분할 수 있어요. 그럼 관련된 사례를 발표해 볼까요?
학생 : 동일한 형태의 한 단어가 체언과 수식언으로 사용되는 사례로는 ＿＿＿＿[A]＿＿＿＿ 가 있습니다.

---

① 노력한 <u>만큼</u> 대가를 얻다.
　나도 너<u>만큼</u>은 할 수 있다.
② 잘 익은 사과 <u>다섯</u> 개를 샀다.
　둘에 <u>다섯</u>을 더하면 일곱이다.
③ 회의실에 아직 <u>아무</u>도 안 왔다.
　<u>아무</u> 사람이나 만나서는 안 된다.
④ 그 일은 <u>모두</u>에게 책임이 있다.
　형이 그릇에 담긴 물을 <u>모두</u> 쏟았다.
⑤ <u>이</u> 나무는 모양새가 아주 좋군요.
　<u>이</u>는 또한 우리가 생각하던 바입니다.

단어 영역 핵심 기출 문제

15 [2013년 6월 고3 모평 A형 12번]

<보기 1>을 바탕으로 ㉠과 품사가 같은 것을 <보기 2>에서 고른 것은?

┌─ **보기 1** ─┐

문장

○ 아침에 하는 ㉠달리기는 건강에 매우 좋다.
○ 나는 모임에 늦지 않으려고 더 빨리 ㉡달리기 시작했다.

설명

㉠과 ㉡은 형태는 같으나 품사가 다르다. ㉠은 '달리-'에 접미사가 붙은 명사로서 관형어의 수식을 받고 있다. 이에 반해, ㉡은 '달리-'에 명사형 어미가 붙은 동사로서 부사어의 꾸밈을 받으며 서술하는 기능을 유지하고 있다.

┌─ **보기 2** ─┐

○ 그는 멋쩍게 ㉮웃음으로써 답변을 회피했다.
○ 그 가수는 현란한 ㉯춤을 추며 노래를 불렀다.
○ 오늘따라 학생들의 ㉰걸음이 가벼워 보였다.
○ 자기 소개서에 "만화를 잘 ㉱그림."이라고 썼다.

① ㉮, ㉯   ② ㉮, ㉱   ③ ㉯, ㉰
④ ㉯, ㉱   ⑤ ㉰, ㉱

16 [2014년 3월 고3 학평 A형 12번]

<보기>의 ㉠을 설명할 수 있는 사례로 가장 적절한 것은?

┌─ **보 기** ─┐

동사는 움직임이나 작용을 나타내고, 형용사는 성질이나 상태를 나타낸다. 그런데 ㉠하나의 단어가 하나 이상의 문법적 성질을 가지고 있어 동사와 형용사 두 가지로 사용되는 경우가 있다. '밝다'의 경우, '달이 밝다.'에서는 '환하다'의 의미로 쓰여 형용사가 되고 '날이 밝는다.'에서는 '밤이 지나고 환해지다'의 의미로 쓰여 동사가 된다.

① 그녀의 속눈썹은 길다.
　긴 겨울방학이 끝났다.
② 나이보다 얼굴이 젊다.
　젊은 나이에 성공을 했다.
③ 봄바람이 따뜻하다.
　따뜻한 마음씨를 가져야 한다.
④ 나는 너에 대한 기대가 크다.
　우리 아들은 키가 쑥쑥 큰다.
⑤ 외출하기에는 시간이 너무 늦다.
　그는 늦은 나이에 대학에 진학했다.

17 [2014년 6월 고3 모평 A형 12번]

다음의 밑줄 친 부분에 해당하는 예로 적절하지 <u>않은</u> 것은?

국어의 조사 중에는 결합하는 앞말과 다른 말과의 문법적인 관계를 표시하는 격 조사와 특별한 뜻을 더해주는 <u>보조사</u>가 있다. 격 조사는 특정한 문장 성분에만 쓰인다. 가령 주격 조사는 주어에, 목적격 조사는 목적어에 쓰인다. 반면 보조사는 하나의 문장 성분에만 쓰이는 것이 아니라 여러 문장 성분에 쓰일 수 있다.

① '삼촌이 밤에<u>만</u> 글을 썼다.'에서의 '만'.
② '선수들이 오늘<u>은</u> 간식을 먹었다.'에서의 '은'.
③ '내가 친구<u>한테</u> 가방을 선물했다.'에서의 '한테'.
④ '아이들이 유치원에서 악기<u>도</u> 연주한다.'에서의 '도'.
⑤ '누나가 일기를 책으로<u>까지</u> 만들었다.'에서의 '까지'.

18 [2015년 7월 고3 학평 A형 12번]

<보기 1>을 바탕으로 ㉠과 품사가 같은 것만을 <보기 2>에서 고른 것은?

┌─ **보 기 1** ─┐

수관형사는 수사와 형태가 같은 경우가 많아 혼동하기 쉽다. 문장에서 둘 다 활용을 하지 않고 사물의 수량이나 순서를 가리키지만, 수관형사는 수사와 달리 단위를 나타내는 의존명사와 함께 쓰인다는 차이가 있다.

○ 이 일을 마치는 데에 ㉠칠 개월 걸렸다. (수관형사)
○ 육에 일을 더하면 칠이다. (수사)

┌─ **보 기 2** ─┐

○ 명호는 바둑을 ㉮다섯 판이나 두었다.
○ 윤배가 고향을 떠난 지 ㉯팔 년이 지났다.
○ 은주는 시장에서 토마토를 ㉰하나 사 왔다.
○ 현수는 달리기 시합에서 ㉱셋째로 들어왔다.

① ㉮, ㉯   ② ㉮, ㉱   ③ ㉯, ㉰
④ ㉯, ㉱   ⑤ ㉰, ㉱

19 [2015년 9월 고3 모평 A형 13번]

밑줄 친 부분이 <보기>의 ㉠에 해당하지 <u>않는</u> 것은?

> **보 기**
>
> 　국어에서는 의존 명사가 수량을 표현하는 말 뒤에 쓰여 수효나 분량 따위의 단위를 나타내는 경우가 일반적이지만, ㉠<u>자립 명사가 단위를 나타내는 경우</u>도 있다. 예를 들어 '사람'은 자립 명사로 쓰이기도 하지만 수량을 표현하는 말 뒤에 쓰여 사람을 세는 단위를 나타낼 수도 있다.
>
> ・의존 명사 : 그 아이는 올해 아홉 <u>살</u>이다.
> ・자립 명사 : 그는 <u>사람</u>을 부리는 재주가 있다.
> ・자립 명사가 단위를 나타내는 경우
> 　: 친구 다섯 <u>사람</u>과 함께 도서관에 갔다.

① 이 글에는 여러 <u>군데</u> 잘못이 있다.
② 앉은자리에서 밥 두 <u>그릇</u>을 다 먹었다.
③ 시장에서 수박 세 <u>덩어리</u>를 사 가지고 왔다.
④ 할아버지께서는 밥을 몇 <u>숟가락</u> 겨우 뜨셨다.
⑤ 나는 서너 <u>발자국</u> 뒤로 물러서다가 냅다 도망쳤다.

20 [2015년 10월 고3 학평 A형 12번]

<보기>를 바탕으로 하여 조사의 특성에 대해 탐구한 내용이 적절하지 <u>않은</u> 것은?

> **보 기**
>
> ○ <u>형(은/*는) 학교에 가고, 나(*은/는) 집에 갔다.</u>
> ○ <u>민수(가/는) 운동(을/은) 싫어한다.</u>
> ○ 나는 점심에 <u>국수</u> 먹었는데 너는 <u>무엇을</u> 먹었어?
> ○ <u>어서요</u> 읽어 보세요.
> ○ <u>빵만으로</u> 살 수 없다.
> (*는 비문법적인 표현임.)

① 격 조사 자리에 보조사가 올 수도 있군.
② 격 조사는 담화 상황에 따라 생략할 수도 있군.
③ 앞에 오는 말의 받침 유무에 따라 조사를 선택하기도 하는군.
④ 보조사는 체언뿐 아니라 부사 뒤에도 붙을 수 있군.
⑤ 보조사는 격 조사와 결합할 때 격 조사 뒤에만 붙을 수 있군.

21 [2016년 7월 고3 학평 12번]

<보기>의 밑줄 친 부분에 해당하는 예로 적절하지 <u>않</u>은 것은? [3점]

> **보 기**
>
> 　국어의 조사 중에는 주로 체언 뒤에 결합하여 문법적인 관계를 나타내는 격 조사와 체언, 부사, 활용 어미 따위에 붙어서 어떤 특별한 의미를 더해주는 <u>보조사</u>가 있다.

① '국수[라도] 먹으렴.'에서의 [라도]
② '영어[야] 철수가 도사지.'에서의 [야]
③ '그 과자를 먹어[는] 보았다.'에서의 [는]
④ '일을 빨리[만] 하면 안 된다.'에서의 [만]
⑤ '그는 아이[처럼] 순진하다.'에서의 [처럼]

22 [2017년 3월 고3 학평 13번]

<보기>를 참고할 때, 밑줄 친 부분이 바르게 쓰인 것은?

> **보 기**
>
> 　채 「의존 명사」
> 　이미 있는 상태 그대로 있다는 뜻을 나타내는 말.
>
> 　체 「의존 명사」
> 　그럴듯하게 꾸미는 거짓 태도나 모양.
>
> 　-째 「접사」
> 　'그대로', 또는 '전부'의 뜻을 더하는 접미사.

① 사과를 껍질<u>째</u>로 먹었다.
② 나는 앉은 <u>체</u>로 잠이 들었다.
③ 그녀는 혼자 똑똑한 <u>채</u>를 한다.
④ 사나운 멧돼지를 산 <u>째</u>로 잡았다.
⑤ 곰이 다가오자 그는 죽은 <u>채</u>를 했다.

단어 영역 핵심 기출 문제

23 [2019년 10월 고3 학평 14번] 

<보기>의 밑줄 친 단어의 품사에 대한 이해로 적절하지 <u>않은</u> 것은?

> **보 기**
>
> ㄱ. <u>그곳</u>에서는 빵을 <u>아주</u> 쉽게 <u>구울</u> 수 있다.
> ㄴ. <u>그</u> 사람은 자기<u>가</u> 잠을 <u>잘</u> 잤다고 말했다.
> ㄷ. <u>멋진</u> 형이 근처 식당<u>에서</u> 밥을 <u>지어</u> 왔다.

① ㄱ의 '그곳'과 ㄴ의 '그'는 어떤 처소나 대상을 지시하는 대명사이다.
② ㄱ의 '아주'와 ㄴ의 '잘'은 용언 앞에 놓여서 그 뜻을 한정하는 부사이다.
③ ㄱ의 '구울'과 ㄷ의 '지어'는 용언의 어간이 불규칙적으로 활용되는 동사이다.
④ ㄱ의 '쉽게'와 ㄷ의 '멋진'은 어떤 대상의 성질이나 상태를 나타내는 형용사이다.
⑤ ㄴ의 '가'와 ㄷ의 '에서'는 앞말과 다른 말과의 문법적인 관계를 나타내는 조사이다.

24 [2022년 3월 고3 학평 37번]

<보기>의 [A]에 들어갈 말로 적절하지 <u>않은</u> 것은? [3점]

> **보 기**
>
> **선생님** : 단어는 다음과 같이 세 가지 기준으로 분류될 수 있습니다.
>
> | 기준 | 분류 |
> |---|---|
> | ㉠ | 가변어, 불변어 |
> | ㉡ | 용언, 체언, 수식언, 관계언, 독립언 |
> | ㉢ | 동사, 형용사, 명사, 대명사, 수사, 관형사, 부사, 조사, 감탄사 |
>
> 자, 이제 아래 문장의 단어들을 탐구해 봅시다.
>
> 음, 우리가 밝은 곳에서 그 나비 하나를 또 잡았어.
>
> **학생** : [A]
> **선생님** : 네, 맞아요.

① '나비 하나를 또 잡았어'는 ㉠에 따라 분류하면 가변어 한 개, 불변어 네 개를 포함합니다.
② '나비 하나를'은 ㉡에 따라 분류하면 체언 두 개, 관계언 한 개를 포함합니다.
③ '음, 우리가 밝은 곳에서 그 나비 하나를 또 잡았어'는 ㉢에 따라 분류하면 아홉 개의 품사를 모두 포함합니다.
④ '밝은'과 '잡았어'는 ㉡이나 ㉢ 중 어느 것에 따라 분류하더라도 서로 다른 부류로 분류됩니다.
⑤ '그'와 '또'는 ㉡에 따라 분류하면 수식언이고, ㉢에 따라 분류하면 각각 관형사, 부사입니다.

25 [2025년 9월 고3 모평 38번] 

<학습 활동>을 수행한 결과로 적절한 것은? [3점]

> **학습 활동**
>
> 격 조사나 보조사는 앞말에 둘 이상 결합할 수 있다. 이때 이들의 결합 유형에는 '격조사-격 조사', '격조사-보조사', '보조사-격 조사', '보조사-보조사'가 있다. 예컨대 '형에게조차도'의 '에게조차'는 두 번째 유형에, '조차도'는 네 번째 유형에 해당한다. 또한 일부 격 조사와 달리, 보조사는 어미나 부사 바로 뒤에도 결합할 수 있다. 이를 고려하여, 아래 문장에서 확인되는, 격 조사와 보조사의 결합 유형이 모두 나타나 있는 문장을 만들어 보자.
>
> 그 애는 늦게나마 나만을 위해 자기한테만 있는 책을 빌려줬다.

① 작은 집이나마 필요한 동물은 고양이만이 아니겠다.
② 뜻밖에 그 좋은 소식이 큰누나에게까지는 전해졌다.
③ 규정만으로 문제점을 해결할 길이 이밖에는 없었다.
④ 논리가 이것뿐이라면 말로써는 이길 도리가 없겠다.
⑤ 우리만의 장점을 그에게 조금이라도 설명해야 했다.

26 [2025년 10월 고3 학평 38번] 

<보기>의 ㉠~㉢에 대한 이해로 적절하지 <u>않은</u> 것은?

> **보 기**
>
> 어근과 어근이 결합하여 만들어진 단어인 합성어는 품사가 같은 어근끼리 결합하여 만들어질 수도 있고, 품사가 서로 다른 어근끼리 결합하여 만들어질 수도 있다. 합성어는 품사에 따라 합성 명사, 합성 형용사, 합성 동사, 합성 부사 등으로 나눌 수 있는데, 이 중 합성 부사는 동일한 단어가 반복되어 결합한 경우가 많다.
> ○ ㉠<u>잘못</u> 놓인 책을 ㉡<u>하나하나</u> 정리하다 보니 ㉢<u>어느새</u> 밤이 되었다.
> ○ 그는 회의에 참석한 ㉣<u>이른바</u> 거물급 인사들에게 ㉤<u>두로두로</u> 악수를 청했다.

① ㉠은 앞 어근과 뒤 어근의 품사가 모두 명사인 합성 부사라고 할 수 있군.
② ㉡은 어근의 품사가 수사인 단어가 반복되어 결합한 합성 부사라고 할 수 있군.
③ ㉢은 앞 어근의 품사가 관형사이고 뒤 어근의 품사가 명사인 합성 부사라고 할 수 있군.
④ ㉣은 앞 어근의 품사가 동사이고 뒤 어근의 품사가 명사인 합성 부사라고 할 수 있군.
⑤ ㉤은 어근의 품사가 부사인 단어가 반복되어 결합한 합성 부사라고 할 수 있군.

단어 - 본용언, 보조 용언

27 [2013년 11월 고2 학평 B형 13번]

<보기>의 자료를 바탕으로 '용언'에 대해 탐구한 결과로 적절하지 <u>않은</u> 것은?

> **보 기**
>
> ㄱ. 날씨가 덥다.
> ㄴ. 날씨가 더워 온다. / 날씨가 더워온다.
> ㄷ. 철수가 밥을 먹고 갔다. / * 철수가 밥을 먹고갔다.
> ㄹ. 영희가 종이배를 접어 띄웠다.
> 　⇒ 영희가 종이배를 접었다. + 영희가 종이배를 띄웠다.
> 　　　　　　　　　*는 문법적으로 잘못된 것임.

① ㄱ, ㄴ으로 볼 때, 한 용언이 홀로 쓰이기도 하고 다른 용언과 어울려 쓰이기도 하는군.

② ㄴ의 경우, 뒤의 용언이 앞의 용언의 의미를 보조하는 역할을 하는군.

③ ㄷ으로 볼 때, 문장 안에서 두 용언이 모두 실질적인 의미를 가지고 있으면 띄어 써야 하는군.

④ ㄴ과 ㄷ은 모두 ㄹ처럼 의미가 성립하는 두 문장으로 나눌 수 있겠군.

⑤ ㄴ~ㄹ로 볼 때, 두 용언이 어울려 쓰일 경우 '-아/어', '-고'와 같은 어미로 연결되는군.

28 [2025년 6월 고2 학평 15번]

<보기>의 ㉠~㉤에 대한 이해로 적절하지 <u>않은</u> 것은?

> **보 기**
>
> 음운 변동은 어떤 음운이 다른 음운으로 바뀌는 교체, 어떤 음운이 없어지는 탈락, 어떤 음운과 다른 음운이 합쳐지는 축약, 새로운 음운이 생기는 첨가로 나눌 수 있다. 음운 변동의 결과 음운의 개수가 달라지기도 한다.
>
> ○ 올해는 내가 대학에 간 ㉠첫해[처태]이다.
> ○ 아버지는 ㉡넋두리[넉뚜리] 같은 혼잣말을 했다.
> ○ 물체 겉면의 넓이를 ㉢겉넓이[건널비]라고 한다.
> ○ 그는 초면인데도 왜인지 ㉣낯익어[난니거] 보인다.
> ○ 동생은 아주 쓴 ㉤물약[물략]을 단숨에 마셔 버렸다.

① ㉠은 교체와 축약이 한 번씩 일어나 음운의 개수가 줄었다.

② ㉡은 탈락과 첨가가 한 번씩 일어나 음운의 개수가 변하지 않았다.

③ ㉢은 교체가 두 번 일어나 음운의 개수가 변하지 않았다.

④ ㉣은 교체가 두 번, 첨가가 한 번 일어나 음운의 개수가 늘었다.

⑤ ㉤은 첨가와 교체가 한 번씩 일어나 음운의 개수가 늘었다.

29 [2014년 6월 고3 모평 A형 14번]

다음은 띄어쓰기 문제를 해결하는 과정이다. ㉠~㉢의 띄어쓰기가 바르게 된 것은?

> **문제**
>
> 다음 문장의 밑줄 친 부분을 맞춤법에 맞게 띄어 써 보자.
> • 열심히 삶을 ㉠<u>살아가다</u>.
> • 주문한 물건을 ㉡<u>받아가다</u>.
> • 딸이 엄마를 ㉢<u>닮아가다</u>.

> **확인 사항**
>
> • 단어와 단어는 띄어 쓴다.
> • 단어는 사전에 표제어로 실린다.
> • 보조 용언은 띄어 씀을 원칙으로 하되 붙여 씀도 허용한다.
> • '-아'를 '-아서'로 바꿔 쓸 수 있으면 '본용언+본용언' 구성이고, 그렇지 않으면 한 단어이거나 '본용언+보조 용언' 구성이다.

> **문제 해결 과정**

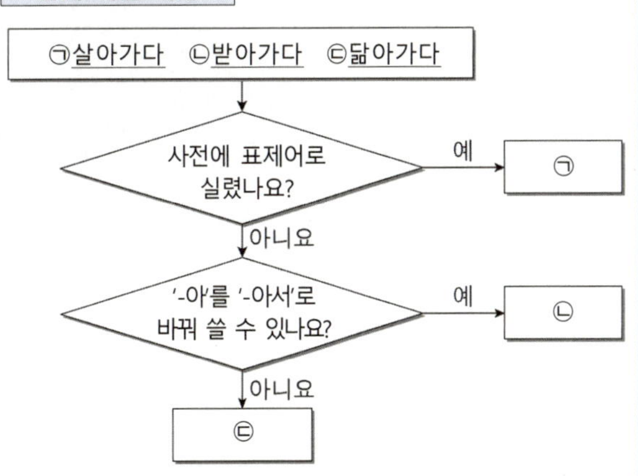

	㉠	㉡	㉢
①	살아가다	받아 가다	닮아 가다 또는 닮아가다
②	살아가다	받아 가다 또는 받아가다	닮아 가다
③	살아가다	받아가다	닮아 가다
④	살아 가다	받아 가다 또는 받아가다	닮아가다
⑤	살아 가다	받아가다	닮아 가다 또는 닮아가다

30 [2015년 수능 A형 13번] 

<보기>의 ⓐ~ⓒ에 해당하는 예로 적절하지 <u>않은</u> 것은?

보 기

보조 용언 구성 '-고 있-'은 크게 두 가지 의미를 지닌다.

(가) 민수는 지금 떡국을 먹고 있다.
(나) 선생님은 너를 믿고 있다.
(다) 지혜는 모자를 쓰고 있다.

(가)에서처럼 ⓐ'어떤 동작이 진행되고 있음'을 나타내기도 하고, (나)에서처럼 ⓑ'어떤 상태가 지속되고 있음'을 나타내기도 한다. (가)의 '-고 있-'은 '-는 중이-'로 교체하여도 ⓐ의 의미가 유지되지만, (나)의 '-고 있-'은 교체하면 부자연스러운 문장이 되거나 ⓑ의 의미가 유지되지 않는다. 한편 (가), (나)에서는 특정한 문맥이 주어지지 않아도 그 의미를 확정할 수 있는 데 반해, (다)에서는 문맥이 충분히 주어지지 않으면 '-고 있-'이 ⓒ두 가지 의미 모두로 해석될 수 있다.

---

① ⓐ
　　A : 아빠 들어오실 때 형은 뭐 하고 있었니?
　　B : 형은 양치질을 하고 있었어요

② ⓑ
　　A : 오빠가 너한테 화가 많이 났나 봐
　　B : 오빠는 지금 날 오해하고 있는 것 같아.

③ ⓑ
　　A : 내일이 고모님 생신이라고 하네.
　　B : 아, 나 그거 이미 알고 있어.

④ ⓒ
　　A : 너 안경 잃어버렸다며? 괜찮아?
　　B : 눈이 아주 나쁘진 않아서 안경 벗고 있어도 괜찮아.

⑤ ⓒ
　　A : 저 중에 신입 사원이 누구야?
　　B : 저기에 있잖아. 넥타이를 매고 있네.

31 [2017년 4월 고3 학평 12번] 

(가)는 학생의 메모이고, (나)는 추가로 조사한 자료이다. (가)와 (나)를 참고하여 <보기>에 대해 탐구한 것으로 적절하지 <u>않은</u> 것은? [3점]

(가) 두 용언이 연결 어미로 이어진 경우

유 형	특 징
본용언 + 본용언	·각각의 용언이 주어와 호응한다. ·두 용언 사이에 다른 문장 성분이 올 수 있다. ·반드시 띄어 쓴다.
본용언 + 보조 용언	·앞의 용언만으로 문장이 성립되고, 뒤의 용언만으로는 문장이 성립되지 않는다. ·보조 용언은 띄어 쓰는 것이 원칙이지만 경우에 따라 붙여 쓰는 것도 허용한다.
합성 동사	·국어사전에 하나의 단어로 등재되어 있다. ·반드시 붙여 쓴다.

(나) 표준국어대사전 검색 결과

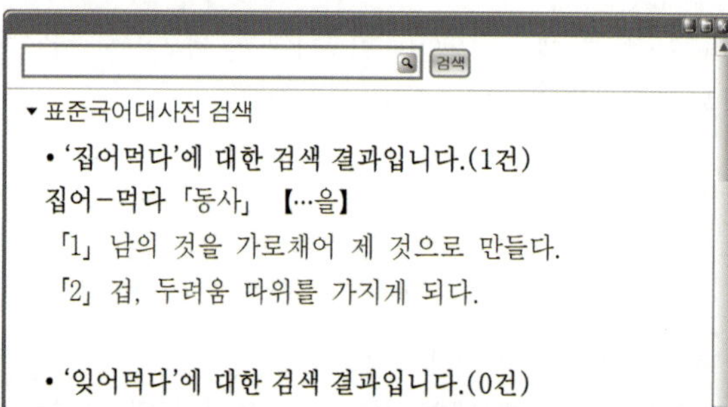

보 기

◦ 온순했던 청년들은 지레 겁을 ㉠집어먹었다.
◦ 나는 시험 준비를 하느라 잠자는 것도 ㉡잊어 먹었다.
◦ 그는 그녀에게 진 빚을 갚기 위해 공금을 ㉢집어먹었다.
◦ 그는 굶주림에 지쳐 땅 위에 버려진 빵을 ㉣집어 먹었다.
◦ 그들은 서로 만나기로 했던 사실을 새까맣게 ㉤잊어먹었다.

---

① ㉠은 국어사전에 단어로 등재되어 있는 합성 동사이므로 두 용언을 붙여 쓴 것이겠군.
② ㉡은 뒤의 용언만으로 문장이 성립되지 않으므로 원칙에 따라 두 용언을 띄어 쓴 것이겠군.
③ ㉢은 각각의 용언이 모두 주어인 '그는'과 호응하고 있으므로 두 용언을 붙여 쓴 것이겠군.
④ ㉣은 두 용언 사이에 '허겁지겁'과 같이 다른 문장 성분이 올 수 있으므로 두 용언을 띄어 쓴 것이겠군.
⑤ ㉤은 사전에 등재된 단어가 아니고, 뒤의 용언만으로 문장이 성립하지 않으므로 두 용언을 띄어 써야 하지만 붙여 쓴 것을 허용한 것이겠군.

32 [2020년 4월 고3 학평 15번]

<보기 1>을 바탕으로 <보기 2>의 ㉠~㉤에 대해 이해한 내용으로 적절하지 <u>않은</u> 것은?

보기 1

보조 용언도 하나의 단어이므로 띄어 쓰는 것이 원칙이나 경우에 따라서는 붙여 쓰는 것도 허용한다. 다만 본용언에 조사가 붙거나 본용언이 합성 용언인 경우, 본용언이 파생어인 경우는 그 뒤에 오는 보조 용언은 붙여 쓰지 않는다. 그런데 본용언이 합성어나 파생어라도 그 활용형이 2음절인 경우에는 본용언과 보조 용언을 붙여 쓰는 것도 허용한다. 그리고 본용언 뒤에 보조 용언이 거듭 나타나는 경우는 앞의 보조 용언만을 본용언에 붙여 쓸 수 있다.

보기 2

○ 그가 이 자리를 ㉠빛내 준다.
○ 오늘 일은 일기에 ㉡적어 둘 만하다.
○ 나는 어제 그 책을 ㉢읽어는 보았다.
○ 아마도 이런 기회는 ㉣다시없을 듯하다.
○ 이번에는 제발 열심히 ㉤공부해 보아라.

---

① ㉠은 본용언이 합성어이지만 활용형이 2음절인 경우이므로 '빛내'와 '준다'를 붙여 쓸 수 있다.

② ㉡은 본용언 뒤에 보조 용언이 거듭 나타나는 경우이므로 '둘'과 '만하다'를 붙여 쓸 수 있다.

③ ㉢은 본용언에 조사가 붙은 경우이므로 '읽어는'과 '보았다'를 붙여 쓰지 않는다.

④ ㉣은 본용언이 합성 용언인 경우이므로 '다시없을'과 '듯하다'를 붙여 쓰지 않는다.

⑤ ㉤은 본용언이 파생어인 경우이므로 '공부해'와 '보아라'를 붙여 쓰지 않는다.

33 [2022년 7월 고3 학평 39번]

<보기>의 [A]에 들어갈 말로 적절하지 <u>않은</u> 것은?

보 기

선생님 : 화자의 다양한 심리적 태도는 '보조적 연결 어미와 보조 용언'의 구성을 통해 나타낼 수 있습니다. ㉠~㉤의 '보조적 연결 어미와 보조 용언'에 대해 탐구해 봅시다.

> **지혜** : 쉬고 있는 걸 보니 안무를 다 ㉠짰나 본데?
> **세희** : 아니야, 잠시 쉬고 있어. 춤이 어려워서 친구들이 공연 중에 동작을 ㉡잊을까 싶어 걱정이야.
> **지혜** : 그렇구나. 동작은 너무 멋있던데?
> **세희** : 그렇게 말해줘서 고마워. 근데 구성까지 어려우니까 몇몇 친구들은 그만 ㉢포기해 버리더라고.
> **지혜** : 그럼 내가 내일 좀 ㉣고쳐 줄까?
> **세희** : 괜찮아. 고맙지만, 오늘까지 ㉤마쳐야 해.

학생 : ______[A]______

---

① ㉠에는 화자가 어떠한 행동에 대해 추측하고 있음이 나타나 있습니다.

② ㉡에는 화자가 뜻하는 행동을 하고자 하는 의도가 나타나 있습니다.

③ ㉢에는 어떠한 행동이 이루어진 결과에 대해 화자가 아쉬운 감정을 갖게 되었음이 나타나 있습니다.

④ ㉣에는 화자가 상대를 위해 무언가를 베푼다는 심리적 태도가 나타나 있습니다.

⑤ ㉤에는 화자가 어떠한 행동을 하는 것이 필요함을 나타내고 있습니다.

단어 영역 핵심 기출 문제

단어 - 규칙/불규칙 활용

34 [2018년 6월 고1 학평 13번] 

<보기>는 '용언의 활용'에 대한 설명이다. ㉠의 예로 적절하지 <u>않은</u> 것은? [3점]

> **보 기**
>
> 용언이 활용할 때 어간이나 어미의 기본 형태가 바뀌지 않거나 바뀌어도 일반적인 음운 규칙으로 설명할 수 있는 경우를 '규칙 활용'이라고 한다. 반면, 어간이나 어미의 기본 형태가 바뀌는 것을 일반적인 음운 규칙으로 설명할 수 없는 경우를 ㉠'불규칙 활용'이라고 한다.
>
> (가) 그녀가 모자를 <u>벗는다.</u>
>   그녀가 모자를 <u>벗으며</u> 방으로 들어간다.
> (나) 그는 시골에 집을 <u>짓고</u> 있다.
>   그는 시골에 집을 <u>지으며</u> 행복해 했다.
>
> (가)는 어간 '벗-' 뒤에 어미 '-으며'가 붙었을 때 어간의 형태가 바뀌지 않는 규칙 활용을 하는 반면, (나)는 어간 '짓-' 뒤에 어미 '-으며'가 붙었을 때 어간의 형태가 '지-'로 바뀌는 불규칙 활용을 한다.

① 그는 우물에서 물을 <u>퍼</u> 먹었다.
② 그는 형의 말을 비밀로 <u>묻어</u> 두었다.
③ 그녀는 음악을 <u>들으면서</u> 공부를 한다.
④ 그녀는 어머니를 <u>도와</u> 집안일을 하였다.
⑤ 그녀는 옥상에 <u>올라</u> 하늘을 바라보았다.

35 [2015년 6월 고2 학평 12번] 

<보기>를 이해한 내용으로 적절하지 <u>않은</u> 것은?

> **보 기**
>
> 용언이 활용할 때 어간이나 어미의 기본 형태가 바뀌지 않거나 바뀌어도 일반적인 음운 규칙으로 설명할 수 있는 경우를 '규칙 활용'이라 하고, 어간이나 어미의 기본 형태가 바뀌는 것을 일반적인 음운 규칙으로 설명할 수 없는 경우를 '불규칙 활용' 이라 한다. 불규칙 활용은 ㉠어간이 바뀌는 경우, ㉡어미가 바뀌는 경우, ㉢어간과 어미가 모두 바뀌는 경우로 나누어 살펴볼 수 있다.

① '솟다'가 '솟아'로 활용하는 것과 달리, '낫다'는 '나아'로 활용하므로 ㉠에 해당한다.
② '얻다'가 '얻어'로 활용하는 것과 달리, '엿듣다'는 '엿들어'로 활용하므로 ㉠에 해당한다.
③ '먹다'가 '먹어'로 활용하는 것과 달리, '하다'는 '하여'로 활용하므로 ㉡에 해당한다.
④ '치르다'가 '치러'로 활용하는 것과 달리, '흐르다'는 '흘러'로 활용하므로 ㉡에 해당한다.
⑤ '수놓다'가 '수놓아'로 활용하는 것과 달리, '파랗다'는 '파래'로 활용하므로 ㉢에 해당한다.

36 [2017년 3월 고2 학평 13번] 

<보기>의 밑줄 친 부분에 해당하는 예로 적절하지 <u>않</u>은 것은?

> **보 기**
>
> 어간에 관형사형 어미 '-ㄴ'을 결합하고자 할 때, 어간의 끝소리가 'ㄹ'인 경우에는 'ㄹ'을 탈락시키고 '-ㄴ'을 붙여야 한다. 그러나 실생활에서는 <u>'ㄹ'을 탈락시키지 않고 '-은'을 잘못 붙여 사용하는 경우가 많다.</u>
>
> ■ 녹슬- + -ㄴ ⟶ 녹슨(O)
>   ⟶ 녹슬은(X)

① 언니는 <u>시들은</u> 꽃다발을 부여잡고 눈물을 흘렸다.
② 자신의 잘못임을 <u>깨달은</u> 형은 누나에게 사과했다.
③ <u>낯설은</u> 땅에 정착한 주민들은 모든 것이 새로웠다.
④ 나는 차창 밖으로 <u>내밀은</u> 어머니의 손을 붙잡았다.
⑤ 석양빛을 받아 붉게 <u>물들은</u> 구름이 꽤 아름다웠다.

37 [2013년 4월 고3 학평 A형 13번] 

<보기>는 '용언의 불규칙 활용'에 대한 설명이다. ㉠에 해당하는 것은?

보 기

　용언의 활용에서 용언의 어간이나 어미의 기본 형태가 불규칙적으로 달라지는 것을 '불규칙 활용'이라고 하는데, 불규칙 활용에는 다음과 같은 세 가지 유형이 있다.

　· **어간만 바뀌는 경우**

<예시>

어간		어미의 기본형태	
걷-	+ -고	→	**걷고**
	+ -아/어	→	**걸어**
	+ -아라/어라	→	**걸어라**
	⋮		

　· **어미만 바뀌는 경우**

<예시>

어간		어미의 기본형태	
이르(至)-	+ -고	→	**이르고**
	+ -아/어	→	**이르러**
	+ -아서/어서	→	**이르러서**
	⋮		

　· **어간과 어미가 모두 바뀌는 경우** ············· ㉠

---

① 우리는 피자를 여덟 조각으로 <u>갈라</u> 먹었다.

② 하늘이 <u>파래서</u> 기분이 좋다.

③ 그런 식으로 말을 <u>지어</u> 내지 마라.

④ 지나가는 사람에게 길을 <u>물어</u> 봐라.

⑤ 공부를 열심히 <u>하여</u> 좋은 결과를 얻자.

---

38 [2013년 10월 고3 학평 B형 13번] 

다음의 탐구 과정에서 ㉠과 ㉡에 들어갈 내용으로 옳은 것은?

자료	∘ 차에 실은(○) 것이 뭐니? ∘ 시들은(×) / 시든(○) 꽃 한 송이가 있다. * ○ : 어문 규정에 맞음. × : 어문 규정에 어긋남.

의문	∘ 어문 규정에 따를 때, '싣다'처럼 어간 끝이 'ㄷ'인 용언과 '시들다'처럼 어간 끝이 'ㄹ'인 용언에 관형사형 어미가 결합하면 어떻게 될까?

탐구

① '실은', '시든'이 어떻게 만들어진 것인지 분석해 본다.
∘ 실은 → 싣-(어간) + -은(어미)
∘ 시든 → 시들-(어간) + -ㄴ(어미)

② 유사한 사례를 찾아 분석해 본다.

예문	기본형	활용형	형태소 분석
이것이 바로 내가 <u>들은</u>(○) 소리다.	듣다	들은	듣-+-은
정성을 <u>쏟은</u>(○) 일은 실패하지 않는다.	쏟다	쏟은	쏟-+-은

예문	기본형	활용형	형태소 분석
그가 <u>내밀은</u>(×) / 내민(○) 손을 잡지 못했다.	내밀다	내민	내밀-+-ㄴ
<u>부풀은</u>(×) / 부푼(○) 꿈을 안고 왔다.	부풀다	부푼	부풀-+-ㄴ

결과	∘ 어간 끝이 'ㄷ'인 용언은, 관형사형 어미 '-은'이 결합하면 'ㄷ'이 그대로 유지되거나, ___㉠___. ∘ 어간 끝이 'ㄹ'인 용언은, 관형사형 어미 '-ㄴ'이 결합하면 ___㉡___.

	㉠	㉡
①	'ㄷ'이 'ㄹ'로 교체됨	'-으-'가 삽입됨
②	'ㄷ'이 'ㄹ'로 교체됨	'ㄹ'이 탈락함
③	어미의 형태가 바뀜	어미의 형태가 바뀜
④	'ㄷ'이 탈락함	'ㄹ'이 탈락함
⑤	어간의 형태가 바뀜	어미의 형태가 바뀜

39 [2014년 4월 고3 학평 A형 13번]

<보기>의 밑줄 친 내용을 설명하기 위해 활용할 수 있는 사례로 가장 적절한 것은?

보 기

　동음이의(同音異義) 관계에 있는 용언들은, 그 기본형은 같지만 다양한 어미를 결합시켜 활용을 해 보면 <u>하나는 규칙, 다른 하나는 불규칙 활용을 함으로써 두 용언의 활용 형태가 서로 달라지는 경우</u>가 있다. 이를 통해 동음이의 관계의 두 용언이 각각 서로 다른 단어임을 좀 더 명확하게 확인할 수 있다.

---

① ┌ 친구가 병이 <u>낫다</u>.
　└ 동생이 형보다 인물이 <u>낫다</u>.

② ┌ 벽에 바른 벽지가 <u>울다</u>.
　└ 시합에 진 어린이가 <u>울다</u>.

③ ┌ 소나무가 마당 쪽으로 <u>굽다</u>.
　└ 어머니께서 빵을 <u>굽다</u>.

④ ┌ 친구에게 약속 시간을 <u>이르다</u>.
　└ 약속 장소에 <u>이르다</u>.

⑤ ┌ 장작이 벽난로에서 <u>타다</u>.
　└ 학교에 가려고 버스를 <u>타다</u>.

40 [2014년 7월 고3 학평 B형 11번]

다음 탐구 과정에서 ㉠에 들어갈 사례로 적절한 것은?

의문	'자리를 <u>바꿔</u>(○) 앉았다.'와 '잔금을 <u>치뤄</u>(×) 두었다.'에서 '바꿔'와 달리 '치뤄'의 표기가 어문 규정에 어긋나는 이유는 무엇일까?

⇩

탐구	(1) 각 단어의 기본형을 찾아 활용 형태를 분석해 본다. 　◦ 바꾸-(다) + -어 → 바꾸어 → 바꿔 　◦ 치르-(다) + -어 → 치러 (2) '치러'와 같은 형태로 활용하는 사례를 찾아본다. 　┌─────── ㉠ ───────┐

⇩

결과	'치르다'를 '바꾸다'와 같이 어간이 'ㅜ'로 끝나는 사례와 혼동하였기 때문이다. '치르-'는 어간이 'ㅡ'로 끝나는 용언이므로 모음으로 시작하는 어미와 결합할 때, 'ㅡ'가 탈락한다.

① 할머니께서 아침에 동생을 <u>깨워</u> 주셨다.

② 그는 자물쇠로 책상 서랍을 <u>잠가</u> 놓았다.

③ 오늘은 가족과 함께 고기를 <u>구워</u> 먹었다.

④ 언니의 얼굴이 오늘따라 몹시 <u>하얘</u> 보였다.

⑤ 오빠가 하는 이야기를 자세히 <u>들어</u> 보았다.

41 [2020년 4월 고3 학평 14번] 

<보기 1>의 ㉠~㉣에 해당하는 가장 적절한 예를 <보기 2>에서 고른 것은?

보기 1

　용언의 활용은 규칙 활용과 불규칙 활용으로 나눌 수 있다. <u>㉠규칙 활용</u>은 용언이 활용될 때 어간과 어미의 기본 형태가 바뀌지 않거나, 어간이나 어미의 기본 형태가 바뀌는 모습을 일정한 규칙으로 설명할 수 있다. 한편 불규칙 활용은 용언이 활용될 때 어간이나 어미의 기본 형태가 바뀌는 이유를 일정한 규칙으로 설명할 수 없다. 불규칙 활용에는 <u>㉡어간이 불규칙적으로 바뀌는 경우</u>, <u>㉢어미가 불규칙적으로 바뀌는 경우</u>, <u>㉣어간과 어미가 모두 불규칙적으로 바뀌는 경우</u>가 있다.

보기 2

◦ 놀이터에서 놀다 보니 옷에 흙이 <u>묻었다</u>.
◦ 나는 동생에게 출발 시간을 <u>일러</u> 주었다.
◦ 우리는 한라산 정상에 <u>이르러</u> 잠시 쉬었다.
◦ 드디어 사람들은 그를 <u>우러러</u> 섬기게 되었다.
◦ 하늘은 맑고 강물은 <u>파래</u> 기분이 정말 상쾌했다.

	㉠	㉡	㉢	㉣
①	묻었다	이르러	일러, 우러러	파래
②	일러	이르러, 파래	묻었다	우러러
③	이르러	묻었다, 우러러	파래	일러
④	묻었다, 우러러	일러	이르러	파래
⑤	일러, 우러러	묻었다	파래	이르러

42 [2020년 수능 13번]

ⓐ~ⓔ는 잘못된 표기를 바르게 고친 것이다. 고치는 과정에서 해당 단어에 적용된 용언 활용의 예로 적절하지 <u>않은</u> 것은?

'국물 떡볶이' 만드는 법

○ 떡을 물에 담궈 → ⓐ담가 둔다.

○ 멸치를 물에 넣고 끓인 다음 체에 거러서 → ⓑ걸러서 육수를 준비한다.

○ 육수에 고추장, 갈은 → ⓒ간 마늘, 불린 떡, 어묵을 넣는다.

○ 하얬던 → ⓓ하얬던 떡이 빨갛게 될 때까지 잘 젔어 → ⓔ저어 익힌다.

① ⓐ : 예쁘- + -어도 → 예뻐도
② ⓑ : 푸르- + -어 → 푸르러
③ ⓒ : 살- + -니 → 사니
④ ⓓ : 동그랗- + -아 → 동그래
⑤ ⓔ : 긋- + -은 → 그은

43 [2021년 7월 고3 학평 38번]

<보기>를 참고할 때, 밑줄 친 단어의 활용이 적절하지 <u>않은</u> 것은?

> **보 기**
>
> '다양한 기능을 갖은 물건이다.'에서 '갖은'은 '가진'을 잘못 쓴 예이다. '갖다'는 본말 '가지다'의 준말로, '갖다'와 '가지다'는 모두 표준어이다. 그런데 '갖다'는 '갖고', '갖지만'과 같이 활용할 수 있지만 '갖아', '갖으며'와 같이 활용할 수는 없는데, 이는 모음으로 시작하는 어미가 연결될 때에는 준말의 활용형을 인정하지 않기 때문이다. '내디디다/내딛다, 서투르다/서툴다, 머무르다/머물다, 서두르다/서둘다, 건드리다/건들다' 등도 모음으로 시작하는 어미 앞에서는 본말의 활용형만 쓴다.

① 그녀는 새로운 삶에 첫발을 <u>내딛었다</u>.
② 아저씨가 농사일에 <u>서투른</u> 줄 몰랐다.
③ 우리는 여기에 <u>머물면서</u> 쉴 생각이다.
④ <u>서두르지</u> 않으면 출발 시간에 늦겠다.
⑤ 조금만 <u>건드려도</u> 방울 소리가 잘 난다.

44 [2022년 10월 고3 학평 39번]

<보기>의 '학습 활동'을 수행한 결과로 적절하지 <u>않은</u> 것은?

> **보 기**
>
> **[학습 활동]** 용언의 어간에 어미가 결합하는 것을 활용이라고 한다. 용언의 활용에는 규칙 활용과 불규칙 활용이 있다. 다음 예문에서 밑줄 친 말의 기본형을 생각해 보면서 용언의 활용 양상을 설명해 보자.
>
> **[예문]**
>
> | | ⓐ 규칙 활용의 예 | ⓑ 불규칙 활용의 예 |
> |---|---|---|
> | ㉠ | 형은 교복을 <u>입어</u> 보았다. | 꽃이 <u>아름다워</u> 보였다. |
> | ㉡ | 나는 언니에게 죽을 <u>쑤어</u> 주었다. | 오빠는 나에게 밥을 <u>퍼</u> 주었다. |
> | ㉢ | 누나는 옷을 벽에 <u>걸어</u> 두었다. | 삼촌은 눈길을 <u>걸어</u> 집에 갔다. |
> | ㉣ | 동생은 그릇을 <u>씻어</u> 쟁반에 놓았다. | 이 다리는 섬과 육지를 <u>이어</u> 주는 역할을 한다. |
> | ㉤ | 우리는 짐을 <u>쌓아</u> 놓았다. | 하늘이 <u>파래</u> 예뻤다. |

① ㉠ : ⓐ에서는 어간의 형태가 유지되었지만, ⓑ에서는 어간의 'ㅂ'이 달라졌다.
② ㉡ : ⓐ에서는 어간의 형태가 유지되었지만, ⓑ에서는 어간의 'ㅜ'가 없어졌다.
③ ㉢ : ⓐ에서는 어간의 형태가 유지되었지만, ⓑ에서는 어간의 'ㄷ'이 달라졌다.
④ ㉣ : ⓐ에서는 어간의 형태가 유지되었지만, ⓑ에서는 어간의 'ㅅ'이 없어졌다.
⑤ ㉤ : ⓐ에서는 어간과 어미의 형태가 유지되었지만, ⓑ에서는 어간의 'ㅎ'과 어미가 모두 없어졌다.

단어 영역 핵심 기출 문제

45 [2023년 수능 37번]

<보기>를 바탕으로 'ㅎ' 말음 용언의 활용 유형을 탐구한 내용으로 적절하지 <u>않은</u> 것은?

> **보 기**
>
> 다음은 어간의 말음이 'ㅎ'인 용언이 '아/어'로 시작하는 어미와 만날 때 보이는 활용의 유형을 정리한 것이다. 이들은 활용의 규칙성뿐만 아니라 모음조화 적용 여부나 활용형의 줄어듦 가능 여부에 따라 그 유형이 구분된다.
>
> | 불규칙 활용 유형 | | 규칙 활용 유형 | |
> |---|---|---|---|
> | ㉠-1 | 노랗- + -아 → 노래 | ㉢-1 | 닿- + -아 → 닿아(→ *다) |
> | ㉠-2 | 누렇- + -어 → 누레 | | |
> | ㉡ | 어떻- + -어 → 어때 | ㉢-2 | 놓- + -아 → 놓아(→놔) |
>
> ('*'은 비문법적임을 뜻함.)

① '조그맣-, 이렇-'은 '조그매, 이래서'로 활용하므로 ㉠-1과 활용의 유형이 같겠군.
② '꺼멓-, 뿌옇-'은' 꺼메, 뿌옜다'로 활용하므로 ㉠-2와 활용의 유형이 같겠군.
③ '둥그렇-, 멀겋-'은 '둥그렸다, 멀게'로 활용하므로 ㉡과 활용의 유형이 같지 않겠군.
④ '낳-, 땋-'은 활용형인 '낳아서, 땋았다'가 '*나서, *땄다'로 줄어들 수 없으므로 ㉢-1과 활용의 유형이 같겠군.
⑤ '넣-, 쌓-'은 활용형인 '넣어, 쌓아'가 '*너, *싸'로 줄어들 수 없으므로 ㉢-2와 활용의 유형이 같지 않겠군.

단어 - 어미

46 [2017년 6월 고1 학평 12번]

<보기>의 ⓐ에 해당하는 예로 적절한 것은?

> **보 기**
>
> 미래 시제를 나타내는 선어말 어미 '-겠-'은 용언의 어간에 붙어 화자의 추측이나 ⓐ의지, 가능성의 의미로 쓰인다.

① 나는 이번 시험에 합격하고야 말겠다.
② 그렇게 쉬운 것은 삼척동자도 알겠다.
③ 이 많은 일을 어떻게 혼자 다 하겠니?
④ 오늘 눈이 많이 와서 길이 미끄럽겠다.
⑤ 지금 떠나면 내일 새벽에 도착하겠구나.

47 [2025년 10월 고1 학평 8번]

<보기>의 ㉠~㉤에 대한 이해로 적절하지 <u>않은</u> 것은?

[3점]

> **보 기**
>
> 선어말 어미 '-는-/-ㄴ-'은 발화시와 사건시가 일치하는 현재 시제를 표현하는 데 활용되는 대표적인 문법 요소이다. 그러나 실제 언어생활에서는 현재 시제에 국한되지 않고, 과거에서부터 일정하게 반복되는 일이나 미래에 확실히 일어날 사건을 표현할 때 쓰이기도 한다. 또한 보편적 진리를 표현할 때나 역사적 사건을 생동감 있게 표현하는 데에 사용되기도 한다.
>
> - 열차가 곧 ㉠도착한다.
> - 물은 100°C에서 ㉡끓는다.
> - 선수들은 조만간 훈련을 ㉢받는다.
> - 은행나무는 매년 이맘때 노랗게 ㉣물든다.
> - 1446년에 세종대왕은 훈민정음을 ㉤반포한다.

① ㉠에서는 선어말 어미 '-ㄴ-'이 미래에 확실히 일어날 사건을 표현하는 데에 쓰였군.
② ㉡에서는 선어말 어미 '-는-'이 보편적 진리를 표현하는 데에 쓰였군.
③ ㉢에서는 선어말 어미 '-는-'이 발화시와 사건시가 일치하는 시제를 표현하는 데에 쓰였군.
④ ㉣에서는 선어말 어미 '-ㄴ-'이 과거에서부터 일정하게 반복되는 일을 표현하는 데에 쓰였군.
⑤ ㉤에서는 선어말 어미 '-ㄴ-'이 역사적 사건을 생동감 있게 표현하는 데에 쓰였군.

48 [2014년 3월 고2 학평 B형 12번] 

다음은 선어말 어미 '-겠-'에 대해 탐구 활동을 하기 위한 자료이다. 탐구한 내용으로 적절하지 <u>않은</u> 것은?

> ㄱ. 구름이 낀 걸 보니 내일은 비가 오겠다.
> ㄴ. 서울에는 지금쯤 눈이 내리겠다.
> ㄷ. 설악산에는 벌써 단풍이 들었겠다.
> ㄹ. 그 목표를 (제가 / 형이*) 꼭 이루겠습니다.
> ㅁ. 그 정도는 어린애도 (알겠다. / 할 수 있겠다.)
>
> *는 비문 표시임.

① ㄱ을 통해 '-겠-'이 미래뿐만 아니라 말하는 사람의 추측을 나타낸다는 것을 알 수 있다.

② ㄴ을 통해 '-겠-'이 현재의 사실에 대해 말하는 사람의 추측을 나타낸다는 것을 알 수 있다.

③ ㄷ을 통해 '-겠-'이 의지를 나타내는 문장에서 '-었-'과 함께 쓰일 수 있다는 것을 알 수 있다.

④ ㄹ을 통해 '-겠-'이 의지를 나타내는 문장에서는 말하는 사람과 주어가 일치해야 한다는 것을 알 수 있다.

⑤ ㅁ을 통해 '-겠-'이 가능성이나 능력을 나타낸다는 것을 알 수 있다.

	㉠	㉡	㉢
①	ⓑ	ⓐ, ⓔ	ⓒ, ⓓ
②	ⓓ	ⓐ, ⓒ	ⓑ, ⓔ
③	ⓓ	ⓑ, ⓒ	ⓐ, ⓔ
④	ⓔ	ⓐ, ⓓ	ⓑ, ⓒ
⑤	ⓔ	ⓒ, ⓓ	ⓐ, ⓑ

49 [2014년 11월 고2 학평 B형 12번]

<보기 1>을 참고하여 <보기 2>의 ⓐ~ⓔ를 분류하고자 한다. ㉠~㉢이 사용된 용언을 올바르게 짝지은 것은? 

> **보기 1**
>
> ㉠대등적 연결 어미와 ㉡종속적 연결 어미는 앞문장과 뒷문장을 연결해 주는 기능을 하고, ㉢보조적 연결 어미는 본용언에 보조 용언을 이어 주는 기능을 한다. 이때, 대등적 연결 어미는 두 문장을 '나열', '대조', '선택' 등의 의미 관계로 이어 주고, 종속적 연결 어미는 앞의 문장이 뒤의 문장의 '배경', '원인', '조건', '양보', '결과', '목적' 등의 의미를 가지도록 이어 준다.

> **보기 2**
>
> **선생님** : 안녕? 일찍 등교했구나.
> **학생** : 네. 달리기 ⓐ연습하려고 일찍 왔어요. 체육 대회에 ⓑ출전하게 됐거든요.
> **선생님** : 그래? 그러면 기록을 확인할 수 ⓒ있게 내가 좀 도와줄까?
> **학생** : 정말요? 안 그래도 기록 측정을 해 줄 사람이 없어서 ⓓ고민하고 있었는데, 정말 감사합니다.
> **선생님** : 고맙긴. 너처럼 ⓔ연습하고 준비하면 좋은 결과가 있을 거야. 그럼 초시계 가져올 테니, 잠깐 기다려.

50 [2016년 3월 고2 학평 13번]

<보기>의 사례를 통해 '의도'의 의미를 나타내는 연결 어미 '-(으)려고'의 쓰임에 대해 탐구한 내용으로 적절하지 <u>않은</u> 것은? [3점]

> **보 기**
>
> ㄱ. 도서관에 가려고 철호가 집을 나섰다.
> *영희가 도서관에 가려고 철호가 집을 나섰다.
> ㄴ. 철호가 도서관에 가려고 집을 나섰다.
> 도서관에 가려고 철호가 집을 나섰다.
> 철호가 집을 나섰다, 도서관에 가려고.
> ㄷ. 철호야, 공부하려고 도서관에 가니?/*가라./*가자.
> ㄹ. 할머니께서는 병원에 가시려고/*가셨으려고/*가시겠으려고 버스를 타셨다.
> ㅁ. 할머니께서는 운동을 하려고 공원에 가셨다.
> 할머니께서는 *건강하려고 공원에 가셨다.
> (*는 문법적으로 잘못된 것.)

① ㄱ을 보니, '-(으)려고'로 연결된 문장은 앞 절과 뒤 절의 주어가 다르면 문법적으로 잘못된 문장이 되는 경우가 있군.

② ㄴ을 보니, '-(으)려고'가 포함된 절은 문장에서의 위치 이동이 가능하군.

③ ㄷ을 보니, '-(으)려고'는 명령형이나 청유형이 이어지면 문법적으로 잘못된 문장이 될 수 있군.

④ ㄹ을 보니, '-(으)려고'는 선어말 어미와 결합하지 못하는군.

⑤ ㅁ을 보니, '-(으)려고'는 동사 어간과는 결합하지만 형용사 어간과는 결합하지 않는군.

Part 01 단어 영역 핵심 기출 문제

51 [2013년 6월 고3 모평 B형 13번]

다음의 탐구 과정에서 ㉠에 들어갈 내용으로 적절하지 <u>않은</u> 것은?

자료	•(선생님께) "아니요, 모르겠습니다." •(친구에게) "아니, 몰라."	•"나는 주인공이 아니오."

▼

의문점	'아니요'의 '요'와 '아니오'의 '오'는 어떤 차이가 있을까?	

▼

문제 탐구	자료에서 '아니요'의 쓰임을 확인한다. ☞ 윗사람이 묻는 말에 부정으로 대답할 때 쓰이는데, '아니'에 '요'가 붙어서 된 말이다.	자료에서 '아니오'의 쓰임을 확인한다. ☞ 보어를 취하는 서술어로 쓰이는데, '아니-'에 '-오'가 붙어서 된 말이다.

	자료와 다음 사례를 통해 '요'의 문법적 특성을 알아본다.
	
	• 뭘 할까요?
	  뭘 할까?
	• 어서요, 빨리요.
	☞ 단어, 어말 어미 등에 붙어 높임의 뜻을 더해 주는 보조사인데, '요'가 빠지더라도 문장이 성립한다.
		자료와 다음 사례를 통해 '-오'의 문법적 특성을 알아본다.
		
		• 얼마나 기쁘오?
		  얼마나 기쁘니?
		• 일단 멈추시오.
		☞ _________ ㉠

▼

적용	"그러면 안 되□."의 □ 안에는 '오'가 들어간다.	

① 어간에 붙는다.
② 선어말 어미에 붙는다.
③ 평서문에는 쓰이지 않는다.
④ '-오'가 빠지면 문장이 성립하지 않는다.
⑤ 상대방을 보통으로 높이는 종결 어미이다.

52 [2013년 9월 고3 모평 A형 12번]

<보기>를 바탕으로 어미를 분류한 것 중, 적절하지 <u>않</u>은 것은?

> **보 기**
>
> 단어의 끝에 들어가는 어말 어미는 그 기능에 따라 다음과 같이 분류할 수 있다.
>
> ㉠ 문장을 끝맺어 주는 기능을 하는 어미.
> 예 '동생은 책을 읽었<u>다</u>.'의 '-다'
> ㉡ 두 문장을 연결해 주는 기능을 하는 어미.
> 예 '이것은 장미꽃이<u>고</u>, 저것은 국화꽃이다.'의 '-고'
> ㉢ 용언을 명사, 관형사, 부사처럼 기능하게 하는 어미.
> 예 '내일 읽<u>을</u> 책을 미리 준비해라.'의 '-을'

① '지금쯤 누나는 집에 도착했겠<u>구나</u>.'의 '-구나'는 ㉠에 해당한다.
② '할아버지께서는 어디 갔다 오시<u>지</u>?'의 '-지'는 ㉠에 해당한다.
③ '이렇게 일찍 가<u>는</u> 이유가 뭐니?'의 '-는'은 ㉢에 해당한다.
④ '형은 밥을 먹었<u>으나</u>, 누나는 밥을 먹지 않았다.'의 '-으나'는 ㉡에 해당한다.
⑤ '지금은 운동하<u>기</u>에 좋은 시간이다.'의 '-기'는 ㉢에 해당한다.

53 [2014년 7월 고3 학평 A, B형 15번]

<보기>의 ㉠~㉤에 대한 설명으로 적절하지 <u>않은</u> 것은? **[3점]**

> **보 기**
>
> 서술어로 사용된 용언에 접미사나 선어말 어미를 결합시키면 사동이나 피동, 높임, 시간 표현, 주체의 심리적 태도 등 다양한 문법 범주를 실현할 수 있다.
>
> ◦ 할머니께서 진지를 ㉠<u>드신다</u>.
> ◦ 아버지께서 연을 ㉡<u>날리시고</u> 있다.
> ◦ 그는 운동장을 열심히 ㉢<u>뛰었다</u>.
> ◦ 나는 지금 영화관에 ㉣<u>가겠다</u>.
> ◦ 도둑이 경찰에게 ㉤<u>쫓기고</u> 있다.

① ㉠의 '-시-'와 ㉡의 '-시-'는 각각의 행위 주체를 높이기 위해 사용된 선어말 어미이다.
② ㉠의 '-ㄴ-'과 ㉢의 '-었-'은 현재나 과거 등의 시제를 나타내기 위해 사용된 선어말 어미이다.
③ ㉡의 '-리-'는 행위 주체인 '아버지'가 다른 대상으로 하여금 어떤 동작을 하게끔 만드는 것을 나타내기 위해 사용된 접미사이다.
④ ㉣의 '-겠-'은 행위 주체인 '나'의 의지를 나타내기 위해 사용된 선어말 어미이다.
⑤ ㉤의 '-기-'는 행위 주체인 '경찰'이 자신의 의지와 상관없이 다른 대상에 의해 동작을 당하는 것을 나타내기 위해 사용된 접미사이다.

54 [2014년 수능 A형 12번]

밑줄 친 부분이 <보기>의 ⓐ~ⓒ에 해당하는 예로 적절하지 <u>않은</u> 것은?

> **보 기**
>
> 선어말 어미 '-았-/-었-'은 여러 가지 의미를 지닌다.
>
> (가) 오늘 아침에 누나는 밥을 안 <u>먹었어요</u>.
> (나) 들판에 안개꽃이 아름답게 <u>피었습니다</u>.
> (다) 이렇게 비가 안 오니 농사는 다 <u>지었다</u>.
>
> (가)에서와 같이 ⓐ<u>사건이나 상태가 과거의 것임을</u> 나타내기도 하고, (나)에서와 같이 ⓑ<u>과거에 일어난 사건의 결과 상태가 현재까지 지속되고 있음</u>을 나타내기도 한다. (가)의 경우와 달리 (나)의 경우에는 '-았-/-었-'을 보조 용언 구성 '-아/-어 있-'이나 '-고 있-'으로 교체하여도 의미가 달라지지 않는다. 또한 (다)에서와 같이 ⓒ<u>미래의 일을 확정적인 사실로 받아들임</u>을 나타내기도 한다.

① ⓐ ┌ A : 어제 뭐 했니?
　　　└ B : 하루 종일 텔레비전만 <u>보았어</u>.

② ⓐ ┌ A : 너 아까 집에 없더라.
　　　└ B : 할머니 생신 선물 사러 <u>갔어</u>.

③ ⓑ ┌ A : 감기 걸렸다며?
　　　└ B : 응, 그래서인지 아직도 목이 <u>잠겼어</u>.

④ ⓑ ┌ A : 소풍날 날씨는 괜찮았어?
　　　└ B : 아주 <u>나빴어</u>.

⑤ ⓒ ┌ A : 너 오늘도 바빠?
　　　└ B : 응, 과제 준비하려면 오늘도 잠은 다 <u>잤어</u>.

55 [2015년 9월 고3 모평 A형 12번]

밑줄 친 부분이 <보기>의 ㉠에 해당하지 <u>않는</u> 것은?

> **보 기**
>
> 동사의 어간에 연결 어미 '-(으)며'가 결합할 때, ㉠<u>앞 문장과 뒤 문장의 주어가 서로 같고, '-(으)며'를 연결 어미 '-(으)면서'로 바꾸어 쓸 수 있는 경우에 '-(으)며'는 앞뒤 문장의 동작이 동시에 일어남을 나타낸다.</u>
>
> 〔예〕 철수가 음악을 듣는다. + 철수가 커피를 마신다.
> 　　→ 철수가 음악을 들으며(들으면서) 커피를 마신다.

① 우리는 함께 걸으며 희망에 대해 이야기했다.
② 모두들 음정에 주의하며 노래를 제대로 부르자.
③ 아는 사람 하나가 미소를 지으며 내게 다가왔다.
④ 마라톤 선수가 가쁜 숨을 몰아쉬며 결승선을 통과했다.
⑤ 출근할 때, 일부는 버스를 이용하며 일부는 지하철을 이용한다.

56 [2016년 9월 고3 모평 13번]

<보기>의 ㉠~㉤에 쓰인 ⓐ, ⓑ에 대한 설명으로 옳지 <u>않은</u> 것은?

> **보 기**
>
> 용언은 어간에 어미가 붙어 다양한 의미를 나타내며 활용된다. 어미는 ⓐ<u>선어말 어미</u>와 ⓑ<u>어말 어미</u>로 나뉜다. 어말 어미는 다시 종결 어미, 연결 어미, 전성 어미로 나뉜다. 용언의 활용형에서 선어말 어미는 없는 경우가 있어도 어말 어미는 반드시 있어야 한다.
>
> ㉠ 민수가 그 나무를 <u>심었구나</u>!
> ㉡ 저기서 <u>청소하는</u> 아이가 내 동생이야.
> ㉢ 그 친구가 설마 그 음식을 다 <u>먹었겠니</u>?
> ㉣ 그가 나에게 권한 책은 이미 <u>읽은</u> 책이다.
> ㉤ 주말에 바람은 <u>불겠지만</u> 비는 오지 않을 것이다.

① ㉠에는 과거 시제를 나타내는 '-었-'이 ⓐ로 쓰였고, 감탄형 종결 어미 '-구나'가 ⓑ로 쓰였다.
② ㉡에는 ⓐ는 없고 동사의 현재 시제를 나타내는 관형사형 전성 어미 '-는'이 ⓑ로 쓰였다.
③ ㉢에는 과거 시제를 나타내는 '-었-'과 주체의 의지를 나타내는 '-겠-'이 ⓐ로 쓰였고, 의문형 종결 어미 '-니'가 ⓑ로 쓰였다.
④ ㉣에는 ⓐ는 없고 동사의 과거 시제를 나타내는 관형사형 전성 어미 '-은'이 ⓑ로 쓰였다.
⑤ ㉤에는 추측의 의미를 나타내는 '-겠-'이 ⓐ로 쓰였고, 대등적 연결 어미 '-지만'이 ⓑ로 쓰였다.

57 [2017년 9월 고3 모평 15번]

밑줄 친 말에 주목하여 <보기>의 ㉠~㉤에 대해 탐구한 결과로 적절하지 <u>않은</u> 것은?

> **보 기**
>
> ㉠ 거기에는 눈이 <u>왔겠다</u>.
> 　지금 거기에는 눈이 <u>오겠지</u>.
> ㉡ 그가 집에 <u>갔다</u>.
> 　막차를 놓쳤으니 나는 집에 다 <u>갔다</u>.
> ㉢ 내가 떠날 때 비가 올 것이다.
> 　내가 떠날 때 비가 왔다.
> ㉣ 그는 지금 학교에 <u>간다</u>.
> 　그는 내년에 <u>진학한다고</u> 한다.
> ㉤ 오늘 보니 그는 키가 <u>작다</u>.
> 　작년에 그는 키가 <u>작았다</u>.

① ㉠을 보니, 선어말 어미 '-겠-'이 미래의 사건을 추측하는 데에 쓰이고 있군.
② ㉡을 보니, 선어말 어미 '-았-'이 과거시제를 나타내지 않는 경우도 있군.
③ ㉢을 보니, 관형사형 어미 '-ㄹ'이 붙을 때 미래의 사건을 나타내지 않는 경우도 있군.
④ ㉣을 보니, 현재 시제 선어말 어미 '-ㄴ-'이 미래의 사건을 나타낼 때도 쓰이고 있군.
⑤ ㉤을 보니, 형용사에서 현재 시제를 나타낼 때 시제 선어말 어미가 나타나지 않고 있군.

---

58 [2018년 6월 고3 모평 15번]

<보기>의 ㉠~㉤의 예로 적절하지 __않은__ 것은?

> **보 기**
>
> 선어말 어미 '-더-'는 시간 표현, 주어의 인칭, 용언의 품사, 문장 종결 표현 등과 다양하게 관련을 맺는다.
> 예컨대 '아까 달력을 보니 내일이 언니 생일이더라.'와 같이 ㉠새삼스럽거나 새롭게 알게 된 내용이 비록 미래의 일이라도 그것을 안 시점이 과거이면 '-더-'가 쓰일 수 있다. 또한 '-더-'가 쓰인 문장에는 특정 인칭의 주어만 나타나는 경우가 있다. 가령, ㉡본인만이 직접 느껴 알 수 있는 감정이나 감각을 표현하는 형용사가 서술어일 때, 평서문에는 1인칭 주어만이 '-더-'와 함께 쓰인다. ㉢이 경우, 의문문에는 2인칭 주어만이 '-더-'와 함께 쓰인다. 단, ㉣이때도 수사 의문문에는 '-더-'와 함께 1인칭 주어가 나타날 수 있다. 한편, '꿈에서 내가 하늘을 날더라.'처럼 ㉤꿈 속의 일이나 무의식중에 일어난 일을 말할 때, 화자가 자신의 행동이나 상태를 타인이 관찰하듯이 진술할 경우 '-더-'가 1인칭 주어와 쓰일 수 있다.

① ㉠ : 아까 수첩을 보니 다음 주에 약속이 있더라.
② ㉡ : 나는 그의 합격이 놀랍더라.
③ ㉢ : 영수야, 넌 내가 그리 말했는데도 안 믿더냐?
④ ㉣ : 기어이 우승한 그날, 우리 어찌 아니 기쁘더냐?
⑤ ㉤ : 내가 어제 마신 약은 생각보다 안 쓰더라.

---

59 [2019년 3월 고3 학평 14번]

사전 자료의 일부인 <보기>를 바탕으로 어미의 쓰임을 탐구한 학습지 활동의 결과로 적절하지 __않은__ 것은?

> **보 기**
>
> **-ㄴ-「어미」**
> 이야기하는 시점에서 볼 때 사건이나 행위가 현재 일어남을 나타내는 어미.
> ¶ 일을 마치고 집으로 간다.
>
> **-ㄴ「어미」**
> ① 사건이나 행위가 과거 또는 말하는 이가 상정한 기준 시점보다 과거에 일어남을 나타내는 어미.
> ¶ 이것은 털실로 짠 옷이다.
> ② 현재의 상태를 나타내는 어미.
> ¶ 누나는 유명한 성악가이다.

> **[학습지]**
> 각 질문에 대해 '예'는 ○, '아니요'는 ×로 표시하시오.

질문	-ㄴ-	-ㄴ ①	-ㄴ ②	
○ 다른 어미 앞에 붙을 수 있는가?	○	×	×	㉠
○ 어미 '-(으)시-' 뒤에 붙을 수 있는가?	○	○	○	㉡
○ 어간에 붙어 관형어 구실을 하게 하는가?	×	○	○	㉢
○ 받침 없는 용언의 어간 뒤에 붙어 현재 시제를 나타내는가?	○	×	○	㉣
○ 예문으로 '흰 눈이 내립니다.'를 추가할 수 있는가?	○	×	×	㉤

① ㉠   ② ㉡   ③ ㉢   ④ ㉣   ⑤ ㉤

60 [2022년 4월 고3 학평 37번]

<보기 1>의 ㉠~㉢에 해당하는 예만을 <보기 2>에서 고른 것은?

보기 1

연결 어미 '-고'의 쓰임은 다양하다. 먼저 ㉠앞 절과 뒤 절의 사실을 대등하게 벌여 놓는 경우가 있다. 또한 ㉡앞 뒤 절의 두 사실 간에 계기적인 관계가 있음을 나타내는 경우나, ㉢앞 절의 동작이 이루어진 그대로 지속되는 가운데 뒤 절의 동작이 일어남을 나타내는 경우도 있다.

보기 2

○ 그들은 서로 손을 쥐고 팔씨름을 했다.
　　　　　　　　　　ⓐ
○ 어머니는 나를 업고 병원으로 달려갔다.
　　　　　　　ⓑ
○ 나는 그가 정직하고 성실하다는 것을 알고 있었다.
　　　　　　　ⓒ
○ 눈 깜짝할 사이에 다리가 벌에 쏘이고 퉁퉁 부었다.
　　　　　　　　　　　　　ⓓ
○ 그 책은 내가 읽을 책이고 이 책은 내가 읽은 책이다.
　　　　　　　　　　ⓔ

---

① ㉠ : ⓐ, ⓒ　　② ㉡ : ⓑ, ⓔ　　③ ㉡ : ⓓ, ⓔ
④ ㉢ : ⓐ, ⓑ　　⑤ ㉢ : ⓒ, ⓓ

61 [2022년 9월 고3 모평 37번]

<보기>의 ⓐ~ⓔ에 대한 이해로 적절한 것은? [3점]

보 기

국어의 어미는 용언 어간에 붙어 여러 가지 문법적인 기능을 수행한다. 어미는 선어말 어미와 어말 어미로 나누어진다. 선어말 어미는 용언 어간과 어말 어미 사이에 들어가는 것으로 시제나 높임과 같은 문법적 의미를 나타낸다. 선어말 어미는 하나 혹은 둘 이상이 쓰일 수도 있고 아예 쓰이지 않을 수도 있다. 한편 어말 어미에는 종결 어미, 연결 어미, 전성 어미가 있다. 어말 어미는 선어말 어미와 달리 하나만 붙고, 반드시 있어야 한다.

○ 머무시는 동안 ⓐ즐거우셨길 바랍니다.
○ 이 부분에서 물이 ⓑ샜을 가능성이 높다.
○ ⓒ번거로우시겠지만 서류를 챙겨 주세요.
○ 시원한 식혜를 먹고 갈증이 싹 ⓓ가셨겠구나.
○ 항구에 ⓔ다다른 배는 새로운 항해를 준비했다.

---

① ⓐ : 선어말 어미 두 개와 연결 어미가 사용되었다.
② ⓑ : 선어말 어미 없이 전성 어미가 사용되었다.
③ ⓒ : 선어말 어미 세 개와 연결 어미가 사용되었다.
④ ⓓ : 선어말 어미 두 개와 종결 어미가 사용되었다.
⑤ ⓔ : 선어말 어미 한 개와 전성 어미가 사용되었다.

단어 – 형태소

62 [2013년 6월 고1 학평 11번]

<보기>의 설명을 참고할 때 [A]에 대한 설명으로 적절한 것은?

보 기

일정한 뜻을 지닌 가장 작은 말의 단위를 '형태소'라고 한다. '사과를 먹는다'는 '사과', '를', '먹-', '-는-', '-다'의 다섯 개의 형태소로 분석된다. 형태소 중에는 '사과'처럼 혼자 쓰일 수 있는 것이 있고 '를', '먹-', '-는-', '-다'처럼 반드시 다른 형태소와 결합하여 쓰이는 것이 있는데, 전자를 '자립 형태소'라고 하고 후자를 '의존 형태소'라고 한다.

○ 하늘에 별이 많다. ………………………………… [A]

---

① '하늘에'는 세 개의 형태소로 구성되었다.
② '별이'는 자립 형태소만으로 구성되었다.
③ '많다'는 자립 형태소와 의존 형태소로 구성되었다.
④ '에'와 '이'는 모두 자립 형태소이다.
⑤ '별이 많다'에는 세 개의 의존 형태소가 있다.

63 [2014년 11월 고1 학평 11번]

<보기>는 문법 수업 장면의 일부이다. 이에 대한 학생의 반응으로 적절하지 <u>않은</u> 것은? [3점]

보 기

선생님 : 단어는 자립할 수 있는 말이나 자립할 수 있는 형태소에 붙으면서 쉽게 분리할 수 있는 말이고, 형태소는 일정한 의미를 지닌 가장 작은 말의 단위를 뜻합니다. 다음 문장을 단어와 형태소로 분류하면 다음과 같습니다.

문장	나는 풋사과를 먹었다.						

단어	나	는	풋사과	를	먹었다

형태소	나	는	풋	사과	를	먹	었	다

---

① '는', '를'의 경우는 자립성이 없는 형태소이지만 단어로 인정되고 있군.
② '었'은 자립할 수 없는 형태소로 자립할 수 있는 형태소와 결합하고 있군.
③ '는', '를', '었', '다'를 보니, 문법적 기능을 하는 말도 형태소에 해당함을 알 수 있군.
④ '풋사과', '먹었다'는 단어 중에서 더 작은 단위인 형태소로 분석되는 경우로군.
⑤ '먹'을 보니, 실질적 의미가 있는 형태소 중에서 단어에 해당하지 않는 경우가 있음을 알 수 있군.

단어 영역 핵심 기출 문제

64 [2018년 6월 고1 학평 12번]

<보기>의 설명을 참고할 때, ㉠을 분석한 내용으로 적절하지 <u>않은</u> 것은?

보 기

'형태소'는 뜻을 가진 말의 가장 작은 단위이다. 형태소는 의미의 유무에 따라 구체적인 대상이나 동작, 상태를 표시하는 실질적인 의미를 지닌 실질 형태소와 문법적인 기능을 수행하는 형식 형태소로 나눌 수 있다. 그리고 자립성의 유무에 따라 다른 말에 기대어 쓰이지 않고 홀로 사용될 수 있는 자립 형태소와 다른 말에 기대어 사용되는 의존 형태소로 나눌 수 있다.

㉠하늘이 매우 높고 푸르다.

① 자립 형태소는 모두 4개이다.
② 형식 형태소는 모두 3개이다.
③ 의존 형태소는 모두 5개이다.
④ 실질 형태소이면서 의존 형태소는 모두 2개이다.
⑤ 실질 형태소이면서 자립 형태소는 모두 2개이다.

65 [2020년 6월 고1 학평 13번]

<보기>에서 선생님의 질문에 대한 학생의 대답으로 가장 적절한 것은?

보 기

선생님 : 형태소는 뜻을 가진 가장 작은 말의 단위를 뜻하는 말입니다. 형태소는 다음의 두 기준에 따라 자립 형태소와 의존 형태소, 실질 형태소와 형식 형태소로 나눌 수 있습니다.

홀로 쓰일 수 있는가?		실질적 의미가 있는가?	
예	아니요	예	아니요
자립 형태소	의존 형태소	실질 형태소	형식 형태소

다음은 아래 '예문'을 형태소 단위로 나누고, 위 기준에 따라 분석한 결과입니다.

○ 예문 : 경찰이 도둑을 잡았다.
○ 형태소 분석 결과 :

형태소 구분 기준	경찰	이	도둑	을	잡-	-았-	-다
홀로 쓰일 수 있는가?	예	아니요	예	㉠	아니요	아니요	아니요
실질적 의미가 있는가?	㉠	아니요	예	아니요	㉢	아니요	아니요

㉠~㉢에 들어갈 대답을 모두 바르게 짝지어 볼까요?

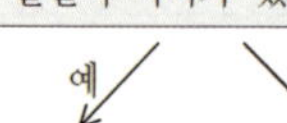

	㉠	㉡	㉢
①	예	예	예
②	예	아니요	예
③	예	아니요	아니요
④	아니요	예	예
⑤	아니요	아니요	아니요

66 [2022년 6월 고1 학평 13번]

<보기>의 설명을 참고할 때, ㉠을 분석한 내용으로 적절하지 <u>않은</u> 것은?

보 기

형태소란 뜻을 가진 가장 작은 말의 단위이다. 가장 작은 말의 단위라는 것은 더 이상 나눌 수 없으며, 더 나눌 경우 원래의 뜻이 사라지는 것을 말한다.

㉠우리 아기만 맨발로 잔디밭에서 놀았다.

① '우리'는 '우'와 '리'로 나누면 뜻이 사라지므로 하나의 형태소이다.
② '아기만'은 '아기'와 '만'으로 나눌 수 있으므로 두 개의 형태소이다.
③ '맨발'은 '맨-'과 '발'로 나눌 수 있으므로 두 개의 형태소이다.
④ '잔디밭'은 '잔디'와 '밭'으로 나눌 수 있으므로 두 개의 형태소이다.
⑤ '놀았다'는 '놀았-'과 '-다'로 나눌 수 있으므로 두 개의 형태소이다.

67 [2023년 11월 고2 학평 14번]

<보기>는 학습지의 일부이다. [학습 활동]을 수행한 결과로 적절하지 <u>않은</u> 것은?

보 기

형태소는 자립성 여부에 따라 자립 형태소와 의존 형태소로 구분되고, 실질적인 의미를 갖느냐 문법적인 의미를 갖느냐에 따라 실질 형태소와 형식 형태소로 구분된다. 이러한 기준에 따라 형태소는 ㉠실질 형태소이자 자립 형태소인 것, ㉡실질 형태소이자 의존 형태소인 것, ㉢형식 형태소이자 의존 형태소인 것으로 나눌 수 있다.

[학습 활동]
다음 문장의 형태소를 분석해 보자.

비로소 바라던 것을 이루자 형은 기쁨에 젖어 춤을 추었다.

① '비로소'와 '것'은 ㉠에 속한다.
② '바라던'의 '바라-'와 '이루자'의 '이루-'는 ㉡에 속한다.
③ '기쁨'과 '춤'에는 ㉠에 속하는 형태소만 있다.
④ '형은'에는 ㉠, ㉢에 속하는 형태소만 있다.
⑤ '젖어'와 '추었다'에는 ㉡, ㉢에 속하는 형태소만 있다.

---

68 [2015년 수능 A형 12번]

다음의 (가)에 들어갈 말로 가장 적절한 것은?

> 선생님 : 지금까지 형태소의 개념 및 유형 그리고 특성에 대해 공부했지요? 그럼, 다음 자료에서 밑줄 친 말들이 가진 공통점이 무엇인지 한번 찾아보세요.
>
> > · 하늘은 맑고 바다는 푸르다.
> > · 그의 말은 듣지 말고 내 말을 들어라.
> > · 나는 물고기를 잡았지만 놓아주었다.
>
> 학생 : 밑줄 친 말들은 모두 ___(가)___

① 실질적 의미가 아닌 문법적 의미를 나타내고 반드시 다른 말과 결합하여 쓰이는군요.
② 음운 환경에 따라 형태가 바뀌고 실질적 의미가 아닌 문법적 의미를 나타내는군요.
③ 반드시 다른 말과 결합하여 쓰이고 음운 환경에 따라 그 형태가 바뀌는군요.
④ 단어의 자격을 가지고 실질적 의미가 아닌 문법적 의미를 나타내는군요.
⑤ 단어의 자격을 가지고 반드시 다른 말과 결합하여 쓰이는군요.

---

69 [2019년 3월 고3 학평 13번]

<보기>의 선생님 물음에 대한 답으로 가장 적절한 것은?

> **보 기**
>
> 선생님 : 지난 시간에 형태소와 단어에 대해 공부했는데, 이를 바탕으로 다음 자료에서 ㉠, ㉡, ㉢의 공통점과 차이점이 무엇인지 말해볼까요?
>
> [자료]
> ○ 이 문제는 나한테 묻지 말고 그에게 물어라.
>   ㉠
>
> ○ 귀로는 음악을 들었고 눈으로는 풍경을 보았다.
>   ㉡
>
> ○ 나는 산으로 가자고 했지만 동생은 바다로 갔다.
>   ㉢

① 공통점은 단어의 자격을 가진다는 것이고, 차이점은 ㉠만 실질적 의미를 나타낸다는 것입니다.
② 공통점은 문법적 의미를 나타낸다는 것이고, 차이점은 ㉢만 단어의 자격을 가진다는 것입니다.
③ 공통점은 단어의 자격을 갖지 못한다는 것이고, 차이점은 ㉡, ㉢만 문법적 의미를 나타낸다는 것입니다.
④ 공통점은 음운 환경에 따라 그 형태가 바뀐다는 것이고, 차이점은 ㉡, ㉢만 문법적 의미를 나타낸다는 것입니다.
⑤ 공통점은 반드시 다른 말과 결합하여 쓰인다는 것이고, 차이점은 ㉡, ㉢만 음운 환경에 따라 그 형태가 바뀐다는 것입니다.

---

70 [2022년 6월 고3 모평 38번]

<학습 활동>을 수행한 결과로 적설한 것은?

> **학습 활동**
>
> 형태소는 자립성의 유무와 의미의 유형에 따라 다음과 같이 구분된다.
>
> | 자립성의 유무 / 의미의 유형 | 자립 형태소 | 의존 형태소 |
> |---|---|---|
> | 실질 형태소 | ㉠ | ㉡ |
> | 형식 형태소 | | ㉢ |
>
> 다음 문장의 형태소를 ㉠, ㉡, ㉢으로 분류한 후, 그 결과를 정리해 보자.
>
> > 우리는 비를 맞고 바람에 맞서다가 드디어 길을 찾아냈다.

① '우리는'의 '우리'와 '드디어'는 ㉡에 속한다.
② '비를'과 '길을'에는 ㉠과 ㉡에 속하는 형태소만 있다.
③ '맞고'의 '맞-'과 '맞서다가'의 '맞-'은 모두 ㉢에 속한다.
④ '바람에'에는 ㉡과 ㉢에 속하는 형태소만 있다.
⑤ '찾아냈다'에는 ㉡과 ㉢에 속하는 형태소만 있다.

71 [2025년 3월 고3 학평 39번] 

[학습 자료]에 대한 설명으로 적절한 것만을 <보기>에서 있는 대로 고른 것은?

> **[학습 활동]**
>
> 형태소는 자립성 유무에 따라 '자립 형태소'와 '의존 형태소'로, 의미의 성격에 따라 '실질 형태소'와 '형식 형태소'로 분류할 수 있다. 아래의 학습 자료는 제시된 문장의 밑줄 친 부분을 형태소로 분석한 내용을 정리한 것이다. 적절한 내용에는 ○, 적절하지 않은 내용에는 ×로 표시하시오.
>
> <u>막내딸</u>이 <u>삶은</u> 햇감자가 <u>설익어서</u> <u>조금씩</u> <u>깨물어</u> 먹었다.
>
> **[학습 자료]**
>
> | 분석 내용 | 대답 |
> |---|---|
> | '삶은', '설익어서'에는 모두 자립 형태소가 존재하지 않는다. | ㉠ |
> | '햇감자'는 의존 형태소와 자립 형태소가 모두 포함된 말이다. | ㉡ |
> | ㉢ | ○ |
> | ㉣ | ㉤ |

> **보 기**
>
> a. ㉠과 ㉡에 들어갈 적절한 대답은 각각 '×', '○'이다.
> b. ㉢이 "막내딸'은, 자립 형태소이면서 실질 형태소인 형태소 두 개로만 이루어진 말이다.'라면, ㉢에 대한 대답은 적절하다.
> c. ㉣이 "햇감자'에는 형식 형태소가 존재하고, '조금씩'에는 형식 형태소가 존재하지 않는다.'라면, ㉤에 들어갈 적절한 대답은 '×'이다.
> d. ㉣이 "삶은'은 실질 형태소가 한 개 포함된 말이고, '깨물어'는 실질 형태소가 두 개 포함된 말이다.'라면, ㉤에 들어갈 적절한 대답은 '○'이다.

① a, b ② b, c ③ c, d
④ a, b, d ⑤ b, c, d

단어 - 단어의 형성

72 [2013년 11월 고1 학평 12번]

단어 형성법에 따라 단어를 분류하는 탐구 과제를 수행해 보았다. ㉠~㉢에 들어갈 말을 바르게 짝지은 것은?

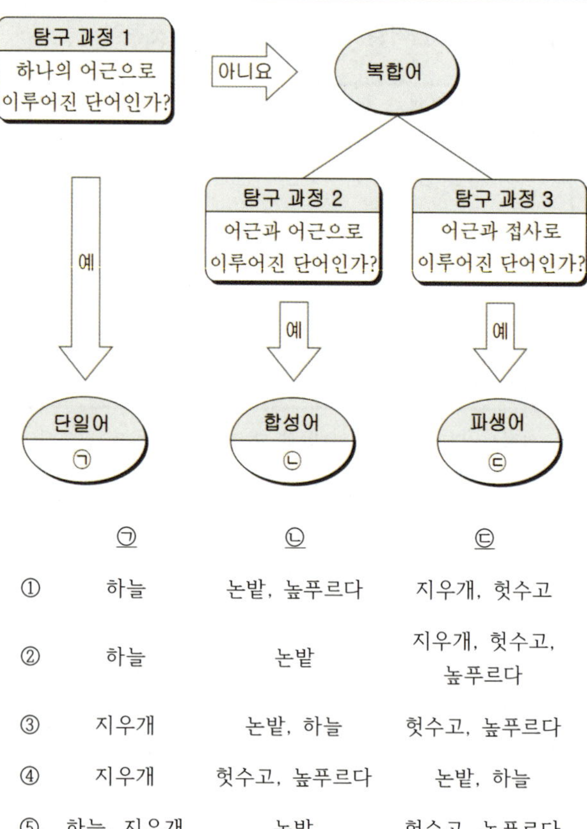

	㉠	㉡	㉢
①	하늘	논밭, 높푸르다	지우개, 헛수고
②	하늘	논밭	지우개, 헛수고, 높푸르다
③	지우개	논밭, 하늘	헛수고, 높푸르다
④	지우개	헛수고, 높푸르다	논밭, 하늘
⑤	하늘, 지우개	논밭	헛수고, 높푸르다

73 [2014년 3월 고1 학평 12번]

<보기 1>의 설명을 참고할 때, <보기 2>의 ㉠~㉣ 중 합성어에 해당하는 말을 바르게 고른 것은?

> **보기 1**
>
> 하나의 형태소로 이루어진 단어를 단일어라고 하고, 둘 이상의 형태소로 이루어진 단어를 복합어라고 한다. 복합어에는 두 종류가 있다. '손(어근) + 수레(어근)'와 같이 둘 이상의 어근으로 이루어진 단어는 합성어이고, '사냥(어근) + 꾼(접사)'과 같이 어근에 접사가 결합되어 만들어진 단어는 파생어이다.

> **보기 2**
>
> ㉠<u>물고기</u>가 그려진 ㉡<u>지우개</u>가 어디로 갔을까? ㉢<u>심술쟁이</u> 동생이 또 ㉣<u>책가방</u>에 숨겼을 거야. 그래 보았자 이 누나는 금방 찾는데.

① ㉠, ㉡ ② ㉠, ㉣ ③ ㉡, ㉢
④ ㉡, ㉣ ⑤ ㉢, ㉣

74 [2015년 3월 고1 학평 12번]

<보기>를 참고할 때, '본받다'와 같은 유형에 해당하는 단어로 적절한 것은?

> **보 기**
>
> '본받다'는 '본'과 '받다'가 결합하여 만들어진 말로, 다음과 같이 목적어와 서술어의 관계를 나타내고 있는 것이 특징이다.

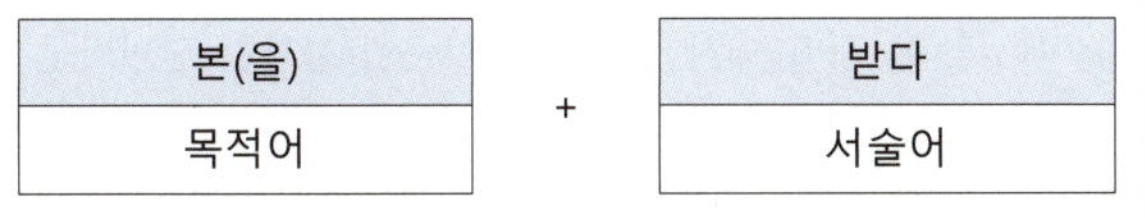

① 동생이 형에게 <u>혼나다</u>.
② 조명이 환하게 <u>빛나다</u>.
③ 오래 걸었더니 <u>힘들다</u>.
④ 말보다 행동이 <u>앞서다</u>.
⑤ 사자의 출현에 <u>겁먹다</u>.

75 [2016년 3월 고1 학평 15번]

<보기>의 설명에 따라 '달리기'를 도식화한 것으로 적질한 것은?

> **보 기**
>
> **선생님** : 어근은 단어에서 실질적인 의미를 나타내는 중심이 되는 부분을, 접사는 어근이나 단어에 붙어 새로운 단어를 구성하는 부분을 말합니다. 어근과 접사의 결합 관계를 쉽게 구별해 보기 위해 어근을 ☐로, 접사를 ◯로 나타내 보겠습니다. 예를 들어 '하늘'은 하나의 어근으로 이루어져 있고, '먹이'는 어근 '먹-'과 접사 '-이'로 이루어져 있으므로 다음과 같이 도식화할 수 있습니다.
>
> ○ 하늘 : ☐하늘   ○ 먹이 : ☐먹- ◯-이

① ☐달리기 ② ◯달- ☐-리기
③ ☐달리- ◯-기 ④ ◯달리- ☐-기
⑤ ☐달- ◯-리- ◯-기

76 [2016년 6월 고1 학평 12번]

<보기>를 바탕으로 단어 형성에 대해 이해한 내용으로 적절하지 <u>않은</u> 것은? [3점]

> **보 기**
>
> 단어의 실질적인 의미를 나타내는 중심 부분을 어근이라 하고, 일부 어근에 붙어서 그 의미를 제한하며 어근과 달리 독립적으로 쓰이지 못하는 주변 부분을 접사라고 한다. 단어는 구성 방식에 따라 하나의 어근으로 이루어진 단일어, 어근과 어근이 결합한 합성어, 어근과 접사가 결합한 파생어로 구분할 수 있다.

① '새해'는 접사와 어근이 결합한 파생어이다.
② '밤낮'은 어근과 어근이 결합한 합성어이다.
③ '구경꾼'은 어근과 접사가 결합한 파생어이다.
④ '이슬비'는 어근과 어근이 결합한 합성어이다.
⑤ '민들레'는 하나의 어근으로 이루어진 단일어이다.

77 [2017년 6월 고1 학평 15번]

<보기>를 바탕으로 단어 형성법에 대해 탐구한 것으로 적절하지 <u>않은</u> 것은?

> **보 기**
>
> 단어에서 실질적 의미를 나타내는 중심 부분을 어근이라 하고, 어근에 붙어 그 뜻을 더하는 부분을 접사라고 한다. 단어는 형성 방법에 따라 단일어와 파생어, 합성어로 나누어진다. 단일어는 '바다', '놀다'와 같이 하나의 어근으로 이루어진 말이고, 파생어는 '군살'이나 '멋쟁이'처럼 어근과 접사의 결합으로 이루어진 말이다. 합성어는 어근과 어근이 결합한 말로 '달빛'이나 '뛰놀다'와 같은 말이 이에 해당한다.

① '치솟다'는 접사가 어근에 붙어 뜻을 더하고 있으므로 파생어이군.
② '밤하늘'은 실질적 의미를 지닌 어근끼리 결합하였으므로 합성어이군.
③ '지우개'는 어근에 접사가 결합한 파생어이고, '닭고기'는 어근끼리 결합한 합성어이군.
④ '나무꾼'과 '검붉다'는 모두 실질적인 뜻을 가진 어근끼리 결합하였으므로 합성어이군.
⑤ '개살구'와 '부채질'은 모두 어근에 접사가 결합하여 이루어진 단어이므로 파생어에 해당하는군.

단어 영역 핵심 기출 문제

78 [2019년 3월 고1 학평 11번]

다음은 학생들이 '-쟁이'와 '-장이'에 대해 탐구한 내용이다. ㄱ~ㅁ에 제시된 탐구 결과 중 적절하지 <u>않은</u> 것은? [3점]

탐구 목표	어근의 뒤에 붙어 새로운 단어를 만드는 접미사 중 '-쟁이'와 '-장이'의 의미와 쓰임을 구분해 사용할 수 있다.

↓

탐구 자료	(1) 고집쟁이 : 고집이 센 사람. 　　거짓말쟁이 : 거짓말을 잘하는 사람. (2) 노래쟁이 : '가수(歌手)'를 낮잡아 이르는 말. 　　그림쟁이 : '화가(畫家)'를 낮잡아 이르는 말. (3) 땜장이 : 땜질을 직업으로 하는 사람. 　　옹기장이 : 옹기 만드는 일을 직업으로 하는 사람.

↓

탐구 결과	○(1)의 '-쟁이'의 의미는 '어떤 속성을 많이 가진 사람'으로 볼 수 있다. ⋯⋯⋯⋯⋯⋯⋯⋯ ㄱ ○(2)와 (3)은 둘 다 직업과 관련된 말이지만, '기술자'를 의미할 때는 '-장이'를 쓴다. ⋯⋯⋯⋯ ㄴ ○(1)~(3)을 볼 때, '-쟁이'와 '-장이'는 모두 명사와 결합하여 새로운 단어를 만든다. ⋯⋯⋯⋯ ㄷ ○(1)~(3)을 볼 때, '-쟁이'와 '-장이'는 모두 어근의 품사를 변화시키지 않는 접미사이다. ⋯⋯⋯⋯ ㄹ ○(1), (2), (3)의 예로 '욕심쟁이', '대장쟁이', '중매장이'를 각각 추가할 수 있다. ⋯⋯⋯⋯⋯⋯⋯ ㅁ

① ㄱ　　② ㄴ　　③ ㄷ　　④ ㄹ　　⑤ ㅁ

80 [2013년 3월 고2 학평 B형 14번]

<보기>의 설명을 바탕으로 '단어 형성'에 대해 탐구한 내용으로 적절하지 <u>않은</u> 것은?

> **보 기**
>
> 　단어에서 실질적 의미를 나타내는 중심 부분을 어근이라 하고, 어근에 붙어 그 뜻을 더하는 부분을 접사라고 한다. 우리말은 어근끼리 결합해도 새말을 만들 수 있고, 어근과 접사가 결합해도 새말을 만들 수 있다. 예를 들어 '솔방울'은 실질적 의미를 지닌 '솔'과 '방울'이라는 어근끼리 결합하여 형성된 단어이고, '풋고추'는 '덜 익은'이라는 뜻을 더하는 접사 '풋-'과 어근인 '고추'가 결합하여 형성된 단어이다. 어근끼리 결합한 단어를 합성어라 부르고, 어근과 접사가 결합한 단어를 파생어라 부른다.

① '맨주먹'은 뜻을 더하는 접사가 어근에 결합한 단어이군.
② '날짐승'은 실질적 의미를 지닌 어근끼리 결합한 단어이군.
③ '군소리'와 '군밤'은 어근 앞에 접사가 결합한 단어이므로 파생어이군.
④ '돌다리'와 '집안'은 어근끼리 결합하여 형성된 단어이므로 합성어이군.
⑤ '감나무'는 어근끼리 결합한 단어이고, '나무꾼'은 어근에 접사가 결합한 단어이군.

79 [2025년 6월 고1 학평 13번]

<보기>의 ㉠에 해당하는 단어로 적절한 것은?

> **보 기**
>
> 　복합어 중에는 어근과 접사로 이루어진 파생어에 어근이나 접사가 다시 결합하여 형성된 것이 있다. 예컨대, 복합어 '놀이터'는 어근 '놀-'과 접사 '-이'가 결합한 파생어 '놀이'에 어근 '터'가 다시 결합하여 형성되었다. 따라서 '놀이터'는 ㉠'(어근+접사)+어근'의 구조로 된 단어이다.

① 맷음말　　② 눈물샘　　③ 옷걸이
④ 가위질　　⑤ 헛걸음

81 [2013년 9월 고2 학평 B형 12번]

단어의 계층 구조가 <보기>와 같은 것은?

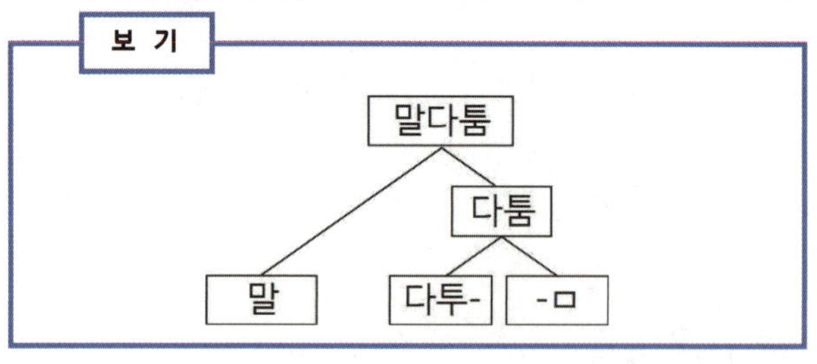

① 글짓기　② 나들이　③ 달리기　④ 들기름　⑤ 웃음보

82 [2013년 11월 고2 학평 A형 13번] 

<보기>는 문법 수업의 일부이다. 선생님의 설명을 듣고 ㉠~㉣에 대해 학생들이 이해한 내용으로 적절하지 <u>않은</u> 것은?

보 기

선생님 : 우리말의 접사에는 어근의 앞에 결합되는 접두사가 있고, 어근의 뒤에 결합되는 접미사가 있습니다. 접사는 어근의 뜻을 한정해 주거나 품사를 바꾸어 줍니다. 또한 사동이나 피동의 의미를 갖는 단어를 만들어 줍니다. 그러면 접사의 종류와 기능에 대해서 다음의 학습 과제를 분석해 보겠습니다.

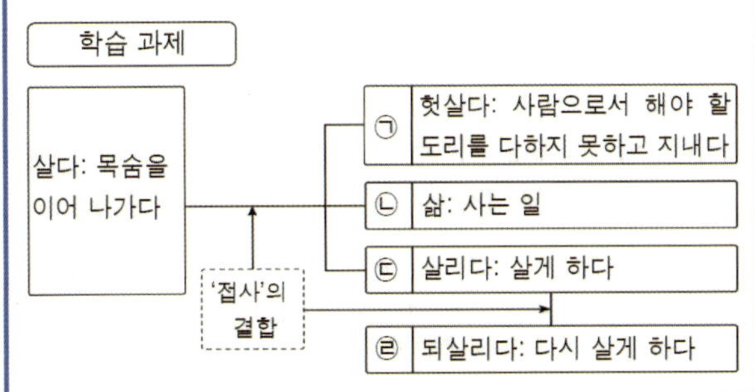

① ㉠의 '헛-'과 ㉣의 '되-'는 어근의 뜻을 한정해 주는군.

② ㉡의 '-ㅁ'은 어근과 결합하여 단어의 품사를 바꾸어 주는군.

③ ㉢의 '-리-'는 어근과 결합하여 사동의 의미를 갖는 단어를 만들어 주는군.

④ ㉣의 접두사 '되-'와 접미사 '-리-'가 하나의 어근에 결합하여 단어의 품사를 바꾸어 주는군.

⑤ ㉠의 '헛-'은 어근의 앞에 결합하는 접두사이고, ㉡의 '-ㅁ'은 어근의 뒤에 결합하는 접미사이군.

83 [2014년 6월 고2 학평 B형 14번]

<보기>의 ㉠, ㉡에 해당하는 예로 적절한 것은? [3점]

보 기

　합성어는 어근과 어근이 결합하여 만들어진 단어를 말한다. 합성어가 만들어질 때 결합하는 어근은 형태가 바뀌기도 하고 원래의 의미가 변하기도 하는데, 의미의 변화는 문맥 속에서 파악할 수 있다.
　아래 표는 형태 변화와 의미 변화에 따라 합성어가 만들어지는 양상의 일부를 도식화한 것이다.

형태 변화	의미 변화	
+	-	······㉠
-	+	······㉡

 ※ '+' : 변화 있음, '-' : 변화 없음.

① ㉠ : 상황이 나빠진 게 <u>어제오늘</u>의 일이 아니다.

② ㉠ : 사람의 <u>안팎</u>을 속속들이 알 수는 없다.

③ ㉠ : 우리 집은 오랫동안 <u>마소</u>를 길렀다.

④ ㉡ : <u>서너</u> 명이 모여 모둠을 만들었다.

⑤ ㉡ : <u>소나무</u>의 꽃은 5월에 핀다.

84 [2015년 3월 고2 학평 12번] 

<보기>의 ㉠~㉤에 들어갈 어휘의 예로 적절하지 <u>않은</u> 것은?

보 기

　합성어는 어근의 배열 양상에 따라 통사적 합성어와 비통사적 합성어로 나뉜다. 어근의 배열이 우리말의 일반적인 문장 구성 방식과 일치하는 것을 통사적 합성어라 하고, 그렇지 않은 것을 비통사적 합성어라 한다. 합성어에서 어근의 구체적 결합 양상은 다음과 같다.

< 통사적 합성어의 유형과 예 >
◦ 체언 + 체언 : 밤낮
◦ 체언 + 용언 : ㉠
◦ 관형사 + 체언 : ㉡
◦ 용언의 관형사형 + 체언 : ㉢

< 비통사적 합성어의 유형과 예 >
◦ 부사 + 체언 : 보슬비
◦ 용언의 어간 + 체언 : ㉣
◦ 용언의 어간 + 용언의 어간 : ㉤

① ㉠ : 낯설다　② ㉡ : 첫사랑　③ ㉢ : 뜬소문

④ ㉣ : 덮밥　⑤ ㉤ : 앞서다

85 [2016년 3월 고2 학평 12번]

<보기>의 선생님 물음에 대한 답으로 가장 적절한 것은?

보 기

학생 : 선생님, '젊음'은 사전의 표제어인데, 왜 '늙음'은 사전의 표제어가 아닌가요?

선생님 : 사전의 표제어인 '젊음'은 파생 명사입니다. 반면에 '늙음'은 파생 명사가 아니라 동사 '늙다'의 명사형입니다. '늙음'은 '늙다'의 활용형이기 때문에 표제어가 아닙니다.

학생 : 둘 다 '-음'으로 끝나는데, 무엇이 다른가요?

선생님 : 사전의 표제어 '젊음'은 어근 '젊-'에 명사를 만드는 접미사 '-음'이 결합하여 만들어진 말로 관형어의 꾸밈을 받을 수 있어요. 그런데 '늙음'은 어간 '늙-'에 명사형 어미 '-음'이 결합한 말로 문장에 쓰이면 서술하는 기능이 있고 부사어의 꾸밈을 받을 수 있어요. <u>다음 문장의 밑줄 친 말들 중에서 사전의 표제어가 되는 것은 무엇일까요?</u>

① 그녀의 <u>수줍음</u>은 늘 티가 났다.

② 나는 가진 돈이 전혀 <u>없음</u>을 깨달았다.

③ 그녀가 많이 <u>먹음</u>은 새삼스러운 일이 아니다.

④ 그는 경력이 남들보다 <u>많음</u>을 자랑스러워했다.

⑤ 내가 늘 빨리 <u>걸음</u>은 건강을 유지하기 위해서이다.

Part 01 단어 영역 핵심 기출 문제

86 [2019년 3월 고2 학평 13번] 

<보기>의 탐구 활동을 수행한 결과로 적절한 것만 고른 것은?

보 기

[탐구 과제]

다음을 참고하여 [탐구 자료] ㉠ ~ ㉣을 [A], [B]로 구분하고, 그렇게 구분한 근거를 적어 보자.

> 어근에 파생 접사가 결합하여 새로운 단어가 형성될 때 [A]품사가 바뀌는 경우도 있고, [B]품사가 바뀌지 않는 경우도 있다. 예를 들어, 명사 '마음'에 접사 '-씨'가 결합하여 '마음씨'가 될 때는 품사가 바뀌지 않지만, 형용사 '넓다'의 어근 '넓-'에 접사 '-이'가 결합하여 '넓이'가 될 때는 품사가 명사로 바뀐다.

[탐구 자료]

· 예술에 대한 안목을 ㉠높이다.
· 그는 모자를 ㉡깊이 눌러썼다.
· 오랫동안 ㉢딸꾹질이 멈추지 않았다.
· 그런 일은 ㉣일찍이 경험하지 못했던 일이다.

[탐구 결과]

탐구 자료	구분	근거	
㉠	[B]	형용사 '높다'의 어근 '높-'에 접사 '-이-'가 결합하여 형용사가 됨.	…ⓐ
㉡	[A]	형용사 '깊다'의 어근 '깊-'에 접사 '-이'가 결합하여 명사가 됨.	…ⓑ
㉢	[A]	부사 '딸꾹'에 접사 '-질'이 결합하여 명사가 됨.	…ⓒ
㉣	[B]	부사 '일찍'에 접사 '-이'가 결합하여 부사가 됨.	…ⓓ

① ⓐ, ⓑ   ② ⓐ, ⓓ   ③ ⓑ, ⓒ
④ ⓑ, ⓓ   ⑤ ⓒ, ⓓ

87 [2019년 6월 고2 학평 14번] 

<보기>의 ㉠~㉣에 대한 이해로 적절하지 <u>않은</u> 것은?

보 기

> 접두사는 단어의 앞에 붙어 특정한 뜻을 더하거나 강조하면서 새로운 단어를 만들어 낸다. ㉠접두사가 명사에 결합하여 생성된 단어도 있고, ㉡접두사가 용언에 결합하여 생성된 단어도 있다. ㉢특정한 접두사는 둘 이상의 품사에 결합하여 새로운 단어를 만들어 내기도 한다. 대개의 접두사는 형태가 고정되어 있지만, '찰-/차-'가 붙어 만들어진 '찰옥수수', '차조'처럼 ㉣주위 환경에 따라 형태가 다른 접두사가 붙어 만들어진 단어도 있다.

① ㉠에 해당하는 사례로는 '군기침, 군살'이 있다.
② ㉡에 해당하는 사례로는 '빗나가다, 빗맞다'가 있다.
③ ㉢에 해당하는 사례로는 '헛디디다, 헛수고'가 있다.
④ ㉡, ㉣에 모두 해당하는 사례로는 '새빨갛다, 샛노랗다'가 있다.
⑤ ㉢, ㉣에 모두 해당하는 사례로는 '수펑, 숫양'이 있다.

88 [2019년 11월 고2 학평 14번] 

<보기>는 '사전 활용하기' 수업의 한 장면이다. 학생들의 활동 결과로 적절하지 <u>않은</u> 것은?

보 기

선생님 : 파생어란 어근에 접사가 결합하여 형성된 단어입니다. 그런데 파생어는 접사에 의해 본래 단어의 품사가 변화되는 경우와 변화되지 않는 경우로 나뉩니다. 다음은 사전에서 찾은 단어들입니다. 제시된 단어들에 접사가 결합된 파생어를 찾아보고 분석해 봅시다.

> **더욱** 〔부〕 정도나 수준 따위가 한층 심하거나 높게.
> **넓다** 〔형〕 면이나 바닥 따위의 면적이 크다.
> **덮다** 〔동〕 물건 따위가 드러나거나 보이지 않도록 넓은 천 따위를 얹어서 씌우다.

① '더욱이'는 '더욱'의 어근에 접사 '-이'가 결합된 파생어로 '더욱'과 품사가 다르겠군.
② '드넓다'는 '넓다'의 어근에 접사 '드-'가 결합된 파생어로 '넓다'와 품사가 같겠군.
③ '넓이'는 '넓다'의 어근에 접사 '-이'가 결합된 파생어로 '넓다'와 품사가 다르겠군.
④ '뒤덮다'는 '덮다'의 어근에 접사 '뒤-'가 결합된 파생어로 '덮다'와 품사가 같겠군.
⑤ '덮개'는 '덮다'의 어근에 접사 '-개'가 결합된 파생어로 '덮다'와 품사가 다르겠군.

89 [2020년 3월 고2 학평 13번]

<보기>에 대한 이해로 적절하지 <u>않은</u> 것은?

> **보 기**
>
> -음¹ 「어미」('ㄹ'을 제외한 받침 있는 용언의 어간이나 어
> 　　미 '-었-', '-겠-' 뒤에 붙어) 그 말이 명사 구
> 　　실을 하게 하는 어미.
> 　○ 그는 그 말을 믿었음이 분명하다.
> 　○ 나는 그의 판단이 옳음을 믿는다.
> -음² 「접사」('ㄹ'을 제외한 받침 있는 용언의 어간 뒤에
> 　　붙어) 명사를 만드는 접미사.
> 　○ 그는 나의 믿음을 저버렸다.
> 　○ 그는 서랍에서 종이 한 묶음을 꺼냈다.

① '-음¹'은 선어말 어미와 결합할 수 있군.
② '-음¹'이 붙은 말은 본래의 품사를 유지하는군.
③ '-음²'가 붙은 말은 관형어의 수식을 받을 수 있군.
④ '-음¹'은 '-음²'와 달리 뒤에 격조사가 올 수 있군.
⑤ '-음²'는 '-음¹'과 달리 명사절을 만들 수 없군.

90 [2020년 3월 고2 학평 14번]

<보기>의 ㉠에 해당하는 예로 적절한 것만을 ⓐ~ⓓ에서 고른 것은?

> **보 기**
>
> **선생님** : 합성어 중에는 어근의 배열이 우리말의 일반적인
> 문장 구성 방식에 맞는 것도 있고, 그렇지 않은 것도
> 있어요. 일반적으로 '체언+체언', '용언의 관형사형+체
> 언', '용언의 연결형+용언' 등의 형태는 통사적 합성어
> 라 하고, '용언의 어간+체언', '부사+체언', '용언의 어
> 간+용언의 어간' 등의 형태는 우리말의 일반적인 문
> 장 구성 방식에 맞지 않으므로 ㉠비통사적 합성어라
> 고 하지요. 외국어나 외래어를 대체하는 순화어에서도
> 통사적 합성어와 비통사적 합성어가 발견됩니다. 그럼
> 몇 가지 사례를 살펴볼까요?
>
> | ○ 핫 플레이스 | ⇨ 뜨는곳 | ⓐ |
> | ○ 카메오 | ⇨ 깜짝출연 | ⓑ |
> | ○ 마인드맵 | ⇨ 생각그물 | ⓒ |
> | ○ 캐노피 | ⇨ 덮지붕 | ⓓ |

① ⓐ, ⓑ　　　② ⓐ, ⓓ　　　③ ⓑ, ⓒ
④ ⓑ, ⓓ　　　⑤ ⓒ, ⓓ

91 [2021년 11월 고2 학평 13번]

<보기>에 따라 탐구한 내용으로 적절한 것은?

> **보 기**
>
> 　직접 구성 요소란 어떤 말을 둘로 나누었을 때 나누어
> 진 두 구성 요소 각각을 일컫는다. '먹이통'과 같이 세 개
> 의 구성 요소로 이루어진 단어의 직접 구성 요소 분석은
> 아래의 그림과 같이 두 단계를 통해 이루어진다. 첫 번째
> 단계에서는 어근 '먹이'와 어근 '통'으로 나눌 수 있고, 두
> 번째 단계에서는 '먹이'를 어근 '먹-'과 접사 '-이'로 나눌
> 수 있다. 이를 통해 복잡하게 이루어진 단어의 짜임을 보
> 다 쉽게 이해할 수 있다.

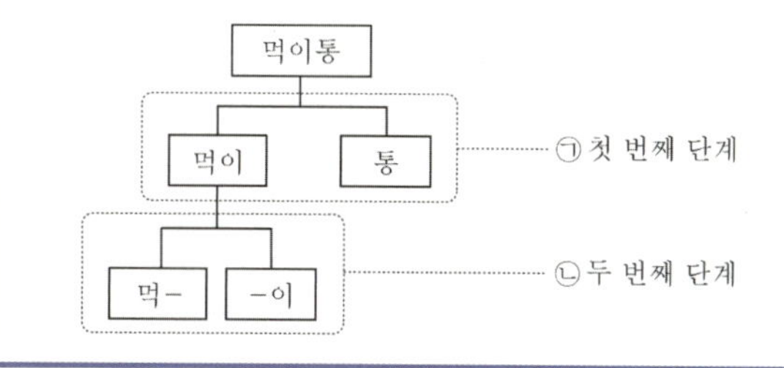

① '울음보'는 ㉠에서 어근과 접사로 분석되고, ㉡에서 어근과 접사로 분석된다.
② '헛웃음'은 ㉠에서 어근과 어근으로 분석되고, ㉡에서 어근과 접사로 분석된다.
③ '손목뼈'는 ㉠에서 어근과 접사로 분석되고, ㉡에서 어근과 어근으로 분석된다.
④ '얼음길'은 ㉠에서 어근과 접사로 분석되고, ㉡에서 어근과 어근으로 분석된다.
⑤ '물놀이'는 ㉠에서 어근과 어근으로 분석되고, ㉡에서 어근과 어근으로 분석된다.

92 [2022년 9월 고2 학평 14번]

<보기 1>의 ㉠에 해당하는 것만을 <보기 2>에서 있는 대로 고른 것은?

> **보기 1**
>
> 　합성어는 명사와 명사의 결합, 용언의 관형사형과 명사
> 의 결합, 부사와 용언의 결합처럼 어근과 어근의 연결이
> 우리말의 어순이나 단어 배열법과 일치하는 ㉠통사적 합
> 성어와 용언의 어간과 명사의 결합, 용언의 어간에 용언의
> 어간이 직접 결합한 것처럼 우리말의 어순이나 단어 배열
> 법과 일치하지 않는 비통사적 합성어로 나눌 수 있다.

> **보기 2**
>
> 덮밥, 돌다리, 하얀색, 높푸르다, 잘생기다

① 돌다리, 높푸르다
② 덮밥, 돌다리, 하얀색
③ 덮밥, 하얀색, 높푸르다
④ 돌다리, 하얀색, 잘생기다
⑤ 돌다리, 하얀색, 높푸르다, 잘생기다

단어 영역 핵심 기출 문제

93 [2023년 3월 고2 학평 13번]

<보기>의 ㉠에 해당하는 예로 적절한 것은?

> **보 기**
>
> 셋 이상의 형태소로 이루어진 단어의 구조를 파악하기 위해서는 먼저 그 단어를 직접 이루고 있는 두 요소를 파악해야 한다. 예컨대 '볶음밥'은 의미상 '볶음'과 '밥'으로 먼저 나뉜다. '볶음'은 다시 '볶-'과 '-음'으로 나뉜다. 따라서 '볶음밥'은 ㉠'(어근+접미사)+어근'의 구조로 된 합성어이다.

① 집안일 ② 내리막 ③ 놀이터
④ 코웃음 ⑤ 울음보

94 [2024년 3월 고2 학평 13번]

<보기>의 ㉠에 해당하는 예로 적절하지 <u>않은</u> 것은?

> **보 기**
>
> 파생어는 어근에 접사가 붙어 이루어진 단어이다. 파생어 중에는 어근에 특정한 뜻을 더하는 접사가 붙어 이루어진 단어가 있다. 예를 들어 '풋사과'는 어근 '사과' 앞에 '아직 덜 익은'이라는 뜻을 가진 접사 '풋-'이 붙어 이루어진 단어이다. 또한 파생어 중에는 ㉠어근의 품사를 바꾸는 접사가 붙어 이루어진 단어도 있다. 예를 들어 명사 '웃음'은 동사 '웃다'의 어근 '웃-'에 접사 '-음'이 붙어 명사가 된 것이다.

① 일찍이 ② 마음껏 ③ 가리개
④ 높이다 ⑤ 슬기롭다

95 [2025년 3월 고2 학평 14번]

<보기>의 [A]~[C]에 들어갈 내용을 바르게 짝지은 것은?

> **보 기**
>
> **선생님 :** 파생어는 어근과 접사로 이루어진 단어를 말합니다. [자료]의 파생어를 분류해 봅시다.
>
> **[자료]**
> ㄱ. 겁쟁이 ㄴ. 날고기 ㄷ. 넓히다
> ㄹ. 맡기다 ㅁ. 지우개 ㅂ. 풋사랑
>
> | 접사가 어근 뒤에 결합하는가? | → 아니요 | [A] |
>
> ↓ 예
>
> | 파생어의 품사가 어근의 품사와 동일한가? | → 아니요 | [B] |
>
> ↓ 예
>
> [C]

	[A]	[B]	[C]
①	ㄱ, ㄴ	ㄷ, ㅁ	ㄹ, ㅂ
②	ㄱ, ㄴ	ㄹ, ㅁ	ㄷ, ㅂ
③	ㄴ, ㅂ	ㄷ, ㄹ	ㄱ, ㅁ
④	ㄴ, ㅂ	ㄷ, ㅁ	ㄱ, ㄹ
⑤	ㄷ, ㅁ	ㄴ, ㅂ	ㄱ, ㄹ

96 [2025년 9월 고2 학평 14번]

<보기>의 ㉠, ㉡에 해당하는 예끼리 묶인 것으로 적절하지 <u>않은</u> 것은?

> **보 기**
>
> **학생 :** '내가 공을 집어 던졌다.'의 '집어 던졌다'는 띄어 쓰는데, '직책을 집어던졌다.'의 '집어던졌다'는 왜 붙여 쓰나요?
>
> **선생님 :** '직책을 집어던졌다.'에서 '집어던지다'는 합성 동사로, '일이나 행동을 그만두다.'라는 의미로 사용되었어요. '집다'와 '던지다'의 의미를 단순히 합한 것과는 다르죠? 합성 동사는 사전에 등재된 한 단어이기 때문에 띄어쓰기를 하지 않고, '직책을 집어 멀리 던졌다.'처럼 두 용언 사이에 다른 문장 성분이 들어갈 수 없어요. 반면 '내가 공을 집어 던졌다.'의 '집어 던지다'는 '내가 공을 집었다.'와 '내가 공을 던졌다.'와 같이 각각의 용언이 주어와 호응하기 때문에 본용언 + 본용언 구성으로 볼 수 있어요. 이때의 두 용언은 반드시 띄어 써야 하며 두 용언 사이에 다른 문장 성분이 들어갈 수 있어요. 그럼 이와 관련한 학습 활동을 해 볼까요?
>
> **[학습 활동]**
> ○ 문장의 의미에 유의하여 합성 동사와 본용언+본용언이 포함된 예를 각각 들어 보자.
>
> | 합성 동사가 포함된 문장 | 본용언+본용언이 포함된 문장 |
> |---|---|
> | ㉠ | ㉡ |

① ㉠ : 아이가 저 돌다리를 참 잘도 건너뛴다.
  ㉡ : 학급 회장은 우리 차례를 건너 뛰었다.

② ㉠ : 우리는 구태의연한 관습을 벗어던졌다.
  ㉡ : 오빠는 집에 와서 모자를 벗어 던졌다.

③ ㉠ : 사람들이 그를 회장직에서 끌어내렸다.
  ㉡ : 그는 썰매를 선반 위에서 끌어 내렸다.

④ ㉠ : 너는 왜 나를 못 뜯어먹어서 안달이니?
  ㉡ : 소가 푸른 초원에서 풀을 뜯어 먹는다.

⑤ ㉠ : 그녀는 큰 개를 보고 겁을 집어먹었다.
  ㉡ : 동생은 언니 몰래 과자를 집어 먹었다.

97 [2013년 10월 고3 학평 A형 13번]

<보기>의 '뜨개질'과 단어의 구조가 동일한 것은?

> **보 기**
>
> '뜨개질'의 형태소를 분석해 보면 '어근 + 접미사 + 접미사'의 구조로 되어 있음을 알 수 있다. 그런데 이 세 가지 구성 요소는 동일한 층위에서 결합된 것이 아니라 계층적으로 결합된 것이다. 즉, 어근 '뜨-'에 접미사 '-개'가 붙어 먼저 '뜨개'가 만들어지고, 여기에 다시 접미사 '-질'이 붙어 '뜨개질'이 된 것이다. 따라서 '뜨개질'은 '(어근 + 접미사) + 접미사'의 구조로 된 파생어이다.

① 싸움꾼 　　② 군것질 　　③ 놀이터
④ 병마개 　　⑤ 미닫이

98 [2014년 9월 고3 모평 A형 12번]

<보기>의 ㉠의 방식에 따라 형성된 단어로 적절한 것은?
[3점]

> **보 기**
>
> 국어의 단어 형성 방식을 알아보기 위해 한 단어가 아닌 '오고 가다'를, 한 단어인 '뛰어가다', '오가다'와 비교해 보자.
>
> ○ 많은 사람들이 <u>오고 가다</u>.
> ○ 사람들이 바쁘게 <u>뛰어가다</u>.
> ○ <u>오가는</u> 사람이 많다.
>
> '오고 가다'라는 구(句)는 단어 '오다'의 어간 '오-'에 연결 어미 '-고'가 결합하여 '가다'와 이어진 것이다. 이러한 방식은 단어 형성에서도 찾아볼 수 있다. 예를 들어, '뛰어가다'는 '뛰다'와 '가다'의 ㉠<u>어간이 연결 어미로 연결되어 형성된</u> 한 단어이다. 한편 '오가다'는 어간과 어간이 직접 결합해서 한 단어가 되었다는 점에서 '뛰어가다'와 차이가 있다.

① 꿈꾸다
② 돌아서다
③ 뒤섞다
④ 빛나다
⑤ 오르내리다

99 [2015년 3월 고3 학평 A형 12번]

<보기>의 ㉠~㉢에 들어갈 말로 적절한 것은?

> **보 기**
>
> **선생님** : 어간은 용언의 활용 시 변하지 않는 부분을, 어근은 단어 분석 시 실질적 의미를 나타내는 중심 부분을 가리킵니다.
>
> | 용언 | 어간 | 어근 |
> |---|---|---|
> | 솟다 (단일어) | 솟- | 솟- |
> | 치솟다 (파생어) | 치솟- | 솟- |
> | 샘솟다 (합성어) | 샘솟- | 샘, 솟- |
>
> 위의 예에서 알 수 있듯이 어떤 용언이 단일어일 경우 어간과 어근이 일치합니다. 하지만, 용언이 파생어나 합성어일 경우 어간과 어근이 일치하지 않습니다. 그렇다면 이번에는 다음 세 단어의 어간과 어근을 분석해 볼까요?
>
> | 용언 | 어간 | 어근 |
> |---|---|---|
> | 줄이다 | 줄이- | ㉠ |
> | 힘들다 | 힘들- | ㉡ |
> | 오가다 | 오가- | ㉢ |

	㉠	㉡	㉢
①	줄이-	힘들-	오가-
②	줄이-	힘들-	오-, 가-
③	줄-	힘들-	오가-
④	줄-	힘, 들-	오-, 가-
⑤	줄-	힘, 들-	오가-

Part 01 단어 영역 핵심 기출 문제

100 [2015년 4월 고3 학평 A형 12번]

다음은 접사와 어근의 결합 양상에 대해 수업 중 발표한 내용이다. 이에 대한 학생들의 반응으로 적절하지 <u>않은</u> 것은?

[발표 내용]

> **발표 1** : 어근에 접두사가 결합되면 어근에 의미가 더해집니다. 예를 들어 '선무당'은 어근 '무당'에 접두사 '선-'이 결합하여 '서툰'이라는 의미가 더해진 것입니다. '군말', '군살'도 그 예에 속합니다.

> **발표 2** : 어근에 접미사가 결합되면 어근에 의미가 더해집니다. 예를 들어 '꾀보'는 어근 '꾀'에 접미사 '-보'가 결합하여 '그것을 즐기거나 그 정도가 심한 사람'의 의미가 더해진 것입니다.

> **발표 3** : 어근에 접미사가 결합하면 품사가 바뀌기도 합니다. 예를 들어 '사랑'은 '-하다'가 붙으면 명사에서 동사로 품사가 바뀝니다.

① '발표 1'의 내용 중 '군말', '군살'의 '군-'은 '쓸데없는'의 의미를 어근에 더해 주는군.
② '발표 1'과 '발표 2'를 종합해 보면, 접두사와 접미사는 어근과 결합하여 새로운 단어를 만드는군.
③ '발표 2'의 단어에 '멋쟁이', '장난꾸러기'를 더 추가할 수 있겠군.
④ '발표 2'와 '발표 3'을 종합해 보면, '꾀보'는 '-보'에 의해 의미가 더해지고 품사가 바뀌었군.
⑤ '발표 3'에는 '숙제하다'를 더 추가할 수 있겠군.

101 [2015년 4월 고3 학평 B형 13번]

<보기>에 제시된 수업 내용을 바탕으로 학생이 탐구한 결과로 적절한 것은?

보 기

선생님 : 지난 시간에 부사화 접미사 '-이'와 '-히'의 표기에 대해 공부했습니다. 한글맞춤법 51항의 해설을 통해 '-하다'가 붙지 않는 용언의 어간이나 'ㅅ'받침 뒤에서는 '-이'로 적는다고 배웠는데, 여기에는 다음의 세 가지 경우가 더 제시되어 있습니다.

> ㉮ (첩어 또는 준첩어인) 명사 뒤
>   예) 샅샅이, 다달이
> ㉯ 부사 뒤
>   예) 더욱이, 히죽이
> ㉰ 'ㅂ' 불규칙 용언의 어간 뒤
>   예) 가벼이, 새로이

판서 내용을 참고하여, 다음의 단어들을 ㉮~ ㉰로 구분해 봅시다.

나날이, 오뚝이, 일찍이, 즐거이, 겹겹이

	㉮	㉯	㉰
①	나날이, 오뚝이	일찍이	즐거이, 겹겹이
②	나날이, 즐거이	겹겹이	오뚝이, 일찍이
③	나날이, 겹겹이	오뚝이, 일찍이	즐거이
④	오뚝이, 겹겹이	일찍이, 즐거이	나날이
⑤	겹겹이	오뚝이, 즐거이	나날이, 일찍이

102 [2015년 10월 고3 학평 B형 12번]

<보기>를 바탕으로 하여 단어들의 표기 원리를 이해한 것으로 적절한 것은?

보 기

<한글 맞춤법의 '접미사가 붙어서 된 말' 중 일부 >
㉠ 어간에 '-이'나 '-음/-ㅁ'이 붙어서 명사로 된 것 중, 어간의 뜻을 유지하는 경우에는 그 어간의 원형을 밝히어 적는다. (예) 길이, 믿음
㉡ 어간에 '-이'나 '-음'이 붙어서 명사로 바뀐 것이라도 그 어간의 뜻과 멀어진 것은 그 어간의 원형을 밝히어 적지 아니한다. (예) 목거리(병의 일종), 거름(비료)
㉢ '-이'나 '-음/-ㅁ' 이외의 모음으로 시작된 접미사가 붙어서 다른 품사로 바뀐 것은 그 어간의 원형을 밝히어 적지 아니한다. (예) 나머지, 올가미

① '맞다'에서 파생된 '마중'은 어간의 원형을 밝히어 적은 것으로, ㉠에 따른 것이다.
② '걷다'에서 파생된 '걸음'은 어간의 원형을 밝히어 적지 않은 것으로, ㉡에 따른 것이다.
③ '막다'에서 파생된 '마개'는 어간의 원형을 밝히어 적지 않은 것으로, ㉡에 따른 것이다.
④ '넘다'에서 파생된 '너머'는 어간의 원형을 밝히어 적지 않은 것으로, ㉢에 따른 것이다.
⑤ '놀다'에서 파생된 '노름'은 어간의 원형을 밝히어 적지 않은 것으로, ㉢에 따른 것이다.

① 아이들이 <u>뛰노는</u> 소리가 밖에서 들렸다.
② 서로 <u>몰라볼</u> 정도로 세월이 많이 흘렀다.
③ 저마다의 <u>타고난</u> 소질을 계발하는 것이 중요하다.
④ <u>지난달</u>부터 공부를 열심히 했더니 자신감이 생겼다.
⑤ 망치질을 자주 하다 보니 손바닥에 <u>굳은살</u>이 박였다.

103 [2016년 3월 고3 학평 12번] 

밑줄 친 말 가운데 <보기>의 [A]의 사례로 추가하기에 적절하지 <u>않은</u> 것은?

보 기

합성어의 품사는 합성어를 구성하는 어근의 품사와 관계없이 새로운 품사가 되기도 하지만, [A]일차적으로 직접 구성 성분* 분석을 했을 때 맨 끝 구성 성분의 품사에 따라 결정되는 경우가 많다. 그 사례는 아래와 같다.

단어	직접 구성 성분 분석	단어의 품사
큰집	큰(형용사) + 집(명사)	명사
본받다	본(명사) + 받다(동사)	동사
⋮	⋮	⋮

* 직접 구성 성분 : 어떤 언어 단위를 층위를 두고 분석할 때 일차적으로 분석되어 나오는 성분.

① 입학했던 때가 엊그제 같은데 <u>어느새</u> 3학년이구나.
② 그는 농구는 몰라도 축구 실력만큼은 <u>남달랐다</u>.
③ 아침에 늦잠이 들어 하마터면 지각할 뻔했다.
④ 길을 가는데 낯선 사람이 <u>알은척</u>을 했다.
⑤ <u>하루빨리</u> 여름방학이 왔으면 좋겠다.

104 [2016년 6월 고3 모평 15번] 

<보기>의 ㉠에 해당하는 예로 적절한 것은?

보 기

합성어는 어근과 어근이 결합하여 형성되는데, 어근들의 결합 방식에 따라 다음과 같이 둘로 나눌 수 있다.

○통사적 합성어 : 어근들의 결합 방식이 일반적인 문장 구성 방식과 같은 합성어
○<u>㉠비통사적 합성어</u> : 어근들의 결합 방식이 일반적인 문장 구성 방식과 다른 합성어

105 [2017년 3월 고3 학평 11번] 

<보기>의 ⓐ, ⓑ가 사용된 예를 ㉠ ~ ㉤에서 바르게 고른 것은?

보 기

선생님 : 여러분이 헷갈려 하는 것들 중 ⓐ<u>용언의</u> 어간과 결합하는 명사형 어미 '-(으)ㅁ', '-기'와 ⓑ어근과 결합하여 명사를 만드는 접미사 '-이', '-음', '-기'가 있어요. 전자는 용언의 품사를 바꾸지 않으며, 전자가 결합해 활용된 용언은 서술하는 기능이 유지되고 부사어의 수식을 받을 수 있어요. 한편 후자가 결합하여 만들어진 명사는 관형어의 수식을 받을 수 있어요.

○ 세상은 홀로 ㉠<u>살기</u>가 어렵다.
○ 형은 충분히 ㉡<u>잠</u>으로써 피로를 풀었다.
○ 날씨가 더워 시원한 ㉢<u>얼음</u>이 필요하다.
○ 우리에게 건전한 ㉣<u>놀이</u> 문화가 필요하다.
○ 이곳은 풍경이 매우 ㉤<u>아름답기</u>로 유명하다.

	ⓐ	ⓑ
①	㉠, ㉡	㉢, ㉣, ㉤
②	㉠, ㉤	㉡, ㉢, ㉣
③	㉢, ㉣	㉠, ㉡, ㉤
④	㉠, ㉡, ㉤	㉢, ㉣
⑤	㉡, ㉢, ㉣	㉠, ㉤

106 [2018년 3월 고3 학평 13번] 

<보기>의 밑줄 친 부분과 관련한 탐구로 적절하지 <u>않은</u> 것은?

> **보 기**
>
> **선생님** : 지난 시간에 모둠별로 <그림>의 대상을 지칭하는 새말을 만드는 활동을 했어요. 이번 시간에는 지난 시간에 만든 새말들의 단어 구조에 대해 탐구해 봅시다.
>
> ○ **모둠 활동 결과**

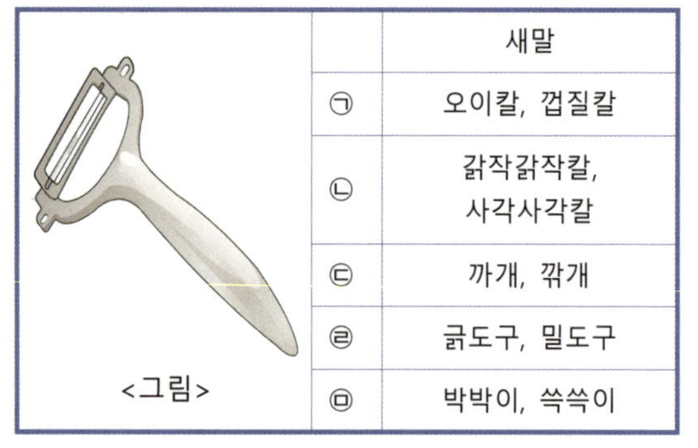

		새말
	㉠	오이칼, 껍질칼
	㉡	갑작갑작칼, 사각사각칼
	㉢	까개, 깎개
	㉣	긁도구, 밀도구
	㉤	박박이, 쓱쓱이

<그림>

① ㉠은 명사 어근들을 결합하여 만든 통사적 합성어입니다.
② ㉡은 부사 어근과 명사 어근을 결합하여 만든 비통사적 합성어입니다.
③ ㉢은 동사 어근에 접사를 결합하여 만든 파생어입니다.
④ ㉣은 명사 어근에 접사를 결합하여 만든 파생어입니다.
⑤ ㉤은 부사 어근에 접사를 결합하여 만든 파생어입니다.

107 [2018년 4월 고3 학평 12번] 

<보기>의 ㉠과 ㉡에 모두 해당하는 단어로 적절한 것은?

> **보 기**
>
> 복합어는 어근과 어근이 결합되거나 어근에 접사가 결합되어 만들어진다. 이런 결합 관계는 여러 번에 걸쳐 일어나기도 해서, ㉠<u>어근과 어근이 결합한 데 다시 접사가 붙는 경우</u>도 있고, 어근과 접사가 결합한 데 다시 접사가 붙는 경우도 있다. 이때 ㉡<u>접사가 결합되어 어근의 품사가 변하는 경우</u>도 있다.

① 군것질   ② 바느질   ③ 겹겹이
④ 다듬이   ⑤ 헛웃음

108 [2018년 10월 고3 학평 12번] 

<보기>에 제시된 ㉮와 ㉯의 사례를 올바르게 짝지은 것은?

> **보 기**
>
> 파생어는 어근에 접사가 붙어 이루어진 말이다. 파생어 형성의 결과 품사가 달라지는 경우가 있고, 문장에 사용된 어떤 단어가 파생어로 바뀌면 그 파생어로 인해 문장 구조가 달라지는 경우도 있다. 예컨대 형용사 '괴롭다'는 동사 '괴롭히다'로 파생된다. 또한 '마음이 괴롭다.'의 '괴롭다'를 '괴롭히다'로 바꾸면 '마음을 괴롭히다.'와 같이 문장 구조가 달라진다.
>
> | 품사 | 문장 구조 | |
> |---|---|---|
> | ○ | ○ | ············㉮ |
> | ○ | × | |
> | × | ○ | ············㉯ |
> | × | × | |
>
> (○ : 달라짐. × : 달라지지 않음.)

	㉮	㉯
①	(풀을)깎다 → (풀이)깎이다	(발을)밟다→(발이)밟히다
②	(풀을)깎다 → (풀이)깎이다	(불이)밝다→(불을)밝히다
③	(방이)넓다 → (방을)넓히다	(책을)팔다→(책이)팔리다
④	(방이)넓다 → (방을)넓히다	(굽이)높다→(굽을)높이다
⑤	(음이)낮다 → (음을)낮추다	(문을)밀다→(문을)밀치다

109 [2019년 9월 고3 모평 14번] 

<보기>의 ㉠과 ㉡을 모두 충족하는 예로 적절한 것은?

> **보 기**
>
> '붙잡다'의 어간 '붙잡-'은 어근 '붙-'과 어근 '잡-'으로 나뉘고, '잡히다'의 어간 '잡히-'는 어근 '잡-'과 접사 '-히-'로 나뉜다. 이렇듯 어떤 말을 둘로 나누었을 때 나누어진 두 요소 각각을 직접 구성 요소라 하는데, 어근과 어근으로 분석되는 말을 합성어라 하고 어근과 접사로 분석되는 말을 파생어라 한다.
>
> 그런데 ㉠<u>어간이 3개 이상의 구성 요소로 이루어진 경우</u>가 있다. 이때 ㉡<u>직접 구성 요소가 먼저 어근과 어근으로 분석되면</u> 합성어이고 어근과 접사로 분석되면 파생어이다. 예컨대 '밀어붙이다'는 직접 구성 요소가 먼저 어근과 어근으로 분석되므로 합성어이다.

① 밤새 거센 비바람이 <u>내리쳤다</u>.
② 책임을 남에게 <u>떠넘기면</u> 안 된다.
③ 차바퀴가 진흙 바닥에서 <u>헛돌았다</u>.
④ 거리에는 매일 많은 사람이 <u>오간다</u>.
⑤ 그들은 끊임없이 <u>짓밟혀도</u> 굴하지 않았다.

110 [2020년 3월 고3 학평 13번]

<보기 1>을 바탕으로 <보기 2>의 ㉠~㉤에 대해 설명한 내용으로 적절하지 않은 것은?

보기 1

합성 명사의 구성 요소 중 선행 요소는 다양한 품사의 단어이지만 후행 요소는 일반적으로 명사이다.

보기 2

㉠새해를 맞이하여 오랜만에 할머니 댁에 갔다. 할머니께서 점심으로 ㉡굵은소금 위에 새우를 올려놓고 구워 주셨고, 저녁에는 ㉢산나물을 넣은 비빔밥을 해 주셨다. 내가 할머니께 스마트폰의 여러 기능을 알려 드리자 "㉣척척박사로구나."라며 ㉤어린아이처럼 좋아하셨다.

---

① ㉠은 관형사와 명사가 결합한 합성 명사이다.
② ㉡은 동사의 활용형과 명사가 결합한 합성 명사이다.
③ ㉢은 명사와 명사가 결합한 합성 명사이다.
④ ㉣은 부사와 명사가 결합한 합성 명사이다.
⑤ ㉤은 형용사의 활용형과 명사가 결합한 합성 명사이다.

111 [2020년 10월 고3 학평 15번]

<보기>의 ㉠~㉢을 바르게 분류한 것은? [3점]

보 기

※ 다음 밑줄 친 단어를 통해 합성어의 형성 과정을 탐구해 보자.

○ 이곳은 ㉠이른바 우리나라의 곡창 지대이다.
○ 붕대로 ㉡감싼 상처가 정말 심각해 보였다.
○ 집행부가 질서를 ㉢바로잡을 계획을 세웠다.
○ 대학교에 가려면 ㉣건널목을 건너야만 한다.

[탐구 과정]

어근의 배열이 우리말의 일반적인 문장 구성 방식에 맞습니까?	→ [A]

↓ 예　　　　아니요

합성어의 품사와 합성어를 이루는 뒤 어근의 품사가 일치합니까?	→ [B]

↓ 예　　　　아니요

[C]

	[A]	[B]	[C]
①	㉠	㉡, ㉣	㉢
②	㉠, ㉢	㉡	㉣
③	㉡	㉠	㉢, ㉣
④	㉡	㉢	㉠, ㉣
⑤	㉡, ㉣	㉢	㉠

112 [2021년 3월 고3 학평 35번]

[학습 활동]을 수행한 결과로 적절하지 않은 것은?

선생님 : 형용사 형성 파생법은 크게 접두사에 의한 파생법과 접미사에 의한 파생법으로 나누어 볼 수 있습니다. 일반적으로 접두사에 의한 파생법은 ㉠형용사 어근 앞에 뜻을 더하는 접사가 붙은 것이고, 접미사에 의한 파생법은 대체로 ㉡명사 어근 뒤에 어근의 품사를 형용사로 바꾸는 접사가 붙은 것입니다. 그럼 아래를 참고하여, [학습 활동]을 해결해 볼까요?

[접두사] 새-, 시-
[접미사] -롭다, -되다, -답다, -스럽다

[학습 활동] 다음에서 ㉠, ㉡에 해당하는 예를 찾아보자.

나는 바닷가 산책로를 따라 걸었다. 바로 코끝에서 **시퍼런** 바닷물이 철썩거리고 있었다. 늘 걷던 길이 오늘따라 **새롭게** 느껴지는 것은 곧 이곳을 떠나야 한다는 사실 때문일 것이다. 여기 머문 지도 어느새 삼 년이 되어 간다. 돌이켜 보면 **복된** 나날이었다. 이웃들과 매일 **정답게** 인사를 주고받았으며, 어디서든 아이들의 **사랑스러운** 웃음소리를 들을 수 있었다.

---

① '시퍼런'은 접두사 '시-'가 형용사 어근 앞에 붙어 형성된 말의 활용형으로, ㉠에 해당하는 예이다.
② '새롭게'는 접두사 '새-'가 형용사 어근 앞에 붙어 형성된 말의 활용형으로, ㉠에 해당하는 예이다.
③ '복된'은 접미사 '-되다'가 명사 어근 뒤에 붙어 형성된 말의 활용형으로, ㉡에 해당하는 예이다.
④ '정답게'는 접미사 '-답다'가 명사 어근 뒤에 붙어 형성된 말의 활용형으로, ㉡에 해당하는 예이다.
⑤ '사랑스러운'은 접미사 '-스럽다'가 명사 어근 뒤에 붙어 형성된 말의 활용형으로, ㉡에 해당하는 예이다.

113 [2021년 4월 고3 학평 38번] 

<보기>는 학생들이 작성한 탐구 보고서의 일부이다. [가]에 들어갈 내용으로 적절한 것은?

> **보 기**
>
> ○ **탐구 개요**
>
> 학생들은 형태가 동일한 두 형태소가 하나는 어근, 하나는 접사로 사용되는 경우 이를 구분할 때 어려움을 겪는 경향이 있다. 그래서 우리 반 학생들을 대상으로 관련 사례에 대한 반응을 조사한 후 이를 토대로 결과를 분석하고 추가 예시 자료를 제시하여 학생들의 이해를 돕고자 한다.
>
> 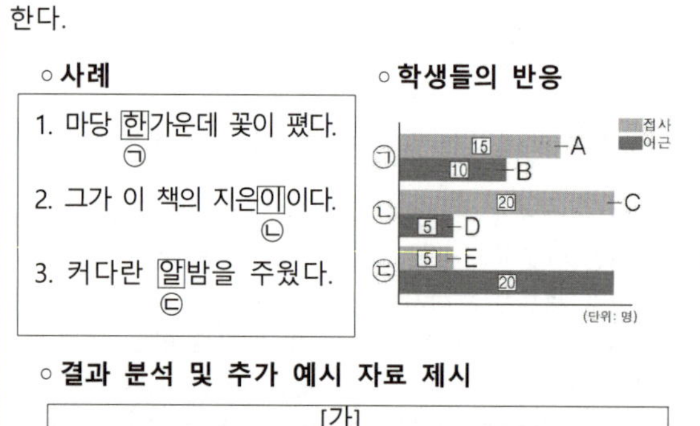
>
> ○ **사례**
> 1. 마당 한가운데 꽃이 폈다. ⓐ
> 2. 그가 이 책의 지은이이다. ⓑ
> 3. 커다란 알밤을 주웠다. ⓒ
>
> ○ **학생들의 반응**
> (단위: 명)
>
> ○ **결과 분석 및 추가 예시 자료 제시**
>
> [가]

① '사례 1'에 대해 ⓐ을 잘못 알고 있는 학생들이 더 많다. 이에 따라 'A 집단'의 이해를 돕기 위해 ⓐ이 쓰인 예로 '한번'을 제시한다.

② '사례 1'에 대해 ⓐ을 잘못 알고 있는 학생들이 더 적다. 이에 따라 'B 집단'의 이해를 돕기 위해 ⓐ이 쓰인 예로 '한복판'을 제시한다.

③ '사례 2'에 대해 ⓑ을 잘못 알고 있는 학생들이 더 많다. 이에 따라 'C 집단'의 이해를 돕기 위해 ⓑ이 쓰인 예로 '먹이'를 제시한다.

④ '사례 2'에 대해 ⓑ을 잘못 알고 있는 학생들이 더 적다. 이에 따라 'D 집단'의 이해를 돕기 위해 ⓑ이 쓰인 예로 '미닫이'를 제시한다.

⑤ '사례 3'에 대해 ⓒ을 잘못 알고 있는 학생들이 더 적다. 이에 따라 'E 집단'의 이해를 돕기 위해 ⓒ이 쓰인 예로 '알사탕'을 제시한다.

114 [2021년 9월 고3 모평 37번] 

<보기>의 ㉮에 들어갈 말로 적절하지 <u>않은</u> 것은?

> **보 기**
>
> 선생님 : 다음은 접사의 특징을 확인하기 위해 수집한 파생어들이에요. ㉠~㉤에서 각각 확인되는 접사의 공통점을 설명해 보세요.
>
> > ㉠ 넓이, 믿음, 크기, 지우개
> > ㉡ 끄덕이다, 출렁대다, 반짝거리다
> > ㉢ 울보, 낚시꾼, 멋쟁이, 장난꾸러기
> > ㉣ 밀치다, 살리다, 입히다, 깨뜨리다
> > ㉤ 부채질, 풋나물, 휘감다, 빼앗기다
>
> 학생 : 예, 접사가 [㉮   ]는 공통점이 있습니다.

① ㉠에서는 용언에 결합하여 명사를 만든다

② ㉡에서는 부사에 결합하여 동사를 만든다

③ ㉢에서는 사람을 가리키는 의미의 단어를 만든다

④ ㉣에서는 주동사에 결합하여 사동사를 만든다

⑤ ㉤에서는 어근과 품사가 동일한 단어를 만든다

115 [2022년 10월 고3 학평 37번] 

<보기>의 '복합어'를 '분류 과정'에 따라 분류할 때, ㉠과 ㉡에 들어갈 말을 바르게 짝지은 것은? [3점]

> **보 기**
>
> **[복합어]**
>
> > 헛수고, 어느새, 톱질, 마음껏, 꺾쇠, 지우개
>
> **[분류 과정]**

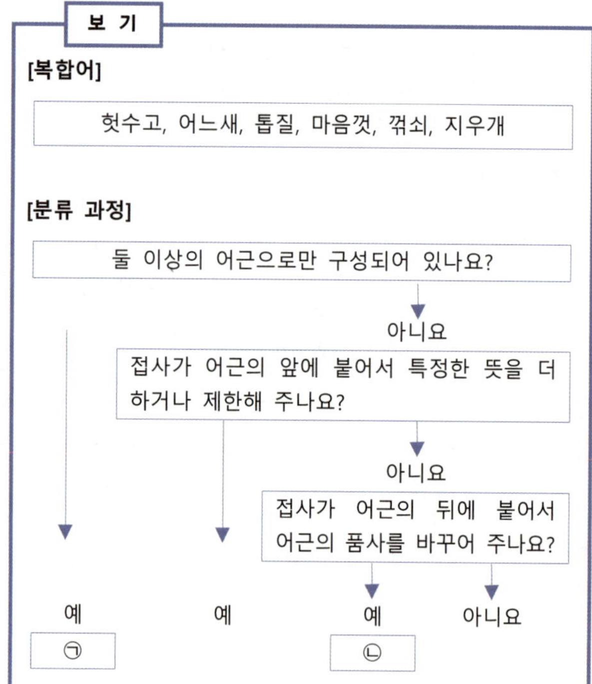

	㉠	㉡
①	어느새, 껌쇠	마음껏, 지우개
②	헛수고, 어느새	지우개
③	톱질, 껌쇠	헛수고, 마음껏
④	톱질, 마음껏, 껌쇠	헛수고
⑤	어느새, 톱질, 껌쇠	지우개

116 [2023년 7월 고3 학평 38번]

<보기>의 ㉠에 들어갈 말로 적절한 것은?

> **보 기**
>
> 선생님 : 우리말에서 '새-, 샛-, 시-, 싯-'은 색채를 나타내는 형용사에 붙어 '매우 짙고 선명하게'의 뜻을 더하는 접두사입니다. 이 접두사들은 결합하는 형용사의 어두음과 첫음절의 모음에 따라 각각 다르게 사용되는데요, 다음의 자료를 바탕으로 '새-, 샛-, 시-, 싯-'에 대해 탐구해 보세요.
>
> | 자료 | ㉮ | ㉯ |
> |---|---|---|
> | ⓐ | 새까맣다 | 시꺼멓다 |
> | ⓑ | 새파랗다 | 시퍼렇다 |
> | ⓒ | 새하얗다 | 시허옇다 |
> | ⓓ | 샛노랗다 | 싯누렇다 |
> | ⓔ | 샛맑갛다 | 싯멀겋다 |
>
> 학생 : ________ ㉠ ________

① ⓐ를 보니, '새-'와 달리 '시-'는 결합하는 형용사의 어두음이 된소리일 때에 붙었어요.

② ㉮를 보니, '샛-'과 달리 '새-'는 결합하는 형용사의 첫음절의 모음이 양성 모음일 때에 붙었어요.

③ ㉯를 보니, '시-'와 달리 '싯-'은 결합하는 형용사의 첫음절의 모음이 음성 모음일 때에 붙었어요.

④ ㉮와 ㉯를 보니, '새-, 샛-'과 달리 '시-, 싯-'은 결합하는 형용사의 어두음이 거센소리일 때에 붙었어요.

⑤ ⓐ~ⓒ와 ⓓ~ⓔ를 보니, '새-, 시-'와 달리 '샛-, 싯-'은 결합하는 형용사의 어두음이 울림소리일 때에 붙었어요.

117 [2023년 10월 고3 학평 38번]

<보기>의 ⓐ~ⓒ에 들어갈 말을 바르게 짝지은 것은?

> **보 기**
>
> 학생 1 : 우리 스무고개 할래? [자료]에 있는 단어 중에서 내가 무얼 생각하는지 맞혀 봐.
>
> [자료]
>
> 높이다　접히다　여닫다
>
> 학생 2 : 좋아. 그 단어는 어근과 어근으로 구성되었니?
> 학생 1 : 아니, 어근과 접사로 이루어져 있어.
> 학생 2 : 그렇다면 ⓐ 는 아니겠군. 그러면 단어의 품사가 어근의 품사와 같니?
> 학생 1 : 아니, 이 단어의 품사는 어근의 품사와 달라.
> 학생 2 : ⓑ 는 접사가 결합하며 품사가 달라지지 않았고, ⓒ 는 접사가 결합하며 품사가 달라졌네. 그렇다면 네가 생각하는 단어는 ⓒ 이구나!
> 학생 1 : 맞아, 바로 그거야.

	ⓐ	ⓑ	ⓒ
①	여닫다	접히다	높이다
②	여닫다	높이다	접히다
③	높이다	여닫다	접히다
④	높이다	접히다	여닫다
⑤	접히다	여닫다	높이다

118 [2024년 3월 고3 학평 38번]

<보기>를 읽고 이해한 내용으로 적절하지 <u>않은</u> 것은?

> **보 기**
>
> 합성어 중에는 ㉮두 어근이 대등하게 결합하는 것이 있고, ㉯한 어근이 다른 어근을 수식하는 것도 있다. 한편 ㉰각각의 어근이 원래 지닌 의미와는 다른 새로운 의미를 가지는 것도 있다.
>
> ㄱ. 시냇물 주위로 논밭이 펼쳐진 경치가 아름답다.
> ㄴ. 오늘 오랜만에 점심으로 보리밥 한 그릇을 먹었다.
> ㄷ. 버스가 돌다리를 건너 우리 마을로 들어서고 있었다.
> ㄹ. 지난밤 폭설로 인해 눈이 얼어 길바닥이 미끄러워졌다.
> ㅁ. 그는 피땀을 흘려 모은 재산을 장학금으로 기부하였다.

① ㄱ의 '논밭'은 두 어근이 대등하게 결합하고 있으므로 ㉮에 해당한다.

② ㄴ의 '보리밥'은 두 어근이 대등하게 결합하고 있으므로 ㉮에 해당한다.

③ ㄷ의 '돌다리'는 앞의 어근이 뒤의 어근을 수식하고 있으므로 ㉯에 해당한다.

④ ㄹ의 '길바닥'은 앞의 어근이 뒤의 어근을 수식하고 있으므로 ㉯에 해당한다.

⑤ ㅁ의 '피땀'은 두 어근의 의미와 다른 새로운 의미를 가지므로 ㉰에 해당한다.

Part 01 단어 영역 핵심 기출 문제

119 [2024년 10월 고3 학평 38번]

<보기>의 ㉠~㉫에 대한 이해로 적절한 것은?

> **보 기**
>
> 　용언은 활용을 하기 때문에 어간과 어미로 나눌 수 있으며 어미에는 어말 어미와 선어말 어미가 있다. 용언이 복합어인 경우에 합성어 용언의 어간은 '어근+어근'으로 구성되어 있고, 파생어 용언의 어간은 '접두사+어근' 혹은 '어근+접미사'로 구성되어 있다.
>
> ○ 뛰는 토끼 잡으려다 잡은 토끼 ㉠놓친다.
> ○ 치료 시기를 ㉡넘기면 건강을 ㉢되찾기 어렵다.
> ○ 책임자는 건물의 완공일을 일주일 정도 ㉣앞당겼다.
> ○ 그는 흙과 모래를 ㉤뒤섞는 일을 혼자 ㉥끝마치곤 했다.

① ㉠과 ㉥은 동일한 선어말 어미가 쓰였다.
② ㉡과 ㉣은 어간에 동일한 접사가 쓰였다.
③ ㉢과 ㉤의 어간은 접두사와 어근으로 구성되었다.
④ ㉣은 두 개의 선어말 어미와 한 개의 어말 어미가 쓰였다.
⑤ ㉥의 어간은 어근과 접미사로 구성되었다.

120 [2025년 7월 고3 학평 38번]

<보기>의 ㉠~㉫에 대한 이해로 적절한 것은?

> **보 기**
>
> 　합성어는 어근과 어근의 연결 방식에 따라 ㉠통사적 합성어와 ㉡비통사적 합성어로 나눌 수 있다. 통사적 합성어는 '명사+명사', '용언의 관형사형+명사', '용언의 연결형+용언의 어간'과 같이 일반적인 단어 배열 방식으로 형성된 단어이다. 비통사적 합성어는 '용언의 어간+명사', '용언의 어간+용언의 어간'과 같이 일반적인 단어 배열 방식에서 어긋난 방법으로 형성된 단어이다.

① '눈물'은 명사와 명사가 결합되어 있으므로 ㉠에 해당한다.
② '큰형'은 용언의 관형사형과 명사가 결합되어 있으므로 ㉠에 해당한다.
③ '오르내리다'는 용언의 연결형과 용언의 어간이 결합되어 있으므로 ㉠에 해당한다.
④ '덮밥'은 용언의 어간과 명사가 결합되어 있으므로 ㉡에 해당한다.
⑤ '높푸르다'는 용언의 어간과 용언의 어간이 결합되어 있으므로 ㉡에 해당한다.

언어
1000제

Part 02

문장

문장 영역 필수 개념 - 문장 성분

1 문장 성분

(1) 주성분 : 문장을 이루는 데 골격이 되는 부분

주어	서술어에 의해 표현되는 동작, 상태, 성질의 주체가 되는 문장 성분
	① 체언 + 주격 조사('이/가, 께서, 에서') 예 **연우**가 밥을 먹는다. ② 체언 + 주격 조사 생략 예 **연우** 밥을 먹는다. ③ 체언 + 보조사('은/는, 도, 만, …') 예 **연우**도 밥을 먹는다.
목적어	서술어가 표현하는 동작의 대상이 되는 문장 성분
	① 체언 + 목적격 조사('을/를') 예 연우가 **밥을** 먹는다. ② 체언 + 목적격 조사 생략 예 연우가 **밥** 먹는다. ③ 체언 + 보조사('은/는, 도, 만, …') 예 연우가 **밥만** 먹는다.
보어	서술어를 보충해 주는 부분으로 '되다, 아니다' 앞에 오는 문장 성분
	① 체언 + 보격 조사('이/가') 예 연우가 **의사가** 되었다. 연우는 **학생이** 아니다. ② 체언 + 보격 조사 생략 예 연우가 **의사** 되었다. 연우는 **학생** 아니다. ③ 체언 + 보조사('은/는, 도, 만, …') 예 연우가 **의사는** 되었다. 연우는 **학생은** 아니다.
서술어	주어의 동작, 상태, 성질 등을 풀이하는 기능을 하는 문장 성분
	① 동사 예 연우가 학교에 **간다.** ② 형용사 예 연우도 **예쁘다.** ③ 체언 + 서술격 조사('이다') 예 연우는 **고등학생이다.**

📢 문장의 기본 골격

	주어	서술어	서술어의 성격	예시
문장의 기본 구조	누가/무엇이	어찌하다	대상의 움직임을 나타냄.	연하가 뛰어간다.
	누가/무엇이	어떠하다	대상의 상태나 성질을 나타냄.	연서가 예쁘다.
	누가/무엇이	무엇이다	대상을 지정함.	오늘은 수요일이다.

(2) 부속 성분 : 주성분의 내용을 수식하는 부분

관형어	체언을 수식하는 문장 성분
	① 관형사 　예 서윤이가 **새** 신발을 샀다. ② 체언 + 관형격 조사('의') 　예 **서윤이의** 공책이 탐난다. ③ 체언 단독 　예 **서윤이** 공책이 탐난다. ④ 용언 어간 + 관형사형 어미('-(으)ㄴ, -는, -(으)ㄹ, -던') 　예 서윤이가 **예쁜** 옷을 샀다.
부사어	용언이나 관형어, 다른 부사어 또는 문장 전체를 수식하는 문장 성분
	① 부사 　예 건우는 기분이 **매우** 좋다. ② 체언 + 부사격 조사('에, 에게, 에서, 으로, …') 　예 건우가 **집에** 간다. ③ 용언 어간 + 부사형 어미('-게, -도록') 　예 건우는 밥을 **빠르게** 먹는다.

(3) 독립 성분 : 다른 문장 성분과는 직접적인 관련이 없는 부분

독립어	다른 문장 성분과 직접적인 관련이 없는 문장 성분
	① 감탄사 　예 **아** 숙제를 안 했구나. ② 체언 + 호격 조사('아, 야') 　예 **서윤아**, 지금 어디 가니? ③ 제시어 (강조하기 위하여 따로 내세우는 말) 　예 **청춘**, 그 찬란한 희망의 이름이여!

(4) 서술어 자릿수 : 서술어가 요구하는 필수 성분의 개수

한 자리 서술어	대부분의 자동사와 형용사처럼 주어 하나만을 필수적으로 가지는 서술어 예 진희가 **운다**. 진희는 **예쁘다**. 진희가 **공부한다**. 진희는 **학생이다**.
두 자리 서술어	주어 외에 또 다른 한 성분을 필수적으로 요구하는 서술어 예 경아는 연극을 **보았다**. ('보다'는 주어와 목적어를 필요로 하는 두 자리 서술어) 예 민지는 미녀가 **아니다**. ('아니다'는 주어와 보어를 필요로 하는 두 자리 서술어) 예 노력은 성공과 **같다**. ('같다'는 주어와 부사어를 필요로 하는 두 자리 서술어)
세 자리 서술어	주어를 포함하여 세 성분을 필수적으로 요구하는 서술어 예 할머니께서 우리들에게 세뱃돈을 **주셨다**. 예 경아가 편지를 우체통에 **넣었다**. ('주다, 넣다, 삼다, 여기다' 등은 모두 주어, 목적어, 부사어를 필요로 하는 세 자리 서술어)

문장 영역 필수 개념 – 문장의 짜임

1 문장의 짜임

(1) 문장의 종류

홑문장	주어와 서술어의 관계가 한 번만 나타나는 문장 ⑩ 봄이 온다.	
겹문장	주어와 서술어의 관계가 두 번 이상 나타나는 문장	
	안은문장	주어와 서술어를 갖춘 안긴문장(=절)을 하나의 문장 성분으로 안고 있는 문장 ⑩ 지금은 집에 가기에 이르다.
	이어진문장	둘 이상의 홑문장이 연결 어미에 의해 결합된 문장 ⑩ 겨울이 가고, 봄이 온다.

(2) 안은문장

명사절을 안은문장	① 주어, 목적어, 보어, 부사어 등의 기능을 하는 명사절을 안고 있는 문장 ② 용언의 어간에 명사형 어미 '-(으)ㅁ, -기'가 붙어 이루어지는 절 ⑩ 경아는 **돈이 없음**을 깨달았다. ⑩ 시간이 **학교에 가기**에는 이르다.
관형절을* 안은문장	① 관형어의 기능을 하는 관형절을 안고 있는 문장 ② 용언의 어간에 관형사형 어미 '-는, -(으)ㄴ, -(으)ㄹ, -던'이 붙어 이루어지는 절 ⑩ 경아는 **돈이 없는** 사람을 좋아한다. ⑩ 나는 **이마에 흐르는** 땀을 닦았다.
부사절을 안은문장	① 부사어의 기능을 하는 부사절을 안고 있는 문장 ② 용언의 어간에 부사형 어미 '-게, -도록'이나 부사 파생 접미사 '-이'가 붙어 이루어지는 절 (※ '-이'는 '다르다, 같다, 없다' 등에 제한적으로 결합) ⑩ 경아는 **돈이 없이** 가게에 갔다. ⑩ 나는 **눈썹이 휘날리게** 뛰었다.
서술절을 안은문장*	서술어의 기능을 하는 서술절을 안고 있는 문장 ⑩ 경아는 **돈이 없다.** ⑩ 선생님은 **성격이 좋으시다.**
인용절을 안은문장	① 다른 사람의 말이나 글을 인용한 인용절을 안고 있는 문장 ② 남의 말을 직접이나 간접으로 인용하면서 인용 부사격 조사 '고'(간접), '라고'(직접)가 붙어 이루어지는 절 ⑩ 철수는 선생님께 **돈이 없다고** 말했다. ⑩ 철수는 선생님께 **"돈이 없어요."라고** 말했다.

(3) 이어진문장

대등하게 이어진문장	① 앞 절과 뒤 절의 의미가 대등한 관계로 결합된 문장 ② 대등적 연결 어미 '-고, -(으)며, -(으)나, -지만' 등에 의하여 이어진 문장 ⑩ 인생은 짧으나, 예술은 길다.
종속적으로 이어진문장	① 앞 절과 뒤 절의 의미가 종속적인 관계로 결합된 문장 ② 종속적 연결 어미 '-면, -(어)서/(아)서, -는데, -일지라도, -(으)니' 등으로 이어진 문장 ⑩ 비가 오면, 기온이 내려간다.

*** 관형절의 종류**

관계 관형절	관형절과 주절의 동일 대상이 생략됨. ⑩ 내가 어제 본 영화가 재미있었다. → 내가 어제 (영화를) 보다. + 영화가 재미있었다.
동격 관형절	관형절과 관형절의 수식을 받는 체언의 의미 동일 → 문장 성분 생략 없음. ⑩ 나는 그녀가 대학에 합격했다는 소식을 들었다. → 그녀가 대학에 합격했다. + 나는 소식을 들었다.

*** 서술절을 안은문장의 주어**
서술절을 안은문장은 한 문장에 주어가 두 개 있는 것처럼 보인다. 이때 앞에 나오는 주어를 제외한 나머지 부분이 서술절에 해당한다.
⑩ 코끼리는 코가 길다.

MEMO

문장 영역 필수 개념 – 종결, 높임, 시간 표현

1 종결 표현

종류	종결 어미	특징
평서문	-다, -네, -ㅂ니다 등	말하는 이가 듣는 이에 대해서 특별히 요구하는 일 없이 자신의 생각만을 단순하게 진술하는 문장 예 주형이가 학교에 **간다.**
의문문	-니, -는가, -ㅂ니까 등	말하는 이가 듣는 이에게 질문하여 그 대답을 요구하는 문장 ① 판정 의문문: 단순한 긍정, 부정의 대답을 요구하는 의문문 예 주형이가 학교에 **갔니?** ② 설명 의문문: 의문사를 사용하여 일정한 설명을 요구하는 의문문 예 주형이가 왜 **갔니?** ③ 수사 의문문 : 대답을 요구하지 않고 서술, 명령, 감탄의 효과를 내는 의문문 예 노을이 얼마나 **아름다운가?**
명령문	-어라/-아라, -거라 등	말하는 이가 듣는 이에게 어떤 행동을 하게 하거나, 하지 않도록 요구하는 문장 예 성후야, 학교에 **가거라.**
청유문	-자, -세, -ㅂ시다 등	말하는 이가 듣는 이에게 어떤 행동을 함께하도록 요청하는 문장 예 성후야, 학교에 **가자.**
감탄문	-구나, -구려, -도다 등	말하는 이가 듣는 이를 별로 의식하지 않고, 거의 독백하는 상태에서 자신의 느낌을 표현하는 문장 예 성후가 학교에 **가는구나!**

2 높임 표현

주체 높임법	말하는 이가 문장의 주어(서술의 주체)를 높이는 방법 ① 주체 높임 선어말 어미 '-(으)시-' 예 할아버지께서 **오셨습니다.** ② 주격 조사 '께서' 예 할아버지**께서** 식사를 하신다. ③ 특수 어휘 (계시다, 잡수시다, 주무시다 등) 예 할아버지께서 집에 **계신다.**
객체 높임법	문장의 목적어나 부사어가 나타내는 대상(서술의 객체)을 높이는 방법 ① 부사격 조사 '께' 예 할아버지**께** 여쭈어 보았다. ② 특수 어휘 (모시다, 뵙다, 여쭙다, 드리다) 예 할아버지를 **모시고** 집으로 왔다.

상대 높임법 — 문장의 종결 어미를 통해 듣는 이(청자)를 높이거나 낮추어 말하는 방법

상대 높임의 등분		평서법	의문법	명령법	청유법	감탄법
격식체	하십시오체 (아주 높임)	합니다	합니까?	하십시오	하시지요	
	하오체 (예사 높임)	하(시)오	하(시)오?	하(시)오, 하구려	합시다	하는구려
	하게체 (예사 낮춤)	하네, 함세	하는가?, 하나?	하게	하세	하는구먼
	해라체 (아주 낮춤)	한다	하니?, 하느냐?	하(거)라, 하렴	하자	하는구나
비격식체	해요체 (두루 높임)	해요, 하지요	해요?, 하지요?	하(세/셔)요	해요, 하지요	하는군요
	해체(반말) (두루 낮춤)	해, 하지	해?	해, 하지	해, 하지	하는군

3 시간 표현

(1) 시제 : 말하는 순간(발화시)을 기준으로 어떤 사건이 일어난 순간(사건시)의 시간적 위치를 나타내는 문법 요소

과거 시제	사건시가 발화시보다 앞섬. 사건시 ▽ ──────▶ ▲ 발화시	① 과거 시제 선어말 어미 '-았/었-, -았었/었었-, -더-' 　예 서윤이가 빵을 **먹었다.** ② 동사의 어간 + 관형사형 어미 '-(으)ㄴ, -던' 　예 서윤이가 **먹은** 빵은 맛있었다. ③ 형용사, 서술격 조사 + 관형사형 어미 '-던' 　예 **푸르던** 하늘이 어두워졌다.
현재 시제	사건시와 발화시가 일치함. 사건시 ▽ ──────▶ ▲ 발화시	① 현재 시제 선어말 어미 '-ㄴ-/-는-' (형용사는 기본형 자체가 현재 시제) 　예 서윤이가 빵을 **먹는다.** / 서윤이는 아주 **예쁘다.** ② 동사의 어간 + 관형사형 어미 '-는' 　예 서윤이가 **먹는** 빵은 정말 맛있다. ③ 형용사, 서술격 조사 + 관형사형 어미 '-(으)ㄴ' 　예 **푸른** 하늘에 구름이 많다.
미래 시제	사건시가 발화시보다 이후임. 사건시 ▽ ──────▶ ▲ 발화시	① 미래 시제 선어말 어미 '-겠-, -(으)리-' 　예 나는 오늘부터 국어 공부를 열심히 **하겠다.** ② 관형사형 어미 '-(으)ㄹ, -(으)ㄹ 것' 　예 내가 오늘부터 **공부할 것이다.**

(2) 동작상 : 발화시를 기준으로 어떤 동작이 진행 중인지 아니면 완료되었는지를 표현하는 것

진행상	시간의 흐름 속에서 어떤 동작이 진행되고 있음을 표현하는 것 예 비가 세차게 **내리고 있다,** / 준호는 밥을 **먹으면서** 시계를 본다.
완료상	시간의 흐름 속에서 어떤 동작이 이미 완료되었음을 표현하는 것 예 나영이는 의자에 **앉아 있다.** / 나영이가 밥을 다 **먹어 버렸다.**

📢 선어말 어미의 기능

1. 선어말 어미 '-았-/-었-'의 다양한 기능
　① 일반적으로 과거 시제를 나타낸다. 예 나는 어제 친구와 함께 학교에 갔다.
　② 완결된 상황의 지속을 나타낸다. 예 저는 엄마를 닮았어요.
　③ 미래 현실의 확신을 나타낸다. 예 책이 너무 재미있어. 오늘 밤 잠은 다 잤다.

2. 선어말 어미 '-았었-/-었었-'의 기능
　: -았었-/-었었-'도 과거 시제를 나타내는 선어말 어미이지만, 발화시보다 전에 발생하여 현재와 '단절'된 사건을 표현한다는 점에서 '-았-/-었-'과 구별된다.
　예 작년만 해도 이 저수지에는 물고기가 많았었다. → 올해는 저수지에 물고기가 많지 않다는 의미

3. 선어말 어미 '-겠-'의 의미
　: 미래 시제 선어말 어미 '-겠-'은 추측, 의지, 가능성 등의 다양한 의미를 나타낸다.
　예 내일은 눈이 오겠다. (추측)
　예 내 힘으로 숙제를 하겠다. (의지)
　예 나도 그 정도는 하겠다. (가능성)

Part 02 문장 영역 필수 개념 – 피동, 사동, 부정 표현

1 피동 표현

능동과 피동 : 주어가 동작을 제힘으로 하는 문장을 능동문이라 하고, 다른 주체에 의해 동작이 이루어지거나 영향을 받는 문장을 피동문이라고 한다.

파생적 피동	피동 접미사 '-이-, -히-, -리-, -기-, -되다' 예 경찰이 도둑을 잡았다. (능동) → 도둑이 경찰에게 **잡혔다.** (피동)
통사적 피동	-게 되다, -어지다 예 영희가 철수의 오해를 풀었다. (능동) → 철수의 오해가 영희에 의해 **풀어졌다.** (피동)

📢 이중 피동

피동 접미사 '-이-, -히-, -리-, -기-'와 '-어지다'를 함께 사용하는 경우로 문법에 어긋난 표현이 됨.
예 어려운 문제가 드디어 풀려졌다(풀-+-리-+-어지-+-었-+-다). (X)
→ 어려운 문제가 드디어 풀렸다(풀-+-리-+-었-+-다). (O)

2 사동 표현

주동과 사동 : 주어가 행위를 직접 하는 문장을 주동문이라고 하고, 주어가 다른 주체에게 행위를 하게 하는 문장을 사동문이라고 한다.

파생적 사동	사동 접미사 '-이-, -히-, -리-, -기-, -우-, -구-, -추-, -시키다' 예 아기가 옷을 입었다. (주동) → 아빠가 아기에게 옷을 **입혔다.** (사동)
통사적 사동	-게 하다 예 아기가 옷을 입었다. (주동) → 아빠가 아기에게 옷을 **입게 하였다.** (사동)

📢 피동사와 사동사의 형태가 같은 경우

문맥을 통해 구별하거나 목적어의 유무로 판단
예 멀리 바다가 **보였다.** (피동), 누나가 나에게 사진을 **보였다.** (사동)
예 엄마의 품에 **안겼다.** (피동), 나에게 선물을 **안겼다.** (사동)

*** 사동문의 의미 차이**
· 접사에 의한 사동문(파생적 사동문) : 두 가지 뜻으로 해석이 가능하다.
예 어머니께서 동생에게 약을 먹이셨다.
→ 약을 입에 직접 넣어 주어 먹였다. (직접적)
→ 동생이 스스로 약을 먹도록 시키셨다. (간접적)
· '-게 하다'에 의한 사동문(통사적 사동문) : 주로 간접적 의미를 드러낸다.
예 어머니께서 동생에게 약을 먹게 하셨다. (간접적)

3 부정 표현

부정문 : 부정 부사 '안, 못(짧은 부정)' 혹은 부정 용언 '아니하다, 못하다, 말다(긴 부정)' 등이 사용된 문장

안 부정문	① 부정 부사 '안', 부정 용언 '아니하다'를 사용한다. (의지 부정, 상태 부정) ② '안'에 의한 부정문을 짧은 부정문, '아니하다'에 의한 부정문을 긴 부정문이라고 한다. 예 나는 그 영화를 **안** 보았다. 나는 그 영화를 **보지 않았다.**
못 부정문	① 부정 부사 '못', 부정 용언 '못하다'를 사용한다. (능력 부정, 외부 원인에 의한 부정) ② '못'에 의한 부정문을 짧은 부정문, '못하다'에 의한 부정문은 긴 부정문이라고 한다. 예 나는 그 영화를 **못** 보았다. 나는 그 영화를 **보지 못했다.**
말다 부정문	① 명령문에서는 '마/마라', 청유문에서는 '말자'를 사용한다. ② 명령문과 청유문에서만 사용된다. 예 순대를 **먹지 마라.** (명령문) 호박죽을 **먹지 말자.** (청유문)

MEMO

문장 영역 핵심 기출 문제

문장 – 문장 성분

121 [2013년 3월 고1 학평 12번]

<보기>는 '문장의 종류'에 대한 학습 자료이다. ㉠에 들어갈 예문으로 적절한 것은? [3점]

> **보 기**
>
> **문장의 종류**
>
> ○ 홑문장 : 주어와 서술어가 한 번만 나타나는 문장
>   (예) 날씨가 맑다.
> ○ 겹문장 : 주어와 서술어가 두 번 이상 나타나는 문장
>   - 안은문장 : 다른 문장 속에 들어가 하나의 성분처럼 쓰이는 홑문장을 포함하고 있는 문장
>   (예) &boxed; ㉠ &boxed;
>   - 이어진문장 : 둘 이상의 홑문장이 대등하거나 종속적으로 이어진 문장
>   (예) 봄이 오면 꽃이 핀다.

① 민수는 성격이 좋은 학생이다.
② 우리 집 정원에 장미꽃이 피었다.
③ 다예가 교실에서 소설책을 읽었다.
④ 그는 갔으나 그의 예술은 살아 있다.
⑤ 바람이 세차게 불고, 비가 억수같이 내린다.

122 [2014년 6월 고1 학평 14번]

<보기>의 밑줄 친 부분에 해당하는 것만을 ㉠~㉣ 중에서 있는 대로 고른 것은?

> **보 기**
>
> 하나의 문장이 문법적으로 완전한 문장을 이루기 위해서는 서술어가 반드시 요구하는 문장 성분을 갖추어야 한다. 이때 대상이 되는 문장 성분은 주어 이외에 목적어, 보어, 필수 부사어가 있다.
>
> ○ <u>철수는</u> 어제 <u>민규에게</u> <u>책을</u> 돌려주었다.
>   ㉠　　　 ㉡　　 ㉢

① ㉠, ㉡　　　　　　② ㉠, ㉣
③ ㉡, ㉢　　　　　　④ ㉠, ㉢, ㉣
⑤ ㉡, ㉢, ㉣

123 [2015년 6월 고1 학평 14번]

<보기>를 바탕으로 관형어에 대해 탐구한 내용으로 적절하지 <u>않은</u> 것은?

> **보 기**
>
> ㉠ 그녀는 <u>파란</u> 옷을 입었다.
> ㉡ 이 우산은 <u>새</u> 것이다.
> ㉢ <u>시골</u> 풍경은 마음을 편안하게 해.
> ㉣ 영희는 <u>내가 읽은</u> 책을 <u>읽을</u> 계획이다.

① ㉠을 보니 관형어는 체언의 의미 범위를 축소하고 있음을 알 수 있군.
② ㉡을 보니 관형어가 없으면 올바른 문장이 되지 않을 수도 있군.
③ ㉢을 보니 관형격 조사가 붙지 않은 체언은 관형어가 될 수 없군.
④ ㉣을 보니 관형사형 어미를 통해 시제를 표현할 수 있군.
⑤ ㉣을 보니 하나의 문장이 다른 문장 안에서 관형어의 기능을 할 수 있군.

124 [2016년 11월 고1 학평 13번]

<보기>는 문장 성분을 이해하기 위한 학습활동의 일부이다. [A]에 들어갈 내용으로 적절하지 <u>않은</u> 것은?

> **보 기**
>
> **[탐구 방법]**
> 1. 특정 문장 성분을 생략할 경우 문장이 성립하는가를 확인하고 그 성분이 문장 구성에 필수적인지를 판단한다.
> 2. 특정 문장 성분이 어떤 기능을 하는가를 문장 내 다른 성분과의 관계를 고려해서 판단한다.
>
> **[탐구 대상]**
> ㄱ. 꼼꼼한 소윤이가 가위로 색종이를 잘랐다.
> ㄴ. 경민이는 옆집의 효빈이를 동생으로 삼았다.
>
> **[탐구 결과]**
> &boxed; [A] &boxed;

① ㄱ의 '색종이를'은 필수적인 성분으로, '잘랐다'라는 행위의 대상으로 기능한다.
② ㄱ의 '꼼꼼한'과 ㄴ의 '옆집의'는 필수적이지 않은 성분으로, 문장 내에서 동일한 기능을 한다.
③ ㄱ의 '소윤이가'와 ㄴ의 '경민이는'은 필수적인 성분으로, 문장 안에서 행위의 주체로 기능을 한다.
④ ㄱ의 '잘랐다'와 ㄴ의 '삼았다'는 필수적인 성분으로, 문장 안에서 주체의 행위를 표현하는 기능을 한다.
⑤ ㄱ의 '가위로'와 ㄴ의 '동생으로'는 필수적이지 않은 성분으로, 문장 내의 특정 단어를 수식하는 기능을 한다.

125 [2017년 6월 고1 학평 14번]

<보기>의 ㉠에 해당하는 예로 적절한 것은?

보 기

부사어는 문장 내에서 다른 성분을 꾸며 주는 부속성분이므로 생략할 수 있다. 그러나 부사어 중에는 문장을 구성하는 데 꼭 필요한 부사어도 있는데 이를 ㉠'필수 부사어'라고 한다. 예를 들어 '그는 비겁하게 굴었다.'에서 '비겁하게'는 부사어이지만 이 말이 빠지면 문법적으로 완전한 문장을 이루지 못하므로 '비겁하게'는 필수 부사어이다.

① 철수가 매우 빨리 달렸다.
② 나는 철수에게 선물을 주었다.
③ 그녀는 마침내 꿈을 이루었다.
④ 정원에 장미가 예쁘게 피었다.
⑤ 나는 오후에 할머니 댁을 방문했다.

126 [2018년 3월 고1 학평 13번]

<보기>의 [자료]를 근거로 할 때, [활동]에 대한 답으로 적절한 것은? [3점]

보 기

[자료]

'구문 도해'는 문장의 짜임을 그림으로 풀이한 것이다. 국어학자 최현배는 아래 그림과 같이 문장의 구문 도해를 나타내었다.

이 구문 도해는 '그가 새 옷을 드디어 입었다.'라는 문장을 나타낸 것이다. 중간에 내리그은 세로줄 왼편에는 주성분인 주어(그가), 목적어(옷을), 서술어(입었다)를, 오른편에는 부속 성분인 관형어(새), 부사어(드디어)를 배치하였다. 그리고 서로 다른 두 성분 사이에는 가로로 외줄을 그었는데, 특히 주어 부분과 그 외의 부분을 구분할 때에는 가로로 쌍줄을 그었다. 또한 조사는 앞말과의 사이에 짧은 세로줄을 그어 표시하였다.

[활동]

다음 문장의 구문 도배를 나타내시오.

나는 그 책도 샀다.

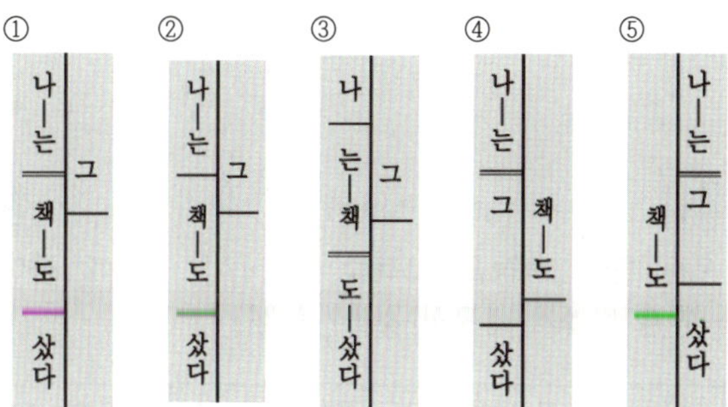

127 [2020년 3월 고1 학평 15번]

<보기>에 있는 '자료'의 밑줄 친 부분에 ㄱ~ㄷ에 해당하는 예를 찾아 넣으려고 할 때, 적절하지 <u>않은</u> 것은?

보 기

목적어는 문장에서 주로 서술어가 나타내는 동작의 대상이 되는 문장 성분이다. 문장에서 목적어는 다음과 같은 형태로 나타난다.

○ 체언+목적격 조사 '을/를'
○ 체언+특정한 의미를 더해 주는 보조사 ·························· ㄱ
○ 체언 단독 ··· ㄴ
○ 체언+보조사+목적격 조사 ·· ㄷ

[자료]
그는 __________ 갔어.

① ㄱ의 예로 '산책을'을 넣을 수 있다.
② ㄱ의 예로 '이사도'를 넣을 수 있다.
③ ㄴ의 예로 '꽃구경'을 넣을 수 있다.
④ ㄴ의 예로 '배낭여행'을 넣을 수 있다.
⑤ ㄷ의 예로 '한길만을'을 넣을 수 있다.

128 [2017년 3월 고2 학평 12번]

제시된 탐구 과정을 고려할 때, [A], [B]에 들어갈 ㉠~㉣을 바르게 분류한 것은? [3점]

탐구 주제	밑줄 친 말을 문장 성분과 품사를 기준으로 분류하시오. · 이것은 ㉠새로운 글이다. · 이것은 ㉡새 글이다. · 그는 ㉢빠르게 달린다. · 그는 ㉣빨리 달린다.

탐구 관련 지식	· 관형어는 체언을, 부사어는 용언을 한정하는 기능을 함.	· 형용사는 관형사나 부사와 달리 활용을 함. · 관형사는 명사를, 부사는 동사를 수식함.
탐구 결과	문장 성분에 따라 [A]로 분류할 수 있다.	품사에 따라 [B]로 분류할 수 있다.

	[A]	[B]
①	㉠, ㉡ / ㉢, ㉣	㉠, ㉡ / ㉢ / ㉣
②	㉠, ㉡ / ㉢, ㉣	㉠, ㉢ / ㉡ / ㉣
③	㉠, ㉢ / ㉡, ㉣	㉠ / ㉡ / ㉢, ㉣
④	㉠, ㉢ / ㉡, ㉣	㉠, ㉢ / ㉡, ㉣
⑤	㉠, ㉣ / ㉡, ㉢	㉠, ㉡ / ㉢ / ㉣

129 [2017년 6월 고2 학평 14번]

<보기>의 수업 상황에서, 밑줄 친 물음에 대한 학생의 대답으로 적절하지 <u>않은</u> 것은? [3점]

보 기

이번 시간에는 문장을 구성할 때 반드시 있어야 하는 성분인 주성분에 대해 살펴보겠습니다. 주성분에는 주어, 서술어, 목적어, 보어가 있습니다. 주어는 문장에서 동작 또는 상태나 성질의 주체를 나타내는 것입니다. 서술어는 주어의 동작, 상태, 성질 따위를 풀이하는 기능을 하는 성분입니다. 서술어의 동작 대상이 되는 문장 성분을 목적어라고 하고, 서술어 '되다, 아니다'가 필요로 하는 문장 성분 중에서 주어를 제외하고 조사 '이/가'가 붙은 것을 보어라고 합니다.
<u>자, 그럼 다음 문장의 주성분에 대해 알아볼까요?</u>

ㄱ. 철수의 동생이 사진을 찍었다.
ㄴ. 언니는 올해 대학생이 되었다.

① ㄱ의 '찍었다'는 '동생'의 동작을 풀이하는 서술어입니다.
② ㄴ의 '올해'는 '되었다'가 꼭 필요로 하므로 주성분입니다.
③ ㄱ에는 목적어가 있지만, ㄴ에는 목적어가 없습니다.
④ ㄱ과 ㄴ에는 주어가 하나씩 있습니다.
⑤ ㄱ과 ㄴ에는 주성분의 종류가 세 가지씩 있습니다.

130 [2024년 6월 고2 학평 14번]

<보기>의 설명을 참고할 때, ㉠을 분석한 내용으로 적절하지 <u>않은</u> 것은?

보 기

부사어는 서술어, 관형어, 다른 부사어 등을 수식한다. 또한 절이나 문장 전체를 수식하는 역할을 하거나 문장과 문장을 연결하는 역할을 한다. 부사어는 부사 단독으로 쓰이거나 체언에 조사가 결합된 형태, 용언의 활용형으로 나타난다.

<u>㉠그는 처음과 같은 마음으로 공부를 했다. 그래서 아주 쉽게 원하는 대학에 합격했다.</u>

① '처음과'는 체언에 조사가 결합된 형태로 관형어를 수식한다.
② '마음으로'는 체언에 조사가 결합된 형태로 서술어를 수식한다.
③ '그래서'는 부사 단독으로 문장과 문장을 연결한다.
④ '아주'는 부사 단독으로 다른 부사어를 수식한다.
⑤ '쉽게'는 용언의 활용형으로 관형어를 수식한다.

131 [2015년 9월 고3 모평 B형 13번]

<보기>를 참고할 때 밑줄 친 서술어의 문형 정보를 바르게 추출한 것은?

보 기

서술어의 필수적 문장 성분은 사전의 문형 정보에 제시되어 있다. 이러한 문형 정보를 추출하는 과정을 '지내다'의 예로 간략히 보이면 아래와 같다.

['지내다'의 문형 정보 추출 과정]

| 예문 | • 민수가 요즘에 조용하게 <u>지낸다</u>.
• 할아버지가 노년에 편하게 <u>지내신다</u>. |

↓

| 문장 성분 분석 | • 주어: 민수가, 할아버지가
• 부사어: 요즘에, 조용하게,
　　　　　노년에, 편하게 |

↓

| 필수적 문장 성분 추출 | • 주어: 민수가, 할아버지가
• 필수적 부사어: 조용하게, 편하게 |

↓　← 주어 제외

| 문형 정보 | 【-게】 |

	<u>예문</u>	<u>문형 정보</u>
①	• 이 나라는 국토가 대부분 산으로 <u>되어</u> 있다. • 요즘에 가죽으로 <u>된</u> 지갑이 인기다.	➡ 【…으로】
②	• 모두 그 속임수에 아무렇지 않게 <u>넘어갔다</u>. • 제 꾀에 자기가 자연스럽게 <u>넘어간</u> 꼴이다.	➡ 【-게】
③	• 나는 언니와 옷 때문에 <u>다투기도</u> 했다. • 그는 누군가와 한밤중에 <u>다투곤</u> 했다.	➡ 【…에】
④	• 가방에 지갑이 사은품으로 <u>딸려</u> 있다. • 그 책에 단어장이 부록으로 <u>딸려</u> 있다.	➡ 【…으로】
⑤	• 옷에서 때가 깨끗하게 <u>빠졌다</u>. • 청바지에서 물이 허옇게 <u>빠졌다</u>.	➡ 【-게】

---

132 [2017년 10월 고3 학평 11번]

㉠~㉣에 대해 이해한 내용으로 적절한 것은?

㉠ 드디어 나도 일을 끝냈다.
㉡ 벌써 바깥이 칠흑같이 어둡다.
㉢ 신임 장관은 이번 회의에 참석한다.
㉣ 새 컴퓨터가 순식간에 고물이 되었다.

---

① ㉠과 ㉡에서 주어는 명사구에 조사가 붙은 형태이다.
② ㉠과 ㉢에서 격조사가 문장의 주어를 나타내 주고 있다.
③ ㉡과 ㉢에서 주어는 서술어가 나타내는 동작의 주체이다.
④ ㉢과 ㉣에서 주어는 체언 구실을 하는 구에 조사가 붙은 형태이다.
⑤ ㉣에서는 상태의 변화를 의미하는 서술어의 영향으로 주어가 두 번 쓰였다.

133 [2017년 수능 13번]

다음은 부사어에 대해 탐구한 것이다. 탐구 내용으로 적절하지 <u>않은</u> 것은?

①	• 하늘이 눈이 부시게 푸른 날이다.
	↳ 절인 '눈이 부시게'가 부사어로 쓰였군.
②	• 함박눈이 하늘에서 펑펑 내리고 있다.
	⇨ 부사격 조사가 결합한 '하늘에서'와 부사 '펑펑'이 부사어로 쓰였군.
③	• 그는 너무 헌 차를 한 대 샀다.
	⇨ 부사어 '너무'가 서술어 '샀다'를 수식하는군.
④	㉠ 영이는 엄마와 닮았다. / *영이는 닮았다. ㉡ 영이는 취미로 책을 읽는다. / 영이는 책을 읽는다.
	⇨ ㉠의 '엄마와', ㉡의 '취미로'는 둘 다 부사어인데, ㉠의 '엄마와'는 ㉡의 '취미로'와 달리 필수 성분이군.
⑤	㉠ 모든 것이 재로 되었다. / *모든 것이 되었다. ㉡ 모든 것이 재가 되었다. / *모든 것이 되었다.
	⇨ ㉠의 '재로'는 부사어이고 ㉡의 '재가'는 보어로서, 문장 성분은 서로 다르지만 서술어가 반드시 필요로 하는 성분이라는 점에서는 같군.

※ '*'는 비문임을 나타냄.

Part 02 문장 영역 핵심 기출 문제

134 [2020년 9월 고3 모평 14번] 

<학습 활동>을 수행한 결과로 적절한 것은?

학습 활동

품사는 다양한 방식을 통해 문장 성분으로 실현된다. 품사가 어떻게 문장 성분으로 실현되는지 다음 밑줄 친 부분을 중심으로 알아보자.

ⓐ **빵은** 동생이 간식으로 제일 좋아한다.
ⓑ 형은 **아주** 옛 물건만 항상 찾곤 했다.
ⓒ 나중에 **어른** 돼서 우리 다시 만나자.
ⓓ 친구가 내게 준 선물은 **장미였다**.
ⓔ 다람쥐 **세** 마리가 나무를 오른다.

---

① ⓐ : 명사가 격 조사와 결합해 목적어로 쓰였다.
② ⓑ : 부사가 관형사를 수식하는 부사어로 쓰였다.
③ ⓒ : 명사가 조사와 결합 없이 주어로 쓰였다.
④ ⓓ : 명사가 어미와 직접 결합해 서술어로 쓰였다.
⑤ ⓔ : 수사가 명사를 수식하는 관형어로 쓰였다.

135 [2020년 10월 고3 학평 14번]

<보기>의 밑줄 친 관형어에 대해 탐구한 내용으로 적절하지 **않은** 것은?

보 기

나의 일기장에는 "일에는 <u>정해진</u> 시기가 <u>있는</u> 법이니 <u>그</u> 시기를 놓치면 안 된다."라고 적혀 있다. <u>이</u> 구절은 <u>온갖</u> 시련으로 <u>방황했던</u> <u>사춘기의</u> 나를 반성하게 만든다.

---

① '그', '이', '온갖'은 관형사가 그대로 관형어로 쓰인 경우에 해당한다.
② '정해진', '있는', '방황했던'은 용언의 관형사형이 관형어로 쓰인 경우에 해당한다.
③ '그', '이'는 앞에서 이미 언급된 것을 가리키며 뒤에 있는 말을 꾸며 주는 역할을 한다.
④ '나의', '사춘기의'는 체언에 관형격 조사가 결합된 형태가 관형어로 쓰인 경우에 해당한다.
⑤ '정해진', '있는', '온갖', '방황했던'은 각각 문장에서 생략할 수 없는 필수 성분에 해당한다.

136 [2021년 수능 38번] 

밑줄 친 서술어가 요구하는 필수 성분의 개수와 종류가 <보기>의 문장과 같은 것은?

보 기

이곳의 지형은 외적의 침입을 막기에 <u>유리하다</u>.

---

① 그 광물이 원래는 귀금속에 <u>속했다</u>.
② 그는 바람이 불기에 옷깃을 <u>여몄다</u>.
③ 우리는 원두막을 하루 만에 <u>지었다</u>.
④ 나는 시간이 남았기에 그와 <u>걸었다</u>.
⑤ 나는 구호품을 수해 지역에 <u>보냈다</u>.

137 [2023년 수능 39번] 

<학습 활동>을 수행한 결과로 적절한 것은? [3점]

학습 활동

부사어는 부사, 체언+조사, 용언 활용형 등으로 실현된다. 부사어로써 수식하는 문장 성분은 부사어, 관형어, 서술어 등이다. 일례로 '차가 간다.'의 서술어 '간다'를 수식하기 위해 부사 '잘'을 부사어로 쓰면 '차가 잘 간다.'가 된다. [조건] 중 두 가지를 만족하도록, 주어진 문장에 부사어를 넣어 수정해 보자.

[조건]
㉠ 부사어를 수식하기 위해 부사를 부사어로 쓴 문장
㉡ 관형어를 수식하기 위해 용언 활용형을 부사어로 쓴 문장
㉢ 관형어를 수식하기 위해 부사를 부사어로 쓴 문장
㉣ 서술어를 수식하기 위해 '체언+조사'를 부사어로 쓴 문장
㉤ 서술어를 수식하기 위해 용언 활용형을 부사어로 쓴 문장

⋮

	조건	수정 전 ⇨ 수정 후
①	㉠, ㉡	웃는 아기가 귀엽게 걷는다.
		⇨ 방긋이 웃는 아기가 참 귀엽게 걷는다.
②	㉠, ㉢	화가가 굵은 선을 쭉 그었다.
		⇨ 화가가 조금 굵은 선을 세로로 쭉 그었다.
③	㉡, ㉤	그를 싫어하는 사람이 있다.
		⇨ 그를 무턱대고 싫어하는 사람이 많이 있다.
④	㉢, ㉣	딴 사람이 그 문제를 해결했다.
		⇨ 전혀 딴 사람이 그 문제를 한순간에 해결했다.
⑤	㉣, ㉤	영미는 그 일을 처리했다.
		⇨ 영미는 그 일을 원칙대로 깔끔히 처리했다.

138 [2013년 11월 고1 학평 14번] 

다음과 같은 문법 수업에서 ㄱ~ㅁ을 분석한 결과로 적절하지 <u>않은</u> 것은?

> **선생님** : 서술어는 주어의 동작, 상태, 성질 따위를 풀이하는 기능을 하는 문장 성분이에요. 서술어는 그 성격에 따라서 필요로 하는 문장 성분의 개수가 다른데, 이를 서술어의 자릿수라고 한답니다. 그럼, 다음 문장들에 쓰인 서술어의 자릿수를 알아봅시다.
>
> ㄱ. 물이 얼음이 되었다.
> ㄴ. 우정은 보석과 같다.
> ㄷ. 누나가 새 책을 샀다.
> ㄹ. 동수가 교가를 부른다.
> ㅁ. 민수가 편지 봉투에 우표를 붙였다.

① ㄱ의 서술어 '되었다'는 주어와 보어를 필요로 하는 두 자리 서술어이다.

② ㄴ의 서술어 '같다'는 주어와 부사어를 필요로 하는 두 자리 서술어이다.

③ ㄷ의 서술어 '샀다'는 주어와 관형어, 목적어를 필요로 하는 세 자리 서술어이다.

④ ㄹ의 서술어 '부른다'는 주어와 목적어를 필요로 하는 두 자리 서술어이다.

⑤ ㅁ의 서술어 '붙였다'는 주어와 부사어, 목적어를 필요로 하는 세 자리 서술어이다.

139 [2014년 3월 고1 학평 15번]

<보기 1>을 참고하여, <보기 2>의 문장을 탐구한 내용으로 적절한 것은? [3점]

> **보기 1**
>
> 문장의 성립을 위해서 서술어가 반드시 필요로 하는 문장 성분의 개수를 '서술어의 자릿수'라고 한다. 다음의 예문을 통해 이를 탐구해 보자.
>
> <u>윤아는</u> <u>맑은</u> <u>하늘을</u> <u>좋아한다.</u>
> ㉠　　㉡　　㉢　　서술어
>
> **[탐구 과정]**
> 1) ㉠이 없을 경우 : '좋아한다'의 주체(주어)가 빠져서 문장이 성립되지 않는다.
> 2) ㉡이 없을 경우 : '하늘'을 꾸며 주는 말(관형어)이므로, 문장의 성립 여부에 영향을 주지 않는다.
> 3) ㉢이 없을 경우 : '윤아'가 좋아하는 대상(목적어)이 빠져서 문장이 성립되지 않는다.
>
> **[탐구 결과]**
> '좋아한다'는 주어(㉠)와 목적어(㉢)를 반드시 필요로 하는 두 자리 서술어이다.

> **보기 2**
>
> ㄱ. 희선이는 맛있는 빵을 먹었다.
> ㄴ. 빨간 장미꽃이 활짝 피었다.

① ㄱ은 '희선이는'을 생략해도 문장이 성립한다.

② ㄴ은 '빨간'과 '장미꽃이'를 생략해도 문장이 성립한다.

③ ㄱ의 '맛있다'와 ㄴ의 '피었다'는 모두 목적어를 반드시 필요로 한다.

④ ㄱ의 '맛있는'과 ㄴ의 '활짝'은 서술어가 반드시 필요로 하는 문장 성분이다.

⑤ ㄱ의 '먹었다'는 두 자리 서술어이고, ㄴ의 '피었다'는 한 자리 서술어이다.

140 [2012년 6월 고2 학평 A형 7번]

<보기 1>을 참고할 때, <보기 2>에 대한 설명으로 적절하지 <u>않은</u> 것은?

보기 1

○ 서술어의 자릿수 : 문법적으로 문장이 성립하기 위해서 서술어가 요구하는 최소한의 문장 성분의 수

  예를 들어, '노래하다'는 '누가'와 같은 성분 하나만 있으면 문장이 성립하므로 한 자리 서술어이고, '굴리다'는 '누가', '무엇을'과 같은 성분을 필요로 하므로 두 자리 서술어이다. '주다'는 '누가', '누구에게', '무엇을'과 같은 성분을 필요로 하므로 세 자리 서술어이다.

보기 2

ㄱ. 기차가 달린다.
ㄴ. 철수가 도서관에서 책을 읽는다.
ㄷ. 어머니가 영희에게 옷을 입혔다.
ㄹ. 나는 너를 친구로 여긴다.
ㅁ. 상우는 아버지와 닮았다.

① ㄱ의 '달린다'는 한 자리 서술어이다.
② ㄴ의 '읽는다'는 '철수가'와 '책을'을 필수적으로 요구하므로 두 자리 서술어이다.
③ ㄷ의 '입혔다'는 '영희가 옷을 입었다'의 '입었다'와 서술어의 자릿수가 다르다.
④ ㄹ의 '여긴다'는 '최 진사가 꽃분이를 며느리로 삼았다'의 '삼았다'와 서술어의 자릿수가 같다.
⑤ ㅁの '닮았다'는 '아버지와'를 필수적으로 요구하지 않으므로 한 자리 서술어이다.

141 [2016년 9월 고2 학평 13번]

다음과 같이 서술어의 자릿수를 파악하는 활동을 해 보았다. 이를 이해한 내용으로 적절하지 <u>않은</u> 것은?

[3점]

  문장에서 서술어는 그 성격에 따라 필요로 하는 문장 성분의 개수가 다른데 이를 서술어의 자릿수라고 한다. 그런데 같은 형태의 서술어라도 필요로 하는 문장 성분의 개수가 다른 경우가 있는데, 문장 성분을 생략해 봄으로써 이를 파악할 수 있다.

탐구자료 [A]	○ 콩쥐가 옷을 예쁘게 **만들었다.** ○ 어머니는 아들을 의사로 **만들었다.**
탐구활동	문장 성분을 생략해 보며, 문법적으로 올바른 문장인지를 파악한다.

○ 콩쥐가 옷을 예쁘게 **만들었다.**
  ☞ '콩쥐가', '옷을', '예쁘게'를 각각 생략해 본다.
○ 어머니는 아들을 의사로 **만들었다.**
  ☞ '어머니는', '아들을', '의사로'를 각각 생략해 본다.

탐구결과	서술어 '만들었다'는 필수적으로 요구하는 문장 성분의 수에 따라 두 자리 서술어가 되기도 하고, 세 자리 서술어가 되기도 한다.
적용자료 [B]	○ 친구는 내 손을 살며시 **잡았다.** ○ 철수가 물고기를 많이 **잡았다.**

① [A]에서 '콩쥐가'와 '어머니는'은 서술어의 주체가 되는 말이므로 꼭 필요한 성분이겠군.
② [A]에서 '옷을'과 '아들을'은 서술어가 필수적으로 요구하는 문장 성분이므로 생략할 수 없겠군.
③ [A]에서 '예쁘게'는 '의사로'와 달리 서술어가 필수적으로 요구하는 문장 성분이 아니기 때문에 생략할 수 있겠군.
④ [B]에서 '친구는'과 '손을'을 생략했을 때 문장이 성립되지 않으므로 '잡았다'는 두 자리 서술어이겠군.
⑤ [B]에서 '많이'는 생략할 수 없는 문장 성분이므로 '잡았다'는 세 자리 서술어이겠군.

142 [2021년 3월 고2 학평 14번] 

<보기>의 '선생님'의 질문에 대한 답으로 적절한 것은?

> **보 기**
>
> 선생님 : 서술어의 자릿수란 서술어가 필요로 하는 성분의 개수를 의미합니다. 그런데 다의어의 경우 의미에 따라 서술어의 자릿수가 달라질 수 있습니다. 가령 '밝다'의 경우, '달이 밝다.'에서는 한 자리 서술어, '그는 지리에 밝다.'에서는 두 자리 서술어입니다. 그럼, 학습지에 제시된 다의어 '가다'와 '생각하다'의 의미와 예문을 보고, ㉠~㉤ 중에서 두 자리 서술어로 쓰인 경우를 모두 골라 볼까요?
>
> **가다**
> 1. 한 곳에서 다른 곳으로 장소를 이동하다.
>   ¶ 친구가 내일 서울로 간다. ·····················㉠
> 2. 금, 줄, 주름살, 흠집 따위가 생기다.
>   ¶ 바지에 구김이 너무 간다. ·····················㉡
> 3. 기계 따위가 제대로 작동하다.
>   ¶ 낡은 괘종시계가 잘 간다. ·····················㉢
>
> **생각하다**
> 1. 사물을 헤아리고 판단하다.
>   ¶ 학생이 진로를 생각한다. ·····················㉣
> 2. 어떤 일에 대한 의견이나 느낌을 가지다.
>   ¶ 우리가 투표를 의무로 생각한다. ···············㉤

① ㉠, ㉣   ② ㉡, ㉢   ③ ㉠, ㉡, ㉣
④ ㉠, ㉢, ㉤   ⑤ ㉡, ㉢, ㉤

143 [2014년 수능 B형 12번]

<보기>의 내용을 근거로 하여 잘못된 문장을 수정한 예로 적절하지 <u>않은</u> 것은?

> **보 기**
>
> 서술어의 자릿수는 문법적으로 정확하지 못한 문장을 수정하는 데 고려해야 할 중요한 기준이다. 서술어의 자릿수란 서술어가 반드시 갖추어야 하는 문장 성분의 수를 의미하는데, 다음과 같은 예를 들 수 있다.
>
> ○ 한 자리 서술어 : 꽃이 <u>피었다</u>.
> ○ 두 자리 서술어 : 고양이가 쥐를 <u>잡았다</u>.
> ○ 세 자리 서술어 : 동생은 나에게 책을 <u>주었다</u>.
>
> 서술어가 요구하는 문장 성분이 빠져 있으면 문법적으로 정확하지 못한 문장이 되므로 그 성분을 보충하여야 한다.

① 그들은 양식이 다 떨어지자 식량 공급을 요청했다.
→ 그들은 양식이 다 떨어지자 정부에 식량 공급을 요청했다.
② 문제는 우리가 예의를 지키지 못하는 경우가 많다.
→ 문제는 우리가 예의를 지키지 못하는 경우가 많다는 사실이다.
③ 나는 오늘 점심을 먹으면서 내 친구를 소개하였다.
→ 나는 오늘 점심을 먹으면서 내 친구를 누나에게 소개하였다.
④ 우리는 전화위복의 계기로 삼아 지금보다 강해질 것이다.
→ 우리는 그 일을 전화위복의 계기로 삼아 지금보다 강해질 것이다.
⑤ 형은 이곳에 온 지 얼마 되지 않아 어두울 수밖에 없다.
→ 형은 이곳에 온 지 얼마 되지 않아 동네 지리에 어두울 수밖에 없다.

Part 02 문장 영역 핵심 기출 문제

144 [2017년 3월 고3 학평 12번] 

<보기>의 ㉠ ~ ㉤에 대한 탐구로 적절하지 <u>않은</u> 것은?

[3점]

보 기

서술어의 자릿수란 서술어가 필수적으로 요구하는 문장 성분의 개수를 의미한다. 그런데 서술어는 문장에서 사용되는 의미에 따라 필수적으로 요구하는 문장 성분이 달라지기도 한다.

	의미	예문
살다	불 따위가 타거나 비치고 있는 상태에 있다.	바람 때문에 불씨가 다시 ㉠살았다.
	본래 가지고 있던 특징 따위가 그대로 있거나 뚜렷이 나타나다.	이 한 구절로 글이 ㉡살았다.
	어떤 직분이나 신분의 생활을 하다.	그는 조선 시대에 오랫동안 벼슬을 ㉢살았다.
놓다	계속해 오던 일을 그만두고 하지 아니하다.	그는 잠시 일손을 ㉣놓았다.
	잡거나 쥐고 있던 물체를 일정한 곳에 두다.	형은 책을 책상 위에 ㉤놓았다.

---

① ㉠은 주어만 필수적으로 요구하는 한 자리 서술어이군.

② ㉡은 주어와 부사어를 필수적으로 요구하는 두 자리 서술어이군.

③ ㉢은 주어와 목적어를 필수적으로 요구하는 두 자리 서술어이군.

④ ㉣은 주어와 목적어를 필수적으로 요구하는 두 자리 서술어이군.

⑤ ㉤은 주어, 목적어, 부사어를 필수적으로 요구하는 세 자리 서술어이군.

145 [2024년 6월 고3 모평 37번] 

밑줄 친 서술어가 필수적으로 요구하는 문장 성분의 개수 및 종류가 같은 것끼리 짝지어진 것은?

① ┌ 할아버지는 형님 댁에 <u>계신다</u>.
└ 여객선이 <u>도착한</u> 항구엔 안개가 꼈다.

② ┌ 저 친구는 불평이 <u>그칠</u> 날이 없다.
└ 그는 배에서 <u>내리는</u> 장면을 상상했다.

③ ┌ 나는 이 호박을 죽으로 <u>만들</u> 것이다.
└ 아버지는 뜬눈으로 밤을 <u>새웠다</u>.

④ ┌ 얼음으로 <u>된</u> 성이 나타났다.
└ 그는 남이 <u>아니고</u> 가족이다.

⑤ ┌ 그의 신중함은 아무래도 <u>지나쳤다</u>.
└ 언니는 간이역만 <u>지나치는</u> 기차를 탔다.

146 [2025년 수능 37번] 

<보기>의 [조건]이 모두 실현된 문장으로 적절한 것은?

보 기

[조건]
○ 관형사가 관형어로 쓰일 것.
○ 선어말 어미를 통한 높임 표현이 나타날 것.
○ 자릿수가 하나인 서술어와 둘인 서술어를 포함할 것.

---

① 편찮으신 음악 선생님을 세 학생이 보건실로 조심히 모셨다.

② 아버지께서는 언제나 책을 몇 장 읽으시다 잠자리에 드셨다.

③ 끊임없는 노력으로 할아버지께서는 결국 시험에 합격하셨다.

④ 유난히 길어진 추위에 할머니께서는 온갖 걱정을 다 하셨다.

⑤ 저 가게에서 파는 떡이 정말 맛있다며 삼촌은 입맛을 다셨다.

문장 - 문장의 짜임

147 [2016년 3월 고1 학평 13번]

<보기 1>을 바탕으로 <보기 2>를 탐구한 결과로 적절하지 <u>않은</u> 것은?

> **보기 1**
>
> 이어진문장
>
> 　둘 이상의 홑문장이 이어져 있는 문장으로, 주어가 같은 홑문장이 이어질 때는 주어를 하나만 사용할 수도 있음.
>
> ○ **대등하게 이어진 문장**
> 　둘 이상의 홑문장이 동등한 자격으로 이어진 문장으로, 앞 절과 뒤 절이 '나열, 대조, 선택' 등의 의미 관계를 가짐.
>
> ○ **종속적으로 이어진 문장**
> 　앞 홑문장과 뒤 홑문장의 의미가 독립적이지 못하고 종속적으로 이어진 문장으로, 앞 절과 뒤 절이 '원인, 조건, 의도' 등의 의미 관계를 가짐.

> **보기 2**
>
> ㄱ. 암벽 등반은 힘들고 재미있다.
> ㄴ. 암벽 등반은 힘들어서 재미있다.
> ㄷ. 암벽 등반은 힘들지만 재미있다

① ㄱ, ㄴ, ㄷ은 '암벽 등반은 힘들다.'와 '암벽 등반은 재미있다.'라는 두 홑문장이 이어진 문장이군.

② ㄱ, ㄴ, ㄷ은 앞 절과 뒤 절의 순서를 바꾸어도 의미에 변화가 생기지 않는 이어진 문장이군

③ ㄱ, ㄴ, ㄷ에서 뒤 절의 주어가 없는 것은 앞 절과 주어가 같기 때문이군.

④ ㄱ, ㄷ은 두 홑문장이 각각 나열, 대조의 의미를 갖는 어미 '-고'와 '-지만'으로 연결된 대등하게 이어진 문장이군.

⑤ ㄴ은 두 홑문장이 원인의 의미를 갖는 어미 '-어서'로 연결된 종속적으로 이어진 문장이군.

148 [2016년 6월 고1 학평 13번]

<보기>의 ㉠에 해당하는 예로 적절한 것은?

> **보 기**
>
> ○ 재희는 봉사활동에 <u>아무도 모르게</u> 참여한다.
> 　위 문장에서 '아무도 모르게'는 단어가 아니라 주어인 '아무도'와 서술어인 '모르다'로 이루어진 문장이다. 이 문장은 '재희는 봉사활동에 참여한다.'라는 문장에서 서술어 '참여한다'를 수식하여 '어떻게'라는 의미를 더해 주면서 수식하고 있다. 이런 역할을 하면서 안겨 있는 문장을 ㉠ 부사절이라 한다.

① <u>이 일은 하기가</u> 쉽지 않다.

② 빙수는 <u>이가 시리도록</u> 차가웠다.

③ 은기는 꼭 <u>꿈을 이루겠다고</u> 말했다.

④ 승희는 <u>마음이 따뜻한</u> 사람을 좋아한다.

⑤ 민우는 <u>우리가 어제 돌아온</u> 사실을 모른다.

149 [2019년 9월 고1 학평 14번]

<보기>를 참고할 때, ㉠~㉢을 이해한 내용으로 적절하지 <u>않은</u> 것은?

> **보 기**
>
> 　다른 사람의 말이나 생각 등을 원래의 내용과 형식 그대로 옮겨 표현하는 것을 '직접 인용', 원래의 내용을 전달하되 말하는 사람의 관점에서 표현하는 것을 '간접 인용'이라 한다.
> 　직접 인용은 큰따옴표와 종결 표현에 따른 문장 부호를 사용하고, 조사 '라고'를 붙여 표현한다. 간접 인용은 문장 부호 없이, 앞말의 종결 어미에 조사 '고'를 붙여 표현한다. 간접 인용문은 화자의 관점에서 표현하기 때문에 직접 인용문과 비교할 때 인칭, 지시 표현, 높임 표현, 시간 표현, 종결 표현 등에서 변화가 나타나기도 한다.
>
> ㉠ 어제 진우는 "내일 떠나고 싶다."라고 했다.
> 　→ 어제 진우는 오늘 떠나고 싶다고 했다.
> ㉡ 아들이 나에게 "잠시만 집에 계세요."라고 했다.
> 　→ 아들이 나에게 잠시만 집에 있으라고 했다.
> ㉢ 그 바다에서 아영이는 "나는 이곳이 마음에 들어."라고 했다.
> 　→ 그 바다에서 아영이는 자기는 그곳이 마음에 든다고 했다.

① ㉠ : 직접 인용문에서 쓰인 조사 '라고'가 간접 인용문에서 '고'로 달라졌다.

② ㉠ : 직접 인용문에서 쓰인 시간 표현 '내일'이 간접 인용문에서 '오늘'로 달라졌다.

③ ㉡ : 직접 인용문에서 실현된 주체 높임 표현이 간접 인용문에서 객체 높임 표현으로 바뀌었다.

④ ㉢ : 직접 인용문에서 쓰인 1인칭이 간접 인용문에서 3인칭으로 바뀌었다.

⑤ ㉢ : 직접 인용문에서 쓰인 지시 표현 '이곳'이 간접 인용문에서 '그곳'으로 달라졌다.

150 [2021년 3월 고1 학평 13번]

㉠~㉤에 대한 설명으로 적절하지 <u>않은</u> 것은?

> **보 기**
>
> ㉠ 그는 우리와 함께 일하기를 거부했다.
> ㉡ 개는 사람보다 후각이 훨씬 예민하다.
> ㉢ 나는 그가 우리를 도와 준 일을 잊지 않았다.
> ㉣ 날이 추워지면 방한 용품이 필요하다.
> ㉤ 수만 명의 관객들이 공연장을 가득 메웠다.

① ㉠ : '우리와 함께 일하기를'이 안은문장에서 목적어의 역할을 하고 있군.

② ㉡ : '후각이 훨씬 예민하다'가 안은문장에서 서술어의 역할을 하고 있군.

③ ㉢ : '그가 우리를 도와 준'이 안은문장에서 관형어의 역할을 하고 있군.

④ ㉣ : '날이 추워지다.'와 '방한 용품이 필요하다.'가 대등하게 이어진 문장이군.

⑤ ㉤ : '관객들이'가 주어이고 '메웠다'가 서술어인 홑문장이군.

151 [2022년 6월 고1 학평 14번]

<보기>의 설명을 참고하여 ⓐ~ⓒ의 밑줄 친 안긴문장에 대해 이해한 것으로 적절한 것은?

> **보 기**
>
> 다른 문장 속에 들어가 하나의 문장 성분처럼 쓰이는 문장을 안긴문장이라고 하며, 이 안긴문장을 포함하는 문장을 안은문장이라고 한다.
>
> ⓐ 그가 <u>소리도 없이</u> 밖으로 나갔다.
> ⓑ 나는 <u>그가 이 사건의 범인임</u>을 깨달았다.
> ⓒ <u>어머니께서 시장에서 산</u> 수박은 매우 달았다.

① ⓐ의 안긴문장에는 주어가 생략되어 있다.

② ⓑ의 안긴문장은 조사와 결합하여 부사어의 기능을 한다.

③ ⓒ의 안긴문장에는 체언을 수식하는 관형어가 있다.

④ ⓐ의 안긴문장은 용언을 수식하고, ⓒ의 안긴문장은 체언을 수식한다.

⑤ ⓑ의 안긴문장에는 목적어가 있고, ⓒ의 안긴문장에는 목적어가 생략되어 있다.

152 [2024년 3월 고1 학평 15번]

<보기>의 '학습 자료'를 바탕으로 '학습 과제'를 수행한 결과로 적절하지 <u>않은</u> 것은?

> **보 기**
>
> **[학습 자료]**
> ○ 직접 인용 : 원래의 말이나 글을 그대로 큰따옴표(" ")에 넣어 인용하는 것. 조사 '라고'를 사용함.
> ○ 간접 인용 : 인용된 말이나 글을 자신의 관점에서 다시 서술하여 표현하는 것. 조사 '고'를 사용함.
>
> **[학습 과제]**
> 밑줄 친 부분에 주목하여 직접 인용을 간접 인용으로 바꾸어 보자.
>
> ㄱ. 지아가 "꽃이 벌써 <u>폈구나!</u>"라고 했다.
> → 지아가 꽃이 벌써 <u>폈다</u>고 했다.
> ㄴ. 지아가 "버스가 벌써 <u>갔어요.</u>"라고 했다.
> → 지아가 버스가 벌써 <u>갔다</u>고 했다.
> ㄷ. 나는 어제 지아에게 "<u>내일</u> 보자."라고 했다.
> → 나는 어제 지아에게 <u>오늘</u> 보자고 했다.
> ㄹ. 전학을 간 지아는 "<u>이</u> 학교가 좋다."라고 했다.
> → 전학을 간 지아는 <u>그</u> 학교가 좋다고 했다.
> ㅁ. 지아는 나에게 "민지가 <u>너</u>를 불렀다."라고 했다.
> → 지아는 나에게 민지가 <u>자기</u>를 불렀다고 했다.

① ㄱ ② ㄴ ③ ㄷ ④ ㄹ ⑤ ㅁ

153 [2024년 9월 고1 학평 14번]

<학습 활동>을 수행한 결과로 적절하지 <u>않은</u> 것은?
[3점]

> **학습 활동**
>
> 직접 인용을 간접 인용으로 바꿀 때는 인용 조사, 인용절의 종결 어미, 대명사, 시간 표현, 높임 표현 등에서 변화가 생길 수 있다. 다음 직접 인용 문장을 간접 인용 문장으로 바꿀 때 어떤 변화가 생길지 분석해 보자.
>
> ㄱ. 그는 나에게 "당신은 제 책을 보셨습니까?"라고 물었다.
> ㄴ. 나는 어제 그에게 "그녀는 내일 도착합니다."라고 말했다.

① ㄱ은 인용절의 높임 표현이 바뀐다.

② ㄴ은 인용절의 시간 표현이 바뀐다.

③ ㄱ은 ㄴ과 달리 인용절의 대명사가 바뀐다.

④ ㄴ은 ㄱ과 달리 인용절의 종결 어미가 바뀐다.

⑤ ㄱ과 ㄴ은 모두 인용절에 연결된 인용 조사가 바뀐다.

154 [2013년 11월 고2 학평 B형 14번]

다음은 문법 수업의 내용을 정리한 학생의 노트이다. 이를 바탕으로 <보기>를 탐구한 내용으로 적절하지 **않**은 것은? [3점]

> - 관형사: 체언 앞에 놓여서 체언을 꾸며 주는 단어
>   예) 새 책에 이름을 적어 두었다.
>
> - 관형어: 체언 앞에서 체언을 꾸며 주는 문장성분
>   ① 관형사
>   ② 체언 + 관형격 조사
>   ③ 용언의 어간 + 관형사형 어미
>
> - 안긴문장(절): 다른 문장 속에서 하나의 성분처럼 쓰이는 홑문장
>   ▶ 주어와 서술어를 갖추어야 함
>   ① 관형절: 다른 문장 속에 들어가 관형어의 역할을 하는 안긴문장(절), 이때 관형절은 '-(으)ㄴ' '-는' '-던' 등의 관형사형 어미를 포함함.
>   예) '무소유'는 내가 읽었던 책이다.

> **〔 보 기 〕**
>
> ㄱ. **어느** 지역이든 **유명한** 관광지는 있기 마련이다.
> ㄴ. **내가 산** 꽃을 **그녀의** 화단에 옮겨 심었다.
> ㄷ. 나는 **동전 다섯** 개를 잃어버렸지만 **그** 사실을 알지 못했다.

① ㄱ의 '유명한'은 명사 '관광지'를 꾸며 주고 있으므로 관형어라고 할 수 있군.
② ㄴ의 '그녀의'는 체언에 관형격 조사 '의'가 결합하여 명사 '화단'을 꾸며 주고 있으므로 관형어라고 할 수 있군.
③ ㄴ의 '산'은 '사다'의 어간 '사-'에 관형사형 어미 '-(으)ㄴ'이 결합한 것이므로 '내가 산'은 관형절이라고 할 수 있군.
④ ㄷ의 '다섯'은 '개'를 꾸며 주는 관형사이므로, '동전 다섯'은 관형절이라고 할 수 있군.
⑤ ㄱ의 '어느'와 ㄷ의 '그'는 모두, 뒤에 나오는 체언을 수식하는 관형사이자 관형어라고 할 수 있군.

155 [2014년 9월 고2 학평 B형 14번]

<보기 1>의 자료를 읽고 <보기 2>를 탐구한 내용으로 적절하지 **않**은 것은?

> **〔 보기 1 〕**
>
> 절(節)은 두 개 이상의 어절이 주어와 서술어의 관계로 결합되어, 전체 문장 속에 한 성분으로 들어 있는 형식을 말한다. 서술절은 전체 문장에서 서술어의 기능을 한다. 서술절을 포함한 전체 문장은 겹문장으로 주어와 서술어가 2개 이상 나오는 문장이며, 문장 전체의 주어 이외에 서술절(주어+서술어)을 지니고 있다.

> **〔 보기 2 〕**
>
> ㄱ. 토끼는 앞발이 짧다.
> ㄴ. 이 산은 나무가 많다.
> ㄷ. 우리 오빠는 대학생이 되었다.

① ㄱ~ㄷ은 모두 주어와 서술어를 갖추고 있다.
② ㄱ의 '토끼는'은 전체 문장의 주어이다.
③ ㄴ의 '나무가 많다'는 전체 문장 속에서 서술어의 기능을 한다.
④ ㄱ과 ㄴ은 서술절이 전체 문장 속에 포함되어 있는 형식이다.
⑤ ㄴ의 '나무가'와 ㄷ의 '대학생이'는 서술절에서 주어의 역할을 한다.

156 [2015년 6월 고2 학평 13번]

<보기>의 ㉠~㉤에 대한 설명으로 적절하지 **않**은 것은? [3점]

> **〔 보 기 〕**
>
> '안긴문장'은 다른 문장 속에 들어가 하나의 성분처럼 쓰이는 문장을 말하며, '안은문장'은 안긴문장을 포함하고 있는 문장을 말한다. 안긴문장은 기능에 따라 명사절, 관형절, 부사절, 서술절, 인용절로 나뉜다.
> ㉠ 영수는 키가 매우 크다.
> ㉡ 영수는 꽃이 핀 사실을 몰랐다.
> ㉢ 영수는 말도 없이 학교로 가 버렸다.
> ㉣ 영수는 공원을 산책하기를 좋아한다.
> ㉤ 영수는 영희에게 빨리 오라고 외쳤다.

① ㉠의 안긴문장은 안은문장의 서술어 기능을 한다.
② ㉡의 안긴문장은 체언의 뜻을 제한하는 기능을 한다.
③ ㉢의 안긴문장은 안은문장의 부사어를 수식한다.
④ ㉣의 안긴문장의 주어는 안은문장의 주어와 동일하다.
⑤ ㉤의 안긴문장은 안은문장의 주어가 한 말을 인용한 것이다.

Part 02 문장 영역 핵심 기출 문제

157 [2016년 6월 고2 학평 13번] 

<보기 >의 ㉠에 해당하는 문장으로 적절한 것은?

> **보 기**
>
> '종속적으로 이어진 문장'은 두 개 이상의 문장이 연결 어미로 이어져 있다. 이때 앞의 절과 뒤의 절은 인과, ㉠ <u>조건</u>, 의도, 양보, 배경 등의 의미 관계를 나타낸다.

① 책을 많이 읽으면 생각이 깊어진다.
② 책을 읽으려고 학교 도서관으로 갔다.
③ 책을 아무리 읽어도 이해가 되지 않는다.
④ 책을 읽고 있는데 친구가 나를 자꾸 불렀다.
⑤ 책을 다양하게 읽어서 그는 지식이 풍부하다.

158 [2016년 11월 고2 학평 12번] 

<보기>의 ㄱ~ㄹ을 활용하여 만든 겹문장을 이해한 내용으로 적절하지 <u>않은</u> 것은?

> **보 기**
>
> ㄱ. 바람이 분다.
> ㄴ. 바람이 차갑다.
> ㄷ. 단풍잎이 빨갛다.
> ㄹ. 단풍잎이 흔들린다.

① '바람이 불어서 단풍잎이 흔들린다.'는 ㄱ과 ㄹ이 종속적으로 이어진 문장이다.
② '차가운 바람이 분다.'는 ㄴ이 ㄱ에 안기면서 ㄴ의 주어가 생략된 문장이다.
③ '바람이 차갑고 단풍잎이 빨갛다.'는 ㄴ과 ㄷ이 대등적으로 이어진 문장이다.
④ '단풍잎이 바람이 불면 흔들린다.'는 ㄹ이 관형절로 바뀐 ㄱ을 안고 있는 문장이다.
⑤ '흔들리는 단풍잎이 빨갛다.'는 ㄹ이 관형절의 형태로 ㄷ에 안겨 있는 문장이다.

159 [2018년 6월 고2 학평 14번] 

<보기>의 (가)~(다)에 대한 설명으로 적절하지 <u>않은</u> 것은? [3점]

> **보 기**
>
> 겹문장 속에서 하나의 '주어+서술어' 관계가 이루어진 부분을 '절'이라고 한다. '절'은 전체 문장의 한 성분으로 안기거나 서로 이어지거나 한다.
> (가) <u>봄이 오면</u> <u>꽃이 핀다.</u>
>   ㉠   ㉡
> (나) <u>눈이 내린</u> 마을은 <u>고요했다.</u>
>   ㉢   ㉣
> (다) 나는 <u>그가 왔음을</u> 몰랐다.
>   ㉤

① (가)에서 ㉠과 ㉡의 위치를 바꾸면 의미가 달라진다.
② (나)에서 ㉢은 ㉣의 주어를 꾸며 주는 역할을 한다.
③ (다)의 ㉤을 생략하면 전체 문장의 의미가 불완전해진다.
④ (나)와 달리 (다)는 절이 전체 문장의 한 성분으로 안겨 있다.
⑤ (가), (나), (다)는 모두 '주어+서술어' 관계가 두 번 나타난다.

160 [2018년 9월 고2 학평 13번] 

다음은 '문장의 짜임'에 대해 활동한 것이다. ㉠에 들어갈 내용으로 적절한 것은?

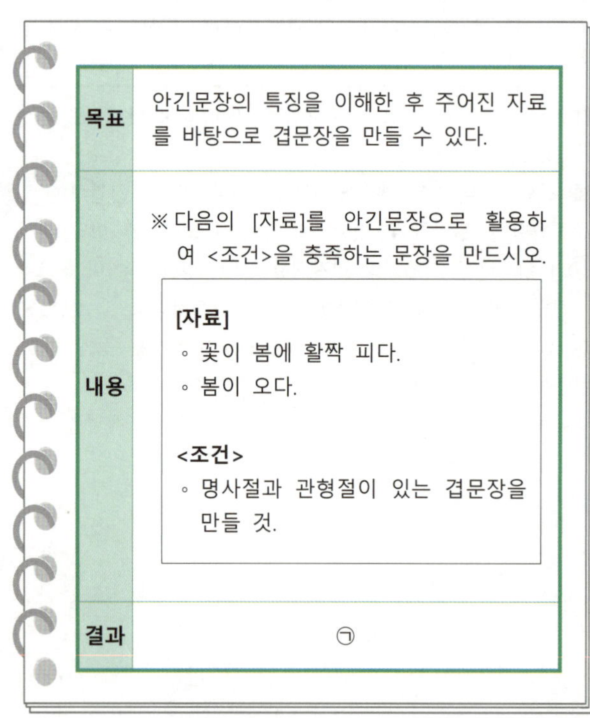

① 봄이 오면 꽃이 활짝 핀다.
② 꽃이 활짝 피는 봄이 온다.
③ 나는 봄이 오고 꽃이 활짝 피기를 바란다.
④ 나는 꽃이 활짝 핀 봄이 오기를 기다린다.
⑤ 나는 봄이 와서 꽃이 활짝 피기를 소망한다.

161 [2019년 3월 고2 학평 14번] 

<보기>의 ㉠에 해당하는 예로 적절하지 <u>않은</u> 것은?

> **보 기**
>
> **학생** : 한 문장 안에 주어와 서술어의 관계가 한 번 나타나는 문장을 홑문장, 두 번 이상 나타나는 문장을 겹문장이라고 하잖아요. 그런데 '나는 따뜻한 차를 마셨다.'라는 문장의 경우 주어 '나는'과 서술어 '마셨다'의 관계가 한 번만 나타나는 것 같은데 왜 겹문장인가요?
>
> **선생님** : '나는 따뜻한 차를 마셨다.'라는 문장은 겹문장으로, 관형절을 안은 문장이야. 관형절 '따뜻한'의 주어가 관형절이 수식하는 명사 '차'와 중복되어 생략된 것이지. 이처럼 ㉠한 문장이 다른 문장 속에 관형절로 안길 때 두 문장에 중복된 단어가 있으면, 관형절에서 그 단어가 포함된 문장 성분이 생략되기도 한단다.

① 그녀는 그가 여행을 간 사실을 몰랐다.
② 내가 사는 마을은 무척이나 아름답다.
③ 그는 책장에 있던 소설책을 꺼냈다.
④ 나는 동생이 먹을 딸기를 씻었다.
⑤ 골짜기에 흐르는 물이 깨끗하다.

162 [2020년 9월 고2 학평 14번] 

<학습 활동>을 수행한 결과로 적절한 것은?

> **학습 활동**
>
> 다른 문장에 들어가 하나의 성분처럼 쓰이는 문장을 안긴문장이라고 하고, 이 문장을 포함한 문장을 안은문장이라고 한다. 안긴문장을 절이라고 하는데 그 종류로는 명사절, 관형절, 부사절, 서술절, 인용절이 있다. 예를 들어 관형절은 안은문장 안에서 절 전체가 관형어의 기능을 한다. 다음 자료에서 안긴문장의 종류와 기능을 파악해 보자.
>
> **[자료]**
> ㉠ 누나가 주인임이 밝혀졌다.
> ㉡ 삼촌은 농담을 던짐으로써 분위기를 풀었다.
> ㉢ 형은 동생이 고향으로 돌아오기만 기다렸다.

① ㉠~㉢에서 안긴문장의 종류가 모두 동일하고 ㉠에서 안긴문장은 안은문장 안에서 목적어의 기능을 하는군.
② ㉠~㉢에서 안긴문장의 종류가 모두 동일하고 ㉡에서 안긴문장은 안은문장 안에서 부사어의 기능을 하는군.
③ ㉠~㉢에서 안긴문장의 종류가 모두 동일하고 ㉢에서 안긴문장은 안은문장 안에서 주어의 기능을 하는군.
④ ㉠~㉢에서 안긴문장의 종류가 모두 다르고 ㉠에서 안긴문장은 안은문장 안에서 주어의 기능을 하는군.
⑤ ㉠~㉢에서 안긴문장의 종류가 모두 다르고 ㉡에서 안긴문장은 안은문장 안에서 부사어의 기능을 하는군.

163 [2020년 11월 고2 학평 15번]

<보기>는 문법 수업의 일부이다. 탐구 과제를 수행한 결과로 적절하지 <u>않은</u> 것은?

> **보 기**
>
> **선생님** : 문장에서 체언을 수식하는 관형어로 쓰이는 절을 관형절이라고 합니다. 오늘은 관형절을 안은 문장의 두 유형에 대해 배워 봅시다.

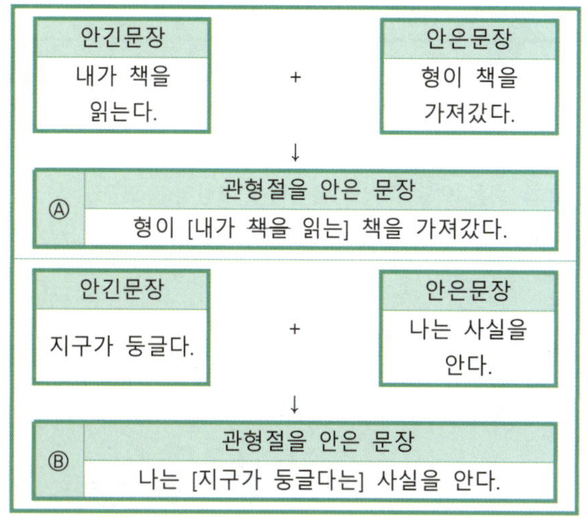

> 위에서 보듯이, Ⓐ의 유형처럼 안은문장과 공통된 체언이 생략된 관형절을 안은 문장이 있고, Ⓑ의 유형처럼 생략된 성분 없이 문장의 필수 성분을 완전하게 갖춘 관형절을 안은 문장이 있습니다.
>
> **[탐구 과제]**
> ○ 다음의 관형절을 안은 문장들을 탐구해 보자.
>
> > ㄱ. 그가 지은 시는 감동적이었다
> > ㄴ. 나는 벽에 걸려 있던 사진을 떠올렸다.
> > ㄷ. 나는 그가 한국에 돌아왔다는 소문을 들었다.
> > ㄹ. 그 사람이 나를 속일 가능성은 매우 낮다.
> > ㅁ. 나는 수건으로 이마에 흐르는 땀을 닦았다.

① ㄱ은 안긴문장의 체언을 생략하여 관형절을 만들었다는 점에서 Ⓐ와 같은 유형이다.
② ㄴ은 안긴문장과 안은문장의 공통된 체언이 생략되지 않고 관형절이 만들어졌다는 점에서 Ⓑ와 같은 유형이다.
③ ㄷ은 '그가 한국에 돌아왔다.'라는 안긴문장이 생략된 성분 없이 관형어로 쓰이고 있다는 점에서 Ⓑ와 같은 유형이다.
④ ㄹ은 관형절이 문장의 필수 성분을 모두 갖추고 있다는 점에서 Ⓑ와 같은 유형이다.
⑤ ㅁ은 안긴문장과 안은문장의 공통된 체언인 '땀'이 관형절에서 생략되어 있다는 점에서 Ⓐ와 같은 유형이다.

Part 02 문장 영역 핵심 기출 문제

164 [2021년 9월 고2 학평 14번] 

<보기>의 ㄱ~ㄹ을 탐구한 내용으로 적절하지 <u>않은</u> 것은?

[3점]

보 기

ㄱ. 나는 키가 크다.
ㄴ. 나는 여름만 좋아한다.
ㄷ. 그녀는 시인이자 선생님이다.
ㄹ. 그녀가 사과를 먹고 나는 배를 먹는다.

---

① ㄱ과 ㄷ을 구성하는 문장 성분의 종류는 동일하군.
② ㄱ과 ㄹ은 모두 주어와 서술어의 관계가 두 번 나타나는군.
③ ㄴ과 ㄷ의 서술어의 개수는 동일하군.
④ ㄴ과 ㄹ은 모두 주어와 목적어를 포함하고 있군.
⑤ ㄷ과 ㄹ은 모두 연결 어미를 포함하고 있군.

165 [2023년 3월 고2 학평 14번] 

<보기>의 ㄱ~ㄹ에 대한 설명으로 적절하지 <u>않은</u> 것은?

보 기

안은문장은 한 절이 다른 절을 문장 성분의 일부로 안고 있는 문장으로, 이때 안겨 있는 절을 안긴문장이라고 한다. 안긴문장의 종류에는 명사절, 관형사절, 부사절, 서술절, 인용절이 있다. 안긴문장은 문장의 필수 성분을 일부 갖추지 않기도 하는데, 안은문장이 만들어지는 과정에서 안긴문장과 안은문장에 공통되는 요소는 생략되기 때문이다.

ㄱ. 여행을 가기 전에 나는 짐을 챙겼다.
ㄴ. 우리는 그녀가 착함을 아주 잘 안다.
ㄷ. 학생들은 수업이 끝나기를 기다렸다.
ㄹ. 조종사가 된 소년이 고향을 방문했다.

---

① ㄱ의 안긴문장에는 주어가 생략되어 있다.
② ㄴ의 안긴문장의 주어는 안은문장의 주어와 다르다.
③ ㄴ과 ㄷ의 안긴문장은 조사와 결합하여 목적어로 쓰이고 있다.
④ ㄷ과 ㄹ의 안긴문장에는 필수 성분이 생략되어 있다.
⑤ ㄱ과 ㄹ의 안긴문장은 종류는 다르지만 안은문장에서의 문장 성분은 같다.

166 [2023년 9월 고2 학평 13번] 

<보기>의 ㉠~㉤에 대한 설명으로 적절하지 <u>않은</u> 것은?

보 기

㉠ 예쁜 아이가 활짝 웃는다.
㉡ 나는 어제 새 가방을 샀다.
㉢ 지금 이곳은 동화 속 세상처럼 아름답다.
㉣ 작년에는 날씨가 추웠으나 올해에는 따뜻하다.
㉤ 설령 눈이 올지라도 우리는 어김없이 밖에 나간다.

---

① ㉠에는 주어가 생략된 안긴문장이 있다.
② ㉡은 주어와 서술어의 관계가 한 번 나타나는 문장이다.
③ ㉢에는 하나의 문장 성분처럼 쓰이는 안긴문장이 있다.
④ ㉣은 두 개의 홑문장이 대등하게 연결된 이어진문장이다.
⑤ ㉤은 주어와 서술어의 관계가 두 번 이상 나타나는 문장이다.

167 [2024년 9월 고2 학평 15번] 

<보기>의 ㉠~㉤에 대한 설명으로 적절하지 <u>않은</u> 것은?

보 기

㉠ 그는 영수가 집에 간다고 했다.
㉡ 이것은 어제 그녀가 산 책이다.
㉢ 개나리꽃이 흐드러지게 피었다.
㉣ 영철이는 마음씨가 매우 착하다.
㉤ 나는 아이들이 행복하기를 바란다.

---

① ㉠은 인용절을 가진 안은문장으로, 안긴문장의 주어가 생략되어 있다.
② ㉡은 관형사절을 가진 안은문장으로, 안은문장의 주어는 '이것은'이고 안긴문장의 주어는 '그녀가'이다.
③ ㉢은 부사절을 가진 안은문장으로, 안긴문장의 주어가 생략되어 있다.
④ ㉣은 서술절을 가진 안은문장으로, 안은문장의 주어는 '영철이는'이고 안긴문장의 주어는 '마음씨가'이다.
⑤ ㉤은 명사절을 가진 안은문장으로, 안은문장의 주어는 '나는'이고 안긴문장의 주어는 '아이들이'이다.

168 [2025년 9월 고2 학평 11번]

<보기>의 @~ⓒ에 들어갈 문장을 바르게 분류한 것은?

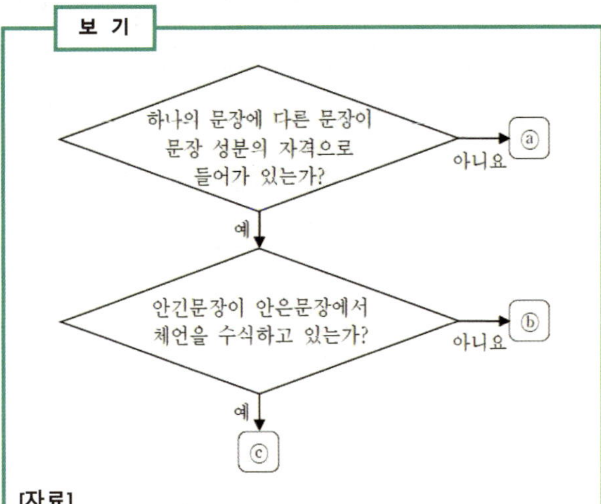

[자료]

> ㄱ. 동생이 돌아왔다는 이야기를 들었다.
> ㄴ. 나는 어버이날에 부모님께 편지를 썼다.
> ㄷ. 그녀는 누구보다도 마음 씀씀이가 크다.
> ㄹ. 옆집에 사는 친구와 요즘 매일 학교에 같이 간다.

	@	ⓑ	ⓒ
①	ㄴ	ㄷ	ㄱ, ㄹ
②	ㄴ	ㄷ, ㄹ	ㄱ
③	ㄷ	ㄴ	ㄱ, ㄹ
④	ㄱ, ㄷ	ㄴ	ㄹ
⑤	ㄱ, ㄹ	ㄷ	ㄴ

169 [2025년 10월 고2 학평 13번]

<학습 활동>을 수행한 결과로 적절하지 **않은** 것은?

학습 활동

각 주머니에서 카드 하나씩을 뽑아 두 카드에 적힌 조건을 모두 만족하는 문장을 만들어 봅시다.

주머니 1
> ㉠ 목적어 역할을 하는 명사절을 안은 문장
> ㉡ 간접 인용절을 안은 문장

주머니 2
> ⓐ 용언의 관형사형이 관형어로 쓰인 문장
> ⓑ 사동사에 의한 사동문
> ⓒ 능력 부정에 해당하는 긴 부정문

	뽑은 카드	만들어진 문장
①	㉠, ⓐ	할머니는 언제나 내가 건강하기만 바라는 분이시다.
②	㉠, ⓑ	그는 이번 책이 독자들에게 많이 읽히기를 바란다.
③	㉠, ⓒ	그녀는 자신의 실력이 부족해 대회에 나가지 못했음을 친구에게 털어놨다.
④	㉡, ⓑ	의사는 보호자에게 환자를 어서 눕히라고 말했다.
⑤	㉡, ⓒ	그는 외국어를 몰라서 마을 사람들에게 이곳이 어디냐고 묻지 못했다.

170 [2014년 7월 고3 학평 A형 13번]

<보기>를 참고할 때, 밑줄 친 부분에 대한 설명으로 적절하지 **않은** 것은?

보 기

안긴문장은 문장에서 기능에 따라 명사절, 관형절, 부사절, 인용절, 서술절로 나누어진다. 명사절은 '-(으)ㅁ', '-기', 관형절은 '-(으)ㄴ', '-는', 부사절은 '-이', '-게', '-도록', 인용절은 '고', '라고' 등이 붙어서 만들어지며 서술절은 절 표지가 따로 없이 절 전체가 서술어의 기능을 한다.

용례	설명
◦ 코끼리는 <u>코가 길다.</u> ⇨	'코끼리는'이라는 주어를 서술하는 서술절이다. ·············①
◦ 친구가 <u>소리도 없이</u> 내 뒤로 다가왔다. ⇨	'다가왔다'라는 서술어를 수식하는 부사절이다. ·············②
◦ 지금은 <u>학교에 가기에</u> 늦은 시간이다. ⇨	'-기'라는 명사형 어미를 사용하여 만든 명사절이다.········③
◦ 오늘 <u>급식을 일찍 먹기</u>는 힘들겠다. ⇨	'우리'라는 주어가 생략된 관형절이다. ·····················④
◦ 현태는 <u>자기가 옳다고</u> 주장했다. ⇨	'현태'의 말을 인용하여 쓴 인용절이다. ·····················⑤

171 [2014년 9월 고3 모평 A형 13번]

<보기>의 ㉠에 해당하는 예가 <u>아닌</u> 것은?

보 기

㉠하나의 문장이 관형절로 다른 문장에 안길 때, 원래 있었던 주어가 생략되는 경우가 있다.

(가) 민수가 열심히 공부한다.
(나) 형이 민수에게 음료수를 주었다.
(다) 형이 <u>열심히 공부하는</u> 민수에게 음료수를 주었다.

(가)가 (나)에 관형절로 안겨 (다)가 만들어질 때, (가)의 '민수'와 (나)의 '민수'가 중복된다. 이 경우, (가)의 주어 '민수가'가 (다)의 밑줄 친 관형절에서는 나타나지 않는다.

① 형이 <u>숙제를 하는</u> 동생을 불렀다.
② 동생은 <u>대학생이 된</u> 형과 여행을 했다.
③ 영수가 <u>버스에 탄</u> 경희에게 말을 걸었다.
④ 나는 <u>정수가 은희와 결혼한</u> 사실을 몰랐다.
⑤ 그는 <u>이 그림을 그린</u> 화가의 전시회에 갔다.

172 [2014년 수능 A형 13번]

다음 ㉠, ㉡의 문장 성분과 문장 구조에 대한 설명이 옳은 것은? [3점]

㉠ 친구들은 내가 노래 부르기를 원한다.
㉡ 우리는 이 지역 토양이 벼농사에 적합함을 몰랐다.

① ㉠에는 부사어가 있지만 ㉡에는 부사어가 없다.
② ㉠에는 명사절이 안겨 있지만 ㉡에는 부사절이 안겨 있다.
③ ㉠에는 서술절이 안겨 있지만 ㉡에는 관형절이 안겨 있다.
④ ㉠의 안긴문장 속에는 관형어가 있지만 ㉡의 안긴문장 속에는 관형어가 없다.
⑤ ㉠의 안긴문장 속에는 목적어가 있지만 ㉡의 안긴문장 속에는 목적어가 없다.

173 [2015년 4월 고3 학평 A형 13번] 

<보기>의 ㉠~㉢에 대한 설명으로 적절하지 <u>않은</u> 것은? [3점]

보 기

◦ 영수는 ㉠집에 가기를 원한다.
◦ 친구는 ㉡밥을 먹기에 바쁘다.
◦ 영희는 ㉢동생이 산 빵을 먹었다.
◦ 그는 ㉣우리가 돌아온 사실을 모른다.

① ㉠은 조사 '를'과 결합하여 안은 문장의 목적어로 쓰이고 있다.
② ㉡은 조사 '에'와 결합하여 안은 문장의 서술어를 수식하고 있다.
③ ㉢은 안은 문장의 목적어를 수식하는 관형절이다.
④ ㉡과 달리 ㉣의 주어는 안은 문장의 주어와 다르다.
⑤ ㉢과 달리 ㉣에서 생략된 문장 성분은 안은 문장의 목적어이다.

174 [2015년 7월 고3 학평 A형 13번] 

다음 ㄱ~ㄹ의 문장 성분과 문장 구조에 대한 설명으로 옳지 <u>않은</u> 것은? [3점]

ㄱ. 그가 마침내 대학생이 되었다.
ㄴ. 이 전시장은 창문이 아주 많다.
ㄷ. 우리는 그가 정당했음을 깨달았다.
ㄹ. 절약은 부자를 만들고, 절제는 사람을 만든다.

① ㄱ은 보어가 있고, ㄷ은 보어가 없다.
② ㄴ은 목적어가 없고, ㄹ은 목적어가 있다.
③ ㄱ과 ㄴ은 부사어가 있고, ㄷ과 ㄹ은 부사어가 없다.
④ ㄱ과 ㄴ은 주어와 서술어의 관계가 한 번만 나타나고, ㄷ과 ㄹ은 두 번 이상 나타난다.
⑤ ㄷ은 절이 전체 문장 속에 안겨 있고, ㄹ은 두 개의 절이 대등한 관계로 이어져 있다.

175 [2015년 10월 고3 학평 A형 13번] 

<보기>를 이해한 내용으로 적절한 것은? [3점]

보 기

ㄱ. 지훈이가 눈이 크다.
ㄴ. 그는 지훈이가 성실하고 눈이 크다는 사실을 알고 있었다.

① ㄱ의 '크다'와 ㄴ의 '알고 있었다'는 전체 문장의 서술어 역할을 한다.
② ㄱ은 주어와 서술어의 관계가 한 번만 나타나므로 홑문장이다.
③ ㄴ의 '성실하고'와 '크다'의 주어는 모두 '지훈이가'로 동일하다.
④ ㄴ의 안긴문장에서 앞뒤 절은 종속적으로 이어져 있다.
⑤ ㄴ의 안긴문장은 목적어를 가지지 않는다.

176 [2016년 3월 고3 학평 13번]

<보기>를 참고할 때, 다음 중 '이어진문장'에 해당하지 않는 것은?

> **보 기**
>
> '우리는 자유와 평화를 원한다.'라는 문장은 서술어가 하나뿐이어서 홑문장처럼 보이지만, 실제로는 '우리는 자유를 원한다.'와 '우리는 평화를 원한다.'라는 두 홑문장이 결합된 **이어진문장**이다. 이때의 '와/과'는 접속 조사로, '자유'와 '평화'를 같은 자격으로 이어준다. 한편, '와/과'는 '빠르기가 번개와 같다.'나 '그는 당당히 적과 맞섰다.'처럼 비교의 대상이나 행위의 상대임을 나타내는 격 조사로도 쓰이는데, 이때는 서술어가 하나이면 홑문장이 된다.

① 나는 시와 소설을 좋아한다.
② 그녀는 집과 도서관에서 공부했다.
③ 고향의 산과 하늘은 예전 그대로였다.
④ 성난 군중이 앞문과 뒷문으로 들이닥쳤다.
⑤ 그 사람과 나는 오래 전부터 서로 사귀어 왔다.

177 [2016년 4월 고3 학평 14번]

<보기>의 ㉠~㉢에 대한 설명으로 옳지 않은 것은?

> **보 기**

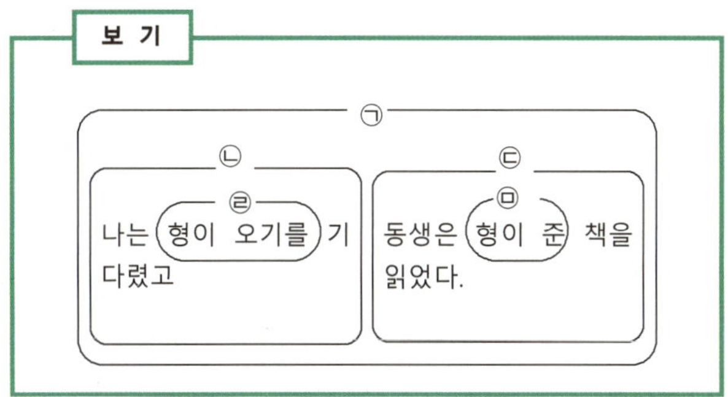

① ㉠은, ㉡과 ㉢이 대등하게 연결된 이어진 문장이다.
② ㉡은, '나는'의 서술어인 ㉣을 안고 있다.
③ ㉡과 ㉢은, 각각 '주어-서술어'의 관계가 두 번 이상 나타난다.
④ ㉣과 ㉤은, '주어-서술어'의 관계가 한 번씩만 나타난다.
⑤ ㉤은, '책'을 수식하는 관형어 역할을 하면서 ㉢에 안겨 있다.

178 [2016년 6월 고3 모평 14번]

<보기>의 ㉠~㉢에 해당하는 예로 적절하지 않은 것은?

> **보 기**
>
> (가)~(다)는 관형절을 안은 문장이고 [A]~[C]는 안긴 문장인 관형절을 완결된 문장으로 바꾼 것이다. 이를 보면 (가)의 '동생', (나)의 '책', (다)의 '도서관'은 완결된 문장 [A], [B], [C]에서 뒤에 붙는 조사와 함께 각각 ㉠주어, ㉡목적어, ㉢부사어로 기능을 하고 있다.
>
> **(가)** 어제 책만 읽은 동생에게 오늘은 쉬라고 했다.
> 　[A] 동생이 어제 책만 읽었다.
> **(나)** 아이가 읽은 책은 동화책이다.
> 　[B] 아이가 책을 읽었다.
> **(다)** 형이 책을 읽은 도서관은 집 근처에 있다.
> 　[C] 형이 도서관에서 책을 읽었다.

① ㉠ ┌ 어제 결혼한 그들에게 나는 미리 선물을 주었다.
　　└ 누나를 많이 닮은 친구를 우리는 오늘도 만났다.

② ㉠ ┌ 나무로 된 탁자에 동생이 낙서를 하고 있다.
　　└ 그들은 시대에 뒤떨어진 생각을 여전히 하고 있다.

③ ㉡ ┌ 두 사람이 어제 헤어진 공원이 지금 공사 중입니다.
　　└ 나는 어제 부모님이 시키신 일을 오늘에야 다 끝냈다.

④ ㉡ ┌ 친구가 나에게 준 옷이 나는 마음에 든다.
　　└ 누나는 털실로 짠 장갑도 내게 주었습니다.

⑤ ㉢ ┌ 아이들이 운동장에서 공을 찬 주말을 기억해 보세요.
　　└ 그는 관중이 쓰레기를 남긴 경기장을 열심히 청소했다.

문장 영역 핵심 기출 문제

179 [2016년 9월 고3 모평 14번]

<보기>의 ⓐ~ⓓ에 들어갈 말을 올바르게 짝지은 것은? [3점]

보 기

㉠ 영희 어머니께서는 "네 동생은 착해."라고 말씀하셨다.
㉡ 영희 어머니께서는 내 동생이 착하다고 말씀하셨다.

㉠은 영희 어머니의 발화를 그대로 옮긴 직접 인용이고, ㉡은 영희 어머니의 발화를 풀어 쓴 간접 인용이다. 그런데 직접 인용을 간접 인용으로 바꿀 때나 간접 인용을 직접 인용으로 바꿀 때는 인용절 속의 어미, 인용 조사, 대명사, 지시 표현, 높임 표현 등에 변화가 생길 수 있다.

직접 인용	아들이 어제 저에게 "내일 사무실에 계십시오."라고 말했습니다.

⇩

간접 인용	아들이 어제 저에게 (ⓐ) 사무실에 (ⓑ) 말했습니다.

직접 인용	언니는 어제 "나의 휴대 전화에 메시지를 꼭 남겨라."라고 나에게 말했다.

⇩

간접 인용	언니는 어제 (ⓒ) 휴대 전화에 메시지를 꼭 (ⓓ) 나에게 말했다.

	ⓐ	ⓑ	ⓒ	ⓓ
①	오늘	있으라고	자기의	남기라고
②	어제	계시라고	자기의	남겨라고
③	오늘	있으라고	나의	남겨라고
④	오늘	계시라고	자기의	남겨라고
⑤	어제	계시라고	나의	남기라고

180 [2016년 10월 고3 학평 13번]

<보기>의 ㄱ~ㅁ에 대한 설명으로 적절하지 <u>않은</u> 것은?

보 기

ㄱ. 그가 이 사건의 범인임이 밝혀졌다.
ㄴ. 언니가 빵을 먹은 사실이 드러났다.
ㄷ. 오빠가 동생이 가게에서 산 빵을 먹었다.
ㄹ. 나는 집에 가기만을 기다렸다.
ㅁ. 누나가 집에 가기에 바쁘다.

---

① ㄱ과 ㄴ의 안긴문장은 각각의 안은문장에서 다른 문장 성분으로 쓰인다.
② ㄴ과 ㄷ의 안긴문장은 각각의 안은문장에서 동일한 문장 성분으로 쓰인다.
③ ㄴ의 안긴문장은 ㄷ의 안긴문장과 달리 안긴문장 속에 생략된 필수 성분이 없다.
④ ㄷ과 ㅁ의 안긴문장의 주어는 각각의 안은문장의 주어와 다르다.
⑤ ㄹ과 ㅁ의 안긴문장은 각각의 안은문장에서 다른 문장 성분으로 쓰인다.

181 [2017년 4월 고3 학평 13번]

<보기>는 '학습 활동'에 대해 짝토론을 한 것이다. ㉠~㉢에 알맞은 말을 골라 바르게 연결한 것은?

[학습 활동] 다음 문장의 짜임에 대해 알아보자.
그가 아끼던 제자가 상을 받았음을 그녀가 알려 줬다.

보 기

학생 1 : 어제 보았던 거꾸로 수업 동영상 강의에서 문장 속에 들어가 있는 절을 '안긴문장'이라고 하고, 절을 포함하고 있는 문장을 '안은문장'이라고 했지?
학생 2 : 그래. 그리고 어떤 문장의 짜임을 이해하려면 그 문장의 주어와 서술어를 파악하는 것이 중요하다고 했어. 그럼, 먼저 주어를 서술하는 기능을 가진 단어부터 찾아보자. 음……. '알려 줬다'와 '받았음' 이렇게 두 개인가?
학생 1 : 아니야. '아끼던'도 서술 기능이 있잖아.
학생 2 : 그렇구나. 그러면 그중에서 문장 전체의 서술어는 '알려줬다'이고, 그것의 주어는 (㉠)이겠다.
학생 1 : 맞아. 그럼 '받았음'의 주어는 (㉡)이겠지?
학생 2 : 응. 명사절이 문장 전체의 목적어 역할을 하며 안겨 있는 거지.
학생 1 : 명사절 외에 관형절도 있잖아. 그러면 이 관형절의 주어는 (㉢)이겠다.
학생 2 : 그래. 국어의 안은문장은 이렇게 여러 개의 안긴문장으로 이루어질 수 있는 거구나.

	㉠	㉡	㉢
①	그녀가	제자가	그가
②	그녀가	그가	제자가
③	그가	그녀가	제자가
④	그가	제자가	그녀가
⑤	제자가	그녀가	그가

182 [2017년 6월 고3 모평 14번]

㉠~㉣의 문장 성분과 문장 구조에 대한 설명으로 적절하지 <u>않은</u> 것은? [3점]

> ㉠ 그녀는 따뜻한 봄이 빨리 오기를 기다린다.
> ㉡ 내가 만난 친구는 마음이 정말 착하다.
> ㉢ 피곤해하던 동생이 엄마가 모르게 잔다.
> ㉣ 그가 시장에서 산 배추는 값이 비싸다.

① ㉠과 ㉡은 체언을 수식하는 안긴문장이 있다.

② ㉢과 ㉣은 서술어의 기능을 하는 안긴문장이 있다.

③ ㉠은 명사절 속에 부사어가 있고, ㉡은 서술절 속에 부사어가 있다.

④ ㉠은 주어가 생략된 안긴문장이 있고, ㉣은 목적어가 생략된 안긴문장이 있다.

⑤ ㉢은 부사어의 기능을 하는 안긴문장이 있고, ㉣은 관형어의 기능을 하는 안긴문장이 있다.

183 [2017년 7월 고3 학평 12번]

<보기>의 [A]에 들어갈 말로 적절한 것은?

> **보 기**
>
> 선생님 : 두 개의 홑문장을 하나의 겹문장으로 만들 때, 두 홑문장 중 한 문장에서 특정 성분이 생략되는 경우가 있습니다. 다음은 홑문장 ㉠, ㉡을 하나의 겹문장 ㉢으로 만든 예인데요, ㉢에 대해 설명해 볼까요?
>
> > ㉠ 철수가 공원에서 산책을 하였다.
> > +
> > ㉡ 공원은 학교 뒤에 있다.
> > ↓
> > ㉢ 철수가 산책을 한 공원은 학교 뒤에 있다.
>
> 학생 : ____________________ [A]

① ㉠이 ㉡에 관형절로 안기면서 ㉠의 목적어가 생략되었습니다.

② ㉠이 ㉡에 관형절로 안기면서 ㉠의 부사어가 생략되었습니다.

③ ㉠이 ㉡에 부사절로 안기면서 ㉠의 부사어가 생략되었습니다.

④ ㉠이 ㉡에 부사절로 안기면서 ㉡의 주어가 생략되었습니다.

⑤ ㉠이 ㉡에 명사절로 안기면서 ㉡의 주어가 생략되었습니다.

184 [2018년 3월 고3 학평 14번]

㉠~㉣의 문장 성분과 문장 구조에 대한 설명으로 적절하지 <u>않은</u> 것은?

> ㉠ 내가 빌린 자전거는 내 친구의 것이다.
> ㉡ 우리는 공연이 시작되기 전에 극장에 도착했다.
> ㉢ 피아노를 잘 치는 영수는 손가락이 누구보다 길다.
> ㉣ 파수꾼이 마을에 사는 사람들을 속였음이 드러났다.

① ㉠, ㉢에는 모두 서술어의 기능을 하는 안긴문장이 있다.

② ㉠, ㉣에는 모두 체언을 수식하는 안긴문장이 있다.

③ ㉡의 안긴문장에는 부사어가 없지만, ㉢의 안긴문장에는 부사어가 있다.

④ ㉡에는 관형어의 기능을 하는 안긴문장이 있고, ㉣에는 조사와 결합하여 주어의 기능을 하는 안긴문장이 있다.

⑤ ㉢, ㉣에는 모두 주어가 생략된 안긴문장이 있다.

185 [2018년 9월 고3 모평 15번]

<보기>의 자료를 탐구한 결과로 적절한 것은?

> **보 기**
>
> ○ 탐구 과제
> 　하나의 문장이 안긴문장으로 다른 문장에 안길 때, 원래 있던 문장 성분이 생략되는 경우가 있다. 아래의 각 문장에서 안긴문장을 파악한 후, 생략된 문장 성분이 있다면 무엇인지 확인해 보자.
>
> ○ 자료
> ㉠ 부모님은 자식이 건강하기를 바란다.
> ㉡ 그 친구는 연락도 없이 그곳에 안 왔다.
> ㉢ 동생은 자신의 판단이 옳았음을 깨달았다.
> ㉣ 그는 내가 늘 쉬던 공원에서 산책을 했다.
> ㉤ 그 사람들은 아주 어려운 과제를 금방 끝냈다.

		안긴문장의 종류	생략된 문장 성분
①	㉠	부사절	없음
②	㉡	명사절	없음
③	㉢	명사절	주어
④	㉣	관형절	부사어
⑤	㉤	관형절	목적어

186 [2018년 수능 14번]

<보기>의 ⓐ~ⓒ를 이해한 내용으로 적절하지 <u>않은</u> 것은?

보 기

ⓐ 그는 위기를 좋은 기회로 삼았다.
ⓑ 바다가 눈이 부시게 파랗다.
ⓒ 동주는 반짝이는 별을 응시했다.

① ⓐ의 '삼았다'는 주어 이외에도 두 개의 문장 성분을 필수적으로 요구하는군.
② ⓑ의 '바다가'와 '눈이'는 각각 다른 서술어의 주어이군.
③ ⓒ의 '별을'은 안긴문장의 목적어이면서 안은문장의 목적어이군.
④ ⓐ의 '좋은'과 ⓒ의 '반짝이는'은 안긴문장의 서술어이군.
⑤ ⓑ의 '눈이 부시게'와 ⓒ의 '반짝이는'은 수식의 기능을 하는군.

187 [2019년 3월 고3 학평 15번]

<보기>의 ㉮~㉰에 대한 설명으로 적절하지 <u>않은</u> 것은?

보 기

㉮ 그 사람이 범인임이 확실히 밝혀졌다.
㉯ 부상을 당한 선수는 장애물 달리기를 포기하였다.
㉰ 학생들은 성적이 많이 오르기를 마음속으로 빌었다.

① ㉮는 명사절 속에 관형어가 한 개 있다.
② ㉮에는 주어의 기능을 하는 안긴문장이 있다.
③ ㉯에는 주어가 생략된 안긴문장이 있다.
④ ㉰는 ㉮와 달리 안긴문장 속에 부사어가 있다.
⑤ ㉯와 ㉰에는 목적어의 기능을 하는 안긴문장이 있다.

188 [2019년 9월 고3 모평 15번]

<보기>의 ㉠~㉤에 해당하는 문장으로 적절하지 <u>않은</u> 것은?

보 기

[학습 활동]

겹문장은 홑문장보다 복잡한 생각을 효과적으로 표현할 수 있는 장점이 있다. <자료>에 제시된 홑문장을 활용하여 <조건>에 해당하는 겹문장을 만들어 보자.

<자료>	<조건>
• 날씨가 춥다. • 형은 물을 마셨다. • 동생은 얼음을 먹었다. • 동생은 추위와 상관없다. • 형은 동생에게 불평을 했다.	㉠ 명사절을 안은 문장 ㉡ 관형절을 안은 문장 ㉢ 부사절을 안은 문장 ㉣ 인용절을 안은 문장 ㉤ 대등하게 이어진 문장

① ㉠ : 동생은 추운 날씨에도 얼음을 먹었다.
② ㉡ : 형은 얼음을 먹는 동생에게 불평을 했다.
③ ㉢ : 동생은 추위와 상관없이 얼음을 먹었다.
④ ㉣ : 형은 동생에게 날씨가 춥다고 불평을 했다.
⑤ ㉤ : 형은 물을 마셨지만 동생은 얼음을 먹었다.

189 [2020년 3월 고3 학평 12번]

<보기>는 문법 수업의 일부이다. 선생님의 설명에 따라 ㉠~㉤을 이해한 내용으로 적절하지 <u>않은</u> 것은?

보 기

선생님 : 관형절은 안은문장에서 관형어로 쓰이는데 관형절에는 주어가 생략된 관형절, 목적어가 생략된 관형절, 부사어가 생략된 관형절 등이 있어요. 그리고 명사절은 안은문장에서 조사와 결합하여 주어, 목적어, 부사어 등으로 쓰일 수 있어요. 그럼 다음 문장에 대해 관형절과 명사절에 주목하여 분석해 볼까요?

㉠ 약속 시간에 늦은 친구들이 많았다.
㉡ 마지막 문제를 풀기가 생각보다 어렵다.
㉢ 나는 아버지께서 주신 빵을 형과 함께 먹었다.
㉣ 그는 지금 사는 집에서 계속 머무르기를 희망했다.
㉤ 그들은 우리가 어제 목적지에 도착했음을 이미 알았다.

① ㉠에는 주어가 생략된 관형절이 있고, 명사절은 없습니다.
② ㉡에는 관형절이 없고, 주어로 쓰인 명사절이 있습니다.
③ ㉢에는 목적어가 생략된 관형절이 있고, 명사절은 없습니다.
④ ㉣에는 부사어가 생략된 관형절이 있고, 부사어로 쓰인 명사절이 있습니다.
⑤ ㉤에는 관형절이 없고, 목적어로 쓰인 명사절이 있습니다.

190 [2020년 6월 고3 모평 14번]

<보기>의 ㉠~㉤과 관련된 설명으로 적절한 것은? [3점]

> **보 기**
>
> 주기적으로 운동하기가 ㉠건강의 첫걸음이다. 그것을 꾸준하게 ㉡실천하기 ㉢원한다면 제대로 ㉣된 계획 세우기가 ㉤선행되어야 한다.

① ㉠이 서술어인 문장에서 명사절이 주어 기능을 하고 있다.
② ㉡이 서술어인 문장에서 명사절이 목적어 기능을 하고 있다.
③ ㉢이 서술어인 문장에서 명사절이 부사어 기능을 하고 있다.
④ ㉣이 서술어인 문장에서 명사절이 보어 기능을 하고 있다.
⑤ ㉤이 서술어인 문장에서 명사절이 관형어 기능을 하고 있다.

192 [2021년 3월 고3 학평 36번]

<보기>의 ㉠~㉢에 대한 설명으로 적절하지 <u>않은</u> 것은?

> **보 기**
>
> ㉠ 우리는 봄이 어서 오기를 기다렸다.
> ㉡ 나는 그가 범인이 아니었음에 안도했다.
> ㉢ 우유를 마신 아이가 마루에서 잠들었다.

① ㉠에는 목적어의 기능을 하는 안긴문장이 있다.
② ㉡에는 서술어의 기능을 하는 안긴문장이 있다.
③ ㉢에는 관형어의 기능을 하는 안긴문장이 있다.
④ ㉢과 달리 ㉠에는 안긴문장 속에 부사어가 있다.
⑤ ㉡과 달리 ㉢에는 주어가 생략된 안긴문장이 있다.

191 [2020년 수능 14번]

<학습 활동>을 수행한 결과로 적절하지 <u>않은</u> 것은? [3점]

> **학습 활동**
>
> 겹문장은 다른 문장 속에 들어가 안긴문장으로 쓰일 수 있다. 또한 겹문장은 안은문장에서 다양한 문장 성분으로도 쓰인다. 다음 밑줄 친 겹문장 ⓐ~ⓔ의 쓰임을 설명해 보자.
>
> ○ 기상청은 ⓐ내일은 따뜻하지만 비가 온다는 예보를 했다.
> ○ 시민들은 ⓑ공원이 많고 거리가 깨끗한 도시를 만들었다.
> ○ ⓒ바람이 거세지고 어둠이 내리기 전에 산에서 내려갔다.
> ○ 나는 나중에야 ⓓ그녀는 왔으나 그가 안 왔음을 깨달았다.
> ○ 삼촌은 주말에 ⓔ꽃이 피고 새가 지저귀는 들판을 거닐었다.

① ⓐ는 인용절로 쓰이고 있다.
② ⓑ는 관형절로 쓰이고 있다.
③ ⓒ는 명사절로 쓰이고 있다.
④ ⓓ는 조사와 결합하여 주성분으로 쓰이고 있다.
⑤ ⓔ는 조사와 결합 없이 부속 성분으로 쓰이고 있다.

193 [2021년 6월 고3 모평 37번]

<학습 활동>을 수행한 결과로 적절한 것은?

> **학습 활동**
>
> 아래 그림에 따라 [자료]의 ㉮~㉱를 분류할 때, ⓒ에 해당하는 것만을 있는 대로 찾아보자.

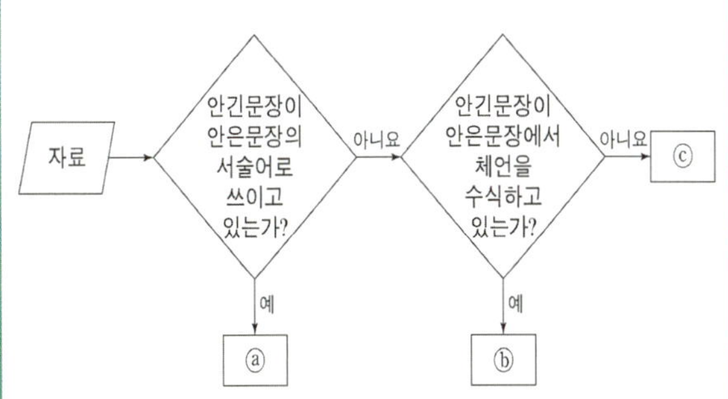

[자료]

> ㉮ <u>노래를 부르기</u>가 쉽지가 않다.
> ㉯ 마당에 <u>아무도 모르게</u> 꽃이 피었다.
> ㉰ 나는 <u>동생이 오기</u> 전에 학교에 갔다.
> ㉱ 내 동생은 누구보다 <u>마음씨가 착하다.</u>

① ㉮　　② ㉮, ㉯　　③ ㉯, ㉱
④ ㉮, ㉯, ㉰　　⑤ ㉯, ㉰, ㉱

문장 영역 핵심 기출 문제

194 [2021년 7월 고3 학평 39번]

<보기>의 ㉠에 들어갈 예로 적절한 것은?

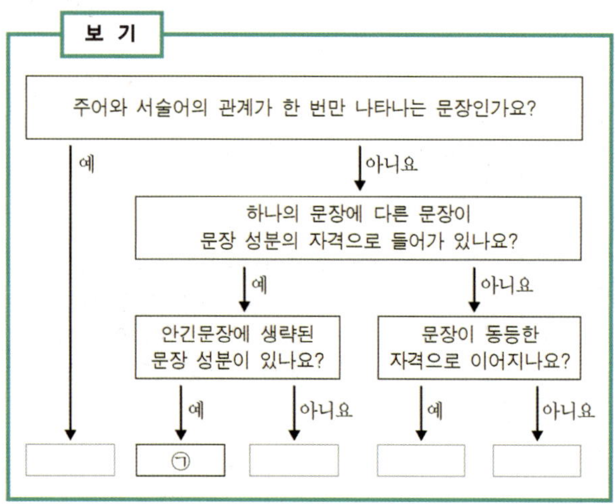

① 아버지가 만든 책꽂이가 제일 멋지다.
② 어머니는 그 일이 끝나기를 기다렸다.
③ 그녀는 지난주에 고향 집으로 떠났다.
④ 창밖에는 비가 내리고 바람이 불었다.
⑤ 형은 개를 좋아하지만 나는 싫어한다.

195 [2021년 10월 고3 학평 37번]

<보기>의 선생님의 질문에 대한 답으로 옳은 것은?

> **보 기**
>
> **선생님** : 문장에서 부사어는 다양한 형태로 실현됩니다. 명사에 부사격 조사가 결합하여 부사어로 쓰이는 경우도 그중 하나입니다. 다음의 ⓐ~ⓔ 중 관형사절이 꾸미고 있는 명사에 부사격 조사가 붙은 형태를 찾아볼까요?
>
> ○ 오늘의 행복은 ⓐ내일의 성공만큼 중요하다.
> ○ 이곳의 토양은 ⓑ토마토 농사를 짓기에 적합하다.
> ○ 너는 ⓒ너에게 주어진 문제만 해결해서는 안 된다.
> ○ 형은 ⓓ머리가 덜 마른 상태로 국어 교과서를 읽었다.
> ○ ⓔ열심히 공부하는 친구들은 나에게 많은 자극을 주었다.

① ⓐ   ② ⓑ   ③ ⓒ
④ ⓓ   ⑤ ⓔ

196 [2022년 3월 고3 학평 36번]

<보기>를 모두 충족하는 문장으로 적절한 것은?

> **보 기**
>
> ○ 서술어의 자릿수가 한 자리인 용언이 포함될 것.
> ○ 관형사절 속에 보어가 포함될 것.

① 화단도 아닌 곳에 진달래꽃이 피었다.
② 대학생이 된 누나가 주인공을 맡았다.
③ 학생이었던 삼촌은 마흔 살이 되었다.
④ 큰언니는 성숙했지만 성인이 아니었다.
⑤ 나무로 된 책상을 나는 그에게 주었다.

197 [2022년 4월 고3 학평 38번]

<보기>의 ㄱ~ㄷ을 이해한 내용으로 적절한 것은?

> **보 기**
>
> ㄱ. 신중한 그는 고민을 가족들과 의논했다.
> ㄴ. 너는 밥 먹기 전에 손을 좀 씻어!
> ㄷ. 네가 들은 소문은 정말 사실이 아니다.

① ㄱ의 '신중한'은 안은문장의 필수 성분이군.
② ㄱ의 '가족들과'와 ㄷ의 '정말'은 생략이 가능한 성분이군.
③ ㄴ의 '먹기'는 안긴문장의 부속 성분이군.
④ ㄴ의 '너는'은 안긴문장의 주어이면서 안은문장의 주어이군.
⑤ ㄷ의 '네가'와 '사실이'는 각각 다른 서술어의 주어이군.

198 [2022년 7월 고3 학평 38번]

<보기>의 ⓐ~ⓒ에 대해 탐구한 내용으로 적절하지 <u>않</u>은 것은?

> **보 기**
>
> [탐구 과제] 직접 인용절을 가진 안은문장이 간접 인용절을 가진 안은문장으로 바뀌었을 때의 높임 표현, 지시 표현, 인용 조사 등의 변화 탐구하기
>
> [탐구 자료]

직접 인용절을 가진 안은문장	간접 인용절을 가진 안은문장	
그가 어제 나에게 "내일 서울에 갑니다."라고 말했다.	그가 어제 나에게 오늘 서울에 간다고 말했다.	⋯ⓐ
희수가 민주에게 "힘든 일은 나에게 맡겨라."라고 말했다.	희수가 민주에게 힘든 일은 자기에게 맡기라고 말했다.	⋯ⓑ
부산에 간 친구가 나에게 "이곳이 참 아름답구나."라고 말했다.	부산에 간 친구가 나에게 그곳이 참 아름답다고 말했다.	⋯ⓒ

① ⓐ : '오늘'을 보니, 직접 인용절의 시간 부사가 간접 인용절에서는 바뀌어 나타났군.

② ⓐ : '간다고'를 보니, 직접 인용절에서 '그'가 '나'를 고려해 사용한 높임 표현이 간접 인용절에서는 바뀌어 나타나는군.

③ ⓑ : '맡기라고'를 보니, 직접 인용절이 명령문일 때 간접 인용절의 인용 조사는 '고'가 사용되었군.

④ ⓒ : '그곳이'를 보니, 직접 인용절의 발화자인 '친구'의 관점으로 지시 표현이 바뀌어 나타나는군.

⑤ ⓒ : '아름답다고'를 보니, 직접 인용절의 감탄형 종결 어미는 간접 인용절에서 평서형 종결 어미로 바뀌어 나타났군.

199 [2022년 10월 고3 학평 38번]

<보기>의 ㉠~㉢에 대한 설명으로 적절하지 <u>않은</u> 것은?

> **보 기**
>
> ㉠ 어머니는 아들이 비로소 대학생이 되었음을 실감했다.
> ㉡ 파수꾼이 경계 초소에서 본 동물은 늑대는 아니었다.
> ㉢ 감독이 그 선수를 야구부 주장으로 삼기로 결심했다.

① ㉠에는 안긴문장에 보어가 있고, ㉡에는 안은문장에 보어가 없다.

② ㉠은 안긴문장이 안은문장의 목적어로 사용되고, ㉢은 안긴문장이 안은문장의 부사어로 사용된다.

③ ㉡과 달리 ㉢의 안긴문장의 서술어는 부사어를 필수 성분으로 요구한다.

④ ㉢과 달리 ㉡의 안긴문장에는 목적어가 생략되어 있다.

⑤ ㉠~㉢은 모두 안긴문장의 주어와 안은문장의 주어가 다르다.

200 [2022년 수능 39번]

㉠~㉣의 문장 성분과 문장 구조에 대한 설명으로 적절한 것은?

> ㉠ 나는 내 친구가 보낸 책을 제시간에 받기를 바란다.
> ㉡ 나는 테니스 배우기가 재미있다고 친구에게 말했다.
> ㉢ 이 식당은 우리 가족이 점심을 먹은 식당이 아니다.
> ㉣ 그녀는 아름다운 관광지를 신이 닳도록 돌아다녔다.

① ㉠에는 필수적 부사어가 생략된 안긴문장이 있고, ㉡에는 주어가 생략된 안긴문장이 있다.

② ㉠과 ㉡에는 모두, 주어 기능을 하는 명사절이 있다.

③ ㉠과 ㉢에는 모두, 주어가 생략된 안긴문장이 있다.

④ ㉢에는 보어 기능을 하는 안긴문장이 있고, ㉣에는 부사어 기능을 하는 안긴문장이 있다.

⑤ ㉢과 ㉣에는 모두, 목적어가 생략된 관형사절이 있다.

201 [2023년 4월 고3 학평 38번]

<보기>의 ㉠이 사용된 문장으로 적절한 것은?

> **보 기**
>
> 주어와 서술어를 갖추었으나 독립하여 쓰이지 못하고 다른 문장의 성분으로 쓰이는 의미 단위를 절이라 한다. 문장에서 부속 성분으로 쓰인 절은 수식의 기능을 하여 생략될 수 있지만, ㉠<u>부속 성분이면서도 서술어가 필수적으로 요구하는 성분으로 쓰여 생략될 수 없는 절</u>도 있다.

① 우리는 밤이 새도록 토론을 하였다.

② 나는 그가 있는 가게로 저녁에 갔다.

③ 그는 어느 날 갑자기 말도 없이 떠나 버렸다.

④ 부지런한 동생은 나와는 달리 일찍 일어난다.

⑤ 저기 서 있는 아이가 특히 재주가 있게 생겼다.

202 [2023년 6월 고3 모평 37번]

<학습 활동>의 ㉠~㉢에 들어갈 예문으로 적절한 것은?

> **학습 활동**
>
> <보기>의 조건이 실현된 예문을 만들어 보자.
>
> > **보 기**
> >
> > ⓐ 현재 시제만 쓰일 것.
> > ⓑ 서술어의 자릿수가 둘일 것.
> > ⓒ 안긴문장이 부사어로 기능할 것.
>
> | 실현 조건 | 예문 |
> | --- | --- |
> | ⓐ, ⓑ | ㉠ |
> | ⓐ, ⓒ | ㉡ |
> | ⓑ, ⓒ | ㉢ |

① ㉠ : 그 집 마당에는 감나무 한 그루가 자란다.

② ㉠ : 선생님께서는 여전히 학교 근처에 사시는지요?

③ ㉡ : 산중에 있으므로 여기는 도시보다 조용합니다.

④ ㉡ : 오늘부터 아침으로 과일만 먹기로 마음먹었니?

⑤ ㉢ : 오래전 큰아버지께 받은 책에 곰팡이가 슬었어.

203 [2023년 10월 고3 학평 39번]

<보기>에 대한 설명으로 적절하지 <u>않은</u> 것은?

> **보 기**
>
> ㄱ. 동생이 내가 읽던 책을 가져갔다.
> ㄴ. 그는 자신이 그 일의 적임자임을 주장했다.
> ㄷ. 무장 강도가 은행에 침입한 사건이 발생했다.
> ㄹ. 이곳의 따뜻한 기후는 옥수수가 자라기에 적합하다.

① ㄱ은 목적어가 생략된 안긴문장이 있다.

② ㄴ은 조사와 결합하여 목적어의 기능을 하는 안긴문장이 있다.

③ ㄱ과 ㄷ은 체언을 수식하는 기능을 하는 안긴문장이 있다.

④ ㄴ과 ㄹ은 명사형 어미가 결합된 안긴문장이 있다.

⑤ ㄷ은 ㄹ과 달리 문장 성분이 생략된 안긴문장이 있다.

Part 02 문장 영역 핵심 기출 문제

204 [2024년 3월 고3 학평 39번] 

<보기>의 (가)~(다)에 들어갈 내용을 바르게 짝지은 것은?

보 기

선생님 : 관형사절은 안은문장에서 관형어로 쓰이는데 이 때 관형사절의 문장 성분이 생략되어 나타날 수 있습니다. [자료]를 아래의 그림에 따라 분류해 봅시다.

안긴문장이 안은문장에서 관형어의 기능을 하는가? → 아니요 → (가)

↓ 예

안긴문장에서 생략된 성분이 있는가? → 아니요 → (나)

↓ 예

(다)

[자료]

ㄱ. 나는 동생이 좋아하는 음식을 준비했다.
ㄴ. 책의 내용을 모두 암기하기는 불가능하다.
ㄷ. 교실에 있던 학생들이 운동장으로 나갔다.
ㄹ. 악어가 물 밖으로 나온다는 사실을 알았다.
ㅁ. 형이 내게 아홉 시까지 집에 오라고 말했다.
ㅂ. 나는 그 사람이 너를 속일 줄은 꿈에도 몰랐다.

	(가)	(나)	(다)
①	ㄱ, ㄴ	ㄹ, ㅂ	ㄷ, ㅁ
②	ㄱ, ㄷ	ㄴ, ㅁ	ㄹ, ㅂ
③	ㄴ, ㅁ	ㄹ, ㅂ	ㄱ, ㄷ
④	ㄴ, ㅂ	ㄷ, ㄹ	ㄱ, ㅁ
⑤	ㄹ, ㅁ	ㄴ, ㅂ	ㄱ, ㄷ

205 [2024년 10월 고3 학평 37번]

<보기>의 ㄱ~ㅁ을 이해한 내용으로 적절하지 <u>않은</u> 것은?

보 기

ㄱ. 마을 사람들은 그가 가족과 만나기를 바란다.
ㄴ. 그들은 옛 친구가 살던 동네에서 시간을 보냈다.
ㄷ. 어제 동생은 무역 회사에 다니는 사람을 만났다.
ㄹ. 나는 문득 그가 나에게 호의를 가졌음을 느꼈다.
ㅁ. 뒷산에서 다리를 다친 언니는 병원에 입원하였다.

---

① ㄱ과 ㄷ의 안긴문장에는 모두, 필수적 부사어가 있다.
② ㄱ의 안긴문장은 목적어 기능을 하고, ㅁ의 안긴문장은 관형어 기능을 한다.
③ ㄴ의 안긴문장에는 필수적 부사어가 생략되어 있고, ㄹ의 안긴문장에는 생략된 필수 성분이 없다.
④ ㄴ과 ㄷ의 안긴문장은 모두, 체언을 수식하는 기능을 한다.
⑤ ㄹ과 ㅁ의 안긴문장에는 모두, 필수적 부사어와 목적어가 있다.

206 [2024년 수능 39번] 

<보기>를 바탕으로 <자료>를 이해한 내용으로 적절한 것은?

보 기

간접 인용될 때 원 발화의 인칭·지시·시간 표현 등은 맥락에 따라 조정되며, 상대 높임 종결 어미는 격식체든 비격식체든, 높임이든 낮춤이든, 문장의 종류별로 한 가지로 한정된다. '보다'를 예로 들면 '본다고'(평서), '보냐고'(의문), '보라고'(명령), '보자고'(청유)처럼 나타난다. 감탄형 어미는 평서형으로 실현된다(예보는구나→본다고). 이런 이유로 서로 다른 발화라도 간접 인용될 때 같은 형식을 가질 수 있다.

자 료

○ 그는 그제 우리에게 ㉠<u>오늘은 청소를 같이 하자</u>고 말했다.
○ 김 선생은 ㉡<u>자기도 시를 좋아한다</u>고 학생들에게 말했다.
○ 어제 나한테 ㉢<u>네가 내일 퇴원을 할 수 있겠냐</u>고 물었지?

---

① ㉠은 '모레는'이라는 부사어를 가진 발화를 인용한 것일 수 없다.
② ㉠의 '하자'는 '해요'를 간접 인용한 것일 수 있다.
③ ㉡은 2인칭 주어를 가진 발화를 인용한 것일 수 있다.
④ ㉡의 '좋아한다'는 '좋아합니다'를 간접 인용한 것일 수 없다.
⑤ ㉢은 미래 시제 선어말 어미를 가진 발화를 인용한 것일 수 없다.

207 [2025년 3월 고3 학평 38번] 

<보기>의 조건을 모두 만족하는 문장으로 적절한 것은? [3점]

보 기

○ 안은문장의 서술어는 서술어의 자릿수가 두 자리일 것.
○ 안은문장에서 부사어 기능을 하는 안긴문장에 보어가 포함될 것.

---

① 어머니께서는 내가 국어 교사가 되기를 간절히 바라신다.
② 경찰의 수사로 그곳은 범행 현장이 아니었음이 밝혀졌다.
③ 지금 상황은 그가 차기 학생회장이 되기에 매우 유리하다.
④ 준희는 동생과 오랜만에 외갓집에 방문하기로 마음먹었다.
⑤ 나는 그에게 김 교수의 교양 수업이 휴강되었음을 알렸다.

208 [2025년 5월 고3 학평 38번] 

<보기>의 ㉠이 사용된 문장으로 적절한 것은?

> **보 기**
>
> 　대부분의 안긴문장은 다른 문장 속에 안길 때 어미, 조사 등의 문법적 요소가 붙는데, 이는 어떤 종류의 절인지를 나타내는 표지가 된다. 그런데 ㉠이러한 표지가 없는 절도 있다.

① 그는 감기에 걸리지 않도록 조심했다.
② 이 방이 저 방보다 바람이 더 잘 통한다.
③ 책상 위에 있는 책은 그녀의 것이 아니다.
④ 올해에도 어르신께서 건강하시기를 바랍니다.
⑤ 나는 친구에게 아까 점심으로 김밥을 먹었다고 말했다.

210 [2025년 10월 고3 학평 39번]

<학습 활동>을 수행한 결과로 적절한 것은? [3점]

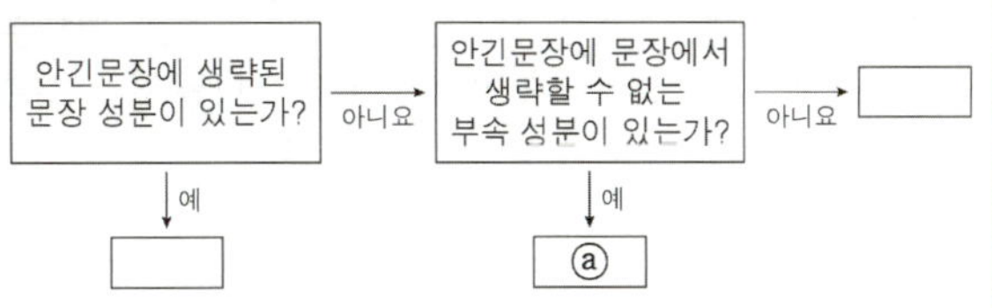

[자료]
ㄱ. 목동이 나무에 묶어 둔 염소가 풀을 뜯고 있다.
ㄴ. 형은 자신의 선택이 결과적으로는 옳았음에 만족했다.
ㄷ. 나는 그가 제약 회사에 다녔다는 사실을 전혀 몰랐다.
ㄹ. 선생님께서는 그 원고의 내용이 수정되기를 희망하셨다.
ㅁ. 그는 동생이 자기 일에 자부심을 가지고 있음을 알았다.

① ㄱ, ㄷ　　　② ㄴ, ㄹ　　　③ ㄷ, ㅁ
④ ㄱ, ㄴ, ㄹ　　　⑤ ㄴ, ㄷ, ㅁ

209 [2025년 6월 고3 모평 30번] 

<보기>의 ㉠, ㉡의 예로 적절하지 <u>않은</u> 것은?

> **보 기**
>
> 　다음 두 문장에 쓰인 관형사절은 수식을 받는 명사가 '사실'이라는 점은 같지만 두 관형사절의 성격은 다르다.
>
> (가) 나는 이번 조사에서 밝혀진 사실에 충격을 받았다.
> (나) 나는 동생이 열심히 노력한 사실을 새삼 깨달았다.
>
> 　(가)는 '사실'이 관형사절의 원래 문장 '(생략된 주어) 이번 조사에서 밝혀졌다.'의 주어에 해당하여, ㉠수식받는 명사가 관형사절의 문장 성분이 될 수 있는 경우이다. 반면 (나)는 관형사절의 원래 문장 '동생이 열심히 노력하였다.'가 '사실'의 내용에 해당하여, ㉡수식받는 명사가 관형사절의 문장 성분이 될 수 없는 경우이다.

① ㉠ : 그들은 함께 어울렸던 기억을 더듬어 나갔다.
② ㉠ : 어제 박물관에서 일어난 사건으로 모두 놀랐다.
③ ㉡ : 이 손목시계는 방수가 잘되지 않는 단점이 있다.
④ ㉡ : 언론에서는 전쟁이 끝날 가능성이 크다고 보았다.
⑤ ㉡ : 친구는 새벽마다 운동을 한 경험을 소중히 여겼다.

문장 영역 핵심 기출 문제

문장 - 종결 표현

211 [2023년 6월 고1 학평 14번]

밑줄 친 ㉠의 예로 적절한 것은?

우리말의 문장 유형은 평서문, 의문문, 명령문, 청유문, 감탄문으로 나뉘는데, 대개 특정한 종결 어미를 통해 실현된다. 그런데 경우에 따라 ㉠동일한 형태의 종결 어미가 서로 다른 문장 유형을 실현하기도 한다.

① -니
- 너는 무엇을 먹었니?
- 아버님은 어디 갔다 오시니?

② -ㄹ게
- 오늘은 내가 먼저 나갈게.
- 내가 나중에 다시 전화할게.

③ -구나
- 그것 참 그럴듯한 생각이구나.
- 올해도 과일이 많이 열리겠구나.

④ -ㅂ시다
- 지금부터 함께 청소를 합시다.
- 밥을 먹고 공원에 놀러 갑시다.

⑤ -어라
- 늦을 것 같으니까 어서 씻어라.
- 그 사람을 몹시도 만나고 싶어라.

212 [2016년 9월 고2 학평 15번]

밑줄 친 부분이 <보기>의 ㉠에 해당하는 예로 적절하지 <u>않은</u> 것은?

보 기

일반적으로 의문문은 화자가 청자에게 질문에 대한 대답을 요청할 때, 청유문은 화자가 청자에게 함께 행동할 것을 요청할 때 쓰인다. 그런데 담화 상황에 따라 의문문과 청유문 모두 ㉠화자가 청자에게 행동을 요청할 때 쓰이기도 한다.

① A : <u>얘들아, 영화 좀 보자.</u>
　 B : 알았어. 떠들어서 미안해.

② A : 환기가 필요하구나. <u>창문 좀 열자.</u>
　 B : 네. 알겠습니다.

③ A : <u>잠깐, 내가 안경을 어디다 뒀더라?</u>
　 B : 너 혼자 거기서 뭐하니? 빨리 나와.

④ A : 방 청소를 해야 하는데, <u>좀 비켜줄래?</u>
　 B : 네, 엄마. 바로 나갈게요.

⑤ A : 기사님! <u>저 신호등 앞에서 세워 주시겠어요?</u>
　 B : 네, 저기에 세우겠습니다.

213 [2015년 9월 고3 모평 A, B형 15번]

밑줄 친 부분이 <보기>의 ㉠에 해당하는 예로 적절하지 <u>않은</u> 것은?

보 기

일반적으로 의문문은 화자가 청자에게 질문에 대한 대답을 요청하는 문장인데, 화자가 청자에게 행동을 요청할 때 쓰이기도 한다. 청유문은 화자가 청자에게 함께 행동할 것을 요청하는 문장이다. 그러므로 이 문장 유형들은 ㉠화자가 청자에게 요청을 할 때 쓰이는 것이라는 점에서 공통적이다.

① A : <u>괜찮다면, 우리 여기서 잠깐 기다릴래요?</u>
　 B : 좋아요. 10분만 더 기다려요.

② A : 다친 곳은 어떤가? <u>한번 보세.</u>
　 B : 보시다시피 많이 좋아졌습니다.

③ A : 저기요. <u>먼저 좀 내립시다.</u>
　 B : 아, 예. 저도 여기서 내려요.

④ A : <u>저 혹시, 모자를 벗어 주실 수 있을까요?</u>
　 B : 제가 방해가 되었군요. 미안합니다.

⑤ A : <u>어디 보자.</u> 내가 다 챙겼나?
　 B : 거기서 혼자 뭐 해요. 빨리 나와요.

문장 - 높임 표현

214 [2017년 3월 고1 학평 14번]

ⓐ~ⓔ 중 <보기>의 ㉠에 해당하지 <u>않는</u> 것은?

보 기

높임 표현에는 말하는 이가 듣는 이에 대하여 높이거나 낮추어 말하는 상대 높임, 서술의 주체를 높이는 주체 높임, 목적어나 부사어가 나타내는 대상, 즉 서술의 객체를 높이는 ㉠객체 높임이 있다

선생님 : 지은아, 방학은 잘 보냈니?
지은 : 네. 제 용돈으로 할머니께 ⓐ드릴 선물을 사서 할머니 댁에 다녀왔어요.
선생님 : 기특하다. 할머니를 ⓑ뵙고 왔구나. 가서 무엇을 했니?
지은 : 아버지께서 할머니를 ⓒ모시고 병원에 가신 사이에 저는 ⓓ큰아버지께 인사를 드리고 왔어요.
선생님 : 저런, 할머니께서 ⓔ편찮으셨나 보다.

① ⓐ　　② ⓑ　　③ ⓒ　　④ ⓓ　　⑤ ⓔ

215 [2018년 6월 고1 학평 15번]

<보기>의 밑줄 친 부분에 해당하는 예로 적절한 것은?

> **보 기**
>
> 객체 높임은 문장의 목적어나 부사어가 지시하는 대상, 곧 객체에 대한 높임의 태도를 나타내는 표현이다. 객체 높임은 주로 '모시다, 여쭙다' 등 높임의 의미가 있는 특수 어휘에 의해 실현되거나 부사격 조사 '께'를 통해 실현되기도 한다.

① 선생님께서는 댁에 계십니다.
② 형은 어머니께 그 책을 드렸다.
③ 할아버지께서는 눈이 밝으십니다.
④ 할머니, 아버지가 지금 막 도착했어요.
⑤ 윤우야, 선생님께서 빨리 교무실로 오라고 하셔.

216 [2019년 3월 고1 학평 15번]

<보기>의 [A]~[C]에 들어갈 예를 바르게 짝지은 것은?

> **보 기**
>
> ○ ㄱ~ㄷ은 높임 표현이 사용된 문장들이다. 아래의 순서도에 따라 ㄱ~ㄷ을 분류해 보자.

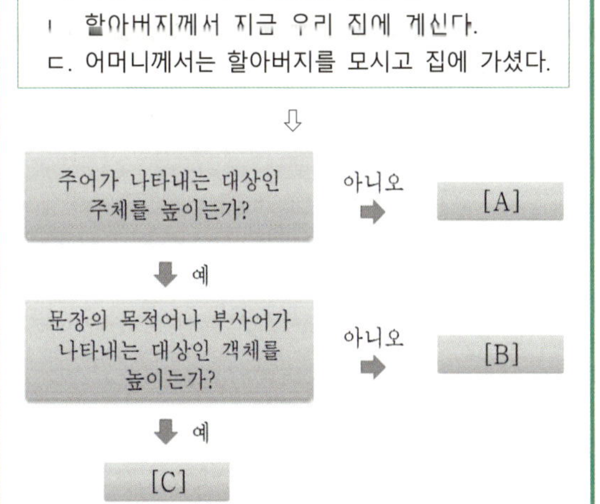

	[A]	[B]	[C]
①	ㄱ	ㄴ	ㄷ
②	ㄱ	ㄷ	ㄴ
③	ㄴ	ㄱ	ㄷ
④	ㄴ	ㄷ	ㄱ
⑤	ㄷ	ㄴ	ㄱ

217 [2019년 6월 고1 학평 15번]

다음은 높임 표현에 대한 탐구 학습지이다. ㉮에 들어갈 내용으로 적절하지 <u>않은</u> 것은? [3점]

> ▶ 높임 표현의 종류와 실현 방식에 대해 이해하고 <보기> 문장에 나타난 높임 표현을 설명해 보자.

종류	실현 방식
상대 높임	· 대화의 상대, 즉 듣는 이를 높이거나 낮춤 · 종결어미 '-습니다', '-다', '-(으)십시오', '-(아/어)라' 등을 사용
주체 높임	· 서술의 주체, 즉 문장의 주어를 높임 · 선어말 어미 '-(으)시-' 결합 · 주격 조사 '께서' 사용 · 특수 어휘 '계시다', '주무시다' 등 사용
객체 높임	· 서술의 객체, 즉 문장의 목적어나 부사어를 높임 · 부사격 조사 '께' 사용 · 특수 어휘 '드리다', '뵙다' 등 사용

> **보 기**
>
> ㉠ 채윤아, 할아버지께 물 좀 갖다 드려라.
> ㉡ 선생님, 어제 부모님께서 할머니를 모시고 여행을 가자고 말씀을 하셨습니다.

㉮ ___________________________________

① ㉠은 종결어미 '-어라'를 사용하여 대화 상대인 '채윤'을 낮추고 있다.
② ㉠은 부사격 조사 '께'를 사용하여 서술의 객체인 '할아버지'를 높이고 있다.
③ ㉡은 특수 어휘 '말씀'을 사용하여 서술의 객체인 '할머니'를 높이고 있다.
④ ㉡은 종결어미 '-습니다'를 사용하여 대화 상대인 '선생님'을 높이고 있다.
⑤ ㉡은 주격 조사 '께서'와 선어말 어미 '-시-'를 사용하여 서술의 주체인 '부모님'을 높이고 있다.

218 [2019년 11월 고1 학평 13번] 

<보기 1>을 바탕으로 <보기 2>에서 사용된 높임의 양상을 바르게 분석한 것은?

보기 1

　주체 높임법은 서술의 주체에 해당하는 문장의 주어를 높이는 방법이고, 객체 높임법은 서술의 객체에 해당하는 목적어나 부사어가 지시하는 대상을 높이는 방법이다. 이러한 높임을 실현하기 위해서는 선어말 어미, 조사, 특수 어휘를 사용한다.

보기 2

어머니께서는 할머니를 모시고 공원에 가셨다.

	주체 높임법			객체 높임법	
	선어말 어미	조사	특수 어휘	조사	특수 어휘
①	O	X	O	O	O
②	O	O	X	O	X
③	O	O	X	X	O
④	X	X	O	X	O
⑤	X	O	X	O	X

219 [2020년 6월 고1 학평 15번] 

<보기>의 '학습 활동'을 수행한 결과로 적절한 것은?

보 기

[학습 활동]
　다음 담화 상황에 등장하는 ㉠, ㉡이 달라질 때, 언어 예절에 적합한 높임 표현을 사용해 보자.

[담화 상황]
　(내가 철수에게)
"어제 ㉠영희가 ㉡경희에게 선물을 주는 것을 보았어."

※ 말하는 사람인 '나'와 철수, 영희, 경희는 서로 대등한 관계임.

---

① ㉠이 높임의 대상인 '선생님'으로 바뀌면 조사 '가'를 '께서'로 고쳐 말해야 한다.

② ㉠이 높임의 대상인 '선생님'으로 바뀌면 조사 '에게'를 '께'로 고쳐 말해야 한다.

③ ㉡이 높임의 대상인 '선생님'으로 바뀌면 '주는'을 '주시는'으로 고쳐 말해야 한다.

④ ㉡이 높임의 대상인 '선생님'으로 바뀌면 '보았어'를 '보셨어'로 고쳐 말해야 한다.

⑤ ㉡이 높임의 대상인 '선생님'으로 바뀌면 '보았어'를 '보았습니다'로 고쳐 말해야 한다.

220 [2021년 11월 고1 학평 14번] 

<보기 1>을 바탕으로 <보기 2>에 대해 설명한 내용으로 적절하지 **않은** 것은?

보기 1

　주체 높임법은 문장의 주어인 서술의 주체에 대하여 높임의 태도를 나타내는 방법이다. 객체 높임법은 문장의 목적어나 부사어가 지시하는 대상, 곧 서술의 객체에 대하여 높임의 태도를 나타내는 방법이다. 주체 높임과 객체 높임의 대상은 문장에서 표면적으로 드러나기도 하고 생략되기도 한다. 한편, 상대 높임법은 화자가 청자인 상대방에 대하여 높이거나 낮추는 태도를 나타내는 방법이다. 한 문장 안에서도 다양한 높임법이 쓰일 수 있다.

보기 2

<아들과 아버지의 통화>
아들 : ⓐ아버지, 집에 언제 도착하시나요?
아버지 : 무슨 일 있니?
아들 : ⓑ할머니께서 아버지께 전화해 보라고 하셨어요. ⓒ아버지께 드릴 말씀도 있어서요.
아버지 : 그래, 거의 다 왔으니 집에 가서 얘기하자. 그런데 할머니 아직 안 주무시니?
아들 : ⓓ아직 안 주무셔요. ⓔ방금 어머니께서 할머니 모시고 나가셨어요.

---

① ⓐ는 주체 높임과 상대 높임의 대상이 같다.

② ⓑ는 객체 높임과 상대 높임의 대상이 다르다.

③ ⓒ는 객체 높임과 상대 높임의 대상이 같다.

④ ⓓ는 주체 높임과 상대 높임의 대상이 다르다.

⑤ ⓔ는 주체 높임, 객체 높임, 상대 높임의 대상이 모두 다르다.

221 [2023년 11월 고1 학평 14번]

<보기>의 ㄱ~ㄷ에 대한 설명으로 옳지 <u>않은</u> 것은?

> **보 기**
>
> 주체 높임은 문장의 주체를 높이는 것으로, 선어말 어미나 조사, 특수 어휘 등을 통해 실현된다. 또한 주체의 신체 부분, 소유물, 생각 등을 높여 주체를 간접적으로 높이기도 한다. 그리고 객체 높임은 목적어나 부사어가 지시하는 대상, 즉 문장의 객체를 높이는 것으로, 조사나 특수 어휘를 통해 실현된다. 또한 상대 높임은 청자를 높이거나 낮추는 것으로, 주로 종결 어미를 통해 실현된다.
>
> ㄱ. (어머니가 아들에게) 범서야, 할아버지께 과일 좀 갖다 드려라.
> ㄴ. (아들이 아버지에게) 아버지, 할머니는 제가 모시러 가겠습니다.
> ㄷ. (동생이 언니에게) 언니, 어머니가 우리에 대한 걱정이 많으셔.

① ㄱ은 종결 어미 '-어라'를 사용하여 청자인 '범서'를 낮추고 있다.
② ㄱ은 격 조사 '께'를 사용하여 문장의 주체인 '할아버지'를 높이고 있다.
③ ㄴ은 종결 어미 '-습니다'를 사용하여 청자인 '아버지'를 높이고 있다.
④ ㄴ은 특수 어휘 '모시다'를 사용하여 문장의 객체인 '할머니'를 높이고 있다.
⑤ ㄷ은 선어말 어미 '-으시-'를 사용하여 '어머니'의 생각인 '걱정'을 높여 주체를 간접적으로 높이고 있다.

222 [2024년 10월 고1 학평 13번]

<보기>의 ㉠~㉤에 사용된 문법 요소를 분석한 내용으로 적절한 것은?

> **보 기**
>
> ㉠ 삼촌께서 내가 드린 신문을 읽고 계시다.
> ㉡ 어머니께서 동생에게 멋진 생일 선물을 사 주셨다.
> ㉢ 언니가 할머니를 모시러 가던 길에 나와 마주쳤다.
> ㉣ 나는 친구에게 선생님께 여쭤본 내용을 공유하였다.
> ㉤ 동생이 할아버지께서 편히 주무시도록 이부자리를 살폈다.

		주체 높임			객체 높임	
문장		격조사	특수 어휘	선어말 어미	격조사	특수 어휘
①	㉠	O	X	O	X	O
②	㉡	X	X	O	O	X
③	㉢	X	X	X	O	O
④	㉣	X	X	X	X	O
⑤	㉤	O	O	X	X	X

223 [2025년 9월 고1 학평 14번]

<보기>의 '탐구 과정'에 따라 ㉮~㉰에 들어갈 예로 적절하지 <u>않은</u> 것은? [3점]

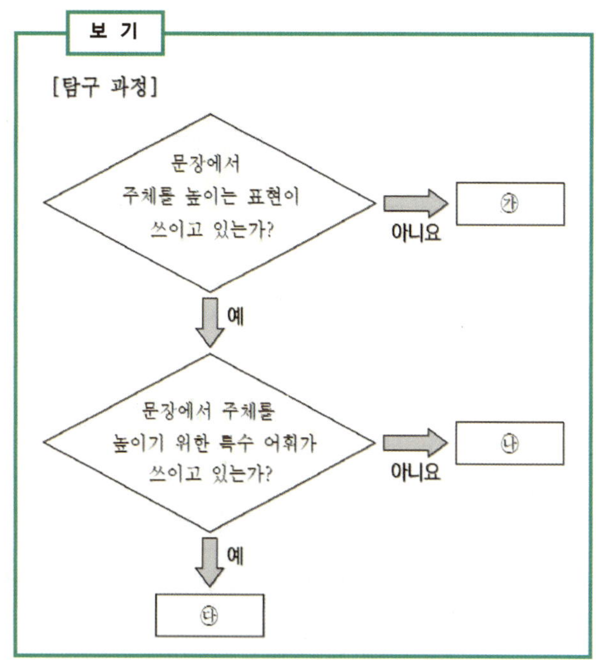

① ㉮ : 형은 고모를 뵙고 많은 이야기를 나누었다.
② ㉮ : 그는 산책을 하기 위해서 공원에 갔습니다.
③ ㉯ : 아버지, 옷을 따뜻하게 갖춰 입으셔야 해요.
④ ㉯ : 동생은 그때 선생님께 편지를 쓰고 있었어요.
⑤ ㉰ : 할머니께서는 어느 방에서 주무시니?

224 [2015년 3월 고2 학평 14번]

<보기 1>을 바탕으로 <보기 2>에 쓰인 높임의 양상을 바르게 표시한 것은?

> **보기 1**
>
> 국어의 높임법은 높임의 대상이 무엇이냐에 따라 크게 셋으로 나뉜다. 주체 높임법에서는 문장의 주어가 가리키는 인물, 객체 높임법에서는 문장의 목적어나 부사어가 지시하는 대상, 상대 높임법에서는 말을 듣는 상대, 즉 청자가 높임의 대상이 된다. 그런데 실제로는 대개 두세 가지의 높임법이 동시에 사용된다. 존대를 [+]로 비존대를 [-]로 나타낸다면, '철수야, 할아버지 오셨어.'와 같은 문장은 [주체 높임 +], [상대 높임 -]로 표시할 수 있다.

> **보기 2**
>
> 영희가 할머니를 모시고 공원에 갔어요.

① [주체 높임 -], [객체 높임 +], [상대 높임 +]
② [주체 높임 -], [객체 높임 +], [상대 높임 -]
③ [주체 높임 -], [객체 높임 -], [상대 높임 -]
④ [주체 높임 +], [객체 높임 +], [상대 높임 +]
⑤ [주체 높임 +], [객체 높임 -], [상대 높임 -]

Part 02 문장 영역 핵심 기출 문제

225 [2015년 6월 고2 학평 14번] 

<보기>의 [가]에 들어갈 문장으로 적절한 것은?

> **보 기**
>
> 선생님 : 우리말의 높임 표현에는 다음과 같이 세 종류가 있습니다.
>
> ◦ 상대 높임법 : 화자가 청자, 즉 상대를 높이거나 낮추는 방법(종결 어미에 의해 실현)
> ◦ 주체 높임법: 문장에서 서술의 주체를 높이는 방법(조사, 선어말 어미, 특수 어휘에 의해 실현)
> ◦ 객체 높임법: 문장에서 목적어나 부사어가 지시하는 대상, 즉 객체를 높이는 방법(조사, 특수 어휘에 의해 실현)
>
> 그런데 실제 언어생활에서 '높임 표현'이 실현되는 양상은 복합적입니다. 예문을 볼까요? '영희야, 선생님께서 찾으셔.'는 상대는 낮추고 주체는 높여서 표현한 것입니다. 그리고 ___[가]___ 는 상대를 높이고 객체도 높여서 표현한 것입니다.

① 내일 우리 같이 밥 먹어요.
② 제가 할머니를 모시고 왔습니다.
③ 이 손수건 좀 할아버지께 갖다 드려.
④ 요즘 여러 가지 일로 많이 바쁘시죠?
⑤ 어머니께서 아버지의 바지를 만드셨어.

227 [2021년 11월 고2 학평 14번]

<보기>의 ㉠~㉤을 수정하고자 할 때, 적절하지 <u>않은</u> 것은?

> **보 기**
>
> ㉠ (아들이 아버지에게) 아버지, 무슨 고민이 계신가요?
> ㉡ (형이 동생에게) 삼촌께서 할머니를 데리고 식당으로 가셨어.
> ㉢ (사원이 다른 사원에게) 부장님이 이제 회의실로 온다고 하셨어.
> ㉣ (손녀가 할아버지에게) 언니가 할아버지한테 안경을 갖다주라고 했어요.
> ㉤ (학생이 다른 학생에게) 문제를 풀다가 어려운 것이 있으면 선생님한테 물어봐.

① ㉠ : '아버지'를 간접적으로 높이도록 '아버지, 무슨 고민이 있으신가요?'로 수정한다.
② ㉡ : '삼촌'을 간접적으로 높이도록 '삼촌께서 할머니를 모시고 식당으로 가셨어.'로 수정한다.
③ ㉢ : '부장님'을 직접적으로 높이도록 '부장님께서 이제 회의실로 오신다고 하셨어.'로 수정한다.
④ ㉣ : '할아버지'를 직접적으로 높이도록 '언니가 할아버지께 안경을 갖다 드리라고 했어요.'로 수정한다.
⑤ ㉤ : '선생님'을 직접적으로 높이도록 '문제를 풀다가 어려운 것이 있으면 선생님께 여쭤봐.'로 수정한다.

226 [2020년 6월 고2 학평 14번]

<보기 1>을 바탕으로 <보기 2>의 높임 표현을 바르게 분석한 것은?

> **보 기 1**
>
> 우리말의 높임법은 주어가 나타내는 대상을 높이는 주체 높임, 목적어나 부사어가 나타내는 대상을 높이는 객체 높임, 청자를 높이거나 낮추는 상대 높임으로 구분할 수 있다. 이러한 높임법은 조사, 특수 어휘, 선어말 어미, 종결 어미 등에 의해 실현된다.

> **보 기 2**
>
> 영희야, 아버지께서는 할머니를 모시고 먼저 나가셨어.

	주체 높임	객체 높임	상대 높임
①	O	O	높임
②	O	O	낮춤
③	O	X	높임
④	X	O	낮춤
⑤	X	X	높임

228 [2023년 3월 고2 학평 15번] 

<보기 1>을 참고하여 <보기 2>의 ㉠~㉤을 이해한 내용으로 적절하지 <u>않은</u> 것은?

> **보 기 1**
>
> 높임 표현은 높임 대상에 따라 주어의 지시 대상을 높이는 주체 높임, 목적어나 부사어의 지시 대상을 높이는 객체 높임, 청자를 높이거나 낮추는 상대 높임으로 나뉜다. 높임 표현은 크게 문법적 수단과 어휘적 수단에 의해 실현된다. 문법적 수단은 조사나 어미를, 어휘적 수단은 특수 어휘를 사용하는 것이다.

> **보 기 2**
>
> **[대화 상황]**
> 손님 : ㉠어머니께 선물로 드릴 신발을 찾는데, ㉡편하게 신으실 수 있는 제품이 있을까요?
> 점원 : ㉢부모님을 모시고 오시는 손님들께서 이 제품을 많이 사 가셔요. ㉣할인 중이라 가격도 저렴합니다.
> 손님 : 좋네요. ㉤저도 어머니를 뵙고, 함께 와야겠어요.

① ㉠ : 문법적 수단과 어휘적 수단을 통해 부사어가 지시하는 대상을 높이고 있다.
② ㉡ : 선어말 어미 '-으시-'와 조사 '요'는 같은 대상을 높이기 위해 쓰이고 있다.
③ ㉢ : 동사 '모시다'와 조사 '께서'는 서로 다른 대상을 높이기 위해 쓰이고 있다.
④ ㉣ : 문법적 수단을 통해 대화의 상대방을 높이고 있다.
⑤ ㉤ : 어휘적 수단을 통해 목적어가 지시하는 대상을 높이고 있다.

229 [2014년 9월 고3 모평 B형 13번] 

<보기>의 ㉠~㉤에 대한 설명으로 적절하지 <u>않은</u> 것은?

> **보 기**
>
> **영희** : 경준아, 선생님께서 다음 국어시간에 있을 모둠과제 발표는 네가 주도해서 ㉠준비하시라고 하셔.
> **경준** : 시인 소개 모둠과제 말이지?
> **영희** : 응.
> **경준** : 그런데 어떤 시인을 주제로 발표하는 게 좋을지에 대해서도 말씀 ㉡있으셨니?
> **영희** : 아니. 그건 시간이 날 때 네가 직접 선생님께 ㉢물어서 알아봐.
> **경준** : 아무래도 그래야겠어.
> **영희** : 그런데 선생님께서 저번 수업 시간에 김소월의 시가 ㉣자기의 애송시라고 ㉤말했잖아. 김소월은 우리나라 사람들이 좋아하는 시인이기도 하니까 김소월의 시 세계를 주제로 하여 발표해 보는 건 어때?

① ㉠ : 주체가 '경준'이므로 '준비하라고'로 바꿔 말해야 한다.
② ㉡ : 주어가 '말씀'이므로 '있었니'로 바꿔 말해야 한다.
③ ㉢ : 잇사람인 '선생님'께 묻는 것이므로 '여쭤서'로 바꿔 말해야 한다.
④ ㉣ : '선생님'을 높이는 것이므로 '당신'으로 바꿔 말해야 한다.
⑤ ㉤ : 주체가 '선생님'이므로 '말씀하셨잖아'로 바꿔 말해야 한다.

230 [2015년 4월 고3 학평 B형 15번] 

<보기 1>을 바탕으로 <보기 2>의 ㉠~㉤에 대해 설명한 내용으로 적절하지 <u>않은</u> 것은?

> **보 기 1**
>
> 지칭어와 호칭어, 높임 표현이 발달한 우리말에서는 특히 담화 상황에서 화자, 청자, 맥락 등을 종합적으로 고려해야 한다. 다른 사람에게 그 대상을 가리킬 때 사용하는 말인 지칭어와 그 대상을 직접 부를 때 사용하는 말인 호칭어를, 화자와 청자, 담화에 언급된 대상의 상황을 종합적으로 고려하여 선택해야 한다. 또한 높임 표현은 청자나 담화 속 주체와 객체의 높임 관계를 고려하여 어미, 조사, 어휘 등을 적절하게 사용해야 한다.

> **보 기 2**
>
> **혜연** : 삼촌, 어서 오세요. 좀 늦으셨네요?
> **삼촌** : 생각보다 차가 밀리더구나. 다들 오셨니?
> **혜연** : 아니요. 차가 밀리는지 ㉠할머니께서도 아직 도착하지 못하셨어요.
> **삼촌** : ㉡어머니는 어디 계시니?
> **혜연** : ㉢할아버지를 모시고 조금 전에 결혼식장에 들어가셨어요.
> **삼촌** : 아침부터 너희 ㉣어머니께서 많이 바쁘셨겠네. 너도 언니 결혼식 때문에 옆에서 이것저것 도와주느라 힘들었지?
> **혜연** : 아니에요. 그것보다 삼촌께서 이렇게 멀리서 와 주셔서 ㉤언니가 정말 기뻐할 것 같아요.

① ㉠에서는 화자가 자신을 기준으로 대상을 파악하여 지칭어를 사용하고 있군.
② ㉡에서 문장의 주체는 화자가 높여야 할 대상이므로 특수한 어휘를 통해 높임을 실현하고 있군.
③ ㉢에서 문장의 객체는 화자가 높여야 할 대상이므로 조사를 통해 높임을 실현하고 있군.
④ ㉣에서는 화자가 청자를 기준으로 대상을 파악하여 지칭어를 사용하고 있군.
⑤ ㉤에서는 청자가 화자보다 높은 대상이므로 종결어미를 통해 높임을 실현하고 있군.

231 [2016년 7월 고3 학평 13번] 

<보기>의 ㉠~㉤에 대한 설명으로 옳지 <u>않은</u> 것은?

> **보 기**
>
> 높임법은 화자가 높이려는 대상이 누구인지에 따라 주체 높임법, 상대 높임법, 객체 높임법으로 구분된다. 주체 높임법은 주어가 나타내는 대상인 주체를 높이는 것이며, 상대 높임법은 대화의 상대인 청자를 높이거나 낮추는 것이고, 객체 높임법은 문장의 목적어나 부사어가 나타내는 대상인 객체를 높이는 것이다.
>
> ㉠ 할머니께서 책을 읽고 계신다.
> ㉡ 누나는 어머니께 모자를 선물로 드렸다.
> ㉢ 할아버지께서 월요일 오후에 병원에 가신다.
> ㉣ (선생님과의 대화 중) 선생님, 제가 드릴 말씀이 있습니다.
> ㉤ (아버지와의 대화 중) 아버지, 저는 아버지를 예전부터 존경해 왔습니다.

① ㉠은 주체인 '할머니'를 높이는 데에 '께서'와 '계시다'를 사용하고 있다.
② ㉡은 객체인 '어머니'를 높이는 데에 '께'와 '드리다'를 사용하고 있다.
③ ㉢은 주체인 '할아버지'를 높이는 데에 '께서'와 '-시-'를 사용하고 있다.
④ ㉣은 주체인 '선생님'을 높이는 데에 '말씀'을 사용하고 있다.
⑤ ㉤은 상대인 '아버지'를 높이는 데에 '-습니다'를 사용하고 있다.

232 [2021년 9월 고3 모평 38번]

<학습 활동>의 ㉠에 들어갈 예로 적절한 것은?

학습 활동

높임 표현이 홑문장에서 실현될 수도 있지만, 겹문장의 안긴문장 속에서도 실현될 수 있다. 다음 조건에 해당하는 예문을 만들어 보자.

조건	예문
안긴문장에서의 주체 높임의 대상이 안은문장에서 주어로 실현된 겹문장	공원에서 산책하시던 할아버지께서 활짝 웃으셨다.
안긴문장에서의 객체 높임의 대상이 안은문장에서 목적어로 실현된 겹문장	㉠
⋮	⋮

① 편찮으시던 어르신께서는 좀 건강해지셨나요?
② 오빠는 고향에 계신 부모님을 집으로 모시고 갔다.
③ 나는 할아버지께서 선물을 주신 날짜를 아직도 기억해.
④ 누나는 다음 주에 인사를 드릴 할머니께 편지를 썼어요.
⑤ 형은 동생이 찾아뵈려던 선생님을 학교에서 만났습니다.

233 [2021년 10월 고3 학평 39번]

<보기>의 ㉠과 ㉡이 모두 사용된 문장으로 적절한 것은?

보 기

국어의 높임 표현은 조사나 어미로 실현되기도 하지만 ㉠그 자체에 높임의 의미가 담긴 특수 어휘를 통해 실현되기도 한다. 또한 국어에는 대상을 높이는 것이 아니라 자신을 낮추는 겸양의 표현도 존재한다. 겸양의 표현은 일부 어미로 실현되기도 하지만 ㉡그 자체에 낮춤의 의미가 있는 특수 어휘를 통해 실현되기도 한다.

① 저희가 어머니께 드렸던 선물이 여기 있네요.
② 연세가 지긋하신 할아버지께서 걸어가신다.
③ 제 말씀은 그런 의도가 아니었어요.
④ 이 문제는 아버지께 여쭈어보자.
⑤ 지나야, 가서 할머니 모시고 와.

234 [2023년 3월 고3 학평 37번]

<보기>의 ㄱ~ㄷ을 이해한 내용으로 적절한 것은?

보 기

주체 높임은 화자가 문장의 주체, 곧 주어가 지시하는 대상에 대해 높임의 태도를 나타내는 표현으로, 선어말 어미, 조사나 특수한 어휘 등을 통해 실현된다. 그리고 상대 높임은 화자가 청자, 곧 말을 듣는 상대에게 높임이나 낮춤의 태도를 나타내는 표현으로, 주로 종결 어미를 통해 실현된다. 또한 객체 높임은 화자가 문장의 객체, 곧 목적어나 부사어가 지시하는 대상에 대해 높임의 태도를 나타내는 표현으로, 조사나 특수한 어휘를 통해 실현된다.

ㄱ. (아버지가 아들에게) 네가 할머니께 여쭈러 가거라.
ㄴ. (점원이 손님에게) 제가 손님을 모시고 가겠습니다.
ㄷ. (동생이 형님에게) 저 기다리지 마시고 형님은 먼저 주무십시오.

① ㄱ에서는 부사어가 지시하는 대상을 높이기 위해, 조사와 특수한 어휘가 사용되었다.
② ㄷ에서는 주어가 지시하는 대상을 높이기 위해, 조사와 선어말 어미가 사용되었다.
③ ㄱ과 ㄴ에서는 모두 주어가 지시하는 대상을 높이기 위해, 특수한 어휘가 사용되었다.
④ ㄴ과 ㄷ에서는 모두 말을 듣는 상대를 높이기 위해, 조사와 종결 어미가 사용되었다.
⑤ ㄱ~ㄷ에서는 모두 목적어가 지시하는 대상을 높이기 위해, 특수한 어휘가 사용되었다.

235 [2023년 9월 고3 모평 38번]

<보기>의 ㉠~㉢에 들어갈 수 있는 내용으로 적절하지 <u>않은</u> 것은? [3점]

보 기

선생님 : 능동·피동 표현과 주동·사동 표현에서 높임 표현과 시간 표현이 어떻게 나타나는지 알아봅시다.

> ⓐ 형이 동생을 업었다.
> ⓑ 동생이 형에게 업혔다.
> ⓒ 나는 동생에게 책을 읽혔다.
> ⓓ 나는 동생이 책을 읽게 했다.

　　먼저 ⓐ, ⓑ에서 '형'을 높임의 대상인 '어머니'로 바꿀 때, 서술어에는 어떤 차이가 생기는지 말해 볼까요?

학생 : ㉠

선생님 : 맞아요. 그럼 ⓒ나 ⓓ에서 '동생'을 '할머니'로 바꾸면 어떻게 될까요?

학생 : ㉡

선생님 : '-(으)시-'가 어떻게 나타나는지를 잘 이해하고 있네요. 그럼 ⓐ, ⓑ, ⓒ의 서술어에서 '-었-'을 '-고 있-'으로 바꾸면 어떤 의미를 나타낼까요? ⓐ와 ⓑ의 차이점이나 ⓐ와 ⓒ의 공통점을 말해 볼까요?

학생 : ㉢

선생님 : '-고 있-'의 의미가 어떻게 나타나는지도 잘 이해하고 있군요.

① ㉠ : ⓐ에서는 서술어에 '-으시-'를 넣어야 하지만, ⓑ에서는 '-시-'를 넣지 않습니다.

② ㉡ : ⓒ에서는 '동생에게'를 '할머니께'로 바꾸고, '읽혔다'에 '-시-'를 넣어야 합니다.

③ ㉡ : ⓓ에서는 '동생이'를 '할머니께서'로 바꾸고, '읽게'에 '-으시-'를 넣어야 합니다.

④ ㉢ : ⓐ는 동작의 완료 후 상태 지속의 의미를 나타낼 수 있지만, ⓑ는 그럴 수 없습니다.

⑤ ㉢ : ⓐ와 ⓒ는 모두 동작의 진행 의미를 나타낼 수 있습니다.

236 [2024년 5월 고3 학평 37번]

<보기>의 ㉠에 해당하는 문장으로 적절한 것은?

보 기

선생님 : 오늘은 주체 높임과 객체 높임에서 특수 어휘로 높임 표현을 실현하는 방법에 대해 배웠습니다. 지난 시간에 겹문장에 대해 배운 내용을 활용하여, ㉠<u>안긴 문장 내에서 특수 어휘를 통해 주체 높임을 표현하고 있는 문장</u>을 찾아봅시다.

① 나는 친척 어르신께 안부를 여쭙기가 쑥스러웠다.

② 아버지께서는 오랜만에 뵌 은사님과 저녁을 잡수셨다.

③ 고향에 계신 할머니께서 앞마당에 감나무를 심으셨다.

④ 머리가 하얗게 세신 할아버지께서 멋진 옷을 입으셨다.

⑤ 어머니는 삼촌이 편하게 쉬시도록 침구를 바꿔 드렸다.

237 [2025년 10월 고3 학평 37번]

<보기>의 ㄱ~ㅁ을 이해한 내용으로 적절하지 <u>않은</u> 것은?

보 기

　　높임 표현은 화자가 높이거나 낮추려는 대상이 누구인지에 따라 주체 높임, 상대 높임, 객체 높임으로 구분된다. 일반적으로 높임 표현은 조사나 어미 등을 통해 실현되지만, 그 자체에 높임의 의미가 담긴 특수 어휘를 통해 실현되는 경우도 있다.

ㄱ. (제자가 선생님에게) 선생님, 여전히 ○○고등학교에서 근무하시는지요?

ㄴ. (누나가 동생에게) 서우야, 방에서 주무시는 어머니께 이불을 덮어 드리렴.

ㄷ. (조카가 삼촌에게) 할머니께 인사를 여쭙고 나서 삼촌을 찾아뵈어도 될까요?

ㄹ. (손자가 할아버지에게) 제가 할머니를 모시고 올 때까지 여기서 기다리십시오.

ㅁ. (딸이 아버지에게) 선생님께서 진학 설명회 참석 여부를 아버지께 확인하라고 하셨습니다.

① ㄱ : 선어말 어미 '-시-'와 보조사 '요'는 같은 대상을 높이기 위해 사용되었다.

② ㄴ : 동사 '주무시는'과 조사 '께'는 같은 대상을 높이기 위해 사용되었다.

③ ㄷ : 동사 '여쭙고'와 동사 '찾아뵈어도'는 서로 다른 대상을 높이기 위해 사용되었다.

④ ㄹ : 동사 '모시고'와 종결 어미 '-십시오'는 서로 다른 대상을 높이기 위해 사용되었다.

⑤ ㅁ : 조사 '께'와 종결 어미 '-습니다'는 서로 다른 대상을 높이기 위해 사용되었다.

문장 - 시간 표현

238 [2020년 9월 고1 학평 14번]

밑줄 친 부분에 주목하여 <보기>의 ㄱ~ㅁ을 탐구한 내용으로 적절하지 <u>않은</u> 것은?

> **보 기**
>
> ㄱ. 그는 <u>어제</u> 고향을 떠났다.
> ㄴ. 지난겨울에는 정말 <u>춥더라</u>.
> ㄷ. 친구와 함께 <u>본</u> 영화는 재미있었다.
> ㄹ. 작년만 해도 이곳에는 나무가 <u>적었었다</u>.
> ㅁ. 축제 준비를 하려면 오늘 밤 잠은 다 <u>잤네</u>.

① ㄱ을 보니, 시간 부사어를 사용하여 과거를 나타내고 있군.

② ㄴ을 보니, 선어말 어미 '-더-'를 사용하여 과거의 경험을 회상하고 있군.

③ ㄷ을 보니, 동사는 관형사형 어미 '-(으)ㄴ'을 사용하여 과거에 일어난 일을 나타내는군.

④ ㄹ을 보니, 선어말 어미 '-었었-'을 사용하여 현재까지 지속되는 과거의 상황을 나타내는군.

⑤ ㅁ을 보니, 선어말 어미 '-았-'이 과거에 일어난 일을 나타내지 않기도 하는군.

239 [2023년 9월 고1 학평 14번]

<학습 활동>을 수행한 결과로 적절하지 <u>않은</u> 것은?

> **학습 활동**
>
> 시제는 말하는 때인 발화시를 기준으로 동작이나 상태가 일어난 때인 사건시와의 선후 관계를 따져 과거 시제, 현재 시제, 미래 시제로 나뉘며, 선어말 어미나 관형사형 어미, 부사어 등을 통해 실현된다. 다음 자료를 분석해 보자.
>
> ㄱ. 창밖에는 눈이 내린다.
> ㄴ. 곧 강연을 시작하겠습니다.
> ㄷ. 이것은 그가 내일 입을 옷이다.
> ㄹ. 내가 만든 빵을 형이 맛있게 먹더라.

① ㄱ은 사건시와 발화시가 일치한다.

② ㄴ은 사건시가 발화시보다 앞선다.

③ ㄴ과 ㄷ 모두 부사어를 활용한 시간 표현이 나타난다.

④ ㄷ과 ㄹ 모두 관형사형 어미를 활용한 시간 표현이 나타난다.

⑤ ㄱ, ㄴ, ㄹ 모두 선어말 어미를 활용한 시간 표현이 나타난다.

240 [2024년 10월 고1 학평 14번]

<보기>의 선생님의 설명을 바탕으로 ㉠~㉣에 대해 학생이 발표한 내용으로 적절하지 <u>않은</u> 것은?

> **보 기**
>
> **선생님** : 시제란 문장이 나타내는 사건의 시간적 위치를 나타내는 문법 요소로, 발화시와 사건시의 선후 관계에 따라 과거 시제, 현재 시제, 미래 시제로 나뉩니다. 시간 표현은 선어말 어미, 관형사형 어미, 시간 부사어 등으로 실현되는데 문장에 따라 여러 요소를 동시에 쓰기도 합니다.
>
> > ○ 이곳이 우리가 함께 ㉠살 집이다.
> > ○ 교정이 ㉡곧 코스모스로 가득 차겠다.
> > ○ 아이들이 모여서 모래 장난을 ㉢한다.
> > ○ 나를 본 친구의 입가에 미소가 ㉣번졌다.
> > ○ 우리가 함께 ㉤간 바다는 노을이 무척 아름다웠다.

① ㉠은 관형사형 어미 '-ㄹ'을 통해 발화시를 기준으로 사건시가 나중인 시제를 나타냅니다.

② ㉡은 시간 부사어로, 발화시를 기준으로 사건시가 나중인 시제를 나타냅니다.

③ ㉢은 선어말 어미 '-ㄴ-'을 통해 발화시와 사건시가 일치하는 시제를 나타냅니다.

④ ㉣은 선어말 어미 '-었-'을 통해 발화시를 기준으로 사건시가 앞선 시제를 나타냅니다.

⑤ ㉤은 관형사형 어미 '-ㄴ'을 통해 발화시와 사건시가 일치하는 시제를 나타냅니다.

241 [2025년 9월 고1 학평 13번]

<학습 활동>을 수행한 결과로 적절하지 <u>않은</u> 것은?

> **학습 활동**
>
> | 품사
시제 | 동사 | 형용사 |
> |---|---|---|
> | 과거 | -(으)ㄴ, -던 | -던 |
> | 현재 | -는 | -(으)ㄴ |
> | 미래 | -(으)ㄹ | -(으)ㄹ |
>
> 위 표는 시제별로 다르게 나타나는 동사와 형용사의 관형사형 어미를 보여 준다. 이를 바탕으로 다음 [자료]의 용언을 활용하여 시제에 맞게 문장을 만들어 보자.
>
> **[자료]**
>
> > 자다, 푸르다, 깨끗하다, 읽다, 떠나다

	시제	문장
①	과거	내가 <u>잔</u> 곳은 그 방이 아니다.
②	과거	<u>푸르던</u> 하늘이 지금은 뿌옇다.
③	현재	우리 교실은 <u>깨끗한</u> 상태이다.
④	현재	오늘 <u>읽은</u> 책은 참 흥미롭네.
⑤	미래	아홉 시에 <u>떠날</u> 기차를 타자.

242 [2013년 9월 고2 학평 B형 13번]

<보기>를 바탕으로 할 때, 영화가 시작된 시각으로 예상되는 시점은?

보 기

엄마 : 아까 낮에 형과 전화하던데, 무슨 이야기 했니?
아들 : 형이 영화를 보러 갔는데, 영화관에 도착해 보니까 영화가 곧 시작하겠다고 제게 말했어요.
엄마 : 그래? 늦지 않게 영화를 봤겠지?
아들 : 네, 그럴 거예요.

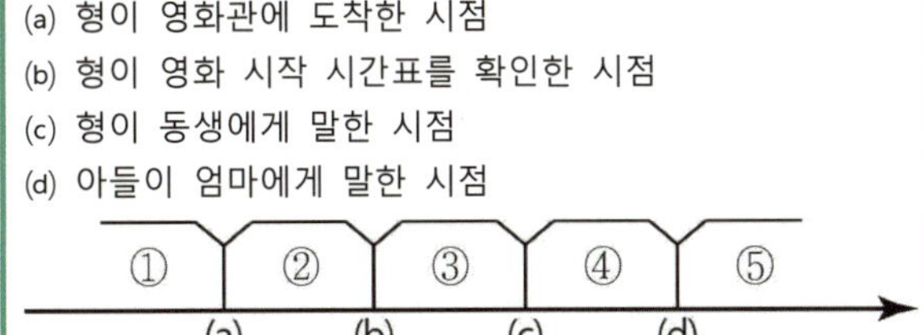

243 [2022년 6월 고2 학평 14번]

<보기>의 ㉡, ㉢이 모두 ㉠을 실현하고 있는 문장으로 적절한 것은?

보 기

선생님 : 국어의 시제는 화자가 말하는 시점인 발화시와 동작이나 상태가 나타나는 시점인 사건시를 기준으로, ㉠발화시보다 사건시가 앞서는 경우, 발화시와 사건시가 일치하는 경우, 발화시보다 사건시가 나중인 경우로 나뉩니다. 이 때 시제는 ㉡선어말 어미, ㉢관형사형 어미, 시간 부사어 등을 통해 실현됩니다.

① 지난번에 먹은 굴이 맛있었다.
② 이것은 내일 내가 읽을 책이다.
③ 이미 한 시간 전에 집에 도착했다.
④ 작년에는 겨울에 함박눈이 왔다.
⑤ 친구는 지금 독서실에서 공부를 한다.

244 [2025년 3월 고2 학평 13번]

<학습 활동>의 ⓐ~ⓒ에 들어갈 예문으로 적절한 것은?

학습 활동

※ 다음 [조건]이 실현된 예문을 만들어 보자.

[조건]
ㄱ. 안긴문장에 시간을 나타내는 부사어를 포함할 것.
ㄴ. 안은문장의 서술어에 과거 시제 선어말 어미를 포함할 것.
ㄷ. 안은문장의 사건이 안긴문장의 사건보다 나중에 일어날 것.

조건	실현된 예문
ㄱ + ㄴ	ⓐ
ㄱ + ㄷ	ⓑ
ㄴ + ㄷ	ⓒ

① ⓐ : 우리는 내일 만나기로 약속했다.
② ⓐ : 그해 고향에 남은 친구가 생각난다.
③ ⓑ : 그는 자신이 대회에서 우승했음을 알렸다.
④ ⓑ : 형은 동생이 읽을 책을 도서관에서 빌렸다.
⑤ ⓒ : 나는 작년에 산 모자를 좋아한다.

245 [2025년 6월 고2 학평 14번]

<보기>를 참고할 때, <조건>에 맞는 문장으로 적절한 것은?

보 기

관형사절은 관형어의 자격으로 다른 문장에 안긴문장이다. 관형사절의 서술어가 동사인 경우에는 일반적으로 관형사형 전성어미 '-(으)ㄴ, -던'으로 과거 시제를, '-는'으로 현재 시제를, '-(으)ㄹ'로 미래 시제를 표현한다. 다만 형용사나 서술격 조사인 경우에는 '-(으)ㄴ'으로 현재 시제를 표현한다.

조 건

과거 시제와 현재 시제를 표현하는 관형사절을 각각 한 번씩만 사용할 것.

① 언니가 만든 선물을 은사이신 그분께 드린다.
② 그 친구는 아무 말도 없이 밝은 미소를 지었다.
③ 내가 책을 사던 서점은 이제 완전히 문을 닫았다.
④ 집에 들어온 오빠가 한 말은 내가 자주 듣던 말이다.
⑤ 최근 출간된 소설 작품을 위주로 검색할 목록을 만들었다.

246 [2013년 10월 고3 학평 A, B형 15번] 

<보기>의 ⊙~⑩에 대한 설명으로 옳지 <u>않은</u> 것은?

> **보 기**
>
> 시간을 표현하는 방법에는 시제와 동작상이 있다. 시제는 화자가 말하는 시점인 발화시와 동작이나 사건이 일어나는 시점인 사건시의 관계에 따라 과거 시제, 현재 시제, 미래 시제로 나뉜다. 동작상은 발화시를 기준으로 동작이 일어나고 있는 모습을 표현한 것인데, 동작이 진행되고 있음을 표현하는 진행상과 동작이 이미 완결되었음을 표현하는 완료상이 있다.
>
> **어머니** : 방 정리를 ⊙하고 있구나.
> **아들** : 네. 필요 없는 물건은 다 ⓒ내놓았어요.
> **어머니** : 잘 했구나. 그런데 얼마 전에 ⓒ산 책은 어디 있니?
> **아들** : 아, 그 책은 이미 다 읽어서 동생에게 ⓒ줘 버렸어요.
> **어머니** : 그래 잘 했다. 아참, 오늘 네 친구가 오기로 했지.
> **아들** : 네. 조금 있다 저하고 같이 ⑩공부할 친구가 오기로 했어요.
> **어머니** : 그래. 깨끗한 방에서 친구랑 재미있게 놀면 되겠구나.

① ⊙ : '-고 있구나'는 동작이 진행되고 있음을 나타내고 있다.
② ⓒ : '-았-'은 사건시가 발화시에 앞선다는 것을 나타내고 있다.
③ ⓒ : '-ㄴ'은 발화시가 사건시에 앞선다는 것을 나타내고 있다.
④ ⓒ : '-어 버렸어요'는 동작이 이미 완결되었음을 나타내고 있다.
⑤ ⑩ : '-ㄹ'은 발화시가 사건시에 앞선다는 것을 나타내고 있다.

247 [2014년 10월 고3 학평 A형 13번] 

<보기>는 과거 시제를 표현하는 방법에 대해 조사한 것이다. ㄱ~ ㅁ에 해당하는 예로 적절하지 <u>않은</u> 것은?

> **보 기**
>
> ㄱ. 과거 시제란 사건시가 발화시보다 앞서 있는 시제로, 주로 과거 시제 선어말 어미 '-았/었-'을 통해 실현된다.
> ㄴ. '-았었/었었-'은 발화시보다 전에 발생하여 현재와는 단절된 사건을 표현하는 데 쓰일 수 있다.
> ㄷ. '-더-'는 과거 어느 때의 일이나 경험을 회상할 때에 사용하기도 한다.
> ㄹ. 동사 어간에 붙는 관형사형 어미 '-(으)ㄴ'은 과거 시제를 표현하는 데 사용하기도 한다.
> ㅁ. 관형사형 어미 '-던'은 과거 시제를 표현하는 데 사용하기도 한다.

① ㄱ : 너는 이제 집에 돌아오면 혼났다.
② ㄴ : 나는 예전에 그 집에 살았었다.
③ ㄷ : 지난여름에는 정말 덥더라.
④ ㄹ : 방학 동안 읽은 책이 제법 여러 권이다.
⑤ ㅁ : 여름에 푸르던 산이 붉게 물들었다.

248 [2017년 10월 고3 학평 13번] 

다음의 학습 활동을 수행한 결과로 적절하지 <u>않은</u> 것은?

> **학습 활동** : 어떠한 두 사건을 '-다가'나 '-아서/-어서'에 의해 연결할 때, 두 사건의 시제가 문장에서 어떻게 나타나고, 두 사건의 의미가 어떠한 관계를 맺게 되는지 (가)~(라)에서 살펴봅시다.
>
> **(가)** 찌개를 먹다가 혀를 데었다.
> **(나)** 찌개를 끓였다가 다시 식혔다.
> **(다)** 그는 종이를 접어서 주머니에 넣었다.
> **(라)** 내가 문을 쾅 닫아서 동생이 잠을 깼다.

① (가)와 (나)에서는 앞 절과 뒤 절의 사건이 모두 과거에 일어났지만, (가)에는 (나)와 달리 '-다가'로 연결된 앞 절에 현재 시제 선어말 어미가 나타났어.
② (가)와 (다)에서는 뒤 절의 시제가 과거임을 확인해야 '-다가'와 '-아서/-어서'가 쓰인 앞 절의 사건이 과거에 일어났음을 알 수 있어.
③ (가)와 (라)에서는 모든 사건이 과거에 일어났는데도, '-다가'와 '-아서/-어서'가 쓰인 앞 절에 과거 시제 선어말 어미를 사용하지 않았어.
④ (나)와 (다)에서는 '-다가'와 '-아서/-어서'가 쓰인 앞 절의 사건이 끝난 후 뒤 절의 사건이 일어나고 있어.
⑤ (다)와 (라)에서는 앞 절과 뒤 절이 모두 '-아서/-어서'로 이어졌지만, (라)는 (다)와 달리 앞 절의 사건이 뒤 절의 사건의 원인이나 이유로 이해될 수 있어.

249 [2019년 수능 14번]

<학습 활동>을 해결한 내용으로 적절한 것은?

학습 활동

　관형사형 어미의 형태는 시제 및 단어의 품사에 의해 결정된다. [자료]에서 밑줄 친 단어의 품사와 시제를 분석하여 그 단어에 쓰인 어미가 [표]의 ㉠~㉢ 중 어느 것에 해당하는지 확인해 보자.

[자료]

ⓐ 하늘에 뜬 태양
ⓑ 우리가 즐겨 부르던 노래
ⓒ 늘 푸르던 하늘
ⓓ 운동장에 남은 아이들
ⓔ 네가 읽는 소설
ⓕ 이미 아이들로 가득 찬 교실
ⓖ 달리기가 제일 빠른 친구

[표] 관형사형 어미 체계

	동사	형용사
현재	-는	㉠
과거	㉡ -던	㉢
미래	-(으)ㄹ	-(으)ㄹ

---

① ⓐ의 '뜬'에 쓰인 어미 '-(으)ㄴ'은 ㉠에 해당한다.
② ⓑ의 '부르던'과 ⓒ의 '푸르던'에 쓰인 어미 '-던'은 ㉢에 해당한다.
③ ⓓ의 '남은'과 ⓕ의 '찬'에 쓰인 어미 '-(으)ㄴ'은 ㉡에 해당한다.
④ ⓔ의 '읽는'에 쓰인 어미 '-는'은 ㉡에 해당한다.
⑤ ⓖ의 '빠른'에 쓰인 어미 '-(으)ㄴ'은 ㉢에 해당한다.

250 [2024년 7월 고3 학평 38번]

<학습 활동>의 ㉠~㉢에 들어갈 예문으로 적절한 것은?

학습 활동

　<보기>의 조건이 실현된 예문을 만들어 보자.

보 기

ⓐ 과거 시제가 나타날 것.
ⓑ 객체 높임 표현이 나타날 것.
ⓒ 명사절이 문장 안에 안겨 있을 것.

조건	예문
ⓐ, ⓑ	㉠
ⓐ, ⓒ	㉡
ⓑ, ⓒ	㉢

---

① ㉠ : 날씨가 좋으면 형이 할머니를 모시고 나올 것이다.
② ㉠ : 아버지께서 옷을 들고 저를 마중하러 나오셨습니다.
③ ㉡ : 그가 아침에 수영장에 갔음을 친구에게 전해 들었다.
④ ㉡ : 동생은 우산이 없어서 비가 그치기를 기다리고 있다.
⑤ ㉢ : 저는 어머니께 식사를 차려 드리고 학교에 갔습니다.

문장 영역 핵심 기출 문제

문장 – 부정 표현

251 [2013년 11월 고1 학평 15번]

<보기 1>을 바탕으로 <보기 2>의 부정 표현에 대해 탐구했을 때, 적절하지 <u>않은</u> 것은?

> **보기 1**
>
> 부정 표현은 부정 부사 '안'과 '못', 부정 용언 '아니하다'와 '못하다'를 사용하여 만들 수 있다. 부정 부사로 만들어진 부정문을 짧은 부정문, 부정 용언으로 만들어진 부정문을 긴 부정문이라고 한다.

> **보기 2**
>
> **민규** : 오늘 탁구 시합이 있던데 넌 ㉠안 가니?
> **진우** : ㉡안 가는 게 아니라 ㉢못 가는 거야.
> **민규** : 왜?
> **진우** : 내가 예선에서 영수를 ㉣이기지 못했어.
> **민규** : 네가 ㉤못 이겼다고? 영수 대단하구나.

① ㉠, ㉡, ㉢, ㉤은 부정 부사를 사용하여 만들어진 부정문이군.
② ㉡에서 '안'이 사용된 부정 표현은 '하고 싶지 않다'는 뜻으로 해석할 수 있겠군.
③ ㉢에서 '못'이 사용된 부정 표현은 '능력이 없어서 할 수 없다'는 뜻으로 해석할 수 있겠군.
④ ㉣은 부정 용언을 사용하여 만들어진 부정문이군.
⑤ ㉣과 ㉤을 보니, 긴 부정문이냐 짧은 부정문이냐에 따라 의미의 차이가 크다는 것을 알 수 있군.

252 [2015년 3월 고1 학평 13번]

<보기>의 ㄱ~ㄷ을 통해 부정 표현에 대해 탐구한 내용으로 적절하지 <u>않은</u> 것은?

> **보 기**
>
> ㄱ. 나팔꽃이 **안** 예쁘다.
> ㄴ. 그는 다리를 다쳐 축구를 **못 한다**.
> ㄷ. 고래는 어류가 **아니다**.

① ㄱ에서 '안'을 '못'으로 바꾸면 어색한 문장이 된다.
② ㄱ에서 '안'은 '예쁘다'라는 상태를 부정하기 위해 사용되었다.
③ ㄴ에서 '못'은 축구를 하고자 하는 '그'의 의지를 부정하고 있다.
④ ㄴ에서 '못 한다'는 '하지 못한다'로 바꾸어도 어법상 문제가 없다.
⑤ ㄷ에서 '아니다'는 '고래'가 '어류'라는 것을 부정하기 위해 사용되었다.

253 [2020년 3월 고1 학평 12번]

<보기>의 ㉠과 ㉡이 모두 적용된 예로 적절한 것은?

> **보 기**
>
> 부정 표현이란 부정의 뜻을 나타내는 표현을 말한다. 부정 표현은 부사인 '안'과 '못'을 사용해서 짧게 표현할 수도 있고, ㉠'-지 아니하다'와 '-지 못하다' 등을 사용해서 길게 표현할 수도 있다. 부정 표현은 능력을 부정하거나 의지를 부정하는 것 이외에 ㉡<u>단순히 사실이나 상태를 부정하는 의미</u>로도 해석된다.

① 우리가 묵은 방은 두 평이 채 못 된다.
② 나는 저녁을 먹으려고 간식을 안 먹었다.
③ 그는 용기가 없어서 발표를 잘하지 못했다.
④ 다행히 소풍을 가는 날 비가 내리지 않았다.
⑤ 동생은 숙제를 한다며 놀이터에 나가지 않았다.

254 [2022년 3월 고2 학평 15번]

<보기>의 ㉠에 해당하는 예로 가장 적절한 것은?

> **보 기**
>
> 부정 표현 '-지 않다'는 줄여서 '-잖다'로 적을 수 있다. '시답다'에 '-지 않다'가 결합하여 '시답잖다'로 줄어든 것이 그 예이다. 그런데 '-잖다'는 특정한 상황에서 부정을 표현하는 것이 아닌, ㉠<u>사실을 확인하는 의미</u>로 사용되기도 한다.

① 사촌 동생의 지나친 장난은 달갑잖아.
② 그때 거기 소나무 한 그루가 <u>있었잖아</u>.
③ 당신을 믿기에 이번 도전도 <u>두렵잖아요</u>.
④ 작지만 소소한 행복이 있다면 <u>남부럽잖아</u>.
⑤ 힘들었지만 배운 게 많아 성과가 <u>적잖아요</u>.

255 [2014년 4월 고3 학평 A형 12번] 

다음은 학교 홈페이지의 '질의-응답 게시판'의 일부이다. 이를 바탕으로 <보기>의 과제를 수행했을 때, 적절하지 **않은** 것은?

국어 학습 Q&A

질 문

> **학 생** 오늘 문법 시간에 부정문에 대해 배웠는데, '아니(안), 못'이 쓰이면 짧은 부정문이고, '아니다, 아니하다(않다), 못하다'가 쓰이면 긴 부정문이라는 내용은 이해가 돼요. 그런데 의지 부정과 능력 부정, 상태 부정은 구분이 잘 안 돼요.

> **선생님** 의지 부정은 '안, 아니하다' 등을 사용하여 행동 주체의 의지가 작용할 수 있는 행위를 부정하는 것이며, 능력 부정은 '못, 못하다' 등을 사용하여 행동 주체의 능력이나 그 외의 다른 외부의 원인 때문에 그 행위가 일어나지 못하는 것을 뜻합니다. 그리고 상태 혹은 단순 부정이란 '정화는 키가 작지 않다.'와 같이 의지 부정이나 능력 부정이 아니라 단순히 사실을 부정하는 것입니다.

> **선생님** 그리고 긴 부정문인 경우, 명령문에서는 '마 / 마라'를 사용하고 청유문에서는 '말자'를 사용합니다.

보 기

문법 과제

'가다, 던지다, 먹다, 어둡다, 예쁘다'를 활용하여 다양한 부정문을 만들어 봅시다.

① '가다'를 사용하여 긴 부정문의 명령문을 만들면 '위험한 곳에는 가지 마라.'가 됩니다.

② '던지다'를 사용하여 능력 부정의 긴 부정문을 만들면 '민지는 공을 던지지 못했다.'가 됩니다.

③ '먹다'를 사용하여 능력 부정의 짧은 부정문을 만들면 '나는 밥을 못 먹었다.'가 됩니다.

④ '어둡다'를 사용하여 상태 부정의 긴 부정문을 만들면 '하늘이 어둡지 않다.'가 됩니다.

⑤ '예쁘다'를 사용하여 의지 부정의 짧은 부정문을 만들면 '꽃이 안 예쁘다.'가 됩니다.

---

256 [2014년 10월 고3 학평 B형 12번] 

<보기>의 ㉠~㉢에 들어갈 문장으로 적절한 것은? [3점]

보 기

부정문에는 주체의 의지에 의한 행동의 부정을 나타내는 '안' 부정문과 주체의 의지가 아닌, 그의 능력이나 외부의 원인으로 그 행위가 일어나지 못함을 나타내는 '못' 부정문이 있다.

'동생이 잔다.'라는 긍정문을 아래의 과정을 통해 부정문으로 바꾸어 보자.

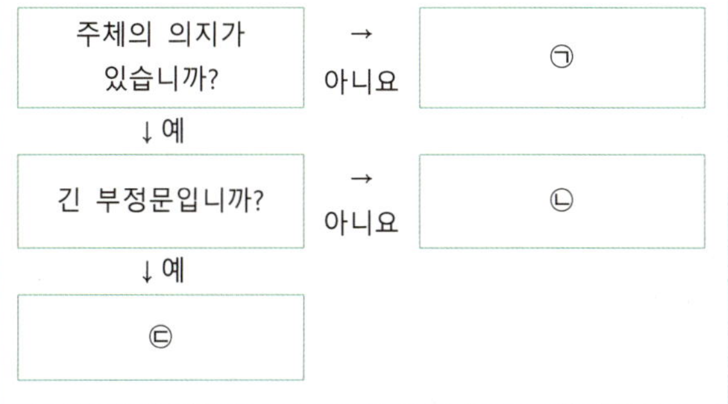

	㉠	㉡	㉢
①	동생이 자지 못한다.	동생이 못 잔다.	동생이 안 잔다.
②	동생이 못 잔다.	동생이 안 잔다.	동생이 자지 않는다.
③	동생이 안 잔다.	동생이 자지 않는다.	동생이 못 잔다.
④	동생이 자지 못한다.	동생이 못 잔다.	동생이 자지 않는다.
⑤	동생이 못 잔다.	동생이 안 잔다.	동생이 자지 못한다.

문장 영역 핵심 기출 문제

257 [2015년 7월 고3 학평 B형 11번]

<보기>를 통해 부정 표현의 특성에 대해 탐구한 내용으로 적절하지 <u>않은</u> 것은?

> **보 기**
>
> ㄱ. 나는 수학 공부를 안 했다.
>   나는 수학 문제가 어려워서 못 풀었다.
> ㄴ. 여기에는 이제 해가 비치지 않는다/못한다 .
> ㄷ. 그녀를 만나지 {*않아라/*못해라/마라}.
> ㄹ. 그는 결코 그 일을 {*했다/안 했다}.
>   그는 분명히 그 일을 {했다/안 했다}.
> ㅁ. 교실이 {안/*못} 깨끗하다.
>
>   *비문법적 표현.

① ㄱ을 보니, '안' 부정문은 '의지 부정'을 나타내고, '못' 부정문은 '능력 부정'을 나타내는군.
② ㄴ을 보니, 행동 주체의 의지를 부정할 때는 '긴 부정문'만 쓸 수 있군.
③ ㄷ을 보니, 명령문의 부정 표현은 보조 용언 '말다'를 활용하여 사용하는군.
④ ㄹ을 보니, 어떤 부사는 반드시 부정 표현과 함께 쓰여야 하는군.
⑤ ㅁ을 보니, 형용사를 부정할 때에는 부사 '못'을 사용하여 부정 표현을 나타낼 수 없군.

258 [2018년 7월 고3 학평 14번]

<보기>의 사례를 탐구한 내용으로 적절하지 <u>않은</u> 것은?

> **보 기**
>
> ㉠ 똑같은 일을 반복하니 지루하다 못해 졸리다.
> ㉡ 나는 자전거를 {못 탄다 / 타지 못한다}.
> ㉢ 컴퓨터를 너무 오래하지 {*않아라 / *못해라 / 마라}.
> ㉣ 시간이 {*못 넉넉하다 / 넉넉하지 못하다}.
> ㉤ ┌그녀는 결코 거짓말을 {*했다 / 하지 않았다}.
>   └그녀는 분명히 거짓말을 {했다 / 하지 않았다}.
>
> '*' 는 비문법적 표현임.

① ㉠을 보니, '못하다'는 앞말의 상태에 미치지 아니함을 나타내어 뒷말을 부정하기도 하는구나.
② ㉡을 보니, 부정 표현은 부정 부사를 통해 실현되기도 하고, 부정 용언을 통해 실현되기도 하는구나.
③ ㉢을 보니, 명령문의 부정 표현에서는 '않다'나 '못하다'가 아니라 '말다'를 사용하는 것이 자연스럽구나.
④ ㉣을 보니, 서술어가 형용사인 경우에는 부정 부사 대신 부정 용언을 사용하는 것이 자연스럽구나.
⑤ ㉤을 보니, 부사에 따라 반드시 부정 표현이 함께 쓰여야 하는 경우가 있겠구나.

259 [2020년 수능 예시문항 38번]

<보기>의 ㉠에 들어갈 예로 적절한 것은?

> **보 기**
>
> **선생님** : 우리는 지난 시간에 부정 부사를 사용하는 짧은 부정문과 보조 용언을 사용하는 긴 부정문에 대해 배웠어요. 그리고 '못' 부정문은 능력 부정을 나타낸다는 것도 기억하죠? 그런데 '안' 부정문은 의지 부정을 나타내기도 하고, 주체의 의지와 무관하게 긍정문을 단순히 부정하는 단순 부정을 나타낼 수도 있어요. 오늘은 제시된 조건에 맞게 부정문을 만들어 보는 활동을 해 보겠어요.
>
> | 조건 | | 부정문 |
> |---|---|---|
> | 짧은 부정문,
능력 부정 | → | 동생은 발을 다쳐
등산을 못 갔다. |
> | 긴 부정문,
단순 부정 | → | ㉠ |

① 올해는 장마철에도 비가 많이 안 왔다.
② 환기를 하기 위해 창문을 닫지 않았다.
③ 심한 어지럼증으로 몸을 잘 가누지 못했다.
④ 나무가 많아 여기는 낮에도 볕이 잘 들지 않는다.
⑤ 충치 때문에 탄산음료는 당분간 못 마시게 되었다.

260 [2022년 9월 고3 모평 38번]

<보기>의 ㉠, ㉡에 해당하는 예끼리 묶인 것으로 적절한 것은?

> **보 기**
>
> 국어의 부정에는 '안'이나 '-지 않다'를 사용하는 '의지 부정'과 '못'이나 '-지 못하다'를 사용하는 '능력 부정'이 있다고 알려져 있다. 그러나 '안'이나 '-지 않다'가 사용된 부정문이 주어의 의지와 무관한 '단순 부정'을 나타내는 경우도 많다. <u>㉠형용사가 서술어로 쓰이면 '안'이나 '-지 않다'는 단순 부정을 나타낸다.</u> 형용사가 나타내는 성질이나 상태에는 주어의 의지가 작용할 수 없기 때문이다. <u>㉡동사가 서술어로 쓰이는 경우에도 주어가 의지를 가지지 못하는 무정물이면 '안'이나 '-지 않다'가 단순 부정을 나타낸다.</u> 또한 동사가 서술어로 쓰이고 주어가 유정물이더라도 '나는 깜빡 잊고 약을 안 먹었다.'에서와 같이 '안'이 단순 부정을 나타낼 수 있다.

① ┌ ㉠ : 옛날엔 통신 기술이 발달하지 않았다.
  └ ㉡ : 주문한 옷이 아직도 도착하지 않았다.

② ┌ ㉠ : 이 문제집은 별로 어렵지 않더라.
  └ ㉡ : 저는 이 은혜를 잊지 않겠습니다.

③ ┌ ㉠ : 나는 그 이야기가 궁금하지 않아.
  └ ㉡ : 동생이 오늘 우산을 안 가져갔어.

④ ┌ ㉠ : 내 얘기에 고모는 놀라지 않았다.
  └ ㉡ : 이 물질은 전기가 통하지 않는다.

⑤ ┌ ㉠ : 밤바다가 그리 고요하지는 않네.
  └ ㉡ : 아주 오래간만에 비가 안 온다.

261 [2024년 9월 고3 모평 39번]

<보기>의 [조건]이 모두 실현된 문장으로 적절한 것은? [3점]

> **보 기**
>
> [조건]
> ○ 안긴절이 한 번만 나타날 것.
> ○ 안긴절에는 짧은 부정 표현이 나타날 것.
> ○ 안은문장은 사건시가 발화시보다 앞설 것.

① 그는 한동안 차갑지 않은 음식만 먹었었다.
② 그는 바쁜 업무들이 안 끝났다고 통보했다.
③ 나는 결코 포기를 하지 않겠다고 결심했다.
④ 나는 그 버스가 제때 못 올 것을 예상한다.
⑤ 나는 그가 못 읽은 소설을 이미 다 읽었다.

문장 – 피동/사동 표현

262 [2013년 6월 고1 학평 15번] 

<보기>의 설명을 참고할 때 '피동 표현'의 예로 적절한 것은?

> **보 기**
>
> 피동 표현은 주체가 남에 의해 어떤 동작을 당하는 것을 나타낸 표현이다. 예를 들어 '토끼가 호랑이에게 잡혔다.'라는 문장은 주체가 스스로 한 행동이 아니라 남에 의해 '잡는' 동작을 당하는 것을 표현하고 있으므로 피동 표현이다.

① 밧줄을 세게 당기다.
② 동생의 머리를 감기다.
③ 아이에게 밥을 먹이다.
④ 후배가 선배를 놀리다.
⑤ 태풍에 건물이 흔들리다.

263 [2013년 9월 고1 학평 11번] 

<보기>를 바탕으로 '사동(使動)'에 대해 학습하였다. ㉠~㉤에 해당하는 예로 적절하지 <u>않은</u> 것은? [3점]

> **보 기**
>
> 사동문은 용언에 사동 접미사 '-이-', '-히-', '-리-', '-기-', '-우-', '-구-', '-추-' 등을 붙인 사동사를 사용하여 만들 수 있는데, ㉠'남으로 하여금 어떤 동작을 하도록 한다'의 의미를 지닌다. 이 때 ㉡용언에 사동 접미사가 두 개 붙는 경우도 있다. 또한 ㉢용언에 '-게 하다'를 붙여 사동문을 만들 수도 있다. 사동문은 ㉣의미가 중의적으로 나타나기도 한다. 한편, ㉤사동사의 형태를 띠지만 사동의 의미에서 다소 멀어진 경우도 있다.

① ㉠ : 선생님께서 윤호에게 책을 <u>읽히셨다</u>.
② ㉡ : 어머니께서 아기를 <u>재우고</u> 계신다.
③ ㉢ : 영희가 태호에게 사과를 <u>깎게 했다</u>.
④ ㉣ : 할머니께서 손자에게 색동옷을 스스로 <u>입게 하셨다</u>.
⑤ ㉤ : 삼촌께서 올해는 농장에서 돼지를 <u>먹인다</u>고 하셨다.

264 [2014년 3월 고1 학평 14번] 

<보기>를 참고할 때, 피동 표현의 예로 적절한 것은?

> **보 기**
>
> ○ 능동 표현 : 주어가 동작을 제 힘으로 하는 것을 나타냄.
>   예) 호랑이가 토끼를 잡다.
> ○ 피동 표현 : 주어가 다른 주체에 의해서 동작을 당하게 되는 것을 나타냄.
>   예) 토끼가 호랑이에게 <u>잡히다</u>.

① 동생에게 사탕을 <u>빼앗기다.</u>
② 운동장에서 친구를 <u>만나다.</u>
③ 친구가 기쁜 소식을 <u>전하다.</u>
④ 교장 선생님께 고개를 <u>숙이다.</u>
⑤ 할머님께 공손하게 허리를 <u>굽히다.</u>

265 [2019년 11월 고1 학평 14번]

<보기>는 수업 장면의 일부이다. ㉠에 해당하는 예로 적절한 것은?

> **보 기**
>
> 선생님 : 주어가 스스로 행동하지 않고 다른 주체에 의해 어떤 동작을 당하거나 영향을 받는 것을 피동이라고 합니다. 피동문을 만들 때는 능동사의 어근에 피동 접미사 '-이-, -히-, -리-, -기-'를 붙여서 짧은 피동을 만들거나, '-아/-어지다'와 같은 표현을 사용하여 긴 피동을 만듭니다. 그런데 ㉠일부 능동사의 어근에는 피동 접미사가 결합하지 못하여 짧은 피동을 만들 수 없는 경우도 있습니다.

① 물고기가 낚싯줄을 끊었다.
② 경민이가 아기의 볼을 만졌다.
③ 민수가 동생의 이름을 불렀다.
④ 다람쥐가 도토리를 땅에 묻었다.
⑤ 요리사가 음식을 접시에 담았다.

266 [2020년 11월 고1 학평 13번]

<보기>의 학습 과제를 수행한 결과로 적절하지 <u>않은</u> 것은?

> **보 기**
>
> **[학습 내용]** 주어가 자기 힘으로 동작하는 것을 능동이라고 하고, 주어가 다른 주체에 의해 동작을 당하는 것을 피동이라고 한다. 피동 표현은 주로 어근에 접사 '-이-', '-히-', '-리-', '-기-', '-되다' 등이 결합하여 실현된다.
>
> **[학습 과제]** 다음의 어근 목록을 활용하여 피동문을 만드시오.
>
> | 풀- | 읽- | 안- | 깎- | 이용 |
> |---|---|---|---|---|

① 이번 시험 문제는 지난번보다 잘 <u>풀렸다.</u>
② 그의 글은 오직 나에게만 아름답게 <u>읽혔다.</u>
③ 친구는 버스에서 자기 짐까지 나에게 <u>안겼다.</u>
④ 날카로운 칼날에 무성하던 잔디가 모두 <u>깎였다.</u>
⑤ 우리 학교 운동장은 가끔 주차장으로도 <u>이용되었다.</u>

267 [2022년 11월 고1 학평 15번]

다음은 문법 수업의 내용을 정리한 학생의 노트이다. 이를 바탕으로 <보기>의 ㉠~㉤을 이해한 내용으로 적절하지 <u>않은</u> 것은?

> Ⅰ. 피동의 개념
>   주어가 다른 주체에 의해 어떤 동작을 당하거나 영향을 받는 것
>
> 2. 피동 표현의 실현
>   o '-이-, -히-, -리-, -기-'와 같은 피동 접사에 의해 단형 피동으로 실현되거나 '-아/-어지다' 등에 의해 장형 피동으로 실현됨.
>   o 피동 접사와 '-아/-어지다'를 같이 쓰는 이중 피동 표현은 잘못된 표현임.

> **보 기**
>
> o 그녀의 손등이 고양이에게 ㉠<u>긁혔다.</u>
> o 형이 동생에게 아끼던 인형을 ㉡<u>빼앗겼다.</u>
> o 비가 내려서 운동장에 천막이 ㉢<u>세워졌다.</u>
> o 도화지의 질이 좋아서 그림이 잘 ㉣<u>그려졌다.</u>
> o 커다란 빵이 순식간에 여러 조각으로 ㉤<u>나뉘었다.</u>

① ㉠은 '긁-'에 접사 '-히-'가 결합하여 피동의 의미를 나타내는군.
② ㉡은 주어인 '형'이 '동생'에 의해 행위를 당하는 것을 표현하고 있군.
③ ㉢은 '세우-'에 '-어지다'가 결합하여 장형 피동으로 실현되었군.
④ ㉣은 접사 '-리-'와 함께 '-어지다'가 결합한 이중 피동 표현이군.
⑤ ㉤은 '나누-'에 접사 '-이-'가 결합하여 줄어든 형태가 나타난 피동 표현이군.

268 [2025년 6월 고1 학평 15번]

<보기>를 바탕으로 ㉠~㉢을 탐구한 내용으로 적절하지 <u>않은</u> 것은? [3점]

> **보 기**
>
> 문장은 주어가 동작을 제힘으로 하는 능동문과 다른 주체에 의해 동작이 이루어지거나 영향을 받는 피동문으로 나눌 수 있다. 피동문은 피동 접미사 '-이-, -히-, -리-, -기-'가 결합된 피동사를 쓰거나 피동의 뜻을 나타내는 '-아지다/-어지다'를 써서 실현되는데, 이러한 문법 요소가 중복으로 나타난 이중 피동은 바람직한 표현이 아니므로 주의가 필요하다. 한편 능동문이 피동문으로, 피동문이 능동문으로 바뀔 때는 문장 성분이 달라지기도 한다.
>
> > ㉠ 그는 미술 시간에 그림을 그렸다.
> > ㉡ 온 세상이 눈에 덮였다.
> > ㉢ 음식이 사람들에 의해 버려졌다.
> > ㉣ 토끼가 사냥꾼에게 잡혔다.
> > ㉤ 그날의 교훈이 모두의 가슴에 깊이 새겨졌다.

① ㉠은 주어가 동작을 제힘으로 하는 것을 표현한 문장이다.

② ㉡은 피동 접미사 '-이-'를 사용하여 주어가 영향을 받는 것을 표현한 피동문이다.

③ ㉢을 능동문으로 바꾸면 문장의 주어가 목적어로 바뀐다.

④ ㉣을 능동문으로 바꾸면 문장의 부사어가 주어로 바뀐다.

⑤ ㉤은 피동 접미사 '-기-'가 붙은 피동사에 '-어지다'가 결합한 이중 피동 표현이다.

269 [2012년 3월 고2 학평 7번]

<보기>의 ㉠~㉢에 해당하는 사례로 적절하지 <u>않은</u> 것은?

> **보 기**
>
> '피동'이란 주어가 스스로 행동하지 않고 남의 동작을 받는 것을 말한다. 국어 문장의 피동 표현은 크게 세 가지로 나누어진다. 타동사 어근에 피동 접미사 '-이-, -히-, -리-, -기-'가 붙어서 이루어진 ㉠파생적 피동, 용언의 어간에 '-어지다'가 붙어서 이루어진 ㉡통사적 피동, 그리고 어휘 자체가 피동의 의미를 띠고 있는 ㉢어휘적 피동 등이 있다.

① ㉠ : 어디서 음악 소리가 들렸다.

② ㉠ : 건물 사이로 하늘이 보였다.

③ ㉡ : 이 책상은 나무로 만들어졌다.

④ ㉢ : 이제는 계절이 봄이 되었다.

⑤ ㉢ : 이번 만우절에도 거짓말에 당했다.

270 [2013년 3월 고2 학평 B형 13번]

다음을 바탕으로 <보기>를 이해한 것으로 적절하지 <u>않은</u> 것은?

> 능동문을 피동문으로 바꿀 때에는 능동문의 주어와 목적어를 각각 피동문의 부사어와 주어로 바꾸고, 능동문의 서술어에 알맞은 피동 접사나 '-어지다'를 붙여 피동문의 서술어로 만든다. 피동문을 쓸 때에는 지나친 피동 표현(이중 피동)이 되지 않도록 유의해야 한다.

> **보 기**
>
> ㄱ. 마을이 폭풍에 휩쓸리다.
> ㄴ. 도둑이 경찰에게 잡히다.
> ㄷ. 그의 오해가 동생에 의해 풀리다.

① ㄱ의 '휩쓸리다'는 '휩쓸다'의 어근에 피동 접사가 붙은 경우이다.

② ㄱ을 능동문으로 바꾸기 위해서는 '폭풍에'를 목적어로 만들어야 한다.

③ ㄴ을 능동문으로 바꾸면 행위의 주체가 '경찰'이 된다.

④ ㄴ의 '잡히다'를 '잡혀지다'로 바꾸면 지나친 피동 표현이 된다.

⑤ ㄷ의 '풀리다' 외에 '풀다'의 어간에 '-어지다'를 붙여도 피동문이 된다.

271 [2013년 6월 고2 학평 B형 14번] 

<보기>를 참고하여 사동문에 대해 탐구한 내용으로 적절하지 <u>않은</u> 것은? [3점]

> **보 기**
>
> 선생님 : 주어가 직접 동작을 하는 문장은 '주동문'이라고 하고, 주어가 남에게 어떤 동작을 하도록 시키는 문장은 '사동문'이라고 해요. 주동문을 사동문으로 바꾸려면 동사나 형용사의 어근에 사동 접사 '-이-, -히-, -리-, -기-, -우-, -구-, -추-'를 붙이거나, '-게 하다', '-시키다'를 활용하면 됩니다. 다음 예문을 보면서 주동문을 사동문으로 바꿀 때 나타나는 특징에 대해서 생각해 볼까요?
>
> [주동문을 사동문으로 바꾼 예]
> ㄱ. 개가 밥을 먹다. → (철수가) 개에게 밥을 먹이다.
> ㄴ. 그가 집에 가다. → (영희가) 그를 집에 가게 하다.
> ㄷ. 동생이 학교에 입학하다.
> → (어머니께서) 동생을 학교에 입학시키다.

① ㄱ~ㄷ 모두 주동문을 사동문으로 바꾸려면 새로운 주어가 필요하군.
② ㄱ~ㄷ에서 주동문의 주어는 사동문에서 목적어나 부사어가 되는군.
③ ㄱ의 주동문은 ㄷ처럼 '-시키다'를 붙여 사동문으로 바꿀 수 없겠군.
④ ㄴ의 주동문을 사동문으로 바꾸면 집에 가는 주체가 달라지는군.
⑤ ㄴ의 주동문은 사동 접사를 붙여서 사동문으로 바꿀 수는 없겠군.

272 [2016년 11월 고2 학평 13번] 

<보기>를 바탕으로 피동문과 사동문에 대해 이해한 내용으로 적절하지 <u>않은</u> 것은?

보 기

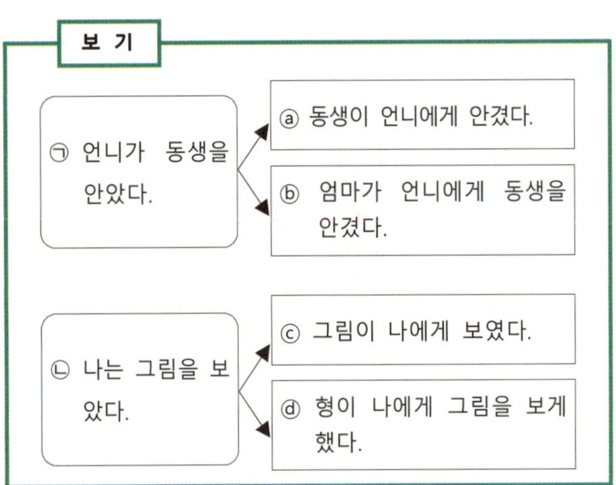

① ㉠과 ⓐ를 보니 능동문의 주어는 피동문에서 부사어가 되는군.
② ㉡과 ⓒ를 보니 능동문의 목적어는 피동문에서도 목적어가 되는군.
③ ㉡과 ⓓ를 보니 주동문이 사동문으로 바뀌면 새로운 주어가 나타나는군.
④ ⓐ와 ⓑ를 보니 피동사와 사동사의 형태가 같을 수 있군.
⑤ ⓑ와 ⓓ를 보니 사동사나 '-게 하다'를 활용하여 사동문을 만들 수 있군.

273 [2018년 3월 고2 학평 13번] 

<보기>의 ㉠과 ㉡에 해당하는 예로 적절한 것은?

> **보 기**
>
> 피동문은 서술어가 형성되는 방법에 따라서, '파생적 피동문'과 '통사적 피동문'으로 나뉜다. 파생적 피동문은 능동사 어간을 어근으로 하여 파생 접사 '-이-, -히-, -리-, -기-'가 붙어 만들어진 피동사를 서술어로 하는 문장이다. 한편 통사적 피동문은 서술어로 쓰이는 타동사의 어간에 '-아 / 어지다' 등이 결합되어 만들어진다.
> 그런데 동사의 성격에 따라서는 ㉠<u>피동사로 파생되지 않는 동사</u>도 있다. 또 ㉡<u>능동문의 서술어로 쓰인 동사의 피동사가 존재함에도 불구하고 파생적 피동문으로 바꿀 수 없는 문장</u>도 있다.

	㉠	㉡
①	주다	고양이가 쥐를 잡았다.
②	먹다	사람들이 열심히 풀을 뽑았다.
③	돕다	동생이 부모님께 칭찬을 들었다.
④	만나다	학생들이 벽화를 멋지게 그렸다.
⑤	나누다	누나가 일부러 문을 세게 닫았다.

274 [2018년 11월 고2 학평 14번] 

다음 ㉠~㉢에 대한 설명으로 적절하지 <u>않은</u> 것은?

	주동문	사동문
㉠	철수가 집에 가다.	내가 철수를 집에 가게 하다.
㉡	동생이 밥을 먹다.	누나가 동생에게 밥을 먹이다.
㉢	*이삿짐이 방으로 옮다. (*'는 비문임을 나타냄.)	인부들이 이삿짐을 방으로 옮기다.

① ㉠의 주동문은 ㉡과 달리 사동 접미사를 활용하여 사동문을 만들 수 없다.
② ㉢의 사동문에서 사동 접미사 대신 '-게 하다'를 활용할 경우 어색한 문장이 된다.
③ ㉠과 ㉡은 모두 주동문의 주어가 사동문의 목적어로 바뀐 경우이다.
④ ㉠과 ㉡은 모두 주동문이 사동문이 될 때, 사동문에는 새로운 주어가 생겼다.
⑤ ㉠, ㉡과 달리 ㉢은 사동문에 대응하는 주동문이 없는 경우이다.

275 [2020년 3월 고2 학평 15번]

<보기>의 주동문 ㉠~㉢을 탐구 과정에 따라 분류하고자 한다. A~C에 해당하는 사례를 바르게 짝지은 것은?

보 기

　사동문은 주어가 다른 대상을 동작하게 하거나 특정한 상태에 이르도록 하는 문장을 가리킨다. 파생적 사동문은 주동문의 서술어로 쓰인 용언의 어간을 어근으로 삼아 사동 접미사가 붙어 이루어진 문장이며, 통사적 사동문은 주동문의 서술어로 쓰인 용언의 어간에 '-게 하다'가 붙어서 이루어진 문장이다.

[주동문]
㉠ 물통에 물이 가득 찼다.
㉡ 그는 한여름에 더위를 먹었다.
㉢ 아이가 방바닥에 흩어진 구슬을 모았다.

[탐구 과정]

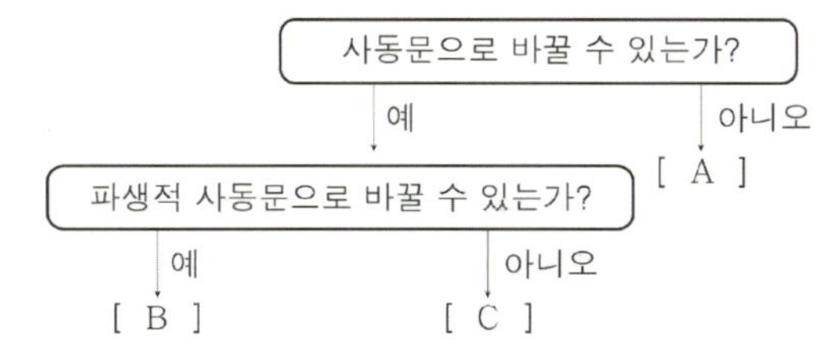

	A	B	C
①	㉠	㉡	㉢
②	㉡	㉠	㉢
③	㉡	㉢	㉠
④	㉢	㉡	㉠
⑤	㉢	㉡	㉠

① ㉠을 능동문으로 바꾸면, 바뀐 문장의 서술어가 필요로 하는 문장 성분의 개수는 2개이다.
② ㉡을 주동문으로 바꾸면, 바뀐 문장의 서술어가 필요로 하는 문장 성분의 개수는 2개이다.
③ ㄱ과 ㄷ은 서술어가 필요로 하는 문장 성분의 개수가 서로 같다.
④ ㄴ과 ㄹ을 각각 주동문으로 바꾸면, 바뀐 문장의 서술어가 필요로 하는 문장 성분의 개수는 서로 같다.
⑤ ㄷ과 ㄹ은 서술어가 필요로 하는 문장 성분의 개수가 서로 다르다.

276 [2020년 11월 고2 학평 14번]

<보기>를 이해한 내용으로 적절하지 <u>않은</u> 것은?

보 기

피동문	사동문
ㄱ. 아기가 엄마에게 안겼다.	ㄴ. 이모가 엄마에게 아기를 안겼다.
ㄷ. 하늘이 건물 사이로 보였다.	ㄹ. 선생님이 학생들에게 사진첩을 보였다.

277 [2021년 6월 고2 학평 15번]

<보기>를 참고할 때, ⓐ의 예로 적절하지 <u>않은</u> 것은?

보 기

학생 : 선생님, '잊혀진 계절'과 '잊힌 계절'의 차이점이 뭔가요?
선생님 : '잊혀진'은 피동 표현을 두 번 겹쳐 쓴 ⓐ<u>이중 피동 표현</u>이야. 피동 접미사 '-이-', '-히-', '-리-', '-기-'와 '-아/어지다'를 같이 <u>쓰</u>는 경우가 많이 있어. '잊혀진'의 경우 기본형 '잊다'의 어근 '잊-'에 피동 접미사 '-히-'만 붙어도 피동의 의미를 드러낼 수 있는데, '-어지다'까지 불필요하게 붙여 쓰고 있는 거지.

① 안개에 <u>가려진</u> 풍경이 서서히 드러났다.
② 칠판에 <u>쓰여진</u> 글씨가 잘 보이지 않는다.
③ 예쁜 그릇에 <u>담겨진</u> 음식이 먹음직스럽다.
④ 아이는 살짝 <u>열려진</u> 문틈에 바짝 다가섰다.
⑤ 스크린을 통해 <u>보여진</u> 그 풍경은 아름다웠다.

278 [2021년 9월 고2 학평 13번]

<보기>의 [A]에 들어갈 말로 적절하지 <u>않은</u> 것은?

> **보 기**
>
> **학생** : 선생님, 피동 표현은 어떤 경우에 사용하나요?
> **선생님** : 피동 표현은 행위의 주체보다 대상을 부각하고 싶을 때, 행위의 주체를 분명하게 밝히지 않고자 할 때, 행위의 주체가 중요하지 않거나 누구나 아는 사람이어서 말할 필요가 없을 때 사용해요. 또한 행위의 주체를 분명히 설정하기 어려운 경우에 사용하기도 해요. 이제 아래 자료를 보고 피동 표현에 대해 탐구해 봅시다.
>
> > ㉠ ┌ 벌이 그를 쏘았다.
> >   └ 그가 벌에 쏘였다.
> >
> > ㉡ ┌ 내가 편지를 찢었다.
> >   └ 편지가 찢어졌다.
> >
> > ㉢ ┌ 기자가 내 이야기를 신문에 실었다.
> >   └ 내 이야기가 신문에 실렸다.
> >
> > ㉣ ┌ 국민들이 대통령을 뽑았다.
> >   └ 대통령이 뽑혔다.
> >
> > ㉤ ┌ *A가 추웠던 날씨를 풀었다.
> >   └ 추웠던 날씨가 풀렸다.
> >
> > ※ '*'는 문법에 맞지 않음을 나타냄.
>
> **학생** : [A]
> **선생님** : 네, 맞아요.

① ㉠을 보니, 피동 표현을 통해 행위의 대상인 '그'를 부각할 수 있겠군요.

② ㉡을 보니, 피동 표현을 통해 '편지'를 찢은 주체를 분명하게 밝히지 않을 수 있겠군요.

③ ㉢을 보니, 행위의 주체인 '기자'가 중요하지 않을 때 피동 표현을 사용할 수 있겠군요.

④ ㉣을 보니, 행위의 주체인 '대통령'이 누구나 아는 사람일 때 피동 표현을 사용할 수 있겠군요.

⑤ ㉤을 보니, 행위의 주체를 분명히 설정하기 어려워 피동 표현을 사용했겠군요.

279 [2023년 11월 고2 학평 13번]

<보기>의 ㉠, ㉡에 해당하는 예끼리 묶은 것으로 적절한 것은?

> **보 기**
>
> **선생님** : 피동은 주어가 다른 주체에 의해 어떤 동작을 당하거나 영향을 받는 것이고, 사동은 주어가 다른 대상에게 어떤 동작을 하게 하는 것을 의미합니다. 피동 표현과 사동 표현은 접미사에 의해 실현되기도 하는데, 피동 접미사와 사동 접미사가 같은 형태인 경우 문장에서의 쓰임을 바탕으로 그 접미사가 피동 접미사인지 사동 접미사인지를 파악해야 합니다.
> **학생** : 선생님, 그럼 [㉠]는 피동 접미사가 쓰인 경우이고, [㉡]는 사동 접미사가 쓰인 경우이겠군요.
> **선생님** : 네, 맞습니다.

① ㉠ : 욕심 많은 사람들은 제 배만 <u>불렸다</u>.
　 ㉡ : 나는 아이들에게 돌아가며 노래를 <u>불렸다</u>.

② ㉠ : 우리 직원들은 다른 부서에 약점을 <u>잡혔다</u>.
　 ㉡ : 그는 마지못해 은행에 주택마저 담보로 <u>잡혔다</u>.

③ ㉠ : 어머니는 집을 나서는 딸의 손에 책을 <u>들렸다</u>.
　 ㉡ : 팔에 힘을 주니 무거운 가방이 번쩍 <u>들렸다</u>.

④ ㉠ : 저녁을 준비하던 형은 나에게 찌개 맛부터 <u>보였다</u>.
　 ㉡ : 그 일이 있고 난 뒤부터 그가 다시 예전처럼 <u>보였다</u>.

⑤ ㉠ : 직원이 일을 잘못 처리해서 회사에 손해만 <u>안겼다</u>.
　 ㉡ : 막냇동생은 자기가 들고 있던 짐마저 나에게 <u>안겼다</u>.

280 [2014년 6월 고3 모평 A형 13번]

<보기>의 ㉠, ㉡에 해당하는 것은? [3점]

> **보 기**
>
> 우리말의 용언 중에는 피동사와 사동사의 형태가 동일한 것이 있다. 예를 들어, '보다'는 사동사와 피동사가 모두 '보이다'로 그 형태가 같다. 이때 ㉠사동사로 쓰인 경우와 ㉡피동사로 쓰인 경우는 다음과 같이 문장에서의 쓰임을 통해 구별된다.
>
> • 동생이 새 시계를 내게 <u>보였다</u>. (사동사로 쓰인 경우)
> • 구름 사이로 희미하게 해가 <u>보였다</u>. (피동사로 쓰인 경우)

① ┌ ㉠ : 운동화 끈이 <u>풀렸다</u>.
　 └ ㉡ : 아빠의 칭찬에 피로가 금세 <u>풀렸다</u>.

② ┌ ㉠ : 우는 아이가 엄마 등에 <u>업혔다</u>.
　 └ ㉡ : 누나가 이모에게 아기를 <u>업혔다</u>.

③ ┌ ㉠ : 나는 젖은 옷을 햇볕에 <u>말렸다</u>.
　 └ ㉡ : 동생은 집에 가겠다는 친구를 <u>말렸다</u>.

④ ┌ ㉠ : 새들이 따뜻한 곳에서 몸을 <u>녹였다</u>.
　 └ ㉡ : 햇살이 고드름을 천천히 <u>녹였다</u>.

⑤ ┌ ㉠ : 형이 친구에게 꽃다발을 <u>안겼다</u>.
　 └ ㉡ : 아기 곰이 어미 품에 포근히 <u>안겼다</u>.

281 [2014년 10월 고3 학평 B형 13번]

<보기 1>은 접미사 '–시키다'와 관련하여 국어사전을 찾아본 결과이다. <보기 1>을 참고하여 <보기 2>에서 '–시키다'가 바르게 사용된 것을 모두 고른 것은? [3점]

보기 1

국어사전의 정보 1
-시키다 〈접〉 (서술성을 가지는 일부 명사 뒤에 붙어) '사동'의 뜻을 더하고 동사를 만드는 접미사.

국어사전의 정보 2
사동 〈명〉 주체가 제3의 대상에게 동작이나 행동을 하게 하는 동사의 성질.

보기 2

ㄱ. 내 힘으로는 군중을 진정시키기 어려웠다.
ㄴ. 여러분들께 저희 가족을 소개시켜 드리겠습니다.
ㄷ. 우리 군대는 적군을 항복시켜 사실상 전쟁을 끝냈다.
ㄹ. 경수는 몸이 아픈 수희를 병원에 급히 입원시켰다.
ㅁ. 모든 기계를 가동시켜도 기일을 맞출 수 있을지 모르겠다.

① ㄱ, ㄴ, ㅁ
② ㄱ, ㄷ, ㄹ
③ ㄴ, ㄷ, ㄹ
④ ㄴ, ㄷ, ㅁ
⑤ ㄷ, ㄹ, ㅁ

282 [2015년 3월 고3 학평 A, B형 15번]

<보기>를 참고하여 ㉠ ~ ㉣에 대해 탐구한 결과로 적절하지 <u>않은</u> 것은? [3점]

보기

문장은 동작이나 행위를 누가 하느냐에 따라 능동문과 피동문으로 나누어진다. 주어가 동작을 제 힘으로 하는 문장을 능동문이라고 하고, 다른 주체에 의해 동작이 이루어지거나 영향을 받는 문장을 피동문이라고 한다.

	능동문	피동문
㉠	눈이 온 세상을 덮었다.	온 세상이 눈에 덮였다.
㉡	두 학생이 참새 네 마리를 잡았다.	참새 네 마리가 두 학생에게 잡혔다.
㉢	낙엽이 바람에 난다.	낙엽이 바람에 날린다.
㉣	해당 사례 없음.	오늘은 날씨가 갑자기 풀렸다.

① ㉠의 피동문은 능동문에 비해 주어의 동작성이 잘 드러나지 않는다.
② ㉠과 ㉡은 모두 능동문의 주어가 피동문에서 부사어로 나타나는 사례이다.
③ ㉡과 ㉢은 모두 능동문과 달리 피동문이 여러 가지 의미로 해석될 수 있다.
④ ㉢은 자동사를 피동사로 만들 수 있음을 보여 주는 사례이다.
⑤ ㉣은 피동문에 대응하는 능동문을 상정할 수 없는 경우가 있음을 보여 주는 사례이다.

283 [2015년 6월 고3 모평 A, B형 15번]

담화 상황을 고려할 때, <보기>의 ㉠~㉤에 대한 이해로 적절하지 <u>않은</u> 것은?

보기

A : 어제 낮엔 많이 바빴니? 전화를 바로 끊더라.
B : 아니야, 끊은 게 아니라 ㉠끊어진 거야. 바로 전화 못 해서 미안해. 표정이 심각해 보이는데 무슨 일 있었어?
A : 아니, ㉡저기, 심각한 건 아니고. 어제 점심에 도서관에서 만나기로 했잖아. 기다려도 안 오길래 말이야.
B : ㉢아차! 내가 먼저 얘기하려고 했는데 깜빡했네. 가려고 했는데 ㉣못 갔어.
A : ㉤자세히 말해 볼래?
B : 동생이 갑자기 아파서 병원에 데리고 가야 했거든.
A : 그런 일이 있었구나. 동생은 좀 괜찮니?

① ㉠ : 피동 표현을 사용하여 상황이 B의 의지와 무관하게 일어났음을 나타낸다.
② ㉡ : 지시 대명사를 사용하여 B로부터 멀리 떨어져 있는 곳으로 관심을 유도한다.
③ ㉢ : 감탄사를 사용하여 A의 발화를 듣고 어떤 것을 갑자기 깨달았음을 나타낸다.
④ ㉣ : 부정 부사 '못'을 사용하여 B에게 일어난 상황이 불가피했음을 나타낸다.
⑤ ㉤ : 의문 표현을 사용하여 B에게 일의 까닭을 상세히 말해 달라고 요청한다.

284 [2019년 4월 고3 학평 13번]

<보기>는 문법 수업의 일부이다. 선생님의 설명에 따라 ㉠~㉣을 이해한 내용으로 가장 적절한 것은?

보기

선생님 : 오늘은 사동문과 피동문의 서술어 자릿수에 대해 공부해 봅시다. 주동문이 사동문으로 바뀔 때나, 능동문이 피동문으로 바뀔 때는 서술어 자릿수가 변하기도 합니다. 이 점을 고려하면서 다음 문장들을 살펴봅시다.

㉠ 얼음이 매우 빠르게 녹았다.
㉡ 아이들이 얼음을 빠르게 녹였다.
㉢ 사람들은 산을 멀리서 보았다.
㉣ 그 산이 잘 보였다.

① ㉠은 피동문이며, ㉣과 서술어 자릿수가 서로 같다.
② ㉡은 사동문이며, ㉢과 서술어 자릿수가 서로 같다.
③ ㉡은 피동문이며, ㉣과 서술어 자릿수가 서로 다르다.
④ ㉣은 피동문이며, ㉡과 서술어 자릿수가 서로 같다.
⑤ ㉣은 사동문이며, ㉢과 서술어 자릿수가 서로 다르다.

285 [2019년 6월 고3 모평 15번]

<보기>의 ㉠, ㉡에 해당하는 예끼리 묶인 것으로 적절한 것은? [3점]

> **보 기**
>
> **[선생님의 설명]**
>
> 여러분, '쓰이다'라는 단어를 어떻게 해석해야 할까요? 우선 '쓰이다'는 피동사이기도 하고 사동사이기도 하므로 이를 구별해야겠죠? 또한 '쓰다'는 동음이의어나 다의어이므로 그 의미에도 유의해야 합니다. 단어를 이해할 때, 이러한 점들을 모두 고려해야 해요. 그럼 이와 관련된 학습 활동을 해 볼까요?
>
> **[학습 활동]**
>
> 다음은 국어사전의 일부이다. 제시된 단어의 의미에 유의하여 각각의 피동사와 사동사가 포함된 예를 들어 보자.
>
> ----
>
> **갈다¹** 동 […을 …으로] ②어떤 직책에 있는 사람을 다른 사람으로 바꾸다.
> **깎다** 동① […을] ③값이나 금액을 낮추어서 줄이다.
> **묻다¹** 동 […에] ①가루, 풀, 물 따위가 그보다 큰 다른 물체에 들러붙거나 흔적이 남게 되다.
> **물다²** 동① […을] ②윗니와 아랫니 사이에 끼운 상태로 상처가 날 만큼 세게 누르다.
> **쓸다²** 동 […을] ①비로 쓰레기 따위를 밀어내거나 한데 모아서 버리다.

피동문	사동문
㉠	㉡

① ㉠ : 학생회 임원이 새 친구로 갈렸다.
　 ㉡ : 삼촌이 형에게 그 텃밭을 갈렸다.
② ㉠ : 용돈이 이달에 만 원이나 깎였다.
　 ㉡ : 나는 저번 실수로 점수를 깎였다.
③ ㉠ : 내 친구는 가래떡에 꿀만 묻혔다.
　 ㉡ : 누나는 붓에 먹물을 듬뿍 묻혔다.
④ ㉠ : 아빠가 아이 입에 사탕을 물렸다.
　 ㉡ : 큰형이 동네 개에게 발을 물렸다.
⑤ ㉠ : 큰 마당의 눈이 빗자루에 쓸렸다.
　 ㉡ : 내 동생에게 거실 바닥만 쓸렸다.

286 [2019년 7월 고3 학평 11번]

<보기>의 ㉠~㉤에 대한 이해로 적절하지 <u>않은</u> 것은?

> **보 기**
>
> ㉠ 담장이 낮다. → 동네 사람들이 담장을 낮춘다.
> ㉡ 아이가 옷을 입었다. → 엄마가 아이에게 옷을 입혔다.
> ㉢ 사람들이 방으로 이삿짐을 옮긴다.
> ㉣ 선생님께서 철수에게 책을 [읽히셨다 / 읽게 하셨다]
> ㉤ ┌ 아기가 웃는다. → 아빠가 아기를 웃긴다
> 　　└ 철수가 짐을 졌다. → 형이 철수에게 짐을 지웠다.

① ㉠ : 형용사에 사동 접사가 결합되어 사동사가 되었군.
② ㉡ : 주동문이 사동문으로 바뀌면 서술어가 필요로 하는 문장 성분의 개수가 달라지는군.
③ ㉢ : 사동문 중에는 대응하는 주동문을 만들 수 없는 경우가 있군.
④ ㉣ : 접사에 의한 사동 표현은 직접 사동의 의미로, '-게 하다'에 의한 사동 표현은 간접 사동의 의미로 해석되는군.
⑤ ㉤ : 주동문의 서술어가 자동사인지 타동사인지에 따라 주동문의 주어는 사동문에서 그 문장 성분이 달라지는군.

287 [2022년 6월 고3 모평 39번]

<보기>의 ㉠~㉤에 해당하는 예로 적절한 것은? [3점]

> **보 기**
>
> 피동문은 대응하는 능동문과 일정한 문법적 관련을 맺는다. 그중 피동문의 서술어는 능동문의 서술어에 피동의 문법 요소를 결부하여 만드는데, 국어에서는 ㉠동사 어근에 피동 접사 '-히-', '-이-', '-리-', '-기-'를 결합하는 방법(접-/접히-), ㉡접사 '-하-'를 접사 '-받-', '-되-', '-당하-' 등으로 교체하는 방법(사랑하-/사랑받-), ㉢동사 어간에 '-아지-/-어지-'를 결합하는 방법(주-/주어지-) 등이 쓰인다. 단, '날씨가 풀리다'에서 처럼 ㉣자연적으로 발생하는 사태를 표현할 때에는 피동문에 대응하는 능동문을 상정하기 어려운 경우가 있다.
>
> 한편 '없어지다'나 '거긴 잘 가지지 않는다.'처럼 ㉤'-아지-/-어지-'는 형용사나 자동사에 변화의 의미를 더하는 데 쓰이기도 하는데 이런 용법일 때는 피동문을 이루지 않는다.

① ㉠ : 아버지가 아이에게 두터운 점퍼를 <u>입혔</u>다.
② ㉡ : 내 몫의 일거리는 형에게 <u>건네받았</u>다.
③ ㉢ : 언론에 의해 사건의 전모가 자세히 <u>밝혀졌</u>다.
④ ㉣ : 그 사람은 많은 사람들에게 <u>존경받는</u>다.
⑤ ㉤ : 모두가 바라던 소원이 드디어 <u>이루어졌</u>다.

288　[2025년 6월 고3 모평 37번]

<학습 활동>을 수행한 결과로 적절하지 **않은** 것은?　[3점]

> **학습 활동**
>
> 선생님 : 오늘은 이 단원에서 공부한 내용을 바탕으로 문장을 분석해 보는 활동을 하겠습니다. 제시 문장에서 다음의 ㉠ ~ ㉢이 실현되었는지를 분석해 보세요.
>
> > ㉠ 피동 접미사가 결합한 피동사
> > ㉡ 서술어로 기능하는 안긴문장
> > ㉢ 본용언과 보조 용언의 결합으로 이루어진 서술어

	제시 문장	수행 결과
①	우리나라 선수는 올림픽 대회에서 우승 후보로 손꼽히는 실력자이다.	㉠은 실현되었지만 ㉡은 실현되지 않았다.
②	내 짝은 어제 졸업식장에 친구들과의 추억이 담긴 사진들을 모아 왔다.	㉠은 실현되었지만 ㉢은 실현되지 않았다.
③	친구가 마음이 여려서 나는 친구의 부탁을 가볍게 넘기지 못했다.	㉡은 실현되었지만 ㉠은 실현되지 않았다.
④	형이 골동품 가게에서 싸게 산 우표가 올해 들어 값이 올랐다.	㉡은 실현되었지만 ㉢은 실현되지 않았다.
⑤	나는 날씨가 따뜻해질 것처럼 보여 외출했다가 감기에 걸려 버렸다.	㉢은 실현되었지만 ㉠은 실현되지 않았다.

289　[2025년 수능 39번]

<학습 활동>을 수행한 결과로 적절한 것은?

> **학습 활동**
>
> 국어의 의존 형태소에는 접사, 조사, 어미 등이 있다. 이들은 각각 새로운 단어를 만들거나, 문법적 의미를 더해 주는 등 다양한 기능을 한다. 제시된 자료 ㉠ ~ ㉢을 분석해 보자.
>
> ㉠ : 발표가 <u>시작되자</u> 참석자들은 모두 목소리를 <u>낮췄다</u>.
> ㉡ : 비에 젖은 옷들을 <u>말리는</u> 데 시간을 다 <u>빼앗겼다</u>.
> ㉢ : 나는 내일 <u>친구랑</u> <u>만나</u> 미술관이랑 영화관에 <u>가</u>.

① ㉠의 '시작되자'와 '낮췄다'의 접미사는 모두 어근에 결합하여 어근의 품사와는 다른 품사의 단어를 파생하였다.

② ㉠의 '낮췄다'와 ㉡의 '빼앗겼다'는 모두 사동의 의미를 더해 주는 접미사가 결합하여 형성된 단어이다.

③ ㉠의 '시작되자'와 ㉡의 '말리는'은 모두 피동의 의미를 더해 주는 접미사가 결합하여 형성된 단어이다.

④ ㉢의 '친구랑'과 '미술관이랑'의 조사는 앞말의 받침 유무에 따른 이형태 관계에 있고, 모두 앞말을 부사어로 기능하게 한다.

⑤ ㉢의 '만나'와 '가'의 어미는 모두 문장을 종결하는 동일한 문법적 기능을 한다.

문장 - 정확한 문장 표현

290　[2014년 11월 고1 학평 15번]

<보기>의 ㉠에 들어갈 예로 적절한 것은?

> **보 기**
>
> 효과적인 의사소통을 하기 위해서는 문장을 정확하게 구사해야 한다. "이 옷은 참 잘 어울린다."는 서술어인 '어울린다'가 필요로 하는 부사어가 빠져 의미가 제대로 전달되지 않는 문장이다. 이와 같이 문장에 필요한 성분이 빠져 있는 또 다른 문장의 예는 다음과 같다.
>
> > ㉠

① 내 친구 영수는 얼굴이 닮았다.

② 그는 하얀색 운동화를 신고 있었다.

③ 기상청에서는 눈이 내릴 것이라고 미리 예고했다.

④ 저희는 소중한 고객님의 의견을 기다리고 있습니다.

⑤ 그는 절대로 그가 하고 싶은 일을 결국에는 하고야 말았다.

291　[2015년 3월 고1 학평 14번]

<보기>의 밑줄 친 부분에 해당하는 예로 적절한 것은?

> **보 기**
>
> "나는 멋진 오빠의 친구를 보았다."는 <u>수식하는 말의 수식 범위가 불분명하여 두 가지 이상의 의미로 해석되는 문장</u>이다. 즉, '오빠'가 멋진 것인지, '오빠의 친구'가 멋진 것인지 분명하지 않아 중의적으로 해석된다.

① 귀여운 동생의 강아지가 있다.

② 형은 나보다 등산을 좋아한다.

③ 할머니께서 신발을 신고 계신다.

④ 나와 그녀는 올해 결혼을 하였다.

⑤ 그는 나에게 사과와 귤 두 개를 주었다.

292 [2015년 6월 고1 학평 15번]

<보기>에서 잘못된 문장을 고쳐 쓴 것 중, 적절하지 <u>않은</u> 것은?

> **보 기**
>
> ○ **중의적 문장을 사용한 경우**
> 예 나는 형과 누나가 추천한 영화를 보았다.
> → 나는 형과 누나가 추천한 영화를 집에서 보았다. … ㉠
>
> ○ **의미를 중복하여 사용한 경우**
> 예 그 문제는 다시 재론할 필요가 없다.
> → 그 문제는 재론할 필요가 없다. ·········· ㉡
>
> ○ **사동 표현이 잘못된 경우**
> 예 내가 친구 한 명을 소개시켜 줄게.
> → 내가 친구 한 명을 소개해 줄게. ·········· ㉢
>
> ○ **호응 관계가 잘못된 경우**
> 예 내일은 구름과 비가 내리겠습니다.
> → 내일은 구름이 끼고 비가 내리겠습니다. ········· ㉣
>
> ○ **높임 표현이 잘못된 경우**
> 예 손님께서 주문하신 아메리카노 나오셨습니다.
> → 손님께서 주문하신 아메리카노 나왔습니다. ········· ㉤

① ㉠   ② ㉡   ③ ㉢   ④ ㉣   ⑤ ㉤

293 [2015년 11월 고1 학평 13번]

다음은 학생의 자기주도학습 노트이다. <과제 수행>에 들어갈 수 있는 내용으로 적절하지 <u>않은</u> 것은?

> <오늘 배운 내용>
> • 다음의 경우 잘못된 문장이 된다.
> - 문장 성분 간의 호응이 이루어지지 않은 경우
> - 반드시 필요한 문장 성분이 생략된 경우
> - 문장이 중의적으로 해석되는 경우
> <과제>
> • 다음 문장이 올바르지 못한 이유를 생각해 보고 문장들을 올바른 문장으로 고쳐 보세요.
> ㄱ. 철수는 노래하는 것을 전혀 싫어한다.
> ㄴ. 이곳의 풍부한 일조량은 키우기에 적합하다.
> ㄷ. 만약 민수가 아파서 너는 그를 돌봐줘야 한다.
> ㄹ. 인간은 운명을 개척하기도 하고 순응하기도 한다.
> ㅁ. (아버지가 용감한 경우) 용감한 영호의 아버지는 위기에 처한 사람을 구했다.
>
> <과제 수행>

① ㄱ의 '전혀'는 서술어와 호응하지 않으므로 '전혀'를 '매우'로 바꿔야 한다.

② ㄴ에는 반드시 필요한 목적어가 생략되어 있으므로 '키우기에'의 대상이 될 수 있는 '농작물을'과 같은 말을 넣어야 한다.

③ ㄷ의 '아파서'는 '만약'과 호응하지 않으므로 '아프니'로 바꿔야 한다.

④ ㄹ에는 반드시 필요한 문장 성분이 생략되어 있으므로 '순응하기도' 앞에 '운명에'를 추가해야 한다.

⑤ ㅁ은 수식 관계가 불분명하여 중의적으로 해석되므로 '용감한'을 '아버지는'의 앞으로 옮겨야 한다.

294 [2016년 6월 고1 학평 15번]

<보기>의 ㉠~㉤에 대해 탐구한 내용으로 적절하지 <u>않</u>은 것은?

> **보 기**
>
> ㉠ 경준이는 손이 크다.
> ㉡ 효정이는 구두를 신고 있다.
> ㉢ 상호는 아름다운 그녀의 어머니를 만났다.
> ㉣ 어머니께서 나에게 사과와 귤 두 개를 주셨다.
> ㉤ 지훈이는 웃으면서 들어오는 소민이를 맞이했다.

① ㉠은 '손이 크다'의 의미가 신체의 손이 큰지 씀씀이가 큰지 모호하기 때문에 명확하게 해석하기 어렵군.

② ㉡은 '신고 있다'의 의미가 구두를 신는 중인지 구두를 신은 상태인지가 모호하기 때문에 명확하게 해석하기 어렵군.

③ ㉢은 '아름다운'이 수식하는 대상이 '어머니'인지 '그녀'인지 모호하기 때문에 명확하게 해석하기 어렵군.

④ ㉣은 '사과'와 '귤'의 결합에 따라 '사과'와 '귤'이 각각 몇 개인지가 모호하기 때문에 명확하게 해석하기 어렵군.

⑤ ㉤은 '웃으면서'의 주체가 '지훈이'인지 '지훈이와 소민이'인지가 모호하기 때문에 명확하게 해석하기 어렵군.

295 [2016년 9월 고1 학평 15번]

<보기>의 ㉠의 예로 적절한 것은?

> **보 기**
>
> '　㉠　'처럼 둘 이상의 의미로 해석되는 경우를 중의적 표현이라 하고, 이런 문장들을 '중의문'이라고 한다. 문장이 중의성을 띠게 되면 정확한 의미 전달에 방해가 되므로 중의성을 해소하는 것이 좋다.

① 그는 그녀와 작년에 결혼을 했다.
② 형은 나보다 어머니를 더 좋아한다.
③ 나를 보고 싶어 하는 친구들이 많다.
④ 그녀는 사과 한 개와 배 두 개를 샀다.
⑤ 그는 고향의 아름다운 바다를 생각한다.

296 [2018년 6월 고1 학평 14번]

다음 문장들을 수정할 때 고려한 사항으로 적절하지 <u>않</u>은 것은?

㉠	그녀는 학교에서 되었다. ↳ 그녀는 학교에서 회장이 되었다.
㉡	그는 나보다 낚시를 더 좋아한다. ↳ 그는 내가 낚시를 좋아하는 것보다 더 낚시를 좋아한다.
㉢	우리 집의 특징은 앞마당이 넓다. ↳ 우리 집의 특징은 앞마당이 넓다는 것이다.
㉣	우리는 환경을 개선시켜야 할 의무가 있다. ↳ 우리는 환경을 개선해야 할 의무가 있다.
㉤	그들은 조용히 정숙을 유지하고 있었다. ↳ 그들은 정숙을 유지하고 있었다.

① ㉠ : 서술어가 요구하는 문장성분인 주어를 추가한다.
② ㉡ : 문장의 중의성을 해소한다.
③ ㉢ : 주어와 서술어가 호응이 될 수 있도록 한다.
④ ㉣ : 불필요한 사동 표현을 사용하지 않는다.
⑤ ㉤ : 의미가 중복되는 어휘를 삭제한다.

297 [2023년 3월 고1 학평 14번]

다음 '탐구 학습지' 활동의 결과로 적절하지 <u>않</u>은 것은?

> **[탐구 학습지]**
>
> 1. 문장의 중의성
>   ○ 하나의 문장이 둘 이상의 의미로 해석되는 것
>
> 2. 중의성 해소 방법
>   ○ 어순 변경, 쉼표나 조사 추가, 상황 설명 추가 등
>
> 3. 중의성 해소하기
>   - 과제 : 빈칸에 적절한 말 넣기
>   ㄱ. (조사 추가) ···a
>   　○ 중의적 문장 : 관객들이 다 도착하지 않았다.
>   　○ 전달 의도 : **(관객 중 일부가 도착하지 않음.)** ·······b
>   　○ 수정 문장 : 관객들이 다는 도착하지 않았다.
>   ㄴ. (어순 변경) ···c
>   　○ 중의적 문장 : 우리는 어제 전학 온 친구와 만났다.
>   　○ 전달 의도 : **(전학 온 친구와 만난 때가 어제임.)** ····d
>   　○ 수정 문장 : 우리는 전학 온 친구와 어제 만났다.
>   ㄷ. 상황 설명 추가
>   　○ 중의적 문장 : 민우는 나와 윤서를 불렀다.
>   　○ 전달 의도 : '나와 윤서'를 부른 사람이 '민우'임.
>   　○ 수정 문장 : **(민우는 나와 둘이서 윤서를 불렀다.)**
>   　···e

① a　　② b　　③ c　　④ d　　⑤ e

문장 영역 핵심 기출 문제

298 [2013년 6월 고2 학평 B형 13번]

<보기>에서 문장을 적절하게 고쳐 쓴 것을 모두 고른 것은?

> **보 기**
>
> 문장의 기본 구조 안에서 호응하는 문장 성분끼리 잘 어울려야 올바른 문장이 된다.
>
> (예1) 문제는 누구도 상황의 심각성을 모르고 있다.
> → 문제는 누구도 상황의 심각성을 모르고 있다는 것이다. ……㉠
>
> (예2) 책상이 너무 커서 자리 중 많이 차지한다.
> → 책상이 너무 커서 자리로 많이 차지한다. ……㉡
>
> (예3) 시간을 구애받지 말고 일을 차분하게 해라.
> → 시간에 구애받지 말고 일을 차분하게 해라. ……㉢
>
> (예4) 그는 비록 몸은 고단하도록 마음만은 행복해 보였다.
> → 그는 비록 몸은 고단하면서 마음만은 행복해 보였다. ……㉣

① ㉠, ㉡ ② ㉠, ㉢ ③ ㉡, ㉢
④ ㉡, ㉣ ⑤ ㉢, ㉣

299 [2013년 11월 고2 학평 B형 12번]

<보기 1>의 ⓐ, ⓑ를 고려하여 문장을 수정한 사례를 <보기 2>에서 고른 것은?

> **보 기 1**
>
> 문장을 정확하게 표현하기 위해서는 ⓐ의미가 중복된 표현을 사용하지 않아야 하며 정확한 단어를 선택해야 한다. 또 ⓑ문장의 의미가 중의적으로 해석되지 않도록 주의해야 하며, 우리말답지 않은 표현을 사용하지 않아야 한다.

> **보 기 2**
>
> | 수정 전 문장 | 수정 후 문장 |
> | --- | --- |
> | ㄱ 선생님께서는 앉아 있는 학생들을 쳐다보았다. | 선생님께서는 앉아 있는 학생들을 바라보았다. |
> | ㄴ 비속어의 사용을 뿌리 뽑아 근절해야 합니다. | 비속어의 사용을 근절해야 합니다. |
> | ㄷ 우리 학급 반장이 남학생과 여학생 두 명을 불렀다. | 우리 학급 반장이 남학생 한 명과 여학생 한 명을 불렀다. |
> | ㄹ '정확한 문장 표현'은 아무리 강조해도 지나치지 않습니다. | '정확한 문장 표현'은 매우 중요합니다. |

	ⓐ	ⓑ		ⓐ	ⓑ
①	ㄱ	ㄴ	②	ㄱ	ㄷ
③	ㄴ	ㄷ	④	ㄴ	ㄹ
⑤	ㄷ	ㄹ			

300 [2014년 3월 고2 학평 B형 15번]

수업 시간에 어법에 맞지 않는 문장을 고치는 연습을 하였다. 고친 이유가 적절하지 **않은** 것은?

어법에 맞지 않는 문장		고친 문장	
가던지 오던지 마음대로 해라.	→	가든지 오든지 마음대로 해라.	…㉠
재해 지역 선포를 대통령에 요구했다.	→	재해 지역 선포를 대통령에게 요구했다.	…㉡
그는 하루도 쉬지 않고 열심히 하고 있다.	→	그는 하루도 쉬지 않고 운동을 열심히 하고 있다.	…㉢
하시는 모든 일이 좋은 결실을 맺기를 기원합니다.	→	하시는 모든 일이 좋은 결실을 거두기를 기원합니다.	…㉣
정든 친구와 헤어지려니 여간 슬펐다.	→	정든 친구와 헤어지려니 여간 슬프지 않았다.	…㉤

① ㉠ : 시간 표현이 잘못되어서
② ㉡ : 조사를 잘못 사용해서
③ ㉢ : 필요한 문장 성분을 누락해서
④ ㉣ : 의미가 중복되어서
⑤ ㉤ : 문장 성분 간의 호응이 이루어지지 않아서

301 [2014년 6월 고2 학평 B형 13번]

<보기>는 중의적 표현의 예이다. 이에 대한 설명으로 적절하지 **않은** 것은?

> **보 기**
>
> ㄱ. 예쁜 영희의 동생이 다가왔다.
> ㄴ. 그는 나보다 음악을 더 좋아한다.
> ㄷ. 영수가 보고 싶은 친구들이 많다.
> ㄹ. 학생들이 학교에 다 오지 않았다.
> ㅁ. 진우는 새로 산 바지를 입고 있다.

① ㄱ : 예쁜 사람이 '영희'인지, '영희의 동생'인지 알 수 없다.
② ㄴ : 비교 대상이 '그'와 '음악'인지, '나'와 '음악'인지 불분명하다.
③ ㄷ : '보고 싶은'의 주체가 '영수'인지, '친구들'인지 명료하지 않다.
④ ㄹ : 학교에 일부의 학생들만 왔는지, 아무도 오지 않았는지 의미가 모호하다.
⑤ ㅁ : 바지를 입는 동작이 진행 중인지, 입은 상태가 지속되고 있는지가 분명하지 않다.

302 [2014년 9월 고2 학평 B형 13번]

㉠~㉤ 중 수정한 문장으로 적절하지 <u>않은</u> 것은?

검토 사항	원래 문장	수정한 문장
시제 표현이 적절한가?	철수는 어제 자료를 찾으러 도서관에 간다.	㉠
피동 표현의 사용은 적절한가?	그가 다쳤다고는 믿기지 않는다.	㉡
조사의 쓰임이 적절한가?	언니는 자식으로써 마땅히 할 도리를 했다.	㉢
대상을 높이는 표현이 적절한가?	나는 아버지에게 선물을 주었다.	㉣
의미가 중복되는 어휘가 있는가?	그녀는 사진을 보며 어린 시절을 돌이켜 회상했다.	㉤

① ㉠ : 철수는 어제 자료를 찾으러 도서관에 갔다.

② ㉡ : 그가 다쳤다고는 믿겨지지 않는다.

③ ㉢ : 언니는 자식으로서 마땅히 할 도리를 했다.

④ ㉣ : 나는 아버지께 선물을 드렸다.

⑤ ㉤ : 그녀는 사진을 보며 어린 시절을 회상했다.

303 [2014년 11월 고2 학평 B형 13번]

<보기>를 참고할 때, ㉠~㉤에 들어갈 문장으로 적절하지 <u>않은</u> 것은?

> **보 기**
>
> 언어 표현은 문장을 단위로 하여 이루어진다. 그러므로 문장에는 말하고자 하는 내용이 완전하게 담겨 있어야 한다. 그뿐만 아니라 각각의 요소들이 문법적으로 정확하게 연결되어 있어야 한다. 그러므로 정확한 표현을 위해서는 ⓐ필수적인 문장 성분을 생략하였거나, ⓑ호응 관계가 잘못 되었거나, 또는 ⓒ문장 안에서 의미상 중복된 표현이 있는지 살펴보아야 한다.

수정 전 문장	수정 이유	수정 후 문장
우물 속에 빠진 여우가 골똘히 궁리하고 있었습니다.	ⓐ	㉠
어머니는 종종 동그랗고 하얀 내 얼굴이 닮았다고 하셨다.	ⓐ	㉡
왜냐하면 우리는 아직 그 사실을 알지 못했다.	ⓑ	㉢
비록 네가 나의 입장이라면, 그런 상황에서 어떻게 했을지 궁금하다.	ⓑ	㉣
우리가 정신적 도약을 이루기 위해서는 이미 가지고 있던 기존의 사고방식을 바꾸어야 한다.	ⓒ	㉤

① ㉠ : 우물 속에 빠진 여우가 빠져나갈 방법을 골똘히 궁리하고 있었습니다.

② ㉡ : 어머니는 종종 동그랗고 하얀 내 얼굴이 이모와 닮았다고 하셨다.

③ ㉢ : 왜냐하면 우리는 아직 그 사실을 알지 못했다는 것이다.

④ ㉣ : 만약 네가 나의 입장이라면, 그런 상황에서 어떻게 했을지 궁금하다.

⑤ ㉤ : 우리가 정신적 도약을 이루기 위해서는 이미 가지고 있던 사고방식을 바꾸어야 한다.

304 [2015년 3월 고2 학평 13번] 

수업 시간에 문장을 다듬는 연습을 하였다. 고친 이유가 적절하지 <u>않은</u> 것은?

고쳐야 할 문장		고친 문장	
가던지 말던지 맘대로 해.	⇨	가든지 말든지 맘대로 해.	…㉠
기차가 이른 속도로 달렸다.	⇨	기차가 빠른 속도로 달렸다.	…㉡
내가 하고 싶은 말은 언제나 최선을 다해라.	⇨	내가 하고 싶은 말은 언제나 최선을 다하라는 것이다.	…㉢
한결같이 어려운 이웃을 돕는 사람이 많다.	⇨	어려운 이웃을 한결같이 돕는 사람이 많다.	…㉣
남에게 고통을 주거나 마음을 상하게 하면 안 돼.	⇨	남에게 고통을 주거나 남의 마음을 상하게 하면 안 돼.	…㉤

① ㉠ : 어미의 쓰임이 적절하지 않아서
② ㉡ : 단어의 쓰임이 적절하지 않아서
③ ㉢ : 주어와 서술어가 호응하지 않아서
④ ㉣ : 문장이 중의적으로 해석되어서
⑤ ㉤ : 문장 사이의 접속 표현이 어색해서

305 [2015년 9월 고2 학평 12번] 

<보기>의 검토 내용을 고려하여 ㉠~㉤을 수정한 결과로 적절하지 <u>않은</u> 것은?

보 기		
	원래의 문장	검토 내용
㉠	약은 약사에게 상의하십시오.	조사를 잘못 사용함.
㉡	뜰에 핀 꽃이 여간 탐스러웠다.	문장 성분의 호응이 적절하지 않음.
㉢	그의 장점은 모든 일에 성실하다.	
㉣	철수는 사과와 배 두 개를 먹었다.	문장이 중의적으로 해석됨.
㉤	기태는 아름다운 은영이의 목소리를 좋아한다.	

① ㉠ : 약은 약사께 상의하십시오.
② ㉡ : 뜰에 핀 꽃이 여간 탐스럽지 않았다.
③ ㉢ : 그의 장점은 모든 일에 성실하다는 것이다.
④ ㉣ : 철수는 사과 한 개와 배 한 개를 먹었다.
⑤ ㉤ : 기태는 은영이의 아름다운 목소리를 좋아한다.

306 [2015년 11월 고2 학평 15번] 

㉠~㉤의 잘못된 문장을 수정한 이유로 적절하지 <u>않은</u> 것은?

	잘못된 문장 → 수정한 문장
㉠	할아버지께서 세뱃돈을 주셨다. → 할아버지께서 우리에게 세뱃돈을 주셨다.
㉡	그의 말이 정말 믿겨지지 않았다. → 그의 말이 정말 믿기지 않았다.
㉢	그는 공연장에서 춤과 노래를 불렀다. → 그는 공연장에서 춤을 추고 노래를 불렀다.
㉣	연서는 "내가 요리를 잘한다."고 말했다. → 연서는 "내가 요리를 잘한다."라고 말했다.
㉤	주변 사람들에게 따뜻한 온정을 베풀어야 한다. → 주변 사람들에게 온정을 베풀어야 한다.

① ㉠ : 서술어 '주셨다'가 요구하는 목적어가 없다.
② ㉡ : 이중 피동 표현을 사용하였다.
③ ㉢ : 목적어의 하나인 '춤'과 호응하는 서술어가 없다.
④ ㉣ : 조사가 잘못 사용되었다.
⑤ ㉤ : 의미가 중복된 표현을 사용하였다.

307 [2016년 3월 고2 학평 15번] 

<보기>를 고친 이유에 따라 짝지은 결과로 적절한 것은?

보 기
(가) 지원이의 꿈은 국어 교사가 되고 싶다. 　→ 지원이의 꿈은 국어 교사가 되는 것이다.
(나) 인간은 한편으로는 자연에 순응하면서, 다른 한편으로는 이용하면서 살아왔다. 　→ 인간은 한편으로는 자연에 순응하면서, 다른 한편으로는 자연을 이용하면서 살아왔다.
(다) 형은 어떤 사람이든지 만나고 싶어 한다. 　→ 어떤 사람이든지 형을 만나고 싶어 한다.

	문장의 중의성	주어와 서술어 간의 불호응	필요한 문장 성분 누락
①	(가)	(나)	(다)
②	(나)	(가)	(다)
③	(나)	(다)	(가)
④	(다)	(가)	(나)
⑤	(다)	(나)	(가)

308 [2019년 9월 고2 학평 14번]

<보기>의 [자료]를 탐구한 내용으로 적절하지 <u>않은</u> 것은? [3점]

> **보 기**
>
> 　문장의 중의성은 하나의 문장이 둘 이상의 의미로 해석되는 것이다. 이와 같은 중의성은 문장의 통사구조나 특정 어휘가 갖는 영향 범위 등에 의해서 발생한다. 중의성을 해소하기 위해서는 어순을 바꿔 주거나, 문장부호나 보조사 '은/는'을 사용한다.
>
> **[자료]**
> ㄱ. 친구가 모두 오지 않았다.
> ㄴ. 그가 울면서 떠나는 그녀를 안아 주었다.
> ㄷ. 나는 사랑스러운 그녀의 강아지를 보았다.

① ㄱ은 수량과 부정을 나타내는 말이 함께 사용되어 중의성이 생겼겠군.

② ㄴ은 행위의 주체가 불분명하여 중의성이 생겼겠군.

③ ㄷ은 수식을 받는 대상이 불분명하여 중의성이 생겼겠군.

④ ㄱ과 ㄴ은 모두 보조사 '는'을 사용하는 방법을 통해 중의성을 해소할 수 있겠군.

⑤ ㄴ과 ㄷ은 모두 어순을 바꾸는 방법을 통해 중의성을 해소할 수 있겠군.

309 [2013년 9월 고3 모평 A, B형 15번]

다음의 ㉠~㉢에 대해 검토한 것으로 적절하지 <u>않은</u> 것은?

◆ 문장의 중의성 해소방법 학습 활동지 ◆	
중의성 있는 문장	**중의성 해소방법**
예쁜 모자의 장식물이 돋보였다.	'장식물'이 예쁜 경우에는 ㉠"예쁜, 모자의 장식물이 돋보였다."로 고친다.
손님들이 다 오지 않았어.	손님들 중 일부만 온 경우에는 ㉡"손님들 중 일부가 오지 않았어."로 고친다.
언니가 교복을 입고 있다.	교복을 입는 동작이 진행 중인 경우에는 ㉢"언니가 교복을 입는 중이다."로 고친다.
형은 나보다 동생을 더 좋아한다.	'나'와 '동생'이 비교대상인 경우에는 ㉣"형은 나를 좋아하는 것보다 동생을 더 좋아한다"로 고친다.
나는 웃으면서 매장에 들어오는 손님에게 인사했다.	'나'가 웃으면서 인사하는 경우에는 ㉤"나는 매장에 들어오는 손님에게 웃으면서 인사했다."로 고친다.

① ㉠은 "모자의 예쁜 장식물이 돋보였다."로도 고칠 수 있다.

② ㉡은 "손님들이 다는 오지 않았어."로도 고칠 수 있다.

③ ㉢은 "언니가 지금 교복을 입고 있다."로도 고칠 수 있다.

④ ㉣은 "형은 나와 동생 중에서 동생을 더 좋아한다."로도 고칠 수 있다.

⑤ ㉤은 "매장에 들어오는 손님에게 나는 웃으면서 인사했다."로도 고칠 수 있다.

310 [2013년 수능 B형 13번]

<보기>의 ㉠에 들어갈 예로 가장 적절한 것은?

> **보 기**
>
> 　"확실한 사실은 그가 지금까지 성실하게 살아왔다."는 주어인 '사실은'과 호응하는 서술어가 없어서 잘못된 문장이다. 이와 같이 주어와 서술어 사이에 호응이 이루어지지 않은 또 다른 문장의 예는 다음과 같다.
>
> | ㉠ |

① 회원들은 상품 구매를 싸게 구입할 수 있다.

② 이 글의 특징은 길이가 짧지만 인상은 강하다.

③ 아들의 성공 소식은 부모님께 여간한 기쁨이었다.

④ 새 기계는 유해 물질과 연료 효율을 높여 주었다.

⑤ 그는 자신의 행복한 마음을 형언할 방법을 찾았다.

311 [2014년 3월 고3 학평 B형 12번]

㉠~㉤의 문장을 고쳐 쓴 이유로 적절하지 <u>않은</u> 것은?

	잘못된 문장	고쳐 쓴 문장
㉠	이는 미리 예상했던 일이다.	이는 예상했던 일이다.
㉡	나는 어제 친구와 의논했다.	나는 어제 친구와 그 일을 의논했다.
㉢	나는 눈이 시리도록 파란 하늘을 보았다.	나는 파란 하늘을 눈이 시리도록 보았다.
㉣	이 책은 쉽게 읽혀진다.	이 책은 쉽게 읽힌다.
㉤	선생님께서는 귀여운 따님이 계십니다.	선생님께서는 귀여운 따님이 있으십니다.

① ㉠ : 비슷한 의미의 단어가 중복되어 사용되었다.

② ㉡ : 주어와 서술어의 호응이 적절하지 않다.

③ ㉢ : 문장의 의미가 중의적으로 해석된다.

④ ㉣ : 이중피동이 사용되었다.

⑤ ㉤ : 높임법의 표현이 잘못 사용되었다.

문장 영역 핵심 기출 문제

312 [2014년 4월 고3 학평 B형 13번]

B를 고려하여 A를 고친 문장으로 적절하지 <u>않은</u> 것은?

A : 틀린 문장	B : 고쳐야 하는 이유	고친 문장
그는 슈퍼맨이라 불리우는 사람이다.	⇒ 피동 표현이 잘못됨.	⇒ ㉠
손님, 저쪽 방으로 들어가실게요.	⇒ 화자의 약속, 의지를 나타낼 때 사용하는 '-ㄹ게요'를 부적절하게 사용함.	⇒ ㉡
그는 설레임 때문에 잠을 잘 수 없었다.	⇒ '설레다'의 명사형이 잘못됨.	⇒ ㉢
주호는 나보다 책을 더 좋아한다.	⇒ 비교하는 대상이 불분명함.	⇒ ㉣
지금 보고 계신 제품은 올해 신상품이셔요.	⇒ 높임 표현이 잘못됨.	⇒ ㉤

① ㉠ : 그는 슈퍼맨이라 불리는 사람이다.
② ㉡ : 손님, 저쪽 방으로 들어가세요.
③ ㉢ : 그는 설렘 때문에 잠을 잘 수 없었다.
④ ㉣ : 주호는 책을 나보다 더 좋아한다.
⑤ ㉤ : 지금 보고 계신 제품은 올해 신상품이에요.

313 [2014년 4월 고3 학평 A, B형 15번]

<보기>의 ㉠~㉤에 대한 설명으로 적절하지 <u>않은</u> 것은? [3점]

보 기

서술어로 사용된 용언에 접미사나 선어말 어미를 결합시키면 사동이나 피동, 높임, 시간 표현, 주체의 심리적 태도 등 다양한 문법 범주를 실현할 수 있다.

◦ 할머니께서 진지를 ㉠<u>드신다</u>.
◦ 아버지께서 연을 ㉡<u>날리시고</u> 있다.
◦ 그는 운동장을 열심히 ㉢<u>뛰었다</u>.
◦ 나는 지금 영화관에 ㉣<u>가겠다</u>.
◦ 도둑이 경찰에게 ㉤<u>쫓기고</u> 있다.

① ㉠의 '-시-'와 ㉡의 '-시-'는 각각의 행위 주체를 높이기 위해 사용된 선어말 어미이다.
② ㉠의 '-ㄴ-'과 ㉢의 '-었-'은 현재나 과거 등의 시제를 나타내기 위해 사용된 선어말 어미이다.
③ ㉡의 '-리-'는 행위 주체인 '아버지'가 다른 대상으로 하여금 어떤 동작을 하게끔 만드는 것을 나타내기 위해 사용된 접미사이다.
④ ㉣의 '-겠-'은 행위 주체인 '나'의 의지를 나타내기 위해 사용된 선어말 어미이다.
⑤ ㉤의 '-기-'는 행위 주체인 '경찰'이 자신의 의지와 상관없이 다른 대상에 의해 동작을 당하는 것을 나타내기 위해 사용된 접미사이다.

314 [2014년 7월 고3 학평 B형 13번]

다음 문장을 바르게 고친 것으로 적절하지 <u>않은</u> 것은?

① 어제는 비와 바람이 많이 불었다.
→ 어제는 비가 내리고 바람이 많이 불었다.
② 너는 반드시 약속을 어겨서는 안 된다.
→ 너는 절대 약속을 어겨서는 안 된다.
③ 전체가 모여 회의를 갖는 것이 바람직합니다.
→ 전체가 모여 회의하는 것이 바람직합니다.
④ 문제는 박물관에 전시된 유물이 다른 곳으로 이동되었다.
→ 문제는 박물관에 전시된 유물이 다른 곳으로 이동하였다.
⑤ 정의 사회 구현을 위해 모든 사회악을 뿌리 뽑아 근절해야 한다.
→ 정의 사회 구현을 위해 모든 사회악을 근절해야 한다.

315 [2014년 7월 고3 학평 A, B형 14번]

<보기>의 예문을 통해 문장의 의미 관계를 이해한 내용으로 적절하지 <u>않은</u> 것은? [3점]

> **보 기**
>
> ㄱ. 나는 그를 안다.
> ㄴ. 너는 고민할 필요 있다.
> ㄷ. 방 안에 있다.
> ㄹ. 늑대가 양을 물었다.
> ㅁ. 그는 옳은 일이라면 적극적으로 나선다.

① ㄱ : 반의어를 사용한 반의 관계 문장으로 '나는 그를 모른다'를 쓴다.

② ㄴ : 부정 표현을 사용한 반의 관계 문장으로 '너는 고민할 필요 있지 않다'를 쓴다.

③ ㄷ : 반의 관계에 있는 문장으로 만들면, '방 안에 없다' 외에 '방 밖에 있다'도 가능하다.

④ ㄹ : 피동 표현을 통해 유의 관계에 있는 문장을 만들면, '양이 늑대에게 물렸다'가 된다.

⑤ ㅁ : 관용적 표현을 통해 유의 관계에 있는 문장을 만들면, '그는 옳은 일이라면 발 벗고 나선다'가 된다.

316 [2014년 9월 고3 모평 A, B형 15번]

㉠~㉤의 잘못된 문장을 수정할 때 고려한 문법적 기준으로 적절하지 <u>않은</u> 것은?

	잘못된 문장 → 수정한 문장
㉠	그는 양말을 벗고 바위에 앉아서 발을 넣었다. → 그는 양말을 벗고 비위에 앉아서 물에 발을 넣었다.
㉡	내가 주장하는 바는 문화 회관 건설로 주민 생활이 개선된다. → 내가 주장하는 바는 문화 회관 건설로 주민 생활이 개선된다는 것이다.
㉢	이번 일로 우리는 불편과 피해를 입었다. → 이번 일로 우리는 불편을 겪고 피해를 입었다.
㉣	우리 모두 쓰레기 줄이기 운동을 동참합시다. → 우리 모두 쓰레기 줄이기 운동에 동참합시다.
㉤	이 사람에게 그 일은 여간 기쁜 일이다. → 이 사람에게 그 일은 여간 기쁜 일이 아니다.

① ㉠ : 목적어인 '발을'을 수식하는 관형어가 있어야 한다.

② ㉡ : '내가 주장하는 바는'과 호응하는 서술어가 있어야 한다.

③ ㉢ : 목적어의 하나인 '불편'과 호응하는 서술어가 있어야 한다.

④ ㉣ : 서술어인 '동참합시다'가 요구하는 부사어에 정확한 조사를 사용해야 한다.

⑤ ㉤ : 부사 '여간'은 부정의 의미를 나타내는 말과 호응해야 한다.

317 [2015년 3월 고3 학평 B형 13번]

<보기>의 ㉠~㉤의 사례로 적절하지 <u>않은</u> 것은?

> **보 기**
>
> 문장을 어법에 어긋나거나 부자연스럽게 사용한 대표적 유형으로는, ㉠주어와 서술어가 호응하지 <u>않는</u> 경우, ㉡부사어와 서술어가 호응하지 <u>않는</u> 경우, ㉢서술어가 요구하는 문장 성분이 부적절하게 생략된 경우, ㉣서술어가 부적절하게 생략된 경우, ㉤불필요하게 의미가 중복되는 경우 등이 있다.

① ㉠ : 내가 하고 싶은 말은 다른 사람을 배려해서 행동하자.

② ㉡ : 새벽에 잠을 깬 사람은 비단 나뿐이었다.

③ ㉢ : 나는 집에 오자마자 들고 있던 가방을 두었다.

④ ㉣ : 새로 산 자동차에 짐과 동생을 태우고 여행을 떠났다.

⑤ ㉤ : 착한 너의 후배를 나한테 빨리 소개해 주었으면 좋겠다.

318 [2015년 4월 고3 학평 B형 12번]

㉠~㉤에 들어갈 문장으로 적절하지 <u>않은</u> 것은?

> **보 기**

원래 문장	표현하려는 의미	수정한 문장
현우는 새로 산 옷을 입고 있다.	옷을 입는 동작이 진행중임을 나타내고자 함.	㉠
영철이는 지수보다 야구 경기를 더 좋아한다.	영철이가 더 좋아하는 것은 지수가 아니라 야구 경기임.	㉡
친구들이 약속 장소에 다 나오지 않았다.	친구들이 일부만 참석함.	㉢
민수는 아침에 윤서가 여행에서 돌아왔다고 말했다.	돌아온 사실을 말한 시점이 아침임.	㉣
그는 내게 장미와 튤립 두 송이를 주었다.	받은 꽃의 개수가 세 송이임.	㉤

① ㉠ : 현우는 새로 산 옷을 입고 있는 중이다.

② ㉡ : 영철이는 지수를 좋아하는 것보다 야구 경기를 더 좋아한다.

③ ㉢ : 친구들이 약속 장소에 다는 나오지 않았다.

④ ㉣ : 윤서가 아침에 여행에서 돌아왔다는 것을 민수는 말했다.

⑤ ㉤ : 그는 내게 장미 한 송이와 튤립 두 송이를 주었다.

문장 영역 핵심 기출 문제

319 [2015년 6월 고3 모평 A, B형 14번] 

<보기 1>의 ㉠~㉣ 중 <보기 2>와 같이 문장을 수정하는 데에 반영된 것만을 있는 대로 고른 것은?

> **보기 1**
>
> 문장을 수정할 때는 아래와 같은 사항을 점검해야 한다.
> ㉠ 문장의 필수 성분이 다 갖추어져 있는가?
> ㉡ 조사가 적절하게 사용되었는가?
> ㉢ 어미가 적절하게 사용되었는가?
> ㉣ 불필요한 의미 중복 표현이 사용되지는 않았는가?

> **보기 2**
>
> | 수정 전 | 지난여름 청소년 문화 교류단에 참여하려는 학생들은 각 지역에 청소년들과 소통하고 답사함으로써 즐거운 추억을 만들 수 있었다. |
> | --- | --- |
>
> ↓
>
> | 수정 후 | 지난여름 청소년 문화 교류단에 참여한 학생들은 각 지역의 청소년들과 소통하고 유적지를 답사함으로써 즐거운 추억을 만들 수 있었다. |
> | --- | --- |

① ㉠, ㉢ ② ㉠, ㉣ ③ ㉡, ㉣
④ ㉠, ㉡, ㉢ ⑤ ㉡, ㉢, ㉣

320 [2015년 7월 고3 학평 A, B형 15번] 

다음은 잘못된 문장 표현을 고쳐 쓴 것이다. 적절하지 않은 것은?

> ○ 문장 성분 간의 호응이 잘못된 경우
> ㉮ 그는 마음먹은 일은 절대로 하고 만다.
> → 그는 마음먹은 일은 반드시 하고 만다. ··············· ①
> ○ 활용 어미의 사용이 잘못된 경우
> ㉮ 알맞는 답을 고르시오.
> → 알맞은 답을 고르시오. ····················· ②
> ○ 불필요한 어휘가 중복된 경우
> ㉮ 이 사람의 장점은 노래를 잘한다는 것이 장점이다.
> → 이 사람의 장점은 노래를 잘한다는 것이다. ········· ③
> ○ 시간 표현이 잘못된 경우
> ㉮ 철수가 어제 집에 오지 않습니다.
> → 철수가 어제 집에 오지 않았습니다. ··················· ④
> ○ 필수적인 문장 성분이 지나치게 생략된 경우
> ㉮ 인사 발령이 나서 가게 되었다.
> → 인사 발령이 나서 급히 가게 되었다. ················· ⑤

321 [2015년 9월 고3 모평 A, B형 14번] 

<자료>와 같이 문장을 수정할 때 고려한 사항을 <보기>의 ㉠~㉣에서 고른 것은?

> **보 기**
>
> ㉠ **주어와 서술어의 호응**
> · 너희가 기억할 것은 좋은 지도자는 실패하더라도 좌절하지 않는다.
> → 너희가 기억할 것은 좋은 지도자는 실패하더라도 좌절하지 않는다는 점이다.
>
> ㉡ **부사어와 연결 어미의 호응**
> · 그는 아무리 돈이 많아서 그것을 쓸 줄 모른다.
> → 그는 아무리 돈이 많아도 그것을 쓸 줄 모른다.
>
> ㉢ **목적어의 누락**
> · 상대방의 함정에 빠진 그들은 머리를 모아 궁리하기 시작했다.
> → 상대방의 함정에 빠진 그들은 머리를 모아 탈출 방법을 궁리하기 시작했다.
>
> ㉣ **피동의 중복**
> · 그것은 오래전에 불려지던 노래이다.
> → 그것은 오래전에 불리던 노래이다.

> **자 료**
>
> · 그 프로그램을 쓰면 비록 초보자일수록 누구나 쉽게 표와 그래프 등을 그려서 작성할 수 있다.
> → 그 프로그램을 쓰면 비록 초보자일지라도 누구나 쉽게 표와 그래프 등을 그려서 문서를 작성할 수 있다.

① ㉠, ㉡ ② ㉠, ㉢ ③ ㉡, ㉢
④ ㉡, ㉣ ⑤ ㉢, ㉣

322 [2015년 10월 고3 학평 A, B형 15번]

<보기>의 ㉠~㉤은 모두 중의적인 문장이다. 괄호의 의미만을 나타내도록 수정한 방법으로 적절하지 <u>않은</u> 것은?

보 기

㉠ 교실에 학생들이 다 오지 않았다.
　(→ 학생들이 한 명도 오지 않았다는 의미로)
㉡ 현규와 숙희는 어제 결혼하였다.
　(→ 현규가 숙희의 남편이 되었다는 의미로)
㉢ 이것은 선생님의 그림이다.
　(→ 그림 속 인물이 선생님이라는 의미로)
㉣ 아버지께서 귤과 사과 두 개를 가져오셨다.
　(→ 과일 세 개 중 두 개가 사과라는 의미로)
㉤ 그녀는 밝은 표정으로 환영하는 사람들에게 인사했다.
　(→ 표정이 밝은 사람은 그녀라는 의미로)

① ㉠ : '않았다'를 '못했다'로 바꾼다.
② ㉡ : '현규와 숙희는'을 '현규는 숙희와'로 교체한다.
③ ㉢ : '선생님의'를 '선생님을 그린'으로 교체한다.
④ ㉣ : '귤과 사과 두 개'를 '귤 한 개와 사과 두 개'로 바꾼다.
⑤ ㉤ : '밝은 표정으로'를 '사람들에게'의 뒤로 옮긴다.

323 [2015년 수능 A, B형 15번]

다음 중 문법적으로 가장 정확한 문장은?

① 그는 자기가 창안한 사회 이론을 더욱 발전해 사회 문제의 해결에 기여하고자 하였다.
② 참관인 자격으로 회의에 참석한 두 사람은 눈짓을 주고받은 후 조용히 회의장을 빠져나갔다.
③ 유럽은 18세기 후반부터 약 100년 동안 생산 기술의 발달과 그에 따라 사회 조직의 큰 변화를 겪었다.
④ 이 책의 저자가 독자에게 말하려는 요점은 모름지기 사람은 남을 위하여 자기를 희생할 줄도 알아야 한다.
⑤ 그의 작품들은 엇비슷해서 학생들이 작품 이름의 혼동이나 각 작품의 이야기 줄거리를 잘 기억하지 못했다.

324 [2016년 3월 고3 학평 15번]

<보기>는 문법적으로 바르지 않은 문장 유형 중 일부이다. <보기>의 어느 경우에도 해당하지 <u>않는</u> 것은?

보 기

○ 높임 표현이 적절하게 사용되지 않은 경우
○ 연결어미가 의미에 맞게 사용되지 않은 경우
○ 피동 표현이 중복되어 과도한 피동이 된 경우
○ 목적어에 대응하는 서술어가 잘못 생략된 경우

① 고등학생이라면 모름지기 그 정도는 다 할 줄 안다.
② 예상치 못했던 결과가 나온다면 실망할 필요가 없다.
③ 그 복지 시설은 지금 민간에 위탁 운영되어지고 있다.
④ 특별한 일이 없을 때는 텔레비전이나 라디오를 듣는다.
⑤ 이것은 어머니가 외할머니한테 생신 선물로 드린 것이다.

325 [2016년 7월 고3 학평 15번]

다음은 잘못된 문장 표현을 고쳐 쓴 것이다. 적절하지 <u>않은</u> 것은?

○ 단어의 사용이 잘못된 경우
　㉲ 나이가 많고 작음은 큰 의미가 없다.
　→ 나이가 크고 작음은 큰 의미가 없다. ·············· ①
○ 조사의 쓰임이 잘못된 경우
　㉲ 우리는 아버지에 생신을 축하하려고 모였다.
　→ 우리는 아버지의 생신을 축하하려고 모였다. ······ ②
○ 어미의 사용이 잘못된 경우
　㉲ 집에 가던지 학교에 가던지 해라.
　→ 집에 가든지 학교에 가든지 해라. ·················· ③
○ 문장 성분 간의 호응이 잘못된 경우
　㉲ 그것은 결코 우연한 일이었다.
　→ 그것은 결코 우연한 일이 아니었다. ··············· ④
○ 문장 성분이 과도하게 생략된 경우
　㉲ 그녀는 노래와 춤을 추고 있다.
　→ 그녀는 노래를 부르며 춤을 추고 있다. ··········· ⑤

MEMO

언어 1000제

Part
03

음운

음운 영역 필수 개념

핵심 기출 문제

음운의 개념 및 종류
음운의 변동

음운 영역 필수 개념 – 음운, 음절

1 음운 말의 뜻을 구별해 주는 소리의 가장 작은 단위(최소 의미 변별 단위)

분절 음운	소리마디의 경계를 그을 수 있으며, 의미의 차이를 가져오는 자음과 모음을 말한다. ① 자음: 공기가 장애를 받아서 나오며 홀로 쓰이지 못함. ② 모음: 공기가 장애를 받지 않고 나오며 홀로 쓰일 수 있음.
비분절 음운	정확히 소리마디의 경계를 그을 수 없지만, 의미의 차이를 가져오는 '소리의 장단' 등을 말한다. 예) 눈(目) ⇔ 눈:(雪), 말(馬) ⇔ 말:(言)

(1) 자음

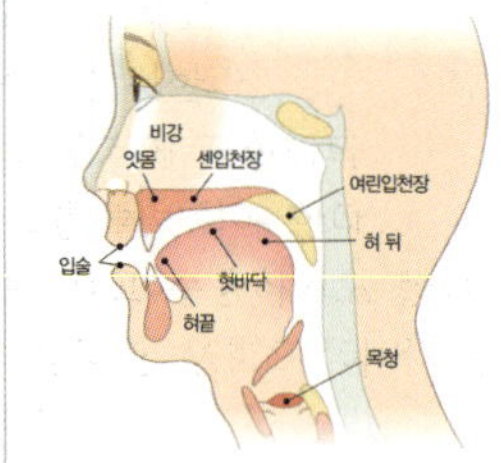

조음 방식 \ 조음 위치*		입술소리 (양순음)	잇몸소리 (치조음)	센입천장소리 (경구개음)	여린입천장소리 (연구개음)	목청소리 (후음)
파열음	예사소리	ㅂ	ㄷ		ㄱ	
	된소리	ㅃ	ㄸ		ㄲ	
	거센소리	ㅍ	ㅌ		ㅋ	
파찰음	예사소리			ㅈ		
	된소리			ㅉ		
	거센소리			ㅊ		
마찰음	예사소리		ㅅ			ㅎ
	된소리		ㅆ			
비음		ㅁ	ㄴ		ㅇ	
유음			ㄹ			

(2) 모음

① 단모음: 발음하는 동안 입술 모양이나 혀의 위치가 고정되어 바뀌지 않는 모음

혀의 높낮이 \ 혀의 위치, 입술 모양	전설 모음		후설 모음	
	평순 모음	원순 모음	평순 모음	원순 모음
고모음	ㅣ	ㅟ	ㅡ	ㅜ
중모음	ㅔ	ㅚ	ㅓ	ㅗ
저모음	ㅐ		ㅏ	

② 이중 모음: 단모음과 반모음이 합해져 발음되는 소리로, 발음하는 동안 입술 모양이나 혀의 위치가 고정되어 있지 않고 달라지는 모음
- 반모음 'j' + 단모음 : ㅑ, ㅕ, ㅛ, ㅠ, ㅒ, ㅖ
- 반모음 'w' + 단모음 : ㅘ, ㅝ, ㅙ, ㅞ
- 단모음 + 반모음 'j' : ㅢ

2 음절 한 번에 소리 낼 수 있는 소리마디

특징	국어에서 음절은 모음이 있어야 만들어지므로 음절의 수는 모음의 수와 일치한다. 따라서 국어의 경우 모음을 성절음(成節音)이라고도 한다.
구조	① 모음 단독 : 이, 어, 애, 예, 왜, 와　　② 모음 + 자음 : 악, 언, 옥, 운, 왕 ③ 자음 + 모음 : 가, 나, 다, 라, 노　　④ 자음 + 모음 + 자음 : 각, 달, 산, 광

MEMO

Part 03 음운 영역 필수 개념 – 음운의 변동

1 음운의 변동 어떤 음운이 놓이는 환경, 인접하는 음운의 영향을 받아 발음이 달라지는 현상

교체	한 음운이 다른 음운으로 바뀌는 현상 ① 음절의 끝소리 규칙 ② 된소리되기 ③ 비음화 ④ 유음화 ⑤ 구개음화 ⑥ 반모음화
축약	두 음운이 결합해서 제3의 음운으로 바뀌는 현상 ① 거센소리되기
탈락	원래 있던 음운이 없어지는 현상 ① 'ㄹ' 탈락 ② 'ㅎ' 탈락 ③ 'ㅡ' 탈락 ④ 동음 탈락 ⑤ 자음군 단순화
첨가	없던 음운이 새로 생기는 현상 ① 'ㄴ' 첨가 ② 반모음 첨가

(1) 교체

음절의 끝소리 규칙	음절의 끝에 일곱 개의 자음 'ㄱ, ㄴ, ㄷ, ㄹ, ㅁ, ㅂ, ㅇ' 이외의 자음이 오면 이 일곱 자음 중 하나로 바뀌어 발음되는 현상 ① 어말 또는 자음 앞: 음절의 끝소리 규칙을 적용하여 대표음으로 발음 ② 모음으로 시작하는 실질 형태소 앞: 대표음으로 바뀐 뒤 다음 음절의 첫소리로 발음 　　예 옷 안[오단] ③ 모음으로 시작하는 형식 형태소 앞: 대표음으로 바꾸지 않고 연음*함. 　　예 옷이[오시]
된소리되기	예사소리가 특정 음운 환경에서 된소리로 바뀌는 현상 ① 받침 'ㄱ, ㄷ, ㅂ' 뒤에 연결되는 'ㄱ, ㄷ, ㅂ, ㅅ, ㅈ' 　　예 국밥[국빱] ② 어간 받침 'ㄴ(ㄵ), ㅁ(ㄻ)' 뒤에 결합되는 어미의 첫소리 'ㄱ, ㄷ, ㅅ, ㅈ' 　　예 신고[신:꼬] ③ 한자어에서 'ㄹ' 받침 뒤에 연결되는 'ㄷ, ㅅ, ㅈ' 　　예 갈등[갈뜽] ④ 관형사형 '-(으)ㄹ' 뒤에 연결되는 'ㄱ, ㄷ, ㅂ, ㅅ, ㅈ' 　　예 할 것을[할꺼슬]
비음화	비음 아닌 것이 비음을 만나서 비음으로 변하는 현상 ① 'ㄱ, ㄷ, ㅂ'이 비음 앞에서 비음인 'ㅇ, ㄴ, ㅁ'으로 바뀌는 현상 　　예 국물[궁물], 닫는[단는], 잡는[잠는] ② 'ㅁ, ㅇ' 뒤에 'ㄹ'이 올 때, 'ㄹ'이 'ㄴ'으로 바뀌는 현상 　　예 침략[침냑], 종로[종노] ③ 'ㄱ, ㄷ, ㅂ' 뒤에 'ㄹ'이 올 때, 먼저 'ㄹ'이 'ㄴ'으로 바뀐 후 'ㄴ'에 의해 'ㄱ, ㄷ, ㅂ'이 'ㅇ, ㄴ, ㅁ'으로 바뀌는 현상 　　예 독립[독닙 → 동닙], 백로[백노 → 뱅노]
유음화	'ㄴ'이 'ㄹ'의 앞 또는 뒤에서 유음인 'ㄹ'로 바뀌는 현상 예 신라[실라], 설날[설랄]
구개음화	'ㄷ, ㅌ'이 'ㅣ'나 반모음 'j'로 시작하는 형식 형태소와 만날 때 'ㅈ, ㅊ'으로 바뀌는 현상 예 해돋이[해도지], 같이[가치], 굳히다[구티다 → 구치다]
반모음화	용언 어간 뒤에 '-아/어'로 시작하는 어미가 결합할 때, 단모음이 반모음으로 교체되는 현상 예 오+아 → 와

* 연음과 절음
① 연음 : 받침 + 모음으로 시작하는 형식 형태소 → 받침 연음
　예 옷이[오시], 닭을[달글]
② 절음 : 받침 + 모음으로 시작하는 실질 형태소 → 받침이 대표음화 후 연음
　예 옷 안[옫안 → 오단],
　　닭 안[닥안 → 다간]

(2) 축약

거센소리되기	'ㅎ'과 예사소리 'ㅂ, ㄷ, ㄱ, ㅈ'이 만나 거센소리 'ㅍ, ㅌ, ㅋ, ㅊ'이 되는 현상 예 낳다 → [나:타], 많지 → [만:치], 국화 → [구콰], 입학 → [이팍]

(3) 탈락

① 'ㄹ' 탈락 : 두 단어가 합쳐져서 새 단어가 생성될 때나 자음 'ㄹ'로 끝나는 용언의 어간이 몇몇 어미와
  결합할 때 'ㄹ'이 탈락하는 경우
  예 말+소 → 마소, 딸+님 → 따님, 둥글+니 → 둥그니

② 'ㅎ' 탈락 : 어간의 끝소리 'ㅎ'이 모음으로 시작하는 형식 형태소와 결합할 때 탈락하는 현상
  예 놓아 → [노아], 많아 → [마나]

③ 'ㅡ' 탈락 : 어간의 끝소리 'ㅡ'가 'ㅏ, ㅓ'로 시작하는 어미 앞에서 탈락하는 현상
  예 담그+아라 → 담가라, 쓰+어서 → 써서

④ 동음 탈락 : 어간 끝 모음 'ㅏ, ㅓ' 뒤에서 'ㅏ, ㅓ'로 시작하는 어미가 탈락하는 현상
  예 가+아 → 가, 서+어 → 서

⑤ 자음군 단순화 : 음절 끝에 겹받침이 오면 두 자음 중 하나가 탈락하고 하나만 발음되는 현상

'ㄳ, ㄵ, ㄽ, ㄾ, ㅄ' → 첫째 자음[ㄱ, ㄴ, ㄹ, ㅂ]	'ㄻ, ㄿ' → 둘째 자음 [ㅁ, ㅂ]	'ㄺ, ㄼ' → 불규칙적으로 발음
넋[넉] 앉다[안따] 외곬[외골] 핥다[할따] 값[갑]	삶[삼] 옮기다[옴기다] 읊다[읖다→읍따]	닭[닥], 읽지[익찌], 읽다[익따], 읽고[일꼬], 맑고[말꼬], 늙게[늘께], 엷다[열따], 넓다[널따], 밟다[밥따], 밟소[밥쏘], 넓숙하다[넙쭈카다], 넓둥글다[넙뚱글다]

(4) 첨가

'ㄴ' 첨가	합성어나 파생어의 앞말이 자음으로 끝나고 뒷말이 'ㅣ'나 반모음 'j'로 시작할 때 'ㄴ'이 그 사이에 덧붙는 현상 예 솜이불[솜니불], 맨입[맨닙]
반모음 첨가	주로 모음으로 끝나는 용언의 어간 뒤에 '-아/-어'로 시작하는 어미와 결합하거나 체언 뒤에 조사 '에'가 결합할 때 반모음 'j'가 덧생기는 현상 예 피어[피여], 되어[되여]

음운 영역 핵심 기출 문제

음운 - 음운의 개념 및 종류

326 [2013년 6월 고1 학평 14번]

<보기>의 규정에 해당하는 단어들이 적절하게 연결된 것은?

> **보 기**
>
> [표준발음법 제23항]
> 받침 'ㄱ(ㄲ, ㅋ, ㄳ, ㄺ), ㄷ(ㅅ, ㅆ, ㅈ, ㅊ, ㅌ), ㅂ(ㅍ, ㄼ, ㄿ, ㅄ)' 뒤에 연결되는 'ㄱ, ㄷ, ㅂ, ㅅ, ㅈ'은 된소리로 발음한다. ㉠ 국밥[국빱]
> [표준발음법 제26항]
> 한자어에서, 'ㄹ' 받침 뒤에 연결되는 'ㄷ, ㅅ, ㅈ'은 된소리로 발음한다. ㉠갈등[갈뜽]

	[표준발음법 제23항]	[표준발음법 제26항]
①	국물	결단
②	막대	발전
③	밥그릇	검출
④	솜이불	일식
⑤	옷고름	열기구

327 [2013년 11월 고1 학평 11번]

<보기>를 바탕으로 음운의 탈락에 대해 이해한다고 할 때, 적절하지 <u>않은</u> 것은?

> **보 기**
>
> ⓐ '돌다'의 활용: '돌-'+'-고'→돌고, '돌-'+'-니'→도니 ……
> ⓑ '낳다'의 활용: '낳-'+'-고'→낳고, '낳-'+'-아'→낳아 ……
> ⓒ '쓰다'의 활용: '쓰-'+'-고'→쓰고, '쓰-'+'-어'→써 ……
> ⓓ '가다'의 활용: '가-'+'-고'→가고, '가-'+'-아'→가 ……

① ⓐ에서는 어간의 끝소리 'ㄹ'이 'ㄴ'으로 시작하는 어미 앞에서 탈락되는군.
② ⓑ에서는 '낳아'를 [나아]로 발음하므로 음운의 탈락이 표기에 반영되는군.
③ ⓒ에서는 어간의 모음 'ㅡ'가 모음으로 시작하는 어미 앞에서 탈락되는군.
④ ⓓ에서는 어간의 모음과 동일 음운이 연결될 경우 한 음운이 탈락되는군.
⑤ ⓐ~ⓓ를 보니, 음운의 탈락에는 자음의 탈락과 모음의 탈락이 있음을 알 수 있군.

328 [2014년 9월 고1 학평 12번]

<보기>를 참고하여 외국 학생이 정확한 발음을 하도록 조언한 내용으로 알맞은 것은? [3점]

> **보 기**
>
> | 조음방법＼조음위치 | | 두 입술 | 윗잇몸 | 센입천장 | 여린입천장 | 목청 |
> |---|---|---|---|---|---|---|
> | 안울림소리 | 파열음 | ㅂㅃㅍ | ㄷㄸㅌ | | ㄱㄲㅋ | |
> | | 파찰음 | | | ㅈㅉㅊ | | |
> | | 마찰음 | | ㅅㅆ | | | ㅎ |
> | 울림소리 | 비음 | ㅁ | ㄴ | | ㅇ | |
> | | 유음 | | ㄹ | | | |

① '불'은 '둘'처럼 혀끝을 윗잇몸에 닿게 해서 소리 내야 해.
② '불'은 '굴'처럼 혓바닥을 여린입천장에 밀착시켜 소리 내야 해.
③ '불'은 '눌'과 달리 두 입술을 맞닿게 하면서 목청을 울리지 않고 소리 내야 해.
④ '불'은 '둘', '굴'과 달리 폐에서 나오는 공기의 흐름을 일단 막았다가 터뜨리면서 소리 내야 해.
⑤ '불'은 '둘', '눌'과 달리 코로 공기를 내보내며 목청을 울리며 소리 내야 해.

329 [2015년 9월 고1 학평 11번] 

다음의 단모음 체계표를 참고할 때, <보기>의 ㉠에 들어갈 말로 적절한 것은?

혀의 앞뒤	전설 모음		후설 모음	
입술의 모양 혀의 높이	평순	원순	평순	원순
고모음	ㅣ	ㅟ	ㅡ	ㅜ
중모음	ㅔ	ㅚ	ㅓ	ㅗ
저모음	ㅐ		ㅏ	

보 기

수정 : 내가 잘 했어야 했는데.

민기 : 뭐? 내가 잘 했어야 한다고? 어떻게 그렇게 말하니?

수정 : 아니. 니가 못 했다는 게 아니라 내가 잘 했어야 했는데 그렇지 못해서 미안하다고.

민기 : 아아, 내가 오해했구나. 나는 '네가 잘 했어야 했는데.'로 들었어. 그런데 '니가'는 잘못된 표현 아니야?

수정 : 맞아. 그런데 '내'와 '네'가 혼동되니까 현실적으로 '니가'를 사용하기도 하지.

민기 : 아, 그렇구나. '내'를 발음할 때는 (　㉠　)

① '네'보다 입을 더 크게 벌려야겠구나.

② '네'와 달리 입술을 동그랗게 오므려야겠구나.

③ '네'보다 혀의 높이를 더 높아지게 해야겠구나.

④ '네'와 달리 혀의 최고점을 앞에 놓아야겠구나.

⑤ '네'와 달리 입술이나 혀를 움직이지 말아야겠구나.

330 [2017년 9월 고1 학평 13번] 

다음 표를 참고할 때, <보기>의 놀이에서 승리할 수 있는 카드는?

혀의 앞뒤	전설 모음		후설 모음	
입술의 모양 혀의 높이	평순	원순	평순	원순
고모음	ㅣ	ㅟ	ㅡ	ㅜ
중모음	ㅔ	ㅚ	ㅓ	ㅗ
저모음	ㅐ		ㅏ	

보 기

◎ 한글 모음 놀이의 승리 조건
 - 아래의 조건을 모두 만족하는 모음 카드를 제시할 것
· 입천장의 중간점을 기준으로 혀의 가장 높은 부분을 앞쪽에 둔 상태로 발음하는 모음
· 입술을 평평하게 해서 발음하는 모음
· 입을 조금 벌리고 혀가 입천장에 닿을 만큼 높은 상태로 발음하는 모음

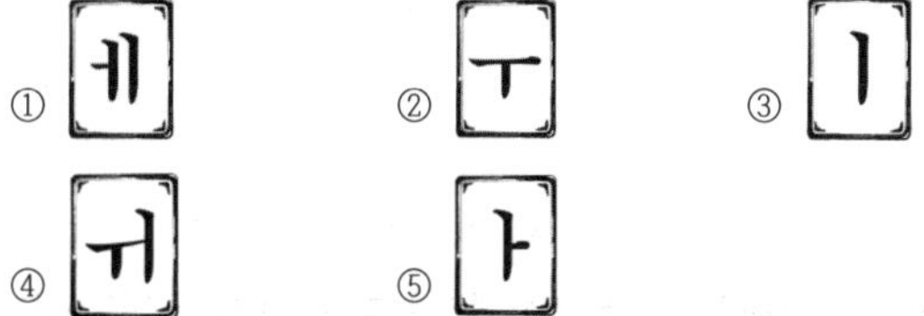

331 [2017년 9월 고1 학평 14번] 

다음은 자음 습득에 관한 탐구 자료이다. 이에 대한 이해로 적절하지 <u>않은</u> 것은?

'엄마'와 '아빠' 중에 어느 단어가 상대적으로 낮은 연령에서 발음하기가 쉬울까? 자음은 발음을 할 때 공기의 흐름이 방해를 받기 때문에 제약이 많아 연령에 따라 습득되는 자음들이 다르다. 연령에 따른 자음의 발달 단계를 살펴보면 우선 두 입술 사이에서 나는 소리가 가장 먼저 발달한다. 그 중에서도 코로 공기를 내보내는 비음이자 울림소리인 'ㅁ'이 2세 때 습득된다. 그 후 3세 때에는 파열음이자 안울림소리인 'ㅃ'을 습득하게 된다. 따라서 'ㅁ'을 'ㅃ'보다 먼저 습득하게 되므로 아동들은 부모의 호칭 중 음성학적으로 '아빠'보다 '엄마'를 보다 쉽게 발음할 수 있는 것이다.

① 'ㅁ'은 'ㅃ'보다 강하게 파열되며 나는 소리구나.

② 'ㅁ'은 'ㅃ'과 달리 목청을 울리면서 소리를 내게 되는구나.

③ 'ㅁ'은 'ㅃ'과 달리 코로 공기를 내보내면서 소리를 내게 되는구나.

④ 'ㅁ'과 'ㅃ'은 모두 두 입술 사이에서 나는 소리구나.

⑤ 'ㅁ'과 'ㅃ'은 모두 공기의 흐름이 방해를 받는 소리구나.

음운 영역 핵심 기출 문제

332 [2023년 3월 고1 학평 13번]

<보기>의 '학습 과제'를 바르게 수행하였다고 할 때, ㉠에 들어갈 단어로 적절한 것은? [3점]

보 기

[학습 자료]

음운은 단어의 뜻을 구별해 주는 소리의 가장 작은 단위이다. 특정 언어에서 어떤 소리가 음운인지 아닌지는 최소 대립쌍을 통해 확인할 수 있다. 최소 대립쌍이란, 다른 모든 소리는 같고 단 하나의 소리 차이로 의미가 구별되는 단어의 쌍을 말한다. 예를 들어, 최소 대립쌍 '감'과 '잠'은 [ㄱ]과 [ㅈ]의 차이로 인해 의미가 구별되므로 'ㄱ'과 'ㅈ'은 서로 다른 음운이다.

[학습 과제]

앞사람이 말한 단어와 최소 대립쌍인 단어를 말해 보자.

① 꿀 ② 답 ③ 둘 ④ 말 ⑤ 풀

334 [2014년 6월 고3 모평 A형 11번]

다음 <자료>를 바탕으로 국어의 '음절'에 대해 설명한 내용으로 적절하지 <u>않은</u> 것은?

자 료

음운이 모여서 이루어지는 소리의 결합체를 음절이라고 한다. 현대 국어의 음절 유형은 다음 네 가지로 나눌 수 있다.

ㄱ. '중성'으로 이루어진 음절 (예 아, 야, 와, 의)
ㄴ. '초성+중성'으로 이루어진 음절 (예 끼, 노, 며, 소)
ㄷ. '중성+종성'으로 이루어진 음절 (예 알, 억, 영, 완)
ㄹ. '초성+중성+종성'으로 이루어진 음절 (예 각, 녹, 딸, 형)

① 초성에는 최대 두 개의 자음이 온다.
② 중성에 올 수 있는 음운은 모음이다.
③ 종성에 올 수 있는 음운은 자음이다.
④ 초성 또는 종성이 없는 음절도 있다.
⑤ 모든 음절에는 중성이 있어야 한다.

333 [2017년 6월 고2 학평 13번]

<보기 1>을 활용하여 <보기 2>의 음운 변동을 설명한 내용으로 적절한 것은?

보기 1

조음 위치 / 조음 방법	입술소리	잇몸소리	센입천장소리	여린입천장소리
파열음	ㅂ, ㅍ	ㄷ, ㅌ		ㄱ, ㅋ
파찰음			ㅈ, ㅊ	
비음	ㅁ	ㄴ		ㅇ
유음		ㄹ		

보기 2

㉠국민→[궁민] ㉡물난리→[물랄리] ㉢굳이→[구지]

① ㉠은 첫음절 끝의 파열음이 뒤의 자음과 결합하여 유음으로 바뀌었다.
② ㉡은 유음이 앞뒤 비음의 영향을 받아 비음으로 바뀌었다.
③ ㉢은 여린입천장소리가 뒤의 자음을 닮아 센입천장소리로 바뀌었다.
④ ㉠과 ㉡에서 변동된 음운은 조음 방법이 변하였다.
⑤ ㉡과 ㉢에서 변동된 음운은 조음 위치가 변하였다.

335 [2018년 수능 11번] 

<보기>의 ㉠에 들어갈 말로 적절하지 <u>않은</u> 것은?

보 기

선생님 : 최소 대립쌍이란 하나의 소리로 인해 뜻이 구별되는 단어의 짝을 말해요. 가령 최소 대립쌍 '살'과 '쌀'은 'ㅅ'과 'ㅆ'으로 인해 뜻이 달라지는데, 이때의 'ㅅ', 'ㅆ'은 음운의 자격을 얻게 되죠. 이처럼 최소 대립쌍을 이용해 음운들을 추출하면 음운 체계를 수립할 수 있어요. 이제 고유어들을 모은 [A]에서 최소 대립쌍들을 찾아 음운들을 추출하고, 그 음운들을 [B]에서 확인해 봅시다.

[A] 쉬리, 마루, 구실, 모래, 소리, 구슬, 머루

[B] 국어의 단모음 체계

혀의 전후 위치 / 입술 모양 / 혀의 높낮이	전설 모음		후설 모음	
	평순	원순	평순	원순
고모음	ㅣ	ㅟ	ㅡ	ㅜ
중모음	ㅔ	ㅚ	ㅓ	ㅗ
저모음	ㅐ		ㅏ	

[학생의 탐구 내용]
추출된 음운들 중 [㉠] 을 확인할 수 있군.

① 2개의 전설 모음　　② 2개의 중모음
③ 3개의 평순 모음　　④ 3개의 고모음
⑤ 4개의 후설 모음

336 [2020년 4월 고3 학평 13번]

<보기>를 바탕으로 단모음의 변별적 자질을 탐구한 내용으로 적절하지 <u>않은</u> 것은?

보 기

변별적 자질이란 한 음소를 이루는 여러 음성적 특성들을 별개의 단위로 독립하여 표시한 것이다. 하나의 변별적 자질은 오로지 두 부류로만 구별해 주며, 해당 변별적 자질이 나타내는 특성을 가진 부류는 '+', 그렇지 않은 부류는 '-'로 표시한다.

[자료 1] 단모음의 변별적 자질
○ **[후설성]** : 혀의 전후 위치와 관련된 자질로 혀의 최고점이 중립적 위치보다 뒤에 놓이는 성질. 후설 모음은 [+후설성], 전설 모음은 [-후설성]이다.
○ **[고설성]** : 혀의 높낮이와 관련된 자질로 혀의 최고점이 중립적 위치보다 높아지는 성질. 고모음은 [+고설성], 중모음과 저모음은 [-고설성]이다.
○ **[저설성]** : 혀의 높낮이와 관련된 자질로 혀의 최고점이 중립적 위치보다 낮아지는 성질. 저모음은 [+저설성], 중모음과 고모음은 [-저설성]이다.
○ **[원순성]** : 입술을 동그랗게 오므리는 성질. 원순 모음은 [+원순성], 평순 모음은 [-원순성]이다.

[자료 2] 단모음 체계표

혀의 전후 위치 / 입술 모양 / 혀의 높낮이	전설 모음		후설 모음	
	평순	원순	평순	원순
고모음	ㅣ	ㅟ	ㅡ	ㅜ
중모음	ㅔ	ㅚ	ㅓ	ㅗ
저모음	ㅐ		ㅏ	

① 'ㅡ'는 [+후설성]으로, 'ㅣ'는 [-후설성]으로 표시한다.
② 'ㅏ'와 'ㅓ'는 [저설성]을 나타내는 변별적 자질의 특성이 서로 다르다.
③ 'ㅚ'와 'ㅜ'의 동일한 변별적 자질의 특성은 [+원순성]과 [-저설성]이다.
④ 'ㅔ'와 'ㅗ'는 [저설성]을 나타내는 변별적 자질의 특성은 동일하고, [고설성]을 나타내는 변별적 자질의 특성은 서로 다르다.
⑤ 'ㅐ'와 'ㅟ'는 [후설성]을 나타내는 변별적 자질의 특성은 동일하고, [고설성]을 나타내는 변별적 자질의 특성은 서로 다르다.

음운 영역 핵심 기출 문제

337 [2025년 7월 고3 학평 37번] 

다음은 수업의 일부이다. ⊙, ⓒ에 들어갈 말로 적절한 것은?

> 선생님 : 국어의 음절 유형을 크게 분류하면 '모음, 자음+모음, 모음+자음, 자음+모음+ 자음'이 있어요. 그런데 어떤 단어는 발음할 때, 연음이나 음운 변동이 일어나면서 음절 유형이 바뀌게 됩니다. 예를 들어 '집[집]+일[일] → 집일[짐닐]'에서 [집]은 [짐]으로 음절 유형이 바뀌지 않았지만 [일]은 [닐]로 음절 유형이 바뀌었습니다. 이제 아래 단어들을 탐구해 봅시다.
>
> | 물놀이[물로리] 아랫입술[아랜닙쑬] |
> | 육각형[육까형] 닭고기[닥꼬기] |
>
> 이 단어들 가운데 음절 유형이 바뀐 음절이 있는 말을 찾아보세요.
>
> 학생 : ⊙
>
> 선생님 : 그렇다면 이 중에서 음운 변동에 의해 음절 유형이 바뀐 음절이 있는 말을 찾아보세요.
>
> 학생 : ⓒ
>
> 선생님 : 네, 모두 잘 이해하고 있군요.

	⊙	ⓒ
①	물놀이, 아랫입술, 육각형	아랫입술, 육각형
②	물놀이, 아랫입술, 육각형	물놀이, 아랫입술
③	물놀이, 아랫입술, 육각형	물놀이, 육각형
④	아랫입술, 육각형, 닭고기	아랫입술, 닭고기
⑤	아랫입술, 육각형, 닭고기	아랫입술, 육각형

음운 – 음운의 변동

338 [2013년 9월 고1 학평 15번] 

<보기>의 밑줄 친 '**축약**'의 예에 해당하지 <u>않는</u> 것은?

> **보 기**
>
> 음운의 변동은 한 음운이 다른 음운으로 바뀌는 교체, 한 음운이 없어지는 탈락, 없던 음운이 새로 생기는 첨가, 두 음운이 합쳐져서 다른 음운으로 바뀌는 축약 등으로 나눌 수 있다.

① 크- + -어서 → 커서
② 피- + -어서 → 펴서
③ 오- + -아서 → 와서
④ 그리- + -어 → 그려
⑤ 맞추- + -어 → 맞춰

339 [2013년 11월 고1 학평 11번] 

<보기>를 바탕으로 음운의 탈락에 대해 이해한다고 할 때, 적절하지 <u>않은</u> 것은?

> **보 기**
>
> ⓐ '돌다'의 활용: '돌-'+'-고'→돌고, '돌-'+'-니'→도니 ……
> ⓑ '낳다'의 활용: '낳-'+'-고'→낳고, '낳-'+'-아'→낳아 ……
> ⓒ '쓰다'의 활용: '쓰-'+'-고'→쓰고, '쓰-'+'-어'→써 ……
> ⓓ '가다'의 활용: '가-'+'-고'→가고, '가-'+'-아'→가 ……

① ⓐ에서는 어간의 끝소리 'ㄹ'이 'ㄴ'으로 시작하는 어미 앞에서 탈락되는군.
② ⓑ에서는 '낳아'를 [나아]로 발음하므로 음운의 탈락이 표기에 반영되는군.
③ ⓒ에서는 어간의 모음 'ㅡ'가 모음으로 시작하는 어미 앞에서 탈락되는군.
④ ⓓ에서는 어간의 모음과 동일 음운이 연결될 경우 한 음운이 탈락되는군.
⑤ ⓐ~ⓓ를 보니, 음운의 탈락에는 자음의 탈락과 모음의 탈락이 있음을 알 수 있군.

340 [2014년 6월 고1 학평 11번]

다음은 '받침의 발음'에 대한 의문을 해결한 과정이다. ㉠과 ㉡에 들어갈 내용을 짝지은 것으로 적절한 것은? [3점]

의문	'옷에'의 경우 '옷'의 받침 'ㅅ'이 뒤 음절 첫소리로 연음되어 [오세]로 발음되는 데 비해, '옷 안'은 왜 [오단]으로 다르게 발음될까?

↓

활동	1. 교과서에서 관련 내용을 찾아본다. 　자음으로 끝나는 말 뒤에 모음으로 시작하는 형식 형태소가 올 때는 앞 음절의 받침을 그대로 뒤 음절의 첫소리로 옮겨 발음한다. 다만, 뒤에 모음으로 시작하는 실질 형태소가 연결되는 경우에는 앞 음절의 받침을 대표음으로 바꾸어서 뒤 음절의 첫소리로 옮겨 발음한다. 　2. '대표음'에 관한 표준 발음법 규정을 찾아본다. 　제9항 받침 'ㄲ', 'ㅋ', 'ㅅ, ㅆ, ㅈ, ㅊ, ㅌ', 'ㅍ'은 어말 또는 자음 앞에서 각각 대표음 [ㄱ, ㄷ, ㅂ]으로 발음한다.

↓

결론	'옷 안'이 [오단]으로 발음되는 이유는 '옷 안'의 '안'이 '에'와 달리 ＿＿＿㉠＿＿＿ 이기 때문이군. 이 원리대로라면 '숲 위'는 ＿＿＿㉡＿＿＿ 로 발음해야겠군.

	㉠	㉡
①	실질 형태소	[수뷔]
②	실질 형태소	[수퓌]
③	실질 형태소	[숩뷔]
④	형식 형태소	[수뷔]
⑤	형식 형태소	[수퓌]

341 [2014년 11월 고1 학평 12번]

<보기 1>을 참고하여 <보기 2>에 대해 보인 반응으로 적절하지 <u>않은</u> 것은?

보기 1

　음운 변동이란 어떤 음운이 일정한 환경에서 변하는 현상을 말합니다. 음운 변동의 유형으로는 한 음운이 다른 음운으로 바뀌는 교체, 한 음운이 단순히 없어지는 탈락, 인접한 두 음운이 합쳐져서 제3의 음운으로 바뀌는 축약, 없던 음운이 새로 생기는 첨가가 있습니다.

보기 2

[학습 활동] 단어의 음운 변동 현상에 해당하는 용례를 쓰시오.
[활동 결과]

유형	용례	
음운 교체	신라[실라], 낫[낟]	㉠
음운 탈락	좋아[조:아]	㉡
음운 축약	국화[구콰], 부엌에[부어케]	㉢
음운 첨가	담요[담:뇨]	㉣

① ㉠ : '신라'는 '낫'과 달리 인접 음운의 영향을 받아 음운이 교체되는 경우군.

② ㉡ : '좋아'는 'ㅎ'이 모음으로 시작하는 어미 앞에서 탈락하는 경우군.

③ ㉢ : '국화'는 'ㄱ'이 'ㅎ'과 합쳐져 'ㅋ'으로 축약된 경우군.

④ ㉢ : '부엌에'는 'ㅋ'이 첨가되므로 음운 첨가의 용례로 옮겨야 해.

⑤ ㉣ : '담요'처럼 'ㄴ'이 첨가되는 용례는 '눈요기'를 들 수 있어.

342 [2015년 3월 고1 학평 11번]

<보기>의 설명에 따를 때, ⓐ 에 들어갈 수 있는 단어로 적절한 것은?

> **보 기**
>
> 자음 두 개가 음절 끝에 놓일 때, 둘 중에서 하나의 자음이 탈락하는 현상을 '자음군 단순화'라고 한다. 다음 그림은 '칡'([칡]→[칙])과 같이 끝소리에 위치한 두 자음 중 앞에 있는 자음(**자음²**)이 탈락하여 뒤에 있는 자음(**자음³**)만 발음되는 현상을 시각화한 것이다.
>
> | 자음¹ | 모음 | | 자음¹ | 모음 |
> |---|---|---|---|---|
> | ㅊ | ㅣ | ⇒ | ㅊ | ㅣ |
> | ㄹ | ㄱ | | | ㄱ |
> | 자음² | 자음³ | | | 자음³ |
>
> 반면, 다음 그림은 ⓐ 과 같이 끝소리에 위치한 두 자음 중 뒤에 있는 자음(**자음³**)이 탈락하여 앞에 있는 자음(**자음²**)만 발음되는 현상을 시각화한 것이다.
>
> 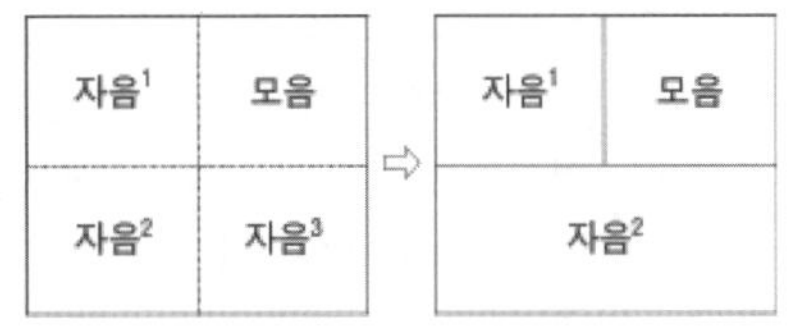
>
> | 자음¹ | 모음 | | 자음¹ | 모음 |
> |---|---|---|---|---|
> | | | ⇒ | | |
> | 자음² | 자음³ | | 자음² | |

① 값, 넋   ② 값, 닭   ③ 값, 삶
④ 넋, 삶   ⑤ 닭, 삶

343 [2015년 6월 고1 학평 11번]

<보기>는 자음 동화와 관련한 국어 수업의 한 장면이다. ⓐ, ⓑ에 들어갈 예를 바르게 짝지은 것은?

> **보 기**
>
> **선생님** : 두 개의 자음이 이어서 소리가 날 때, 소리 내기 쉽도록 어느 한 쪽이 다른 쪽의 소리를 닮거나, 서로 닮는 방향으로 변동하는 것을 '자음 동화'라고 합니다. 다음 현상이 일어나는 예를 찾아볼까요?
>
> | | |
> |---|---|
> | 'ㄱ, ㄷ, ㅂ'이 비음 'ㄴ, ㅁ'의 앞에서 비음 'ㅇ, ㄴ, ㅁ'으로 바뀌는 현상 | ⓐ |
> | 비음 'ㄴ'이 유음 'ㄹ' 앞뒤에서 'ㄹ'로 바뀌는 현상 | ⓑ |

	ⓐ	ⓑ
①	먹물 [멍물]	중력 [중녁]
②	국밥 [국빱]	설날 [설랄]
③	입는 [임는]	막내 [망내]
④	닫는 [단는]	권리 [궐리]
⑤	솜이불 [솜니불]	물난리 [물랄리]

344 [2015년 9월 고1 학평 12번]

다음 상황이 발생하게 된 이유로 적절한 것은?

① 받침이 뒤의 첫소리로 옮겨가며 나는 소리를 잘못 발음해서
② 울림소리와 안울림소리를 혼동하여 구분하지 않고 발음해서
③ 과도한 된소리나 거센소리를 뒤의 첫소리로 연이어 발음해서
④ 긴소리를 짧은소리와 구별하여 발음하지 않고 짧게 발음해서
⑤ 이중모음의 발음을 단모음의 발음과 구분하지 않고 발음해서

345 [2015년 11월 고1 학평 11번]

다음은 국어 수업 중 일부이다. ⓐ에 들어갈 말로 적절하지 <u>않은</u> 것은?

> **선생님** : 국어 모음에는 단모음과 이중 모음이 있는데, 이중 모음은 단모음과 달리 발음할 때 입술 모양이나 혀의 위치가 바뀝니다. 그런데 이중 모음 가운데 'ㅢ'는 이중 모음으로 발음하는 것이 원칙이지만, 조사로 쓰일 경우에는 단모음 [ㅔ]로, 단어에서 첫음절이 아닐 경우에는 단모음 [ㅣ]로 발음하는 것도 허용합니다. 그러면 칠판의 예시를 보고 'ㅢ'가 각각 어떻게 발음될 수 있는지 말해 봅시다.
>
> 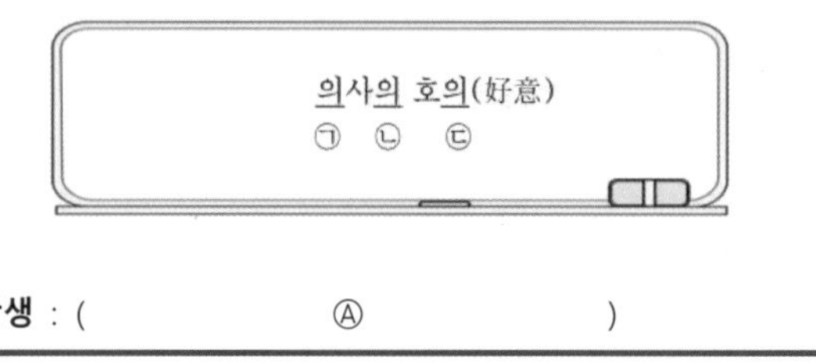
>

학생 : (ⓐ   )

① ㉠의 'ㅢ'는 입술 모양이나 혀의 위치가 바뀌면서 발음되겠군요.
② ㉡은 조사이므로 ㉡의 'ㅢ'는 이중 모음뿐만 아니라 단모음으로도 발음할 수 있겠군요.
③ ㉢은 단어의 첫음절이 아니므로 ㉢의 'ㅢ'는 [ㅣ]로 발음하는 것도 가능하겠군요.
④ ㉠과 ㉡의 'ㅢ'는 서로 다른 소리로 발음할 수도 있겠군요.
⑤ ㉡과 ㉢의 'ㅢ'는 단모음으로 발음될 때 동일한 소리로 발음되겠군요.

346 [2016년 3월 고1 학평 11번]

<보기>를 참고할 때 동화의 양상이 <u>다른</u> 것은?

> **보 기**
>
> ○ 순행 동화 : 뒤의 음운이 앞의 음운의 영향을 받아 그와 비슷하거나 같게 소리 나는 현상.
> 예) 칼날[칼랄], 강릉[강능]
> ○ 역행 동화 : 앞의 음운이 뒤의 음운의 영향을 받아 그와 비슷하거나 같게 소리 나는 현상.
> 예) 편리[펼리], 까막눈[까망눈]

① 종로 ② 작년 ③ 신라 ④ 밥물 ⑤ 국민

347 [2016년 6월 고1 학평 11번]

<보기>의 ㉠, ㉡에 해당하는 단어로 적절한 것은?

> **보 기**
>
> 된소리되기는 'ㄱ, ㄷ, ㅂ, ㅅ, ㅈ'과 같은 예사소리가 'ㄲ, ㄸ, ㅃ, ㅆ, ㅉ'과 같은 된소리로 바뀌어 소리 나는 음운 현상이다. 된소리되기의 유형은 다음과 같다.
>
> - 받침 'ㄱ, ㄷ, ㅂ' 뒤에 연결되는 자음 'ㄱ, ㄷ, ㅂ, ㅅ, ㅈ'을 된소리로 발음하는 유형
> - 어간 받침 'ㄴ(ㄵ), ㅁ(ㄻ)' 뒤에 결합되는 어미의 첫소리 'ㄱ, ㄷ, ㅅ, ㅈ'을 된소리로 발음하는 유형 …… ㉠
> - 한자어에서 'ㄹ' 받침 뒤에 결합되는 자음 'ㄷ, ㅅ, ㅈ'을 된소리로 발음하는 유형 ……………… ㉡

	㉠	㉡
①	신다	굴곡(屈曲)
②	앉다	불법(不法)
③	넓다	갈등(葛藤)
④	담다	발전(發展)
⑤	끓다	월세(月貰)

348 [2016년 9월 고1 학평 11번]

다음 질문에 대한 답변으로 적절하지 <u>않은</u> 것은?

> [질문] 다음 밑줄 친 부분을 어떻게 읽어야 하는지 발음 원리와 함께 설명해 주세요.
>
> ㉠한여름, ㉡대관령에 올라 ㉢좋은 것만 가지려는 ㉣욕망을 버리고 나니, ㉤그렇게 마음이 편할 수 없었다.
>
> ---
>
> [답변]
>

① ㉠은 앞말이 자음으로 끝나고 뒷말이 반모음 'j'로 시작할 때, 'ㄴ' 소리를 첨가하므로 [한녀름]이라고 읽습니다.

② ㉡은 'ㄴ'이 'ㄹ' 앞에서 'ㄹ'의 영향을 받으므로 [대관녕]이라고 읽습니다.

③ ㉢은 받침 'ㅎ'이 모음과 모음 사이에서 탈락하므로 [조은]이라고 읽습니다.

④ ㉣은 'ㄱ'이 비음 앞에서 발음이 바뀌므로 [용망]이라고 읽습니다.

⑤ ㉤은 'ㅎ'과 'ㄱ'이 어울려 거센소리가 되므로 [그러케]라고 읽습니다.

349 [2016년 11월 고1 학평 11번]

다음은 표준 발음에 대한 수업 장면의 일부이다. 각 예에 적용된 내용과 그 발음이 모두 바른 것은? [3점]

> **학생** : 선생님, 저번 시간에 @홑받침이나 쌍받침이 모음으로 시작된 조사나 어미, 접미사와 결합되는 경우에는, 제 음가대로 뒤 음절 첫소리로 옮겨 발음한다고 하셨으니까 '막일'은 [마길]로 발음해야 하나요?
>
> **선생님** : 그렇지 않아요. ⓑ합성어 및 파생어에서, 앞 단어나 접두사의 끝이 자음이고 뒤 단어나 접미사의 첫음절이 '이, 야, 여, 요, 유'인 경우에는, [ㄴ] 소리를 첨가하여 [니, 냐, 녀, 뇨, 뉴]로 발음해야 하기 때문에 '막일'은 [망닐]로 발음해야 해요.
>
> **학생** : 그러면 '막일'에서 '일'이 [닐]로 발음되는 건 이해가 되는데, '막'은 왜 [망]으로 발음이 되는 거죠?
>
> **선생님** : 그것은 ⓒ받침소리 [ㄱ, ㄷ, ㅂ]은 [ㄴ, ㅁ] 소리 앞에서 [ㅇ, ㄴ, ㅁ]으로 발음되는 현상 때문입니다. 그래서 [막닐]이 아니라 [망닐]로 발음해야 됩니다.
>
> **학생** : 아, 그렇군요. 말씀해 주신 것 말고도 제가 더 알아 둬야 할 것이 있나요?
>
> **선생님** : ⓓ[ㄴ] 소리가 첨가된 후, 이 [ㄴ] 소리가 받침소리 [ㄹ] 뒤에서 [ㄹ]로 발음되는 현상도 있습니다. '물약'을 [물략]으로 발음하는 것이 이에 해당해요.

음운 영역 핵심 기출 문제

	예	적용 내용	발음
①	눈 + 요기	ⓐ	[눈뇨기]
②	내복 + 약	ⓑ, ⓒ	[내ː봉냑]
③	색 + 연필	ⓑ, ⓒ	[색년필]
④	들 + 일	ⓑ, ⓓ	[들ː닐]
⑤	칼 + 날	ⓑ, ⓓ	[칼랄]

350 [2017년 3월 고1 학평 13번]

다음은 음운 변동에 대한 선생님의 설명이다. 질문에 대한 답으로 적절한 것은?

> 선생님 : 음운 변동에는 한 음운이 다른 음운으로 바뀌는 현상인 '교체', 있던 음운이 없어지는 현상인 '탈락', 없던 음운이 새로 생기는 현상인 '첨가', 두 음운이 하나의 음운으로 합쳐지는 현상인 '축약'이 있습니다.
> 그러면 '국물[궁물]'과 '몫[목]'에서는 각각 어떤 음운 변동이 일어날까요?

	국물	몫
①	교체	탈락
②	교체	첨가
③	탈락	축약
④	첨가	교체
⑤	첨가	탈락

351 [2017년 6월 고1 학평 11번]

<보기>의 (ㄱ)과 (ㄴ)에 나타나는 음운 변동으로 적절한 것은? [3점]

> **보 기**
>
> 음운 변동은 한 음운이 다른 음운으로 바뀌는 '교체', 원래 있던 음운이 없어지는 '탈락', 없던 음운이 추가되는 '첨가', 두 개의 음운이 합쳐져서 하나로 되는 '축약'으로 분류할 수 있다.
> 단어에 따라 아래 예와 같이 한 단어에서 두 가지 음운 변동이 일어나는 경우도 있다.
>
> (예) 물약 → [물냑] → [물략]
>   (ㄱ)   (ㄴ)

	(ㄱ)	(ㄴ)
①	첨가	교체
②	첨가	탈락
③	탈락	교체
④	교체	첨가
⑤	교체	축약

352 [2017년 11월 고1 학평 12번]

다음은 표준 발음법의 일부이고, <보기>는 이를 학습하는 과정에서 학생들이 나눈 대화이다. ㉠~㉤ 중 적절하지 <u>않은</u> 것은? [3점]

> 제23항 받침 'ㄱ(ㄲ, ㅋ, ㄳ, ㄺ), ㄷ(ㅅ, ㅆ, ㅈ, ㅊ, ㅌ), ㅂ(ㅍ, ㄼ, ㄿ, ㅄ)' 뒤에 연결되는 'ㄱ, ㄷ, ㅂ, ㅅ, ㅈ'은 된소리로 발음한다.
> 제24항 어간 받침 'ㄴ(ㄵ), ㅁ(ㄻ)' 뒤에 결합되는 어미의 첫소리 'ㄱ, ㄷ, ㅅ, ㅈ'은 된소리로 발음한다.
> 제26항 한자어에서, 'ㄹ' 받침 뒤에 연결되는 'ㄷ, ㅅ, ㅈ'은 된소리로 발음한다.

> **보 기**
>
> **학생 1** : '국밥'의 표준 발음은 [국밥]이야, [국빱]이야?
> **학생 2** : 표준 발음법 제23항에 따르면, [국빱]이 맞아. … ㉠
> **학생 3** : '아무리 뻗대도 소용이 없다.'에서 '뻗대도'는 받침 'ㄷ' 뒤에 'ㄷ'이 연결되기 때문에 [뻗때도]로 발음하겠네 ………………………… ㉡
> **학생 2** : '그가 집에 간다.'에서 '간다'는 [간다]로 발음하는데, '껴안다'는 왜 [껴안따]로 발음하지?
> **학생 3** : '간다'의 기본형이 '가다'이므로 'ㄴ'은 어간 받침이 아니야. 그래서 표준 발음법 제24항을 적용할 수 없어.
> **학생 1** : 표준 발음법 제24항에 따르면, '껴안다'는 [껴안따]로 발음하는 것이 맞아. ………………… ㉢
> **학생 2** : 그러면 '그녀를 수양딸로 삼고 싶었다.'에서 '삼고'는 어간 받침 'ㅁ' 뒤에 'ㄱ'이 결합되어 [삼ː꼬]로 발음해야겠네 ………………………… ㉣
> **학생 3** : '결과(結果)'는 [결과]로 발음하는데, '갈등(葛藤)'은 왜 [갈뜽]으로 발음하지?
> **학생 1** : '갈등(葛藤)'은 표준 발음법 제26항에 따라 [갈뜽]으로 발음하지만, '결과(結果)'는 여기에 해당되지 않아. ………………………… ㉤

① ㉠   ② ㉡   ③ ㉢
④ ㉣   ⑤ ㉤

353 [2018년 6월 고1 학평 11번]

<보기>는 음운 변동에 대한 선생님의 설명이다. 질문에 대한 답으로 적절한 것은?

> **보 기**
>
> · **선생님** : 음운 변동은 결과에 따라 한 음운이 다른 음운으로 바뀌는 교체, 두 개의 음운이 하나의 음운으로 합쳐지는 축약, 두 개의 음운 중 하나의 음운이 없어지는 탈락, 원래 없던 음운이 새로 덧붙는 첨가가 있습니다.
> · 다음 '잡일'과 동일한 음운 변동 과정이 일어나는 단어는 무엇일까요?
>
> 잡일 → [잡닐] → [잠닐]
>   첨가   교체

① 법학[버팍] ② 담요[담뇨]
③ 국론[궁논] ④ 색연필[생년필]
⑤ 한여름[한녀름]

354 [2018년 9월 고1 학평 13번]

<보기 1>의 표준 발음법에 따라 <보기 2>의 ㉠~㉤을 발음한다고 할 때, 적절하지 <u>않은</u> 것은?

> **보 기 1**
>
> **표준 발음법**
> **제9항** 받침 'ㄲ, ㅋ', 'ㅅ, ㅆ, ㅈ, ㅊ, ㅌ', 'ㅍ'은 어말 또는 자음 앞에서 각각 대표음 [ㄱ, ㄷ, ㅂ]으로 발음한다.
> **제12항** 'ㅎ(ㄶ, ㅀ)' 뒤에 'ㄱ, ㄷ, ㅈ'이 결합되는 경우에는, 뒤 음절 첫소리와 합쳐서 [ㅋ, ㅌ, ㅊ]으로 발음한다.
> **제14항** 겹받침이 모음으로 시작된 조사나 어미, 접미사와 결합되는 경우에는, 뒤엣것만을 뒤 음절 첫소리로 옮겨 발음한다.(이 경우, 'ㅅ'은 된소리로 발음함.)
> **제23항** 받침 'ㄱ(ㄲ, ㅋ, ㄳ, ㄺ), ㄷ(ㅅ, ㅆ, ㅈ, ㅊ, ㅌ), ㅂ(ㅍ, ㄼ, ㄿ, ㅄ)' 뒤에 연결되는 'ㄱ, ㄷ, ㅂ, ㅅ, ㅈ'은 된소리로 발음한다.

> **보 기 2**
>
> 주름이 ㉠많던 그 이마에는
> ㉡젊어 품었던 꿈들 사라졌지만
> 너희가 없으면 나도 ㉢없단다.
> ㉣꽃처럼 ㉤웃던 우리 어머니

① ㉠은 제12항 규정에 따라 [만턴]으로 발음해야겠군.
② ㉡은 제14항 규정에 따라 [절머]로 발음해야겠군.
③ ㉢은 제14항, 제23항 규정에 따라 [업딴다]로 발음해야겠군.
④ ㉣은 제9항 규정에 따라 [꼳]으로 발음해야겠군.
⑤ ㉤은 제9항, 제23항 규정에 따라 [욷떤]으로 발음해야겠군.

355 [2018년 11월 고1 학평 11번]

<보기>를 바탕으로 사례들을 분석한 내용 중 적절하지 <u>않은</u> 것은?

> **보 기**
>
> 음운의 교체는 특정한 음운 환경에서 한 음운이 다른 음운으로 바뀌는 음운 변동 현상이다. 두 음절이 인접한 경우 ㉠앞말의 끝소리와 뒷말의 첫소리가 만나는 상황이나 ㉡앞말의 끝소리가 연음되어 뒷말의 가운뎃소리와 만나는 상황에서 음운이 교체될 때, 발음의 결과 ⓐ앞의 음운만 변한 경우나 ⓑ뒤의 음운만 변한 경우도 있지만 ⓒ두 음운이 모두 변한 경우도 있다.

① '마천루[마철루]'는 ㉠이면서 ⓐ에 해당한다.
② '목덜미[목떨미]'는 ㉠이면서 ⓑ에 해당한다.
③ '박람회[방남회]'는 ㉠이면서 ⓒ에 해당한다.
④ '쇠붙이[쇠부치]'는 ㉡이면서 ⓐ에 해당한다.
⑤ '땀받이[땀바지]'는 ㉡이면서 ⓒ에 해당한다.

356 [2019년 3월 고1 학평 14번]

<보기>의 '활동1'과 '활동 2'를 연결하여 '활동 자료'의 단어를 탐구한 내용으로 적절한 것은?

> **보 기**
>
> **[활동 자료]**
> 국민[궁민], 글눈[글룬], 명랑[명낭], 신랑[실랑], 잡념[잠념]
>
> **[활동 1]** 음운 변동이 있는 음운은 '1', 없는 음운은 '0'으로 표시하면 '국물[궁물]'은 '001000'으로 표시할 수 있습니다. '활동 자료'의 단어는 어떻게 표시될까요?
>
> 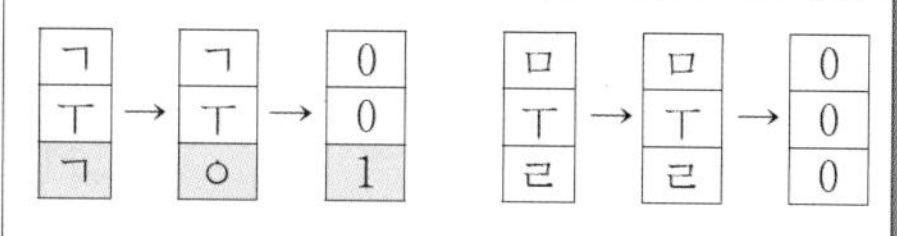
>
> **[활동 2]** '활동 자료'의 단어를 발음할 때 순행 동화가 일어 나는지 역행 동화가 일어나는지 알아봅시다.
>
> ○ 순행 동화 : 뒤의 음운이 앞의 음운의 영향을 받아 그와 비슷하거나 같게 소리 나는 현상.
> ○ 역행 동화 : 앞의 음운이 뒤의 음운의 영향을 받아 그와 비슷하거나 같게 소리 나는 현상.

① '국민'은 '001000'으로 표시할 수 있으므로 순행 동화이다.
② '글눈'은 '000100'으로 표시할 수 있으므로 역행 동화이다.
③ '명랑'은 '001000'으로 표시할 수 있으므로 순행 동화이다.
④ '신랑'은 '000100'으로 표시할 수 있으므로 역행 동화이다.
⑤ '잡념'은 '001000'으로 표시할 수 있으므로 역행 동화이다.

357 [2019년 6월 고1 학평 13번]

<보기>를 참고하여 음운 변동 사례에 대해 이해한 것으로 적절하지 <u>않은</u> 것은?

> **보 기**
>
> 음운의 변동은 어떤 음운이 다른 음운으로 바뀌는 **교체**, 어떤 음운이 없어지는 **탈락**, 새로운 음운이 생기는 **첨가**, 두 음운이 하나의 음운으로 합쳐지는 **축약**으로 구분된다.

① '밥물[밤물]'이 발음될 때에는 'ㅂ'이 'ㅁ'의 영향을 받아 'ㅁ'으로 교체되는 현상이 일어난다.
② '광한루[광:할루]'가 발음될 때에는 'ㄴ'이 'ㄹ'의 영향을 받아 'ㄹ'로 교체되는 현상이 일어난다.
③ '좋아[조:아]'가 발음될 때에는 모음으로 시작되는 어미와 만나 'ㅎ'이 탈락하는 현상이 일어난다.
④ '색연필[생년필]'이 발음될 때에는 첨가되는 'ㄴ'으로 인해 'ㄱ'이 'ㅇ'으로 교체되는 현상이 일어난다.
⑤ '옷 한 벌[오탄벌]'이 발음될 때에는 'ㅅ'이 탈락한 후 첨가되는 'ㄷ'이 'ㅎ'과 만나 'ㅌ'으로 축약되는 현상이 일어난다.

Part 03 음운 영역 핵심 기출 문제

358 [2019년 9월 고1 학평 13번]

<보기>는 표준 발음법의 된소리되기 중 일부이다. ㉠과 ㉡에 해당하는 예가 바르게 짝지어진 것은?

> **보 기**
>
> ㉠ 받침 'ㄱ(ㄲ, ㅋ, ㄳ, ㄺ), ㄷ(ㅅ, ㅆ, ㅈ, ㅊ, ㅌ), ㅂ(ㅍ, ㄼ, ㄿ, ㅄ)' 뒤에 연결되는 'ㄱ, ㄷ, ㅂ, ㅅ, ㅈ'은 된소리로 발음한다.
> ㉡ 어간 받침 'ㄴ(ㄵ), ㅁ(ㄻ)' 뒤에 결합되는 어미의 첫소리 'ㄱ, ㄷ, ㅅ, ㅈ'은 된소리로 발음한다.

	㉠	㉡
①	늦게[늗께]	없다[언따]
②	옆집[엽찝]	있고[읻꼬]
③	국수[국쑤]	늙다[늑따]
④	묶어[무꺼]	껴안다[껴안따]
⑤	앉다[안따]	머금다[머금따]

359 [2020년 3월 고1 학평 11번]

<보기>의 '선생님'의 마지막 질문에 대한 '학생'의 대답에서 ㉠, ㉡에 들어갈 내용으로 적절한 것은? [3점]

> **보 기**
>
> **선생님** : 음운 변동이 여러 번 일어날 때 최종적으로 음운의 수가 얼마나 바뀌었는지 파악하기 어려웠죠? 오늘은 좌표를 이용해서 이를 쉽게 확인해 볼게요. 이 좌표 평면에서 0인 별표(★)를 기준으로, 음운의 수가 늘어나는 '첨가'는 늘어난 음운 수만큼 위쪽으로, 음운의 수가 줄어드는 '탈락'과 '축약'은 줄어든 음운 수만큼 아래쪽으로 이동합니다. 그리고 음운의 수가 변하지 않는 '교체'는 교체 횟수만큼 오른쪽으로 이동합니다.
> 
>
> 예를 들어 '걷히다'는 거센소리되기에 의해 [거티다]가 된 후 구개음화에 의해 [거치다]가 되므로, 축약과 교체가 한 번씩 일어나 ㉰로 이동합니다. 그 결과 음운의 수가 한 개 줄어든 것을 알 수 있어요.
> 그러면 '색연필'의 음운 변동 양상은 어떻게 될까요?
> **학생** : 제 생각에는 '색연필'이 '[색년필 → 생년필]'로 바뀌므로, (㉠)이/가 한 번씩 일어나 (㉡) 로 이동합니다. 그 결과 음운의 수가 한 개 늘어납니다.

	㉠	㉡
①	첨가와 교체	㉮
②	첨가와 교체	㉯
③	첨가와 탈락	㉰
④	탈락과 교체	㉱
⑤	탈락과 교체	㉲

360 [2020년 6월 고1 학평 14번]

<보기>의 <표준 발음법>을 참고할 때, ㉠과 ㉡의 사례가 모두 바르게 짝지어진 것은?

> **보 기**
>
> **<표준 발음법>**
>
> **제23항**
> 받침 'ㄱ(ㄲ, ㅋ, ㄳ, ㄺ), ㄷ(ㅅ, ㅆ, ㅈ, ㅊ, ㅌ), ㅂ(ㅍ, ㄼ, ㄿ, ㅄ)' 뒤에 연결되는 'ㄱ, ㄷ, ㅂ, ㅅ, ㅈ'은 된소리로 발음한다.
>
> > 국밥[국빱] 솥전[솓쩐] 옆집[엽찝] (㉠)
>
> **제24항**
> 어간 받침 'ㄴ(ㄵ), ㅁ(ㄻ)' 뒤에 결합되는 어미의 첫소리 'ㄱ, ㄷ, ㅅ, ㅈ'은 된소리로 발음한다.
>
> > 신고[신ː꼬] 얹다[언따] 닮고[담ː꼬] (㉡)

	㉠	㉡
①	옷고름[옫꼬름]	젊고[점ː꼬]
②	문고리[문꼬리]	감고[감ː꼬]
③	갈등[갈뜽]	앉다[안따]
④	덮개[덥깨]	언짢게[언짠케]
⑤	술잔[술짠]	더듬지[더듬찌]

361 [2021년 6월 고1 학평 11번]

<보기>의 ㉠과 ㉡이 모두 일어나는 단어로 적절한 것은?

> **보 기**
>
> 음운의 변동에는 한 음운이 다른 음운으로 바뀌는 ㉠'교체', 원래 있던 음운이 없어지는 '탈락', 두 개의 음운이 하나로 합쳐지는 ㉡'축약', 없던 음운이 새로 생기는 '첨가'가 있다.

① 굳히다[구치다]　② 미닫이[미다지]
③ 빨갛다[빨가타]　④ 솜이불[솜니불]
⑤ 잡히다[자피다]

362 [2021년 9월 고1 학평 11번] 

<보기>의 (가)에 들어갈 말로 적절한 것은?

보 기

선생님 : 음운 변동에는 한 음운이 다른 음운으로 바뀌는 교체, 있던 음운이 없어지는 탈락, 없던 음운이 새로 더해지는 첨가, 두 음운이 합쳐져 하나의 음운으로 줄어드는 축약이 있습니다. 그럼 아래 단어들에 나타난 음운 변동의 유형을 파악해 봅시다.

> ㉠맨입[맨닙]　㉡쌓아[싸아]　㉢입학[이팍]　㉣칼날[칼랄]

학생 : ______________________(가)______________________
선생님 : 네, 맞습니다.

① ㉠은 '첨가'에 해당하고, ㉢은 '축약'에 해당합니다.
② ㉠은 '교체'에 해당하고, ㉣은 '첨가'에 해당합니다.
③ ㉡은 '탈락'에 해당하고, ㉢은 '교체'에 해당합니다.
④ ㉡은 '교체'에 해당하고, ㉣은 '축약'에 해당합니다.
⑤ ㉢은 '탈락'에 해당하고, ㉣은 '첨가'에 해당합니다.

363 [2021년 11월 고1 학평 13번] 

<보기>는 수업의 일부이다. 선생님의 질문에 대한 답으로 적절한 것은?

보 기

선생님 : 음운 변동 중 교체가 일어날 때 앞 음절의 종성과 뒤 음절의 초성 자리에 놓인 두 음운이 만나서 그 중 하나가 바뀌는 경우가 있습니다. ㉠은 뒤 음절의 초성 자리에 놓인 음운이 바뀌는 경우이고, ㉡은 앞 음절의 종성 자리에 놓인 음운이 바뀌는 경우를 나타냅니다.

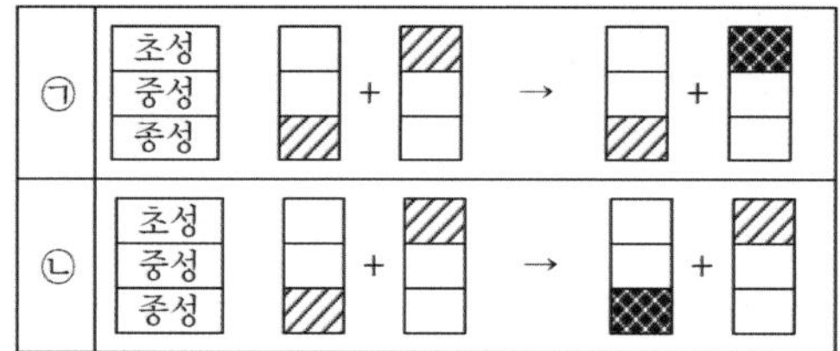

그럼, 표준 발음에 따라 다음 단어들을 ㉠과 ㉡으로 나눠 볼까요?

> 먹물, 중력, 집념, 칼날, 톱밥

	㉠	㉡
①	먹물, 칼날	중력, 집념, 톱밥
②	중력, 집념	먹물, 칼날, 톱밥
③	먹물, 집념, 톱밥	중력, 칼날
④	먹물, 중력, 집념	칼날, 톱밥
⑤	중력, 칼날, 톱밥	먹물, 집념

364 [2022년 3월 고1 학평 13번] 

<보기 1>의 '표준 발음법'에 따라 <보기 2>의 ㉠~㉤을 발음한다고 할 때, 적절하지 않은 것은?

보 기 1

표준 발음법

제10항 겹받침 'ㄳ', 'ㄵ', 'ㄼ, ㄽ, ㄾ', 'ㅄ'은 어말 또는 자음 앞에서 각각 [ㄱ, ㄴ, ㄹ, ㅂ]으로 발음한다.

제11항 겹받침 'ㄺ, ㄻ, ㄿ'은 어말 또는 자음 앞에서 각각 [ㄱ, ㅁ, ㅂ]으로 발음한다. 다만, 용언의 어간 말음 'ㄺ'은 'ㄱ' 앞에서 [ㄹ]로 발음한다.

제14항 겹받침이 모음으로 시작된 조사나 어미, 접미사와 결합되는 경우에는, 뒤엣것만을 뒤 음절 첫소리로 옮겨 발음한다.

제23항 받침 'ㄱ(ㄲ, ㅋ, ㄳ, ㄺ), ㄷ(ㅅ, ㅆ, ㅈ, ㅊ, ㅌ), ㅂ(ㅍ, ㄼ, ㄿ, ㅄ)' 뒤에 연결되는 'ㄱ, ㄷ, ㅂ, ㅅ, ㅈ'은 된소리로 발음한다.

보 기 2

책장에서 ㉠읽지 않은 시집을 발견했다. 차분히 ㉡앉아 마음에 드는 시를 예쁜 글씨로 공책에 ㉢옮겨 적었다. 소리 내어 시를 ㉣읊고, 시에 대한 감상을 적어 보기도 했다. 마음이 평온해지는 ㉤값진 경험이었다.

① ㉠은 제11항, 제23항 규정에 따라 [일찌]로 발음해야겠군.
② ㉡은 제14항 규정에 따라 [안자]로 발음해야겠군.
③ ㉢은 제11항 규정에 따라 [옴겨]로 발음해야겠군.
④ ㉣은 제11항, 제23항 규정에 따라 [읍꼬]로 발음해야겠군.
⑤ ㉤은 제10항, 제23항 규정에 따라 [갑찐]으로 발음해야겠군.

365 [2022년 9월 고1 학평 11번]

<학습 활동>을 수행한 결과로 적절하지 않은 것은?

학 습 활 동

음운 변동에는 교체, 첨가, 탈락, 축약이 있는데 음운 변동의 결과로 음운의 개수가 변화하기도 한다. 분절 음운인 자음과 모음은 모여서 음절을 이루는데, 음절은 발음할 수 있는 최소의 단위로 음절의 유형은 크게 '모음', '자음+모음', '모음+자음', '자음+모음+자음'으로 나눌 수 있다. [자료]의 밑줄 친 부분을 중심으로 음운의 개수 변화와 음절의 유형을 탐구해 보자.

[자료]

○ 책상에 놓인 책을 한여름이 지나서야 읽기 시작했다.
○ 독서를 즐기기 위해서는 자기에게 맞는 책을 골라야 한다.

① '놓인[노인]'은 탈락의 결과로 음운의 개수가 줄었으며, [노]는 음절 유형이 '자음+모음'이다.
② '한여름[한녀름]'은 첨가의 결과로 음운의 개수가 늘었으며, [녀]는 음절 유형이 '자음+모음'이다.
③ '읽기[일끼]'는 탈락의 결과로 음운의 개수가 줄었으며, [일]은 음절 유형이 '모음+자음'이다.
④ '독서[독써]'는 첨가의 결과로 음운의 개수가 늘었으며, [써]는 음절 유형이 '자음+모음'이다.
⑤ '맞는[만는]'은 교체의 결과로 음운의 개수는 변동이 없고, [만]은 음절 유형이 '자음+모음+자음'이다.

366 [2022년 11월 고1 학평 14번]

다음은 문법 학습지의 일부이다. ⓐ~ⓒ에 들어갈 내용으로 적절한 것은?

○ **구개음화**: 받침의 'ㄷ', 'ㅌ'이 'ㅣ'나 반모음 'ㅣ'로 시작하는 형식 형태소와 만나 [ㅈ], [ㅊ]으로 발음되는 현상

1. '끝인사'의 표준 발음이 [끄딘사]인 이유를 알아보자.
'끝인사'에서 '끝'의 받침 'ㅌ' 뒤에 'ㅣ'로 시작하는 (ⓐ)가 오기 때문에 [끄딘사]로 발음된다.

2. '곧이'와 '곧이어'의 표준 발음은 무엇인지 알아보자.
'곧이'의 '-이'는 부사를 만들어 주는 접사이다. 따라서 '곧이'의 표준 발음은 (ⓑ)이다. '곧이어'의 '이어'는 '앞의 말이나 행동 따위에 잇대어'라는 뜻을 지닌 부사이다. 따라서 '곧이어'의 표준 발음은 (ⓒ)이다.

	ⓐ	ⓑ	ⓒ
①	실질 형태소	[고지]	[고지어]
②	실질 형태소	[고디]	[고지어]
③	실질 형태소	[고지]	[고디어]
④	형식 형태소	[고디]	[고지어]
⑤	형식 형태소	[고지]	[고디어]

367 [2023년 6월 고1 학평 13번]

<보기>의 [활동]을 수행한 결과로 적절하지 <u>않은</u> 것은?

보 기

[활동] 제시된 단어의 발음을 [자료]와 연결해 보자.

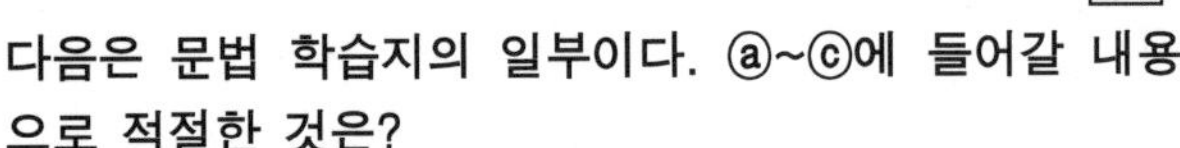
신라, 칼날, 생산량, 물난리, 불놀이

[자료]

㉠ 'ㄹ'의 앞에서 'ㄴ'이 [ㄹ]로 발음되는 경우
㉡ 'ㄹ'의 뒤에서 'ㄴ'이 [ㄹ]로 발음되는 경우
㉢ 'ㄴ'의 뒤에서 'ㄹ'이 [ㄴ]으로 발음되는 경우

① '신라'는 ㉠에 따라 [실라]로 발음하는군.
② '칼날'은 ㉡에 따라 [칼랄]로 발음하는군.
③ '생산량'은 ㉢에 따라 [생산냥]으로 발음하는군.
④ '물난리'는 ㉠, ㉡에 따라 [물랄리]로 발음하는군.
⑤ '불놀이'는 ㉡, ㉢에 따라 [불로리]로 발음하는군.

368 [2023년 9월 고1 학평 13번]

다음은 수업 장면의 일부이다. ⓐ와 ⓑ에 들어갈 말로 적절한 것은? [3점]

선생님 : 음운의 변동에는 어떤 음운이 다른 음운으로 바뀌는 교체, 두 음운이 합쳐져 하나가 되는 축약, 원래 있던 한 음운이 없어지는 탈락, 없던 음운이 추가되는 첨가의 유형이 있습니다. 이러한 음운의 변동은 한 단어에서 두가지 이상이 함께 나타나기도 합니다. 또한 음운의 변동 결과가 표기에 반영되기도 하고, 음운의 변동 후에 음운의 개수가 달라지기도 합니다. 그러면 다음 자료에 나타난 음운의 변동을 탐구해 봅시다.

국밥[국빱], 굳히다[구치다], 급행열차[그팽녈차]

위 자료를 '국밥', 그리고 '굳히다, 급행열차'로 나눈다면, 그 기준은 무엇일까요?
학생 : (ⓐ   )를 기준으로 나누었습니다.
선생님 : 맞습니다. 그럼, '굳히다'와 '급행열차'에 공통으로 나타나는 음운의 변동은 무엇일까요?
학생 : (ⓑ)입니다.
선생님 : 네, 맞습니다.

	ⓐ	ⓑ
①	음운의 변동이 두 가지 이상 일어났는지	축약
②	음운의 변동이 두 가지 이상 일어났는지	교체
③	음운의 변동 결과 음운의 개수가 줄었는지	탈락
④	음운의 변동 결과 음운의 개수가 줄었는지	교체
⑤	음운의 변동 결과가 표기에 반영되었는지	축약

369 [2023년 11월 고1 학평 13번]

<보기>를 바탕으로 음운 변동을 바르게 분석한 것은?

> **보 기**
>
> 음운의 변동은 어떤 음운이 다른 음운으로 바뀌는 교체, 어떤 음운이 없어지는 탈락, 새로운 음운이 생기는 첨가, 두 음운이 하나의 음운으로 합쳐지는 축약이 있다. 또한 음운 변동에 따라 음운의 개수가 변하기도 한다.

	단어	음운 변동 종류	음운 개수 변화
①	샅샅이[산싸치]	교체, 탈락	늘어남
②	넓히다[널피다]	탈락, 첨가	늘어남
③	교육열[교:융녈]	교체, 첨가	줄어듦
④	해맑다[해막따]	교체, 탈락	줄어듦
⑤	국화꽃[구콰꼳]	탈락, 축약	줄어듦

370 [2024년 3월 고1 학평 13번]

<보기>는 수업의 일부이다. '학습 활동'의 결과로 가장 적절한 것은?

> **보 기**
>
> **선생님** : 단어를 발음할 때, 어떤 음운이 앞이나 뒤의 음운의 영향으로 바뀌어 달라지는 경우가 있습니다. 그 결과, 조음 방법만 바뀌거나 조음 방법과 조음 위치가 모두 바뀝니다. 아래 자료를 참고해 '학습 활동'을 수행해 봅시다.

조음 방법 \ 조음 위치	입술소리	잇몸소리	센입천장소리	여린입천장소리
파열음	ㅂ, ㅍ	ㄷ, ㅌ		ㄱ, ㅋ
파찰음			ㅈ, ㅊ	
비음	ㅁ	ㄴ		ㅇ
유음		ㄹ		

영향의 방향	음운이 바뀌는 양상	
달→님 (앞 음운의 영향)	달님[달림]	조음 방법의 변화
작→문 (뒤 음운의 영향)	작문[장문]	조음 방법의 변화
해 돋이 (뒤 음운의 영향)	해돋이[해도지]	조음 방법과 조음 위치의 변화

[학습 활동]

뒤 음운의 영향을 받아서 앞 음운이 조음 방법만 바뀌는 단어를 ㄱ~ㄹ에서 골라 보자.

ㄱ. 난로[날로]	ㄴ. 맏이[마지]
ㄷ. 실내[실래]	ㄹ. 톱날[톰날]

① ㄱ, ㄴ   ② ㄱ, ㄹ   ③ ㄴ, ㄷ

④ ㄴ, ㄹ   ⑤ ㄷ, ㄹ

371 [2024년 6월 고1 학평 14번]

<보기>의 학습 활동을 수행한 결과로 적절한 것은?

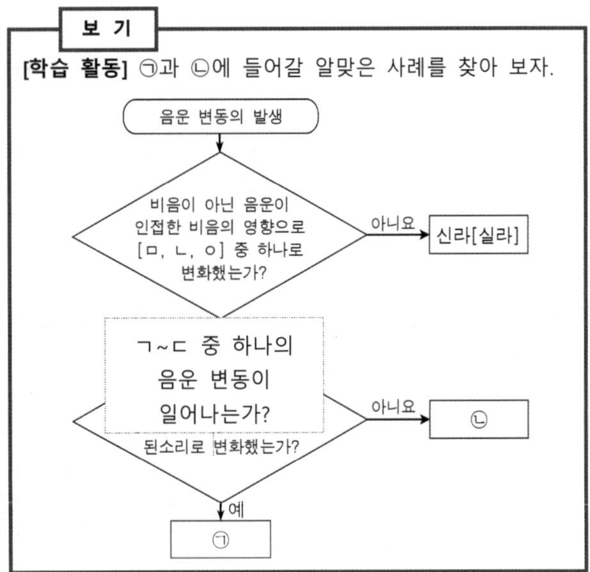

	⊙	ⓒ
①	옷맵시[온맵씨]	꽃말[꼰말]
②	덮개[덥깨]	묵념[뭉념]
③	부엌문[부엉문]	앞날[암날]
④	광안리[광알리]	권력가[궐력까]
⑤	귓속말[귇쏭말]	습득물[습뜽물]

372 [2024년 9월 고1 학평 13번]

<보기>의 활동을 모든 학생이 바르게 수행했을 때, '학생 2'가 쓴 단어로 적절한 것은?

보 기

음운 변동에는 어떤 음운이 다른 음운으로 바뀌는 교체, 있던 음운이 없어지는 탈락, 두 음운이 합쳐져 새로운 하나의 음운으로 줄어드는 축약, 없던 음운이 새로 생기는 첨가가 있다.

[활동]
앞 학생이 제시한 단어에서 일어나지 않는 음운 변동이 일어나는 단어를 쓰시오.

① 삯일[상닐]   ② 옷맵시[온맵씨]

③ 겉핥기[거탈끼]   ④ 색연필[생년필]

⑤ 넓죽하다[넙쭈카다]

373 [2025년 3월 고1 학평 15번]

<보기>의 선생님이 제시한 '학습 과제'를 탐구한 내용으로 적절하지 <u>않은</u> 것은? [3점]

보 기

선생님 : 고유어 A, B가 합쳐져 새로운 단어가 만들어질 때, A의 받침으로 사이시옷을 표기하는 경우가 있습니다. 아래의 탐구 과정을 참고하여 학습 과제를 탐구해 봅시다.

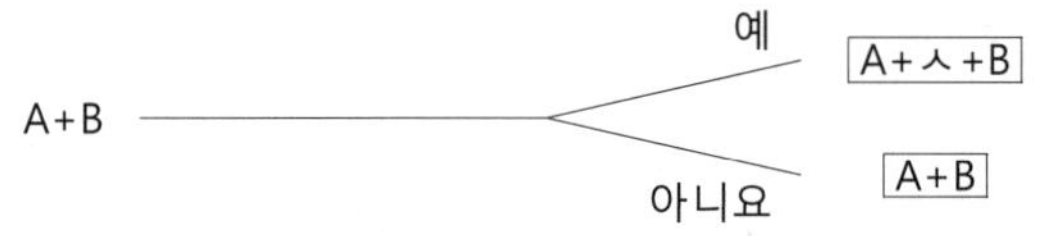

<사이시옷을 표기하는 조건>
ㄱ. B의 초성이 예사소리에서 된소리로 바뀌는 경우
ㄴ. A의 종성에 'ㄴ' 소리가 생기는 경우
ㄷ. A의 종성과 B의 초성에 각각 'ㄴ' 소리가 생기는 경우

■ 학습 과제 : a ~ e에 들어갈 올바른 표기를 탐구해 보자.

○ 비 + 길 → ___a___	[비낄]
○ 위 + 쪽 → ___b___	[위쪽]
○ 코 + 날 → ___c___	[콘날]
○ 이 + 몸 → ___d___	[인몸]
○ 배 + 일 → ___e___	[밴닐]

① a : ㄱ에 해당하므로 '빗길'로 표기해야겠군.
② b : ㄱ에 해당하므로 '윗쪽'으로 표기해야겠군.
③ c : ㄴ에 해당하므로 '콧날'로 표기해야겠군.
④ d : ㄴ에 해당하므로 '잇몸'으로 표기해야겠군.
⑤ e : ㄷ에 해당하므로 '뱃일'로 표기해야겠군.

374 [2025년 6월 고1 학평 14번]

<보기>를 바탕으로 음운 변동 사례에 대해 이해한 내용으로 적절하지 <u>않은</u> 것은?

보 기

국어의 음운 변동은 한 음운이 다른 음운으로 바뀌는 교체, 한 음운이 없어지는 탈락, 새로운 음운이 생기는 첨가, 두 음운이 합쳐져 다른 음운으로 바뀌는 축약으로 분류할 수 있다. 그런데 음운 변동은 음운 환경에 따라 두 가지 이상이 함께 나타나기도 한다. '색연필[생년필]'은 첨가와 교체가 일어났고, '넓죽하다[넙쭈카다]'는 탈락, 교체, 축약이 일어났다.

① '밥값[밥깝]'은 교체와 탈락이 일어났군.
② '닳고[달코]'는 탈락과 축약이 일어났군.
③ '물약[물략]'은 첨가와 교체가 일어났군.
④ '닫힌[다친]'은 축약과 교체가 일어났군.
⑤ '삯일[상닐]'은 탈락, 첨가, 교체가 일어났군.

375 [2025년 10월 고1 학평 7번]

<학습 활동>을 수행한 결과로 적절한 것은?

학습 활동

음운의 변동은 크게 '교체, 첨가, 탈락, 축약'으로 나눌 수 있다. 한 단어를 발음할 때, 한 가지 유형의 음운 변동이 일어날 수도 있지만 서로 다른 유형의 음운 변동이 복합적으로 일어나기도 한다. [자료]의 ㉠~㉢을 표준 발음으로 발음하는 과정에서 일어나는 음운 변동의 유형을 설명해 보자.

[자료]
㉠묻히다[무치다]　　　　㉡털양말[털량말]
㉢굵적굵적[극쩍꾹쩍]　　㉣척박하다[척빠카다]
㉤굵다랗다[국:따라타]

① ㉠에서는 탈락과 축약이 모두 일어나는군.
② ㉡에서는 교체와 첨가가 모두 일어나는군.
③ ㉢에서는 첨가와 탈락이 모두 일어나는군.
④ ㉣에서는 교체, 탈락, 축약이 모두 일어나는군.
⑤ ㉤에서는 교체, 첨가, 탈락이 모두 일어나는군.

376 [2013년 3월 고2 학평 B형 15번]

<보기>는 표준 발음에 대한 규정의 일부이다. 이를 바탕으로 할 때 발음이 적절하지 <u>않은</u> 것은?

보 기

제8항 받침소리로는 'ㄱ, ㄴ, ㄷ, ㄹ, ㅁ, ㅂ, ㅇ'의 7개 자음만 발음한다.
제9항 받침 'ㄲ, ㅋ', 'ㅅ, ㅆ, ㅈ, ㅊ, ㅌ', 'ㅍ'은 어말 또는 자음 앞에서 각각 대표음 [ㄱ, ㄷ, ㅂ]으로 발음한다.
제10항 겹받침 'ㄳ', 'ㄵ', 'ㄼ, ㄽ, ㄾ', 'ㅄ'은 어말 또는 자음 앞에서 각각 [ㄱ, ㄴ, ㄹ, ㅂ]으로 발음한다. 다만, '밟-'은 자음 앞에서 [밥]으로 발음한다.
제11항 겹받침 'ㄺ, ㄻ, ㄿ'은 어말 또는 자음 앞에서 각각 [ㄱ, ㅁ, ㅂ]으로 발음한다. 다만, 용언의 어간 말음 'ㄺ'은 'ㄱ' 앞에서 [ㄹ]로 발음한다.
제13항 홑받침이나 쌍받침이 모음으로 시작된 조사나 어미, 접미사와 결합되는 경우에는, 제 음가대로 뒤 음절 첫소리로 옮겨 발음한다.

① 이제야 동녘에서[동녀게서] 해가 떠오른다.
② 그는 꽃밭[꼳빧] 근처에서 기다리고 있었다.
③ 비가 그치고 난 후 날씨가 맑게[말께] 개었다.
④ 그녀는 하얀 눈을 밟고[밥꼬] 앞으로 나아갔다.
⑤ 아버지의 외곬[외골] 인생은 마침내 빛을 보았다.

377 [2013년 6월 고2 학평 B형 11번]

<보기>는 표준 발음에 대한 규정의 일부이다. 이 규정을 활용하여 해결할 수 있는 질문이 <u>아닌</u> 것은?

보 기

제23항 받침 'ㄱ(ㄲ, ㅋ, ㄳ, ㄺ), ㄷ(ㅅ, ㅆ, ㅈ, ㅊ, ㅌ), ㅂ(ㅍ, ㄼ, ㄿ, ㅄ)' 뒤에 연결되는 'ㄱ, ㄷ, ㅂ, ㅅ, ㅈ'은 된소리로 발음한다.
　예 국밥[국빱], 옷고름[옫꼬름], 옆집[엽찝]
제24항 어간 받침 'ㄴ(ㄵ), ㅁ(ㄻ)' 뒤에 결합되는 어미의 첫소리 'ㄱ, ㄷ, ㅅ, ㅈ'은 된소리로 발음한다.
　예 앉고[안꼬], 더듬지[더듬찌]
　다만, 피동, 사동의 접미사 '-기-'는 된소리로 발음하지 않는다.
　예 안기다[안기다], 감기다[감기다]

① '덮개'는 [덥개]인가요, [덥깨]인가요?
② '갈등'은 [갈등]이 아니라 왜 [갈뜽]인가요?
③ '낯설다'는 [낟설다]인가요, [낟썰다]인가요?
④ '머금다'는 [머금다]가 아니라 [머금따]가 맞나요?
⑤ '남기다'는 [남끼다]가 아니라 왜 [남기다]인가요?

378 [2013년 9월 고2 학평 B형 11번]

다음은 표준발음법 수업의 일부이다. ㉠과 사례가 같은 것은?

선생님 : '내복약'은 [내:봉냑]으로 발음됩니다. 이렇게 발음되는 이유는 'ㄴ' 첨가 현상과 비음화 현상이 일어났기 때문입니다. 'ㄴ' 첨가 현상은 단어와 단어가 결합할 때, 뒤 단어의 첫소리가 '이, 야, 여, 요, 유'인 경우에는, 'ㄴ' 음을 첨가하여 [니, 냐, 녀, 뇨, 뉴]로 발음하는 현상입니다. 비음화 현상은 'ㄱ, ㄷ(ㅅ, ㅊ), ㅂ'이 'ㄴ, ㅁ' 앞에서 [ㅇ, ㄴ, ㅁ]으로 발음되는 현상이고요. 그래서 ㉠내복약은 [내:복약→내:복냑→내:봉냑]으로 발음하게 되는 겁니다.

① 꽃-망울[꼰망울]　　　　② 눈-요기[눈뇨기]
③ 영업-용[영엄뇽]　　　　④ 툇-마루[퇸:마루]
⑤ 휘발-유[휘발류]

379 [2014년 6월 고2 학평 B형 11번] 

<보기>와 동일한 과정을 거쳐 발음되는 단어는?

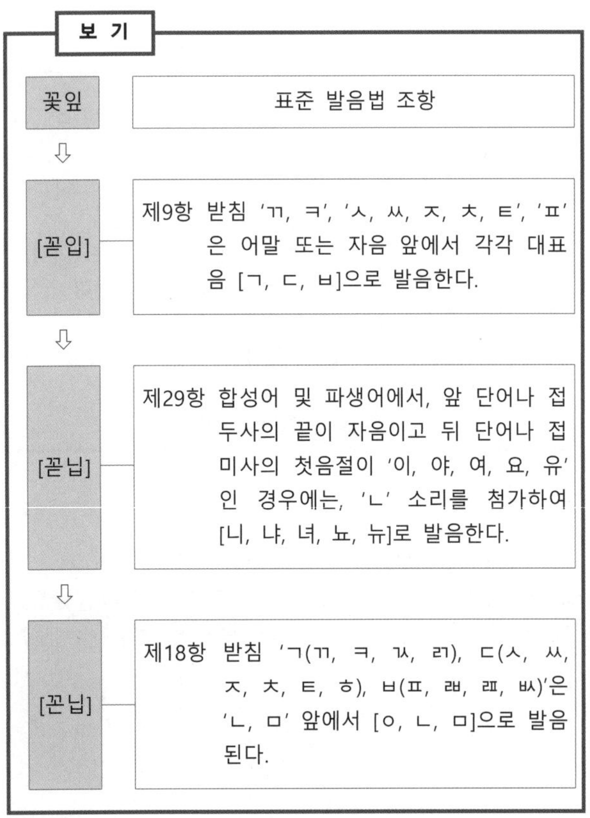

① 못난이[몬나니] ② 부엌문[부엉문]
③ 색연필[생년필] ④ 옷맵시[온맵씨]
⑤ 홑이불[혼니불]

380 [2014년 9월 고2 학평 B형 12번] 

다음은 표준 발음법 조항의 일부이다. ㉠에 해당하는 것은?

> **제10항** ㉠겹받침 'ㄳ', 'ㄵ', 'ㄼ, ㄽ, ㄾ', 'ㅄ'은 어말 또는 자음 앞에서 각각 [ㄱ, ㄴ, ㄹ, ㅂ]으로 발음한다.
>
> 다만, '밟-'은 자음 앞에서 [밥]으로 발음하고, '넓-'은 다음과 같은 경우에 [넙]으로 발음한다.
> 　넓-죽하다 [넙쭈카다]　　넓-둥글다 [넙뚱글다]
>
> **제14항** 겹받침이 모음으로 시작된 조사나 어미, 접미사와 결합되는 경우에는, 뒤엣것만을 뒤 음절 첫소리로 옮겨 발음한다. (이 경우, 'ㅅ'은 된소리로 발음함.)

① 사과가 여덟 개 있다.
② 넋을 놓고 앉아 있었다.
③ 삼각형의 넓이를 구했다.
④ 동생이 발을 밟고 지나갔다.
⑤ 좋은 물건을 사느라고 비싼 값을 치렀다.

381 [2014년 11월 고2 학평 B형 11번] 

다음의 표준 발음 규정을 바탕으로 설명한 내용으로 적절하지 <u>않은</u> 것은?

> [제10항] 겹받침 'ㄳ', 'ㄵ', 'ㄼ, ㄽ, ㄾ', 'ㅄ'은 어말 또는 자음 앞에서 각각 [ㄱ, ㄴ, ㄹ, ㅂ]으로 발음한다.
> [제13항] 홑받침이나 쌍받침이 모음으로 시작된 조사나 어미, 접미사와 결합되는 경우에는, 제 음가대로 뒤 음절 첫소리로 옮겨 발음한다.
> [제14항] 겹받침이 모음으로 시작된 조사나 어미, 접미사와 결합되는 경우에는, 뒤엣것만을 뒤 음절 첫소리로 옮겨 발음한다. (이 경우, 'ㅅ'은 된소리로 발음함.)

① '넋도'는 [넉또]로, '넋이'는 [넉씨]로 발음해야 하는 것은 동일한 규정이 적용되기 때문이다.
② '없을'은 [업쓸]로, '읊어'는 [을퍼]로 발음해야 하는 것은 모두 제14항의 규정이 적용되기 때문이다.
③ '꽃을'을 [꼬들]이 아니라 [꼬츨]로 발음해야 하는 것은 홑받침이 모음으로 시작하는 조사와 결합했기 때문이다.
④ '있어'는 [이써]로, '앉아'는 [안자]로 발음해야 하는 것은 각각 쌍받침과 겹받침이 모음으로 시작되는 어미와 결합했기 때문이다.
⑤ '값'을 [갑]으로 발음해야 하는 것은 제10항의 규정이, '값을'을 [갑쓸]로 발음해야 하는 것은 제14항의 규정이 적용되기 때문이다.

382 [2014년 11월 고2 학평 B형 14번] 

다음의 탐구 학습 과정에서 ㉠에 들어갈 수 있는 내용으로 적절하지 <u>않은</u> 것은? [3점]

> **자료**
> ◦그는 그 책을 가지고 / 갖고 있지 않다.
> ◦그는 조심스럽게 발을 디디었다. / 디뎠다. / *딛었다.
> ◦나는 어제저녁 / 엊저녁에 친구를 만났다.
> (*표시는 어문 규정에 어긋남을 의미함.)
>
> ⇩
>
> **의문**
> ◦'가지고', '디디었다', '어제저녁'은 어떤 방식으로 준말이 만들어질까?
>
> ⇩
>
> **탐구 과정**
> ◦'갖고', '디뎠다', '엊저녁'이 어떻게 만들어진 것인지 살펴본다.
> ㄱ. 갖고 : 가지- + -고 → 갖고
> ㄴ. 디뎠다 : 디디- + -었- + -다 → 디뎠다 / *딛었다
> ㄷ. 엊저녁 : 어제 + 저녁 → 엊저녁
>
> ⇩
>
> **결과**
> ㉠

① '갖고'는 어간의 끝음절 모음을 탈락시켜 준말을 만든 경우로군.

② '디뎠다'는 어간의 끝음절 모음과 모음으로 시작하는 어미가 축약되어 준말을 만든 경우로군.

③ '엊저녁'을 보면, 앞 어근의 끝음절 모음이 탈락하고 자음만 남는 경우, 그 자음을 앞 음절의 받침으로 올려붙여 준말을 만들었군.

④ '딛었다'와 '갖고'를 보면, 어간에 자음으로 시작하는 어미가 결합할 때에는 준말이 만들어지지 않는군.

⑤ '디뎠다'와 '딛었다'를 보면, 어간에 모음으로 시작하는 어미가 결합하여 준말이 될 때, 어간의 끝음절 자음이 바로 앞 음절의 받침으로 쓰일 수 없군.

---

384 [2015년 6월 고2 학평 11번]

<보기 1>의 두 조항이 모두 적용된 사례를 <보기 2>에서 찾아 바르게 묶은 것은?

> **보기 1**
>
> **제18항** 받침 'ㄱ(ㄲ, ㅋ, ㄳ, ㄺ), ㄷ(ㅅ, ㅆ, ㅈ, ㅊ, ㅌ, ㅎ), ㅂ(ㅍ, ㄼ, ㄿ, ㅄ)'은 'ㄴ, ㅁ' 앞에서 [ㅇ, ㄴ, ㅁ]으로 발음한다.
>
> **제29항** 합성어 및 파생어에서, 앞 단어나 접두사의 끝이 자음이고 뒤 단어나 접미사의 첫음절이 '이, 야, 여, 요, 유'인 경우에는, 'ㄴ' 음을 첨가하여 [니, 냐, 녀, 뇨, 뉴]로 발음한다.

> **보기 2**
>
> ㉠ 어느새 진달래 꽃잎[꼰닙]도 져 버렸구나.
> ㉡ 아기가 색연필[생년필]로 낙서를 마구 해 댔다.
> ㉢ 엄마는 고구마를 식용유[시굥뉴]에 튀기고 계셨다.
> ㉣ 그녀는 아무 말 없이 직행열차[지캥녈차]를 타고 떠났다.

① ㄱ, ㄴ ② ㄱ, ㄷ ③ ㄴ, ㄷ ④ ㄴ, ㄹ ⑤ ㄷ, ㄹ

---

383 [2015년 3월 고2 학평 11번]

<보기>를 바탕으로 표준 발음법에 대해 탐구한 내용으로 적절하지 <u>않은</u> 것은?

> **보 기**
>
> <표준 발음법 규정>
>
> **제23항** 받침 'ㄱ(ㄲ, ㅋ, ㄳ, ㄺ), ㄷ(ㅅ, ㅆ, ㅈ, ㅊ, ㅌ), ㅂ(ㅍ, ㄼ, ㄿ, ㅄ)' 뒤에 연결되는 'ㄱ, ㄷ, ㅂ, ㅅ, ㅈ'은 된소리로 발음한다.
>
> **제24항** 어간 받침 'ㄴ(ㄵ), ㅁ(ㄻ)' 뒤에 결합되는 어미의 첫소리 'ㄱ, ㄷ, ㅅ, ㅈ'은 된소리로 발음한다. 다만, 피동, 사동 접미사 '-기-'는 된소리로 발음하지 않는다.
>
> **제25항** 어간 받침 'ㄼ, ㄾ' 뒤에 결합되는 어미의 첫소리 'ㄱ, ㄷ, ㅅ, ㅈ'은 된소리로 발음한다.

① '따뜻한 국밥'에서 '국밥'은 제23항을 적용하여 [국빱]으로 발음해야겠군.

② '우리 집 닭장'에서 '닭장'은 제23항을 적용하여 [닥짱]으로 발음해야겠군.

③ '의자에 앉도록'에서 '앉도록'은 제24항을 적용하여 [안또록]으로 발음해야겠군.

④ '아이에게 신발을 신기다'에서 '신기다'는 제24항을 적용하여 [신기다]로 발음해야겠군.

⑤ '여덟과 아홉'에서 '여덟과'는 제25항을 적용하여 [여덜꽈]로 발음해야겠군.

---

385 [2015년 9월 고2 학평 11번]

<보기>는 표준 발음법의 일부이다. 각 항에 해당하는 사례를 바르게 짝지은 것은?

> **보 기**
>
> **제19항** 받침 'ㅁ, ㅇ' 뒤에 연결되는 'ㄹ'은 [ㄴ]으로 발음한다.
>
> **제29항** 합성어 및 파생어에서, 앞 단어나 접두사의 끝이 자음이고 뒤 단어나 접미사의 첫음절이 '이, 야, 여, 요, 유'인 경우에는, 'ㄴ' 음을 첨가하여 [니, 냐, 녀, 뇨, 뉴]로 발음한다.

	제19항	제29항
①	심리[심니]	두통약[두통냑]
②	점령[점녕]	상록수[상녹쑤]
③	콩엿[콩녇]	한여름[한녀름]
④	국물[궁물]	눈요기[눈뇨기]
⑤	종로[종노]	물난리[물랄리]

음운 영역 핵심 기출 문제

386 [2015년 11월 고2 학평 11번]

<보기>의 '선생님'의 질문에 대한 대답으로 적절한 것은? [3점]

> **보 기**
>
> **선생님** : 음운 변동은 그 결과에 따라 교체, 탈락, 첨가, 축약으로 분류할 수 있습니다. 교체는 한 음운이 다른 음운으로 바뀌는 현상이며, 탈락은 두 음운 중에서 어느 하나가 없어지는 현상입니다. 첨가는 없던 음운이 추가되는 현상이며, 축약은 두 음운이 합쳐져서 하나의 음운으로 줄어드는 현상입니다. 그럼 다음 학습 자료들은 각각 음운 변동의 어떤 유형에 해당하는지 그 이유를 들어 설명해 볼까요?
>
> **[학습 자료]**
> ㉠ 줍+고→[줍꼬] ㉡ 넣+은→[너:은]
> ㉢ 먹+는→[멍는] ㉣ 쌓+지→[싸치]
> ㉤ 논+일→[논닐]

① ㉠은 첨가에 해당합니다. 왜냐하면 'ㅂ'의 영향을 받아 'ㄱ'에 'ㄱ'이 추가되어 'ㄲ'이 되었기 때문입니다.

② ㉡은 축약에 해당합니다. 왜냐하면 'ㅎ'으로 끝나는 어간과 모음으로 시작하는 어미가 결합하여 하나의 모음으로 줄어들었기 때문입니다.

③ ㉢은 탈락에 해당합니다. 왜냐하면 'ㄴ'의 영향을 받아 'ㄱ'이 없어졌기 때문입니다.

④ ㉣은 교체에 해당합니다. 왜냐하면 'ㅈ'이 'ㅎ'의 영향을 받아 'ㅊ'으로 바뀌었기 때문입니다.

⑤ ㉤은 첨가에 해당합니다. 왜냐하면 'ㄴ'으로 끝나는 형태소와 'ㅣ'모음으로 시작하는 형태소가 결합할 때 'ㄴ'이 추가되었기 때문입니다.

387 [2016년 3월 고2 학평 11번]

<보기>에 따라 표준 발음에 대하여 학습하였다. 각 예에 적용된 내용과 그 발음이 바르지 <u>못한</u> 것은?

> **보 기**
>
> ○ 합성어 및 파생어에서, 앞 단어나 접두사의 끝이 자음이고 뒤 단어나 접미사의 첫음절이 '이, 야, 여, 요, 유'인 경우에는, 'ㄴ' 음을 첨가하여 [니, 냐, 녀, 뇨, 뉴]로 발음함. 그리고 'ㄹ' 받침 뒤에 첨가되는 'ㄴ' 음은 [ㄹ]로 발음함. ········· ⓐ
> ○ 받침 'ㄱ, ㄷ, ㅂ'은 'ㄴ, ㅁ' 등의 비음 앞에서 [ㅇ, ㄴ, ㅁ]으로 발음함. ········· ⓑ
> ○ 받침 'ㅁ, ㅇ' 뒤에 연결되는 'ㄹ'은 [ㄴ]으로 발음함. ·· ⓒ
> ○ 'ㄴ'은 'ㄹ'의 앞이나 뒤에서 [ㄹ]로 발음함. ·············· ⓓ

	예	적용 내용	발음
①	색연필	ⓐ, ⓑ	[생년필]
②	물약	ⓐ, ⓒ	[물냑]
③	잡는다	ⓑ	[잠는다]
④	강릉	ⓒ	[강능]
⑤	물난리	ⓓ	[물랄리]

388 [2016년 6월 고2 학평 14번]

<보기>의 ㉠~㉣에 대한 이해로 적절한 것은?

> **보 기**
>
> 음운의 변동 중 ㉠축약은 두 음운이 합쳐져서 하나의 음운으로 줄어드는 현상을 말한다. 반면 ㉡탈락은 두 음운이 만나면서 한 음운이 사라져 소리가 나지 않는 현상을 말한다. 이러한 축약과 탈락은 ㉢자음에서 일어나는 경우와 ㉣모음에서 일어나는 경우가 있다.

① '싫다[실타]'는 ㉠과 ㉣에 해당된다.

② '좋아요[조아요]'는 ㉡과 ㉣에 해당한다.

③ '울-+-는 → 우는'은 ㉠과 ㉢에 해당된다.

④ '크-+-어서 → 커서'는 ㉡과 ㉣에 해당한다.

⑤ '나누-+-었다 → 나눴다'는 ㉠과 ㉣에 해당한다.

389 [2016년 9월 고2 학평 11번] 

<보기>의 표준 발음법을 참고하여 단어의 올바른 발음을 탐구한 내용으로 적절하지 <u>않은</u> 것은?

> **보 기**
>
> **[표준 발음법]**
> **제13항** 홑받침이나 쌍받침이 모음으로 시작된 조사나 어미, 접미사와 결합되는 경우에는, 제 음가대로 뒤 음절 첫소리로 옮겨 발음한다.
> **제14항** 겹받침이 모음으로 시작된 조사나 어미, 접미사와 결합되는 경우에는, 뒤엣것만을 뒤 음절 첫소리로 옮겨 발음한다.

① '깎아'는 [깍가]로 발음해야 한다.
② '읊어'는 [을퍼]로 발음해야 한다.
③ '여덟을'은 [여덜블]로 발음해야 한다.
④ '덮이다'는 [더피다]로 발음해야 한다.
⑤ '부엌이'는 [부어키]로 발음해야 한다.

390 [2016년 11월 고2 학평 11번]

<보기 1>은 표준 발음법 규정의 일부이다. 이를 바탕으로 <보기 2>를 탐구한 내용으로 적절하지 <u>않은</u> 것은?

> **보기 1**
>
> **제9항** 받침 'ㄲ, ㅋ', 'ㅅ, ㅆ, ㅈ, ㅊ, ㅌ', 'ㅍ'은 어말 또는 자음 앞에서 각각 대표음 [ㄱ, ㄷ, ㅂ]으로 발음한다.
> **제13항** 홑받침이나 쌍받침이 모음으로 시작된 조사나 어미, 접미사와 결합되는 경우에는, 제 음가대로 뒤 음절 첫소리로 옮겨 발음한다.
> **제18항** 받침 'ㄱ(ㄲ, ㅋ, ㄳ, ㄺ), ㄷ(ㅅ, ㅆ, ㅈ, ㅊ, ㅌ, ㅎ), ㅂ(ㅍ, ㄼ, ㄿ, ㅄ)'은 'ㄴ, ㅁ' 앞에서 [ㅇ, ㄴ, ㅁ]으로 발음한다.
> **제20항** 'ㄴ'은 'ㄹ'의 앞이나 뒤에서 [ㄹ]로 발음한다.
> **제23항** 받침 'ㄱ(ㄲ, ㅋ, ㄳ, ㄺ), ㄷ(ㅅ, ㅆ, ㅈ, ㅊ, ㅌ), ㅂ(ㅍ, ㄼ, ㄿ, ㅄ)' 뒤에 연결되는 'ㄱ, ㄷ, ㅂ, ㅅ, ㅈ'은 된소리로 발음한다.

> **보기 2**
>
> ㉠ 들녘이　　㉡ 들녘도　　㉢ 들녘만

① ㉠에서 '들녘'의 'ㅋ'은 제13항이 적용되어 [ㄱ]으로 발음되겠군.
② ㉡에서 '들녘'의 'ㅋ'은 제9항이 적용되어 [ㄱ]으로 발음되겠군.
③ ㉡에서 '도'의 'ㄷ'은 제23항이 적용되어 [ㄸ]으로 발음되겠군.
④ ㉢에서 '들녘'의 'ㅋ'은 제18항이 적용되어 [ㅇ]으로 발음되겠군.
⑤ ㉠~㉢에서 '들녘'의 'ㄴ'은 제20항이 적용되어 [ㄹ]로 발음되겠군.

391 [2017년 3월 고2 학평 11번]

<보기>의 설명에 따를 때, 음운 변동 ⓐ, ⓑ가 모두 일어나는 단어로 적절한 것은?

> **보 기**
>
> 다음은 '맨입'과 '국민'을 발음할 때에 일어나는 음운 변동을 나타낸 것이다. '맨입'은 음운 변동 ⓐ가 일어나 [맨닙]으로 발음되고, '국민'은 음운 변동 ⓑ가 일어나 [궁민]으로 발음된다.
>
> 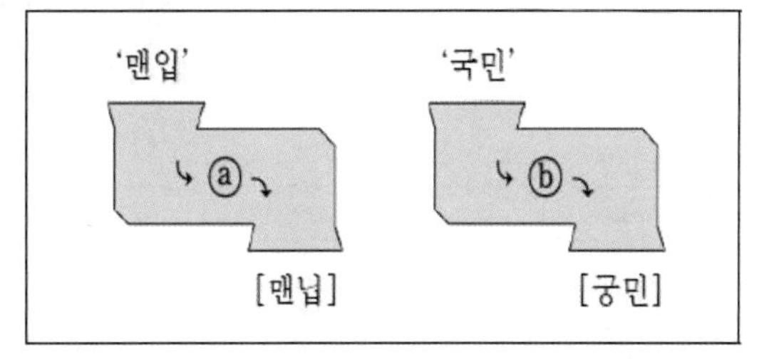
>

① 막일　② 담요　③ 낙엽　④ 곡물　⑤ 강약

392 [2017년 9월 고2 학평 13번] 

<보기>의 활동 과제를 수행한 결과로 적절한 것은?

> **보 기**
>
> **[활동 과제]**
> 음운 변동의 유형에는 '교체', '첨가', '탈락', '축약'이 있다.
> ⓐ : 교체 - 한 음운이 다른 음운으로 바뀌는 현상
> ⓑ : 첨가 - 없던 음운이 새로 생기는 현상
> ⓒ : 탈락 - 한 음운이 없어지는 현상
> ⓓ : 축약 - 두 음운이 합쳐져 다른 음운으로 바뀌는 현상
>
> ㉠과 ㉡에 해당하는 음운 변동을 ⓐ~ⓓ 중에서 골라보자.
>
> 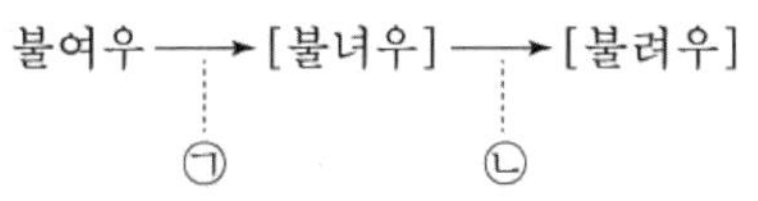
>

	㉠	㉡
①	ⓐ	ⓐ
②	ⓐ	ⓑ
③	ⓑ	ⓐ
④	ⓑ	ⓒ
⑤	ⓒ	ⓓ

393 [2017년 11월 고2 학평 11번]

<보기>는 음운 변동에 대한 수업의 한 장면이다. 학생들의 활동 결과로 적절한 것은?

보기

선생님 : 지난 시간에는 음운 변동 현상인 교체, 탈락, 축약, 첨가에 대해서 배웠습니다. 오늘은 음운 변동이 두 가지 이상 나타나는 단어를 통해 지난 시간에 배운 내용을 적용해 보겠습니다. 모둠별로 칠판에 제시한 단어에서 일어나는 음운 변동 현상을 분석한 후, 분석 결과에 따라 해당 항목에 알맞은 단어 카드를 붙여 볼까요?

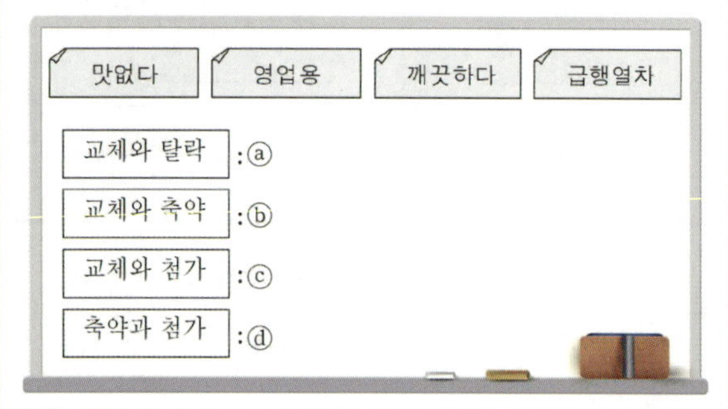

	맛없다	영업용	깨끗하다	급행열차
교체와 탈락	: ⓐ			
교체와 축약	: ⓑ			
교체와 첨가	: ⓒ			
축약과 첨가	: ⓓ			

	ⓐ	ⓑ	ⓒ	ⓓ
①	급행열차	깨끗하다	맛없다	영업용
②	맛없다	급행열차	영업용	깨끗하다
③	맛없다	깨끗하다	영업용	급행열차
④	깨끗하다	영업용	맛없다	급행열차
⑤	깨끗하다	맛없다	급행열차	영업용

394 [2018년 3월 고2 학평 12번]

<보기>의 선생님의 질문에 답한 내용으로 적절하지 <u>않</u>은 것은? [3점]

보기

선생님 : 우리말에서 어근과 어근이 결합하여 합성 명사를 이룰 때, 뒤 어근의 예사소리가 된소리로 바뀌거나 두 어근 사이에 'ㄴ'이 첨가되기도 합니다. 다음은 이와 관련된 표준발음법의 규정을 정리한 것입니다.

> ㉮ 'ㄱ, ㄷ, ㅂ, ㅅ, ㅈ'으로 시작하는 단어 앞에 사이시옷이 올 때는 이들 자음만을 된소리로 발음하는 것을 원칙으로 하되, 사이시옷을 [ㄷ]으로 발음하는 것도 허용한다.
> ㉯ 사이시옷 뒤에 'ㄴ, ㅁ'이 결합되는 경우에는 [ㄴ]으로, '이' 음이 결합되는 경우에는 [ㄴㄴ]으로 발음한다.

㉮는 앞 어근의 끝소리가 울림소리이고 뒤 어근의 첫소리가 안울림 예사소리이면 뒤의 예사소리가 된소리로 바뀌는 현상과 관련된 규정입니다. 그리고 ㉯는 앞 어근이 모음으로 끝나고 뒤 어근이 'ㄴ, ㅁ'으로 시작되면 앞 어근의 끝소리에 'ㄴ' 소리가 첨가되는 현상, 혹은 앞 어근이 모음으로 끝나고 뒤 어근이 모음 'ㅣ'나 반모음 'ㅣ'로 시작되면 앞 어근의 끝소리와 뒤 어근의 첫소리에 각각 'ㄴ'이 첨가되는 현상과 관련된 규정입니다.

그러면, 이를 바탕으로 다음 단어들에 대해 설명해 볼까요?

> 빨랫돌[빨래똘 / 빨랟똘], 옷깃[옫낃],
> 홑이불[혼니불], 뱃머리[밴머리], 깻잎[깬닙]

---

① '빨랫돌'은 합성 명사로, 앞 어근의 끝소리가 울림소리이고 뒤 어근의 첫소리가 된소리로 바뀌므로 ㉮의 예로 볼 수 있어요.

② '옷깃'은 합성 명사이고 예사소리가 된소리로 바뀌는 현상이 나타나므로 ㉮의 예로 볼 수 있어요.

③ '홑이불'은 'ㄴ'의 첨가가 나타나지만, '홑-'이 접사이므로 ㉯의 예로 볼 수 없어요.

④ '뱃머리'는 합성 명사로, 앞 어근이 모음으로 끝나고 뒤 어근이 'ㅁ'으로 시작하는 음운 환경에서 앞 어근의 끝소리에 'ㄴ'이 첨가되므로 ㉯의 예로 볼 수 있어요.

⑤ '깻잎'은 합성 명사로, 앞 어근이 모음으로 끝나고 뒤 어근이 'ㅣ'로 시작되는데 앞 어근의 끝소리와 뒤 어근의 첫소리에 각각 'ㄴ'이 첨가되므로 ㉯의 예로 볼 수 있어요.

395 [2018년 6월 고2 학평 13번]

<보기>의 '표준 발음법'을 바르게 적용하지 <u>못한</u> 것은?

보 기

제10항 겹받침 'ㄳ', 'ㄵ', 'ㄼ, ㄽ, ㄾ', 'ㅄ'은 어말 또는 자음 앞에서 각각 [ㄱ, ㄴ, ㄹ, ㅂ]으로 발음한다. 다만, '밟-'은 자음 앞에서 [밥]으로 발음한다.

제11항 겹받침 'ㄺ, ㄻ, ㄿ'은 어말 또는 자음 앞에서 각각 [ㄱ, ㅁ, ㅂ]으로 발음한다. 다만, 용언의 어간 말음 'ㄺ'은 'ㄱ' 앞에서 [ㄹ]로 발음한다.

제14항 겹받침이 모음으로 시작된 조사나 어미, 접미사와 결합되는 경우에는, 뒤엣것만을 뒤 음절 첫소리로 옮겨 발음한다.(이 경우, 'ㅅ'은 된소리로 발음함.)

---

① '넓지'는 제10항에 의거하여 [널찌]로 발음해야겠군.

② '옮겨'는 제11항에 의거하여 [옴겨]로 발음해야겠군.

③ '읽고'는 제11항에 의거하여 [일꼬]로 발음해야겠군.

④ '값이'는 제14항에 의거하여 [갑시]로 발음해야겠군.

⑤ '훑어'는 제14항에 의거하여 [훌터]로 발음해야겠군.

396 [2018년 9월 고2 학평 14번]

<보기>의 ㉠~㉤을 활용하여 현대의 '구개음화'를 탐구한 것으로 적절하지 <u>않은</u> 것은? [3점]

보 기

㉠ 맏이[마지], 같이[가치]

㉡ 밭이[바치], 밭을[바틀]

㉢ 굳히다[구치다], 닫히다[다치다]

㉣ 밑이[미치], 끝인사[끄딘사]

㉤ 해돋이[해도지], 견디다[견디다]

---

① ㉠을 보니, 'ㄷ'이나 'ㅌ'이 끝소리일 때 구개음화가 일어나는군.

② ㉡을 보니, 'ㅌ'이 특정한 모음과 만날 때 구개음화가 일어나는군.

③ ㉢을 보니, 'ㄷ' 뒤에서 'ㅎ'이 탈락할 때 구개음화가 일어나는군.

④ ㉣을 보니, 'ㅌ' 뒤에 실질 형태소가 올 때는 구개음화가 일어나지 않는군.

⑤ ㉤을 보니, 하나의 형태소 내부에서는 구개음화가 일어나지 않는군.

397 [2018년 11월 고2 학평 13번]

<보기>의 ㉠~㉣에서 설명한 음운 변동이 일어난 예로 적절한 것은?

보 기

㉠ 원래 없던 음운이 새로 생긴다.

㉡ 한 음운이 다른 음운으로 바뀐다.

㉢ 두 개의 음운 중 한 음운이 없어진다.

㉣ 두 음운이 합쳐져 하나의 음운으로 바뀐다.

---

① ㉠ : 설날[설:랄], 한여름[한녀름]

② ㉡ : 놓아[노아], 없을[업:쓸]

③ ㉣ : 앉히다[안치다], 끓이다[끄리다]

④ ㉠ + ㉡ : 구급약[구:금냑], 물엿[물렫]

⑤ ㉡ + ㉢ : 읊조리다[읍쪼리다], 꿋꿋하다[꾿꾸타다]

398 [2019년 6월 고2 학평 13번]

<보기>는 문법 수업의 일부이다. 선생님의 질문에 대한 대답으로 적절한 것은? [3점]

보 기

선생님 : 음운의 변동은 발음 결과에 따라 한 음운이 다른 음운으로 바뀌는 ㉠교체, 원래 있던 음운이 없어지는 ㉡탈락, 없던 음운이 추가되는 ㉢첨가, 두 음운이 합쳐져서 하나의 음운으로 바뀌는 ㉣축약으로 나눌 수 있습니다.

[질문] 다음 밑줄 친 부분에서 일어나는 음운의 변동 양상을 설명해 볼까요?

나는 어제 사 온 책을 **읽느라** 밤을 꼬박 새웠다. 목차만 **훑고서** 사 온 책은 기대보다 훨씬 재미있었다. 장시간 책을 봐서인지 머리가 아팠다. 그러나 **예삿일**로 생각해 어머니께서 **챙겨 주신 알약을** 먹지 않고 있다가 결국 몸살을 **앓았다.**

---

① '읽느라[잉느라]'에서 ㉠과 ㉡이 일어납니다.

② '훑고서[훌꼬서]'에서 ㉠과 ㉢이 일어납니다.

③ '예삿일[예산닐]'에서 ㉠과 ㉣이 일어납니다.

④ '알약을[알랴글]'에서 ㉡과 ㉢이 일어납니다.

⑤ '앓았다[아랃따]'에서 ㉡과 ㉣이 일어납니다.

399 [2019년 9월 고2 학평 13번]

<보기>의 ㄱ~ㄹ에 대해 탐구한 것으로 적절하지 <u>않은</u> 것은?

보 기

ㄱ. 신라[실라]   ㄴ. 국물[궁물]
ㄷ. 올여름[올려름]   ㄹ. 해돋이[해도지]

① ㄱ과 ㄴ은 모두 앞의 음운이 뒤의 음운의 성질을 닮아 변동된 것이군.
② ㄱ과 ㄷ은 모두 하나의 음운이 다른 음운으로 바뀌는 현상이 일어났군.
③ ㄱ과 ㄹ은 모두 음운의 변동이 일어나기 전과 후의 음운의 개수에 변화가 없군.
④ ㄴ과 ㄷ은 모두 두 형태소가 결합할 때 음운 변동이 일어났군.
⑤ ㄷ과 ㄹ은 모두 두 번 이상의 음운 변동이 일어났군.

400 [2019년 11월 고2 학평 11번]

<보기 1>을 바탕으로 <보기 2>의 ㉠과 ㉡에 대해 설명한 내용으로 가장 적절한 것은?

보 기 1

음운의 변동은 크게 네 가지로 나눌 수 있다. 어떤 음운이 다른 음운으로 바뀌는 '교체', 새로운 음운이 생기는 '첨가', 어떤 음운이 없어지는 '탈락', 두 음운이 하나의 음운으로 합쳐지는 '축약'이 그것이다.

보 기 2

[학생이 작성한 학습지]

※ 빈칸에 ⓐ~ⓓ의 표준 발음을 채우시오.

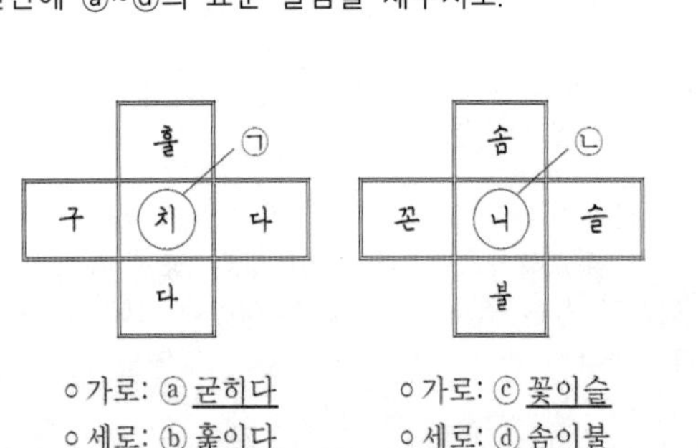

○ 가로: ⓐ <u>굳히다</u>   ○ 가로: ⓒ <u>꽃이슬</u>
○ 세로: ⓑ <u>훑이다</u>   ○ 세로: ⓓ <u>솜이불</u>

① ㉠은 ⓐ에서 '교체'가, ⓑ에서 '탈락'이 일어나 발음된 것이다.
② ㉡은 ⓒ에서 '첨가'가, ⓓ에서 '축약'이 일어나 발음된 것이다.
③ ㉠은 ⓐ와 ⓑ에서 공통적으로 '축약'이 일어나 발음된 것이다.
④ ㉡은 ⓒ와 ⓓ에서 공통적으로 '교체'가 일어나 발음된 것이다.
⑤ ㉡은 ⓒ와 ⓓ에서 공통적으로 '첨가'가 일어나 발음된 것이다.

401 [2020년 6월 고2 학평 13번]

<보기>의 ㉠에 들어갈 내용으로 적절한 것은? [3점]

보 기

아래의 단어들을 음운 변동 양상에 따라 둘로 분류할 때, 어떤 질문이 적절한지 알아봅시다.

놓는[논는], 닳아[다라], 막일[망닐], 칼날[칼랄]

질문	㉠	
	예	아니요
대답	놓는[논는], 칼날[칼랄]	닳아[다라], 막일[망닐]

① 음운 변동 전후 음운의 수가 동일한가?
② 자음과 모음의 변동이 모두 일어났는가?
③ 음운 변동의 결과가 표기에 반영되었는가?
④ 음운 변동이 앞 음절에서만 발생하였는가?
⑤ 조음 방법이 같아지는 음운 변동이 일어났는가?

402 [2020년 9월 고2 학평 13번]

<보기>의 ㉠~㉣에 들어갈 말로 적절한 것은?

보 기

선생님 : 음운 변동 중에는 한 음운이 앞이나 뒤의 음운의 영향을 받아 다른 음운으로 교체되는 현상이 있는데, 이때 조음 방법이나 조음 위치가 변하게 됩니다. 예를 들면 '밥물[밤물]'은 'ㅂ'이 뒤의 음운 'ㅁ'의 영향으로 비음인 'ㅁ'으로 바뀌어 조음 방법이 달라졌지요. 그럼 다음 단어들에서는 어떤 변화가 일어나는지 탐구해 봅시다.

달님[달림], 공론[공논], 논리[놀리]

학생 : (㉠)은/는 한 음운이 (㉡)의 음운의 영향을 받아 (㉢)으로 바뀌어 (㉣)이/가 바뀐 사례입니다.

	㉠	㉡	㉢	㉣
①	달님	앞	유음	조음 방법
②	달님	뒤	비음	조음 위치
③	공론	앞	비음	조음 위치
④	공론	뒤	비음	조음 방법
⑤	논리	뒤	유음	조음 위치

403 [2020년 11월 고2 학평 13번]

다음은 수업 장면의 일부이다. ㉠과 ㉡에 해당하는 예로 적절한 것은?

> **보 기**
>
> 선생님 : 음운의 변동에는 인접한 두 음운 중 어느 한쪽이 다른 쪽 음운의 영향을 받아 이와 비슷하거나 같은 소리로 바뀌는 현상이 있습니다. 이때 바뀌게 되는 음운을 'A', 바뀌어 나타난 음운을 'B', 영향을 준 음운을 'C'라고 생각해 본다면 다음과 같이 도식화해 볼 수 있습니다.
>
> | | 도식 | 설명 |
> |---|---|---|
> | ㉠ | A→B/_C | A가 C의 영향을 받아 C 앞에서 B로 바뀌는 경우 |
> | ㉡ | A→B/C_ | A가 C의 영향을 받아 C 뒤에서 B로 바뀌는 경우 |

	㉠	㉡
①	겹눈	맨입
②	실내	국물
③	작년	칼날
④	백마	잡히다
⑤	끓이다	물놀이

404 [2021년 3월 고2 학평 15번]

<보기>의 ㉠이 일어나는 사례로 적절한 것은?

> **보 기**
>
> 음운 변동에는 ㉠교체, 탈락, 첨가 등이 있는데, 용언의 활용에서 단모음과 단모음이 만날 때에도 이러한 현상이 일어날 수 있다. 이러한 모음의 음운 변동을 이해하기 위해서는 아래의 모음 종류를 참고할 필요가 있다.
> - 단모음 : ㅏ, ㅐ, ㅓ, ㅔ, ㅗ, ㅚ, ㅜ, ㅟ, ㅡ, ㅣ
> - 반모음 : ㅣ, ㅗ/ㅜ
> - 이중 모음(반모음 + 단모음) : ㅑ, ㅕ, ㅛ, ㅠ, ㅘ, ㅝ…
>
> 예를 들어 '오-+-아'가 [와]로 되는 음운 변동을 설명하면,
>
> | | (변동 전) | (변동 후) |
> |---|---|---|
> | 오- + -아 → [와] | ㅗ + ㅏ | ㅘ |
>
> 와 같이 교체되는 것을 알 수 있다.

	사례	변동 전	변동 후
①	뛰- + -어 → [뛰여]	ㅟ + ㅓ	ㅟ + ㅕ
②	살피- + -어 [살펴]	ㅣ + ㅓ	ㅕ
③	치르- + -어 → [치러]	ㅡ + ㅓ	ㅓ
④	끼- + -어 → [끼여]	ㅣ + ㅓ	ㅣ + ㅕ
⑤	자- + -아서 → [자서]	ㅏ + ㅏ	ㅏ

405 [2021년 6월 고2 학평 13번]

<보기>의 ⓐ와 ⓑ에 해당하는 음운 변동이 모두 일어나는 것은?

> **보 기**
>
> '팥빵'은 ______ⓐ______이/가 일어나서 [팥빵]으로 발음되고, '많던'은 ______ⓑ______이/가 일어나서 [만턴]으로 발음된다.

① 낯설고 ② 놓더라 ③ 맞는지
④ 먹히는 ⑤ 애틋한

406 [2021년 11월 고2 학평 15번]

<보기>의 선생님의 설명을 바탕으로 ㉠~㉢에 대해 학생이 발표한 내용으로 적절한 것은?

> **보 기**
>
> 선생님 : 음운의 변동은 한 음운이 다른 음운으로 바뀌는 교체, 한 음운이 없어지는 탈락, 새로운 음운이 생기는 첨가, 두 음운이 하나의 음운으로 합쳐지는 축약으로 구분됩니다. 음운의 변동이 일어날 때 음운의 개수가 늘어나기도 하고 줄어들기도 합니다. 다음 예시에 나타난 음운의 변동에 대해 발표해 봅시다.
>
> > ㉠꽃잎→ [꼰닙]
> > ㉡맑지→ [막찌]
> > ㉢막힘없다→ [마키멉따]

① ㉠과 ㉡은 첨가 현상이 일어났습니다.
② ㉠과 ㉢은 탈락 현상이 일어났습니다.
③ ㉡과 ㉢은 축약 현상이 일어났습니다.
④ ㉠과 ㉡은 음운의 개수가 늘었습니다.
⑤ ㉡과 ㉢은 음운의 개수가 줄었습니다.

407 [2022년 3월 고2 학평 13번]

<보기>의 ㉮, ㉯에 들어갈 예로 적절한 것은?

> **보 기**
>
> 'ㅎ'은 다양한 음운 변동이 일어나기 때문에 표준 발음법에 별도의 규정을 두고 있다. 'ㅎ'의 음운 변동에는 'ㅎ'이 다른 음운으로 바뀌는 교체, 'ㅎ'이 다른 음운과 합쳐져 새로운 음운이 되는 축약, 'ㅎ'이 없어져 발음되지 않는 탈락이 있다. 가령 '놓친[녿친]'은 'ㅎ'이 'ㄷ'으로 바뀌어 발음되므로 교체의 예에 해당한다.
>
> | | 'ㅎ'의 음운 변동 | | |
> |---|---|---|---|
> | 유형 | 교체 | 축약 | 탈락 |
> | 예 | 놓친[녿친] | ㉮ | ㉯ |

음운 영역 핵심 기출 문제

	㉮	㉯
①	좋고[조:코]	닿아[다아]
②	좋고[조:코]	쌓네[싼네]
③	넣는[넌:는]	닿아[다아]
④	넣는[넌:는]	쌓네[싼네]
⑤	좁힌[조핀]	닳지[달치]

408 [2022년 6월 고2 학평 13번] 

<보기>는 표준 발음법 중 '받침 'ㅎ'의 발음'의 일부이다. 이를 바탕으로 표준 발음을 이해한 내용으로 적절하지 <u>않은</u> 것은?

> **보 기**
>
> ㉠ 'ㅎ(ㄶ, ㅀ)' 뒤에 'ㄱ, ㄷ, ㅈ'이 결합되는 경우에는, 뒤 음절 첫소리와 합쳐서 [ㅋ, ㅌ, ㅊ]으로 발음한다.
> ㉡ 'ㅎ' 뒤에 'ㄴ'이 결합되는 경우에는, [ㄴ]으로 발음한다.
> ㉢ 'ㅎ(ㄶ, ㅀ)' 뒤에 모음으로 시작된 어미나 접미사가 결합되는 경우에는, 'ㅎ'을 발음하지 않는다.

① '물이 끓고 있다.'의 '끓고'는 ㉠에 따라 [끌코]로 발음한다.
② '벽돌을 쌓지 마라.'의 '쌓지'는 ㉠에 따라 [싸치]로 발음한다.
③ '배가 항구에 닿네.'의 '닿네'는 ㉡에 따라 [단네]로 발음한다.
④ '마음이 놓여.'의 '놓여'는 ㉢에 따라 [노여]로 발음한다.
⑤ '이유를 묻지 않다.'의 '않다'는 ㉢에 따라 [안타]로 발음한다.

409 [2022년 9월 고2 학평 13번]

<보기>의 ㉠, ㉡에 해당하는 사례를 바르게 짝지은 것은?

> **보 기**
>
> 국어의 음절 종성에서는 자음을 두 개 발음할 수 없다. 따라서 겹받침으로 끝나는 형태소와 다른 형태소가 결합하면 자음군 단순화와 더불어 다른 음운 변동이 함께 적용되는 경우가 많다. 예를 들어 '닭만[당만]'은 ㉠자음군 단순화와 비음화가 함께 적용된 경우에 해당하고, '맑지[막찌]'는 ㉡자음군 단순화와 된소리되기가 함께 적용된 경우에 해당한다.

	㉠	㉡
①	값만[감만]	흙과[흑꽈]
②	잃는[일른]	읊고[읍꼬]
③	덮지[덥찌]	밝혀[발켜]
④	밟는[밤:는]	닦다[닥따]
⑤	젊어[절머]	짧지[짤찌]

410 [2022년 11월 고2 학평 14번]

다음은 음운 변동에 대해 학습하기 위한 활동지이다. 활동의 결과로 적절한 것은?

학습 활동지

1. 학습 자료
ㄱ. 목화솜[모콰솜]   ㄴ. 흙덩이[흑떵이]   ㄷ. 새벽이슬[새병니슬]

2. 학습 활동
ㄱ ~ ㄷ에 대한 질문에 대해 '예'는 'O', '아니요'는 '×'로 표시하시오.

질문	답변 ㄱ	답변 ㄴ	답변 ㄷ	
두 개의 음운 중 하나의 음운이 없어지는 현상이 일어났는가?	×	O	O	…… ⓐ
기존에 있던 음운이 다른 음운으로 바뀌는 현상이 일어났는가?	×	O	×	…… ⓑ
두 개의 음운이 하나의 음운으로 합쳐지는 현상이 일어났는가?	O	×	×	…… ⓒ
원래 없던 음운이 새로 더해지는 현상이 일어났는가?	O	×	O	…… ⓓ
음운 변동이 총 2번 일어났는가?	O	×	O	…… ⓔ

① ⓐ   ② ⓑ   ③ ⓒ   ④ ⓓ   ⑤ ⓔ

411 [2023년 6월 고2 학평 13번] 

<보기>는 음운 변동에 대한 수업의 한 장면이다. 학생들의 활동 결과로 적절한 것은?

> **보 기**
>
> **선생님** : 음운 변동은 한 음운이 다른 음운으로 바뀌는 '교체', 원래 있던 음운이 없어지는 '탈락', 새로운 음운이 생기는 '첨가', 두 음운이 하나의 음운으로 합쳐지는 '축약'이 있습니다. 음운의 변동이 일어날 때 음운 개수가 변하기도 하는데요. 제시된 단어들에서 일어나는 음운 변동을 있는 대로 모두 찾고 음운 개수의 변화를 정리해 볼까요?

	단어	음운 변동 종류	음운 개수의 변화
①	국밥[국빱]	첨가	하나가 늘어남.
②	뚫는[뚤른]	교체, 탈락	하나가 줄어듦.
③	막내[망내]	교체, 축약	하나가 줄어듦.
④	물약[물략]	첨가	하나가 늘어남.
⑤	밝힌[발핀]	축약	변화 없음.

412 [2024년 3월 고2 학평 14번] 

<보기>의 ⓐ~ⓒ에 들어갈 말을 바르게 짝지은 것은?

보 기

학생 : 선생님, '바람이 일고'의 '일고'는 [일고]로 발음되는데, '책을 읽고'의 '읽고'는 왜 [일꼬]로 발음되나요?

선생님 : '읽고'가 [일꼬]로 발음되는 현상은 자음군 단순화 및 된소리되기와 관련이 있습니다. '읽고'가 어떤 과정을 거쳐 [일꼬]로 발음되는지 자료를 토대로 탐구해 볼까요?

[자료]
㉠ 자음군 단순화 : 어말 또는 자음 앞에서 음절 종성의 두 자음 중 하나가 탈락하는 현상.
㉡ 된소리되기 : 예사소리가 일정한 환경에서 된소리로 바뀌는 현상. 종성 'ㄱ, ㄷ, ㅂ' 뒤에 연결되는 'ㄱ, ㄷ, ㅂ, ㅅ, ㅈ'은 된소리로 발음함.

[탐구 과정]
1. '읽고'의 발음으로 보아 ㉠과 ㉡이 모두 일어났다.
2. ㉠이 먼저 일어난다고 가정할 때, 첫째 음절 종성의 두 자음 중 뒤의 자음이 탈락하여 음절 종성은 [ㄹ]로 발음된다. 그런데 '일고'의 발음을 참고할 때, 종성 [ㄹ] 뒤에 'ㄱ'이 연결된다는 것은 ㉡이 반드시 일어나는 ⓐ
3. ㉡이 먼저 일어난다고 가정할 때, 첫째 음절 종성의 두 자음 중 뒤의 자음인 'ㄱ'으로 인해 둘째 음절의 초성이 ⓑ 로 발음된다. 그 후 ㉠이 일어난다고 하면 '읽고'의 발음을 설명할 수 ⓒ

[탐구 결과]
'읽고'는 된소리되기 후 자음군 단순화가 일어나 [일꼬]로 발음된다.

	ⓐ	ⓑ	ⓒ
①	조건이다.	[ㄱ]	없다.
②	조건이다.	[ㄲ]	있다.
③	조건이 아니다.	[ㄱ]	있다.
④	조건이 아니다.	[ㄲ]	있다.
⑤	조건이 아니다.	[ㄲ]	없다.

413 [2024년 6월 고2 학평 13번] 

<보기>의 ㉠에 들어갈 내용으로 적절한 것은?

보 기

선생님 : 아래의 단어들을 음운 변동 양상에 따라 두 부류로 분류해 볼까요?

맏형, 짧다, 불나방, 붙이다, 색연필

학생 : 네. ________㉠________ 에 따라 '맏형[마텽], 짧다[짤따], 색연필[생년필]'과 '불나방[불라방], 붙이다[부치다]'로 나눌 수 있습니다.

① 음운 변동이 두 번 일어났는가
② 음운 변동의 결과가 표기에 반영되었는가
③ 모음의 영향을 받는 음운 변동이 일어났는가
④ 음운 변동의 결과로 음운 개수가 달라졌는가
⑤ 음운 변동의 결과로 인접한 두 음운이 완전히 같아졌는가

414 [2024년 9월 고2 학평 14번] 

<보기>에 대한 이해로 적절하지 <u>않은</u> 것은?

보 기

㉠닭장[닥짱]   ㉡끓는[끌른]   ㉢홑이불[혼니불]

① ㉠, ㉡에는 음절 끝에 둘 이상의 자음이 오지 못하기 때문에 일어나는 음운 변동이 있군.
② ㉡, ㉢에서는 앞의 자음이 뒤의 자음에 동화되는 음운 변동이 일어났군.
③ ㉠에서 탈락된 음운과 ㉢에서 첨가된 음운은 서로 나르군.
④ ㉢에서는 ㉠, ㉡과 달리 음운 변동의 결과 음운 개수가 하나 늘었군.
⑤ ㉡, ㉢에서는 ㉠과 달리 인접한 자음과 조음 방법이 같아지는 음운 변동이 일어났군.

415 [2024년 10월 고2 학평 13번] 

<보기>의 음운 변동을 이해한 것으로 적절한 것은?

보 기

㉠ 흙장난[흑짱난]
㉡ 부엌문[부엉문]
㉢ 벼훑이[벼훌치]

① ㉠, ㉡, ㉢에서 일어난 음운 변동의 횟수는 같군.
② ㉠, ㉡에서 음운의 개수가 달라지는 음운 변동이 일어났군.
③ ㉠, ㉢에서 공통적으로 일어난 음운 변동은 탈락이군.
④ ㉡, ㉢에서 공통적으로 일어난 음운 변동은 교체이군.
⑤ ㉢에서는 새로운 음운이 첨가되는 음운 변동이 일어났군.

416 [2025년 3월 고2 학평 15번] 

<보기>의 ㉠~㉤에 대한 이해로 적절하지 **않은** 것은?

> **보 기**
>
> 음운 변동은 어떤 음운이 다른 음운으로 바뀌는 교체, 어떤 음운이 없어지는 탈락, 어떤 음운과 다른 음운이 합쳐지는 축약, 새로운 음운이 생기는 첨가로 나눌 수 있다. 음운 변동의 결과 음운의 개수가 달라지기도 한다.
>
> ○ 올해는 내가 대학에 간 ㉠첫해[처태]이다.
> ○ 아버지는 ㉡넋두리[넉뚜리] 같은 혼잣말을 했다.
> ○ 물체 겉면의 넓이를 ㉢겉넓이[건널비]라고 한다.
> ○ 그는 초면인데도 왜인지 ㉣낯익어[난니거] 보인다.
> ○ 동생은 아주 쓴 ㉤물약[물략]을 단숨에 마셔 버렸다.

① ㉠은 교체와 축약이 한 번씩 일어나 음운의 개수가 줄었다.

② ㉡은 탈락과 첨가가 한 번씩 일어나 음운의 개수가 변하지 않았다.

③ ㉢은 교체가 두 번 일어나 음운의 개수가 변하지 않았다.

④ ㉣은 교체가 두 번, 첨가가 한 번 일어나 음운의 개수가 늘었다.

⑤ ㉤은 첨가와 교체가 한 번씩 일어나 음운의 개수가 늘었다.

417 [2025년 10월 고2 학평 14번]

<보기>의 선생님의 설명을 바탕으로 음운 변동에 대해 탐구한 내용으로 적절하지 **않은** 것은?

> **보 기**
>
> **선생님** : 표준발음법에서는 'ㅎ'의 발음에 대해 규정하고 있습니다. 이때 'ㅎ'은 음운 환경에 따라 교체, 탈락, 축약 등의 음운 변동을 겪기도 합니다.

① '많은'에서는 자음군 단순화를 통해 'ㅎ'이 탈락하는 현상이 일어난다.

② '놓고'에서는 'ㅎ'이 뒤의 'ㄱ'을 만나 거센소리로 축약되는 현상이 일어난다.

③ '꽂히다'에서는 'ㅈ'이 뒤의 'ㅎ'을 만나 거센소리로 축약되는 현상이 일어난다.

④ '앓는'에서는 자음군 단순화를 통해 'ㅎ'이 탈락한 후, 뒤의 'ㄴ'이 앞의 'ㄹ'을 만나 유음으로 교체되는 현상이 일어난다.

⑤ '쌓네'에서는 'ㅎ'이 음절의 끝소리 규칙에 따라 'ㄷ'이 된 후, 'ㄷ'이 뒤의 'ㄴ'을 만나 비음으로 교체되는 현상이 일어난다.

418 [2013년 3월 고3 학평 B형 11번] 

다음은 '안다'의 표준 발음에 관해 어느 학생이 수행한 탐구 과정이다. ⓐ에 들어갈 내용으로 가장 적절한 것은? [3점]

의문	"아기를 <u>안다</u>[안:따]."와 "그 사람을 잘 <u>안다</u>[안:다]."에서 '안다'의 표준 발음이 다른 이유는 뭘까?

⇩

탐구

(1) 음운 환경이 유사한 단어를 된소리 발음 여부에 따라 분류한 후 그 특성을 분석한다.

된소리로 발음되는 경우	된소리로 발음되지 않는 경우
(신발을) 신다[신:따]	(하늘을) 난다[난다]

⇩

어간	어미		어간	어미
신-	-다		날-	-다
	-고			-고
	-어서			-아서

(2) 표준발음법 규정을 확인하여 분석 결과와 비교한다.

> **제24항** 어간 받침 'ㄴ(ㄵ), ㅁ(ㄻ)' 뒤에 결합되는 어미의 첫소리 'ㄱ, ㄷ, ㅅ, ㅈ'은 된소리로 발음한다.

⇩

결론	"그 사람을 잘 안다."의 '안다'가 표준 발음법의 된소리되기 규정의 적용을 받지 않은 것은 ______ⓐ______

① '안다'에 대한 개인의 발음 습관 차이 때문이다.

② '안'이 길게 발음되어 '다'에 영향을 주었기 때문이다.

③ '안다'의 의미를 명확히 전달하려는 표현 의도 때문이다.

④ '안다'에서 '다'의 'ㄷ'이 모음 사이에 있지 않기 때문이다.

⑤ '안다'에서 '안'의 'ㄴ'이 어간 받침에 해당하지 않기 때문이다.

419 [2013년 4월 고3 학평 A, B형 12번] 

다음은 문법 수업의 일부이다. 이를 바탕으로 <보기>의 밑줄 친 부분을 이해한 내용으로 적절하지 <u>않은</u> 것은? [3점]

지난 시간에 공부한 내용

* 자음 동화

　자음 동화에는 자음 'ㄱ, ㄷ, ㅂ'이 비음 'ㄴ, ㅁ' 앞에서 비음의 영향을 받아 각각 'ㅇ, ㄴ, ㅁ'으로 발음되는 '비음화'와 자음 'ㄴ'이 유음 'ㄹ'의 앞이나 뒤에서 유음의 영향을 받아 'ㄹ'로 발음되는 '유음화'가 있다. '국물[궁물]'은 'ㄱ'이 'ㅁ' 앞에서 'ㅇ'으로 발음되는 비음화의 사례이며 '난리[날리]'는 'ㄴ'이 'ㄹ' 앞에서 'ㄹ'로 발음되는 유음화의 사례이다.

선생님의 설명

　'음운의 첨가'란 원래는 없던 소리가 첨가되어 발음되는 것을 말합니다. 예를 들어 '맨입으로는 알려줄 수 없다'에서 '맨입'은 [맨닙]으로 발음됩니다. 합성어나 파생어에서 앞말의 끝이 자음이고 뒷말이 '이, 야, 여, 요, 유'로 시작하는 경우에는 뒷말의 첫소리에 'ㄴ' 소리가 첨가되기 때문이지요. 또 합성어에서 앞말이 모음으로 끝나고 뒷말이 'ㄴ, ㅁ'으로 시작되는 경우에도 앞말의 끝소리에 'ㄴ' 소리가 첨가됩니다. 이때에는 '뒷문[뒨문]'의 경우처럼 앞말에 사이시옷('ㅅ')을 넣어서 이를 표시해 준답니다.

보 기

ㄱ. 그는 날렵한 ⓐ콧날[콘날]이 매우 인상적이다.
ㄴ. 나는 아끼던 ⓑ색연필[생년필]을 잃어버려 속이 상했다.
ㄷ. 그 사람은 회사의 ⓒ막일[망닐]을 도맡아 하고 있었다.
ㄹ. 아이기 이직 알약을 머지 못해서 ⓓ물약[물략]을 지어갔다.
ㅁ. 그녀는 ⓔ잇몸[인몸]이 약해져서 정기적으로 치료를 받았다.

---

① ⓐ는 앞말이 모음으로 끝나고 뒷말이 'ㄴ'으로 시작되는 합성어이므로 앞말의 끝소리에 'ㄴ' 소리가 첨가된 경우라고 할 수 있군.
② ⓑ에서 'ㄴ' 소리가 첨가된 이유는 앞말의 끝이 자음이고 뒷말이 '여'로 시작하는 합성어이기 때문이군.
③ ⓒ는 'ㄴ' 소리가 첨가된 후 'ㅁ'의 영향으로 'ㄱ'이 비음화된 경우라고 할 수 있군.
④ ⓓ는 'ㄴ' 소리가 첨가되어 [물냑]으로 바뀐 후 'ㄹ'의 영향으로 유음화가 일어난 경우라고 할 수 있군.
⑤ ⓔ는 사이시옷을 넣어서 'ㄴ' 소리가 첨가됨을 표시한 경우라고 할 수 있군.

420 [2013년 6월 고3 모평 A형 11번]

다음의 ㉠~㉤에 들어갈 내용으로 적절한 것은?

※ 다음 단어들을 발음해 보고 단계별 활동을 수행해 보자.

부엌, 간, 옷, 빛, 달, 섬, 앞, 창

(1) 음절 끝의 자음이 바뀌는 것과 그렇지 않은 것을 구분해 보자.
　　(　　　　㉠　　　　)
(2) 음절 끝의 자음이 안 바뀌는 경우는 어떤 경우인지 알아보자.
　　(　　　　㉡　　　　)
(3) 음절 끝의 자음이 바뀌는 경우에는 어떤 자음으로 변하는지 정리해 보자.
　　(　　　　㉢　　　　)
(4) (3)과 동일한 음운 변동이 일어난 예들을 더 찾아보자.
　　(　　　　㉣　　　　)
(5) 이상의 활동을 바탕으로 음절 끝에서 발음되는 자음의 목록을 정리해 보자.
　　(　　　　㉤　　　　)

---

① ㉠ : 음절 끝의 자음이 바뀌지 않는 경우는 '부엌, 간, 달, 섬, 창'이다.
② ㉡ : 음절 끝의 자음이 예사소리일 때에는 바뀌지 않는다.
③ ㉢ : 음운 변동이 일어나면 'ㄱ, ㄹ, ㅂ' 중 하나로 바뀐다.
④ ㉣ : '밖'과 '밑'을 음운 변동의 예로 추가할 수 있다.
⑤ ㉤ : 음절 끝에서는 'ㄱ, ㄴ, ㄹ, ㅁ, ㅂ, ㅅ, ㅇ'만 발음된다.

음운 영역 핵심 기출 문제

421 [2013년 9월 고3 모평 B형 11번]

<보기>는 사이시옷 표기 조건에 관한 학습 활동지의 일부이다. 학습한 결과를 정리한 것으로 적절하지 <u>않은</u> 것은? [3점]

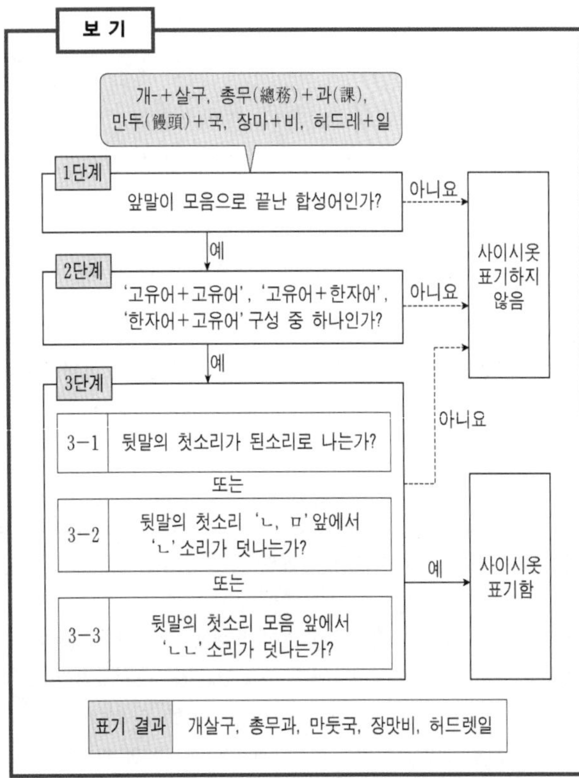

① '개-+살구' 구성은 1단계를 만족시키지 못하므로 '개살구'라고 쓴다.

② '총무+과' 구성은 2단계를 만족시키지 못하므로 '총무과'라고 쓴다.

③ '만두+국' 구성은 1, 2, 3-1단계를 만족시키므로 '만둣국'이라고 쓴다.

④ '장마+비' 구성은 1, 2, 3-2단계를 만족시키므로 '장맛비'라고 쓴다.

⑤ '허드레+일' 구성은 1, 2, 3-3단계를 만족시키므로 '허드렛일'이라고 쓴다.

422 [2013년 9월 고3 모평 B형 12번]

다음은 표준 발음에 관한 인터넷 게시판의 질문과 답변이다. (가)에 들어갈 내용으로 적절한 것은?

> **질문** : '앞앞이'는 [아바피]로 발음하는 게 맞나요? 같은 받침 'ㅍ'인데 [ㅍ]과 [ㅂ]으로 그 발음이 달라지는 이유가 궁금해요.
>
> ▣ **답변** : '앞앞' 뒤에 모음으로 시작되는 형식 형태소가 올 때는 마지막 받침 'ㅍ'을 ㉠제 음가대로 뒤 음절의 첫소리로 옮겨 발음합니다. 반면, '앞'과 '앞'이 결합한 '앞앞'처럼 받침이 있는 말 뒤에 모음 'ㅏ, ㅓ, ㅗ, ㅜ, ㅟ'들로 시작되는 실질 형태소가 오게 되면 그 받침을 ㉡대표음으로 바꾸어서 뒤 음절의 첫소리로 옮겨 발음합니다. 그래서 '앞앞이'는 [아바피]로 발음됩니다. ㉠과 ㉡에 해당하는 구체적인 예를 살펴보면 다음과 같습니다.
>
> (가)

① '무릎이야'는 ㉠에 해당하고 '무릎 아래'는 ㉡에 해당합니다.

② '서녘이나'는 ㉠에 해당하고 '서녘에서'는 ㉡에 해당합니다.

③ '겉으로'와 '겉아가미'는 모두 ㉠에 해당합니다.

④ '배꽃이'와 '배꽃위'는 모두 ㉡에 해당합니다.

⑤ '빛에'와 '빛이며'는 모두 ㉡에 해당합니다.

423 [2013년 수능 A형 11번]

다음 ㉠~㉢의 음운 변동에 대한 설명으로 적절한 것은?

> ㉠ 빗→[빋], 앞→[압], 안팎→[안팍]
> ㉡ 약밥→[약빱], 잡다→[잡따]
> ㉢ 놓지→[노치], 맏형→[마텽]

① ㉠과 ㉡은 음절 종성에 놓인 자음이 바뀌는 변동이다.

② ㉠은 거센소리를 예사소리로, ㉢은 거센소리를 된소리로 바꾸는 변동이다.

③ ㉠과 ㉢의 변동이 모두 일어난 예로 '따뜻하다→[따뜨타다]'를 들 수 있다.

④ ㉡과 ㉢의 변동은 뒤의 자음이 앞의 자음에 동화된 것이다.

⑤ ㉡은 음운의 첨가에, ㉢은 음운의 축약에 속한다.

424 [2014년 3월 고3 학평 A형 11번]

<보기>의 음운 현상과 가장 관계 깊은 것은?

> **보 기**
>
> 　'ㅎ'이 끝소리인 어간이 모음으로 시작하는 어미나 접미사와 결합하면 'ㅎ'이 탈락한다. '낳으세요'를 [나으세요]로 발음하거나 '쌓이다'를 [싸이다]로 발음하는 것도 이와 관련된다.

① '하얗다'를 [하야타]라고 발음한다.
② '좁히다'를 [조피다]라고 발음한다.
③ '놓는다'를 [논는다]라고 발음한다.
④ '그렇죠'를 [그러쵸]라고 발음한다.
⑤ '좋아요'를 [조아요]라고 발음한다.

425 [2014년 3월 고3 학평 B형 13번]

<보기>의 표준 발음 규정을 활용하여 답변하기 <u>어려운</u> 질문은? [3점]

> **보 기**
>
> **제18항** 받침 'ㄱ(ㄲ, ㅋ, ㄳ, ㄺ), ㄷ(ㅅ, ㅆ, ㅈ, ㅊ, ㅌ, ㅎ), ㅂ(ㅍ, ㄼ, ㄿ, ㅄ)'은 'ㄴ, ㅁ' 앞에서 [ㅇ, ㄴ, ㅁ]으로 발음한다.
> **제19항** 받침 'ㅁ, ㅇ' 뒤에 연결되는 'ㄹ'은 [ㄴ]으로 발음한다.
> **제20항** 'ㄴ'은 'ㄹ'의 앞이나 뒤에서 [ㄹ]로 발음한다.

① '항로'의 'ㄹ'을 [ㄴ]으로 발음하는 이유는 앞 음절의 받침과 관계가 있을까요?
② '금융'의 발음이 [금늉 / 그뮹]의 두 가지로 허용되는 이유는 무엇인가요?
③ '광한루'은 [광한누]라고 발음하나요, [광할루]라고 발음하나요?
④ '칼날'은 표기 그대로 발음할 수 있는 단어에 해당되나요?
⑤ '밥물'이 [밤물]과 같이 발음되는 이유가 무엇인가요?

426 [2014년 7월 고3 학평 A형 12번]

다음 ㄱ~ㄹ의 음운 변동에 대한 설명으로 적절하지 <u>않은</u> 것은? [3점]

> ㄱ. 꽃[꼳], 앞[압]
> ㄴ. 맨입[맨닙], 담요[담:뇨]
> ㄷ. 안다[안:따], 탁구[탁꾸]
> ㄹ. 낳다[나:타], 오+아서→와서[와서]

① ㄱ과 ㄴ의 변동이 모두 일어난 예로 '홑이불→[혼니불]'을 들 수 있다.
② ㄱ과 ㄷ은 모두 교체에 해당하는 음운 변동 현상이다.
③ ㄱ과 ㄷ의 변동이 모두 일어난 예로 '엎다→[업따]'를 들 수 있다.
④ ㄹ의 [나:타]는 자음 축약에, [와서]는 모음 축약에 해당된다.
⑤ ㄹ의 [와서]와 같은 예로 '집에 가아→집에 가[가]'를 들 수 있다.

427 [2014년 7월 고3 학평 B형 12번]

<보기>는 '끝말잇기' 놀이에서 제시된 단어들이다. 표준발음법을 참고할 때, 단어의 표기대로만 발음해야 하는 것을 모두 고른 것은?

> **보 기**
>
> 예의 → 의의 → 의무 → 무예 → 예절 → 절의
>
> **표준 발음법**
> ○ 'ㅑ, ㅒ, ㅕ, ㅖ, ㅘ, ㅙ, ㅛ, ㅝ, ㅞ, ㅠ, ㅢ'는 이중 모음으로 발음한다.
> ○ 다만 2. '예, 례' 이외의 'ㅖ'는 [ㅔ]로도 발음한다.
> 　　　例 지혜[지혜/지헤]
> ○ 다만 4. 단어의 첫음절 이외의 '의'는 [ㅣ]로, 조사 '의'는 [ㅔ]로 발음함도 허용한다.
> 　　　例 주의[주의/주이]

① 예의, 의의, 의무
② 예의, 무예, 절의
③ 의무, 무예, 예절
④ 의의, 의무, 무예
⑤ 무예, 예절, 절의

428 [2014년 9월 고3 모평 A형 11번]

<보기>의 ㉠에 들어갈 내용으로 알맞은 것은?

보 기

학생 : '식물'이[싱물]로 발음되는데, 두 자음이 만나서 발음될 때 조음 위치나 방식 중 무엇이 바뀐 것인가요?

선생님 : 아래의 자음 분류표를 보면서 그 답을 찾아봅시다.

조음 방법＼조음 위치	양순음	치조음	연구개음
파열음	ㅂ	ㄷ	ㄱ
비음	ㅁ	ㄴ	ㅇ

이 표는 국어 자음을 조음 위치와 조음 방식에 따라 분류한 자음 체계의 일부입니다. '식'의 'ㄱ'이 '물'의 'ㅁ' 앞에서 [ㅇ]으로 발음되지요. 이와 비슷한 예들로는 '입는[임는]', '뜯는[뜬는]'이 있는데, 이 과정에서 무엇이 달라졌나요?

학생 : 세 경우 모두 두 자음이 만나서 발음될 때, ＿㉠＿이/가 변했네요.

① 앞 자음의 조음 방식
② 뒤 자음의 조음 방식
③ 두 자음의 조음 방식
④ 앞 자음의 조음 위치
⑤ 뒤 자음의 조음 위치

429 [2014년 9월 고3 모평 B형 11번]

<보기>의 [가]에 들어갈 말로 적절하지 <u>않은</u> 것은?

보 기

선생님 : 오늘은 겹받침 'ㄻ'의 표준 발음법에 대해 알아보도록 합시다. 우선 'ㄻ'과 관련한 발음 원칙을 정리한 내용을 잘 보세요.

> ㉠ 겹받침 'ㄻ'은 어말 또는 자음 앞에서 각각 [ㅁ]으로 발음한다.
> ㉡ 겹받침 'ㄻ'은 모음으로 시작된 조사나 어미, 접미사와 결합되는 경우 뒤의 'ㅁ'만을 뒤 음절 첫소리로 옮겨 발음한다.
> ㉢ 어간의 겹받침 'ㄻ' 뒤에 결합되는 어미의 첫소리 'ㄱ, ㄷ, ㅅ, ㅈ'은 된소리로 발음한다.

선생님 : 자, 그러면 겹받침 'ㄻ'을 갖는 말의 표준 발음이 ㉠~㉢중 어느 발음 원칙과 관련되는지 말해 봅시다. 모음의 장단(長短)은 고려하지 않아도 됩니다.

학생 : ＿＿＿＿＿＿＿[가]＿＿＿＿＿＿＿

① '삶과 자연'에서 '삶과'의 표준 발음이 [삼과]인 것은 ㉠에 따른 것입니다.
② '국수를 삶고'에서 '삶고'의 표준 발음이 [삼꼬]인 것은 ㉠, ㉢에 따른 것입니다.
③ '바람직한 삶'에서 '삶'의 표준 발음이 [삼]인 것은 ㉠에 따른 것입니다.
④ '삶에 대한 의지'에서 '삶에'의 표준 발음이 [살메]인 것은 ㉡에 따른 것입니다.
⑤ '나의 삶만'에서 '삶만'의 표준 발음이 [삼만]인 것은 ㉡에 따른 것입니다.

430 [2014년 10월 고3 학평 A형 11번]

<보기>에서 설명한 음운 현상과 관계가 있는 질문이 <u>아닌</u> 것은?

보 기

동화란 한 음운이 앞이나 뒤에 있는 음운의 영향을 받아 그 음운과 닮아 가는 현상이다. 대표적인 동화 현상으로는 비음화, 유음화, 구개음화 등이 있다.

① '붙이다'는 왜 [부티다]가 아니라 [부치다]로 소리 날까?
② '집안일'은 왜 [지바닐]이 아니라 [지반닐]로 소리 날까?
③ '권력'은 왜 [권력]이 아니라 [궐력]으로 소리 날까?
④ '먹는다'는 왜 [멍는다]로 소리 날까?
⑤ '굳이'는 왜 [구지]로 소리 날까?

431 [2014년 10월 고3 학평 B형 11번]

<보기>를 바탕으로 겹받침의 표준 발음에 대해 탐구한 내용으로 적절하지 <u>않은</u> 것은?

보 기

[표준 발음법 – 받침의 발음]

제10항 겹받침 'ㄳ', 'ㄵ', 'ㄼ, ㄽ, ㄾ', 'ㅄ'은 어말 또는 자음 앞에서 각각 [ㄱ, ㄴ, ㄹ, ㅂ]으로 발음한다.

제14항 겹받침이 모음으로 시작하는 조사나 어미, 접미사와 결합되는 경우에는, 뒤엣것만을 뒤 음절 첫소리로 옮겨 발음한다. (이 경우, 'ㅅ'은 된소리로 발음함.)

① 제10항을 보니, '몫'을 [목]으로 발음해야겠군.
② 제10항을 보니, '앉는'을 [안는]으로 발음해야겠군.
③ 제14항을 보니, '핥은'을 [할튼]으로 발음해야겠군.
④ 제14항을 보니, '없어서'를 [업써서]로 발음해야겠군.
⑤ 제14항을 보니, '여덟이다'를 [여더리다]로 발음해야겠군.

432 [2014년 수능 A형 11번]

다음의 ⓐ에 해당하는 것을 ㉠~㉣ 중에서 고른 것은?

[모음의 변동]

단모음으로 끝나는 어간과 단모음으로 시작하는 어미가 결합하면 모음의 변동이 자주 일어난다. 모음 변동의 결과 두 개의 단모음 중 하나가 없어지기도 하고, ⓐ두 개의 단모음이 합쳐져 이중모음이 되기도 하며, 단모음 사이에 반모음이 첨가되기도 한다.

[모음 변동의 사례]

㉠ 기 + 어→ [기여]
㉡ 살피 + 어→ [살펴]
㉢ 배우 + 어→ [배워]
㉣ 나서 + 어→ [나서]

① ㉠, ㉡
② ㉠, ㉢
③ ㉡, ㉢
④ ㉡, ㉣
⑤ ㉢, ㉣

433 [2014년 수능 B형 11번]

<보기>의 표준 발음 자료를 탐구한 내용으로 적절하지 **않은** 것은?

보 기

표준 발음법 제8항
　받침소리로는 'ㄱ, ㄴ, ㄷ, ㄹ, ㅁ, ㅂ, ㅇ'의 7개 자음만 발음한다.

해설
　이 조항은 ⓐ받침 발음의 원칙을 규정한 것이다. 어말이나 자음 앞에서 모든 받침은 제시된 7개의 자음 중 하나로만 발음할 수 있을 뿐이다. 이 원칙을 지키기 위해 두 가지 음운 변동이 적용된다. 하나는 ㉠자음이 탈락되는 것이고 다른 하나는 ㉡자음이 다른 자음으로 교체되는 것이다.

표준 발음 자료
　읽다[익따], 옮는[옴ː는], 닭지[닥찌], 읊기[읍끼], 밟는[밤ː는]

---

① '읽다[익따]'는 ⓐ를 지키기 위해 ㉠이 적용되었다.
② '옮는[옴ː는]'은 ⓐ를 지키기 위해 ㉠이 적용되었다.
③ '닭지[닥찌]'는 ⓐ를 지키기 위해 ㉡이 적용되었다.
④ '읊기[읍끼]'는 ⓐ를 지키기 위해 ㉠, ㉡이 모두 적용되었다.
⑤ '밟는[밤ː는]'은 ⓐ를 지키기 위해 ㉠, ㉡이 모두 적용되었다.

434 [2015년 3월 고3 학평 A형 11번]

<보기>와 같은 활동 과제를 수행한 결과로 적절한 것은?

보 기

[활동 과제]
　음운 변동의 유형에는 '교체', '탈락', '첨가', '축약'이 있다.
　ⓐ : 교체 - 한 음운이 다른 음운으로 바뀌는 현상
　ⓑ : 탈락 - 한 음운이 없어지는 현상
　ⓒ : 첨가 - 없던 음운이 새로 생기는 현상
　ⓓ : 축약 - 두 음운이 합쳐져 다른 음운으로 바뀌는 현상

　다음 사례가 ⓐ~ⓓ 중, 어떤 음운 변동에 해당하는지 생각해 보자.
　　　　옷하고[오타고]　　　홑이불[혼니불]

	옷하고[오타고]	홑이불[혼니불]
①	ⓐ, ⓒ	ⓐ, ⓑ
②	ⓐ, ⓓ	ⓐ, ⓒ
③	ⓐ, ⓓ	ⓑ, ⓒ
④	ⓑ, ⓒ	ⓑ, ⓓ
⑤	ⓑ, ⓒ	ⓒ, ⓓ

435 [2015년 3월 고3 학평 B형 11번]

<보기>는 겹받침 'ㄺ'의 표준 발음 규정을 정리한 것이다. ㉠~㊀ 각각에 해당하는 표준 발음의 예로 적절하지 **않은** 것은?

보 기

㉠ 'ㄺ'은 어말 또는 자음 앞에서 [ㄱ]으로 발음한다.
㉡ 용언의 어간 말음 'ㄺ'은 'ㄱ' 앞에서 [ㄹ]로 발음한다.
㉢ 받침 'ㄺ'이 뒤 음절 첫소리 'ㅎ'과 결합되는 경우에는 뒤엣것과 'ㅎ'을 합쳐서 [ㅋ]으로 발음한다.
㉣ 'ㄺ'이 모음으로 시작된 조사나 어미, 접미사와 결합되는 경우에는, 뒤엣것만을 뒤 음절 첫소리로 옮겨 발음한다.
㊀ 받침 'ㄺ'은 'ㄴ, ㅁ' 앞에서 [ㅇ]으로 발음한다.

---

① ㉠ : 햇살이 눈부시게 밝다[박따].
② ㉡ : 밝게[발께] 웃으며 인사하다.
③ ㉢ : 그는 진실을 세상에 밝혔다[발켣따].
④ ㉣ : 전등의 밝기[발끼]를 낮추다.
⑤ ㊀ : 동쪽에서 날이 밝는다[방는다].

436 [2015년 4월 고3 학평 A형 11번]

다음은 '음운의 변동'과 관련된 학습지의 일부이다. ㉠과 ㉡에 들어갈 단어로 적절한 것은?

　음운의 변동은 어떤 음운이 놓이는 환경에 따라 다른 음운으로 바뀌는 현상을 말한다. 음운의 변동은 그 결과에 따라 교체, 축약, 첨가, 탈락으로 나눌 수 있다. 이러한 음운의 변동은 한 단어에 2개 이상이 함께 나타나기도 한다.

　맨입[맨닙] ──── ㉠

　설랄[설ː랄]
　좋은[조은] ──── ㉡

1. ㉠에는 '맨입'을 발음할 때 나타나는 음운의 변동이 일어난 단어를 자료에서 찾아 쓴다.
2. ㉡에는 '설날'을 발음할 때와 '좋은'을 발음할 때 나타나는 음운의 변동이 함께 일어난 단어를 자료에서 찾아 쓴다.

자료

　논일[논닐], 나뭇잎[나문닙], 칼날[칼랄]
　늦여름[는녀름], 닿은[다은], 닳는[달른]

	㉠	㉡
①	논일[논닐]	늦여름[는녀름]
②	닳은[다은]	닳는[달른]
③	칼날[칼랄]	나뭇잎[나문닙]
④	논일[논닐]	닳는[달른]
⑤	닳은[다은]	칼날[칼랄]

437 [2015년 4월 고3 학평 B형 11번]

<보기>의 자료를 탐구한 내용으로 적절하지 <u>않은</u> 것은? [3점]

보 기

[표준발음법]

제18항

받침 'ㄱ(ㄲ, ㅋ, ㄳ, ㄺ), ㄷ(ㅅ, ㅆ, ㅈ, ㅊ, ㅌ, ㅎ), ㅂ(ㅍ, ㄼ, ㄿ, ㅄ)'은 'ㄴ, ㅁ' 앞에서 [ㅇ, ㄴ, ㅁ]으로 발음한다.

제23항

받침 'ㄱ(ㄲ, ㅋ, ㄳ, ㄺ), ㄷ(ㅅ, ㅆ, ㅈ, ㅊ, ㅌ), ㅂ(ㅍ, ㄼ, ㄿ, ㅄ)' 뒤에 연결되는 'ㄱ, ㄷ, ㅂ, ㅅ, ㅈ'은 된소리로 발음한다.

---

① '앞마당'은 18항이 적용되어 [암마당]으로 발음된다.

② '늦가을'은 23항이 적용되어 [늗까을]로 발음된다.

③ '꽃망울'은 18항과 23항이 모두 적용되어 [꼰망울]로 발음된다.

④ '맞먹다'는 18항과 23항이 모두 적용되어 [만먹따]로 발음된다.

⑤ '훑낚시'는 18항과 23항이 모두 적용되어 [혼낙씨]로 발음된다.

438 [2015년 6월 고3 모평 A형 11번] 

<보기>의 [가]에 들어갈 말로 가장 적절한 것은?

보 기

선생님 : 어떤 음운이 주위에 있는 다른 음운의 영향을 받아 그것과 동일한 음운으로 바뀌거나, 조음 위치 또는 조음 방법이 그것과 같은 음운으로 바뀌는 현상을 동화라고 합니다. 그럼 ㉠~㉤ 중에서 하나를 골라 그것이 동화인지 아닌지 판단해 보고 그 이유를 말해 봅시다.

> ㉠ 듣+고 → [듣꼬]
> ㉡ 놓+고 → [노코]
> ㉢ 훑+네 → [훌레]
> ㉣ 뽑+느라 → [뽐느라]
> ㉤ 넓+더라 → [널떠라]

학생 : ________________ [가] ________________

---

① ㉠은 동화입니다. 왜냐하면 'ㄱ'이 'ㄷ'의 영향을 받아 'ㄱ'과 같은 위치에서 소리 나는 'ㄲ'으로 바뀌기 때문입니다.

② ㉡은 동화입니다. 왜냐하면 'ㅎ'이 'ㄱ'의 영향을 받아 'ㅎ'과 거센소리라는 점이 같은 'ㅋ'으로 바뀌기 때문입니다.

③ ㉢은 동화입니다. 왜냐하면 'ㄴ'이 'ㅌ'의 영향을 받아 'ㅌ'과 같은 위치에서 소리 나는 'ㄹ'로 바뀌기 때문입니다.

④ ㉣은 동화입니다. 왜냐하면 'ㅂ'이 'ㄴ'의 영향을 받아 'ㄴ'과 콧소리라는 점이 같은 'ㅁ'으로 바뀌기 때문입니다.

⑤ ㉤은 동화입니다. 왜냐하면 'ㅂ'이 'ㄷ'의 영향을 받아 'ㄷ'과 동일한 소리인 'ㄷ'으로 바뀌기 때문입니다.

439 [2015년 6월 고3 모평 B형 11번] 

<보기>에 따라 표준 발음을 이해한 내용으로 적절한 것은? [3점]

보 기

<표준 발음법의 '된소리되기' 중 일부>

㉠ 어간 받침 'ㄴ(ㄵ), ㅁ(ㄻ)' 뒤에 결합되는 어미의 첫소리 'ㄱ, ㄷ, ㅅ, ㅈ'은 된소리로 발음한다.

㉡ 어간 받침 'ㄼ, ㄾ' 뒤에 결합되는 어미의 첫소리 'ㄱ, ㄷ, ㅅ, ㅈ'은 된소리로 발음한다.

㉢ 관형사형 '-(으)ㄹ' 뒤에 연결되는 'ㄱ, ㄷ, ㅂ, ㅅ, ㅈ'은 된소리로 발음한다. '-(으)ㄹ'로 시작되는 어미의 경우도 이에 준한다.

---

① '(가슴에) 품을 적에'와 '(며느리로) 삼고'에서의 된소리되기는 모두 ㉠에 따른 것이다.

② '(방이) 넓거든'과 '(두께가) 얇을지라도'에서의 된소리되기는 모두 ㉡에 따른 것이다.

③ '(신을) 신겠네요'와 '(땅을) 밟지도'에서의 된소리되기는 모두 ㉢에 따른 것이다.

④ '(남들이) 비웃을지언정'과 '(먼지를) 훑던'에서의 된소리되기는 각각 ㉠, ㉡에 따른 것이다.

⑤ '(물건을) 얹지만'과 '(자리에) 앉을수록'에서의 된소리되기는 각각 ㉠, ㉢에 따른 것이다.

440 [2015년 7월 고3 학평 A형 11번]

다음 ㄱ~ㄷ의 음운 변동에 대한 설명으로 적절하지 않은 것은?

> ㄱ. 솥→[솓], 잎→[입], 동녘→[동녁]
> ㄴ. 닭→[닥], 값→[갑], 여덟→[여덜]
> ㄷ. 국화→[구콰], 쌓다→[싸타], 입학→[이팍]

① ㄱ은 음절의 끝에서 한 음운이 다른 음운으로 바뀌는 현상으로, ㄱ의 예로 '꽃→[꼳]'을 추가할 수 있다.

② ㄴ은 음절의 끝에 두 개의 자음이 올 때 이 중에서 한 자음이 없어지는 현상으로, ㄴ의 예로 '넋→[넉]'을 추가할 수 있다.

③ ㄷ은 두 음운이 만나 하나의 음운이 되는 현상으로, ㄷ의 예로 '놓지→[노치]'를 추가할 수 있다.

④ ㄱ과 ㄷ의 변동이 모두 일어난 예로는 '첫해→[처태]'를 들 수 있다.

⑤ ㄴ과 ㄷ의 변동이 모두 일어난 예로는 '핥다→[할따]'를 들 수 있다.

441 [2015년 7월 고3 학평 B형 13번]

다음은 <보기>의 한글 맞춤법 규정을 참고하여 두 친구가 나눈 대화의 일부이다. ㉠~㉤ 중 적절하지 않은 것은?

> **보 기**
>
> **제27항** 둘 이상의 단어가 어울리거나 접두사가 붙어서 이루어진 말은 각각 그 원형을 밝히어 적는다.
> 　㉠ 꽃잎, 헛웃음
> **제28항** 끝소리가 'ㄹ'인 말과 딴 말이 어울릴 적에 'ㄹ' 소리가 나지 아니하는 것은 아니 나는 대로 적는다.
> 　㉡ 따님(딸님), 화살(활살)
> **제29항** 끝소리가 'ㄹ'인 말과 딴 말이 어울릴 적에 'ㄹ' 소리가 'ㄷ' 소리로 나는 것은 'ㄷ'으로 적는다.
> 　㉢ 숟가락(술 ~), 사흗날(사흘 ~)

> 우진 : 수업 시간에 선생님께서 '꽃잎'은 [꼰닙]이라고 발음을 하지만 합성어는 원형을 밝혀 적기에 '꽃잎'이라고 적어야 한다고 하셨는데, 어떤 예가 또 있을까?
> 정인 : ㉠'칼날'을 [칼랄]이라고 발음하지만 '칼날'로 표기하는 것도 이에 해당하겠지. 그런데 '소나무'는 합성어인데 왜 '솔나무'라고 적지 않을까?
> 우진 : ㉡'솔'의 끝소리가 'ㄹ'이고 '나무'와 어울릴 때 'ㄹ'이 탈락하여 소리가 나지 않기 때문이지. 'ㄹ'이 탈락하는 다른 예가 뭐가 있을까?
> 정인 : 다른 예로는 '마소, 아드님'이 있어.
> 우진 : 그래, 그런데 '마소'와 '아드님'은 단어 형성법이 다르네.
> 정인 : ㉢'마소'는 '말'과 '소'가 합성어를 이루는 과정에서 'ㄹ'이 탈락한 것이고, ㉣'아드님'은 파생어로 명사 '아들'과 접미사 '-님'이 결합하면서 'ㄹ'이 탈락한 것이지.
> 우진 : 그런데, '숟가락'은 '술'과 '가락'이 합성된 말인데 왜 '숟가락'이라고 적을까?
> 정인 : ㉤본래 끝소리가 'ㄹ'인 말과 딴 말이 어울릴 적에 'ㄹ' 소리가 'ㄷ' 소리로 나는 것은 'ㄷ'으로 적도록 한 것이지. '여닫이'도 이에 해당해.

① ㉠　　② ㉡　　③ ㉢　　④ ㉣　　⑤ ㉤

442 [2015년 7월 고3 학평 B형 14번]

<보기>의 표준 발음 자료를 탐구한 내용으로 적절하지 않은 것은?

> **보 기**
>
> **제23항** 받침 'ㄱ(ㄲ, ㅋ, ㄳ, ㄺ), ㄷ(ㅅ, ㅆ, ㅈ, ㅊ, ㅌ), ㅂ(ㅍ, ㄼ, ㄿ, ㅄ)' 뒤에 연결되는 'ㄱ, ㄷ, ㅂ, ㅅ, ㅈ'은 된소리로 발음한다. ┈┈┈┈┈┈ ㉠
> **제24항** 어간 받침 'ㄴ(ㄵ), ㅁ(ㄻ)' 뒤에 결합되는 어미의 첫소리 'ㄱ, ㄷ, ㅅ, ㅈ'은 된소리로 발음한다. ┈ ㉡
> 　다만, 피동, 사동의 접미사 '-기'는 된소리로 발음하지 않는다. ┈┈┈┈┈┈┈┈┈┈ ㉢
> **제27항** 관형사형 '-(으)ㄹ' 뒤에 연결되는 'ㄱ, ㄷ, ㅂ, ㅅ, ㅈ'은 된소리로 발음한다. ┈┈┈┈┈┈ ㉣
> 　[붙임] '-(으)ㄹ'로 시작되는 어미의 경우에도 이에 준한다. ┈┈┈┈┈┈┈┈┈┈┈┈ ㉤

① ㉠에 따르면 '꽃다발이 예쁘다.'에서 '꽃다발'의 표준 발음은 [꼳따발]이겠군.

② ㉡에 따르면 '아기를 꼭 껴안고 갔다.'에서 '껴안고'의 표준 발음은 [껴안꼬]이겠군.

③ ㉢에 따르면 '김기를 옮기다.'에서 '옮기다'의 표준 발음은 [옴기다]이겠군.

④ ㉣에 따르면 '여기 외엔 갈 데가 없다.'에서 '갈 데가'의 표준 발음은 [갈떼가]이겠군.

⑤ ㉤에 따르면 '사랑할수록 참아야지.'에서 '사랑할수록'의 표준 발음은 [사랑할수록]이겠군.

Part 03 음운 영역 핵심 기출 문제

443 [2015년 9월 고3 모평 A형 11번] 

<보기>의 ㉠~㉤의 밑줄 친 부분과 동일한 음운 변동이 일어난 예가 모두 바르게 제시된 것은? [3점]

> **보 기**
>
> 국어에는 거센소리되기, 자음군 단순화, 된소리되기, 비음화, 유음화 등의 음운 변동이 있다.
>
> ㉠ 내가 좋아하는 음식은 밥하고[바파고] 떡이다.
> ㉡ 옷에 흙까지[흑까지] 묻히고 시내를 쏘다녔다.
> ㉢ 우리는 손을 잡고[잡꼬] 마냥 즐거워하였다.
> ㉣ 그는 고전 음악을 즐겨 듣는다[든는다].
> ㉤ 칼날[칼랄]에 다치지 않도록 조심하여야 한다.

① ㉠의 예 : 먹히다, 목걸이
② ㉡의 예 : 값싸다, 닭똥
③ ㉢의 예 : 굳세다, 솜이불
④ ㉣의 예 : 겁내다, 맨입
⑤ ㉤의 예 : 잡히다, 설날

444 [2015년 9월 고3 모평 B형 11번]

<보기>의 표준 발음법을 바르게 적용한 것은?

> **보 기**
>
> ㉠ 받침 'ㄷ, ㅌ'이 조사의 모음 'ㅣ'와 결합되는 경우에는, [ㅈ, ㅊ]으로 바꾸어서 뒤 음절 첫소리로 옮겨 발음한다. 예) 밭이[바치]
> ㉡ 받침 'ㄷ, ㅌ(ㄾ)'이 접미사의 모음 'ㅣ'와 결합되는 경우에는, [ㅈ, ㅊ]으로 바꾸어서 뒤 음절 첫소리로 옮겨 발음한다. 예) 미닫이[미다지]
> ㉢ 받침 'ㄷ' 뒤에 접미사 '히'가 결합되어 '티'를 이루는 것은 [치]로 발음한다. 예) 묻히다[무치다]

① '같이 걷다'의 '같이'는 ㉠에 따라 'ㅌ'을 [ㅊ]으로 바꿔 [가치]로 발음해야겠군.
② '솥이나 냄비를 준비하다'의 '솥이나'는 ㉠에 따라 'ㅌ'을 [ㅊ]으로 바꿔 [소치나]로 발음해야겠군.
③ '그것은 팥이다'의 '팥이다'는 ㉡에 따라 'ㅌ'을 [ㅊ]으로 바꿔 [파치다]로 발음해야겠군.
④ '자전거에 받히다'의 '받히다'는 ㉡에 따라 '티'를 [치]로 바꿔 [바치다]로 발음해야겠군.
⑤ '우표를 붙이다'의 '붙이다'는 ㉢에 따라 '티'를 [치]로 바꿔 [부치다]로 발음해야겠군.

445 [2015년 10월 고3 학평 A형 11번] 

<보기>의 ㉠과 ㉡에 해당하는 예가 바르게 짝지어진 것은?

> **보 기**
>
> 비음화는 ㉠홑받침 또는 쌍받침이 'ㄱ, ㄴ, ㄷ, ㄹ, ㅁ, ㅂ, ㅇ'의 일곱 자음만으로만 발음되는 현상을 겪은 후에 나타나기도 하고, ㉡겹받침이 그 중 한 자음만 발음되는 현상을 겪은 후에 나타나기도 한다.

	㉠	㉡
①	깎는[깡는]	흙만[흥만]
②	끝물[끈물]	앉자[안짜]
③	듣는[든는]	읊는[음는]
④	숱내[순내]	닳은[다른]
⑤	앞마당[암마당]	값이[갑씨]

446 [2015년 10월 고3 학평 B형 13번] 

<보기 1>을 참고할 때, <보기 2>의 ㉠~㉤ 중, 표준 발음에 해당하지 <u>않는</u> 것은?

> **보 기 1**
>
> **표준 발음법**
> 제5항 'ㅑ ㅒ ㅕ ㅖ ㅘ ㅙ ㅛ ㅝ ㅞ ㅠ ㅢ'는 이중 모음으로 발음한다.
> 다만 1. 용언의 활용형에 나타나는 '져, 쪄, 쳐'는 [저, 쩌, 처]로 발음한다.
> 다만 2. '예, 례' 이외의 'ㅖ'는 [ㅔ]로도 발음한다.
> 다만 3. 자음을 첫소리로 가지고 있는 음절의 'ㅢ'는[ㅣ]로 발음한다.
> 다만 4. 단어의 첫음절 이외의 '의'는 [ㅣ]로, 조사 '의'는 [ㅔ]로 발음함도 허용한다.

> **보 기 2**
>
> ○ 긍정적인 마음을 ㉠가져야[가저야]한다.
> ○ ㉡협의[혀비]를 거쳐서 결정한 사안이다.
> ○ 젊은이들에게 ㉢희망[희망]과 용기를 불어넣다.
> ○ 문화 유적에는 조상들의 ㉣지혜[지혜]가 담겨 있다.
> ○ ㉤우리의[우리에] 힘을 합치면 못할 일이 뭐가 있겠어요?

① ㉠    ② ㉡    ③ ㉢    ④ ㉣    ⑤ ㉤   

447 [2015년 수능 A형 11번]

다음 ㉠~㉤에서 일어나는 음운 변동에 대한 설명으로 적절한 것은? [3점]

> ㉠ 옳지 → [올치], 좁히다 → [조피다]
> ㉡ 끊어 → [끄너], 쌓이다 → [싸이다]
> ㉢ 숯도 → [숟또], 옷고름 → [옫꼬름]
> ㉣ 닦는 → [당는], 부엌문 → [부엉문]
> ㉤ 읽지 → [익찌], 훑거나 → [훌꺼나]

① ㉠, ㉡ : 'ㅎ'과 다른 음운이 결합하여 한 음운으로 축약되는 현상이 일어난다.

② ㉠, ㉢, ㉤ : 앞 음절의 종성에 따라 뒤 음절의 초성이 된소리로 되는 현상이 일어난다.

③ ㉢, ㉣ : '깊다 → [깁따]'에서처럼 음절 끝에서 발음되는 자음이 7개로 제한되는 현상이 일어난다.

④ ㉣ : '겉모양 → [건모양]'에서처럼 앞 음절의 종성이 뒤 음절의 초성과 조음 위치가 같아지는 현상이 일어난다.

⑤ ㉣, ㉤ : '앉고 → [안꼬]'에서처럼 받침 자음의 일부가 탈락하는 현상이 일어난다.

448 [2015년 수능 B형 11번]

<보기>에 따라 겹받침의 표준 발음에 대하여 단계별로 학습하였다. 각 예에 적용된 내용과 그 발음이 모두 바른 것은? [3점]

> **보 기**
>
> ○ 겹받침이 모음으로 시작된 조사나 어미, 접미사와 결합되는 경우에는 뒤엣것만을 뒤 음절 첫소리로 옮겨 발음한다. 이 경우, 'ㅅ'은 [ㅆ]으로 발음한다. ········ ⓐ
>
> ○ 겹받침 'ㄳ', 'ㄺ', 'ㄼ', 'ㅄ'은 어말 또는 자음 앞에서 각각 [ㄱ, ㄹ, ㅂ]으로 발음한다. ········ ⓑ
>
> **이 후에는 다음과 같이 발음한다.**
> • [ㄱ, ㅂ]은 'ㄴ, ㅁ' 앞에서 각각 [ㅇ, ㅁ]으로 발음한다. ········ ⓒ
> • [ㄱ, ㅂ] 뒤에 연결되는 'ㄱ, ㄷ, ㅂ, ㅅ, ㅈ'은 각각 [ㄲ, ㄸ, ㅃ, ㅆ, ㅉ]으로 발음한다. ········ ⓓ
> • [ㄱ, ㅂ]은 'ㅎ'과 결합되는 경우, 두 음을 합쳐서 각각 [ㅋ, ㅍ]으로 발음한다. ········ ⓔ

	예	적용 내용	발음
①	여덟+이	ⓐ	[여더리]
②	몫+을	ⓐ	[목슬]
③	흙+만	ⓑ, ⓒ	[흑만]
④	값+까지	ⓑ, ⓓ	[갑까지]
⑤	닭+하고	ⓑ, ⓔ	[다카고]

449 [2016년 3월 고3 학평 11번]

<보기>의 (가)~(다)에 들어갈 내용으로 적절한 것은? [3점]

> **보 기**
>
> **선생님** : 지난 시간에 배운 음운의 변동에 대해 잘 기억하는지 질문 하나 하겠습니다. '낫다'와 '낳다'가 활용될 때 공통적으로 일어나는 음운 변동은 무엇일까요?
> **학생** : 둘 다 음운의 __(가)__ 현상이 일어납니다.
> **선생님** : 맞아요. 그래서 사람들이 가끔 혼동해서 틀리곤 하지요. __(가)__ 현상이 일어나는 용언들 가운데 불규칙 활용을 하는 것은 모두 음운 변동이 표기에 반영되는 반면, 규칙 활용을 하는 것은 표기에 반영되기도 하고 반영되지 않기도 합니다. '낫다'와 '낳다'는 다음 중 어떤 유형에 해당할까요?
>
> | 표기 반영 여부 / 활용 유형 | 반영 | 미반영 |
> |---|---|---|
> | 규칙 활용 | Ⓐ | Ⓑ |
> | 불규칙 활용 | Ⓒ | |
>
> **학생** : '낫다'는 __(나)__ , '낳다'는 __(다)__ 에 해당됩니다.

	(가)	(나)	(다)
①	축약	Ⓐ	Ⓒ
②	탈락	Ⓑ	Ⓐ
③	탈락	Ⓒ	Ⓑ
④	교체	Ⓑ	Ⓒ
⑤	교체	Ⓒ	Ⓑ

450 [2016년 6월 고3 모평 13번]

<보기>의 ㉠~㉣에 대한 설명으로 적절하지 <u>않은</u> 것은? [3점]

> **보 기**
>
> ㉠ 맑+네 → [망네] ㉡ 낮+일 → [난닐]
> ㉢ 꽃+말 → [꼰말] ㉣ 긁+고 → [글꼬]

① ㉠ : '값+도→[갑또]'에서처럼 음절 끝에 둘 이상의 자음이 오지 못하기 때문에 일어난 음운 변동이 있다.

② ㉠, ㉢ : '입+니→[임니]'에서처럼 인접하는 자음과 조음 방법이 같아진 음운 변동이 있다.

③ ㉡ : '물+약→[물략]'에서처럼 자음이 교체된 음운 변동이 있다.

④ ㉡, ㉢ : '팥+죽→[팓쭉]'에서처럼 음절 끝에 올 수 있는 자음이 제한되어 있기 때문에 일어난 음운 변동이 있다.

⑤ ㉣ : '잃+지→[일치]'에서처럼 자음이 축약된 음운 변동이 있다.

Part 03 음운 영역 핵심 기출 문제

451 [2016년 7월 고3 학평 11번]

<보기>의 ㉠~㉤의 밑줄 친 부분과 동일한 음운 변동이 일어나는 예가 모두 바르게 제시된 것은?

보 기

국어에는 자음군 단순화, 구개음화, 비음화, 된소리되기, 거센소리되기 등의 음운 변동이 있다.

㉠ 우리는 자리를 <u>옮겨서</u>[옴겨서] 밥을 먹었다.
㉡ 그녀는 내 말을 <u>굳이</u>[구지] 따지려 들지는 않았다.
㉢ 그는 정계에 <u>입문하여</u>[임문하여] 활동을 시작했다.
㉣ 나는 말을 <u>더듬지</u>[더듬찌] 않고 또박또박 대답했다.
㉤ 그는 <u>듬직한</u>[듬지칸] 성품으로 주변에 친구가 많았다.

---

① ㉠의 예 : 굶기다, 급하다
② ㉡의 예 : 미닫이, 뻗대다
③ ㉢의 예 : 집문서, 맏누이
④ ㉣의 예 : 껴안다, 꿈같이
⑤ ㉤의 예 : 굽히다, 한여름

452 [2016년 수능 12번]

<보기>의 (가), (나)를 중심으로 음운 변동을 이해한 내용으로 적절한 것은? [3점]

보 기

국어의 음운 변동은 교체, 탈락, 첨가, 축약으로 구분된다. 이 중에는 음절의 종성과 관련된 음운 변동이 있다.

(가) 음절의 종성에 마찰음, 파찰음이 오거나 파열음 중 거센소리나 된소리가 올 경우, 모두 파열음의 예사소리로 교체된다. 이는 종성에서 발음될 수 있는 자음의 종류가 제한됨을 알려 준다.

(나) 또한 음절의 종성에 자음군이 올 경우, 한 자음이 탈락한다. 이는 종성에서 하나의 자음만이 발음될 수 있음을 알려 준다.

---

① '꽃힌[꼬친]'에는 (가)에 해당하는 음운 변동이 있다.
② '몫이[목씨]'에는 (나)에 해당하는 음운 변동이 있다.
③ '비옷[비옫]'에는 (나)에 해당하는 음운 변동이 있다.
④ '않고[안코]'에는 (가), (나) 모두에 해당하는 음운 변동이 있다.
⑤ '읊고[읍꼬]'에는 (가), (나) 모두에 해당하는 음운 변동이 있다.

453 [2017년 4월 고3 학평 11번]

<보기 1>을 참고하여 <보기 2>의 ㉠~㉤에 대해 설명한 내용으로 가장 적절한 것은?

보 기 1

[구개음화]

교체 현상의 하나로, 받침이 'ㄷ', 'ㅌ'인 형태소가 모음 'ㅣ'나 반모음 'ㅣ [j]'로 시작되는 형식 형태소와 만나면 그것이 각각 구개음 [ㅈ], [ㅊ]이 되거나, 'ㄷ' 뒤에 형식 형태소 '-히-'가 올 때 'ㅎ'과 결합하여 이루어진 [ㅌ]이 [ㅊ]이 되는 현상.

보 기 2

○ 나는 벽에 ㉠<u>붙인</u> 게시물을 떼었다.
○ 교수는 문제의 원인을 ㉡<u>낱낱이</u> 밝혔다.
○ 그녀는 평생 ㉢<u>밭이랑</u>을 일구며 살았다.
○ 그의 말소리는 소음에 ㉣<u>묻히고</u> 말았다.
○ 그는 겨울에도 방에서 ㉤<u>홑이불</u>을 덮고 잤다.

---

① ㉠의 '붙-'은 접미사의 모음 'ㅣ'와 만나므로 구개음화 현상이 일어나지 않는다.
② ㉡의 '-이'는 실질 형태소이므로 '낱'의 받침 'ㅌ'은 [ㅊ]으로 발음되지 않는다.
③ ㉢의 '이랑'은 모음 'ㅣ'로 시작되는 형식 형태소이므로 '밭'의 'ㅌ'은 [ㅊ]으로 발음된다.
④ ㉣의 '묻-'은 접미사 '-히-'와 만나므로 'ㄷ'이 'ㅎ'과 결합하여 이루어진 [ㅌ]은 [ㅊ]으로 발음된다.
⑤ ㉤의 '홑-'과 결합한 '이불'은 모음 'ㅣ'로 시작되는 실질 형태소이므로 '홑-'의 받침 'ㅌ'은 구개음화 현상이 일어난다.

454 [2017년 6월 고3 모평 13번]

<보기>를 바탕으로 음운 변동 사례에 대해 이해한 내용으로 적절한 것은?

보 기

교체, 탈락, 축약, 첨가의 음운 변동이 일어나는 경우 음운 개수의 변화가 나타나기도 한다.

먼저 '집일[짐닐]'은 첨가 및 교체가 일어나 음운의 개수가 늘었다. 그런데 '닭만[당만]'은 탈락 및 교체가 일어나 음운의 개수가 줄었고, '뜻하다[뜨타다]'는 교체 및 축약이 일어나 음운의 개수가 줄었다. 한편 '맡는[만는]'은 교체가 두 번 일어나 음운의 개수가 변하지 않았다.

---

① '흙하고[흐카고]'는 탈락 및 축약이 일어나 음운의 개수가 두 개 줄었군.
② '저녁연기[저녕년기]'는 첨가 및 교체가 일어나 음운의 개수가 두 개 늘었군.
③ '부엌문[부엉문]'과 '볶는[봉는]'은 교체가 한 번 일어나 음운의 개수가 변하지 않았군.
④ '얹지[언찌]'와 '묽고[물꼬]'는 교체 및 축약이 일어나 음운의 개수가 각각 한 개 줄었군.
⑤ '넓네[널레]'와 '밝는[방는]'은 탈락 및 교체가 일어나 음운의 개수가 각각 두 개 줄었군.

455 [2017년 7월 고3 학평 11번]

<보기>의 ㉠에 해당하는 예로 적절한 것은?

> **보 기**
>
> 음운 변동의 유형으로는 교체, 탈락, 축약, 첨가가 있다. 한 단어가 발음될 때, 이러한 음운 변동 유형들 중 ㉠한 가지 유형만 나타나는 경우가 있고, 두 가지 이상의 유형이 나타나는 경우가 있다. 가령 '꽃밭[꼳빧]'은 교체 한 가지만 나타나지만, '꽃잎[꼰닙]'은 교체와 첨가 두 가지가 나타난다.

① 깎다[깍따]　② 막일[망닐]　③ 색연필[생년필]
④ 값하다[가파다]　⑤ 설익다[설릭따]

456 [2017년 10월 고3 학평 12번]

<보기>를 참조하여 단어의 발음을 설명한 내용으로 적절하지 <u>않은</u> 것은?

> **보 기**
>
> 연음은 앞 음절의 종성에 있던 자음이 모음으로 시작하는 뒤 음절의 초성으로 옮겨 가 발음되는 현상이다. 뒤에 모음으로 시작하는 형식 형태소가 오면 곧바로 연음이 일어나지만, 'ㅏ, ㅓ, ㅗ, ㅜ, ㅟ'들로 시작되는 실질 형태소가 올 때에는 '홑옷[호돋]'처럼 음절의 끝소리 규칙이 먼저 적용된 후 연음이 일어난다.

① '밝은소리'는 용언의 활용형인 '밝은'과 명사 '소리'가 결합된 단어이므로 [바든소리]로 발음한다.
② '낱'에 조사 '으로'가 붙으면 [나트로]라고 발음하지만, 어근 '알'이 붙으면 [나달]로 발음한다.
③ '앞어금니'는 어근 '앞'과 '어금니'가 결합된 단어이므로 [아버금니]로 발음한다.
④ '겉웃음'은 '웃-'이 어근이고, '-음'이 접사이므로 [거두슴]으로 발음한다.
⑤ '밭' 뒤에 조사 '을'이 붙으면 연음되어 [바틀]로 발음한다.

457 [2017년 수능 14번]

<보기>의 음운 변동을 분석한 것으로 적절하지 <u>않은</u> 것은?

> **보 기**
>
> ㉠ 흙일 → [흥닐]
> ㉡ 닳는 → [달른]
> ㉢ 발야구 → [발랴구]

① ㉠~㉢은 각각 2회 이상의 음운 변동이 일어났다.
② ㉠~㉢에 공통적으로 일어난 음운 변동은 첨가이다.
③ 음운 변동의 결과 음운의 개수에 변화가 없는 것은 ㉠이다.
④ ㉡과 ㉢에서 일어난 음운 변동의 횟수는 같다.
⑤ ㉢에서 첨가된 음운은 ㉠에서 첨가된 음운과 같다.

458 [2018년 4월 고3 학평 11번]

<보기>의 ㉠~㉣에 대한 설명으로 적절한 것은?

> **보 기**
>
> 음운의 변동은 한 음운이 다른 음운으로 바뀌는 교체, 한 음운이 없어지는 탈락, 새로운 음운이 생기는 첨가, 두 음운이 하나의 음운으로 합쳐지는 축약으로 구분된다. 한 단어가 발음될 때 이 네 가지 변동 중 둘 이상이 나타나는 경우도 있고, 하나의 음운이 두 번 이상의 음운 변동을 겪기도 한다.
>
> ㉠ 낱낱이→[난ː나치]
> ㉡ 넋두리→[넉뚜리]
> ㉢ 입학식→[이팍씩]
> ㉣ 첫여름→[천녀름]

① ㉠과 ㉣에서는 공통적으로 음운이 첨가되는 현상이 나타난다.
② ㉡과 ㉢에서 공통적으로 나타나는 음운의 변동은 탈락이다.
③ ㉠에서 발음된 'ㅊ'과 ㉢에서 발음된 'ㅍ'은 공통적으로 음운이 축약된 것이다.
④ ㉠에서 'ㅌ'이 'ㄴ'으로, ㉣에서 'ㅅ'이 'ㄴ'으로 발음될 때 일어나는 음운 교체의 횟수는 같다.
⑤ ㉡에서 'ㄳ'이 'ㄱ'으로, ㉢에서 'ㅅ'이 'ㅆ'으로 발음될 때 일어나는 음운 변동의 횟수는 다르다.

459 [2018년 6월 고3 모평 13번]

<보기>의 1가지 조건으로 적절하지 않은 것은?

보 기

'한글 맞춤법'에 따르면, 사이시옷은 아래의 조건 ⓐ~ⓓ 가 모두 만족되어야 표기된다. 단, '곳간, 셋방, 숫자, 찻간, 툇간, 횟수'는 예외이다.

○ **사이시옷 표기에 고려되는 조건**
ⓐ 단어 분류상 '합성 명사'일 것.
ⓑ 결합하는 두 말의 어종이 다음 중 하나일 것.
　· 고유어+고유어　　· 고유어+한자어
　· 한자어+고유어
ⓒ 결합하는 두 말 중 앞말이 모음으로 끝날 것.
ⓓ 두 말이 결합하며 발생하는 음운 현상이 다음 중 하나일 것.
　· 앞말 끝소리에 'ㄴ' 소리가 덧남.
　· 앞말 끝소리와 뒷말 첫소리에 각각 'ㄴ' 소리가 덧남.
　· 뒷말 첫소리가 된소리로 바뀜.

㉠~㉤ 각각의 쌍은 위 조건 ⓐ~ⓓ 중 1가지 조건만 차이가 나서 사이시옷 표기 여부가 갈린 예이다.

	사이시옷이 없는 단어	사이시옷이 있는 단어
㉠	도매가격[도매까격]	도맷값[도매깝]
㉡	전세방[전세빵]	아랫방[아래빵]
㉢	버섯국[버섣꾹]	조갯국[조개꾹]
㉣	인사말[인사말]	존댓말[존댄말]
㉤	나무껍질[나무껍찔]	나뭇가지[나무까지]

① ㉠ : ⓐ　　② ㉡ : ⓑ　　③ ㉢ : ⓒ
④ ㉣ : ⓓ　　⑤ ㉤ : ⓓ

---

460 [2018년 6월 고3 모평 14번]

<보기>의 ⓐ~ⓒ에 들어갈 말로 적절한 것은?

보 기

○ **탐구 과제**

겹받침을 가진 용언을 발음할 때 어떤 음운 변동이 나타나야 표준 발음에 맞는지 혼동되는 경우가 있다. 자음군 단순화, 된소리되기, 비음화, 유음화, 거센소리되기 등의 음운 변동으로 비표준 발음과 표준 발음을 설명해 보자.

○ **탐구 자료**

	비표준 발음	표준 발음
㉠ 굵는	[굴른]	[궁는]
㉡ 짧네	[짬네]	[짤레]
㉢ 끊기고	[끈기고]	[끈키고]
㉣ 뚫지	[뚤찌]	[뚤치]

○ **탐구 내용**

㉠의 비표준 발음과 ㉡의 표준 발음에는 자음군 단순화 후 (ⓐ)가 나타난다. 이에 비해, ㉠의 표준 발음과 ㉡ 의 비표준 발음에는 자음군 단순화 후 (ⓑ)가 나타난 다. ㉢과 ㉣의 표준 발음은 (ⓒ)만 일어난 발음이다.

	ⓐ	ⓑ	ⓒ
①	유음화	비음화	거센소리되기
②	유음화	비음화	된소리되기
③	비음화	유음화	거센소리되기
④	비음화	유음화	된소리되기
⑤	비음화	된소리되기	거센소리되기

461 [2018년 7월 고3 학평 13번]

<보기>는 표준 발음법 중 '된소리되기'의 일부이다. 이를 바탕으로 표준 발음을 이해한 내용으로 적절하지 <u>않</u>은 것은?

> **보 기**
>
> ⊙ 받침 'ㄱ(ㄲ, ㅋ, ㄳ, ㄺ), ㄷ(ㅅ, ㅆ, ㅈ, ㅊ, ㅌ), ㅂ(ㅍ, ㄼ, ㄿ, ㅄ)' 뒤에 연결되는 'ㄱ, ㄷ, ㅂ, ㅅ, ㅈ'은 된소리로 발음한다.
> ⓛ 어간 받침 'ㄴ(ㄵ), ㅁ(ㄻ)' 뒤에 결합되는 어미의 첫소리 'ㄱ, ㄷ, ㅅ, ㅈ'은 된소리로 발음한다.
> ⓒ 어간 받침 'ㄼ, ㄾ' 뒤에 결합되는 어미의 첫소리 'ㄱ, ㄷ, ㅅ, ㅈ'은 된소리로 발음한다.
> ⓔ 관형사형 '-(으)ㄹ' 뒤에 연결되는 'ㄱ, ㄷ, ㅂ, ㅅ, ㅈ'은 된소리로 발음한다. '-(으)ㄹ'로 시작되는 어미의 경우에도 이에 준한다.

① '국밥'과 '(계란을) 삶고'에서의 된소리되기는 각각 ⊙, ⓛ에 따른 것이다.

② '꽃다발'과 '(그릇을) 핥지만'에서의 된소리되기는 각각 ⊙, ⓒ에 따른 것이다.

③ '(시를) 읊조리다'와 '(죽을) 먹을지언정'에서의 된소리되기는 각각 ⊙, ⓔ에 따른 것이다.

④ '(바닥에) 앉을수록'과 '(몸을) 기댈 곳이'에서의 된소리되기는 각각 ⓛ, ⓔ에 따른 것이다.

⑤ '(샅샅이) 훑다'와 '(내가) 떠날지라도'에서의 된소리되기는 각각 ⓒ, ⓔ에 따른 것이다.

462 [2018년 10월 고3 학평 11번]

<보기>의 자료에 나타난 음운 변동을 탐구한 내용으로 적절하지 <u>않</u>은 것은?

> **보 기**
>
> ⓐ 놓고[노코], 낳던[나:턴], 쌓지[싸치]
> ⓑ 닿소[다:쏘], 좋소[조:쏘]
> ⓒ 놓는[논는], 쌓네[싼네]
> ⓓ 않는[안는], 많네[만:네]
> ⓔ 낳은[나은], 놓아[노아], 쌓이다[싸이다]

① ⓐ를 보니, 받침 'ㅎ' 뒤에 'ㄱ, ㄷ, ㅈ'이 오는 경우에는 축약이 일어나는군.

② ⓑ를 보니, 받침 'ㅎ' 뒤에 'ㅅ'이 오는 경우에는 교체와 축약이 일어나는군.

③ ⓒ를 보니, 받침 'ㅎ' 뒤에 'ㄴ'이 오는 경우에는 교체가 두 번 일어나는군.

④ ⓓ를 보니, 받침 'ㄶ' 뒤에 'ㄴ'이 오는 경우에는 탈락이 일어나는군.

⑤ ⓔ를 보니, 받침 'ㅎ' 뒤에 모음으로 시작하는 형식 형태소가 오는 경우에는 탈락이 일어나는군.

463 [2019년 4월 고3 학평 14번]

<보기 1>의 탐구 과정을 바탕으로 <보기 2>의 ⊙~ⓗ을 바르게 분류한 것은?

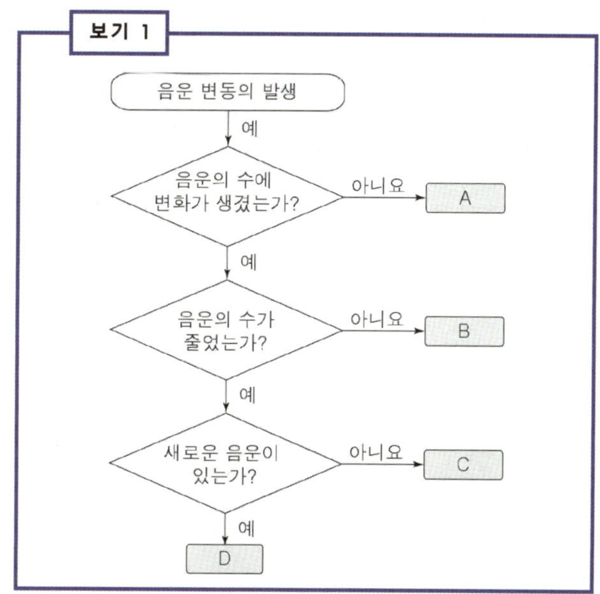

> **보기 2**
>
> ○ 그는 열심히 ⊙집안일을 했다.
> ○ 그녀는 기분 ⓛ좋은 웃음을 지었다.
> ○ 그는 나에게 말을 하지 ⓒ않고 떠났다.
> ○ 세월이 화살과 ⓔ같이 빠르게 지나간다.
> ○ 집이 추워서 오래된 ⓜ난로에 불을 지폈다.
> ○ 면역력이 떨어지면 병이 ⓗ옮는 경우가 있다.

	A	B	C	D
①	ⓜ	ⓛ	ⓒ, ⓔ	⊙, ⓗ
②	ⓛ, ⓗ	⊙	ⓔ, ⓜ	ⓒ
③	ⓛ, ⓗ	ⓔ, ⓜ	⊙	ⓒ
④	ⓛ, ⓜ	⊙	ⓒ, ⓗ	ⓔ
⑤	ⓔ, ⓜ	ⓛ, ⓗ	ⓒ	⊙

464 [2019년 6월 고3 모평 14번]

<보기>에 대한 이해로 적절하지 <u>않</u>은 것은?

> **보 기**
>
> ⊙ 풀잎[풀립] ⓛ 읊네[음네] ⓒ 벼훑이[벼훌치]

① ⊙, ⓛ에서는 음운 변동이 각각 세 번씩 일어났군.

② ⊙, ⓛ에서는 인접한 자음과 조음 방법이 같아지는 음운 변동이 일어났군.

③ ⊙에서 첨가된 음운과 ⓛ에서 탈락된 음운은 서로 다르군.

④ ⊙, ⓒ에서는 음운 개수가 달라지는 음운 변동이 일어났군.

⑤ ⊙은 'ㄹ'로 인해, ⓒ은 모음 'ㅣ'로 인해 동화되는 음운 변동이 일어났군.

음운 영역 핵심 기출 문제

465 [2019년 7월 고3 학평 12번]

<보기>의 ㉠, ㉡에 해당하는 예로 적절한 것은?

> **보 기**
>
> 국어에서 'ㄴ'과 'ㄹ' 소리를 연달아 내는 것은 어려운 일이다. 그래서 'ㄹ'과 'ㄴ'이 연쇄적으로 발음될 때 순행적 유음화가 일어나고, 반대로 'ㄴ'과 'ㄹ'이 연쇄적으로 발음될 때 ㉠역행적 유음화가 일어난다. 그런데 표면적으로 순행적 유음화나 역행적 유음화가 일어날 조건이 충족된다고 하더라도 용언의 활용이나 합성어, 파생어 형성 과정에서 순행적 유음화가 아닌 'ㄹ' 탈락이 일어나기도 하고, 역행적 유음화가 아닌 ㉡'ㄹ'의 비음화가 일어나기도 한다.

	㉠	㉡
①	산란기	표현력
②	줄넘기	입원료
③	결단력	생산량
④	의견란	향신료
⑤	대관령	물난리

466 [2019년 9월 고3 모평 13번]

<보기>의 ㉠에 들어갈 말로 적절한 것은? [3점]

> **보 기**
>
> **선생님** : 오늘은 일상생활에서 흔하게 들을 수 있는 부정확한 발음에 대해 알아볼까요? 우선 아래 표에서 부정확한 발음과 정확한 발음을 확인해 보세요.
>
> | 예 | 찰흙이 | 안팎을 | 넋이 | 끝을 | 숲에 |
> |---|---|---|---|---|---|
> | 부정확한 발음 | [찰흐기] | [안파글] | [너기] | [끄츨] | [수베] |
> | 정확한 발음 | [찰흘기] | [안파끌] | [넉씨] | [끄틀] | [수페] |
>
> 다 봤나요? 그럼 정확한 발음을 참고하여, 부정확한 발음을 하게 된 이유를 말해 볼까요?
>
> **학생** : ㉠
>
> **선생님** : 네, 맞아요. 그럼 이제 정확한 발음을 일상생활에서 실천해 보세요.

① '찰흙이'는 자음군 단순화를 적용하고 연음해야 하는데, [찰흐기]는 자음군 단순화를 적용하지 않고 연음을 했습니다.

② '안팎을'은 음절의 끝소리 규칙을 적용하지 않고 연음해야 하는데, [안파글]은 음절의 끝소리 규칙을 적용하고 연음을 했습니다.

③ '넋이'는 연음을 하고 된소리되기를 적용해야 하는데, [너기]는 음절의 끝소리 규칙을 적용하고 연음을 했습니다.

④ '끝을'은 연음을 하고 구개음화를 적용해야 하는데, [끄츨]은 구개음화를 적용하고 연음을 했습니다.

⑤ '숲에'는 거센소리되기를 적용하지 않고 연음해야 하는데, [수베]는 거센소리되기를 적용하고 연음을 했습니다.

467 [2019년 10월 고3 학평 11번]

<보기>의 ⓐ~ⓓ를 발음할 때 일어나는 음운 변동을 탐구한 내용으로 적절한 것은?

> **보 기**
>
> ○ ⓐ밭일을 하며 발에 ⓑ밟힌 벌을 보았다.
> ○ ⓒ숱한 시련을 이겨 내 승리를 ⓓ굳혔다.

① ⓐ에서는 뒷말의 초성이 앞말의 종성과 조음 방법이 같아지는 비음화가 일어난다.

② ⓐ에서는 '일'이 실질 형태소이기 때문에 구개음화가 일어나지 않고 'ㅌ'이 연음된다.

③ ⓑ와 ⓒ에서는 모두 음운 변동의 결과 전체 음운의 개수가 줄어든다.

④ ⓑ와 ⓓ에서는 모두 어떤 음운이 다른 음운으로 바뀌는 교체 현상이 일어난다.

⑤ ⓒ와 ⓓ에서는 모두 거센소리되기가 먼저 일어난 후 구개음화가 일어난다.

468 [2019년 수능 13번]

<보기>의 [A]에 들어갈 말로 적절한 것은?

> **보 기**
>
> **선생님** : 음절은 발음할 수 있는 최소의 언어 단위인데, 음절의 유형은 크게 분류하면 '① 모음, ② 자음+모음, ③ 모음+자음, ④ 자음+모음+자음'이 있어요. 예를 들면 '꽃[꼳]'은 ④, '잎[입]'은 ③에 속하지요. 그런데 복합어 '꽃잎'은 음운 변동이 일어나 [꼰닙]으로 발음돼요. 이때 [닙]은 ④에 해당되며 음운의 첨가로 음절 유형이 바뀐 것이지요.
> 이제 아래 단어들을 탐구해 봅시다.
>
> > 밥상(밥+상), 집일(집+일), 의복함(의복+함), 국물(국+물), 화살(활+살)
>
> **학생** : [A]
>
> **선생님** : 네, 맞아요.

① '밥상[밥쌍]'에서의 [쌍]은 첨가의 결과이고, 음절 유형이 단일어인 '상[상]'과 달라졌어요.

② '집일[짐닐]'에서의 [닐]은 교체의 결과이고, 음절 유형이 단일어인 '일[일]'과 달라졌어요.

③ '의복함[의보캄]'에서의 [캄]은 축약의 결과이고, 음절 유형이 단일어인 '함[함]'과 달라졌어요.

④ '국물[궁물]'에서의 [궁]은 교체의 결과이고, 음절 유형이 단일어인 '국[국]'과 같아요.

⑤ '화살[화살]'에서의 [화]는 탈락의 결과이고, 음절 유형이 단일어인 '활[활]'과 같아요.

469 [2020년 3월 고3 학평 11번]

<보기>의 학습 과제를 수행한 결과로 가장 적절한 것은?

> **보 기**
>
> ◦ **학습 내용** : 음운 변동의 유형에는 교체, 탈락, 첨가, 축약이 있다. 음운 변동은 한 단어를 단독으로 발음하는 경우에만 일어나는 것이 아니라 둘 이상의 단어를 이어서 한 마디로 발음하는 경우에도 일어날 수 있다. 예를 들어 '낮'과 '한때'를 각각 단독으로 발음하는 경우에 '낮[낟]'은 교체가 일어나고 '한때[한때]'는 음운 변동이 일어나지 않는다. 그런데 '낮'과 '한때'를 이어서 한 마디로 발음하는 경우에는 교체와 축약이 일어나 '낮 한때[나탄때]'로 발음된다.
>
> ◦ **학습 과제** : 아래의 ㄱ과 ㄴ에서 두 단어를 이어서 한 마디로 발음하는 경우 공통적으로 일어나는 음운 변동의 유형을 찾고, 그 유형의 적절한 예를 제시하시오.
>
> ㄱ. 잘 입다[잘립따]
>
> ㄴ. 값 매기다[감매기다]

	공통적인 음운 변동의 유형	예
①	교체	책 넣는다 [챙넌는다]
②	교체	좋은 약 [조:은냑]
③	교체	잘한 일 [잘한닐]
④	첨가	슬픈 얘기 [슬픈내기]
⑤	첨가	먼 옛날 [먼:녠날]

470 [2020년 7월 고3 학평 11번]

<보기>의 음운 변동을 분석한 것으로 적절하지 <u>않은</u> 것은?

> **보 기**
>
> ㉠ 밭일[반닐]   ㉡ 훑는[훌른]   ㉢ 같이[가치]

① ㉠에는 음절 끝에 올 수 있는 자음이 제한되어 있기 때문에 일어난 음운 변동이 있다.

② ㉠과 ㉡은 음운 변동의 결과 음운의 개수에 변화가 생겼다.

③ ㉠은 실질 형태소끼리 결합할 때, ㉢은 실질 형태소와 형식 형태소가 결합할 때 음운 변동이 일어났다.

④ ㉡은 자음으로 인한, ㉢은 모음으로 인한 음운 변동이 일어났다.

⑤ ㉠, ㉡, ㉢에 공통적으로 일어난 음운 변동은 탈락과 교체이다.

471 [2020년 9월 고3 모평 11번]

<보기>의 ㉮에 들어갈 말로 적절한 것은?

> **보 기**
>
> **선생님** : 용언 어간 뒤에 '-아/어'로 시작하는 어미가 결합할 때, 단모음이 반모음으로 교체되는 음운 변동이 일어날 수 있어요. 가령, 어간 '오-'와 어미 '-아'가 결합해 [와]로 발음될 때, 단모음 'ㅗ'가 반모음 'w'로 교체되는 것이지요. 우리말의 반모음은 'j'도 있으니까 반모음 'j'로 교체되는 예도 있겠죠? 그럼 용언 어간의 단모음이 '-아/어'로 시작하는 어미와 결합할 때 반모음 'j'로 교체되는 예를 들어 볼까요?
>
> **학생** : 네, [㉮]로 발음되는 예를 들 수 있어요.

① 어간 '뛰-'와 어미 '-어'가 결합해 [뛰여]

② 어간 '차-'와 어미 '-아도'가 결합해 [차도]

③ 어간 '잠그-'와 어미 '-아'가 결합해 [잠가]

④ 어간 '견디-'와 어미 '-어서'가 결합해 [견뎌서]

⑤ 어간 '키우-'와 어미 '-어라'가 결합해 [키워라]

472 [2020년 10월 고3 학평 13번]

<보기>에 제시된 '선생님'의 질문에 대한 답으로 적절한 것은?

> **보 기**
>
> **선생님** : 음운 변동이 일어날 때에는 조음 위치 및 조음 방법이 변하기도 합니다. 다음 단어를 발음할 때 일어나는 변화를 자음 체계를 참고하여 설명해 볼까요?
>
> 맏이[마지], 꽃눈[꼰눈], 강릉[강능], 실내[실래], 앞날[암날]

조음 방법 \ 조음 위치	양순음	치조음	경구개음	연구개음	후음
파열음	ㅂ/ㅃ/ㅍ	ㄷ/ㄸ/ㅌ		ㄱ/ㄲ/ㅋ	
파찰음			ㅈ/ㅉ/ㅊ		
마찰음		ㅅ/ㅆ			ㅎ
비음	ㅁ	ㄴ		ㅇ	
유음		ㄹ			

① '맏이'를 발음할 때 일어나는 음운 변동에서는 조음 위치만 한 번 변합니다.

② '꽃눈'을 발음할 때 일어나는 음운 변동에서는 조음 위치만 두 번 변합니다.

③ '강릉'을 발음할 때 일어나는 음운 변동에서는 조음 방법만 한 번 변합니다.

④ '실내'를 발음할 때 일어나는 음운 변동에서는 조음 위치가 변한 후 조음 방법이 변합니다.

⑤ '앞날'을 발음할 때 일어나는 음운 변동에서는 조음 방법이 변한 후 조음 위치가 변합니다.

473 [2020년 수능 예시문항 37번] 

<보기>의 [A]에 들어갈 말로 적절하지 <u>않은</u> 것은? [3점]

보 기

수영 : 내일이 방송부 아나운서를 선발하는 날인데, 잘할 수 있을지 걱정이야.

진수 : 너무 걱정 마. 내가 대본에다가 발음에 주의해야 할 단어들의 표준 발음을 표시해 봤어. 확인해 봐.

> **[방송 대본]**
> 어제는 책을 열심히 ㉠읽는[잉는] 친구에게 선물할 책을 사려고 ㉡서울역[서울력] 안에 있는 서점에 갔어요. ㉢복잡한[복짜판] 인파를 헤치고 서점 ㉣깊숙이[깁쑤기] 들어가서 친구에게 줄 시집을 드디어 찾아냈지요. 시집을 펼쳐 마음에 드는 시를 ㉤읊다가[읍따가] 약속 시간에 늦었지만 친구는 제 선물을 받고 정말 기뻐했어요.

수영 : 그런데 왜 이 발음이 표준 발음이지? 내가 아는 것과는 다른데...... 우리가 배운 음운 변동과 관련이 있는 거야?

진수 : 맞아. 각 단어에서 일어난 음운 변동을 모두 살펴보면, ________________[A]________________

수영 : 그렇구나. 고마워.

---

① ㉠에서는 탈락과 교체가 한 번씩 일어나 [잉는]으로 발음돼.

② ㉡에서는 한 번의 첨가가 일어나 [서울력]으로 발음돼.

③ ㉢에서는 축약과 교체가 한 번씩 일어나 [복짜판]으로 발음돼.

④ ㉣에서는 두 번의 교체가 일어나 [깁쑤기]로 발음돼.

⑤ ㉤에서는 한 번의 탈락과 두 번의 교체가 일어나 [읍따가]로 발음돼.

---

474 [2021년 4월 고3 학평 37번]

다음의 ⓐ에 해당하는 것을 ㉠~㉣ 중에서 바르게 고른 것은?

> 원격 수업에서 활용하기 위해 우리말 음성을 한글로 변환하는 프로그램이 개발되고 있다. 아래는 이 프로그램의 개발자가 쓴 일지의 일부이다.
>
> ○ **프로그램의 원리**
> 사용자가 한글 맞춤법에 맞게 표기된 자료를 표준 발음법에 따라 발음하면, 프로그램은 그 발음에 나타난 음운 변동 현상을 분석해 본래의 표기된 자료로 출력한다.
>
> ○ **확인된 문제**
> 프로그램이 입력된 발음을 본래의 자료로 출력하지 못한 사례가 확인되었다. 아래의 잘못 출력된 사례에서 한글 맞춤법에 맞게 표기된 자료와 출력된 자료를 대조해 ㉠교체, ㉡탈락, ㉢첨가, ㉣축약 중 ⓐ프로그램이 분석하지 못한 음운 변동 현상이 무엇인지 알아봐야겠다.
>
> | 표기된 자료 | 표준 발음 | 출력된 자료 |
> | --- | --- | --- |
> | 끊어지다 | [끄너지다] | 끄너지다 |
> | 없애다 | [업:쌔다] | 업쌔다 |
> | 피붙이 | [피부치] | 피부치 |
> | 웃어른 | [우더른] | 우더른 |
> | 암탉 | [암탁] | 암탁 |

① ㉠, ㉡ ② ㉠, ㉣ ③ ㉡, ㉢ ④ ㉡, ㉣ ⑤ ㉢, ㉣

---

475 [2021년 7월 고3 학평 37번] 

<보기>를 바탕으로 음운 변동에 대해 이해한 내용으로 적절하지 <u>않은</u> 것은?

보 기

한 음운이 다른 음운과 만날 때 환경에 따라 다른 음운으로 바뀌어서 소리 나는 현상을 음운 변동이라고 한다. 음운 변동은 그 양상에 따라 교체, 축약, 탈락, 첨가로 나눌 수 있다. 이러한 음운 변동은 한 단어에서 두 가지 이상이 함께 나타나기도 한다.

---

① '물약[물략]'에서는 첨가와 교체의 음운 변동이 일어난다.

② '읊는[음는]'에서는 탈락과 교체의 음운 변동이 일어난다.

③ '값하다[가파다]'에서는 탈락과 축약의 음운 변동이 일어난다.

④ '급행요금[그팽뇨금]'에서는 탈락과 축약과 첨가의 음운 변동이 일어난다.

⑤ '넓죽하다[넙쭈카다]'에서는 탈락과 교체와 축약의 음운 변동이 일어난다.

---

476 [2021년 10월 고3 학평 38번] 

<보기>의 ㉠과 ㉡에 들어갈 말로 바르게 짝지어진 것은?

보 기

탐구 주제 : '훑다'는 어떤 과정을 거쳐서 [훌따]로 발음될까?

[자료]

(1) 종성의 'ㄲ, ㅋ', 'ㅅ, ㅆ, ㅈ, ㅊ, ㅌ', 'ㅍ'은 어말 또는 자음 앞에서 각각 대표음 [ㄱ, ㄷ, ㅂ]으로 발음한다.

(2) 어말 또는 자음 앞에서 음절 종성에 두 개의 자음이 놓이면 두 개의 자음 중 하나만 발음한다.

(3) 종성의 'ㄱ, ㄷ, ㅂ' 뒤에 연결되는 'ㄱ, ㄷ, ㅂ, ㅅ, ㅈ'은 된소리로 발음한다.

(4) 갈다[갈다], 날겠다[날겓따], 거칠더라도[거칠더라도]

탐구 과정 :

가설 1 : 어간의 종성에서 탈락이 일어난 후에 어미의 초성에서 교체가 일어난다.

→ '[자료] (4)'에서 확인되듯이, 어간이 (㉠) 끝날 때 그 어간 바로 뒤에 오는 어미의 초성에서는 된소리되기가 일어나지 않음.

가설 2 : 어간의 종성과 어미의 초성에서 교체가 일어난 후에 어간의 종성에서 탈락이 일어난다.

→ '[자료] (1)'의 현상이 어간 종성에서 일어나 어간 종성의 'ㅌ'이 (㉡), '[자료] (3)'의 현상이 일어날 수 있음. 이후 '[자료] (2)'의 현상이 일어났다고 볼 수 있음.

탐구 결과 : '가설 1'을 기각하고 '가설 2'를 받아들인다.

	㉠	㉡
①	'ㄷ'으로	'ㄷ'으로 교체된 후
②	'ㄷ'으로	탈락하게 된 후
③	'ㄹ'로	'ㄷ'으로 교체된 후
④	'ㄹ'로	탈락하게 된 후
⑤	'ㅆ'으로	'ㄷ'으로 교체된 후

477 [2022년 3월 고3 학평 35번]

<보기>에 대한 설명으로 적절하지 <u>않은</u> 것은?

보 기

[활동] 제시된 단어의 발음을 [자료]에 근거하여 탐구해 보자.

훑이[훌치]	훑어[훌터]	없는[언는]
끓고[끌코]	끓는[끌른]	

[자료]

○ 자음군 단순화만 일어나는 경우도 있지만, 자음군 단순화가 일어난 후에 비음화나 유음화와 같은 음운 변동이 일어나는 경우도 있음.

○ 자음군 단순화는, 두 자음 중 뒤의 자음이 구개음화되거나 뒤의 자음과 그다음 음절의 처음에 놓인 자음이 축약되면 일어나지 않음.

○ 자음군 단순화는 모음으로 시작하는 형식 형태소가 와서 뒤의 자음이 연음되면 일어나지 않음.

① '훑이[훌치]'는 모음으로 시작하는 접사 '-이'가 와서 'ㅌ'이 'ㅊ'으로 교체된 후 자음군 단순화가 일어난 것이군.

② '훑어[훌터]'는 모음으로 시작하는 어미 '-어'가 와서 'ㅌ'이 연음되어 자음군 단순화가 일어나지 않은 것이군.

③ '없는[언는]'은 'ㅄ' 중 뒤의 자음인 'ㅅ'이 탈락되어 자음군 단순화만 일어난 것이군.

④ '끓고[끌코]'는 'ㅎ'과 그다음 음절의 'ㄱ'이 축약되어 자음군 단순화가 일어나지 않은 것이군.

⑤ '끓는[끌른]'은 자음군 단순화가 일어난 후 남은 'ㄹ'로 인해 'ㄴ'이 'ㄹ'로 교체된 것이군.

Part 03 음운 영역 핵심 기출 문제

478 [2022년 7월 고3 학평 37번]

<학습 활동>을 수행한 결과로 적절한 것은?

학습 활동

[자료]의 단어들은 음운 변동 중 탈락이 일어난 예이다. 단어들을 [분류 과정]에 따라 분류할 때 ㉮, ㉯, ㉰에 들어갈 단어를 바르게 짝지은 것은?

[자료]

ⓐ뜨-+-어서 → 떠서[떠서]   ⓑ둥글-+-ㄴ →둥근[둥근]

ⓒ좋-+-아 → 좋아[조:아]

[분류 과정]

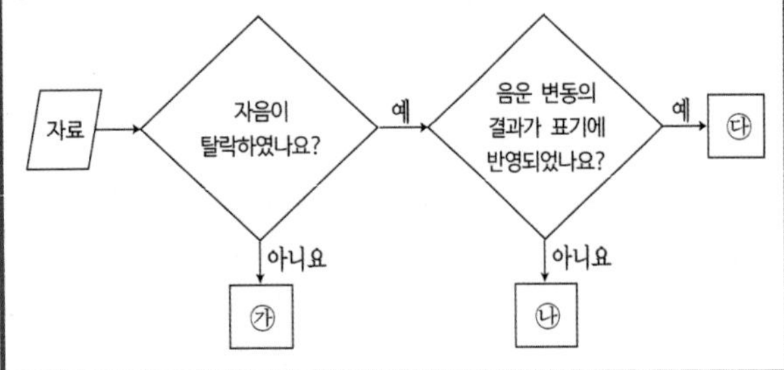

	㉮	㉯	㉰
①	ⓐ	ⓒ	ⓑ
②	ⓐ	ⓑ	ⓒ
③	ⓒ	ⓐ	ⓑ
④	ⓒ	ⓑ	ⓐ
⑤	ⓑ	ⓐ	ⓒ

479 [2022년 9월 고3 모평 39번]

[A]에 들어갈 말로 적절한 것은?

학생 : 선생님, 표준 발음법 제18항을 보다가 궁금한 점이 생겼어요. 이 조항에서 'ㄱ, ㄷ, ㅂ' 옆의 괄호 안에 다른 받침들이 포함된 것은 무엇을 나타내나요?

제18항 받침 'ㄱ(ㄲ, ㅋ, ㄳ, ㄺ), ㄷ(ㅅ, ㅆ, ㅈ, ㅊ, ㅌ, ㅎ), ㅂ(ㅍ, ㄼ, ㄿ, ㅄ)'은 'ㄴ, ㅁ' 앞에서 [ㅇ, ㄴ, ㅁ]으로 발음한다.

선생님 : 좋은 질문이에요. 그건 받침이 'ㄱ, ㄷ, ㅂ'이 아니더라도, 음운 변동의 결과로 그 발음이 [ㄱ, ㄷ, ㅂ]으로 바뀌면 비음화 현상이 적용될 수 있다는 사실을 나타낸 거예요.

학생 : 아, 그렇다면 [A] 비음화 현상이 적용된 거네요?

선생님 : 네, 맞아요.

① '밖만[방만]'은 자음군 단순화가 적용된 후
② '폭넓다[풍널따]'는 자음군 단순화가 적용된 후
③ '값만[감만]'은 음절의 끝소리 규칙이 적용된 후
④ '겉늙다[건늑따]'는 음절의 끝소리 규칙이 적용된 후
⑤ '호박잎[호방닙]'은 음절의 끝소리 규칙이 적용된 후

480 [2022년 수능 38번]

다음은 된소리되기와 관련한 수업의 일부이다. [A]에 들어갈 말로 적절하지 <u>않은</u> 것은? [3점]

선생님 : 오늘은 표준 발음을 대상으로 용언의 활용에서 나타나는 된소리되기를 알아봅시다. '(신발을) 신고[신:꼬]'처럼 용언의 활용에서는 마지막 소리가 'ㄴ, ㅁ'인 어간 뒤에 처음 소리가 'ㄱ, ㄷ, ㅅ, ㅈ'인 어미가 결합하면 어미의 처음 소리가 된소리로 바뀌어요.

학생 : 아, 그렇군요. 그런데 선생님, 국어에서 'ㄱ, ㄷ, ㅅ, ㅈ'이 'ㄴ, ㅁ' 뒤에 이어지면 항상 된소리로 바뀌나요?

선생님 : 항상 그런 것은 아니에요. 표준 발음에서는 용언 어간에 피·사동 접사가 결합하거나 어미끼리 결합하거나 체언과 조사가 결합하는 경우에는 된소리되기가 일어나지 않아요. 그리고 '먼지[먼지]'처럼 하나의 형태소 안에서 'ㄴ, ㅁ' 뒤에 'ㄱ, ㄷ, ㅅ, ㅈ'이 있는 경우에도 된소리되기가 일어나지 않아요. 그럼 다음 ⓐ~ⓔ의 밑줄 친 말에서 'ㄴ'이나 'ㅁ' 뒤의 소리가 된소리로 바뀌지 않는 이유를 설명해 볼까요?

ⓐ 피로를 <u>푼다</u>[푼다]   ⓑ 더운 <u>여름도</u>[여름도]
ⓒ 대문을 <u>잠가</u>[잠가]   ⓓ 품에 <u>안겨라</u>[안겨라]
ⓔ 학교가 <u>큰지</u>[큰지]

학생 : 그 이유는 [A] 때문입니다.

선생님 : 네, 맞아요.

① ⓐ의 'ㄴ'과 'ㄷ'이 모두 어미에 속해 있는 소리이기
② ⓑ의 'ㅁ'과 'ㄷ'이 체언과 조사가 결합하면서 이어진 소리이기
③ ⓒ의 'ㅁ'과 'ㄱ'이 모두 하나의 형태소 안에 속해 있는 소리이기
④ ⓓ의 'ㄴ'과 'ㄱ'이 어미끼리 결합하면서 이어진 소리이기
⑤ ⓔ의 'ㄴ'과 'ㅈ'이 어간과 어미가 결합하면서 이어진 소리가 아니기

481 [2023년 3월 고3 학평 38번]

<보기>에 제시된 ⓐ~ⓔ의 발음에 대한 탐구 내용으로 적절하지 <u>않은</u> 것은?

보 기

ⓐ 옷고름[옫꼬름] ⓑ 색연필[생년필] ⓒ 꽃망울[꼰망울]
ⓓ 벽난로[병날로] ⓔ 벼훑이[벼훌치]

---

① ⓐ : 음운의 개수가 변하지 않는 음운 변동이 첫째 음절의 종성 위치와 둘째 음절의 초성 위치에서 각각 한 번씩 일어난다.
② ⓑ : 첨가된 자음으로 인해 조음 방법이 변하는 음운 변동이 일어난다.
③ ⓒ : 첫째 음절의 종성 위치에서 두 번의 음운 변동이 순차적으로 일어난다.
④ ⓓ : 둘째 음절의 초성 위치에서 음운 변동이 일어난 후 둘째 음절의 종성 위치에서 음운 변동이 일어난다.
⑤ ⓔ : 조음 위치와 조음 방법이 모두 변하는 음운 변동이 일어난다.

482 [2023년 4월 고3 학평 37번]

다음은 음운 변동과 관련된 활동에 대한 설명이다. 이를 적용한 내용으로 적절한 것은?

> **<음운의 변동 이해하기 활동>**
> - 카드에는 한 개의 단어와 그 단어의 표준 발음이 적혀 있다.
> - 카드에 적힌 단어에서 일어나는 음운 변동의 유형과 유형별 횟수가 같은 카드끼리는 짝을 이룬다.
> - 단, 음운 변동 유형은 교체, 축약, 탈락, 첨가로만 구분하고, 음운 변동의 순서는 고려하지 않는다. 예를 들어, '흙빛[흑삗]'이 적힌 카드는 교체가 두 번, 탈락이 한 번 일어나는 단어가 적힌 카드와 짝을 이룬다.

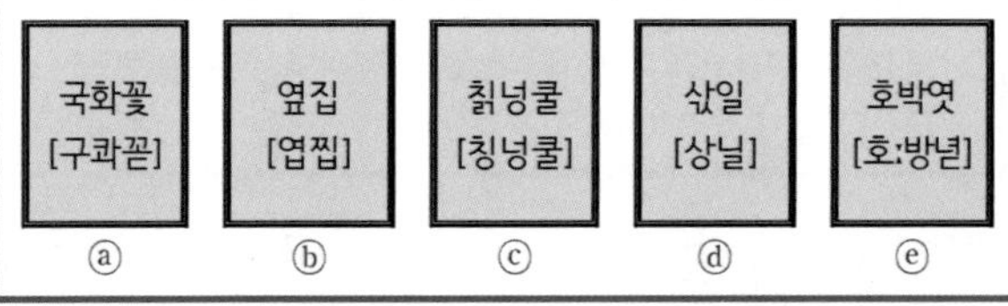

국화꽃 [구콰꼳]	옆집 [엽찝]	칡넝쿨 [칭넝쿨]	삯일 [상닐]	호박엿 [호:방녇]
ⓐ	ⓑ	ⓒ	ⓓ	ⓔ

① '백합화[배카콰]'가 적힌 카드는 축약이 두 번 일어나는 단어가 적힌 ⓐ와 짝을 이룬다.

② '삳삳이[삳싸치]'가 적힌 카드는 교체가 두 번 일어나는 단어가 적힌 ⓑ와 짝을 이룬다.

③ '값없이[가법씨]'가 적힌 카드는 교체와 탈락이 한 번씩 일어나는 단어가 적힌 ⓒ와 짝을 이룬다.

④ '몫몫이[몽목씨]'가 적힌 카드는 교체가 두 번, 탈락이 한 번 일어나는 단어가 적힌 ⓓ와 짝을 이룬다.

⑤ '백분율[백뿐뉼]'이 적힌 카드는 교체가 두 번, 첨가가 한 번 일어나는 단어가 적힌 ⓔ와 짝을 이룬다.

483 [2023년 6월 고3 모평 38번]

<보기>의 ㉮, ㉯에 들어갈 수 있는 단어로 적절한 것은?

> **보 기**
>
> **선생님** : 지난 시간에 음운의 변동 가운데 ⓐ음절의 끝소리 규칙, ⓑ자음군 단순화, ⓒ된소리되기를 학습했는데요. 이번 시간에는 음운 변동의 적용 유무를 기준으로 단어를 분류하는 활동을 진행해 볼게요. 그럼, 표준 발음을 고려해서 다음 단어들을 분류해 보죠.

분류 전	ⓐ	ⓑ	ⓒ	분류 후
넓디넓다, 높푸르나, 늦깎이, 닭갈비, 쑥대밭, 앞장서다, 읊다, 있다, 짓밟다, 흙빛	○	○	○	→ ㉮
	○	×	○	→ ㉯
	○	×	×	→
	×	○	○	→

○: 해당 음운 변동이 일어난 것.
×: 해당 음운 변동이 일어나지 않은 것.

	㉮	㉯
①	짓밟다	늦깎이
②	넓디넓다	있다
③	읊다	높푸르다
④	흙빛	쑥대밭
⑤	닭갈비	앞장서다

484 [2023년 7월 고3 학평 37번]

<학습 활동>을 수행한 결과로 적절하지 <u>않은</u> 것은? [3점]

> **학습 활동**
>
> 다음은 국어의 음운 변동과 관련된 내용이다. 자료에서 ⓐ~ⓔ를 확인할 수 있는 예를 모두 골라 묶어 보자.
>
> ⓐ [ㄱ, ㄷ, ㅂ]으로 발음되는 종성은 'ㄴ, ㅁ' 앞에서 [ㅇ, ㄴ, ㅁ]으로 발음한다.
>
> ⓑ [ㄱ, ㄷ, ㅂ]으로 발음되는 종성 뒤에 연결되는 'ㄱ, ㄷ, ㅂ, ㅅ, ㅈ'은 된소리로 발음한다.
>
> ⓒ 'ㄱ, ㄴ, ㄷ, ㄹ, ㅁ, ㅂ, ㅇ' 이외의 자음이 종성에 놓일 때에는 [ㄱ, ㄴ, ㄷ, ㄹ, ㅁ, ㅂ, ㅇ] 중 하나로 발음한다.
>
> ⓓ 받침 뒤에 모음 'ㅏ, ㅓ, ㅗ, ㅜ, ㅟ'들로 시작되는 실질 형태소가 연결되는 경우에는, 대표음으로 바꾸어서 뒤 음절 첫소리로 옮겨 발음한다.
>
> ⓔ 합성어 및 파생어에서 앞 단어나 접두사의 끝이 자음이고 뒤 단어나 접미사의 첫음절이 '이, 야, 여, 요, 유'인 경우에는, 'ㄴ' 음을 첨가하여 [니, 냐, 녀, 뇨, 뉴]로 발음한다.

> 자료 겉옷[거돋], 국밥만[국빱만], 백분율[백뿐뉼]
> 색연필[생년필], 헛일[헌닐]

① ⓐ : 국밥만, 색연필, 헛일   ② ⓑ : 국밥만, 백분율

③ ⓒ : 겉옷, 헛일   ④ ⓓ : 겉옷, 백분율

⑤ ⓔ : 백분율, 색연필, 헛일

Part 03 음운 영역 핵심 기출 문제

485 [2023년 9월 고3 모평 37번]

<학습 활동>을 수행한 결과로 적절한 것은?

학습 활동

'교체, 탈락, 첨가, 축약'과 같은 네 가지 유형의 음운 변동을 탐구해 보면, 한 단어에서 서로 다른 유형의 음운 변동이 일어나기도 하고 같은 유형의 음운 변동이 두 번 이상 일어나기도 한다.

- 한 단어에 음운 변동이 한 번 일어난 예
  예 빗[빋], 여덟[여덜], 맨입[맨닙], 축하[추카]
- 한 단어에 서로 다른 유형의 음운 변동이 일어난 예
  예 밟는[밤:는], 닭장[닥짱]
- 한 단어에 같은 유형의 음운 변동이 두 번 이상 일어난 예
  예 앞날[암날], 벚꽃[벋꼳]

이를 참고하여 ㉠~㉤에 해당하는 예를 두 개씩 생각해 보자.
㉠ '교체가 한 번, 탈락이 한 번' 일어난 것
㉡ '교체가 한 번, 첨가가 한 번' 일어난 것
㉢ '교체가 한 번, 축약이 한 번' 일어난 것
㉣ '교체가 두 번, 탈락이 한 번' 일어난 것
㉤ '교체가 두 번, 첨가가 한 번' 일어난 것

---

① ㉠ : 재밌는[재민는], 얽매는[엉매는]
② ㉡ : 불이익[불리익], 견인력[겨닌녁]
③ ㉢ : 똑같이[똑까치], 파묻힌[파무친]
④ ㉣ : 읊조려[읍쪼려], 겉늙어[건늘거]
⑤ ㉤ : 버들잎[버들립], 덧입어[던니버]

486 [2023년 10월 고3 학평 37번]

㉠과 ㉡에 모두 해당하는 예만을 <보기>의 탐구 자료에서 고른 것은?

보 기

[탐구 내용]

국어의 음운 변동은 교체, 탈락, 첨가, 축약의 네 가지 유형으로 나눌 수 있다. 어떤 단어는 여러 음운 변동이 일어나는데 위의 네 가지 유형 중 ㉠두 유형 이상의 음운 변동이 일어나는 경우, ㉡한 유형의 음운 변동이 여러 번 일어나는 경우도 있다.

[탐구 자료]

꽃향기[꼬탕기], 똑같이[똑까치],
흙냄새[흥냄새], 첫여름[천녀름],
넙죽하다[넙쭈카다], 읊조리다[읍쪼리다]

---

① 꽃향기, 똑같이
② 꽃향기, 흙냄새
③ 첫여름, 넙죽하다
④ 첫여름, 읊조리다
⑤ 넙죽하다, 읊조리다

487 [2024년 3월 고3 학평 37번]

<학습 활동>을 수행한 결과로 적절한 것은?

학습 활동

아래의 단어들을 발음할 때에는 음절의 끝소리 규칙, 된소리되기, 거센소리되기, 자음군 단순화가 일어난다. ㉠~㉣에 해당하는 음운 변동이 각각 무엇인지 찾고, ㉠~㉣ 중 두 가지가 일어나는 예를 생각해 보자.

흙화덕[흐콰덕], 드넓다[드널따]
끊겼다[끈켣따], 겉치레[걷치레]

○ '흙화덕'과 '드넓다'에서 공통적으로 일어나는 음운 변동 : ㉠
○ '흙화덕'과 '끊겼다'에서 공통적으로 일어나는 음운 변동 : ㉡
○ '끊겼다'와 '겉치레'에서 공통적으로 일어나는 음운 변동 : ㉢
○ '끊겼다'와 '드넓다'에서 공통적으로 일어나는 음운 변동 : ㉣

---

① ㉠, ㉡이 모두 일어난 예 : 밝히다[발키다]
② ㉠, ㉢이 모두 일어난 예 : 닭고기[닥꼬기]
③ ㉠, ㉣이 모두 일어난 예 : 깎고서[깍꼬서]
④ ㉡, ㉢이 모두 일어난 예 : 숱하다[수타다]
⑤ ㉡, ㉣이 모두 일어난 예 : 단팥죽[단팓쭉]

488 [2024년 6월 고3 모평 38번]

<보기>의 [A]에 들어갈 말로 적절한 것은?

보 기

선생님 : 한 단어에서 둘 이상의 음운 변동이 일어날 때 이들 간에 순서가 있을 수 있어요. 경우에 따라 먼저 일어난 음운 변동 결과로 다른 음운 변동이 일어날 조건이 마련되기도 하지요. 예컨대, '찾는'은[찬는]으로 발음되는데, 음절의 끝소리 규칙이 일어나 비음화가 일어날 조건이 마련된 것이에요. ㉠~㉤에서 이런 순서나 조건을 확인할 수 있으니 ⓐ자음군 단순화, ⓑ된소리되기, ⓒ비음화, ⓓ음절의 끝소리 규칙을 활용해 설명해 봅시다.

㉠ 실없네[시럼네]　　㉡ 깊숙이[깁쑤기]
㉢ 짓밟지[진빱찌]　　㉣ 꺾는[껑는]
㉤ 훑고[훌꼬]

학생 : ＿＿＿＿＿＿＿＿ [A] ＿＿＿＿＿＿＿＿
선생님 : 네, 맞아요.

---

① ㉠은 ⓐ가 일어나 ⓒ가 일어날 조건이 마련된 것이네요.
② ㉡은 ⓑ가 일어나 ⓓ가 일어날 조건이 마련된 것이네요.
③ ㉢은 ⓓ가 일어나 ⓐ가 일어날 조건이 마련된 것이네요.
④ ㉣은 ⓒ가 일어나 ⓓ가 일어날 조건이 마련된 것이네요.
⑤ ㉤은 ⓑ가 일어나 ⓐ가 일어날 조건이 마련된 것이네요.

489 [2024년 7월 고3 학평 37번]

다음은 수업 상황의 일부이다. ㉠에 들어갈 말로 적절하지 <u>않은</u> 것은?

선생님 : 표준 발음법을 살펴보고 [자료]처럼 된소리로 발음 해야 하는 이유를 발표해 볼까요?

표준 발음법

제24항 어간 받침 'ㄴ(ㄵ), ㅁ(ㄻ)' 뒤에 결합되는 어미의 첫소리 'ㄱ, ㄷ, ㅅ, ㅈ'은 된소리로 발음한다.

제25항 어간 받침 'ㄼ, ㄾ' 뒤에 결합되는 어미의 첫소리 'ㄱ, ㄷ, ㅅ, ㅈ'은 된소리로 발음한다.

제27항 관형사형 '-(으)ㄹ' 뒤에 연결되는 'ㄱ, ㄷ, ㅂ, ㅅ, ㅈ'은 된소리로 발음한다.

[붙임] '-(으)ㄹ'로 시작되는 어미의 경우에도 이에 준한다.

[자료]

할게[할께]	훑고[훌꼬]	신다[신:따]
다듬지[다듬찌]	만날 사람[만날싸람]	

학생 : 　　　　　　　　㉠

선생님 : 네, 잘했어요.

---

① '할게'는 관형사형 '-ㄹ' 뒤에 'ㄱ'이 오기 때문에 제27항에 따라 된소리로 발음해야 해요.

② '훑고'는 어간 받침 'ㄾ' 뒤에 어미의 첫소리 'ㄱ'이 오기 때문에 제25항에 따라 된소리로 발음해야 해요.

③ '신다'는 어간 받침 'ㄴ' 뒤에 어미의 첫소리 'ㄷ'이 오기 때문에 제24항에 따라 된소리로 발음해야 해요.

④ '다듬지'는 어간 받침 'ㅁ' 뒤에 어미의 첫소리 'ㅈ'이 오기 때문에 제24항에 따라 된소리로 발음해야 해요.

⑤ '만날 사람'은 관형사형 '-ㄹ' 뒤에 'ㅅ'이 오기 때문에 제27항에 따라 된소리로 발음해야 해요.

490 [2024년 9월 고3 모평 37번]

<학습 활동>을 수행한 결과로 적절하지 <u>않은</u> 것은?

학습 활동

국어에는 ㉠유음화, ㉡'ㄹ'의 비음화, ㉢구개음화, ㉣음절의 끝소리 규칙, ㉤ㄴ 첨가 같은 다양한 음운 변동이 있다. 대부분의 표준 발음에는 이러한 음운 변동이 적용돼 있다. 그런데 음운 변동이 잘못 적용되거나, 적용되지 않아 비표준 발음이 나타나기도 한다. 이를 고려하여 [자료]의 ⓐ~ⓔ가 비표준 발음이 되는 이유를 설명해 보자.

[자료]

예	표준 발음	비표준 발음
ⓐ 인류가	[일류가]	[인뉴가]
ⓑ 순환론	[순환논]	[순활론]
ⓒ 꼬끝이	[코끄치]	[코끄티]
ⓓ 들녘을	[들녀클]	[들녀글]
ⓔ 봄여름	[봄녀름]	[보며름]

---

① ⓐ는 ㉠이 적용돼야 하는데 ㉡이 적용되었기 때문이다.

② ⓑ는 ㉡이 적용돼야 하는데 ㉠이 적용되었기 때문이다.

③ ⓒ는 ㉢이 적용돼야 하는데 그렇지 않았기 때문이다.

④ ⓓ는 ㉣이 적용돼야 하는데 그렇지 않았기 때문이다.

⑤ ⓔ는 ㉤이 적용돼야 하는데 그렇지 않았기 때문이다.

음운 영역 핵심 기출 문제

491 [2024년 수능 38번]

<학습 활동>을 수행한 결과로 적절한 것은?

학습 활동

조음 위치 / 조음 방법	양순음	치조음	경구개음	연구개음	후음
파열음	ㅂ/ㅃ/ㅍ	ㄷ/ㄸ/ㅌ		ㄱ/ㄲ/ㅋ	
파찰음			ㅈ/ㅉ/ㅊ		
마찰음		ㅅ/ㅆ			ㅎ
비음	ㅁ	ㄴ		ㅇ	
유음		ㄹ			

국어 자음은 조음 위치와 조음 방법에 따라 분류할 수 있다. 이를 정리한 위 표를 바탕으로 [자료]의 자음 교체 양상을 알아보자.

[자료]
ⓐ 덧쌓는[덛싼는]　ⓑ 속력도[송녁또]　ⓒ 읽었고[일걷꼬]
ⓓ 겉옷만[거돈만]　ⓔ 맞붙임[맏뿌침]

---

① ⓐ에는 조음 위치와 조음 방법이 모두 변하는 자음 교체가 있다.
② ⓑ에는 조음 위치는 변하고 조음 방법은 변하지 않는 자음 교체가 있다.
③ ⓒ에 나타나는 자음 교체는 모두, 조음 위치와 조음 방법이 변한다.
④ ⓓ에 나타나는 자음 교체는 모두, 조음 위치와 조음 방법이 변하지 않는다.
⑤ ⓔ에 나타나는 자음 교체는 모두, 조음 위치는 변하지 않고 조음 방법만 변한다.

492 [2025년 3월 고3 학평 37번]

<보기>에 제시된 ㉠~㉤의 발음을 탐구한 내용으로 적절하지 <u>않은</u> 것은?

보 기

○ ㉠꽃잎에[꼰니페] 이슬이 ㉡맺힌[매친] 오솔길을 따라서 시를 ㉢읊조리며[읍쪼리며] 거닐었다.
○ 이마가 펄펄 ㉣끓는[끌른] 아기에게 급한 대로 집에 있는 ㉤구급약[구:금냑]을 꺼내 먹었다.

---

① ㉠, ㉢에서는 모두 음운 변동이 각각 세 번씩 일어났군.
② ㉠, ㉤에서는 모두 첨가된 자음으로 인해 조음 방법이 변하는 음운 변동이 일어났군.
③ ㉡, ㉢에서는 모두 음운의 개수가 달라지는 음운 변동이 일어났군.
④ ㉡, ㉣에서는 모두 음절 끝에 올 수 있는 자음 개수의 제한으로 인한 음운 변동이 일어났군.
⑤ ㉣, ㉤에서는 모두 인접한 자음끼리 조음 방법이 같아지는 음운 변동이 일어났군.

493 [2025년 5월 고3 학평 37번]

<학습 활동>을 수행한 결과로 적절한 것은?

학습 활동

다음은 음운 변동에 대해 이해하기 위한 게임의 일부이다. 각 칸에는 음운 변동의 유형과 횟수가 적혀 있다. 게임 규칙에 따라 도착 지점에 도달하려고 할 때 ⓐ~ⓒ에서 제시해야 할 단어를 말 해 보자.

[게임 규칙]
말이 다음 칸으로 이동하려면 말이 위치한 칸에 적힌 조건을 모두 만족하는 단어를 제시해야 한다.

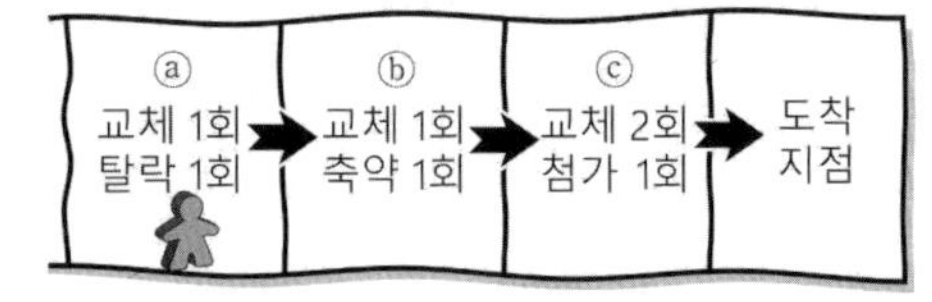

	ⓐ	ⓑ	ⓒ
①	굳이[구지]	직행열차[지캥녈차]	홑이불[혼니불]
②	맑지[막찌]	백합꽃[배캅꼳]	짓이기다[진니기다]
③	밟는[밤:는]	탓하다[타타다]	옷맵시[온맵씨]
④	칡뿌리[칙뿌리]	밟히다[발피다]	물약[물략]
⑤	넓둥글다[넙뚱글다]	커다랗다[커:다라타]	훗일[훈:닐]

언어
1000제

Part 04

의미 및 담화

Part 04 의미 및 담화 필수 개념

1 단어의 의미

(1) 다의어와 동음이의어

다의어	여러 개의 의미를 지니고 있는 단어. 중심적 의미와 하나 이상의 주변적 의미를 가진다. ① 중심적 의미 : 가장 기본적이고 핵심적인 의미 　　예 아기의 귀여운 손, 손바닥, 손가락 → 손[手] ② 주변적 의미 : 중심적 의미에서 확장되어 사용된 의미 　　예 **손**이 모자란다. / 그 사람과 **손**을 끊겠다. / **손**이 크다. 　　　　(노동력)　　　　　　　(관계)　　　　(씀씀이)
동음이의어	소리는 같지만 의미가 완전히 다른 단어들이 가지는 관계 예 **배**가 아프다. / **배**가 주렁주렁 열렸다. / **배**가 항구에 들어왔다. (사람의 복부)　　(열매)　　　　　　　　　(선박)
구별 기준	다의어는 공시적으로 의미들이 서로 관련이 있는 반면, 동음이의어는 공시적으로 의미들이 관련이 없다. ⇒ 사전에서 다의어는 하나의 표제어로, 동음이의어는 다른 표제어로 삼는다.

(2) 유의 관계

개념	의미가 비슷한 둘 이상의 단어가 맺는 의미 관계 예 가난하다–빈곤하다–빈궁하다–어렵다–곤궁하다–궁핍하다
유의어가 발달한 이유	① 고유어와 함께 한자어나 외래어가 함께 사용됨. 예 아내–처–와이프, 가락–선율–멜로디 ② 높임법이 발달되어 있음. 예 나 / 저 / 본인 / 이 사람 ③ 감각어가 발달되어 있음. 예 노랗다 / 노르께하다 / 노르무레하다 / 노르스름하다 ④ 국어 순화로 인하여 새말이 생성됨. 예 세모꼴–삼각형 ⑤ 금기어에 대해 완곡어가 생성됨. 예 변소: 뒷간, 해우소, 화장실

> 📢 **유의어의 의미 차이 구별 방법**
>
> - 교체하기
>
>   > (가) 건물 {안/속}으로 들어가다. (나) 한 시간 {안/*속}으로 돌아올게.
>
>   → (가)는 '안'과 '속'을 교체해도 되지만, (나)는 '안'과 '속'을 교체하면 부자연스러운 문장이 됨.
> - 반의어 찾기
>
>   > 선물을 받은 그는 무척 {기뻐했다 / 좋아했다}. ↔ 선물을 받은 그는 무척 {슬퍼했다 / 싫어했다}.
>
>   → 각각의 반의어를 통해 유의어인 '기뻐하다'와 '좋아하다'의 의미 차이를 알 수 있음.

(2) 반의 관계

① 개념 : 두 단어가 서로 상대되는 의미를 가지고 있는 관계를 반의 관계라 하고, 이런 단어들을 반의어라 한다. 예 남자 : 여자, 오다 : 가다, 살다 : 죽다, 결석하다 : 출석하다

② 반의 관계의 성립*

반의 관계는 어떤 비교 기준이 하나일 때 성립한다. '할아버지'와 '할머니'는 성(性) 하나만 다르므로 반의어가 된다. 그러나 '청년'과 '할머니'는 성 이외에 나이까지 다르므로 반의어가 될 수 없다. 반의 관계는 결국 단어가 가지고 있는 여러 의미 특질 중, 어느 한 특질에 의해 성립함을 알 수 있다.

＊반의 관계의 성립

- 소년–소녀

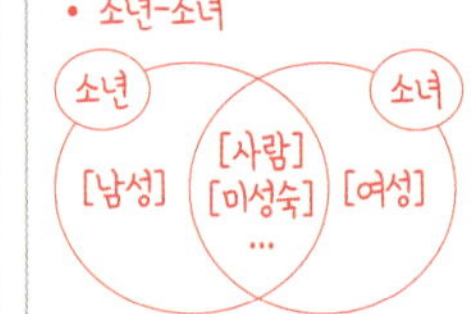

→ '남성–여성'이라는 성별 외의 나머지 요소들은 같으므로 반의 관계가 성립함.

- 소년–할머니

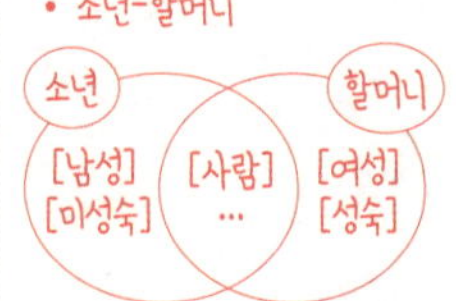

→ 성별 외에 성숙 여부에서도 차이가 있으므로 반의 관계가 성립하지 않음.

③ 종류

상보 반의어	개념적 영역이 상호 배타적이고 중간 항이 없는 반의어 예 살다 ↔ 죽다, 남자 ↔ 여자, 합격 ↔ 불합격
방향 반의어	방향상의 대립 관계를 나타내는 반의어 예 가다 ↔ 오다, 들어가다 ↔ 나오다, 머리 ↔ 발끝
등급 반의어	정도나 등급을 나타내는 반의어 예 길다 ↔ 짧다, 두껍다 ↔ 얇다, 좋다 ↔ 나쁘다

(4) 상하 관계

개념	의미 관계로 보아 한 단어가 다른 단어에 포함될 때에 하의 관계라 하고, 이 경우 포함되는 단어를 하의어, 포함하는 단어를 상의어라고 함.
특징	① 하의어는 상의어에 비해 의미가 더 구체적이다. ② 상의어와 하의어의 관계는 계층적 구조를 형성한다. 상의어는 여러 개의 하의어를 가질 수 있고, 반대로 하의어도 여러 개의 상의어를 가질 수 있다. 예 '물고기'의 하의어 → 민물고기, 붕어, 금붕어…… 　　'금붕어'의 상의어 → 붕어, 민물고기, 물고기……

(5) 국어사전 활용하기

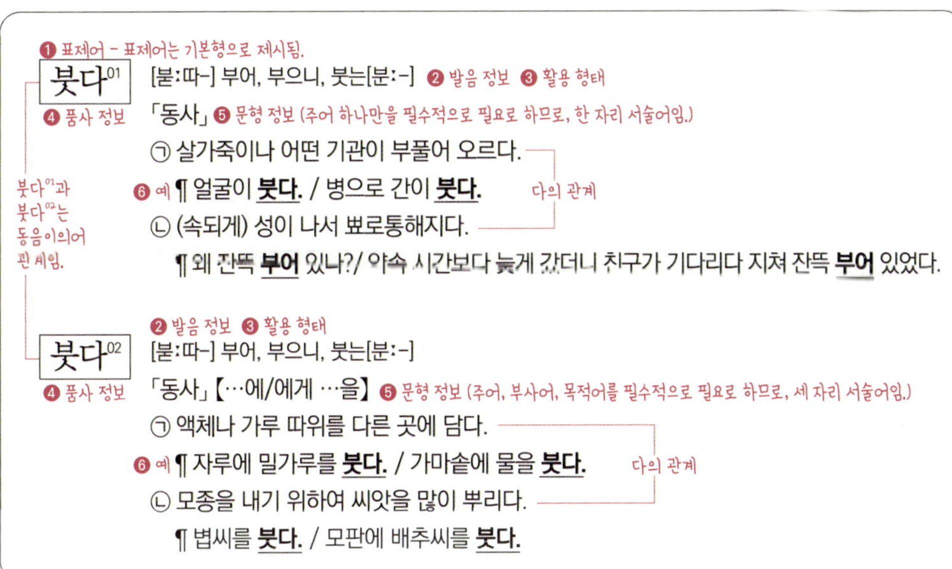

❶ **단어의 의미 관계 파악** → 동음이의어와 다의어 여부를 알 수 있음.
　⇒ 사전에 실린 단어를 '표제어'라고 하며, 여기서 '붓다01, 붓다02'가 표제어이다. 붓다01에서 ㉠, ㉡은 다의 관계에 있으며, 붓다01과 붓다02 둘은 동음이의어 관계임을 알 수 있다.

❷ **발음 정보** → [　　]
　⇒ 붓다01과 붓다02는 모두 발음이 [붇:따–]로 발음되며, '붓–[분:–]'이 장음으로 발음됨을 알 수 있다.

❸ **활용 형태** *
　⇒ 활용의 양상(규칙/불규칙 활용)을 알 수 있다. 붓다01과 붓다02는 '부어, 부으니, 붓는[분:–]'으로 활용하며, 둘 다 불규칙 활용을 하는 용언이다.

* '걷다1'과 '걷다2'의 활용형 비교

걷다1: 걷어 – 걷으니 – 걷는
→ 활용할 때 어간이나 어미의 형태가 달라지지 않음. (규칙 활용)

걷다2: 걸어 – 걸으니 – 걷는
→ 모음으로 시작하는 어미 앞에서 어간 받침 'ㄷ'이 'ㄹ'로 바뀜. (불규칙 활용)

❹ **품사 정보**

⇒ 각 표제어의 품사 정보를 알 수 있다.

❺ **문형 정보**

⇒ 각각의 표제어가 필요로 하는 문장 성분을 알 수 있다. 표제어가 서술어인 경우 서술어 자릿수를 알 수 있다. (붓다[01]은 주어만 필요로 하는 한 자리 서술어이고, 붓다[02]는 주어, 부사어, 목적어를 필요로 하는 세 자리 서술어이다.)

❻ **예문 → ¶**

⇒ 사전의 뜻풀이에 맞는 표제어의 용례를 알 수 있다.

2 담화

(1) 개념 : 국어 의사소통의 기본 단위인 '발화'가 모여 이루어진 것이다. 담화에 제시된 언어적 표현만으로는 그 의미가 명확하지 않은 경우도 있고 경우에 따라서는 비언어적 맥락을 고려해서 해석해야만 해당 담화의 의미가 드러나는 경우도 있다. 따라서 정확한 이해를 위해서는 화자(필자), 청자(독자)뿐만 아니라 맥락을 종합적으로 고려할 필요가 있다.

(2) 구성 요소

화자와 청자	메시지를 전달하는 사람과 전달 받는 사람
맥락	• 상황 맥락 : 의사소통이 이루어지는 구체적인 시간과 공간적 배경 • 사회·문화적 맥락 : 의사소통에 관여하는 사회·문화적인 상황
메시지	전달하고자 하는 내용

(3) 조건

통일성	발화들이 하나의 통일된 주제 아래 유기적으로 모여 있어야 함.
응집성	발화와 발화들이 형식적인 면에서 긴밀하게 연결되어야 함.

> 📣 **담화 맥락과 상황에 따른 다양한 의미**

"엄마, 비가 와요."	
맥락	**의미**
밖에 빨래가 널려 있음.	"빨래 걷으세요."
학교에 가려고 함.	"우산 좀 주세요."
어머니가 심부름을 시킴.	"심부름을 가기 싫어요."

(4) 발화의 종류

① 직접 발화

• 문장 유형과 발화 의도가 일치한다. (명령형 어미를 사용하여 '명령' 행위를 함.)

• 상황보다 의도가 우선적으로 고려된다.

• 화자의 의도가 직접적으로 표현된다. 예 창문 좀 닫아라.

② 간접 발화

• 문장 유형과 발화 의도가 불일치한다. (의문형 어미를 사용하였지만 실제로는 '명령' 행위를 함.)

• 의도를 상황에 맞춰 표현한다.

• 화자의 의도가 간접적으로 표현된다. 예 창문 좀 닫을래?, 차가운 공기가 들어온다.

Part 04 의미 및 담화 핵심 기출 문제

다의어, 동음이의어, 반의어, 유의어

494 [2017년 3월 고1 학평 15번]

<보기>의 (가), (나)에 들어갈 내용으로 적절한 것은?

> **보 기**
>
> 단어는 문맥에 따라 여러 가지 뜻을 가진다. 그래서 반의어도 여럿이 될 수 있다. 예를 들어 '시계가 서다.'에서 '서다'의 반의어는 '가다'인데, '기강이 서다.'에서 '서다'의 반의어는 '무너지다'가 된다. '벗다'도 문맥에 따라 여러 가지 뜻을 가지기 때문에 반의어가 여럿이다.
>
> | 단어 | 예문 | 반의어 |
> |------|------|--------|
> | 벗다 | 외투를 벗다. | 입다 |
> | | (가) | 쓰다 |
> | | 배낭을 벗다. | (나) |

	<u>(가)</u>	<u>(나)</u>
①	누명을 벗다.	메다
②	안경을 벗다.	끼다
③	장갑을 벗다.	차다
④	모자를 벗다.	걸다
⑤	허물을 벗다.	들다

495 [2021년 6월 고1 학평 15번]

<보기>를 바탕으로 단어의 의미를 이해하려 할 때, ㉠과 ㉡의 예로 바르게 짝지어진 것은?

> **보 기**
>
> 다의어는 두 가지 이상의 뜻을 가진 단어를 가리킨다. 다의어는 단어가 원래 뜻하는 ㉠<u>중심적 의미</u>와 중심적 의미에서 파생된 ㉡<u>주변적 의미</u>를 갖는다. '날아가는 새를 보다'에서 '보다'는 '눈으로 대상의 존재, 형태를 알다'라는 중심적 의미로 사용되었다. 그러나 '의사가 환자를 보다'에서 '보다'는 '진찰하다'라는 주변적 의미로 사용되었다.

	㉠	㉡
①	창문을 <u>열어</u> 환기를 하자.	회의를 <u>열어</u> 그를 회장으로 추천하자.
②	마음을 굳게 <u>먹고</u> 열심히 연습했다.	국이 매워서 많이 <u>먹지</u> 못하겠다.
③	미리 숙소를 <u>잡고</u> 여행지로 출발했다.	오디션에 참가할 기회를 <u>잡았다</u>.
④	그는 이번 인사발령으로 총무과로 <u>갔다</u>.	그는 아침 일찍 일터로 <u>갔다</u>.
⑤	창밖을 내다보니 동이 트려면 아직도 <u>멀었다</u>.	학교에서 버스정류장까지가 매우 <u>멀었다</u>.

496 [2023년 3월 고1 학평 15번]

밑줄 친 부분이 <보기>의 ㉠, ㉡에 해당하는 예로 적절하지 <u>않은</u> 것은?

> **보 기**
>
> '위 - 아래'나 '앞 - 뒤'는 방향상 대립하는 반의어이다. '위 - 아래'나 '앞 - 뒤'가 단독으로 쓰이거나 다른 단어와 결합해서 쓰일 때, 문맥에 따라서 ㉠<u>'위'나 '앞'이 '우월함'의 의미</u>를, ㉡<u>'아래'나 '뒤'가 '열등함'의 의미</u>를 갖거나 강화하기도 한다.

① ㉠ : 그가 머리 쓰는 게 너보다 한 수 <u>위</u>다.
② ㉠ : 이 회사의 기술 수준은 다른 곳에 <u>앞선다</u>.
③ ㉡ : 이번 행사는 치밀한 계획 <u>아래</u> 진행되었다.
④ ㉡ : 그녀는 남에게 <u>뒤떨어지지</u> 않고자 노력했다.
⑤ ㉡ : 우리 팀의 승률이 조금씩 <u>뒷걸음질</u> 치고 있다.

497 [2025년 3월 고1 학평 13번]

<보기>에서 제시된 단어의 의미 자질을 분석한 결과로 적절하지 <u>않은</u> 것은?

> **보 기**
>
> 의미 자질이란 하나의 단어를 이루는 의미 구성 요소를 말한다. 대립되는 의미 자질은 [+], [-]의 형식으로 표현할 수 있다. 의미 자질을 분석하면 의미 관계 파악이 가능하다.
> 상하 관계에서 하의어는 상의어보다 구체적인 의미를 가지므로, 상의어의 의미 자질을 모두 가지며 상의어보다 의미 자질이 하나 이상 많다. 반의 관계에 있는 단어들은 하나의 의미 자질만 대립되고 나머지 의미 자질은 동일하다.
>
> | 단어 | 의미 자질 |
> |------|----------|
> | 사람 | [+인간] |
> | 여자 | [+인간], [+여성] |
> | 숙녀 | [+인간], [+여성], [+성숙] |
> | 신사 | [+인간], [-여성], [+성숙] |
> | 소녀 | [+인간], [+여성], [-성인] |

① '사람'의 의미 자질이 '숙녀'의 의미 자질에 포함되므로 '사람'은 '숙녀'의 상의어이다.
② '여자'의 의미 자질은 '사람'의 의미 자질에 [+여성]을 더 갖고 있으므로 '여자'는 '사람'의 하의어이다.
③ '소녀'는 '여자'보다 구체적인 의미를 가지므로 의미 자질의 개수가 '여자'보다 많다.
④ '신사'는 '숙녀'와 하나의 의미 자질만 대립을 이루고, 나머지 의미 자질은 같으므로 '숙녀'와 반의 관계에 있다.
⑤ '소녀'는 '사람'과 두 개의 의미 자질이 대립을 이루므로 '사람'과 상하 관계에 있다.

498 [2013년 3월 고2 학평 B형 12번]

<보기>의 밑줄 친 부분에 해당하는 예로 적절한 것은?

> **보 기**
>
> 하나의 단어가 관련된 여러 가지 의미를 함께 지니고 있는 것을 '다의어'라고 한다. 다의어의 의미는 '중심적 의미'와 '주변적 의미'로 나뉜다. 중심적 의미끼리는 반의 관계가 성립하지만, 중심적 의미와 주변적 의미, 주변적 의미와 주변적 의미 사이에는 반의 관계가 성립하지 않는다.
>
> | (학교가) 넓다 ↔ (도로가) 좁다 | 중심 ↔ 중심 |
> | (학교가) 넓다 ↮ (시야가) 좁다 | 중심 ↮ 주변 |
> | (마음이) 넓다 ↮ (시야가) 좁다 | 주변 ↮ 주변 |
>
> * ↔ : 반의 관계가 성립함.
> * ↮ : 반의 관계가 성립하지 않음.

① 결심이 <u>서다</u>　·········　요직에 <u>앉다</u>
② 차렷 자세로 <u>서다</u>　·········　잠자리가 장대에 <u>앉다</u>
③ 칼날이 <u>서다</u>　·········　책상에 먼지가 <u>앉다</u>
④ 전봇대가 <u>서다</u>　·········　의자에 <u>앉다</u>
⑤ 일렬로 <u>서다</u>　·········　방석을 깔고 <u>앉다</u>

① ㉠은 '타고난 마음씨'를 의미하므로 '심성'으로 바꿀 수 있다.
② ㉡은 '어떤 것에 마음이 끌려 주의를 기울임'을 의미하므로 '관심'으로 바꿀 수 있다.
③ ㉢은 '마음을 쓰는 속 바탕'을 의미하므로 '심보'로 바꿀 수 있다.
④ ㉣은 '대상· 환경 따위에 따라 마음에 절로 생기며 한동안 지속되는 감정'을 의미하므로 '기분'으로 바꿀 수 있다.
⑤ ㉤은 '마음이 향하는 바. 또는 무엇을 하려는 생각'을 의미하므로 '의향'으로 바꿀 수 있다.

499 [2015년 9월 고2 학평 13번]

<보기 1>은 '마음'의 유의어를 나타낸 것이다. 이를 참고하여 <보기 2>의 '마음'을 유의어로 바꿀 때 적절하지 <u>않은</u> 것은?

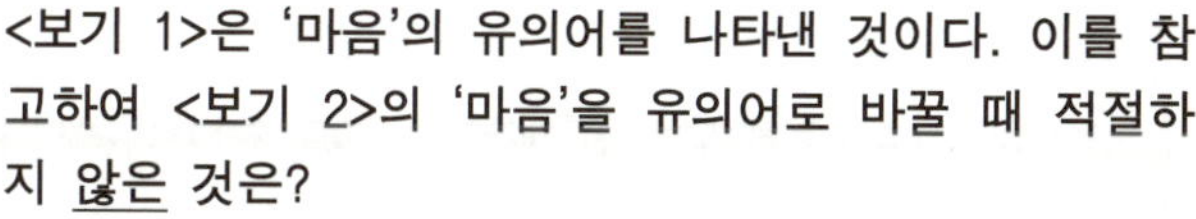

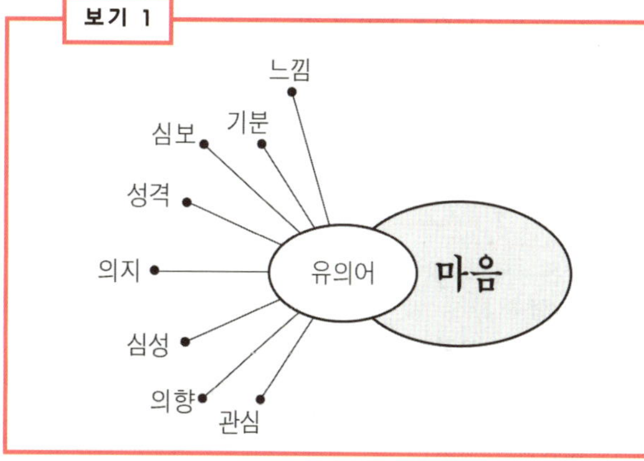

> **보 기 2**
>
> ○ 그는 ㉠<u>마음</u>이 곱고 바르다.
> ○ 아이가 공부에는 ㉡<u>마음</u>이 없고 노는 데만 정신이 팔렸다.
> ○ 그는 이번 일을 성사시키려는 ㉢<u>마음</u>을 보였다.
> ○ 그는 친구의 냉담한 태도에 ㉣<u>마음</u>이 상했다.
> ○ 나를 만날 ㉤<u>마음</u>이 있으면 여기로 와.

500 [2015년 6월 고3 모평 A형 13번]

<보기>의 ㉠, ㉡에 해당하는 예로 적절하지 <u>않은</u> 것은?

> **보 기**
>
> 단어는 다양한 맥락에서 사용되면서 ㉠<u>중심적 의미</u>가 ㉡<u>주변적 의미</u>로 확장되어 다의 관계를 이루기도 한다. 일례로 자연과 관련된 단어가 자연물이나 자연 현상을 그대로 나타내는 중심적 의미로 쓰이다가 비유적으로 확장되어 주변적 의미로 사용되기도 한다.
>
> (가) 여름이 오기 전에 <u>홍수</u>를 대비한다.
> (나) 우리는 정보의 <u>홍수</u> 시대에 살고 있다.
>
> (가)의 '홍수'는 중심적 의미로, (나)의 '홍수'는 주변적 의미로 사용되었다.

① ㉠ : 천체 망원경으로 밤하늘의 <u>별</u>을 관찰했다.
　㉡ : 어제 물리학계의 큰 <u>별</u>이 졌다.
② ㉠ : 천둥과 <u>번개</u>를 동반한 비가 내렸다.
　㉡ : 그는 도망가는 데만큼은 정말 <u>번개</u>야.
③ ㉠ : 나는 자신의 <u>뿌리</u>를 찾고자 노력하나,
　㉡ : 잡초가 다시 자라지 않도록 <u>뿌리</u>를 뽑았다.
④ ㉠ : 일출을 기다리는 우리 앞에 붉은 <u>태양</u>이 떠올랐다.
　㉡ : 그녀는 그가 자기 마음의 <u>태양</u>이라고 말했다.
⑤ ㉠ : 들판에는 풀잎마다 <u>이슬</u>이 맺혔다.
　㉡ : 그녀의 두 눈에 맺힌 <u>이슬</u>이 뜨겁게 흘러 내렸다.

의미 및 담화 핵심 기출 문제

501 [2016년 3월 고3 학평 14번]

<보기>를 바탕으로 '속'과 '안'에 대해 탐구한 내용으로 적절하지 **않은** 것은?

보 기

ㄱ. 건물 {속/안}으로 들어가다.
ㄴ. 한 시간 {*속/안}에 돌아올게.
ㄷ. 벙어리 냉가슴 앓듯 혼자 {속/*안}을 썩였다.
ㄹ. 오랜만에 과식했더니 {속/*안}이 더부룩하다. 외국에 살아도 우리나라 {*속/안}의 일을 훤히 안다.
ㅁ. 겉으로는 태연한 척하지만 **속**으로는 겁을 먹었다. 어제는 바깥에 나가지 않고 온종일 집 **안**에 있었다.

＊ 는 부자연스러운 쓰임

① ㄱ을 보니 '속'과 '안'은 '사물이나 영역의 내부'라는 공통 의미를 지닌 유의어로군.
② ㄴ을 보니 '속'과 달리 '안'은 시간적 범위를 한정할 때 쓰이는군.
③ ㄷ을 보니 '안'과 달리 '속'은 관용구에 사용되어 사람의 마음을 가리킬 때 쓰이는군.
④ ㄹ을 보니 '속'은 추상적인 대상, '안'은 구체적인 대상의 내부를 가리키는군.
⑤ ㅁ을 보니 '속'은 '겉', '안'은 '바깥'과 각각 반의 관계에 있군.

502 [2016년 수능 11번]

<보기>의 ㉠, ㉡에 해당하는 예로 적절한 것은?

보 기

학생 : 선생님, 다음 두 문장을 보면 모두 '가깝다'가 쓰였는데 의미가 좀 다른 것 같아요.

　　(1) 우리 집은 학교에서 가깝다.
　　(2) 그의 말은 거의 사실에 가깝다.

선생님 : (1)의 '가깝다'는 "어느 한 곳에서 다른 곳까지의 거리가 짧음"을 뜻하고, (2)의 '가깝다'는 "성질이나 특성이 기준이 되는 것과 비슷함"을 뜻한단다. 이는 본래 ㉠공간과 관련된 중심적 의미를 지니던 것이 ㉡추상화되어 주변적 의미도 지니게 된 것이라고 할 수 있지.
학생 : 아, 그렇군요. 그러면 '가깝다'는 여러 의미를 지닌 단어로군요.
선생님 : 그렇지. 그래서 '가깝다'는 다의어란다.

	㉠	㉡
①	물은 낮은 곳으로 흐른다.	환경에 대한 관심도가 낮다.
②	그는 성공할 가능성이 크다.	힘든 만큼 기쁨이 큰 법이다.
③	두 팔을 최대한 넓게 벌렸다.	도로 폭이 넓어서 좋다.
④	내 좁은 소견을 말씀드렸다.	마음이 좁아서는 곤란하다.
⑤	작은 힘이라도 보태고 싶다.	우리 학교는 운동장이 작다.

503 [2020년 7월 고3 학평 15번]

<보기 1>을 참고하여 <보기 2>를 이해한 내용으로 적절하지 **않은** 것은?

보 기 1

언어의 의미는 끊임없이 변화한다. 원래 '주책'은 '일정하게 자리 잡힌 주장이나 판단력'이라는 의미였다. 그런데 '주책없다'처럼 '주책'이 주로 '없다'와 함께 쓰이다 보니 부정적인 의미도 갖게 되었다. 즉, '주책'은 '일정한 줏대가 없이 되는 대로 하는 짓'이란 의미도 갖게 되어 '주책없다'와 '주책이다'가 같은 의미로 쓰이게 되었다. 한편 '에누리'는 상인과 소비자가 물건값을 흥정하는 상황에서 자주 쓰이다 보니 '값을 올리는 일'이라는 의미뿐만 아니라 '값을 내리는 일'이라는 의미로도 쓰이게 되었다.

보 기 2

ㄱ. 다른 사람의 말에 쉽게 흔들리는 것을 보니 그는 **주책**이 없구나.
ㄴ. 뜬금없이 그런 말을 하다니 그도 참 **주책**이다.
ㄷ. **에누리**를 해 주셔야 다음에 또 오지요.
ㄹ. 그 가게는 **에누리** 없이 장사를 해서 적게 팔고도 많은 이윤을 남긴다.

① ㄱ의 '주책'은 '일정하게 자리 잡힌 주장이나 판단력'의 의미로 쓰였군.
② ㄴ의 '주책'은 부정적인 의미로 쓰였군.
③ ㄴ의 '주책이다'는 '주책없다'로도 바꿔 쓸 수 있겠군.
④ ㄷ의 '에누리'는 '값을 올리는 일'의 의미로 쓰였군.
⑤ ㄹ의 '에누리'는 '값을 내리는 일'의 의미로 볼 수 있겠군.

504 [2021년 6월 고3 모평 39번]

<보기>를 바탕으로 할 때, ㉠~㉢에 해당하는 단어가 사용된 예로 적절한 것은?

보 기

선생님 : 신체 관련 어휘는 ㉠신체 부위를 나타내는 중심적 의미가 ㉡주변적 의미로 확장될 수 있어요. 이때 ㉢소리는 같지만 중심적 의미가 다른 단어와 잘 구분해야 합니다. 그럼 아래에서 이러한 의미 관계를 확인해 봅시다.

> **코¹**
> ◦ 포유류의 얼굴 중앙에 튀어나온 부분.
> ◦ 콧구멍에서 흘러나오는 액체.
>
> **코²**
> ◦ 그물이나 뜨개질한 물건의 눈마다의 매듭.

① ㉠ : 맑은 코가 옷에 묻어 휴지로 닦았다.
② ㉠ : 어부가 쳐 놓은 어망의 코가 끊어졌다.
③ ㉡ : 코끼리는 긴 코를 자유자재로 사용한다.
④ ㉡ : 동생이 갑자기 코를 다쳐서 병원에 갔다.
⑤ ㉢ : 어머니께서 목도리를 한 코씩 떠 나가셨다.

505 [2024년 수능 37번]

밑줄 친 두 단어가 <보기>의 ㉠~㉤에 해당하는 것은?

보 기

동일한 모습의 단어가 다른 의미로 쓰일 때, 이들은 의미의 연관성이 없는 ㉠동음이의어 관계(예단풍 철 : 철 성분)나 연관성이 있는 ㉡다의어 관계(예머리를 깎다 . 배의 머리)에 놓인다. 다의어는 한 단어가 여러 의미를 지닌 것인데, 이때 그 구체적 의미가 달라 유의어나 반의어가 다른 경우가 있다. 용언이 다의어일 때는 ㉢필수 성분의 개수가 다르거나, 개수는 같고 종류가 다른 경우가 있다. 물론 다의어의 각 의미간에 유의어나 ㉣반의어가 같은 경우도 있고 ㉤필수 성분의 개수와 종류가 모두 동일한 경우도 있다.

① ㉠ ┌ 난로에 불을 피웠다.
　　　└ 그들의 사랑에 불이 붙었다.

② ㉡ ┌ 이곳엔 가위표를 치는 거야.
　　　└ 구슬 치는 아이가 있다.

③ ㉢ ┌ 나는 종소리를 듣지 못했다.
　　　└ 충고까지 잔소리로 듣지 마.

④ ㉣ ┌ 배우가 넓은 화상을 앴다.
　　　└ 아이가 옅은 잠에 들었다.

⑤ ㉤ ┌ 이곳은 벌써 따뜻한 봄이 왔다.
　　　└ 그의 성공은 부단한 노력에서 왔다.

담화의 구성 요소

506 [2014년 3월 고1 학평 11번]

<보기>의 ㉠~㉤에 대한 설명으로 적절하지 <u>않은</u> 것은?

보 기

지수 : 성모야, 내가 낀 장갑 어때?
성모 : ㉠그것 참 예쁘네. 어디서 샀어?
지수 : 우리 언니가 생일 선물로 준 건데, 우리 동네 시장에 있는 가게에서 샀대. 거기 가르쳐 줄까?
성모 : ㉡여기서 쉽게 찾아 갈 수 있을까?
지수 : ㉢저기 학교 앞 정류소에서 11번 버스를 타고 다섯 번째 정류소에서 내리면 편의점이 있을 거야. ㉣거기서 우측 골목으로 조금 더 가면 바로 ㉤그곳이야.

① ㉠은 '지수'가 끼고 있는 '장갑'을 가리키는 말이다.
② ㉡은 '성모'와 '지수'가 대화하고 있는 장소를 가르키는 말이다.
③ ㉢은 듣는 이인 '성모'와 가까이 있는 장소를 가리키는 말이다.
④ ㉣은 대화 상황에서 눈에 보이지 않는 장소로, '편의점'을 가리키는 말이다.
⑤ ㉤은 '지수'의 언니가 장갑을 산 '가게'를 가리키는 말이다.

507 [2014년 11월 고1 학평 14번]

㉠~㉤에 대한 설명으로 적절하지 <u>않은</u> 것은?

보 기

지완 : (밖에서 들어오며) 어휴, 춥다! (무릎 담요를 가리키며) ㉠그것 좀 줘봐.
원세 : (담요를 건네주며) 많이 추워? 그럼 ㉡저 난로 옆으로 가서 몸 좀 녹여. 일기예보에서는 날이 풀린다고 하던데.
지완 : 나도 ㉢그렇게 뉴스에서 들었거든. 그런데도 좀 춥네.
원세 : ㉣그나저나 너, 다음 주에 제출할 작품은 다 완성했니?
지완 : ㉤그거? 천천히 하면 되지 뭐.
원세 : (웃으며) 넌 여전히 발등에 불이 떨어져야 일을 하는구나.

① ㉠은 '지완'이 지시하는 대상이 '원세'에게 가까이 있음을 나타낸다.
② ㉡은 '원세'가 지시하는 대상을 '지완'이도 볼 수 있음을 전제로 한다.
③ ㉢은 '원세'기 직전에 한 말을 대신 표현하여 담화의 중복을 피인다.
④ ㉣은 지금까지 둘이 나눈 대화의 화제를 다른 데로 돌리는 기능을 한다.
⑤ ㉤은 '지완'이 지시하는 대상이 자신이 이미 언급했던 대상임을 나타낸다.

508 [2015년 11월 고1 학평 14번]

<보기>의 ㉠~㉮에 대한 설명으로 적절하지 <u>않은</u> 것은?

> **보 기**
>
> **효준** : 여기 운동화 정말 많다. 뭘 사야 할지 모르겠어.
> **유로** : 그래? 그럼 내가 하나 골라 줄까? ㉠저건 어때?
> **효준** : ㉡저기 진열되어 있는 거 말이야?
> **유로** : 그래. 가서 한번 신어봐.
> **효준** : (진열대 앞으로 가서) ㉢이거 말하는 거지?
> **유로** : (뒤따라오며) 응, ㉣그거.
> **효준** : 디자인은 괜찮네. 근데 가격이 조금 비싼 것 같지 않아?
> **유로** : 그러면 전에 우리 같이 갔었던 □□매장에서 할인 행사 중이던데 ㉮거기 한번 가보자.
> **효준** : 좋아. 같은 물건이면 싼 것이 더 좋지.

① ㉠은 '효준'과 '유로' 모두에게 멀리 있는 사물을 가리키는 표현이다.

② ㉡을 사용하여 '효준'이 지시한 장소는 ㉢이 나타내는 장소와 동일하다.

③ ㉢은 '유로'보다 '효준'에게 가까이 있는 사물을 가리키는 표현이다.

④ ㉣을 사용하여 '유로'가 가리킨 사물은 ㉢이 나타내는 사물과 동일하다.

⑤ ㉮은 '효준'과 '유로'의 눈에 현재 보이지 않는 장소를 가리키는 표현이다.

509 [2016년 11월 고1 학평 14번]

<보기>의 ㉠~◎에 대한 설명으로 적절하지 <u>않은</u> 것은?

> **보 기**
>
> **학생** : 안녕하세요? 인터뷰 때문에 원장님을 ㉠뵈러 왔습니다.
> **직원** : 지금 ㉡계시긴 한데 혹시 미리 약속은 하셨나요?
> **학생** : ㉢이틀 전에 제가 원장님과 통화를 했는데, 오늘 오라고 ㉣말씀하셨어요.
> **직원** : 아, 그러세요? ㉤저쪽으로 들어가시면 됩니다.
> **학생** : (노크 후 방 안으로 들어서며) 원장님, 안녕하세요? 오늘 뵙기로 한 김○○입니다.
> **원장** : 아, ㉥김 선생님 따님이군요. ㉦지난번에 전화로 약속을 잡았었죠? 이쪽에 앉으세요.
> **학생** : 고맙습니다. 그럼 그때 ◎말씀을 드렸던 주제로 인터뷰를 시작하겠습니다.

① ㉠과 ㉡은 동일한 인물을 높이기 위해 사용한 표현이다.

② ㉢과 ㉦은 동일한 날을 지칭하는 표현이다.

③ ㉣과 ◎은 화자가 자신의 행위를 낮추기 위해 사용한 표현이다.

④ ㉤은 화자와 청자로부터 멀리 떨어진 곳을 지시하는 표현이다.

⑤ ㉥은 현재의 담화 상황에 참여하지 않는 인물을 지칭하는 표현이다.

510 [2022년 3월 고1 학평 15번]

㉠~◎에 대한 설명으로 적절하지 <u>않은</u> 것은?

> **보 기**
>
> **지현** : 저기 ㉠버스 온다. 얼른 타자. 우리가 오늘 영화를 볼 장소로 가는 버스야.
> **경준** : ㉡차에 사람이 많아 보여. 차라리 택시를 타자.
> **지현** : 좋아. 그런데 ㉢이곳이 원래 사람이 이렇게 많았나?
> **경준** : ㉣여기가 혼잡한 데는 아닌데 주말이라 그런 것 같아. 급하게 와서 그런지 목이 마르네. 물병 좀 꺼내 줄래? 배낭을 열면 물병이 두 개 있어.
> **지현** : 잠시만. ㉤이 중에서 더 작은 ㉥것을 주면 돼?
> **경준** : 응, 고마워. 그런데 ㉦우리가 오늘 보기로 한 영화는 누가 추천한 거야?
> **지현** : ◎자기가 봤는데 재미있더라면서 민재가 추천해 줬어.

① ㉡은 '버스'의 상위어로서 ㉠을 가리킨다.

② ㉢과 ㉣은 다른 단어이지만, 같은 곳을 가리킨다.

③ ㉤은 '배낭'을, ㉥은 '물병'을 가리킨다.

④ ㉦은 화자와 청자를 모두 포함한다.

⑤ ◎은 '민재'를 가리킨다.

511 [2024년 6월 고1 학평 15번]

<보기>의 ㉠~㉧에 대한 설명으로 적절하지 <u>않은</u> 것은?

> **보 기**
>
> (두 친구가 이전의 약속을 떠올리며 일정을 잡는 상황)
> **학생 1** : ㉠우리 저번에 놀자고 했던 거 있잖아. ㉡그거 내일이지?
> **학생 2** : 벌써 그렇게 됐네. ㉢어디서 보자고 했지?
> **학생 1** : 학교 앞 정류장에서 보자고 했잖아. ㉣거기 근처 식당에서 밥 먹고, 영화 보고, 문구점 가서 구경하기로 했잖아.
> **학생 2** : 맞아, 그랬지. 가서 둘러보다가 살 거 있으면 각자 사도 되고…… 사고 싶은 거 있어?
> **학생 1** : 아직은 ㉤무엇을 살지 모르겠어. ㉥그때 문구점 가서 봐야 알 것 같아. 아무튼, 그럼 내일 몇 시에 만날까?
> **학생 2** : 12시 어때? 그러면 딱 점심 먹기 좋을 시간인데.
> **학생 1** : 좋아. 그럼 ㉧그때 보자. 잘 자.

① ㉠은 화자와 청자를 모두 포함한다.

② ㉡은 이전에 화자와 청자가 한 약속을 가리킨다.

③ ㉣은 ㉢에 대한 답인 학교 앞 정류장을 가리킨다.

④ ㉤은 아직 정해지지 않은 대상을 가리킨다.

⑤ ㉥은 약속 시간인 내일 12시를 의미하며, ㉧과 같은 대상을 가리킨다.

512 [2013년 9월 고2 학평 B형 14번]

<보기>를 바탕으로 할 때, ㉠의 기능으로 적절한 것은?

> **보 기**
>
> 　담화를 이루는 어휘의 의미와는 관련이 없지만, 화자의 발화 의도나 심리적 태도를 효과적으로 전달하기 위해 사용되는 말을 담화 표지라고 한다. 담화 표지에는 언어적 담화 표지와 몸짓, 표정, 손짓, 억양 및 어조 등 언어 외적 담화 표지가 있다. 담화 표지의 역할로는 내용의 예고, 강조, 요약, 예시, 열거, 부연 등이 있다.

> 　여가란 직장 생활이나 공부하는 일 등에서 벗어난 자유로운 시간을 말합니다. 여가 생활은 필요성이나 의무감에서 하는 것이 아니라, 스스로 만족을 얻기 위해 하는 것입니다. ㉠다시 말해서 여가는 자유입니다.

① 강조　　　　② 부연　　　　③ 열거
④ 예고　　　　⑤ 예시

513 [2013년 11월 고2 학평 B형 15번]

<보기 1>을 바탕으로 <보기 2>를 탐구한 내용으로 적절하지 <u>않은</u> 것은?

> **보기 1**
>
> 　담화는 의사소통의 기본 단위에 따라 문어 담화와 구어 담화로 나눌 수 있다. 문어 담화의 대표적 유형에는 신문 기사가 있고, 구어 담화의 대표적 유형에는 일상 대화가 있다.

> **보기 2**
>
> **(가) 신문기사**
>
> 　택시 기사가 승객이 두고 내린 돈을 되찾아 준 사실이 알려져 주위를 훈훈하게 하고 있다. △△시에서 택시 기사로 일하고 있는 ○○○씨(42세)는 지난 달 14일 새벽 1시경 자신의 택시에서 현금 120만원과 수표 1,000만원이 든 가방을 발견한 후, 승객에게 가방을 돌려 주기 위해 인근 경찰서로 가서 분실물 습득 신고를 하였다. 이후 가방을 되찾은 승객은 ○○○씨에게 사례를 하려 했으나 ○○○씨는 오히려 당연히 할 일을 했다며 이를 사양했다고 한다.
>
> **(나) 대화**
>
> **A :** 야, 너 그 얘기 들었어?
> **B :** 뭐?
> **A :** 택시 기사가 경찰서에 돈 찾아줬대
> **B :** (의아한 표정으로)근데 그게 무슨 말이야?
> **A :** 아니, 승객이 놓고 내린 돈가방을 경찰서에 신고했대. 사례금을 줬는데도 안 받고.
> **B :** 정말? 대단하네, 그 사람.
> **A :** (고개를 끄덕이며) 그렇지. 난 이런 기사 읽으면 왠지 마음이 따뜻해지는 것 같아.

① (가)는 육하원칙에 따라 내용을 전달하는 것으로 보아, 문어 담화의 체계적인 특성을 확인할 수 있군.
② (나)의 '대단하네, 그 사람.'으로 보아, 구어 담화에서는 어순을 바꾸어 사용하기도 하는군.
③ (나)에서 '그런데'를 '근데'로, '나는'을 '난'으로 줄여서 사용하는 것으로 보아, 구어 담화에는 줄임말이 자주 사용되는군.
④ (가)에 비해 (나)는 조사나 주어 등을 생략한 것으로 보아, 문어 담화에 비해 구어 담화에서는 문법 요소들이 자주 생략됨을 알 수 있군.
⑤ (나)와 달리 (가)는 문자 언어를 중심으로 내용을 전달하는 것으로 보아, 문어 담화가 구어 담화에 비해 정보의 기록성과 보관성이 떨어짐을 알 수 있군.

514 [2014년 3월 고2 학평 B형 14번]

<보기 1>의 밑줄 친 부분의 예를 <보기 2>에서 고른다고 할 때, 가장 적절한 것은? [3점]

> **보기 1**
>
> 　발화(發話)는 발화자의 어떤 의도를 담고 있다. 따라서 발화자가 상대방(청자)에게 무엇인가를 요구할 때, 일반적으로 명령문을 사용하여 발화자의 의도를 직접 드러낸다. 하지만 담화 상황에 따라 <u>발화자가 요구하는 바를 평서문을 통해 상대방에게 간접적으로 표현</u>하거나 의문문을 통해 상대방에게 간접적으로 표현할 수도 있다.

> **보기 2**
>
> ○ **모임에서 만나 둘이 이야기를 하는 상황**
> 　남자 A : ㉠저는 ○○ 고등학교에 다닙니다.
> 　남자 B : 그 학교는 어디에 있나요?
>
> ○ **병원에서 의사가 환자를 진료하는 상황**
> 　의사 : ㉡예전보다 많이 좋아지셨네요.
> 　환자 : 전부 의사 선생님 덕분입니다.
>
> ○ **개학 후 교사가 학생들을 처음 대면한 상황**
> 　교사 : ㉢여러분, 많이 보고 싶었어요.
> 　학생 : 선생님, 저희도 그래요.
>
> ○ **귀가한 아들이 어머니에게 말하는 상황**
> 　아들 : ㉣엄마, 배가 너무 고파요.
> 　엄마 : 그래, 금방 차려 줄게.
>
> ○ **여행객이 아름다운 경치를 보고 있는 상황**
> 　여행객 A : ㉤이곳은 정말 아름답습니다.
> 　여행객 B : 그래요. 정말 아름답네요.

① ㉠　　　　② ㉡　　　　③ ㉢
④ ㉣　　　　⑤ ㉤

515 [2014년 6월 고2 학평 B형 15번] 

<보기>를 참고할 때, ㉠~㉤ 중 표현하는 방식이 나머지 넷과 <u>다른</u> 것은?

화자는 자신의 의도를 직접적으로 표현할 수도 있고 간접적으로 표현할 수 있다. 예를 들어, 방이 지저분해서 청소하라고 말하고 싶을 때, 엄마가 아들에게 "방 정리 좀 해라."처럼 명령형 어미 '-(아/어)라'를 사용하여 의도를 직접적으로 표현할 수도 있고, "방이 너무 지저분하네."처럼 평서형 어미 '-네'를 사용하여 의도를 간접적으로 표현할 수도 있다.

① (자율학습 시간에 반장이 떠드는 학생에게)
　반장 : ㉠시끄러워서 집중이 잘 안 되네.
　학생 : 미안해. 조용히 할게.
② (밤늦게까지 게임을 하는 아들에게)
　엄마 : ㉡내일 학교에 안 가니?
　아들 : 그만하고 잘게요.
③ (소나기가 올 때 시어머니가 며느리에게)
　시어머니 : ㉢우리 손자 우산 안 가져갔지?
　며느리 : 제가 우산 들고 마중 갈게요.
④ (사장이 실수가 잦은 사원에게)
　사장 : ㉣우리 회사에서 일한 지 몇 년이 되었죠?
　사원 : 앞으로 조심하겠습니다.
⑤ (주말에 동생이 언니에게)
　동생 : ㉤뮤지컬 함께 보러 가자.
　언니 : 내일 시험 있어서 갈 수 없어.

516 [2014년 9월 고2 학평 B형 15번] 

<보기>의 설명을 참고할 때, (가)~(마)에 대해 학생이 이해한 내용으로 적절하지 <u>않은</u> 것은?

담화 상황에서는 문장의 필수 성분일지라도 화자와 청자가 상황 맥락을 공유하고 있는 경우, 생략이 가능할 때가 있다. 이때 성분 생략의 기본 요건은 복원 가능성이다. 즉 상황 맥락을 공유하여 원활한 의사소통이 이루어지는 대화에서는 생략된 성분을 다시 복원할 수 있어, 대화 참여자가 생략된 성분이 무엇인지 파악할 수 있다.

(가) 선생님 : (깨끗한 교실을 보며) 누가 이 일을 했어요?
　반 장 : (철수가 청소한 것을 알고) 철수가요.

(나) 선생님 : (반장을 불러 심부름을 했는가를 확인하기 위해서) 누가 이 일을 했어요?
　반 장 : (아무도 심부름을 하지 않은 상황에서) 안 했어요.

(다) 선생님 : (신발장의 신발이 어지럽게 놓여 있는 것을 보고) 좀 치워라.
　반 장 : (선생님이 책상에 널려 있는 책을 치우라는 것으로 알고) 네, 선생님.

(라) 선생님 : (신발장의 신발이 어지럽게 놓여 있는 것을 보고) 좀 치워라.
　반 장 : (신발장을 보며) 네, 선생님.

(마) 선생님 : (신발장의 신발이 어지럽게 놓여 있는 것을 보고) 좀 치워라.
　반 장 : (신발장 정리를 끝내며) 끝냈어요.

① (가)와 (나)의 반장은 공통적으로 목적어를 생략하며 말하고 있군.
② (가), (나)를 보면 똑같은 형태의 질문에 대한 대답이라도 상황 맥락에 따라 생략된 문장 성분에 차이가 생길 수 있군.
③ (다)의 반장은 상황 맥락을 공유하여 원활한 의사소통을 하고 있군.
④ (라)의 반장은 주어, 목적어, 서술어를 생략하였다고 볼 수 있군.
⑤ (마)의 반장이 생략한 성분을 복원하여 말한다면 '제가 선생님께서 시키신 신발장 정리를 끝냈어요.' 정도로 볼 수 있겠군.

517 [2015년 6월 고2 학평 15번]

<보기>의 설명을 바탕으로 예문을 이해한 내용으로, 적절하지 않은 것은?

보 기

설명

　하나 이상의 발화가 유기적으로 연결된 것을 담화(談話)라고 한다. 담화를 정확하고 적절하게 이해하기 위해서는 담화 내부의 ⓐ언어적 맥락뿐만 아니라 비언어적 맥락 또한 파악해야 한다. 비언어적 맥락에는 담화가 이루어지는 시간, 장소, 목적 등을 포함하는 ⓑ상황 맥락과 국가, 제도, 문화 등을 포함하는 사회·문화적 맥락이 있다.

예문

[가] 쌀쌀한 교실에서
선희 : 조금 춥구나!
철호 : 나도 조금 추워!
영수 : 창문 닫아줄까? ·· ㉠
철호 : 고마워. 일어나기가 귀찮아서 참고 있었어. ········ ㉡
선희 : 영수야, 난 그냥 조금 쌀쌀해서 한 말이었어. ··· ㉢

[나] 사람들로 붐비는 버스에서
승객 1 : 내립시다.
승객 2 : 전 이번에 안 내리는데요. ························· ㉣
승객 1 : 좀 비켜 달라고요! ···························· ㉤

---

① ㉠ : '영수'는 '선희'와 '철호'의 발화를 ⓑ를 중심으로 이해하였다.

② ㉡ : '철호'는 '영수'가 자신의 발화를 ⓑ를 중심으로 정확히 이해했음을 알려 주었다.

③ ㉢ : '선희'는 '영수'에게 앞선 자신의 발화가 ⓐ를 중심으로 이해되어야 함을 밝혔다.

④ ㉣ : '승객 2'는 '승객 1'의 발화를 ⓑ를 중심으로 이해하였다.

⑤ ㉤ : '승객 1'은 '승객 2'가 ⓐ를 중심으로 이해하도록 말하였다.

518 [2015년 11월 고2 학평 12번]

<보기>의 ㉠~㉤에 대한 설명으로 적절하지 않은 것은?

보 기

아버지 : (아이 방으로 들어오며) 은주야, ㉠이거 받아.
은주 : (선물을 보며) 어? 그게 뭐예요?
아버지 : 응. 스웨터야. 어제 고모를 만났는데, 곧 있으면 네 생일이라고 ㉡주시더라. 마음에 드니? ㉢저 옷이랑 같이 입으면 잘 어울릴 것 같은데.
은주 : 와! ㉢그러면 정말 예쁘겠네요. 내일 당장 입어야겠어요.
아버지 : 그래. 고모한테 고맙다고 전화 한 통 드려.
은주 : 네, 저도 ㉣그렇게 하려고 했어요.
아버지 : ㉤그런데 내일 아빠랑 영화나 보러 갈까?

---

① ㉠은 지시하는 대상이 청자인 은주에 비해 화자인 아버지에게 가까이 있음을 나타낸다.

② ㉡은 지시하는 대상을 청자인 은주도 볼 수 있음을 전제로 한다.

③ ㉢은 아버지가 앞에서 한 말과 관련된 세부 사항이 뒤에 추가될 것임을 나타낸다.

④ ㉣은 고모한테 고맙다고 전화 한 통 드리라는 말을 대신 표현하여 담화의 중복을 피한다.

⑤ ㉤은 아버지가 지금까지 은주와 나눈 대화의 화제를 다른 데로 돌리는 기능을 한다.

519 [2016년 6월 고2 학평 15번]

<보기>의 담화 상황을 고려할 때, ㉠~㉤에 대한 이해로 적절하지 않은 것은?

보 기

엄마 : 너 지금 뭐하니? 늦었는데 빨리 학교 가야 하지 않니?
아들 : ㉠예, 가요. 뭐 좀 챙긴다구요.
엄마 : 그런데 네 방이 많이 어질러져 있더라. 평소에는 잘 하더니, ㉡어제는 청소 안 한 거니?
아들 : 저기, ㉢그게 어제 밤늦게까지 과제 발표를 준비하느라 시간이 없었어요.
엄마 : 그랬구나. 그래, 발표 준비는 다 했구?
아들 : 열심히 준비하긴 했는데, 친구들 앞에만 서면 떨려서 제대로 ㉣못 할 것 같아요.
엄마 : 아니야, 잘 할 수 있을 거야. 자신감을 가져. 그래도 너무 떨리면 발표 전에 심호흡을 세 번만 ㉤해 보자.
아들 : 네, 엄마. 그럴게요.

---

① ㉠ : 부정의 물음에 대해 긍정의 대답을 사용하여 학교에 갈 것이라는 의미를 나타내고 있다.

② ㉡ : 보조사를 사용하여 다른 날에는 '아들'이 청소를 했다는 사실과 대조하고 있다.

③ ㉢ : 지시 대명사를 사용하여 '엄마'의 이야기에 언급된 내용을 다시 언급하는 것이므로 '이게'와 바꿔 쓸 수 없다.

④ ㉣ : '못' 부정문을 사용하여 앞으로의 상황이 자신의 능력 부족 때문에 발생할 수 있음을 나타내고 있다.

⑤ ㉤ : 청유형 종결 어미를 사용하여 '엄마'가 '아들'에게 함께 심호흡할 것을 제안하고 있다.

520 [2022년 3월 고2 학평 14번]

<보기>에서 선생님이 제시한 과제를 수행한 결과로 적절하지 <u>않은</u> 것은?

보 기

선생님 : 아래의 예문을 봅시다.

> ㉠ 외국에 있는 친구가 어제 전화로 나에게 "<u>네</u>가 <u>오늘</u> 말한 책이 <u>여기</u> 있어."라고 말했다.

↓

> ㉡ 외국에 있는 친구가 어제 전화로 나에게 <u>내</u>가 <u>어제</u> 말한 책이 <u>거기</u> 있다고 말했다.

㉠은 친구의 말을 그대로 전한 직접 인용이고, ㉡은 친구의 말을 인용하는 화자의 관점으로 바꾸어 표현한 간접 인용입니다. ㉠이 ㉡으로 바뀌면서 인칭 대명사, 시간 표현, 지시 표현이 '나', '어제', '거기'로 바뀌었습니다. 또한 종결 어미 '-어'가 '-다'로, 직접 인용의 조사 '라고'가 간접 인용의 조사 '고'로 바뀌었습니다. 이를 바탕으로 [자료]의 직접 인용을 간접 인용으로 바르게 바꿨는지 분석해 볼까요?

[자료]

직접 인용	외국에 있는 형이 어제 전화로 "<u>나</u>는 <u>내일</u> <u>이 곳</u>에서 볼 시험 때문에 걱정이 <u>많아</u>."라고 말했다.
↓	
간접 인용	외국에 있는 형이 어제 전화로 <u>자기</u>는 <u>오늘</u> 그 곳에서 볼 시험 때문에 걱정이 <u>많다</u>라고 말했다.

---

① '나'는 앞서 언급한 형을 다시 가리키므로 인칭 대명사 '자기'로 바르게 바꿨군.

② '내일'은 인용을 하는 화자가 말한 시점을 기준으로 할 때, '오늘'이 아닌 '어제'로 바꿔야겠군.

③ '이곳'은 인용을 하는 화자의 관점에서 형이 있는 곳을 가리키므로 '그곳'으로 바르게 바꿨군.

④ 직접 인용에 쓰인 종결 어미 '-아'를 간접 인용에서 종결 어미 '-다'로 바르게 바꿨군.

⑤ '라고'는 직접 인용에 쓰이는 조사이므로 간접 인용에 쓰이는 조사 '고'로 바꿔야겠군.

521 [2014년 3월 고3 학평 B형 15번]

아래의 글에서 <보기>의 ㉮와 ㉯가 모두 나타난 것은?

보 기

응집성이란 담화를 이루는 발화나 문장들이 형식상 특정한 장치에 의해 연결되는 것을 말하며, 이는 주로 지시 표현, 접속 부사 등과 같은 ㉮연결어에 의해 표현된다. 또한 유사한 어휘 또는 표현을 반복함으로써도 표현된다. 이 외에도 ㉯직접적으로 순서나 과정을 드러내는 어휘를 사용하기도 한다.

청소년 목공동아리 '목동'의 이번 활동은 연필꽂이 만들기입니다. ①먼저 디자인을 구상합니다. 다음으로 치수를 정합니다. 그리고 치수에 따라 나무를 자르는 재단이 끝나면 작업이 시작됩니다. 재단된 나무를 잘 배치해서 접착제로 붙입니다. ②우리 목동 친구들은 잘 아시죠? 접착제를 너무 많이 쓰면 접착제가 나무의 겉면으로 삐져나와 굳잖아요. ③그러니 욕심 부리지 말고 적당량만 발라줍니다. 접착제로 다 붙인 후에는 못을 자동으로 박는 목공 기구인 '타카건'으로 나무판들을 고정합니다. ④이렇게 한 다음 연필꽂이의 바닥까지 모두 조립하고 사포질을 해 줍니다. 사포질을 안 한 모서리에 찔리면 다칠 수 있으니 조심하세요. ⑤사포질을 할 때에는 나무의 결을 따라 하는 것이 보기에 좋습니다. 사포질을 마친 후에는 연필꽂이에 칠을 하거나 장식을 붙여 완성합니다.

522 [2015년 3월 고3 학평 A형 13번]

<보기>의 담화 상황으로 볼 때, ㉠~㉤에 대한 설명으로 적절하지 <u>않은</u> 것은?

보 기

A : 영희가 말도 없이 책을 가져갔다고 민수가 화가 많이 났더라. 그런데 ㉠그것이 사실이야?

B : 아니, 내가 영희에게 민수 말이 맞느냐고 물어봤는데, ㉡자기는 분명히 말하고 가져갔다고 그러더라.

A : 서로 의사소통이 잘 안됐나 보다. ㉢아무나 좋으니 일단 나서서 민수와 영희의 오해를 풀어주는 게 좋겠다. 그나저나 어제 저녁에 교실에 있었던 애들이 ㉣누구였는지 기억나?

B : 나도 ㉤거기에 누가 있었는지는 기억이 안 나네.

---

① ㉠은 '민수가 화가 많이 난 것'을 간단히 표현하려고 사용한 대명사이다.

② ㉡은 B가 앞서 언급한 '영희'를 도로 나타내기 위해 사용한 대명사이다.

③ ㉢은 화자가 불특정 대상을 가리키기 위해 사용한 대명사이다.

④ ㉣은 화자가 지시 대상을 정확히 모르고 있어서 사용한 대명사이다.

⑤ ㉤은 A가 앞서 언급한 '교실'을 가리키기 위해 사용한 대명사이다.

523 [2015년 수능 B형 13번]

<보기>의 ㉠~㉨에 대한 설명으로 적절하지 <u>않은</u> 것은?

> **보 기**
>
> (엄마와 아들이 둘이서 걸어가며)
> **아들** : 엄마, 올해 마지막 날 엄마와 쇼핑 나와서 참 좋아요.
> **엄마** : ㉠엄마도 영수랑 같이 나오니까 참 좋다.
> **아들** : 어, 저거 뭐지? 엄마, 저 옷 가게 광고판 좀 보세요.
> **엄마** : 뭐? ㉡저거?
> **아들** : 네, ㉢저거요. '2015년 12월 30일, ㉣오늘 하루만 50% 할인'이라고 쓰여 있는데요.
> **엄마** : 그래? 그러면 ㉤어제였네. ㉥누나 옷 사야 되는데.
> **아들** : 엄마, 그 옆 가게는 오늘까지 할인하는데요. 그런데 제 옷도 사 주시면 안 돼요?
> **엄마** : 그래. 알았어, ㉦우리 아들. ㉧영수도 옷 사 줘야지.
> **아들** : 와, 잘됐다. 다음 주 여행 갈 때 입고 가야겠다.

① ㉠과 ㉥은 청자의 관점에서 사용한 지칭어이다.
② ㉠과 ㉦은 현재의 담화 상황에 참여하고 있는 사람을 가리킨다.
③ ㉡과 ㉢은 동일한 대상을 가리킨다.
④ ㉣과 ㉤은 동일한 날을 가리킨다.
⑤ ㉥과 ㉧은 화자와 청자를 제외한 제삼자를 가리킨다.

① ㉠ : 명령의 의도를 '저기', '좀' 등의 언어 표현을 사용하여 표현함으로써 청자에게 부담을 주려 하지 않고 있군.
② ㉡ : 요청의 의도를 의문형 종결 표현을 사용하여 완곡하게 표현하고 있군.
③ ㉢ : 화자의 의도와 종결 표현을 일치시켜 청유의 의도를 직접 드러내고 있군.
④ ㉣ : 화자의 명령에 대한 청자의 부담을 덜어주기 위해 화자의 의도와 종결 표현을 일치시키지 않고 있군.
⑤ ㉤ : 명령의 의도를 평서형 종결 표현과 '만'과 같은 언어 표현을 사용하여 부드럽게 표현하고 있군.

524 [2016년 4월 고3 학평 15번]

<보기 1>을 바탕으로 <보기 2>의 ㉠~㉤을 이해한 것으로 적절하지 <u>않은</u> 것은?

> **보기 1**
>
> **선생님** : 담화에서 화자가 자신의 의도를 직접 드러내고자 하는 상황이라면 종결 표현과 화자의 의도를 일치시켜 명시적으로 표현합니다. 반면 명령이나 요청 등과 같이 청자에게 부담을 주거나 예의에 어긋날 수 있는 상황이라면 화자의 의도와는 다른 종결 표현을 사용하거나, '저기', '만', '좀'과 같은 언어 표현을 사용하여 완곡하게 표현합니다.

> **보기 2**
>
> **어머니** : (지연을 토닥이며) ㉠저기, 지연아 이제 좀 일어나라.
> **지연** : (힘없이 일어나며) ㉡엄마, 선생님께 학교에 조금 늦을 거 같다고 전화해 주시겠어요?
> **어머니** : (걱정스러운 표정으로) 어디 아프니?
> **지연** : 네, 그런 것 같아요. 열도 좀 나고요.
> **어머니** : ㉢그럼 선생님께 전화 드리고 엄마랑 병원에 가자.
> **지연** : 네, 그렇게 해야 할 것 같아요.
> **소연** : (거실에서 큰 소리로) 지연아, 학교 늦겠다. ㉣빨리 가라.
> **어머니** : 소연아! ㉤동생이 아프다니까 조금만 작은 소리로 말해 주면 참 좋겠다.

525 [2017년 9월 고3 모평 13번]

<보기>의 담화 상황에서 ⓐ~ⓔ가 가리키는 대상이 같은 것끼리 바르게 짝지은 것은?

> **보 기**
>
> (수빈, 나경, 세은이 대화를 하고 있다.)
> **수빈** : 나경아, 머리핀 못 보던 거네. 예쁘다.
> **나경** : 고마워. ⓐ우리 엄마가 얼마 전 새로 생긴 선물 가게에서 사 주셨어.
> **세은** : 너희 어머니 참 자상하시네. 나도 그런 머리핀 하나 사고 싶은데 ⓑ우리 셋이 지금 사러 갈까?
> **수빈** : 미안해. 나도 같이 가고 싶은데 ⓒ우리 집에 일이 있어 못 갈 것 같아.
> **세은** : 그래? 그럼 할 수 없네. ⓓ우리끼리 가지, 뭐.
> **나경** : 그래, 수빈아. 다음엔 꼭 ⓔ우리 다 같이 가자.

① ⓐ - ⓑ　　　　② ⓐ - ⓓ　　　　③ ⓑ - ⓔ
④ ⓒ - ⓓ　　　　⑤ ⓒ - ⓔ

의미 및 담화 핵심 기출 문제

526 [2021년 6월 고3 모평 38번]

<보기>의 ㉠~㈀에 대한 이해로 적절하지 <u>않은</u> 것은?

> **보 기**
>
> (같은 동아리에 소속된 후배 부원 둘과 선배 부원의 대화 장면)
>
> **선배** : ㉠학교에서 열린 회의는 잘 끝났니?
>
> **후배 1** : 네. 조금 전에 끝났어요.
>
> **선배** : 수고했어. ㉡학교에서 우리 동아리 활동 지원 예산안에 대해 뭐라고 해?
>
> **후배 2** : 지난번에 저희가 선배님과 함께 제안했던 예산안은 수용하기 힘들다고 했어요.
>
> **선배** : ㉢우리가 제안한 예산안이 그렇게 무리한 건 아니었을 텐데.
>
> **후배 1** : 그런데 학교에서는 ㉣자신의 형편을 감안해 달라는 동아리가 한둘이 아니라면서, ㉤우리의 제안을 수용하기 쉽지 않다고 했어요.
>
> **선배** : ㉥서로 만족할 만한 결과를 얻기가 쉽지 않겠구나. 고생했어. 지도 선생님께 말씀드려 볼게.
>
> **후배 2** : 네. 그럼 ㉦저희도 그렇게 알고 있을게요.

① ㉠과 ㉡은 문장 성분이 서로 다르군.

② ㉢에는 화자와 청자가 모두 포함되어 있군.

③ ㉣은 뒤에 있는 '동아리'를 가리키는 말이군.

④ ㉤은 ㉡의 '학교'와 ㉢의 '우리'를 모두 포함해서 가리키는 말이군.

⑤ ㉦은 화자가 청자와 자신을 모두 낮추기 위해 쓰는 말이군.

527 [2021년 수능 37번]

<보기>의 ㉠~㉺에 대한 설명으로 적절한 것은?

> **보 기**
>
> (두 사람이 공원에서 만난 상황)
>
> **민수** : 영이야, ㉠우리 둘이 뭐 하고 놀까? 이 강아지랑 놀까?
>
> **영이** : (민수 품에 안겨 있는 강아지를 가리키며) 아, 얘?
>
> **민수** : 응, 얘가 전에 말했던 봄이야. 봄이 동생 솜이는 집에 있고.
>
> **영이** : 봄이랑 뭐 하고 놀까? 우리 강아지 별이는 실뭉치를 좋아해서 ㉡우리 둘은 실뭉치를 자주 가지고 놀아. 너네 강아지들도 그래?
>
> **민수** : 실뭉치는 ㉢둘 다 안 좋아해. 그런데 공은 좋아해서 ㉣우리 셋은 공을 갖고 자주 놀아. 그래서 공을 챙겨오긴 했어.
>
> **영이** : 그렇구나. 별이는 실뭉치를 좋아하니까, 다음에 네가 혼자 나오고 내가 별이랑 나오면 그때 ㉤우리 셋은 실뭉치를 갖고 놀면 되겠다.
>
> **민수** : 그러자. 그럼 오늘 ㉺우리 셋은 공을 가지고 놀자.

① ㉠과 ㉡은 가리키는 대상이 동일하다.

② ㉡이 가리키는 대상은 ㉣이 가리키는 대상에 포함된다.

③ ㉢이 가리키는 대상은 ㉤이 가리키는 대상에 포함된다.

④ ㉣과 ㉤은 가리키는 대상이 동일하다.

⑤ ㉣과 ㉺은 가리키는 대상이 동일하다.

528 [2023년 6월 고3 모평 39번]

<보기>의 ㉠~㉻에 대한 이해로 적절한 것은?

> **보 기**
>
> (희철, 민수, 기영이 ○○서점 근처에서 만난 상황)
>
> **희철** : 얘들아, 잘 지냈어? 3일 만에 보니 반갑다.
>
> **민수** : 동해안으로 체험 학습 다녀왔다며? ㉠내일은 도서관에 가서 발표 준비하자. 기영인 어떻게 생각해?
>
> **기영** : ㉡네 말대로 하는 게 좋겠다. 그럼 정수도 부를까?
>
> **희철** : 그러자. ㉢저기 저 ○○서점에서 오전 10시에 만나서 다 같이 도서관으로 가자. ㉣정수한테 전할 때 서점 위치 링크도 보내 줘. 전에도 헤맸잖아.
>
> **민수** : 이제 아냐. ㉤어제 나랑 저기서 만났는데 잘 ㉥왔어.
>
> **희철** : 그렇구나. 어제 잘 ㉦왔었구나.
>
> **민수** : 아, 기영아! ㉧우리는 회의 가야 돼. ㉨네가 ㉩우리 셋을 대표해서 정수에게 연락을 좀 해 줘.

① ㉠은 ㉥과 달리 발화 시점과 관계없이 언제인지가 정해진다.

② ㉢은 ㉡과 달리 지시 표현이 이전 발화를 직접 가리킨다.

③ ㉣은 ㉨과 달리 담화 참여자에 따라 지시 대상이 달라진다.

④ ㉥은 ㉦과 달리 화자가 있던 장소로의 이동을 나타낸다.

⑤ ㉧은 ㉩과 달리 담화에 참여한 모든 사람들을 가리킨다.

529 [2023년 수능 38번]

<보기>의 ㉠~㉻에 대한 설명으로 적절한 것은?

> **보 기**
>
> (영민, 평화가 학교 앞에 함께 있다가 지혜를 만난 상황)
>
> **영민** : 너희들, 오늘 같이 영화 보기로 한 거 잊지 않았지?
>
> **평화** : 응, ㉠6시 걸로 세 장 예매했어. 근데 너, 어디서 와?
>
> **지혜** : 진로 상담 받고 오는 길이야. 너흰 안 가?
>
> **평화** : 나는 어제 ㉡미리 받았어.
>
> **영민** : 나는 4시 반이야. 그거 마치고 영화관으로 직접 갈게.
>
> **지혜** : 알겠어. 그럼 우리 둘이는 1시간 ㉢앞서 만나자. 간단하게 저녁이라도 먹고 거기서 바로 ㉣가지 뭐.
>
> **평화** : 좋아. 근데 ㉤미리 먹는 건 좋은데 어디서 볼까?
>
> **지혜** : 5시까지 영화관 정문 ㉥왼쪽에 있는 분식집으로 와.
>
> **평화** : 왼쪽이면 편의점 아냐? 아, 영화관을 등지고 보면 그렇다는 거구나. 영화관을 마주볼 때는 ㉦오른쪽 맞지?
>
> **지혜** : 그러네. 아참! 영민아, 너 상담 시간 됐다. 이따 늦지 않게 영화 ㉧시간 맞춰서 ㉨와.

① ㉠과 ㉣은 가리키는 시간이 상이하다.
② ㉡과 ㉤은 발화 시점을 기준으로 과거를 가리킨다.
③ ㉢과 ㉥이 가리키는 시간대는 ㉤을 기준으로 정해진다.
④ ㉣과 ㉧은 이동의 출발 장소가 동일하다.
⑤ ㉢과 ㉧은 기준으로 삼은 방향이 달라 다른 곳을 의미한다.

① ㉠과 ㉥은 발화 시점을 기준으로 과거를 가리킨다.
② ㉠이 가리키는 시간대는 ㉦이 가리키는 시간대보다 나중이다.
③ ㉡이 가리키는 대상은 ㉣이 가리키는 대상을 포함한다.
④ ㉡과 ㉤은 가리키는 대상이 동일하다.
⑤ ㉢과 달리 ㉤은 담화에 참여한 모든 사람들을 가리킨다.

---

530 [2024년 5월 고3 학평 38번]

<보기>의 ㉠~㉨에 대한 설명으로 적절한 것은?

> **보 기**
>
> [예은, 세욱, 나라가 만나서 조별 과제를 하는 상황]
> **예은** : 나라야, 괜찮아? 많이 피곤하니?
> **나라** : ㉠어제 밤을 새웠더니 나도 모르게 졸았나 봐.
> **세욱** : 그래? 조사할 자료가 많았구나. ㉡우리 다 같이 모여서 할걸.
> **나라** : 그게 아니라 나는 ㉢오늘까지 제출해야 할 과제가 더 있어서 ㉣그거 준비하다가 못 잤어.
> **예은** : 그랬구나. ㉤너 몸이 안 좋아 보이는데 ㉥지금 들어갈래?
> **나라** : 괜찮아. 오늘은 자료 정리만 하면 되잖아. 할 수 있어.
> **세욱** : 아니야. 거의 다 했는걸. 예은이랑 내가 ㉦이거 마무리할게. 끝나고 연락할 테니까 ㉧너는 집에서 쉬고 있어.
> **나라** : 정말 괜찮겠어?
> **예은** : 당연하지. ㉨우리만 믿어.

① ㉠은 ㉢과 달리 발화 시점과 관계없이 정해진다.
② ㉣이 지시하는 대상은 ㉦이 지시하는 대상과 같다.
③ ㉤이 지시하는 대상은 ㉧이 시시하는 대상과 다르다.
④ ㉥이 가리키는 시간은 ㉠을 기준으로 정해진다.
⑤ ㉨이 지시하는 대상은 ㉡이 지시하는 대상에 포함된다.

---

531 [2024년 7월 고3 학평 39번]

<보기>의 ㉠~㉧에 대한 설명으로 적절한 것은?

> **보 기**
>
> [승준, 아영, 민찬이 도서관 앞에서 만난 상황]
> **승준** : 다들 ㉠이미 와 있었네. 책 찾으러 들어갈까?
> **아영** : 서우가 아직 안 왔는데, 연락해 볼까?
> **민찬** : 어제 ㉡우리 회의할 때, 서우가 오늘 모임에 30분 정도 늦을 거 같다고 ㉢우리한테 미안한 표정으로 말했잖아.
> **승준** : 맞아, 회의하다가 ㉣자기 좀 늦는다고 말했잖아. 곧 올 거야.
> **아영** : 아, 깜빡했네. 그럼 내가 서우를 기다렸다가 같이 들어갈게. 휴대폰으로 ㉤미리 자료 좀 찾고 있어야겠다.
> **민찬** : 그래. 그럼 ㉥우리 ㉦먼저 들어가서 책 보고 있을게.

---

532 [2025년 9월 고3 모평 37번]

<보기>의 ㉠~㉨에 대한 이해로 적절한 것은?

> **보 기**
>
> [현기의 부모가 여행을 가기 위해 공항으로 가려는 상황]
> **엄마** : 아들, 여행사 안내문 좀 가져다줄래? 엄마가, 우리 언제 나가야 하나 좀 ㉠보자.
> **아빠** : (방에 들어오며) ㉡당신 뭐해요?
> **엄마** : 요 ㉢앞 여행 때 늦었던 게 생각나 시간 좀 보려고요.
> **아들** : (엄마에게 전해 준 안내문을 함께 보며) 여기 말고, ㉣다음 장. 네, 거기, 집합 장소에서 11시에 모여야 한대요.
> **아빠** : 그럼, 집 ㉤앞에서 9시 버스 타면 되겠네요. 아, 어머니 전화 왔었어요. ㉥당신께서 오후에 현기 보러 오신대요. 현기야, 우리 올 때까지 잘 지내고 있어.
> **아들** : 네, 잘 다녀오세요. ㉦다음에는 저도 같이 갈게요.
> **엄마** : 그래, ㉧우리 갔다 올게. 할머니랑 둘이 있는 동안에도, 우리, 화소에 물 매일 꼭 ㉨주자.

① ㉠의 주체는 ㉧이 가리키는 대상과 같다.
② ㉡과 ㉥은 모두 청자를 가리킨다.
③ ㉣은 ㉥과 달리 시간을 가리킨다.
④ ㉦이 가리키는 시간은 ㉢보다 먼저이다.
⑤ ㉨의 주체에는 ㉡이 가리키는 대상이 포함되지 않는다.

533 [2025년 수능 38번]

<보기>의 ㉠~㉺에 대한 설명으로 적절한 것은?

보 기

<정원과 지수가 카페에서 만난 상황>

정원 : 어머, 지수야 안녕? ㉠여기는 무슨 일이야?
지수 : 응, 안녕? 이따 학생회 회의가 있어서. ㉡이번에 □□고등학교하고 연합 체육 대회를 하잖아.
정원 : 아! 맞다, 네가 체육부장이지? 작년에는 ㉢거기 운동장에서 했으니까 이번엔 우리 학교에서 하겠네?
지수 : 맞아. 올해는 우리 학교 체육관에서 하기로 해서 할 게 많더라. 경기 종목 정하고, 간식도 준비해야 하고.
정원 : 간식 준비도 우리가 해? ㉣그때도 여기서 준비했잖아.
지수 : 응, ㉤그쪽이 대신 기념품 맡는대.
정원 : 그래도 간식 준비가 훨씬 힘들지. ㉥거기랑 좀 나눠 맡자고 해.
지수 : ㉦그건 ㉧그래. 근데 ㉨그건 이미 결정되어서 다시 분담하기가 좀 ㉺그러네.

---

① ㉠과 ㉢은 현재 담화가 이루어지고 있는 장소를 의미한다.
② ㉡은 발화시와 동일한 때를 가리키고, ㉣은 발화시 이전의 때를 가리킨다.
③ ㉤과 ㉥은 청자를 포함한 대상을 나타낸다.
④ ㉦과 ㉨은 앞에서 이미 이야기한 내용을 가리킨다.
⑤ ㉧은 '만족스럽지 않다'는 특정한 의미를 나타내고, ㉺은 상대의 제안에 대한 동의를 나타낸다.

사전의 활용

534 [2014년 6월 고1 학평 15번]

<보기>의 '타다'의 의미 학습을 위해 활용한 사전의 일부이다. 탐구 결과로 적절하지 <u>않은</u> 것은?

보 기

타다¹ 동
Ⅰ 【…에】【…을】 탈것이나 짐승의 등 따위에 몸을 얹다.
¶ 버스에 타다. / 말을 타다.
Ⅱ 【…을】
① 도로, 줄, 산, 나무, 바위 따위를 밟고 오르거나 그것을 따라 지나가다.
¶ 원숭이는 나무를 잘 탄다.
② 어떤 조건이나 시간, 기회 등을 이용하다.
¶ 대화가 끊긴 틈을 타 자리에서 일어섰다.

타다² 동
Ⅰ 【…에서/에게서 …을】몫으로 주는 돈이나 물건 따위를 받다.
¶ 회사에서 월급을 타다. / 상을 타다.
Ⅱ 【…을】복이나 재주, 운명 따위를 선천적으로 지니다.
¶ 좋은 팔자를 타고 태어나다

---

① 타다¹과 타다²는 둘 다 다의어이군.
② 타다¹과 타다²는 서로 동음이의 관계에 있군.
③ 타다¹-Ⅱ와 타다²는 문장 구조상 목적어를 필요로 하겠군.
④ 타다¹-Ⅱ-②의 예문으로 '음악적 소질을 타고 태어났다.'를 추가할 수 있겠군.
⑤ 타다²-Ⅰ의 반의어로는 '주다'가 가능하겠군.

535 [2015년 3월 고1 학평 15번]

<보기>에 제시된 국어사전 정보를 탐구한 내용으로 적절하지 <u>않은</u> 것은? [3점]

보 기

맞다 [맏따] 「동사」
(1) 【…에게 …을 】 외부로부터 어떤 힘이 가해져 몸에 해를 입다. ¶ 훈장에게 종아리를 맞다.
(2) 【…에 …을 】 침, 주사 따위로 치료를 받다. ¶ 팔에 예방 주사를 맞다.

맡다 [맏따] 「동사」【…을 】
(1) 코로 냄새를 느끼다. ¶ 흙냄새를 맡다.
(2) 어떤 일의 낌새를 눈치채다. ¶ 그의 말투와 행동에서 그가 범인이라는 냄새를 맡았다.

---

① '맞다'와 '맡다'는 표기 형태는 다르지만 발음은 동일하군.
② '맞다'와 '맡다'는 모두 동작이나 작용을 나타내는 품사로 분류되는군.
③ '맞다'와 '맡다'는 모두 두 가지 이상의 의미를 지니고 있는 다의어이군.
④ '맞다'는 '맡다'와 다르게 문장을 구성할 때 부사어를 필요로 하는군.
⑤ '맡다'는 '맞다'와 다르게 피동의 의미가 포함되어 있는 단어이군.

536 [2015년 6월 고1 학평 12번]

<보기>는 단어 학습을 위해 활용한 사전의 일부분이다. 이에 대한 이해로 가장 적절한 것은?

보 기

비다¹ 동
　㉠ 일정한 공간에 사람, 사물 따위가 들어 있지 아니하게 되다. ¶ 조금 있으면 자리 하나가 빈다.
　㉡ 할 일이 없거나 할 일을 끝내서 시간이 남다. ¶ 내일은 시간이 빈다.

차다¹ 동
　㉠ (...에, ...으로) 일정한 공간에 사람, 사물, 냄새 따위가 더 들어갈 수 없이 가득하게 되다. ¶ 버스에 사람이 차다.
　㉡ (...에) 감정이나 기운 따위가 가득하게 되다. ¶ 실의에 차다.
　㉢ (...에) 어떤 대상이 흡족하게 마음에 들다. ¶ 선을 본 사람이 마음에 차지 않는다.

---

① '비다¹'의 ㉠과 ㉡은 동음이의어이다.
② 속담 '빈 수레가 요란하다.'의 '빈'은 '차다¹' ㉠의 반의어를 이용한 것이다.
③ '비다¹'과 '차다¹'은 모두 목적어를 필요로 한다.
④ '차다¹' ㉠의 예로 '물이 가득 차다.'를 추가할 수 있다.
⑤ '차다¹' ㉡의 반의어는 '비다¹' ㉡이 된다.

537 [2016년 3월 고1 학평 12번]

<보기>의 국어사전 정보를 탐구한 것으로 적절하지 <u>않은</u> 것은?

보 기

되다¹ 「동사」
　[1] 【...이】
　　「1」 새로운 신분이나 지위를 가지다.
　　　¶ 커서 선생님이 되고 싶다.
　　「2」【...으로】 다른 것으로 바뀌거나 변하다.
　　　¶ 물이 얼음이 되다. 물이 얼음으로 되다.
　[2] 【 ...으로 】 어떤 재료나 성분으로 이루어지다.
　　¶ 나무로 된 책상

되다² 「형용사」
　[1] 반죽이나 밥 따위가 물기가 적어 빡빡하다.
　　¶ 밥이 너무 되다.
　[2] 일이 힘에 벅차다.
　　¶ 일이 되면 쉬어 가면서 해라.

---

① 되다¹과 되다²는 형태가 같지만 의미는 다르다.
② 되다¹은 되다²와 달리 주어 이외의 문장성분을 필요로 한다.
③ 되다²는 되다¹과 달리 성질이나 상태를 나타내는 품사이다.
④ 되다¹ [1]-「2」의 용례로 '국토가 산으로 되어 있다.'를 추가할 수 있다.
⑤ 되다² [2]의 유의어로 '힘들다'를 쓸 수 있다.

538 [2016년 6월 고1 학평 14번]

다음은 '사전 활용하기' 학습 활동을 위한 자료이다. 이에 대한 이해로 적절하지 <u>않은</u> 것은?

들다⁰¹ 「동사」
　㉠ 【...에】【...으로】 밖에서 속이나 안으로 향해 가거나 오거나 하다. ¶ 숲 속에 들자 시원한 바람이 불어왔다.
　㉡ 【...에】 안에 담기거나 그 일부를 이루다. ¶ 어머니의 약이 노란 봉지에 들어 있다.
　㉢ 어떤 때, 철이 되거나 돌아오다. ¶ 가을이 들면서 각종 문화 행사가 많이 열리고 있다.

들다⁰⁴ 「동사」
　㉠ 【...을 ...에】 손에 가지다. ¶ 그녀는 차표를 손에 들었다.
　㉡ 【 ⓐ 】 아래에 있는 것을 위로 올리다. ¶ 강아지가 앞발을 들었다.

---

① '들다⁰¹'과 '들다⁰⁴'는 각각 다의어이다.
② '들다⁰¹' ㉠의 예문으로 '그가 방으로 들자 잠자던 아이가 깨어났다'를 추가할 수 있다.
③ '들다⁰¹' ㉡과 '들다⁰⁴' ㉠은 필요로 하는 문장성분의 수가 다르다.
④ '들다⁰¹' ㉢과 '들다⁰⁴' ㉠은 각각 그 표제어의 중심적 의미이다.
⑤ '들다⁰⁴' ㉡의 ⓐ에 해당하는 것은 '…을'이다.

Part 04 의미 및 담화 핵심 기출 문제

539 [2016년 9월 고1 학평 14번] 

다음은 단어 학습을 위해 활용한 사전의 일부분이다. 탐구 결과로 적절하지 <u>않은</u> 것은?

> **끌다** 〔끌:-〕 동
> ① 【…을】
> ㉠ 바닥에 댄 채로 잡아당기다.
> ¶ 의자를 끄는 소리가 시끄럽다.
> ㉡ 시간이나 일을 늦추거나 미루다.
> ¶ 시간을 끌지 말고 하렴.
>
> ② 【…에서 …을】
> 어느 곳에서 원하는 곳에 이르도록 전선 따위를 늘리다.
> ¶ 옆집에서 전기를 끌어 쓴다.

① '끌다'의 첫음절은 장음으로 발음되는군.
② '끌다'는 여러 가지 의미를 지니고 있는 다의어이군.
③ '끌다①-㉡'의 유의어로는 '지연하다'가 가능하겠군.
④ '끌다②'의 용례로 '주방에서 수도를 끌어 물을 받았다.'를 추가할 수 있겠군.
⑤ '끌다①'은 '끌다②'와 달리 문장 구조상 부사어를 필요로 하는군.

540 [2017년 6월 고1 학평 13번] 

<보기>는 단어를 학습하기 위해 활용한 사전 자료이다. 이에 대한 탐구 내용으로 옳지 <u>않은</u> 것은?

> **보 기**
>
> **어리다¹** 「동사」
> ㉠ 【…에】 눈에 눈물이 조금 괴다.
> ¶ 갑순이의 두 눈에 어느덧 눈물이 어리고 있었다.
> ㉡ 【…에】 어떤 현상, 기운, 추억 따위가 배어 있거나 은근히 드러나다.
> ¶ 밤을 새우고 난 그의 얼굴에 피로한 기색이 어렸다.
>
> **어리다²** 「형용사」
> ㉠ 나이가 적다. 10대 전반을 넘지 않은 나이를 이른다.
> ¶ 나는 어린 시절을 시골에서 보냈다.
> ㉡ 생각이 모자라거나 경험이 적거나 수준이 낮다.
> ¶ ______________

① '어리다¹'과 '어리다²'는 모두 다의어이다.
② '어리다¹'은 목적어가 필요한 동사이다.
③ '어리다¹'과 '어리다²'는 동음이의 관계에 있다.
④ '어리다¹'의 ㉡에 해당하는 또 다른 용례로, '입가에 미소가 어리다.'를 추가할 수 있다.
⑤ '어리다²'의 ㉡에 들어갈 예로, '저의 어린 소견을 경청해 주셔서 고맙습니다.'와 같은 문장을 들 수 있다.

541 [2018년 3월 고1 학평 14번] 

<보기>에 제시된 국어사전의 정보를 탐구한 내용으로 적절하지 <u>않은</u> 것은?

> **보 기**
>
> **없다** 〔업:따〕 〔없어, 없으니, 없는〕
> 형 사람, 동물, 물체 따위가 실제로 존재하지 않는 상태이다. ¶ 각이 진 원은 없다.
>
> **있다** 〔읻따〕 〔있어, 있으니, 있는〕
> (1) 동 【…에】 사람이나 동물이 어느 곳에서 떠나거나 벗어나지 아니하고 머물다. ¶ 그는 학교에 있다.
> (2) 형 사람, 동물, 물체 따위가 실제로 존재하는 상태이다. ¶ 날지 못하는 새도 있다.

① '없다'는 장음 부호(:)를 표시하여 어간이 긴소리로 발음된다는 것을 나타내고 있군.
② '있다'는 하나의 표제어 아래에 두 가지의 뜻을 제시한 것으로 보아 다의어라고 할 수 있군.
③ '있다 (1)'은 주어 외에 필수적으로 갖추어야 하는 문장 성분에 대한 정보를 나타내고 있군.
④ '없다'와 '있다 (2)'는 품사가 서로 같고, 의미상 반의 관계에 있음을 알 수 있군.
⑤ '없다'와 '있다'는 모두 활용할 때 어간의 형태가 불규칙적으로 변하는 단어에 해당하는군.

542 [2018년 9월 고1 학평 15번] 

다음은 단어 학습을 위해 활용한 사전의 일부분이다. 탐구 결과로 적절하지 <u>않은</u> 것은?

> **무르다²** 「동사」
> ① 【…을】
> ㉠ 사거나 바꾼 물건을 원래 임자에게 도로 주고 돈이나 물건을 되찾다.
> ¶ 흠 있는 책을 돈으로 물렀다.
> ㉡ 이미 행한 일을 그 전의 상태로 돌리다.
> ¶ 한 수만 물러 주게.
> ② 【…으로】 있던 자리에서 뒤로 옮기다.
> ¶ 가운데 앉지 말고 뒤로 물러 벽 쪽으로 붙어 앉으렴.
>
> **무르다³** 「형용사」
> ㉠ 여리고 단단하지 않다.
> ¶ 무른 살
> ㉡ 마음이 여리거나 힘이 약하다.
> ¶ 성질이 무르다.

① 무르다²와 무르다³은 서로 동음이의 관계에 있군.
② 무르다²는 여러 가지 의미를 지니고 있는 다의어이군.
③ 무르다²의 ①-㉠의 유의어로 '빼다'가 가능하겠군.
④ 무르다²는 무르다³과 달리 주어 이외의 문장 성분을 필요로 하는군.
⑤ 무르다³의 ㉡의 용례로 '그는 마음이 물러서 모진 소리를 못한다.'를 추가할 수 있겠군.

543 [2019년 9월 고1 학평 15번] 

<보기>는 단어 학습을 위해 활용한 사전의 일부이다. 탐구 결과로 적절하지 <u>않은</u> 것은?

보 기

개다¹ 통
「1」 흐리거나 궂은 날씨가 맑아지다.
　¶ 비가 개다.
「2」 (비유적으로) 언짢거나 우울한 마음이 개운하고 홀가분해지다.
　¶ 마음이 활짝 개다.

개다² 통 【…을】【…을 …에】
가루나 덩이진 것에 물이나 기름 따위를 쳐서 서로 섞이거나 풀어지도록 으깨거나 이기다.

개다³ 통 【…을】
옷이나 이부자리 따위를 겹치거나 접어서 단정하게 포개다.
　¶ 이부자리를 개고 방을 청소하다.

---

① '개다¹', '개다²', '개다³'은 동음이의어이다.
② '개다¹' 「1」의 용례로 '기분이 개다.'를 추가할 수 있다.
③ '개다²'의 용례로 '가루약을 찬물에 개어 먹다.'를 들 수 있다.
④ '개다³'의 반의어로 '펴다'를 들 수 있다.
⑤ '개다³'은 '개다¹'과 달리 목적어를 필요로 한다.

544 [2019년 11월 고1 학평 15번]

다음은 사전 활용 수업 장면의 일부이다. 선생님의 설명을 참고하여 <보기>의 학습지를 탐구한 내용으로 적절하지 <u>않은</u> 것은?

선생님 : 우리는 '표준국어대사전'의 발음정보를 통해 음절의 끝소리 규칙이나 자음군 단순화가 일어나는 체언의 발음을 확인할 수 있습니다. 이러한 경우 연음될 때의 발음에 대한 이해를 돕기 위해 조사 '이'와의 결합형이 활용정보에 제시됩니다. 활용정보에는 비음화와 구개음화가 일어날 때의 발음도 제시되어 있으며, 구개음화의 경우에는 연음될 때의 발음에 대한 이해를 돕기 위해 조사 '을'과의 결합형도 제시됩니다.

보 기

낯 발음 : [낟]
　활용 : 낯이[나치], 낯만[난만]
　「명사」 눈, 코, 입 따위가 있는 얼굴의 바닥.
밭 발음 : [받]
　활용 : 밭이[바치], 밭을[바틀], 밭만[반만]
　「명사」 물을 대지 아니하거나 필요한 때에만 물을 대어서 야채나 곡류를 심어 농사를 짓는 땅.
흙 발음 : [흑]
　활용 : 흙이[흘기], 흙만[흥만]
　「명사」 지구의 표면을 덮고 있는, 무기물과 유기물이 섞여 이루어진 물질.

---

① '낯'의 경우 발음정보를 통해 음절의 끝소리 규칙이 일어나는 것을 확인할 수 있군.
② '흙'의 경우 발음정보를 통해 자음군 단순화가 일어나는 것을 확인할 수 있군.
③ '낯'과 '밭'은 모두, 활용정보를 통해 구개음화가 일어나는 것을 확인할 수 있군.
④ '밭'과 '흙'은 모두, 활용정보를 통해 연음될 때의 발음 양상을 확인할 수 있군.
⑤ '낯', '밭', '흙'은 모두, 활용정보를 통해 비음화가 일어나는 양상을 확인할 수 있군.

Part 04 의미 및 담화 핵심 기출 문제

545 [2020년 9월 고1 학평 15번] 

<보기>는 '사전 활용하기' 학습 활동을 위한 자료이다. 이에 대한 이해로 적절하지 <u>않은</u> 것은?

<table>
<tr><td>보 기</td></tr>
</table>

재다¹「동사」
【…을】【 -ㄴ지를】
① 자, 저울 따위의 계기를 이용하여 길이, 너비, 높이, 깊이, 무게, 온도, 속도 따위의 정도를 알아보다.
¶ 온도계로 기온을 재다.
② 여러모로 따져 보고 헤아리다.
¶ 일을 너무 재다가는 아무것도 못한다.

재다²「형용사」
① 동작이 재빠르다.
¶ ______________________
② 참을성이 모자라 입놀림이 가볍다.
¶ 입이 재다.

① 재다¹과 재다²는 모두 다의어이다.
② 재다¹과 재다²는 서로 동음이의 관계이다.
③ 재다¹은 재다²와 달리 문장 구조상 목적어를 필요로 한다.
④ 재다¹-②의 용례로 '길이가 얼마나 되는지를 재어 보아라.'를 추가할 수 있다.
⑤ 재다²-①의 용례로 '발걸음이 재다.'를 들 수 있다.

546 [2021년 3월 고1 학평 14번]

<보기 1>은 국어사전의 일부이고, <보기 2>는 원고지에 쓴 글을 고친 것이다. <보기 1>을 바탕으로 <보기 2>의 ㉠~㉢을 이해한 내용으로 적절하지 <u>않은</u> 것은?

<table>
<tr><td>보기 1</td></tr>
</table>

드리다 [드리다] 图 〔드리어(드려), 드리니〕
【…에/ 에게 …을】
[1] '주다'의 높임말.
[2] 윗사람에게 그 사람을 높여 말이나, 인사, 부탁, 약속, 축하 따위를 하다.

들이다 [드리다] 图 〔들이어(들여), 들이니〕
[1] 【…을 …에】 밖에서 속이나 안으로 향해 가게 하거나 오게 하다.
[2] 【…에/ 에게 …을】 어떤 일에 돈, 시간, 노력, 물자 따위를 쓰다.

<table>
<tr><td>보기 2</td></tr>
</table>

새해 첫날 아침, 친구들과 함께 선생님 댁을 방문했다. 선생님께서는 <u>우리를</u> 사랑방에 ㉠들이면서 매우 기뻐하셨다. 우리는 함께 세배를 하고 선생님께 감사의 마음을 담은 편지를 ㉡드려 선생님을 으뭇하게 했다. 정성을 ㉢<u>드려</u>(들여) 쓴 편지였다.

① ㉠은 '들이다'[1]의 의미로 사용되었군.
② ㉠을 포함한 문장에 '우리를'을 넣어야 하는 이유는 필요한 문장 성분이 빠졌기 때문이군.
③ ㉡과 '할머니께 말씀을 드리다.'의 '드리다'는 모두 '드리다'[1]의 의미로 사용되었군.
④ ㉢은 '들이다'[2]의 의미로 사용되었기 때문에 '들여'라고 고쳐 써야 하는군.
⑤ ㉠과 ㉡은 사전에서 각각의 표제어 아래 제시된 여러 의미 중 하나로 풀이되는군.

547 [2021년 9월 고1 학평 14번] 

<보기>는 '사전 활용하기' 학습 활동을 위한 자료이다. 이에 대한 이해로 적절하지 <u>않은</u> 것은?

<table>
<tr><td>보 기</td></tr>
</table>

차다¹ 图
Ⅰ. 【…에】【…으로】
1. 일정한 공간에 사람, 사물, 냄새 따위가 더 들어갈 수 없이 가득하게 되다.
¶ 독에 물이 가득 차다. / 버스가 승객으로 가득 차다.
Ⅱ. 【…에】
1. 감정이나 기운 따위가 가득하게 되다.
¶ 기쁨에 찬 얼굴.

차다² 형
1. 몸에 닿은 물체나 대기의 온도가 낮다.
¶ 겨울 날씨가 매우 차다.
2. 인정이 없고 쌀쌀하다.
¶ 그는 성격이 차고 매섭다.

① '차다¹-Ⅱ-1'의 용례로 '목소리가 확신에 차다.'를 추가할 수 있다.
② '차다¹'과 '차다²'는 사전에 각각 다른 표제어로 등재되는 동음이의어이다.
③ '차다¹'은 동작이나 작용을 나타내는 말이고, '차다²'는 성질이나 상태를 나타내는 말이다.
④ '차다¹'과 '차다²'는 모두 하나의 단어가 여러 개의 의미를 지니고 있는 다의어이다.
⑤ '차다¹'과 '차다²'는 모두 문장을 만들 때 주어 이외의 다른 문장 성분이 반드시 필요하다.

548 [2022년 6월 고1 학평 15번] 

<보기>는 '사전 활용하기' 학습 활동을 위한 자료이다. 이에 대해 탐구한 내용으로 적절하지 <u>않은</u> 것은? [3점]

보 기

묻다² 동 [묻고, 묻어, 묻으니]
① 【…에 …을】 물건을 흙이나 다른 물건 속에 넣어 보이지 않게 쌓아 덮다.
　¶ 화단에 거름을 묻어 주다.
② 【…에 …을】 / 【…을 …으로】 일을 드러내지 아니하고 속 깊이 숨기어 감추다.
　¶ 그는 자신이 한 일을 과거의 일로 묻어 두고 싶어 했다.
③ 【…에 …을】 / 【…을 …으로】 얼굴을 수그려 손으로 감싸거나 다른 물체에 가리듯 기대다.
　¶ 나는 베개에 얼굴을 묻었다.

묻다³ 동 [묻고, 물어, 물으니]
【…에/에게 …을】 무엇을 밝히거나 알아내기 위하여 상대편의 대답이나 설명을 요구하는 내용으로 말하다.
　¶ 모르는 문제를 친구에게 물었다.

---

① '묻다²'는 목적어와 부사어를 필수적으로 요구하는 동사로군.
② '묻다²'와 '묻다³'은 별개의 표제어로 기술된 것을 보니 동음이의어겠군.
③ '묻다²-①'의 용례로 '아우는 형의 말을 비밀로 묻어 두었다.'를 추가할 수 있겠군.
④ '묻다²'와 '묻다³'은 모음으로 시작하는 어미가 결합할 때 활용 형태가 서로 다르게 나타나는군.
⑤ '묻다³'의 용례에서 '물었다'는 '질문했다'로 바꾸어 쓸 수 있겠군.

549 [2022년 11월 고1 학평 11번]

<보기>는 '사전 활용하기' 학습 활동을 위한 자료이다. 이에 대해 탐구한 내용으로 적절하지 <u>않은</u> 것은?

보 기

쓰다³ 동
①【…에 …을】 어떤 일을 하는 데에 재료나 도구, 수단을 이용하다.
　¶ 수염을 깎는 데 전기면도기를 쓴다.
②【…에/에게 …을】
「1」 다른 사람에게 베풀거나 내다.
　¶ 그는 취직 기념으로 친구들에게 한턱을 썼다.
「2」 어떤 일에 마음이나 관심을 기울이다.
　¶ 선생님, 일부러 제게 마음을 쓰지 않으셔도 됩니다.

쓰다⁶ 형
① 혀로 느끼는 맛이 한약이나 소태, 씀바귀의 맛과 같다.
　¶ 나물이 쓰다.
②【…이】 몸이 좋지 않아서 입맛이 없다.
　¶ 며칠을 앓았더니 입맛이 써서 맛있는 게 없다.

---

① '쓰다³ ② 「1」'의 용례로 '그는 들려오는 소문에 신경을 썼다.'를 추가할 수 있군.
② '쓰다³ ①'과 '쓰다³ ②'는 모두 문형 정보와 용례로 보아 목적어와 어울려 써야 함을 알 수 있군.
③ '쓰다³'과 '쓰다⁶'은 별개의 표제어로 기술되어 있으므로 동음이의 관계임을 알 수 있군.
④ '쓰다³'과 '쓰다⁶'은 각각 하나의 표제어 아래 여러 뜻을 지니고 있으므로 나의어라고 볼 수 있군.
⑤ '쓰다⁶'은 '쓰다³'과 달리 성질이나 상태를 나타내는 말임을 알 수 있군.

Part 04 의미 및 담화 핵심 기출 문제

550 [2023년 6월 고1 학평 15번] 

<보기>는 '사전 활용하기 학습 자료'의 일부이다. 이에 대해 탐구한 내용으로 적절하지 <u>않은</u> 것은?

보 기

갈다¹ 통 갈아[가라] 가니[가니]
【…을, …을 …으로】 이미 있는 사물을 다른 것으로 바꾸다.
¶ 컴퓨터의 부속품을 좋은 것으로 갈았다.

갈다² 통 갈아[가라] 가니[가니]
① 【…을】 날카롭게 날을 세우거나 표면을 매끄럽게 하기 위하여 다른 물건에 대고 문지르다.
¶ 옥돌을 갈아 구슬을 만든다.
② 【…을】 잘게 부수기 위하여 단단한 물건에 대고 문지르거나 단단한 물건 사이에 넣어 으깨다.
¶ 무를 강판에 갈아 즙을 낸다.

갈다³ 통 갈아[가라] 가니[가니]
① ㉠【…을】 쟁기나 트랙터 따위의 농기구나 농기계로 땅을 파서 뒤집다.
¶ 논을 갈다.
② 【…을】 주로 밭작물의 씨앗을 심어 가꾸다.
¶ 밭에 보리를 갈다.

---

① '갈다¹', '갈다²', '갈다³'은 동음이의어이군.
② '갈다³'은 여러 가지 뜻을 가지므로 다의어이군.
③ '갈다²-②'의 용례로 '무딘 칼을 날카롭게 갈다.'를 추가할 수 있겠군.
④ '갈다¹'은 '갈다²', '갈다³'과 달리 부사어를 요구할 수도 있는 동사로군.
⑤ '갈다¹', '갈다²', '갈다³'은 '갈-'에 '-니'가 결합할 때 표기와 발음이 같군.

551 [2023년 9월 고1 학평 15번] 

다음은 '사전 활용하기' 학습 활동을 위한 자료이다. 이에 대한 이해로 적절하지 <u>않은</u> 것은?

바르다¹ 통
【…을 …에】【…을 …으로】
① 풀칠한 종이나 헝겊 따위를 다른 물건의 표면에 고루 붙이다.
¶ 아이들 방을 예쁜 벽지로 발랐다.
② 차지게 이긴 흙 따위를 다른 물체의 표면에 고르게 덧붙이다.
¶ 흙을 벽에 바르다.

바르다² 형
① 겉으로 보기에 비뚤어지거나 굽은 데가 없다.
¶ 길이 바르다.
② 말이나 행동 따위가 사회적인 규범이나 사리에 어긋나지 아니하고 들어맞다.
¶ 그는 인사성이 바른 사람이다.

---

① '바르다¹'과 '바르다²'는 사전에 각각 다른 표제어로 등재되는 동음이의어이다.
② '바르다¹'과 '바르다²'는 모두 여러 가지 의미가 있는 다의어이다.
③ '바르다¹'은 '바르다²'와 달리 주어 이외의 다른 문장 성분을 필요로 한다.
④ '바르다¹'은 동작이나 작용을 나타내는 말이고, '바르다²'는 성질이나 상태를 나타내는 말이다.
⑤ '바르다² ①'의 예로 '마음가짐이 바르다.'를 추가할 수 있다.

552 [2024년 3월 고1 학평 14번] 

<보기>의 '탐구 과제'를 수행한 결과로 적절하지 <u>않은</u> 것은?

보 기

[탐구 과제]
'작다 / 적다' 중 적절한 말이 무엇인지 온라인 사전에서 '작다'를 검색한 결과를 근거로 하여 말해 보자.

ㄱ. 민수는 진서에 비해 말수가 (작다 / 적다).
ㄴ. 키가 커서 작년에 구매한 옷이 (작다 / 적다).
ㄷ. 오늘 일은 지난번에 비해 규모가 (작다 / 적다).
ㄹ. 그는 큰일을 하기에는 그릇이 아직 (작다 / 적다).
ㅁ. 백일장 대회의 신청 인원이 여전히 (작다 / 적다).

국어사전

작다¹
「1」 길이, 넓이, 부피 따위가 비교 대상이나 보통보다 덜하다.
「2」 정하여진 크기에 모자라서 맞지 아니하다.
「3」 일의 규모, 범위, 정도, 중요성 따위가 비교 대상이나 보통 수준에 미치지 못하다.
「4」 사람됨이나 생각 따위가 좁고 보잘것없다.

작다² → 적다
적다²
수효나 분량, 정도가 일정한 기준에 미치지 못하다.

* → : 'a→b'는 a를 b로 바꿔 써야 함을 나타냄.

---

① ㄱ : '작다¹'의 「1」을 고려할 때 '작다'가 맞겠군.
② ㄴ : '작다¹'의 「2」를 고려할 때 '작다'가 맞겠군.
③ ㄷ : '작다¹'의 「3」을 고려할 때 '작다'가 맞겠군.
④ ㄹ : '작다¹'의 「4」를 고려할 때 '작다'가 맞겠군.
⑤ ㅁ : '작다¹', '작다²'와 '적다²'를 고려할 때 '적다'가 맞겠군.

553 [2014년 11월 고2 학평 B형 15번]

다음은 '사전 활용하기' 학습 활동을 위한 자료이다. 이에 대해 탐구한 내용으로 적절하지 <u>않은</u> 것은?

이¹ 의존명사

　'사람'의 뜻을 나타내는 말.

이²

[1] 대명사

　① 말하는 이에게 가까이 있거나 말하는 이가 생각하고 있는 대상을 가리키는 지시 대명사.

　　¶ 이보다 더 좋을 수는 없다.

[2] 관형사

　① 바로 앞에서 이야기한 대상을 가리킬 때 쓰는 말.

　　¶ 노력하는 사람은 실패하지 않는다. 이 점을 우리는 명심해야한다.

이³

[1] 수사

　① 일에 일을 더한 수, 아라비아 숫자로는 '2', 로마 숫자는 'Ⅱ'로 쓴다.

[2] 관형사 (일부 단위를 나타내는 말 앞에 쓰여)

　　그 수량이 둘임을 나타내는 말.

---

① '저 모자를 쓴 이가 누구지?'의 '이'는 사람을 뜻하므로 '이¹'의 용례가 되는군.

② 하나의 표제어에 여러 개의 뜻풀이가 있으므로 '이2'는 다의어에 해당하는군.

③ '이² [1] '의 용례와 '이² [2] '의 용례를 통해 '이²'는 조사의 결합 가능 여부에 따라 품사를 구별할 수 있음을 확인할 수 있군.

④ '이 킬로미터를 걸어라.'에서 '이'는 단위를 나타내는 말 앞에 쓰이므로 '이³ [1] '의 용례로 들 수 있군.

⑤ '이¹', '이²', '이³'은 별개의 표제어로 기술된 걸 보니 서로 동음이의관계이군.

554 [2015년 9월 고2 학평 14번]

<보기>에 제시된 국어사전의 정보를 완성한다고 할 때, ㉠~㉤에 대한 설명으로 적절하지 <u>않은</u> 것은?

보 기

그리다¹ ㉠ 　 【…을】

　사랑하는 마음으로 간절히 생각하다.

　¶ 그가 꿈에도 그리던 어머님을 드디어 만났다.

그리다² 동사 【 ㉡ 】

　① 연필, 붓 따위로 어떤 사물의 모양을 그와 닮게 선이나 색으로 나타내다.

　¶ 그가 약도를 그렸다. / 　㉢

　② 　㉣

　¶ 이순신 장군의 일대기를 그린 영화 / 이 소설은 서민 생활의 애환을 그리고 있다.

그립다 형용사

　① 【…이】 보고 싶거나 만나고 싶은 마음이 간절하다.

　¶ 고향에 계신 부모님이 그립다.

　② 어떤 것이 매우 필요하거나 아쉽다.

　¶ 　㉤

---

① ㉠에 들어갈 말은 '동사'이다.

② ㉡에 들어갈 말은 '…을'이다.

③ ㉢에 '화살이 포물선을 그리며 날아간다.'를 넣을 수 있다.

④ ㉣에 '생각, 현상 따위를 말, 글, 음악 등으로 나타내다.'를 넣을 수 있다.

⑤ ㉤에 '한동안 쉬었더니 돈 몇 푼이 그립다.'를 넣을 수 있다.

555 [2015년 11월 고2 학평 14번] 

<보기>에 제시된 국어사전의 정보를 완성한다고 할 때, ㉠~㉤에 대한 설명으로 적절하지 <u>않은</u> 것은?

보 기

늦다

[Ⅰ] 동사

  ☐ ㉠ ☐ 정해진 때보다 지나다.

  ¶ 그는 약속 시간에 항상 늦는다. / 그는 버스 시간에 늦어 고향에 가지 못했다.

[Ⅱ] ☐ ㉡ ☐

  ① 기준이 되는 때보다 뒤져 있다.

  ¶ 시계가 오 분 늦게 간다.

  ② 시간이 알맞을 때를 지나 있다. 또는 시기가 한창인 때를 지나 있다.

  ¶ 우리 일행은 예정보다 늦게 도착했다. / ____㉢____

  ③ 곡조, 동작 따위의 속도가 느리다.

  ¶ 박자가 늦다. / ____㉣____

이르다 형용사

  【…보다】【-기에】 대중이나 기준을 잡은 때보다 앞서거나 빠르다.

  ¶ 그는 여느 때보다 이르게 학교에 도착했다. / 아직 포기하기엔 이르다.

─────────

반의어 ____㉤____

---

① ㉠에 들어갈 말은 '【 …에】'이다.

② ㉡에 들어갈 말은 '형용사'이다.

③ ㉢에는 '발걸음이 늦다.'를 넣을 수 있다.

④ ㉣에는 '그는 다른 사람보다 서류 작성이 늦다.'를 넣을 수 있다.

⑤ ㉤에 들어갈 말은 '늦다[Ⅱ] ①'이다.

556 [2016년 3월 고2 학평 14번] 

다음은 '사전 활용하기' 학습 활동을 위한 자료이다. 이에 대한 이해로 적절하지 <u>않은</u> 것은?

자 료

우연 〔명〕 아무런 인과 관계가 없이 뜻하지 아니하게 일어난 일.

  ¶ 우연의 일치

  「반」 필연01.

우연-적 〔관〕〔명〕 아무런 인과 관계 없이 뜻하지 아니하게 일어나는. 또는 그런 것.

  ¶ 우연적 만남 / 우연적 사건 ‖ 우연적으로 일어난 일

우연-하다 〔형〕 어떤 일이 뜻하지 아니하게 저절로 이루어져 공교롭다.

  ¶ 친구를 우연하게 만났다.

우연-히 〔부〕 어떤 일이 뜻하지 아니하게 저절로 이루어져 공교롭게.

  ¶ 동생의 비상금을 우연히 발견하였다.

---

① '우연'의 뜻풀이와 반의어를 보니, '우연적'의 반의어로 '필연적'이 존재할 수 있겠군.

② '우연적'의 품사 정보와 뜻풀이를 보니, '그들의 만남은 우연적이었다.'의 '우연적'은 관형사에 해당하겠군.

③ '우연하다'의 품사 정보와 뜻풀이를 보니, '우연하다'의 용례로 '우연한 계기'를 추가할 수 있겠군.

④ '우연'과 '우연하다'의 표제어 및 뜻풀이를 보니, '우연하다'는 '우연'에 '하다'가 결합한 복합어로군.

⑤ '우연하다'와 '우연히'의 뜻풀이 및 용례를 보니, '친구를 우연하게 만났다.'의 '우연하게'는 '우연히'로 교체하여 쓸 수 있겠군.

557 [2016년 6월 고2 학평 11번]

<보기>에 제시된 국어사전 정보를 완성한다고 할 때, ㉠~㉤에 대한 설명으로 적절하지 <u>않은</u> 것은?

보 기

그르다⁰¹
[Ⅰ] 「 ㉠ 」
이떤 일이 사리에 맞지 아니한 면이 있다.
¶ 행실이 그르다. / 그른 일은 하지 말아야 한다.
[Ⅱ] 「동사」
「1」 (㉡) 어떤 일이나 형편이 잘못되다.
¶ 대세는 벌써 그른 지 오래다. / 이번 일도 이미 글렀다.
「2」 어떤 상태나 조건이 좋지 아니하게 되다.
¶ 이 환자는 회생하기에 그른 것으로 보인다.

바르다⁰³ 「형용사」
「1」 겉으로 보기에 비뚤어지거나 굽은 데가 없다. ㈜ 굽다
¶ 선을 바르게 긋다.
「2」 말이나 행동 따위가 사회적인 규범이나 사리에 어긋나지 아니하고 들어맞다. ¶ 그는 생각이 바른 사람이다.
「3」 _____㉢_____ ¶ 묻는 말에 바르게 대답해라.
「4」 그늘이 지지 아니하고 햇볕이 잘 들다. ¶ 양지 바른 곳

옳다⁰¹ [올타] 「형용사」
「1」 사리에 맞고 바르다. ¶ 옳은 판단 ㈜ _____㉣_____
「2」 격식에 맞아 탓하거나 흠잡을 데가 없다.
   ¶ 옳은 상차림
「3」 차라리 더 낫다. ¶ _____㉤_____

---

① ㉠에 들어갈 말은 '형용사'이다.
② ㉡에 들어갈 문형 정보는 '흔히 현재 시제에 쓰여'이다.
③ ㉢에는 '사실과 어긋남이 없다.'를 넣을 수 있다.
④ ㉣에 들어갈 말은 '그르다⁰¹ [Ⅰ]'이다.
⑤ ㉤에는 '변명하느니 말을 않는 게 옳다.'를 넣을 수 있다.

558 [2017년 3월 고2 학평 15번]

<보기>는 '뿐'에 대한 남북한의 사전 풀이이다. 이를 탐구한 내용으로 적절하지 <u>않은</u> 것은?

보 기

(가) 표준국어대사전(남한)
  뿐⁰¹ 「의존 명사」
  (1) (어미 '-을' 뒤에 쓰여) 다만 어떠하거나 어찌할 따름이라는 뜻을 나타내는 밀.
      ¶ 소문으로만 들었을 뿐이네.
  (2) ('다 뿐이지' 구성으로 쓰여) 오직 그렇게 하거나 그러하다는 것을 나타내는 말.
      ¶ 시간만 보냈다 뿐이지 한 일은 없다.
  뿐⁰² 「조사」 (체언이나 부사어 뒤에 붙어) '그것만이고 더는 없음' 또는 '오직 그렇게 하거나 그러하다는 것'을 나타내는 보조사.
      ¶ 이제 믿을 것은 오직 실력뿐이다.

(나) 조선말대사전(북한)
  뿐 「불완전명사*」
  (1) (체언 아래에 쓰이여) 그것만이고 더는 없다는 뜻.
      | 소식을 듣고 기뻐한것은 나뿐이 아니였다.
  (2) (용언 아래에 쓰이여) 다만 어떠하거나 어찌할따름이라는 뜻.
      | 우리는 감격의 눈물을 삼켰을뿐이였다.

* 불완전명사 : 북한에서 '의존 명사'를 가리키는 말.

---

① (가)의 '뿐⁰¹'은 (나)의 '뿐'과 달리 앞에 오는 말과 띄어서 쓰이는군.
② (가)의 '뿐⁰¹'과 (나)의 '뿐'은 모두 두 가지의 뜻을 가진 단어이군.
③ '내가 가진 것은 이것뿐이다.'에서 '뿐'은 (가)의 '뿐⁰²', (나)의 '뿐' (1)의 뜻에 해당하는군.
④ (가)에서는 (나)에서와 달리 체언 뒤의 '뿐'과 용언 뒤의 '뿐'을 서로 다른 표제어로 등재하고 있군.
⑤ (나)에서는 (가)에서와 달리 '뿐'을 다른 말에 기대어 쓰이지 않고 자립하여 쓰일 수 있는 말로 보고 있군.

559 [2017년 9월 고2 학평 14번]

다음은 '사전 활용하기' 학습 활동을 위한 자료이다. 이에 대한 이해로 적절하지 <u>않은</u> 것은?

익다 동

① 열매나 씨가 여물다.
  ¶ 배가 익다.
② 고기나 채소, 곡식 따위의 날것이 뜨거운 열을 받아 그 성질과 맛이 달라지다.
  ¶ 고기가 푹 익다.

익-히다 동 【…을】

① '익다①'의 사동사.
  ¶ 잎사귀에 단풍이 든 콩들은 꼬투리를 더욱 단단하게 익히고 있었다.
② '익다②'의 사동사.
  ¶ 고기를 익히다.

---

① '익다'와 '익히다'는 모두 다의어로군.
② '익다'와 달리 '익히다'는 목적어를 필요로 하는군.
③ '익히다'는 '익다'에 사동 접미사가 결합된 단어로군.
④ '익다①'의 유의어로는 '김치가 잘 숙성되었다.'의 '숙성되다'가 있겠군.
⑤ '익히다②'의 용례로 '감자를 푹 익혀 먹으면 맛이 좋다.'가 있겠군.

560 [2017년 11월 고2 학평 12번]

<보기>는 '사전 활용하기' 학습 활동을 위한 자료이다. 이에 대해 탐구한 내용으로 적절하지 <u>않은</u> 것은?

보 기

물리다¹
동사
【…에/에게】
다시 대하기 싫을 만큼 몹시 싫증이 나다. ¶ 세 끼 꼬박 국수를 먹어서 이젠 국수에 물렸다.

물리다²
동사
[1] 【…에/에게 …을】
「1」 '물다²[1] 「2」'의 피동사. ¶ 사나운 개에게 팔을 물리다.
「2」 '물다²[1] 「3」'의 피동사.
    ¶ 어젯밤 모기에게 코를 물렸다.
[2] 【…에게】
 '물다²[1] 「4」'의 피동사.
    ¶ 그놈들에게 잘못 물렸다가는 큰 일 치른다.

물리다³
동사
[1] 【…을】
「1」 '무르다²[1] 「1」'의 사동사. ¶ 친구는 새로 구입한 책을 모두 물렸다.
[2] 【…을 …으로】
「1」 _________㉠_________ ¶ 약속 날짜를 이틀 뒤로 물리다.

---

① 물리다¹, 물리다², 물리다³은 서로 동음이의 관계이군.
② 물리다², 물리다³은 각각 다의어임을 알 수 있군.
③ 물리다¹의 용례로 '버스가 고장이 나 승객들이 차표를 도로 물리는 소동이 있었다.'를 추가할 수 있군.
④ 물리다²[1]은 물리다¹에 비해 서술어가 요구하는 필수적 문장 성분이 더 많다고 할 수 있군.
⑤ 물리다³의 ㉠에는 '정해진 시기를 뒤로 늦추다.'가 들어갈 수 있겠군.

561 [2018년 6월 고2 학평 15번]

<보기>의 ㉠~㉤에 들어갈 예문으로 적절하지 <u>않은</u> 것은?

> **보 기**
>
> **바치다** 동
> ① 반드시 내거나 물어야 할 돈을 가져다주다. ¶ ㉠
>
> **받치다¹** 동
> ① 화 따위의 심리적 작용이 강하게 일어나다. ¶ ㉡
>
> **받치다²** 동
> ① 어떤 물건의 밑이나 안에 다른 물건을 대다. ¶ ㉢
> ② 어떤 일을 잘 할 수 있도록 뒷받침해 주다. ¶ ㉣
>
> **밭치다** 동
> ① 건더기와 액체가 섞인 것을 거르기 장치에 따라서 액체만을 따로 받아 내다. ¶ ㉤

① ㉠ : 매년 국가에 성실하게 세금을 <u>바치고</u> 있다.
② ㉡ : 그는 설움에 <u>받쳐서</u> 끝내 울음을 터뜨렸다.
③ ㉢ : 그녀는 쟁반에 음료수 잔을 <u>받치고</u> 걸어갔다.
④ ㉣ : 그가 우산을 <u>받쳐</u> 들고 거리를 거닐고 있다.
⑤ ㉤ : 어머니께서 멸치젓을 체에 <u>밭쳐</u> 놓았다.

562 [2019년 3월 고2 학평 15번]

<보기>는 '사전 활용하기' 학습 활동을 위한 자료이다. 이에 대한 이해로 적절하지 <u>않은</u> 것은? [3점]

> **보 기**
>
> **그치다** 「동사」
> 「1」【(…을)】 계속되던 일이나 움직임이 멈추거나 끝나다. 또는 그렇게 하다.
>   ¶ 비가 그치다. / 울음을 그치다.
> 「2」【…에】【…으로】 더 이상의 진전이 없이 어떤 상태에 머무르다. ¶ 출석률이 절반 정도에 그쳤다.
>   예감이 예감으로 그치지 않고 현실이 되는 경우가 있다.
>
> **멈추다** 「동사」
> [1] 「1」 사물의 움직임이나 동작이 그치다.
>   ¶ 시계가 멈추다. / 울음소리가 멈추다.
>   「2」 비나 눈 따위가 그치다.
>   ¶ 멈추었던 비가 다시 내리기 시작했다.
> [2] 【…을】 사물의 움직임이나 동작을 그치게 하다.
>   ¶ 기계를 멈추다. / 발걸음을 멈추다.

① '그치다 「1」'의 문형 정보와 용례를 보니, '그치다 「1」'은 자동사로도 쓰일 수 있고 타동사로도 쓰일 수 있군.
② '그치다 「2」'의 문형 정보와 용례를 보니, '그치다 「2」'는 부사어를 반드시 필요로 하는군.
③ '멈추다 [2]'의 용례로 '차가 경적을 울리며 멈추다.'를 추가할 수 있겠군.
④ '그치다'와 '멈추다'는 두 가지 이상의 의미를 지니고 있는 다의어이군.
⑤ '그치다 「1」'과 '멈추다'의 뜻풀이와 용례를 보니, 두 단어는 유의 관계에 있군.

563 [2023년 6월 고2 학평 14번]

<보기>는 '사전 활용하기' 학습 활동을 위한 자료이다. 이에 대해 탐구한 내용으로 적질하지 <u>않은</u> 것은?

> **보 기**
>
> **가늘다** 형 ① 물체의 지름이 보통의 경우에 미치지 못하고 짧다.
>   ② 소리의 울림이 보통에 미치지 못하고 약하다.
> **굵다** 형 ① 물체의 지름이 보통의 경우를 넘어 길다.
>   ¶ 나뭇가지가 굵다.
>   ② 밤, 대추, 알 따위가 보통의 것보다 부피가 크다.
> **두껍다** 형 ① 두께가 보통의 정도보다 크다.
>   ¶두꺼운 종이
>   ② 층을 이루는 사물의 높이나 집단의 규모가 보통의 정도보다 크다.

① '가늘다', '굵다', '두껍다'는 모두 다의어이다.
② '가늘다②'의 용례로 '열차의 기적 소리가 가늘게 들려왔다.'를 추가할 수 있다.
③ '두껍다②'의 용례로 '그 책은 수요층이 두껍다.'를 들 수 있다.
④ '굵다①'의 용례에서 '굵다'를 '가늘다'로 바꾸면 '가늘다①'의 용례가 될 수 있다.
⑤ '굵다①'과 '두껍다①'의 의미에 의하면 '굵은 손가락'은 '두꺼운 손가락'으로 쓰는 것이 적절하다.

564 [2014년 4월 고3 학평 A, B형 14번] 

다음은 사전의 일부이다. 이를 바탕으로 <보기>를 탐구한 내용으로 적절하지 <u>않은</u> 것은?

가 조

[1] (받침 없는 체언 뒤에 붙어)
① 어떤 상태나 상황에 놓인 대상, 또는 상태나 상황을 겪거나 일정한 동작을 하는 주체를 나타내는 격 조사.
② ('되다', '아니다' 앞에 쓰여) 바뀌게 되는 대상이나 부정(否定)하는 대상임을 나타내는 격 조사. 바뀌게 되는 대상을 나타낼 때는 대체로 조사 '로'로 바뀔 수 있다.

[2] (받침 없는 체언이나 부사어 뒤, 또는 연결 어미 '-지' 뒤에 붙어) 앞말을 지정하여 강조하는 뜻을 나타내는 보조사. 연결 어미 '-지' 뒤에 오는 '가'는 '를'이나 'ㄹ'로 바뀔 수 있으며, 흔히 뒤에는 부정적인 표현이 온다.

이 조

[1] (받침 있는 체언 뒤에 붙어)
① 어떤 상태를 보이는 대상이나 일정한 상태나 상황을 겪는 경험주 또는 일정한 동작의 주체임을 나타내는 격 조사.
② ('되다', '아니다' 앞에 쓰여) 바뀌게 되는 대상이나 부정(否定)하는 대상임을 나타내는 격 조사. 바뀌게 되는 대상을 나타낼 때의 '이'는 대체로 조사 '으로'로 바뀔 수 있다.

[2] ('-고 싶다' 구성에서 본동사의 목적어나 받침 있는 부사어 뒤에 붙어) 앞말을 지정하여 강조하는 뜻을 나타내는 보조사.

보 기

○ 어느새 연못 속의 ⓐ올챙이가 ⓑ개구리가 되었다.
○ 아무리 청소를 해도 방이 ⓒ깨끗하지가 않다.
○ 그 넓던 갈대밭이 모두 ⓓ뽕밭이 되었다.
○ 나는 ⓔ백두산이 제일 보고 싶다.

---

① ⓐ의 '가'와 ⓓ의 '이'는 가[1]과 이[1]을 통해 앞 체언의 받침 유무에 따라 선택된 격 조사임을 알 수 있군.
② ⓑ의 '가'는 조사 '로'로 바꾸어 쓸 수 있는 걸 보니, '가[1] ②'를 통해 '되다' 앞에 쓰여 부정하는 대상임을 나타내는 격 조사임을 알 수 있군.
③ ⓒ의 '가'는 '를'로 바꾸어 쓸 수 있는 걸 보니, '가[2]'를 통해 앞말을 지정하여 강조하는 뜻을 나타내는 보조사임을 알 수 있군.
④ ⓓ의 '이'는 조사 '으로'로 바꾸어 쓸 수 있는 걸 보니, '이[1] ②'를 통해 '되다' 앞에 쓰여 바뀌게 되는 대상을 나타내는 격 조사임을 알 수 있군.
⑤ ⓔ의 '이'는 '이[2]'를 통해 앞말을 지정하여 강조하는 뜻을 나타내는 보조사임을 알 수 있군.

---

565 [2014년 7월 고3 학평 A형 11번] 

다음은 '사전 활용하기' 학습 활동을 위한 자료이다. 이에 대해 탐구한 내용으로 적절하지 <u>않은</u> 것은?

고르다¹ 동 〔골라, 고르니〕
㉠ 울퉁불퉁한 것을 평평하게 하거나 들쭉날쭉한 것을 가지런하게 하다. ¶ 땅을 고르다.
㉡ 붓이나 악기의 줄 따위가 제 기능을 발휘하도록 다듬거나 손질하다. ¶ 붓을 고르다.

고르다² 형 〔골라, 고르니〕
㉠ 여럿이 다 높낮이, 크기, 양 따위의 차이가 없이 한결같다. ¶ 이익을 고르게 분배하다.
㉡ 상태가 정상적으로 순조롭다. ¶ 숨소리가 고르다.

---

① '고르다¹ ㉠'의 용례 '땅을 고르다'에서 '고르다'의 유의어로는 '메우다'가 가능하겠군.
② '고르다² ㉠'의 용례로 '방바닥이 고르지 않다'를 들 수 있겠군.
③ '고르다² ㉡'의 용례 '숨소리가 고르다'에서 '고르다'의 반의어로는 '거칠다'가 가능하겠군.
④ '고르다¹', '고르다²'의 활용 정보에 '골라', '고르니'로 나타난 것을 보니 불규칙 용언이겠군.
⑤ '고르다¹', '고르다²'의 품사 표시를 보니, '악기의 줄을 고르다'의 '고르다'는 동사, '치아가 고르다'의 '고르다'는 형용사이겠군.

---

566 [2014년 9월 고3 모평 A, B형 14번] 

다음은 '사전 활용하기' 학습 활동을 위한 자료이다. 이에 대해 탐구한 내용으로 적절하지 <u>않은</u> 것은?

크다 ① 형 ㉠ 길이, 넓이, 높이, 부피 따위가 보통 정도를 넘다.
¶ 눈이 크다 / 글씨를 크게 적는다.
㉡ 신, 옷 따위가 맞아야 할 치수 이상으로 되어 있다.
㉢ 일의 규모, 범위, 정도, 힘 따위가 대단하거나 강하다.
② 동 동식물이 몸의 길이가 자라다.
¶ 키가 몰라보게 크는구나.
반의어 크다 ① ↔ 작다

작다 형 ㉠ 길이, 넓이, 부피 따위가 비교 대상이나 보통보다 덜하다.
㉡ 정하여진 크기에 모자라서 맞지 아니하다.
㉢ 일의 규모, 범위, 정도, 중요성 따위가 비교 대상이나 보통 수준에 미치지 못하다.
반의어 작다 ↔ 크다 ①

① '크다①'과 '크다②'는 품사의 차이에 따라 구분된 것이겠군.
② '크다① ㉠'의 용례에서 '크다'를 '작다'로 바꾸면 '작다㉠'의 용례가 되겠군.
③ '크다②'는 뜻풀이와 용례로 보아 '작다㉢'과 반의 관계를 이루겠군.
④ '작다㉡'의 용례로 '키가 자라서 바지가 작다.'를 들 수 있겠군.
⑤ '작다㉢'의 용례로 '작은 실수를 하다.'를 들 수 있겠군.

---

568 [2014년 수능 A형 14번]

<보기>에 제시된 국어사전의 정보를 완성한다고 할 때, ㉠~㉤에 대한 설명으로 적절하지 <u>않은</u> 것은?

> **보 기**
>
> **더-하다**
> Ⅰ [㉠   ]
> 【…보다】 어떤 기준보다 정도가 심하다.
>   ¶ 추위는 작년보다 올해가 더하다.
> Ⅱ 동사
> ① [㉡   ] 【…을(…과)】(('…과'가 나타나지 않을 때는 목적어가 복수의 의미를 지닌다)) 더 보태어 늘리거나 많게 하다. ¶ 둘에 셋을 더하면 다섯이다. / 2만 원을 3만 원과 더하면 5만 원이다. / 아래의 숫자들을 모두 더하시오.
> ② 【…을】【…에/에게 …을】 어떤 요소가 더 있게 하다. ¶ 너의 격려는 나의 자신감을 더해 준다. /   ㉢   / 그의 표정은 우리에게 행복감을 더해 주었다.
> ③ 어떤 정도나 상태가 더 크거나 심하게 되다. ¶ 그는 갈수록 고약한 잠버릇이 더했다. /   ㉣
>
> **덜-하다** 형용사
>   【…보다】 어떤 기준이나 정도가 약하다.
>   ¶ 찌개맛이 어제보다 덜하다.
> 반의어   ㉤

① ㉠에 들어갈 말은 '형용사'이다.
② ㉡에 들어갈 말은 '【…에 …을】'이다.
③ ㉢에는 '그의 등장은 영화에 재미를 더했다.'를 넣을 수 있다.
④ ㉣에는 '그들의 횡포가 점점 더한다.'를 넣을 수 있다.
⑤ ㉤에 들어갈 말은 '더하다Ⅱ ②'이다.

---

567 [2014년 10월 고3 학평 A형 12번]

<보기>는 '사전 활용하기' 학습 활동을 위한 자료이다. 이에 대한 이해로 적절하지 <u>않은</u> 것은? [3점]

> **보 기**
>
> **맞다1** [맏따] 〔맞아, 맞으니, 맞는[만-]〕 「동사」
> 「1」 문제에 대한 답이 틀리지 아니하다.
>   ¶ 과연 그 답이 맞는지는 더 생각해 보기로 하자.
> 「2」 어떤 대상의 맛, 온도, 습도 따위가 적당하다.
>   【…에/에게 】 ¶ 음식 맛이 내 입에 맞는다.
> **맞다2** [맏따] 〔맞아, 맞으니, 맞는[만-]〕 「동사」
> 「1」 오는 사람이나 물건을 예의로 받아들이다.
>   【…을 】 ¶ 현관에서 방문객을 맞다.
> 「2」 시간이 흐름에 따라 오는 어떤 때를 대하다.
>   【…을 】 ¶ 그 신문은 창간 일곱 돌을 맞았다.

① 맞다²는 주어 이외에도 다른 문장 성분을 필요로 하는군.
② 맞다²의 「1」의 용례로 '추석을 맞아 온 가족이 모였다.'를 추가할 수 있겠군.
③ 맞다¹과 맞다²는 동음이의어라 할 수 있군.
④ 맞다¹의 「2」는 부사어를 반드시 필요로 하는군.
⑤ 맞다¹과 맞다²는 활용을 할 때에 어간의 형태가 변하지 않는군.

569 [2015년 3월 고3 학평 A, B형 14번] 

다음은 '달다'에 관한 사전 자료의 일부분이다. 이를 탐구한 결과로 적절하지 <u>않은</u> 것은?

보 기

달다¹ 통 【…에 …을】 [달아, 다니, 다오]
　㉠ 물건을 일정한 곳에 걸거나 매어 놓다.
　　예 배에 돛을 달다.
　㉡ 이름이나 제목 따위를 정하여 붙이다.
　　예 작품에 제목을 달다.

달다² 형 [달아, 다니, 다오]
　㉠ 꿀이나 설탕의 맛과 같다.
　　예 아이스크림이 달다. 솁 달면 삼키고 쓰면 뱉는다.
　㉡ 흡족하여 기분이 좋다.
　　예 나른한 식곤에 잠이 달았다.

---

① '달다¹'과 '달다²'는 별개의 표제어로 기술된 걸 보니 동음이의어에 해당하는군.
② '달다¹'과 '달다²'는 모두 연결 어미 '-니'가 결합되면 '다니'로 활용되는군.
③ '달다¹' ㉠의 용례로 '소금의 무게를 저울에 달아 보았다.'를 추가할 수 있겠군.
④ '달다²' ㉠의 속담은 '달다'와 '쓰다'의 반의 관계를 이용한 것이군.
⑤ '달다¹' ㉡은 '달다²' ㉡보다 서술어가 필수적으로 요구하는 문장 성분의 개수가 더 많군.

570 [2015년 4월 고3 학평 A, B형 14번] 

<보기>에 제시된 국어사전의 정보를 완성한다고 할 때, ㉠~㉤에 대한 설명으로 적절하지 <u>않은</u> 것은?

보 기

주다
① 동사
　① 【…에/에게 …을】 물건 따위를 남에게 건네어 가지거나 누리게 하다. ¶ 친구에게 선물을 주다.
　　반의어 주다 ↔ ┃ ㉠ ┃
　② 남에게 어떤 자격이나 권리, 점수 따위를 가지게 하다.
　　¶ 일등 항해사에게 가산점을 주다. / ┃ ㉡ ┃
　③ 좋지 아니한 영향을 미치게 하다. ¶ 동생과 싸웠다고 어머니가 나에게 핀잔을 주다. / ┃ ㉢ ┃

받다
① 동사
　① 【…에서/에게서/…으로부터 …을】 다른 사람이 주거나 보내오는 물건 따위를 가지다. ¶ 남자 친구로부터 선물을 받다.
　② 【…을】 공중에서 밑으로 떨어지거나 자기 쪽으로 향해 오는 것을 잡다. ¶ 날아오는 공을 받다.
　　반의어 받다 ↔ ┃ ㉣ ┃
　③ 【 ㉤ 】 흐르거나 쏟아지거나 하는 것을 그릇 따위에 담기게 하다. ¶ 따끈한 차를 찻잔에 받다.

---

① '주다① ①'의 뜻풀이와 용례로 보아 ㉠에 들어갈 말은 '받다① ①'이다.
② ㉡에는 '약을 사 먹으라고 누나가 나에게 돈을 주다.'를 넣을 수 있다.
③ ㉢에는 '아무렇지도 않게 내뱉은 말이 다른 사람에게 상처를 주다.'를 넣을 수 있다.
④ '받다① ②'의 용례로 보아 ㉣에는 '던지다'를 넣을 수 있다.
⑤ ㉤에 들어갈 말은 '…을 …에'이다.

571 [2015년 6월 고3 모평 A형 12번]

<보기>에 제시된 국어사전 정보를 완성한다고 할 때,
㉠~㉤에 대한 설명으로 적절하지 <u>않은</u> 것은? [3점]

보 기

과 「조사」 (받침 있는 체언 뒤에 붙어)

① 다른 것과 비교하거나 기준으로 삼는 대상임을 나타
내는 격 조사. ¶ 막내는 큰형과 닮았다. / ____㉠____

② 일 따위를 함께 함을 나타내는 격 조사. ¶ 나는 방에
서 동생과 조용히 공부했다. / ____㉡____

③ 상대로 하는 대상임을 나타내는 ____㉢____. ¶ 그는 거대
한 폭력 조직과 맞섰다.

② 둘 이상의 사물을 같은 자격으로 이어 주는 접속 조사.
¶ 닭과 오리는 동물이다. / 책과 연필을 가져와라.

유의어 하고, ____㉣____

형태 정보 받침 없는 체언 뒤에는 '____㉤____'가 붙는다.

---

① ㉠에는 '그는 낯선 사람과 잘 사귄다.'를 넣을 수 있다.
② ㉡에는 '그는 형님과 고향에 다녀왔다.'를 넣을 수 있다.
③ ㉢에 들어갈 말은 '격 조사'이다.
④ ㉣에 '이랑'이 들어갈 수 있다.
⑤ ㉤에 들어갈 말은 '와'이다.

572 [2015년 6월 고3 모평 B형 13번]

다음은 '사전 활용하기' 학습 활동을 위한 자료이다. 이
에 대해 탐구한 내용으로 적절하지 <u>않은</u> 것은?

굳다 〔굳어, 굳으니, 굳는〕

Ⅰ 동
㉠ 무른 물질이 단단하게 되다. ¶시멘트가 굳다
㉡ 근육이나 뼈마디가 뻣뻣하게 되다. ¶허리가 굳다

Ⅱ 형 흔들리거나 바뀌지 아니할 만큼 힘이나 뜻이 강하다.
¶굳은 결심 / 성을 굳게 지키다

반의어 Ⅱ㉠ 녹다 Ⅰ㉡

녹다 〔녹아, 녹으니, 녹는〕 동

① ㉠ 얼음이나 얼음같이 매우 차가운 것이 열을 받아
액체가 되다. ¶얼음이 녹다 / 눈이 녹다

㉡ 고체가 열기나 습기로 말미암아 제 모습을 갖고
있지 못하고 물러지거나 물처럼 되다. ¶엿이 녹다

② 【…에】
㉠ 결정체(結晶體) 따위가 액체 속에서 풀어져 섞
이다. ¶소금이 물에 녹다

㉡ 어떤 물체나 현상 따위에 스며들거나 동화되다.
¶우리 정서에 녹아 든 외국 문화

반의어 ① ㉡ 굳다 Ⅰ㉠

---

① '굳다'는 '녹다'와 달리 두 개의 품사로 쓰인다.
② '시멘트가 굳다'의 '굳다'와 '엿이 녹다'의 '녹다'는 반의 관
계이다.
③ '굳다 Ⅲ'의 용례로 '마음을 굳게 닫다'를 추가할 수 있다.
④ '녹다 ② ㉡'의 용례로 '글에는 글쓴이의 생각이 녹아 있다.'
를 추가할 수 있다.
⑤ '초콜릿이 순식간에 녹았다.'의 '녹다'는 '녹다 ② ㉠'에 해당
하므로 주어 외에도 다른 문장 성분을 필요로 한다.

573 [2015년 7월 고3 학평 B형 12번]

<보기>는 국어사전의 일부이다. 이를 탐구한 것으로
적절하지 <u>않은</u> 것은?

보 기

번(番)

Ⅰ ____㉠____
차례로 숙직이나 당직을 하는 일. ¶번을 서다.

Ⅱ 의존명사
① 일의 ____㉡____ 을/를 나타내는 말. ¶둘째 번.
② 일의 횟수를 세는 단위. ¶여러 번.

한번(-番)

Ⅰ 명사
((주로 '한번은' 꼴로 쓰여)) 지난 어느 때나 기회.
¶ 한번은 그런 일도 있었지.

Ⅱ 부사
① ((주로 '어보다' 구성과 함께 쓰여)) 어떤 일을 시험
삼아 시도함을 나타내는 말.
¶ 한번 해 보다. / 한번 먹어 보다.
② 기회 있는 어떤 때에. ¶ 우리 집에 한번 놀러 오세
요. / ____㉢____ / 한번 찾아뵐게요.
③ ((____㉣____ 바로 뒤에 쓰여)) 어떤 행동이나 상태를
강조하는 뜻을 나타내는 말.
¶춤 한번 잘 춘다. / 공 한번 잘 찬다.

---

① ㉠, ㉣에 들어갈 말은 모두 '명사'이겠군.
② ㉡에 들어갈 말은 '차례'이겠군.
③ ㉢에는 '시간 날 때 낚시나 한번 갑시다.'를 넣을 수 있겠군.
④ '한-번 Ⅰ'과 달리 '한-번 Ⅱ'는 문장에서 자립하여 쓰일 수
없겠군.
⑤ '난 제주도에 한 번 가 봤어.'에서 '번'은 '번 Ⅱ-②'의 뜻으
로 쓰였겠군.

574 [2015년 10월 고3 학평 A, B형 14번]

<보기>는 국어사전 자료를 탐구한 내용으로 적절하지 <u>않은</u> 것은?

> **보 기**
>
> **배¹** [배] 몡
> 「1」 사람이나 동물의 몸에서 위장, 창자, 콩팥 따위의 내
> 장이 들어 있는 곳으로 가슴과 엉덩이 사이의 부위.
> ¶ 배가 나오다.
> 「2」 긴 물건 가운데의 볼록한 부분.
> ¶ 배가 부른 마대 자루.
>
> **배²** [배] 몡
> 사람이나 짐 따위를 싣고 물 위로 떠다니도록 나무나
> 쇠 따위로 만든 물건.
> ¶ 배를 띄우다.
>
> **배³(倍)** [배:] 몡
> (주로 고유어 수 뒤에 쓰여) 일정한 수나 양이 그 수만
> 큼 거듭됨을 이르는 말.
> ¶ 힘이 세 배나 들다.

① '배¹'은 하나의 표제어 아래 여러 뜻을 지니고 있으므로 다의어라고 볼 수 있겠군.

② '배¹'의 「2」의 용례로는 '배가 불룩한 돌기둥'을 들 수 있군.

③ '배²'를 활용한 속담으로 '사공이 많으면 배가 산으로 간다'를 들 수 있군.

④ '배³'은 소리의 길이에 의해 '배¹', '배²'와 의미가 변별될 수 있겠군.

⑤ '배¹', '배²', '배³'은 모두 의미적 연관성이 있으므로 사전에 각각 등재하는군.

575 [2015년 수능 A, B형 14번]

다음은 '사전 활용하기' 학습 활동을 위한 자료이다. 이에 대한 이해로 적절하지 <u>않은</u> 것은?

> **같이**[가치]
> ① 부
> ① 둘 이상의 사람이나 사물이 함께.
> ¶친구와 **같이** 사업을 하다
> ② 어떤 상황이나 행동 따위와 다름이 없이.
> ¶예상한 바와 **같이** 주가가 크게 떨어졌다.
> ② 조
> ① '앞말이 보이는 전형적인 어떤 특징처럼'의 뜻을 나
> 타내는 격 조사.
> ¶**얼음장같이** 차가운 방바닥
> ② 앞말이 나타내는 그때를 강조하는 격 조사.
> ¶**새벽같이** 떠나다
>
> **같이-하다**[가치--]동 【(…과)…을】
> ① 경험이나 생활 따위를 얼마 동안 더불어 하다.
> =함께하다①.
> ¶친구와 침식을 **같이하다**/평생을 **같이한** 부부
> ② 서로 어떤 뜻이나 행동 따위를 동일하게 가지다.
> =함께하다②.
> ¶그와 의견을 **같이하다**/견해를 **같이하다**

① '같이'의 품사 정보와 뜻풀이를 보니, '같이'는 부사로도 쓰이고 부사격 조사로도 쓰이는 말이로군.

② '같이'의 뜻풀이와 용례를 보니, '같이②①'의 용례로 '매일 같이 지하철을 타다'를 추가할 수 있겠군.

③ '같이'와 '같이하다'의 표제어 및 뜻풀이를 보니, '같이하다'는 '같이'에 '하다'가 결합한 복합어로군.

④ '같이하다'의 문형 정보 및 용례를 보니, '같이하다'는 두 자리 서술어로도 쓰일 수 있고, 세 자리 서술어로도 쓰일 수 있군.

⑤ '같이하다'의 뜻풀이와 용례를 보니, '평생을 같이한 부부'의 '같이한'은 '함께한'으로 교체하여 쓸 수 있겠군.

576 [2016년 4월 고3 학평 13번]

다음은 '사전 활용하기' 학습 활동을 위한 자료이다. 이에 대한 이해로 옳지 <u>않은</u> 것은?

> **보기**
>
> **하다⁰¹**
> ① 「동사」【…을】
> ① 사람이나 동물, 물체 따위가 행동이나 작용을 이루다.
>   ¶ 운동을 하다. / 사랑을 하다.
> ② 먹을 것, 입을 것, 땔감 따위를 만들거나 장만하다.
>   ¶ 나무를 하다. / 밥을 하다.
> ③ 표정이나 태도 따위를 짓거나 나타내다.
>   ¶ 어두운 얼굴을 하다.
> ② 「보조동사」
> ① (동사나 형용사 뒤에서 '-게 하다' 구성으로 쓰여) 앞 말의 행동을 시키거나 앞말이 뜻하는 상태가 되도록 함을 나타내는 말.
>   ¶ 숙제를 하게 하다. / 노래를 부르게 하다. / 몸을 청결하게 하다.
>
> **-하다⁰²** 「접사」
> ① (일부 명사 뒤에 붙어) 동사를 만드는 접미사.
>   ¶ 운동하다. / 사랑하다.
> ② (일부 명사 뒤에 붙어) 형용사를 만드는 접미사.
>   ¶ 건강하다. / 순수하다.
> ③ (의성·의태어 이외의 일부 성상 부사 뒤에 붙어) 동사나 형용사를 만드는 접미사.
>   ¶ 달리하다. / 빨리하다.
> ④ (몇몇 의존 명사 뒤에 붙어) 동사나 형용사를 만드는 접미사,
>   ¶ 체하다. / 척하다. / 듯하다.

① '하다⁰¹①'은 두 개 이상의 의미를 갖는 다의어이겠군.

② '하다⁰¹②'는 '하다⁰¹①'과는 달리 혼자 쓰이지 못하고 다른 용언 뒤에 붙어 사용되겠군.

③ '-하다⁰²'는 앞 단어에 붙어 품사를 바꾸는 기능을 하겠군.

④ '하다⁰¹①②'의 용례로 '새 옷을 한 벌 했다.'를 추가할 수 있겠군.

⑤ '물에 빠질 뻔하다.'의 '뻔하다'는 '-하다⁰²②'의 용례라고 할 수 있겠군.

577 [2016년 7월 고3 학평 14번]

다음은 '사전 활용하기' 학습 활동을 위한 자료이다. 이에 대해 탐구한 내용으로 적절하지 <u>않은</u> 것은? [3점]

> **보기**
>
> **이르다¹** 〔이르러, 이르니〕 동 【…에】
> ① 어떤 장소나 시간에 닿다. ¶ 목적지에 이르다
> ② 어떤 정도나 범위에 미치다. ¶ 결론에 이르다
>
> **이르다²** 〔일러, 이르니〕 동
> ① 【…에게 …을】【…에게 –고】 무엇이라고 말하다.
>   ¶ 나는 아이들에게 내가 알고 있는 것을 모두 일러 주었다. ‖ 아이들에게 주의하라고 이르다.
> ② 【…을 –고】 어떤 대상을 무엇이라고 이름 붙이거나 가리켜 말하다.
>   ¶ 이를 도루묵이라 이른다.
>
> **이르다³** 〔일러, 이르니〕 형 【…보다】【-기에】
> 대중이나 기준을 잡은 때보다 앞서거나 빠르다.
>   ¶ 그는 여느 때보다 이르게 학교에 도착했다. ‖ 아직 포기하기엔 이르다.

① '이르다¹①'과 '이르다¹②'의 유의어로 '다다르다'가 있겠군.

② '이르다¹'과 '이르다²'와 '이르다³'은 서로 동음이의 관계이겠군.

③ '이르다¹'은 규칙 활용을 하지만 '이르다²'와 '이르다³'은 불규칙 활용을 하겠군.

④ '이르다¹'과 '이르다²'는 움직임을 나타내는 단어이고, '이르다³'은 성질 혹은 상태를 나타내는 단어이겠군.

⑤ '이르다³'의 용례로 '올해는 예년보다 첫눈이 이른 감이 있다.'를 추가할 수 있겠군.

578 [2016년 10월 고3 학평 15번] 

<보기>는 사전 자료의 일부분이다. 이에 대한 이해로 가장 적절한 것은?

> **보 기**
>
> **크다** [커, 크니]
> [Ⅰ] 형용사
> 사람이나 사물의 외형적 길이, 넓이, 높이, 부피 따위가 보통 정도를 넘다. ㉮ 키가 크다.
> [Ⅱ] 동사
> 동식물이 몸의 길이가 자라다.
> ㉮ 날씨가 건조하면 나무가 크지 못한다.
>
> **키우다** 【…을】 [키우어(키워), 키우니]
> 크다 [Ⅱ]의 사동사

① '크다'[Ⅰ]과 '크다'[Ⅱ]는 별도의 품사로 기술된 걸 보니 동음이의어이겠군.
② '크다'[Ⅰ]과 '크다'[Ⅱ]의 반의어로는 모두 '작다'가 가능하겠군.
③ '크다'[Ⅰ]의 용례로 '키가 몰라보게 컸구나.'를 추가할 수 있겠군.
④ '크다'[Ⅱ]는 사동사로 바뀌면 서술어의 자릿수가 하나 늘어나는군.
⑤ '크다'와 '키우다'는 모두 어미 '-어'가 결합하면 어간 끝의 모음이 탈락하는군.

579 [2017년 수능 15번] 

<보기>는 사전의 개정 내용을 정리한 자료의 일부이다. ㉠~㉤에 대한 이해로 적절하지 <u>않은</u> 것은?

보 기

	개정 전	개정 후
㉠	**긁다** 동 「1」 손톱이나 뾰족한 기구 따위로 바닥이나 거죽을 문지르다. ⋮ 「9」 ……	**긁다** 동 「1」 손톱이나 뾰족한 기구 따위로 바닥이나 거죽을 문지르다. ⋮ 「9」 …… 「10」 물건 따위를 구매할 때 카드로 결제하다.
㉡	**김-밥**[김:밥] 명 ……	**김-밥**[김밥/김빱] 명 ……
㉢	**냄새** 명 「1」 코로 맡을 수 있는 온갖 기운. 「2」 어떤 사물이나 분위기 따위에서 느껴지는 특이한 성질이나 낌새.	**냄새** 명 「1」 코로 맡을 수 있는 온갖 기운. 「2」 어떤 사물이나 분위기 따위에서 느껴지는 특이한 성질이나 낌새.
	내음 명 '냄새'의 방언 (경상).	**내음** 명 코로 맡을 수 있는 나쁘지 않거나 향기로운 기운. 주로 문학적 표현에 쓰인다.
㉣	**태양-계** 명 태양과 그것을 중심으로 공전하는 천체의 집합. 태양, 9개의 행성, ……	**태양-계** 명 태양과 그것을 중심으로 공전하는 천체의 집합. 태양, 8개의 행성, ……
㉤	(표제어 없음)	**스마트-폰** 명 휴대 전화에 여러 컴퓨터 지원 기능을 추가한 지능형 단말기.

※ 사전의 개정 내용은 표준어와 표준 발음의 최신 정보를 반영한 것임.

① ㉠ : 표제어의 뜻풀이가 추가되어 다의어의 중심적 의미가 수정되었군.
② ㉡ : 표준 발음이 추가로 인정되어 기존의 표준 발음과 함께 제시되었군.
③ ㉢ : 방언이었던 단어가 표준어의 지위를 얻고 뜻풀이도 새롭게 제시되었군.
④ ㉣ : 과학적 정보를 반영하여 뜻풀이 일부가 갱신되었군.
⑤ ㉤ : 새로운 문물을 지칭하는 신어가 표제어로 추가되었군.

580 [2018년 4월 고3 학평 13번]

<보기 1>은 '사전 활용하기' 학습 활동을 위한 자료이다. 이를 바탕으로 <보기 2>의 ㉠~㉤을 탐구한 내용으로 적절하지 <u>않은</u> 것은?

보기 1

1. 밖 명사

「1」 어떤 선이나 금을 넘어선 쪽.
　　¶ 이 선 밖으로 나가시오.
「2」 겉이 되는 쪽. 또는 그런 부분.
　　¶ 옷장 안은 깨끗했으나, 밖은 긁힌 자국으로 엉망이었다.
「3」 일정한 한도나 범위에 들지 않는 나머지 다른 부분이나 일.
　　¶ 예상 밖으로 일이 복잡해졌다.

2. 밖에 조사

(주로 체언이나 명사형 어미 뒤에 붙어) '그것 말고는', '그것 이외에는', '기꺼이 받아들이는', '피할 수 없는'의 뜻을 나타내는 보조사.
　　¶ 공부밖에 모르는 학생

3. 뜻밖-에 부사

생각이나 기대 또는 예상과 달리. ≒ 의외로.
　　¶ 아버지께 여행을 가겠다고 조심스럽게 말씀드렸는데 뜻밖에도 흔쾌히 허락하셨다.

보기 2

　출입문 ㉠밖 복도는 시끌시끌하다. 이런 생기를 느낄 수 있는 날도 ㉡며칠 밖에 남지 않았다. 졸업이 가까워지면 후련할 줄 알았는데 ㉢뜻밖에도 아쉬움이 더 크다. 추억이 많으니 그럴 ㉣수밖에 없는 것 같다. 하지만 졸업 후 주어질 ㉤기대 밖의 선물 같은 시간들을 그려 보며 남은 시간을 잘 마무리해야겠다.

---

① ㉠은 <보기 1>의 1-「1」의 의미로 쓰인 것이군.
② ㉡은 <보기 1>의 2가 사용되었으므로 '며칠'과 '밖에'를 붙여 써야겠군.
③ ㉢은 <보기 1>의 3이 사용되었으므로 '의외로'라고 바꿔 쓸 수 있겠군.
④ ㉣은 <보기 1>의 1-「2」의 의미이므로 '수'와 '밖에'를 띄어 써야겠군.
⑤ ㉤은 <보기 1>의 1-「3」의 용례로 추가할 수 있겠군.

---

581 [2018년 수능 15번]

<보기>를 활용하여 국어사전을 만드는 활동을 하였다. 표제어 ⓐ와 예문 ⓑ, ⓒ에 들어갈 말로 적절한 것은?

보 기

㉠ 약속 날짜를 너무 <u>밭게</u> 잡았다.
㉡ 서로 <u>밭게</u> 앉아 더위를 참기 어려웠다.
㉢ 시간이 더 필요한데 제출 기한을 너무 <u>바투</u> 잡았다.
㉣ 어머니는 아들에게 <u>바투</u> 다가가 두 손을 움켜쥐었다.
　　　　⋮

　　ⓐ

1 두 대상이나 물체의 사이가 썩 가깝게.
　¶　　　ⓑ
2 시간이나 길이가 아주 짧게.
　　　⋮

밭다 형

1 시간이나 공간이 다붙어 몹시 가깝다.
　¶　　　ⓒ
2 길이가 매우 짧다.
　¶ 새로 산 바지가 **밭아** 발목이 다 보인다.
3 음식을 가려 먹는 것이 심하거나 먹는 양이 적다.
　¶ 우리 아들은 입이 너무 **밭아서** 큰일이야.
　　　⋮

	ⓐ	ⓑ	ⓒ
①	밭게 부	㉠	㉡
②	밭게 부	㉡	㉢
③	밭게 부	㉠	㉣
④	바투 부	㉢	㉠
⑤	바투 부	㉣	㉠

582 [2019년 4월 고3 학평 15번]

<보기 1>은 '사전 활용하기' 학습을 위한 자료이다. 이를 바탕으로 <보기 2>의 ㉠~㉤에 대해 탐구한 내용으로 적절하지 않은 것은?

보기 1

지1 「의존명사」
(어미 '-은' 뒤에 쓰여) 어떤 일이 있었던 때로부터 지금까지의 동안을 나타내는 말.

-지2 「어미」
「1」 (용언의 어간이나 어미 '-으시-', '-었-' 뒤에 붙어) 그 움직임이나 상태를 부정하거나 금지하려 할 때 쓰이는 연결 어미. '않다', '못하다', '말다' 따위가 뒤따른다.
「2」 상반되는 사실을 서로 대조적으로 나타내는 연결 어미.

-지3 「어미」
('이다'의 어간, 용언 어간이나 어미 '-으시-', '-었-', '-겠-' 뒤에 붙어) 어떤 사실을 긍정적으로 서술하거나 묻거나 명령하거나 제안하는 따위의 뜻을 나타내는 종결 어미. 서술, 의문, 명령, 제안 따위로 두루 쓰인다.

보기 2

- 내일은 비가 오겠지㉠?
- 눈길을 걸은 지㉡도 꽤 오래되었지㉢.
- 친구 사이는 대등한 관계이지㉣ 종속 관계가 아니다.
- 이곳에 쓰레기를 버리지㉤ 마시오.

① ㉠은 어떤 움직임이나 상태를 부정하거나 금지하려 할 때 쓰이는 <보기 1>의 '-지2「1」'에 해당하겠군.
② ㉡은 어떤 일이 있었던 때부터 지금까지를 의미하는 것으로 보아 <보기 1>의 '지1'에 해당하겠군.
③ ㉢은 '-었-' 뒤에 붙어 쓰인 종결 어미에 해당하므로 <보기 1>의 '-지3'에 해당하겠군.
④ ㉣은 상반되는 사실을 서로 대조적으로 연결하는 것으로 보아 <보기 1>의 '-지2「2」'에 해당하겠군.
⑤ ㉤은 용언의 어간과 결합하고 '마시오'가 뒤따르는 것으로 보아 <보기 1>의 '-지2「1」'에 해당하겠군.

583 [2019년 7월 고3 학평 15번]

<보기 1>은 '사전 활용하기' 학습 활동을 위한 자료이다. <보기 1>을 바탕으로 <보기 2>의 ㉠~㉥을 이해한 내용으로 적절하지 않은 것은?

보기 1

한01 관
1 (일부 단위를 나타내는 말 앞에 쓰여) 그 수량이 하나임을 나타내는 말.
2 '어떤'의 뜻을 나타내는 말.
3 '같은'의 뜻을 나타내는 말.
4 (수량을 나타내는 말 앞에 쓰여) '대략'의 뜻을 나타내는 말.

한02 명
1 ('-는 한이 있더라도' 또는 '-는 한이 있어도' 구성으로 쓰여) 어떤 일을 위하여 희생하거나 무릅써야 할 극단적 상황을 나타내는 말.
2 (주로 '-는 한' 구성으로 쓰여) 조건의 뜻을 나타내는 말.

보기 2

결승점을 ㉠한 200미터 앞두고 달리고 있다. ㉡한 이불을 덮고 자며 훈련했던 동료 선수들의 응원 속에 나는 온 힘을 다해 ㉢한걸음씩 내딛고 있다. 쓰러지는 ㉣한이 있더라도 힘이 남아 있는 ㉤한 포기는 하지 말라고 외치던 ㉥한 친구의 말을 떠올리며 나는 힘을 낸다.

① ㉠은 '한01 4'의 뜻으로, ㉡은 '한01 3'의 뜻으로 쓰였겠군.
② 뒤에 오는 체언을 수식한다는 점에서 ㉠과 ㉤의 품사는 모두 관형사이겠군.
③ ㉡과 ㉣은 서로 동음이의 관계이겠군.
④ ㉢의 '한'은 '한01 1'의 의미를 가지므로 '한∨걸음'으로 띄어 써야겠군.
⑤ '옛날 강원도의 한 마을에 효자가 살고 있었다.'의 '한'은 ㉥과 같은 의미로 쓰였겠군.

584   [2019년 10월 고3 학평 15번]

<보기>에 제시된 '선생님'의 질문에 대한 답으로 적절하지 <u>않은</u> 것은?

보 기

선생님 : 남북한의 사전을 탐구하는 활동을 하고자 합니다. (가)와 (나)의 자료를 비교해 볼까요?

(가) 표준국어대사전
대로¹ 「의존 명사」
 (1) 어떤 모양이나 상태와 같이. ¶ 본 대로.
 (2) (어미 '-는' 뒤에 쓰여) 어떤 상태나 행동이 나타나는 그 즉시. ¶ 집에 도착하는 대로 전화해라.
 (3) (어미 '-는' 뒤에 쓰여) 어떤 상태나 행동이 나타나는 족족. ¶ 틈나는 대로 찾아 보다.

대로¹⁰ 「조사」 (체언 뒤에 붙어)
 (1) 앞에 오는 말에 근거하거나 달라짐이 없음을 나타내는 보조사. ¶ 처벌하려면 법대로 해라.
 (2) 따로따로 구별됨을 나타내는 보조사. ¶ 큰 것은 큰 것대로 따로 모아 두다.

(나) 조선말대사전
대로⁶ [명](불완전*)
 (1) (앞에 오는 단어가 뜻하는것과) 다름없이. ‖ 명령대로 집행하다.
 (2) (앞에 오는 단어가 나타내는 대상이나 현상과) 같은 모양대로. ‖ 책이 그가 펼쳐놓은대로 있었다.
 (3) 앞에 온 단어가 나타내는 행동이나 상태가 일어나는 족족. ‖ 생각나는대로 적다.
 (4) 《서로 구별되게 따로따로》의 뜻을 나타낸다.
   ‖ 우리는 우리대로 그들은 그들대로 초소는 달랐다.

* 불완전 : 의존 명사를 뜻하는 말.

---

① 용례를 보니 (가)의 '대로¹⁰'과 (나)의 '대로⁶'은 앞말에 붙여 사용되었습니다.
② 뜻풀이와 용례를 보니 (가)의 '대로¹⁰-(1)'은 (나)의 '대로⁶-(4)'와 쓰임이 유사합니다.
③ 품사 정보를 보니 (가)의 '대로¹', '대로¹⁰'과 (나)의 '대로⁶'은 문장의 첫머리에 쓰일 수 없는 말입니다.
④ 뜻풀이를 보니 (가)의 '대로¹', '대로¹⁰'과 (나)의 '대로⁶'은 하나의 표제어에 두 가지 이상의 뜻이 있는 말입니다.
⑤ 뜻풀이와 용례를 보니 '너는 너대로 나는 나대로 길을 가다.'의 '대로'는 (가)에서는 조사이지만, (나)에서는 명사입니다.

언어
1000제

Part 05

국어의 규범

Part 05 국어의 규범 필수 개념

1 국어의 규범

(1) 한글 맞춤법 – 표기 원칙

제1항 : 한글 맞춤법은 표준어를 소리대로 적되, 어법에 맞도록 함을 원칙으로 한다.

표음주의 표기법	**• 표준어를 소리대로 적는다.** 표준어의 발음 형태대로 적는다는 뜻이다. 맞춤법은 주로 음소(音素) 문자에 의한 표기 방식을 이르는데, 한글은 표음(表音) 문자이며 음소 문자이다. 따라서 자음과 모음의 결합 방식에 의하여 표준어를 소리대로 표기하는 것이 근본 원칙이다. 예 하늘, 놀다, 나무, 노름, 무덤 등
표의주의 표기법	**• 표준어를 어법에 맞도록 한다.** 표준어를 소리대로 적는다는 원칙만을 적용하기 어려운 경우가 있다. '꽃이', '꽃나무', '꽃과' 등을 소리대로 적으면 '꼬치', '꼰나무', '꼳꽈' 등과 같이 적게 되어 그 뜻이 얼른 파악되지 않아 독서의 능률이 크게 저하된다. 이에 따라 어법에 맞도록 한다는 또 하나의 원칙이 붙은 것이다. 어법에 맞도록 한다는 것은 뜻을 파악하기 쉽도록 하기 위하여 각 형태소의 본 모양을 밝히어 적는 것이다. 즉 각 형태소가 지닌 뜻이 분명히 드러나도록 하기 위하여, 그 본 모양을 밝히어 적는 것을 또 하나의 원칙으로 삼은 것이다. 예 값만[감만], 값이[갑씨], 넘어지다[너머지다]

• 체언과 조사, 어간과 어미의 표기

제14항	체언은 조사와 구별하여 적는다. 예 옷이, 옷을, 옷에
제15항	용언의 어간과 어미는 구별하여 적는다. 예 먹다, 먹고, 먹어

📢 모음의 표기 원칙

제8항	제9항
'계, 례, 몌, 폐, 혜'의 'ㅖ'는 'ㅔ'로 소리 나는 경우가 있더라도 'ㅖ'로 적는다. 예 **혜**택, 사**례**	'의'나, 자음을 첫소리로 가지고 있는 음절의 'ㅢ'는 'ㅣ'로 소리 나는 경우가 있더라도 'ㅢ'로 적는다. 예 본**의**, 무**늬**

(2) 한글 맞춤법 – 띄어쓰기 원칙

제2항	문장의 각 단어는 띄어 씀을 원칙으로 한다. ㉠ 오늘밤꽃이피었다.　　　㉡ 여기가방이많다. ① ㉠과 ㉡은 모두 띄어쓰기를 하지 않아서 문장의 뜻이 분명하지 않다. ② ㉠은 '오늘 밤 꽃이 피었다.'와 '오늘 밤꽃이 피었다.'의 두 가지로 해석된다. ③ ㉡은 '여기 가방이 많다.'와 '여기가 방이 많다.'의 두 가지로 해석된다. ④ 정확한 의미 전달을 위해 문장의 각 단어를 띄어 쓴다.
제41항	조사는 그 앞말에 붙여 쓴다. 예 꽃**이**, 꽃**마저**, 꽃**조차**, 꽃**에서부터**, 꽃**이나마**
제42항	의존 명사는 띄어 쓴다. 예 아는 **것**이 힘이다. / 나도 할 **수** 있다.
제44항	수를 적을 적에는 '만(萬)' 단위로 띄어 쓴다. 예 십이억 삼천사백오십육만 칠천팔백구십팔, 12억 3456만 7898
제47항	보조 용언은 띄어 씀을 원칙으로 하되, 경우에 따라 붙여 씀도 허용한다. 예 불이 꺼져 **간다**(원칙). / 불이 꺼져**간다**(허용).

(3) 외래어 표기법 – 표기의 기본 원칙

제1항	외래어는 국어의 현용 24 자모만으로 적는다. → 국어의 현용 24 자모만을 사용한다는 것은 [f, v]처럼 국어에 없는 외국어 소리를 적기 위하여 별도의 문자를 만들지 않겠다는 것이다. 자음 14개(ㄱ, ㄴ, ㄷ, ㄹ, ㅁ, ㅂ, ㅅ, ㅇ, ㅈ, ㅊ, ㅋ, ㅌ, ㅍ, ㅎ), 모음 10개(ㅏ, ㅑ, ㅓ, ㅕ, ㅗ, ㅛ, ㅜ, ㅠ, ㅡ, ㅣ)로만 적는다. 예 leadership 리더십(O), 리더쉽(X)
제2항	외래어의 1 음운은 원칙적으로 1 기호로 적는다. → 1 음운을 1 기호로 적는 것은 'f'를 'fighting'에서는 '화이팅'으로, 'film'에서는 '필름'으로 표기하면 'f'의 표기가 혼란스러울 수 있으므로 'ㅍ'으로만 적어 표기의 혼란을 막겠다는 것이다. 예 파이팅, 프라이팬, 파이어, 포크, 패밀리(O) 화이팅, 후라이팬, 화이어, 호크, 훼밀리(X)
제3항	받침에는 'ㄱ, ㄴ, ㄹ, ㅁ, ㅂ, ㅅ, ㅇ'만을 쓴다. → 외래어의 경우 모음으로 시작하는 조사 앞에서도 7개의 자음 중 하나로 발음된다는 점을 고려하여 원칙을 정한 것이다. 예 coffee shop → 커피숍(O) 커피숖(X) supermarket → 슈퍼마켓(O) 슈퍼마켙(X)
제4항	파열음 표기에는 된소리를 쓰지 않는 것을 원칙으로 한다. → 무성 파열음 [p, t, k]는 영어, 독일어에서는 'ㅍ, ㅌ, ㅋ'에 가깝게 들리고, 프랑스어, 러시아어, 이탈리아어에서는 'ㅃ, ㄸ, ㄲ'에 가깝게 들리는데 어떤 경우에는 거센소리로, 어떤 경우에는 된소리로 적는다면 혼란이 초래될 수 있기 때문에 파열음 표기에는 된소리를 쓰지 않는다는 원칙을 정한 것이다. 예 bus → 버스(O) 뻐스(X) fashion → 패션(O) 빼션(X) cafe → 카페(O) 까페(X)
제5항	이미 굳어진 외래어는 관용을 존중하되, 그 범위와 용례는 따로 정한다. → 이미 굳어진 외래어 중에 위의 원칙에 위배되는 것이 있더라도 관용을 중시해 존중한다는 것이다. 예 radio → 라디오(O) 레이디오(X) camera → 카메라(O) 캐머러(X)

> • **외래어 표기 시 받침에 'ㄷ'이 아닌 'ㅅ'을 쓰는 이유**
> 'ㅅ' 받침을 포함한 단어를 단독으로 발음할 때 'ㅅ'은 [ㄷ]으로 발음되지만, 모음 앞에서는 [ㅅ]으로 발음됨. 따라서 외래어 표기 시에는 이를 적용하여 'ㄷ'이 아닌 'ㅅ'을 받침으로 씀.
> 예 로봇[로볻] → 로봇이[로보시], 로봇을[로보슬](불규칙 활용)

📢 틀리기 쉬운 외래어 표기

틀린 표기	바른 표기	틀린 표기	바른 표기
까페	카페	알콜	알코올
도너츠	도넛	쵸콜렛	초콜릿
디지탈	디지털	칼라	컬러
메세지	메시지	커피슢	커피숍
바디	보디	컨셉	콘셉트
빗대리	베더리	케잌/케익	케이크
뱃지	배지	코메디	코미디
부페	뷔페	테입/테잎	테이프
슈퍼마켙	슈퍼마켓	프라자	플라자
악세사리	액세서리	화이팅	파이팅

(4) 로마자 표기법

제1장 표기 원칙	**제1항 국어의 로마자 표기는 국어의 표준 발음법에 따라 적는 것을 원칙으로 한다.** 국어의 로마자 표기법은 외국인이 한국어를 발음할 수 있도록 하기 위하여 만든 규정이다. 따라서 국어의 로마자 표기는 국어의 표준 발음법에 따라야 하는 것이다.

제1항 모음은 다음 각호와 같이 적는다.

ㅏ	ㅓ	ㅗ	ㅜ	ㅡ	ㅣ	ㅐ	ㅔ	ㅚ	ㅟ
a	eo	o	u	eu	i	ae	e	oe	wi

ㅑ	ㅕ	ㅛ	ㅠ	ㅒ	ㅖ	ㅘ	ㅙ	ㅝ	ㅞ	ㅢ
ya	yeo	yo	yu	yae	ye	wa	wae	wo	we	ui

[붙임 1] 'ㅢ'는 'ㅣ'로 소리 나더라도 ui로 적는다.

    예 광희문 Gwanghuimun

제2항 자음은 다음 각호와 같이 적는다.

ㄱ	ㄲ	ㅋ	ㄷ	ㄸ	ㅌ	ㅂ	ㅃ	ㅍ
g, k	kk	k	d, t	tt	t	b, p	pp	p

ㅈ	ㅉ	ㅊ	ㅅ	ㅆ	ㅎ	ㄴ	ㅁ	ㅇ	ㄹ
j	jj	ch	s	ss	h	n	m	ng	r, l

[붙임 1] 'ㄱ, ㄷ, ㅂ'은 모음 앞에서는 'g, d, b'로, 자음 앞이나 어말에서는 'k, t, p'로 적는다. ([ ] 안의 발음에 따라 표기함.)

    예 구미 Gumi, 옥천 Okcheon, 합덕 Hapdeok, 벚꽃[벋꼳] beotkkot

[붙임 2] 'ㄹ'은 모음 앞에서는 'r'로, 자음 앞이나 어말에서는 'l'로 적는다. 단, 'ㄹㄹ'은 'll'로 적는다.

    예 구리 Guri, 칠곡 Chilgok, 대관령[대괄령] Daegwallyeong

제2장
표기 일람

제3장
표기상의
유의점

제1항 음운 변화가 일어날 때에는 변화의 결과에 따라 다음 각호와 같이 적는다.

1. 자음 사이에서 동화 작용이 일어나는 경우

    예 종로[종노] Jongno, 왕십리[왕심니] Wangsimni, 신라[실라] Silla

2. 'ㄴ, ㄹ'이 덧나는 경우

    예 학여울[항녀울] Hangnyeoul, 알약[알략] allyak

3. 구개음화가 되는 경우

    예 해돋이[해도지] haedoji, 같이[가치] gachi

4. 'ㄱ, ㄷ, ㅂ, ㅈ'이 'ㅎ'과 합하여 거센소리로 소리나는 경우

    예 좋고[조코] joko, 놓다[노타] nota

다만, 체언에서 'ㄱ, ㄷ, ㅂ' 뒤에 'ㅎ'이 따를 때에는 'ㅎ'을 밝혀 적는다.

    예 묵호 Mukho, 집현전 Jiphyeonjeon

[붙임] 된소리되기는 표기에 반영하지 않는다.

    예 압구정 Apgujeong, 낙동강 Nakdonggang, 울산 Ulsan

제3항 고유 명사는 첫 글자를 대문자로 적는다.

  예 부산 Busan, 세종 Sejong

제4항 인명은 성과 이름의 순서로 띄어 쓴다. 이름은 붙여 쓰는 것을 원칙으로 하되 음절 사이에 붙임표(-)를 쓰는 것을 허용한다. (( ) 안의 표기를 허용함.)

    예 민용하 Min Yongha (Min Yong-ha), 송나리 Song Nari (Song Na-ri)

(1) 이름에서 일어나는 음운 변화는 표기에 반영하지 않는다.

    예 한복남 Han Boknam (Han Bok-nam), 홍빛나 Hong Bitna (Hong Bit-na)

(2) 성의 표기는 따로 정한다.

MEMO

국어의 규범 핵심 기출 문제

한글 맞춤법

585 [2014년 9월 고1 학평 15번]

<보기 1>을 참고하여 <보기 2>의 '밖에'를 탐구한 내용으로 적절하지 <u>않은</u> 것은?

보기 1

[한글맞춤법]
제2항 문장의 각 단어는 띄어 씀을 원칙으로 한다.
제41항 조사는 그 앞말에 붙여 쓴다.

보기 2

㉠ 우리는 웃을 수밖에 없었다.
㉡ 아이들은 잠시 밖에 나가 있어야 했다.

---

① ㉠의 '밖에'는 조사로 보아야겠군.
② ㉠의 '밖에'를 붙여 쓴 것은 부정을 나타내는 말과 함께 쓰일 때이군.
③ ㉡의 '밖에'는 명사와 조사의 결합으로 보아야겠군.
④ ㉡의 '밖'은 ㉠과 달리 '바깥'과 바꾸어 쓸 수 있겠군.
⑤ ㉠과 ㉡ 모두 '밖에'는 '밖'과 '에'의 두 단어로 보아야겠군.

586 [2015년 6월 고1 학평 13번]

다음은 인터넷 게시판의 질문과 답변이다. [가]와 [나]에 들어갈 내용을 바르게 짝지은 것은? [3점]

[질문]
그 일을 해낸 고등학생은 (일찌기, 일찍이) 없었다.
위 문장에서 '일찌기'와 '일찍이' 중 어느 것이 옳은 표기인가요?

[답변]
한글맞춤법 제25항을 살펴보면 ㉠'-하다'가 붙을 수 있는 어근에 '-히'나 '-이'가 붙어서 부사가 되는 경우나, ㉡부사에 '-이'가 붙어서 뜻을 더하는 경우에는 그 어근이나 부사의 원형을 밝히어 적는다고 되어 있습니다. 이와 달리 ㉢어근과 접사의 결합체로 분석되지 않는 경우는 소리 나는 대로 적습니다.
따라서 질문하신 단어는 ([가])에 해당하므로 ([나])로 적어야 합니다.

	[가]	[나]
①	㉠	일찍이
②	㉡	일찌기
③	㉡	일찍이
④	㉢	일찌기
⑤	㉢	일찍이

587 [2015년 9월 고1 학평 13번]

다음 대화를 바탕으로 <보기>의 밑줄 친 단어에 대해 설명한 것으로 적절하지 <u>않은</u> 것은? [3점]

학생 : 선생님, 한글맞춤법 제1항에 표준어를 소리대로 적는다고 되어 있는데, 이건 표준어를 발음 형태대로 적는다는 뜻이에요?
선생님 : 맞아, 그러면 표기할 때 편하지. 그런데 뜻이 얼른 파악되지 않는 경우도 있어. 그래서 어법에 맞도록 한다는 또 하나의 원칙이 붙어 있어.
학생 : 어법에 맞도록 한다는 건 무슨 의미예요?
선생님 : 어근의 형태를 파악하기 쉽도록 각 형태소의 본 모양을 밝히어 적는다는 말이야.

보 기

가-1. 지리산은 전라, 충청, 경상도 <u>어름</u>에 있다.
가-2. 썰매를 타고 <u>얼음</u>을 지쳤다.
나-1. 자세를 <u>반듯이</u> 해라.
나-2. 오늘 <u>반드시</u> 다 마치도록 해라.

---

① 가-1은 소리대로 적어 표기하기에 편리하다.
② 가-2는 의미 파악이 쉽도록 어법에 맞게 적은 것이다.
③ 가-1, 가-2는 발음만으로는 의미를 구분할 수 없다.
④ 나-1처럼 형태소의 본 모양을 적으면 뜻이 쉽게 파악된다.
⑤ 나-2는 어근의 본뜻이 파악되도록 어법에 맞게 적은 것이다.

588 [2015년 11월 고1 학평 12번]

<보기 1>을 바탕으로 <보기 2>의 내용을 이해한 것으로 적절하지 <u>않은</u> 것은?

보기 1

학생 : 선생님 지난 시간에 문장의 각 단어는 띄어 쓰는 것을 원칙으로 한다고 가르쳐 주셨잖아요. 그런데 막상 띄어쓰기를 하려고 하니 헷갈리는 게 너무 많아요.
선생님 : 많이 헷갈리지? 앞에 수식어가 없으면 쓸 수 없는 의존 명사, 단위를 나타내는 명사, 그리고 두 말을 이어 주거나 열거할 때 쓰이는 말은 앞말과 띄어 써야 해. 그런데 조사는 단어이긴 하지만 예외적으로 앞말에 붙여 써야 한단다.

보기 2

승윤이는 ㉠각종 토론 대회에 ㉡학교 및 지역 대표로 ㉢여러번 참가해서 좋은 성적을 거둠으로써 학교뿐만 아니라 지역의 이름을 널리 ㉣알리는데에 ㉤기여할수 있었다.

	기호	띄어쓰기의 적절성	판단 근거
①	㉠	○	'각종'과 '토론'은 각각 별개의 단어이다.
②	㉡	○	'및'은 두 단어를 이어주는 말이다.
③	㉢	×	'번'은 단위를 나타내는 명사이다.
④	㉣	×	'데'는 의존 명사이다.
⑤	㉤	○	'수'는 조사이다.

589 [2016년 3월 고1 학평 14번]

다음은 '윗-', '위-', '웃-'의 표기에 관한 탐구 과정이다. ㉠에 들어갈 조건으로 적절한 것은? [3점]

탐구 과제	'윗-', '위-', '웃-'을 어떻게 구분하여 표기할까?
수집 자료	윗사람, 윗집, 위쪽, 위층, 웃어른

자료 분석	자료에서 '윗-'과 '웃-'의 쓰임의 차이를 확인한다. 윗사람(○), 웃사람(×) ↔ 아랫사람(○) 윗어른(×), 웃어른(○) ↔ 아랫어른(×)	자료에서 '위-'와 '윗-'의 쓰임의 차이를 확인한다. 위집(×), 윗집(○) 위쪽(○), 윗쪽(×) 위층(○), 윗층(×)

탐구 결과

① 합성어인가?

② 모음 앞에 위치하는가?

③ 울림소리 앞에 위치하는가?

④ 사물의 이름을 나타내는가?

⑤ 된소리나 거센소리 앞에 위치하는가?

590 [2016년 9월 고1 학평 12번]

<보기>의 한글 맞춤법 규정을 ⓐ~ⓔ와 바르게 연결한 것은?

> **보 기**
>
> ㄱ. 제14항 체언은 조사와 구별하여 적는다.
> ㄴ. 제33항 체언과 조사가 어울려 줄어지는 경우에는 준 대로 적는다.

○ 너는 ⓐ무얼 좋아하니?
○ ⓑ이건 값이 너무 비싸다.
○ ⓒ너희 사진은 어니에 있니?
○ 나는 항상 ⓓ여기에 있을게.
○ ⓔ그게 바로 문제의 핵심이다.

① ⓐ - ㄱ　　② ⓑ - ㄱ　　③ ⓒ - ㄴ

④ ⓓ - ㄴ　　⑤ ⓔ - ㄴ

Part 05 국어의 규범 핵심 기출 문제

591 [2016년 9월 고1 학평 13번]

<보기>의 과제를 해결한 내용으로 적절하지 <u>않은</u> 것은? [3점]

> **보 기**
>
> ※ 과제 : 다음 예문은 띄어쓰기가 올바른 문장입니다. 이를 통해 띄어쓰기 규정을 알아볼까요?
>
> ㉠ 너는 일밖에 모르니?
> ㉡ 연필 두 자루가 있습니다.
> ㉢ 나는 그저 웃고만 있었다.
> ㉣ 너무 아는 척을 하지 말아야 해.
> ㉤ 청군 대 백군으로 나눠 경기를 했다.

① ㉠ : '일'과 '밖에'를 붙여 쓴 것을 보니, 조사는 붙여 쓰는군.
② ㉡ : '두'와 '자루'를 띄어 쓴 것을 보니, 단위를 나타내는 명사는 띄어 쓰는군.
③ ㉢ : '웃고만'과 '있었다'를 띄어 쓴 것을 보니, 본용언끼리는 띄어 쓰는군.
④ ㉣ : '아는'과 '척'을 띄어 쓴 것을 보니, 의존 명사는 띄어 쓰는군.
⑤ ㉤ : '청군', '대', '백군'을 각각 띄어 쓴 것을 보니, 두 말을 이어 줄 때에 쓰이는 말은 띄어 쓰는군.

592 [2016년 11월 고1 학평 12번]

<보기>는 한글 맞춤법 수업 중 준말과 관련한 학습지의 일부이다. 학생의 반응으로 적절하지 <u>않은</u> 것은?

> **보 기**
>
> **제40항** 어간의 끝음절 '하'의 'ㅏ'가 줄고 'ㅎ'이 다음 음절의 첫소리와 어울려 거센소리로 될 적에는 거센소리로 적는다. ····· ㉠
> 예 간편하게 → 간편케
> **[붙임 1]** 'ㅎ'이 어간의 끝소리로 굳어진 것은 받침으로 적는다. ····· ㉡
> 예 아무렇다, 어떻다
> **[붙임 2]** 어간의 끝음절 '하'가 아주 줄 적에는 준 대로 적는다. 이는 어간의 끝음절 '하'가 줄어진 형태로 관용되고 있는 형식으로, 안울림소리 받침 뒤에서 나타난다. ····· ㉢
> 예 넉넉하지 → 넉넉지

① '다정하다'를 '다정타'로 적는 것은 ㉠의 규정을 따른 결과라고 볼 수 있겠군.
② '분발토록'은 ㉠에 따라 '분발하도록'에서 '하'의 'ㅏ'가 줄고 'ㅎ'이 다음 음절의 'ㄷ'과 어울려 거센소리로 된 결과이겠군.
③ '이렇다'를 '이러타'로 적지 않는 것은 ㉡의 규정을 따른 결과라고 볼 수 있겠군.
④ '무심하지'는 ㉢의 규정에 따라 '하'가 줄어진 형태인 '무심지'로 적을 수 있겠군.
⑤ '깨끗하지'는 '하' 앞에 안울림소리 받침이 오는 것으로 보아 ㉢의 규정에 따라 '깨끗지'로 적을 수 있겠군.

593 [2018년 9월 고1 학평 14번]

<보기>를 참고할 때, 밑줄 친 부분이 한글 맞춤법에 맞게 쓰인 것은?

> **보 기**
>
> **한글 맞춤법**
> **제56항** '-더라, -던'과 '-든지'는 다음과 같이 적는다.
> 1. 지난 일을 나타내는 어미는 '-더라, -던'으로 적는다. (ㄱ을 취하고, ㄴ을 버림.
>
> | ㄱ | ㄴ |
> |---|---|
> | 깊던 물이 얕아졌다. | 깊든 물이 얕아졌다. |
>
> 2. 물건이나 일의 내용을 가리지 아니하는 뜻을 나타내는 조사와 어미는 '(-)든지'로 적는다. (ㄱ을 취하고, ㄴ을 버림.)
>
> | ㄱ | ㄴ |
> |---|---|
> | 배든지 사과든지 마음대로 먹어라 | 배던지 사과던지 마음대로 먹어라. |

① 영화나 보러 <u>가던가.</u>
② 그 사람 말 <u>잘하든데!</u>
③ 얼마나 깜짝 <u>놀랐든지</u> 몰라.
④ <u>어찌하던지</u> 간에 나는 신경 안 써.
⑤ <u>무엇이든지</u> 주저하지 말고 시작해 봐.

594 [2018년 11월 고1 학평 12번]

㉠~㉤에 대해 탐구한 내용으로 적절하지 <u>않은</u> 것은?

> **보 기 1**
>
> **<한글 맞춤법>**
> **제15항** 용언의 어간과 어미는 구별하여 적는다.
>   [붙임 1] 두 개의 용언이 어울려 한 개의 용언이 될 적에, 앞말의 본뜻이 유지되고 있는 것은 그 원형을 밝히어 적고, 그 본뜻에서 멀어진 것은 밝히어 적지 아니한다.
> **제19항** 어간에 '-이'나 '-음/-ㅁ'이 붙어서 명사로 된 것과 '-이'나 '-히'가 붙어서 부사로 된 것은 그 어간의 원형을 밝히어 적는다.
> **제23항** '-하다'나 '-거리다'가 붙는 어근에 '-이'가 붙어서 명사가 된 것은 그 원형을 밝히어 적는다.

> **보 기 2**
>
> ○ 나는 모퉁이를 ㉠도라가다 예쁜 꽃을 보았다.
> ○ 바닷물이 빠지자 갯벌이 ㉡드러났다.
> ○ 날씨가 너무 더워서 ㉢얼음이 녹았다.
> ○ 건축 기사가 건물의 ㉣노피를 측량했다.
> ○ 요새 동생이 밥을 잘 먹지 못해 ㉤홀쭈기가 되었다.

① ㉠은 제15항 [붙임 1]을 적용해 '돌아가다'로 정정해야겠군.
② ㉡은 제15항 [붙임 1]을 적용해 '드러났다'로 표기한 것이 적절하군.
③ ㉢은 제19항을 적용해 '얼음'으로 표기한 것이 적절하군.
④ ㉣은 제23항을 적용해 '높이'로 정정해야겠군.
⑤ ㉤은 제23항을 적용해 '홀쭉이'로 정정해야겠군.

595 [2019년 6월 고1 학평 14번] 

다음은 수업의 일부이다. 이를 참고할 때, 띄어쓰기가 바르게 된 문장은?

> **학생** : 선생님, '뿐'은 앞말에 붙여 쓰는 경우도 있고 띄어 쓰는 경우도 있던데 어떻게 띄어 써야 하나요?
> **선생님** : 품사에 따라 띄어쓰기가 달라져요. '나에게는 너뿐이야.'에서처럼 '너'라는 체언 뒤에 붙어서 한정의 뜻을 나타낼 때의 '뿐'은 조사이기 때문에 앞말에 붙여 써야 해요. 그런데 '그녀는 조용히 웃을 뿐이었다.'에서의 '뿐'은 체언을 수식하는 관형어 '웃을' 뒤에 붙어서 '따름'이라는 뜻을 나타내는 의존 명사이기 때문에 앞말과 띄어 써야 해요.
> **학생** : '뿐'과 같이 띄어쓰기가 달라지는 예가 더 있나요?
> **선생님** : 대표적인 예로 '대로, 만큼'이 있어요.

① 아는**대로** 모두 말하여라.
② 마음이 약해질**대로** 약해졌다.
③ 모든 것이 자기 생각 **대로** 되었다.
④ 손님들은 먹을 **만큼** 충분히 먹었다.
⑤ 그 사람은 말 **만큼**은 누구보다 앞선다.

596 [2020년 9월 고1 학평 13번] 

<보기>는 한글 맞춤법 규정의 일부를 정리한 것이다. 이를 읽고 탐구한 내용으로 적절하지 <u>않은</u> 것은?

> **보 기**
>
> **제16항** 어간의 끝음절 모음이 'ㅏ, ㅗ'일 때에는 어미를 '-아'로 적고, 그 밖의 모음일 때에는 '-어'로 적는다.
> ⋯⋯⋯⋯⋯⋯⋯⋯⋯⋯⋯⋯⋯⋯ ㉠
>
> **제18항** 다음과 같은 용언들은 어미가 바뀔 경우, 그 어간이나 어미가 원칙에 벗어나면 벗어나는 대로 적는다.
> 1. '하다'의 활용에서 어미 '-아'가 '-여'로 바뀔 적 ⋯ ㉡
> 2. 어간의 끝음절 '르' 뒤에 오는 어미 '-어'가 '-러'로 바뀔 적 ⋯⋯⋯⋯⋯⋯⋯⋯⋯⋯⋯ ㉢

① '시계를 보다.'에서 '보다'는 ㉠에 따라 어간 '보-'에 어미 '-아'가 결합해 '보아'로 적겠군.
② '간식을 먹다.'에서 '먹다'는 ㉠에 따라 어간 '먹-'에 어미 '-어'가 결합해 '먹어'로 적겠군.
③ '마당의 눈이 희다.'에서 '희다'의 어간 '희-'에 어미 '-아'가 결합하면 ㉡에 따라 '희여'로 적겠군.
④ '민수가 공부를 하다.'에서 '하다'의 어간 '하-'에 어미 '-아'가 결합하면 ㉡에 따라 '하여'로 적겠군.
⑤ '약속 장소에 이르다.'에서 '이르다'의 어간 '이르-'에 어미 '-어'가 결합하면 ㉢에 따라 '이르러'로 적겠군.

597 [2020년 11월 고1 학평 15번] 

<보기 1>을 바탕으로 <보기 2>의 ㉠~㉤에 대해 탐구한 내용으로 적절한 것은?

> **보기 1**
>
> **[한글 맞춤법]**
> **제41항** 조사는 그 앞말에 붙여 쓴다.
> **제42항** 의존 명사는 띄어 쓴다.
> **제43항** 단위를 나타내는 명사는 띄어 쓴다. 다만, 순서를 나타내는 경우나 숫자와 어울리어 쓰이는 경우에는 붙여 쓸 수 있다.
> **제46항** 단음절로 된 단어가 연이어 나타날 적에는 붙여 쓸 수 있다.

> **보기 2**
>
> ○꽃집에 꽃이 ㉠안개꽃 밖에 남아 있지 않았다.
> ○나도 ㉡너만큼 달리기를 잘했으면 좋겠다.
> ○남은 ㉢천 원짜리로 마땅히 살 것이 없었다.
> ○나는 그 사람이 그리워 ㉣어찌할 줄 몰랐다.
> ○기다리던 백신이 ㉤7 연구실에서 개발되었다.

① ㉠은 제41항을 적용해 '안개꽃밖에'로 정정해야겠군.
② ㉡은 제42항을 적용해 '너 만큼'으로 정정해야겠군.
③ ㉢은 제43항을 적용해 '천 원 짜리'로 정정해야겠군.
④ ㉣은 제43항을 적용해 '어찌할줄'로 정정해야겠군.
⑤ ㉤은 제46항을 적용해 '7연구실'로 정정해야겠군.

598 [2021년 9월 고1 학평 15번]

<자료>의 ⓐ와 ⓑ는 한글 맞춤법 규정에 맞게 표기한 것이다. 적용된 원칙을 <보기>에서 찾아 바르게 짝지은 것은?

자료

ⓐ지붕 공사가 ⓑ마감 단계에 있다.

보기

<한글 맞춤법>

제19항 어간에 '-이'나 '-음/-ㅁ'이 붙어서 명사로 된 것과 '-이'나 '-히'가 붙어서 부사로 된 것은 그 어간의 원형을 밝히어 적는다. ·············⊙

[붙임] 어간에 '-이'나 '-음' 이외의 모음으로 시작된 접미사가 붙어서 다른 품사로 바뀐 것은 그 어간의 원형을 밝히어 적지 아니한다. ·············⊙

제20항 명사 뒤에 '-이'가 붙어서 된 말은 그 명사의 원형을 밝히어 적는다.

[붙임] '-이' 이외의 모음으로 시작된 접미사가 붙어서 된 말은 그 명사의 원형을 밝히어 적지 아니한다. ·····©

① ⓐ - ⊙   ② ⓐ - ⊙   ③ ⓑ - ⊙
④ ⓑ - ⊙   ⑤ ⓑ - ©

599 [2022년 9월 고1 학평 14번]

<보기>의 ⊙~©에 들어갈 말로 적절한 것은?

보기

학생 : 선생님, '-에요'와 '-예요'는 어떻게 구별하여 쓰면 되나요?

선생님 : '-에요'는 설명·의문의 뜻을 나타내는 종결 어미로, '이다'나 '아니다'의 어간 뒤에 붙는 것입니다. '-예요'는 '-이에요'의 준말로, 받침이 없는 체언에 붙어요.

학생 : 네. 그런데 '너는 어디에 있니?'에 대한 대답으로 '교실에요.'처럼 쓰는 경우가 있는데 이건 맞춤법에 맞는 표현인가요?

선생님 : 네, 그때의 '-에요'는 처소의 부사격 조사 '에'와 보조사 '요'가 결합한 것이므로 맞춤법에 맞는 표현입니다. 그럼, 아래의 괄호 안에 들어갈 말은 무엇일까요?

> 1. A : 책을 어디에 두고 왔니?
>   B : 집(   ).
> 2. 여기는 제가 갔던 식당이 아니(   ).
> 3. 그때 그를 도와준 건 이 학생(   ).

학생 : 1번은 (⊙), 2번은 (⊙), 3번은 (©)입니다.
선생님 : 모두 잘 이해했네요.

	⊙	⊙	©
①	에요	에요	이에요
②	에요	에요	예요
③	에요	에요	이에요
④	에요	이에요	예요
⑤	예요	에요	이에요

600 [2022년 9월 고1 학평 15번]

<보기>의 [자료]를 바탕으로 할 때, ⊙~⑭ 중 띄어쓰기가 바르게 된 것만을 [예문]에서 고른 것은?

보기

[자료]

보다[1] 「동사」
    「1」 눈으로 대상의 존재나 형태적 특징을 알다.
    「2」 눈으로 대상을 즐기거나 감상하다.
    「3」 책이나 신문 따위를 읽다.
보다[2] 「부사」 어떤 수준에 비하여 한층 더.
보다[3] 「조사」 서로 차이가 있는 것을 비교하는 경우, 비교의 대상이 되는 말에 붙어 '~에 비해서'의 뜻을 나타내는 격 조사.

[예문]

┌ 그는 그 책을 처음 보다. ·············⊙
└ 그는 그 책을 처음보다. ·············⊙
┌ 그는 나 보다 두 살 위이다. ·············©
└ 그는 나보다 두 살 위이다. ·············⑭
┌ 그는 자기부터 보다 용감해져야 한다고 생각했다. ·⑮
└ 그는 자기부터보다 용감해져야 한다고 생각했다. ··⑭

① ⊙, ©, ⑮
② ⊙, ⑭, ⑭
③ ⊙, ⑮, ⑭
④ ⊙, ©, ⑭
⑤ ⊙, ⑭, ⑮

601 [2013년 3월 고2 학평 B형 11번]

다음은 '한글 맞춤법'의 일부를 정리한 내용이다. 이를 토대로 한 탐구 학습의 결과로 적절하지 <u>않은</u> 것은? [3점]

> **Ⅰ. 어간의 원형을 밝혀 적음**
> ㄱ. 어간에 '-이'나 '-음/-ㅁ'이 붙어서 명사로 된 것.
> ㄴ. 어간에 '-이'나 '-히'가 붙어서 부사로 된 것.
> **Ⅱ. 어간의 원형을 밝혀 적지 않음**
> ㄱ. 어간에 '-이'나 '-음'이 붙어서 명사로 바뀐 것이라도 그 어간의 뜻과 멀어진 것.
> ㄴ. 어간에 '-이'나 '-음/-ㅁ' 이외의 모음으로 시작된 접미사가 붙어서 다른 품사(명사, 부사, 조사)로 바뀐 것.

① '길-'에 '-이'가 붙은 '길이'는 Ⅰ의 ㄱ에 해당하겠군.
② '익-'에 '-히'가 붙은 '익히'는 Ⅰ의 ㄴ에 해당하겠군.
③ '알-'에 '-ㅁ'이 붙은 '앎'은 Ⅱ의 ㄱ에 해당하겠군.
④ '잦-'에 '-우'가 붙은 '자주'는 Ⅱ의 ㄴ에 해당하겠군.
⑤ '붙-'에 '-어'가 붙은 '부터'는 Ⅱ의 ㄴ에 해당하겠군.

602 [2013년 6월 고2 학평 B형 12번]

<보기>의 밑줄 친 부분에 해당하는 예로 적절한 것은?

> **보 기**
>
> **선생님 :** 우리말에서 용언을 활용할 때 어미 '-아/-어'는 어떻게 결정되는 것일까요? 예를 들어 '몰다'는 '몰아'로, '물다'는 '물어'로 바뀌는 것을 알 수 있습니다. 이는 어간의 끝 음절 모음이 'ㅏ, ㅗ'일 때에는 어미를 '-아'로 적고, 그 밖의 모음일 때에는 '-어'로 적는 것이 원칙이기 때문입니다. 그런데 <u>한글맞춤법 규정은 이 원칙에서 벗어난 형태를 옳은 것으로 인정하는 경우도 있습니다.</u>

① 하다　　② 되다　　③ 보다　　④ 겪다　　⑤ 베다

603 [2013년 9월 고2 학평 B형 15번]

<보기>의 '한글 맞춤법'을 탐구한 내용으로 적절하지 <u>않은</u> 것은? [3점]

> **보 기**
>
> **제23항** '-하다'나 '-거리다'가 붙는 어근에 '-이'가 붙어서 명사가 된 것은 그 원형을 밝히어 적는다.
> 　　예) 깔쭉이, 홀쭉이
> **[붙임]** '-하다'나 '-거리다'가 붙을 수 없는 어근에 '-이'나 또는 다른 모음으로 시작되는 접미사가 붙어서 명사가 된 것은 그 원형을 밝히어 적지 아니한다.
> 　　예) 깍두기, 뻐꾸기, 동그라미
>
> **[23항 해설]** 접미사 '-하다'나 '-거리다'가 붙는 어근이란, 곧 동사나 형용사가 파생될 수 있는 어근을 말한다.

① '얼룩이'가 아니라 '얼루기'로 표기하는 이유는 '깍두기'와 같은 규정 때문이겠군.
② '오뚝이'로 표기하는 이유는 '깔쭉이'를 표기할 때 적용한 것과 같은 규정 때문이겠군.
③ '부스러기'가 '부스럭이'로 표기되지 않는 것은 '부스럭거리다'와 관련이 없기 때문이겠군.
④ '딱딱우리'가 아니라 '딱따구리'로 표기하는 것은 접미사 '-우리'가 사용되었기 때문이겠군.
⑤ '뻐꿈이'가 아니라 '뻐꾸기'로 표기하는 이유는 동사나 형용사가 파생될 수 있는 어근이 접미사와 결합했기 때문이겠군.

604 [2014년 3월 고2 학평 B형 11번]

<보기>의 규정을 잘못 적용한 것은? [3점]

> **보 기**
>
> **<한글 맞춤법>**
> **제35항** 모음 'ㅗ, ㅜ'로 끝난 어간에 '-아/-어, -았-/-었-'이 어울려 'ㅘ/ㅝ, ㅘㅆ/ㅝㅆ'으로 될 적에는 준 대로 적는다.
> [붙임 1] '놓아'가 '놔'로 줄 적에는 준 대로 적는다.
> [붙임 2] 'ㅚ' 뒤에 '-어, -었-'이 어울려 'ㅙ, ㅙㅆ'으로 될 적에도 준 대로 적는다.
> **제36항** 'ㅣ' 뒤에 '-어'가 와서 'ㅕ'로 줄 적에는 준 대로 적는다.
> **제37항** 'ㅏ, ㅕ, ㅗ, ㅜ, ㅡ'로 끝난 어간에 '-이-'가 와서 각각 'ㅐ, ㅖ, ㅚ, ㅟ, ㅢ'로 줄 적에는 준 대로 적는다.

① '놓이어'를 '놓여'로 쓴 것은 제35항 [붙임 1]에 따른 것이다.
② '꾸었다'를 '꿨다'로 쓴 것은 제35항에 따른 것이다.
③ '누이니'를 '뉘니'로 쓴 것은 제37항에 따른 것이다.
④ '참되어'를 '참돼'로 쓴 것은 제35항 [붙임 2]에 따른 것이다.
⑤ '치이었다'를 '치였다'로 쓴 것은 제36항에 따른 것이다.

605 [2014년 6월 고2 학평 B형 12번]

<보기 1>을 바탕으로 <보기 2>를 탐구한 내용으로 적절하지 <u>않은</u> 것은?

보기 1

-대 : [Ⅰ] 어떤 사실을 주어진 것으로 치고, 그 사실에 대한 의문을 나타내는 종결 어미. 놀라거나 못마땅하게 여기는 뜻이 섞여 있음.
[Ⅱ] '-다고 해'가 줄어든 말로, 남이 말한 내용을 간접적으로 전달할 때 쓰임.
-데 : 과거 어느 때에 직접 경험하여 알게 된 사실을 현재의 말하는 장면에 그대로 옮겨 와서 말함을 나타내는 종결 어미. '-더라'와 같은 의미를 전달할 때 쓰임.

보기 2

ㄱ. A : 여보, 승우는 오늘도 야근이래요.
　　B : 회사에 무슨 일이 그렇게 많<u>대</u>?
ㄴ. A : 오늘은 날씨가 선선하고 좋네.
　　B : 기상 예보를 들었는데 내일부터 다시 덥<u>대</u>.
ㄷ. A : 너, 혜정이 노래 들은 적 있니?
　　B : 응, 노래 진짜 잘하<u>데</u>.

① ㄱ의 '-대'는 '승우는 회사에서 할 일이 많다.'는 사실을 바탕으로 하고 있군.
② ㄱ의 '-대'는 어떤 사실에 대한 의문을 나타내는 종결 어미로, 못마땅하게 여기는 뜻이 섞여 있군.
③ ㄴ의 '-대'는 남이 말한 내용을 간접적으로 전달할 때 쓰이는군.
④ ㄷ의 '-데'는 과거 어느 때 직접 경험한 사실을 현재로 옮겨 와서 말할 때 쓰이는군.
⑤ ㄴ의 '-대'는 '-다고 해'로, ㄷ의 '-데'는 '-더라'로 바꾸면 의미가 달라지는군.

606 [2014년 9월 고2 학평 B형 11번]

다음을 참고하여 <보기>의 <탐구 대상>을 과정에 따라 탐구했을 때, ㉠과 ㉡에 해당하는 것을 바르게 짝지은 것은?

<한글 맞춤법>

제23항 '-하다'나 '-거리다'가 붙는 어근에 '-이'가 붙어서 명사가 된 것은 그 원형을 밝히어 적는다.
[붙임] '-하다'나 '-거리다'가 붙을 수 없는 어근에 '-이'나 또는 다른 모음으로 시작되는 접미사가 붙어서 명사가 된 것은 그 원형을 밝히어 적지 아니한다.

보 기

<탐구 대상>
매미　깨끗이　곰곰이　홀쭉이

접미사 '-하다'가 붙을 수 있는 어근을 가지고 있는가? → (아니요) 어근에 접미사 '-이'가 붙어서 된 명사인가?

(예) ↓ 어근에 접미사 '-이'가 붙어서 된 명사인가?

예 ↓ ㉠　아니요 ……　예 ㉡　아니요 ……

	㉠	㉡
①	홀쭉이	깨끗이
②	홀쭉이	매미
③	곰곰이	매미
④	깨끗이	홀쭉이
⑤	매미	홀쭉이

607 [2015년 11월 고2 학평 13번]

<보기>를 바탕으로 한글 맞춤법에 대해 탐구한 내용으로 적절하지 <u>않은</u> 것은?

보 기

제5항 한 단어 안에서 뚜렷한 까닭 없이 나는 된소리는 다음 음절의 첫소리를 된소리로 적는다.
1. 두 모음 사이에 나는 된소리 ················· ⓐ
2. 'ㄴ, ㄹ, ㅁ, ㅇ' 받침 뒤에서 나는 된소리 ········· ⓑ
다만, 'ㄱ, ㅂ' 받침 뒤에서 나는 된소리는, 같은 음절이나 비슷한 음절이 겹쳐 나는 경우가 아니면 된소리로 적지 아니한다. ················· ⓒ

① [으뜸]으로 소리 나는 말은 ⓐ에 따라 '으뜸'으로 표기해야겠군.
② [거꾸로]로 소리 나는 말은 ⓐ에 따라 '거꾸로'로 표기해야겠군.
③ [살짝]으로 소리 나는 말은 ⓑ에 따라 '살짝'으로 표기해야겠군.
④ [씩씩]으로 소리 나는 말은 ⓑ에 따라 '씩씩'으로 표기해야겠군.
⑤ [낙찌]로 소리 나는 말은 ⓒ에 따라 '낙지'로 표기해야겠군.

608 [2016년 9월 고2 학평 14번]

밑줄 친 부분이 한글 맞춤법에 맞게 쓰인 것은?

① 힘든 일은 제가 다 알아서 <u>할게요</u>.
② 무엇을 <u>하던지</u> 최선을 다했으면 좋겠어.
③ 오늘 소풍 가는 날인데 비가 와서 <u>어떻해</u>.
④ 네가 원하는 꿈을 꼭 이룰 수 있기를 <u>바래</u>.
⑤ <u>넉넉치</u> 않은 살림이지만 어려운 사람을 돕자.

609 [2021년 6월 고2 학평 14번]

㉠~㉤에 해당하는 예로 적절하지 <u>않은</u> 것은?

> 다음은 <한글 맞춤법>의 '부록'에서 설명하고 있는 '쉼표(,)'의 대표적인 쓰임들이다.
> ○ 같은 자격의 어구를 열거할 때 그 사이에 쓴다. … ㉠
> ○ 문장의 연결 관계를 분명히 하고자 할 때 절과 절 사이에 쓴다. ……………………… ㉡
> ○ 같은 말이 되풀이되는 것을 피하기 위하여 일정한 부분을 줄여서 열거할 때 쓴다. ……………… ㉢
> ○ 부르거나 대답하는 말 뒤에 쓴다. ……………… ㉣
> ○ 문장 중간에 끼어든 어구의 앞뒤에 쓴다. ……… ㉤

① ㉠ : 근면, 검소, 협동은 우리 겨레의 미덕이다.

② ㉡ : 저 친구, 저러다가 큰일 한번 내겠어.

③ ㉢ : 여름에는 바다에서, 겨울에는 산에서 휴가를 즐겼다.

④ ㉣ : 네, 지금 가겠습니다.

⑤ ㉤ : 나는, 솔직히 말하면, 그 말이 별로 탐탁지 않아.

610 [2022년 9월 고2 학평 15번]

<보기>는 '사전 활용하기 학습 자료'의 일부이다. <보기>를 참고할 때, 밑줄 친 부분의 띄어쓰기가 적절하지 <u>않은</u> 것은?

> 데¹ 「의존 명사」
> 「1」 '곳'이나 '장소'의 뜻을 나타내는 말.
> 「2」 '일'이나 '것'의 뜻을 나타내는 말.
>
> 데² 「어미」
> ('이다'의 어간, 용언의 어간 또는 어미 '-으시-', '-었-', '-겠-' 뒤에 붙어) 해할 자리에 쓰여, 과거 어느 때에 직접 경험하여 알게 된 사실을 현재의 말하는 장면에 그대로 옮겨 와서 말함을 나타내는 종결 어미.
>
> -는데 「어미」
> ('있다', '없다', '계시다'의 어간, 동사 어간 또는 어미 '-으시-', '-었-', '-겠-' 뒤에 붙어) 뒤 절에서 어떤 일을 설명하거나 묻거나 시키거나 제안하기 위하여 그 대상과 상관되는 상황을 미리 말할 때에 쓰는 연결 어미.

① 밥은 있는데 반찬이 없소.

② 지금 가는 데가 어디인가요?

③ 그 사람은 말을 아주 잘하데.

④ 그는 의지할 데 없는 사람이다.

⑤ 책을 다 읽는데만 이틀이 걸렸다.

611 [2023년 9월 고2 학평 14번]

다음은 수업 상황의 일부이다. ㉠에 들어갈 말로 적절하지 <u>않은</u> 것은?

> 학생 : 선생님, '회상하건대'를 줄이면 '회상컨대'와 '회상건대' 중 어떻게 적는 게 맞나요?
> 선생님 : 그럴 때는 한글 맞춤법 규정을 살펴봐야 해요.
>
> 제40항 어간의 끝음절 '하'의 'ㅏ'가 줄고 'ㅎ'이 다음 음절의 첫소리와 어울려 거센소리로 될 적에는 거센소리로 적는다.
> [붙임] 어간의 끝음절 '하'가 아주 줄 적에는 준 대로 적는다.
>
> '하' 앞의 받침의 소리가 [ㄱ, ㄷ, ㅂ]이면 '하'가 통째로 줄고, 그 외의 경우에는 'ㅎ'이 남아요. 그래서 '회상하건대'는 '하'의 'ㅏ'가 줄고 'ㅎ'이 'ㄱ'과 어울려 거센소리가 되어 '회상컨대'로 적어야 해요.
> 학생 : 네, 감사해요. 한글 맞춤법에도 준말 규정이 있었네요.
> 선생님 : 그럼 다음 자료를 규정에 맞게 준말로 바꿔 볼까요?
>
> 깨끗하지 않다   연구하도록   간편하게
> 생각하다 못해   답답하지 않다
>
> 학생 : [㉠   ]
> 선생님 : 네, 잘했어요.

① '깨끗하지 않다'는 어간의 끝음절 '하'의 'ㅏ'가 줄기 때문에 '깨끗치 않다'로 써야 합니다.

② '연구하도록'은 어간의 끝음절 '하'의 'ㅏ'가 줄기 때문에 '연구토록'으로 써야 합니다.

③ '간편하게'는 어간의 끝음절 '하'의 'ㅏ'가 줄기 때문에 '간편케'로 써야 합니다.

④ '생각하다 못해'는 '하'가 통째로 줄기 때문에 '생각다 못해'로 써야 합니다.

⑤ '답답하지 않다'는 '하'가 통째로 줄기 때문에 '답답지 않다'로 써야 합니다.

612 [2014년 3월 고3 학평 B형 11번]

<보기>는 국어 수업 게시판의 문답 내용이다. ㉠과 ㉡에 들어갈 단어를 바르게 짝지은 것은?

보 기

[질문]

　선생님, 안녕하세요? 제가 어제 동생이랑 밥을 먹는데 동생이 갑자기 왜 '젓가락'은 'ㅅ' 받침을 쓰는데, '숟가락'은 'ㄷ' 받침을 쓰느냐고 묻더라고요. 아무리 생각을 해 보아도 답을 찾기가 어려워서 이렇게 질문을 드립니다.

[답]

　'젓가락'과 '숟가락'은 비슷한 합성어처럼 보이지만, 그 구성을 살펴보면 다른 점이 있어. 먼저, '젓가락'은 '저'와 '가락'이 결합된 말로, 합성어를 이룰 때 앞말이 모음으로 끝나고 뒷말의 첫소리가 된소리로 나기 때문에 사이시옷을 붙인 것이지. '　㉠　' 같은 단어도 같은 원리가 적용된 말이야. 그런데 '숟가락'은 '수'와 '가락'이 결합된 것이 아니라, '술'과 '가락'이 결합된 합성어야. 한글 맞춤법에서는 이처럼 끝소리가 'ㄹ'인 말이 딴 말과 어울릴 적에 'ㄹ' 소리가 'ㄷ' 소리로 나는 것은 'ㄷ'으로 적는 것을 원칙으로 하고 있어. '　㉡　' 같은 단어가 여기에 해당하지.

	㉠	㉡		㉠	㉡
①	첫째	삼짇날	②	맷돌	미닫이
③	혼삿길	섣달	④	나뭇잎	섣부르다
⑤	샛노랗다	맏며느리			

613 [2014년 4월 고3 학평 B형 12번]

<보기>는 '문법 학습 게시판'에 올라온 자료이다. 이를 참고할 때, (가)~(마) 중 적절하지 <u>않은</u> 것은?

보 기

[질문]

　선생님! 띄어쓰기와 관련해서 헷갈리는 것이 있어요. '만큼, 대로, 뿐'은 어떤 경우에 띄어 쓰고 어떤 경우에 붙여 쓰나요? 그리고 '못하다'와 '못 하다'의 차이는 무엇인가요?

[답변]

　'만큼, 대로, 뿐'이 조사로 쓰일 때는 앞말에 붙여 쓰고, 의존 명사로 쓰일 때는 띄어 쓴단다. 그러니까 앞말이 체언일 경우에는 붙여 쓰고, 용언의 관형사형일 경우에는 띄어 쓴다고 생각하면 되는 거지. 그리고 '못 하다'는 부사인 '못'이 동사인 '하다'를 꾸미는 것이고, '못하다'는 형용사나 동사로 그 자체가 하나의 단어란다. 형용사일 때는 '정도가 극에 달한 나머지', '비교 대상에 미치지 아니함' 등의 뜻을 나타내지.

(가) 공부를 <u>할 만큼</u> 했으니 성적이 오르겠지?

(나) 나는 <u>나대로</u> 열심히 공부했어.

(다) 지금까지 공부한 것이 고작 <u>그것 뿐</u>이야?

(라) 배가 고프다 <u>못해</u> 아프다.

(마) 실력이 예전보다 많이 <u>못하구나</u>.

① (가)　　　② (나)　　　③ (다)

④ (라)　　　⑤ (마)

614 [2014년 6월 고3 모평 B형 11번]

㉠~㉢에 대한 설명으로 적절하지 <u>않은</u> 것은?

보 기

　<한글 맞춤법>에 따르면 표준어를 소리 나는 대로 적는 경우도 있지만, 어법에 맞게 적는 경우도 있다. 그런데 간혹 이 사실을 모르고 소리 나는 대로 적어서 틀릴 때가 있다.

올바른 표기	잘못된 표기	발음	
들어서다	드러서다	[드러서다]	…㉠
그렇지	그러치	[그러치]	…㉡
해돋이	해도지	[해도지]	…㉢

---

① ㉠은 연음 현상 때문에 잘못 적는 경우이다.

② ㉠과 같은 예로 '높이다'를 '높히다'로 잘못 적는 경우를 들 수 있다.

③ ㉡은 거센소리되기 때문에 잘못 적는 경우이다.

④ ㉡과 같은 예로 '얽혀'를 '얼켜'로 잘못 적는 경우를 들 수 있다.

⑤ ㉢과 같은 예로 '금붙이'를 '금부치'로 잘못 적는 경우를 들 수 있다.

615 [2014년 7월 고3 학평 B형 12번]

<보기>는 '끝말잇기' 놀이에서 제시된 단어들이다. 표준 발음법을 참고할 때, 단어의 표기대로만 발음해야 하는 것을 모두 고른 것은?

보 기

예의 → 의의 → 의무 → 무예 → 예절 → 절의

표준 발음법

○ 'ㅑ, ㅒ, ㅕ, ㅖ, ㅘ, ㅙ, ㅛ, ㅝ, ㅞ, ㅠ, ㅢ'는 이중 모음으로 발음한다.

○ 다만 2. '예, 례' 이외의 'ㅖ'는 [ㅔ]로도 발음한다.
　예 지혜[지혜/지혜]

○ 다만 4. 단어의 첫음절 이외의 '의'는 [ㅣ]로, 조사 '의'는 [ㅔ]로 발음함도 허용한다.
　예 주의[주의/주이]

---

① 예의, 의의, 의무　　　② 예의, 무예, 절의

③ 의무, 무예, 예절　　　④ 의의, 의무, 무예

⑤ 무예, 예절, 절의

616 [2014년 9월 고3 모평 B형 12번] 

<보기>는 '한글 맞춤법'의 일부를 정리한 것이다. 이를 통해 알 수 있는 사실로 적절한 것은? [3점]

> **보 기**
>
> **[제19항]**
> - 어간에 '-이'가 붙어서 명사로 된 것과 '-이'가 붙어서 부사로 된 것은 그 어간의 원형을 밝히어 적는다.
>   예 먹이, 굳이, 같이 ·························· ㉠
>
> **[제25항]**
> - '-하다'가 붙는 어근에 '-히'나 '-이'가 붙어서 부사가 되는 경우에는 그 어근의 원형을 밝히어 적는다.
>   예 꾸준히, 깨끗이 ·························· ㉡
> - 부사에 '-이'가 붙어서 역시 부사가 되는 경우에는 그 부사의 원형을 밝히어 적는다.
>   예 더욱이, 생긋이 ·························· ㉢

① '급히 떠나다'의 '급히'는 ㉠의 '굳이'를 표기할 때 적용된 규정을 따른 것이군.
② '방긋이 웃다'의 '방긋이'는 ㉠의 '같이'를 표기할 때 적용된 규정을 따른 것이군.
③ '많이 먹다'의 '많이'는 ㉡의 '꾸준히'를 표기할 때 적용된 규정을 따른 것이군.
④ '깊이 파다'의 '깊이'는 ㉡의 '깨끗이'를 표기할 때 적용된 규정을 따른 것이군.
⑤ '일찍이 없던 일'의 '일찍이'는 ㉢의 '더욱이'를 표기할 때 적용된 규정을 따른 것이군.

617 [2014년 수능 B형 13번]

밑줄 친 부분이 한글 맞춤법에 맞게 쓰인 것은?

① <u>엇저녁</u>에는 고향 친구들과 만나서 식사를 했다.
② 그가 발의한 안건은 다음 회의에 <u>부치기로</u> 했다.
③ <u>적잖은</u> 사람들이 그 의견에 찬성의 뜻을 보였다.
④ 동생은 누나가 직접 만든 <u>깍뚜기</u>를 먹어보았다.
⑤ 저기 <u>넙적하게</u> 생긴 바위가 우리들의 놀이터였다.

618 [2015년 3월 고3 학평 B형 12번] 

<보기>는 한글 맞춤법에 대한 설명이다. 한글 맞춤법 조항의 내용과 ㉠, ㉡을 적절하게 연결하지 <u>못한</u> 것은?

> **보 기**
>
> 한글 맞춤법은 표준어를 ㉠<u>소리대로 적되</u>, ㉡<u>어법에 맞도록 함</u>을 원칙으로 한다. 표준어를 소리대로 적는다는 것은 표준어의 발음대로 적는다는 뜻이다. 그리고 각 형태소가 지닌 뜻이 분명히 드러나도록 하기 위하여, 그 본 모양을 밝혀 어법에 맞도록 적는다는 또 하나의 원칙이 추가되었다.

①	'ㄷ, ㅌ' 받침 뒤에 종속적 관계를 가진 '-이(-)'나 '-히-'가 올 적에는, 그 'ㄷ, ㅌ'이 'ㅈ, ㅊ'으로 소리 나더라도 'ㄷ, ㅌ'으로 적음. 예 맏이, 굳이, 묻히다	㉡
②	자음을 첫소리로 가지고 있는 음절의 'ㅢ'는 'ㅣ'로 소리 나는 경우가 있더라도 'ㅢ'로 적음. 예 희망, 하늬바람	㉠
③	체언은 조사와 구별하여 적음. 예 떡이, 손이, 팔이	㉡
④	어간에 '-이'나 '-음'이 붙어서 명사로 바뀐 것이라도 그 어간의 뜻과 멀어진 것은 원형을 밝히어 적지 아니함. 예 목거리(목병), 노름(도박)	㉠
⑤	둘 이상의 단어가 어울리거나 접두사가 붙어서 이루어진 말은 각각 그 원형을 밝히어 적음. 예 꽃잎, 헛웃음, 굶주리다	㉡

Part 05 국어의 규범 핵심 기출 문제

619 [2015년 6월 고3 모평 B형 12번]

<보기>의 선생님의 설명을 바탕으로 할 때, ㉠에 들어갈 말로 적절하지 <u>않은</u> 것은?

보 기

학생 : '되어요, 돼요, 되요' 중에서 어느 게 맞는지 궁금해요.
선생님 : "어간 모음 'ㅚ' 뒤에 '-어'가 붙어서 'ㅙ'로 줄어지는 것은 'ㅙ'로 적는다."라는 맞춤법 규정에 따르면 '되어요'는 어간 '되-'에 '-어요'가 결합된 것이므로 '돼요'로 줄어들 수 있어. 그러니까 '되어요, 돼요'는 맞는 말이지만 '되요'는 틀린 말이지. '(바람을) 쐬다, (턱을) 괴다, (나사를) 죄다, (어른을) 뵈다, (명절을) 쇠다' 등도 이 규정에 따라 적으면 돼.
학생 : 아, 그러면 _________㉠_________

① '쐬어라'는 '쐬-'와 '-어라'가 결합된 것이므로 '쐬라'로 줄어들 수 있겠네요.
② '괴-'와 '-느냐'가 결합될 때는 '어'가 들어갈 수 없으므로 '괘느냐'는 틀린 말이겠네요.
③ '좨도'는 '죄-'와 '-어도'가 결합된 말이 줄어든 것이겠네요.
④ '뵈-'가 '-어서'와 결합되면 '봬서'로 줄어들 수 있겠네요.
⑤ '쇠-'와 '-더라도'가 결합될 때는 '쇄더라도'로 적으면 틀린 것이겠네요.

620 [2015년 9월 고3 모평 B형 12번]

<자료>의 밑줄 친 발음 표시 부분을 맞춤법에 맞게 표기할 때에 적용되는 원칙을 <보기>에서 찾아 바르게 짝지은 것은?

자 료

㉠ 이것은 유명한 책이 [아니요].
㉡ 영화 구경 [가지요].
㉢ 이것은 [설탕이요], 저것은 소금이다.

보 기

○용언의 어간과 어미는 구별하여 적는다.
· 종결형에서 사용되는 어미 '-오'는 '요'로 소리 나는 경우가 있더라도 그 원형을 밝혀 '오'로 적는다. ··········ⓐ
　　　이리로 오시오. (○) 이리로 오시요. (X)
· 연결형에서 사용되는 '이요'는 '이요'로 적는다.
　　　　　　　　　　　　　　　　　　　　　　　ⓑ
　　　이것은 책이요, 저것은 붓이다. (○)
　　　이것은 책이오, 저것은 붓이다. (X)
○어미 뒤에 덧붙는 조사 '요'는 '요'로 적는다. ··········ⓒ
　　　읽어 읽어요　　먹을게 먹을게요

① ㉠-ⓐ　　　② ㉠-ⓑ　　　③ ㉡-ⓑ
④ ㉢-ⓐ　　　⑤ ㉢-ⓒ

621 [2015년 수능 B형 12번]

<보기>는 한글 맞춤법 제1항이 파생어와 합성어에 적용된 예를 찾아본 것이다. ㉠~㉤에 들어갈 예로 적절한 것은?

보 기

제1항 한글 맞춤법은 표준어를 ⓐ소리대로 적되, ⓑ어법에 맞도록 함을 원칙으로 한다.

	파생어	합성어
ⓐ만 충족한 경우	㉠	㉡
ⓑ만 충족한 경우	㉢	㉣
ⓐ, ⓑ 모두 충족한 경우	㉤	줄자(줄+자), 눈물(눈+물)

① ㉠ : 이파리(잎+아리), 얼음(얼+음)
② ㉡ : 마소(말+소), 낮잠(낮+잠)
③ ㉢ : 웃음(웃+음), 바가지(박+아지)
④ ㉣ : 옷소매(옷+소매), 밥알(밥+알)
⑤ ㉤ : 꿈(꾸+ㅁ), 사랑니(사랑+이)

622 [2016년 4월 고3 학평 12번]

<보기>의 한글 맞춤법 규정을 적용한 것으로 옳지 <u>않</u>은 것은?

보 기

제19항 어간에 '-이'나 '-음/-ㅁ'이 붙어서 명사로 된 것과 '-이' 나 '-히'가 붙어서 부사로 된 것은 그 어간의 원형을 밝히어 적는다. ·············㉠
[붙임] 어간에 '-이'나 '-음' 이외의 모음으로 시작된 접미사가 붙어서 다른 품사로 바뀐 것은 그 어간의 원형을 밝히어 적지 아니한다. ·············㉡

제20항 명사 뒤에 '-이'가 붙어서 된 말은 그 명사의 원형을 밝히어 적는다. ·············㉢
[붙임] '-이' 이외의 모음으로 시작된 접미사가 붙어서 된 말은 그 명사의 원형을 밝히어 적지 아니한다. ···㉣

제21항 명사나 혹은 용언의 어간 뒤에 자음으로 시작된 접미사가 붙어서 된 말은 그 명사나 어간의 원형을 밝히어 적는다. ·············㉤

① '다듬이'로 표기하는 것은 ㉠의 규정을 적용한 것이군.
② '마개'를 '막애'로 표기하지 않는 것은 ㉡의 규정을 적용한 것이군.
③ '삼발이'를 '삼바리'로 표기하지 않는 것은 ㉢의 규정을 적용한 것이군.
④ '귀머거리'로 표기하는 것은 ㉣의 규정을 적용한 것이군.
⑤ '덮개'로 표기하는 것은 ㉤의 규정을 적용한 것이군.

623 [2016년 10월 고3 학평 14번]

<보기>를 바탕으로 ㄱ~ㅁ을 이해한 내용으로 적절하지 <u>않은</u> 것은? [3점]

보 기

한글 맞춤법 제15항

  용언의 어간과 어미는 구별하여 적는다.

[붙임 2] 종결형에서 사용되는 어미 '-오'는 '요'로 소리 나는 경우가 있더라도 그 원형을 밝혀 '오'로 적는다.

  ㉠ 이것은 책이오. / 이것은 책이 아니오.

[붙임 3] 연결형에서 사용되는 '이요'는 '이요'로 적는다.

  ㉠ 이것은 책이요, 저것은 붓이요, 또 저것은 먹이다.

선생님의 설명 : 제15항 [붙임 2]에서 설명하는 어미 '-오'는 하오체 종결 어미입니다. 이 어미 '-오'는 [오]로 발음하는 것이 원칙이지만 [요]로 발음할 수도 있습니다. 그리고 이 '-오'가 '이다', '아니다'의 어간 뒤에 붙어 '-이오'로 활용할 때, '차(車)'처럼 모음으로 끝나는 체언과 결합하는 경우 '차이오→차요'와 같이 '-이오'가 '-요'로 줄어 쓰이기도 합니다. 이때 '-이오'가 줄어든 형태인 '-요'는 청자에게 존대의 뜻을 나타내는 보조사 '요'와 그 형태나 발음이 동일하기 때문에 언어 생활에서 주의가 필요합니다.

  이제 다음 제시된 자료를 분석해 봅시다. 단, ㄹ과 ㅁ은 모두 말하는 도중에 상대 높임의 등급을 바꾸지 않는다고 가정합니다.

ㄱ. 이것은 들판이요, 저것은 하늘<u>이오</u>.

ㄴ. 선배 : 고향이 어디니? / 후배 : 서울<u>요</u>.

ㄷ. (고향을 묻는 물음에 대한 답) 부산<u>이오</u>.

ㄹ. 무얼 좋아하시오? 소실<u>이오</u>? 아니면 영화<u>요</u>?

ㅁ. 무얼 좋아하세요? 소설<u>요</u>? 아니면 영화<u>요</u>?

① ㄱ의 밑줄 친 '이오'는 [이요]로 발음할 수 있다.

② ㄴ의 밑줄 친 '요'를 '이요'로 바꾸어 적을 수 있다.

③ ㄷ의 밑줄 친 '부산이오'는 하오체 문장에 해당한다.

④ ㄹ의 밑줄 친 '요'는 모음으로 끝나는 체언 뒤에서 '-이오'가 줄어든 형태에 해당한다.

⑤ ㅁ의 밑줄 친 '요'는 둘 다 청자에게 존대의 뜻을 나타내는 보조사에 해당한다.

---

624 [2018년 10월 고3 학평 13번]

<보기>의 ㉠~㉤에 대한 수정 방안으로 적절하지 <u>않</u>은 것은?

보 기

  결석해서 무엇을 공부해야 ㉠할 지 모르는 나에게 승호는 필기한 공책을 ㉡주고 갔다. 승호는 역시 듬직한 ㉢형 같다. 이제 내가 심혈을 ㉣기울일것은 ㉤공부 뿐이다.

---

① ㉠ : '-ㄹ지'가 하나의 어미이기 때문에 '할'과 '지'를 붙여 '할지'로 수정한다.

② ㉡ : '갔다'가 본동사이기 때문에 '주고'와 '갔다'를 붙여 '주고갔다'로 수정한다.

③ ㉢ : '같다'가 형용사이기 때문에 '형'과 띄어 '형 같다'로 수정한다.

④ ㉣ : '것'이 의존 명사이기 때문에 '기울일'과 띄어 '기울일 것'으로 수정한다.

⑤ ㉤ : '뿐'이 조사로 쓰였기 때문에 '공부'와 붙여 '공부뿐이다'로 수정한다.

---

625 [2020년 6월 고3 모평 15번]

<보기>의 [A]에 들어갈 말로 적절한 것만을 있는 대로 고른 것은?

보 기

학생 : 선생님, 자기 소개서를 써 봤는데, 띄어쓰기가 맞는지 가르쳐 주시겠어요? 헷갈리는 부분을 표시해 왔어요.

  양로원에 가서 봉사 활동을 했습니다. 사실 그 시간에 ㉠봉사 보다는 게임을 하고 싶었습니다. 그저 작은 일을 ㉡도울 뿐이었는데 ㉢너 밖에 없다며 행복해하시는 어르신들의 말씀을 들을 ㉣때 만큼은 마음이 뿌듯해졌습니다.

선생님 : 한글 맞춤법에 따르면, 문장의 각 단어는 띄어 써야 하지만, 조사는 예외적으로 그 앞말에 붙여 쓴단다.

학생 : 아, 그럼 ___[A]___ 은/는 앞말에 붙여 써야 하는 군요.

---

① ㉠의 '보다', ㉢의 '밖에'

② ㉡의 '뿐', ㉢의 '밖에'

③ ㉡의 '뿐', ㉣의 '만큼'

④ ㉠의 '보다', ㉡의 '뿐', ㉣의 '만큼'

⑤ ㉠의 '보다', ㉢의 '밖에', ㉣의 '만큼'

Part 05 국어의 규범 핵심 기출 문제

626 [2020년 7월 고3 학평 14번]

<보기>의 대화에서 ㉠~㉢에 해당하는 예끼리 묶인 것으로 적절한 것은?

보 기

> **선생님** : 오늘은 '한글맞춤법 제21항'에 대해 알아보도록 하겠습니다. '빛깔'처럼 ㉠명사 뒤에 자음으로 시작된 접미사가 붙어서 된 것, '덮개'처럼 ㉡어간 뒤에 자음으로 시작된 접미사가 붙어서 된 것은 그 명사나 어간의 원형을 밝히어 적습니다.
> **학생** : 선생님, 그럼 '널찍하다'의 경우에는 왜 어간의 원형인 '넓-'을 밝히지 않고 소리대로 적나요?
> **선생님** : '널찍하다'처럼 ㉢겹받침의 끝소리가 드러나지 않는 경우와 '넙치'처럼 어원이 분명하지 않거나 본뜻에서 멀어진 경우에는 소리대로 적습니다.

	㉠	㉡	㉢
①	멋쟁이	굵기	얄따랗다
②	넋두리	값지다	말끔하다
③	먹거리	낚시	할짝거리다
④	오뚝이	긁적거리다	짤막하다
⑤	옆구리	지우개	깊숙하다

627 [2021년 수능 39번]

<보기>는 준말에 관한 한글 맞춤법의 일부이다. 이를 적용한 내용으로 적절하지 <u>않은</u> 것은?

보 기

> **제34항** [붙임 1] 'ㅐ, ㅔ' 뒤에 '-어, -었-'이 어울려 줄 적에는 준 대로 적는다. ·········· ㉠
> **제35항** 모음 'ㅗ, ㅜ'로 끝난 어간에 '-아/-어, -았-/-었-'이 어울려 'ㅘ/ㅝ, ㅘㅆ/ㅝㅆ'으로 될 적에는 준 대로 적는다. ·········· ㉡
> **제35항** [붙임 2] 'ㅚ' 뒤에 '-어, -었-'이 어울려 'ㅙ, ㅙㅆ'으로 될 적에도 준 대로 적는다. ·········· ㉢
> **제36항** 'ㅣ' 뒤에 '-어'가 와서 'ㅕ'로 줄 적에는 준 대로 적는다. ·········· ㉣
> **제37항** 'ㅏ, ㅕ, ㅗ, ㅜ, ㅡ'로 끝난 어간에 '-이-'가 와서 각각 'ㅐ, ㅖ, ㅚ, ㅟ, ㅢ'로 줄 적에는 준 대로 적는다. ··· ㉤

① ㉠을 적용하면 '(날이) 개었다'와 '(나무를) 베어'는 각각 '갰다'와 '베'로 적을 수 있다.

② ㉡을 적용하면 '(다리를) 꼬아'와 '(죽을) 쑤었다'는 각각 '꽈'와 '쒔다'로 적을 수 있다.

③ ㉤을 적용할 때, 어간 '(발로) 차-'에 '-이-'가 붙은 '(발에) 차이-'에 '-었다'가 붙으면 '채었다'로 적을 수 있다.

④ ㉤을 적용한 후 ㉢을 적용할 때, 어간 '(벌이) 쏘-'에 '-이-'가 붙은 '(벌에) 쏘이-'에 '-어'가 붙으면 '쐐'로 적을 수 있다.

⑤ ㉤을 적용한 후 ㉣을 적용할 때, 어간 '(오줌을) 누-'에 '-이-'가 붙은 '(오줌을) 누이-'에 '-어'가 붙으면 '뉘여'로 적을 수 있다.

628 [2023년 7월 고3 학평 39번]

<보기 1>은 준말에 관한 한글 맞춤법의 일부이다. <보기 1>을 참고하여 <보기 2>의 ㉠~㉤을 이해한 내용으로 적절하지 <u>않은</u> 것은?

보 기 1

> **제35항** 모음 'ㅗ, ㅜ'로 끝난 어간에 '-아/-어, -았-/-었-'이 어울려 'ㅘ/ㅝ, ㅘㅆ/ㅝㅆ'으로 될 적에는 준 대로 적는다.
> **제35항** [붙임2] 'ㅚ' 뒤에 '-어, -었-'이 어울려 'ㅙ, ㅙㅆ'으로 될 적에도 준 대로 적는다.
> **제38항** 'ㅏ, ㅗ, ㅜ, ㅡ' 뒤에 '-이어'가 어울려 줄어질 적에는 준 대로 적는다.

보 기 2

> ○ 새끼줄을 열심히 ㉠꼬았다.
> ○ 올해도 큰집에서 설을 ㉡쇠었다.
> ○ 자전거 앞바퀴에 돌을 ㉢괴어 놓았다.
> ○ 그의 표정에서 지친 기색이 ㉣보이어 안타까웠다.
> ○ 산 정상에 올라가니 시야가 탁 ㉤트이어 상쾌했다.

① ㉠ : 모음 'ㅗ'로 끝난 어간에 '-았-'이 어울려 줄어들 수 있는 경우로, '꽜다'로도 적을 수 있겠군.

② ㉡ : 모음 'ㅚ' 뒤에 '-었-'이 어울려 줄어들 수 있는 경우로, '쇘다'로도 적을 수 있겠군.

③ ㉢ : 모음 'ㅚ' 뒤에 '-어'가 어울려 줄어들 수 있는 경우로, '괘'로도 적을 수 있겠군.

④ ㉣ : 모음 'ㅗ' 뒤에 '-이어'가 어울려 줄어들 수 있는 경우로, '봬어'로도 적을 수 있겠군.

⑤ ㉤ : 모음 'ㅡ' 뒤에 '-이어'가 어울려 줄어들 수 있는 경우로, '틱어'로도 적을 수 있겠군.

629 [2025년 10월 고1 학평 9번]

<보기>는 '한글 맞춤법'에 관한 수업 장면의 일부이다. ㉠과 ㉡에 해당하는 단어를 바르게 짝지은 것은?

> **보 기**
>
> **선생님** : 한글 맞춤법 총칙 제1항에 따르면, '표준어를 소리대로 적는다.'라는 원칙에 '어법에 맞도록 한다.'라는 원칙이 붙어 있습니다. 표준어를 소리대로 적는다는 것은 ㉠표준어의 발음 형태대로 적는다는 뜻입니다. 그러나 동일한 형태소도 음운 환경에 따라 그 발음 형태가 몇 가지로 나타날 수 있기에 이 원칙만을 적용하여 표준어를 표기하면 의사소통의 효율성이 떨어질 수 있습니다. 그래서 어법에 맞도록 한다는 또 하나의 원칙이 붙은 것입니다. 어법에 맞도록 한다는 것은, 결국 ㉡각 형태소의 본모양을 밝혀 적는다는 말입니다.

	㉠	㉡
①	덮개	많이
②	얼음	화살
③	개구리	오뚝이
④	이파리	우스개
⑤	어렴풋이	끄트머리

로마자 표기법

630 [2013년 11월 고2 학평 B형 11번]

다음은 표준 발음법과 국어의 로마자 표기법의 일부이다. 이를 이해한 학생의 반응으로 적절한 것은?

> **【표준 발음법】**
>
> **제4장 제8항** 받침소리로는 'ㄱ, ㄴ, ㄷ, ㄹ, ㅁ, ㅂ, ㅇ' 7개 자음만 발음한다.
>
> **제5장 제19항** 받침 'ㅁ, ㅇ' 뒤에 연결되는 'ㄹ'은 [ㄴ]으로 발음한다.
>
> **제20항** 'ㄴ'은 'ㄹ'의 앞이나 뒤에서 [ㄹ]로 발음한다.
>
> **【국어의 로마자 표기법】**
>
> **제1장 제1항** 국어의 로마자 표기는 국어의 표준 발음법에 따라 적는 것을 원칙으로 한다.
>
> **제2장 제1항** 모음은 다음 각호와 같이 적는다.
>
> 1. 단모음
>
> | ㅏ | ㅓ | ㅗ | ㅡ |
> |---|---|---|---|
> | a | eo | o | eu |
>
> **제2장 제2항** 자음은 다음 각호와 같이 적는다.
>
> 1. 파열음
>
> | ㄱ | ㄲ | ㄷ | ㅌ | ㅂ |
> |---|---|---|---|---|
> | g, k | kk | d, t | t | b, p |
>
> 2. 파찰음　　3. 마찰음
>
> | ㅈ | ㅊ |
> |---|---|
> | j | ch |
>
> | ㅅ | ㅎ |
> |---|---|
> | s | h |
>
> 4. 비음　　5. 유음
>
> | ㄴ | ㅁ | ㅇ |
> |---|---|---|
> | n | m | ng |
>
> | ㄹ |
> |---|
> | r, l |
>
> [붙임 1] 'ㄱ, ㄷ, ㅂ'은 모음 앞에서는 'g, d, b'로, 자음 앞이나 어말에서는 'k, t, p'로 적는다.
>
> [붙임 2] 'ㄹ'은 모음 앞에서는 'r'로, 자음 앞이나 어말에서는 'l'로 적는다. 단 'ㄹㄹ'은 'll'로 적는다.
>
> **제3장 제3항** 고유 명사는 첫 글자를 대문자로 적는다.

① '종로'는 'Jongro'로 표기해야겠군.

② '탐라'는 'Tamna'로 표기해야겠군.

③ '벚꽃'은 'beotkkoj'으로 표기해야겠군.

④ '강릉'은 'Kangneung'으로 표기해야겠군.

⑤ '한라산'은 'Halrasan'으로 표기해야겠군.

631 [2014년 6월 고3 모평 B형 13번]

(가)에 들어갈 내용으로 적절하지 <u>않은</u> 것은?

> **선생님** : 로마자 표기법은 국제화 시대에 그 중요성이 더 커지고 있습니다. 로마자 표기법을 구체적으로 배우기 전에, 다음 자료로 탐구한 내용을 발표해 봅시다.
>
> | 표기 | 표준 발음 | 올바른 로마자 표기 | |
> |---|---|---|---|
> | 가락 | [가락] | garak | … ㉠ |
> | 앞집 | [압찝] | apjip | … ㉡ |
> | 장롱 | [장:농] | jangnong | … ㉢ |
>
> **학생** : ________________ (가) ________________

① ㉠에서 '가'의 'ㄱ'은 'g'로, '락'의 'ㄱ'은 'k'로 표기한 것을 보니, '가락'의 두 'ㄱ'은 같은 자음이지만 다른 로마자로 적었어요.

② ㉡에서 '앞'의 'ㅍ'과 '집'의 'ㅂ'을 모두 'p'로 표기한 것을 보니, '앞집'의 'ㅍ'과 'ㅂ'은 다른 자음이지만 동일한 로마자로 적었어요.

③ ㉢에서 장음을 표시하는 기호인 ':'가 로마자 표기에 없는 것을 보니, 장단의 구별은 로마자 표기에 반영하지 않았어요.

④ ㉠에서 '락'의 'ㄹ'은 'r'로, ㉢에서 '롱'의 'ㄹ'은 'n'으로 표기한 것을 보니, ㉢ '장롱'의 로마자 표기는 자음 동화를 반영하여 적었어요.

⑤ ㉡에서 '집'의 'ㅈ'과 ㉢에서 '장'의 'ㅈ'을 같은 로마자로 표기한 것을 보니, ㉡ '앞집'의 로마자 표기는 된소리되기를 반영하여 적었어요.

632 [2016년 4월 고3 학평 11번]

<보기 1>은 문법 수업의 한 장면이다. <보기 1>을 참고하여 <보기 2>를 탐구한 것으로 옳지 <u>않은</u> 것은?

> **보기 1**
>
> **선생님** : 표준 발음법에 대한 이해는 올바른 발음 생활뿐만 아니라 국어를 로마자로 표기하려고 할 때도 많은 도움을 줍니다. 국어의 로마자 표기는 표준 발음에 따라 적는 것을 원칙으로 하기 때문입니다.
>
> > **[표준 발음법]**
> >
> > **제13항** 홑받침이나 쌍받침이 모음으로 시작된 조사나 어미, 접미사와 결합되는 경우에는, 제 음가대로 뒤 음절 첫소리로 옮겨 발음한다.
> >
> > **제15항** 받침 뒤에 모음 'ㅏ, ㅓ, ㅗ, ㅜ, ㅟ'들로 시작되는 실질 형태소가 연결되는 경우에는, 대표음으로 바꾸어서 뒤 음절 첫소리로 옮겨 발음한다.
> >
> > **제17항** 받침 'ㄷ, ㅌ(ㄾ)'이 조사나 접미사의 모음 'ㅣ'와 결합되는 경우에는, [ㅈ, ㅊ]으로 바꾸어서 뒤 음절 첫소리로 옮겨 발음한다.
> >
> > **제18항** 받침 'ㄱ(ㄲ, ㅋ, ㄳ, ㄺ), ㄷ(ㅅ, ㅆ, ㅈ, ㅊ, ㅌ, ㅎ), ㅂ(ㅍ, ㄼ, ㄿ, ㅄ)'은 'ㄴ, ㅁ' 앞에서 [ㅇ, ㄴ, ㅁ]으로 발음한다.
> >
> > **제29항** 합성어 및 파생어에서, 앞 단어나 접두사의 끝이 자음이고 뒤 단어나 접미사의 첫 음절이 '이, 야, 여, 요, 유'인 경우에는, 'ㄴ' 소리를 첨가하여 [니, 냐, 녀, 뇨, 뉴]로 발음한다.

> **보기 2**
>
> 덮이다, 웃어른, 굳이, 집일, 색연필

① '덮이다'를 로마자로 표기하려면, 표준 발음법 제13항에 대한 이해가 필요하겠군.

② '웃어른'을 로마자로 표기하려면, 표준 발음법 제15항에 대한 이해가 필요하겠군.

③ '굳이'를 로마자로 표기하려면, 표준 발음법 제17항에 대한 이해가 필요하겠군.

④ '집일'을 로마자로 표기하려면, 표준 발음법 제13항, 제18항에 대한 이해가 필요하겠군.

⑤ '색연필'을 로마자로 표기하려면, 표준 발음법 제18항, 제29항에 대한 이해가 필요하겠군.

633 [2018년 7월 고3 학평 15번] 

<보기>는 수업의 한 장면이다. 선생님의 질문에 대한 답을 바르게 짝지은 것은?

보 기

선생님 : 국어를 로마자로 표기할 때는 국어의 표준 발음법에 따라 적는 것을 원칙으로 합니다. 따라서 음운 변동의 결과를 표기에 반영하지요. 이때, 'ㄱ, ㄷ, ㅂ'은 모음 앞에서는 'g, d, b'로, 자음 앞이나 어말에서는 'k, t, p'로 적습니다. 'ㄹ'은 모음 앞에서는 'r'로, 자음 앞이나 어말에서는 'l'로 적으며, 'ㄹㄹ'은 'll'로 적지요.

그럼 아래의 표기 일람을 참고할 때, '독립문'과 '대관령'의 로마자 표기는 어떻게 될까요?

ㄱ	ㄴ	ㄷ	ㄹ	ㅁ	ㅂ	ㅇ
g, k	n	d, t	r, l	m	b, p	ng

ㅐ	ㅕ	ㅗ	ㅘ	ㅜ	ㅣ
ae	yeo	o	wa	u	i

	독립문	대관령
①	Dongnimmun	Daegwallyeong
②	Dongnimmun	Daegwalryeong
③	Dongrimmun	Daegwallyeong
④	Dongrimmun	Daegwanryeong
⑤	Doknipmun	Daegwanryeong

634 [2018년 9월 고3 모평 13번]

<보기>의 ㉠~㉤에 대한 설명으로 적절한 것은?

보 기

<로마자 표기 한글 대조표>

자음		ㄱ	ㄷ	ㅂ	ㄸ	ㄴ	ㅁ	ㅇ	ㅈ	ㅊ	ㅌ	ㅎ
표기	모음 앞	g	d	b	tt	n	m	ng	j	ch	t	h
	그 외	k	t	p								

모음	ㅏ	ㅐ	ㅗ	ㅣ
표기	a	ae	o	i

<로마자 표기의 예>

	한글 표기	발음	로마자 표기
㉠	같이	[가치]	gachi
㉡	잡다	[잡따]	japda
㉢	놓지	[노치]	nochi
㉣	맨입	[맨닙]	maennip
㉤	백미	[뱅미]	baengmi

---

① ㉠에서 일어나는 음운 변동은 '땀받이[땀바지]'에서도 일어나고, 로마자 표기에 반영되었다.

② ㉡에서 일어나는 음운 변동은 '삭제[삭쩨]'에서도 일어나고, 로마자 표기에 반영되었다.

③ ㉢에서 일어나는 음운 변동은 '닳아[다라]'에서도 일어나고, 로마자 표기에 반영되었다.

④ ㉣에서 일어나는 음운 변동은 '한여름[한녀름]'에서도 일어나고, 로마자 표기에 반영되지 않았다.

⑤ ㉤에서 일어나는 음운 변동은 '밥물[밤물]'에서도 일어나고, 로마자 표기에 반영되지 않았다.

635 [2014년 3월 고2 학평 B형 13번]

다음은 학생들이 궁금해 하는 질문과 이와 관련된 외래어 표기법이다. 질문에 답하기 위해 참조해야 할 규정을 바르게 짝지은 것은?

[질문]

○ 프랑스의 수도를 적을 때 '파리'로 적어야 할까, '빠리'로 적어야 할까? ······················· ㉠

○ 'racket'의 발음 [t]를 받침으로 표기할 때, 'ㄷ', 'ㅅ', 'ㅌ' 중 무엇으로 적어야 할까? ··············· ㉡

○ [f]를 표기하기 위한 새로운 기호를 만들어야 하지 않을까? ····························· ㉢

<외래어 표기법>

제1장 표기의 기본 원칙

　제1항 외래어는 국어의 현용 24 자모만으로 적는다.

　제2항 외래어의 1 음운은 원칙적으로 1 기호로 적는다.

　제3항 받침에는 'ㄱ, ㄴ, ㄹ, ㅁ, ㅂ, ㅅ, ㅇ'만을 쓴다.

　제4항 파열음 표기에는 된소리를 쓰지 않는 것을 원칙으로 한다.

　제5항 이미 굳어진 외래어는 관용을 존중하되, 그 범위와 용례는 따로 정한다.

	㉠	㉡	㉢
①	제1항	제3항	제2항
②	제1항	제4항	제5항
③	제4항	제3항	제1항
④	제4항	제5항	제2항
⑤	제5항	제4항	제3항

MEMO

언어 1000제

국어의 변천
(중세국어)

국어의 변천(중세 국어) 필수 개념

핵심 기출 문제

음운, 단어, 문법의 변화

Part 06 국어의 변천(중세 국어) 필수 개념

1 훈민정음 제자 원리

초성*	① 상형의 원리 : 발음 기관의 모양을 본떠서 만들었다. ② 가획의 원리 : 기본자에 획을 더해 가획자를 만들었다. 가획을 할수록 소리가 더 세어진다. ③ 이체의 원리 : 소리의 세기와 상관없이 별도의 문자를 만들었다.			
		기본자	가획자	이체자
	아음(어금닛소리)	ㄱ	ㅋ	ㆁ
	설음(혓소리)	ㄴ	ㄷ, ㅌ	ㄹ
	순음(입술소리)	ㅁ	ㅂ, ㅍ	
	치음(잇소리)	ㅅ	ㅈ, ㅊ	ㅿ
	후음(목청소리)	ㅇ	ㆆ, ㅎ	
중성	① 상형의 원리 : 하늘(天), 땅(地), 사람(人)의 삼재(三才)를 모양을 본떠서 기본자를 만들었다. ② 합성의 원리 : 기본자를 합성하여 나머지 글자를 만들었다.			
		① 기본자	② 초출자	③ 재출자
	天(양성 모음)	·	ㅗ, ㅏ	ㅛ, ㅑ
	地(음성 모음)	—	ㅜ, ㅓ	ㅠ, ㅕ
	人(중성 모음)	ㅣ		
종성*	종성부용초성 : 종성자는 별도로 글자를 만들지 않고, 초성 글자를 다시 쓰도록 했다.			

*** 초성의 제자 원리**

상형의 원리	발음 기관을 본떠서 기본자 다섯 글자(ㄱ, ㄴ, ㅁ, ㅅ, ㅇ)를 만듦.
가획의 원리	소리의 세기에 따라 기본자에 획을 더하여 만듦. 예 ㄱ→ㅋ('ㅋ'이 'ㄱ'보다 소리가 셈.)

*** 종성의 제자 원리**

· 종성부용초성(終聲復用初聲)
 : 초성을 다시 종성으로 사용
 → 8종성법 'ㄱ, ㄴ, ㄷ, ㄹ, ㅁ, ㅂ, ㅅ, ㅇ'으로 바뀜.

	종성부용초성	예 곁 / 붙다
15세기 훈민정음 창제	종성부용 초성	예 곁 / 붙다
16세기	8종성법(허용 → 원칙) (ㄱ, ㄴ, ㄷ, ㄹ, ㅁ, ㅂ, ㅅ, ㅇ)	예 겯 / 븓다
17세기 이후	7종성법 (ㄱ, ㄴ, ㄹ, ㅁ, ㅂ, ㅅ, ㅇ)	예 겻 / 붓다
20세기 (한글 맞춤법 통일안)	종성부용초성	예 곁 / 붙다

2 문자 운용법

병서 (나란히쓰기)	① 각자 병서 : 같은 자음끼리 결합 (ㄲ, ㄸ, ㅃ, ㅆ, ㅉ, ㆅ) ② 합용 병서 : 다른 자음끼리 결합 − ㅂ계(ㅲ, ㅄ), ㅅ계(ㅺ, ㅻ), ㅄ계(ㅴ, ㅵ)
연서 (이어쓰기)	입술소리 아래 'ㅇ'을 이어 쓰면 순경음을 만들 수 있다. 예 ㅸ, ㅱ, ㅹ, ㆄ
부서 (붙여쓰기)	중성이 초성과 합칠 때에는 초성의 아래쪽이나 오른쪽에 놓인다. 예 ㄱ, 그, 고 / 기, 가, 거

3 표기법

표기법	정의	시기	특징	체언+조사	어간+어미
연철 (이어적기)	앞말의 종성을 뒷말의 초성에 적는 것	15세기에 철저히 지켜짐.	표음 위주 (소리 나는 대로 적음.)	니믈, 말ᄊᆞ미	기픈
중철 (거듭적기)	앞말의 종성을 적고 뒷말의 초성에 해당 종성 자음을 다시 적는 것	16세기부터 나타남.	과도기적 표기	님믈, 말쏨미	깁픈
분철 (끊어적기)	앞말의 종성을 적고 뒷말의 초성에는 'ㅇ'을 적는 것	1933년 이후 완전히 정착됨.	표의(형태) 위주 (어원을 밝혀 적음.)	님을, 말쏨이	깊은

4 음운의 변천

(1) 음운

소실 문자	명칭	변천 시기	변천 양상	용례
ㅸ	순경음 비읍	15세기 (세조)	'오/우'로 변함. (때로는 음가 사라짐.)	도탕 〉 도와 고ᄫㅣ 〉 고이
ㆆ	여린히읗	15세기 (세조)	없어짐.	① 동국정운식 한자음 표기 – 흠ﾡ, 安한 ② 된소리 부호– 홇 배[홀빼] ③ 사잇소리(관형격 조사) 기능 – 하ﾭ 뜯
ㅿ	반치음	임진왜란 이후	없어짐.	ᄀㆍᅀㆍᆯ 〉 ᄀㆍ을
ㆁ	옛이응	16세기 말 (임진왜란)	음가 없는 'ㅇ'으로 형태 바뀜. 종성의 음가는 남아 있음.	밍ᄀㆁ다 〉 밍골다
ㆍ	아래아	16세기 말부터	첫 음절에서는 'ㅏ'로, 둘째 음절 이하에는 주로 'ㅡ'로 변함.	ᄆㆍᆰ다 〉 맑다 ᄀㆍ을 〉 가을 ᄉㆍ매 〉 소매

(2) 어두자음군

중세 국어에서는 음절 첫머리에 둘 이상의 자음을 둘 수 있었는데 현대에 와서는 대부분 된소리로 변함.
예 ᄠᅳᆮ〉뜻, ᄡᆞᆯ〉쌀, ᄢᅢ〉때

(3) 성조

16세기 중엽까지 글자 왼쪽에 방점을 찍어 소리의 높낮이를 나타내었으나 현대어에서는 소리의 길이로 변화하여 사라졌다.

성조	방점 수	의미	용례	변천 양상
평성	0	낮은 소리	곳(꽃)	짧은소리로 변화
거성	1	높은 소리	·플(풀)	짧은소리로 변화
상성	2	낮다가 높아지는 소리	:별	긴소리로 변화

5 음운 변동의 변천

	개념	변천
모음 조화	양성 모음(ㆍ, ㅗ, ㅏ)은 양성 모음끼리, 음성 모음(ㅡ, ㅜ, ㅓ)은 음성 모음끼리 어울려 사용하는 법칙 (중성 모음 'ㅣ'는 양성·음성 모음과 모두 어울린다.) 예 서르 〉 서로, 나ᄂᆞᆫ 〉 나는	현대 국어보다 중세 국어에서 잘 지켜짐.
두음 법칙	'ㄹ'과 'ㄴ'이 단어의 첫머리에 올 때, 'ㅣ, ㅑ, ㅕ, ㅛ, ㅠ' 앞에서는 'ㅇ'으로 변하고, 'ㄹ'이 단어의 첫머리에 올 때, 'ㅏ, ㅓ, ㅗ, ㅜ, ㅡ, ㅐ, ㅔ, ㅚ' 앞에서는 'ㄴ'으로 변하는 현상 예 니르고져 〉 이르고자, 닐러 〉 일러	현대 국어와 달리 중세 국어에서는 적용되지 않음.
구개음화	근대 국어(18세기) 이후 'ㅈ'과 'ㅊ'이 오늘과 같은 센입천장소리(경구개음)으로 조음 위치가 바뀌게 되어, 현대 국어와 같은 구개음화 현상이 일어나게 된다. 예 부텨 〉 부쳐 〉 부처	
원순 모음화	평순 모음 'ㅡ'가 순음 'ㅁ, ㅂ, ㅍ'을 만나 원순 모음 'ㅜ'로 변하는 현상 예 믈 〉 물, 블 〉 불	

국어의 변천(중세 국어) 필수 개념

6 체언의 형태 변화

	실현 조건	용례	현대 국어
'ㅎ' 종성 체언	단독형일 때는 'ㅎ' 없이 나타나지만, 모음과 'ㄱ, ㄷ' 등으로 시작되는 조사 앞에서 'ㅎ'이 나타난다.	하놀+이 → 하놀히 (=하늘이) 하놀+과 → 하놀콰 (=하늘과) 하놀+ㅅ → 하놇 (=하늘의)	사라짐.
'ㄱ' 덧생김 체언	단독형일 때는 그대로 나타나지만, 모음으로 시작하는 조사와 결합하면 끝모음이 떨어지고 대신 'ㄱ'이 덧생긴다.	나모+이 → 남기 (=나무가) 나모+온 → 남곤 (=나무는)	

7 조사의 변천

	형태	실현 조건	용례	현대 국어
주격 조사	이	자음으로 끝난 체언 뒤	사롬+이 → 사루미(=사람이)	이/가
	ㅣ	'ㅣ'나 반모음 'j' 이외의 모음으로 끝난 체언 뒤	부텨+ㅣ → 부톄(=부처가)	
	∅	'ㅣ'나 반모음 'j'으로 끝난 체언 뒤	불휘+∅ → 불휘(=뿌리가)	
목적격 조사	올/을	자음 뒤	모숨+올 → 모수물(=마음을) 뜯+을 → 뜨들(=뜻을)	을/를
	롤/를	모음 뒤	놀애+롤 → 놀애롤(=노래를) 거우루+를 → 거우루를(=거울을)	
관형격 조사	ㅅ	높임 명사, 무정 명사 뒤	나랏 말쏨(=나라의 말쏨)	의
	이	높임이 아닌 유정 명사 뒤 (+양성 모음 뒤)	도족+이 → 도즈기(=도적의)	
	의	높임이 아닌 유정 명사 뒤 (+음성 모음 뒤)	거붑+의 → 거부븨(=거북의)	
부사격 조사	애	양성 모음 뒤	바롤+애 → 바루래(=바다에)	에
	에	음성 모음 뒤	굴형+에 → 굴허에(=구덩이에)	
	예	'ㅣ'나 반모음 'j' 뒤	비+예 → 비예(=배에)	
호격 조사	아	평칭 뒤	文殊+아 → 文殊아(=문수야)	아/야, (이)여
	하	존칭 뒤	둘+하 → 둘하(=달님이시여)	

> 📢 **비교 부사격 조사**

형태	실현 방법	용례	현대 국어
비교 부사격 조사	애/에	나랏 말쏘미 中國**에** 달아(우리나라의 말이 중국과 달라)	'와/과'에 해당
	이	古聖**이** 同符후시니(고성과 일치하시니)	
	도곤	호박**도곤** 더 곱더라(호박보다 더 곱더라)	'보다'에 해당
	라와	널**라와** 시름 한 나(너보다 걱정이 많은 나)	

8 의문형 어미의 변천

	형태	실현 조건	용례	현대 국어
판정 의문문	의문 보조사 '가' 또는 종결 어미 '-녀, -니여'	물음말(의문사) 없이 긍정이나 부정의 대답을 요구하는 의문문	서경(西京)은 **편안ᄒ가**	의문문에 물음말 이 있든 없든, 주 어의 인칭이 어떠 하든 의문형 어미 를 구분하지 않음.
설명 의문문	의문 보조사 '고' 또는 종결 어미 '-뇨'	물음말(의문사)이 있고 구체적 인 설명을 요구하는 의문문	고원은 이제 **엇더ᄒ고**	
2인칭 의문문	'-ㄴ다', '-눈다', '-ᅘ다'	주어가 2인칭인 의문문	네 엇뎨 **안다** (=네가 어찌 알았느냐?)	

9 높임 표현의 변천

	형태	실현 조건	용례	현대 국어
주체 높임 선어말 어미	-시-	자음 어미 앞	가**시**고, 가**시**니	주체 높임 선 어말 어미 '-(으)시-'만 남음.
	-샤-	모음 어미 앞	가**샤**, 가**샬**	
객체 높임 선어말 어미	-ᄉᆞ- (-ᄉᆞᇦ-/-ᄉᆞ오-)	어간의 끝소리 ㄱ, ㅂ, ㅅ, ㅎ 뒤	막**ᄉᆞ**거늘(막다), 돕**ᄉᆞᇦ**니(돕다)	객체 높임 선 어말 어미는 소멸되고, 특 수 어휘를 통 해 실현됨.
	-ᄌᆞ- (-ᄌᆞᇦ-/-ᄌᆞ오-)	어간의 끝소리 ㄷ, ㅌ, ㅈ, ㅊ 뒤	듣**ᄌᆞ**게(듣다), 얻**ᄌᆞᇦ**(얻다)	
	-ᅀᆞ- (-ᅀᆞᇦ-/-ᅀᆞ오-)	어간의 끝소리 유성음 (모음, ㄴ, ㄹ, ㅁ) 뒤	보**ᅀᆞ**게(보다), ᄀᆞ초**ᅀᆞᇦ**(갖추다)	
상대 높임 선어말 어미	-이-	의문문 이외의 문장	德이여 福이라 호ᄂᆞᆯ 나ᅀᆞ라 오소**이**다 (=덕이며 복이라 하는 것을 바치러 오 십시오)	상대 높임 선 어말 어미는 소멸되고 종 결 어미를 통 해 실현됨.
	-잇-	의문문에서 쓰임.	므스므라 오시니**잇**고 (=무엇 때문에 오셨습니까)	

📢 인칭 선어말 어미

문법의 변화	형태	실현 방법	용례	현대 국어
인칭 선어말 어미	'-오-'	주어가 1인칭일 때	내 하마 命終**호라**(ᄒ오다) (나는 이미 목숨이 끝났다.)	사라짐.

10 시간 표현의 변천

	형태	실현 조건	용례	현대 국어
시제 선어말 어미	'-ᄂᆞ-'	현재	네 이제 또 묻**ᄂ**다 (=네가 이제 또 묻는다.)	'-ㄴ-/-는-'
	기본형	과거	가다가 가다가 **드로라** (=가다가 가다가 들었다.)	'-았-/-었-'
	'-더-'	과거 (회상)	그딋 ᄯᆞ롤 맛고져 ᄒᆞ**더**이다 (=그대의 딸을 맞고자 하더군요.)	'-더-'
	'-리-'	미래	敬天勤民ᄒᆞ샤ᅀᅡ 더욱 구드시**리**이다 (=경천근민하셔야 더욱 굳으시겠습니다.)	'-겠-', '-(으)리-'

11 단어 의미의 변천

양상	어휘	이전 의미	현재 의미
의미 확대	영감(令監)	벼슬을 지낸 사람	벼슬(관직)+일반 노인
	세수(洗手)	손을 씻는 행위	얼굴을 씻는 행위까지 포함
	겨레	친척	같은 핏줄을 이어받은 민족
	다리	사람이나 짐승의 다리	무생물에까지 적용
	방석	네모난 모양의 깔개만 지칭	네모지거나 둥근 깔개를 지칭
	핵	열매의 씨를 보호하는 속 껍데기	사물의 중심이 되는 알맹이, 원자의 핵
의미 축소	ᄉᆞ랑ᄒᆞ다	생각하다, 사랑하다	사랑하다
	즁ᄉᆡᆼ(衆生) 〉 짐승	유정물 전체	인간을 제외한 동물
	말ᄊᆞᆷ	말 전체	남의 말을 높이거나 자신의 말을 낮춤
	놈	일반적인 남자	일부 남자를 특정하여 낮잡아 부르는 말
	계집	일반적인 여자	일부 여자를 특정하여 낮잡아 부르는 말
의미 이동	싁싁ᄒᆞ다	엄하다	씩씩하다
	어리다	어리석다	나이가 어리다
	어엿브다	불쌍하다	아름답다

MEMO

음운, 단어, 문법의 변화

636 [2015년 11월 고1 학평 15번]

<보기>를 바탕으로 '훈민정음 자음의 제자원리'에 대해 탐구한 것으로 적절하지 <u>않은</u> 것은?

보 기

훈민정음의 자음은 발음 기관을 상형하여 기본자 'ㄱ, ㄴ, ㅁ, ㅅ, ㅇ'을 만들고, 기본자에 획을 더하여 기본자보다 소리가 더 세게 나는 가획자를 만들었다. 각각의 기본자와 가획자는 같은 위치에서 나는 소리를 나타낸다. 그런데 'ㆁ, ㄹ, ㅿ'은 각각 'ㄱ, ㄴ, ㅅ'과 소리 나는 위치는 같지만, 가획의 방법에 따라 만든 글자가 아니기 때문에 '이체자'라고 한다. 이를 표로 정리하면 다음과 같다.

구분	어금닛소리	혓소리	입술소리	잇소리	목청소리
기본자	ㄱ	ㄴ	ㅁ	ㅅ	ㅇ
가획자	ㅋ	ㄷ, ㅌ	ㅂ, ㅍ	ㅈ, ㅊ	ㆆ, ㅎ
이체자	ㆁ	ㄹ		ㅿ	

① 'ㅋ'은 기본자 'ㄱ'에 가획을 한 것이군.
② 'ㄴ, ㄹ'은 같은 위치에서 소리 나는 글자군.
③ 이체자 'ㅿ'은 기본자 'ㅅ'을 가획하여 만들었군.
④ 'ㅎ'은 가획자이므로 'ㅇ'보다 소리가 더 세게 나겠군.
⑤ 자음의 기본자는 모두 모양을 본뜨는 방식을 사용하여 만들었군.

637 [2017년 11월 고1 학평 15번]

<보기>를 바탕으로 ⓐ~ⓒ에 대해 이해한 내용으로 적절하지 <u>않은</u> 것은?

보 기

[자료]

ⓐ 

ⓑ

ⓒ

聲深天開於子也。形之圓象乎天也。
縮而聲淺入生於寅也。形之立象乎人也。
中聲凡十一字。舌縮而

[현대어 해석]

가운뎃소리는 모두 열한 자(字)다. '·'는 혀를 오그라지게 해서 조음하고 소리는 깊으니, …… 모양이 둥근 것은 하늘을 본뜬 것이다. '—'는 혀를 조금 오그라지게 해서 조음하고 소리는 깊지도 얕지도 않으니, …… 모양이 평평함은 땅을 본뜬 것이다. 'ㅣ'는 혀를 오그라들지 않게 조음하고 소리가 얕으니, …… 그 모양이 서 있는 꼴은 사람을 본뜬 것이다.

- 「훈민정음 제자해(訓民正音 制字解)」

① ⓐ는 ⓒ와 달리 발음할 때 얕은 소리가 나겠군.
② ⓑ는 ⓐ와 달리 글자 모양이 평평하게 생겼군.
③ ⓒ는 ⓐ와 달리 발음할 때 혀가 오그라들지 않겠군.
④ ⓐ, ⓑ, ⓒ는 모두 가운뎃소리 열한 자에 포함되는군.
⑤ ⓐ, ⓑ, ⓒ는 대상의 모양을 본뜬 것이라는 공통점이 있군.

638 [2021년 3월 고1 학평 15번]

<보기>는 수업의 일부이다. 선생님의 설명을 참고할 때 ㉠에 해당하는 것은?

보 기

선생님 : 훈민정음의 초성 중 기본자는 발음 기관의 모양을 본뜨는 '상형'의 원리로 만들어졌어요. 'ㄱ'은 혀뿌리가 목구멍을 막는 모양을, 'ㄴ'은 혀가 윗잇몸에 닿는 모양을, 'ㅁ'은 입 모양을, 'ㅅ'은 이[齒] 모양을, 'ㅇ'은 목구멍 모양을 본뜬 것이에요. 기본자에 소리의 세기에 따라 획을 더하는 '가획'의 원리를 적용하여 가획자 'ㅋ, ㄷ, ㅌ, ㅂ, ㅍ, ㅈ, ㅊ, ㆆ, ㅎ'을 만들었고, 상형이나 가획의 원리를 적용하지 않고 별도로 이체자 'ㆁ, ㄹ, ㅿ'을 만들었지요. 중성은 하늘, 땅, 사람의 모양을 본떠서 기본자 '·, ㅡ, ㅣ'를 만들고, '합성'의 원리를 적용하여 초출자 'ㅗ, ㅏ, ㅜ, ㅓ'와 재출자 'ㅛ, ㅑ, ㅠ, ㅕ'를 만들었어요. 종성은 초성의 글자를 다시 사용했답니다. 그러면 선생님과 함께 카드놀이를 하며 훈민정음에 대하여 공부해 봅시다. ㉠아래의 카드 중 [조건]을 모두 만족하는 글자 카드를 찾아볼까요?

[조건]
· 초성 : 이[齒] 모양을 본뜬 기본자에 가획하여 만든 글자
· 중성 : 초출자 'ㅗ'에 기본자 '·'를 결합하여 만든 글자
· 종성 : 상형이나 가획의 원리를 적용하지 않고 별도로 만든 글자

①  별
②  쫄
③  심
④  창
⑤  둥

639 [2014년 수능 B형 14번]

<보기 1>의 학생 의견과 관련된 한글의 제자 원리를 <보기 2>에서 찾아 바르게 짝지은 것은?

보기 1

학습 활동 : 오늘날 우리가 한글을 사용하면서 생각한 바를 각자 정리하여 발표해봅시다.

- **학생 1** : 'ㄱ'의 글자 모양이 그 소리를 낼 때 혀뿌리가 목구멍을 막는 모양과 관련된다니 한글은 정말 대단해요.
- **학생 2** : 휴대전화 자판 중에는 'ㆍ, ㅡ, ㅣ'를 나타내는 3개의 자판만으로 모든 모음자를 입력하는 것도 있어서 참 편리해요.
- **학생 3** : <예사소리>—<거센소리>—<된소리>의 관계가 <A>—<A에 획추가>—<AA>로 글자 모양에 나타나 있어서 참 체계적인 문자인 것 같아요.
- **학생 4** : 'ㅁ'과 'ㅁ'에 획을 추가해서 만든 자음자들은 'ㅁ' 모양을 공통으로 포함하고 있는데, 이때 포함된 'ㅁ' 모양은 이들 자음자들의 공통된 소리 특징을 반영한 것이에요.
- **학생 5** : 한글은 음절 단위로 모아쓰기를 하면서도 받침 글자를 따로 만들지 않았어요. 만약 그렇지 않았다면 지금보다 글자 수가 훨씬 많아졌을 거예요.

보기 2

한글의 제자 원리

가. 초성자와 중성자의 기본자는 상형의 원리로 만들었다.
나. 기본자에 가획하여 새로운 초성자를 만들었다.
다. 초성자를 나란히 써서 또 다른 초성자로 사용하였다.
라. 기본자 외의 8개 중성자는 기본자를 합하여 만들었다.

① 학생 1 - 가, 나　　　　② 학생 2 - 다, 라
③ 학생 3 - 나, 다　　　　④ 학생 4 - 나, 라
⑤ 학생 5 - 가, 라

640 [2016년 11월 고1 학평 15번]

<보기>의 ㉠~㉤을 탐구한 것으로 적절하지 <u>않은</u> 것은?

보 기

붉은 ㉠긔운이 명낭ㅎ야 첫 ㉡홍식을 혜앗고 텬듕의 징반 곳ㅎ 것이 수레박희 곳ㅎ야 믈속으로셔 치미러 밧치ᄃ시 올나붓ㅎ며 항 독 ㉢곳ㅎ 긔운이 스러디고 처엄 붉어 것출 빗최던 ㉣거시 모혀 소 혀텨로 드리워 믈속의 풍덩 ㉤빠디ᄂ 듯시브더라

- 의유당, 「동명일기」 (1772년)

[현대어 풀이]

붉은 기운이 명랑하여 첫 홍색을 헤치고, 하늘 한가운데 쟁반 같은 것이 수레바퀴 같아서 물속에서 치밀어 받치듯이 올라붙으며, 항아리, 독 같은 기운이 없어지고, 처음 붉게 겉을 비추던 것은 모여 소의 혀처럼 드리워 물속에 풍덩 빠지는 듯싶더라.

	탐구 대상	비교 자료	탐구 결과
①	㉠	기운이	'긔운'과 '이'를 끊어 적었군.
②	㉡	홍색을	현대 국어와 같은 형태의 '을'이 사용되었군.
③	㉢	같은	현대에는 소실된 'ㆍ'가 당시에는 사용되었군.
④	㉣	것은	앞 글자의 받침 'ㅅ'을 거듭 적었군.
⑤	㉤	빠지는	현대 국어에서 쓰이지 않는 'ㅽ'이 사용되었군.

국어의 변천(중세 국어) 핵심 기출 문제

641 [2018년 3월 고1 학평 15번]

<보기>의 ㉠~㉤에 나타난 중세 국어의 특징을 현대 국어와 비교하여 이해한 내용으로 적절하지 <u>않은</u> 것은?

보 기

나·랏:말ᄊᆞ·미㉠中듕國·귁·에 달·아文文字·ᄍᆞ·와·로서르 ᄉᆞᄆᆞᆺ·디 아·니ᄒᆞᆯ·ᄊᆡ·이런 젼·ᄎᆞ·로㉡어·린 百·빅姓·셩·이 니르·고·져·ᄒᆞᇙ·배이·셔·도ᄆᆞᄎᆞᆷ:내 제㉢·ᄠᅳ·들 시·러펴·디:몯ᄒᆞᇙ·노·미하·니·라·내·이·ᄅᆞᆯ爲·윙·ᄒᆞ·야 :어엿·비너·겨·새·로·스·믈여·듧 字·ᄍᆞ·ᄅᆞᆯ 밍·ᄀᆞ노·니:사ᄅᆞᆷ:마·다:ᄒᆡ·ᅇᅧ:수·ᄫᅵ니·겨·날·로·ᄡᅮ·메㉣便뼌安한·킈ᄒᆞ·고·져ᄒᆞᇙᄯᆞᄅᆞ·미니·라

– 『세종어제훈민정음(世宗御製訓民正音)』

[현대어 풀이]

우리나라의 말이 **중국과** 달라 한자와는 서로 통하지 아니하여서 이런 까닭으로 **어리석은** 백성이 말하고자 하는 바가 있어도 마침내 제 **뜻을** 능히 펴지 못하는 사람이 많다. 내가 이를 위하여 가엾게 여겨 새로 스물여덟 자를 만드니, 사람마다 하여금 쉽게 익혀 날마다 쓰는 데 **편하게** 하고자 할 **따름이다.**

---

① ㉠ : 조사 '에'는 앞말이 사건의 원인이 됨을 나타낸다.
② ㉡ : 현대 국어의 '어리다'와 단어의 의미가 서로 다르다.
③ ㉢ : 단어의 초성에 서로 다른 두 자음자를 나란히 적었다.
④ ㉣ : 현대 국어에서 사용되지 않는 자음자가 있었다.
⑤ ㉤ : 한 음절의 종성을 다음 자의 초성에 옮겨 표기하였다.

642 [2018년 11월 고1 학평 15번]

<보기 1>을 바탕으로 <보기 2>의 ㉠~㉤을 탐구한 내용으로 적절하지 <u>않은</u> 것은?

보기 1

조사와 어미는 앞말의 뒤에 붙어서 문장 안에서 문법적 의미를 표시한다는 점에서 유사한 특징을 지닌다.

보기 2

나랏 말ᄊᆞ미 ㉠中듕國귁에 달아 文문字ᄍᆞ와로 서르 ᄉᆞ뭇디 ㉡아니ᄒᆞᆯᄊᆡ 이런 젼ᄎᆞ로 ㉢어린 百빅姓셩이 니르고져 ᄒᆞᇙ ㉣배이셔도 ᄆᆞᄎᆞᆷ내 제 ㉤ᄠᅳ들 시러 펴디 몯ᄒᆞᇙ 노미 하니라

– 『훈민정음』 언해

[현대어 풀이]

우리나라의 말이 중국과 달라 문자와 서로 통하지 아니하므로 이런 까닭으로 어리석은 백성이 말하고자 하는 바가 있어도 마침내 제 뜻을 능히 펴지 못하는 사람이 많다.

	탐구 대상	비교 대상	탐구한 내용
①	㉠의 '에'	'중국과'의 '과'	'에'는 앞말이 장소임을 표시하는 조사이다.
②	㉡의 '-ㄹᄊᆡ'	'아니하므로'의 '-므로'	'-ㄹᄊᆡ'는 앞말이 뒤에 오는 내용과 인과 관계로 연결됨을 표시하는 어미이다.
③	㉢의 '-ㄴ'	'어리석은'의 '-은'	'-ㄴ'은 앞말이 뒤에 오는 말을 수식함을 표시하는 어미이다.
④	㉣의 'ㅣ'	'바가'의 '가'	'ㅣ'는 앞말이 문장의 주어임을 표시하는 조사이다.
⑤	㉤의 '을'	'뜻을'의 '을'	'을'은 앞말이 문장의 목적어임을 표시하는 조사이다.

643 [2020년 11월 고1 학평 14번]

<보기>를 바탕으로 중세 국어의 특징을 탐구한 내용으로 적절하지 <u>않은</u> 것은?

> **보 기**
>
> 흘른 조심 아니 ᄒ샤 브를 ᄢᅳ긔 ᄒ야시ᄂᆞᆯ 그 아비 그 ᄯᆞ니ᄆᆞᆯ 구짓고 北(북)녁 堀(굴)애 **브리ᅀᄫᅡ** 블 가져오라 ᄒ야ᄂᆞᆯ 그 ᄯᆞ니미 아비 말 드르샤 北堀(북굴)로 **가시니 거름**마다 발 드르신 ᄯᅡ해다 蓮花(연화)ㅣ 나니 **자최ᄅᆞᆯ 조차**
> - 「석보상절」
>
> **[현대어 풀이]**
> 하루는 조심하지 아니하시어 불을 꺼지게 하시거늘, 그 아비가 그 따님을 꾸짖고, 북녘 굴에 시켜서 불을 가져오라고 하거늘, 그 따님이 아비의 말을 들으시어 북굴로 가시니, 걸음마다 발을 드신 땅에 다 연꽃이 나니, 자취를 좇아

① 'ᄢᅳ긔'를 보니 현대 국어와 달리 초성에 어두 자음군이 쓰였음을 알 수 있군.

② 'ᄯᆞ니ᄆᆞᆯ, 자최ᄅᆞᆯ'을 보니 중세 국어에서도 앞말의 받침 유무에 따라 목적격 조사의 형태가 다르게 쓰였음을 알 수 있군.

③ '브리ᅀᄫᅡ'를 보니 현대 국어와 달리 'ㅿ'과 'ㅸ'이 표기에 사용되었음을 알 수 있군.

④ '가시니'를 보니 중세 국어에서도 주체를 높이는 특수 어휘가 사용되었음을 알 수 있군.

⑤ '거름, 조차'를 보니 현대 국어와 달리 이어 적기를 하였음을 알 수 있군.

644 [2021년 11월 고1 학평 15번]

<보기>에 대한 이해로 적절하지 <u>않은</u> 것은?

> **보 기**
>
> ㄱ. 羅睺羅(라후라)ㅣ 得道(득도)ᄒ야 도라가ᅀᅡ **어미ᄅᆞᆯ** 濟渡(제도)ᄒ야
> (라후라가 득도하여 돌아가서 어미를 제도하여)
>
> ㄴ. 瞿曇(구담)이 오ᄉᆞᆯ 니브샤 **深山(심산)애** 드러 **果實(과실)와** 믈와 좌시고
> (구담의 옷을 입으시어 깊은 산에 들어 과일과 물을 자시고)
>
> ㄷ. **南堀(남굴)ㅅ 仙人(선인)이** ᄒᆞᆫ **ᄯ를** 길어 내니 …… **時節(시절)에** 자최마다 蓮花(연화)ㅣ 나ᄂᆞ니이다
> (남굴의 선인이 한 딸을 길러 내니 …… 시절에 자취마다 연꽃이 납니다.)
>
> ㄹ. 네가짓 受苦(수고)ᄂᆞᆫ生(생)과 老(로)와 **病(병)과** 死(사)왜라
> (네 가지 괴로움은 태어남과 늙음과 병듦과 죽음이다.)

① ㄱ의 '羅睺羅(라후라)ㅣ'와 ㄷ의 '仙人(선인)이'에는 주어의 자격을 부여해 주는 조사의 형태가 서로 다르게 사용되었군.

② ㄱ의 '어미ᄅᆞᆯ'과 ㄷ의 'ᄯ를'에는 목적어의 자격을 부여해 주는 조사의 형태가 서로 동일하게 사용되었군.

③ ㄴ의 '瞿曇(구담)이'와 ㄷ의 '南堀(남굴)ㅅ'에는 모두 관형어의 자격을 부여해 주는 조사가 사용되었군.

④ ㄴ의 '深山(심산)애'와 ㄷ의 '時節(시절)에'에는 모두 부사어의 자격을 부여해 주는 조사가 사용되었군.

⑤ ㄴ의 '果實(과실)와'와 ㄹ의 '病(병)과'에는 모두 단어와 단어를 이어주는 조사가 사용되었군.

645 [2023년 11월 고1 학평 15번]

<보기>를 바탕으로 중세 국어의 특징을 탐구한 내용으로 적절하지 <u>않은</u> 것은?

> **보 기**
>
> 녜 小學(소학)애 사름을 ᄀᆞᄅᆞ츄디 믈 ᄲᅳ리고 **ᄡᅳ며** 應(응)ᄒ며 對(ᄃᆡ)ᄒ며【應(응)ᄋᆞᆫ 블러든 디답홈이오 對(ᄃᆡ)ᄂᆞᆫ 무러든 디답 홈이라】 나ᅀᆞ며 므르ᄂᆞᆫ 절ᄎᆞ와 **어버이를 ᄉᆞ랑ᄒ며** ᄌ른ᄅᆞᆯ 공경ᄒ며 스승을 존ᄃᆡᄒ며 벋을 親(친)히 홀 道(도)로ᄡᅥ ᄒ니 다 ᄡᅥ 몸ᄑᆡ 닷ᄀᆞ며 집을 ᄀᆞᄌᆞ기 ᄒ며 **나라흘** 다ᄉᆞ리며 天下(텬하)를 판(평)히 홀 근본을 ᄒᆞᄂᆞᆫ 배니
>
> **[현대어 풀이]**
> 옛날 소학에 사람을 가르치되, 물을 뿌리고 쓸며, 응하며 대하며【응은 부르거든 대답하는 것이요, 대는 묻거든 대답하는 것이다.】 나아가며 물러나는 절차와, 어버이를 사랑하며 어른을 공경하며 스승을 존대하며 벗을 친히 할 도로써 하니, 다 그로써 몸을 닦으며 집을 가지런히 하며 나라를 다스리며 천하를 평히 할 근본을 하는 바이니

① '녜'를 보니 현대 국어와 달리 두음법칙이 적용되었음을 알 수 있군.

② 'ᄲᅳ리고'와 'ᄡᅳ며'를 보니 현대 국어와 달리 초성에 서로 다른 두 개의 자음이 함께 쓰였음을 알 수 있군.

③ '어버이를'을 보니 현대 국어와 달리 목적격 조사 '를'이 쓰였음을 알 수 있군.

④ 'ᄉᆞ랑ᄒ며'를 보니 현대 국어와 달리 'ㆍ'가 표기에 사용되었음을 알 수 있군.

⑤ '나라흘'을 보니 현대 국어와 달리 'ㅎ'을 끝소리로 가진 체언이 있었음을 알 수 있군.

Part 06 국어의 변천(중세 국어) 핵심 기출 문제

646 [2024년 9월 고1 학평 15번] 

<보기>의 ㉠, ㉡에 들어갈 내용으로 적절한 것은?

[보 기]

선생님 : 중세국어에서 조사와 결합하면 'ㅎ'이 나타나는 체언이 있는데 이를 'ㅎ' 종성 체언이라고 해요. 'ㅎ' 종성 체언 뒤에 어떤 조사가 결합하는지에 따라 'ㅎ'의 실현 양상이 달라지는데, [자료 1]을 참고하여 [자료 2]의 빈칸을 채워 볼까요?

[자료 1]

결합하는 조사	'ㅎ'의 실현 양상
관형격 조사 'ㅅ'	'ㅎ'은 나타나지 않는다.
모음으로 시작하는 조사	'ㅎ'은 뒤따르는 모음에 이어 적는다.
'ㄱ' 또는 'ㄷ'으로 시작하는 조사	'ㅎ'은 뒤따르는 'ㄱ', 'ㄷ'과 어울려 'ㅋ', 'ㅌ'으로 나타난다.

[자료 2]

예1 : [내ㅎ+이] 이러 → [   ] 이러(냇물이 이루어져)
예2 : 부텻 [우ㅎ+과] → 부텻 [   ](부처의 위와)

학생 : [자료 1]을 보면 [자료 2]의 예1은 (㉠) 라고 써야 하고, 예2는 (㉡) 라고 써야 합니다.
선생님 : 네, 맞아요.

	㉠	㉡
①	내히	우콰
②	내히	우과
③	내이	우콰
④	내이	우과
⑤	내히	웃과

647 [2024년 10월 고1 학평 15번] 

<보기>를 바탕으로 중세 국어의 특징을 탐구한 내용으로 적절하지 <u>않은</u> 것은?

[보 기]

解叔謙(해숙겸)의 어미 病(병)ᄒ얫거늘 **바미** 뜰 가온디 머리 **조ᅀᅡ** 비더니 虛空(허공)애셔 닐오디 丁公藤(정공등)ᄋ로 수을 **비저** 머그면 됴ᄒ리라 ᄒ야눌 **醫員(의원)ᄃ려** 무르니 다 모ᄅ거늘 두루 가 얻니더니 ᄒᆞᆫ 한아비 나모 버히거늘 므스게 ᄡᅳ다 무른대 對答(대답)호디 丁公藤(정공등)이라 ᄒ야눌 절ᄒ고 울며 얻니논 **ᄠᅳ들** 니르대

[현대어 풀이]

해 숙겸의 어미 병들었기에 밤에 뜰 가운데 머리 조아려 빌더니, 허공에서 이르되, "정공등으로 술 빚어 먹으면 나으리라." 하기에, 의사한테 물으니 다 모르므로 두루 가서 얻으러 다니는데, 한 할아비가 나무 베기에 "무엇에 쓸 것인가?" 물으니, 대답하되, "정공등이다." 하기에 절하고 울며 얻으러 다니는 뜻을 말하니까

① '바미'를 보니 현대 국어와 달리 체언과 조사가 결합할 때 모음 조화를 따르지 않았음을 알 수 있군.
② '조ᅀᅡ'를 보니 현대 국어와 달리 'ᅀ'이 표기에 사용되었음을 알 수 있군.
③ '비저'를 보니 현대 국어와 달리 이어 적기를 하였음을 알 수 있군.
④ '醫員(의원)ᄃ려'를 보니 현대 국어와 다른 형태의 부사격 조사가 쓰였음을 알 수 있군.
⑤ 'ᄠᅳ들'을 보니 현대 국어와 달리 어두 자음군이 쓰였음을 알 수 있군.

648 [2025년 9월 고1 학평 15번]

<보기>를 통해 중세 국어의 특징을 탐구한 내용으로 적절하지 <u>않은</u> 것은?

[보 기]

∘ **부톄 안ᄌ시니**
  [부처가 앉으시니]

  　　　　　　　　　- 『월인천강지곡』

∘ **보미** 왯ᄂ 萬里옛 나그내는
  [봄에 와 있는 만 리 밖의 나그네는]

  　　　　　　　　　- 『두시언해』

∘ 고기 **뛰노니** 히 **뫼헤** 비취옛도다
  [물고기 뛰노니 해가 산에 비치어 있도다]

  　　　　　　　　　- 『두시언해』

① '부톄'를 보니 현대 국어와 달리 주격 조사 'ㅣ'가 쓰였음을
　 알 수 있군.
② '안즈시니'를 보니 현대 국어와 달리 이어 적기를 하였음을
　 알 수 있군.
③ '보미'를 보니 현대 국어와 달리 관형격 조사 '이'가 쓰였음
　 을 알 수 있군.
④ '뛰노니'를 보니 현대 국어와 달리 어두자음군이 존재하였음
　 을 알 수 있군.
⑤ '뫼헤'를 보니 현대 국어와 달리 'ㅎ' 종성 체언이 사용되었
　 음을 알 수 있군.

649 [2025년 10월 고1 학평 10번]

<보기>에 나타난 중세 국어의 특징을 이해한 내용으로
적절하지 <u>않은</u> 것은?

> **보 기**
>
> 　그 쁴 仙人(선인)이 그 ᄯᆞ니ᄆᆞᆯ 어엿비 너겨 草衣(초의)로
> 슷봇고 [草衣(초의)ᄂᆞᆫ 프성귀 오시라] 뫼ᅀᆞ바다가 果實(과
> 실) ᄣᅡ 머겨 기르ᅀᆞᄫᆞ니 나히 열네히어시ᄂᆞᆯ 그 아비 ᄉᆞ랑
> ᄒᆞ야 [그 아비ᄂᆞᆫ 仙人(선인)을 니르니라] 샹녜 블브듣 ᄌᆞ비
> ᄅᆞᆯ 시기ᅀᆞᄫᅢᆺ더니
>
> 　　　　　　　- 「석보상절」 제11, 세종 29년(1447년)
>
> **[현대어 풀이]**
>
> 　그때 선인이 그 따님을 가엾게 여겨 초의로 씻어 [초의
> 는 푸성귀 옷이다] 모셔다가 과실을 따 먹여서 기르니, 나
> 이 열넷이거늘 그 아비가 사랑하여 [그 아비는 선인을 일
> 렀느니라] 늘 불붙일 채비를 시키어 있더니

① '쁴'를 보니, 현대 국어와 달리 어두자음군이 쓰였음을 알
　 수 있군.
② '어엿비'를 보니, 현대 국어와는 다른 의미로 사용되던 단어
　 가 있었음을 알 수 있군.
③ '기르ᅀᆞᄫᆞ니'를 보니, 현대 국어와 달리 'ㅿ', 'ㆍ', 'ㅸ'이 표
　 기에 사용되었음을 알 수 있군.
④ '니르니라'를 보니, 현대 국어와 달리 두음법칙이 적용되지
　 않았음을 알 수 있군.
⑤ 'ᄯᆞ니ᄆᆞᆯ'과 'ᄌᆞ비ᄅᆞᆯ'을 비교해 보니, 현대 국어와 달리 선행
　 체언의 모음에 따라 목적격 조사의 형태가 다르게 나타났음
　 을 알 수 있군.

650 [2013년 6월 고2 학평 B형 16번]

<보기>를 바탕으로 학생이 정리한 내용 중 적절하지
<u>않은</u> 것은?

> **보 기**
>
> ᄆᆞᆯ·ᄀᆞ·ᄀᆞ·ᄅᆞᇝ호고 비 ᄆᆞ ᄉᆞᆶ·ᄒᆞᆯ **아·나**흐르ᄂᆞ니
> :긴녀·름江村(강촌)·애·일:마다幽深(유심)·ᄒᆞ도다
> 절·로가·며절·로오ᄂᆞ·닌집우흿**져비**오
> 서르親(친)ᄒᆞ·며서르갓갑ᄂᆞ·닌믌가·온·딧 ᄀᆞᆯ며기로·다
> 　　　　　- 초간본 『분류두공부시언해』(1481년)에서
>
> (현대어 풀이)
> 　맑은 강 한 굽이가 마을을 안아 흐르는데
> 　긴 여름 강촌에 일마다 그윽하구나.
> 　절로 가며 절로 오는 것은 집 위의 제비이고
> 　서로 친하며 서로 가까운 것은 물 가운데 갈매기로구나.

[학생의 정리]		
※ <보기>에 드러난 중세 국어의 특징		
ᄆᆞᆯ·ᄀᆞ·ᄀᆞ·ᄅᆞᇝ	→	띄어쓰기를 하지 않음. …… ①
ᄆᆞ ᄉᆞᆶ	→	현대 국어에서 사용하지 않는 자음과 모음도 사용함. …… ②
아·나	→	소리 나는 대로 적은 표기가 보임. …… ③
:긴녀·름	→	방점이 표시된 글자가 있음. …… ④
져비	→	현대 국어와 형태는 비슷하지만 의미가 다른 어휘가 있음. …… ⑤

국어의 변천(중세 국어) 핵심 기출 문제

651 [2013년 9월 고2 학평 B형 16번]

[A]에 제시될 자료로 적절한 것은?

대화	화면
선생님 : 자, 화면을 봅시다. 화면에 있는 『훈민정음』의 'ㄱ논'을 어떻게 읽었을까요? **학 생** : 자음과 모음이 만나야 소리가 난다고 했는데 'ㄱ'에는 모음이 없어요. **선생님** : 그럼 'ㄱ'에 어떤 모음을 붙여서 읽었을 것 같은데…… **학 생** : 이 당시에는 모음조화가 잘 지켜졌다고 배웠습니다. 그러니까 [ㄱ논]으로 읽었겠지요.	
선생님 : 그런 생각이 들죠? 그런데 여기 중세국어 자료인 최세진의 『훈몽자회』에서는 'ㄱ'을 '基役(기역)'으로 명명합니다. 그리고 연구자들은 'ㄱ'을 [기]로 읽었을 것이라고 설명합니다.	
선생님 : [A]를 보세요. 화면의 이 자료는 '논'이 / ㅣ / 모음으로 끝난 체언 뒤에 오는 사례를 보여주고 있어요. **학 생** : 아하, 그러면 [기논]이겠군요.	[A]

① ㄱ튼(같은) 　　② 나논(나는)
③ 머리논(머리는)　 ④ 바퇴논(떠받치는)
⑤ 梨이花화논(이화는)

652 [2013년 11월 고2 학평 B형 16번]

<보기>를 바탕으로 탐구 자료를 이해한 내용으로 적절하지 않은 것은?

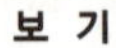

> **선생님** : 객체높임법은 목적어, 부사어 자리에 높임의 대상이 올 때 이를 높이는 것을 말합니다. 객체를 높이기 위해 현대 국어에서는 '드리다, 뵙다, 여쭙다'와 같은 특수한 어휘를 사용하지만, 중세 국어에서는 주로 선어말어미 '-숩(슬)-, -즙(줄)-, -숩(슬)-'을 사용하였습니다. 그럼 중세 국어에서 객체높임법이 사용된 예를 살펴볼까요?

[탐구 자료]
－ 중세 국어에서 객체높임법이 사용된 용언의 예

기본형	선어말어미	용례
돕다	-슬-	돕슨보니 ……… ㉠
듣다	-즙-	듣즙고 ……… ㉡
보다	-슬-	보슨보면 ……… ㉢

① ㉠은 현대 국어에서 '도우시니'의 형태로 바뀌어 객체높임을 표현하겠군.
② ㉢이 사용된 문장은 현대 국어에서라면 '뵙다'라는 어휘를 사용하여 객체높임을 표현하겠군.
③ ㉠, ㉢은 선어말어미의 받침을 뒷말에 이어 적어 표기했군.
④ ㉠~㉢이 포함된 문장에서는 목적어나 부사어 자리에 높임의 대상이 왔겠군.
⑤ ㉠~㉢을 보니, 중세 국어의 객체높임 선어말어미로는 여러 가지 형태가 있었군.

653 [2014년 3월 고2 학평 B형 16번] 

<보기>의 밑줄 친 부분에 해당하는 것은?

> **보 기**
>
> **선생님** : 모음조화란 양성 모음은 양성 모음끼리, 음성 모음은 음성 모음끼리 어울리는 현상입니다. 양성모음으로는 '·, ㅏ, ㅗ'가, 음성모음으로는 'ㅡ, ㅓ, ㅜ'가 있었습니다. 모음조화는 15세기에는 비교적 엄격하게 지켜졌으나 그 이후로 <u>지켜지지 않은 경우</u>가 나타나게 됩니다.
> 　여러분, 이제 18세기 문헌을 통해서 확인해 볼까요?
>
> 　홍식이 거록ᄒᆞ야 ㉠붉은 긔운이 ㉡하ᄂᆞᆯ을 쒸노더니 이랑이 ㉢소리를 놉히 ᄒᆞ야 나를 불러 져긔 믈밋촐 보라 웨거늘 급히 눈을 ㉣드러 보니 믈밋 홍운을 헤앗고 큰 실오리 ㉤ᄀᆞᆺᄒᆞ 줄이 붉기 더옥 긔이ᄒᆞ며
>
> 　　　　　－ 의유당, 「관북유람일기」(1772)

① ㉠　　② ㉡　　③ ㉢　　④ ㉣　　⑤ ㉤

654 [2014년 6월 고2 학평 B형 16번] 

다음을 바탕으로 학생이 정리한 내용 중, 적절하지 <u>않은</u> 것은?

보 기

孔子ㅣ 曾子ᄃ려 닐러 골ᄋ샤디 몸이며 얼굴이며 머리털이며 ᄉᆞᆯ흔 父母ᄭᅴ 받ᄌᆞ온 거시라 敢히 헐워 샹히오디 아니홈이 효도이 비르소미오 몸을 셰워 道를 行ᄒᆞ야 일홈을 後世예 베퍼 ᄡᅥ 父母를 현뎌케 홈이 효도이 ᄆᆞᄎᆞᆷ이니라

- 『소학언해』 (1587년)에서

(현대어 풀이)

공자께서 증자에게 일러 말씀하시기를, 몸과 형체와 머리털과 살은 부모께 받은 것이므로, 감히 헐게 하여 상하게 하지 아니함이 효도의 시작이고, 입신하여 도를 행하여 이름을 후세에 날려 이로써 부모를 드러나게 함이 효도의 끝이다.

『소학언해』에 나타난 중세 국어의 특징

①	曾子ᄃ려	→ 현대 국어에는 사용하지 않는 형태의 조사가 나타나고 있다.
②	거시라	→ '-라'가 문장을 종결하는 어미로 사용되고 있다.
③	샹히오디	→ '-게 하다'의 의미를 지니는 사동 표현이 나타나고 있다.
④	몸을	→ 조사 선택에 모음조화가 지켜지지 않고 있다.
⑤	홈이	→ 현대 국어에서와 같이 끊어적기 표기법이 사용되고 있다.

655 [2014년 9월 고2 학평 B형 16번]

<보기>의 설명을 바탕으로 학생이 탐구한 내용이다. 적절하지 <u>않은</u> 것은? [3점]

보 기

훈민정음의 초성은 발음 기관의 모양을, 중성은 하늘, 땅, 그리고 사람이 서 있는 모양을 본떠서 상형의 원리로 기본자를 만들었습니다. 여기에 초성은 '가획(加劃)'의 원리를 적용하여 가획자와 예외적인 글자인 이체자를 만들었고, 중성은 '합용(合用)'의 원리를 적용하여 초출자와 재출자를 만들었습니다. 종성은 따로 글자를 만들지 않고 초성의 글자를 다시 사용하였습니다. 이를 바탕으로 '연서(이어 쓰기)', '병서(나란히 쓰기)', '부서(붙여 쓰기)' 등의 방법으로 글자를 운용했습니다. 다음 예를 통해 그 특징을 파악해 보십시오.

	원리	예시		
㉠	가획	기본자	가획자	이체자
		ㄴ	ㄷ, ㅌ	ㄹ
㉡	합용	기본자	초출자	재출자
		·, ㅡ, ㅣ	ㅗ, ㅏ, ㅜ, ㅓ	ㅛ, ㅑ, ㅠ, ㅕ
㉢	연서	ㅸ, ㅱ, ㆄ, ㅹ		
㉣	병서	ㄲ, ㄸ, ㅃ, ㅆ, ㅉ, ㆅ, ㅺ, ㅲ, ㅽ		
㉤	부서	ᄀᆞ, 가, 고, 거		

① ㉠과 ㉡의 기본자는 모두 상형의 원리로 만들었지만, 초성은 가획의 방법으로, 중성은 합용의 방법으로 글자를 더 만들었게구

② ㉡의 초출자 'ㅗ'는 기본자 '·'와 'ㅡ'를 합해서 만들었겠군.

③ ㉢과 ㉣의 예를 보면 훈민정음 제작 당시는 현대 국어에는 사용하지 않는 자음도 사용했겠군.

④ ㉣의 예를 보면 병서는 같은 글자를 나란히 적기도 하고 다른 글자를 나란히 적어 운용하기도 했군.

⑤ ㉤의 예는 초성의 아래나 왼쪽에 중성을 붙여서 사용한 것으로 현대 국어도 사용하는 글자 운용 방법이군.

656 [2014년 11월 고2 학평 B형 16번] 

다음을 참고하여 <보기>를 이해한 것으로 적절하지 <u>않은</u> 것은?

> 중세 국어에서 시제를 나타내는 선어말 어미에는 '-ᄂ-, -더- ,-(으)리-' 등이 있다. 동사의 경우 과거 시제는 아무런 선어말 어미를 쓰지 않거나 선어말 어미 '-더-'를 써서 표현하였고, 현재 시제는 선어말 어미 '-ᄂ-'를 써서 표현하였으며, 미래 시제는 '-(으)리-'를 써서 표현하였다. 한편 '-더-'는, 주어가 화자 자신일 때 사용되는 선어말 어미 '-오-'와 결합하여 '-다-'의 형태로 나타나기도 하였다.

> **보 기**
>
> ㄱ. 내 롱담ᄒ다라 「석보상절」
> ㄴ. 네 이제 또묻ᄂ다 「월인석보」
> ㄷ. 네 아비 ᄒ마 주그니라 「월인석보」
> ㄹ. 그딋 ᄯᆞ를맛고져 ᄒ더이다 「석보상절」
> ㅁ. 내 願(원)을 아니 從(종)ᄒ면 고즐몯 어드리라 「월인석보」

① ㄱ은 '롱담ᄒ다라'에 '-다-'의 형태가 나타나 있으므로 과거 시제이겠군.
② ㄴ은 '묻ᄂ다'에 선어말 어미 '-ᄂ-'가 사용되었으므로 현재 시제이겠군.
③ ㄷ은 '주그니라'에 시제 관련 선어말 어미가 사용되지 않았으므로 현재 시제이겠군.
④ ㄹ은 'ᄒ더이다'에 선어말 어미 '-더-'가 사용되었으므로 과거 시제이겠군.
⑤ ㅁ은 '어드리라'에 선어말 어미 '-리-'가 사용되었으므로 미래 시제이겠군.

657 [2015년 3월 고2 학평 15번]

<보기>를 읽고 중세 국어에 대해 탐구한 내용으로 적절하지 <u>않은</u> 것은?

> **보 기**
>
> **[중세 국어]**
> 녯 ㉠마리 ㉡닐오디 ㉢어딘 일 ㉣조초미 ㉤노푼 디 올옴 ᄀᆞᆮ고 사오나온 일 조초미 아래로 믈어딤 ᄀᆞᆮᄒ니라
>   - 『번역소학』(1518년)에서
>
> **[현대어 풀이]**
> 옛말에 이르되 어진 일 좋음이 높은 데 오름 같고, 사나운 일 좋음이 아래로 무너짐 같으니라.

① 현대 국어의 '말에'를 보니, ㉠은 이어 적기를 하였군.
② 현대 국어의 '이르되'를 보니, ㉡에는 두음 법칙이 적용되지 않았군.
③ 현대 국어의 '어진'을 보니, ㉢에는 구개음화가 일어나지 않았군.
④ 현대 국어의 '좋음이'를 보니, ㉣은 끊어 적기를 하였군.
⑤ 현대 국어의 '높은'을 보니, ㉤은 모음 조화가 지켜졌군.

658 [2015년 9월 고2 학평 15번] 

<보기>의 ㉠~㉤에 나타난 중세 국어의 특징을 이해한 내용으로 옳지 <u>않은</u> 것은?

> **보 기**
>
> 世·솅宗종 御·엉製·졩 訓·훈民민正·졍音흠
> 나·랏:말ᄊᆞ·미 ㉠中듕國·귁·에 달·아 文문字·ᄍᆞ·와로 서르 ᄉᆞᄆᆞᆺ·디 아·니ᄒᆞᆯ·씨 ·이런 젼·ᄎᆞ·로 어·린 百·ᄇᆡᆨ姓·셩·이 니르·고·져 ·홇 ·배 이·셔·도 ᄆᆞᄎᆞᆷ:내 ㉡제 ㉢·ᄠᅳ·들 시·러 펴·디 :몯 ᄒᆞᆳ ㉣·노·미 하·니·라 ·내 ·이·를 爲·윙·ᄒᆞ·야 :어엿·비 너·겨 ·새·로 ·스·믈여·듧 字·ᄍᆞ·를 밍·ᄀᆞ노·니 :사룸:마·다 :히·여 ·수·ᄫᅵ 니·겨 ·날·로 ·뿌·메 ㉤便뼌安한·킈 ᄒᆞ·고·져 ᄒᆞᆯ ᄯᆞᄅᆞ·미니·라
>   - 『월인석보(月印釋譜)』, 세조(世祖) 5년(1459)

> **[현대어 풀이]**
> 나라의 말이 중국과 달라 한자와 서로 통하지 아니하여서 이런 까닭으로 어리석은 백성이 말하고자 하는 바가 있어도 마침내 자기의 뜻을 펴지 못하는 사람이 많다. 내가 이를 가엾게 생각하여 새로 스물여덟 글자를 만드니, 모든 사람으로 하여금 쉽게 익혀서 날마다 쓰는 데 편하게 하고자 할 따름이다.

① ㉠ : '에'가 비교의 의미로 사용되었군.
② ㉡ : 'ㅣ'가 주격조사로 사용되었군.
③ ㉢ : 단어의 첫머리에 서로 다른 자음이 함께 쓰였군.
④ ㉣ : 이어적기가 사용되었군.
⑤ ㉤ : 현대 국어에는 없는 자음이 쓰였군.

659 [2016년 9월 고2 학평 16번] 

<보기>를 바탕으로 중세 국어의 특징을 탐구한 내용으로 적절하지 <u>않은</u> 것은?

> **보 기**
>
> **[중세 국어]** 잣 ㉠앉 ㉡보미 플와 나모ᄲᅮᆫ
> **[현대 국어]** 성(城) 안의 봄에 풀과 나무만
>
> **[중세 국어]** 烽火ㅣ ㉢석ᄃᆞ룰 ㉣니ᅀᅦ시니
> **[현대 국어]** 봉화가 석 달을 이어지니
>
> **[중세 국어]** 첫소리룰 ㉤ᄡᅳᄂᆞ니라
> **[현대 국어]** 첫소리를 쓰느니라

① ㉠을 보니 'ㅅ'은 현대 국어의 '의'에 해당하는 관형격 조사로 쓰였군.
② ㉡을 보니 체언과 조사를 구분하여 그 형태를 밝혀 적었군.
③ ㉢을 보니 ᄃᆞ룰은 현대 국어 '달을'과 달리 모음조화를 지켜 표기하였군.
④ ㉣을 보니 현대 국어에서 쓰이지 않는 자음을 사용하였군.
⑤ ㉤을 보니 첫 음절 초성에 서로 다른 자음을 가로로 나란히 붙여 썼군.

660 [2017년 3월 고2 학평 14번]

<보기>에 제시된 '선생님'의 질문에 대한 답으로 적절한 것은?

보 기

선생님 : 중세 국어에서는 각 글자의 왼편에 점을 찍어 소리의 높낮이를 표시하였습니다. 점이 없으면 낮은 소리, 점이 한 개면 높은 소리, 점이 두 개면 처음은 낮고 나중이 높은 소리를 나타냈습니다. 가령 ':말ㅆ·미'는 다음과 같이 소리의 높낮이를 표시할 수 있습니다.

자, 그럼 다음의 밑줄 친 @는 소리의 높낮이를 어떻게 표시할 수 있을까요?

불·휘기·픈남·ᄀᆞᆯ·ᄅᆞ·매 @아·니:뮐·ᄊᆡ
　　　　　　－『용비어천가(龍飛御天歌)』 제2장 중에서

① 아 니 뮐 ᄊᆡ
② 아 니 뮐 ᄊᆡ
③ 아 니 뮐 ᄊᆡ
④ 아 니 뮐 ᄊᆡ
⑤ 아 니 뮐 ᄊᆡ

661 [2017년 6월 고2 학평 15번]

<보기>의 설명을 참고할 때, ㉠과 ㉡에 들어갈 단어로 적절한 것은?

보 기

　중세 국어 의문문의 종결어미는 인칭의 종류와 물음말의 유무에 따라 달라진다. 주어가 1, 3인칭일 경우, 물음말이 있는 의문문에는 '-ㄴ고', '-ㄹ고'와 같은 '오'형 어미가 사용되었고, 물음말이 없는 의문문에는 '-ㄴ가', '-ㄹ가'와 같은 '아'형 어미가 사용되었다. 그리고 주어가 2인칭일 경우, 물음말의 유무와 상관없이 '-ㄴ다'가 사용되었다.

· 부톄 世間에 ____㉠____
　(부처가 세간에 나신 것인가?)
· 네 뉘손ᄃᆡ 글 ____㉡____
　(너는 누구에게서 글을 배웠는가?)
· 어느 사ᄅᆞ미 少微星이 잇다 니ᄅᆞ던고
　(어떤 사람이 소미성이 있다고 말하던가?)

	㉠	㉡
①	나샤미신가	비혼다
②	나샤미신가	비호ᄂᆞ고
③	나샤미신고	비혼다
④	나샤미신다	비호ᄂᆞ고
⑤	나샤미신다	비호ᄂᆞ가

662 [2017년 9월 고2 학평 15번]

<보기>를 바탕으로 현대국어와 중세국어의 특징을 비교한 내용으로 적절하지 <u>않은</u> 것은? [3점]

보 기

· ㉠효도홈과 공슌호몰
　(효도함과 공손함을)
· 兄(형)ㄱ ㉡ᄠᅳ디 일어시ᄂᆞᆯ ㉢聖孫(성손)을 ㉣내시니이다
　(형의 뜻이 이루어지시매 (하늘이) 성손을 내셨습니다.)
· 世尊(세존)ㅅ 安否(안부) ㉤묻ᄌᆞᆸ고 니르샤ᄃᆡ 므스므라 오시니잇고
　(세존의 안부를 여쭙고 이르시되 무슨 까닭으로 오셨습니까?)

① ㉠을 보니 현대국어와 달리 명사형 어미 '-옴'이 사용되었군.
② ㉡을 보니 현대국어와 달리 어두자음군이 사용되었군.
③ ㉢을 보니 현대국어와 달리 목적격 조사 '을'이 사용되었군.
④ ㉣을 보니 현대국어와 마찬가지로 주체높임 선어말 어미 '-시-'가 사용되었군.
⑤ ㉤을 보니 현대국어와 마찬가지로 청자를 높이는 특수어휘가 사용되었군.

663 [2018년 9월 고2 학평 15번]

<보기>의 설명을 참고할 때, ㉠~㉢에 들어갈 말로 적절한 것은?

보 기

　일반적으로 중세 국어의 주격 조사는 앞에 결합하는 체언의 끝소리에 따라 달라졌다. 체언의 끝소리가 자음일 때 '이'가 나타났고, 체언의 끝소리가 모음 'ㅣ'도, 반모음 'ㅣ'도 아닌 모음일 때는 'ㅣ'가 나타났다. 그런데 체언의 끝소리가 모음 'ㅣ'이거나, 반모음 'ㅣ'일 때는 아무런 형태가 나타나지 않았다.

○ ____㉠____ 가칠 므러
　(뱀이 까치를 물어)

○ ____㉡____ 기픈 남ᄀᆞᆫ
　(뿌리가 깊은 나무는)

○ ____㉢____ 세상에 나매
　(대장부가 세상에 나와)

	㉠	㉡	㉢
①	ᄇᆞ얌	불휘ㅣ	대장뷔
②	ᄇᆞ얌	불휘ㅣ	대장뷔ㅣ
③	ᄇᆞ야미	불휘	대장뷔
④	ᄇᆞ야미	불휘	대장뷔ㅣ
⑤	ᄇᆞ야미	불휘ㅣ	대장뷔

국어의 변천(중세 국어) 핵심 기출 문제

664 [2018년 11월 고2 학평 15번]

<보기 1>은 중세 국어를 학습하기 위한 자료이고, <보기 2>는 현대 국어사전의 일부이다. <보기 2>를 참고하여 ㉠~㉤을 탐구한 내용으로 적절하지 <u>않은</u> 것은?

보기 1

[중세 국어] 보살(菩薩)이 ㉠어느 나라해 느리시게 흐려뇨
[현대 국어] 보살이 어느 나라에 내리시도록 하려는가?

[중세 국어] ㉡어늬 구더 병불쇄(兵不碎)흐리잇고
[현대 국어] 어느 것이 굳어 군대가 부수어지지 않겠습니까?

[중세 국어] 져믄 아히 ㉢어느 듣ᄌ보리잇고
[현대 국어] 어린 아이가 어찌 듣겠습니까?

[중세 국어] 미혹(迷惑) ㉣어느 플리
[현대 국어] 미혹한 마음을 어찌 풀겠는가?

[중세 국어] 이 두 말을 ㉤어늘 종(從)ᄒ시려뇨
[현대 국어] 이 두 말을 어느 것을 따르시겠습니까?

보기 2

어느 01 「관형사」
  둘 이상의 것 가운데 대상이 되는 것이 무엇인지 물을 때 쓰는 말.

어느 02 「대명사」『옛말』
  어느 것.

어느 03 「부사」『옛말』
  '어찌'의 옛말.

---

① 체언을 수식하는 역할을 하는 것으로 보아 ㉠은 <보기 2>의 '어느 01'과 품사가 같다고 할 수 있겠군.
② ㉡은 <보기 2>의 '어느 02'에 주어의 자격을 부여하는 조사가 결합한 것이라고 할 수 있겠군.
③ ㉢은 <보기 2>의 '어느 03'으로 쓰여 뒤에 오는 용언을 수식한다고 할 수 있겠군.
④ <보기 2>의 '어느 01'과 '어느 03'을 참고해 보니 ㉣과 '어느 01'은 품사가 서로 다르다고 할 수 있겠군.
⑤ ㉤에 사용된 '어느'는 둘 이상의 것 가운데 대상이 되는 것이 무엇인지 물을 때 쓰는 말인 <보기 2>의 '어느 01'에 해당한다고 볼 수 있겠군.

665 [2019년 6월 고2 학평 15번]

<보기 1>을 바탕으로 <보기 2>를 분석한 것으로 적절하지 <u>않은</u> 것은?

보기 1

[중세 국어의 주체 높임법과 객체 높임법]

· **주체 높임법** : 문장의 주어에 해당하는 대상을 높이는 것이다. 주체 높임법은 주로 선어말 어미 '-시-/-샤-'를 통해 실현된다. 또한 특수 어휘나 조사에 의해 실현되기도 한다.
· **객체 높임법** : 문장의 목적어나 부사어에 해당하는 대상을 높이는 것이다. 객체 높임법은 주로 선어말 어미 '-ᄉᆞᆸ-/-ᄌᆞᆸ-/-ᄉᆞᆸ-'을 통해 실현된다. 또한 특수 어휘나 조사에 의해 실현되기도 한다.

보기 2

㉠ 世尊(세존)ㅅ 安否(안부) 묻ᄌᆞᆸ고 니르샤ᄃᆡ - [A]
  므스므라 오시니잇고 - [B]
  [세존의 안부를 여쭙고 이르시되 무슨 까닭으로 오셨습니까?]
㉡ 네 아ᄃᆞ리 各各(각각) 어마님내 뫼ᅀᆞᆸ고
  [네 아들이 각각 어머님을 모시고]

---

① ㉠의 [A]에서 주체 높임은 실현되었으나 그 주체가 생략되었다.
② ㉠의 [A]에서 선어말 어미를 사용하여 객체 높임이 실현되었다.
③ ㉠의 [B]에서는 주체를 높이기 위해 선어말 어미가 사용되었다.
④ ㉡에서 특수 어휘를 사용하여 주체인 '아들'을 존대하였다.
⑤ ㉡에서는 객체인 '어머님'을 높이기 위해 선어말 어미를 사용하였다.

666 [2019년 9월 고2 학평 15번]

<보기>를 참고할 때, ㉠과 ㉡에 해당하는 사례로 적절한 것은?

보 기

　중세국어에서 '이/의'는 ㉠관형격 조사와 ㉡부사격 조사로 모두 사용되는 양상을 보인다. 대체로 높임을 나타내지 않는 유정 명사 뒤에서는 관형격 조사로 쓰이고, 시간이나 장소 등을 나타내는 일부 체언 뒤에서는 부사격 조사로 사용되었다. 한편 '이/의'는 모음조화의 양상에 따라 '이' 또는 '의'로 실현되었다.

	㉠	㉡
①	겨틔 서서 (곁에 서서)	거부븨 터리 굳고 (거북의 털과 같고)
②	거부븨 터리 굳고 (거북의 털과 같고)	겨틔 서서 (곁에 서서)
③	거부븨 터리 굳고 (거북의 털과 같고)	바믜 비취니 (밤에 비치니)
④	바믜 비취니 (밤에 비치니)	사ᄅᆞ믜 ᄠᅳ들 (사람의 뜻을)
⑤	사ᄅᆞ믜 ᄠᅳ들 (사람의 뜻을)	겨틔 서서 (곁에 서서)

667 [2019년 11월 고2 학평 15번]

<보기>의 '교사가 제시한 과제'에 대해 학생들이 보인 반응으로 적절하지 <u>않은</u> 것은?

보 기

<교사가 알려 준 내용>

　현대 국어와 마찬가지로 중세 국어에서도 어말 어미 앞에서 문법적인 기능을 하는 어미가 있었다. 그중 하나인 '-오-'는 현대 국어에서 쓰이지 않는 어미로 문장의 주어가 화자임을 표현하기 위해 쓰였는데, 음성 모음 뒤에서는 '-우-'로 나타났다. 또한 '-오-'는 과거 시제를 나타내는 '-더-'와 결합하면 '-다-'로, 현재 시제를 나타내는 '-ᄂᆞ-'와 결합하면 '-노-'로 나타났다.

<교사가 제시한 과제>

※ 다음 예문들을 보고 ㉠~㉢의 어미에 대해 탐구해 보자.

○ 내 이저ᄭᅴ 다ᄉᆞᆺ 가짓 ᄭᅮ믈 ㉠ᄭᅮ우니
　[내가 어제께 다섯 가지의 꿈을 꾸니]

○ 내 이ᄅᆞᆯ 爲윙ᄒᆞ야 … 새로 스물여듧 字ᄍᆞᆼᄅᆞᆯ ㉡밍ᄀᆞ노니
　[내가 이를 위하여 … 새로 스물여덟 자를 만드니]

○ 太子ㅣ 닐오ᄃᆡ 내 ㉢롱담ᄒᆞ다라
　[태자가 말하되, "내가 농담하였다."]

---

① ㉠의 '-우-'는 어간 'ᄭᅮ-'에 있는 음성 모음 때문에 나타난 형태이군.

② ㉡의 '-노-'는 '-ᄂᆞ-'와 '-오-'가 결합되어 나타난 형태이군.

③ ㉢의 '-다-'는 '-더-'가 어말 어미와 결합하여 나타난 형태이군.

④ ㉡과 ㉢에는 모두 문장의 시제를 나타내는 기능을 하는 어미가 사용되었군.

⑤ ㉠, ㉡, ㉢ 모두에는 주어가 화자임을 표현하기 위한 어미가 사용되었군.

668 [2020년 6월 고2 학평 15번]

<보기>의 중세 국어 자료에 나타난 특징을 탐구한 내용으로 적절하지 <u>않은</u> 것은?

보 기

[중세 국어] 불휘 기픈 남ᄀᆞᆫ ᄇᆞᄅᆞ매 아니 :뮐·씨

[현대 국어] 뿌리가 깊은 나무는 바람에 아니 움직이므로
　　　　　　　　　　　　　　　　　　　　 - 「용비어천가」

[중세 국어] ·첫소·리·ᄅᆞᆯ 어·울·워ᄡᅳ·디·면 글·방·쓰·라

[현대 국어] 첫소리를 합하여 쓸 것이면 나란히 쓰라.
　　　　　　　　　　　　　　　　　　　 -- 「훈민정음언해」

[중세 국어] ·몸·이며얼굴·이며머·리털·이·며 솔·ᄒᆞᆫ

[현대 국어] 몸과 형체와 머리털과 살은
　　　　　　　　　　　　　　　　　　　　 - 「소학언해」

---

① '기·픈'은 '깊은'과 견주어 보니, 소리 나는 대로 적었음을 알 수 있군.

② ':뮐·씨'는 '움직이므로'에 대응하는 것을 보니, 현대 국어에서는 쓰이지 않는 단어임을 알 수 있군.

③ '·ᄅᆞᆯ'은 '를'과 견주어 보니, 현대 국어와 단어의 형태가 달랐음을 알 수 있군.

④ 'ᄡᅳ·디·면'은 '쓸 것이면'에 대응하는 것을 보니, 초성에 서로 다른 두 개의 자음이 함께 사용되었음을 알 수 있군.

⑤ '얼굴'은 '형체'라는 의미였던 것을 보니, 현대 국어로 오면서 단어의 의미가 확대되었음을 알 수 있군.

669 [2020년 9월 고2 학평 15번]

<보기>의 ㉠~㉢에 들어갈 말로 적절한 것은?

보 기

중세국어에는 용언의 어간에 붙어서 실현되는 의문형 어미와는 달리, 체언 뒤에 직접 실현되어서 의문의 뜻을 나타내면서 문장을 끝맺는 조사가 있다. 이를 '의문 보조사'라고 하는데, 의문 보조사로는 판정 의문문에 실현되는 '가/아'와 설명 의문문에 실현되는 '고/오'가 있다. 그런데 '가, 고'는 모음 또는 'ㄹ' 다음에는 '아, 오'로 쓰인다.

○ 얻논 藥(약)이 (㉠)
　[얻는 약이 무엇인가?]
○ 이 ᄯᆞ리 너희 (㉡)
　[이 딸이 너의 종인가?]
○ 엇뎨 일훔이 (㉢)
　[어찌 이름이 선야인가?]

	㉠	㉡	㉢
①	므스것고	죵가	船若(선야)오
②	므스것고	죵가	船若(선야)고
③	므스것고	죵고	船若(선야)오
④	므스것가	죵고	船若(선야)오
⑤	므스것가	죵아	船若(선야)고

670 [2021년 3월 고2 학평 13번]

한글 맞춤법과 중세 국어 자료를 함께 참고하여 탐구한 결과로 적절하지 <u>않은</u> 것은? [3점]

한글 맞춤법	[제31항] 두 말이 어울릴 적에 'ㅎ' 소리가 덧나는 것은 소리대로 적는다. ○수캐(O) / 수개(X)　○살코기(O) / 살고기(X)
관련 자료	중세 국어에서는 '술ㅎ', '암ㅎ[雌]', '수ㅎ[雄]', '안ㅎ[內]', '나라ㅎ' 등의 'ㅎ 종성 체언'이 있었다. 'ㅎ 종성 체언'은 단독형으로 쓰일 때에는 'ㅎ'이 나타나지 않지만, 아래와 같은 경우 'ㅎ'이 나타나기도 하였다.

'ㅎ'이 나타나는 경우	예
모음으로 시작하는 말과 결합하는 경우 'ㅎ'을 이어 적음.	하늘ㅎ+이 →하늘히(하늘이)
자음 'ㄱ, ㄷ, ㅂ'으로 시작하는 말과 결합하는 경우 'ㅋ, ㅌ, ㅍ'이 됨.	고ㅎ+기리 →고키리(코끼리)

현대 국어에서는 몇 개의 복합어에서만 'ㅎ' 종성 체언의 흔적이 남아 있는데, '수캐', '살코기', '암평아리' 등이 그에 해당한다.

① '안팎'은 'ㅎ 종성 체언'인 '안ㅎ'에 '밖'이 결합한 흔적이 남아 있는 경우이겠군.

② '수캐'는 'ㅎ'이 'ㄱ'과 어울려 'ㅋ'으로 되는 거센소리되기가 이루어진 것이겠군.

③ '살코기'의 '살'은 중세 국어에서 단독으로 쓰일 경우 '술ㅎ'의 형태로 사용되었겠군.

④ '나라'는 중세 국어에서 조사 '이'와 결합하는 경우 '나라히'의 형태로 사용되었겠군.

⑤ '암평아리'는 중세 국어에서 'ㅎ 종성 체언' '암ㅎ'에 '병아리'가 결합한 흔적일 수 있겠군.

671 [2021년 9월 고2 학평 15번]

<보기>의 ㉠~㉢에 들어갈 말로 바르게 짝지어진 것은?

보 기

중세 국어에서 과거 시제는 선어말 어미 '-더-'를 사용하여, 미래 시제는 선어말 어미 '-리-'를 사용하여 표현하였다. 하지만 현재 시제는 품사에 따라 다르게 표현했는데, 동사는 선어말 어미 '-ᄂ-'를 사용하였고 형용사와 '체언+이다'는 특정한 선어말 어미를 사용하지 않았다.

○ 내 (㉠)
　[내가 가겠습니다.]
○ 사ᄅᆞ미(㉡)
　[사람의 스승이시다.]
○ 네 이제 ᄯᅩ(㉢)
　[네가 이제 또 묻는다.]

	㉠	㉡	㉢
①	가리이다	스스이시다	묻ᄂ다
②	가리이다	스스이시다	묻다
③	가리이다	스스이시ᄂ다	묻ᄂ다
④	가더이다	스스이시다	묻ᄂ다
⑤	가더이다	스스이시ᄂ다	묻다

672 [2022년 6월 고2 학평 15번]

<보기>의 ㉠~㉤에 나타나는 중세 국어의 특징을 탐구한 내용으로 적절하지 <u>않은</u> 것은?

> **보 기**
>
> [중세 국어] 녯 마리 ㉠닐오디 어딘 일 ㉡조초미 노픈 디 올옴 곧고
> [현대 국어] 옛말에 이르되 어진 일 좇음이 높은 데 오름 같고
>
> [중세 국어] 善쎤慧똉 ㉢對됭答답ᄒ샤디 부텻긔 받ᄌᆞ보리라
> [현대 국어] 선혜가 대답하시되 "부처께 바치리라."
>
> [중세 국어] 烽火ㅣ ㉣석ᄃᆞ를 ㉤니세시니
> [현대 국어] 봉화가 석 달을 이어지니

① ㉠에서 두음 법칙이 적용되지 않았음을 알 수 있군.

② ㉡에서 이어 적기가 사용되었음을 알 수 있군.

③ ㉢에서 객체를 높이는 선어말 어미가 사용되었음을 알 수 있군.

④ ㉣에서 체언에 조사가 결합할 때 모음 조화가 지켜지고 있음을 알 수 있군.

⑤ ㉤에서 현대 국어에서 쓰이지 않는 자음이 사용되었음을 알 수 있군.

673 [2022년 11월 고2 학평 15번]

<보기 1>을 참고히어 <보기 2>를 탐구한 내용으로 적절하지 <u>않은</u> 것은?

> **보 기 1**
>
> 중세 국어에서는 시제를 표현하기 위해 다음과 같이 선어말 어미를 사용하였다. 과거 시제를 표현할 때는 동사와 형용사 모두 '-더-'를 사용하였고, 동사의 경우에는 아무런 선어말 어미를 쓰지 않기도 했다. 현재 시제를 표현할 때는 동사의 경우 '-ᄂᆞ-'를 사용하였고, 형용사의 경우 선어말어미를 쓰지 않았다. 미래 시제를 표현할 때는 동사와 형용사 모두 '-리-'를 사용하였다.

> **보 기 2**
>
> ㉠ 分明(분명)히 너ᄃᆞ려 <u>닐오리라</u>
> [분명하게 너한테 말하겠다.]
> ㉡ 네 이제 ᄯᅩ <u>묻ᄂᆞ다</u> [네가 이제 또 묻는다.]
> ㉢ 나리 ᄒ마 西(서)의 가니 <u>어엿브다</u>
> [날이 벌써 서쪽으로 저무니 불쌍하다.]
> ㉣ ᄆᆞᅀᆞᆯ 사ᄅᆞ미 우디 아니리 <u>업더라</u>
> [마을 사람들이 울지 않는 이가 없었다.]
> ㉤ 네 겨집 그려 <u>가던다</u> [네가 아내를 그리워해서 갔느냐?]

① ㉠을 보니 동사의 경우 '-리-'를 사용하여 미래 시제를 표현했음을 확인할 수 있군.

② ㉡을 보니 동사의 경우 '-ᄂᆞ-'를 사용하여 현재 시제를 표현했음을 확인할 수 있군.

③ ㉢을 보니 형용사의 경우 아무런 선어말어미도 사용하지 않는 방식으로 현재 시제를 표현했음을 확인할 수 있군.

④ ㉣을 보니 형용사의 경우 '-더-'를 사용하여 과거 시제를 표현했음을 확인할 수 있군.

⑤ ㉤을 보니 동사의 경우 아무런 선어말어미도 사용하지 않는 방식으로 과거 시제를 표현했음을 확인할 수 있군.

674 [2023년 6월 고2 학평 15번]

<보기>의 ㉠~㉤에 나타나는 중세 국어의 특징을 탐구한 내용으로 적절하지 <u>않은</u> 것은?

> **보 기**
>
> [중세 국어] 자내 날 ㉠향히 ᄆᆞᅀᆞᆷ을 엇디 가지며 나는 자내 향히 ᄆᆞᅀᆞᆷ을 엇디 가지던고 ᄆᆡ양 자내ᄃᆞ려 ㉡내 닐오디 ᄒᆞᆫ디 누어셔 이 보소 ᄂᆞᆷ도 우리ᄀᆞ티 서ᄅᆞ 에엿쎄 녀겨 ᄉᆞ랑ᄒᆞ리 ᄂᆞᆷ도 우리 ㉢ᄀᆞᄐᆞᆫ가 ᄒᆞ야 자내ᄃᆞ려 ㉣니르더니 엇디 그런 이ᄅᆞᆯ ㉤심각디 아녀 나ᄅᆞᆯ 버리고 몬져 가시ᄂᆞᆫ고
> ― 이응태 부인이 쓴 언간에서 ―
>
> [현대어 풀이] 당신이 나를 향하여 마음을 어찌 가지며, 나는 당신을 향하여 마음을 어찌 가지던가? 늘 당신에게 내가 이르되, 함께 누워서, "이 보소, 남도 우리 같이 서로 예쁘게 여겨서 사랑하리? 남도 우리 같은가?" 하여 당신에게 이르더니, 어찌 그런 일을 생각지 아니하여 나를 버리고 먼저 가시는가?

① ㉠에서 현대 국어에 쓰이지 않는 모음이 사용되었음을 알 수 있군.

② ㉡에서 주격조사가 생략되었음을 알 수 있군.

③ ㉢에서 이어적기가 사용되었음을 알 수 있군.

④ ㉣에서 두음법칙이 적용되지 않았음을 알 수 있군.

⑤ ㉤에서 구개음화가 일어나지 않았음을 알 수 있군.

675 [2023년 9월 고2 학평 15번]

<보기>를 참고하여 중세 국어를 이해한다고 할 때, ㉠과 ㉡의 사례로 바르게 짝지어진 것은?

> **보 기**
>
> 모음 조화는 ㉠양성 모음은 양성 모음끼리 어울리고 ㉡음성 모음은 음성 모음끼리 어울리는 현상으로, 중세국어에서는 현대 국어보다 규칙적으로 적용되었다.

	㉠	㉡
①	ᄇᆞᄅ매[바람에]	·뿌·메[씀에]
②	·뿌·메[씀에]	ᄠᅳ·들[뜻을]
③	ᄠᅳ·들[뜻을]	거부븨[거북의]
④	ᄆᆞᅀᆞᄆᆞᆯ[마음을]	바ᄂᆞᄅᆞᆯ[바늘을]
⑤	나ᄅᆞᆯ[나를]	도ᄌᆞ기[도적의]

676 [2023년 11월 고2 학평 15번]

<보기>를 바탕으로 중세 국어의 특징을 탐구한 내용으로 적절하지 <u>않은</u> 것은?

> **보 기**
>
> 王왕이 ᄃᆞ르시고 즉자히 南남堀꿇애 가샤 뎌 仙션人ᅀᅵᆫ표 **보샤** 禮롕數숭ᄒᆞ시고 니ᄅᆞ샤디 ᄯᆞᆯ룰 두겨시다 듣고 婚혼姻ᅙᅵᆫ표 求꿇ᄒᆞ노이다 仙션人ᅀᅵᆫ이 **ᄉᆞᆯᄫᅩ디** 내 ᄒᆞᆫ ᄯᆞᆯ룰 뒷쇼디 져머 **어리오** 아히 ᄢᅵ브터 深심山산애 이셔 **사ᄅᆞ미** 이리 설우르고 플옷 **닙고** 나못 여름 먹ᄂᆞ니 王왕이 므슴 호려 져주시ᄂᆞ니잇고
>
> **[현대어 풀이]**
>
> 왕이 들으시고 즉시 남굴에 가시어 저 선인을 보시어, 예수하시고 이르시되 "딸을 두고 계시다 듣고 혼인을 구합니다." 선인이 사뢰되 "내가 한 딸을 두고 있되, 어려서 어리석고, 아이 때부터 심산에 있어서 사람의 일이 서투르고, 풀을 입고 나무의 열매를 먹나니, 왕이 무엇을 하려고 따져 물으십니까?"

① '보샤'를 보니, 현대 국어와 달리 객체를 높이기 위해 선어말 어미 '-샤-'가 사용되었음을 알 수 있군.

② 'ᄉᆞᆯᄫᅩ디'를 보니, 현대 국어와 달리 'ㆍ', 'ㅸ'이 표기에 사용되었음을 알 수 있군.

③ '어리오'를 보니, '어리다'가 현대 국어와 다른 의미로 쓰였음을 알 수 있군.

④ '사ᄅᆞ미'를 보니, 현대 국어의 관형격 조사 '의'가 양성 모음 뒤에서 '이'의 형태로 쓰였음을 알 수 있군.

⑤ '닙고'를 보니, 현대 국어와 달리 단어의 첫머리에서 두음법칙이 적용되지 않았음을 알 수 있군.

677 [2024년 3월 고2 학평 15번]

<보기 1>의 ㉠~㉢에 따라 <보기 2>의 ⓐ~ⓔ를 바르게 분류한 것은?

> **보 기 1**
>
> 중세 국어의 주격 조사는 음운 조건에 따라 다르게 실현되었다. ㉠자음 다음에는 '이'가 나타났고, ㉡모음 '이'나 반모음 'ㅣ' 다음에는 나타나지 않았다. 그리고 ㉢모음 '이'도 반모음 'ㅣ'도 아닌 모음 다음에는 'ㅣ'가 나타났다.

> **보 기 2**
>
> 孟宗(맹종)이 ⓐᄆᆞᅀᆞ미 至極(지극) 孝道(효도)롭더니 ⓑ어미 늙고 病(병)ᄒᆞ야 이셔 ⓒ겨ᅀᅳ리 다ᄃᆞ라 오거늘 竹筍(죽순)을 먹고져 커늘 孟宗(맹종)이 대수페 가 운대 이슥고 竹筍(죽순) 두서 ⓓ줄기 나거늘 가져다가 羹(갱) 밍ᄀᆞ라 이 바ᄃᆞ니 어미 病(병)이 됴커늘 사ᄅᆞ미 다 일ᄏᆞ로디 ⓔ孝道(효도)ㅣ 至極(지극)ᄒᆞ야 그러ᄒᆞ니라 ᄒᆞ더라
>
> **[현대어 풀이]**
>
> 맹종의 마음이 지극히 효성스럽더니 어미가 늙고 병들어 있어 겨울이 다다라 오자 죽순을 먹고자 하니 맹종이 대숲에 가 우니 이윽고 죽순 두어 줄기가 나기에 가져다가 국 만들어 드리니 어미의 병이 나으니 사람들이 다 일컫기를 "효도가 지극해서 그렇다." 하더라.

	㉠	㉡	㉢
①	ⓐ	ⓒ, ⓔ	ⓑ, ⓓ
②	ⓐ, ⓒ	ⓓ	ⓑ, ⓔ
③	ⓐ, ⓒ	ⓑ, ⓓ	ⓔ
④	ⓑ, ⓔ	ⓒ, ⓓ	ⓐ
⑤	ⓔ	ⓑ, ⓓ	ⓐ, ⓒ

678 [2024년 6월 고2 학평 15번]

<보기>의 ㉠~㉤에서 알 수 있는 중세 국어의 특징으로 적절하지 <u>않은</u> 것은?

보 기

그 ㉠쁴 世尊이 즉자히 化人을 보내샤 [化人은 ㉡世尊ㅅ 神力으로 두외의 ᄒᆞ산 ㉢사ᄅᆞ미라] 虛空애셔 耶輸끠 ㉣니ᄅᆞ샤딩 네 디나건 녜 뉫 時節에 盟誓 發願혼 이ᄅᆞᆯ 혜ᄂᆞ다 ㉤모ᄅᆞᄂᆞ다

- 『석보상절』

[현대어 풀이]

그때에 세존이 즉시 화인을 보내시어 [화인은 세존의 신력으로 되게 하신 사람이다.] 허공에서 야수께 이르시되 "네가 지난 옛날 세상의 시절에 맹세하고 발원한 일을 생각하느냐 모르느냐?"

---

① ㉠을 보니, 어두자음군이 사용되었음을 알 수 있군.
② ㉡을 보니, 'ㅅ'이 관형격 조사로 사용되었음을 알 수 있군.
③ ㉢을 보니, 이어적기가 사용되었음을 알 수 있군.
④ ㉣을 보니, 객체 높임 선어말 어미가 사용되었음을 알 수 있군.
⑤ ㉤을 보니, '-ᄂᆞ다'가 의문형 어미로 사용되었음을 알 수 있군.

679 [2024년 9월 고2 학평 13번]

<보기>의 ㉠~㉢에 들어갈 말로 적절한 것은?

보 기

중세 국어에서 목적격 조사는 여러 가지 형태로 실현되었다. 먼저, 앞말에 받침이 있는 경우에 '올'이나 '을'이, 받침이 없는 경우에는 '룰'이나 '를'이 실현되었는데, 앞말에 받침이 있을 때에는 앞말의 받침을 뒤의 '올'이나 '을'에 이어 적기한 형태로 나타나기도 하였다. 또한, 앞말의 모음이 양성 모음일 때에는 '올'이나 '룰'이, 음성 모음일 때에는 '을'이나 '를'이 실현되었다. 중세 국어의 목적격 조사가 실현되는 예는 아래와 같다.

○ (㉠) 손소 자브샤
  [손을 손수 집으시어]
○ 世尊끠 내 (㉡) 펴아 술ᄫᅡ쇼셔
  [세존께 내 뜻을 펴 아뢰십시오.]
○ 王이 (㉢) 請ᄒᆞᅀᆞᄫᅡ쇼셔
  [왕이 부처를 청하십시오.]

	㉠	㉡	㉢
①	소ᄂᆞᆯ	ᄠᅳᆮ	부텨를
②	소ᄂᆞᆯ	ᄠᅳᆯ	부텨를
③	소ᄂᆞᆯ	ᄠᅳᆮ	부텨를
④	소ᄂᆞᆯ	ᄠᅳᆯ	부텨를
⑤	소ᄂᆞᆯ	ᄠᅳᆯ	부텨를

680 [2024년 10월 고2 학평 15번]

<보기>를 바탕으로 탐구 자료를 이해한 내용으로 적절하지 <u>않은</u> 것은?

보 기

중세 국어에서는 조사가 선행 체언의 환경에 따라 서로 다른 형태로 실현된 경우가 있다. 주격 조사는 자음 뒤에서는 '이', 모음 '이'나 반모음 'ㅣ' 이외의 모음 뒤에서는 'ㅣ', 모음 '이'나 반모음 'ㅣ' 뒤에서는 '∅(영형태)'로 나타났다. 목적격 조사는 자음 뒤에서는 '울/을', 모음 뒤에서는 '룰/를'로 나타났으며, 모음 조화에 따라 양성 모음 뒤에서는 '울/룰', 음성 모음 뒤에서는 '을/를'로 나타났다. 관형격 조사는 유정 체언 뒤에서는 '익/의', 무정 체언이나 높임의 유정 체언 뒤에서는 'ㅅ'으로 나타났다.

[탐구 자료]

王薦(왕천)의 **아비** 病(병)이 되어늘 …… ᄒᆞ神人(신인)이 날ᄃᆞ려 닐오디네 **아ᄃᆞ리** 孝道(효도)홀씨 **하ᄂᆞᆯ** 皇帝(황제) **너를** 열두 나흘주시ᄂᆞ다 ᄒᆞ더라

[현대어 풀이]

왕천의 아버지가 병이 심하거늘 …… 한 신이 나더러 이르기를 네 아들이 효도하므로 하늘의 황제가 너를 열두 살을 주신다 하더라.

---

① '王薦(왕천)의'는 유정 체언 뒤에서 관형격 조사 '의'가 실현되었군.
② '아비'는 모음 '이'로 끝난 체언 뒤에서 주격 조사 'ㅣ'가 실현되었군.
③ '아ᄃᆞ리'는 자음으로 끝난 체언 뒤에서 주격 조사 '이'가 실현되었군.
④ '하ᄂᆞᆯ'은 무정 체언 뒤에서 관형격 조사 'ㅅ'이 실현되었군.
⑤ '너를'은 음성 모음 뒤에서 목적격 조사 '를'이 실현되었군.

국어의 변천(중세 국어) 핵심 기출 문제

681 [2025년 6월 고2 학평 13번] 

<보기>를 바탕으로 탐구 자료를 이해한 내용으로 적절하지 **않은** 것은?

보 기

그㈿ 善慧(선혜) 부텻긔 가아 ㉠出家(출가) ㅎ샤 世尊(세존) ㅅ긔 슬ᄫ샤디 내 어저씌 다ᄉ 가짓 ㉡ᄭᅮ믈 ᄭᅮ우니 ㅎ나흔 바ᄅ래 ㉢누ᄫ며 둘흔 須彌山(수미산)ᄋᆞᆯ 볘며 세흔 衆生(중생)ᄃᆞ리 내 몸 안해 들며 네흔 소내 ᄒᆡ를 자ᄇᆞ며 다ᄉᄉᆞᆫ 소내 ㉣ᄃᆞ를 자보니 世尊(세존)하 날 爲(위)ㅎ야 ㉤니ᄅᆞ쇼셔

– 『월인석보』(1449) –

[현대어 풀이] 그때에 선혜가 부처님께 가서 출가하시어 세존께 사뢰기를, "내가 어제 다섯 가지 꿈을 꾸니, 하나는 바다에 누우며, 둘은 수미산을 베며, 셋은 중생들이 내 몸 안에 들며, 넷은 손에 해를 잡으며, 다섯은 손에 달을 잡으니, 세존님이시여, 나를 위하여 이르소서."

① ㉠ : 주체를 높이는 선어말 어미가 쓰였음을 알 수 있군.
② ㉡ : 초성에 서로 다른 두 자음이 함께 표기되었음을 알 수 있군.
③ ㉢ : 높임의 의미를 나타내는 특수 어휘가 사용되었음을 알 수 있군.
④ ㉣ : 체언에 조사가 결합할 때 모음조화가 지켜졌음을 알 수 있군.
⑤ ㉤ : 두음법칙이 적용되지 않았음을 알 수 있군.

682 [2025년 9월 고2 학평 15번]

<보기>를 참고하여 <자료>를 이해한 내용으로 적절하지 **않은** 것은? [3점]

보 기

중세 국어에서 주체 높임은 주로 선어말 어미 '-시- / -샤-' 또는 특수 어휘를 통해 실현되었다. 객체 높임은 선어말 어미 '-ᄉᆞᆸ(ᄉᆞᆸ)- / -ᄌᆞᆸ(ᄌᆞᆸ)- / -ᄉᆞᆸ(ᄉᆞᆸ)-'이나 특수 어휘, 조사에 의해 실현되었다.

자 료

ㄱ. 文殊(문수)ㅣ 摩耶(마야)ᄭᅴ 請(청)ㅎᄉᆞᄫ샤디
   [문수가 마야께 청하시되]
ㄴ. 太子(태자)ᄅᆞᆯ ᄢ려 안ᄉᆞᄫᅡ 夫人(부인)ᄭᅴ 모셔 오니
   [태자를 싸 안아 부인께 모셔 오니]
ㄷ. 耶輸(야수)ㅣ 그 긔별 드르시고
   [야수가 그 소식을 들으시고]

① ㄱ에서는 선어말 어미를 사용하여 주체인 '文殊(문수)'를 높이고 있군.
② ㄱ에서는 조사와 선어말 어미를 사용하여 객체인 '摩耶(마야)'를 높이고 있군.
③ ㄴ에서는 특수 어휘를 사용하여 객체인 '太子(태자)'를 높이고 있군.
④ ㄴ에서는 선어말 어미를 사용하여 객체인 '夫人(부인)'을 높이고 있군.
⑤ ㄷ에서는 선어말 어미를 사용하여 주체인 '耶輸(야수)'를 높이고 있군.

683 [2025년 10월 고2 학평 15번] 

<보기>의 ㉠~㉢에 들어갈 말로 적절한 것은?

보 기

선생님 : 중세 국어의 의문문은 현대 국어와 마찬가지로 판정 의문문과 설명 의문문으로 나뉩니다. 판정 의문문은 단순히 긍정이나 부정의 대답을 요구하는 의문문이고, 설명 의문문은 일정한 설명을 요구하는 의문문입니다.
학생 : 중세 국어 의문문은 현대 국어와 어떻게 달랐나요?
선생님 : 중세 국어에서는 의문문 종류에 따라 다른 종결 어미를 사용했습니다. 판정 의문문에서는 종결 어미 '-녀'가, 설명 의문문에서는 종결 어미 '-뇨'가 쓰였습니다. 또 주어가 2인칭일 때는 의문문의 종류와 관계없이 종결 어미 '-ㄴ다'가 쓰였습니다. 지금까지 설명한 내용을 이해했는지 [학습 활동]을 통해 점검해 볼까요?

[학습 활동]
○ 太子(태자)ㅣ 이제 어듸 ______㉠
  (태자가 이제 어디 있느냐?)
○ 내 니ᄅᆞ던 究羅帝(구라제) 眞實(진실)로 ______㉡
  (내가 이르던 구라제가 진실로 그러하더냐?)
○ 네 엇던 바ᄇᆞᆯ ______㉢
  (네가 어떤 밥을 구하는가?)

	㉠	㉡	㉢
①	잇ᄂᆞ녀	그러터녀	求(구)ㅎ는다
②	잇ᄂᆞ녀	그러터뇨	求(구)ㅎᄂᆞ뇨
③	잇ᄂᆞ뇨	그러터녀	求(구)ㅎ는다
④	잇ᄂᆞ뇨	그러터녀	求(구)ㅎᄂᆞ뇨
⑤	잇ᄂᆞ뇨	그러터뇨	求(구)ㅎᄂᆞ뇨

684 [2013년 4월 고3 학평 B형 16번]

<보기>를 바탕으로 중세 국어의 음운 'ㅸ', 'ㅿ', 'ㆍ'에 대해 탐구한 내용으로 적절하지 <u>않은</u> 것은?

> **보 기**
>
> ㄱ. 무술 > 무울 > 마을
> 　　ᄀᆞ술 > ᄀᆞ올 > 가을
> ㄴ. (날씨가) 덥(다) + -어; 더버
> ㄷ. (색깔이) 곱(다) + -아; 고바 > 고와
> 　　(고기를) 굽(다) + -어; 구버 > 구워

① ㄱ으로 보아, 중세 국어 '무술'과 'ᄀᆞ술'의 'ㅿ'은 음운 변화 양상이 같았음을 알 수 있군.

② ㄱ으로 보아, 'ㆍ'는 현대 국어에서 첫째 음절과 둘째 음절에서 변화된 음운의 모습이 같았음을 알 수 있군.

③ ㄴ으로 보아, '덥다'의 'ㅂ'이 모음으로 시작하는 어미와 결합하여 'ㅸ'으로 바뀌는 것을 알 수 있군.

④ ㄷ으로 보아, 'ㅸ'에 결합되는 어미의 모음에 따라 현대 국어에서의 표기가 달라지는군.

⑤ ㄱ과 ㄷ으로 보아, 'ㅿ'과 'ㅸ'은 현대 국어에 표기되지 않게 되었음을 알 수 있군.

685 [2013년 수능 B형 16번]

<보기>의 (가)를 바탕으로 (나)를 이해한 것으로 적절하지 <u>않은</u> 것은?

> **보 기**
>
> **(가)** 15세기 국어의 음운과 표기의 특징
> ㉠ 자음 'ㅿ'과 'ㅸ'이 존재하였다.
> ㉡ 초성에 오는 'ㅳ'은 'ㅂ'과 'ㄷ'이, 'ㅄ'은 'ㅂ'과 'ㅅ'이 모두 발음되었다.
> ㉢ 종성에서 'ㄷ'과 'ㅅ'이 다르게 발음되었다.
> ㉣ 평성, 거성, 상성의 성조를 방점으로 구분하였다.
> ㉤ 연철 표기(이어적기)를 하였다.
>
> **(나)** 나·랏 :말ᄊᆞ·미 中듕國·귁·에 달·아 文문字·ᄍᆞ ·와·로 서르 ᄉᆞᄆᆞᆺ·디 아·니ᄒᆞᆯ·씨 ·이런 젼·ᄎᆞ·로 어·린 百·빅姓·셩·이 니르·고·져 ·홇 ·배 이·셔·도 ᄆᆞᄎᆞᆷ:내 제 ·**ᄠᅳ**·들 시·러 펴·디 :몯홇 ·노·미 하·니·라 ·내 ·이·를 爲·윙·ᄒᆞ·야 :**어엿·비** 너·겨 ·새·로 ·스·믈 여·듧 字·ᄍᆞ·를 밍·ᄀᆞ노·니 사·ᄅᆞᆷ:마·다 :**ᄒᆡ·여** :**수·ᄫᅵ** 니·겨 ·날·로 ·**ᄡᅮ·메** 便뼌安한·킈 ᄒᆞ·고·져 홇 ᄯᆞ른·미니·라

① ㉠을 보니, ':수·ᄫᅵ'에는 오늘날에는 없는 자음이 들어 있군.

② ㉡을 보니, '·ᄠᅳ·들'의 'ㅳ'에서는 두 개의 자음이 발음되었군.

③ ㉢을 보니, ':어엿·비'에서 둘째 음절의 종성은 'ㄷ'으로 발음되었군.

④ ㉣을 보니, ':ᄒᆡ·여'의 첫 음절과 둘째 음절은 성조가 달랐군.

⑤ ㉤을 보니, '·ᄡᅮ·메'에는 연철 표기가 적용되었군.

686 [2014년 3월 고3 학평 B형 16번]

<보기>에서 ㉠~㉣에 들어갈 목적격 조사로 옳은 것은?

> **보 기**
>
> 　15세기 국어의 모음 중 'ㆍ, ㅏ, ㅗ'는 양성모음, 'ㅡ, ㅓ, ㅜ'는 음성모음, 'ㅣ'는 중성모음에 해당한다. 당시에는 체언과 조사가 결합할 때 모음조화가 엄격하게 지켜졌는데, 모음조화란 양성모음은 양성모음끼리, 음성모음은 음성모음끼리 어울리는 현상이다. 15세기 국어에서 목적격 조사는 '울, 을, 룰, 를'이 있다. 이들 가운데 어떤 것이 선택되는가는 체언이 자음으로 끝나느냐 모음으로 끝나느냐와 함께 체언과의 모음조화에 따라서 결정되었다.

중세국어	현대국어	중세국어	현대국어
사ᄅᆞᆷ+㉠	사람+을	누+㉢	누구+를
천하+㉡	천하+를	뜯+㉣	뜻+을

	㉠	㉡	㉢	㉣
①	울	룰	를	을
②	울	룰	을	를
③	을	을	를	룰
④	을	를	를	을
⑤	룰	을	을	를

687 [2014년 4월 고3 학평 B형 16번] 

<보기>의 ㉠~㉤에 나타난 중세 국어의 특징으로 옳지 <u>않은</u> 것은?

보 기

千世(천 세)우희 미리 定(정)ᄒᆞ샨 漢水(한수) 北(북)에
累仁開國(누인개국)ᄒᆞ샤 卜年(복년)이 ㉠궁업스시니
聖神(성신)이 니ᅀᅳ샤도 敬天勤民(경천근민) ᄒᆞ샤ᅀᅡ 더욱
㉡구드시리이다
㉢님금하 아ᄅᆞ쇼셔 ㉣洛水(낙수)예 山行(산행)가 이셔 하
나빌 ㉤미드니잇가

<제125장>
- 「용비어천가(龍飛御天歌)」(세종 29년)

[현대어 풀이]

천 세(千世) 전에 미리 정하신 한강 북쪽에,
여러 대를 물린 어진 임금이 나라를 여[開]시어 왕조가
끝이 없으시니,
성신(聖神)이 대를 이으시어도 하늘을 공경하고 백성을
부지런히 섬겨야 더욱 **굳건할 것입니다**.
임금이시여, 아소서. **낙수(洛水)**에 사냥을 가 있으면서
할아버지를 **믿으시겠습니까?**

---

① ㉠ : 현대 국어에는 쓰이지 않는 자음과 모음이 사용되었다.

② ㉡ : 선어말어미 '-이-'는 듣는 이를 높이기 위해 사용되었다.

③ ㉢ : 조사 '하'는 부르는 대상을 높이는 역할을 하였다.

④ ㉣ : '예'는 장소를 나타내는 부사격 조사로 사용되었다.

⑤ ㉤ : 어간의 받침을 어간의 종성과 어미의 초성으로 겹쳐
　　　 표기하였다.

688 [2014년 6월 고3 모평 B형 16번] 

<보기 1>을 참고하여 <보기 2>의 ㉠과 ㉡에 알맞은
것을 고른 것은?

보 기 1

현대 국어의 관형격 조사는 '의'만 있지만, 중세 국어의
관형격 조사는 '이, 의, ㅅ, ㅣ'가 있었다. 이 중 '이, 의, ㅅ'
은 결합하는 명사의 특징에 따라 다음과 같이 구분되어
사용되었다.

명사		관형격 조사
의미 특징	**끝 음절 모음**	**조사**
사람이나 동물	양성 모음	+ 이
사람이나 동물	음성 모음	+ 의
사람이면서 높임의 대상	양성 모음/ 음성 모음	+ ㅅ
사람도 아니고 동물도 아님	양성 모음/ 음성 모음	+ ㅅ

(예) 눔+이 : 누믜 뜯 거스디 아니ᄒᆞ거든
　　　　　　(남의 뜻 거스르지 아니하거든)

　　거붑+의 : 거부븨 터리 ᄀᆞᆮ고 (거북의 털과 같고)

　　大王+ㅅ : 大王ㅅ 말ᄊᆞ미ᅀᅡ 올커신마ᄅᆞᆫ
　　　　　　(대왕의 말씀이야 옳으시지만)

　　나모+ㅅ : 나못 여름 먹ᄂᆞ니 (나무의 열매 먹으니)

보 기 2

○ 父母ㅣ ［아ᄃᆞᆯ+㉠］ 마ᄅᆞᆯ 드르샤(부모가 아들의 말을 들으시어)

○ 다ᄉᆞᆺ ［술위+㉡］ 글워를 닐굴 디니라(다섯 수레의 글을
　 읽어야 할 것이다)

	㉠	㉡
①	이	ㅅ
②	ㅅ	이
③	의	ㅅ
④	ㅅ	의
⑤	이	의

689 [2014년 7월 고3 학평 B형 16번] 

<보기>를 읽고 중세 국어의 의문문에 대해 탐구한 내용으로 적절하지 <u>않은</u> 것은?

> **보 기**
>
> 　의문문에는 청자에게 가부(可否)를 묻는 판정 의문문과 구체적인 설명을 요구하는 설명 의문문이 있다. 중세 국어의 경우, 판정 의문문에는 '-가', '-녀' 등의 어미가 쓰이고, 설명 의문문에는 '-고', '-뇨' 등의 어미가 쓰인다. 주어가 2인칭인 경우에는 '-ㄴ다'의 특수한 의문형 어미가 쓰인다.
>
> 　ㄱ. 이 ᄯᆞ리 너희 <u>죵가</u> (이 딸이 너희들의 종이냐?)
> 　ㄴ. 이제 <u>엇더ᄒ고</u> (이제 어떠하냐?)
> 　ㄷ. 네 <u>모ᄅᆞᆫ다</u> (너는 모르느냐?)
> 　ㄹ. 네 엇뎨 <u>안다</u> (너는 어떻게 아느냐?)

① 'ㄱ'의 '이' 대신 '엇던'이 쓰이면, '죵가'를 '죵고'로 바꿔야겠군.
② 'ㄴ'의 '엇더' 대신 '평안'이 쓰이면, 'ᄒ고'를 'ᄒ가'로 바꿔야겠군.
③ 'ㄴ'과 'ㄹ'은 청자에게 구체적인 설명을 요구하는 의문문이군.
④ 'ㄷ'의 '너' 대신 3인칭인 '그'가 쓰이면, '모ᄅᆞᆫ다'를 '모ᄅᆞ던고'로 바꿔야겠군.
⑤ 'ㄷ'과 'ㄹ'을 보니, 주어가 2인칭인 경우의 의문형 어미는 판정 의문문과 설명 의문문에 따른 구분이 없군.

690 [2014년 9월 고3 모평 B형 16번] 

<보기>의 중세 국어 자료에 나타나는 특징을 탐구한 내용으로 적절하지 <u>않은</u> 것은?

> **보 기**
>
> **중세 국어** : 뒤헤는 모딘 도죽 알ᄑᆡ는 어드븐 길헤 업던 번게를 하ᄂᆞ리 ᄇᆞᆯ기시니
> **현대어 역** : 뒤에는 모진 도적 앞에는 어두운 길에 없던 번개를 하늘이 밝히시니
>
> **중세 국어** : 뒤헤는 모딘 즁ᄉᆡᆼ 알ᄑᆡ는 기픈 모새 열븐 어ᄅᆞ믈 하ᄂᆞ리 구티시니
> **현대어 역** : 뒤에는 모진 짐승 앞에는 깊은 못에 엷은 얼음을 하늘이 굳히시니

① '모딘'이 현대 국어의 '모진'에 대응하는 것을 보니 구개음화 현상이 나타나지 않았군.
② '업던'이 현대 국어의 '없던'에 대응하는 것을 보니 이어적기를 하였군.
③ '하ᄂᆞ리'를 보니 현대 국어에 쓰이지 않는 모음 'ㆍ'가 쓰였군.
④ '모새'가 현대 국어의 '못에'에 대응하는 것을 보니 모음조화가 지켜졌군.
⑤ '열븐'을 보니 현대 국어에 쓰이지 않는 자음 'ㅸ'이 쓰였군.

691 [2014년 수능 B형 16번] 

[가]에 들어갈 내용으로 적절하지 <u>않은</u> 것은?

학습 자료	**[중세 국어]** ㉠부텻 마를 ㉡듣ᄌᆞᄫᅩ디 **[현대 국어]** 부처의 말씀을 듣되 **[중세 국어]** 닐굽 ㉢거르믈 거르샤 ㉣니르샤디 **[현대 국어]** 일곱 걸음을 걸으시며 이르시되 **[중세 국어]** 니르고져 홇 ㉤배 이셔도 **[현대 국어]** 이르고자 할 바가 있어도
학습 활동	㉠~㉤을 현대 국어와 비교한 후 공통점과 차이점을 정리해 보자. (　　　　　　　[가]　　　　　　　)

① ㉠ : 관형격 조사로 'ㅅ'이 쓰였다는 점에서 현대 국어와 차이가 있다.
② ㉡ : 객체를 높이는 선어말 어미가 쓰였다는 점에서 현대 국어와 차이가 있다.
③ ㉢ : 어근의 원형을 밝혀 적었다는 점에서 현대 국어와 공통적이다.
④ ㉣ : 주체를 높이는 선어말 어미가 쓰였다는 점에서 현대 국어와 공통적이다.
⑤ ㉤ : 모음으로 끝나는 체언에 주격 조사 'ㅣ'가 결합했다는 점에서 현대 국어와 차이가 있다.

692 [2015년 3월 고3 학평 B형 16번] 

㉠~㉤을 현대 국어와 비교한 내용으로 적절하지 <u>않은</u> 것은?

> **보 기**
>
> **[중세 국어]** ㉠부톄 目連(목련)이ᄃᆞ려 ㉡니르샤디
> **[현대 국어]** 부처가 목련에게 이르시되
>
> **[중세 국어]** 耶輸(야수)ㅣ ㉢부텻 使者(사자) 왯다 ㉣드르시고
> **[현대 국어]** 야수가 부처의 사자가 왔다는 말을 들으시고
>
> **[중세 국어]** 내 ᄯᆞᆯ 勝鬘(승만)이 聰明(총명)ᄒ니 부텨옷 ㉤보ᅀᆞᄫᆞ면
> **[현대 국어]** 내 딸 승만이 총명하니 부처만 뵈면
>
> 　　　　　　　　　　　　　　　　- 「석보상절」

① ㉠ : 모음으로 끝나는 체언에 주격 조사 'ㅣ'가 결합했다는 점에서 현대 국어와 차이가 있다.
② ㉡ : 고유어에서 두음 법칙이 적용되었다는 점에서 현대 국어와 공통적이다.
③ ㉢ : 관형격 조사로 'ㅅ'이 쓰였다는 점에서 현대 국어와 차이가 있다.
④ ㉣ : 주체를 높이는 선어말 어미가 쓰였다는 점에서 현대 국어와 공통적이다.
⑤ ㉤ : 객체를 높이는 선어말 어미가 쓰였다는 점에서 현대 국어와 차이가 있다.

국어의 변천(중세 국어) 핵심 기출 문제

693 [2015년 4월 고3 학평 B형 16번] 

<보기>의 ㉠–㉤에서알 수 있는 중세국어의 특징으로 적절하지 <u>않은</u> 것은?

보 기

㉠雙鵰(쌍조)ㅣ 혼 사래 ㉡뻬니 絕世(절세) 英才(영재)를 邊人(변인)이 拜伏(배복)㉢ᄒᆞᄫᆞ니

[현대어 풀이]
두 마리 독수리가 한 살에 꿰이니, 절세의 영재를 변방의 사람들이 절하며 복종하니

雙鵲(쌍작)이 혼 ㉣사래 ㉤디니 曠世(광세) 奇事(기사)를 北人(북인)이 稱頌(칭송)ᄒᆞᄫᆞ니

[현대어 풀이]
두 마리 까치가 한 살에 떨어지니, 세상에 없는 기이한 일을 북녘 사람들이 칭송하니

-「용비어천가(龍飛御天歌)」 <제23장>

---

① ㉠을 보니 모음으로 끝난 체언 뒤에 목적격 조사로 'ㅣ'가 사용되었군.
② ㉡을 보니 음절의 초성에서 두 개 이상의 자음이 사용되었군.
③ ㉢을 보니 'ㅿ', 'ㅸ', 'ㆍ' 등 현대 국어에서는 사용되지 않는 문자가 사용되었군.
④ ㉣에서 양성 모음 'ㅏ'와 'ㅐ'가 어울리는 것을 보니 모음조화가 지켜졌군.
⑤ ㉤에서 'ㅣ' 앞의 'ㄷ'이 'ㅈ'으로 변하지 않은 것을 보니 구개음화 현상이 나타나지 않았군.

694 [2015년 6월 고3 모평 B형 16번] 

<보기 1>을 참고할 때, <보기 2>의 ㉠~㉢에 들어갈 말로 적절한 것은?

보 기 1

중세 국어 체언 중에는 'ㅎ'을 끝소리로 가진 것들이 있다. 이러한 체언을 'ㅎ' 종성 체언이라고 하는데 조사가 뒤따를 경우에 다음과 같이 나타난다.

뒤따르는 조사	'ㅎ' 종성 체언의 실현 양상
모음으로 시작하는 조사	'ㅎ'은 뒤따르는 모음에 이어 적는다. 예 따히 (땋+이) 즐어늘 (땅이 질거늘)
'ㄱ, ㄷ'으로 시작하는 조사	'ㅎ'은 뒤따르는 'ㄱ', 'ㄷ'과 어울려 'ㅋ', 'ㅌ'으로 나타난다. 예 따토 (땋+도) 뮈더니 (땅도 움직이더니)
관형격 조사 'ㅅ'	'ㅎ'은 나타나지 않는다. 예 다ᄅᆞᆫ 짯 (땋+ㅅ) 風俗은 (다른 땅의 풍속은)

보 기 2

중세 국어	현대 국어
㉠ (나랗+을) 아ᅀᆞ 맛디고	**나라를** 아우에게 맡기고
㉡ (긿+ㅅ) 네 거리예	**길의** 네거리에
㉢ (않+과) 밧	**안과** 밖

	㉠	㉡	㉢
①	나라흘	긼	안콰
②	나라흘	긿	안콰
③	나라흘	긼	안과
④	나라을	긼	안콰
⑤	나라을	긿	안콰

695 [2015년 7월 고3 학평 B형 16번] 

[가]에 들어갈 내용으로 적절하지 <u>않은</u> 것은?

	중세 국어의 '-ᄉᆞᇦ-/-ᄌᆞᇦ-/-ᅀᆞᇦ-'은 객체 높임의 의미를 나타내는 선어말 어미이다. 주체 높임은 선어말 어미 '-시-', 상대 높임은 선어말 어미 '-이-'를 사용하여 나타냈다. 또한 높임의 뜻을 가진 어휘로 높임이 실현되기도 했다.
학습 자료	[중세 국어] 聖子를 내㉠시니㉡이다 [현대 국어] (하늘이) 聖子(성자)를 내셨습니다. [중세 국어] 世솅尊존ㅅ 安한否ᇦ 묻㉢ᄌᆞᆸ고 [현대 국어] 世尊(세존)의 安否(안부)를 여쭙고 [중세 국어] ㉣진지 오를 제 반ᄃᆞ시 [현대 국어] 진지 올릴 때 반드시
학습 활동	㉠~㉣을 현대 국어와 비교하여 정리해 보자. (________________[가]________________)

---

① ㉠ : 주체인 '聖子(성자)'를 높이는 '-시-'가 쓰인다는 점에서 현대 국어와 같다.
② ㉡ : 상대를 높이는 '-이-'가 쓰인다는 점에서 현대 국어와 차이가 있다.
③ ㉢ : 객체를 높이는 '-ᄌᆞᆸ-'이 쓰인다는 점에서 현대 국어와 차이가 있다.
④ ㉣ : '밥'을 높여서 이르는 말을 사용하고 있다는 점에서 현대 국어와 같다.
⑤ ㉠+㉡ : 주체와 상대에 대한 높임이 함께 나타난다는 점에서 현대 국어와 같다.

696 [2015년 9월 고3 모평 B형 16번] 

<자료>에 나타난 중세 국어의 특징을 탐구한 내용으로 적절하지 <u>않은</u> 것은?

자료

[중세 국어]
　五欲온 누네 됴호 빗 보고져 귀예 됴호 소리 듣고져 고해 됴호 내 맏고져 이베 **됴호** 맛 **먹고져** 모매 됴호 옷 닙고져 흘 씨라

- 『석보상절』

[현대어 풀이]
　오욕은 눈에 좋은 빛 보고자, 귀에 좋은 소리 듣고자, 코에 좋은 냄새 맡고자, 입에 **좋은** 맛 **먹고자**, 몸에 좋은 옷 입고자 하는 것이다.

---

① '五欲온'이 '오욕은'에 대응되는 것을 보니, 보조사 '은'이 있었군.

② '누네 됴호 빗 보고져'가 '눈에 좋은 빛 보고자'에 대응되는 것을 보니, '누네 됴호 빗'은 목적어로 쓰였군.

③ '귀예'가 '귀에'에 대응되는 것을 보니, 부사격 조사 '예'가 있었군.

④ '됴호'이 '좋은'에 대응되는 것을 보니, '됴호'은 용언의 관형사형이었군.

⑤ '먹고져'가 '먹고자'에 대응되는 것을 보니, '-고져'는 종결 어미로 쓰였군.

---

697 [2015년 10월 고3 학평 B형 16번] 

<보기>의 중세 국어 자료에 나타나는 특징을 탐구한 내용으로 적절하지 <u>않은</u> 것은? [3점]

보기

善쎤慧꿰ㄱ ㉠**니르샤디** 五옹百빅 ㉡**銀은도느로** 다숫 줄기를 사아지라
俱궁夷잉 묻ᄌᆞᆸ샤디 ㉢**므스게** ㉣**쓰시리**
善쎤慧꿰ㄱ ㉤**對됭答답ᄒ샤디** 부텻긔 받ᄌᆞᆸ로리라

- '월인석보' 권 1(1459년) -

[현대어 풀이]
선혜가 **이르시되** "오백 **은돈으로** 다섯 줄기를 사고 싶다."
구이가 물으시되 **"무엇에 쓰시리?"**
선혜가 **대답하시되** "부처께 바치리라."

---

① ㉠을 통해 두음 법칙이 적용되지 않았음을 알 수 있군.

② ㉡을 통해 조사가 결합할 때 모음 조화가 지켜졌음을 알 수 있군.

③ ㉢을 통해 이어 적기가 사용되었음을 알 수 있군.

④ ㉣을 통해 초성자의 서로 다른 자음을 가로로 나란히 붙여 쓰는 방식이 사용되었음을 알 수 있군.

⑤ ㉤을 통해 객체를 높이는 선어말 어미가 사용되었음을 알 수 있군.

---

698 [2015년 수능 B형 16번] 

<보기>를 바탕으로 중세 국어의 특징을 탐구한 내용으로 적절하지 <u>않은</u> 것은?

보기

　王(왕)이 니르샤디 大師(대사) ㉠ᄒ샨 일 아니면 뉘 혼 거시잇고 ㉡仙人(선인)이 솔보디 大王(대왕)하 이 ㉢南堀(남굴)ㅅ 仙人(선인)이 ᄒ ᄯᆞ를 길어 내니 양지 端正(단정)ᄒ야 ㉣世間(세간)애 ㉤쉽디 몯ᄒ니 그 ᄯᆞᆯ ᄒ닗 ㉥時節(시절)에 자최마다 ㉦蓮花(연화)ㅣ 나ᄂ니이다

- 「석보상절」

[현대어 풀이]
　왕이 이르시되 "대사 하신 일 아니면 누가 한 것입니까?" 선인이 아뢰되 "대왕이시여, 이 남굴의 선인이 한 딸을 길러내니 모습이 단정하여 세상에 (모습을 드러내기가) 쉽지 못하니 그 딸 움직일 시절에 자취마다 연꽃이 납니다."

---

① ㉠에서는 주체인 '대사'를 높이기 위한 선어말 어미가 쓰였군.

② ㉡의 '이'와 ㉦의 'ㅣ'는 격 조사의 종류가 달라서 서로 다른 형태로 나타난 것이군.

③ ㉢을 보니 'ㅅ'은 현대 국어의 '의'에 해당하는 관형격 조사로 쓰였군.

④ ㉣과 ㉥을 보니 모음 조화에 따라 형태를 달리하는 부사격 조사가 있었군.

⑤ ㉤과 현대 국어의 '쉽지'를 비교해 보니 '-디'에서는 구개음화가 확인되지 않는군.

---

699 [2016년 9월 고3 모평 15번] 

<보기>의 밑줄 친 부분에서 알 수 있는 중세 국어의 문법적 특징을 설명한 것으로 적절하지 <u>않은</u> 것은?

보기

(가) <u>하ᄂᆳ</u> 벼리 눈 곧 디니이다 　　「용비어천가」
　　(현대어 풀이 : 하늘의 별이 눈과 같이 떨어집니다.)

(나) 王이 부텨를 <u>請ᄒᅀᆞᆸ쇼셔</u> 　　「석보상절」
　　(현대어 풀이 : 왕이 부처를 청하십시오.)

(다) 어마니믈 <u>아라보리로소니잇가</u> 　　「월인석보」
　　(현대어 풀이 : 어머님을 알아보겠습니까?)

(라) <u>내</u> 이를 위ᄒᆞ야 　　「훈민정음언해」
　　(현대어 풀이 : 내가 이를 위해서)

(마) 그 믈 <u>미틔</u> 金몰애 잇ᄂ니 　　「월인석보」
　　(현대어 풀이 : 그 물 밑에 금모래가 있는데)

---

① (가) : 무정 명사에 결합되는 관형격 조사 'ㅅ'이 쓰였다.

② (나) : 객체를 높이는 선어말 어미 '-ᅀᆞᆸ-'이 쓰였다.

③ (다) : 판정 의문의 '-아' 계열 의문형 어미가 쓰였다.

④ (라) : 모음으로 끝나는 체언 뒤에 주격 조사 'ㅣ'가 쓰였다.

⑤ (마) : 높이지 않는 유정 명사에 결합되는 관형격 조사 '의'가 쓰였다.

Part 06 국어의 변천(중세 국어) 핵심 기출 문제

700 [2016년 수능 13번]

<학습 활동>의 (가)에 들어갈 내용으로 적절한 것은?

학습 활동

동사는 목적어 필요 여부에 따라 타동사와 자동사로 구분된다. ⓐ와 ⓑ를 보고, 중세 국어 '열다', '흩다'의 타동사, 자동사로서의 쓰임과 이에 대응하는 현대 국어 동사들의 쓰임을 비교하여 그 변화를 탐구해 보자.

ⓐ
- [중세 국어] 큰 ᄆᆞᅀᆞᆷ 여러
- [현대 국어] 큰 마음을 열어

- [중세 국어] 自然히 ᄆᆞᅀᆞ미 여러
- [현대 국어] 자연히 마음이 열리어

ⓑ
- [중세 국어] 번게 구르믈 흐터
- [현대 국어] 번개가 구름을 흩어

- [중세 국어] 散心 흐튼 ᄆᆞᅀᆞ미라
- [현대 국어] 산심은 흩어진 마음이다.

탐구 결과 : ⓐ와 ⓑ를 보니, _______(가)_______

---

① 중세 국어 '열다', '흩다'는 타동사로만 쓰였고, 현대 국어 '열다', '흩다'도 타동사로만 쓰인다.

② 중세 국어 '열다', '흩다'는 자동사로만 쓰였고, 현대 국어 '열다', '흩다'도 자동사로만 쓰인다.

③ 중세 국어 '열다', '흩다'는 타동사 및 자동사로 쓰였고, 현대 국어 '열다', '흩다'는 타동사로만 쓰인다.

④ 중세 국어 '열다', '흩다'는 타동사 및 자동사로 쓰였고, 현대 국어 '열다', '흩다'는 자동사로만 쓰인다.

⑤ 중세 국어 '열다', '흩다'는 타동사 및 자동사로 쓰였고, 현대 국어 '열다', '흩다'도 타동사 및 자동사로 쓰인다.

701 [2017년 6월 고3 모평 15번]

<보기 1>을 참고할 때, <보기 2>의 ㉮~㉰에 들어갈 말로 적절한 것은?

보 기 1

일반적으로 중세 국어에서는 서술격 조사가 앞에 결합하는 체언의 끝소리에 따라 달리 나타났다.
먼저 체언의 끝소리가 자음일 때 '이'가 나타났다.

○ 샹녜 쓰는 힛 일후미라(일훔 + 이라) (보통 쓰는 해의 이름이다)

체언의 끝소리가 모음 '이'이거나 반모음 'ㅣ'일 때는 아무런 형태가 나타나지 않았다.

○ 牛頭는 쇠 머리라(머리 + 라) (우두는 소의 머리이다)

그리고 체언의 끝소리가 모음 '이'도, 반모음 'ㅣ'도 아닌 모음일 때는 'ㅣ'가 나타났다.

○ 生佛은 사라 겨신 부톄시니라(부텨 + ㅣ시니라) (생불은 살아 계신 부처이시다)

보 기 2

○ 齒는 [㉮] (치는 이이다)
○ 所는 [㉯] (소는 바이다)
○ 樓는 [㉰] (누는 다락이다)

	㉮	㉯	㉰
①	니이라	바이라	다락라
②	니라	배라	다락ㅣ라
③	니이라	바라	다락ㅣ라
④	니라	배라	다라기라
⑤	니ㅣ라	바이라	다라기라

702 [2017년 7월 고3 학평 15번]

<보기>를 바탕으로 중세 국어의 특징을 탐구한 내용으로 적절하지 <u>않은</u> 것은?

보 기

⊙나랏 말ᄊᆞ미 中듕國귁에 달아 文문字ᄍᆞ와로 서르 ᄉᆞᄆᆞᆺ디 아니ᄒᆞᆯᄊᆡ 이런 젼ᄎᆞ로 어린 百ᄇᆡᆨ姓셩이 ⓛ니르고져 ᄒᆞᇙ ⓒ배 이셔도 ᄆᆞᄎᆞᆷ내 제 ᄠᅳ들 시러 @펴디 몯ᄒᆞᇙ 노미 하니라 내 @이ᄅᆞᆯ 爲윙ᄒᆞ야 어엿비 너겨 새로 스믈여듧 字ᄍᆞᄅᆞᆯ 밍ᄀᆞ노니 사ᄅᆞᆷ마다 ᄒᆡᅇᅧ 수ᄫᅵ 니겨 날로 ᄡᅮ메 便뼌安ᅙ한킈 ᄒᆞ고져 ᄒᆞᇙᄯᆞᄅᆞᆷᅵ니라

[현대어 풀이]

우리나라의 말이 중국과 달라 문자와 서로 통하지 아니하여서 이런 까닭으로 어리석은 백성이 말하고자 하는 바가 있어도 마침내 제 뜻을 능히 펴지 못하는 사람이 많다. 내가 이것을 위하여 가엾게 여겨 새로 스물여덟 자를 만드니, 모든 사람들로 하여금 쉽게 익혀 날마다 쓰는 데 편하게 하고자 할 따름이다.

① ⊙의 'ㅅ'은 현대 국어의 '의'에 해당하는 관형격 조사로 쓰였군.

② ⓛ의 '-고져'는 현대 국어의 '-고자'에 해당하는 연결 어미로 쓰였군.

③ ⓒ의 'ㅣ'는 주격 조사로, 모음으로 끝나는 체언에 결합했음을 알 수 있군.

④ @과 현대 국어의 '펴지'를 비교해 보니 '-디'에서는 구개음화가 확인되지 않는군.

⑤ @의 'ᄅᆞᆯ'은 목적격 조사로, 자음으로 끝나는 체언에 결합했음을 알 수 있군.

703 [2017년 9월 고3 모평 14번]

<보기 1>의 중세 국어의 특징을 바탕으로 <보기 2>의 ⓐ~ⓓ를 탐구하는 활동을 수행하였다. 학생들이 탐구한 내용으로 적절하지 <u>않은</u> 것은?

보 기 1

㉠ 설명 의문문과 판정 의문문에서 쓰이는 종결 어미가 서로 달랐다.

㉡ 체언에 결합하는 조사의 형태는 모음조화에 따라 결정되었다.

㉢ 높임의 호격 조사로서 현대 국어에 없는 형태가 있었다.

㉣ 선어말 어미의 결합 순서가 현대 국어와 다른 경우가 있었다.

㉤ 듣는 이를 높이기 위한 선어말 어미가 사용되었다.

보 기 2

ⓐ 므슴 **마ᄅᆞᆯ 니르ᄂᆞ뇨** [무슨 말을 말하느냐?]

ⓑ 져므며 늘구미 **잇ᄂᆞ녀** [젊으며 늙음이 있느냐?]

ⓒ 虛空과 **벼를 보더시니** [허공과 별을 보시더니]

ⓓ **世尊하** 내 堂中에 이셔 몬져 如來 **보ᅀᆞᆸ고** [세존이시여, 내가 집 안에서 먼저 여래 뵙고]

① ⓐ의 '니르ᄂᆞ뇨'와 ⓑ의 '잇ᄂᆞ녀'를 비교해 보면, ㉠을 확인할 수 있군.

② ⓐ의 '마ᄅᆞᆯ'과 ⓒ의 '벼를'을 비교해 보면, ㉡을 확인할 수 있군.

③ ⓓ의 '世尊하'를 보면, ㉢을 확인할 수 있군.

④ ⓒ의 '보더시니'를 보면, ㉣을 확인할 수 있군.

⑤ ⓓ의 '보ᅀᆞᆸ고'를 보면, ㉤을 확인할 수 있군.

704 [2018년 3월 고3 학평 15번]

<보기>의 (가)에 들어갈 내용으로 적절하지 <u>않은</u> 것은?

보 기

학습 활동	다음 자료를 보고, 중세 국어의 조사에 대해 탐구해 보자.
학습 자료	ㄱ. ᄃᆞ리 즈믄 ᄀᆞᄅᆞ매 비취요미 ᄀᆞᆮᄒᆞ니라 　　(달이 천 개의 강에 비침과 같으니라) ㄴ. 네 후(後)에 부톄 ᄃᆞ외야 　　(네기 후에 부처가 되이) ㄷ. 부텻 모미 여러 가짓 상(相)이 ᄀᆞᄌᆞ샤 　　(부처의 몸이 여러 가지의 상이 갖춰져 있으시어) ㄹ. 사ᄉᆞ미 등과 도ᄌᆞ기 입과 눈 　　(사슴의 등과 도적의 입과 눈) ㅁ. 사ᄅᆞ미 모ᄆᆞᆯ 득(得)ᄒᆞ고 부텨를 맛나 잇ᄂᆞ니 　　(사람의 몸을 득하고 부처를 만나 있으니)
활동 결과	(가)

① ㄱ의 'ᄃᆞ리'와 '비취요미'에서 'ㅣ'가 각각 주격 조사와 부사격 조사로 사용되었다.

② ㄴ의 '네'에서 'ㅣ'가 주격 조사로, '부톄'에서 'ㅣ'가 보격 조사로 사용되있다.

③ ㄷ의 '부텻'과 '가짓'에서 'ㅅ'이 모두 관형격 조사로 사용되었다.

④ ㄹ의 '사ᄉᆞ미'와 '도ᄌᆞ기'에는 'ㅣ'가 각각 기준과 조건을 나타내는 부사격 조사로 사용되었다.

⑤ ㅁ의 '모ᄆᆞᆯ', '부텨를'에는 형태가 다른 목적격 조사가 사용되었다.

국어의 변천(중세 국어) 핵심 기출 문제

705 [2018년 9월 고3 모평 14번]

<보기>의 ㉠과 ㉡에 들어갈 말로 바르게 짝지어진 것은?

보 기

중세 국어에서는 객체를 높이기 위해 선어말 어미를 사용했는데, 이 선어말 어미는 음운 조건에 따라 다음과 같이 다양한 형태로 실현되었다.

어간 말음 조건	형태	용례
'ㄱ, ㅂ, ㅅ, ㅎ'일 때	-숩-	돕숩고
'ㄷ, ㅈ, ㅊ'일 때	-줍-	묻줍고
모음이나 'ㄴ, ㅁ, ㄹ'일 때	-숩-	보숩고

객체 높임 선어말 어미 뒤에 모음으로 시작하는 어미가 오면, 객체 높임 선어말 어미는 '-숳-, -즣-, -숳-'으로 실현되었다.

· 아래 문장에서 객체 높임의 대상은 (㉠)이다.
 - 王(왕)이 부텻긔 더욱 敬信(경신)혼 무수물 내숳바
  [왕이 부처께 더욱 공경하고 믿는 마음을 내어]

· 어간 '듣-'과 어미 '-으며' 사이에 객체 높임 선어말 어미가 결합하면 다음과 같이 활용했다.
 - 내 아래브터 부텻긔 이런 마룰 몯 (㉡)
  [내가 예전부터 부처께 이런 말을 못 들으며]

	㉠	㉡
①	王(왕)	듣즈븅며
②	王(왕)	듣숫븅며
③	부텨	듣즈븅며
④	부텨	듣즈부며
⑤	무숨	듣숳븅며

706 [2019년 6월 고3 모평 13번]

<보기>의 ㉠~㉢에 들어갈 말로 적절한 것은?

보 기

중세 국어에서는 의문문의 종류에 따라 종결 어미나 보조사가 달리 쓰인다. 예를 들면 용언의 어간에 어미가 결합하여 서술어가 될 때 판정 의문문에서는 종결 어미 '-녀', 설명 의문문에서는 종결 어미 '-뇨'가 쓰인다. 반면, 체언에 보조사가 결합하여 서술어가 될 때 판정 의문문에서는 보조사 '가', 설명 의문문에서는 보조사 '고'가 쓰인다. 그런데 주어가 2인칭일 때에는 의문문의 종류와 관계없이 종결 어미 '-ㄴ다'가 쓰인다. 중세 국어 의문문의 예는 아래와 같다.

○ 이 일후미 (㉠)
 [이 이름이 무엇인가?]
○ 네 엇뎨 아니 (㉡)
 [네가 어찌 안 가는가?]
○ 그듸는 보디 (㉢)
 [그대는 보지 않는가?]

	㉠	㉡	㉢
①	므스고	가느뇨	아니ᄒᆞᄂᆞᆫ다
②	므스고	가ᄂᆞᆫ다	아니ᄒᆞᄂᆞᆫ다
③	므스고	가느뇨	아니ᄒᆞᄂᆞ녀
④	므스가	가ᄂᆞᆫ다	아니ᄒᆞᄂᆞᆫ다
⑤	므스가	가느뇨	아니ᄒᆞᄂᆞ녀

707 [2019년 수능 15번]

<보기 1>의 ㉠~㉢에 해당하는 예만을 <보기 2>에서 고른 것은?

보 기 1

중세 국어의 주격 조사는 음운 조건에 따라 '이', '∅(영형태)', 'ㅣ'로 실현되었다.

· 자음 다음에는 '이'가 나타났다. ·························· ㉠
 예) 바비(밥+이) [밥이]
· 모음 '이'나 반모음 'ㅣ' 다음에는 '∅(영형태)'로 실현되어, 나타나지 않았다. ·························· ㉡
 예) 활 쏘리(활 쏠 이+∅) [활 쏠 이가], 새(새+∅) [새가]
· 모음 '이'와 반모음 'ㅣ' 이외의 모음 다음에는 'ㅣ'가 나타났다.
 예) 쇠(쇼+ㅣ) [소가]
· 음운 조건에 관계없이 생략되기도 했다. ·············· ㉢
 예) 곶 됴코 [꽃 좋고], 나모 셧ᄂᆞᆫ [나무 서 있는]

보기 2

ⓐ : **나리** 져므러	[날이 저물어]
ⓑ : **太子** 오ᄂᆞ다 드르시고	[태자 온다 들으시고]
ⓒ : 내해 **ᄃᆞ리** 업도다	[개천에 다리가 없도다]
ⓓ : **아ᄃᆞ리** 孝道ᄒᆞ고	[아들이 효도하고]
ⓔ : **孔子ㅣ** 드르시고	[공자가 들으시고]

① ㉠ : ⓐ, ⓓ　　　　　② ㉠ : ⓐ, ⓔ

③ ㉡ : ⓑ, ⓒ　　　　　④ ㉡ : ⓑ, ⓓ

⑤ ㉢ : ⓒ, ⓔ

709 [2020년 9월 고3 모평 15번]

<보기>에 대한 이해로 적절한 것은?

보 기

나·랏 **:말ᄊᆞ·미** 中듕國·귁·에 달·아 文문字·ᄍᆞ·와·로 서르
ᄉᆞᄆᆞᆺ·디 아·니홀·ᄊᆡ ·이런 젼·ᄎᆞ·로 어·린 百·ᄇᆡᆨ姓·셩·이 니르·
고·져 **·홇 ·배** 이·셔·도 ᄆᆞᄎᆞᆷ·내 제 ·ᄠᅳ·들 시·러 펴·디 :몯ᄒᆞᆯ ·
노·미 **하·니·라** ·내 ·이·를 爲·윙·ᄒᆞ·야 :어엿·비 너·겨 **·새·로**
·스·믈여·듧 字·ᄍᆞ·ᄅᆞᆯ 밍·ᄀᆞ노·니 :사ᄅᆞᆷ:마·다 **:ᄒᆡ·ᅇᅧ** :수·ᄫᅵ 니·
겨 ·날·로 **·ᄡᅮ·메 便뼌安한·킈** ᄒᆞ·고·져 ᄒᆞᇙ ᄯᆞᄅᆞ·미니·라

　　　　　- 『훈민정음』 언해, 세조 5년(1459)

○ **현대어 풀이**

　우리나라의 말이 중국과 달라 문자와 서로 통하지 아니
하여서 이런 까닭으로 어리석은 백성이 말하고자 하는 바
가 있어도 마침내 제 뜻을 능히 펴지 못하는 사람이 많다.
내가 이를 위하여 가엾게 여겨 새로 스물여덟 자를 만드
니, 모든 사람들로 하여금 쉽게 익혀 날마다 쓰는 데 편하
게 하고자 할 따름이다.

① ‘:말ᄊᆞ·미’와 ‘·홇 ·배’에 쓰인 주격 조사는 그 형태가 동일하군.

② ‘하·니·라’의 ‘하다’는 현대 국어의 동사 ‘하다’와 품사가 동
　일하군.

③ ‘·이·를’과 ‘·새·로’에는 동일한 강약을 표시하는 방점이 쓰였군.

④ ‘:ᄒᆡ·ᅇᅧ’와 ‘便뼌安한·킈 ᄒᆞ·고·져’에는 모두 피동 표현이 쓰
　였군.

⑤ ‘·ᄡᅮ·메’에는 ‘사용하다’라는 의미를 지닌 동사 ‘쓰다’가 쓰였군.

708 [2020년 6월 고3 모평 13번]

<학습 활동>을 수행한 결과로 적절하지 <u>않은</u> 것은?

학습 활동

　현대 국어와 달리 중세 국어의 관형격 조사에는 여러 형
태가 있다. 선행 체언이 무정물일 때는 ’ㅅ’이 쓰이고, 유정
물일 때는 모음 조화에 따라 ’이’, ’의’ 등이 쓰인다. 다만
유정물이라도 존칭의 대상일 때는 이들 대신 ’ㅅ’이 쓰인다.
이를 참고하여 선행 체언과 후행 체언이 관형격 조사로 연
결되었을 때의 모습을 아래 표의 ㉠ ~ ㉢에 채워 보자.

선행 체언	아바님 (아버님)	그력 (기러기)	아돌 (아들)	수플 (수풀)	등잔 (등잔)
후행 체언	곁(곁)	목(목)	나ㅎ (나이)	가온디 (가운데)	기름 (기름)
적용 모습	㉠	㉡	㉢	㉣	㉤

① ㉠ : 아바니믹(아바님+의) 곁

② ㉡ : 그려긕(그력+의) 목

③ ㉢ : 아ᄃᆞ릭(아돌+의) 나ㅎ

④ ㉣ : 수픐(수플+ㅅ) 가온디

⑤ ㉤ : 등잢 (등잔+ㅅ) 기름

국어의 변천(중세 국어) 핵심 기출 문제

710 [2020년 수능 예시문항 39번]

<학습 활동>의 [A]에 들어갈 말로 적절하지 <u>않은</u> 것은?

학습 활동

[자료]에 나타나는 중세 국어의 특징에 대해 알아보자.

[자료]

　㉠나랏 말ᄊᆞ미 中듕國귁에 달아 文문字ᄍᆞ와로 서르 ᄉᆞ
ᄆᆞ디 아니홀ᄊᆡ 이런 젼ᄎᆞ로 어린 百ᄇᆡᆨ姓셩이 니르고져 홇
㉡배이셔도 ᄆᆞᄎᆞᆷ내 제 ㉢ᄠᅳ들 시러 펴디 몯홇 ㉣노미 하
니라 내 이ᄅᆞᆯ 爲윙ᄒᆞ야 어엿비 너겨 새로 스믈여듧 字
ᄍᆞᆯ 밍ᄀᆞ노니 사ᄅᆞᆷ마다 ᄒᆡᅇᅧ 수ᄫᅵ 니겨 날로 ᄡᅮ메 便뼌安
한킈 ᄒᆞ고져 홇 ᄯᆞᄅᆞ미니라

- 『훈민정음』 언해, 세조 5년(1459)

○ 현대어 풀이

　우리나라의 말이 중국과 달라 문자와 서로 통하지 아니
하여서 이런 까닭으로 어리석은 백성이 말하고자 하는 **바
가** 있어도 마침내 제 **뜻을** 능히 펴지 못하는 **사람이** 많다.
내가 **이를** 위하여 가엾게 여겨 새로 스물여덟 자를 만드
니, 모든 사람들로 하여금 쉽게 익혀 날마다 쓰는 데 편하
게 하고자 할 따름이다.

[활동 결과]

[A]

---

① ㉠을 보니, 'ㅅ'이 현대 국어의 관형격 조사 기능을 하는군.

② ㉡을 보니, 'ㅣ'가 현대 국어의 주격 조사 기능을 하는군.

③ ㉢을 보니, 현대 국어와 달리 서로 다른 두 개의 초성 글자
　가 나란히 쓰였군.

④ ㉣을 보니, '놈'이 현대 국어와 다른 의미로 쓰였군.

⑤ ㉤을 보니, 현대 국어와 달리 양성 모음 뒤에 목적격 조사
　'ᄅᆞᆯ'이 쓰였군.

711 [2020년 수능 15번]

<보기>의 ㉠과 ㉡에 들어갈 말로 적절한 것은?

보 기

학생 : 현대 국어와는 달리 중세 국어의 'ㅔ', 'ㅐ'가 이중
　　　모음이었다는 근거가 궁금해요.

선생님 : 'ㅔ', 'ㅐ'로 끝나는 체언과 결합하는 조사의 형태
　　　가 무엇인지 (가)를 참고하여 (나)를 살펴보면 알 수
　　　있단다.

(가)

체언의 끝소리	조사의 형태	예
자음	이라	지비라[집이다]
단모음 '이'나 반모음 'ㅣ'	∅라	ᄉᆞᅵ라[ᄉᆞᅵ(사이)이다] 불휘라[불휘(뿌리)이다]
그 밖의 모음	ㅣ라	젼ᄎᆞ라[젼ᄎᆞ(까닭)이다] 곡되라[곡도(꼭두각시)이다]

(나)

　今(금)은 이제라[이제이다], 下(하)는 아래라[아래이다]

학생 : (가)의 [　㉠　]에서처럼 (나)의 '이제'와 '아래'가
　　　[　㉡　] 형태의 조사를 취하는 것을 보니 'ㅔ', 'ㅐ'가
　　　반모음 'ㅣ'로 끝나는 이중 모음이었음을 알 수 있어요.

	㉠	㉡
①	지비라	이라
②	ᄉᆞᅵ라	∅라
③	불휘라	∅라
④	젼ᄎᆞ라	ㅣ라
⑤	곡되라	ㅣ라

712 [2021년 3월 고3 학평 37번] 

<보기>는 중세 국어를 학습하기 위한 자료이다. <보기>를 바탕으로 중세 국어의 특징을 탐구한 내용으로 적절하지 <u>않은</u> 것은?

> **보 기**
>
> 太子ㅣ 앗겨 ᄆᅀᆞ매 너교디 비들 만히 니르면 몯 삷가 ᄒᆞ야 닐오디 **金으로** 싸해 ᄭᆞ로물 **틈** 업게 ᄒᆞ면 이 東山ᄋᆞᆯ ᄑᆞ로리라 須達이 닐오디 **니ᄅᆞ샨 양ᄋᆞ로** ᄒᆞ리이다 太子ㅣ 닐오디내 롱담ᄒᆞ다라 須達이 닐오디 **太子ㅅ** 法은 **거츠마** **ᄅᆞᆯ** 아니ᄒᆞ시는 거시니 구쳐 ᄑᆞ르시리이…다
>
> **[현대어 풀이]**
>
> 태자가 아껴 마음에 여기되 '값을 많이 이르면 못 살까.' 하여 이르되 "금으로 땅에 깔음을 틈 없게 하면 이 동산을 팔겠다." 수달이 이르되 "이르신 양으로 하겠습니다." 태자가 이르되 "내가 농담하였다." 수달이 이르되 "태자의 도리는 거짓말을 하시지 않는 것이니 하는 수 없이 파실 것입니다."

① '金으로'와 '양ᄋᆞ로'를 통해 모음 조화에 따라 형태를 달리하는 부사격 조사가 있었음을 확인할 수 있다.
② '틈'을 통해 단어 첫머리에 자음이 연속하여 올 수 있었음을 확인할 수 있다.
③ '니ᄅᆞ샨'을 통해 주체인 수달을 높이는 선어말 어미가 쓰였음을 확인할 수 있다.
④ '太子ㅅ'을 통해 'ㅅ'이 관형격 조사로 쓰였음을 확인할 수 있다.
⑤ '거츠마ᄅᆞᆯ'을 통해 자음으로 끝나는 체언에 모음으로 시작하는 조사가 결합할 때 이어적기를 하였음을 확인할 수 있다.

713 [2021년 4월 고3 학평 39번]

<보기>에 나타난 중세 국어의 특징을 탐구한 내용으로 적절하지 <u>않은</u> 것은?

> **보 기**
>
> **불휘** 기픈 남ᄀᆞᆫ **ᄇᆞᄅᆞ매** 아니 뮐씨 곶 됴코 여름 **하ᄂᆞ니**
> **시미** 기픈 **므른 ᄀᆞ므래** 아니 그츨씨 **내히** 이러 **바ᄅᆞ래** 가ᄂᆞ니
>
> **[현대어 풀이]**
>
> **뿌리가** 깊은 나무는 **바람에** 아니 움직이므로 꽃이 좋고 열매가 **많으니**,
> 샘이 깊은 물은 가뭄에 아니 그치므로 내(川)가 이루어져 바다에 가나니.
>
>   - 「용비어천가(龍飛御天歌)」 <제2장>

① '불휘'와 '시미'를 보니, '이' 모음으로 끝난 체언 뒤에 동일한 형태의 주격 조사가 사용되었음을 알 수 있군.
② 'ᄇᆞᄅᆞ매'와 'ᄀᆞ므래'를 보니, '애'가 현대 국어의 부사격 조사와 같은 기능으로 사용되었음을 알 수 있군.
③ '하ᄂᆞ니'를 보니, '하다'가 현대 국어와 다른 의미로 쓰였음을 알 수 있군.
④ '므른'과 '바ᄅᆞ래'를 보니, 앞 형태소의 끝소리를 다음 형태소의 첫소리로 옮겨 적는 방식이 사용되었음을 알 수 있군.
⑤ '내히'를 보니, 체언이 모음으로 시작하는 조사와 결합할 때 체언의 끝소리 'ㅎ'이 연음되어 나타나는 경우가 있었음을 알 수 있군.

714 [2021년 9월 고3 모평 39번] 

<보기>의 ㉠~㉤에 해당하는 예로 적절하지 <u>않은</u> 것은?

> **보 기**
>
> **[중세 국어 조사의 쓰임]**
> ㉠ 주격 조사 'ㅣ'는 모음 '이'나 반모음 'ㅣ' 이외의 모음으로 끝난 체언 뒤에 쓰였다.
> ㉡ 목적격 조사 '욀' 또는 '을'은 자음으로 끝나는 체언 뒤에 쓰였다.
> ㉢ 관형격 조사 'ㅅ'은 사물이나 존대 대상인 체언 뒤에 쓰였다.
> ㉣ 부사격 조사 '로'는 모음이나 'ㄹ'로 끝나는 체언 뒤에 쓰였다.
> ㉤ 호격 조사 '하'는 존대 대상인 체언 뒤에 쓰였다.

① ㉠ : <u>ᄃᆞ리</u> 즈믄 ᄀᆞᄅᆞ매 비취요미 [달이 천 개의 강에 비치는 것이]
② ㉡ : <u>바ᄇᆞᆯ</u> 머굶 대로 혜여 머굼과 [밥을 먹을 만큼 헤아려 먹음과]
③ ㉢ : 그 <u>나못</u> 불휘를 쌔혀[그 나무의 뿌리를 빼어]
④ ㉣ : 물ᄀᆞᆫ <u>믈로</u> 모술 밍ᄀᆞ노라 [맑은 물로 못을 만드노라]
⑤ ㉤ : <u>님금하</u> 아ᄅᆞ쇼셔 [임금이시여, 아십시오]

국어의 변천(중세 국어) 핵심 기출 문제

715 [2022년 4월 고3 학평 39번] 

<보기>를 바탕으로 중세 국어의 특징을 탐구한 내용으로 적절하지 <u>않은</u> 것은?

> **보 기**
>
> 羅雲(나운)이 져머 노ᄅᆞᆺ술 즐겨 法(법) 드로ᄆᆞᆯ슬히 너겨 ᄒᆞ거든 **부톄** ᄌᆞ로 **니ᄅᆞ샤도 從(종)ᄒᆞᅀᆞᆸ디** 아니ᄒᆞ더니 後(후)에 부톄 羅雲(나운)이ᄃᆞ려 니ᄅᆞ샤ᄃᆡ부터 맛나미 **어려보며** 法(법) 드로미 어려보니 네 이제 **사ᄅᆞ미** 모ᄆᆞᆯ 得(득)ᄒᆞ고 부터를 맛나 잇ᄂᆞ니 엇뎨 게을어 法(법)을 아니 듣는다
>
> — 「석보상절」
>
> **[현대어 풀이]**
>
> 나운이 어려서 놀이를 즐겨 법을 듣기를 싫게 여기니, 부처가 자주 이르셔도 따르지 아니하더니, 후에 부처가 나운이더러 이르시되, "부처를 만나기가 어려우며 법을 듣기 어려우니, 네가 이제 사람의 몸을 득하고 부처를 만나 있으니, 어찌 게을러 법을 아니 듣는가?"

① '부톄'를 통해 모음으로 끝나는 체언에 주격 조사가 결합했음을 확인할 수 있다.

② '니ᄅᆞ샤도'를 통해 두음 법칙이 적용되지 않았음을 확인할 수 있다.

③ '從(종)ᄒᆞᅀᆞᆸ디'를 통해 주체를 높이는 선어말 어미가 쓰였음을 확인할 수 있다.

④ '어려보며'를 통해 현대 국어에 쓰이지 않는 음운이 존재했음을 확인할 수 있다.

⑤ '사ᄅᆞ미'를 통해 현대 국어와 다른 형태의 관형격 조사가 사용되었음을 확인할 수 있다.

716 [2022년 6월 고3 모평 37번] 

<보기 1>을 참고하여 <보기 2>에서 밑줄 친 부분을 중심으로 ㉠~㉤을 이해한 내용으로 적절하지 <u>않은</u> 것은?

> **보기 1**
>
> 객체 높임은 일반적으로 주체가 목적어나 부사어로 지시되는 대상인 객체보다 지위가 낮을 때 어휘적 수단이나 문법적 수단으로써 객체를 높이 대우하는 것이다. 전자는 **객체 높임의 동사**('ᄉᆞᆸ-', '아뢰-' 등)를 쓰는 방법이고, 후자는 **객체 높임의 조사**('ᄭᅴ', '께')를 쓰는 방법과 **객체 높임의 선어말 어미**('-ᅀᆞᆸ-' 등)를 쓰는 방법이다. 중세 국어에서는 이 세 가지 방법을 다 썼으나 현대 국어에서는 객체 높임의 선어말 어미를 쓰지 않는다. 다음에서 중세 국어와 현대 국어를 비교해 보면 이를 확인할 수 있다.
>
> 　이 말 다 **ᄉᆞᆸ**고 부텨ᄭᅴ 禮數ᄒᆞᅀᆞᆸ고
> 　[이 말 다 **아뢰**고 부처께 절 올리고]

> **보기 2**
>
> ㉠ 나도 이제 너희 스승니믈 **보ᅀᆞᆸ고져** ᄒᆞ노니
> 　[나도 이제 너희 스승님을 뵙고자 하니]
> ㉡ 須達(수달)이 **숌利弗(사리불)ᄭᅴ 가** [수달이 사리불께 가서]
> ㉢ 내 이제 **世尊(세존)ᄭᅴ 솗노니** [내가 이제 세존께 아뢰니]
> ㉣ 여보, 당신이 **이모님께** 어머님 **모시고** 갔었어?
> ㉤ 선생님께서 그 아이에게 다친 덴 없는지 **여쭤** 보셨다.

① ㉠ : 어휘적 수단으로 객체인 '너희 스승님'을 높이 대우하고 있다.

② ㉡ : 문법적 수단으로 객체인 '숌利弗(사리불)'을 높이 대우하고 있다.

③ ㉢ : 조사 'ᄭᅴ'와 동사 '솗노니'는 같은 대상을 높이기 위해 쓰이고 있다.

④ ㉣ : 조사 '께'와 동사 '모시고'는 서로 다른 대상을 높이기 위해 쓰이고 있다.

⑤ ㉤ : 주체와 객체의 관계를 고려하면 동사 '여쭤'의 사용은 부적절하다.

717 [2022년 수능 37번] 

<학습 활동>을 수행한 결과로 적절하지 <u>않은</u> 것은?

> **학습 활동**
>
> 　다음은 중세 국어의 문자 및 표기와 관련된 내용이다. 자료 에서 ⓐ~ⓔ를 확인할 수 있는 예를 모두 골라 묶어 보자.
>
> ⓐ 乃냉終즁ㄱ소리ᄂᆞᆫ 다시 첫소리를 ᄡᅳᄂᆞ니라
> 　[종성 글자는 따로 만들지 않고 다시 초성 글자를 사용한다]
> ⓑ ㅇᄅᆞᆯ 입시울쏘리 아래 니ᅀᅥ 쓰면 입시울 가비야ᄫᆞᆫ 소리 ᄃᆞ외ᄂᆞ니라
> 　[ㅇ을 순음 글자 아래 이어 쓰면 순경음 글자가 된다]
> ⓒ 첫소리를 어울워 ᄡᅮᆶ디면 ᄀᆞᆲ바 쓰라 乃냉終즁ㄱ소리도 ᄒᆞᆫ가지라
> 　[초성 글자를 합하여 사용하려면 옆으로 나란히 쓰라 종성 글자도 마찬가지이다]
> ⓓ ·와 ㅡ와 ㅗ와 ㅜ와 ㅛ와 ㅠ와란 첫소리 아래 브텨 쓰고
> 　['·, ㅡ, ㅗ, ㅜ, ㅛ, ㅠ'는 초성 글자 아래에 붙여 쓰고]
> ⓔ ㅣ와 ㅏ와 ㅓ와 ㅑ와 ㅕ와란 올ᄒᆞ녀긔 브텨 쓰라
> 　['ㅣ, ㅏ, ㅓ, ㅑ, ㅕ'는 초성 글자 오른쪽에 붙여 쓰라]
>
> 　　자료 ᄢᅵ니, 분, 사ᄫᅵ, 스ᄀᆞᄫᅳᆯ, ᄣᅡ, ᄒᆞᆰ

① ⓐ : 분, ᄣᅡ, ᄒᆞᆰ
② ⓑ : 사ᄫᅵ, 스ᄀᆞᄫᅳᆯ
③ ⓒ : ᄢᅵ니, ᄣᅡ, ᄒᆞᆰ
④ ⓓ : 분, 스ᄀᆞᄫᅳᆯ, ᄒᆞᆰ
⑤ ⓔ : ᄢᅵ니, 사ᄫᅵ, ᄣᅡ

718 [2023년 3월 고3 학평 39번]

<학습 활동>을 수행한 결과로 적절한 것은?

> **학습 활동**
>
> ㉠ ~ ㉤을 통해 중세 국어의 격 조사가 실현된 양상을 탐구해 보자.
>
> > ㉠ 太子ㅅ(태자+ㅅ) 버들 사ᄆᆞ샤 時常 겨틔(곁+의) 이셔
> > (현대어 풀이 : 태자의 벗을 삼으시어 늘 곁에 있어)
> >
> > ㉡ 衆生이(중생+이) ᄆᆞᅀᆞ물(ᄆᆞᅀᆞᆷ+ᄋᆞᆯ) 조차
> > (현대어 풀이: 중생의 마음을 따라)
> >
> > ㉢ 니르고져 홇 배(바+ㅣ) 이셔도 ᄆᆞᄎᆞ내 제 ᄠᅳ들(ᄠᅳᆮ+을)
> > (현대어 풀이 : 이르고자 하는 바가 있어도 마침내 제 뜻을)
> >
> > ㉣ 바ᄅᆞ래(바ᄅᆞᆯ+애) ᄇᆞᄅᆞ미(ᄇᆞᄅᆞᆷ+이) 자고
> > (현대어 풀이 : 바다에 바람이 자고)
> >
> > ㉤ 그르세(그릇+에) 담고 버믜 고기란 도기(독+이) 다마
> > (현대어 풀이 : 그릇에 담고 범의 고기는 독에 담아)

	비교 자료	탐구 결과
①	㉠의 '太子ㅅ' ㉡의 '衆生이'	체언이 무정 명사이냐 유정 명사이냐에 따라 관형격 조사의 형태가 다르게 나타난다고 볼 수 있겠군.
②	㉠의 '겨틔' ㉤의 '도기'	체언 끝이 자음이냐 모음이냐에 따라 부사격 조사의 형태가 다르게 나타난다고 볼 수 있겠군.
③	㉡의 'ᄆᆞᅀᆞ물' ㉢의 'ᄠᅳ들'	체언 끝이 자음이냐 모음이냐에 따라 목적격 조사의 형태가 다르게 나타난다고 볼 수 있겠군.
④	㉢의 '배' ㉣의 'ᄇᆞᄅᆞ미'	체언의 모음이 양성 모음이냐 음성 모음이냐에 따라 주격 조사의 형태가 다르게 나타난다고 볼 수 있겠군.
⑤	㉣의 '바ᄅᆞ래' ㉤의 '그르세'	체언의 모음이 양성 모음이냐 음성 모음이냐에 따라 부사격 조사의 형태가 다르게 나타난다고 볼 수 있겠군.

719 [2023년 4월 고3 학평 39번]

<보기>의 자료에 나타나는 중세 국어의 특징을 탐구한 내용으로 적절하지 <u>않은</u> 것은?

> **보 기**
>
> [중세 국어] **부텻** 뎡바깃뼈 **노ᄑᆞ샤** ᄠ[illegible] ᄹᆫ머리 ᄀᆞᄐᆞ실ᄊᆡ
> [현대어 풀이] 부처님의 정수리뼈가 높으시어 튼 머리 같으시므로
>
> [중세 국어] 大臣이 이 藥 밍ᄀᆞ라 大王ᄭ ᅴ **받ᄌᆞᄫᆞᆫ대** 王이 **좌시고**
> [현대어 풀이] 대신이 이 약을 만들어 대왕께 바치니 왕이 드시고

① '부텻'을 보니, 높임의 대상에 관형격 조사 'ㅅ'이 결합하였음을 알 수 있군.

② '노ᄑᆞ샤'를 보니, 대상의 신체 일부를 높이는 간접 높임이 실현되었음을 알 수 있군.

③ 'ᄀᆞᄐᆞ실ᄊᆡ'를 보니, 현대 국어와 같은 형태의 주체 높임 선어말 어미가 쓰였음을 알 수 있군.

④ '받ᄌᆞᄫᆞᆫ대'를 보니, 목적어가 지시하는 대상을 높이기 위한 객체 높임 선어말 어미가 쓰였음을 알 수 있군.

⑤ '좌시고'를 보니, 높임의 의미를 갖는 특수 어휘를 통해 주체를 높이고 있음을 알 수 있군.

720 [2023년 9월 고3 모평 39번]

<자료>를 바탕으로 <보기>의 ⓐ~ⓔ중 체언과 조사가 결합하여 이루어진 부속 성분이 있는 것만을 고른 것은?

> **보 기**
>
> ⓐ 내히 이러 바ᄅᆞ래 가ᄂᆞ니 [내가 이루어져 바다에 가니]
> ⓑ 나랏 말ᄊᆞ미 中國에 달아 [우리나라의 말이 중국과 달라]
> ⓒ 生人이 소리 잇도소니 [생인(산 사람)의 소리가 있으니]
> ⓓ 나혼 子息이 양지 端正ᄒᆞ야 [낳은 자식이 모습이 단정하여]
> ⓔ 내 닐오리니 네 이대 드르라 [내가 이르리니 네가 잘 들어라]

> **자 료**
>
> <보기>에 나타난 체언과 조사
> · 체언 : 내ㅎ, 바ᄅᆞᆯ, 나라ㅎ, 말ᄊᆞᆷ, 中國, 生人, 소리, 子息, 양ᄌ, 나, 너
> · 조사 : 주격(이, ㅣ, ∅), 관형격(ㅅ, 이), 부사격(애, 에)

① ⓐ, ⓑ, ⓒ　　② ⓐ, ⓑ, ⓓ　　③ ⓐ, ⓓ, ⓔ

④ ⓑ, ⓒ, ⓔ　　⑤ ⓒ, ⓓ, ⓔ

721 [2024년 5월 고3 학평 39번]

<보기>는 중세 국어를 학습하기 위한 자료이다. <보기>를 바탕으로 중세 국어의 특징을 탐구한 내용으로 적절하지 <u>않은</u> 것은?

보 기

ⓐ
- ㅇ 미햇 새 놀애 브르느다
  [들의 새가 노래를 부른다]
- ㅇ 하뇞童男이 잇느이다
  [하늘의 사내아이가 있습니다]

ⓑ
- ㅇ <u>도즈기</u> 알풀 [도적의 앞을]
- ㅇ 암툴기 <u>아츠미</u> 우러 [암탉이 아침에 울어]

ⓒ
- ㅇ 님그믈 救ᄒ시고 [임금을 구하시고]
- ㅇ 種種앳 됴ᄒᆞᆫ <u>오ᄉᆞᆯ</u> 어드며
  [종종 좋은 옷을 얻으며]

ⓓ
- ㅇ 반ᄃ기 모매 <u>잇느녀</u> [마땅히 몸에 있느냐?]
- ㅇ 究羅帝 이제 어듸 <u>잇느뇨</u>
  [구라제는 지금 어디 있느냐?]

ⓔ
- ㅇ 盲龍이 눈 <u>ᄠᅳ고</u> [눈 먼 용이 눈을 뜨고]
- ㅇ <u>ᄢᅮᆯ</u>ᄀᆞ티 둘오 비치 히더니
  [꿀같이 달고 빛이 희더니]

① ⓐ를 통해, 선어말 어미 '-이'가 상대를 높이기 위해 사용되었음을 알 수 있군.
② ⓑ를 통해, '이'가 관형격 조사와 주격 조사로 모두 사용되었음을 알 수 있군.
③ ⓒ를 통해, 체언에 목적격 조사가 결합할 때 모음 조화가 지켜졌음을 알 수 있군.
④ ⓓ를 통해, 판정 의문문과 설명 의문문에서 쓰이는 종결 어미가 서로 달랐음을 알 수 있군.
⑤ ⓔ를 통해, 초성에 서로 다른 자음이 함께 쓰일 수 있었음을 알 수 있군.

722 [2024년 6월 고3 모평 39번] 

<탐구 활동>의 ⓐ~ⓓ로 적절하지 <u>않은</u> 것은?

탐구 활동

차자 표기는 우리말을 한자로 표기하는 것이다. 차자 표기된 한자는 한자의 훈이나 음으로 읽게 된다. 이때 한자의 본뜻이 유지되기도 하고 그렇지 않기도 하다. 아래는 이러한 차자 표기 방식들을 '水(물-수)'로써 응용해 보인 것이다.

	훈으로 읽음	음으로 읽음
본뜻 유지	예) '水'를 '물'의 뜻으로 '물'로 읽음 ·········ㄱ	예) '水'를 '물'의 뜻으로 '수'로 읽음
본뜻 무시	예) '水'를 '물'의 뜻과 상관 없이 '물'로 읽음 ···············ㄴ	예) '水'를 '물'의 뜻과 상관 없이 '수'로 읽음 ···············ㄷ

다음 한자(훈-음)를 이용해 차자 표기를 해 보고 그 방식을 설명해 보자.

火(불-화), 土(흙-토), 多(많다-다), 衣(옷-의), 乙(새-을)

예컨대, 고유어 표현 (ⓐ)의 밑줄 친 부분을 (ⓑ)로 표기하고 (ⓒ)(으)로 읽는다면 (ⓓ)의 방식을 이용한 것이다.

	ⓐ	ⓑ	ⓒ	ⓓ
①	불빛이 일다	火	불	ㄱ
②	진흙이 굳다	土	흙	ㄱ
③	웃음이 많<u>다</u>	多	다	ㄴ
④	시옷을 적다	衣	옷	ㄴ
⑤	찬물을 담다	乙	을	ㄷ

723 [2024년 9월 고3 모평 38번] 

<보기>를 참고할 때, ㉠~㉢에 들어갈 말로 적절한 것은?

보 기

　중세 국어에는 문장의 주체를 높이는 선어말 어미와 문장의 객체를 높이는 선어말 어미가 있었다. [자료]의 밑줄 친 높임 표현의 선어말 어미가 높이는 대상이 무엇인지 알아보자.

[자료]에 나타난 체언과 조사
- 체언 : 妙光(묘광), 녜, 燈明(등명), 然燈(연등), 스승, 釋迦(석가), 道(도), 나, 부텨, 말씀
- 조사 : 이, 을, ㅅ, 룰, ㅣ, 끽, 을

[자료]
- 妙光이 녜 燈明을 돕ᄉᆞᄫᅡ 然燈ㅅ 스스이 <u>ᄃᆞ외시고</u> 이제 釋迦롤 돕ᄉᆞᄫᅡ 燈明ㅅ 道롤 <u>니ᄉᆞ시며</u>

[현대어 풀이 : 묘광이 옛적 등명을 도와 연등의 스승이 되시고 이제 석가를 도와 등명의 도를 이으시며]

- 내 부텨끽 말ᄊᆞ물 <u>ᄒᆞᅀᆞᄫᅩ디</u>

[현대어 풀이 : 내가 부처께 말씀을 드리되]

높임 표현	높이는 대상
ᄃᆞ외시고(ᄃᆞ외-+-시-+-고)	㉠
니ᄉᆞ시며(닛-+-ᄋᆞ시-+-며)	㉡
ᄒᆞᅀᆞᄫᅩ디(ᄒᆞ-+-ᅀᆞᆸ-+-ᄋᆞ디)	㉢

	㉠	㉡	㉢
①	妙光(묘광)	妙光(묘광)	부텨
②	妙光(묘광)	妙光(묘광)	말씀
③	스승	妙光(묘광)	부텨
④	스승	스승	말씀
⑤	스승	스승	부텨

724 [2024년 10월 고3 학평 39번] 

<보기>의 ㉠~㉣에 들어갈 말로 적절한 것은?

보 기

선생님 : 중세 국어의 체언 중에는 뒤에 오는 조사에 따라 형태가 달리 실현되는 것이 있었습니다. 현대 국어에서 '나무', '하루'를 의미하는 중세 국어의 단어는 자음으로 시작하는 조사나 조사 '와'와 결합할 때 '나모', 'ᄒᆞ르'의 형태로 나타났고, '와'를 제외한 모음으로 시작하는 조사와 결합할 때 '낡', 'ᄒᆞᆯㄹ'의 형태로 나타났어요. [예문]에서 이 단어들은 조사 '마다', '와', '도', '온'과 결합하고 있는데요, 그럼 이 단어들은 ㉠~㉣에서 어떻게 나타날까요?

[예문]
ㄱ. 나비 (㉠) 둘엿다 ᄒᆞᄂᆞ다
　[원숭이가 나무마다 매달렸다 한다]
ㄴ. (㉡) 흘ᄀ로 ᄒᆞ며
　[나무와 흙으로 하며]
ㄷ. (㉢) 벋 업시 몯ᄒᆞ시더니라
　[하루도 벗 없이 하지 못하셨다]
ㄹ. (㉣) 조심 아니ᄒᆞ샤
　[하루는 조심하지 아니하셔]

	㉠	㉡	㉢	㉣
①	나모마다	나모와	ᄒᆞᆯ르도	ᄒᆞᄅᆞᆫ
②	나모마다	남과	ᄒᆞᆯ르도	ᄒᆞᄅᆞᆫ
③	나모마다	나모와	ᄒᆞᆯ르도	ᄒᆞᆯ른
④	낡마다	남과	ᄒᆞᆯ르도	ᄒᆞᆯ른
⑤	낡마다	나모와	ᄒᆞᆯ르도	ᄒᆞᄅᆞᆫ

725 [2025년 5월 고3 학평 39번]

<보기>를 바탕으로 중세 국어의 특징을 탐구한 내용으로 적절하지 <u>않은</u> 것은?

> **보 기**
>
> 須達(수달)이 ㉠지븨 ㉡도라와 ㉢쁴 무든 옷 ㉣닙고 시름ᄒ야 잇더니 이틋나래 舍利弗(사리불)이 보고 무른대 須達(수달)이 그 ㉤ᄠᄃ들 ㉥닐어늘 舍利弗(사리불)이 닐오디 분별 말라 六師(육사)ㅣ ㉦무리 閻浮提(염부제)예 ᄀᆞ득ᄒ야도 내 바랫 ᄒᆞᆫ 터리ᄅᆞᆯ 몯 무으리니 므슷 이ᄅᆞᆯ 겻고오려 ᄒᆞᄂ고 제 홀 양ᄋᆞ로 ᄒᆞ게 ᄒᆞ라
>
> [현대어 풀이]
> 수달이 집에 돌아와 때가 묻은 옷을 입고 시름하여 있더니, 이튿날에 사리불이 보고 물으니 수달이 그 뜻을 이르거늘, 사리불이 이르되 "염려 말라. 육사의 무리가 염부제에 가득하여도 나의 발에 있는 한 털도 못 움직이리니, 무슨 일을 겨루려 하는가? 자기가 할 양으로 하게 하라."

① ㉠과 ㉦을 통해 모음 조화에 따라 형태를 달리하는 관형격 조사가 있었음을 확인할 수 있다.

② ㉡을 통해 앞 형태소의 끝소리를 다음 형태소의 첫소리로 옮겨 적는 방식이 사용되었음을 확인할 수 있다.

③ ㉢과 ㉤을 통해 초성에서 두 개 이상의 자음이 사용되었음을 확인할 수 있다.

④ ㉣과 ㉥을 통해 두음 법칙이 적용되지 않았음을 확인할 수 있다.

⑤ ㉧을 통해 모음 '이'로 끝난 체언 뒤에서 주격 조사가 나타나지 않았음을 확인할 수 있다.

726 [2025년 6월 고3 모평 39번]

다음은 중세 국어 목적격 조사 사용에 대한 수업의 일부이다. ㉠~㉣에 대한 설명으로 적절한 것은?

> **선생님** : 중세 국어 목적격 조사는 '을/를' 외에 '울/룰'도 있었어요. 체언 끝음절에 받침이 있으면 '울/을'이, 받침이 없으면 '룰/를'이 결합했어요. 그리고 중세 국어에서 비교적 엄격하게 지켜진 모음 조화에 따라, 체언의 끝음절 모음이 양성 모음(ㅏ, ㅑ, ㅗ, ㅛ, ·)이면 '울/룰'이, 음성 모음(ㅓ, ㅕ, ㅜ, ㅠ, ㅡ)이면 '을/를'이 결합했어요.
>
> **학생** : 그럼 끝음절 모음이 중성 모음 'ㅣ'인 체언은 어떤 형태의 목적격 조사와 결합했나요?
>
> **선생님** : 그 경우에는 모음 조화와 무관하게 받침의 유무로만 조사가 결정되면서 '을/를'은 물론 '울/룰'과도 결합할 수 있었어요. 특이한 것은, 끝음절 모음이 'ㅔ, ㅚ'인 체언도 중성 모음 'ㅣ'인 체언과 마찬가지로 받침 유무에 따라서만 조사가 결합됐다는 점이에요. 그럼 지금까지 배운 내용에 맞게 다음 중세 국어 단어들을 ㉠~㉣에 넣어 보세요.

중세 국어 단어	목적격 조사	결합 단어
둡게(덮개), 바룰(바다), 염규(부추), 아바님(아버님), 꿈(꿈), 벼로(벼루)	울	㉠
	룰	㉡
	을	㉢
	를	㉣

① ㉠에 들어갈 단어는 '바룰'뿐이다.

② ㉡에 들어갈 단어는 '염규', '벼로'이다.

③ ㉢에 들어갈 단어는 '아바님', '꿈'이다.

④ ㉣에 들어갈 단어는 '둡게'뿐이다.

⑤ ㉡과 ㉣에 공통으로 들어갈 단어는 '아바님'이다.

727 [2025년 7월 고3 학평 39번]

<학습 활동>을 수행한 결과로 적절하지 <u>않은</u> 것은?

> **학습 활동**
>
> ㉠~㉤에 있는 중세 국어 조사의 쓰임에 대해 알아보자.
>
> ○ 淨飯王(정반왕)이 깃그샤 ㉠부텻 ㉡소놀 손소 자ᄇᆞ샤
> [정반왕이 기뻐하셔서 부처의 손을 손수 잡으셔서]
>
> ○ 내 ㉢지븨 이실 쩌긔
> [내 집에 있을 적에]
>
> ○ ㉣님금하 아ᄅᆞ쇼셔
> [임금이시여 아소서]
>
> ○ ㉤첫소리ᄅᆞᆯ 어울워 ᄡᅳ디면
> [첫소리를 어울려 쓸 것이면]

① ㉠을 보니 존경의 자질이 부여되는 체언 뒤에 관형격 조사 'ㅅ'이 쓰였군.

② ㉡을 보니 자음으로 끝나는 체언 뒤에 목적격 조사 '울'이 쓰였군.

③ ㉢을 보니 무정명사인 체언 뒤에 관형격 조사 '의'가 쓰였군.

④ ㉣을 보니 존대의 대상인 체언 뒤에 호격 조사 '하'가 쓰였군.

⑤ ㉤을 보니 모음으로 끝나는 체언 뒤에 목적격 조사 '를'이 쓰였군.

728 [2025년 9월 고3 모평 39번]

[A]에 들어갈 말로 적절한 것은?

> **선생님** : 단어의 의미 변화에는 원래의 의미가 유지되고 새로운 의미가 더해지는 확대, 원래의 의미 중 일부가 사라지는 축소, 원래의 의미는 사라지고 새로운 의미가 생기는 이동 등이 있어요. 'ᄉᆞ이(사이)'는 확대를, '놀다(놀다)'는 축소를, '즈슴ᄒᆞ다(즈음하다)'는 이동을 겪었어요. 이를 확정할 수 있는 중세 국어와 현대 국어의 자료를 아래에 제시했어요. 이들 단어의 의미 변화를 설명하기 위해 확인해야 할 정보가 무엇인지 말해 봅시다.
>
> ---
>
> ○ 도ᄌᆞ기 ㉠ᄉᆞ실(ᄉᆞ이+ㄹ) 디나샤
> [도적의 사이를 지나셔]
> ○ 七寶琴(칠보금) ㉡놀오(놀-+-고)
> [칠보금을 연주하고]
> ○ 프른 門(문)이 ㉢즈슴ᄒᆞ고(즈슴ᄒᆞ-+-고)
> [푸른 문이 사이에 있고]
>
> ---
>
> ○ ㉣사이 좋은 가족
> ○ 물고기가 한가로이 ㉤놀고
> ○ 현충일에 ㉥즈음하여
>
> **학　생** : 현대 국어 단어 [　[A]　]을 확인해야 해요.
> **선생님** : 네, 맞아요.

① '사이'에 ㉠에서의 뜻이 없고 중세 국어 'ᄉᆞ이'에 ㉣에서의 뜻이 없음

② '놀다'에 ㉡에서의 뜻이 있고 중세 국어 '놀다'에 ㉤에서의 뜻이 없음

③ '놀다'에 ㉡에서의 뜻이 없고 중세 국어 '놀다'에 ㉤에서의 뜻이 없음

④ '즈음하다'에 ㉢에서의 뜻이 없고 중세 국어 '즈슴ᄒᆞ다'에 ㉥에서의 뜻이 있음

⑤ '즈음하다'에 ㉢에서의 뜻이 없고 중세 국어 '즈슴ᄒᆞ다'에 ㉥에서의 뜻이 없음

언어
1000제

Part
07

문법
비문학

핵심 기출 문제

문법 비문학 – 핵심 기출 문제

[2020년 6월 고2 학평 11-12번]

[729-730] 다음 글을 읽고 물음에 답하시오.

국어에는 체언이나 부사, 어미 따위에 붙어 그 말과 다른 말과의 문법적 관계를 표시하거나 그 말의 뜻을 도와주는 품사가 있는데, 이를 조사라고 한다. 조사는 그 기능과 의미에 따라 격 조사, 보조사, 접속 조사로 분류한다.

격 조사는 앞에 오는 체언이 문장 안에서 일정한 자격을 가지도록 해 준다. '이/가'와 같이 문장 안에서 체언이나 체언 구실을 하는 말 뒤에 붙어 주어의 자격을 가지게 하는 주격 조사도 있고, '을/를'과 같이 목적어가 되게 하는 목적격 조사도 있다. 또 '의'와 같이 관형어가 되게 하는 관형격 조사도 있고, '이/가'와 같이 '되다', '아니다'와 함께 쓰여 보어가 되게 하는 보격 조사도 있다. 그밖에 '에', '에서', '(으)로', '와/과', '보다'처럼 체언이나 체언 구실을 하는 말 뒤에 붙어 부사어의 자격을 가지게 하는 부사격 조사와 '아/야'와 같이 독립어 가운데 부름말이 되게 하는 호격 조사 등도 격 조사에 속한다. 특히 체언에 붙어 서술어의 자격을 가지게 하는 '이다'는 서술격 조사라고 하는데, 마치 동사나 형용사처럼 활용하는 특징이 있다.

보조사는 체언, 부사, 활용 어미 따위에 붙어서 어떤 특별한 의미를 더해 주는 구실을 한다. 보조사에는 '은/는', '도', '만', '까지', '마저', '조차', '부터' 따위가 있다. '인생은 짧고 예술은 길다.'에 쓰인 '은'은 체언에 붙어서 어떤 대상이 다른 것과 대조됨을 나타내는 보조사이다. 또 '고구마는 구워도 먹고 삶아도 먹는다.'에 쓰인 '도'는 활용 어미 뒤에 붙어서 둘 이상의 대상이나 사태를 똑같이 아우름을 나타내는 보조사이다.

접속 조사는 둘 이상의 단어나 구 따위를 같은 자격으로 이어 주는 구실을 한다. 접속 조사에는 '와/과', '하고', '(이)나', '(이)랑' 등이 있다. '배하고 사과하고 감을 가져오너라.'에 쓰인 '하고'는 둘 이상의 사물을 같은 자격으로 이어 주는 접속 조사이다.

그런데 ⓐ동일한 형태의 조사가 문장에서 서로 다른 기능을 하기도 한다. 예를 들어 조사 '가'는 앞말이 주어임을 나타내는 격 조사로 쓰일 때도 있고, 앞말을 강조하는 뜻을 나타내는 보조사로 쓰일 때도 있다. '를'은 앞말이 목적어임을 나타내는 격 조사로 쓰일 때도 있고, 앞말을 강조하는 뜻을 나타내는 보조사로 쓰일 때도 있다. 또 '에'는 앞말이 부사어임을 나타내는 격 조사로 쓰일 때도 있고, 둘 이상의 사물을 같은 자격으로 이어 주는 접속 조사로 쓰일 때도 있다. '과'는 앞말이 부사어임을 나타내는 격 조사로 쓰일 때도 있고, 두 단어나 문장 따위를 이어 주는 접속 조사로 쓰일 때도 있다. 또 '에서'는 앞말이 부사어임을 나타내는 격 조사로 쓰일 때도 있고, 단체를 나타내는 명사 뒤에 붙어 앞말이 주어임을 나타내는 격 조사로 쓰일 때도 있다.

729

윗글을 바탕으로 <보기>의 ㉠~㉤을 탐구한 내용으로 적절하지 **않은** 것은?

> **보 기**
>
> ㉠ 그는 보통 인물<u>이</u> 아니다.
> ㉡ 철수야, 내일이 무슨 날<u>이니</u>?
> ㉢ 이번에 성적이 많이<u>도</u> 올랐구나!
> ㉣ 언니가 동생<u>의</u> 간식을 만들고 있다.
> ㉤ 백화점에 가서 구두<u>랑</u> 모자<u>랑</u> 샀어요.

① ㉠의 '이'는 체언인 '인물'에 붙어 주어의 자격을 갖게 한다.
② ㉡의 '이니'는 체언인 '날'에 붙어 서술어의 자격을 갖게 한다.
③ ㉢의 '도'는 부사인 '많이'에 붙어 특별한 의미를 더해 주는 구실을 한다.
④ ㉣의 '의'는 체언인 '동생'에 붙어 관형어의 자격을 갖게 한다.
⑤ ㉤의 '랑'은 '구두'와 '모자'를 같은 자격으로 이어주는 역할을 한다.

730

밑줄 친 조사 중 ⓐ의 사례로 적절한 것은?

① ┌ 방이 깨끗하지<u>가</u> 않다.
　 └ 친구마저 미덥지<u>가</u> 못하다.

② ┌ 그녀는 장미<u>를</u> 좋아한다.
　 └ 그는 도서관에서 잡지<u>를</u> 읽었다.

③ ┌ 그는 요란한 소리<u>에</u> 잠을 깼다.
　 └ 그까짓 일<u>에</u> 너무 마음 상하지 마라.

④ ┌ 친구들<u>과</u> 어울려 늦게까지 놀았다.
　 └ 그는 다섯 살 아래의 여성<u>과</u> 결혼했다.

⑤ ┌ 너는 부산<u>에서</u> 몇 시에 출발 예정이냐?
　 └ 우리 학교<u>에서</u> 올해도 우승을 차지했다.

[2021년 3월 고2 학평 11-12번]

[731-732] 다음 글을 읽고 물음에 답하시오.

명사는 자립성의 유무에 따라 자립 명사와 의존 명사로 나눌 수 있다. 가령 '새 물건이 있다.'에서 '물건'은 관형어인 '새'가 없이 단독으로 쓰일 수 있기 때문에 자립 명사이다. 이와 달리 '헌 것이 있다.'에서 '것'은 관형어인 '헌'이 생략되면 '것이 있다.'와 같이 문법에 맞지 않는 문장이 되므로 의존 명사이다. 이처럼 의존 명사는 관형어의 수식 없이 단독으로 쓰일 수 없으며 조사와 결합한다는 특징이 있다.

의존 명사는 특정한 형태의 관형어를 요구하는 선행어 제약과, 특정 서술어나 격 조사와만 결합하는 후행어 제약이 있다. 다음 예문에서 (ㄱ)은 선행어 제약을, (ㄴ)은 후행어 제약을 보여 준다.

(ㄱ) 여기 (온 / *오는 / *올 / *오던) 지가 오래되었다.
(ㄴ) 나는 공부를 할 수가 있다.
　　　그는 좋아서 어쩔 줄을 몰랐다.
　　　일어난 김에 일을 마무리하자.
　　　우리는 네게 그저 고마울 따름이다.

(ㄱ)에서 '지'를 수식하는 관형어는 관형사형 어미 '-(으)ㄴ'과만 결합하므로 선행어가 제약된다. (ㄴ)에서 '수'는 주격 조사 '가'와, '줄'은 목적격 조사 '을'과, '김'은 부사격 조사 '에'와, '따름'은 서술격 조사 '이다'와만 결합하므로 후행어가 제약된다. 이와 달리 '것'은 결합할 수 있는 격 조사의 제약이 없이 두루 사용된다. 의존 명사가 선행어 제약이나 후행어 제약이 있는지를 판단할 때는 의존 명사가 쓰일 수 있는 다양한 예를 고려해야 한다.

[A] 한편 의존 명사 중에는 '만큼'과 같이 동일한 형태가 조사로도 쓰이는 경우가 있는데, 이처럼 하나의 형태가 여러개의 품사로 쓰이는 것을 품사 통용이라 한다. 에를 들어'먹을 만큼 먹었다.'의 '만큼'은 관형어 '먹을'의 수식을 받는 의존 명사이지만, '너만큼 나도 할 수 있다.'의 '만큼'은 체언 '너' 뒤에 붙는 조사이다. 이때 의존 명사는 앞말과 띄어 쓰고, 조사는 앞말과 붙여 써야 한다.

731

[A]를 참고할 때, 밑줄 친 단어의 띄어쓰기가 옳은지 판단한 결과로 적절하지 <u>않은</u> 것은?

	예문	판단 결과
①	노력한 <u>만큼</u> 대가를 얻는다.	X
②	나도 형 <u>만큼</u> 운동을 잘 할 수 있다.	X
③	그 사실을 몰랐던 <u>만큼</u> 충격도 컸다.	O
④	시간이 멈추기를 바랄 <u>만큼</u> 즐거웠다.	O
⑤	그곳은 내 고향만큼 아름답지는 않다.	O

732

윗글을 바탕으로 <보기>의 밑줄 친 단어를 이해한 내용으로 적절한 것은?

보 기

ㄱ. 우리는 어찌할 <u>바</u>를 모르겠다.
ㄴ. 그들은 칭찬을 받을 <u>만</u>도 하다.
ㄷ. 그를 만난 것은 해 질 <u>무렵</u>이다.
ㄹ. 동생이 그런 일을 할 <u>리</u>가 없다.
ㅁ. 포수는 호랑이를 산 <u>채</u>로 잡았다.

① ㄱ의 '바'는 목적격 조사와만 결합할 수 있으므로 후행어 제약이 있군.

② ㄴ의 '만'은 관형사형 어미 '-(으)ㄹ'만 올 수 있으므로 선행어 제약이 있군.

③ ㄷ의 '무렵'은 서술격 조사 '이다'와만 결합할 수 있으므로 후행어 제약이 있군.

④ ㄹ의 '리'는 격 조사의 제약이 없이 두루 결합할 수 있으므로 후행어 제약이 없군.

⑤ ㅁ의 '채'는 '-(으)ㄴ' 외에 다른 관형사형 어미도 올 수 있으므로 선행어 제약이 없군.

[2022년 6월 고2 학평 11-12번]

[733-734] 다음 글을 읽고 물음에 답하시오.

조사는 일반적으로 체언 뒤에 붙어서 문법적인 관계를 나타내거나 의미를 추가하는 의존 형태소로서, 기능과 의미에 따라 격 조사, 접속 조사, 보조사로 나눌 수 있다.

격 조사는 체언이 문장 안에서 일정한 자격을 가지게 해 주는 조사로서, 주격, 목적격, 관형격, 부사격, 서술격, 보격, 호격 조사로 나눌 수 있다. 주격 조사는 '이/가, 에서' 등으로, 체언이 주어의 자격을 가지게 하며, 목적격 조사는 '을/를'로, 체언이 목적어의 자격을 가지게 한다. 관형격 조사는 '의'로, 체언이 관형어의 자격을 가지게 하며, 부사격 조사는 '에, 에게, 에서, (으)로, 와/과' 등으로, 체언이 부사어의 자격을 가지게 한다. 보격 조사는 '이/가'로, 서술어 '되다, 아니다' 앞에 오는 체언이 보어의 자격을 가지게 한다. 서술격 조사는 '이다'로 체언이 서술어의 자격을 가지게 하고, 호격 조사는 '아/야, (이)시여' 등으로 체언이 호칭어가 되게 하는 조사이다.

접속 조사는 두 단어를 같은 자격으로 이어 주는 조사로 '와/과'가 대표적이며 '하고, (이)며' 등이 여기에 속한다. 보조사는 특별한 의미를 덧붙여 주는 조사로 '도, 만, 까지, 요' 등이 속한다. 보조사는 체언 뒤는 물론이고, 여러 문장 성분 뒤에도 나타날 수 있다.

조사는 서로 겹쳐 쓰기도 하는데, 이를 조사의 중첩 이라 한다. 그러나 겹쳐 쓸 때 순서가 있다. 주격 조사, 목적격 조사, 보격 조사, 관형격 조사는 서로 겹쳐 쓸 수 없으나 보조사와는 겹쳐 쓸 수 있는데, 대체로 보조사의 뒤에 쓴다. 부사격 조사는 부사격 조사끼리 겹쳐 쓸 수 있고 다른 격 조사나 보조사와도 겹쳐 쓸 수 있는데, 일반적으로 다른 격 조사나 보조사의 앞에 쓴다. 보조사는 보조사끼리 겹쳐 쓸 수 있고 순서도 자유로운 편이지만, 의미가 모순되는 보조사끼리는 겹쳐 쓰기 어렵다.

733

윗글을 바탕으로 밑줄 친 부분을 분석한 내용으로 적절하지 <u>않은</u> 것은?

① '비가 오는데 바람<u>까지</u> 분다.'의 '까지'는 다시 그 위에 더한다는 의미를 가진 보조사이다.
② '나는 아버지보다 어머니<u>와</u> 닮았다.'의 '와'는 '어머니'와 '닮았다'를 이어 주는 접속 조사이다.
③ '우리 동아리<u>에서</u> 학교 축제에 참가하였다.'의 '에서'는 단체 명사 뒤에 쓰이는 주격 조사이다.
④ '신<u>이시여</u>, 우리를 보살피소서.'의 '이시여'는 어떤 대상을 정중하게 부를 때 쓰는 호격 조사이다.
⑤ '철수는<u>요</u> 밥을<u>요</u> 먹어야 하거든<u>요</u>.'의 '요'는 다양한 문장 성분의 뒤에 쓰여 청자에게 존대의 뜻을 나타내는 보조사이다.

734

㉠~㉤을 통해 조사의 중첩 을 이해한 내용으로 적절하지 <u>않은</u> 것은? [3점]

㉠ 길을 걷다가 철수<u>가를</u>* 만났다.
㉡ 그 말을 한 것이 당신<u>만이</u>(당신이만*) 아니다.
㉢ 그녀는 전원<u>에서의</u>(전원의에서*) 여유로운 삶을 꿈꾼다.
㉣ 모든 관심이 나<u>에게로</u>(나로에게*) 쏟아졌다.
㉤ 빵<u>만도</u>* 먹었다.

*는 비문 표시임.

① ㉠에서는 주격 조사와 목적격 조사는 겹쳐 쓸 수 없음을 확인할 수 있군.
② ㉡에서는 보조사와 보격 조사가 결합할 때 보격 조사가 뒤에 쓰였군.
③ ㉢에서는 부사격 조사와 관형격 조사가 결합할 때 관형격 조사가 뒤에 쓰였군.
④ ㉣에서는 부사격 조사와 보조사가 결합할 때 부사격 조사가 보조사 앞에 쓰였군.
⑤ ㉤에서는 유일함을 뜻하는 '만'과 더함을 뜻하는 '도'의 의미가 모순되어 겹쳐 쓰기 어렵군.

[2018년 9월 고3 모평 11-12번]

[735-736] 다음 글을 읽고 물음에 답하시오.

> 단어를 공통된 성질에 따라 분류한 것을 '품사'라 한다. 품사 분류의 기준으로는 일반적으로 '형태, 기능, 의미'가 있다. '형태'는 단어가 활용하느냐 활용하지 않느냐에 관한 것이고 '기능'은 단어가 문장에서 하는 역할과 관련된다. '의미'는 단어의 구체적인 의미가 아니라 단어 부류가 가지는 추상적인 의미를 말한다.
>
> 이러한 기준의 전체 혹은 일부를 적용하여 ㉠활용하지 않으며 사물의 이름을 나타내는 말, ㉡활용하고 사물의 동작이나 작용을 나타내는 말, ㉢활용하지 않으며 수량이나 순서를 나타내는 말, ㉣활용하지 않으며 앞말에 붙어 앞말과 다른 말의 문법적 관계를 나타내거나 특수한 의미를 덧붙이는 말, ㉤활용하지 않으며 뒤에 오는 체언을 수식하는 말 등으로 개별 품사를 분류할 수 있다.
>
> [A]　그런데 실제로 단어의 품사를 분류할 때에는 분류가 쉽지 않은 것들도 있다. 동사와 형용사의 구별이 대표적인데 사물의 속성이나 상태를 나타내는 형용사와 사물의 작용의 일종인 상태 변화를 나타내는 일부 동사는 의미상 매우 밀접하여 좀 더 세밀하게 구분하여야 한다. 가령 '햇살이 밝다'에서의 '밝다'는 상태를 나타내는 형용사이고, '날이 밝는다'에서의 '밝다'는 상태의 변화를 나타내는 동사이다. 동사와 형용사를 구별하는 또 다른 기준으로 활용 양상을 내세우기도 한다. 동사와 달리 형용사는 원칙적으로 선어말 어미 '-ㄴ/는-', 관형사형 어미 '-는', 명령형·청유형 종결 어미, 의도나 목적을 나타내는 연결 어미 등과 결합하여 쓰이지 않는다.
>
> 다만, '있다'의 경우는 품사를 분류할 때 더욱 주의해야 한다. '존재', '소유'와 같이 상태의 의미를 나타내는 '있다'는 형용사로, '한 장소에 머묾'의 의미인 '있다'는 동사로 분류되는데, 동사 '있다'뿐만 아니라 형용사의 '있다'가 관형사형 어미 '-는'과 결합하기 때문이다. 형용사 '없다'의 경우도 반의어인 형용사 '있다'와 동일한 활용 양상을 보여 준다.

735

다음 문장에서 ㉠~㉤에 해당하는 예를 찾아 이를 설명한 내용으로 적절하지 <u>않은</u> 것은?

> 옛날 사진을 보니 즐거운 기억 하나가 떠올랐다.

① '옛날, 사진, 기억'은 ㉠에 해당하고 명사이다.
② '보니, 떠올랐다'는 ㉡에 해당하고 동사이다.
③ '하나'는 ㉢에 해당하고 수사이다.
④ '을, 가'는 ㉣에 해당하고 조사이다.
⑤ '즐거운'은 ㉤에 해당하고 관형사이다.

736

[A]를 참고하여 <보기>를 이해한 내용으로 적절하지 <u>않은</u> 것은?

> **보 기**
>
> ⓐ 영희가 밥을 먹었다. / 꽃이 예뻤다.
> 　 영희가 밥을 먹는다. / *꽃이 예쁜다.
>
> ⓑ 영희야, 밥 먹어라. / *영희야, 좀 예뻐라.
> 　 영희야, 밥 먹자. / *우리 좀 예쁘자.
>
> ⓒ 밥 먹으려고 식당으로 갔다. / *예쁘려고 미용실에 갔다.
> 　 밥 먹으러 식당에 갔다. / *예쁘러 미용실에 갔다.
>
> ⓓ 나에게는 돈이 있다. / 돈이 있는 사람
> 　 나에게는 돈이 없다. / 돈이 없는 사람
>
> ⓔ 나무가 크다. / 나무가 쑥쑥 큰다.
> 　 머리카락이 길다. / 머리카락이 잘 긴다.
>
> ※ '*'는 비문임을 나타냄.

① ⓐ : 동사와는 달리 형용사는 현재를 나타내는 선어말 어미와 결합할 수 없다.
② ⓑ : 동사와는 달리 형용사는 명령형·청유형 어미와 결합할 수 없다.
③ ⓒ : 동사와는 달리 형용사는 의도·목적을 나타내는 연결 어미와 결합할 수 없다.
④ ⓓ : '있다'와 '없다'는 상태의 의미를 나타내지만 동사로 쓰이고 있다.
⑤ ⓔ : '크다'와 '길다'는 형용사, 동사로 모두 쓰이고 있다.

문법 비문학 – 핵심 기출 문제

[2021년 7월 고3 학평 35-36번]

[737-738] 다음 글을 읽고 물음에 답하시오.

단어를 공통된 성질에 따라 분류한 것을 '품사'라고 하는데, 품사는 형태, 기능, 의미에 따라 분류할 수 있다. 그중 단어 부류가 가지는 공통 의미에 따라 분류하면 대상의 이름을 나타내는 명사, 명사를 대신하여 가리키는 대명사, 대상의 수량이나 순서를 나타내는 수사, 대상의 동작이나 작용을 나타내는 동사, 대상의 성질이나 상태를 나타내는 형용사, 주로 체언을 수식하는 관형사, 주로 용언이나 문장을 수식하는 부사, 주로 체언에 붙어 문법적 관계를 표시하거나 특별한 의미를 더하는 조사, 말하는 이의 놀람, 느낌, 부름 등을 나타내는 감탄사로 구분된다.

단어는 일반적으로 하나의 품사로 사용되지만 어떤 단어는 두 가지 이상의 문법적 성질을 가지고 있어 여러 가지의 품사로 쓰이는 경우가 있다. 이를 '품사 통용'이라고 한다. '같이'의 경우, '같이 가다'에서는 부사로, '소같이 일만 하다'에서는 조사로 쓰이고 있다. 품사 통용은 중세 국어에도 있었는데, 현대 국어의 품사 통용과 같은 양상으로 나타나기도 하고 다른 양상으로 나타나기도 했다. 그리고 현대 국어에서 하나의 품사로 쓰이는 단어가 중세 국어에서는 품사 통용이 나타나기도 했다. 예를 들어 현대 국어에서 관형사로만 쓰이는 '어느'를 살펴보자.

(ㄱ) <u>어느</u> 뉘 請ᄒ니(어느 누가 청한 것입니까?)

(ㄴ) 迷惑 <u>어느</u> 플리(미혹한 마음을 어찌 풀 것인가?)

(ㄷ) 이 두 말ᄋ <u>어늘</u> 從ᄒ시려뇨
　　(이 두 말을 어느 것을 따르시겠습니까?)

중세 국어에서 '어느'는 (ㄱ)에서는 체언을 수식하는 관형사로, (ㄴ)에서는 용언을 수식하는 부사로 쓰였다. (ㄷ)에서 '어늘'은 '어느'에 조사가 결합된 형태로 여기에서 '어느'는 명사를 대신하여 가리키는 대명사로 쓰였다. 현대 국어에서 관형사로만 쓰이는 '어느'가 중세 국어에서는 관형사, 부사, 대명사로 두루 쓰인 것이다.

737

윗글을 바탕으로 <보기>에 대해 이해한 내용으로 적절하지 <u>않은</u> 것은?

보 기

ㄱ. <u>과연</u> <u>두</u> 사람이 만날 수 있을까?
ㄴ. 합격 소식을 듣고 그가 활짝 <u>웃었다</u>.
ㄷ. <u>학생</u>, 아무리 바쁘더라도 식사<u>는</u> 해야지.

① ㄱ의 '과연'은 문장 전체를 수식하는 부사이군.
② ㄱ의 '두'는 대상의 수량을 나타내는 수사이군.
③ ㄴ의 '웃었다'는 대상의 동작을 나타내는 동사이군.
④ ㄷ의 '학생'은 대상의 이름을 나타내는 명사이군.
⑤ ㄷ의 '는'은 체언에 붙어 특별한 의미를 더하는 조사이군.

738

윗글을 바탕으로 <보기>의 자료를 탐구한 내용으로 적절하지 <u>않은</u> 것은? [3점]

보 기

선생님 : (가)에서 '이'는 두 개의 품사로, '새'는 하나의 품사로 쓰이고 있습니다. (가), (나)를 통해 '이'와 '새'의 현대 국어에서의 품사를 알아보고 중세 국어와 비교해 봅시다.

[자료]
(가) 현대 국어
　◦ <u>이</u>보다 더 좋을 수는 없다. / <u>이</u> 사과는 맛있다.
　◦ <u>새</u> 학기가 되다.
(나) 중세 국어
　◦ 내 <u>이</u>ᄅ 爲ᄒ야(내가 이를 위하여)
　　내 <u>이</u> 도ᄂ 가져가(내가 이 돈을 가져가서)
　◦ <u>새</u> 구스리 나며(새 구슬이 나며)
　　이 나래 <u>새</u>ᄅᆯ 맛보고(이날에 새것을 맛보고)
　　<u>새</u> 出家ᄒ 사ᄅᆞ미니(새로 출가한 사람이니)

① 현대 국어에서 '이'는 대명사로도 관형사로도 쓰이고 있군.
② 현대 국어에서 '이'의 품사 통용은 중세 국어 '이'의 품사 통용과 같은 양상으로 나타나는군.
③ 중세 국어에서 '새'는 대명사로도 부사로도 쓰였군.
④ 중세 국어에서 '새'는 현대 국어의 '새'와 동일한 품사로도 쓰였군.
⑤ 중세 국어에서 '새'는 다양한 품사로 두루 쓰였지만 현대 국어에서 '새'는 품사 통용이 나타나지 않는군.

[739-740] 다음 글을 읽고 물음에 답하시오.

> 본용언은 문장의 주어를 주되게 서술하는 용언이고, 보조 용언은 본용언의 의미를 보충하는 용언이다. 보조 용언은 홀로 서술어로 쓰일 수 없으며, 본용언의 뒤에 위치하여 본용언만으로는 나타내기 어려운 의미를 덧붙인다.
>
> ㄱ. 나는 그녀의 그림을 보고 싶다.
> ㄴ. 그녀가 사과를 한번 먹어 보다.
>
> 위에서 ㄱ의 '보다'와 ㄴ의 '먹다'는 주어의 특정한 행위를 주되게 서술하는 본용언이고, ㄱ의 '싶다'는 희망의 의미를 덧붙이는, ㄴ의 '보다'는 시도의 의미를 덧붙이는 보조 용언이다. '보다'는 본용언과 보조 용언으로 모두 쓰일 수 있는 용언으로, 문장에서 그 쓰임을 잘 구별해서 이해해야 전달하고자 하는 의미를 정확하게 파악할 수 있다.
>
> 본용언과 보조 용언은 위의 예에서 알 수 있듯이 의미를 기준으로 구별할 수 있으며, 다음과 같은 방법으로도 구별할 수 있다. 본용언과 보조 용언 사이에는 다른 문장 성분을 넣거나, 행위나 작용의 선후 관계를 나타내는 연결 어미인 '-아서 / 어서', '-고서'를 붙이면 문장의 흐름이 자연스럽지 않다. 예를 들어 ㄴ의 '먹어 보다'에 '먹어 아주 보다'와 같이 부사어를 넣거나 '먹어서 보다'나 '먹고서 보다'와 같이 연결 어미를 붙이면 보조 용언을 통하여 전달하고자 하는 의미가 제대로 파악되지 않는다.

739

윗글을 통해 알 수 있는 내용으로 적절한 것은?

① 보조 용언만으로 서술어를 구성할 수 있다.
② 보조 용언이 바로 앞에 부사어가 올 수 있다.
③ 보조 용언은 본용언의 의미를 대체할 수 있다.
④ 보조 용언은 본용언 앞에 위치하여 의미를 덧붙인다.
⑤ 본용언과 보조 용언으로 모두 쓰이는 용언이 존재한다.

740

윗글을 참고하여 ㉠~㉤을 이해한 것으로 적절하지 <u>않</u>은 것은?

> ○ 거리에 많은 사람들이 ㉠오고 가다.
> ○ 이번 생일에는 선물을 ㉡받고 싶다.
> ○ 새로운 가수의 노래를 ㉢들어 보다.
> ○ 친구가 아프니까 곁에 ㉣남아 주다.
> ○ 날씨가 더워서 창문을 ㉤열어 놓다.

① ㉠의 '가다'는 본용언에 진행의 의미를 덧붙이므로 보조 용언으로 볼 수 있군.
② ㉡의 '싶다'는 본용언에 희망의 의미를 덧붙이므로 보조 용언으로 볼 수 있군.
③ ㉢의 '보다'는 본용언에 시도의 의미를 덧붙이므로 보조 용언으로 볼 수 있군.
④ ㉣에서 '남아'를 '남아서'로 바꾸어 쓰면 자연스럽지 않으므로 ㉣의 '주다'는 보조 용언으로 볼 수 있군.
⑤ ㉤에서 '열어'와 '놓다' 사이에 '아주'를 넣으면 자연스럽지 않으므로 ㉤의 '놓다'는 보조 용언으로 볼 수 있군.

[2019년 11월 고2 학평 12-13번]
[741-742] 다음 글을 읽고 물음에 답하시오.

문장의 주체를 서술하는 기능을 하는 용언은 홀로 쓰이는 본용언과, 홀로 쓰이지 않고 본용언 뒤에서 본용언에 특수한 의미를 더해 주는 보조 용언으로 나눌 수 있다. 예를 들어 '불이 꺼져 간다.'라는 문장이 있을 때, '꺼져'는 '불이 꺼진다.'라는 문장의 서술어로 홀로 쓰일 수 있으므로 본용언이다. 그러나 '간다'는 진행의 의미만 더해 주고 있어, '불이 간다.'라는 문장의 서술어로 홀로 쓰일 수 없으므로 보조 용언이다.

보조 용언은 다시 보조 동사와 보조 형용사로 구분될 수 있다. 일반적으로 보조 용언의 품사는 앞에 오는 본용언의 품사에 따른다. 예를 들어 보조 용언 '않다'는 앞에 오는 본용언의 품사가 동사이면 보조 동사, 형용사이면 보조 형용사로 쓰인다. 한편 보조 용언의 품사가 보조 용언의 의미에 따라 구분되는 경우도 있다. 예를 들어 보조 용언 '하다'가 앞말의 행동이나 상태에 대한 바람이라는 의미를 나타내는 경우에는 보조 동사이다. 또한 보조 용언 '보다'가 어떤 일을 경험한다는 의미를 나타내는 경우에는 보조 동사이고, 앞말이 뜻하는 행동이나 상태에 대한 걱정이라는 의미를 나타내는 경우에는 보조 형용사이다.

본용언은 주로 본용언의 어간에 보조적 연결어미가 결합되어 보조 용언과 연결된다. 예를 들어 '나는 일을 하고 나서 집에 갔다.'라는 문장은 본용언의 어간 '하-'에 보조적 연결어미 '-고'가 결합된 '하고'가 보조 용언 '나서'와 연결된 문장이다. 그리고 본용언과 보조 용언이 연결되는 경우들을 살펴보면, 보통 두 용언이 연결되는 경우가 많지만 의미의 추가를 위해 세 용언이 연결되는 경우도 있다. 여기에는 용언들이 ㉠본용언, 본용언, 보조 용언의 순서로 연결된 경우, ㉡본용언, 보조 용언, 본용언의 순서로 연결된 경우, ㉢본용언, 보조 용언, 보조 용언의 순서로 연결된 경우가 있다.

741

<보기>의 ⓐ~ⓔ를 보조 동사와 보조 형용사로 분류한 것으로 적절한 것은?

> **보 기**
>
> ○ 내일 해야 할 업무가 생각만큼 쉽지는 ⓐ<u>않겠다.</u>
> ○ 나는 부모님께 야단맞을까 ⓑ<u>봐</u> 얘기도 못 꺼냈다.
> ○ 일을 마무리했음에도 사람들은 집에 가지 ⓒ<u>않았다.</u>
> ○ 새로 일할 사람이 업무 처리에 항상 성실했으면 ⓓ<u>한다.</u>
> ○ 이런 일을 당해 ⓔ<u>보지</u> 않은 사람은 내 심정을 모를 것이다.

	보조 동사	보조 형용사
①	ⓐ, ⓑ, ⓓ	ⓒ, ⓔ
②	ⓐ, ⓒ	ⓑ, ⓓ, ⓔ
③	ⓐ, ⓓ, ⓔ	ⓑ, ⓒ
④	ⓑ, ⓒ	ⓐ, ⓓ, ⓔ
⑤	ⓒ, ⓓ, ⓔ	ⓐ, ⓑ

742

윗글의 ㉠~㉢과 관련하여 <보기>의 Ⓐ~Ⓔ의 밑줄 친 부분을 분석한 내용으로 적절하지 <u>않은</u> 것은? [3점]

> **보 기**
>
> Ⓐ 그는 순식간에 사과를 <u>던져서 베어 버렸다.</u>
> Ⓑ 그는 식당에서 고기를 <u>먹어 치우고 일어났다.</u>
> Ⓒ 그에게 전화를 했을 때 그가 <u>깨어 있어</u> 행복했다.
> Ⓓ 나는 경기에 출전하지 못하고 의자에 <u>앉아 있게</u> 생겼다.
> Ⓔ 나는 평소 밥을 좋아하는데 오늘은 갑자기 빵을 <u>먹고 싶게 되었다.</u>

① Ⓐ : '베어'는 어간 '베-'에 보조적 연결어미 '-어'가 결합되어 '버렸다'와 연결된 형태이고 ㉠에 해당한다.

② Ⓑ : '치우고'는 어간 '치우-'에 보조적 연결어미 '-고'가 결합되어 '일어났다'와 연결된 형태이고 ㉠에 해당한다.

③ Ⓒ : '깨어'는 어간 '깨-'에 보조적 연결어미 '-어'가 결합되어 '있어'와 연결된 형태이고 ㉡에 해당한다.

④ Ⓓ : '앉아'는 어간 '앉-'에 보조적 연결어미 '-아'가 결합되어 '있게'와 연결된 형태이고 ㉡에 해당한다.

⑤ Ⓔ : '먹고'는 어간 '먹-'에 보조적 연결어미 '-고'가 결합되어 '싶게'와 연결된 형태이고 ㉢에 해당한다.

[743-744] 다음 글을 읽고 물음에 답하시오.

> 한글 맞춤법 제15항과 제18항은 용언이 활용할 때의 표기 원칙을 규정하고 있다. 제15항은 '웃다, 웃고, 웃으니'처럼 규칙적으로 활용하는 용언의 표기 원칙을, 제18항은 '긋나, 그어, 그으니'처럼 ㉠불규칙적으로 활용하는 용언의 표기 원칙을 밝히고 있다. 한글 맞춤법의 이러한 내용들은 국어사전의 활용의 표기에 반영되어 있다. 아래는 국어사전의 일부를 간추려 제시한 것이다.
>
> ---
> **웃다**
> 　발음 [운:따]
> 　활용 웃어[우:서], 웃으니[우:스니], 웃는[운:는]
>
> ---
> **긋다**
> 　발음 [귿:따]
> 　활용 그어[그어], 그으니[그으니], 긋는[근:는]
>
> ---
>
> 동사 '웃다'와 '긋다'의 활용에서 각각 '웃다'와 '긋다'의 활용형과 그 표준 발음을 확인할 수 있다. 활용에 제시되어 있는 정보, 즉 '활용 정보'를 통하여 ㉡활용 양상이 동일한 용언들을 알아볼 수 있다. 예를 들어 규칙 활용 용언 중 동사 '벗다'는 '벗어, 벗으니, 벗는'처럼 활용하므로 '웃다'와 활용 양상이 동일하고, 불규칙 활용 용언 중 '짓다'는 '지어, 지으니, 짓는'처럼 활용하므로 '긋다'와 활용 양상이 동일하다.
>
> [A]
> 　한편 용언이 활용할 때 음운 변동이 나타나는 경우에는 그 결과가 활용형의 표기에 반영되기도 한다. 예를 들어 '자다'의 활용 정보는 '자[자], 자니[자니]'처럼 제시되는데 이때의 활용형 '자'는 '자다'의 어간 '자-'가 어미 '-아'와 결합할 때 동일 모음의 탈락이 일어나 '자'로 실현된 결과가 활용형의 표기에 반영된 것이다. 이와는 달리 '좋다'는 '좋아[조:아], 좋으니[조:으니]'가 활용 정보에 제시되는데 이는 음운 변동의 결과가 활용형의 표기에 반영되지 않은 것이다. 즉 활용 정보에 나타나는 활용형 '자'와 '좋아'의 표기는 한글 맞춤법의 원리에 따른 것임을 확인할 수 있다.

743

㉠과 ㉡을 모두 만족하는 용언의 짝으로 적절한 것은?

① 구르다 - 잠그다
② 흐르다 - 푸르다
③ 뒤집다 - 껴입다
④ 붙잡다 - 정답다
⑤ 캐묻다 - 엿듣다

744

[A]를 바탕으로 <보기>의 ⓐ~ⓔ의 밑줄 친 부분을 이해한 내용으로 적절하지 <u>않은</u> 것은?

> **보 기**
>
> **국어사전의 표제어와 활용 정보**
>
> | | | |
> |---|---|---|
> | ⓐ **서다** | 활용 | <u>서</u>, 서니 … |
> | ⓑ **끄다** | 활용 | <u>꺼</u>, 끄니 … |
> | ⓒ **풀다** | 활용 | 풀어, <u>푸니</u> … |
> | ⓓ **쌓다** | 활용 | 쌓아, <u>쌓으니</u>, 쌓는 … |
> | ⓔ **믿다** | 활용 | 믿어, 믿으니, <u>믿는</u> … |

① ⓐ : 탈락이 나타나고 그 결과가 표기에 반영되었다.
② ⓑ : 탈락이 나타나고 그 결과가 표기에 반영되었다.
③ ⓒ : 탈락이 나타나고 그 결과가 표기에 반영되었다.
④ ⓓ : 교체가 나타나지만 그 결과가 표기에 반영되지 않았다.
⑤ ⓔ : 교체가 나타나지만 그 결과가 표기에 반영되지 않았다.

[2017년 3월 고1 학평 11-12번]

[745-746] 다음 글을 읽고 물음에 답하시오.

국어 문장에서 서술어로 쓰이는 것은 용언인 동사와 형용사, 그리고 체언에 '이다'가 붙어서 이루어지는 표현이다.

　(1) 준영이가 책을 읽는다./읽느냐?/읽는구나.
　(2) 준영아, 책을 읽어라./읽자.

(1), (2)는 동사 '읽다'가 문장 안에서 그 형태가 변하는 예이다. 이때 변하지 않는 부분인 '읽-'은 어간이고, 변하는 부분인 '-는다, -느냐, -는구나, -어라, -자'는 어미이다. 이처럼 용언 어간에 여러 가지 어미가 붙는 일을 '활용'이라 한다.

　(3) 꽃이 예쁘다./예쁘냐?/예쁘구나.
　(4) 꽃아, *예뻐라./*예쁘자. (*표는 비문법적인 표현.)

(3), (4)는 형용사 '예쁘다'가 활용하는 예이다. (1), (2)와 비교해 보았을 때, 동사와 형용사는 활용의 방식에서 차이를 보인다. 먼저 (1)과 (3)에서 볼 수 있듯이, 동사 활용에는 '-는/ㄴ다, -느냐, -는구나'가 쓰이지만 형용사 활용에는 '-다, -(으)냐, -구나'가 쓰인다. 다음으로 (2)와 (4)에서 볼 수 있듯이, 동사 어간과 달리 형용사 어간에는 명령형 어미 '-아라/어라', 청유형 어미 '-자'가 붙을 수 없다. '꽃이 참 예뻐라!'와 같이 '예뻐라'가 쓰이기도 하는데, 이때의 '-어라'는 명령형 어미가 아니라 감탄형 어미이다.

　(5) 이것이 책이다.(*책이는다.)/책이냐?(*책이느냐?)/책이로구나.(*책이는구나.)/*책이어라./*책이자.

(5)는 체언 '책'에 '이다'가 결합한 어절 전체가 문장에서 서술어로 쓰이는 예이다. (5)에서 볼 수 있듯이, '이다'도 용언처럼 활용을 한다. 이때 '-는/ㄴ다, -느냐, -는구나', 그리고 명령형 어미 '-아라/어라', 청유형 어미 '-자' 등의 어미와는 결합하지 않는다. 이런 점을 고려하면 '이다'의 활용 양상은 대체로 (3), (4)에 나타난 형용사의 활용 양상과 유사하다는 것을 알 수 있다.

745

윗글에 대한 이해로 적절하지 <u>않은</u> 것은?

① 동사와 형용사는 문장에서 서술어로 쓰일 수 있다.
② 형용사는 활용할 때 감탄형 어미와 결합할 수 있다.
③ 용언이 활용할 때 어간에 붙는 부분을 어미라고 한다.
④ 동사는 형용사에 비해 '이다'와 활용 양상이 유사하다.
⑤ '이다'는 활용할 때 명령형 어미나 청유형 어미와는 결합하지 않는다.

746

윗글을 바탕으로 <보기>의 ⓐ~ⓔ를 이해한 내용으로 적절하지 <u>않은</u> 것은? [3점]

> **보 기**
>
> ⓐ 나는 주로 저녁에 <u>씻는다</u>.
> ⓑ 오늘 날씨가 정말 <u>춥구나</u>.
> ⓒ 규연아, 지금 밥 <u>먹자</u>.
> ⓓ 창문을 활짝 <u>열어라</u>.
> ⓔ 그는 어떤 <u>사람이냐</u>?

① ⓐ의 '씻는다'는 어간이 '-는다'와 결합한 것으로 보아 동사이다.
② ⓑ의 '춥구나'는 어간이 '-구나'와 결합한 것으로 보아 형용사이다.
③ ⓒ의 '먹자'는 어간이 청유형 어미 '-자'와 결합한 것으로 보아 동사이다.
④ ⓓ의 '열어라'는 어간이 명령형 어미 '-어라'와 결합한 것으로 보아 형용사이다.
⑤ ⓔ의 '사람이냐'는 체언에 '이다'가 결합한 말이 활용한 것이다.

[2023년 3월 고1 학평 11-12번]

[747-748] 다음 글을 읽고 물음에 답하시오.

　용언은 문장에서 다양한 형태로 활용하면서 주로 서술어의 역할을 하는 단어로, 동사와 형용사가 있다. 용언이 활용할 때 형태가 변하지 않는 부분을 어간이라고 하고, 형태가 변하는 부분을 어미라고 한다.

　어간이나 어미는 문장에서 홀로 쓰일 수 없고, 어간 뒤에 어미가 결합하여 용언을 이룬다. 가령 '먹다'는 어간 '먹-'의 뒤에 어미 '-고', '-어'가 각각 결합하여 '먹고', '먹어'와 같이 활용한다. 그런데 일부 용언에서는 활용할 때 어간의 일부가 탈락하기도 한다. '노는'은 어간 '놀-'과 어미 '-는'이 결합하면서 'ㄹ'이 탈락한 경우이고, '커'는 어간 '크-'와 어미 '-어'가 결합하면서 'ㅡ'가 탈락한 경우이다.

　어미는 크게 어말 어미와 선어말 어미로 구분된다. 어말 어미는 단어의 끝에 오는 어미이며, 선어말 어미는 어말 어미 앞에 오는 어미이다. '가다'의 활용형인 '가신다', '가겠고', '가셨던'을 어간, 선어말 어미, 어말 어미로 분석하면 아래와 같다.

활용형	어간	어미	
		선어말 어미	어말 어미
가신다		-시-	-ㄴ-	-다
가겠고	가-		-겠-	-고
가셨던		-시-	-었-	-던

　어말 어미는 기능에 따라 종결 어미, 연결 어미, 전성 어미로 구분된다. 종결 어미는 '가신다'의 '-다'와 같이 문장을 종결하는 어미이고, 연결 어미는 '가겠고'의 '-고'와 같이 앞뒤의 말을 연결하는 어미이다. 그리고 전성 어미는 '가셨던'의 '-던'과 같이 용언이 다른 품사처럼 쓰이게 하는 어미이다. '-던'이나 '-(으)ㄴ', '-는', '-(으)ㄹ' 등은 용언이 관형사처럼, '-게', '-도록' 등은 용언이 부사처럼, '-(으)ㅁ', '-기' 등은 용언이 명사처럼 쓰이게 한다.

　선어말 어미는 높임이나 시제 등을 나타낼 때 쓰인다. 활용할 때 어말 어미처럼 반드시 나타나지는 않지만, 한 용언에서 서로 다른 선어말 어미가 동시에 쓰이기도 한다. 위에서 '가신다', '가셨던'의 '-시-'는 높임을 나타내는 선어말 어미로, 문장의 주체를 높이는 기능을 한다. 그리고 '가신다', '가겠고', '가셨던'의 '-ㄴ-', '-겠-', '-었-'은 시제를 나타내는 선어말 어미로, 각각 현재, 미래, 과거 시제를 나타내는 기능을 한다.

747

윗글을 통해 알 수 있는 내용으로 적절한 것은?

① 용언은 어간의 앞뒤에 어미가 결합한 단어이다.
② 어간은 단독으로 쓰여 하나의 용언을 이룰 수 있다.
③ 어미는 용언이 활용할 때 형태가 유지되는 부분이다.
④ 어말 어미는 용언이 활용할 때 나타나지 않을 수 있다.
⑤ 선어말 어미는 한 용언에 두 개가 동시에 쓰일 수 있다.

748

윗글을 바탕으로 <보기>의 ㄱ~ㅁ의 밑줄 친 부분을 탐구한 내용으로 적절하지 않은 것은?

보 기

ㄱ. 너도 그를 <u>아니</u>?
ㄴ. 사과가 <u>맛있구나</u>!
ㄷ. 산은 <u>높고</u> 강은 깊다.
ㄹ. 아침에 <u>뜨는</u> 해를 봐.
ㅁ. 그녀는 과자를 <u>먹었다</u>.

① ㄱ : 어간 '알-'에 어미 '-니'가 결합하면서 'ㄹ'이 탈락하였다.
② ㄴ : 어간 '맛있-'에 종결 어미 '-구나'가 결합하여 문장을 종결하고 있다.
③ ㄷ : 어간 '높-'에 연결 어미 '-고'가 결합하여 앞뒤의 말을 연결하고 있다.
④ ㄹ : 어간 '뜨-'에 전성 어미 '-는'이 결합하면서 용언이 부사처럼 쓰이고 있다.
⑤ ㅁ : 어간 '먹-'과 어말 어미 '-다' 사이에 선어말 어미 '-었-'이 결합하여 과거 시제를 나타내고 있다.

[2023년 9월 고2 학평 11-12번]

[749-750] 다음 글을 읽고 물음에 답하시오.

> 선어말 어미는 어말 어미 앞에 오는 어미이다. 단어의 끝에 오는 어말 어미는 용언의 어간과 더불어 단어를 이루므로 활용할 때 반드시 있어야 하지만, 용언의 어간과 어말 어미 사이에 오는 선어말 어미는 ㉠쓰이지 않는 경우도 있고 ㉡하나가 오는 경우도 있으며 ㉢두 개 이상 연달아 나타나는 경우도 있다.
>
> 선어말 어미는 시제와 높임 등의 문법적 의미를 드러낸다. '선생님은 벌써 댁으로 떠나셨겠다.'의 '떠나셨겠다'에는 '-시-', '-었-', '-겠-'과 같은 선어말 어미가 쓰였다. '-시-'는 주체인 '선생님'을 높이고, '-었-'은 과거 시제를 나타내며, '-겠-'은 추측의 의미를 드러낸다. '떠나겠셨다'와 같은 표현이 어색한 데에서 알 수 있듯, 선어말 어미가 연속해서 나타날 때에는 일정한 결합 순서가 있다. 선어말 어미가 연속해서 쓰일 때는 일반적으로 주체 높임, 시제, 추측이나 회상의 순으로 배열된다.
>
> 한편, 어말 어미 앞에 위치한다고 해서 모두 선어말 어미인 것은 아니다. 가령 '문이 바람에 닫혔다.'에서 '-히-'와 '-었-'은 모두 어말 어미 '-다' 앞에 오지만, '-었-'은 선어말 어미인 반면 '-히-'는 접사이다. 접사는 새로운 단어의 형성에 참여한다는 점에서 선어말 어미와 다르다. 선어말 어미가 결합한 '닫았다'는 '닫다'의 과거형이지만, 접사가 결합한 '닫히다'는 '닫다'의 피동사로서 새로운 의미를 가진다. '닫다'가 '닫히다'가 되면 필요로 하는 문장 성분이 달라진다는 점을 보아도 새로운 단어가 형성되었다는 것을 알 수 있다. 국어사전에도 '닫다'와 '닫히다'는 표제어로 올라 있으나 '닫았다'는 그렇지 않다. 또한 선어말 어미에 비하여 접사는 결합할 때 제약이 심하다. 가령 '(구멍을) 뚫다', '(종이를) 찢다'와 같은 용언에 '-었-'은 자유롭게 결합할 수 있는 반면 '-히-'는 결합할 수 없다.

749

윗글을 읽고 이해한 내용으로 적절하지 <u>않은</u> 것은?

① '그 사건은 아직 끝난 것이 아니다.'에서 '끝난', '아니다'를 모두 ㉠의 예로 들 수 있군.

② '시골에 계시는 할머니께 편지를 드렸다.'에서 '계시는', '드렸다'를 모두 ㉡의 예로 들 수 있군.

③ '그녀는 학교 가는 길을 잘 알았다.'에서 '가는'을 ㉠의 예로, '알았다'를 ㉡의 예로 들 수 있군.

④ '여름이 지나고 이제 가을이 왔겠군.'에서 '지나고'를 ㉠의 예로, '왔겠군'을 ㉢의 예로 들 수 있군.

⑤ '그분께서 이 글을 쓰셨을 수도 있겠다.'에서 '있겠다'를 ㉡의 예로, '쓰셨을'을 ㉢의 예로 들 수 있군.

750

윗글을 바탕으로 <보기>의 ⓐ~ⓒ를 탐구한 내용으로 적절한 것은? [3점]

> **보 기**
>
> ○그는 쪽지를 ⓐ<u>구겼지만</u> 버리지는 못했다.
> ○그 물건은 어제부터 책상에 ⓑ<u>놓여</u> 있었다.
> ○우리 가족은 할머니 댁에서 김치를 ⓒ<u>담갔다</u>.

① ⓐ : 접사가 결합하여 피동의 의미를 나타낸다.

② ⓐ : 선어말 어미가 결합하여 추측의 의미를 드러낸다.

③ ⓑ : 선어말 어미가 결합하여 과거 시제를 나타낸다.

④ ⓑ : 접사가 결합하여 필요로 하는 문장 성분이 달라졌다.

⑤ ⓒ : 접사가 결합하여 사전에 오를 수 있는 단어가 형성되었다.

[2024년 10월 고2 학평 11-12번]

[751-752] 다음 글을 읽고 물음에 답하시오.

연결 어미는 어간에 붙어 다음 말에 연결하는 구실을 하는 어미로, 동일한 형태의 연결 어미가 다양한 의미와 기능을 갖기도 한다. 그 대표적인 예로 '-고'가 있다.

우선, '-고'는 단어와 단어를 잇는 ㉮보조적 연결 어미로서 본용언에 보조 용언을 이어 주는 기능을 한다. 보조 용언은 홀로 쓰이지 못하고 반드시 다른 용언의 뒤에 붙으며 문법적 의미를 더해 준다. 예를 들어 '나는 금강산을 보고 싶다.'에서 '-고'는 본용언 '보다'에 희망의 의미를 지닌 보조 용언 '싶다'를 이어 주는 기능을 한다. 이때 본용언과 보조 용언 사이의 '-고' 뒤에는 '-서'가 붙을 수 없다.

한편, 이어진문장에서 '-고'는 절과 절을 다양한 의미 관계로 이어 주는데, 일반적으로 ㉠동작이나 상태를 나열할 때 쓰인다. 이때 앞뒤 절의 주어는 달라도 되며, '-았/었-', '-겠-' 등의 시제 선어말 어미가 앞뒤 절에 모두 쓰일 수 있다. 또한 앞뒤 절의 순서를 바꾸어 쓸 수 있다.

그런데 절과 절을 연결하는 '-고'가 ㉡앞 절의 사건이 끝난 후 뒤 절의 사건이 연달아 일어남을 나타낼 때나, ㉢앞 절의 동작의 결과가 지속되는 가운데 뒤 절의 동작이 일어남을 나타낼 때가 있다. 이처럼 앞뒤 절의 관계가 종속적인 경우에는 '-고'가 동작이나 상태를 대등적으로 나열할 때와 달리 앞뒤 절의 주어가 동일해야 하며, '-고'가 붙은 어간 뒤에 '-았/었-', '-겠-' 등의 시제 선어말 어미가 쓰일 수 없다. 또한 앞 절과 뒤 절의 순서도 바꾸어 쓸 수 없다. 그래서 이 경우에는 연결 어미 '-고'가 붙는 용언의 의미 자질을 고려해야 한다.

먼저, '-고'가 앞 절의 사건이 끝난 후 뒤 절의 사건이 연달아 일어나는 시간적 순차를 나타낼 때, 앞 절의 동사는 의미상 완결성을 지녀야 한다. 이를 의미 자질로 표시하면 [+완결성]이 된다. 그리고 '-고'가 앞 절의 동작의 결과가 지속되는 가운데 뒤 절의 동작이 일어남을 나타낼 때는 앞 절의 동사가 완결성뿐만 아니라 지속성이라는 의미 자질을 추가로 지녀야 한다. 이를 의미 자질로 표시하면 [+완결성][+지속성]이 된다.

예를 들어, '그녀는 사진기로 별똥별이 떨어지는 순간을 찍고 신문사에 제보하였다.'의 '찍다'는 어떤 순간적인 모습을 찍는 동작의 결과가 지속되지 않으므로 [+완결성][-지속성]을 지니지만, '아이가 장난감을 쥐고 흔들었다.'에서 '쥐다'는 장난감을 쥔 동작의 결과가 지속되므로 [+완결성][+지속성]을 지닌다. 그러므로 두 문장에서 '찍고'의 '-고'는 시간적 순차 관계를, '쥐고'의 '-고'는 지속 관계를 나타낸다고 볼 수 있다.

751

윗글의 ㉮가 쓰인 예문으로 적절하지 **않은** 것은?

① 그가 떠나고 말았다.
② 자꾸 따지고 들지 마라.
③ 너 아직도 울고 있구나.
④ 빨리 숙제부터 하고 나서 놀아라.
⑤ 나무가 태풍을 못 견디고 쓰러졌다.

752

윗글을 바탕으로 <보기>를 탐구한 내용으로 적절하지 **않은** 것은? [3점]

> **보 기**
>
> **선생님** : 지호와 성주는 어디에 있니?
> **영희** : ⓐ지호는 교무실에 갔고, 성주는 보건실에 갔어요.
> **선생님** : 보건실에는 왜?
> **영희** : 성주가 다쳐서 ⓑ체육 선생님께서 성주를 업고 보건실에 뛰어가셨어요.
> **선생님** : 성주가 선생님께 업힌 채 보건실에 갔다고?
> **영희** : 네. ⓒ성주가 공을 차고 넘어졌대요. 발목을 다친 것 같아요.
> **선생님** : 저런! ⓓ보건실에 가서 확인하고, 부모님께 연락드려야겠다.

① ⓐ : 앞뒤 절의 주어와 시제 선어말 어미를 고려할 때, '갔고'의 '-고'는 ㉠에 해당히겠군.
② ⓐ : '성주는 보건실에 갔고, 지호는 교무실에 갔어요.'로 앞뒤 절의 순서를 바꾸어 쓸 수 있겠군.
③ ⓑ : '업고'의 '업다'는 성주를 업는 동작의 결과가 지속되므로, '업고'의 '-고'는 ㉢에 해당하겠군.
④ ⓒ : '차고'의 '차다'는 의미 자질을 [+완결성][-지속성]으로 표시할 수 있으므로, '차고'의 '-고'는 ㉡에 해당하겠군.
⑤ ⓓ : 앞뒤 절의 의미 관계를 고려할 때, '확인하고'의 '-고'는 ㉡에 해당하겠군.

[2017년 7월 고3 학평 13-14번]

[753-754] 다음 글을 읽고 물음에 답하시오.

　　공통된 성질을 가진 단어들을 모아 갈래 지어 놓은 것을 품사라고 한다. 국어의 품사는 단어의 형태, 기능, 의미를 기준으로 분류한다.

[A]

　　첫째, 단어는 형태 변화의 여부에 따라 형태가 변하지 않는 말인 불변어와, 활용하여 형태가 변하는 말인 가변어로 나뉜다. 둘째, 단어는 문장 속에서 해당 단어가 수행하는 기능에 따라 문장에서 주로 주어의 기능을 하는 체언, 문장의 주어를 서술하는 기능을 하는 용언, 다른 말을 수식하는 기능을 하는 수식언, 문장에 쓰인 단어들의 관계를 나타내는 기능을 하는 관계언, 다른 성분에 얽매이지 않고 독립적으로 쓰이는 독립언으로 나뉜다. 셋째, 단어는 개별 단어가 어떤 의미를 갖고 있느냐에 따라 대상의 이름을 나타내는 명사, 명사를 대신하여 그것을 가리키는 대명사, 대상의 수량이나 순서를 나타내는 수사, 사람이나 사물 따위의 움직임이나 작용을 나타내는 동사, 성질이나 상태를 나타내는 형용사, 주로 체언을 꾸며 주는 관형사, 주로 용언이나 문장을 꾸며 주는 부사, 앞말에 붙어 그 말과 다른 말과의 문법적 관계를 나타내거나 특별한 뜻을 더하는 조사, 말하는 이의 놀람이나 느낌, 부름, 응답 따위를 나타내는 감탄사로 나뉜다.

　　단어는 하나의 품사로 사용되는 경우가 일반적이지만 둘 이상의 품사로 사용되는 경우도 있다. 가령 '그는 모든 원인을 자기의 잘못으로 돌렸다.'의 '잘못'은 조사와 결합하는 명사이지만, '그는 길을 잘못 들어서 한참 헤맸다.'의 '잘못'은 용언을 수식하는 부사이다. '잘못'이 ㉠명사와 부사로 쓰인 것이다. 또한 '노력한 만큼 대가를 얻다.'의 '만큼'은 관형어의 수식을 받는 명사이지만, '집을 대궐만큼 크게 짓다.'의 '만큼'은 앞말과 비슷한 정도나 한도임을 나타내는 조사이다. '만큼'이 ㉡명사와 조사로 쓰인 것이다. 이 밖에도 국어에는 부사와 조사로 쓰이는 경우, 수사와 관형사로 쓰이는 경우와 같이 두 개 이상의 품사로 쓰이는 단어들이 존재한다.

753

[A]를 바탕으로 <보기>의 ⓐ~ⓒ를 이해한 내용으로 적절하지 <u>않은</u> 것은? [3점]

> **보 기**
>
> ⓐ 아직까지는 그 사실을 <u>아무</u>도 모르고 있다.
> ⓑ 할머니께서 <u>온갖</u> 재료로 만두를 곱게 빚으셨다.
> ⓒ (대화 중) "들어가도 됩니까?" / "<u>네</u>, 어서 오십시오."

① ⓐ에서 '아무'는 문장에서 주어의 기능을 하는 체언이다.
② ⓑ에서 '온갖'은 문장에서 다른 말을 수식하는 수식언이다.
③ ⓒ에서 '네'는 말하는 이의 응답을 나타내는 감탄사이다.
④ ⓐ와 ⓑ에서 조사는 각각 3개씩이다.
⑤ ⓐ와 ⓑ에서 가변어는 각각 2개씩이다.

754

㉠, ㉡에 해당하는 예로 적절한 것은?

① ㉠
　둘에 다섯을 더하면 <u>일곱</u>이다.
　여기에 사과 <u>일곱</u> 개가 있다.

② ㉠
　너 <u>커서</u> 무엇이 되고 싶니?
　가구가 <u>커서</u> 방에 들어가지 않는다.

③ ㉠
　식구 <u>모두</u>가 여행을 떠났다.
　그릇에 담긴 소금을 <u>모두</u> 쏟았다.

④ ㉡
　나를 처벌하려면 법<u>대로</u> 해라.
　큰 것은 큰 것<u>대로</u> 따로 모아 두다.

⑤ ㉡
　모두 <u>같이</u> 학교에 갑시다.
　얼음장<u>같이</u> 차가운 방바닥이 생각난다.

[2021년 4월 고3 학평 35-36번]

[755-756] 다음 글을 읽고 물음에 답하시오.

용언의 어간에 여러 어미가 번갈아 결합하는 현상을 용언의 활용이라 한다. 어간은 용언이 활용할 때 변하지 않는 부분을 가리키고, 어미는 어간 뒤에 결합하여 여러 가지 문법적 의미를 더해 주는 요소를 가리킨다. 어미는 그것이 나타나는 자리에 따라 어말 어미와 선어말 어미로 나눌 수 있다. 어말 어미는 용언의 맨 뒤에 오는 어미이고, 선어말 어미는 어말 어미 앞에 나타나는 어미이다. 가령, "나는 물건을 들었다."라는 문장에서 '들었다'는 어간 '들-'에 선어말 어미 '-었-'과 어말 어미 '-다'가 결합된 용언이다. 어간과 어미의 결합 관계를 기호화하여 어간을 X, 선어말 어미를 Y, 어말 어미를 Z라고 할 때, 어간에 하나의 어미만 결합된 용언은 ㉠ X+Z로 표현될 수 있고, 어간에 둘 이상의 어미가 결합된 용언은 ㉡ X+Y+Z 혹은 ㉢ $X+Y_1+Y_2+Z$ 등으로 표현될 수 있다.

어말 어미는 문법적 기능에 따라 종결 어미, 연결 어미, 전성 어미로 나뉜다. 종결 어미는 문장의 끝에 위치하여 한 문장을 끝맺는 기능을 하며, 대화의 상대방을 높이거나 낮추는 문법적 기능을 하기도 한다. 연결 어미는 두 문장을 나열, 대조 등의 의미 관계로 이어 주는 ⓐ대등적 연결 어미, 앞 문장이 뒤 문장의 원인, 조건 등과 같은 의미를 가지도록 이어 주는 ⓑ종속적 연결 어미, 본용언과 보조 용언을 이어 주는 ⓒ보조적 연결 어미로 나눌 수 있다. 전성 어미는 용언이 서술성을 유지하면서 다른 품사처럼 기능하게 하는 것으로, 명사형 전성 어미, 관형사형 전성 어미 등으로 나눌 수 있다. 한편 선어말 어미는 문장의 주체를 높이거나 문장의 시제를 표현하는 것과 같은 문법적 기능을 한다.

755

윗글을 바탕으로 <보기>의 밑줄 친 부분을 이해한 내용으로 적절하지 **않은** 것은? [3점]

> **보 기**
>
> **선생님** : 다음 주에 있을 전국 학생 토론 대회 준비는 마쳤니?
> **라온** : 아직이요. 내일까지는 반드시 <u>끝내겠습니다.</u>
> **해람** : 사실 이번 주제는 저희들끼리 <u>준비하기</u> 너무 어려워요.
> **선생님** : 방금 교무실로 <u>들어가신</u> 선생님께 조언을 구해 보렴.
> **라온** : 창가 쪽에 서 <u>계신</u> 분 말씀이죠?
> **해람** : 아, 수업 종이 <u>울렸네.</u> 다음 시간에 다시 오자.

① '끝내겠습니다'는 ㉡에 속하며, 이때 Z는 대화의 상대방을 높이는 기능을 하고 있군.
② '준비하기'는 ㉠에 속하며, 이때 Z는 용언을 명사처럼 기능하게 하고 있군.
③ '들어가신'은 ㉡에 속하며, 이때 Y는 문장의 주체를 높이는 기능을 하고 있군.
④ '계신'은 ㉠에 속하며, 이때 Z는 용언을 관형사처럼 기능하게 하고 있군.
⑤ '울렸네'는 ㉡에 속하며, 이때 Y_2는 과거 시제를 표현하는 기능을 하고 있군.

756

<보기>의 ㉮~㉺를 윗글의 ⓐ~ⓒ로 바르게 분류한 것은?

> **보 기**
>
> ◦ 원숭이가 바나나를 먹고 있다.
>   ㉮
> ◦ 김이 습기를 먹어 눅눅해졌다.
>   ㉯
> ◦ 형은 빵을 먹고 동생은 과자를 먹었다.
>   ㉰
> ◦ 우리는 상대편에게 한 골을 먹고 당황했다.
>   ㉱
> ◦ 그는 경기가 시작되기도 전에 겁을 먹어 버렸다.
>   ㉲

	ⓐ	ⓑ	ⓒ
①	㉰, ㉱	㉯, ㉲	㉮
②	㉰, ㉲	㉯	㉮, ㉱
③	㉰	㉮, ㉱	㉯, ㉲
④	㉰	㉯, ㉲	㉮, ㉱
⑤	㉰	㉱, ㉲	㉮, ㉯

문법 비문학 – 핵심 기출 문제

[2024년 9월 고3 모평 35-36번]

[757-758] 다음 글을 읽고 물음에 답하시오.

국어에는 하나의 단어가 둘 이상의 쓰임을 보이는 경우가 있다. 하나의 단어가 둘 이상의 품사로 사용되는 현상인 품사 통용도 이러한 경우 중 하나이다. 가령 '그는 세계적 선수이다.'의 '세계적'은 관형사이고 '그는 세계적으로 유명하다.'의 '세계적'은 명사이므로 '세계적'은 품사 통용을 보이는 단어이다. 또한 '그는 그저께 낮에 왔다.'와 '그는 그저께 왔다.'의 '그저께'는 각각 명사와 부사이므로 '그저께'도 품사 통용을 보이는 단어이다. 이처럼 명사와 부사로 품사 통용을 보이는 단어에는 '약간'도 있다.

품사 통용을 보이는 단어는 그 품사에 따라, 결합하는 단어가 달라지기도 한다. 가령 명사 '세계적'은 '으로'와 '이다' 등과 같은 격 조사와 결합하지만 관형사 '세계적'은 격 조사와 결합할 수 없다. 명사 '그저께'는 다양한 격 조사와 결합한다. 품사 통용을 보이는 단어는 다양한 문장 성분으로 쓰인다. 가령 명사 '세계적'은 격 조사와 결합해 문장의 부사어와 서술어로 쓰일 수 있는데 관형사 '세계적'은 조사와 결합할 수 없고 항상 관형어로 쓰인다. 그리고 명사 '그저께'는 격조사와 결합해 다양한 문장 성분으로 쓰인다.

그런데 국어에는 품사 통용을 보이지 않는 하나의 단어가 둘 이상의 쓰임을 보이는 경우도 있다. 먼저 ⊙하나의 명사가 자립 명사와 의존 명사로 모두 쓰이는 경우가 있다. 예컨대 '바람이 분다.'의 '바람'은 관형어 없이도 문장에 쓰일 수 있는 자립 명사이고, '그는 늦잠을 자는 바람에 회사에 지각했다.'의 '바람'은 관형어의 수식을 받아야만 문장에 쓰일 수 있는 의존 명사이다. 다음으로 ⓒ하나의 동사가 본동사와 보조 동사로 모두 쓰이는 경우가 있다. '나는 힘을 내었다.'의 '내다'는 보조 동사 없이도 문장의 서술어로 쓰일 수 있는 본동사이고, '나는 고난을 견뎌 내었다.'의 '내다'는 본동사 없이는 문장에 쓰일 수 없는 보조 동사이다. 이를 통해, '바람'과 '내다'는 그 쓰임에 따라 반드시 필요로 하는 말의 유무가 달라짐을 알 수 있다.

757

윗글을 바탕으로 이해한 내용으로 적절한 것은?

① '내 생일은 그저께가 아니라 어제였다.'의 '그저께'와 '그저께 본 달은 매우 밝았다.'의 '그저께'는 품사가 서로 같다.

② '그는 세계적으로 매우 유명하다.'의 '세계적'과 '그는 그저께 서둘러 여기를 떠났다.'의 '그저께'는 품사가 서로 같다.

③ '첫눈이 그저께 왔다.'의 '그저께'와 '그는 세계적 명성을 얻었다.'의 '세계적'은 품사는 서로 다르지만 문장 성분은 서로 같다.

④ '여기는 그저께 낮만큼 더웠다.'의 '그저께'와 '꽃이 그저께 피었다.'의 '그저께'는 품사도 서로 다르고 문장 성분도 서로 다르다.

⑤ '그는 세계적인 선수이다.'의 '세계적인'과 '그는 세계적으로 매우 유명하다.'의 '세계적으로'는 모두, 명사에 조사와 어미가 결합한 문장 성분이다.

758

윗글을 바탕으로 <보기>를 이해한 내용으로 적절한 것은?

> **보 기**
>
> ⓐ~ⓔ의 밑줄 친 단어는 모두 둘 이상의 쓰임을 보인다.
>
> ⓐ 나는 급한 마당에 실수로 결재 서류를 휴지통에 버렸다.
> ⓑ 나는 약간의 시간이 남아 자전거 바퀴를 깨끗이 닦았다.
> ⓒ 작고 귀여운 강아지가 넓은 마당을 일곱 바퀴나 돌았다.
> ⓓ 산꼭대기에 구름이 약간 껴 가지고 경치가 좋아 보였다.
> ⓔ 나는 모임을 가지고 난 후 아주 급히 집으로 와 버렸다.

① '마당'은 ⊙에 해당되고 ⓐ에서는 자립 명사로 사용되었다.

② '약간'은 ⊙에 해당되고 ⓑ에서는 자립 명사로 사용되었다.

③ '바퀴'는 ⊙에 해당되고 ⓒ에서는 의존 명사로 사용되었다.

④ '가지고'는 ⓒ에 해당되고 ⓓ에서는 본동사로 사용되었다.

⑤ '버렸다'는 ⓒ에 해당되고 ⓔ에서는 본동사로 사용되었다.

[2025년 5월 고3 학평 35-36번]
[759-760] 다음 글을 읽고 물음에 답하시오.

띄어쓰기는 어절마다 띄는 표기 방식으로, 문장의 빠르고 정확한 이해를 도와 독서의 효율을 높인다. 한글 맞춤법 제2항은 '문장의 각 난어는 띄어 씀을 원칙으로 한다.'라고 규정한다. 단어는 자립 가능한 최소의 의미 단위인데, 어미와 접사의 경우는 자립 가능하지 않으므로 단어가 아니며, 따라서 띄어 쓰지 않는다. 조사는 단어임에도 예외적으로 앞말과 붙여 쓰는데, 이는 조사가 자립성이 없기 때문이다.

이렇게 자립성이 없는 말은 띄어쓰기를 하지 않기 때문에, 보조 용언의 경우에는 앞말과 띄어 쓰지 않는다고 생각하기 쉽다. 보조 용언은 용언이 어휘적 의미가 희박해지고 문법적 의미를 지니게 된 것으로, 보조 용언만으로는 문장이 성립하지 않는다. 그러나 보조 용언도 형태상 활용을 하고 기능상 서술어의 역할을 한다는 점에서 일반적인 용언처럼 자립 가능한 단어로 본다. 따라서 보조 용언도 띄어 쓰는 것이 원칙이다.

그런데 한글 맞춤법 제47항에 따르면, 보조 용언은 띄어 씀을 원칙으로 하되, 경우에 따라 붙여 쓰는 것이 허용된다. 이때 붙여 쓰는 것이 허용되는 보조 용언은 '알아 두다'의 '두다'처럼 연결 어미 '-아/-어'로 연결되는 보조 용언과, '될 법하다'의 '법하다', '될 성싶다'의 '성싶다'처럼 의존 명사에 '-하다', '싶다'가 결합된 보조 용언을 말한다. 이와 동일한 구성인 '돌아가다', '그럴듯하다'와 같은 합성어가 많아서, 이들과 보조 용언의 구별이 어려운 점을 고려해 보조 용언을 붙여 쓰는 것을 허용한 것이다.

그러나 붙여쓰기를 항상 허용하는 것은 아니며, 붙여 썼을 때 한 어절이 너무 길어지지 않도록 그 범위를 정한다. 먼저 본용언이 합성어나 파생어인 경우, 보조 용언을 붙여서 '덤벼들어보아라'처럼 쓰는 것은 허용되지 않는다. 단, 본용언의 활용형이 2음설일 때는 '힘써보나'처럼 붙여 쓰는 것이 허용된다. 또한 본용언에 보조 용언이 거듭하여 연결된 경우에는 '읽어볼만하다'처럼 모든 보조 용언을 붙이는 것은 허용되지 않지만, '읽어볼 만하다'처럼 본용언 바로 뒤의 보조 용언만 붙여 쓰는 것은 허용된다.

실제 언어생활에서는 보조 용언이 아닌데 보조 용언으로 오인하여, 띄어쓰기를 혼동하기 쉬운 경우가 있다. '병원에 업혀 왔다'처럼 본래 '-아서/-어서'였던 용언의 연결 어미가 '서'가 줄어들어 '-아/-어'가 된 경우는 본용언과 본용언이 연결된 것이며, '읽은 체를 하다'처럼 의존 명사에 조사가 붙은 경우는 의존 명사와 용언이 나열된 것이다. 이런 경우에는 보조 용언이 쓰이지 않았으므로 띄어 써야 한다.

759

윗글을 이해한 내용으로 적절하지 <u>않은</u> 것은?

① 어미와 접사는 자립성이 없어 띄어 쓰지 않는다.
② 띄어쓰기는 문장의 빠르고 정확한 이해를 돕는다.
③ 조사는 단어임에도 예외적으로 앞말과 붙여 쓴나.
④ 보조 용언은 형태상 활용을 하고 기능상 서술어의 역할을 한다.
⑤ 보조 용언은 용언이 문법적 의미가 희박해지고 어휘적 의미를 지니게 된 것이다.

760

윗글을 바탕으로 <보기>의 ㉠~㉤을 이해한 내용으로 적절한 것은? [3점]

보 기

○ 나는 그 문제를 열심히 ㉠파고들어 보았다.
○ 상황이 더 심각해지기 전에 미리 ㉡손써 보자.
○ 산이 좋다면 이곳에 한번쯤 ㉢머물러 볼 법하다.
○ 내가 집에 가는 길에 너를 차에 ㉣태워 갈게.
○ 구름이 잔뜩 낀 것을 보니 비가 ㉤올 듯도 하다.

① ㉠ : 본용언과 보조 용언이 '-아/-어'로 연결된 경우는 붙여 쓰는 것이 허용되므로, '파고들어'와 '보았다'는 붙여 쓸 수 있다.
② ㉡ : 본용언이 합성어나 파생어인 경우는 보조 용언을 붙여 쓰는 것이 허용되지 않으므로, '손써'와 '보자'는 붙여 쓸 수 없다.
③ ㉢ : 본용언에 보조 용언이 거듭하여 연결된 경우는 한 어절이 지나치게 길어지는 것을 방지하기 위해 보조 용언을 붙여 쓰는 것이 허용되지 않으므로, '머물러'와 '볼'은 붙여 쓸 수 없다.
④ ㉣ : 연결 어미 '-아서/-어서'에서 '서'가 줄어 '-아/-어'의 형태로 본용언과 본용언을 연결하는 경우는 붙여 쓰는 것이 허용되지 않으므로, '태워'와 '갈게'는 붙여 쓸 수 없다.
⑤ ㉤ : 의존 명사에 조사가 붙고 그 뒤에 용언이 온 경우는 붙여 쓰는 것이 허용되므로, '듯도'와 '하다'는 붙여 쓸 수 있다.

[2016년 11월 고2 학평 14-15번]

[761-762] 다음은 형태소 및 단어에 관한 교과서 내용과 학습활동이다. 물음에 답하시오.

(가) 교과서 내용

의미를 가지고 있는 가장 작은 말의 단위를 '형태소'라고 한다. 형태소는 자립성을 기준으로 명사처럼 문장에서 홀로 사용될 수 있는 '자립 형태소'와 용언의 어간이나 어미, 조사처럼 다른 형태소와 결합해야만 사용될 수 있는 '의존 형태소'로 나눌 수 있다. 그리고 의미를 기준으로 분류하면, 체언이나 용언의 어간처럼 실질적인 의미를 가진 '실질 형태소'와 조사, 어미, 접사처럼 문법적 의미를 가진 '형식 형태소'로 나눌 수 있다.

[A] 형태소가 의미를 가진 말의 최소 단위라면, '단어'는 의미를 가진 최소의 자립 형식이다. 그런데 '조사'는 자립성이 없는 형태소임에도 불구하고 홀로 쓰일 수 있는 말에 붙어 쉽게 분리되는 특성이 있기 때문에 단어로 인정하고 있다. 그리고 의존명사도 자립성은 없지만 명사와 마찬가지로 꾸미는 말의 꾸밈을 받을 수 있고, 꾸미는 말과 늘 띄어 쓰며 조사가 붙어 문장 안에서 주어, 목적어 등으로 쓰이기 때문에 단어로 인정하고 있다.

(나) 학습 활동

<자료>는 '용비어천가'의 일부입니다. 아래의 '옛말사전'을 활용하여 <자료>의 형태소와 단어에 대해 탐구해 봅시다.

<자료>

• 불휘 기픈 남ᄀᆞᆫ ᄇᆞᄅᆞ매 아니 뮐씨
[현대어 풀이]
뿌리가 깊은 **나무는** 바람에 아니 움직이므로

• 시미 기픈 **므른** ᄀᆞᄆᆞ래 아니 그츨씨
[현대어 풀이]
샘이 깊은 **물은** 가뭄에 아니 끊어지므로

<옛말사전>

나모 명사 '나무'의 옛말. 휴지(休止) 앞에서나 자음으로 시작하는 조사와 공동격 조사 '와' 앞에서 나타나며, 그밖에 모음으로 시작하는 조사 앞에서는 '낡'으로 나타난다.

ᄋᆞᆫ 조사 (끝음절의 모음이 'ㆍ, ㅏ, ㅗ'이고 받침 있는 체언류 뒤에 붙어) 은.

ᄇᆞᄅᆞᆷ 명사 '바람'의 옛말.

애 조사 (일부 체언류 뒤에 붙어) 에.

뮈다 동사 '움직이다'의 옛말.

-ㄹ씨 어미 (동사, 형용사 어간이나 어미 뒤에 붙어) -기에. -므로.

믈 명사 '물'의 옛말.

ᄀᆞᄆᆞᆯ 명사 '가물(=가뭄)'의 옛말.

긏다 동사 '끊어지다'의 옛말.

---

761 

[A]를 바탕으로 <보기>의 ㉠~㉤에 대해 탐구한 내용으로 가장 적절한 것은?

보 기

• 그는 너보다 열심히 공부했다.
　　　㉠

• 나는 꽃을 받고 어찌할 바를 몰랐다.
　　　㉡　　　　　　　　㉢

• 네가 질문하고 싶은 것이 무엇이니?
　　　　　　　　　　㉣

• 교실 안은 숨소리가 들릴 만큼 조용하다.
　　　　　　　　　　　㉤

---

① ㉠과 ㉢은 꾸미는 말의 꾸밈을 받을 수 있는 특징이 있다.
② ㉠과 ㉣은 자립하여 쓰일 수 없으므로 단어로 인정되지 않는다.
③ ㉡과 ㉣은 조사가 붙어 문장 안에서 주어, 목적어 등으로 사용된다.
④ ㉡과 ㉤은 문장에서 홀로 사용될 수 있기 때문에 단어로 인정된다.
⑤ ㉢과 ㉤은 홀로 쓰일 수 있는 말에 붙어 쉽게 분리되는 특징이 있다.

---

762 

(가)를 바탕으로 (나)의 학습활동을 수행한 것으로 적절하지 **않은** 것은? [3점]

① '남ᄀᆞᆫ'은 실질 형태소 '나모'가 형식 형태소 'ᄋᆞᆫ' 앞에서 '낡'으로 나타난 것이겠군.
② 'ᄇᆞᄅᆞ매'와 'ᄀᆞᄆᆞ래'는 각각 두 개의 형태소로 이루어진 말이겠군.
③ '뮐씨'는 의존 형태소 '뮈'와 의존 형태소 '-ㄹ씨'로 이루어진 말이겠군.
④ '므른'의 '믈'은 의미를 가진 말의 최소 단위이면서 동시에 최소의 자립 형식이기도 하겠군.
⑤ '그츨씨'는 형식 형태소 '긏'에 형식 형태소 '-ㄹ씨'가 결합한 단어이겠군.

[2017년 6월 고2 학평 11-12번]

[763-764] 다음 글을 읽고 물음에 답하시오.

　'형태소'는 단어를 분석한 단위이며 뜻을 가진 가장 작은 말의 단위이다. 형태소는 뜻의 성격에 따라 실질 형태소와 형식 형태소로 나눌 수 있고, 자립성의 여부에 따라서 자립 형태소와 의존 형태소로 나눌 수 있다.

　(1) 사과를 먹었다.

　(1)은 '사과, 를, 먹었다'의 세 단어로 이루어져 있다. 이 중 '사과'의 경우, 단어를 나누면 '사'와 '과'로 쪼개어지는데 각각은 뜻이 없다. 따라서 '사과'는 뜻을 가진 단위 중 가장 작은 단위이므로 하나의 형태소가 된다.

　'먹었다'의 경우, '먹-'의 자리에 '꺾-'을 넣는다면 단어의 뜻이 달라진다. 그러므로 '먹었다'라는 단어가 '음식 등을 입을 거쳐 배 속으로 들여보내다.'라는 뜻을 나타낼 수 있는 것은 '먹-' 때문임을 알 수 있다. 다음으로, '-었-' 자리에 '-는-'을 넣으면 먹는 행위가 이루어진 때가 '현재'로 달라지므로 '-었-'이 '과거'를 나타내고 있음을 알 수 있다. 같은 방법으로 '-다' 자리에 '-고'를 넣으면 '먹었고'가 되어서 그 뒤에 문장이 이어짐을 나타내므로 '-다'가 '문장 종결'의 뜻을 나타내고 있음을 알 수 있다. 이러한 원리에 의해 단어 '먹었다'는 '먹-', '-었-', '-다'라는 세 개의 형태소로 분석할 수 있다.

　이 때 '-었-'이나 '-다'는 '먹-'과 달리 문법적인 기능을 수행하는데, 이러한 문법적인 기능을 하는 형태소를 형식 형태소라고 한다. 형식 형태소에는 '-었-', '-다'와 같은 어미뿐만 아니라 '를'과 같은 조사, 어근의 앞뒤에 붙어 뜻을 더하거나 단어의 성질을 바꾸는 접사가 있다. 반면에 '사과', '먹-'처럼 구체적인 대상이나 상태를 나타내는 실질적인 뜻을 지닌 형태소를 실질 형태소라고 한다.

　(1)의 형태소 중 '사과'는 다른 말에 기대지 않고 자립해서 쓰일 수 있지만, '를'은 '사과'에 붙어야 쓰일 수 있고, '먹-', '-었-', '-다'는 서로 기대어야 문장에서 쓰일 수 있다. '사과'처럼 자립하여 쓸 수 있는 형태소를 자립 형태소라고 하고, '를', '먹-', '-었-', '-다'처럼 다른 말에 기대어 사용되는 형태소를 의존 형태소라고 한다.

　이상의 설명을 바탕으로 (1)의 형태소를 분석하면 (2)와 같이 나타낼 수 있다.

　(2) 사과 / 를 / 먹 / 었 / 다
　　　실질　형식　실질　형식　형식
　　　자립　의존　의존　의존　의존

763

윗글을 통해 알 수 있는 내용으로 적절하지 <u>않은</u> 것은?

① 형태소를 더 작게 쪼개면 뜻이 사라진다.
② 의존 형태소만으로도 단어를 형성할 수 있다.
③ 형태소 하나가 단어 하나를 형성하는 경우도 있다.
④ 형태소 중에는 문법적인 기능만 수행하는 것도 있다.
⑤ 실질적인 뜻을 지닌 형태소는 모두 자립적인 성격을 지닌다.

764

윗글을 참고하여 <보기>를 분석한 내용으로 적절하지 <u>않은</u> 것은? [3점]

> **보 기**
>
> 그가 풀밭을 맨발로 뛴다.

① '풀밭'은 '풀' 대신 '꽃'을 넣거나 '밭' 대신 '빛'을 넣으면 단어의 뜻이 달라지므로 '풀'과 '밭'으로 나눌 수 있다.
② '맨발'의 '맨-'은 '발'과 결합하여 뜻을 더하는 기능을 하므로 하나의 형태소로 볼 수 있다.
③ '뛴다'의 '-ㄴ-' 대신에 '-었-'을 넣으면 동작 시간이 현재에서 과거로 바뀌므로 '-ㄴ-'을 하나의 형태소로 보아야 한다.
④ 다른 말에 기대지 않고 홀로 쓰일 수 있는 형태소의 개수는 모두 4개이다.
⑤ 실질적인 뜻은 없고 문법적인 기능을 하는 형태소의 개수는 모두 5개이다.

[2024년 5월 고3 학평 35-36번]
[765-766] 다음 글을 읽고 물음에 답하시오.

　형태소는 고유한 의미를 지닌 가장 작은 말의 단위로, 환경에 따라 그 형태가 달리 실현되기도 한다. 예를 들어 '맛'이라는 형태소는 모음으로 시작하는 조사 앞에서는 '맛이[마시]', 비음을 제외한 자음 앞에서는 '맛도[맏또]', 비음 앞에서는 '맛만[만만]'과 같이 실현되어 각각 '맛', '맏', '만'이라는 형태로 나타난다. 이처럼 하나의 형태소가 환경에 따라 다른 형태로 실현되는 것을 형태소의 교체라고 하며, 교체에 의해 달리 실현된 형태들을 이형태라고 한다. '맛', '맏', '만'과 같은 이형태들이 분포하는 환경은 서로 겹치지 않는데 이러한 분포를 상보적 분포라고 한다.

　이형태 교체의 양상은 교체의 동기가 음운론적 제약으로 인한 것인지 그렇지 않은지에 따라 자동적 교체와 비자동적 교체로 나눌 수 있다. 음운론적 제약으로 인한 교체는, 말소리가 실현될 때 종성에 올 수 있는 음소의 종류를 제한하는 제약이나, 연속해서 결합할 수 없는 음소들의 결합을 제한하는 제약 등으로 인해 형태소의 형태가 교체되는 것이다. 이러한 교체는 예외 없이 필연적으로 일어나는데 이를 자동적 교체라고 한다. 예를 들어 '잇다[읻ː따]'와 '잇는[인ː는]'을 보면, 어간 '잇-'이 각각 '읻-'과 '인-'이라는 형태로 실현된다. 이는 종성에 자음 'ㄱ, ㄴ, ㄷ, ㄹ, ㅁ, ㅂ, ㅇ'만 올 수 있다는 음운론적 제약과 비음 앞에 'ㄱ, ㄷ, ㅂ'과 같은 평파열음이 연속해서 결합할 수 없다는 음운론적 제약으로 인해 형태소의 형태가 교체된 것이므로 자동적 교체에 해당한다. 반면에 '(신발을) 신고[신ː꼬]'에서 어미 '-고'가 'ㄴ' 뒤에서 '-꼬'라는 형태로 실현되는 것은 비자동적 교체에 해당한다. 이는 '산과[산과] (바다)'에서 'ㄴ' 뒤에 'ㄱ'이 그대로 실현되는 것을 통해, 'ㄴ' 뒤에 'ㄱ'이 연속해서 결합하는 것을 제한하는 음운론적 제약이 존재하지 않음을 알 수 있기 때문이다. 따라서 어미 '-고'가 'ㄴ' 뒤에서 '-꼬'로 실현되는 것은 예외 없이 필연적으로 일어나는 교체가 아니므로 비자동적 교체에 해당한다.

　또한, 이형태 교체의 양상은 교체를 음운 규칙으로 설명할 수 있는지 그렇지 않은지에 따라 규칙적 교체와 불규칙적 교체로 나눌 수 있다. 앞서 보았던 '(신발을) 신고[신ː꼬]'와 마찬가지로 '(물건을) 담지[담ː찌]'에서도 어미가 이형태로 교체되는데, 이들은 'ㄴ, ㅁ'으로 끝나는 용언의 어간 뒤에서 일어나는 된소리되기라는 일반적인 음운 규칙으로 설명할 수 있기 때문에 규칙적 교체에 해당한다. 반면에 '(점을) 이어[이어]'에서 어간 '잇-'은 모음으로 시작하는 어미 앞에서 어간 말 'ㅅ'이 탈락하여 '이-'라는 형태로 실현되는데, 이는 일반적인 음운 규칙으로 설명할 수 없는 경우이기 때문에 불규칙적 교체에 해당한다.

765

윗글에 대한 이해로 적절하지 <u>않은</u> 것은?

① '몇'은 '몇이[며치]', '몇도[면또]', '몇만[면만]'에서 상보적 분포를 보이는 이형태들로 실현되었다.

② '(얼굴이) 부어[부어]'에서 어간 '붓-'은 일반적인 음운 규칙에 따라 모음으로 시작하는 어미 앞에서 이형태로 실현되었다.

③ '숲과[숩꽈]', '숲조차[숩쪼차]'에서 '숲'은 각기 다른 자음으로 시작하는 형태소와 결합하지만 서로 동일한 형태로 실현되었다.

④ '(날씨가) 궂다[굳따]'에서 어간 '궂-'이 '굳-'이라는 이형태로 실현된 것은 종성에 'ㅈ'이 올 수 없다는 음운론적 제약으로 인한 것이다.

⑤ '(글씨를) 적느라고[정느라고]'에서 어간 '적-'이 '정-'이라는 이형태로 실현된 것은 비음 앞에 'ㄱ'이 올 수 없다는 음운론적 제약으로 인한 것이다.

766

윗글을 읽은 학생이 <보기>를 활용하여 이형태 교체의 양상을 이해할 때, ㉠~㉣에 해당하는 예로 적절한 것은? [3점]

보 기

자동적 교체에 해당하는가?	규칙적 교체에 해당하는가?	
O	O	… ㉠
O	X	… ㉡
X	O	… ㉢
X	X	… ㉣

① ㉠ : 마음씨가 <u>고우니</u>[고우니] 눈길이 간다.

② ㉡ : 타인의 마음을 <u>짚는</u>[짐는] 것은 쉽지 않다.

③ ㉡ : 꾸중을 <u>들어서</u>[드러서] 기분이 좋지 않았다.

④ ㉢ : 두 눈을 지그시 <u>감자</u>[감ː짜] 잠이 쏟아졌다.

⑤ ㉣ : 나는 고구마를 땅에 <u>묻고</u>[묻꼬] 흙을 다졌다.

[2020년 3월 고1 학평 13-14번]

[767-768] 다음 글을 읽고 물음에 답하시오.

'높다'의 '높-'은 어간이기도 하고 어근이기도 하다. 그렇다면 어간일 때와 어근일 때 어떤 차이가 있을까? 이를 이해하기 위해서는 어간과 어근의 개념에 대해 살펴볼 필요가 있다.

어간은 용언 등이 활용될 때 사용하는 개념이다. 용언은 문장에서 다양한 형태로 바뀌면서 활용되는데, 형태가 변하지 않는 부분을 어간이라 하고 형태가 변하는 부분을 어미라고 한다. 예를 들어 '높다'가 '높고', '높지'와 같이 활용될 때, '높-'은 어간이고, '-고'나 '-지'는 어미이다.

이와 달리 어근은 단어를 구성할 때, 실질적 의미를 나타내는 부분을 가리키는 개념이다. 그리고 어근의 앞이나 뒤에 결합하여 특정한 의미나 기능을 더해 주는 부분을 접사라고 한다. 용언을 어근과 접사로 분석할 때 형태가 변하지 않는 어간만을 대상으로 한다. 가령, '드높다'의 경우 어간인 '드높-'에서 실질적 의미를 나타내는 '높-'은 어근이고, 그 앞에 붙어 '심하게'라는 의미를 덧붙여 주는 '드-'는 접사이다. 접사는 어근 뒤에 결합하기도 하는데, 어근 '높-'에 접사 '-이-'가 결합한 '높이다'가 이에 해당한다. 이를 정리하면 아래와 같다.

	어간			어미
	접사	어근	접사	
높다	＼	높-	＼	-다
드높다	드-	높-	＼	-다
높이다	＼	높-	-이-	-다

한편 단어는 '높다'와 같이 하나의 어근으로 구성된 경우나 '드높다'나 '높이다'와 같이 어근에 접사가 결합한 경우 이외에 두 개 이상의 어근이 결합하여 만들어지기도 한다. 예컨대 '높푸르다'의 경우 어근 '높-'과 어근 '푸르-'가 결합하여 만들어진 단어이다.

767

윗글을 바탕으로 할 때, <보기>의 ㉠과 ㉡에 들어갈 내용으로 적절한 것은?

> **보 기**
>
> '높다'에서 '높-'은, 단어가 활용될 때 ＿＿㉠＿＿ 는 점에서 '어간', 단어를 구성할 때 ＿＿㉡＿＿ 는 점에서 '어근'이라고 할 수 있다.

	㉠	㉡
①	형태가 변한다	실질적 의미를 나타낸다
②	형태가 변하지 않는다	실질적 의미를 나타낸다
③	형태가 변하지 않는다	의미를 덧붙여 준다
④	의미를 덧붙여 준다	형태가 변한다
⑤	실질적 의미를 나타낸다	형태가 변하지 않는다

768

<보기>의 '자료'에서 '활동'의 a~c에 들어갈 단어로 적절하지 <u>않은</u> 것은?

> **보 기**
>
> **[자료]** 용언 : 검붉다, 먹히다, 자라다, 치솟다, 휘감다
> **[활동]**
> ○ 어간과 어근이 일치하는 단어를 모아 봅시다.
> 　- ＿＿a＿＿
> ○ 어간과 어근이 일치하지 않는 단어를 모아 봅시다.
> 　- 어근의 앞이나 뒤에 접사가 결합한 단어: ＿＿b＿＿
> 　- 둘 이상의 어근이 결합한 단어: ＿＿c＿＿

① a : 휘감다

② a : 자라다

③ b : 먹히다

④ b : 치솟다

⑤ c : 검붉다

[2024년 3월 고1 학평 11-12번]

[769-770] 다음 글을 읽고 물음에 답하시오.

단어를 구성하는 요소에는 어근과 접사가 있다. 어근은 단어를 구성하는 요소 중 실질적인 의미를 나타내는 부분이며, 접사는 어근과 결합하여 어근에 특정한 의미를 더하거나 어근의 의미를 제한하는 부분이다. 접사는 어근의 앞에 위치하는 접두사와 어근 뒤에 위치하는 접미사로 나뉘는데, 항상 다른 말과 결합하여 쓰이기에 홀로 쓰이지 못함을 나타내는 붙임표(-)를 붙인다. 예를 들어 '햇-, 덧-, 들-'과 같은 말은 접두사이고, '-지기, -음, -게'와 같은 말은 접미사이다.

단어는 그 짜임에 따라 단일어와 복합어로 구분된다. 단일어는 하나의 어근으로만 이루어진 단어를 이르는 말이다. 그리고 복합어는 어근과 어근의 결합으로 이루어진 합성어와, 어근과 접사의 결합으로 이루어진 파생어를 아울러 이르는 말이다. 가령 '밤'이나 '문'과 같이 하나의 어근으로만 이루어진 단어는 단일어이며, 어근 '밤', '문'이 각각 또 다른 어근과 결합한 '밤나무', '자동문'은 합성어이다. 또한 어근 '밤'과 접두사 '햇-'이 결합한 '햇밤', 어근 '문'과 접미사 '-지기'가 결합한 '문지기'는 파생어이다.

[A]
복합어는 어근과 어근으로 이루어진 합성어나 어근과 접사로 이루어진 파생어에 어근이나 접사가 다시 결합하여 형성되기도 한다. 이와 같은 복잡한 짜임의 단어를 이해할 때 활용되는 방법으로 직접 구성 성분 분석이 있다. 직접 구성 성분 분석은 단어를 둘로 나누는 방법으로, 나뉜 두 부분 중 하나가 접사일 경우 그 단어를 파생어로 보고, 두 부분 모두 접사가 아닐 경우 합성어로 본다.

가령 단어 '코웃음'은 직접 구성 성분을 '코'와 '웃음'으로 보기에 합성어로 분류한다. 이는 '코'가 어근이며, '웃음'이 어근 '웃-'과 접미사 '-음'으로 이루어진 파생어임을 고려한 것이다. 물론 '코웃음'의 직접 구성 성분을 '코웃-'과 '-음'으로 분석할 수도 있다. 그러나 '코웃-'은 존재하지 않고 '코'와 '웃음'만 존재하며, 의미상으로도 '코+웃음'의 분석이 자연스럽기에 직접 구성 성분을 '코'와 '웃음'으로 분석한다. 이처럼 직접 구성 성분 분석은 단어의 짜임을 체계적으로 이해하는 데에 도움이 된다.

769

윗글에 대한 이해로 적절하지 <u>않은</u> 것은?

① 단일어는 하나의 어근으로만 이루어진다.

② 합성어나 파생어는 모두 복합어에 포함된다.

③ 접사는 홀로 쓰이지 못하기에 붙임표(-)를 붙인다.

④ 복합어는 접사가 어근과 결합하는 위치에 따라 둘로 나뉜다.

⑤ 접사는 어근과 결합하여 어근에 특정한 의미를 더하거나 어근의 의미를 제한한다.

770

[A]를 참고할 때, <보기>의 ㉠에 해당하는 짜임을 가진 단어로 가장 적절한 것은? [3점]

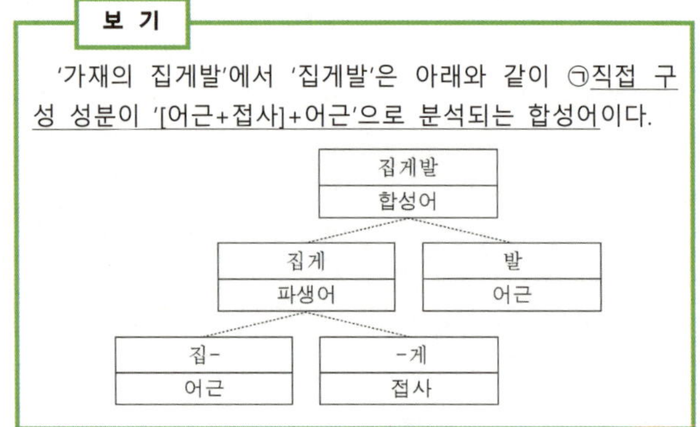

보 기

'가재의 집게발'에서 '집게발'은 아래와 같이 ㉠직접 구성 성분이 '[어근+접사]+어근'으로 분석되는 합성어이다.

집게발
합성어

집게	발
파생어	어근

집-	-게
어근	접사

① 볶음밥　　　② 덧버선　　　③ 문단속

④ 들고양이　　　⑤ 창고지기

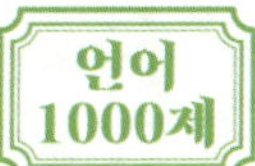

[771-772] 다음 글을 읽고 물음에 답하시오.

어근은 파생이나 합성 등 조어(造語) 과정에 참여하는 요소 중 의미상 중심이 되는 부분을 말하며, 어간은 용언이 활용을 할 때 중심이 되는 줄기 부분으로서 활용에서 어미에 선행하는 부분을 말한다. 예를 들어 '맡기다'에서 '맡-'은 어근이며 '맡기-'는 어간이다.

어근이나 어간에 결합하여 특정한 의미나 기능을 부여하는 형태소를 접사라고 한다. 접사는 일반적으로 어근이나 어간과 함께 나타나야 하기 때문에 문장에서 단독으로 쓰이지 않는다. 접사는 기능에 따라 단어 파생에 기여하는 ㉠파생 접사와 활용할 때 어간에 결합하여 문법적인 기능을 표시하는 굴절 접사로 나누기도 한다. 어근의 앞에 위치하는 접두사는 굴절 접사가 없어 모두 파생 접사이고, 어근의 뒤에 위치하는 접미사는 굴절 접사와 파생 접사가 모두 존재한다. 굴절 접사는 흔히 ㉡어미라고 하는데 접사라 하면 일반적으로 파생 접사만을 가리킨다. 결국 접사는 좁은 의미로는 파생 접사만을 의미하고 넓은 의미로는 굴절 접사와 파생 접사를 모두 포함한다.

파생 접사는 새로운 단어를 만들어 내지만, 굴절 접사인 어미는 그렇지 않다. 예를 들면 '구경꾼'은 파생 접사 '-꾼'이 어근 '구경'과 결합하여 만들어진 새로운 단어이고, 이렇게 만들어진 단어는 '구경'과는 별개의 단어로 사전에 표제어로 등재된다. 이에 비해 어간 '먹-'에 어미가 결합한 '먹지, 먹자, 먹어서' 등은 사전에 표제어로 등재되지 않고, 기본형인 '먹다'만 사전에 표제어로 등재된다.

특히 ㉮파생 접사는 어근과 결합하여 새로운 단어를 만들 때 어근의 품사를 바꾸기도 하고 바꾸지 않기도 한다. 예를 들어 '군소리'에서 접두사 '군-'은 '쓸데없는'이라는 뜻으로, 어근인 '소리'가 나타낼 수 있는 뜻을 일부 제한할 뿐 품사를 바꾸지 않는다. 하지만 '놀이'는 동사의 어간 '놀-'을 어근으로 하여 접미사 '-이'가 붙어 만들어진 명사이다. 즉 접미사 '-이'는 새로운 단어를 만들 때 품사를 바꾸는 역할을 한다. 이처럼 '군-'과 같이 어근의 품사를 바꾸지 않는 접사를 한정적 접사라 하고, '-이'와 같이 어근의 품사를 바꾸는 접사를 지배적 접사라 한다.

771

다음 문장에서 ㉠, ㉡에 해당하는 예를 찾아 이를 설명한 내용으로 적절하지 <u>않은</u> 것은?

> 말썽꾸러기였던 나는 시간이 흐르고 나서야 부모님의 드높은 사랑을 깊이 깨닫게 되었다.

① '드높은'의 '드-'는 ㉠에 해당하는 예로 단어 파생에 기여하는 기능을 하는군.
② '말썽꾸러기'의 '-꾸러기'는 ㉠에 해당하는 예이며, '말썽꾸러기'는 '말썽'과 별개의 단어이겠군.
③ '되었다'의 '-었-'은 ㉡에 해당하는 예로 어간에 결합하여 특정한 기능을 부여하는 형태소이군.
④ '깊이'의 '-이'는 ㉡에 해당하는 예로 문법적인 기능을 표시하는 역할을 하는군.
⑤ '흐르고'의 '-고'는 ㉡에 해당하는 예이며, '흐르다'는 사전에 표제어로 등재되었겠군.

772

밑줄 친 단어 중 ㉮의 예로 적절하지 <u>않은</u> 것은?

① 그의 친구는 <u>행복하였다</u>.
② 그녀의 머릿결이 <u>찰랑거린다</u>.
③ 나와 그녀의 견해차를 <u>좁혔다</u>.
④ 아름다운 가을 하늘이 <u>높다랗다</u>.
⑤ 열심히 공부한 내가 <u>자랑스럽다</u>.

문법 비문학 – 핵심 기출 문제

[2018년 11월 고2 학평 11-12번]

[773-774] 다음 글을 읽고 물음에 답하시오.

합성어는 일반적으로 두 개 이상의 어근이 결합되어 형성된 단어를 말하는데, 분류 기준에 따라 몇 가지로 나눌 수 있다.

첫째, 합성 명사, 합성 부사, 합성 동사 등과 같이 합성어의 품사를 기준으로 분류할 수 있다. 예를 들어 '불꽃'은 명사와 명사가 결합한 합성 명사이고, '곧잘'은 부사와 부사가 결합한 합성 부사, '힘쓰다'는 명사와 동사가 결합한 합성 동사이다.

둘째, 대등 합성어, 종속 합성어, 융합 합성어와 같이 결합하는 어근들의 의미 관계를 기준으로 분류할 수 있다. 대등 합성어는 결합하는 어근들의 의미가 대등한 관계를 이루는 것으로, '앞뒤, 오르내리다' 등이 여기에 해당한다. 종속 합성어는 선행 어근이 후행 어근을 수식하는 구조로, 선행 어근이 후행 어근에 의미상 종속되어 있는 합성어이다. '돌다리, 산길' 등이 여기에 해당한다. 한편, 융합 합성어는 어근들이 결합하면서 각 어근이 본래 갖고 있던 의미에서 벗어나 새로운 의미를 갖는 합성어를 말한다. 예를 들어 '나는 그분께 춘추(春秋)를 여쭈어 보았다.'에서 '춘추(春秋)'는 '봄'과 '가을'이라는 기존의 의미에서 벗어나 '어른의 나이를 높여 이르는 말'로 사용된 것이다.

[A]

셋째, 어근의 결합 방식이 국어의 일반적인 통사적 구성과 일치하는지를 기준으로 통사적 합성어와 비통사적 합성어로 분류할 수 있다. 통사적 합성어는 명사와 명사가 결합한 '산나물', 부사와 부사가 결합한 '실룩샐룩', 부사와 용언이 결합한 '그만두다', 연결어미에 의해 용언의 어간과 어간이 결합한 '뛰어가다' 등과 같이 국어의 일반적인 통사적 구성을 따른 합성어를 말한다. 반면 비통사적 합성어는 용언의 어간과 명사가 결합한 '접칼', 연결어미 없이 용언의 어간과 어간이 직접 결합한 '굶주리다', 부사와 명사가 결합한 '척척박사' 등과 같이 국어의 일반적인 통사적 구성과 일치하지 않는 합성어를 말한다.

773

윗글을 바탕으로 <보기>의 ㉠~㉣을 이해한 내용으로 적절하지 <u>않은</u> 것은? [3점]

> **보 기**
>
> ◦ 농부들이 ㉠피땀으로 일군 ㉡논밭에 가을이 왔다.
> ◦ 이 ㉢봄비가 그치고 여름이 오면, 포도가 ㉣송이송이 영글어갈 것이다.

① ㉠은 두 어근의 본래 의미에서 벗어나 '노력과 수고'라는 새로운 의미로 사용되었으므로 융합 합성어이다.

② ㉡은 합성 명사로, 선행 어근이 후행 어근에 의미상 종속되어 있다.

③ ㉠과 ㉢은 모두 명사와 명사가 결합한 합성어이며, 두 합성어의 품사는 동일하다.

④ ㉡과 ㉢은 결합하는 어근들의 의미 관계가 다른 합성어이지만, 두 합성어의 품사는 동일하다.

⑤ ㉡과 ㉣은 모두 결합한 어근들의 의미가 대등한 관계를 이루는 합성어이지만, 두 합성어의 품사는 다르다.

774

다음은 [A]와 관련된 학습지의 일부이다. ㉠~㉤에 들어갈 내용을 탐구한 것으로 적절하지 <u>않은</u> 것은?

단어	결합 방식	구분	다른 예
또다시 →또+다시	㉠	통사적 합성어	㉡
첫사랑 →첫+사랑	관형사와 명사의 결합	㉢	왼쪽
붙잡다 →붙-+잡다	용언의 어간과 어간이 직접 결합	㉣	㉤

① ㉠에는 '부사와 부사의 결합'이 들어가겠군.

② ㉡에는 '하루빨리'를 넣을 수 있겠군.

③ ㉢에는 '통사적 합성어'가 들어가겠군.

④ ㉣에는 '비통사적 합성어'가 들어가겠군.

⑤ ㉤에는 '굳세다'를 넣을 수 있겠군.

[2024년 6월 고2 학평 11-12번]

[775-776] 다음 글을 읽고 물음에 답하시오.

어근과 접사는 단어를 구성하는 요소이다. 어근은 단어에서 실질적인 의미를 나타내는 중심 부분이며, 접사는 의미를 더하거나 제한하는 주변 부분이다. 접사는 어근에 덧붙어 새로운 단어를 만든다는 점에서 파생 접사라고 부른다. '헛수고'와 '일꾼'의 '수고'와 '일'은 어근이며, '헛-'과 '-꾼'은 접사이다.

어근은 단어의 중심을 이루는 구성 요소이므로 단어는 하나 이상의 어근을 포함한다. 구성 요소가 2개인 경우로 한정하면 우리말 단어는 '어근+어근', '어근+접사', '접사+어근' 중 어느 하나에 해당한다.

어근은 규칙 어근과 불규칙 어근으로 나눌 수 있는데, 규칙 어근은 품사가 분명하고 다른 말과 자유롭게 결합할 수 있는 어근이다. 반면에 불규칙 어근은 품사가 분명하지 않고 다른 말과의 결합에도 제약이 따르는 어근으로, '아름답다'의 '아름-'이나 '깨끗하다'의 '깨끗-' 등이 해당한다.

접사는 어근에 결합하는 위치에 따라 어근의 앞에 붙는 접두사와 어근의 뒤에 붙는 접미사로 나눌 수 있다. '풋사과'의 '풋-'은 접두사, '덮개'의 '-개'는 접미사에 해당한다. 접두사와 접미사는 어근과의 위치가 상대적으로 차이가 나며 문법적 기능 면에서도 차이가 있다. 접두사는 의미를 더하거나 제한할 뿐 파생되는 단어의 품사에는 영향을 끼치지 않는다. '헛-'이 명사 '고생, 수고'에 붙어 파생된 단어는 모두 명사이며, 동사 '살다, 보다'에 붙어 파생된 단어는 모두 동사이다. 접미사는 접두사와 마찬가지로 의미를 더하거나 제한하는 기능을 할 뿐만 아니라 파생되는 단어의 품사를 바꾸기도 한다. '-이'가 동사 '먹다, 벌다'에 붙어 만들어진 단어는 모두 명사이다.

775

윗글을 통해 알 수 있는 내용으로 적절하지 <u>않은</u> 것은?

① '쌓다'와 '쌓이다'의 어근은 동일하다.
② '군살'은 두 개의 어근으로 구성된다.
③ '헛발질'에는 접두사와 접미사가 모두 있다.
④ '맨손'의 어근은 다른 말과 자유롭게 결합할 수 있다.
⑤ '따뜻하다'의 어근은 품사가 불분명한 불규칙 어근이다.

776

윗글을 바탕으로 <학습 활동>의 ⓐ와 ⓑ에 들어갈 자료를 바르게 짝지은 것은? [3점]

┌─ **학습 활동** ─────────────────

아래 그림에 따라 [자료]를 분류해 보자.

| 둘 이상의 어근으로 이루어져 있는가? | 예 → [　] |

↓ 아니요

| 접사가 어근의 앞에 붙는가? | 예 → ⓐ |

↓ 아니요

| 접사가 단어의 품사를 형용사로 바꾸는가? | 예 → [　] |

↓ 아니요

ⓑ

[자료]

없이, 눈높이, 좁히다, 치솟다, 풋사랑, 슬기롭다

	ⓐ	ⓑ
①	눈높이, 치솟다	풋사랑, 슬기롭다
②	눈높이, 슬기롭다	없이, 좁히다
③	좁히다, 슬기롭다	없이, 풋사랑
④	치솟다, 풋사랑	좁히다, 슬기롭다
⑤	치솟다, 풋사랑	없이, 좁히다

문법 비문학 – 핵심 기출 문제

[2025년 10월 고2 학평 11-12번]

[777-778] 다음 글을 읽고 물음에 답하시오.

　상하 관계는 한 단어가 의미상 다른 단어를 포함하거나 다른 단어에 포함되는 관계를 말한다. 이때 포함하는 단어가 상위어, 포함되는 단어가 하위어이다.

　일반적으로 두 단어 간의 관계를 파악할 때 각 단어의 의미 성분을 분석하여 이를 비교할 수 있다. 이를 통해 상하 관계 여부도 알아볼 수 있다. 의미 성분 분석이란 단어의 의미를 더 작은 의미 단위인 의미 성분으로 분해하여 표시하는 방법으로, 각 단어가 해당 성분을 포함하는지 포함하지 않는지를 [+], [-] 기호를 통해 표시할 수 있다. '동물'과 '새'의 의미 성분을 각각 분석해 보면, '동물'은 [+생명체][+움직임], '새'는 [+생명체][+움직임][+날개]와 같이 분석하는 것이 가능하다. 여기서 하위어인 '새'는 상위어인 '동물'의 의미 성분을 모두 포함하고 있다. 하위어는 상위어의 의미 성분을 모두 포함하면서 다른 의미 성분을 추가로 지니기 때문에 상위어보다 의미 성분의 수가 많고, 지시 대상의 범위가 좁으며 의미가 더 구체적이다. 또한 '물고기'를 [+생명체][+움직임][+아가미]로 분석하여 '새'와 비교하면, '새'와 '물고기'는 [+생명체][+움직임]이라는 의미 성분을 공유하면서 각각 다른 의미 성분을 지닌다. 이때 '새'와 '물고기'는 '동물'에 의미상 포함되는 단어로서 동일한 상위어를 공유하는, 같은 층위의 단어라는 점에서 '동물'의 공하위어라고 한다.

　상하 관계는 함의라는 개념을 활용해 살펴볼 수 있다. 문장 p가 참이면 반드시 문장 q가 참이고, 문장 q가 거짓이면 반드시 문장 p가 거짓일 때 문장 p는 문장 q를 함의한다고 말한다. 여기서 문장 p는 문장 q를 함의하지만, 문장 q는 문장 p를 함의하지 않을 때를 가리켜 일방적 함의라 한다. 다른 부분은 동일하고 단어 하나씩만 서로 다른 두 문장이 일방적 함의 관계이면, 서로 다른 해당 단어들 사이에서는 일방적 함의 관계가 성립한다. 상하 관계에서는 일방적 함의 관계가 성립한다.

　(1) 철수는 사과를 먹었다.
　(2) 철수는 과일을 먹었다.

　위의 경우에서 (1)은 (2)를 함의하지만 (2)는 (1)을 함의하지 않으므로 상하 관계인 '사과'와 '과일' 사이에는 일방적 함의 관계가 성립함을 알 수 있다. 이 밖에 상위어와 하위어 사이에는 '사과는 과일의 일종이다.'처럼 'A는 B의 일종이다.'의 관계가 성립한다.

　어떤 단어가 특정 문맥에서만, 다른 단어의 하위어로 인식되는 경우는 유사 상하 관계라고 한다. '병사가 칼로 무장했다.'라는 문장과 '병사가 무기로 무장했다.'라는 문장을 보면 일방적 함의 관계가 성립한다. 하지만 '요리사가 칼로 양파를 손질했다.'와 '요리사가 무기로 양파를 손질했다.'라는 문장에서는 일방적 함의 관계가 성립하지 않으므로 '칼'과 '무기'는 유사 상하 관계이다.

　한편, 부분 관계는 한 단어가 다른 단어가 지시하는 대상의 일부를 나타내는 관계로 '엔진'과 '자동차'의 관계를 예로 들 수 있다. 부분 관계에서는 '엔진에 문제가 생겼다.'라는 문장과 '자동차에 문제가 생겼다.'라는 문장에서 보듯이 일방적 함의 관계가 성립할 수는 있다. 그러나 'A는 B의 일종이다.'라는 관계가 성립하지 않으므로 부분 관계는 상하 관계와 다르다.

777

윗글에 대한 이해로 적절한 것은?

① 의미 성분 분석은 단어의 의미를 더 작은 의미 단위로 분해하여 표시하는 방법이다.
② 두 단어가 서로 공유하는 의미 성분이 없을 경우에도 상하 관계가 성립할 수 있다.
③ 상하 관계에서 동일한 하위어를 공유하는 단어를 공하위어라고 한다.
④ 상위어의 의미 성분은 [+]로, 하위어의 의미 성분은 [-]로 표시한다.
⑤ 하위어란 의미상 다른 단어를 포함하는 단어를 말한다.

778

윗글을 바탕으로 <보기>를 이해한 내용으로 적절하지 않은 것은? [3점]

		보 기
㉠	1)	차가운 물속에도 물고기가 살고 있다.
	2)	차가운 물속에도 동물이 살고 있다.
㉡	1)	오늘 아침에 나는 손가락을 다쳤다.
	2)	오늘 아침에 나는 손을 다쳤다.
㉢	1)	그녀는 집에서 개를 기른다.
	2)	그녀는 집에서 반려동물을 기른다.
	3)	경찰은 실종자를 찾기 위해 산에 개를 풀었다.
	4)	경찰은 실종자를 찾기 위해 산에 반려동물을 풀었다.

① ㉠ : '동물'보다 '물고기'의 의미가 더 구체적이고, 지시 대상의 범위가 좁다.
② ㉠ : '물고기'와 '동물'은 상하 관계이고, '물고기'가 '동물'의 의미 성분을 모두 포함하고 있다.
③ ㉡ : '손가락'과 '손' 사이에는 'A는 B의 일종이다.'라는 관계가 성립하지 않는다.
④ ㉡ : '손가락'과 '손'은 부분 관계이고, 2)가 참일 때 1)은 반드시 참이 되고, 1)이 거짓일 때 2)는 반드시 거짓이 된다.
⑤ ㉢ : '개'와 '반려동물'은 1)과 2) 사이에서는 일방적 함의 관계가 성립하고, 3)과 4) 사이에서는 일방적 함의 관계가 성립하지 않는다.

[2017년 9월 고3 모평 11-12번]

[779-780] 다음을 읽고 물음에 답하시오.

> 선생님 : 여러분, 현대 사회에서 인공위성이 다양하게 활용되고 있다는 것은 잘 알죠? 그런데 '인공위성'은 옛날에는 쓰이지 않았던 말입니다. '인공위성'이라는 말이 어떻게 쓰이게 되었는지 생각해 봅시다. 행성의 궤도를 도는 인공적 물체가 처음 만들어졌을 때, 그 물체를 가리키는 말이 필요해서 '인공위성'이라는 말이 생긴 거겠죠? 이 말은 어떻게 만들어졌을까요?
>
> 학생 1 : '인공'과 '위성'을 합쳐 만든 것입니다.
>
> 선생님 : 맞아요. 그래서 오늘은 '인공위성'이라는 말을 만든 것처럼 새 단어를 만드는 원리를 알아볼 텐데, 그 중에서도 실생활에서 자주 사용되는 합성 명사가 어떻게 만들어지는지를 먼저 알아보려고 합니다. 합성 명사는 어떻게 만들어질까요?
>
> 학생 2 : 선생님, 합성 명사는 명사와 명사가 합쳐진 말 아닌가요?
>
> 선생님 : 네, 그런 경우가 많지요. 예를 들어 '논밭, 불고기'처럼 명사에 명사가 결합하는 경우가 있어요. 그 밖에 용언의 활용형이 명사와 결합한 '건널목, 노림수, 섞어찌개'와 같은 경우도 있고 '새색시'처럼 명사를 꾸며주는 관형사가 앞에 오는 경우도 있어요.
>
> 학생 3 : 그런데 선생님, 말씀하신 합성 명사들을 보니 뒤의 말이 모두 명사네요?
>
> 선생님 : 그래요. 우리말에서 합성어의 품사는 뒤에 오는 말의 품사와 같은 것이 원칙이에요. 앞에서 말한 예들이 다 그래요. 그런데 이러한 일반적인 경우와는 달리 ⊙명사가 아닌 품사들로만 이루어진 합성 명사도 있답니다.
>
> 학생 4 : 아, 그렇군요. 그런데 선생님, 생각해 보니 요즘 자주 쓰는 말들은 그런 방식과는 다르게 만들어지는 것 같아요.
>
> 선생님 : 맞아요. 여러분들이 자주 쓰는 '인강'이라는 말은 '인터넷'과 '강의'가 합쳐지면서 줄어든 말인데, 앞말과 뒷말의 첫 음절만 따서 만들어진 것이에요. 또한 컴퓨터를 잘 다루지 못하는 사람이라는 뜻의 '컴시인'은 '컴퓨터'와 '원시인'이 합쳐지면서 줄어든 말인데, 앞말의 첫 음절과 뒷말의 둘째, 셋째 음절을 따서 만들어진 것이에요.

779

<보기>의 ㄱ~ㅁ 중 윗글에서 설명한 단어 형성 방법의 사례에 해당하는 것만을 있는 대로 고른 것은?

> **보 기**
>
> ㄱ. '선생님'을 줄여서 '샘'이라는 말을 만들었다.
> ㄴ. '개-'와 '살구'를 결합하여 '개살구'라는 말을 만들었다.
> ㄷ. '사범'과 '대학'을 결합하여 '사대'라는 말을 만들었다.
> ㄹ. '점잖다'라는 형용사로부터 '점잔'이라는 말을 만들었다.
> ㅁ. '비빔'과 '냉면'을 결합하여 '비빔냉면'이라는 말을 만들었다.

① ㄱ, ㄹ   ② ㄷ, ㅁ   ③ ㄱ, ㄴ, ㄷ
④ ㄴ, ㄷ, ㅁ   ⑤ ㄴ, ㄹ, ㅁ

780

밑줄 친 단어 중 ⊙의 예로 적절한 것은?

① 자기 잘못은 자기가 책임져야 한다.
② 언니는 가구를 전부 <u>새것</u>으로 바꿨다.
③ 아이가 <u>요사이</u>에 몰라보게 훌쩍 컸다.
④ 오늘날에는 교육에서 창의성이 중시된다.
⑤ 나는 <u>갈림길</u>에서 어디로 가야 할지 몰랐다.

문법 비문학 – 핵심 기출 문제

[2018년 6월 고3 모평 11-12번]

[781-782] 다음 글을 읽고 물음에 답하시오.

현대 국어에서 '-(으)ㅁ'이나 '-이'가 결합된 단어들 중에 형태는 같으나 품사가 다른 경우가 있다. 예를 들어 명사 '걸음'과 동사의 명사형 '걸음', 명사 '높이'와 부사 '높이'가 그러하다. 이는 용언에 결합하는 명사 파생 접미사 '-(으)ㅁ'과 명사형 전성 어미 '-(으)ㅁ'의 형태가 같고, '높다' 등의 일부 형용사에 결합하는 명사 파생 접미사 '-이'와 부사 파생 접미사 '-이'의 형태가 같기 때문이다.

[A] 이들의 품사를 구별하기 위해서는 각 단어의 다음과 같은 문법적 특징을 고려해야 한다. 명사는 서술격 조사가 결합하는 경우를 제외하고는 서술어로 쓰일 수 없고, 관형어의 수식을 받는다. 반면 ㉠동사나 형용사는 명사형이라 하더라도 문장이나 절에서 서술어로 쓰이고, 부사어의 수식을 받는다. 그리고 부사는 격조사와 결합할 수 없고 다른 부사어나 서술어 등을 수식한다.

한편 이들 '-(으)ㅁ'과 '-이'가 중세 국어에서는 그 쓰임에 따라 형태가 다르기 때문에 일반적으로 그 형태만으로 품사를 구별할 수 있다. 현대 국어의 두 가지 '-(으)ㅁ'은 중세 국어의 명사 파생 접미사 '-(ㆍ/으)ㅁ'과 명사형 전성 어미 '-옴/움'에 각각 대응한다. 이러한 구별은 '흔 <u>거름</u> 나소 <u>거룸</u>(한 <u>걸음</u> 나아가도록 <u>걸음</u>)'에서 확인된다. '걷-'과 달리, 마지막 음절의 모음이 양성 모음인 어근이나 용언 어간에는 모음조화에 따라 '-(ㆍ)ㅁ'과 '-옴'이 각각 결합한다.

앞서 말한 현대 국어의 두 가지 '-이' 역시 중세 국어의 명사 파생 접미사 '-이/의'와 부사 파생 접미사 '-이'에 각각 대응한다. 이러한 구별은 '나못 <u>노피</u>(나무의 <u>높이</u>)'와 '<u>노피</u> ᄂᆞᆫ 져비(<u>높이</u> 나는 제비)'에서 확인된다. '높-'과 달리, 마지막 음절의 모음이 음성 모음인 어근에는 모음조화에 따라 명사 파생 접미사 '-의'가 결합한다. 그런데 부사 파생 접미사는 '-이' 하나여서 모음조화에 상관없이 '-이'가 결합한다.

781

윗글을 바탕으로 추론한 내용 중 적절하지 <u>않은</u> 것은?

① '됴흔 여름 여루미(좋은 열매 열림이)'에서 '여름'과 '여룸'의 형태를 보니, 이 둘의 품사가 다르겠군.
② '거름'과 '거룸'의 형태를 보니, '거름'은 파생 명사이고 '거룸'은 동사의 명사형이겠군.
③ '거룸'과 '노피'의 모음조화 양상을 보니, 중세 국어 '높-'에는 '-움'이 아니고 '-옴'이 결합하겠군.
④ '노피'와 '노피'의 형태를 보니, '노피'는 파생 부사이고 '노피'는 파생 명사이겠군.
⑤ 중세 국어의 형용사 '곧다', '굳다'가 부사 파생 접미사 '-이'와 결합할 때, 그 형태가 모음조화에 따라 달라지지 않겠군.

782

[A]를 참고할 때, 밑줄 친 부분이 ㉠에 해당하는 예로만 묶인 것은?

① ┌ 많이 <u>앎이</u> 항상 미덕인 것은 아니다.
  └ 그의 목소리는 격한 <u>슬픔으로</u> 떨렸다.

② ┌ 멸치 <u>볶음</u>은 맛도 좋고 건강에도 좋다.
  └ 오빠는 몹시 <u>기쁨</u>에도 내색을 안 했다.

③ ┌ 요즘은 상품을 큰 <u>묶음</u>으로 파는 가게가 많다.
  └ 무용수들이 군무를 <u>춤</u>과 동시에 조명이 켜졌다.

④ ┌ 어려운 이웃을 <u>도움</u>으로써 보람을 찾는 이도 있다.
  └ 나는 그를 온전히 <u>믿음</u>에도 그 일은 맡기고 싶지 않다.

⑤ ┌ 아이가 <u>울음</u> 섞인 목소리로 빨리 오라고 소리쳤다.
  └ 수술 뒤 친구가 밝게 <u>웃음</u>을 보니 나도 마음이 놓였다.

[2018년 7월 고3 학평 11-12번]

[783-784] 다음 글을 읽고 물음에 답하시오.

단어를 이루는 형태소 중에 실질적인 의미를 나타내는 중심 부분을 어근이라고 하는데, 어근이 두 개 이상 결합한 단어를 합성어라고 한다.

[A]　합성어는 형성 방법과 종류가 매우 다양하다. 그 중 국어의 일반적인 단어 배열법에 따라 어근을 결합한 합성어를 통사적 합성어라 하고, 그렇지 않은 것을 비통사적 합성어라고 한다. 예를 들어, 명사와 명사가 결합한 '논밭', 용언의 관형사형과 명사가 결합한 '굳은살', 용언의 연결형과 용언의 어간이 결합한 '스며들다' 등은 국어 문장에서 흔히 나타나는 배열법으로서 통사적 합성어에 해당한다. 반면에 용언의 어간이 명사에 직접 결합한 '덮밥', 용언의 어간과 어간이 연결 어미 없이 결합한 '오르내리다' 등은 국어의 문장 구성 방식에 없는 단어 배열법으로 비통사적 합성어에 해당한다.

이러한 단어 합성법은 중세 국어에서도 찾아볼 수 있다. 명사와 명사가 결합한 '바ᄂᆞ실(바느실)', 용언의 관형사형과 명사가 결합한 '져므니(젊은이)', 용언의 연결형과 용언의 어간이 결합한 '니러셔다(일어서다)' 같은 통사적 합성어와 '빌먹다(빌어먹다)'와 같이 용언의 어간과 어간이 연결 어미 없이 결합한 비통사적 합성어가 그러한 예이다.

한편 중세 국어에서 '뛰다'와 '놀다'의 합성어 형태로는 비통사적으로 결합한 '뛰놀다' 하나만 확인되고 있는데 현대 국어에는 비통사적 합성어인 '뛰놀다'와 통사적 합성어인 '뛰어놀다'의 두 가지 합성어 형태가 모두 쓰이는 것을 확인할 수 있다. 이와 반대로 현대 국어에는 하나의 합성어 형태로만 쓰이는 단어가 중세 국어에는 두 가지 합성어 형태로 모두 쓰였던 경우도 찾아볼 수 있다.

783

[A]를 바탕으로 다음 단어를 분석한 것으로 적절하지 <u>않은</u> 것은?

	단어	결합 방식	합성어의 종류
①	어깨동무	명사 + 명사	통사적 합성어
②	건널목	용언의 관형사형 + 명사	통사적 합성어
③	보살피다	용언의 연결형 + 용언의 어간	통사적 합성어
④	여닫다	용언의 어간 + 용언의 어간	비통사적 합성어
⑤	검버섯	용언의 어간 + 명사	비통사적 합성어

784

윗글을 바탕으로 <보기>의 자료에 나타난 중세 국어의 합성어를 탐구한 내용으로 적절하지 <u>않은</u> 것은? [3점]

> **보 기**
>
> (가) 賈餗이 슬허 **눈므를** 내요디 　<번역 소학>
> 　　**[현대 국어]** 가속이 슬퍼 눈물을 흘리되
> (나) 흘기 어울워 **즌ᄒᆞᆯ굴** 밍ᄀᆞ라 　<능엄경언해>
> 　　**[현대 국어]** 흙에 어울러 진흙을 만들어
> (다) 그듸 가아 **아라듣게** 니르라 　<석보상절>
> 　　**[현대 국어]** 그대가 가서 알아듣게 말하라.
> (라) 그지업슨 소리 世界예 **솟나디** 몯ᄒᆞ면 　<월인석보>
> 　　**[현대 국어]** 끝이 없는 소리가 세계에 솟아나지 못하면
> (마) 싸혀셔 **소사나신** … 菩薩 摩訶薩이 　<석보상절>
> 　　**[현대 국어]** 땅에서 솟아나신 … 보살 마가살이

① (가)의 '눈믈'은 현대 국어의 '눈물'과 같이 통사적 합성어로 볼 수 있겠군.

② (나)의 '즌흙'은 현대 국어의 '진흙'과 달리 비통사적 합성어로 볼 수 있겠군.

③ (다)의 '이라듣다'는 현대 국어의 '알아듣다'와 같이 통사적 합성어로 볼 수 있겠군.

④ (라)의 '솟나다'는 현대 국어의 '솟아나다'와 달리 비통사적 합성어로 볼 수 있겠군.

⑤ (라), (마)를 보니 현대 국어의 '솟아나다'는 중세 국어에서 두 가지 합성어의 형태로 모두 쓰였다고 볼 수 있겠군.

[785-786] 다음을 읽고 물음에 답하시오.

둘 이상의 어근이 결합하여 형성된 단어를 합성어라고 한다. 합성어는 '어근들의 결합 방식'과 '어근들 간의 의미 관계'에 따라 분류할 수 있다.

어근들의 결합 방식이 일반적인 문장 구성 방식과 같은 합성어를 통사적 합성어라고 하고 그렇지 않은 합성어를 비통사적 합성어라고 한다. 예를 들어, ㉠둘 이상의 용언이 연결 어미로 이어지는 것, 용언의 관형사형이 명사를 수식하는 것, 주어나 목적어 뒤에 서술어가 결합하는 것, ㉡명사나 관형사가 명사를 수식하는 것, 부사가 용언을 수식하는 것 등은 일반적인 문장 구성 방식이므로 이러한 방식으로 어근들이 결합한 합성어는 통사적 합성어이다. 따라서 '산나물', '바로잡다'는 통사적 합성어이고 '뾰족구두', '높푸르다'는 비통사적 합성어이다.

합성어를 구성하는 어근들 간의 의미 관계에 따르면, 합성어는 대등 합성어와 종속 합성어로 나뉜다. 대등 합성어는 '높푸르다'처럼 두 어근의 의미가 동등한 관계를 보이는 합성어이다. 종속 합성어는 '산나물'처럼 선행 어근이 후행 어근을 의미상 수식하는 합성어이다. 대등 합성어와 종속 합성어는 합성어를 구성하는 어근들의 의미만으로 이들 합성어의 의미를 대체로 파악할 수 있다. 한편 어근들의 의미만으로는 합성어의 의미를 파악하기 어려워, 합성어를 구성하는 어근들 간의 의미 관계를 따지기 힘든 합성어를 융합 합성어라고 한다. 예를 들어, '가위바위보'는 '손을 내밀어 그 모양에 따라 순서나 승부를 정하는 방법'이라는 의미를 가지므로 융합 합성어이다.

그런데 여러 의미를 가지는 합성어는 그 의미에 따라 서로 다른 합성어의 유형에 속하는 경우도 있다. 가령 '찬밥'은 '지은 지 오래되어 식은 밥'이라는 의미를 가질 때에는 종속 합성어이고, '중요하지 아니한 하찮은 인물이나 사물'이라는 의미를 가질 때에는 융합 합성어이다.

이처럼 의미에 따라 합성어가 어떠한 유형에 속하는지 판단하기 어려울 때에는, 합성어와 그 합성어를 구성하는 후행 어근 간의 의미 관계, 그중에서도 상하 관계를 살펴보는 것이 도움이 된다. 예를 들어, '지은 지 오래되어 식은 밥'이라는 의미를 가지는 '찬밥'은 의미상 '밥'에 포함되므로 '밥'의 하의어이고, 이러한 의미 관계를 보이는 '찬밥'은 종속 합성어이다. 그러나 '찬밥'이 융합 합성어일 때에는 '찬밥'과 '밥'이 상하 관계를 보이지 않는다. 또한 '논밭'과 같은 대등 합성어도, 합성어와 그 합성어를 구성하는 후행 어근이 상하 관계를 맺지 않는다.

785

㉠, ㉡에 해당하는 예끼리 짝지어진 것은?

	㉠	㉡
①	먹고살다	새색시
②	뛰놀다	먹거리
③	갈라서다	척척박사
④	걸어오다	큰아버지
⑤	빛나다	돌다리

786

윗글을 바탕으로 <보기>에 대해 이해한 내용으로 적절한 것은?

> **보 기**
>
> ⓐ 나는 그저께 <u>막내딸</u>을 보름 만에 만났다.
> ⓑ 바깥에 오래 있었더니 <u>손발</u>이 차가워졌다.
> ⓒ 며칠째 <u>밤낮</u>이 바뀐 날이 계속되고 있다.
> ⓓ 시간만 <u>잡아먹는</u> 일은 하지 말아야 한다.
> ⓔ 가을이 되자 철새들이 남쪽으로 <u>날아갔다</u>.

① ⓐ의 '막내딸'은 그 의미를 어근들의 의미만으로 파악할 수 있으며, '딸'의 하의어가 아니므로 대등 합성어이겠군.

② ⓑ의 '손발'은 그 의미를 어근들의 의미만으로 파악할 수 있으며, '발'의 하의어이므로 종속 합성어이겠군.

③ ⓒ의 '밤낮'은 그 의미를 어근들의 의미만으로 파악하기 어려우므로 융합 합성어이겠군.

④ ⓓ의 '잡아먹는'은 그 의미를 어근들의 의미만으로 파악할 수 있고, '먹다'의 하의어가 아니므로 대등 합성어이겠군.

⑤ ⓔ의 '날아갔다'는 그 의미를 어근들의 의미만으로 파악할 수 있고, '가다'의 하의어이므로 종속 합성어이겠군.

[2022년 수능 35-36번]

[787-788] 다음 글을 읽고 물음에 답하시오.

합성 명사는 직접 구성 요소가 모두 어근인 명사이다. 합성 명사의 어근은 복합어일 수도 있는데 '갈비찜'을 그 예로 들 수 있다. '갈비찜'의 직접 구성 요소는 '갈비'와 '찜'이다. 그런데 '갈비찜'을 형태소 단위까지 분석하면 '갈비', '찌-', '-ㅁ'이라는 형태소를 확인할 수 있다. 이처럼 합성 명사 내부에 복합어가 있을 때, ㉠합성 명사를 형태소 단위까지 분석하면 합성 명사의 내부 구조를 세밀히 알 수 있다.

다의어에서 기본이 되는 의미를 중심적 의미라 하고, 중심적 의미로부터 확장된 의미를 주변적 의미라 한다. 만약 단어가 하나의 의미만을 가지고 그 의미가 다른 의미로 확장되지 않았다면, 그 하나의 의미를 중심적 의미로 볼 수 있다. 합성 명사의 두 어근에도 ⓐ중심적 의미나 ⓑ주변적 의미가 나타날 수 있다. 그런데 자립적으로 쓰일 때에는 하나의 의미만을 가지고 있어 사전에서 뜻풀이가 하나밖에 없는 단어가 합성 명사의 어근으로 쓰일 때 주변적 의미를 새롭게 가지게 되는 경우도 있다. 가령 '매섭게 노려보는 눈'을 뜻하는 합성 명사 **'도끼눈'**은 '도끼'와 '눈'으로 분석되는데, '매섭거나 날카로운 것'이라는 '도끼'의 주변적 의미는 '도끼'가 자립적으로 쓰일 때 가지고 있던 의미라고 보기 어렵다.

합성 명사의 어근이 중심적 의미를 나타내든 주변적 의미를 나타내든, 그 어근은 합성 명사 내부에서 나타나는 위치가 대체로 자유롭다. 이는 '비바람', '이슬비'에서 중심적 의미를 나타내는 '비'의 위치와 **'벼락공부'**, **'물벼락'**에서 주변적 의미를 나타내는 '벼락'의 위치를 통해 알 수 있다. 그런데 주변적 의미를 나타내는 어근 중 일부는 합성 명사 내부의 특정 위치에서 주로 관찰된다. 가령 '아주 달게 자는 잠'을 뜻하는 **'꿀잠'**에는 '편안하거나 기분 좋은 것'이라는 '꿀'의 주변적 의미가 나타나는데, '꿀'의 이러한 의미는 합성 명사의 선행 어근에서 주로 관찰된다. 그리고 '넓게 깔린 구름'을 뜻하는 **'구름바다'**에는 '무엇이 넓게 많이 모여 있는 곳'이라는 '바다'의 주변적 의미가 나타나는데, 이러한 '바다'는 합성 명사의 후행 어근에서 주로 관찰된다.

787

㉠에 따를 때, <보기>에 제시된 ㉮~㉲ 중 그 내부 구조가 동일한 단어끼리 묶은 것은?

> **보 기**
>
> ○ 동생은 오늘 ㉮새우볶음을 많이 먹었다.
> ○ 우리는 결코 ㉯집안싸움을 하지 않겠다.
> ○ 요즘 농촌은 ㉰논밭갈이에 여념이 없다.
> ○ 우리 마을은 ㉱탈춤놀이가 참 유명하다.

① ㉮, ㉯   ② ㉯, ㉰   ③ ㉰, ㉱
④ ㉮, ㉯, ㉱   ⑤ ㉮, ㉰, ㉱

788

윗글의 ⓐ, ⓑ와 연관 지어 <자료>에 제시된 합성 명사를 탐구한 내용으로 적절한 것은?

> **자 료**

합성 명사	뜻
칼잠	옆으로 누워 불편하게 자는 잠
머리글	책의 첫 부분에 내용이나 목적을 간략히 적은 글
일벌레	일을 지나치게 열심히 하는 사람
입꼬리	입의 양쪽 구석
꼬마전구	조그마한 전구

① '칼잠'과 '구름바다'는 ⓐ를 나타내는 어근의 위치가 같군.
② '머리글'과 '물벼락'은 ⓐ를 나타내는 어근의 위치가 같군.
③ '일벌레'와 '벼락공부'는 ⓑ를 나타내는 어근의 위치가 같군.
④ '입꼬리'와 '도끼눈'은 ⓑ를 나타내는 어근의 위치가 다르군.
⑤ '꼬마전구'와 '꿀잠'은 ⓑ를 나타내는 어근의 위치가 다르군.

[2023년 9월 고3 모평 35-36번]
[789-790] 다음 글을 읽고 물음에 답하시오.

[A]
　　복합어는 합성과 파생을 통해 형성된 합성어와 파생어로 나뉜다. 의미를 고려하여 어떤 말을 둘로 나누었을 때 그 둘 각각을 직접 구성 요소라 하는데, 합성어는 직접 구성 요소가 모두 어근인 단어이고, 파생어는 직접 구성 요소가 어근과 접사인 단어이다. 그리고 한 개의 형태소가 직접 구성 요소가 되기도 하고 두 개 이상의 형태소가 모여 직접 구성 요소가 되기도 한다. 예를 들어 '꿀벌'은 그 직접 구성 요소 '꿀'과 '벌'이 모두 어근이므로 합성어이다. 그리고 '꿀'과 '벌'은 각각 한 개의 형태소이다.

　　일반적으로 합성과 파생을 통해 단어가 형성될 때에는 그 구성 요소의 형태가 유지된다. 그런데 단어가 형성될 때 형태가 줄어드는 경우도 있다. 먼저 ㉠한 단어에서 형태가 줄어드는 경우가 있다. '대낚'은 '낚싯대를 써서 하는 낚시질'을 뜻하는 '대낚시'의 일부가 줄어들어 형성된 단어이다. 다음으로 ㉡단어 형성에 사용된 말들의 첫음절끼리 결합한 경우가 있다. '고법(高法)'은, '고등(高等)'과 '법원(法院)'이 결합하여 형성된 '고등 법원'이라는 말의 '고(高)'와 '법(法)'이 결합하여 형성되었다. 또한 ㉢단어 형성에 사용된 말들에서 어떤 말의 앞부분과 다른 말의 뒷부분이 결합한 경우가 있다. '교과 과정을 이수하기 위하여 일선 학교에 나가 교육 실습을 하는 학생'을 뜻하는 '교생(敎生)'은 '교육(敎育)'의 앞부분과 '실습생(實習生)'의 뒷부분이 결합하여 형성되었다.

　　이처럼 단어 형성에 사용된 말이 줄어들어 형성된 단어는, 그 단어의 형성에 사용된 말과 여러 의미 관계를 맺을 수 있다. 예를 들어, '대낚'과 '대낚시'는 서로 바꾸어 써도 그 의미에 차이가 거의 없으므로 서로 유의 관계를 맺고, '고법'은 '법원'의 일종이므로, '고법'과 '법원'은 상하 관계를 맺는다. 그러나 '고법'이 형성될 때 사용된 '고등'은 '고법'과 의미 관계를 맺지 않는다.

789

[A]를 바탕으로 추론한 내용으로 적절한 것은?

① '용꿈'의 직접 구성 요소는 모두, 한 개의 자립 형태소로 이루어진 어근이군.
② '봄날'과 '망치질'은 모두, 직접 구성 요소 중 하나가 접사이므로 파생어이군.
③ '필자'를 뜻하는 '지은이'의 직접 구성 요소는 모두, 자립 형태소를 포함하고 있군.
④ '놀이방'과 '단맛'의 직접 구성 요소 중에는 의존 형태소만으로 이루어진 것이 있군.
⑤ '꽃으로 장식한 고무신'을 뜻하는 '꽃고무신'을 직접 구성 요소로 분석하면 '꽃고무'와 '신'으로 분석할 수 있군.

790

윗글을 바탕으로 <보기>의 ⓐ~ⓔ를 이해한 내용으로 적절한 것은?

보 기		
형성된 단어	**뜻**	**단어 형성에 사용된 말**
ⓐ 흰자	알 속의 노른자위를 둘러싼 흰 부분	흰자위
ⓑ 공수	공격과 수비를 아울러 이르는 말	공격, 수비
ⓒ 직선	선거인이 직접 피선거인을 뽑는 선거	직접, 선거
ⓓ 민자	민간이나 사기업이 하는 투자	민간, 투자
ⓔ 외화	다른 나라에서 만든 영화	외국, 영화

① ⓐ는 ㉠에 해당하고, 단어 형성에 사용된 말과 유의 관계를 맺지 않는다.
② ⓑ는 ㉠에 해당하고, 단어 형성에 사용된 두 말 중 어느 하나와 유의 관계를 맺는다.
③ ⓒ는 ㉡에 해당하고, 단어 형성에 사용된 두 말 중 어느 하나와 상하 관계를 맺는다.
④ ⓓ는 ㉡에 해당하고, 단어 형성에 사용된 두 말 중 어느 말과도 유의 관계를 맺지 않는다.
⑤ ⓔ는 ㉢에 해당하고, 단어 형성에 사용된 두 말 중 어느 말과도 상하 관계를 맺지 않는다.

[2017년 11월 고1 학평 13-14번]

[791-792] 다음 글을 읽고 물음에 답하시오.

올바른 문장이란 문장 성분이 잘 갖추어진 문장이다. 문장 성분이란 문장 안에서 일정한 문법적 기능을 하는 각 부분들을 일컫는다. 문장 성분은 문장을 이루는 데 골격이 되는 주 성분, 주로 주성분의 내용을 수식하는 부속 성분, 다른 문장 성분과는 직접적인 관련이 없는 독립 성분으로 나뉜다.

주성분에는 주어, 서술어, 목적어, 보어가 있다. 주어는 문장에서 동작의 주체, 혹은 상태나 성질의 주체를 나타내는 성분이다. 서술어는 주어의 동작, 상태, 성질 따위를 풀이하는 기능을 하는 성분이다. 목적어는 서술어의 동작 대상이 되는 성분이고, 보어는 '되다, 아니다'와 같은 서술어가 필요로 하는 문장 성분 중에서 주어를 제외한 성분이다. 부속 성분에는 관형어와 부사어가 있다. 관형어는 주로 체언*을 수식하고, 부사어는 주로 용언*을 수식하는 성분이다. 독립 성분에 해당하는 독립어는 문장의 어느 성분과도 직접적인 관련이 없는 성분이다.

[A]
이러한 문장 성분들이 제대로 갖추어지지 않아서 문장이 올바르지 않은 경우는 주로 다음과 같다. 첫째, 문장 성분 간의 호응이 이루어지지 않은 경우이다. 여기에는 주어와 서술어의 호응, 목적어와 서술어의 호응, 부사어와 서술어의 호응이 이루어지지 않은 경우 등이 있다. 가령 "내가 가장 원하는 것은 자전거를 가지고 싶다."는 주어 '내가 가장 원하는 것은'과 서술어 '가지고 싶다'가 어울리지 않아 잘못된 문장이다. "지수는 시간이 나면 음악과 책을 듣는다."는 목적어 '책을'과 서술어 '듣는다'가 어울리지 않아서, "다들 시험 치르느라 여간 힘들다."는 부사어 '여간'과 서술어 '힘들다'가 어울리지 않아서 잘못된 문장이다. 둘째, 반드시 필요로 하는 문장 성분이 생략된 경우이다. 여기에는 문장 안에서 목적어나 부사어가 반드시 필요함에도 불구하고 생략된 경우 등이 있다. 예컨대 "나도 읽었다."는 서술어 '읽었다'가 반드시 필요로 하는 목적어가 생략되어서, "아이가 편지를 넣었다."는 서술어 '넣었다'가 반드시 필요로 하는 부사어가 생략되어서 잘못된 문장이다.

* 체언 : 문장에서 주로 주어, 목적어, 보어가 되는 자리에 오는 단어들.
* 용언 : 문장의 주어를 서술하는 기능을 가진 단어들.

791

윗글을 바탕으로 다음 문장을 분석한 내용으로 적절한 것은?

> 야호! 우리가 드디어 힘든 관문을 통과했어.

	주성분	부속 성분	독립 성분
①	우리가, 통과했어	힘든, 관문을	야호, 드디어
②	우리가, 힘든, 관문을	통과했어	야호, 드디어
③	우리가, 드디어, 통과했어	힘든, 관문을	야호
④	우리가, 관문을, 통과했어	드디어, 힘든	야호
⑤	관문을, 통과했어	우리가, 힘든	야호, 드디어

792

다음은 [A]에 대한 학습 활동지 중 일부이다. 작성한 내용으로 적절하지 <u>않은</u> 것은?

> **학습 활동 : 올바른 문장 표현 익히기**
>
> • 잘못된 문장
> ㉠ 그는 친구에게 보냈다.
> ㉡ 이번 일은 결코 성공해야 한다.
> ㉢ 그의 뛰어난 점은 필기를 잘한다.
> ㉣ 할아버지께서 입학 선물을 주셨다.
> ㉤ 사람들은 즐겁게 춤과 노래를 부르고 있다.
>
> • 잘못된 이유
> ㉠ : <u>서술어가 반드시 필요로 하는 목적어가 생략됐어.</u> ·········· ①
> ㉡ : <u>부사어와 서술어가 어울리지 않아.</u> ·········· ②
> ㉢ : <u>주어와 서술어가 어울리지 않아.</u> ·········· ③
> ㉣ : 서술어가 반드시 필요로 하는 부사어가 생략됐어.
> ㉤ : 목적어와 서술어가 어울리지 않아.
>
> • 고쳐 쓴 문장
> ㉠ : 그는 친구에게 답장을 보냈다.
> ㉡ : 이번 일은 반드시 성공해야 한다.
> ㉢ : 그의 뛰어난 점은 필기를 잘한다는 것이다.
> ㉣ : <u>할아버지께서 어제 입학 선물을 주셨다.</u> ·········· ④
> ㉤ : <u>사람들은 즐겁게 춤을 추고 노래를 부르고 있다.</u> ·········· ⑤

[2019년 3월 고1 학평 12-13번]

[793-794] 다음 글을 읽고 물음에 답하시오.

<자료>

관형어는 문장을 구성하는 성분 중 하나로, 품사 가운데 명사나 대명사와 같은 체언 앞에서 그 뜻을 꾸며 주는 기능을 한다. 예를 들어 '모든 책'의 '모든'은 뒤에 오는 명사 '책'에 '빠짐이나 남김이 없이 전부의.'라는 의미를 더해 주는 관형어이다.

다음 문장들의 밑줄 친 부분은 모두 관형어이다.

ㄱ. <u>선생님의</u> 목소리가 들린다.
ㄴ. <u>마실</u> 물이 있다.
　　<u>맑은</u> 물이 있다.
ㄷ. <u>온갖</u> 꽃이 활짝 피어 있다.

ㄱ은 체언에 관형격 조사 '의'가 결합하여 관형어가 된 경우이다. '선생님의'는 명사 '선생님'에 관형격 조사 '의'가 결합하여 '목소리'를 꾸며 주고 있다. 이 경우 '선생님 목소리'와 같이 관형격 조사 없이 명사만으로도 관형어가 될 수 있다. 하지만 관형격 조사 '의'를 반드시 써야 하는 경우가 있고, '의'가 생략되면 의미가 달라지는 경우도 있다.

ㄴ은 동사나 형용사와 같은 용언의 어간에 관형사형 어미 '-(으)ㄴ', '-(으)ㄹ' 등이 결합하여 관형어가 된 경우이다. '마실'은 동사의 어간 '마시-'에 관형사형 어미 '-ㄹ'이 결합하여 '물'을 꾸며 주고 있고, '맑은'은 형용사의 어간 '맑-'에 관형사형 어미 '-은'이 결합하여 '물'을 꾸며 주고 있다.

ㄷ은 관형사가 관형어가 된 경우이다. 관형사는 체언 앞에서 체언의 뜻을 꾸며 주는 품사이다. 관형사 '온갖'은 명사 '꽃'을 꾸며 주며 '이런저런 여러 가지의.'라는 의미를 더해 주고 있다. 관형사는 체언과 달리 조사와 결합할 수 없으며, 용언과 달리 활용이 불가능하다는 특성이 있다.

<대화 2>

793

[A], [B]에 들어갈 말을 바르게 짝지은 것은?

	[A]	[B]
①	품사가 무엇인가	의미가 무엇인가
②	품사가 무엇인가	문장 성분이 무엇인가
③	문장 성분이 무엇인가	문장의 종류가 무엇인가
④	문장의 종류가 무엇인가	의미가 무엇인가
⑤	문장의 종류가 무엇인가	문장 성분이 무엇인가

794

윗글을 참고하여 <보기>를 이해한 것으로 적절하지 <u>않</u>은 것은?

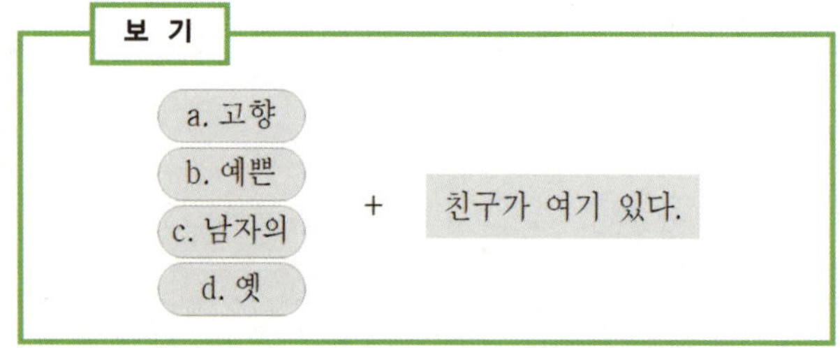

① a~d는 모두 체언 '친구'를 꾸며 주는 역할을 한다.
② a는 조사가 없이 체언만으로 관형어가 된 경우이다.
③ b는 용언의 어간 '예쁘-'에 관형사형 어미 '-ㄴ'이 결합된 것이다.
④ c에서 관형격 조사 '의'가 생략되어도 문장의 원래 의미가 달라지지 않는다.
⑤ d는 조사가 결합할 수 없으며 활용이 불가능하다.

[2019년 6월 고1 학평 11-12번]

[795-796] 다음 글을 읽고 물음에 답하시오.

서술어에 따라 완전한 문장을 이루기 위해 필요로 하는 문장 성분의 개수가 다른데, 이를 '서술어의 자릿수'라 한다.

'한 자리 서술어'는 주어만을 필요로 한다.

예 아기가 운다.

'두 자리 서술어'는 주어 외에 목적어, 보어, 필수적 부사어 중에서 하나의 문장 성분을 더 필요로 한다.

예 경찰이 도둑을 잡았다.

물이 얼음이 되었다.

아들이 아빠와 닮았다.

'세 자리 서술어'는 주어, 목적어, 필수적 부사어를 반드시 필요로 한다.

예 그녀는 그 아이를 제자로 삼았다.

위 문장에서 부사어인 '아빠와', '제자로'는 필수적 성분으로서, 생략되었을 경우 불완전한 문장이 된다. 이러한 부사어를 ㉠필수적 부사어라 한다.

한편 문장에서 사용되는 의미의 차이에 따라 그 자릿수를 달리하는 서술어도 있다.

예 ㉮ 나는 그녀를 생각한다.

㉯ 나는 그녀를 선녀로 생각한다.

㉮의 '생각하다'는 '사람이나 일 따위에 대하여 기억하다'는 뜻으로 주어와 목적어를 필요로 하는 두 자리 서술어이다. 이에 비해 ㉯의 '생각하다'는 '의견이나 느낌을 가지다'는 뜻으로 주어, 목적어, 부사어를 필요로 하는 세 자리 서술어이다.

795

<보기>는 국어사전의 일부이다. 윗글을 바탕으로 ⓐ~ⓓ를 이해한 것으로 적절한 것은?

보 기

듣다01 [-따] 〔들어, 들으니, 듣는[든-]〕

「동사」

[1] 【…을】

사람이나 동물이 소리를 감각 기관을 통해 알아차리다.

¶ 나는 숲에서 새소리를 ⓐ듣는다.

[2] 【…에게 …을】

주로 윗사람에게 꾸지람을 맞거나 칭찬을 듣다.

¶ 그 아이는 누나에게 칭찬을 자주 ⓑ듣는다.

[3] 【…을 …으로】

어떤 것을 무엇으로 이해하거나 받아들이다.

¶ 그들은 고지식해서 농담을 진담으로 ⓒ듣는다.

듣다02 [-따] 〔들어, 들으니, 듣는[든-]〕

「동사」

【…에】

눈물, 빗물 따위의 액체가 방울져 떨어지다.

¶ 차가운 빗방울이 지붕에 ⓓ듣는다.

---

① ⓐ는 세 자리 서술어이다.

② ⓑ는 주어와 목적어만을 필수적으로 요구하는 서술어이다.

③ ⓒ는 주어 외에 두 개의 문장 성분을 더 필요로 한다.

④ ⓐ와 ⓓ는 필요로 하는 문장 성분이 서로 같다.

⑤ ⓑ와 ⓓ는 의미에 차이가 있지만 서술어 자릿수는 같다.

796

밑줄 친 부분이 ㉠에 해당되지 않는 것은?

① 그 아이는 매우 영리하게 생겼다.

② 승윤이는 통나무로 식탁을 만들었다.

③ 이 지역의 기후는 벼농사에 적합하다.

④ 나는 이 일을 친구와 함께 의논하겠다.

⑤ 작년에 부모님께서 나에게 큰 선물을 주셨다.

[2022년 9월 고3 모평 35-36번]

[797-798] 다음 글을 읽고 물음에 답하시오.

국어에서는 명사가 동사나 형용사와 차례대로 결합하여 '손잡다'와 같은 합성 동사나 '쓸모없다'와 같은 합성 형용사가 만들어질 수 있다. 합성 동사와 합성 형용사를 묶어 합성 용언이라고 한다. 합성 용언은 크게 구성적 측면과 의미적 측면에서 분류할 수 있다.

먼저 구성적 측면에서 합성 용언은 그 구성 요소들이 맺는 문법적 관계에 따라 분류할 수 있다. 예를 들어 '쓸만한 가치가 없다.'를 뜻하는 ㉠'쓸모없다'는 명사 '쓸모'와 형용사 '없다'가 주어와 서술어의 관계를 보여 주고, '손을 마주잡다.'를 뜻하는 ㉡'손잡다'는 명사 '손'과 동사 '잡다'가 목적어와 서술어의 관계를 보여 준다. 그리고 '남에게 드러내어 뽐낼 만한 거리로 하다.'를 뜻하는 ㉢'자랑삼다'는 명사 '자랑'과 동사 '삼다'가 부사어와 서술어의 관계를 보여 준다.

한편 의미적 측면에서 합성 용언은 그 구성 요소의 의미를 그대로 유지하는 경우와 구성 요소의 의미를 벗어나 새로운 의미를 획득한 경우로 분류할 수 있다. 가령 '쓸모없다'는 구성 요소인 '쓸모'와 '없다'의 의미를 그대로 유지한다. 반면 '주름잡다'는 구성 요소인 '주름'과 '잡다'의 의미를 벗어나 '모든 일을 자기가 하고 싶은 대로 처리하다.'라는 새로운 의미를 획득한 경우이다. '주름잡다'의 이와 같은 의미가 구성 요소의 의미를 벗어나 새롭게 획득되었다는 사실은, '나는 바지에 주름 잡는 일이 너무 어렵다.'의 '주름 잡는'의 의미를 고려하면 더욱 분명히 드러난다.

그런데 구성 요소의 의미를 벗어나 새로운 의미를 획득한 합성 용언 중에는 필수 부사어를 요구하는 경우가 있다. 예를 들어 '불타다'가 '나는 지금 학구열에 불타고 있다.'에서와 같이 '의욕이나 정열 따위가 끓어오르다.'라는 새로운 의미를 획득한 경우에는 '학구열에'라는 필수 부사어를 요구한다. 이러한 사실은 '불타다'가 '장작이 지금 불타고 있다.'에서와 같이 구성 요소의 의미를 그대로 유지하는 경우에는 필수 부사어를 요구하지 않는다는 점과 비교할 때 더 분명해진다.

797

윗글을 읽고 이해한 내용으로 적절하지 <u>않은</u> 것은?

① '나는 시장에서 책가방을 값싸게 샀다.'의 '값싸게'는 구성적 측면에서 ㉠과 동일한 유형의 합성 용언이겠군.

② '나는 눈부신 태양 아래에 서 있었다.'의 '눈부신'은 구성적 측면에서 ㉠과 동일한 유형의 합성 용언이겠군.

③ '누나는 나를 보자마자 뒤돌아 앉았다.'의 '뒤돌아'는 구성적 측면에서 ㉡과 동일한 유형의 합성 용언이겠군.

④ '언니는 밤새워 숙제를 다 마무리했다.'의 '밤새워'는 구성적 측면에서 ㉡과 동일한 유형의 합성 용언이겠군.

⑤ '큰형은 앞서서 골목을 걷기 시작했다.'의 '앞서서'는 구성적 측면에서 ㉢과 동일한 유형의 합성 용언이겠군.

798

윗글을 바탕으로 <보기>의 ⓐ~ⓔ를 탐구한 내용으로 적절한 것은?

보 기

○ 그는 학문에 대한 깨달음에 ⓐ목말라 있다.
○ 그는 이 과자를 간식으로 ⓑ점찍어 두었다.
○ 그녀는 요즘 야식과 ⓒ담쌓고 지내고 있다.
○ 그녀는 노래 실력이 아직 ⓓ녹슬지 않았다.
○ 그녀는 최신 이론에 마침내 ⓔ눈뜨게 됐다.

① ⓐ : 구성 요소의 의미를 그대로 유지하고 필수 부사어를 요구한다.

② ⓑ : 구성 요소의 의미를 그대로 유지하고 필수 부사어를 요구하지 않는다.

③ ⓒ : 구성 요소의 의미를 벗어나 새로운 의미를 획득했고 필수 부사어를 요구한다.

④ ⓓ : 구성 요소의 의미를 벗어나 새로운 의미를 획득했고 필수 부사어를 요구한다.

⑤ ⓔ : 구성 요소의 의미를 벗어나 새로운 의미를 획득했고 필수 부사어를 요구하지 않는다.

[2022년 11월 고2 학평 11-12번]

[800-801] 다음 글을 읽고 물음에 답하시오.

문장이 문법적으로 올바른지를 판단할 때 확인해야 할 기준은 여러 가지가 있다. 그중 서술어의 특성을 고려하는 기준으로는 서술어의 자릿수와 서술어로 쓰인 단어가 가지는 선택 자질 등을 들 수 있다.

우선 서술어의 자릿수란 문장에서 서술어가 필수적으로 요구하는 문장 성분의 개수를 의미한다. ⊙서술어가 필수적으로 요구하는 문장 성분이 갖추어지지 않은 문장은 문법적으로 올바르지 않은 문장이 된다. 서술어가 주어만을 필요로 하면 '한 자리 서술어', 주어 외에 한 개의 문장 성분을 더 필요로 하면 '두 자리 서술어', 주어 외에 두 개의 문장 성분을 더 필요로 하면 '세 자리 서술어'로 분류한다.

그런데 서술어로 사용되는 용언이 다의어일 때는 각각의 의미에 따라 서술어의 자릿수가 달라지는 경우가 있다. 예를 들어 동사 '멈추다'는 '사물의 움직임이나 동작이 그치다.'의 의미로 사용될 때는 '자동차가 멈추다.'에서와 같이 한 자리 서술어이고, '사물의 움직임이나 동작을 그치게 하다.'의 의미로 사용될 때는 '아버지가 자동차를 멈추다.'에서와 같이 두 자리 서술어이다.

다음으로, 문장에서 서술어로 쓰이는 용언은 경우에 따라 특정 체언하고만 어울리는 특성을 갖는데 이를 '선택 자질'이라고 한다. 그리고 용언이 선택 자질에 의해 특정 단어를 선택하여 결합하는 현상을 '선택 제약'이라고 한다. 예를 들어 '먹다'가 '음식 따위를 입을 통하여 배 속에 들여 보내다.'라는 의미로 쓰인 경우, 주어와 목적어 자리에 올 수 있는 체언은 한정된다. 즉 주어로는 입과 배라는 신체 기관을 지닌 생물만을, 목적어로는 음식만을 선택하여 결합해야 서술어의 의미가 온전하게 표현된다. 그렇기 때문에 '아이가 밥을 먹다.'는 문법적으로 올바른 문장이지만 '바위가 밥을 먹다.'와 '아이가 바위를 먹다.'는 서술어의 선택 제약을 어겨 문법적으로 올바르지 않은 문장이 된다.

800

윗글을 바탕으로 <보기>의 탐구 과제를 수행했을 때, [A]에 들어갈 내용으로 적절하지 **않은** 것은? [3점]

보 기

[탐구 과제]

다음 [탐구 자료]에 나타난 서술어의 특징에 대해 알아보자.

[탐구 자료]

살다1 「동사」
「1」 생명을 지니고 있다.
 예 그 사람들은 백 살까지 ⓐ살았다.
「2」 [...에/에서] 어느 곳에 거주하거나 거처하다.
 예 그는 하루 종일 연구실에서 ⓑ산다.
「3」 [...을] 어떤 직분이나 신분의 생활을 하다.
 예 그는 조선 시대에 오랫동안 벼슬을 ⓒ살았다.
「4」 [(...과)]('과'가 나타나지 않을 때는 여럿임을 뜻하는 말이 주어로 온다) 어떤 사람과 결혼하여 함께 생활하다.
 예 그녀는 사랑하는 남편과 잘 ⓓ산다.
   그 부부는 오순도순 잘 ⓔ산다.

[탐구 결과]

[A]

---

① ⓐ는 「1」의 의미를 고려할 때, 주어에 '생명을 지닌 존재'만을 선택하여 결합해야 서술어의 의미가 온전하게 표현되겠군.

② ⓑ와 ⓒ는 필수적으로 요구하는 문장 성분의 종류는 다르지만 개수는 동일하겠군.

③ ⓑ와 ⓓ는 각각 「2」와 「4」의 의미를 고려할 때, 필수적으로 요구되는 부사어 자리에 올 수 있는 체언은 한정되겠군.

④ ⓒ는 「3」의 의미를 고려할 때, 목적어와 부사어 자리에 어떤 직분이나 신분을 의미하는 체언하고만 어울리는 선택 자질을 갖겠군.

⑤ ⓔ는 「4」의 의미를 고려할 때, 서술어의 자릿수가 ⓐ와 같겠군.

799

⊙에 해당하는 예로 적절한 것은?

① 동생이 내 손을 꼭 잡았다.
② 선생님께서 제자로 삼으셨다.
③ 이 책의 내용은 생각보다 쉽다.
④ 나는 밤새 보고서를 겨우 만들었다.
⑤ 그는 자신의 친구에게 나를 소개했다.

[2023년 6월 고2 학평 11-12번]

[801-802] 다음 글을 읽고 물음에 답하시오.

'품사'는 공통된 성질이 있는 단어끼리 묶어서 분류해 놓은 갈래를 뜻하고, '문장 성분'은 문장 안에서 일정한 문법적 기능을 하는 구성 요소를 뜻한다. 관형사는 체언인 명사, 대명사, 수사 앞에서 해당 체언을 꾸며 주는 품사이고, 관형어는 체언을 꾸며 주는 문장 성분이므로, 서로 문법 단위가 다르다. 그런데 관형사나 관형어는 이름과 그 기능이 서로 유사하여, 둘을 구별하기가 쉽지 않다.

관형사는 단어의 성질 자체가 체언의 수식에 있고, 문장 성분으로는 관형어의 기능을 한다. 하지만 관형어는 관형사로만 실현되는 것은 아니다. 관형사 이외에도 체언과 관형격 조사의 결합, 용언의 어간과 관형사형 어미의 결합, 체언 자체로도 관형어로 쓰일 수 있다.

(가) 헌 집이지만 나는 고향 집이 정겹다.
(나) 할아버지의 집을 고쳐서 예쁜 집으로 만들었다.

(가)의 '헌'은 '집'을 꾸며 주는 관형사이다. 이때 '헌'은 조사와 결합하지 않으며, '헌'이라는 고정된 형태로만 쓰인다. 즉 '헌 책, 헌 구두'와 같이 관형사는 언제나 체언을 꾸며 주는 관형어로만 쓰인다. 또한 '고향'은 명사이지만, 뒤에 오는 체언 '집'을 꾸며 주는 기능을 한다. 이처럼 체언이 나란히 올 경우 앞의 체언은 뒤의 체언을 꾸며 주는 관형어로 쓰일 수 있다.

(나)의 '할아버지'는 관형격 조사 '의'와 결합하여 '집'을 수식하는 관형어로 쓰인다. 또한 '예쁜'은 형용사인데, 어간 '예쁘-'에 관형사형 어미 '-(으)ㄴ'이 결합하여 '집'을 꾸미는 관형어로 쓰인다. 마찬가지로 '살던 집', '구경하는 집'처럼 동사의 어간에 관형사형 어미가 결합하여 관형어로 쓰일 수 있다.

801

윗글을 읽고 보인 반응으로 적절하지 <u>않은</u> 것은?

① 관형사는 그 형태가 변하지 않는군.
② 관형사와 관형어는 모두 체언을 꾸며 주는군.
③ 관형어가 항상 관형사를 통해 실현되는 것은 아니군.
④ 두 명사가 나란히 올 때 앞 명사는 관형사가 될 수 있군.
⑤ 형용사는 관형사형 어미가 결합하더라도 관형사가 될 수 없군.

802

윗글을 바탕으로 <보기>의 문장을 탐구하여 정리한 내용으로 적절한 것은? [3점]

보 기

ㄱ. 새 가구는 어머니의 자랑거리이다.
ㄴ. 모든 아이들이 달리는 사자를 구경했다.
ㄷ. 그들은 오랫동안 친한 친구로 지내고 있다.
ㄹ. 우리 가족은 가던 걸음을 멈추고 뒤돌아보았다.
ㅁ. 대부분의 학생이 여름 바다를 간절하게 그리워했다.

	문장	탐구 정리 내용		
		관형어 개수	관형어	품사
①	ㄱ	1	어머니의	명사+조사
②	ㄴ	2	모든	관형사
			달리는	동사
③	ㄷ	1	친한	관형사
④	ㄹ	1	가던	동사
⑤	ㅁ	2	여름	명사
			간절하게	형용사

[803-804] 다음을 읽고 물음에 답하시오.

일반적으로 문장은 주어와 서술어의 관계에 따라 홑문장과 겹문장으로 나눌 수 있다. 홑문장은 '주어-서술어'의 관계가 한 번만 나타나는 문장이고, 겹문장은 '주어-서술어'의 관계가 두 번 이상 나타나는 문장이다. 겹문장은 문장의 짜임새에 따라 다시 안은문장과 이어진문장으로 나뉜다.

다른 문장 속에 들어가 하나의 성분처럼 쓰이는 문장을 안긴문장이라고 하며, 이 문장을 포함한 문장을 안은문장이라고 한다. 안긴문장은 문법 단위로는 '절'에 해당하며, 이는 크게 명사절, 관형절, 부사절, 서술절, 인용절의 다섯 가지로 나뉜다.

명사절은 '우리는 그가 돌아오기를 기다린다.'의 밑줄 친 부분과 같이 절 전체가 명사처럼 쓰이는 것으로, 문장에서 주어, 목적어, 보어, 부사어 등의 역할을 한다. 관형절은 절 전체가 관형어의 기능을 하는 것으로, '아이들이 들어오는 소리를 들었다.'의 밑줄 친 부분과 같이 체언 앞에 위치하여 체언을 수식하는 역할을 한다. 부사절은 절 전체가 부사어의 기능을 하는 것으로, '하늘이 눈이 시리도록 푸르다.'의 밑줄 친 부분과 같이 서술어를 수식하는 역할을 한다. 서술절은 '나는 국어가 좋아.'의 밑줄 친 부분과 같이 절 전체가 서술어의 기능을 하는 것이다. 인용절은 '담당자가 "서류는 내일까지 제출하세요."라고 말했다.'의 밑줄 친 부분과 같이 화자의 생각 혹은 느낌이나 다른 사람의 말을 인용한 것이 절의 형식으로 안기는 경우로, '고', '라고'와 결합하여 나타난다.

이어진문장은 둘 이상의 절이 연결 어미에 의해 결합된 문장을 말한다. 절이 이어지는 방법에 따라 대등하게 이어진 문장과 종속적으로 이어진문장으로 나뉜다. 대등하게 이어진 문장은 앞절과 뒤 절이 '-고', '-지만' 등의 연결 어미에 의해 이어지며, 각각 '나열', '대조' 등의 대등한 의미 관계로 해석된다. 종속적으로 이어진문장은 앞 절과 뒤 절이 '-아서/-어서', '-(으)면', '-(으)러' 등의 연결 어미에 의해 이어지며, 앞 절이 뒤 절에 대해 각각 '원인', '조건', '목적' 등의 종속적인 의미 관계로 해석된다.

803

윗글을 바탕으로 <보기>를 탐구한 내용으로 적절하지 **않은** 것은?

> **보 기**
>
> ㉠오랫동안 여행을 떠났던 친구가 ㉡자신이 돌아왔음을 알리며 ㉢곧장 나를 만나러 오겠다고 ㉣기분 좋게 약속해서 나는 ㉤마음이 설렜다.

① ㉠은 뒤에 오는 명사 '친구'를 수식하므로 관형절로 안긴문장으로 볼 수 있군.
② ㉡은 서술어 '알리며'의 부사어 역할을 하므로 명사절로 안긴문장으로 볼 수 있군.
③ ㉢은 '고'를 사용하여 친구의 말을 인용하고 있으므로 인용절로 안긴문장으로 볼 수 있군.
④ ㉣은 서술어 '약속해서'를 수식하고 있으므로 부사절로 안긴문장으로 볼 수 있군.
⑤ ㉤은 주어 '나'의 상태를 서술하는 역할을 하므로 서술절로 안긴문장으로 볼 수 있군.

804

윗글을 바탕으로 이어진문장을 구분한 내용으로 적절한 것은?

	예문	종류	의미 관계
①	무쇠도 갈면 바늘이 된다.	종속	목적
②	하늘도 맑고, 바람도 잠잠하다.	대등	대조
③	나는 시험공부를 하러 학교에 간다	종속	조건
④	함박눈이 내렸지만 날씨가 따뜻하다.	대등	나열
⑤	갑자기 문이 열려서 사람들이 놀랐다.	종속	원인

[2025년 6월 고1 학평 11-12번]

[805-806] 다음 글을 읽고 물음에 답하시오.

문장은 주어와 서술어 관계가 한 번만 나타나는 홑문장과 주어와 서술어 관계가 두 번 이상 나타나는 겹문장으로 나뉜다. 겹문장은 다시 문장의 짜임새에 따라 안은문장과 이어진문장으로 나뉜다. 안은문장은 안긴문장을 하나의 문장 성분으로 안고 있는 문장을 말하고, 이어진문장은 둘 이상의 문장이 연결 어미에 의하여 결합된 문장을 말한다.

안은문장에서 안긴문장은 명사절, 부사절, 인용절, 서술절, 관형사절이 있다. 명사절은 안긴문장의 서술어 어간에 명사형 어미 '-(으)ㅁ', '-기'가 붙어서 만들어지고, 조사와 결합하여 안은문장에서 주어, 목적어, 부사어 등의 기능을 한다. 부사절은 안긴문장의 서술어 어간에 부사형 어미 '-게', '-도록' 등이 붙어서 만들어지고, 안은문장에서 부사어 기능을 한다. 인용절은 서술어에 인용의 부사격 조사 '고', '라고'가 붙어서 만들어지고, 말이나 생각을 인용하는 기능을 한다. 서술절은 다른 절과 달리 조사나 어미 등 문법적 표지 없이 안은문장에서 서술어 기능을 하는데, 서술절을 안은문장은 '주어+(주어+서술어)'로 구성된다. 예를 들어 '토끼는 앞발이 짧다.'에서 '앞발이 짧다.'가 서술절에 해당한다. 관형사절은 안긴문장의 서술어 어간에 관형사형 어미 '-(으)ㄴ', '-는', '-(으)ㄹ', '-던'이 붙어서 만들어지고, 안은문장에서 관형어 기능을 한다.

그런데 관형사절을 안은문장에서 관형사절이 절이 아닌 것처럼 보일 때가 있다. 예를 들어, '그녀는 빨간 사과를 샀다.'는 '사과가 빨갛다.'라는 문장이 관형사절로 안긴 것으로, ㉮<u>관형사절의 주어가 생략된 문장</u>이다. 안긴문장에서 '빨간'의 주어가 되는 대상은 '사과'인데 그것이 안은문장에서 꾸밈을 받는 대상인 '사과'와 동일하기 때문에 안긴문장의 주어인 '사과가'가 생략된 것이다. 그러다 보니 '빨간'만 남게 되어서 관형사절인 안긴문장이 절이 아닌 것처럼 보이는 것이다.

805

윗글을 바탕으로 <보기>를 이해한 내용으로 적절하지 <u>않은</u> 것은?

> **보 기**
>
> ㉠ 영수는 학교에 빨리 가기를 원하고 있다.
> ㉡ 우리 집 정원에 드디어 라일락이 피었다.
> ㉢ 하늘이 눈이 부시게 푸르다.
> ㉣ 그녀가 좋아하는 식당은 인기가 많다.
> ㉤ 영희가 바닷가에 놀러 가자고 했다.

① ㉠에는 조사 '에'와 결합해 부사어 기능을 하는 명사절이 있다.
② ㉡에는 주어와 서술어의 관계가 한 번만 나타나 있다.
③ ㉢에는 어미 '-게'가 붙어서 만들어진 부사절이 있다.
④ ㉣에는 관형사절과 서술절이 모두 나타나 있다.
⑤ ㉤에는 조사 '고'를 사용해 다른 사람의 말을 인용하는 인용절이 있다.

806

㉮에 해당하는 예로 적절한 것은?

① 내가 살던 마을에 함박눈이 펑펑 내렸다.
② 아버지는 손짓으로 운동하는 딸을 불렀다.
③ 내일 날씨가 화창하면 공원에 산책하러 가자.
④ 그는 하굣길에 학교 앞 서점에서 새 책을 샀다.
⑤ 우리 회사가 새로 개발한 제품이 소비자의 호응을 얻었다.

[807-808] 다음 글을 읽고 물음에 답하시오.

서술어는 그 성격에 따라 필요로 하는 문장 성분의 개수가 다른데, 이를 '서술어의 자릿수'라고 한다. 이러한 서술어의 자릿수에 의한 서술어의 종류에는 주어만을 요구하는 한 자리 서술어, 주어 이외에도 목적어, 보어, 부사어 중에서 한 성분을 필수적으로 요구하는 두 자리 서술어, 주어, 목적어, 부사어 세 가지 성분을 모두 요구하는 ㉠세 자리 서술어가 있다.

한편 문장은 주어와 서술어의 관계에 따라 홑문장과 겹문장으로 나뉜다. 홑문장은 '주어-서술어'의 관계가 한 번, 겹문장은 '주어-서술어'의 관계가 두 번 이상 나타나는 문장이다. 겹문장은 다시 이어진 문장과 안은 문장으로 나뉜다. 이어진 문장은 둘 이상의 절이 연결 어미에 의하여 결합된 문장으로, '대등하게 이어진 문장'과 '종속적으로 이어진 문장'이 있다. 대등하게 이어진 문장은 앞 절과 뒤 절의 의미가 대등하게 이어진 문장으로, 앞 절과 뒤 절은 '나열', '대조', '선택' 등의 대등한 의미 관계를 갖는다. 그리고 종속적으로 이어진 문장은 앞 절과 뒤 절의 의미가 독립적이지 못하고 종속적인 관계에 있는 문장으로, 앞 절이 뒤 절에 대해 '배경', '원인', '조건', '결과', '목적' 등의 종속적인 의미 관계를 나타낸다.

문장 속에 안겨 하나의 문장 성분처럼 기능하는 절을 '안긴 문장'이라고 하며 이러한 절을 포함한 문장을 '안은 문장'이라고 한다. 안긴 문장은 문장 속에서 주어, 목적어 등의 기능을 하는 '명사절', 관형어의 기능을 하는 '관형절', 부사어의 기능을 하는 '부사절', 서술어의 기능을 하는 '서술절', 그리고 인용한 내용이 절의 형식으로 안기는 '인용절' 등이 있다. 안은 문장에서는 안긴 문장의 어떤 성분이 그것을 안고 있는 안은 문장의 한 성분과 동일하게 되면 그 안긴 문장의 성분이 생략될 수 있다.

807

㉠에 해당하는 예로 가장 적절한 것은?

① 계절이 어느덧 가을이 <u>되었다</u>.
② 오빠는 아빠와 정말 많이 <u>닮았다</u>.
③ 장미꽃이 우리 집 뜰에도 <u>피었다</u>.
④ 아버지께서 헌 집을 정성껏 <u>고치셨다</u>.
⑤ 그는 자신의 직업을 천직으로 <u>여겼다</u>.

808

윗글을 바탕으로 <보기>의 ㄱ~ㅁ에 대해 탐구한 것으로 적절하지 <u>않은</u> 것은?

> **보 기**
>
> ㄱ. 누나는 마음이 넓다.
> ㄴ. 그 배는 섬으로 갔다.
> ㄷ. 나는 형이 준 책을 읽었다.
> ㄹ. 우리는 그가 학생임을 알았다.
> ㅁ. 바람도 잠잠하고, 하늘도 푸르다.

① ㄱ에서 안은 문장의 주어와 안긴 문장의 주어는 동일하다.
② ㄴ은 주어와 서술어의 관계가 한 번 나타나므로 홑문장이다.
③ ㄷ에서 안긴 문장의 목적어는 안은 문장의 목적어와 중복되므로 생략되었다.
④ ㄷ에는 관형어의 기능을 하는 안긴 문장이 있고, ㄹ에는 목적어의 기능을 하는 안긴 문장이 있다.
⑤ ㅁ은 앞 절과 뒤 절이 '나열'의 의미 관계를 가지는, 대등하게 이어진 문장이다.

[2024년 3월 고2 학평 11-12번]

[809-810] 다음 글을 읽고 물음에 답하시오.

‘이것은 내가 읽은 책이다.’에서 ‘내가 읽은’은, ‘이것은 책이다.’ 안에서 주어와 서술어를 갖춘 채로 체언을 수식하는 기능을 하므로 관형사절이라 한다. 관형사절은 관형사절 내에 생략된 문장 성분이 존재하는지에 따라 아래 (1)과 (2)의 유형으로 구별된다.

(1) 그는 <u>우리가 학교로 돌아온</u> 사실을 안다.
(2) 그는 <u>이마에 흐르는</u> 땀을 닦았다.

(1)은 ‘우리가 학교로 돌아왔다.’가 ‘그는 사실을 안다.’에 관형사절로 들어가 있는 문장이다. 이때 관형사절 ‘우리가 학교로 돌아온’은 서술어의 형태는 변했지만 생략된 성분 없이 문장이 필요로 하는 성분을 모두 갖추고 있다. (1)에 쓰인 유형의 관형사절은 내용을 보충해 줄 필요가 있는 ‘사실’, ‘소문’ 등의 체언 앞에서만 나타날 수 있다.

(2)는 ‘땀이 이마에 흐른다.’가 ‘그는 땀을 닦았다.’에 관형사절로 들어가 있는 문장이다. 이때 관형사절 ‘이마에 흐르는’은 수식하는 체언인 ‘땀’을 포함하는 문장 성분 ‘땀이’가 생략된 것으로, 문장이 필요로 하는 성분 중에서 하나를 갖추고 있지 않다. (2)에 쓰인 유형의 관형사절은 (1)에 쓰인 유형의 관형사절과 달리 모든 체언 앞에서 나타날 수 있다. 다만 (2)에 쓰인 유형의 관형사절을 만들 때 특정 문장 성분이 생략되면 원래 문장과 관형사절의 의미가 달라지거나 문법적으로 적절하지 않게 되는 경우가 있다.

809

윗글을 읽고 알 수 있는 내용으로 적절하지 <u>않은</u> 것은?

① 관형사절은 문장에서 체언을 수식하는 기능을 한다.
② 문장이 필요로 하는 모든 문장 성분을 갖춘 관형사절이 있다.
③ 어떤 문장이 관형사절이 될 때 서술어의 형태가 변화할 수 있다.
④ 관형사절 뒤에는 내용을 보충해 줄 필요가 있는 체언만 올 수 있다.
⑤ 관형사절이 수식하는 체언을 포함하는 문장 성분은 관형사절에서 생략될 수 있다.

810

윗글을 바탕으로 할 때, <보기>의 ㉠~㉤에 들어갈 내용으로 적절하지 <u>않은</u> 것은? [3점]

> **보 기**
>
> **[학습 과제]**
> 다음 문장을 활용하여 관형사절에 대해 알아보자.
>
> ○ 철수가 학급 회장이 되었다.
> ○ 영희가 철수를 불렀다.
> ○ 영희가 학급 회장을 불렀다.
>
> **[학습 과정]**
> 첫 번째 문장이 두 번째 문장에 관형사절로 들어가 있는 문장은 [㉠]이고 이때 첫 번째 문장의 주어인 ‘철수가’는 생략된다. 반면 첫 번째 문장이 세 번째 문장에 관형사절로 들어가 있는 문장은 [㉡]이고 이때 첫 번째 문장의 [㉢]인 ‘학급 회장이’가 생략된다. ‘학급 회장이’가 생략되면서 관형사절의 ‘철수가’가 [㉣]처럼 쓰이게 되어 문장의 의미가 달라진다.
>
> **[학습 결과]**
> 관형사절을 만들 때 주어가 생략되면 원래 문장과 관형사절의 의미가 달라지지 않지만, [㉤]가 생략되면 원래 문장과 관형사절의 의미가 달라진다.

① ㉠ : ‘영희가 학급 회장이 된 철수를 불렀다.’
② ㉡ : ‘영희가 철수가 된 학급 회장을 불렀다.’
③ ㉢ : 보어
④ ㉣ : 주어
⑤ ㉤ : 보어

[2016년 9월 고3 모평 11-12번]
[811-812] 다음 글을 읽고 물음에 답하시오.

여러 형태소로 이루어진 단어나 여러 단어들로 이루어진 분상은 그 구조를 명확히 파악하기 어렵다. 가령, '민물고기'가 합성어인지 파생어인지를 판별하기 어렵고 "언니가 찾던 책이 여기 있구나."와 같은 문장에서 주어가 무엇인지를 파악하기 쉽지 않다. 이처럼 복잡한 단어나 문장의 구조를 명확히 파악하기 위한 효과적인 방법으로 직접 구성 요소 분석이 있다.

직접 구성 요소란 어떤 말을 직접 이루고 있는 두 부분으로 나누었을 때 나오는 두 요소이다. 위의 '민물고기'에서는 '민물'과 '고기'가 직접 구성 요소가 된다. 이 분석은 '민물'에 대해서도 더 적용할 수 있다. 이렇게 직접 구성 요소를 분석해 보면 한 단어에 합성과 파생 과정이 모두 있는 '민물고기'는 파생어가 아닌 합성어임을 알 수 있다.

직접 구성 요소 분석 시에는 특히 두 가지를 고려해야 한다. 첫째, 직접 구성 요소로 분석되는 말이 실제로 존재하는가 하는 점이다. 가령, '살얼음'은 '살-'과 '얼음'으로 분석해야 하는데, 만약 '살얼-'과 '-음'으로 분석하면 '살얼다'가 존재하지 않으므로 잘못된 분석이 된다. 둘째, 직접 구성 요소들과 그 전체 구성의 의미가 서로 통하는가 하는 점이다. '벽돌집'을 직접 구성 요소로 나누면 '벽돌'과 '집'이 분석된다. 이를 '벽'과 '돌집'으로 나누면 '벽돌로 만든 집'이라는 의미를 갖지 못한다.

긴 문장도 직접 구성 요소 분석을 통해 그 구조를 알 수 있다. 일반적으로 문장에는 주어와 서술어가 나타나므로, 문장의 직접 구성 요소는 주어와 서술어가 된다. 그런데 서술어는 홀로 나오기도 하지만 주어 이외의 필수 성분과 결합하여 나오는 경우도 있다. 따라서 "내 동생은 엄마의 칭찬을 많이 받았다."는 첫 분석 층위에서 주어 '내 동생은'과 '엄마의 칭찬을 많이 받았다'로 그 직접 구성 요소가 분석된다. 또 '엄마의 칭찬을 많이 받았다'는 한 층위 아래에서 '엄마의 칭찬을'과 '많이 받았다'로 나뉜다. 또한 '내 동생'의 직접 구성 요소는 '내'와 '동생'인데, 이처럼 꾸미는 말과 꾸밈을 받는 말이 인접하면 그 두 요소는 바로 위 층위의 말을 이루는 직접 구성 요소가 된다. 이렇게 직접 구성 요소를 분석해 보면 "언니가 찾던 책이 여기 있구나."에서 '언니가'는 관형사절 속에 포함된 주어일 뿐이며 문장 전체의 주어, 즉 가장 위 층위에 있는 직접 구성 요소는 '언니가 찾던 책이'임을 알 수 있다.

811

<보기>는 윗글을 바탕으로 진행된 학습 활동이다. ⓐ~ⓔ에 대한 이해로 적절한 것은?

> **보 기**
>
> **학생** : '민물고기'에 있는 접두사 '민-'은 '민물고기'의 직접 구성 요소가 아니라, '민물'을 직접 구성 요소로 분석할 때 나오는 것이군요. 이제 왜 '민물고기'가 파생어가 아니라 합성어인지 알겠어요.
>
> **선생님** : 직접 구성 요소 분석에 대해 잘 이해했구나. 그럼 아래의 단어들도 분석해 보자.
>
> | ⓐ 나들이옷 | ⓑ 눈웃음 | ⓒ 드높이다 |
> | ⓓ 집집이 | ⓔ 놀이터 | |

① ⓐ는 그 직접 구성 요소 중 하나가 합성어인 합성어이다.
② ⓑ는 그 직접 구성 요소 중 하나가 파생어인 합성어이다.
③ ⓒ는 그 직접 구성 요소 중 하나가 합성어인 파생어이다.
④ ⓓ는 그 직접 구성 요소 중 하나가 파생어인 파생어이다.
⑤ ⓔ는 그 직접 구성 요소 중 하나가 합성어인 파생어이다.

812

윗글의 관점에서 <보기>의 ㉠~㉤을 분석한 것으로 옳지 **않은** 것은?

> **보 기**
>
> ㉠ 지희는 목소리가 곱다.
> ㉡ 소포가 도착했다고 들었다.
> ㉢ 동수가 미애에게 선물을 주었다.
> ㉣ 그가 익명의 기부자임이 밝혀졌다.
> ㉤ 인생은 짧고 예술은 길다는 말은 명언이다.

① ㉠은 '지희는'과 '목소리가 곱다'로 분석되겠군.
② ㉡은 '소포가'와 '도착했다고 들었다'로 분석되겠군.
③ ㉢은 '동수가'와 '미애에게 선물을 주었다'로 분석되겠군.
④ ㉣은 '그가 익명의 기부자임이'와 '밝혀졌다'로 분석되겠군.
⑤ ㉤은 '인생은 짧고 예술은 길다는 말은'과 '명언이다'로 분석되겠군.

[2018년 4월 고3 학평 14-15번]

[813-814] 다음 글을 읽고 물음에 답하시오.

문장은 주어와 서술어 관계가 한 번 나타나는 홑문장과 두 번 이상 나타나는 겹문장으로 나뉘는데, 겹문장에는 이어진 문장과 안은문장이 있다.

이어진 문장은 둘 이상의 문장이 연결 어미에 의해 대등하게 혹은 종속적으로 결합된 문장을 말한다. 대등하게 이어진 문장은 앞뒤 문장이 '나열', '대조' 등의 대등한 의미 관계를 가지며, '-고', '-지만' 등의 연결 어미에 의해 이어진다. 종속적으로 이어진 문장은 앞 문장이 뒤 문장의 원인, 조건, 목적 등의 의미를 가지며, '-아서/-어서', '-(으)면', '-(으)려' 등의 연결 어미에 의해 이어진다.

[A] 한 문장이 하나의 성분처럼 기능하는 다른 문장을 안고 있을 때 그것을 안은문장이라 하고, 이때 하나의 성분처럼 기능하는 문장을 안긴문장이라 한다. 안긴문장에는 명사절, 관형절, 부사절, 서술절, 인용절이 있다. 명사절은 '-(으)ㅁ', '-기'가 붙어 만들어지며 문장 안에서 조사와 결합하여 주어, 목적어, 부사어와 같은 다양한 기능을 한다. 관형절은 '-(으)ㄴ', '-는', '-(으)ㄹ' 등이 붙어 뒤의 체언을 꾸민다. 부사어처럼 용언을 수식하는 기능을 하는 부사절은 '-이', '-게', '-도록' 등이 결합하여 이루어진다. 그리고 절 전체가 서술어의 기능을 하는 서술절은 다른 절들과 달리 특별한 표지(標識)가 붙지 않는다. 끝으로 다른 사람의 말이나 자신의 생각 등을 인용한 것을 인용절이라고 하는데, 문장을 그대로 인용하는 직접 인용절에는 '라고'나 '하고'와 같은 조사가, 말하는 사람의 표현으로 바꾸어 인용하는 간접 인용절에는 '고'와 같은 조사가 쓰인다. 한편 안긴문장의 한 요소가 안은문장의 요소와 동일한 경우 생략될 수 있으며, 하나의 안긴문장 안에 또 다른 문장이 안기기도 한다.

중세국어의 문법 자료에서도 겹문장이 확인된다. 이어진 문장은 현대국어와 마찬가지로 둘 이상의 문장이 연결 어미에 의해 결합되는데, 현대국어에 사용되지 않는 어미가 붙어 성립되기도 하였다. 안은문장의 경우 명사절이 '-옴/-움'이나 '-디', '-기'에 기대어 나타났으며, 관형절은 '-(으)ㄴ' 외에 'ㅅ'에 기대어 나타나는 경우가 있었다. 그리고 부사절은 현대국어와 유사한 방식으로 나타났으며, 인용절이나 서술절은 조사나 어미와 같은 표지 없이 나타났다.

813

[A]를 바탕으로 <보기>를 이해한 내용으로 적절하지 **않은** 것은? [3점]

보 기

ㄱ. 잘 다져진 음식은 아이가 먹기에 알맞다.
ㄴ. 나는 그가 소리도 없이 사라졌음을 알았다.
ㄷ. 운동장을 달리는 나에게 그가 발밑을 조심하라고 외쳤다.

---

① ㄱ은 ㄴ과 달리, 명사절에 조사가 붙어 부사어로 기능하고 있다.
② ㄴ은 ㄱ과 달리, 부사절이 사용되어 용언을 수식하고 있다.
③ ㄷ은 ㄴ과 달리, 다른 사람의 말을 말하는 사람의 표현으로 바꾸어 인용한 절이 있다.
④ ㄱ과 ㄷ은 모두 체언을 수식하는 안긴문장의 주어가 생략되어 있다.
⑤ ㄴ과 ㄷ은 모두 하나의 안긴문장 안에 또 다른 문장이 안겨 있다.

814

윗글을 바탕으로 <보기>를 탐구한 내용으로 적절하지 **않은** 것은?

보 기

(가)
[중세] ᄆᆞ슬히 멀면 乞食ᄒᆞ디 어렵고
[현대어 풀이] 마을이 멀면 걸식하기 어렵고
- 「석보상절」

(나)
[중세] 이 東山ᄋᆞᆫ 남기 됴홀ᄊᆡ 노니논 싸히라
[현대어 풀이] 이 동산은 나무가 좋으므로 내가 노니는 땅이다.
- 「석보상절」

(다)
[중세] 불휘 기픈 남ᄀᆞᆫ ᄇᆞᄅᆞ매 아니 뮐ᄊᆡ 곶 됴코 여름 하ᄂᆞ니
[현대어 풀이] 뿌리가 깊은 나무는 바람에 아니 흔들리므로 꽃이 좋고 열매가 많으니
- 「용비어천가」

---

① (가)의 '乞食ᄒᆞ디'를 보니 중세국어에서는 현대국어와 달리 명사절을 만들 때 '-디'가 사용되었군.
② (나)의 '남기 됴홀ᄊᆡ'가 '이 東山ᄋᆞᆫ'의 서술어로서 기능하는 것을 보니 중세국어에서도 서술절이 사용되었음을 알 수 있군.
③ (다)의 '곶 됴코'를 보니 중세국어에서도 대등하게 이어진 문장을 만들 때 '-고'를 사용하였음을 짐작할 수 있군.
④ (가)의 'ᄆᆞ슬히 멀면'과 (다)의 '불휘 기픈'을 보니 '-(으)ㄴ'이 붙어 관형절이 되었음을 짐작할 수 있군.
⑤ (나)의 '됴홀ᄊᆡ'와 (다)의 '뮐ᄊᆡ'를 보니 현대국어와 형태는 다르지만 문장을 종속적으로 연결해 주는 표지가 사용되었군.

[2025년 7월 고3 학평 35-36번]
[815-816] 다음 글을 읽고 물음에 답하시오.

주어와 서술어의 관계가 한 번만 나타나는 문장을 홑문장이라고 하며, 두 번 이상 나타나는 문장을 겹문장이라고 한다. 예를 들면 '현우가 어제 학교 운동장에서 장미꽃 두 송이를 민지에게 주었다.'는 주어가 '현우가'이고 서술어는 '주었다'로 주술 관계가 한 번만 나타나므로 홑문장이며, '예쁜 꽃이 피었다.'는 관형사절 '예쁜'이 안겨 있으므로 겹문장이다.

'현우가 반지를 입어 보았다.'는 '입어'와 '보았다'가 있어서 겹문장처럼 보이지만 홑문장이다. 이때의 '보다'는 보조 용언으로서 문장의 주어와 호응하지 않기 때문에 문장 전체의 서술어로 볼 수 없다. 보조 용언인 '보다'가 생략된 '현우가 반지를 입었다.'는 성립이 가능한 반면, 본용언인 '입다'가 생략된 '현우가 반지를 보았다.'는 본래 문장의 의미와 달라진 문장이 되거나 본래 문장의 의미를 유지할 경우에 비문이 되기 때문이다. 또한 '입어 보았다'에서 본용언 '입다'와 보조 용언 '보다'가 연결될 때, 이 두 용언을 연결해 주는 보조적 연결 어미 '-어'가 결합되어야 한다. 이처럼 보조 용언의 구성에 관여하는 보조적 연결 어미는 겹문장을 만들지 않는다.

하지만 '현우가 사과를 깎아 먹었다.'는 '깎다'와 '먹다'가 둘 다 문장의 서술어로 기능하므로 겹문장이다. '깎다'나 '먹다' 중 하나만 서술어 자리에 나타나도 문장이 성립되어 이 두 동사 모두 '현우가', '사과를'과 관련을 맺고 있기 때문이다. 즉 '깎아 먹었다'는 두 개의 본동사가 이어 나온 것이다.

한편 겹문장은 둘 이상의 절로 구성되기 때문에 홑문장에서 볼 수 없는 여러 가지 통사 현상이 일어난다. 겹문장에서 두 절에 동일한 대상을 지시하는 성분이 있을 때 둘 중 하나의 성분이 생략되거나 다른 말로 바뀌는 경우가 있다. ㉠<u>안은문장에서는 안긴문장의 성분이 생략되거나 다른 말로 바뀌며, ㉡대등하게 연결된 이어진문장에서는 앞 절의 성분이 남고 뒤 절의 성분이 다른 말로 바뀌거나 생략된다.</u> 그리고 ㉢<u>겹문장을 형성하는 어미에 따라 앞 절의 주어와 뒤 절의 주어가 반드시 일치해야 하거나, 반대로 앞 절의 주어와 뒤 절의 주어가 달라야 하는 제약이 있다.</u>

815

㉠~㉢에 대한 이해로 적절하지 <u>않은</u> 것은?

① ㉠은 '그는 집에 가기를 싫어한다.'에서 확인되며, 안긴문장의 서술어 '가다'와 관계를 맺고 있는 주어가 생략되었다.
② ㉠은 '그는 자기가 착하다고 생각한다.'에서 확인되며, 안긴문장의 '그'가 '자기'로 바뀌었다.
③ ㉡은 '나는 빵을 샀으나 그것을 먹지 않았다.'에서 확인되며, 앞 절의 '빵'이 남고 뒤 절의 '빵'은 '그것'으로 바뀌었다.
④ ㉢은 '나는 그를 만나러 그녀와 도서관에 갔다.'에서 확인되며, 어미 '-러'는 앞 절과 뒤 절의 주어가 달라야 한다는 제약이 있다.
⑤ ㉢은 '그는 신문을 보면서 밥을 먹는다.'에서 확인되며, 어미 '-면서'는 앞 절과 뒤 절의 주어가 일치해야 한다는 제약이 있다.

816

윗글을 바탕으로 <보기>를 탐구한 내용으로 적절하지 <u>않은</u> 것은? [3점]

> **보 기**
>
> ⓐ 오늘은 날씨가 많이 덥지 않다.
> ⓑ 그는 한동안 소설책만 꾸준히 사서 모았다.
> ⓒ 그녀는 이웃집 아이를 위해 노래를 부르고 싶었다.

① ⓐ에 나타난 '덥다'는 생략되었을 때 비문이 되기 때문에 문장 전체의 서술어로 볼 수 없다.
② ⓐ의 '덥지'에서 '-지'는 두 용언을 연결해 주지만 겹문장을 만들지는 않는다.
③ ⓑ에 나타난 '사다'와 '모으다'는 모두 '그는', '소설책만'과 관련을 맺고 있다.
④ ⓑ에 나타난 '사다'나 '모으다' 중 하나만 서술어 자리에 나타나도 문장이 성립된다.
⑤ ⓒ에 나타난 '싶다'는 '그녀는'과 호응하지 않기 때문에 문장 전체의 서술어로 볼 수 없다.

문법 비문학 – 핵심 기출 문제

[817-818] 다음 글을 읽고 물음에 답하시오.

> 문장을 이루는 단위에는 단어, 구, 절 등이 있다. 이들은 같은 단위끼리 대등하게 연결되어 병렬 구성을 이룰 수 있다. 단, 명사와 명사구는 같은 단위가 아니지만 병렬 구성을 이룰 수 있다. 국어에서는 조사, 어미 등을 사용하여 병렬 구성을 만든다. 예컨대, '물과 불'에서는 '물'과 '불'이 접속 조사 '과'로, '밖은 춥고 안은 덥다.'에서는 '밖은 춥-'과 '안은 덥-'이 연결 어미 '-고'로 대등하게 연결되었다. 물론 동일한 단위가 조사나 어미 없이 나열되는 것으로도 병렬 구성을 이룰 수 있다.
>
> 병렬 구성에서는 둘 이상의 요소가 대등하게 연결되기 때문에, 이들의 위치를 서로 바꾸어도 의미는 유지된다. 예컨대, '밖은 춥고 안은 덥다.'나 '안은 덥고 밖은 춥다.'는 둘 다 같은 사실을 나타낸다. 또한 절이 병렬 구성을 이룰 때, 선행절과 후행절에서 똑같은 말이 동일한 문장 성분이면 후행절의 해당 성분이 생략될 수 있다. '형은 지금 네 살이고 동생은 지금 세 살이다.'에서 후행절의 '지금'은 생략이 가능하다는 것이다.
>
> 병렬 구성의 특성을 이해하면 문장의 문법적 적절성을 따질 때 유용하다. 예컨대, '어떤 법으로써 평화 수호와 인권 보장이 담보되지 않는다'라는 의미를 전달하려고 쓴 '이 법으로 평화 수호와 인권을 보장하기 어렵다.'를 상정해보자. 이 때 조사 '와'로 연결된 두 요소는 '평화 수호'와 '인권을 보장하기'인데, 전자는 구이고 후자는 절이다. 즉 ㉠병렬 구성을 이루려면 그 요소들의 단위가 동일해야 하는데 그렇지 않아 적절하지 않은 것이다. 또한 '그는 남을 속이기도 하고 속기도 한다.'에서 후행절에 나타나지 않은 부사어 '남에게'는 선행절의 목적어 '남을'과는 다른 문장 성분이다. 즉 ㉡동일한 문장 성분이 아닌데 생략되어 적절하지 않은 것이다. 끝으로 '빵과 물을 마셨다.'에서, '빵과 물'은 병렬 구성이지만 '빵'은 서술어 '마시다'의 목적어가 될 수 없다. 즉 ㉢대등하게 연결된 모든 요소가 동일한 성분에 호응할 수 있어야 하는데 그렇지 않아 적절하지 않은 것이다.

817

윗글을 읽고 이해한 내용으로 적절하지 <u>않은</u> 것은?

① '도서관이 우리 집과 참 가깝다.'를 '우리 집이 도서관과 참 가깝다.'로 바꾸어도 의미가 유지되므로 두 문장에는 모두 병렬 구성이 있다.

② '나는 빵을 먹고 기분이 좋아졌다.'에는 연결 어미가 쓰였으나 두 절이 대등하게 연결된 것은 아니므로 이 문장에는 병렬 구성이 없다.

③ '팥, 콩, 쌀이 많다.'에는 접속 조사가 없지만 명사가 대등하게 나열되어 있으므로 이 문장에는 병렬 구성이 있다.

④ '오래 걷기랑 빨리 걷기 중에 뭘 할까?'에는 병렬 구성이 있지만, 이는 어미로써 이루어진 것은 아니다.

⑤ '동생은 중학생이었으나 형은 대학생이었다.'에는 병렬 구성이 있고, 이는 어미로써 이루어졌다.

818

윗글을 바탕으로 <학습 활동>을 수행한 결과로 적절한 것은?

> **학습 활동**
>
> ⓐ~ⓔ에는 ㉠~㉢의 문제가 하나 이상씩 있다. [보기 문장]에는 이런 문제 없이, ⓐ~ⓔ가 나타내려던 바가 표현되어 있다. 이제 ⓐ~ⓔ에서 ㉠~㉢의 문제를 있는 대로 찾아보자.
>
> > ⓐ 나는 매주 체력을 단련하거나 방 청소 후에 집을 나가지만, 형은 국을 끓이거나 빵을 굽느라고 집에 머문다.
> >
> > ⓑ 나는 매주 체력을 단련하거나 방을 청소한 후에 집을 나가지만, 형은 국이나 빵을 굽느라고 머문다.
> >
> > ⓒ 나는 매주 체력 단련이나 방을 청소한 후에 집을 나가지만, 형은 국을 끓이거나 빵을 굽느라고 머문다.
> >
> > ⓓ 나는 매주 체력 단련이나 방 청소 후에 집을 나가지만, 형은 국이나 빵을 굽느라고 집에 머문다.
> >
> > ⓔ 나는 매주 체력을 단련하거나 방을 청소한 후에 집을 나가지만, 형은 국을 끓이거나 빵을 굽느라고 머문다.
>
> **[보기 문장]** 나는 매주 체력 단련이나 방 청소 후에 집을 나가지만, 형은 국을 끓이거나 빵을 굽느라고 집에 머문다.

① ⓐ : ㉡

② ⓑ : ㉢

③ ⓒ : ㉠, ㉡

④ ⓓ : ㉡, ㉢

⑤ ⓔ : ㉠, ㉡, ㉢

[819-820] 다음 글을 읽고 물음에 답하시오.

'I like you.'를 번역할 때, 듣는 이가 친구라면 '난 널 좋아해.'라고 하겠지만, 할머니라면 '저는 할머니를 좋아해요.'라고 할 것이다. 왜냐하면 우리말은 상대에 따라 높임 표현이 달리 실현되기 때문이다.

'높임 표현'이란 말하는 이가 어떤 대상을 높이거나 낮추는 정도를 구별하여 표현하는 방법을 말한다. 국어에서 높임 표현은 높임의 대상에 따라 주체 높임, 상대 높임, 객체 높임으로 나누어진다.

주체 높임은 서술의 주체를 높이는 방법이다. 주체 높임을 실현하기 위해 선어말 어미 '-(으)시-'를 사용하며, 주격 조사 '이/가' 대신에 '께서'를 쓰기도 한다. 그 밖에 '계시다', '주무시다' 등과 같은 특수 어휘를 사용하여 높임을 드러내기도 한다. 그리고 주체 높임에는 직접 높임과 간접 높임이 있다. 직접 높임은 높임의 대상인 주체를 직접 높이는 것이고, ㉠간접 높임은 높임의 대상인 주체의 신체 일부, 소유물, 가족 등을 높임으로써 주체를 간접적으로 높이는 것이다.

상대 높임은 말하는 이가 듣는 이를 높이거나 낮추어 말하는 방법이다. 상대 높임은 주로 종결 표현을 통해 실현되는데, 아래와 같이 크게 격식체와 비격식체로 나뉜다.

격식체	하십시오체	예 합니다, 합니까? 등
	하오체	예 하오, 하오? 등
	하게체	예 하네, 하는가? 등
	해라체	예 한다, 하냐? 등
비격식체	해요체	예 해요, 해요? 등
	해체	예 해, 해? 등

격식체는 격식을 차리는 자리나 공식적인 상황에서 주로 사용하며, 비격식체는 격식을 덜 차리는 자리나 사적인 상황에서 주로 사용한다. 그렇기 때문에 같은 대상이라도 공식적인 자리인지 사적인 자리인지에 따라 높임 표현이 달리 실현되기도 한다.

객체 높임은 목적어나 부사어가 지시하는 대상, 즉 서술의 객체를 높이는 방법이다. 객체 높임은 '모시다', '여쭈다' 등과 같은 특수 어휘를 통해 실현되며, 부사격 조사 '에게' 대신 '께'를 사용하기도 한다.

819

다음 문장 중 ㉠의 예로 적절한 것은?

① 아버지께서 요리를 하셨다.
② 교수님께서는 책이 많으시다.
③ 어머니께서 음악회에 가셨다.
④ 선생님께서 우리의 이름을 부르신다.
⑤ 할아버지께서는 마을 이장이 되셨다.

820

윗글을 바탕으로 <보기>의 ⓐ~ⓔ를 탐구한 내용으로 적절하지 않은 것은? [3점]

보 기

(복도에서 친구와 만난 상황)

성호 : 지수야, ⓐ선생님께서 발표 자료 가져오라고 하셨어.

지수 : 지금 바빠서 ⓑ선생님께 자료 드리기 어려운데, 네가 가져다 드리면 안 될까?

성호 : ⓒ네가 선생님을 직접 뵙고, 자료를 드리는 게 좋을 것 같아.

지수 : 알았어.

(교무실로 선생님을 찾아간 상황)

선생님 : 지수야, 이번 수업 시간에 발표해야지? 발표 자료 가져왔니?

지수 : 여기 있어요. ⓓ열심히 준비했어요. 선생님: 그래, 준비한 대로 발표 잘 하렴.

(수업 중 발표 상황)

지수 : ⓔ이상으로 발표를 마치겠습니다.

성호 : 궁금한 점이 있는데, 질문해도 되겠습니까?

---

① ⓐ : 조사 '께서'와 선어말 어미 '-시-'를 사용하여 서술의 주체인 선생님을 높이고 있군.

② ⓑ : 조사 '께'와 특수 어휘 '드리다'를 사용하여 서술의 객체인 선생님을 높이고 있군.

③ ⓒ : 특수 어휘 '뵙다'를 사용하여 서술의 객체인 선생님을 높이고 있군.

④ ⓓ : 듣는 사람인 선생님을 높이기 위해 '준비했어요'라는 종결 표현을 사용하고 있군.

⑤ ⓔ : 수업 중 발표하는 공식적인 상황이므로 '마치겠습니다'라고 격식체를 사용하고 있군.

[2020년 6월 고1 학평 11-12번]

[821-822] 다음 글을 읽고 물음에 답하시오.

국어의 시제는 과거, 현재, 미래가 있는데, 이는 발화시와 사건시라는 시점을 기준으로 나눈 것이다. 발화시는 말하는 이가 말하는 시점을 뜻하고, 사건시는 동작이나 상태가 나타나는 시점을 가리킨다. 발화시보다 사건시가 앞서면 '과거 시제', 발화시와 사건시가 일치하면 '현재 시제', 발화시보다 사건시가 나중이면 '미래 시제'라고 한다.

시제는 다음과 같이 어미나 시간 부사를 통해 실현된다.

시제의 종류 / 문법 요소	과거 시제	현재 시제	미래 시제
선어말 어미	-았-/-었-, -았었-, -었었-, -더-	• 동사 : -는-, -ㄴ- • 형용사 : 없음	-겠-, -(으)리-
관형사형 어미	• 동사 : -(으)ㄴ, -던 • 형용사 : -던	• 동사 : -는 • 형용사 : -(으)ㄴ	-(으)ㄹ
시간 부사	어제, 옛날 등	오늘, 지금 등	내일, 곧 등

시간을 표현하는 문법 요소는 항상 특정한 시제만 표현하는 것은 아니다. 예를 들어 '-았-/-었-'은 주로 과거 시제를 표현하지만, 과거에 이루어진 어떤 상태가 현재까지 지속되는 경우에 쓰이기도 하고, ㉠미래의 상황을 표현하는 경우에 쓰이기도 한다.

㉮ 찬호는 어려서부터 아빠를 닮았다.
㉯ 네가 지금처럼 공부하면 틀림없이 대학에 붙었다.

㉮는 '찬호와 아빠의 닮음'이라는 과거의 상태가 현재까지도 지속되고 있음을 보여준다. 한편 ㉯의 '붙었다'에서 과거 시제 선어말 어미 '-었-'이 쓰였지만, 발화시에서 볼 때 '대학에 붙는 일'은 앞으로 벌어질 미래의 사건이다.

821

윗글을 읽고 <보기>의 ⓐ~ⓒ를 탐구한 내용으로 가장 적절한 것은? [3점]

보 기

ⓐ 아기가 새근새근 잘 잔다.
ⓑ 영주는 어제 영화를 한 편 봤다.
ⓒ 전국적으로 비가 곧 내리겠습니다

① ⓐ : 발화시보다 사건시가 나중인 시간 표현이 사용되었다.
② ⓐ : 관형사형 어미와 선어말 어미를 활용한 시간 표현이 나타난다.
③ ⓑ : 발화시와 사건시가 일치하는 시간 표현이 사용되었다.
④ ⓑ : 시간 부사와 선어말 어미를 활용한 시간 표현이 나타난다.
⑤ ⓒ : 발화시보다 사건시가 앞선 시간 표현이 사용되었다.

822

㉠의 사례로 가장 적절한 것은?

① 그는 여행을 떠나기로 결심했다.
② 1919년 3월 1일, 만세운동이 일어났다.
③ 봄날 거리에 개나리가 흐드러지게 피었다.
④ 학생들이 운동장에서 축구공을 차고 있었다.
⑤ 어린 동생과 싸웠으니 난 이제 어머니께 혼났다.

[2021년 9월 고1 학평 12-13번]

[823-824] 다음 글을 읽고 물음에 답하시오.

어떤 행위, 사건, 상태의 시간적 위치를 언어적으로 나타내 주는 문법 범주를 시제라고 한다. 시제는 사건이 발생한 시점인 사건시와 그 사건을 언어로 표현하는 시점인 발화시의 선후 관계에 따라 결정된다.

과거 시제는 사건시가 발화시보다 앞서는 시제로, 주로 선어말 어미 '-았-/-었-'을 통해 실현된다. 또 동사 어간에 붙는 관형사형 어미 '-(으)ㄴ'과 용언의 어간이나 서술격 조사에 붙는 '-던'을 통해 실현된다. 현재 시제는 사건시와 발화시가 일치하는 시제로, 동사에서는 선어말 어미 '-ㄴ-/-는-' 및 관형사형 어미 '-는'을 통해서 실현되고, 형용사나 서술격 조사에서는 관형사형 어미 '-(으)ㄴ'을 통해 실현되거나 선어말 어미 없이 기본형을 사용하여 현재의 의미를 나타낸다. 미래 시제는 사건시가 발화시보다 나중인 시제로, 선어말 어미 '-겠-'을 통해 실현되는 것이 일반적이나 관형사형 어미 '-(으)ㄹ', 관형사형 어미 '-(으)ㄹ'과 의존 명사 '것'이 결합된 '-(으)ㄹ 것'을 통해서도 실현된다. 이러한 방법 외에도 '어제, 지금, 내일' 등과 같은 부사어를 사용하여 시제를 드러내기도 한다.

그런데 시간을 표현하는 데 사용되는 문법 요소가 언제나 특정한 시제를 나타내는 것은 아니다. 예를 들어 선어말 어미 '-ㄴ-/-는-'은 주로 현재 시제를 나타내는 데 사용되지만 ⓐ미래를 나타내는 경우에 쓰이기도 하고, 선어말 어미 '-겠-'은 주로 미래 시제를 표현하는 데 사용되지만 ⓑ추측을 나타내는 경우에 쓰이기도 한다.

823

윗글을 바탕으로 <보기>의 ㉠~㉢을 이해한 내용으로 적절하지 <u>않은</u> 것은? [3점]

> **보 기**
>
> ㉠ 비가 지금 내린다.
> ㉡ 비가 내일 내릴 것이다.
> ㉢ 내가 찾아간 곳에 비가 많이 내렸다.

① ㉠에는 사건시와 발화시가 일치하는 시제가 나타난다.
② ㉡에는 선어말 어미를 활용한 시간 표현이 나타난다.
③ ㉢에는 관형사형 어미를 활용한 시간 표현이 나타난다.
④ ㉠과 ㉡에는 부사어를 활용한 시간 표현이 나타난다.
⑤ ㉡에는 사건시가 발화시보다 나중인, ㉢에는 사건시가 발화시보다 앞서는 시제가 나타난다.

824

윗글을 참고할 때 ⓐ, ⓑ에 해당하는 예끼리 묶인 것으로 적절한 것은?

① ⓐ : 잠시 후 결과가 발표<u>된다.</u>
　 ⓑ : 일찍 출발하느라 고생했<u>겠다.</u>

② ⓐ : 삼촌은 곧 여기를 떠<u>난다.</u>
　 ⓑ : 잠시만 비켜주시<u>겠</u>습니까?

③ ⓐ : 사람은 누구나 꿈을 <u>꾼다.</u>
　 ⓑ : 제가 먼저 발표하<u>겠</u>습니다.

④ ⓐ : 지구는 태양의 주위를 <u>돈다.</u>
　 ⓑ : 이제 늦지 않도록 하<u>겠</u>습니다.

⑤ ⓐ : 그가 내 의도를 알아채고 웃<u>는</u>다.
　 ⓑ : 우리 고향은 이미 추수가 다 끝났<u>겠다.</u>

[2020년 3월 고3 학평 14-15번]

[825-826] 다음을 읽고 물음에 답하시오.

현대 국어의 시간 표현 중 하나는 선어말 어미를 활용하는 것이다. 동사는 어간에 선어말 어미 '-는-/-ㄴ-'을 결합하여 현재 시제를 표현하는데, 동사의 어간 말음이 자음인 경우에는 '-는-'이, 모음인 경우에는 '-ㄴ-'이 결합한다. 이와 달리 형용사와 '이다'는 어간에 선어말 어미가 결합하지 않고 현재 시제를 표현할 수 있다. 동사와 형용사, 그리고 '이다'는 어간에 선어말 어미 '-았-/-었-'을 결합하여 과거 시제를 표현하는데, 어간 '하-' 다음에는 선어말 어미 '-였-'을 결합하여 과거 시제를 표현한다. 동사와 형용사, 그리고 '이다'는 어간에 선어말 어미 '-겠-'을 결합하여 미래 시제를 표현하는데, 추측이나 의지 등의 의미를 나타내기도 한다.

중세 국어의 시간 표현은 ㉠용언의 어간에 선어말 어미를 결합하여 나타내는 경우와 ㉡용언의 어간에 선어말 어미를 결합하지 않고 나타내는 경우가 있었다. 이를 살펴보면, 동사는 어간에 선어말 어미 '-ᄂᆞ-'를 결합하여 현재 시제를 표현하였고, 형용사는 어간에 선어말 어미를 결합하지 않고 현재 시제를 표현하였다. 또한 동사는 어간에 선어말 어미를 결합하지 않고 과거 시제를 표현하기도 했고, 회상의 의미가 있는 선어말 어미 '-더-'를 결합하여 과거 시제를 표현하기도 했다. 형용사도 선어말 어미 '-더-'를 통해 과거 시제를 표현하였다. 또한 동사와 형용사는 추측의 의미가 있는 선어말 어미 '-리-'를 어간에 결합하여 미래 시제를 표현하였다.

825

윗글을 바탕으로 <보기>를 탐구한 내용으로 적절하지 **않은** 것은?

> **보 기**
>
> ○ 동생이 지금 밥을 ⓐ먹는다.
> ○ 우리 아기가 무럭무럭 ⓑ자란다.
> ○ 이곳에 따뜻한 난로가 ⓒ놓였다.
> ○ 신랑, 신부가 ⓓ입장하겠습니다.
> ○ 나는 어젯밤에 무서운 꿈을 ⓔ꿨다.

① ⓐ는 동사의 어간 다음에 현재 시제 선어말 어미로 '-는-'이 사용된 예에 해당한다.

② ⓑ는 동사의 어간 다음에 현재 시제 선어말 어미로 '-ㄴ-'이 사용된 예에 해당한다.

③ ⓒ는 동사의 어간 다음에 과거 시제 선어말 어미로 '-였-'이 사용된 예에 해당한다.

④ ⓓ는 동사의 어간 다음에 미래 시제 선어말 어미로 '-겠-'이 사용된 예에 해당한다.

⑤ ⓔ는 동사의 어간 다음에 과거 시제 선어말 어미로 '-었-'이 사용된 예에 해당한다.

826

<보기>에서 ㉠과 ㉡에 해당하는 예를 찾아 바르게 짝 지은 것은?

> **보 기**
>
> ○ 너도 ᄯᅩ 이 ⓐ굳ᄒᆞ다
>   (너도 또 이와 같다.)
> ○ 네 이제 ᄯᅩ ⓑ묻ᄂᆞ다
>   (네가 이제 또 묻는다.)
> ○ 五百 도ᄌᆞ기 … ⓒ도죽ᄒᆞ더니
>   (오백 도적이 … 도둑질하더니)
> ○ 이 智慧 업슨 比丘ㅣ 어드러셔 ⓓ오뇨
>   (이 지혜 없는 비구가 어디에서 왔느냐?)
> ○ 이 善女人이 … 다시 나디 ⓔ아니ᄒᆞ리니
>   (이 선여인이 … 다시 나지 아니할 것이니)

	㉠	㉡
①	ⓑ, ⓒ	ⓐ, ⓓ, ⓔ
②	ⓐ, ⓔ	ⓑ, ⓒ, ⓓ
③	ⓓ, ⓔ	ⓐ, ⓑ, ⓒ
④	ⓐ, ⓒ, ⓓ	ⓑ, ⓔ
⑤	ⓑ, ⓒ, ⓔ	ⓐ, ⓓ

[2020년 4월 고3 학평 11-12번]

[827-828] 다음을 읽고 물음에 답하시오.

> 　부정하는 내용을 문법적으로 실현한 문장을 부정문이라고 한다. 부정문은 의미에 따라 '안' 부정문과 '못' 부정문으로, 길이에 따라 '짧은 부정문'과 '긴 부정문'으로 나누기도 한다. 한편 명령문과 청유문의 부정에는 '말다' 부정문이 쓰이고, '말다' 부정문은 '긴 부정문'만 가능하다.
>
> 　'안' 부정문은 부정 부사 '안(아니)'으로 실현되는 짧은 부정문과 부정의 용언 구성 '-지 않다(아니하다)'로 실현되는 긴 부정문이 있고, 객관적인 사실을 부정하는 '단순 부정'과 동작 주체의 의도를 부정하는 '의도 부정'이 있다. '안' 부정문의 서술어가 동사이고 주어가 의지를 가질 수 있는 동작 주체인 경우에 '단순 부정'과 '의도 부정'의 해석이 모두 가능하다. 하지만 서술어가 형용사이거나 주어가 의지를 가질 수 없는 경우에는 대개 '단순 부정'으로 해석한다.
>
> 　'못' 부정문은 부정 부사 '못'으로 실현되는 짧은 부정문과 부정의 용언 구성 '-지 못하다'로 실현되는 긴 부정문이 있다. 일반적으로 '못' 부정문은 동작 주체의 능력 부족을 드러내는 부정문이므로, 동작 주체의 능력으로는 어쩔 수 없는 심리적 상태를 나타내는 서술어는 '못' 부정문에 쓰이기 어렵다. 한편 '못' 부정문은 일반적으로 서술어가 형용사인 경우에는 성립할 수 없지만, '긴 부정문'에 한하여 '화자의 기대하는 기준에 이르지 못함'의 뜻을 나타내는 경우에는 쓰이기도 한다. 나아가 '못' 부정문은 화자의 능력을 부정하는 의미에서 발전하여 완곡한 거절, 또는 강한 거부와 같은 화자의 심리적 태도를 반영하기도 한다.
>
> 　'말다' 부정문은 명령문 및 청유문에서 부정의 용언 구성 '-지 말다'로 실현된다. 형용사는 대부분 명령문이나 청유문의 서술어로 쓰일 수 없기 때문에 '말다' 부정문은 서술어가 형용사인 경우에는 성립하지 않는다. 하지만 문장의 서술어가 형용사라도 기원이나 희망을 나타낼 때는 '말다' 부정문이 쓰이기도 한다.

827

윗글을 바탕으로 <보기>를 이해한 내용으로 적절하지 <u>않은</u> 것은? [3점]

> **보 기**
>
> 태영 : 새로 배정받은 ㉠동아리실이 그리 넓지 못해 고민이야. 우리가 쓰던 ㉡물품이 전부 안 들어가겠는데?
> 수진 : 그 정도는 아닐 거야. 일단 물품을 옮겨 보자. 내일 어때?
> 태영 : 미안하지만 ㉢나는 내일 못 가. 이번 휴일에는 집에서 좀 쉬고 싶어.
> 수진 : ㉣나도 별로 안 내키는데, 다른 친구들은 내일 시간이 괜찮다고 하더라.
> 태영 : 그래? 그럼 나도 와서 도울게. 그나저나 ㉤내일은 제발 덥지만 마라.

① ㉠의 '못' 부정문은 형용사인 서술어에 '긴 부정문' 형태로 실현되어 화자가 기대하는 기준에 이르지 못한다는 의미를 나타내고 있군.
② ㉡의 '안' 부정문은 주어가 의지를 가질 수 있는 동작 주체인 경우이기 때문에 '단순 부정'과 '의도 부정'으로 모두 해석이 가능하겠군.
③ ㉢의 '못' 부정문은 완곡한 거절이라는 화자의 심리적 태도를 나타내고 있군.
④ ㉣의 서술어는 동작 주체의 능력으로는 어쩔 수 없는 심리적 상태를 나타내기 때문에 '못' 부정문에 사용될 수 없겠군.
⑤ ㉤의 '말다' 부정문은 형용사인 서술어에 '긴 부정문' 형태로 실현되어 화자의 기원이나 희망의 의미를 나타내고 있군.

828 

다음은 수업의 일부이다. 윗글을 바탕으로 ⓐ~ⓓ에 대해 이해한 내용으로 적절하지 <u>않은</u> 것은?

> 선생님 : 중세 국어의 부정문은 현대 국어와 큰 차이가 없었습니다. 제시한 예문들을 현대 국어와 비교하여 이해해 봅시다.
>
> [중세 국어] 世尊이 ⓐ아니 오실씨
> [현대 국어] 세존이 아니 오시므로
>
> [중세 국어] 닐웨사 ⓑ머디 아니흐다.
> [현대 국어] 이레야 멀지 아니하다.
>
> [중세 국어] 부텨를 몯 맛나며 法을 ⓒ몯 드르며
> [현대 국어] 부처를 못 만나며 법을 못 들으며
>
> [중세 국어] 이 뜨들 ⓓ닛디 마르쇼셔.
> [현대 국어] 이 뜻을 잊지 마십시오.

① ⓐ를 보니 중세 국어에서도 현대 국어의 '안' 부정문에 해당하는 부정문이 사용되었음을 알 수 있군.
② ⓑ를 보니 현대 국어에서처럼 중세 국어에서도 '단순 부정'에 해당하는 부정문이 사용되었음을 알 수 있군.
③ ⓒ를 보니 현대 국어에서처럼 중세 국어에서도 동작 주체의 의도를 부정하는 부정문이 사용되었음을 알 수 있군.
④ ⓓ를 보니 현대 국어에서처럼 중세 국어에서도 명령문을 부정하는 부정문이 사용되었음을 알 수 있군.
⑤ ⓐ와 ⓑ를 보니 중세 국어에서도 현대 국어의 '짧은 부정문'과 '긴 부정문'에 해당하는 부정문이 사용되었음을 알 수 있군.

[2021년 10월 고3 학평 35-36번]

[829-830] 다음 글을 읽고 물음에 답하시오.

국어에는 '않다', '못하다', '말다', '아니다', '없다' 등의 부정 의미의 용언과 주로 함께 쓰이는 단어가 있다. 이러한 단어는 여러 품사에서 나타나는데, 단어에 따라 호응하는 부정 의미의 용언이 다를 수 있다. 그런데 부정 의미의 용언이 나타나지 않은 문장이 문맥적으로 부정 의미를 내포하는 경우에 쓰이는 단어가 있다. 예를 들어 보면, '나는 그곳에 차마 가지 못했다 (*나는 그곳에 차마 갔다)'와 같이 '차마'는 부정 의미를 나타내는 '가지 못했다'와 어울린다. 그러나 '내가 그곳에 차마 가겠니?'와 같은 의문문이 '나는 그곳에 차마 갈 수 없다(가지 못한다/ 가지 않는다)'를 뜻함으로써 용언의 의미를 부정하는 문맥일 때에는 '차마'가 쓰일 수 있다.

한편, 부정문 형식의 문장에 함께 쓰여 그 문장의 의미를 강한 긍정으로 해석되게 하는 단어가 있다. 예를 들어, '문제가 어렵지 않다'라는 부정문에 '이만저만'을 함께 써서 '문제가 이만저만 어렵지 않다'가 되면 '문제가 매우 어렵다'라는 의미로 해석된다. 이는 '이만저만'으로 인해 문장의 의미가 '어렵다'를 강조하는 긍정으로 해석된 것이다.

[A] 부정 의미의 용언이 나타난 문맥에서 주로 쓰이는 단어들은 그 의미나 형태가 시대에 따라 다르게 나타나기도 하고 유사하게 나타나기도 한다. 예를 들어, 과거에는 부정 의미의 용언이 나타난 문맥뿐만 아니라 그렇지 않은 문맥에서도 쓰이던 단어가 현대에는 부정 의미의 용언이 나타난 문맥에서만 쓰이는 경우가 있다. 또한 과거에는 용언의 어간에 '-지 아니하다'를 결합한 형태로 쓰이던 것이 시대에 따라 '-잖다'나 '-찮다'로 축약된 형태가 쓰이기도 한다. 이들은 축약되기 전 형태의 의미와 유사하게 쓰이기도 하지만 다른 의미로 쓰이는 경우도 있다.

※ '*'는 비문임을 나타냄.

829

윗글을 바탕으로 <보기>를 이해한 내용으로 적절하지 <u>않은</u> 것은?

보 기

ㄱ. *그 일은 나와 **아무런** 관계가 있다.
ㄴ. 화단의 꽃들이 **여간** 탐스럽지 않다.
ㄷ. 나는 밤새도록 이것**밖에** 하지 못했다.
ㄹ. 그 아이들이 **좀처럼** 제 말을 듣겠습니까?
ㅁ. *나는 무서워서 그 자리에서 **옴짝달싹했다.**

※ '*'는 비문임을 나타냄.

---

① ㄱ의 '아무런'은 긍정 의미의 용언이 나타나는 문맥에서 사용될 수 없군.
② ㄴ의 '여간'은 '탐스럽지 않다'라는 부정 의미를 강조하고 있군.
③ ㄷ의 '밖에'는 부정 의미의 용언과 어울려 쓰이고 있군.
④ ㄹ의 '좀처럼'은 부정 의미를 내포하는 문맥에서 쓰이고 있군.
⑤ ㅁ의 '옴짝달싹했다'를 '옴짝달싹하지 못했다'로 바꾸면 어법에 맞겠군.

830

[A]를 바탕으로 [자료]를 탐구했을 때 적절한 내용만을 <보기>에서 있는 대로 고른 것은?

[자료]		
㉠	국어사 자료	○ 이거슨 <u>귀치 아니컨만은</u> 보내ᄂ이다 [이것은 귀하지 아니하지마는 보내나이다]
	현대 국어	○ 그날은 몸이 아파 만사가 다 <u>귀찮았다.</u>
㉡	국어사 자료	○ 봉녹 밧씌도 <u>별로</u> 먹을 거슬 주시며 [봉록 밖에도 특별히 먹을 것을 주시며] ○ <u>별로</u> 인ᄉᆞ홀 테도 업스니 [특별히 인사할 모양도 없으니]
	현대 국어	○ 요즘은 공기가 <u>별로</u> 좋지 않다. ○ 나에게 그는 <u>별로</u> 매력이 없다.
㉢	국어사 자료	○ 무슨 말이든지 다 못드르면 <u>시원치 안</u>ᄒᆞ여 [무슨 말이든지 다 못 들으면 시원치 아니하여]
	현대 국어	○ 대답이 <u>시원찮다.</u>

보 기

ⓐ ㉠에서, 현대 국어 '귀찮다'는 '귀하지 아니하다'가 축약된 형태로, 국어사 자료에서 확인할 수 있는 의미와 유사하게 쓰임을 알 수 있다.
ⓑ ㉡에서, 현대 국어 '별로'와 달리, 국어사 자료 '별로'는 부정 의미의 용언이 나타나지 않은 문맥에서도 쓰였음을 알 수 있다.
ⓒ ㉢에서, 현대 국어 '시원찮다'는 '시원하지 아니하다'가 축약된 형태로, 국어사 자료에서 확인할 수 있는 의미와 유사하게 쓰이지 않음을 알 수 있다.

---

① ⓐ　　　　② ⓑ　　　　③ ⓐ, ⓑ
④ ⓐ, ⓒ　　　⑤ ⓑ, ⓒ

[831-832] 다음 글을 읽고 물음에 답하시오.

담화 상황에서 화자가 자신의 의도를 명확하게 전달하고 청자와 원활하게 의사소통을 하기 위해서는 대상과 상황에 맞게 문법 요소를 활용해야 한다. 이러한 문법 요소에는 높임 표현, 피동 표현 등이 있다.

높임 표현은 화자가 대상의 높고 낮은 정도를 언어적으로 구별하는 것이다. 이는 화자가 높이려는 대상이 누구인지에 따라 주체 높임, 객체 높임, 상대 높임으로 구분된다. 주체 높임은 서술어의 주체를 높이는 방식이다. 이는 일반적으로 서술어에 선어말어미 '-(으)시-'가 붙어서 실현되며, '주무시다, 잡수시다'와 같은 특수한 어휘나 조사 '께서'로 실현되기도 한다. 주체 높임에는 높임의 대상을 직접적으로 높이는 방식과 높이려는 대상의 신체 일부분, 소유물, 생각 등과 관련된 서술어에 '-(으)시-'를 사용해 높임의 대상을 간접적으로 높이는 방식이 있다. 객체 높임은 목적어나 부사어가 지시하는 대상, 즉 서술어의 객체를 높이는 방식이다. 이는 보통 '드리다, 모시다'와 같은 특수한 어휘나 조사 '께'로 실현된다. 상대 높임은 청자를 높이거나 낮추는 방식이다. 상대 높임은 종결 어미를 통해 실현되는데 하십시오체, 하오체, 하게체, 해라체와 같은 격식체와 해요체, 해체와 같은 비격식체로 나뉜다. 보통 공적인 상황에서 예의를 갖추며 상대를 높일 때에는 격식체의 하십시오체를 사용하고, 사적인 상황에서 친밀감을 드러내며 높일 때에는 비격식체의 해요체를 사용한다.

[A]
한편 피동 표현은 주어가 다른 주체에 의해 동작이나 행위를 당하는 것을 표현하는 것이다. 이와 반대로 주어가 동작이나 행위를 제힘으로 함을 표현하는 것은 능동 표현이라고 한다. 그런데 능동 표현을 피동 표현으로 바꾸거나 피동 표현을 능동 표현으로 바꾸면 문장 성분에 변화가 일어난다. 피동 표현은 능동의 동사에 피동 접미사 '-이-', '-히-', '-리-', '-기-'가 붙거나, 동사의 어간에 '-어/아지다', '-게 되다' 등이 붙어서 실현된다. 그리고 일부 명사 뒤에 '-되다'가 결합하여 실현되기도 한다. 피동 표현이 실현되면 동작이나 행위를 당하는 대상이 주어로 나타나므로 동작이나 행위를 당한 대상이 강조되는 효과가 있다. 그런데 간혹 피동 표현을 만드는 요소를 중복으로 결합하여 이중 피동 표현을 사용하는 일이 발생한다. 이러한 경우 잘못된 표현이 되어 화자의 의도를 효과적으로 드러내기 어렵고 상대방과의 원활한 의사소통을 방해할 수 있다. 그러므로 피동 표현의 쓰임새를 정확하게 이해하여 피동 표현을 사용하는 일은 중요하다.

831

윗글을 바탕으로 <보기>를 탐구한 내용으로 적절하지 **않은** 것은?

> **보 기**
>
> ㄱ. (회장이 학급 친구들에게) 지금부터 학급 회의를 시작하겠습니다.
> ㄴ. (언니가 동생에게) 나는 지난주에 할머니를 뵙고 왔어.
> ㄷ. (형이 동생에게) 할아버지께서는 지금 어디 계시니?
> ㄹ. (학생이 선생님에게) 선생님의 옷이 멋지십니다.
> ㅁ. (아들이 어머니에게) 아버지께 다녀왔어요.

① ㄱ : '회장'은 공적인 상황에서 종결 어미를 사용하여 상대인 '학급 친구들'을 높이고 있다.
② ㄴ : '언니'는 특수한 어휘를 사용하여 객체인 '할머니'를 높이고 있다.
③ ㄷ : '형'은 조사와 선어말 어미를 사용하여 주체인 '할아버지'를 높이고 있다.
④ ㄹ : '학생'은 선어말 어미를 사용하여 '선생님'을 간접적으로 높이고 있다.
⑤ ㅁ : '아들'은 조사를 사용하여 객체인 '아버지'를 높이고 있다.

832

[A]를 바탕으로 <보기>의 ㉠~㉤에 대해 설명한 것으로 적절하지 **않은** 것은? [3점]

> **보 기**
>
> 학생 1 : 어제 유기견 보호 센터에서 한 봉사활동은 어땠어?
> 학생 2 : 응, 좋았어. 강아지들과 놀아 주고 산책도 했어. 그리고 친구들의 마음이 ㉠담긴 성금도 전달했지.
> 학생 1 : ㉡버려지는 강아지들이 ㉢구조되는 데 성금이 ㉣쓰인다고 해서 나도 모금에 동참했어.
> 학생 2 : 아, 그래? 유기견 보호 행사가 다음 주에 ㉤열린다는데 너도 같이 갈래?
> 학생 1 : 응, 좋아.

① ㉠은 능동의 동사에 피동 접미사 '-기-'가 결합하여 실현된 피동 표현이다.
② ㉡은 피동 접미사 '-리-'가 쓰인 동사의 어간에 '-어지다'가 붙어서 결합한 이중 피동 표현이다.
③ ㉢은 명사 뒤에 '-되다'가 결합하여 주어가 행위를 당하는 것을 표현하고 있다.
④ ㉣은 '쓴다고'와 같이 능동 표현으로 바뀔 경우 ㉣의 주어가 목적어로 바뀐다.
⑤ ㉤은 행사를 여는 주체보다 '유기견 보호 행사'가 강조되는 효과가 드러나는 피동 표현이다.

[2024년 6월 고1 학평 11-12번]

[833-834] 다음 글을 읽고 물음에 답하시오.

문장에서 주어가 자기 힘으로 동작이나 행위를 하는 것을 능동, 주어가 다른 주체에 의해 동작이나 행위를 당하는 것을 피동이라 한다. 그리고 능동이 표현된 문장은 능동문, 피동이 표현된 문장은 피동문이라고 한다.

피동문을 형성하는 방법에는 여러 가지가 있다. 우선 용언 어간에 피동 접미사 '-이-', '-히-', '-리-', '-기-'를 결합하여 새로운 피동사를 파생하는 방법이 있다. 다음으로 연결 어미를 이용하여 구성된 '-아/어지다', '-게 되다'를 어간에 결합하는 방법이나 일부 명사 뒤에 '-되다'를 붙이는 방법도 있다. 이러한 문법 요소를 활용하여 피동의 의미를 나타내는 것을 피동 표현이라고 한다.

피동 표현을 사용하여 능동문을 피동문으로 만들면, 일반적으로 능동문의 목적어는 피동문의 주어가 되고 능동문의 주어는 피동문의 부사어가 된다. 그런데 피동문에 대응하는 능동문을 상정하기 어려운 경우도 있다. 가령 '날씨가 풀렸다.'라는 문장은 피동문의 서술어가 동작이나 행위가 아니라 자연적인 상태 변화를 나타낸다. 따라서 '(누가) 날씨를 풀었다.'처럼 행위의 주체를 설정하기 어렵기 때문에 능동문으로 만들면 어색하게 느껴지는 것이다.

피동 표현은 행위의 대상에 초점을 맞추어 표현하기에 행위의 주체가 강조되지 않는다. 따라서 행위의 주체를 모르거나 설정하기 어려울 때, 행위의 주체를 의도적으로 숨기고자 할 때, 객관적인 느낌을 주고자 할 때 등에 사용한다. 한편, 피동의 문법 요소를 두 번 결합한 이중 피동을 사용하는 경우도 있다. 이는 어색한 표현인 경우가 많으므로 주의해야 한다.

833

윗글을 통해 알 수 있는 내용으로 적절하지 <u>않은</u> 것은?

① 피동 표현을 사용하면 행위의 대상보다 행위의 주체가 강조된다.

② 객관적인 느낌을 전달하려는 의도로 피동 표현을 사용할 수 있다.

③ 주어가 다른 주체에 의해 어떤 행위를 당하는 것을 피동이라 한다.

④ 행위의 주체를 모르거나 설정하기 어려울 때 피동 표현을 사용할 수 있다.

⑤ 피동 접미사 이외의 문법 요소를 활용하여 피동의 의미를 나타낼 수 있다.

834

윗글을 바탕으로 <보기>를 탐구한 결과로 적절하지 <u>않은</u> 것은? [3점]

> **보 기**
>
> ㄱ. 아버지가 아들을 안았다. → 아들이 아버지에게 안겼다.
> ㄴ. 조사 결과 화재의 원인은 누전으로 파악됩니다.
> ㄷ. 더위가 꺾였다. → (누가) 더위를 꺾었다.
> ㄹ. 이번 패배는 그의 실책으로 보여진다.

① ㄱ에서는 능동문을 피동문으로 바꿀 때 능동문의 주어가 피동문의 부사어가 되었군.

② ㄴ에서는 명사 뒤에 '-되다'를 결합하여 피동의 의미를 표현했군.

③ ㄷ에서는 서술어가 자연적인 상태의 변화를 나타내어 피동문에 대응하는 능동문을 상정하기 힘들군.

④ ㄹ에서는 피동 접미사가 두 번 결합한 이중 피동이 쓰였군.

⑤ ㄱ과 ㄷ에서는 모두 피동 접미사로 피동의 의미를 표현했군.

[2016년 수능 14-15번]
[835-836] 다음 글을 읽고 물음에 답하시오.

국어에서 동사나 형용사에 붙어 새로운 단어를 형성하는 접미사는 다양한 문법적 특징을 지니고 있다. 그 특징은 다음과 같다.

첫째로, 접미사는 동사나 형용사에 붙어 새로운 어간을 형성한다. 예를 들면, '녹다'의 어근 '녹-'에 접미사 '-이-'가 붙어 새로운 어간 '녹이-'가 형성된다. 이렇게 만들어진 '녹이다'의 어간 '녹이-'는 '녹다'의 어간 '녹-'과 구별된다. 둘째로, 접미사는 동사나 형용사의 어근에 붙어 품사를 바꾸기도 한다. 예를 들면, 명사 '먹이'나 '넓이'는 각각 동사와 형용사의 어근에 접미사 '-이'가 붙어 형성된 단어이다. 이때 '먹이'와 '넓이'의 '먹-'과 '넓-'은 서술어로 기능하지 못한다. 셋째로, ㉠접미사는 동사나 형용사에 붙어 사동의 의미를 더하기도 한다. 예를 들면, 동사 '익다'와 '먹다'의 어근에 각각 접미사 '-히-'와 '-이-'가 붙어 형성된 '익히다'와 '먹이다'는 '고기를 익히다.'와 '아이에게 밥을 먹이다.'에서와 같이 사동의 의미를 가진다. 넷째로, ㉡접미사는 타동사에 붙어 피동의 의미를 더하기도 한다. 예를 들면, '안다'의 어근 '안-'에 접미사 '-기-'가 붙어 형성된 '안기다'는 '아기가 엄마한테 안기다.'와 같이 피동의 의미를 가진다. 이때 피동을 나타내는 접미사는 '눕다', '식다'와 같은 자동사에는 결합하지 않는다.

한편, 하나의 접미사가 모든 동사나 형용사에 자유롭게 결합하는 것은 아니다. 예를 들면, 접미사 '-히-'는 '읽다'의 어근 '읽-'에 붙어 '읽히다'를 만들 수 있지만, '살다'의 어근 '살-'에는 붙지 못한다. 어근 '살-'에는 접미사 '-리-'가 붙어 '살리다'가 형성된다. 또한 어근과 접미사 사이에는 다른 형태소가 끼어들 수 없다. 가령, 어근 '읽-'과 접미사 '-히-' 사이에 '-시-'와 같은 선어말 어미가 끼어든 '읽시히-'와 같은 것은 만들어지지 않는다.

835

윗글을 바탕으로 <보기>의 ⓐ~ⓔ를 이해한 내용으로 적절한 것은?

> **보 기**
>
> ⓐ 달콤한 휴식을 위해 시간을 <u>비워</u> 놓았다.
> ⓑ 아주 <u>높이</u> 나는 새라야 멀리 볼 수 있다.
> ⓒ 마을 앞 공터를 <u>놀이</u> 공간으로 조성했다.
> ⓓ 멀리서 찾아온 손님을 위해 차를 <u>끓였다</u>.
> ⓔ 할아버지께서는 오늘 일찍 <u>오시기</u> 힘들다.

① ⓐ에서 '비워'의 어간은 '시간이 빈다.'에서 '비다'의 어간과 같다.
② ⓑ에서 '높이'는 형용사 '높다'의 어근 '높-'에 접미사 '-이'가 붙어 형성된 명사이다.
③ ⓒ에서 '놀이'는 명사이므로 '놀이' 속의 '놀-'은 서술어로 기능하지 못한다.
④ ⓓ에서 '끓였다'의 어근에 붙은 접미사 '-이-'는 모든 동사에 자유롭게 결합한다.
⑤ ⓔ에서 '오시기'는 '오-'와 '-기' 사이에 다른 형태소가 끼어든 것이므로 명사이다.

836

밑줄 친 ㉠, ㉡에 해당하는 예로 적절한 것은?

①
㉠ : 형이 동생을 <u>울렸다</u>.
㉡ : 그는 지구본을 <u>돌렸다</u>.

②
㉠ : 이제야 마음이 <u>놓인다</u>.
㉡ : 우리는 용돈을 <u>남겼다</u>.

③
㉠ : 공책이 가방에 <u>눌렸다</u>.
㉡ : 옷이 못에 걸려 <u>찢겼다</u>.

④
㉠ : 바위 뒤에 동생을 <u>숨겼다</u>.
㉡ : 피곤해서 눈이 자꾸 <u>감겼다</u>.

⑤
㉠ : 나는 종이비행기를 하늘로 <u>날렸다</u>.
㉡ : 그는 소년에게 중요한 임무를 <u>맡겼다</u>.

[2017년 10월 고3 학평 14-15번]

[837-838] 다음 글을 읽고 물음에 답하시오.

현대 국어에서 사동 표현은 주동문의 동사나 형용사 어근에 사동 접미사 '-이-, -히-, -리-, -기-, -우-, -구-, -추-'가 붙거나, '-게 하다'에 의해 만들어진다.

서술어가 형용사나 자동사인 주동문을 사동문으로 바꿀 때, 주동문의 주어가 사동문의 목적어가 되며 사동문의 주어가 새로 도입된다. 이는 주동문 (ㄱ)과 사동문 (ㄴ)을 살펴보면 알 수 있는데, 서술어의 자릿수에도 변화가 일어난다.

(ㄱ) 얼음이 녹는다.
(ㄴ) 아이들이 얼음을 녹인다.

한편 서술어가 타동사인 주동문을 사동문으로 바꿀 때, 주동문의 주어는 사동문의 부사어가 되고 주동문의 목적어는 그대로 사동문의 목적어가 되며 사동문의 주어가 새로 도입된다. 이는 주동문 (ㄷ)과 사동문 (ㄹ)을 살펴보면 알 수 있는데, 서술어의 자릿수에도 변화가 일어난다.

(ㄷ) 영희가 책을 읽었다.
(ㄹ) 선생님께서 영희에게 책을 읽히셨다.

한편 주동문의 동사나 형용사 어근에 사동 접미사가 붙은 사동사에 의한 사동을 단형 사동이라 하고, '-게 하다'에 의한 사동을 장형 사동이라 한다. 사동을 일으키는 주체가 사동 행위를 받는 대상의 행위에 함께 참여하는 의미를 표현하는 경우를 직접 사동이라 하고 그렇지 않은 경우를 간접 사동이라 하는데, 단형 사동은 맥락에 따라 직접 사동과 간접 사동의 두 가지 의미를 모두 표현할 수 있으나 장형 사동은 간접 사동의 해석만을 허용한다.

15세기 국어에서 사동 범주는 주동문의 동사나 형용사 어근에 사동 접미사 '-이-, -히-, -기-, -오-/-우-, -호-/-후-, -ᄋ-/-으-'가 붙어서 만들어지거나 현대 국어의 '-게 하다'에 해당하는 '-게 ᄒ다'에 의해 만들어졌다.

837 

윗글을 바탕으로 <보기>의 ㉠~㉣을 탐구한 내용으로 적절하지 **않은** 것은?

> **보 기**
>
> ㉠ 얼음 위에서 팽이가 돈다.
> ㉡ 지원이가 그 일을 맡았다.
> ㉢ 엄마가 아이에게 우유를 먹였다.
> ㉣ 엄마가 아이에게 우유를 먹게 하였다.

① ㉠을 '아이들이'를 주어로 삼는 단형 사동문으로 바꿀 때, ㉠의 주어는 목적어로 바뀔 것이다.
② ㉠을 '아이들이'를 주어로 삼는 단형 사동문으로 바꿀 때, 서술어의 자릿수가 한 자리에서 두 자리로 바뀔 것이다.
③ ㉡을 '선생님께서'를 주어로 삼는 단형 사동문으로 바꿀 때, ㉡의 주어는 부사어로 바뀔 것이다.
④ ㉡을 '선생님께서'를 주어로 삼는 단형 사동문으로 바꿀 때, 서술어의 자릿수가 두 자리에서 세 자리로 바뀔 것이다.
⑤ ㉣은 ㉢과 달리 직접 사동과 간접 사동의 의미 모두로 해석될 수 있을 것이다.

838 

윗글을 바탕으로 <보기>의 ㉠~㉤을 이해한 내용으로 적절하지 **않은** 것은? [3점]

> **보 기**
>
> ○ **[15세기 국어]** ᄀᆞᄅᆞ매 비 업거늘 ㉠얼우시고
> **[현대 국어]** 강에 배가 없으므로 (강물을) 얼리시고
>
> ○ **[15세기 국어]** 묵수믈 ㉡일케 ᄒ야뇨
> **[현대 국어]** 목숨을 잃게 하였는가
>
> ○ **[15세기 국어]** 比됴란 노피 ㉢안치시고
> **[현대 국어]** 비구는 높이 앉히시고
>
> ○ **[15세기 국어]** 나랏 小民을 ㉣사ᄅᆞ시리잇가
> **[현대 국어]** 나라의 백성들을 살리시겠습니까
>
> ○ **[15세기 국어]** 투구 아니 ㉤밧기시면
> **[현대 국어]** 투구를 아니 벗기시면

① ㉠은 동일한 어근에 결합하는 사동 접미사가 15세기 국어와 현대 국어에서 다른 경우가 있음을 보여 주는군.
② ㉡은 현대 국어의 '-게 하다'에 해당하는 15세기 국어의 '-게 ᄒ다'가 쓰인 모습을 보여 주는군.
③ ㉢은 15세기 국어에서 어근과 사동 접미사가 결합된 형태를 소리 나는 대로 적었다는 점에서 현대 국어와는 다른 양상을 보여 주는군.
④ ㉣은 현대 국어에서 쓰이지 않는 사동 접미사가 15세기 국어에서 쓰인 양상을 보여 주는군.
⑤ ㉤은 15세기 국어와 현대 국어에서 어근 형태가 달라짐에 따라 어근에 결합하는 사동 접미사가 달라진 양상을 보여 주는군.

[839-840] 다음 글을 읽고 물음에 답하시오.

> 하나의 언어 표현이 둘 이상의 의미를 나타내는 현상을 '중의성'이라고 하는데, 일반적으로 (1)~(3)과 같이 세 가지 양상으로 나눌 수 있다.
>
> (1) ㄱ. 손이 크다.
> 　　ㄴ. 차를 사다.
> (2) ㄱ. 예쁜 민지의 목소리가 들린다.
> 　　ㄴ. 나는 철수와 영희를 달렸다.
> 　　ㄷ. 아버지는 어머니보다 강을 더 좋아한다.
> (3) ㄱ. 나는 어제 그녀를 만나지 않았다.
> 　　ㄴ. 포수 세 명이 사슴 한 마리를 잡았다.

첫째, '어휘적 중의성'은 문장에 사용되는 어휘의 특성에 따라 문장이 중의적으로 해석되는 것으로, '다의어'나 '동음이의어'를 통해서 실현된다. (1ㄱ)은 '손'이 '신체 부위'나 '씀씀이'와 같이 둘 이상의 의미로 해석될 수 있기 때문에 '다의어'에 따른 중의성에 해당한다. (1ㄴ)의 '차'는 '엔진이 달린 탈것[車]'이라는 의미로도 해석되고, 녹차나 홍차와 같이 '마시는 음료[茶]'로도 해석된다. 따라서 (1ㄴ)은 소리는 같으나 뜻이 다른 '동음이의어'에 따른 중의성이 나타난 경우에 해당한다.

둘째, '구조적 중의성'은 어떤 문장이 둘 이상의 통사적 관계를 가진 문장 구조로 분석되어 중의적으로 해석되는 것으로, '수식 관계', '접속 구문', '비교 구문' 등을 통해서 실현된다. (2ㄱ)은 '수식 관계'에 따라 중의성이 생기는 경우로, '예쁜'이 '민지'를 수식할 수도 있고 '목소리'를 수식할 수도 있기 때문에 중의성이 생긴다. (2ㄴ)은 '접속 구문'에 따라 중의성이 생기는 경우이다. 내가 '철수와 영희' 둘 다 달렸다는 의미로도 해석되지만, 내가 철수와 함께 '영희'를 달렸다는 의미로도 해석되기 때문에 중의성이 생긴다. (2ㄷ)은 '비교 구문'에 따라 중의성이 생기는 경우이다. 행위의 주체인 '아버지와 어머니'가 강을 놓고 그 선호도를 비교했다는 의미로 볼 수도 있고, 아버지가 행위의 대상인 '어머니와 강'을 놓고 그 선호도를 비교했다는 의미로 볼 수도 있기 때문에 중의성이 생긴다.

셋째, '작용역*의 중의성'은 하나의 문장에서 나타나는 작용역이 다르게 해석됨에 따라 발생하는 것으로, '부정 표현', '수량 표현' 등을 통해서 실현된다. (3ㄱ)은 '부정 표현'에 따라 중의성이 생기는 경우이다. '않았다'가 부정하는 것이 '나'인지, '어제'인지, '그녀'인지, '만나다'인지 불분명하기 때문에 중의적 표현이 되었다. (3ㄴ)은 '수량 표현'에 따라 중의성이 생기는 경우이다. 즉, 포수 세 명이 합쳐서 사슴 한 마리를 잡았다는 의미도 될 수 있고, 포수 세 명 각자가 사슴 한 마리씩을 잡았다는 의미도 될 수 있다. 이와 같은 중의적 표현은 광고나 유머 등에서 표현 효과를 위해 의도적으로 사용하는 경우가 있다. 하지만 일반적으로 중의적 표현은 의사소통에 방해가 되기 때문에 중의성을 띠지 않도록 표현하는 것이 바람직하다. 쉼표를 사용하거나, 어순, 단어, 조사 등을 바꾸거나, 단어나 조사를 추가하면 중의성이 해소될 수 있다.

* 작용역 : 어떠한 단어의 의미가 다른 단어의 의미에 영향을 미치는 범위

839

윗글을 읽고 알 수 있는 내용이 <u>아닌</u> 것은?

① 표현 의도에 따라 중의적 표현을 사용하는 경우도 있다.
② 동음이의어에 따른 중의성은 한자어 표기를 병행하여 해결할 수 있다.
③ 둘 이상의 수식어가 하나의 피수식어를 수식할 때 구조적 중의성이 발생한다.
④ 수량 표현이 영향을 미치는 범위가 둘 이상이 되면 작용역의 중의성이 나타날 수 있다.
⑤ 비교 구문에서 특정 부분이 행위의 주체도 될 수 있고 행위의 대상도 될 수 있을 때 중의성이 발생한다.

840

윗글을 바탕으로 할 때, <보기>의 ㉠~㉤에 들어갈 내용으로 적절하지 <u>않은</u> 것은?

보 기

중의적인 문장	해소 방법	고친 문장
길이 없다.	단어 바꾸기	㉠
착한 주희의 동생을 만났다.	어순 바꾸기	㉡
나는 영호와 민주를 보았다.	쉼표의 사용	㉢
회원들이 다 오지 않았다.	조사의 추가	㉣
학생들이 컴퓨터 한 대를 사용한다.	단어의 추가	㉤

① ㉠ : 도로가 없다.
② ㉡ : 주희의 착한 동생을 만났다.
③ ㉢ : 나는, 영호와 민주를 보았다.
④ ㉣ : 회원들이 다는 오지 않았다.
⑤ ㉤ : 모든 학생들이 컴퓨터 한 대를 사용한다.

[2021년 3월 고1 학평 11-12번]

[841-842] 다음을 읽고 물음에 답하시오.

> 모음은 크게 두 부류로 나눌 수 있다. 발음할 때 입술 모양이나 혀의 위치가 변하지 않는 모음을 '단모음'이라 한다. '표준어 규정'은 원칙적으로 'ㅏ, ㅐ, ㅓ, ㅔ, ㅗ, ㅚ, ㅜ, ㅟ, ㅡ, ㅣ'를 단모음으로 발음할 것을 규정하고 있다.
>
> 입술 모양이나 혀의 위치가 발음 도중에 변하는 모음은 '이중 모음'이라 하는데, 이중 모음은 홀로 쓰일 수 없는 소리인 '반모음'이 단모음과 결합한 모음이다. 예를 들어 이중 모음인 'ㅑ'의 발음은, 'ㅣ'를 짧게 발음하는 것과 유사한 소리인 반모음 '[j]' 뒤에서 'ㅏ'가 결합한 소리이다. 'ㅑ'와 마찬가지로 'ㅒ, ㅕ, ㅖ, ㅛ, ㅠ, ㅢ'의 발음은, 각각 반모음 '[j]'와 단모음 'ㅐ, ㅓ, ㅔ, ㅗ, ㅜ, ㅡ'가 결합한 소리이다. 'ㅗ'나 'ㅜ'를 짧게 발음하는 것과 유사한 반모음 '[w]'도 있는데 'ㅘ, ㅙ, ㅝ, ㅞ'의 발음은 각각 반모음 '[w]'와 단모음 'ㅏ, ㅐ, ㅓ, ㅔ'가 결합한 소리이다. 반모음이 단모음 뒤에서 결합한 소리인 'ㅢ'를 제외하고, 이중 모음의 발음은 모두 반모음이 단모음 앞에서 결합한 소리이다.
>
> 'ㅚ'와 'ㅟ'는 단모음으로 발음하는 것이 원칙이지만 현실에서 이중 모음으로 발음하는 경우가 많다. 'ㅚ'를 이중 모음으로 발음할 경우에는 반모음 '[w]'와 'ㅔ' 소리를 연속하여 발음하며, 'ㅟ'를 이중 모음으로 발음할 경우에는 반모음 '[w]'와 'ㅣ' 소리를 연속하여 발음한다. '표준어 규정'에서도 현실 발음을 고려하여 이와 같이 'ㅚ'와 'ㅟ'를 이중 모음으로 발음하는 것을 허용하고 있다.

841

윗글에 대한 이해로 적절하지 <u>않은</u> 것은?

① 'ㅠ'는 발음할 때 입술 모양이나 혀의 위치가 변한다.
② 'ㅐ'는 발음할 때 입술 모양이나 혀의 위치가 변하지 않는다.
③ 'ㅖ'의 발음은 반모음 '[j]' 뒤에서 단모음 'ㅔ'가 결합한 소리이다.
④ 'ㅘ'의 발음은 단모음 'ㅗ' 뒤에서 반모음 '[j]'가 결합한 소리이다.
⑤ 반모음 '[w]'는 홀로 쓰일 수 없고 단모음과 결합하여 이중 모음을 이룬다.

842

<보기>는 학생들의 대화이다. 윗글을 바탕으로 할 때 <보기>의 ㉠, ㉡에 들어갈 내용으로 적절한 것은? [3점]

> **보 기**
>
> **학생 1** : '표준어 규정'에 따르면 'ㅚ'는 단모음으로 발음하는 것이 원칙이지만 이중 모음으로 발음하는 것도 허용하더라고. 그러면 '참외'는 [차뫼]로 발음하는 것이 원칙이지만, ___㉠___로 발음하는 것도 허용한다고 할 수 있겠어.
>
> **학생 2** : 그래, 맞아. '표준어 규정'에서는 'ㅟ'도 이중 모음으로 발음하는 것을 허용하고 있어. 이에 따른 'ㅟ'의 이중 모음 발음은 'ㅑ, ㅒ, ㅕ, ㅖ, ㅘ, ㅙ, ㅛ, ㅝ, ㅞ, ㅠ, ㅢ'의 발음 중에 ___㉡___.

	㉠	㉡
①	[차뭬]	포함되어 있지 않아
②	[차뭬]	'ㅢ' 소리에 해당해
③	[차뫠]	'ㅝ' 소리에 해당해
④	[차메]	포함되어 있지 않아
⑤	[차메]	'ㅢ' 소리에 해당해

[2022년 6월 고3 모평 35-36번]

[843-844] 다음 글을 읽고 물음에 답하시오.

음운은 단어의 뜻을 변별하는 데 사용되는 소리로 언어마다 차이가 있다. 예컨대 국어에서는 음운으로서 'ㅅ'과 'ㅆ'을 구분하지만 영어에서는 구분하지 않는다. 음운이 실제로 발음되기 위해서는 발음의 최소 단위인 음절을 이뤄야 하는데 음절의 구조도 언어마다 다르다. 국어는 한 음절 내에서 모음 앞이나 뒤에 각각 최대 하나의 자음을 둘 수 있지만 영어는 'spring[spriŋ]'처럼 한 음절 내에서 자음군이 형성될 수 있다.

음운은 그 자체로는 뜻이 없다. 음운이 하나 이상 모여 뜻을 가지면 의미의 최소 단위인 형태소가 된다. 그리고 우리는 이러한 형태소를 결합하여 단어를 만들고 말을 한다. 이때 ㉠형태소와 형태소가 만나는 경계에서 음운이 다양하게 배열되고 발음이 결정되는데, 여기에 음운 규칙이 관여한다. 예컨대 국어에서는 '국물[궁물]'처럼 '파열음 - 비음' 순의 음운 배열이 만들어지면, 파열음은 동일 조음 위치의 비음으로 교체된다. 그런데 이런 음운 규칙도 모든 언어에 적용되는 것은 아니어서 영어에서는 'nickname[nikneim]'처럼 '파열음(k) - 비음(n)'이 배열되어도 비음화가 일어나지 않는다.

이러한 음운, 음절 구조, 음운 규칙은 말을 할 때뿐만 아니라 말을 들을 때도 작동한다. 이들은 말을 할 때는 발음을 할 수 있게 만드는 재료, 구조, 방법이 되고, 말을 들을 때는 말소리를 분류하고 인식하는 틀이 된다. 예컨대 '국'과 '밥'이 결합한 '국밥'은 된소리되기가 적용되어 늘 [국빱]으로 발음되지만, 우리는 이것을 '빱'이 아니라 '밥'과 관련된 것으로 인식한다. 그 이유는 [국빱]을 들을 때 된소리되기가 인식의 틀로 작동하여 된소리되기 이전의 음운 배열인 '국밥'으로 복원되기 때문이다. 더불어 외국어를 듣는 상황을 생각해 보자. 국어의 음절 구조와 맞지 않는 소리를 듣는다면 국어의 음절 구조에 맞게 바꾸고, 국어에 없는 소리를 듣는다면 국어에서 가장 가까운 음운으로 바꾸어 인식하게 된다. 영어 단어 'bus'를 우리말 음절 구조에 맞게 2음절로 바꾸고, 'b'를 'ㅂ' 또는 'ㅃ'으로 바꾸어 [버쓰]나 [뻐쓰]로 인식하는 것이 그 예이다.

843

윗글을 통해 추론한 내용으로 적절하지 <u>않은</u> 것은?

① 국어 음절 구조의 특징을 고려하면 '몫[목]'의 발음에서 음운이 탈락하는 것을 이해할 수 있겠군.

② 국어 음운 'ㄹ'은 그 자체에는 뜻이 없지만, '갈 곳'의 'ㄹ'은 어미로 쓰이고 있으므로 뜻을 가진 최소 단위가 되겠군.

③ 국어에서 '밥만 있어'의 '밥만[밤만]'을 듣고 '밤만'으로 알았다면 그 과정에서 비음화 규칙이 인식의 틀로 작동했겠군.

④ 영어의 'spring'이 국어에서 3음절 '스프링'으로 인식되는 것은 국어 음절 구조 인식의 틀이 제대로 작동한 결과이겠군.

⑤ 영어의 'vocal'이 국어에서 '보컬'로 인식되는 것은 영어 'v'와 가장 비슷한 국어 음운이 'ㅂ'이기 때문이겠군.

844

㉠의 위치에서 음운 변동이 일어난 예만을 <보기>에서 고른 것은?

보 기

ⓐ 앞일[암닐]　ⓑ 장미꽃[장미꼳]　ⓒ 넣고[너코]
ⓓ 걱정[걱쩡]　ⓔ 굳이[구지]

① ⓐ, ⓑ, ⓒ　② ⓐ, ⓒ, ⓔ　③ ⓐ, ⓓ, ⓔ
④ ⓑ, ⓒ, ⓓ　⑤ ⓑ, ⓓ, ⓔ

[2018년 3월 고1 학평 11-12번]

[845-846] 다음 글을 읽고 물음에 답하시오.

음운의 동화는 인접한 두 음운 중 어느 한쪽 또는 양쪽이 서로 비슷하거나 같은 소리로 바뀌는 현상이다. 국어의 대표적인 동화에는 비음화, 유음화, 구개음화가 있다.

비음화는 비음이 아닌 'ㅂ, ㄷ, ㄱ'이 비음 'ㅁ, ㄴ' 앞에서 비음 'ㅁ, ㄴ, ㅇ'으로 바뀌어 소리 나는 현상이다. 예를 들어 '국민'이 [궁민]으로 발음되는 것은 비음화에 해당한다. 유음화는 비음 'ㄴ'이 유음 'ㄹ'의 앞이나 뒤에서 유음 'ㄹ'로 발음되는 현상이다. 유음화의 예로는 '칼날[칼랄]'이 있다. ㉠<u>아래의 자음 체계표</u>를 보면, 비음화와 유음화는 그 결과로 인접한 두 음운의 조음 방식이 같아진다는 것을 알 수 있다.

조음 위치 조음 방식	입술 소리	잇몸 소리	센입천장 소리	여린입천장 소리
파열음	ㅂ, ㅍ	ㄷ, ㅌ		ㄱ, ㅋ
파찰음			ㅈ, ㅊ	
비음	ㅁ	ㄴ		ㅇ
유음		ㄹ		

구개음화는 끝소리 'ㄷ, ㅌ'이 모음 'ㅣ'로 시작되는 조사나 접미사 앞에서 구개음 'ㅈ, ㅊ'으로 발음되는 현상이다. 가령 '해돋이'가 [해도지]로 발음되는 것이 이에 해당한다. 이는 동화 결과로 조음 위치와 조음 방식이 모두 바뀌는 현상이다. 아래 그림을 보면 '해돋이'가 [해도디]가 아닌 [해도지]로 소리 나는 이유를 알 수 있다. [1]과 [2]에서 보듯이, 'ㄷ'과 'ㅣ'를 발음할 때의 혀의 위치가 달라 '디'를 발음할 때는 혀가 잇몸에서 입천장 쪽으로 많이 움직여야 한다. 그러나 [2]와 [3]을 보면, 'ㅈ'과 'ㅣ'를 발음할 때의 혀의 위치가 비슷하기 때문에 '지'를 발음할 때는 혀를 거의 움직이지 않아도 된다.

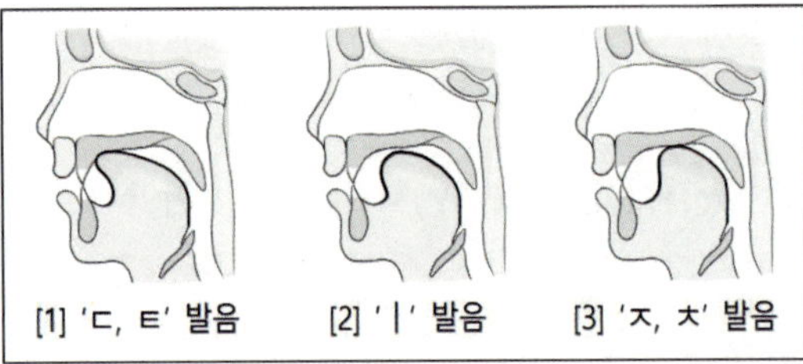

비음화, 유음화, 구개음화는 동화 결과 인접한 두 음운의 성격이 비슷하거나 같은 소리로 바뀐다는 점에서 유사하다. 이처럼 성격이 비슷하거나 같은 소리가 연속되면 발음할 때 힘이 덜 들게 되므로 발음의 경제성이 높아진다.

845

윗글의 내용에 대한 이해로 적절하지 <u>않은</u> 것은?

① 음운의 동화는 인접한 두 음운이 비슷하거나 같은 소리로 바뀌는 현상이다.

② 음운의 동화로 조음 위치나 조음 방식이 바뀌면 발음의 경제성이 높아진다.

③ 구개음화와 달리 비음화와 유음화가 일어나는 인접한 두 음운은 모두 자음이다.

④ 구개음화는 자음으로 시작되는 조사나 접미사 앞에서는 일어나지 않는다.

⑤ 구개음화는 동화의 결과로 자음과 모음의 소리가 모두 바뀌는 현상이다.

846

㉠을 참고할 때, <보기>의 a~c에서 일어난 음운 동화에 대한 설명으로 적절한 것은?

보 기

a. 밥물 [밤물]   b. 신라 [실라]
c. 굳이 [구지]

① a : 비음화의 예로, 조음 방식만 바뀐 것이다.

② a : 유음화의 예로, 조음 방식만 바뀐 것이다.

③ b : 비음화의 예로, 조음 위치만 바뀐 것이다.

④ b : 유음화의 예로, 조음 위치만 바뀐 것이다.

⑤ c : 구개음화의 예로, 조음 방식만 바뀐 것이다.

[2020년 9월 고1 학평 11-12번]

[847-848] 다음 글을 읽고 물음에 답하시오.

(가) ○○고등학교 국어 자료실 게시판

> **붇고 답하기**
>
> **질문** '국'은 [국]으로 발음하는데, 왜 '국물'은 [궁물]로 발음하나요?
>
> ↳ **답변** '국물'은 비음화가 일어난 경우입니다. '국물'의 받침 'ㄱ'이 비음 'ㅁ' 앞에서 비음 'ㅇ'으로 바뀌어 [궁물]로 발음됩니다.

(나)

우리말에는 (가)의 사례처럼 한 음운이 일정한 환경에 따라 다르게 발음되는 경우가 있다. 이런 현상을 '음운 변동'이라고 하며 비음화, 거센소리되기, 모음 탈락 등이 이에 해당한다.

비음화는 비음이 아닌 'ㄱ, ㄷ, ㅂ'이 뒤에 오는 비음 'ㄴ, ㅁ'의 영향을 받아 각각 비음인 'ㅇ, ㄴ, ㅁ'으로 바뀌어 발음되는 현상을 말한다. 이것은 한 음운이 다른 음운의 영향을 받아 비슷하거나 같은 소리로 바뀌는 원리로, '밥만', '닫는'도 각각 [밤만], [단는]으로 발음된다. 또한 '담력[담ː녁]', '종로[종노]'처럼 'ㄹ'이 비음 'ㅁ, ㅇ' 뒤에서 비음 'ㄴ'으로 바뀌어 발음되는 것도 비음화이다.

거센소리되기는 'ㄱ, ㄷ, ㅂ, ㅈ'이 'ㅎ'과 합쳐져 거센소리인 'ㅋ, ㅌ, ㅍ, ㅊ'으로 발음되는 현상을 말한다. 예로 '축하'는 'ㄱ'과 'ㅎ'이 합쳐져서 하나의 음운인 'ㅋ'이 되어 [추카]로 발음되며, 음운의 개수도 5개에서 4개로 줄어든다.

모음 탈락은 두 모음이 이어질 때 그중 한 모음이 탈락하는 현상을 말한다. '가-+-아서'가 '가서[가서]'가 되거나 '담그-+-아'가 '담가[담가]'가 되는 경우가 그 예이다.

그리고 우리말에서 음절의 끝에서 발음되는 자음은 'ㄱ, ㄴ, ㄷ, ㄹ, ㅁ, ㅂ, ㅇ'뿐이므로 그 이외의 자음이 음절의 끝에 오면 앞에 제시된 자음 중 하나로 발음하게 되는데, 이것도 음운 변동 현상에 해당한다. '부엌[부억]', '옷[옫]'이 그 예이다.

한편 음운 변동은 한 단어 안에서 한 번만 일어나기도 하고, ㉠여러 차례 일어나기도 한다. 예를 들어 '앞마당'은 먼저 음절 끝의 자음 'ㅍ'이 'ㅂ'으로 바뀐 후 비음화가 일어나 [암마당]으로 발음된다.

847

<보기>는 윗글을 바탕으로 탐구한 자료이다. ⓐ, ⓑ에 들어갈 단어를 바르게 짝지은 것은? [3점]

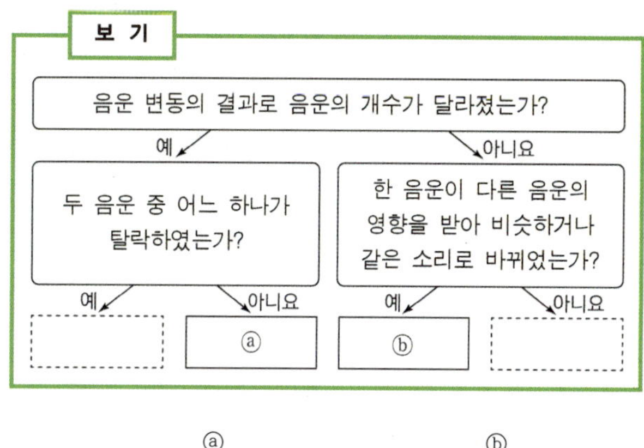

	ⓐ	ⓑ
①	창밖[창박]	능력[능녁]
②	놓다[노타]	다섯[다섣]
③	맏형[마텽]	식물[싱물]
④	쓰-+-어→써[써]	법학[버팍]
⑤	타-+-아라→타라[타라]	집념[짐념]

848

밑줄 친 단어 중 ㉠에 해당하는 예로 적절한 것은?

① 그는 자신의 뜻을 굽히지[구피지] 않았다.

② 올 가을에는 작년[장년]보다 단풍이 일찍 물들었다.

③ 미리 준비하지 않고[안코] 이제야 허둥지둥하는구나.

④ 우리 집 정원에는 개나리, 장미꽃[장미꼳] 등이 있다.

⑤ 물감을 섞는[성는] 방법에 따라 표현 효과가 달라진다.

Part 07 문법 비문학 – 핵심 기출 문제

[2020년 11월 고1 학평 11-12번]

[849-850] 다음은 수업 장면의 일부이다. 물음에 답하시오.

> 선생님 : 음운 변동은 음운이 일정한 환경에 따라 다르게 발음되는 현상입니다. 음운의 변동에는 한 음운이 다른 음운으로 바뀌는 교체, 두 음운이 하나의 음운으로 줄어드는 축약, 두 음운 중에서 어느 하나가 없어지는 탈락, 두 음운 사이에 음운이 덧붙는 첨가 등이 있습니다. 예를 들어 '여덟'은 [여덜]로 발음되는데 겹받침 중 'ㅂ'이 탈락되어 음운의 개수가 줄어든 것입니다. 또한 '솜이불'은 [솜ː니불]로 발음되는데 'ㄴ'이 첨가되어 음운의 개수가 늘어난 것입니다. [A]
>
> 학생 : 그런데 저는 '너는 나보다 키가 커서 좋겠다.'라는 문장의'커서'에서 'ㅡ'가 탈락되었다는 것을 찾기가 어려웠어요. 음운 변동 결과가 표기에 반영되었기 때문이겠죠?
>
> 선생님 : 맞아요. 그러면 음운 변동이 표기에 반영되는 경우와 표기에 반영되지 않는 경우를 용언의 활용을 예로 들어 알아봅시다. 용언 어간 끝의 모음 'ㅏ, ㅓ'가 '-아/-어'로 시작하는 어미와 결합할 때 모음 'ㅏ, ㅓ'가 탈락하는 경우, 용언 어간 끝의 모음 'ㅡ'가 '-아/-어'로 시작하는 어미와 결합하여 탈락하는 경우, 어간의 끝소리 'ㄹ'이 몇몇 어미 앞에서 탈락하는 경우는 음운 변동 결과를 표기에 반영합니다. 하지만 어간의 끝소리 'ㄴ, ㅁ' 뒤에서 어미의 첫소리가 된소리로 교체되는 경우, 어간의 끝소리 'ㅎ'이 모음으로 시작하는 어미 앞에서 탈락되는 경우는 음운 변동 결과를 표기에 반영하지 않습니다. 가령 앞에서 말한 '커서'의 경우는 음운 변동의 결과가 표기에 반영된 것이고, '낳은'을 '나은'으로 표기하지 않는 것은 음운 변동의 결과가 표기에 반영되지 않은 것입니다.
>
> 학생 : 아, 그럼 음운 변동 결과가 ㉠표기에 반영된 경우와 ㉡표기에 반영되지 않은 경우를 찾아볼게요.

849

[A]를 바탕으로 음운 변동을 이해한 내용으로 적절한 것은?

	사례	음운 변동	음운의 개수 변화
①	풀잎[풀립]	축약, 첨가	늘어남
②	흙화덕[흐콰덕]	교체, 탈락	줄어듦
③	맞춤옷[맏추몯]	축약, 탈락	줄어듦
④	옛이야기 [옌ː니야기]	교체, 첨가	늘어남
⑤	달맞이꽃 [달마지꼳]	교체, 축약	줄어듦

850

㉠, ㉡에 해당하는 예로 적절하지 <u>않은</u> 것은? [3점]

① ㉠ : 관객이 많으니 미리 줄을 <u>서라</u>.
  ㉡ : 돌아오는 기차표는 네 것만 <u>끊어라</u>.

② ㉠ : 눈을 <u>떠</u> 보니 다음날 아침이었다.
  ㉡ : 네가 집에 빨리 <u>가서</u> 아쉬웠다.

③ ㉠ : 체육 시간에는 교실 불을 <u>꺼</u> 두자.
  ㉡ : 오늘은 새 신발을 <u>신고</u> 학교에 가자.

④ ㉠ : 지금 <u>마는</u> 김밥은 어머니께 드릴 점심이다.
  ㉡ : 독서로 <u>쌓은</u> 지식은 삶의 자양분이 될 것이다.

⑤ ㉠ : 아버지 대신 빨래를 <u>너는</u> 모습이 보기 좋다.
  ㉡ : 가을빛을 <u>담고</u> 있는 감나무 열매를 본다.

[2022년 6월 고1 학평 11-12번]
[851-852] 다음 글을 읽고 물음에 답하시오.

우리말에는 다양한 유형의 된소리되기가 존재하는데, 우선 특정 음운 환경에서 예외 없이 일어나는 경우가 있다. 받침 'ㄱ, ㄷ, ㅂ' 뒤에 'ㄱ, ㄷ, ㅂ, ㅅ, ㅈ'이 올 때에는 예외 없이 된소리되기가 일어난다. '국밥'이 [국빱]으로, '(길을) 걷다'가 [걷따]로 발음되는 것이 그 예이다.

음운 환경이 같더라도 된소리되기가 일정하지 않은 경우가 있는데, 이때에는 다른 조건이 충족될 때 된소리되기가 일어난다. 첫째, 용언의 어간 받침 'ㄴ(ㄵ), ㅁ(ㄻ)' 뒤에 'ㄱ, ㄷ, ㅅ, ㅈ'으로 시작하는 어미가 올 때 된소리되기가 일어나는데, '나는 신발을 신고 갔다.'에서 '신고'가 [신꼬]로 발음되는 것이 그 예이다. '습득물 신고'의 '신고'는 음운 환경이 같음에도 불구하고 용언이 아니기 때문에 된소리되기가 일어나지 않는다. 둘째, 한자어에서 'ㄹ' 받침 뒤에 'ㄷ, ㅅ, ㅈ'이 연결될 때 된소리되기가 일어나는데, '물질(物質)'이 [물찔]로 발음되는 것이 그 예이다. '물잠자리'는 음운 환경이 같음에도 불구하고 고유어이기 때문에 된소리되기가 일어나지 않는다. 셋째, 관형사형 어미 '-(으)ㄹ' 뒤에 'ㄱ, ㄷ, ㅂ, ㅅ, ㅈ'로 시작하는 체언이 올 때 된소리되기가 일어나는데, '살 것'이 [살 껏]으로 발음되는 것이 그 예이다. 이러한 유형의 된소리되기는 음운 환경 외에도 '용언의 어간', '한자어', '관형사형 어미'라는 조건이 충족되어야 음운 변동이 일어난다는 특징이 있다.

> 한편, 명사와 명사가 결합하여 합성 명사가 될 때 된소리되기가 일어나는 경우도 있다. 예를 들어 '코+등'은 [코뜽/콛뜽]으로, '손+바닥'은 [손빠닥]으로 발음된다. 이때 '코+등'처럼 앞의 말이 모음으로 끝나고, 한자어끼리의 결합이 아닐 때에는 '콧등'과 같이 사이시옷을 표기한다. 이러한 된소리되기는 두 단어가 대등한 관계일 때는 잘 일어나지 않지만, 앞말이 뒷말의 '시간, 장소, 용도' 등을 나타낼 때는 잘 일어난다. 그 이유는 중세 국어의 관형격 조사 'ㅅ'과 관련이 있다. '손바닥'은 중세 국어에서 '솑바당'으로 표기가 되는데, 이는 '손+ㅅ+바당' 즉, '손의 바당'으로 분석된다. 이 'ㅅ'의 흔적이 '손빠닥'을 거쳐 [손빠닥]이라는 발음으로 남게 된 것이다. 음운 환경이 같은 '손발'에서는 이러한 현상이 일어나지 않는데, 그 이유는 '손'과 '발'은 관형격 조사로 연결되는 관계가 아니기 때문이다.

[A]

851

윗글을 바탕으로 '된소리되기'를 이해한 내용으로 적절하지 <u>않은</u> 것은?

① '(밥을) 먹다'와 '(눈을) 감다'에서 일어난 된소리되기는 용언에서만 일어나는 유형이다.

② '말다툼'과 달리 '밀도(密度)'에서 된소리되기가 일어나는 이유는 한자어이기 때문이다.

③ '납득'과 같이 'ㅂ' 받침 뒤에 'ㄷ'이 오는 음운 환경에서는 예외 없이 된소리되기가 일어난다.

④ '솔개'와 달리 '줄 것'에서 된소리되기가 일어나는 이유는 '관형사형 어미'라는 조건 때문이다.

⑤ '삶과 죽음'의 '삶과'와 달리 '(고기를) 삶고'에서 된소리되기가 일어나는 이유는 '삶고'가 용언이기 때문이다.

852

[A]를 바탕으로 <보기>의 단어를 분석한 내용으로 적절하지 <u>않은</u> 것은?

> **보 기**
>
> ○ 공부방(工夫房)[공부빵]
> ○ 아랫집[아래찝/아랟찝]
> ○ 콩밥[콩밥], 아침밥[아침빱]
> ○ 논밭[논받], 논바닥[논빠닥]
> ○ 불고기[불고기], 물고기[물꼬기]

① '공부방'에서 된소리되기가 일어나는 이유는 '공부'가 뒷말의 용도를 나타내기 때문이겠군.

② '아랫집'에 'ㅅ'을 받침으로 표기한 것은 '콧등'에서 사이시옷을 표기한 것과 같은 이유 때문이겠군.

③ '콩밥'과 달리 '아침밥'에서 된소리되기가 일어나는 이유는 '아침'이 뒷말의 시간을 나타내기 때문이겠군.

④ '논바닥'과 달리 '논밭'에서 된소리되기가 일어나지 않는 이유는 결합하는 두 단어가 대등한 관계를 가지기 때문이겠군.

⑤ '불고기'에서 '물고기'와 달리 된소리되기가 일어나지 않는 이유는 중세 국어에서 '불+ㅅ+고기'로 분석되기 때문이겠군.

[2024년 10월 고1 학평 11-12번]

[853-854] 다음 글을 읽고 물음에 답하시오.

표준 발음법은 한글의 표기와 발음이 일치하지 않는 경우에 올바른 발음을 알려 주는 역할을 한다. 한글은 말소리를 기호로 나타낸 표음 문자이므로 '마음', '하늘'처럼 소리대로 적는 것이 원칙이지만 어법에 맞도록 한다는 원칙도 더하여 두고 있기 때문에 표기와 발음이 일치하지 않는 경우가 생긴다. 이때 표준 발음법이 표기와 발음의 간극을 좁혀 줄 수 있다.

표준 발음법은 표준어의 실제 발음을 따르되, 국어의 전통성과 합리성에 따라 정함을 원칙으로 한다고 규정되어 있다. 표준 발음법 해설에 따르면 이때 실제 발음이란 표준어의 현실 발음인데, 실제 발음을 모두 표준 발음으로는 인정하지 않으므로 전통성과 합리성이라는 기준이 제시된 것이다. 먼저 전통성을 고려한다는 것은 발음상의 관습을 감안한다는 의미이다. 예컨대 '눈[雪]'과 '눈[眼]' 같은 모음의 장단의 경우, 과거의 언중은 모음의 장단을 통해 두 단어의 의미를 변별할 수 있었으나 오늘날의 언중은 모음의 장단으로 의미를 구분하지 못하는 경우가 많다. 그럼에도 불구하고 모음의 장단이 이전부터 오랜 기간 구별되어 왔으며 단어의 의미 변별에도 중요한 역할을 해 왔다는 관습을 고려하여 표준 발음법에 모음의 장단에 대해 세부적으로 규정을 해 두었다. 또한 오늘날에는 실제 발음에서 'ㅔ'와 'ㅐ'를 명확하게 구별하지 못하는 경우가 대부분이지만, 두 모음이 오랜 기간 별개의 단모음으로서 그 지위가 확고했고 여전히 구별하는 사람들이 남아 있기 때문에 이러한 전통을 감안하여 두 모음을 다르게 발음하도록 규정하고 있다.

다음으로 합리성을 고려한다는 것은 국어의 발음 규칙과 관련된다. 가령 '닭이'의 경우 겹받침을 가진 체언은 뒤에 모음으로 시작하는 조사가 결합할 때 겹받침 중 하나를 연음해야 하므로 [달기]로 발음하는 것이 합리적이다. 그런데 실제 발음에서는 [다기]로 발음하는 경우가 많다. 그러나 [다기]로 발음하는 것은 합리성이 떨어지기 때문에 표준 발음으로 인정하지 않는 것이다.

표준 발음법에서는 자음과 모음, 음의 길이, 발음 원칙 등을 다루고 있지만 모든 표준 발음에 대해 다루지는 않는다. 소리대로 적는 단어들은 발음과 표기가 일치하므로 그 발음을 다루지 않아도 되기 때문이다. 음운 변동의 경우도, 발음이 표기에 반영되지 않는 음운 변동에 대해서만 표준 발음법에서 다루고 있다. 예를 들어 '서라(서-+-어라)[서라]'와 '국물[궁물]'의 경우 모두 음운 변동이 일어났지만, '서라[서라]'와 같이 두 모음이 이어질 때 하나의 모음이 탈락하는 '모음 탈락'에 대해서는 표준 발음법에서 다루지 않는 반면에 '국물[궁물]'과 같이 파열음이 비음의 영향을 받아 비음으로 교체되는 '비음화'에 대해서는 표준 발음법에서 다루고 있다. '모음 탈락'의 결과는 표기에 반영되는 반면, '비음화'의 결과는 표기에 반영되지 않기 때문이다.

853

윗글의 내용에 대한 이해로 적절하지 <u>않은</u> 것은?

① 표준 발음법은 한글의 표기와 발음이 일치하지 않는 경우 올바른 발음을 알려 준다.

② 표준 발음법에서 표준어의 실제 발음 중 일부는 표준 발음으로 인정하지 않는다.

③ 표준 발음법에서는 국어의 전통성을 고려하여 모음의 장단에 대해 세부적으로 규정하고 있다.

④ 표준 발음법에서는 오늘날 실제 발음에서 'ㅔ'와 'ㅐ'가 명확히 구별됨을 고려하여 두 모음을 다르게 발음하도록 규정하고 있다.

⑤ 표준 발음법에서는 국어의 합리성을 고려할 때 '닭이'를 [다기]로 발음하는 것이 합리성이 떨어지므로 표준 발음으로 인정하지 않는다.

854

윗글을 읽고 <보기>의 탐구 활동을 수행한 결과로 적절한 것은? [3점]

보 기

[탐구 과제]

다음을 참고하여 [탐구 자료]의 밑줄 친 단어를 분류할 때, Ⓐ와 Ⓑ에 해당하는 단어를 찾아보자.

음운 변동이 일어나는가?

↓ 예

표준 발음법에서 다루는 음운 변동인가?	아니요 ↓

↓ 예   ↓ 아니요

Ⓐ	Ⓑ

[탐구 자료]

㉠ 일찍 <u>나가서</u> 가족과 <u>같이</u> <u>높푸른</u> 하늘을 보았다.
㉡ 그가 <u>답한</u> 것이 <u>원래</u> 우리의 의도에 맞는지 책을 <u>펴서</u> 확인하기 <u>바빠</u> 잠을 못 잤다.
㉢ 자신의 행복한 <u>삶</u>, 가족 모두의 건강은 우리의 일상에서 힘을 <u>얻기</u> 위해 <u>반드시</u> 필요하다.

---

① ㉠의 '나가서'와 ㉡의 '펴서'에 나타난 음운 변동의 결과는 표기에 반영되었으니 Ⓐ에 해당하겠군.

② ㉠의 '높푸른'과 ㉡의 '바빠'에 나타난 음운 변동의 결과는 표기에 반영되었으니 Ⓑ에 해당하겠군.

③ ㉠의 '같이'와 ㉢의 '얻기'에 나타난 음운 변동의 결과는 표기에 반영되지 않으니 Ⓐ에 해당하겠군.

④ ㉡의 '원래'와 ㉢의 '반드시'에 나타난 음운 변동의 결과는 표기에 반영되지 않으니 Ⓐ에 해당하겠군.

⑤ ㉡의 '답한'과 ㉢의 '삶'에 나타난 음운 변동의 결과는 표기에 반영되지 않으니 Ⓑ에 해당하겠군.

[2025년 9월 고1 학평 11-12번]

[855-856] 다음 글을 읽고 물음에 답하시오.

음운 변동은 음운 변동의 결과가 표기에 반영되는 경우와 반영되지 않는 경우가 있다. 음운 변동의 결과가 표기에 반영되는 경우에는 유음 탈락이 있다. 유음 탈락은 특정 음운 환경에서 유음 'ㄹ'이 탈락하는 음운 현상으로, 다른 탈락 현상에 비하여 적용되는 환경이 더 다양하다는 특징을 갖는다.

먼저, 'ㄹ'로 끝나는 용언의 어간 뒤에 'ㄴ, ㅂ, ㅅ'으로 시작하는 어미가 결합하거나 어미 '-오'가 결합할 때 유음이 규칙적으로 탈락한다. 예를 들면, '알다'의 어간 '알-'에 'ㄴ, ㅂ, ㅅ'으로 시작하는 어미가 결합할 때 '아는', '압시다', '아신다'와 같이 'ㄹ'이 탈락한 형태로 나타나고 '팔다'의 어간 '팔-'에 어미 '-오'가 결합할 때 '파오'와 같이 'ㄹ'이 규칙적으로 탈락하는 현상이 일어난다.

단어의 형성 과정에서 어근과 어근이 결합한 합성어나 어근과 접사가 결합한 파생어가 형성될 때 'ㄴ, ㄷ, ㅅ, ㅈ' 앞에서 유음이 탈락하는 예도 있다. 이 경우, '버드나무'나 '바느질'과 같은 사례에서 확인할 수 있는 것처럼 'ㄹ'이 탈락한다. 그러나 '발등', '철새'와 같은 단어에서는 'ㄹ'이 탈락하지 않는 것처럼 단어의 형성 과정에서의 유음 탈락은 동일한 음운 환경에 놓여 있다 하더라도 항상 일어나는 것은 아니다.

음운 변동의 결과가 표기에 반영되지 않는 경우로는 'ㅎ' 탈락과 거센소리되기 현상을 들 수 있다. 먼저, 'ㅎ' 탈락은 'ㅎ'으로 끝나는 용언의 어간 뒤에 모음으로 시작하는 형식 형태소가 결합할 때 받침 'ㅎ'이 탈락하는 현상으로, '낳아[나아]', '쌓이다[싸이다]'와 같이 'ㅎ'의 탈락이 일어난다. 'ㅎ' 탈락은 '많아[마나]'와 같이 'ㅎ'이 겹받침의 일부에 있을 때 뒤 음절과 연음되는 환경에서도 일어난다. 또한, 거센소리되기 현상은 'ㅎ'과 예사소리 'ㄱ, ㄷ, ㅂ, ㅈ'이 만나 거센소리인 'ㅋ, ㅌ, ㅍ, ㅊ'으로 축약되는 현상으로, '법학[버팍]', '좋지[조치]'와 같은 예에서 확인할 수 있다.

855

윗글을 이해한 내용으로 적절한 것은?

① 유음 탈락은 동일한 음운 환경에서 필수적으로 일어나는 현상이다.

② 유음 탈락은 용언의 활용 과정이나 단어의 형성 과정에서 일어날 수 있다.

③ 'ㄹ'로 끝나는 용언의 어간이 모음으로 시작하는 어미와 결합하는 경우에는 'ㄹ'이 탈락하지 않는다.

④ 'ㅎ'의 탈락은 'ㅎ'으로 끝나는 용언의 어간 뒤에 자음으로 시작하는 어미가 결합하는 경우에 일어난다.

⑤ 'ㅎ'이 탈락하는지, 'ㅎ'과 다른 자음이 만나 축약되는지에 따라 음운 변동 결과의 표기 반영 여부가 달라진다.

856

윗글을 바탕으로 <자료>를 탐구한 내용으로 적절하지 <u>않</u>은 것은?

> **자 료**
>
> ◦ 저는 이 집에 ⓐ삽니다.
> ◦ 나의 모습을 잊지 ⓑ마오.
> ◦ 과녁에 ⓒ화살을 쏘았다.
> ◦ ⓓ좋은[조은] 물건을 고르자.
> ◦ ⓔ국화[구콰]가 많이 피었다.

① ⓐ는 '살다'의 어간 '살-'에 'ㄴ'으로 시작하는 어미가 결합하여 'ㄹ'이 탈락하는 경우에 해당하는군.

② ⓑ는 '말다'의 어간 '말-'에 어미 '-오'가 결합하여 'ㄹ'이 탈락하는 경우에 해당하는군.

③ ⓒ는 두 개의 어근인 '활'과 '살'이 결합할 때 'ㅅ' 앞에서 'ㄹ'이 탈락하는 경우에 해당하는군.

④ ⓓ가 [조은]으로 발음되는 것은 'ㅎ'으로 끝나는 용언의 어간 뒤에 모음으로 시작하는 어미가 결합했기 때문이겠군.

⑤ ⓔ가 [구콰]로 발음되는 것은 예사소리 'ㄱ'과 'ㅎ'이 만나 축약되었기 때문이겠군.

문법 비문학 – 핵심 기출 문제

[2020년 3월 고2 학평 11-12번]

[857-858] 다음 글을 읽고 물음에 답하시오.

한 음운이 다른 음운의 속성을 닮아 가는 음운 현상을 '동화'라고 한다. 이때 동화를 일으키는 음운을 '동화음', 동화음을 닮아 가는 음운을 '피동화음'이라고 한다. 동화 현상의 하나인 구개음화는, 경구개가 아닌 위치에서 발음되는 자음이 단모음 'ㅣ'나 반모음 'ǐ' 앞에서 경구개음으로 바뀌는 음운 현상으로, 피동화음인 자음이 동화음 'ㅣ'나 반모음 'ǐ'가 경구개 부근에서 발음되는 속성을 닮아 가는 것이다.

구개음화는 피동화음의 종류에 따라 분류할 수 있는데 피동화음이 'ㄷ, ㅌ, ㄸ'인 경우는 'ㄷ-구개음화', 피동화음이 'ㄱ, ㅋ, ㄲ'인 경우는 'ㄱ-구개음화'로 부른다. 현대 국어에서 표준 발음으로 인정되는 구개음화는 'ㄷ-구개음화' 중 다음 두 가지이다. 우선 음절 끝소리가 'ㄷ, ㅌ'인 형태소가 단모음 'ㅣ'로 시작하는 조사나 접사 같은 형식 형태소와 결합하여 'ㅈ, ㅊ'으로 변하는 경우이다. 그리고 음절 끝소리가 'ㄷ'이고 뒤에 접사 '-히-'가 올 때 'ㄷ'과 'ㅎ'이 축약되어 'ㅌ'이 되고, 이것이 구개음 'ㅊ'으로 되는 경우이다.

과거에는 'ㄱ-구개음화'도 일어났다. 방언에서 '기름'이 '지름'으로 변화된 경우가 이에 해당한다. 이 사례에서 알 수 있듯이 과거에는 구개음화가 형태소 내부에서도 일어날 수 있었으며, 이는 근대 국어 시기에 활발하게 일어났다.

그런데 현대 국어에는 '마디', '견디다'와 같이 과거에 구개음화가 일어났을 법한데 그렇지 않은 단어들이 남아 있다. 이런 단어들은 'ㄷ' 뒤에 오는 모음이 원래 'ㅣ'가 아닌 다른 모음이었다는 공통점이 있다. 예를 들어 '마디'는 과거에 '마듸'였는데, 형태소 내부에서의 구개음화가 사라진 후에 'ㅢ'가 'ㅣ'로 바뀌었기 때문에 구개음화가 일어나지 않은 채로 남게된 것이다.

과거에 일어났던 구개음화와 관련하여 잘못된 교정이 일어나기도 했다. 예를 들어 문헌상으로 '김치'의 과거 형태는 '딤치'였는데 구개음화가 일어난 이후 '짐치'로 나타난다. 그런데 언중이 구개음화가 일어난 형태를 원래 형태로 교정하고자 하는 과정에서 원래 형태를 잘못 생각하여 '김치'의 형태로 교정하게 되고 이것이 현재의 '김치'가 되었다. [A]

857

윗글을 바탕으로 현대 국어의 표준 발음에 대해 설명한 것으로 적절한 것은?

① '같이'를 [가치]로 발음하는 이유는 피동화음이 'ㄱ'인 경우이기 때문이다.

② '맡지만'을 [만치만]으로 발음하는 이유는 동화음이 반모음 'ǐ'인 경우이기 때문이다.

③ '맏이'를 [마디]로 발음하지 않는 이유는 구개음화를 일으키는 동화음이 없기 때문이다.

④ '곁으로'를 [겨츠로]로 발음하지 않는 이유는 두 형태소가 결합하는 경우가 아니기 때문이다.

⑤ '끝인사'를 [끄친사]로 발음하지 않는 이유는 뒤에 결합하는 형태소가 형식 형태소가 아니기 때문이다.

858

[A]를 이해한 내용으로 적절하지 <u>않은</u> 것은? [3점]

① '딤치'가 '짐치'로 변하는 과정에서 일어난 구개음화는 'ㄷ-구개음화'에 해당한다.

② '딤치'가 '짐치'로 변하는 과정에서 일어난 구개음화는 형태소 내부에서 일어났다.

③ '김치'의 '치'에서 구개음화가 일어나지 않은 것은 '치'의 모음이 본래 'ㅣ'였기 때문이다.

④ '짐치'가 '김치'로 변하는 과정에서 언중은 '짐치'를 'ㄱ-구개음화'가 일어난 형태라고 생각했다.

⑤ '김치'의 본래 형태가 '딤치'였고 형태소 내부에서의 'ㄷ-구개음화'가 사라진 후에 'ㅢ'가 'ㅣ'로 변화했다면 구개음화는 일어나지 않았을 것이다.

[2021년 9월 고2 학평 11-12번]

[859-860] 다음 글을 읽고 물음에 답하시오.

형태소는 일정한 뜻을 가진 가장 작은 단위를 말하며, 한 형태소는 다른 형태소와 결합하여 단어나 구, 문장과 같은 상위 단위를 이룬다. 이때 형태소는 항상 동일한 모습으로 나타나는 것은 아니고, 환경에 따라 형태가 달라질 수 있다. 이처럼 한 형태소가 환경에 따라 다른 모습으로 실현되는 것을 교체라고 한다. 특히 한국어는 문법적 관계를 나타내 주는 조사와 어미가 발달해 있어서 형태소끼리의 결합 과정에서 다양한 교체 현상이 나타난다.

빛 : 빛이[비치], 빛도[빋또], 빛만[빈만], 쪽빛이[쪽삐치],
　　쪽빛도[쪽삗또], 쪽빛만[쪽삔만]
물 : 물이[무리], 물도[물도], 물만[물만], 국물이[궁무리],
　　국물도[궁물도], 국물만[궁물만]

'빛'은 앞이나 뒤에 오는 형태소에 따라 6개의 서로 다른 형태로 실현된다. 이처럼 교체에 의해 달리 실현된 형태들을 이형태라고 한다. 교체가 일어난다는 것은 한 형태소가 최소한 둘 이상의 이형태를 가짐을 뜻한다. 이형태들은 나타나는 조건이나 환경이 겹치지 않는 상보적 분포를 지닌다. 한편 '물'은 앞이나 뒤에 어떠한 형태소가 오든지 항상 '[물]'로만 실현된다. 즉 교체가 일어나지 않는 것이다.

교체를 통해 이형태가 복수로 존재할 경우에는 기본형을 정해 준다. 한 형태소가 여러 가지 다양한 이형태들로 실현되면 이형태들을 대표할 수 있는 형태를 하나 설정하게 되는데, 그것이 바로 기본형이다. 교체를 하지 않는 형태소의 경우 그 자체가 기본형이 되지만 교체를 하는 형태소는 기본형을 따로 정해야만 한다.

또한 형태소의 교체는 일어나는 동기에 따라 자동적 교체와 비자동적 교체로 나눌 수 있다. ㉠자동적 교체는 교체가 일어나지 않고 그대로 실현되면 안 되기 때문에 일어나는 교체를 말한다. 음절의 종성에 두 개의 자음이 발음되는 것을 허용하지 않는 음운론적 제약이나 비음 앞에 평파열음인 'ㄱ, ㄷ, ㅂ'이 올 수 없다는 음운론적 제약 등으로 일어나는 교체가 자동적 교체이다. 예를 들면 '먹물→[멍물]'에서 '먹'이 비음으로 시작하는 형태소인 '물'과 결합할 때 '멍'으로 교체를 보이는 경우이다.

다음으로 ㉡비자동적 교체는 반드시 일어나야 할 필연적 이유가 없는 교체를 말한다. 즉 '감다→[감:따]'는 비음으로 끝나는 어간 뒤에서 '-따'로 교체되는 경우로, 이는 비음 뒤에 'ㄱ, ㄷ, ㅈ'과 같은 자음이 오지 못하기 때문에 일어난 것은 아니다. 용언의 어간 말음이 비음으로 끝나고 뒤에 어미가 올 때에만 이 같은 현상이 일어날 뿐, '단검→[난:검]'과 같이 다른 환경에서는 얼마든지 비음과 'ㄱ, ㄷ, ㅈ' 등이 결합할 수 있기 때문이다.

859

㉠, ㉡에 해당하는 예끼리 바르게 짝지어진 것은?

	㉠	㉡
①	믿는[민는]	안고[안:꼬]
②	삶도[삼:도]	김장[김장]
③	입은[이븐]	넘다[넘:따]
④	밥만[밤만]	앉는[안는]
⑤	닭이[달기]	삼고[삼:꼬]

860

윗글을 바탕으로 <보기>에 대해 이해한 내용으로 적절하지 <u>않은</u> 것은?

보 기

ⓐ 닭 : 닭이[달기], 닭도[닥또], 닭만[당만], 통닭은[통달근]
ⓑ 책 : 책이[채기], 책도[책또], 책만[챙만], 공책은[공채근]
ⓒ 밥 : 밥이[바비], 밥도[밥또], 밥만[밤만], 찬밥은[찬바븐]
ⓓ 달 : 달이[다리], 달도[달도], 달만[달만], 반달은[반:다른]
ⓔ 잎 : 잎이[이피], 잎도[입또], 잎만[임만], 솔잎은[솔리픈]

① ⓐ : '닭'의 이형태들은 상보적 분포를 보이는군.

② ⓑ : '책'은 기본형을 따로 정할 필요 없이 그 자체로 기본형이 되겠군.

③ ⓒ : '밥'이 이형태를 가지는 것으로 보아 교체가 일어났다고 볼 수 있겠군.

④ ⓓ : '달'은 앞이나 뒤에 어떠한 형태소가 오더라도 하나의 형태로만 나타나는군.

⑤ ⓔ : '잎'은 환경에 따라 다른 모습으로 나타나므로 이형태들을 대표할 수 있는 기본형을 설정하겠군.

[2023년 3월 고2 학평 11-12번]

[861-862] 다음 글을 읽고 물음에 답하시오.

'ㅎ'을 포함하고 있는 음운 변동의 양상은 음운 환경에 따라 상이하다. 거센소리되기는 예사소리 'ㄱ, ㄷ, ㅂ, ㅈ'과 'ㅎ'이 만나서 각각 거센소리 'ㅋ, ㅌ, ㅍ, ㅊ'으로 바뀌는 현상으로, 음운 변동의 유형 중 두 개의 음운이 합쳐져 하나의 음운으로 바뀌는 축약에 해당한다. 거센소리되기는 'ㅎ'과 예사소리의 배열 순서에 따라 두 가지로 구분할 수 있다.

첫째, 'ㅎ'이 예사소리보다 앞에 놓인 거센소리되기이다. 표준 발음법 제12항에서는 'ㅎ(ㄶ, ㅀ)' 뒤에 'ㄱ, ㄷ, ㅈ'이 결합되는 경우에는, 'ㅎ'과 뒤 음절 첫소리가 합쳐져 'ㅋ, ㅌ, ㅊ'으로 발음한다고 규정하고 있다. 실제의 예를 보면 '놓고[노코]', '않던[안턴]', '닳지[달치]' 등과 같이 주로 용언 어간 뒤에 어미가 결합할 때 일어난다. 둘째, 'ㅎ'이 예사소리보다 뒤에 놓인 거센소리되기이다. 'ㅎ'이 예사소리보다 앞에 놓인 경우에는 항상 거센소리되기가 우선적으로 적용되는 것과 달리, 'ㅎ'이 예사소리보다 뒤에 놓일 때는 교체나 탈락과 같은 다른 음운 변동보다 거센소리되기가 먼저 적용되기도 하고 나중에 적용되기도 한다. '꽂히다[꼬치다]', '밟히다[발피다]'처럼 어근에 'ㅎ'으로 시작하는 접미사가 결합하는 경우에는 ㉠예사소리와 'ㅎ'이 곧바로 합쳐져 거센소리로 바뀐다. 이에 대하여 표준 발음법 제12항에서는 받침 'ㄱ(ㄺ), ㄷ, ㅂ(ㄼ), ㅈ(ㄵ)'이 뒤 음절 첫소리 'ㅎ'과 결합되는 경우에는 두 음을 합쳐서 각각 'ㅋ, ㅌ, ㅍ, ㅊ'으로 발음한다고 규정하고 있다. 그러나 '빚하고[비타고]'처럼 체언에 조사가 결합하거나, '닭 한 마리[다칸마리]'처럼 둘 이상의 단어를 이어서 한 마디로 발음하는 경우에는 ㉡다른 음운 변동이 먼저 일어난 후에 거센소리되기가 적용된다. '빚하고[비타고]'는 받침 'ㅈ'이 'ㄷ'으로 교체되고 'ㄷ'과 'ㅎ'이 합쳐져 거센소리로 바뀐 것이고, '닭 한 마리[다칸마리]'는 겹받침 'ㄺ'에서 'ㄹ'이 탈락하고 'ㄱ'과 'ㅎ'이 합쳐져 거센소리로 바뀐 것이라고 할 수 있다.

'ㅎ'을 포함하고 있는 말이라도 모두 거센소리되기가 적용되는 것은 아니다. '낳은[나은]', '않아[아나]', '쌓이다[싸이다]' 등과 같이 용언 어간 말의 'ㅎ' 뒤에 모음으로 시작하는 어미나 접미사가 결합하는 경우에는 'ㅎ'이 탈락한다. 원래 이런 환경에서는 어간 말의 자음이 뒤 음절의 첫소리로 연음되어야 하지만 'ㅎ'은 연음되지 않고 탈락하는 것이다. 이러한 'ㅎ' 탈락은 예외 없이 일어난다.

861

윗글을 읽고 이해한 내용으로 적절하지 <u>않은</u> 것은?

① '쌓던[싸턴]'은 교체가 축약보다 먼저 일어난 것이다.

② '잃고[일코]'는 어간 말 'ㅎ'이 어미의 첫소리 'ㄱ'과 합쳐져 발음된 것이다.

③ '끓이다[끄리다]'는 'ㅎ'이 탈락하고 'ㄹ'이 뒤 음절 첫소리로 옮겨져 발음된 것이다.

④ '칡하고[치카고]'와 '하찮은[하차는]'에서 공통적으로 일어난 음운 변동은 탈락이다.

⑤ '먹히다[머키다]'와 '끓고서[끈코서]'는 모두 음운 변동이 한 번씩만 일어난 것이다.

862

윗글의 ㉠, ㉡을 중심으로 <보기>의 ⓐ~ⓔ를 이해한 내용으로 적절하지 <u>않은</u> 것은?

> **보 기**
>
> ○ ⓐ낮 한때[나탄때] 내린 비로 이슬이 잔뜩 ⓑ맺힌[매친] 풀밭을 가로질러 ⓒ닭한테[다칸테] 모이를 주고 왔다.
> ○ ⓓ곶하고[고타고] 바다로 이어진 산책로를 ⓔ넓히는[널피는] 작업이 진행 중이다.

① ⓐ : '낮'과 '한때'를 이어서 한 마디로 발음한 경우이므로, ㉡에 해당하겠군.

② ⓑ : 어근 '맺-' 뒤에 접미사 '-히-'가 결합한 경우이므로, ㉠에 해당하겠군.

③ ⓒ : 체언 '닭'에 조사 '한테'가 결합한 경우이므로, ㉡에 해당하겠군.

④ ⓓ : 체언 '곶'에 조사 '하고'가 결합한 경우이므로, ㉡에 해당하겠군.

⑤ ⓔ : 어근 '넓-' 뒤에 접미사 '-히-'가 결합한 경우이므로, ㉠에 해당하겠군.

[2023년 11월 고2 학평 11-12번]

[863-864] 다음 글을 읽고 물음에 답하시오.

음절이란 발음할 수 있는 최소의 언어 단위로 초성, 중성, 종성으로 구성된다. 이 중 중성은 음절을 이루는 데 필수적인 요소이며 여기에는 모음이 온다. 반면 초성이나 종성은 음절 구성에 필수적이지 않으며 여기에는 자음이 온다. 이때 초성과 종성에 올 수 있는 자음에는 제약이 있다. 초성에는 'ㅇ'이 올 수 없으며, 초성과 종성에 올 수 있는 자음의 최대 개수는 각각 1개이다. 이에 따라 ⓐ종성에 겹받침이 표기되더라도 자음이 하나 탈락하여 하나만 발음된다. 또한 종성에는 'ㄱ, ㄴ, ㄷ, ㄹ, ㅁ, ㅂ, ㅇ'의 7개의 자음만 올 수 있다. 만일 ⓑ종성에 이 이외의 자음이 오면 7개 중 하나로 바뀌어 발음된다. 따라서 국어 음절의 유형은 '모음', '자음+모음', '모음+자음', '자음+모음+자음'으로 나눌 수 있다.

그런데 음절과 음절이 이어져 발음될 때 음절의 유형이 달라질 수 있다. 먼저, ⓐ음운 변동으로 인해 음절 유형이 달라지는 경우가 있다. 예를 들어 '맏[맏]'과 '형[형]'이 이어질 때, 앞 음절 종성과 뒤 음절 초성이 축약되어 '마텽]'으로 발음되므로 앞 음절의 음절 유형이 달라진다. 또 '한[한]'과 '여름[여름]'이 이어질 때, 'ㄴ'이 첨가되어 '[한녀름]'으로 발음되므로 두 번째 음절의 음절 유형이 달라진다. 다음으로, 음운 변동이 아니라 ⓑ연음에 의해 음절 유형이 달라지는 경우가 있다. 가령 '밥[밥]'과 조사 '이[이]'가 이어질 때, 연음에 의해 '[바비]'로 발음되므로 각 음절의 음절 유형이 모두 달라지고, '흙[흑]'과 조사 '은[은]'이 이어지면 '[흘근]'으로 발음되므로 두 번째 음절의 음절 유형만 달라진다. 그런데 '홑옷[호돋]'은 '홑[혿]'과 '옷[옫]'이라는 각 음절의 종성에서 음운 변동이 일어나지만 이로 인해서는 음절 유형이 달라지지 않고 연음에 의해서만 각 음절의 음절 유형이 달라진다.

[A] 한편 음절과 음절이 이어져 발음될 때 나타나는 음운 변동 중에는 인접한 두 자음의 공명도로 설명할 수 있는 것이 있다. 공명도란 발음할 때 공기가 울리는 정도를 의미하는데, 모음이 자음보다 공명도가 높다. 자음 중에서는 울림소리가 안울림소리보다 공명도가 높으며, 울림소리 중에서는 유음이 비음보다 공명도가 높다. 그런데 두 음절이 이어져 발음될 때, 앞 음절 종성의 공명도는 뒤 음절 초성의 공명도와 같거나 뒤 음절 초성의 공명도보다 높아야 한다. 그렇지 않은 경우에는 음운의 교체가 일어난다.

863

윗글에 대한 이해로 적절하지 <u>않은</u> 것은? [3점]

① '흙화덕[흐콰덕]'은 ⓐ이 적용되며, ⓐ에 해당한다.
② '낱알[나:달]'은 ⓑ이 적용되며, ⓑ에 해당한다.
③ '읊다[읍따]'는 ⓐ과 ⓑ이 모두 적용되며, ⓐ에 해당한다.
④ '솜이불[솜:니불]'은 ⓐ과 ⓑ 중 어떤 것도 적용되지 않으며, ⓐ에 해당한다.
⑤ '훑어[훌터]'는 ⓐ과 ⓑ 중 어떤 것도 적용되지 않으며, ⓑ에 해당한다.

864

다음은 [A]를 바탕으로 학생이 메모한 내용의 일부이다. ㉮와 ㉯에 해당하는 예로 적절한 것은?

자음의 공명도 차이에 따라 일어나는 음운 변동은 다음과 같이 분류할 수 있다. 앞 음절 종성의 공명도가 뒤 음절 초성의 공명도보다 낮을 때, ㉮앞 음절 종성의 공명도를 높이는 교체가 일어나거나, ㉯뒤 음절 초성의 공명도를 낮추는 교체가 일어난다.

	㉮	㉯
①	삭막[상막]	공론[공논]
②	능력[능녁]	업무[엄무]
③	담론[담논]	종로[종노]
④	신라[실라]	밥물[밤물]
⑤	국민[궁민]	난리[날:리]

[2025년 6월 고2 학평 11-12번]

[865-866] 다음 글을 읽고 물음에 답하시오.

> 자음군 단순화는 음절의 끝에 겹받침이 오면 두 자음 중 하나가 탈락하고 하나만 발음되는 현상으로, 음절 끝에서는 하나의 자음밖에 발음될 수 없다는 국어의 음절 구조 제약으로 인해 일어난다. 그런데 겹받침이 있다고 해서 항상 자음군 단순화가 일어나는 것은 아니다.
>
>   (가) 값[갑], 넋[넉]
>   (나) 앉는[안는], 흙냄새[흥냄새]
>   (다) 여덟아홉[여더라홉], 삯일[상닐]
>
> (가)는 겹받침 뒤에 아무런 형태소가 오지 않아 자음군 단순화가 일어난 경우이다. (나)는 겹받침 뒤에 자음으로 시작하는 형태소가 결합하여 자음군 단순화가 일어난 경우이다. '흙냄새'에서 비음화가 일어난 것과 같이 뒤에 오는 음운의 종류에 따라 다른 음운 변동이 함께 일어나기도 한다.
> (다)는 겹받침 뒤에 모음으로 시작하는 실질 형태소가 결합하여 자음군 단순화가 일어난 경우이다. '여덟아홉'은 자음군 단순화가 일어난 후, 남은 자음이 뒤 음절의 초성으로 연음되고, '삯일'은 자음군 단순화와 'ㄴ' 첨가, 비음화가 일어난다.
>
>   (라) 닭을[달글], 값이[갑씨]
>
> (가)~(다)와 달리 (라)는 자음군 단순화가 일어나지 않은 경우이다. 겹받침 뒤에 모음으로 시작하는 형식 형태소가 결합하면, 자음군 단순화가 일어나지 않고 겹받침 중 뒤에 있는 자음이 뒤 음절의 초성으로 연음된다. '값이'는 겹받침 중 뒤 자음인 'ㅅ'이 연음되고, 된소리되기가 일어난 것이다.
> 한편, 자음군 단순화가 일어날 때 탈락하는 자음의 위치는 자음군에 따라 다르다. 표준 발음법에 따르면, 'ㄺ, ㄻ, ㄿ'은 '닭[닥], 삶[삼ː], 읊다[읍따]'와 같이 일반적으로 앞 자음이 탈락한다. 다만 'ㄺ'이 '읽고[일꼬]'와 같이 용언 어간의 받침으로 사용될 때, 뒤에 'ㄱ'으로 시작하는 어미가 결합하면 뒤 자음이 탈락한다. 그 외의 겹받침은 '몫[목], 외곬[외골]'과 같이 일반적으로 뒤 자음이 탈락한다. 다만 'ㄼ'의 경우 '얇다[얄ː따]'와 같이 뒤 자음이 탈락하는 것이 일반적이나, '밟다[밥ː따]'의 활용형과 '넓죽하다[넙쭈카다], 넓둥글다[넙뚱글다]' 등 일부 단어에서는 예외적으로 앞 자음이 탈락한다.
>
>   (마) 많아[마ː나], 끓이다[끄리다]
>
> (마)는 겹받침 중 하나가 탈락하여 자음군 단순화가 일어난 것으로 착각할 수 있다. 그러나 'ㅎ'으로 끝나는 용언의 어간 뒤에 모음으로 시작하는 어미나 접미사가 결합하여 'ㅎ' 탈락이 일어난 것이다.

865

윗글에 대한 이해로 적절하지 <u>않은</u> 것은?

① 자음군 단순화는 음절 구조 제약으로 일어나는 음운 변동이다.
② 'ㅎ' 탈락이 일어나는 조건에서는 자음군 단순화가 일어나지 않는다.
③ 겹받침 뒤에 아무런 형태소가 오지 않으면 자음군 단순화가 일어난다.
④ 같은 자음군이라도 조건에 따라 탈락하는 자음의 위치가 달라질 수 있다.
⑤ 겹받침 뒤에 모음으로 시작하는 실질 형태소가 결합하면 자음군 단순화가 일어나지 않는다.

866

윗글을 바탕으로 <탐구 과정>을 수행한 결과가 바르게 짝지어진 것은? [3점]

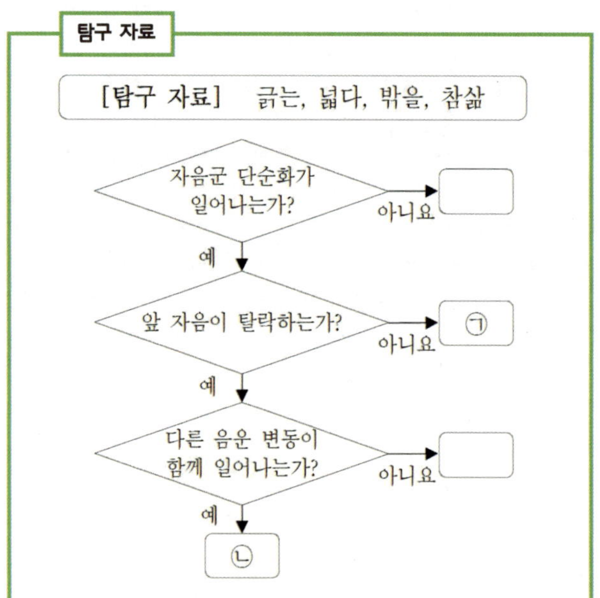

	㉠	㉡
①	긁는	넓다
②	긁는	밝을
③	넓다	긁는
④	넓다	참삶
⑤	밝을	참삶

[2025년 9월 고2 학평 12-13번]

[867-868] 다음 글을 읽고 물음에 답하시오.

표준 발음법은 표준어의 실제 발음을 따르되 국어의 전통성과 합리성을 고려하여 정한 원칙으로, 의사소통을 원활히 하는 데 필요한 규범이다. 그러나 언어생활 중 표준 발음과 일치하지 않는 발음을 구사하는 경우가 있다.

㉠표준 발음법 제13항에 따르면 홑받침이나 쌍받침이 모음으로 시작된 형식 형태소와 결합되는 경우에는 받침을 그대로 옮겨 뒤 음절 첫소리로 발음하는 것이 원칙이며, 이를 연음이라 부른다. 이때 음절의 끝소리 규칙을 적용하지 않고 연음해야 하는데, ㉡음절의 끝소리 규칙을 적용하고 연음하여 표준 발음과 일치하지 않는 발음을 하는 경우가 있다. 예를 들어 '무릎이'는 홑받침이 모음으로 시작된 조사와 결합되는 것이기 때문에 [무르피]로 발음해야 하는데, 음절의 끝소리 규칙을 적용하고 연음하여 [무르비]로 잘못 발음하기도 한다. 또한 음운 변동 없이 연음만 일어나야 하는 환경에서 ㉢구개음화를 잘못 적용하여 발음하는 경우도 있다. 가령 '솥을'은 앞말의 받침 'ㅌ' 뒤에 모음 'ㅣ'나 반모음 'ⱼ'로 시작된 형식 형태소가 결합된 것이 아니기 때문에 [소틀]로 발음해야 하는데, [소츨]로 잘못 발음하기도 한다.

[A]

겹받침의 발음도 혼동하기 쉽다. 표준 발음법 제10항에 따르면, 겹받침 'ㄳ', 'ㄵ', 'ㄼ, ㄽ, ㄾ', 'ㅄ'은 어말 또는 자음 앞에서 각각 [ㄱ, ㄴ, ㄹ, ㅂ]으로 발음해야 한다. 다만, '밟-'은 자음 앞에서 [밥]으로 발음해야 하고, '넓-'은 '넓죽하다'와 '넓둥글다'의 경우 [넙]으로 발음해야 한다. 다음으로 표준 발음법 제11항에 따르면, 겹받침 'ㄺ, ㄻ, ㄿ'은 어말 또는 자음 앞에서 각각 [ㄱ, ㅁ, ㅂ]으로 발음해야 하지만, 용언의 어간 말음 'ㄺ'은 'ㄱ' 앞에서 [ㄹ]로 발음해야 한다. 또한 표준 발음법 제14항에 따르면, 겹받침이 모음으로 시작된 형식 형태소와 결합되는 경우에는 뒤엣것만을 뒤 음절 첫소리로 옮겨 발음해야 하고, 이 경우 'ㅅ'은 된소리로 발음해야 한다.

867

윗글을 바탕으로 ⓐ~ⓔ의 비표준 발음이 나타나는 이유를 탐구한 내용으로 적절한 것은?

보 기

예	표준 발음	비표준 발음
ⓐ 맏이	[마지]	[마디]
ⓑ 이웃에게	[이우세게]	[이우데게]
ⓒ 안팎을	[안파끌]	[안파글]
ⓓ 숯을	[수츨]	[수틀]
ⓔ 숱이	[수치]	[수티]

① ⓐ는 ㉠을 적용해야 하는데 ㉢을 적용하였기 때문이다.

② ⓑ는 ㉠만 적용해야 하는데 ㉡을 적용한 후 ㉠을 적용하였기 때문이다.

③ ⓒ는 ㉡을 적용한 후 ㉠을 적용해야 하는데 ㉠만 적용하였기 때문이다.

④ ⓓ는 ㉡을 적용한 후 ㉢을 적용해야 하는데 ㉢만 적용하였기 때문이다.

⑤ ⓔ는 ㉢만 적용해야 하는데 ㉡을 적용한 후 ㉢을 적용하였기 때문이다.

868

[A]를 이해한 내용으로 적절하지 <u>않은</u> 것은?

① '넓다'는 표준 발음법 제10항에 따라 [넙따]로 발음해야겠군.

② '맑다'는 표준 발음법 제11항에 따라 [말따]로 발음해야겠군.

③ '묽고'는 표준 발음법 제11항에 따라 [물꼬]로 발음해야겠군.

④ '몫이'는 표준 발음법 제14항에 따라 [목씨]로 발음해야겠군.

⑤ '여덟이'는 표준 발음법 제14항에 따라 [여덜비]로 발음해야겠군.

문법 비문학 – 핵심 기출 문제

[2017년 3월 고3 학평 14-15번]

[869-870] 다음을 읽고 물음에 답하시오.

15세기 국어의 모음 조화는 형태소 내부와 경계에서 비교적 잘 지켜졌다. 한 형태소 내의 모음들을 살펴보면 'ㅏ, ㅗ, ᆞ' 등의 양성 모음은 양성 모음끼리, 'ㅓ, ㅜ, ㅡ' 등의 음성 모음은 음성 모음끼리 어울렸다. 중성 모음 'ㅣ'는 양성 모음과 어울리기도 하고, 음성 모음과 어울리기도 하였다. 또 어근과 접사가 결합하여 단어가 형성되거나 체언에 조사가 연결될 때, 용언 어간에 어미가 연결될 때에도 조사나 어미의 첫 모음은 그에 선행하는 모음과 같은 성질의 모음이 연결되었다. 예를 들어, 목적격 조사는 그에 선행하는 명사의 모음에 따라 '울/을, 룰/를' 중 하나가 선택되었고, '-온/-은', '-옴/-움', ⊙'-아/-어'와 같은 어미도 선행하는 어간의 모음에 따라 규칙적으로 선택되었다. 다만, 조사 '도', '와/과'나 어미 '-고', '-더-' 등은 모음 조화가 적용되지 않았다.

그런데 16세기부터 모음 조화는 약화되기 시작하였다. 이는 'ᆞ'의 소실과 관계가 있다. 16세기에는 둘째 음절 이하에서의 'ᆞ'가 소실되면서 주로 'ㅡ'에 합류하였다. 첫째 음절에서의 'ᆞ'는 여전히 양성 모음이었으나, 둘째 음절 이하에서는 'ᆞ' 대신 음성 모음인 'ㅡ'가 쓰인 것이다. 이러한 변화로 체언에 연결되는 '온/은', '울/을', '이/의' 등의 조사는 점차 '은', '을', '의' 등으로 통일되었고, 모음 조화를 지키던 '사ᄉᆞᆷ'과 같은 단어들은 '사슴'과 같이 모음 조화를 어기는 형태가 되고 말았다.

이후 18세기에 첫째 음절에서의 'ᆞ'가 주로 'ㅏ'에 합류하면서 'ᆞ'는 완전히 소실되었고, 국어의 모음 체계는 큰 변화를 겪게 되었다. 그리고 이러한 변화는 모음 조화가 약화되는 또 다른 요인으로 작용했다.

현대 국어에서는 모음 조화가 형태소 내부와 경계에서 지켜지지 않는 경우가 많다. 다만 '촐랑촐랑', '출렁출렁'과 같은 음성 상징어에서나 ⓛ일부 용언의 어간 뒤에 '-아/-어' 계열의 어미가 결합할 때 모음 조화가 이루어지는 모습을 확인할 수 있다.

869

⊙과 ⓛ을 모두 확인할 수 있는 예로 적절하지 **않은** 것은?

	15세기 국어		현대 국어	
	용언 어간	활용형	용언 어간	활용형
①	알-	아라	알-	알아
②	먹-	머거	먹-	먹어
③	시오-	시와	깨우-	깨워
④	쁘-	뻐	쓰-	써
⑤	ᄀᆞ독ᄒᆞ-	ᄀᆞ독ᄒᆞ야	가득하-	가득하여

870

윗글을 읽고, <보기>를 이해한 내용으로 적절하지 **않은** 것은?

> **보기**
>
> **(가)**
>
> **겨스레** 소옴 둔 **오술** 닙디 아니 ᄒᆞ고 녀르메 서늘ᄒᆞᆫ 디 가디 아니 ᄒᆞ며 ᄒᆞᄅᆞ ᄡᆞᆯ 두 호ᄇᆞ로써 **쥭을** 밍글오 소곰과 **ᄂᆞ믈홀** 먹디 아니 ᄒᆞ더라
>
> - 『 내훈 』(1447년)에서
>
> **[현대어 풀이]**
>
> 겨울에 솜 든 옷을 입지 아니하고 여름에 서늘한 데 가지 아니하며 하루 쌀 두 홉으로써 죽을 만들고 소금과 나물을 먹지 아니하더라.
>
> **(나)**
>
> 타락과 **초와** 쟝과 소금과 계ᄌ  ᄀᆞ르와 **파과** 마ᄂᆞᆯ과 부치와 기름과 댓무우과 외와 가지 등 여러가지 **ᄂᆞ믈**과 ᄃᆞᆰ긔 알과
>
> - 『 박통사언해 』(1677년)에서
>
> **[현대어 풀이]**
>
> 타락과 식초와 장과 소금과 겨자 가루와 파와 마늘과 부추와 기름과 당근과 오이와 가지 등 여러 가지 나물과 닭의 알과

① 15세기에는 한 단어 내에서 모음 조화가 잘 지켜졌음을 (가)의 '겨슬'과 'ᄒᆞᄅᆞ'를 통해 확인할 수 있군.

② 15세기에는 체언에 목적격 조사가 결합할 때 모음 조화가 지켜졌음을 (가)의 '오술'과 '쥭을'을 통해 확인할 수 있군.

③ 용언 어간에 '-더-'가 결합할 때에는 모음 조화가 적용되지 않았음을 (가)의 'ᄒᆞ더라'를 통해 확인할 수 있군.

④ 17세기에는 모음 조화의 약화에 따라 조사 사용에 혼란이 있었음을 (나)의 '초와'와 '파과'를 통해 확인할 수 있군.

⑤ 둘째 음절의 'ᆞ'가 'ㅡ'로 변하였음을 (가)의 'ᄂᆞ믈'과 (나)의 'ᄂᆞ믈'을 통해 확인할 수 있군.

[2018년 3월 고3 학평 11-12번]

[871-872] 다음을 읽고 물음에 답하시오.

　국어에는 발음을 자연스럽게 하는 상황에서 어떠한 자음 두 개를 연달아 발음하는 것이 어려워 발생하는 음운 변동들이 있다. 가령 '국'과 '물'은 따로 발음하면 제 소리대로 [국]과 [물]로 발음되지만, '국물'처럼 'ㄱ'과 'ㅁ'을 연달아 발음하게 되면 예외 없이 비음화가 일어나 'ㄱ'이 [ㅇ]으로 바뀐다. 이것은 국어에서 장애음*과 비음을 자연스럽게 연달아 발음하는 것이 어려워 일어나는 현상이다. '국화[구콰]', '좋다[조:타]'처럼 예사소리와 'ㅎ'이 거센소리로 축약되는 현상도 국어에서 연달아 발음하는 것이 어려운 자음들이 이어질 때 발생하는 음운 변동으로 볼 수 있다. 비음화와 자음 축약은 장애음 뒤에 비음이 이어질 때, 'ㅎ'의 앞이나 뒤에서 예사소리가 이어질 때와 같이 음운과 관련된 조건만으로 규칙성을 파악할 수 있다.

　국어에서 일어나는 된소리되기를 살펴보면, 예사소리인 파열음 'ㅂ, ㄷ, ㄱ' 뒤에 예사소리 'ㅂ, ㄷ, ㄱ, ㅅ, ㅈ'이 연달아 발음되기 어려워, 뒤에 오는 예사소리가 반드시 된소리로 바뀐다. 예를 들면, '국밥'은 반드시 [국빱]으로 발음된다. 이와 같은 현상은 필수적으로 일어나기 때문에 [갑짜기]로 발음되는 단어를 '갑자기'로 표기하더라도 발음할 때에는 예외 없이 [갑짜기]가 된다.

　한편 자음의 본래 소리대로 발음할 수 있음에도 불구하고 일어나는 된소리되기가 존재한다. '(신을) 신고'가 [신:꼬]로 발음되는 것처럼, 용언의 어간이 비음으로 끝나고 뒤에 오는 어미가 예사소리로 시작하면 예사소리가 된소리로 바뀐다. 그런데 명사인 '신고(申告)'는 [신고]로 발음되듯이, 국어의 자연스러운 발음에서 비음과 예사소리는 그대로 발음될 수도 있다. 따라서 비음 뒤의 예사소리가 된소리로 발음되는 현상의 규칙성을 파악하기 위해서는 음운과 관련된 조건뿐만 아니라 용언의 어간과 어미가 결합한다는 것과 같은 형태소와 관련된 조건까지 알아야 한다.

　국어의 규칙적인 음운 변동 중에는 어떠한 자음 두 개를 연달아 발음하는 것이 어려워 발생하는 것도 있고, 자음의 본래 소리대로 발음할 수 있음에도 불구하고 발생하는 것도 있다. 이와 같은 음운 변동이 일어난 발음들은 모두 표준 발음으로 인정된다.

---

* 장애음 : 구강 통로가 폐쇄되거나 마찰이 생겨서 나는 소리. 일반적으로 장애의 정도가 큰 파열음, 마찰음, 파찰음을 이름.

871

윗글을 바탕으로 <보기>를 탐구한 결과로 적절한 것은?

> **보 기**
>
> ○ ⓐ 집념[짐념]도 강하다.
> ○ 춤을 ⓑ 곧잘[곧짤] 춘다.
> ○ 책상에 ⓒ 놓고[노코] 가라.
> ○ 음식을 ⓓ 담기[담:끼]가 힘들다.
> ○ 모기한테 ⓔ 뜯긴[뜯낀] 모양이다.

① ⓐ와 ⓑ에서 이어져 있는 두 자음이 용언의 어간과 어미에 이어져 나타나면 음운 변동이 일어나지 않는다.

② ⓐ와 ⓔ에서 이어져 있는 두 자음을 제 소리대로 연달아 발음하는 것은 표준 발음으로 인정된다.

③ ⓑ와 ⓒ는 발음될 때, 음운과 관련된 조건만으로 규칙성을 파악할 수 있는 음운 변동이 일어난다.

④ ⓒ와 ⓓ는 발음될 때, 용언의 어간과 어미가 결합한다는 조건이 음운 변동을 일으키는 요인으로 작용한다.

⑤ ⓓ와 ⓔ는 발음될 때, 용언의 어간과 결합하는 어미의 첫소리가 예사소리에서 된소리로 바뀐다.

872

윗글을 바탕으로 <보기>의 '한글 맞춤법'을 이해한 내용으로 적절한 것은? [3점]

> **보 기**
>
> **제1항** 한글 맞춤법은 표준어를 소리대로 적되, 어법에 맞도록 함을 원칙으로 한다.
>
> **제5항** 한 단어 안에서 뚜렷한 까닭 없이 나는 된소리는 다음 음절의 첫소리를 된소리로 적는다.
> 　1. 두 모음 사이에서 나는 된소리
> 　　예 가끔, 어찌
> 　2. 'ㄴ, ㄹ, ㅁ, ㅇ' 받침 뒤에서 나는 된소리
> 　　예 잔뜩, 훨씬
> 　다만, 'ㄱ, ㅂ' 받침 뒤에서 나는 된소리는, 같은 음절이나 비슷한 음절이 겹쳐 나는 경우가 아니면 된소리로 적지 아니한다. 예 국수, 몹시
>
> **제13항** 한 단어 안에서 같은 음절이나 비슷한 음절이 겹쳐나는 부분은 같은 글자로 적는다. (ㄱ을 취하고, ㄴ을 버림.)
>
> | ㄱ | ㄴ |
> | --- | --- |
> | 딱딱 | 딱닥 |

① 두 모음 사이에 예사소리가 오면 예외 없이 된소리가 되므로 '가끔'은 표기에 된소리를 밝혀 적는다.

② 예사소리인 파열음 뒤에서 된소리되기가 일어날 때 규칙성을 찾을 수 없으므로 '몹시'는 예사소리로 적는다.

③ '딱딱'은 '딱닥'으로 적으면 표준 발음이 [딱닥]이 될 수도 있으므로 두 번째 음절 첫소리를 예사소리로 적지 않는다.

④ '국수'는 두 번째 음절 첫소리를 된소리로 적지 않더라도 표준 발음인 [국쑤]로 발음되므로 표기에 된소리를 밝혀 적지 않는다.

⑤ '잔뜩'은 비음으로 끝난 용언의 어간 뒤의 예사소리가 된소리로 변했다는 뚜렷한 까닭이 있으므로 표기에 된소리를 밝혀 적는다.

[2019년 3월 고3 학평 11-12번]

[873-874] 다음 글을 읽고 물음에 답하시오.

현대 국어에서는 음절의 종성에서 실제로 발음되는 소리가 제한되어 있다. ㉠음절의 종성에 마찰음, 파찰음이 오거나 파열음 중 된소리나 거센소리가 오면 모두 예사소리 'ㄱ, ㄷ, ㅂ'으로 교체되고, ㉡음절의 종성에 자음군이 올 때는 한 자음이 탈락한다. 그런데 모음으로 시작하는 형식 형태소가 뒤에 오면 앞 음절의 종성에 있던 자음이 곧바로 연음된다. 이렇게 연음되어 뒤 음절의 초성에서 소리 나는 자음은 제 음가대로 발음된다.

연음이 일어나는 조건이 갖추어지더라도 다른 현상이 일어나 제 음가대로 발음이 되지 않는 경우도 있다. 가령, ㉢'ㄷ, ㅌ'으로 끝나는 말 뒤에 'ㅣ'로 시작하는 형식 형태소가 오면 'ㄷ, ㅌ'이 'ㅈ, ㅊ'으로 변하는 구개음화가 일어난다. 또한 용언 어간 말음 'ㅎ'은 모음으로 시작하는 형식 형태소가 뒤에 오면 연음되지 않고 탈락한다. ㉣용언 어간 말음 'ㅎ' 뒤에 'ㄱ, ㄷ, ㅈ'으로 시작하는 어미가 오면 'ㅎ'과 'ㄱ, ㄷ, ㅈ'이 거센소리로 축약되는데 이를 통해 용언 어간 말음 'ㅎ'이 존재함을 간접적으로 알 수 있다.

[A]
　연음과 음운 변동에 대한 지식을 활용하여 중세 국어 자료를 검토해 보면 현대 국어에서 찾아보기 어려운 형태의 단어를 발견할 수 있다. 예를 들어, 현대 국어에서는 'ㅎ'을 말음으로 가진 체언을 찾아보기 어렵다. 그러나 중세 국어 자료를 살펴보면 '돓(돌)', '나랗(나라)'와 같이 'ㅎ'을 말음으로 가진 체언을 확인할 수 있다.
　중세 국어 시기에는 체언 말음 'ㅎ'이 모음으로 시작하는 조사와 결합하면 '나라히'와 같이 연음되어 나타나는 것을 확인할 수 있다. 또한 'ㅎ'을 말음으로 가진 체언이 '과', '도'와 같은 조사와 결합하면 'ㅎ'이 뒤에 오는 'ㄱ, ㄷ'과 축약되어 'ㅋ, ㅌ'으로 나타났는데, 이를 통해서 'ㅎ'의 존재를 간접적으로 확인할 수 있다. 하지만 어떤 체언이 'ㅎ'을 말음으로 가지고 있다고 하더라도, 그 체언이 단독으로 쓰이거나 관형격 조사 'ㅅ'과 결합하여 쓰였을 때는 'ㅎ'이 실현되지 않아서 'ㅎ'을 말음으로 가지지 않은 체언과 구별되지 않았다. 해당 체언이 연음이나 축약이 일어나는 자리에 쓰인 사례를 검토해야 체언 말음 'ㅎ'의 존재 여부를 알 수 있다.

873

㉠~㉣에 대한 이해로 적절한 것은?

① '한몫[한목]'을 발음할 때, ㉠이 일어난다.
② '놓기[노키]'를 발음할 때, ㉣이 일어난다.
③ '끓지[끌치]'를 발음할 때, ㉡과 ㉣이 일어난다.
④ '값할[가팔]'을 발음할 때, ㉡과 ㉣이 일어난다.
⑤ '맞힌[마친]'을 발음할 때, ㉢과 ㉣이 일어난다.

874

[A]를 참조하여 <보기>의 ⓐ~ⓔ를 분석한 것으로 적절한 것은?

> **보 기**
>
> **[학습 목표]**
> 중세 국어 자료를 통해 체언 '하닗'에 대해 탐구한다.
>
> **[중세 국어 자료]**
> • ⓐ하ᄂᆞ히 ᄆᆞᅀᆞ물 뮈우시니 (하늘이 마음을 움직이게 하시니)
> • ⓑ하ᄂᆞᆯ 光明中에 드러 (하늘의 광명 가운데에 들어)
> • ⓒ하ᄂᆞᆯ 셤기ᅀᆞᆸ둣 ᄒᆞ야 (하늘 섬기듯 하여)
> • ⓓ하ᄂᆞᆯ토 뮈며 (하늘도 움직이며)
> • ⓔ하ᄂᆞᆯ콰 싸콰롤 니르니라 (하늘과 땅을 이르니라)

① ⓐ에서는 연음되어 음운의 개수에 변동이 없지만, ⓓ에서는 음운 변동이 일어나 음운의 개수가 줄어들었음을 알 수 있다.
② ⓑ에서는 'ㅎ'이 다른 음운으로 교체되었음을 알 수 있고, ⓒ에서는 'ㅎ'이 실현되지 않았다.
③ ⓑ에서는 체언 말음 'ㅎ'의 존재를 알 수 있지만, ⓓ에서는 체언 말음 'ㅎ'의 존재를 알 수 없다.
④ ⓑ와 ⓒ에서 동일한 체언이 단독으로 쓰일 때, 서로 다른 형태로도 실현되었음을 알 수 있다.
⑤ ⓓ와 ⓔ에서 체언에 현대 국어에 존재하지 않는 조사 '토', '콰'가 결합했음을 알 수 있다.

[2021년 9월 고3 모평 35-36번]

[875-876] 다음 글을 읽고 물음에 답하시오.

'음절'은 발음의 단위이다. 음절의 특징을 이해하는 것은 국어 발음의 특징과 여러 가지 음운 변동 현상을 이해하기 위한 기초가 된다. 한글은 소리를 나타내는 문자이기 때문에 한글의 표기와 발음이 동일하다고 생각하기 쉽다. 하지만 한글 표기법에는 소리를 그대로 적는다는 원칙도 있지만 ⊙의미를 효과적으로 전달하기 위해 하나의 의미는 하나의 형태로 고정하여 적는다는 원칙도 있어서, ⓛ표기가 실제 발음을 그대로 드러내지 않는 경우가 많다. 그런데 표기된 글자가 실제 발음과 다르더라도, 우리는 실제 발음이 아니라 ⓒ표기된 글자 하나하나를 '음절'이라고 인식하는 관습이 있다. 끝말잇기도 이러한 관습을 규칙으로 하여 이루어지는 놀이이다. 그러나 발음의 특징을 이해하기 위해서는 표기가 아니라 발음을 기준으로 음절을 인식해야 한다.

발음을 기준으로 할 때 우리말의 음절은 네 가지 유형으로 나뉜다. 어떤 음절이든 자음과 모음의 결합 방식에 따라 ⓔ'모음', '자음+모음', '모음+자음', '자음+모음+자음' 중 한 가지 유형에 해당한다. 각 음절 유형은 표기 형태에 그대로 나타나는 경우도 있지만, '축하[추카]'와 같이 ⓜ표기 형태가 음절 유형을 그대로 나타내지 않는 경우도 있다.

[A] 그런데 우리말에는 음절의 구조에 제약이 존재한다. 우선 초성에는 'ㅇ'이 올 수 없다. 또한 종성에는 'ㄱ, ㄴ, ㄷ, ㄹ, ㅁ, ㅂ, ㅇ'만 올 수 있다는 제약이 있다. 그래서 종성 자리에 올 수 없는 자음이 놓여 발음할 수 없으면, 다른 자음으로 교체되는 음운 변동이 일어나 발음이 가능해진다. 그리고 종성에는 둘 이상의 자음이 올 수 없다는 제약이 있다. 종성 자리에 두 개의 자음이 놓이게 되면 둘 중 하나가 탈락하는 음운 변동이 일어난다. 한편 음절 구조 제약과 관계없이 일어나는 음운 변동도 있다. 예를 들어 '논일[논닐]'에서 'ㄴ'이 첨가되는 것은 음절 구조 제약과는 무관한 음운 변동이다.

875

⊙~ⓜ을 이해한 내용으로 적절하지 <u>않은</u> 것은?

① ⊙에 따라 '싫증'은 싫다는 의미를 효과적으로 전달하기 위해 첫 글자의 형태를 고정하여 표기한 예이다.

② ⓛ에 해당하는 예로 '북소리'와 '국물'을 들 수 있다.

③ ⓒ에 따라 끝말잇기를 할 때, '나뭇잎' 뒤에 '잎새'를 연결할 수 있다.

④ ⓔ의 구분에 따르면 '강'과 '복'은 같은 음절 유형에 해당하지만, '목'과 '몫'은 서로 다른 음절 유형에 해당한다.

⑤ ⓜ에 해당하는 예로 '북어'를, 해당하지 않는 예로 '강변'을 들 수 있다.

876

[A]를 바탕으로 할 때, <보기>의 ⓐ~ⓔ에 대한 설명으로 적절한 것은?

보 기	표기	발음
ⓐ	굳이	[구지]
ⓑ	옷만	[온만]
ⓒ	물약	[물략]
ⓓ	값도	[갑또]
ⓔ	핥는	[할른]

① ⓐ : 음절 구조 제약과 관련된 교체가 한 번 일어난다.

② ⓑ : 음절 구조 제약과 관련된 교체가 한 번, 음절 구조 제약과 무관한 교체가 한 번 일어난다.

③ ⓒ : 음절 구조 제약과 무관한 첨가가 한 번, 음절 구조 제약과 관련된 교체가 한 번 일어난다.

④ ⓓ : 음절 구조 제약과 관련된 탈락이 한 번, 음절 구조 제약과 무관한 첨가가 한 번 일어난다.

⑤ ⓔ : 음절 구조 제약과 관련된 탈락이 한 번, 음절 구조 제약과 관련된 교체가 한 번 일어난다.

[2022년 4월 고3 학평 35-36번]

[877-878] 다음 글을 읽고 물음에 답하시오.

한글 맞춤법은 표준어를 소리대로 적되, 어법에 맞도록 함을 원칙으로 하고 있다. 우선 표준어를 소리대로 적는다는 것은 표준어를 발음되는 대로 표기하는 것을 가리킨다. 그런데 이것만으로는 충분하지 않은 경우가 있다.

예를 들어, '꽃'이라는 단어는 발음되는 환경에 따라 소리가 달라진다. '꽃'이 조사 '이', '만', '도'와 결합한 것을 발음되는 대로 적으면 '꼬치', '꼰만', '꼳또'이므로 의미를 파악하기 어렵다. 따라서 한글 맞춤법에서는 어법에 맞도록 한다는 원칙에 따라 '꽃이', '꽃만', '꽃도'와 같이 '꽃'이라는 하나의 형태로 적도록 하고 있다. 즉 여러 가지 발음을 고려한 대표 형태를 선택하여 일관되게 표기하게 한 것이다. 이러한 원칙은 용언의 어간에 어미가 결합할 때도 동일하게 적용된다. 다만 언제나 어법에 따라 의미가 같은 하나의 말을 하나의 형태로 고정하여 적을 수 있는 것은 아니다.

㉠대표 형태로는 여러 발음들이 나타나는 과정을 합리적으로 설명할 수 있다. [이써요], [인는데요], [읻떠라고요]와 같이 발음한 것을 한글 맞춤법에 따라 표기하기 위해 대표 형태를 선택하는 상황을 예로 들 수 있다. '있-', '인-', '읻-' 중에 '읻-'을 대표 형태로 본다면 [인는데요]는 비음화, [읻떠라고요]는 된소리되기로 둘 다 교체로 설명할 수 있지만, [이써요]는 설명할 수 없다. '인-'을 대표 형태로 본다면 [이써요]와 [읻떠라고요]는 설명할 수 없다. 그러나 '있-'을 대표 형태로 선택하면 [이써요]는 음운 변동 없이 연음된 것으로, [인는데요]와 [읻떠라고요]는 모두 교체로 설명할 수 있다. 따라서 '있-'을 대표 형태로 보는 것이 가장 합리적이다.

이와 달리 실제 발음에서 나타나지 않는 형태를 대표 형태로 선택하는 경우가 있다. 예를 들어 '놓으니', '놓다'는 [노으니], [노타]로 발음되는데 어간을 '놓-'이라는 대표 형태로 고정하여 적고 있다. 왜냐하면 대표 형태가 '노-'라면 [노타]를 설명할 수 없지만 '놓-'이라면 [노으니]는 탈락, [노타]는 축약으로 설명이 가능하기 때문이다.

877

윗글을 바탕으로 다음을 이해한 내용으로 적절하지 <u>않은</u> 것은?

최근 **들어 더운** 날씨가 이어지고 있습니다. 이번 **여름**은 얼마나 **덥고**, **장마**의 시작과 **끝이** 언제일지 궁금하신 분들이 많을 것 같습니다. 올해도 더위가 기승을 **부릴** 것으로 예측됩니다.

① '들어'를 발음할 때는 음운 변동이 나타나지 않는군.
② '더운'과 '덥고'는 어간의 의미가 같지만 형태를 하나로 고정하여 적지 않은 경우이군.
③ '여름', '장마'는 표준어를 발음되는 대로 표기한 것이군.
④ '끝이'를 '끄치'로 적지 않은 것은 어법에 맞도록 한다는 원칙 때문이군.
⑤ '부릴'의 어간은 실제 발음에서 나타나지 않는 형태를 대표 형태로 선택해 표기한 것이군.

878

㉠를 고려하여 <보기>의 ⓐ~ⓔ의 대표 형태를 탐구한 내용으로 적절한 것은? [3점]

보 기

※ 다음은 어간과 어미가 결합할 때의 발음이다.

어간 \ 어미	-고	-아서	-지만	-는
ⓐ	[깍꼬]	[까까서]	[깍찌만]	[깡는]
ⓑ	[달코]	[다라서]	[달치만]	[달른]
ⓒ	[싸코]	[싸아서]	[싸치만]	[싼는]
ⓓ	[할꼬]	[할타서]	[할찌만]	[할른]
ⓔ	[갑꼬]	[가파서]	[갑찌만]	[감는]

① ⓐ : 대표 형태가 '깍-'이라면 [깍찌만]과 [깡는]을 음운 변동으로 설명할 수 없지만, 대표 형태가 '깎-'이라면 둘 다 탈락으로 설명할 수 있겠군.
② ⓑ : 대표 형태가 '달-'이라면 [달코]와 [달치만]을 음운 변동으로 설명할 수 없지만, 대표 형태가 '닳-'이라면 둘 다 축약으로 설명할 수 있겠군.
③ ⓒ : 대표 형태가 '싼-'이라면 [싸코]와 [싸아서]를 음운 변동으로 설명할 수 없지만, 대표 형태가 '쌓-'이라면 둘 다 탈락으로 설명할 수 있겠군.
④ ⓓ : 대표 형태가 '할-'이라면 [할꼬]와 [할찌만]을 음운 변동으로 설명할 수 없지만, 대표 형태가 '핥-'이라면 둘 다 축약으로 설명할 수 있겠군.
⑤ ⓔ : 대표 형태가 '갑-'이라면 [갑꼬]와 [감는]을 음운 변동으로 설명할 수 없지만, 대표 형태가 '갚-'이라면 둘 다 교체로 설명할 수 있겠군.

[2024년 10월 고3 학평 35-36번]

[879-880] 다음 글을 읽고 물음에 답하시오.

표준 발음과 현실 발음은 일치할 수도 있고, 다를 수도 있다. 표준 발음과 현실 발음을 살펴봄으로써 국어 발음에 대한 이해를 심화할 수 있다.

먼저 음운 체계 측면에서 살펴보면, 표준 발음법 제4항에서는 "'ㅏ ㅐ ㅓ ㅔ ㅗ ㅚ ㅜ ㅟ ㅡ ㅣ'는 단모음(單母音)으로 발음한다."라고 명시하고 있다. 그러나 현실 발음을 살펴보면 어떤 방언에서는 'ㅡ'와 'ㅓ'를 구별하지 않고 하나의 단모음으로 발음하기도 한다. 또한 여러 방언에서는 'ㅔ'와 'ㅐ'를 구별하지 않고 하나의 단모음으로 발음하기도 한다. 이러한 경우, 발음하는 단모음의 개수가 표준 발음법에서 규정한 것과 다를 수 있다. 한편 단모음 중 'ㅚ', 'ㅟ'에 대해서는 표준 발음법 제4항의 [붙임]에서 "'ㅚ, ㅟ'는 이중 모음으로 발음할 수 있다."라고 하였다. 제4항의 [붙임]을 고려하면 표준 발음으로 발음하더라도 사람에 따라 발음하는 단모음의 개수가 다를 수 있다.

다음으로 음운 변동 측면에서 살펴보면, 표준 발음으로 인정되고 대부분의 방언에서도 보편적으로 일어나는 음운 변동이 있다. 음절 끝에서 소리가 날 수 없는 자음이 음절의 끝에 왔을 때 'ㄱ, ㄷ, ㅂ' 중 하나로 바뀌는 ㉠음절의 끝소리 규칙이나 'ㄱ, ㄷ, ㅂ'이 비음인 'ㄴ, ㅁ' 앞에서 비음으로 바뀌는 ㉡비음화는 대부분의 방언에서 일어나고, 표준 발음으로도 인정된다.

반면에 표준 발음으로 인정되는 음운 변동 중에는 방언에 따라 일어나는 양상에 차이를 보이는 것도 있다. 거센소리되기의 경우, 'ㅎ'이 'ㄱ, ㄷ, ㅂ, ㅈ'보다 앞에 위치해 일어나는 ㉢순행적 거센소리되기는 표준 발음으로 인정되고 대부분의 방언에서도 일어난다. 하지만 'ㅎ'이 이들 자음 뒤에 위치해 일어나는 ㉣역행적 거센소리되기는 표준 발음으로 인정되지만 어떤 방언에서는 일어나지 않는다. 그리고 종성에 두 개 이상의 자음이 올 경우 한 자음이 탈락하는 ㉤자음군 단순화는 대부분의 방언에서 일어나지만 방언에 따라 탈락하는 자음이 표준 발음과 다를 수 있다.

879

윗글을 통해 알 수 있는 내용으로 적절하지 <u>않은</u> 것은?

① 비음화는 대부분의 방언에서 일어나는 음운 변동이다.

② 대부분의 방언에서는 종성에서 하나의 자음만 발음된다.

③ 거센소리되기는 경우에 따라 표준 발음으로 인정되지 않는다.

④ 표준 발음으로 발음하더라도 사람에 따라 다르게 발음할 수 있는 단어도 있다.

⑤ 표준 발음법에서 규정한 단모음보다 적은 수의 단모음을 발음하는 방언이 존재한다.

880

윗글과 <자료>를 바탕으로 표준 발음을 탐구한 내용으로 적절한 것은? [3점]

> **보 기**
>
> **[표준 발음법]**
> 제9항 받침 'ㄲ, ㅋ', 'ㅅ, ㅆ, ㅈ, ㅊ, ㅌ', 'ㅍ'은 어말 또는 자음 앞에서 각각 대표음 [ㄱ, ㄷ, ㅂ]으로 발음한다.
> 제11항 겹받침 'ㄺ, ㄻ, ㄿ'은 어말 또는 자음 앞에서 각각 [ㄱ, ㅁ, ㅂ]으로 발음한다. 다만, 용언의 어간 말음 'ㄺ'은 'ㄱ' 앞에서 [ㄹ]로 발음한다.
> 제12항 받침 'ㅎ'의 발음은 다음과 같다.
>   1. 'ㅎ(ㄶ, ㅀ)' 뒤에 'ㄱ, ㄷ, ㅈ'이 결합되는 경우에는, 뒤 음절 첫소리와 합쳐서 [ㅋ, ㅌ, ㅊ]으로 발음한다.
>   [붙임 1] 받침 'ㄱ(ㄺ), ㄷ, ㅂ(ㄼ), ㅈ(ㄵ)'이 뒤 음절 첫소리 'ㅎ'과 결합되는 경우에도, 역시 두 음을 합쳐서 [ㅋ, ㅌ, ㅍ, ㅊ]으로 발음한다.
> 제18항 받침 'ㄱ(ㄲ, ㅋ, ㄳ, ㄺ), ㄷ(ㅅ, ㅆ, ㅈ, ㅊ, ㅌ, ㅎ), ㅂ(ㅍ, ㄼ, ㄿ, ㅄ)'은 'ㄴ, ㅁ' 앞에서 [ㅇ, ㄴ, ㅁ]으로 발음한다.

① '창밖'의 표준 발음 [창박]은 ㉠과 ㉤이 일어난 발음으로서, 제9항이 적용되는 예로 제시할 수 있다.

② '읽고'의 표준 발음 [일꼬]는 ㉤이 일어난 발음으로서, 제11항이 적용되는 예로 제시할 수 있다.

③ '끊고'의 표준 발음 [끈코]는 ㉣이 일어난 발음으로서, 제12항의 1이 적용되는 예로 제시할 수 있다.

④ '놓는'의 표준 발음 [논는]은 ㉠과 ㉡이 일어난 발음으로서, 제12항의 [붙임 1]이 적용되는 예로 제시할 수 있다.

⑤ '읊는'의 표준 발음 [음는]은 ㉠, ㉡, ㉤이 일어난 발음으로서, 제18항이 적용되는 예로 제시할 수 있다.

[2025년 6월 고3 모평 35-36번]

[881-882] 다음 글을 읽고 물음에 답하시오.

　국어의 용언은 어간에 어미가 결합하여 다양하게 활용한다. 용언의 활용형은 원칙적으로 어간과 어미의 원래 형태를 밝혀 적는다. 그런데 용언이 활용할 때에는 음운 변동이 일어날 수 있으며 그 결과가 표기에 반영되기도 하고 반영되지 않기도 한다. 예컨대 '쌓다'는 '쌓 + 고[싸코]'에서 거센소리되기, '쌓 + 아[싸아]'에서 'ㅎ' 탈락, '쌓 + 는[싼는]'에서 음절의 끝소리 규칙과 비음화가 적용되더라도 이들 음운 변동 결과는 표기에 반영되지 않는다. '날다'의 경우에는 '날 + 고[날고]', '날 + 아[나라]', '날 + 니[나니]'로 활용하는데, 'ㄹ' 탈락이 일어날 때의 결과는 표기에 반영된다.

[A]
　이제 어간 말 모음을 가진 용언이 모음 '아/어'로 시작하는 어미와 결합할 때를 중심으로 음운 변동이 표기에 반영되는지를 살펴보자. 첫째, 어간 말 모음이 '오/우'이면 반모음으로의 교체가 일어날 수 있다. 예컨대 '나오 + 아[나와]'는 ㉠어간 말 모음 '오'가 반모음 'w'로 교체된 것이다. 이는 '쏘 + 아'가 음절이 줄어 '쏴'가 될 때에도 발견된다. 둘째, 어간 말 모음이 '이'이면 ㉡어간 말 모음 '이'가 반모음 'j'로 교체될 수 있다. 이는 '견디 + 어'의 음절이 줄어 '견뎌'가 되는 과정에서 확인된다. 그런데 '견디 + 어[견디어]'는 [견디여]처럼 ㉢어미 '어'에 반모음 'j'가 첨가되는 현상도 보인다. 그러나 'ㅅ' 불규칙 용언의 활용에서는 '(밥을) 짓 + 어[지어]'처럼 반모음 첨가가 일어나지 않는다. 셋째, 어간 말 모음이 '아/어'이면 ㉣동일 모음 탈락이 일어난다. 일례로 '사다'의 활용형인 '사 + 아[사]'에서는 동일한 모음 중 하나가 탈락한다. 넷째, 어간 말 모음이 '으'이면 ㉤어간 말 모음 '으'가 탈락한다. 이는 '쓰다'의 활용형인 '쓰 + 어[써]'에서 확인된다. 위의 경우들에서, 'j' 반모음 첨가를 제외하고는 음운 변동의 결과가 모두 표기에 반영된다.

　'넷째' 경우와 관련하여, 어간 말이 '르'일 때 '으' 탈락만 일어나는 것은 아니다. '르' 불규칙, '러' 불규칙 활용 용언에서 그러하다. 가령 '쓰다'처럼 활용하는 '치르다'와 달리, '지르다'는 어간이 '질러'로 바뀌어 '질러'로, '(정상에) 이르다'는 어미 '어'가 '러'로 바뀌어 '이르러'로 활용한다. 이 두 활용도 모두 표기에 반영된다.

881

윗글을 이해한 내용으로 적절한 것은?

① 용언이 불규칙 활용해도 어간, 어미의 원래 형태대로 적는다.
② 용언의 어간이 여러 어미와 결합할 때 한 가지 음운 변동만 일어난다.
③ '(문제를) 푸니'는 음운 변동이 일어났지만 표기에 반영되지 않았다.
④ '본떠'는 '닳아서'와 달리 음운 변동의 결과가 표기에 반영되었다.
⑤ '(정상에) 이르다'와 '(주의 사항을) 이르다'의 활용은 어간과 어미가 모두 변한다는 공통점이 있다.

882

다음은 학생이 '음운 변동'을 중심으로 [A]를 요약한 것이다. ㉠~㉤에 대해 이해한 내용으로 적절하지 않은 것은?

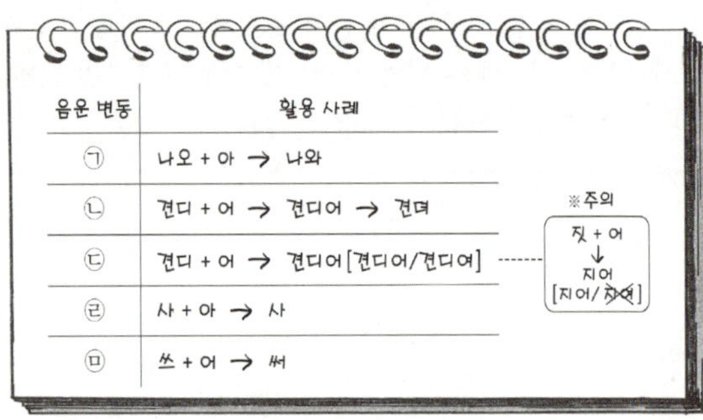

음운 변동	활용 사례
㉠	나오 + 아 → 나와
㉡	견디 + 어 → 견디어 → 견뎌
㉢	견디 + 어 → 견디어[견디어/견디여]
㉣	사 + 아 → 사
㉤	쓰 + 어 → 써

① '(다리를) 꽈서', '(꽃을) 봐서'는 모두 ㉠의 사례로 추가할 수 있군.
② '(회사에) 다녀', '(사람들과) 어울리려고'는 모두 ㉡의 사례로 추가할 수 있군.
③ '(어려움을) 버티어'는 '(두 점을) 이어'와 달리 ㉢의 사례로 추가할 수 있군.
④ '(잘못을) 나무라서'는 '(유행을) 따라서'와 달리 ㉣의 사례로 추가할 수 있군.
⑤ '(김치를) 담가', '(돈을) 모아'는 모두 ㉤의 사례로 추가할 수 있군.

[2020년 9월 고2 학평 11-12번]

[883-884] 다음 글을 읽고 물음에 답하시오.

　두 단어가 서로 짝을 이루어 반대되는 뜻을 나타내는 말을 반의어라고 한다. 이 중 '넓다/좁다'처럼 정도나 등급에 있어서 대립되는 단어 쌍을 등급 반의어라고 한다. 등급 반의어는 다음과 같은 특징이 있다.

　첫째, 등급 반의어가 나타내는 정도나 등급은 단계적인 차이를 보이며, 이러한 차이로 인해 정도부사의 수식이나 비교 표현이 가능하다. 예를 들어 "우리 집 마당은 아주 넓다.", "우리 집 마당이 옆집 마당보다 더 넓다."라고 쓸 수 있다. 이때 '우리 집 마당'의 넓이가 얼마인가에 대해서는 사람마다 생각하는 바가 조금씩 다를 수 있다.

　둘째, 등급 반의어에서는 한쪽 단어의 긍정이 다른 쪽 단어의 부정을 함의하며, 이것의 역은 성립하지 않는다. 예를 들어 '마당이 넓다'는 '마당이 좁지 않다'는 의미를 포함한다. 그러나 마당이 '좁지 않다'고 해서 반드시 '넓다'는 것은 아니다. 마당이 넓지도 않고 좁지도 않을 수 있기 때문이다.

　셋째, 등급 반의어는 두 단어를 동시에 부정할 수 있다. 예를 들어 "마당이 넓지도 않고 좁지도 않다."라는 표현이 가능한데, 이것은 마당의 크기에 대해 사람들이 인식하는 '중간 정도'의 크기가 있기 때문이다. 이때 '중간 정도'에 해당하는 부분을 나타내는 별도의 말이 존재하기도 한다.

　넷째, ㉠등급 반의어의 대립 쌍 중 일부는 두 단어 중 하나가 언어적으로 더 일반적인 경향을 나타내는 의미로 쓰인다. 예를 들어 마당의 면적에 대한 사전 지식이 없는 상태에서 마당의 '넓거나 좁은 정도'를 물을 때, "마당이 얼마나 넓니?"라고 묻는 것이 일반적이다. 마당이 좁다는 것을 전제하지 않는 한 "마당이 얼마나 좁니?"라고 묻는 것은 어색하다. 또한 넓은 정도를 나타내는 파생 명사로 '좁이'가 아니라 '넓이'가 사용된다. 이는 '넓다'가 '좁다'에 비해 어떠한 전제나 가정이 없는 의미를 나타낸다는 것을 말해 준다. 이렇게 보면 등급 반의 관계에 있는 '넓다/좁다'에서 '넓다'가 더 활발하게 쓰여 사용상의 비대칭성을 보인다고 할 수 있다.

883

윗글을 참고하여 추론한 내용으로 적절하지 <u>않은</u> 것은?

① '올해는 사과의 품질이 좋다.'에서 '좋다'에는 비교 표현을 쓸 수 있겠군.
② '여행 가방이 무겁다.'에서 사람들이 생각하는 가방의 무게는 다를 수 있겠군.
③ '기차역은 여기에서 멀다.'에서 '멀다'는 정도부사의 수식을 받을 수 있겠군.
④ '영수 집은 학교에서 가깝다.'에서 '가깝다'를 부정하면 '멀다'의 의미와 동일하겠군.
⑤ '물이 뜨겁지도 차갑지도 않다.'에서 '뜨겁지도'와 '차갑지도' 사이의 중간 정도를 나타내는 말이 있겠군.

884

<보기>의 담화 상황을 고려할 때, 윗글의 ㉠에 해당하는 것만을 ⓐ~ⓕ에서 있는 대로 고른 것은? [3점]

보 기

진주 : 여행 잘 갔다가 ⓐ왔어? 기억에 남는 곳이 있니?
승민 : 이육사의 발자취를 따라 이육사 문학관에 ⓑ갔어. 볼 것도 많고 체험도 할 수 있어서 인상 깊었어.
진주 : 나도 가 보고 싶다. 문학관이 ⓒ커?
승민 : 우리가 같이 갔던 황순원 문학관보단 ⓓ작아. 입장할 때 줄도 섰어.
진주 : 그랬구나. 줄이 ⓔ길었어?
승민 : 내 앞에 다섯 명 정도 있었어. 줄은 ⓕ짧았는데 술 어드는 데 시간이 오래 걸렸어. 사람들이 천천히 관람하느라 그런 것 같아.

① ⓐ, ⓕ　　② ⓒ, ⓔ　　③ ⓓ, ⓕ
④ ⓐ, ⓒ, ⓔ　　⑤ ⓑ, ⓓ, ⓕ

문법 비문학 – 핵심 기출 문제

[2024년 9월 고2 학평 11-12번]

[885-886] 다음 글을 읽고 물음에 답하시오.

국어의 어휘를 구성하고 있는 단어들은 의미를 중심으로 여러 관계를 맺고 있다. 먼저, 의미의 계층상 단어의 한쪽이 다른 쪽을 포함하거나 다른 쪽에 포함되는 관계를 상하 관계라고 하며 이에 따라 다른 단어의 의미를 포함하는 단어를 상의어, 다른 단어에 포함되는 단어를 하의어라 한다. 상의어와 하의어는 의미 성분의 수에 차이가 있는데, 예를 들어 '소년'은 아직 완전히 성숙하지 않은 어린 남자아이를, '총각'은 결혼하지 않은 성년 남자를 의미한다는 점에서 '남자'보다 의미 성분의 수가 많다는 것을 알 수 있다. 이처럼 하의어일수록 의미 성분의 수가 더 많아지고, 그 의미가 구체적으로 한정되어 그 단어가 지시하는 지시 대상의 범위가 좁아진다. 또한, '남자'는 '인간'에 대해서는 하의어이지만 '소년'이나 '총각'에 대해서는 상의어인 것처럼 상의어와 하의어의 관계는 단어에 따라 상대적이라는 특징이 있다.

다음으로, 유사한 의미를 지닌 둘 이상의 단어들끼리 맺고 있는 의미 관계를 유의 관계라고 하며, 이러한 관계에 있는 단어들을 유의어라 한다. '남자'와 '남성', '사내'와 같은 단어들은 의미가 비슷하여 대개 문장에서 서로의 자리에 바꾸어 들어갈 수 있는 유의어들이다. 하지만 그 의미가 완전히 똑같지는 않으므로 어느 경우에나 바꿔 쓸 수 있는 것은 아니다.

마지막으로, 서로 대립되는 의미를 가진 단어들간의 관계를 반의 관계라고 하며, 이 관계에 속하는 단어들을 반의어라고 한다. 반의어는 모든 의미 성분이 대립되는 단어가 아니라 나머지 의미 성분을 공유하고 단 하나의 의미 성분에 대해서만 차이를 가지는 단어이다. 예를 들어, '남자'와 '여자'는 다른 의미 성분은 모두 같지만 '성별'이라는 의미 성분에서만 차이가 있기 때문에 반의 관계에 있다. 하지만 '할아버지'와 '소녀'는 '성별' 외에 '연령'이라는 의미 성분도 다르기 때문에 반의 관계가 아니다. ㉠한 단어가 둘 이상의 반의어를 가질 수도 있는데, 이는 어떤 단어가 여러 의미를 갖는 다의어일 때, 각각의 의미에 따라 반의어가 달라질 수 있는 경우가 있기 때문이다.

이러한 단어들의 관계를 한 단어를 중심으로 하는 어휘 지도를 통해 표현할 수도 있는데, '조류'와 '아버지'라는 단어는 아래의 어휘 지도를 통해 그 의미 관계를 파악할 수 있다.

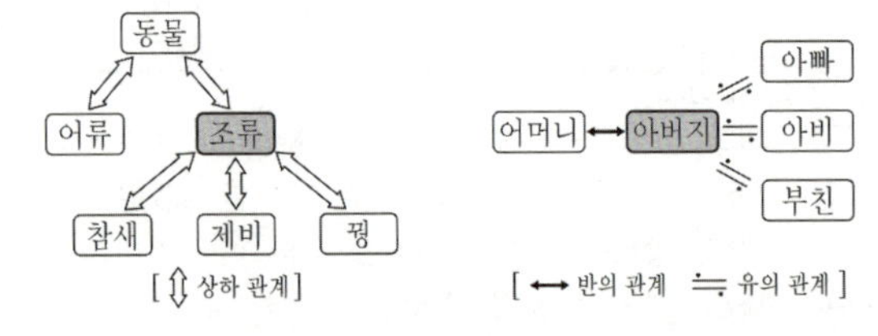

885

윗글의 어휘 지도를 이해한 내용으로 적절하지 <u>않은</u> 것은?

① '동물'은 '어류'에 비해 단어가 지시하는 지시 대상의 범위가 넓다.

② '조류'는 '참새', '제비', '꿩'보다 가지고 있는 의미 성분의 수가 많다.

③ '아버지'와 '아비'는 의미가 유사하지만 문장에 따라 바꾸어 쓸 수 없는 경우도 있다.

④ '아버지'와 '어머니'는 '성별'이라는 의미 성분을 제외한 나머지 의미 성분을 공유하고 있다.

⑤ '조류'는 '동물'에 대해서는 하의어이지만 '제비'에 대해서는 상의어이므로 상하 관계의 상대성이 드러난다.

886

윗글의 ㉠을 참조하여 <보기>의 빈칸을 채울 때, [A]~[C]에 들어갈 말을 바르게 배열한 것은?

보 기

단어	예문		반의어
걸다	벽에 그림을 걸고 있었다.	↔	[A]
	지금 친구에게 전화를 걸어야 한다.	↔	받다
	[B]	↔	열다
	자동차의 시동을 걸었다.	↔	[C]

	[A]	[B]	[C]
①	떼다	대문에 빗장을 걸었다.	끄다
②	떼다	솥을 가장자리에 걸었다.	끄다
③	떼다	문에 자물쇠를 걸지 않았다.	내리다
④	빼다	명예를 걸고 임해야 할 것이다.	내리다
⑤	빼다	큰 상금이 걸려 있는 대회이다.	풀다

[2017년 6월 고3 모평 11-12번]

[887-888] 다음 글을 읽고 물음에 답하시오.

단어의 의미 관계 중 상하 관계는 의미상 한 단어가 다른 단어를 포함하거나 다른 단어에 포함되는 관계를 말한다. 이때 다른 단어의 의미를 포함하는 단어를 상의어라 하고 다른 단어의 의미에 포함되는 단어를 하의어라 하는데, 상의어일수록 일반적이고 포괄적인 의미를 지니며 하의어일수록 구체적이고 한정적인 의미를 지닌다.

상하 관계에 있는 단어들은 상의어와 하의어가 상대적으로 정해진다. 이를테면 '구기'는 '스포츠'와의 관계 속에서 하의어가 되지만, '축구'와의 관계 속에서는 상의어가 된다. 그런데 '구기'의 하의어에는 '축구' 외에 '야구', '농구' 등이 더 있다. 이때 상의어인 '구기'에 대해 하의어 '축구', '야구', '농구' 등은 같은 계층에 있어 이들을 상의어 '구기'의 공하의어라 하며, 이들 공하의어 사이에는 ㉠비양립 관계가 성립한다. 곧 어떤 구기가 '축구'이면서 동시에 '야구'나 '농구'일 수는 없다.

한편 상하 관계에서는 하의어들이 상의어의 의미를 이어받아 상의어를 의미적으로 함의한다. 일례로 어떤 새가 '장끼'이면 그 '장끼'는 상의어 '꿩'의 의미를 이어받으므로 '꿩'을 의미적으로 함의하는 것이다. 그러나 어떤 새가 '꿩'이라 해서 그것이 꼭 '장끼'여야 하는 것은 아니므로, 상의어는 하의어를 의미적으로 함의하지 못한다. 이를 '[ ]'로 표현하는 의미 자질로 설명하면, 하의어 '장끼'는 상의어 '꿩'의 의미 자질들을 가지면서 [수컷]이라는 의미 자질을 더 가져, 결국 하의어 '장끼'는 상의어 '꿩'보다 의미 자질 개수가 많다. 곧 상의어보다 의미 자질이 많은 하의어는 상의어를 의미적으로 함의하는 것이다.

그런데 앞에서 살폈듯이 '구기'의 공하의어가 여러 개인 것과 달리, '꿩'의 공하의어는 성별로 구분했을 때 '장끼'와 '까투리' 둘 뿐이다. '구기'의 공하의어인 '축구', '야구' 등과 마찬가지로 '장끼', '까투리'는 '꿩'의 공하의어로서 비양립 관계에 있다. 그러나 '장끼'와 '까투리'의 경우, '장끼'가 아닌 것은 곧 '까투리'이고 그 역도 성립한다는 점에서 ㉡상보적 반의 관계에 있다. 따라서 한 상의어가 같은 계층의 두 단어만을 공하의어로 포함하면, 그 공하의어들은 상보적 반의 관계에 있다고 할 수 있다.

887

윗글을 바탕으로 다음 자료를 탐구한 것으로 적절하지 <u>않은</u> 것은?

> **악기(樂器)**[-끼] **명**
> [음악] 음악을 연주하는 데 쓰는 기구를 통틀어 이르는 말. 연주법에 따라 일반적으로 현악기, 관악기, 타악기로 나눈다.
>
> **타-악기(打樂器)**[타:-끼] **명**
> [음악] 두드려서 소리를 내는 악기를 통틀어 이르는 말. 팀파니, 실로폰, 북이나 심벌즈 따위이다.

① '타악기'는 '실로폰'의 상의어로서 '실로폰'보다 포괄적인 의미를 갖겠군.

② '북'은 '타악기'의 하의어이므로 [두드림]을 의미 자질 중 하나로 갖겠군.

③ '기구'는 '악기'를 의미적으로 함의하고 '악기'는 '북'을 의미적으로 함의하겠군.

④ '타악기'와 '심벌즈'는 모두 '기구'의 하의어이지만 '기구'의 공하의어는 아니겠군.

⑤ '현악기'와 '관악기'는 '악기'의 공하의어이므로 모두 '악기'의 상의어 '기구'보다 의미 자질의 개수가 많겠군.

888

윗글을 바탕으로 할 때 ㉠과 ㉡을 모두 만족시키는 단어 쌍만을 <보기>에서 있는 대로 고른 것은?

> **보 기**
>
> ⓐ여름에 고향을 출발한 그가 마침내 ⓑ북극에 도달했다는 소식에 나는 다급해졌다. 지구의 양극 중 ⓒ남극에는 내가 먼저 가야 했다. 남극 대륙은 ⓓ계절이 여름이어도 내 고향의 ⓔ겨울만큼 바람이 찼다. 남극 대륙에서 나를 위로해 준 것은 썰매를 끄는 ⓕ개들과 귀여운 몸짓을 하는 ⓖ펭귄들, 그리고 먹이를 찾아 날아다니는 ⓗ갈매기들뿐이었다.

① ⓑ - ⓒ

② ⓐ - ⓔ, ⓑ - ⓒ

③ ⓑ - ⓒ, ⓖ - ⓗ

④ ⓐ - ⓓ, ⓑ - ⓒ, ⓖ - ⓗ

⑤ ⓐ - ⓔ, ⓑ - ⓒ, ⓕ - ⓗ

[2019년 6월 고3 모평 11-12번]

[889-890] 다음 글을 읽고 물음에 답하시오.

어린 말은 망아지, 어린 소는 송아지, 어린 개는 강아지라고 한다. 이들은 모두 사람들이 친숙하게 기르는 가축이라는 공통점이 있으며, 새끼를 나타내는 단어가 모두 '-아지'로 끝난다는 점이 흥미롭다. 그런데 돼지도 흔한 가축인데, 현대 국어에서 어린 돼지를 가리키는 고유어 단어는 따로 없다. '가축과 그 새끼'를 나타내는 고유어 어휘 체계에서 '어린 돼지'의 자리는 빈자리로 남아 있는 것이다. 그렇다고 해서 어린 돼지를 사람들이 인식하지 못하는 것은 아니다. 다만 어린 돼지를 가리키는 고유어 단어가 없을 뿐인데, 이렇게 한 언어의 어휘 체계 내에서 개념은 존재하지만 실제 단어가 존재하지 않는 경우를 '어휘적 빈자리'라고 한다.

어휘적 빈자리는 계속 존재하기도 하지만, 다양한 방식으로 채워지기도 한다. 그렇다면 어휘적 빈자리가 채워지는 방식에는 어떤 것들이 있을까? 첫 번째 방식은 단어가 아닌 구를 만들어 빈자리를 채우는 방식이다. 어떤 언어에는 '사촌, 고종사촌, 이종사촌'에 해당하는 각각의 단어는 존재하지만, 외사촌을 지시하는 단어는 없다. 그래서 그 언어에서 외사촌을 지시할 때에는 '외삼촌의 자식'이라고 말한다고 한다. 현대 국어에서 어린 돼지를 가리킬 때 '아기 돼지, 새끼 돼지' 등으로 말하는 것도 이러한 방식에 해당된다.

두 번째 방식은 한자어나 외래어를 이용하여 빈자리를 채우는 방식이다. 무지개의 색채를 나타내는 현대 국어의 어휘 체계는 '빨강-주황-노랑-초록-파랑…'인데 이 중 '빨강, 노랑, 파랑'은 고유어이지만 '빨강과 노랑의 중간색', '풀의 빛깔과 같이 푸른빛을 약간 띤 녹색' 등을 나타내는 고유어는 없기 때문에 한자어 '주황(朱黃)'과 '초록(草綠)' 등이 쓰이고 있다.

세 번째 방식은 상의어로 하의어의 빈자리를 채우는 방식이다. '누이'는 원래 손위와 손아래를 모두 가리키는 단어인데, 손위를 의미하는 '누나'라는 단어는 따로 있으나 '손아래'만을 의미하는 단어는 없어서 상의어인 '누이'가 그대로 빈자리에 들어가게 되었다. 이후 의미 구별을 위해 손아래를 의미하는 '누이동생'이 생겨나기는 했지만, 여전히 '누이'는 상의어로도 쓰이고, 하의어로도 쓰인다.

889

윗글을 바탕으로 <보기>에 대해 이해한 내용으로 적절한 것은?

> **보 기**
>
> 지금의 '돼지'를 의미하는 말이 예전에는 '돝'이었고, '돝'에 '-아지'가 붙어 '돝의 새끼'를 의미하는 '도야지'가 쓰였다. 그런데 현대 국어의 표준어에서는 '돝'이 사라지고, '돝'의 자리를 '도야지'의 형태가 바뀐 '돼지'가 차지하게 되었다.

① '예전'의 '도야지'에 해당하는 개념이 지금은 사라졌다.
② '예전'의 '돝'은 '도야지'의 하의어로, 의미가 더 한정적이다.
③ 지금의 '돼지'와 '예전'의 '도야지'가 나타내는 개념은 다르다.
④ 지금의 '어린 돼지'에 해당하는 어휘적 빈자리는 '예전'부터 있었다.
⑤ '예전'의 '도야지'의 개념을 나타내기 위해 지금은 하나의 고유어 단어가 사용된다.

890

윗글의 어휘적 빈자리가 채워지는 방식이 적용된 사례만을 <보기>에서 있는 대로 고른 것은?

> **보 기**
>
> ㄱ. 학생 1은 할머니 휴대 전화에 번호를 저장해 드리면서 할머니의 첫 번째, 네 번째 사위는 각각 '맏사위', '막냇사위'라고 입력했지만, 두 번째, 세 번째 사위를 구별하여 가리키는 단어가 없어 '둘째 사위', '셋째 사위'라고 입력하였다.
> ㄴ. 학생 2는 '꿩'에 대한 보고서를 작성할 때 꿩의 하의어로 수꿩에 해당하는 '장끼'와 암꿩에 해당하는 '까투리'는 알고 있었지만, 꿩의 새끼를 나타내는 단어를 몰라 국어사전에서 고유어 '꺼병이'를 찾아 사용하였다.
> ㄷ. 학생 3은 태양계의 행성을 가리키는 어휘 체계인 '수성-금성-지구-화성…'을 조사하면서 '금성'의 고유어로 '샛별'과 '개밥바라기'가 있음을 알았는데, '개밥바라기'라는 단어는 생소하여 '샛별'만을 기록하였다.

① ㄱ   ② ㄱ, ㄴ   ③ ㄱ, ㄷ
④ ㄴ, ㄷ   ⑤ ㄱ, ㄴ, ㄷ

[2019년 수능 11-12번]
[891-892] 다음 글을 읽고 물음에 답하시오.

다의어란 두 가지 이상의 의미를 가진 단어를 말한다. 다의어에서 기본이 되는 핵심 의미를 중심 의미라고 하고, 중심 의미에서 확장된 의미를 주변 의미라고 한다. 중심 의미는 일반적으로 주변 의미보다 언어 습득의 시기가 빠르며 사용 빈도가 높다. 그러면 다의어의 특징에 대해 좀 더 알아보자.

첫째, 주변 의미로 사용되었을 때는 문법적 제약이 나타나기도 한다. 예를 들면 '한 살을 먹다'는 가능하지만 '한 살이 먹히다'나 '한 살을 먹이다'는 어법에 맞지 않는다. 또한 '손'이 '노동력'의 의미로 쓰일 때는 '부족하다, 남다' 등 몇 개의 용언과만 함께 쓰여 중심 의미로 쓰일 때보다 결합하는 용언의 수가 적다.

둘째, 주변 의미는 기존의 의미가 확장되어 생긴 것으로서, 새로 생긴 의미는 기존의 의미보다 추상성이 강화되는 경향이 있다. '손'의 중심 의미가 확장되어 '손이 부족하다', '손에 넣다'처럼 각각 '노동력', '권한이나 범위'로 쓰이는 것이 그 예이다.

셋째, 다의어의 의미들은 서로 관련성을 갖는다.

줄 명

① 새끼 따위와 같이 무엇을 묶거나 동이는 데에
　쓸 수 있는 가늘고 긴 물건.
　예) 줄로 묶었다.
② 길이로 죽 벌이거나 늘여 있는 것.
　예) 아이들이 줄을 섰다.
③ 사회생활에서의 관계나 인연.
　예) 내 친구는 그쪽 사람들과 줄이 닿는다.

예를 들어 '줄'의 중심 의미는 위의 ①인데 길게 연결되어 있는 모양이 유사하여 ②의 의미를 갖게 되었다. 또한 연결이라는 속성이나 기능이 유사하여 ③의 뜻도 지니게 되었다. 이때 ②와 ③은 '줄'의 주변 의미이다.

그런데 ㉠다의어의 의미들이 서로 대립적 관계를 맺는 경우가 있다. 예를 들어 '앞'은 '향하고 있는 쪽이나 곳'이 중심 의미인데 '앞 세대의 입장', '앞으로 다가올 일'에서는 각각 '이미 지나간 시간'과 '장차 올 시간'을 가리킨다. 이것은 시간의 축에서 과거나 미래 중 어느 방향을 바라보는지에 따른 차이로서 이들 사이의 의미적 관련성은 유지된다.

891

윗글을 참고하여 추론한 내용으로 적절하지 <u>않은</u> 것은?

① 대부분의 아이들이 '별'의 의미 중 '군인의 계급장'이라는 의미보다 '천체의 일부'라는 의미를 먼저 배우겠군.

② '앉다'의 의미 중 '착석하다'의 의미로 쓰이는 빈도가 '요직에 앉다'처럼 '직위나 자리를 차지하다'의 의미로 쓰이는 빈도보다 더 높겠군.

③ '결론에 이르다'와 '포기하기에는 아직 이르다'에서 '이르다'의 의미들은 서로 관련성이 없으니, 이 두 의미는 중심 의미와 주변 의미의 관계로 볼 수 없겠군.

④ '팽이를 돌리다'는 어법에 맞는데 '침이 생기다'라는 의미의 '돌다'는 '군침을 돌리다'로 쓰이지 않으니, '군침이 돌다'의 '돌다'는 주변 의미로 사용된 것이겠군.

⑤ 사람의 감각 기관을 뜻하는 '눈'의 의미가 '눈이 나빠져서 안경의 도수를 올렸다'에서의 '눈'의 의미로 확장되었으니, '눈'의 확장된 의미는 기존 의미보다 더 구체적이겠군.

892

밑줄 친 단어들의 의미를 고려하여 ㉠의 예에 해당하는 것만을 <보기>에서 있는 대로 고른 것은? [3점]

보 기

영희 : 자꾸 말해 미안한데 모둠 발표 자료 좀 <u>줄래</u>?
민수 : 너 <u>빚쟁이</u> 같다. 나한테 자료 맡겨 놓은 거 같네.
영희 : 이틀 <u>뒤</u>에 발표 사전 모임이라고 <u>금방</u> 문자 메시지가 왔었는데 지금 또 왔어. 근데 <u>빚쟁이</u>라니, 내가 언제 <u>돈</u> 빌린 것도 아니고……
민수 : 아니, 꼭 빌려 준 <u>돈</u> 받으러 온 사람 같다고. 자료 여기 있어. 가협이랑 도서관에 같이 가자. 아까 출발했다니까 <u>금방</u> 올 거야.
영희 : 그래. 발표 끝난 <u>뒤</u>에 다 같이 밥 먹자.

---

① 빚쟁이　　　　　　　② 빚쟁이, 금방

③ 뒤, 돈　　　　　　　④ 뒤, 금방, 돈

⑤ 빚쟁이, 뒤, 금방

[2020년 수능 11-12번]

[893-894] 다음 글을 읽고 물음에 답하시오.

우리는 단어의 의미와 유래를 통해 단어에 담긴 언중의 인식과 더불어 시대상을 짐작할 수 있다. 그리고 단어의 구조를 통해 단어 구성 방식도 이해할 수 있다.

유길준의 『서유견문』(1895)에는 '원어기(遠語機)'라는 말이 등장하는데, 이것은 영어의 'telephone'에 해당하는 단어로 '말을 멀리 보내는 기계'라는 뜻이다. 오늘날의 '전화기(電話機)'가 '전기를 통해 말을 보내는 기계'의 뜻이라는 점과 비교해 보면 '원어기'는 말을 '멀리' 보낸다는 점에, '전화기'는 말을 '전기로' 보낸다는 점에 초점을 맞춘 단어이다. 이처럼 대상을 어떻게 인식하느냐에 따라 그것을 표현하는 단어는 달라지기도 한다. 또한 개화기 사전에 등장하는 '소젖메쥬(소젖메주)'처럼 새롭게 유입된 대상을 일상의 단어로 표현한 경우도 있다. '소젖메쥬'는 '치즈(cheese)'에 대응하는 단어인데, 간장과 된장의 재료인 '메주'라는 일상의 단어를 통해 대상을 인식했음을 보여 준다.

한편, 『가례언해』(1632)에 따르면 '총각(總角)'은 '머리를 땋아 갈라서 틀어 맴'을 이르는 말이었으나 그러한 의미는 사라지고 오늘날에는 '결혼하지 않은 성년 남자'를 뜻한다. 특정한 행위를 나타내던 단어가 이와 관련된 사람을 지시하는 말로 그 의미가 변화한 것이다. 여기에서 남자도 머리를 땋아 묶었던 과거의 관습을 짐작할 수 있다. 또한 '부대찌개' 역시 한국 전쟁 이후 미군 부대에서 나온 재료로 찌개를 끓였던 것에서 유래한 단어라는 점에서 시대의 흔적을 담고 있다.

우리는 단어의 구조를 통해 단어가 구성되는 방식도 파악할 수 있다. 『한불자전』(1880)에는 이전 시기의 문헌에서는 볼 수 없었던 '두길보기'와 '산돌이'가 등장한다. "양쪽 모두의 눈치를 보는 사람"으로 풀이된 '두길보기'의 '두길'은 ㉠<u>관형사가 후행하는 명사를 수식하는 것으로 분석된다.</u> "같은 장소를 일 년에 한 번만 지나가는 큰 호랑이"로 풀이된 '산돌이'는 ㉡<u>단어의 구성 요소들이 의미상 목적어와 서술어의 관계로 이루어져</u> '산을 돌다'라는 의미를 나타내고 있다. 이와 같이 예전에도 오늘날처럼 다양한 방식으로 단어를 만들어 생각을 표현하고 있었던 셈이다.

893

㉠과 ㉡을 모두 충족하는 단어만을 <보기>에서 있는 대로 고른 것은?

> **보 기**
>
> 새해맞이, 두말없이, 숨은그림찾기, 한몫하다

① 새해맞이, 숨은그림찾기, 한몫하다
② 두말없이, 숨은그림찾기, 한몫하다
③ 두말없이, 숨은그림찾기
④ 새해맞이, 한몫하다
⑤ 새해맞이

894

윗글과 <보기>를 바탕으로 추론한 내용으로 적절하지 <u>않은</u> 것은?

> **보 기**
>
> ○ '립스틱'을 여성들이 입술에 바르던 염료인 '연지'라는 단어를 사용해 '입술연지'라고도 했다.
> ○ '변사'는 무성 영화를 상영할 때 장면에 맞추어 그 내용을 설명하던 직업을 가진 사람을 뜻한다.
> ○ '수세미'는 박과의 한해살이 덩굴풀을 뜻하는데, 그 열매 속 섬유로 그릇을 닦았다. 오늘날 공장에서 만든 설거지 도구도 '수세미'라고 한다.
> ○ '혁대'의 순화어로 '가죽으로 만든 띠'라는 뜻의 '가죽띠'와 '허리에 매는 띠'라는 뜻의 '허리띠'가 제시되어 있다.
> ○ '양반'은 조선시대 사대부를 이르는 말이었지만 지금은 '점잖은 사람'의 뜻으로 주로 쓰인다.

① '입술연지'는 '소젖메쥬'처럼 일상의 단어로 새로운 대상을 인식한 예로 볼 수 있겠군.
② '변사'는 무성 영화와 관련해 쓰인 단어라는 점에서 시대상이 반영된 예에 해당하겠군.
③ '수세미'는 기존의 의미에 새로운 의미가 더해졌다는 점에서 '총각'과 유사하겠군.
④ '가죽띠'는 '재료'에, '허리띠'는 '착용하는 위치'에 초점을 둔 단어라는 점에서 서로 다른 인식이 반영된 것이겠군.
⑤ '양반'은 신분의 구분이 있었던 사회의 모습을 엿볼 수 있다는 점에서 시대의 흔적을 담고 있겠군.

[2023년 4월 고3 학평 35-36번]

[895-896] 다음 글을 읽고 물음에 답하시오.

> 소리는 같으나 의미에 연관성이 없는 단어의 관계를 동음이의 관계라 하고, 이러한 관계를 가진 단어를 동음이의어라고 부른다. 동음이의어는 소리와 표기가 모두 같은 것이 일반적이지만 소리는 같고 표기가 다른 것도 있다. 전자를 동형 동음이의어, 후자를 이형 동음이의어라고 한다. 예를 들어 '신을 벗다.'의 '신'과 '신이 나다.'의 '신'은 동형 동음이의어이고 '걸음'과 '거름'은 이형 동음이의어이다.
>
> 한편, 동음이의어를 절대 동음이의어와 부분 동음이의어로 구분하기도 한다. 절대 동음이의어는 품사 등의 문법적 성질이 동일하면서 단어의 형태가 언제나 동일한 것이다. 이때 형태가 언제나 동일하다는 것은 동음이의어가 형태 변화가 없는 불변어이거나 활용하는 양상이 서로 동일한 용언에 해당한다는 의미이다. '모자를 쓰다.'의 '쓰다'와 '편지를 쓰다.'의 '쓰다'는 품사가 동사로 동일하고, '쓰고, 써, 쓰니' 등과 같이 활용하는 양상이 언제나 서로 동일하므로 절대 동음이의어이다.
>
> 부분 동음이의어는 문법적 성질이 동일한가, 형태가 언제나 동일한가의 두 가지 기준을 하나라도 만족하지 못하는 것이다. 가령 '날아가는 새'의 '새'와 '새 신발'의 '새'는 형태가 언제나 동일하지만 각각 명사와 관형사로, 문법적 성질은 동일하지 않다. 그리고 '김칫독을 땅에 묻다.'의 '묻다'와 '길을 묻다.'의 '묻다'는 둘 다 동사이지만 각각 '묻고, 묻어, 묻으니', '묻고, 물어, 물으니'와 같이 활용하는 양상이 언제나 동일하지는 않다. 앞에서 말한 ㉠<u>두 가지 기준을 모두 만족하지 못하는 부분 동음이의어</u>도 존재하는데, 이는 동음이의어가 각각 동사와 형용사이면서 활용하는 양상이 언제나 동일하지는 않은 경우이다.

895

윗글을 바탕으로 추론한 내용으로 적절하지 <u>않은</u> 것은?

① '반드시 약속을 지켜라.'의 '반드시'와 '반듯이 앉아 있다.'의 '반듯이'는 소리는 같고 표기가 다르므로 이형 동음이의어에 해당하겠군.

② '그 책을 줘.'의 '그'와 '그는 여기 있다.'의 '그'는 모두 대명사이고 형태 변화가 없는 불변어이므로 절대 동음이의어에 해당하겠군.

③ '전등을 갈다.'의 '갈다'와 '칼을 갈다.'의 '갈다'는 모두 동사이고 활용하는 양상이 언제나 동일하므로 절대 동음이의어에 해당하겠군.

④ '거문을 긷다.'의 '걷다'와 '비를 맞으며 걷다.'의 '걷다'는 활용하는 양상이 언제나 동일하지는 않으므로 부분 동음이의어에 해당하겠군.

⑤ '한 사람이 왔다.'의 '한'과 '힘이 닿는 한 돕겠다.'의 '한'은 각각 관형사와 명사로 품사가 동일하지 않으므로 부분 동음이의어에 해당하겠군.

896

<보기>에서 ㉠에 해당하는 예를 옳게 짝지은 것은? [3점]

보 기		
누르다	1	우리 팀이 상대 팀을 <u>누르고</u> 우승했다.
	2	먼 산에 <u>누르고</u> 붉게 든 단풍이 아름답다.
이르다	1	약속 장소에 <u>이르니</u> 그의 모습이 보였다.
	2	아직 포기하기엔 <u>이르니</u> 다시 도전하자.
	3	그에게 조심하라고 <u>이르니</u> 고개를 끄덕였다.
바르다	1	생선 가시를 <u>바르고</u> 살을 아이에게 주었다.
	2	방에 벽지를 <u>바르고</u> 마를 때까지 기다렸다.

① 누르다 1과 2, 이르다 1과 2

② 누르다 1과 2, 이르다 1과 3

③ 누르다 1과 2, 바르다 1과 2

④ 이르다 1과 2, 바르다 1과 2

⑤ 이르다 1과 3, 바르다 1과 2

[2024년 6월 고3 모평 35-36번]

[897-898] 다음 글을 읽고 물음에 답하시오.

㉠사람이나 사물 등을 가리켜 이를 때 사용되는 말은 지칭어, 그 대상을 부르는 말은 호칭어라고 한다. 지칭어 중에는 호칭어로 쓰이는 경우와 쓰이지 않는 경우가 있다.

지칭어가 호칭어로 쓰이는 경우에 그 형식은 다양하다. 단순하게는 '홍길동, 아버지, 당신, 여보' 등과 같이 명사, 대명사, 감탄사 등의 단어로 실현된다. 또 그 단어에 다른 단어나 '-님' 같은 접미사가 결합되는 복합적 형식도 있다.

동일한 대상이라도 그 사람의 신분, 직위, 대화 참여자와의 사적·공적 관계 등에 따라 지칭어나 호칭어가 달라질 수 있다. 즉, 화자와 상대방 혹은 제삼자가 사적 관계에 있고 대화의 상황이 비격식적이라면 그 대상을 이름이나 친족어 등으로 이르거나 부를 수 있다. 예컨대 ㉡'홍길동'과 친족 관계에 있는 사람이라면 그를 '길동이, 삼촌, 아빠' 등으로 이르거나 부를 수 있다. ㉢공적 관계에 있고 격식적인 대화 상황이라면 그 대상을 공적인 직위나 지위 등을 사용하여 이르거나 부르는 것이 일반적이다. ㉣앞서 언급한 '홍길동'이 '이사'란 직위에 있다면 그를 '홍이사, 홍길동 이사님' 등으로 이르거나 부를 수 있다. 또한 ㉤특수한 의도를 가지고 지칭어나 호칭어를 사용하는 경우도 있는데, 가령 공적인 상황에서 친밀감을 표현하기 위해 사적인 호칭어를 쓰기도 한다.

한편 사람이나 사물 등을 지칭할 때 사용되는 말 중에는 그 대상이 특정되지 않아 호칭어로 쓰일 수 없는 말들이 있다. 이들은 다시, 대상을 알지 못하는 미지칭과 대상이 정해지지 않아 불분명한 부정칭으로 나뉜다. 예컨대 '너희 학교는 어디야?'의 '어디'는 전자에, '어디 좀 가자.'의 '어디'는 후자에 해당된다. '어디 가?'의 '어디'는 맥락에 따라 전자와 후자 모두 가능하다. 이러한 대명사 외에 명사, 관형사, 부사 등도 알지 못하나 불분명함을 나타낼 수 있다.

897

윗글을 바탕으로 할 때, <보기>의 ⓐ~ⓓ에 대한 이해로 적절한 것은?

보 기

○ 이 과일 한 상자에 ⓐ얼마예요?
○ 그는 ⓑ무슨 일이든 척척 해내니?
○ 지리산은 ⓒ언제 보아도 아름답겠지?
○ 밖에 ⓓ어떤 분이 오셨어요?

① ⓐ, ⓑ는 불분명함을 나타내며 품사는 서로 다르다.
② ⓐ, ⓒ는 알지 못함을 나타내며 품사는 동일하다.
③ ⓐ, ⓓ는 알지 못함을 나타내며 품사는 동일하다.
④ ⓑ, ⓒ는 불분명함을 나타내며 품사는 서로 다르다.
⑤ ⓑ, ⓓ는 알지 못함과 불분명함을 모두 나타내며 품사는 동일하다.

898

다음 ㉮~㉶를 통해 윗글의 ㉠~㉤을 설명한 내용으로 적절한 것은? [3점]

보 기

아들 : ㉮엄마, 진로 선택을 어떻게 해야 할지 모르겠어요.
엄마 : 음, 그래! 그럼 주말에 이모에게 상담 좀 받아 볼까?
딸 : 엄마, ㉯이모도 주말에 쉬셔야 하는데 괜찮을까요?
아들 : 아니야. 전에 사촌 누나가 그러던데 이모 주말에 특별한 일 없으시대.
아빠 : ㉰여보세요. ㉱김 선생님의 사생활도 생각 좀 하시죠? 그리고, ㉲김수진 님! 본인 아드님 진로 상담은 충분히 알아본 다음에 하는 것이 어떨까요?
엄마 : 김 부장님, 제가 언니한테 잘 부탁해 볼 테니 걱정 마세요.
아빠 : 그럼 ㉳이모님께 감사 인사 꼭 드리고 상담도 집중해서 잘 받아라.

① ㉠은 같은 대상을 가리키는 호칭어 ㉮와 지칭어 ㉯를 통해 확인된다.
② ㉡은 지칭어 ㉯와 ㉳로도 확인되는데 비록 화자와 대상의 친족 관계가 다르더라도 같은 형식의 지칭어가 쓰일 수 있음이 확인된다.
③ ㉢은 공적이고 격식적인 상황에서 쓰인 호칭어 ㉱를 통해 확인된다.
④ ㉣은 지칭어 ㉯가, 같은 대상을 가리키는 호칭어 ㉲로 실현된 데에서도 확인된다.
⑤ ㉤은 화자가 친족 관계에 있는 청자에게 상황에 어울리지 않는 호칭어 ㉰를 사용하는 데에서 확인된다.

[2020년 6월 고3 모평 11-12번]

[899-900] 다음을 읽고 물음에 답하시오.

담화는 하나 이상의 발화나 문장으로 이루어진다. 담화가 그 내용 면에서 완결성을 갖추기 위해서는 담화를 이루는 발화나 문장들이 일관된 주제 속에 내용상 유기적인 관련을 맺고 있어야 한다. 이때 각 발화나 문장 간의 관련성을 보여 주는 형식적 장치가 필요하다. 이러한 장치에는 지시, 대용, 접속 표현이 있다.

우선 지시 표현은 담화 장면을 구성하는 화자, 청자, 사물, 시간, 장소 등의 요소를 직접 가리키는 표현이다. 그리고 대용 표현은 담화에서 언급된 말, 혹은 뒤에서 언급될 말을 대신하는 표현이다. 대표적인 지시 표현으로는 '이, 그, 저' 등이 있다. 이들이 담화에서 언급되는 말을 대신할 때는 대용 표현이 된다. 가령 친구가 든 꽃을 보면서 화자가 "이 꽃 예쁘네."라고 말했다면, '꽃'을 직접 가리키는 '이'는 지시 표현이다. 그러나 화자가 "그런데 지난번 꽃도 예쁘던데, 그때 그거는 어디서 샀어?"라고 발화를 곧장 이어 간다면 이때의 '그거'는 앞선 발화의 '지난번 꽃'이라는 말을 대신하는 대용 표현이다. 끝으로 접속 표현은 문장과 문장, 발화와 발화를 연결해 주는 표현으로, '그리고' 등과 같은 접속부사가 대표적인 예이다. 앞서 언급된 두 번째 발화의 '그런데'도 앞의 발화를 뒤의 발화와 이어 주는 접속 표현에 속한다.

한편, 담화 전개 과정에서 화자는 청자 및 맥락을 고려하면서 발화나 문장을 통해 자신의 의도를 효과적으로 구현한다. 이때 여러 문법 요소가 활용된다. 가령 화자는 "아버지! 진지 드세요."라는 발화에서 '드세요'의 '드시-'를 통해 문장의 주체인 '아버지'를, 종결 어미 '-어요'를 통해 청자인 '아버지'를 높이고 있다. 이와 같이 화자는 특정 어휘나 조사, 어미 등을 사용하여 어떤 대상에 대해 높이거나 낮추는 태도를 드러낸다. 이울러 위의 '드세요'의 '-어요'는 화자가 청자에게 어떠한 행동을 요구하고 있음도 보여 준다. 즉, 종결 어미는 청자에게 답변을 요구하거나, 어떠한 사실을 새롭게 알게 되었다는 점을 두드러지게 나타내는 등 화자의 의도를 구현할 때도 쓰인다. 화자, 청자 및 맥락이 발화나 문장에서 문법 요소와 맺고 있는 관련성은 ㉠"할아버지께서 마침 방에 계셨구나! 과일 좀 드리고 오렴."과 같이 연속된 발화로 이루어진 담화에서 더욱 다양하게 나타날 수 있다.

899

윗글을 바탕으로 <보기>의 ⓐ~ⓕ에 대해 설명한 내용으로 적절하지 <u>않은</u> 것은?

> **보 기**
>
> (두 친구가 만나서 주말 나들이 장소를 정하는 상황)
> **선희** : 우리, 이번 주말 나들이 장소로 어디가 좋을까?
> **영선** : (딴생각을 하다가) ⓐ지금 저녁 먹으러 가자.
> **선희** : 그게 뭔 소리야? 주말 나들이로 어디 갈 거냐고.
> **영선** : (머쓱해하며) 아, 그럼 놀이동산 갈까?
> **선희** : 음, ⓑ거기 말고, (사진을 보여 주며) ⓒ여기는 어때?
> **영선** : ⓓ거기? 해수욕장은 아직 좀 춥잖아. ⓔ그리고 너무 멀잖아. (선희를 바라보며) 아, 작년에 같이 갔던 수목원은 어때?
> **선희** : 그래, ⓕ거기가 좋겠다. 그럼, 토요일에 보자. 안녕.

① ⓐ는 '주말 나들이 장소 정하기'라는 내용에 부합하지 않아서 담화의 완결성을 떨어뜨리고 있다.

② ⓑ는 '영선'이 발화한 '놀이동산'을 대신하는 대용 표현이다.

③ ⓒ, ⓓ는 발화 간의 관련성을 높이는 형식적 장치로서 형태가 다른 표현이지만 동일한 장소를 나타내고 있다.

④ ⓔ는 '해수욕장은 아직 좀 춥잖아.'와 '너무 멀잖아.'를 대등하게 이어 주는 접속 표현이다.

⑤ ⓕ는 '작년에 같이 갔던 수목원'을 직접 가리키는 지시 표현이다.

900

㉠에 대한 이해로 적절하지 <u>않은</u> 것은?

① '할아버지께서'의 '께서'를 통해 화자가 문장의 주체인 '할아버지'를 높이고 있다.

② '계셨구나'의 '계시-'를 통해 화자가 문장의 주체인 '할아버지'를 높이고 있다.

③ '계셨구나'의 '-구나'를 통해 화자가 문장의 주체인 '할아버지'에 관한 사실을 새롭게 알게 되었음을 부각하고 있다.

④ '드리고'의 '드리-'를 통해 화자가 문장의 수체인 '할아버지'를 높이고 있다.

⑤ '오렴'의 '-렴'을 통해 화자가 청자에게 어떠한 행동을 요구하고 있다.

[2022년 3월 고1 학평 11-12번]

[901-902] 다음 글을 읽고 물음에 답하시오.

> 문법적으로 적절한 문장은 필수적인 문장 성분을 온전히 갖추어야 한다. 이때 필수적인 문장 성분은 서술어에 따라 달라진다. 예를 들어 '풀다'가 서술어로 쓰이면 이 서술어는 주어와 목적어를 요구한다. 따라서 다른 맥락이 주어지지 않는다면 '*나는 풀었다.'라는 문장은 서술어가 요구하는 문장 성분이 온전히 갖추어지지 않아서 문법적으로 부적절한 문장이 된다.
>
> 서술어가 요구하는 문장 성분에 대한 정보는 국어사전에서 확인할 수 있다. 다음은 국어사전의 일부이다.
>
> > 풀다 동
> > ① 【…을】
> > 「1」 묶이거나 감기거나 얽히거나 합쳐진 것 따위를 그렇지 아니한 상태로 되게 하다.
> > ⋮
> > 「5」 모르거나 복잡한 문제 따위를 알아내거나 해결하다.
> > ② 【…에 …을】
> > 「1」 액체에 다른 액체나 가루 따위를 섞다.
>
> [A]
> '【 】' 기호 안에는 표제어 '풀다'가 서술어로 쓰일 때 요구하는 문장 성분에 대한 정보가 제시되어 있다. 이러한 정보를 '문형 정보'라고 한다. 원칙적으로 서술어는 주어를 항상 요구하므로 문형 정보에는 주어를 제외한 필수적 문장 성분에 대한 정보가 제시된다. 하나의 단어가 여러 의미를 가진 경우도 있다. 이러한 단어가 서술어로 쓰일 때 어떤 의미로 쓰이는지에 따라 서술어가 요구하는 문장 성분이 다를 수 있으며, 국어사전에서도 문형 정보가 다르게 제시된다.
>
> 필수적인 문장 성분이 갖추어져 있어도 문장 성분 간에 호응이 되지 않으면 문법적으로 부적절한 문장이 될 수 있다. 호응이란 어떤 말이 오면 거기에 응하는 말이 오는 것을 말한다.
>
> > 길을 걷다가 흙탕물이 신발에 튀었다. 나는 신발에 얼룩을 남기고 싶지 않았다. *그래서 나는 물에 세제와 신발을 풀었다. 다행히 금세 자국이 없어졌다.
>
> 위 예에서 밑줄 친 문장이 문법적으로 부적절한 이유는 ⟨ ㉠ ⟩와 서술어가 호응하지 않기 때문이다. 여기에 쓰인 '풀다'의 ⟨ ㉠ ⟩로는 ⟨ ㉡ ⟩이 와야 호응이 이루어진다.
>
> ※ '*'는 문법적으로 부적절한 문장임을 나타냄.

901

[A]를 이해한 내용으로 적절하지 <u>않은</u> 것은? [3점]

① ② -「1」의 의미로 쓰이는 '풀다'는 부사어를 요구한다.

② 문형 정보에 주어가 표시되지 않았지만 '풀다'는 주어를 요구한다.

③ ① -「1」과 ② -「1」의 의미로 쓰이는 '풀다'는 모두 목적어를 요구한다.

④ '풀다'가 ① -「1」의 의미로 쓰일 때와 ① -「5」의 의미로 쓰일 때는 필수적 문장 성분의 개수가 같다.

⑤ '그는 십 분 만에 선물 상자의 매듭을 풀었다.'에 쓰인 '풀다'의 문형 정보는 사전에 【…에 …을】로 표시된다.

902

㉠, ㉡에 들어갈 말로 적절한 것은?

	㉠	㉡
①	목적어	액체나 가루 따위에 해당하는 말
②	목적어	복잡한 문제 따위에 해당하는 말
③	부사어	액체에 해당하는 말
④	주어	복잡한 문제 따위에 해당하는 말
⑤	주어	액체에 해당하는 말

[2019년 9월 고1 학평 11-12번]
[903-904] 다음 글을 읽고 물음에 답하시오.

'홀쭉이'와 '홀쪼기' 중 무엇이 올바른 표기일까? 이런 질문에 답을 제시해 주고 있는 것이 바로 한글 맞춤법이다. 한글 맞춤법 제1항을 보면, '한글 맞춤법은 표준어를 소리대로 적되, 어법에 맞도록 함을 원칙으로 한다.'라고 나와 있다.

한글 맞춤법의 기본적인 원칙은 표준어를 소리 나는 대로 적는 것이다. 그러나 단어나 문장이 만들어지는 과정에서 소리가 바뀌는 경우에는 사정이 달라진다. 그래서 함께 제시된 것이 '어법에 맞도록' 적는다는 원칙이다. 어법에 맞게 적는다는 것은 형태소들이 만나 소리가 바뀔지라도 형태소의 본모양을 밝히어 적는 것을 의미한다.

국어의 단어와 문장은 형태소들이 결합하여 만들어진다. 형태소는 체언이나 용언의 어간 등 실질적인 의미를 표시하는 실질 형태소와, 접사나 용언의 어미, 조사처럼 실질 형태소에 결합하여 보조적 의미를 덧붙이거나 문법적 관계를 표시하는 형식 형태소로 나뉜다. 예를 들어 '꽃나무', '덮개'를 보면 실질 형태소(꽃, 나무)끼리 만나 이루어지거나 실질 형태소(덮-)에 형식 형태소(-개)가 붙어 단어가 만들어진다. 또한 '모자를 쓰다'에서는 실질 형태소(모자, 쓰-)에 각각 형식 형태소(를, -다)가 붙어 문장이 만들어진다.

그렇다면 어떠한 경우에 '어법에 맞도록' 적어야 할까? 체언에 조사가 붙거나 용언의 어간에 어미가 붙어 소리가 바뀔 때 형태를 밝히어 적는다. 예를 들어 '꽃이'는 [꼬치]로, '잡아'는 [자바]로 발음되지만 각각 '꽃이'와 '잡아'와 같이 실질 형태소와 형식 형태소를 구별하여 적어야 한다.

두 개의 용언이 어울려 한 개의 용언이 될 때에 '들어가다'처럼 앞말의 본뜻이 유지되고 있는 것은 그 원형을 밝히어 적는다. 다만, '드러나다'처럼 앞말이 그 본뜻에서 멀어진 것은 원형을 밝히어 적지 않는다.

어근에 접사가 붙어 새로운 말이 만들어질 때에도 소리 나는 대로 적지 않고 형태를 밝히어 적는다. 예를 들어 '삶'은 '살다'의 어간 '살-'에 접미사 '-ㅁ'이 붙어서 파생된 명사로 [삼:]이라 발음되지만 '삶'으로 적는다. 그리고 '많이'는 '많다'의 어간 '많-'에 접미사 '-이'가 붙어서 부사가 된 것으로 [마:니]라고 발음되지만 '많이'로 적는다. 이처럼 ㉠용언의 어간에 '-이'나 '-음/-ㅁ'이 붙어서 명사로 된 것과 ㉡용언의 어간에 '-이'나 '-히'가 붙어서 부사로 된 것은 그 어간의 원형을 밝히어 적는다. 다만, ㉢어간에 '-이'나 '-음'이 붙어서 명사로 바뀐 것이라도 그 어간의 뜻과 멀어진 것은 원형을 밝히어 적지 않는다.

903

윗글을 바탕으로 <보기>를 탐구한 내용으로 적절하지 **않은** 것은? [3점]

> **보 기**
>
> ○ 먹을 것은 많았지만, 마음 편히 먹고 있을 수만은 없었다.
>   　ⓐ　ⓑ　　　　　　　　　　　　ⓒ
> ○ 집으로 돌아오다가 너무 지쳐 쓰러질 뻔했다.
>   　　　ⓓ　　　　　　　ⓔ

① ⓐ는 용언의 어간 '먹-'에 어미 '-을'이 결합했으므로 형태를 밝히어 적었군.
② ⓑ는 체언 '것'에 조사 '은'이 붙었으므로 형태를 밝히어 적었군.
③ ⓒ는 실질 형태소 '수'와 형식 형태소 '만', '은'이 결합했으므로 형태를 밝히어 적지 않았군.
④ ⓓ는 앞말의 본뜻이 유지되고 있으므로 형태를 밝히어 적었군.
⑤ ⓔ는 앞말이 본뜻에서 멀어졌으므로 형태를 밝히어 적지 않았군.

904

윗글의 ㉠~㉢에 해당하는 예로 적절하지 **않은** 것은?

① ㉠ : 나는 고양이에게 먹이를 주었다.
② ㉠ : 모두들 그의 정신력을 높이 칭찬했다.
③ ㉡ : 나는 그 사실을 익히 들어 알고 있다.
④ ㉢ : 그는 상처에서 흐르는 고름을 닦았다.
⑤ ㉢ : 그들은 새로 만든 도로의 너비를 측정했다.

[2021년 11월 고1 학평 11-12번]

[905-906] 다음 글을 읽고 물음에 답하시오.

> 사이시옷이란 두 단어 또는 형태소가 결합하여 만들어진 합성어의 두 요소 사이에 표기하는 'ㅅ'을 말한다. '한글 맞춤법'에 따르면 다음과 같은 조건들이 만족되어야 사이시옷을 표기할 수 있다.
>
> 우선, 두 단어가 결합하는 형태가 고유어와 고유어의 결합, 고유어와 한자어의 결합, 한자어와 고유어의 결합으로 이루어진 합성어인 경우 사이시옷을 표기할 수 있다. 단일어이거나 접사가 결합하여 만들어진 단어인 파생어에는 사이시옷이 표기되지 않고, 외래어가 포함된 합성어나 한자어만으로 구성된 합성어의 경우에도 사이시옷은 표기되지 않는다. 단, '곳간(庫間), 셋방(貰房), 숫자(數字), 찻간(車間), 툇간(退間), 횟수(回數)'라는 한자어는 예외적으로 사이시옷을 표기한다.
>
> 다음으로 이러한 합성어의 앞말이 모음으로 끝나고 두 단어가 결합하여 발생하는 음운론적 현상이 다음 중 하나에 해당하여야 한다. 첫째, 뒷말의 첫소리가 된소리로 바뀌는 경우, 둘째, 뒷말의 첫소리 'ㄴ, ㅁ' 앞에서 'ㄴ' 소리가 덧나는 경우, 셋째, 뒷말의 첫소리 모음 앞에서 'ㄴㄴ' 소리가 덧나는 경우에 사이시옷을 표기할 수 있다.

905

윗글을 바탕으로 사이시옷 표기에 대해 이해한 내용으로 적절하지 <u>않은</u> 것은?

① '아래옷'과 달리 '아랫마을'은 앞말의 끝소리에 'ㄴ' 소리가 덧나기 때문에 사이시옷이 표기된 것이겠군.

② '고깃국'과 달리 '해장국'은 앞말이 모음으로 끝나지 않았기 때문에 사이시옷이 표기되지 않은 것이겠군.

③ '코머개'와 달리 '콧날'은 뒷말의 첫소리 모음 앞에서 'ㄴㄴ' 소리가 덧나기 때문에 사이시옷이 표기된 것이겠군.

④ '우윳빛'과 달리 '오렌지빛'은 합성어를 구성하는 단어의 결합 형태를 고려하여 사이시옷을 표기하지 않은 것이겠군.

⑤ '모래땅'과 달리 '모랫길'은 두 단어가 결합할 때 뒷말의 첫소리가 된소리로 바뀌었기에 사이시옷이 표기된 것이겠군.

906

<보기>는 윗글을 이해하기 위한 탐구 학습지의 일부이다. ㉠~㉢에 들어갈 말로 적절한 것은? [3점]

> **보 기**
>
> **[탐구 과제]**
> [탐구 자료]를 활용하여 제시된 단어들의 올바른 표기를 쓰고, 그 이유를 설명해 보자.
>
> > ○ 해 + 살 → (   )   ○ 해 + 님 → (   )
>
> **[탐구 자료]**
> **살² 「명사」**
> (일부 명사 뒤에 붙어) 해, 별, 불 또는 흐르는 물 따위의 내비치는 기운.
>
> **살-⁶ 「접사」**
> 온전하지 못함의 뜻을 더하는 접두사.
>
> **-님⁴ 「접사」**
> (사람이 아닌 일부 명사 뒤에 붙어) '그 대상을 인격화하여 높임'의 뜻을 더하는 접미사.
>
> **님⁵ 「명사」**
> (일부 속담에 쓰여) '임'을 이르는 말.
>
> **[탐구 결과]**
> '해'와 '살'이 결합한 단어의 표기는 (㉠)이고, '해'와 '님'이 결합한 단어의 표기는 (㉡)입니다. 사이시옷은 합성어의 두 요소 사이에 표기하는 것이기 때문에 (㉢)가 결합한 경우 사이시옷을 적지 않습니다.

	㉠	㉡	㉢
①	햇살	해님	접사
②	햇살	해님	명사
③	햇살	햇님	접사
④	해살	해님	명사
⑤	해살	햇님	명사

[2023년 9월 고1 학평 11-12번]

[907-908] 다음 글을 읽고 물음에 답하시오.

말을 글자로 적을 때 사람마다 다르게 적는다면 그 뜻을 제대로 파악하지 못할 수 있다. 이런 혼란을 피하고 효율적으로 의사소통하기 위해 제정한 것이 '한글 맞춤법'이다. 한글 맞춤법 총칙 제1항은 '한글 맞춤법은 표준어를 소리대로 적되, 어법에 맞도록 함을 원칙으로 한다.'이다. 소리대로 적는다는 것은 발음 그대로 적는다는 것이다. 그런데 소리대로 적는다는 원칙이 적용되기 어려운 경우가 있어 어법에 맞도록 한다는 또 하나의 원칙이 붙었다. 예를 들어 체언과 조사가 결합한 '잎이', '잎만'을 발음대로 적으면 '이피', '임만'인데, 사람들이 다르게 적힌 형태를 보고 그 의미를 파악하기 위해 '잎'이라는 본래 형태를 떠올려야 하는 어려움이 생긴다. 따라서 형태를 '잎'으로 고정하여 적을 필요가 있는 것이다. 그리고 '먹어', '먹는'처럼 용언의 어간과 어미도 구별하여 적는다. 즉 어법에 맞도록 적는다는 것은 형태소의 본모양을 밝혀 적는 것을 말한다. 그런데 어근과 접미사, 용언과 용언이 결합하여 하나의 단어로 쓰일 때는 형태소의 본모양을 밝혀 적기도 하고 소리대로 적기도 한다.

㉠ 그는 <u>웃음</u>을 지으며 <u>마감</u> 시간을 확인했다.
㉡ 방에 <u>들어간</u> 그는 <u>사라진</u> 의자를 발견했다.

㉠에서 '웃음(웃-+-음)'은 접미사 '-음/-ㅁ'이 비교적 여러 어근에 결합하고 결합한 후에도 어근의 본래 뜻이 유지되므로 형태소의 본모양을 밝혀 적었다. 이와 달리 '마감(막-+-암)'은 접미사 '-암'이 일부 어근에만 결합하기 때문에 소리대로 적었다. ㉡에서 '들어간'은 앞말인 '들어'에 '들다'의 뜻이 유지되고 있어 형태소의 본모양을 밝혀 적었지만, '사라진'은 앞말이 본뜻에서 멀어져 그 의미가 유지되지 않아 소리대로 적었다.

[A]
한편, 의미를 정확하게 전달하기 위해서는 띄어쓰기를 바르게 하는 것도 중요하다. 예를 들어 '지'는 어미 '-(으)ㄴ지, -(으)ㄹ지'의 일부일 때는 띄어 쓰지 않지만, 시간의 경과를 나타낼 때는 앞말과 띄어 쓴다. 또한 어떤 일을 시험 삼아 시도함을 나타내거나 어떤 행동이나 상태를 강조하는 뜻을 나타낼 때는 '한번'이라고 쓰지만, '번'이 일의 횟수를 나타낼 때는 '한 번', '두 번'처럼 띄어 쓴다.

907

<보기>의 ⓐ~ⓔ를 이해한 내용으로 적절하지 <u>않은</u> 것은?

> **보 기**
>
> ◦ 풀이 ⓐ<u>쓰러진</u> 사이로 ⓑ<u>작은</u> 꽃이 ⓒ<u>마중</u>을 나왔다.
> ◦ ⓓ<u>끝이</u> 보이지 않았지만 나는 그 ⓔ<u>믿음</u>을 잃지 않았다.

① ⓐ : 앞말이 '쓸다'라는 본뜻에서 멀어져서 소리대로 적은 것이겠군.

② ⓑ : 용언의 어간 '작-'과 어미 '-은'이 구별되도록 형태소의 본모양을 밝혀 적은 것이겠군.

③ ⓒ : 접미사 '-웅'이 여러 어근에 널리 결합하지 못하고 일부 어근에만 결합해서 소리대로 적은 것이겠군.

④ ⓓ : '끝'이라는 체언의 의미가 쉽게 파악되도록 형태소의 본모양을 밝혀 적은 것이겠군.

⑤ ⓔ : 어근에 접미사 '-음'이 결합한 후에 어근의 본래 뜻이 유지되지 않아서 형태소의 본모양을 밝혀 적은 것이겠군.

908

[A]를 참고할 때, 밑줄 친 부분의 띄어쓰기가 적절하지 <u>않은</u> 것은?

① 동네 인심 <u>한번</u> 고약하구나.

② 그를 <u>만난 지</u>도 꽤 오래되었다.

③ 무엇부터 해야 <u>할 지</u>를 모르겠다.

④ 견우와 직녀는 일 년에 <u>한 번</u> 만난다.

⑤ 얼마나 <u>부지런한지</u> 세 명 몫의 일을 해낸다.

[2023년 11월 고1 학평 11-12번]

[909-910] 다음 글을 읽고 물음에 답하시오.

한글 맞춤법 총칙 제1항은 '한글 맞춤법은 표준어를 소리대로 적되, 어법에 맞도록 함을 원칙으로 한다.'이다. 이는 한글 맞춤법의 대원칙을 밝히는 조항으로, 한글 맞춤법은 이 조항에 따라 표준어를 표음 문자인 한글로 올바르게 적는 방법이다.

먼저 '표준어를 소리대로 적는다'는 원칙은 한글 맞춤법이 표준어를 대상으로 한다는 뜻이 담겨 있다. 그리고 '소리대로' 적는다는 것은 표준어를 적을 때 발음에 따라 적는다는 뜻이다. 이는 자음이나 모음과 같은 음소를 조합하여 다양한 말소리를 그대로 기호로 나타낼 수 있는 표음 문자인 한글의 기본 기능에 충실한 원칙이다. 이를테면 [나무]라고 소리 나는 표준어는 'ㄴ'과 'ㅏ'로 조합된 한 음절과 'ㅁ'과 'ㅜ'로 조합된 한 음절을 그대로 '나무'로 적는 것이다.

그런데 '표준어를 소리대로 적는다'는 원칙만으로 충분하지 않은 경우가 있다. 그래서 '어법에 맞도록 한다'는 원칙을 제시한다. 예를 들어 체언 '빛'에 다양한 조사가 결합한 형태를 소리 나는 대로 적으면, '비치', '빈또', '빈만' 등이 된다. 하지만 이렇게 적으면 '빛'이라는 하나의 말이 여러 가지로 표기되어 실질 형태소의 본 모양과 형식 형태소의 본 모양이 무엇인지, 둘의 경계가 어디인지를 알아보기가 어렵다. 이와 달리 실질 형태소와 형식 형태소를 구분해서 어법에 맞도록 '빛이', '빛도', '빛만' 등으로 적으면 의미와 기능을 나타내는 각각의 형태소의 모양이 일관되게 고정되어서 뜻을 파악하기가 쉽고 독서의 능률도 향상된다. 이렇게 체언과 조사를 구분해서 표준어를 표기하는 원칙은 한글 맞춤법 제14항에서 자세히 밝히고 있는데, 이는 용언의 어간 뒤에 어미가 결합할 때도 동일하게 적용되는 경우가 있다. 한글 맞춤법 제15항에 따르면, '먹어서'는 [머거서]로 발음되지만 실질 형태소인 어간 '먹-'과 형식 형태소인 어미 '-어서'를 구별하여 적는다.

한편 한글 맞춤법에서는 단어의 일부분이 줄어든 준말의 표기 방법을 따로 규정하고 있다. 한글 맞춤법 제32항에서는 어근이나 어간에서 끝음절의 모음이 줄어들고 자음만 남는 경우 자음을 앞 음절의 받침으로 적는다는 것을 다루고 있다. 그 예로 '어제저녁'이 줄어들어 '엊저녁'으로도 적는 경우를 들 수 있다. '어제저녁'의 준말의 발음인 [얻쩌녁]을 소리 나는 대로 적으면 그 원래 뜻을 파악하기 어렵다. 그래서 '어제저녁'과의 형태적 연관성이 드러나도록 '엊저녁'으로 표기하는 것이다. 이는 표준어를 소리대로 적는다는 원칙만으로 충분하지 않은 경우, 어법에 맞도록 표기한 것이라 할 수 있다.

909

윗글을 이해한 내용으로 적절하지 <u>않은</u> 것은?

① '부엌'은 각 음절을 소리 나는 대로 표기한 경우이다.

② 한글은 음소를 조합하여 다양한 말소리를 기호로 나타낼 수 있다.

③ '모이'는 'ㅁ'과 'ㅗ'로 조합된 한 음절과 'ㅣ'로 된 한 음절을 소리 나는 대로 적은 것이다.

④ '웃으면'은 실질 형태소와 형식 형태소의 경계가 드러나도록 어법에 맞게 표기한 경우이다.

⑤ '갈비탕을 시켜 먹었다'와 '갈비탕을 식혀 먹었다'를 소리 나는 대로 적으면 의미의 구별이 어려운 경우가 생길 수 있다.

910

윗글을 바탕으로 <보기>의 ㉠~㉤을 '탐구 과정'에 따라 분류할 때, [A]에 들어갈 예만을 고른 것은? [3점]

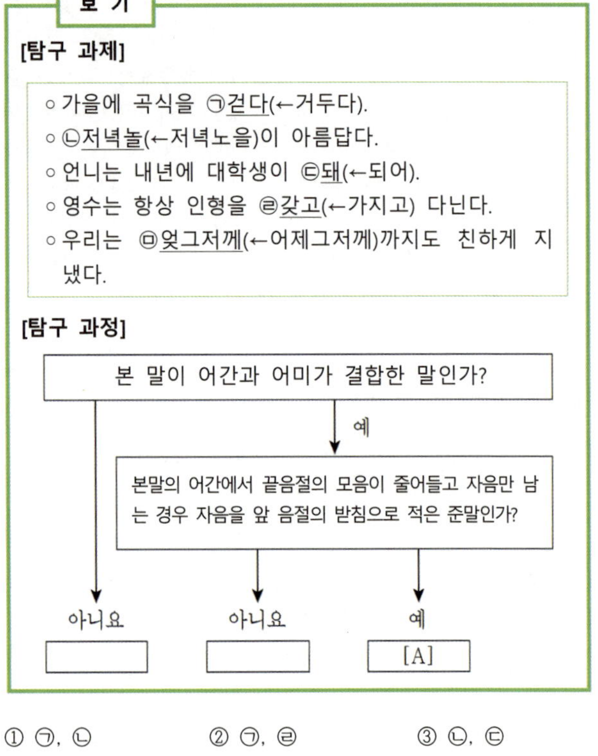

① ㉠, ㉡　　　　② ㉠, ㉣　　　　③ ㉡, ㉢

④ ㉢, ㉣　　　　⑤ ㉣, ㉤

[2017년 9월 고1 학평 11-12번]

[911-912] 다음 글을 읽고 물음에 답하시오.

한글 맞춤법 제1장 총칙의 제1항은 '한글 맞춤법은 표준어를 ㉮소리대로 적되, 어법에 맞도록 함을 원칙으로 한다.'이다. 여기서 소리대로 적는다는 것은 '구름'과 같이 표준어를 발음 형태대로 적는 것을 의미한다. 그리고 어법에 맞도록 한다는 것은 한 단어가 다양한 발음 형태로 나타나는 경우에 뜻을 쉽게 파악하기 어려운 점을 고려하여 형태소의 원형을 밝혀 적는 것을 의미한다.

형태소의 원형을 밝히는 경우를 살펴보자. 단어는 형성 방법에 따라 두 개 이상의 어근이 결합되는 합성어와 어근의 앞이나 뒤에 파생 접사가 붙는 파생어가 있다. 이때 합성어와 같이 어근끼리 연결된 경우에는 각 어근의 본래의 뜻이 유지되면 소리대로 적지 않고 끊어적기를 한다.

> 예 '국' + '물' → '국물' (○) / '궁물' (×)

단, '이[齒]'가 합성어에서 '니'로 소리가 날 경우에는 어근의 의미 유지와 관계없이 '니'로 적는다.

파생어의 경우에는 어근에 접두사가 붙으면 형태소의 원형을 밝혀 적는다. 그리고 어근에 접미사가 붙을 때에 어근의 본래의 뜻이 유지되면 원형을 밝혀 끊어적기를 한다.

> 예 '먹-'[食] + '-이' → '먹이' (○) / '머기' (×)

이처럼 형태소의 원형을 밝혀 적을 것인지에 대한 판단에는 어근이 본래의 뜻을 유지하는가가 중요한 요소이며 이를 토대로 어법에 맞게 적기를 할 수 있는 것이다.

911

㉮에 해당하는 예로 적절한 것은?

① 빛   ② 옷   ③ 잎   ④ 바깥   ⑤ 하늘

912

윗글을 통해 <보기>의 ㉠ ~ ㉤에 대해 이해한 내용으로 적절하지 <u>않은</u> 것은? [3점]

> **보 기**
> - 사건의 전모가 ㉠<u>드러나다.</u> (들다+나다)
> - 집으로 ㉡<u>돌아가다.</u> (돌다+가다)
> - 그의 얼굴에 ㉢<u>웃음</u>이 피어났다. (웃다+-음)
> - ㉣<u>노름</u>은 절대로 해서는 안 되는 일이었다. (놀다+-음)
> - ㉤<u>사랑니</u>를 뺐더니 통증이 한결 나아졌다. (사랑+이[齒])

① ㉠은 어근이 본래 의미에서 멀어져 소리대로 적은 것이겠군.

② ㉡은 어근의 본래 의미가 유지되어 끊어 적은 것이겠군.

③ ㉢은 어근의 본래 의미가 유지되어 끊어 적은 것이겠군.

④ ㉣은 어근이 본래 의미에서 멀어져 소리대로 적은 것이겠군.

⑤ ㉤은 어근이 본래 의미에서 멀어져 소리대로 적은 것이겠군.

[913-914] 다음 글을 읽고 물음에 답하시오.

> 띄어쓰기를 정확하게 하지 않으면 의미를 전달할 때 문제가 발생한다. 구와 합성어의 경우가 그렇다. 다음 사례를 살펴보자.
>
> ㄱ. 직장을 옮기면서 작은 집에서 살게 되었다.
> ㄴ. 직장을 옮기면서 작은집에서 살게 되었다.
>
> ㄱ과 ㄴ은 비슷해 보이지만 띄어쓰기에 따라 살게 된 집의 의미가 달라진다. ㄱ의 '작은 집'은 '크기가 작은 집'을 의미하는 '구'이고, ㄴ의 '작은집'은 '작은아버지 집'을 의미하는 '합성어'이다.
>
> 이때 한글 맞춤법 제2항 '문장의 각 단어는 띄어 씀을 원칙으로 한다.'에 따라 살펴보면, 구는 하나의 단어가 아니므로 띄어 써야 하고 사전에 표제어로 오르지 않는다. 반면 합성어는 하나의 단어로 붙여 써야 하고 사전에 표제어로 오른다. 구와 합성어를 구별하기 위해서는 먼저 구성 요소 사이에 다른 말을 넣어 본다. 이때 ㉠중간에 다른 말이 끼어들어 갈 수 있는 경우와 ㉡그렇지 않은 경우가 있다. 전자는 '구'이고 후자는 '합성어'이다. 한편 구성 요소의 배열이 시간의 흐름에 따라 순차적으로 연결되었는지를 살펴보기도 한다. 이때 '구'는 순차적으로 연결되지만, '합성어'는 ㉢그렇지 않은 경우가 있다.
>
> 또한 우리말에는 형태는 같지만 기능이 달라 띄어쓰기를 판단하기 어려운 경우가 있다. 특히 의존 명사는 조사, 어미의 일부 등과 형태가 같아 띄어쓰기를 판단하기 어려운 경우가 있다. 이때 이들의 문법적 특성을 이해하면 띄어쓰기를 하는 것에 도움이 된다.
>
> 의존 명사는 의미상 그 앞에 수식하는 말, 즉 관형어를 반드시 필요로 한다는 점에서 의존적인 말이지만 자립 명사와 같은 명사 기능을 하므로 단어로 취급하여 앞말과 띄어 쓴다. 그러나 조사는 결합한 앞말과 분리해도 앞말이 자립성을 유지하므로 단어로 보지만, 단독으로 쓰이지 못하기 때문에 앞말에 붙여 쓴다. 그리고 어미는 용언의 어간과 분리하면 어간과 어미가 모두 자립성을 잃기 때문에 단어로 보지 않으며 앞말에 붙여 쓴다.
>
> 사전은 문법적 특징과 의미 등의 정확한 정보를 담고 있다. 따라서 띄어쓰기 여부를 확인할 때 사전을 적극적으로 활용하는 태도가 필요하다.

913

윗글을 참고할 때, <자료>에 대해 이해한 내용으로 적절하지 **않은** 것은?

> **자 료**
>
> ◦ 누군가 <u>헌가방을</u> 놓고갔다.
> ◦ 소가 풀을 <u>뜯어먹었다.</u>
> ◦ <u>뜬소문이</u> 돌았다.
> ◦ 선생님의 설명을 <u>알아들었다.</u>
> ※ 밑줄 친 부분은 띄어쓰기 여부를 판단하지 못한 부분임.

① '헌가방'은 ㉠에 해당하니까 사전에 표제어로 실리지 않았겠군.
② '놓고가다'는 ㉠에 해당하니까 사전에 표제어로 실리지 않았겠군.
③ '뜯어먹다'는 ㉡에 해당하니까 사전에 표제어로 실렸겠군.
④ '뜬소문'은 ㉡에 해당하니까 사전에 표제어로 실렸겠군.
⑤ '알아듣다'는 ㉢에 해당하니까 사전에 표제어로 실렸겠군.

914

윗글과 <보기>를 바탕으로 할 때, 밑줄 친 부분의 띄어쓰기가 적절하지 **않은** 것은?

> **보 기**
>
> **만큼**
> [Ⅰ] 「의존 명사」
> 　「1」 앞의 내용에 상당한 수량이나 정도임을 나타내는 말.
> 　「2」 뒤에 나오는 내용의 원인이나 근거가 됨을 나타내는 말.
> [Ⅱ] 「조사」
> 　앞말과 비슷한 정도나 한도임을 나타내는 격조사.
>
> **데** 「의존 명사」
> 　「1」 '곳'이나 '장소'의 뜻을 나타내는 말.
> 　「2」 '일'이나 '것'의 뜻을 나타내는 말.
>
> **-는데** 「어미」
> 　[1] 뒤 절에서 어떤 일을 설명하거나 묻거나 시키거나 제안하기 위하여 그 대상과 상관되는 상황을 미리 말할 때에 쓰는 연결 어미.

① 명주는 <u>무명만큼</u> 질기지 못하다.
② 학교에 <u>가는데</u> 비가 오기 시작했다.
③ 그 책을 다 <u>읽는데</u> 삼 일이나 걸렸다.
④ 소리가 <u>나는 데가</u> 어디인지 모르겠다.
⑤ 방 안은 숨소리가 <u>들릴 만큼</u> 조용했다.

[2020년 9월 고3 모평 12-13번]

[915-916] 다음을 읽고 물음에 답하시오.

사전의 뜻풀이 대상이 되는 표제 항목을 '표제어'라고 한다. 『표준국어대사전』의 표제어에는 붙임표 '-'가 쓰인 경우와 그렇지 않은 경우가 있다. 붙임표는 표제어의 문법적 특성, 띄어쓰기, 어원 및 올바른 표기에 대한 정보를 제공한다.

표제어에 붙임표가 쓰이는 대표적인 경우는 다음과 같다. 첫째, 접사와 어미처럼 자립적으로 쓰이지 않고 언제나 다른 말과 결합해야 하는 표제어에는 다른 말과 결합하는 부분에 붙임표가 쓰인다. 접사 '-질'과 연결 어미 '-으니'가 이러한 예이다. 다만 조사도 자립적으로 쓰이지 않지만 단어이므로 그 앞에 붙임표가 쓰이지 않는다. 용언 어간도 자립적으로 쓰이지 않지만 어미 '-다'와 결합한 기본형이 표제어가 되고, 용언 어간과 어미 '-다' 사이에 붙임표가 쓰이지 않는다.

둘째, 둘 이상의 구성 성분으로 이루어진 표제어에는 가장 나중에 결합한 구성 성분들 사이에 붙임표가 한 번만 쓰인다. '이등분선'은 '이', '등분', '선'의 세 구성 성분으로 이루어진 복합어이다. 이 복합어의 표제어 '이등분-선'에서 붙임표는 '이등분'과 '선'이 가장 나중에 결합했다는 정보를 제공한다. 복합어의 붙임표는 구성 성분들을 반드시 붙여 써야 한다는 점도 알려 준다.

한편 '무덤', '노름', '이따가'처럼 기원적으로 두 구성 성분이 결합한 단어이지만 붙임표가 쓰이지 않는 경우가 있다. '한글 맞춤법'에서는 현대 국어에서 새로운 단어를 만들지 못하는 접미사가 결합한 경우나 ㉠단어의 의미가 어근이나 어간의 본뜻과 멀어진 경우에 해당하는 단어를 소리대로 적는 것을 원칙으로 하고 있다. 이처럼 소리대로 적는 단어들은 구성 성분들이 원래 형태의 음절로 나누어지지 않으므로 표제어에 붙임표가 쓰이지 않는다.

'무덤'의 접미사 '-엄'은 현대 국어에서 새로운 단어를 만들지 못한다. 따라서 어근 '묻-'과 접미사 '-엄'이 결합한 '무덤'은 소리대로 적고 표제어에 붙임표가 쓰이지 않는다. '-엄'과 비슷한 접미사에는 '-암', '-억', '-우' 등이 있다.

'노름'은 어근 '놀-'의 본뜻만으로는 그 의미가 '돈이나 재물 따위를 걸고 서로 내기를 하는 일'이라는 사실을 알기 어렵다. '조금 지난 뒤에'를 뜻하는 '이따가'도 어간 '있-'의 본뜻과 멀어졌다. 따라서 '노름'과 '이따가'는 소리대로 적고 표제어에 붙임표가 쓰이지 않는다.

915

윗글을 읽고 추론한 내용으로 적절하지 <u>않은</u> 것은?

① '맨발'에서 분석되는 접두사의 뜻풀이를 표제어 '맨-'에서 확인할 수 있겠군.

② '나만 비를 맞았다.'에서 쓰인 격 조사의 뜻풀이를 표제어 '를'에서 확인할 수 있겠군.

③ '저도 학교 앞에 삽니다.'에서 쓰인 동사의 뜻풀이를 표제어 '살다'에서 확인할 수 있겠군.

④ '앞'과 '집'이 결합한 단어를 '앞 집'처럼 띄어 쓰면 안 된다는 정보를 표제어 '앞-집'에서 확인할 수 있겠군.

⑤ '논둑'과 '길'이 결합한 '논둑길'의 구성 성분이 '논', '둑', '길'이라는 정보를 표제어 '논-둑-길'에서 확인할 수 있겠군.

916

<보기>의 [자료]에서 ㉠에 해당하는 단어만을 있는 대로 고른 것은? [3점]

> **보 기**
>
> [자료]는 '조차', '자주', '차마', '부터'가 쓰인 문장과 이 단어들의 어원이 되는 용언이 쓰인 문장의 쌍들이다.
>
> **[자료]**
>
> ┌ 나조차 그런 일들을 할 수는 없었다.
> └ 동생도 누나의 기발한 생각을 좇았다.
> ┌ 누나는 휴일에 이 책을 자주 읽었다.
> └ 동생은 늦잠 때문에 지각이 잦았다.
> ┌ 나는 차마 그의 눈을 볼 수 없었다.
> └ 언니는 쏟아지는 졸음을 잘 참았다.
> ┌ 그 일은 너부터 모범을 보여야 했다.
> └ 부원 모집 공고문이 게시판에 붙었다.

① 자주, 부터   ② 차마, 부터

③ 조차, 자주, 차마   ④ 조차, 차마, 부터

⑤ 조차, 자주, 차마, 부터

[2023년 3월 고3 학평 35-36번]
[917-918] 다음 글을 읽고 물음에 답하시오.

준말은 본말 중 일부가 줄어들어 만들어진 말이다. 한글 맞춤법은 준말과 관련된 여러 규정을 담고 있는데, 그중 제34항에서는 모음 'ㅏ, ㅓ'로 끝난 어간에 어미 '-아/-어, -았-/-었-'이 어울릴 적에는 준 대로 적는 것을 다루고 있다. '(열매를) 따-+-아→따/*따아', '따-+-았-+-다→땄다/*따았다' 등이 그 예에 해당한다. 하지만 어간 끝 자음이 불규칙적으로 탈락되는 경우에는, 원래 자음이 있었음이 고려되어 'ㅏ, ㅓ'가 줄어들지 않는다. '(꿀물을) 젓-+-어→저어/*저' 등이 그 예이다. 한편 제34항 [붙임1]에서는 어간 끝 모음 'ㅐ, ㅔ' 뒤에 '-어, -었-'이 어울려 줄 적에는 준 대로 적는 것을 다루고 있다. 그렇지만 이때는 반드시 준 대로 적지 않아도 된다. 예를 들어 '(손을) 떼-+-어→떼어/떼'에서 보듯이 본말과 준말 모두로 적을 수 있다. 다만 모음이 줄어들어서 'ㅐ'가 된 경우에는 '-어'가 결합하더라도 다시 줄어들지는 않는다. 예컨대 '차-'와 '-이-'의 모음이 줄어든 '채-'의 경우 '(발에) 채-+-어→채어/*채'에서 보듯이 모음이 다시 줄어들지 않는다.

한글 맞춤법에서는 모음이 줄어들고 자음만 남는 경우 그 자음을 앞 음절의 받침으로 적는다는 것도 다루고 있다. 이와 관련한 표준어 규정 제14항에서는 준말이 널리 쓰이고 본말이 잘 쓰이지 않는 경우에는 준말만을 표준어로 삼음을, 제16항에서는 준말과 본말이 다 같이 널리 쓰이면서 준말의 효용이 뚜렷이 인정되는 것은 두 가지를 다 표준어로 삼음을 제시하고 있다. '온갖/*온가지'는 전자의 예이고, '(일을) 서두르다/서둘다'는 후자의 예이다. 다만 후자에서 용언의 어간이 줄어든 일부 준말의 경우, 준말이 표준어로 인정되더라도 준말의 활용형은 제한되는 예도 있다. 모음 어미가 연결될 때 준말의 활용형이 표준어로 인정되지 않는 준말도 있다는 것이다. 예컨대 '서두르다'의 준말 '서둘다'는 자음 어미 '-고, -지'가 결합된 형태의 활용형 '서둘고', '서둘지'가 표준어로 인정되지만, 모음 어미 '-어, -었-'이 결합된 형태의 활용형 '*서둘어', '*서둘었다'는 표준어로 인정되지 않는다.

*는 규정에 맞지 않음을 나타냄.

917

윗글을 이해한 내용으로 적절하지 <u>않은</u> 것은?

① '(밭을) 매다'의 어간에 '-어'가 결합된 형태인 '매어'의 경우, 준말인 '매'로 적어도 한글 맞춤법에 어긋나지 않는다.

② '(병이) 낫-+-아'의 경우, 'ㅅ'이 불규칙적으로 탈락되므로 '나아'로만 적고, '나'로 적으면 한글 맞춤법에 어긋난다.

③ '(땅이) 패다'의 어간에 '-어'가 결합될 경우, '패다'의 'ㅐ'가 모음이 줄어든 형태이므로 '패'로 적으면 한글 맞춤법에 어긋난다.

④ '(잡초를) 베-+-었-+-다'와 '(베개를) 베-+-었-+-다'의 경우, 준말의 형태인 '벴다'로 적으면 한글 맞춤법에 어긋난다.

⑤ '(강을) 건너-+-어'와 '(줄을) 서-+-어'의 경우, 'ㅓ'로 끝난 어간에 '-어'가 어울리므로 본말로 적으면 한글 맞춤법에 어긋난다.

918

윗글을 바탕으로 ㉠~㉣을 '탐구 과정'에 따라 분류할 때, [A]에 들어갈 예만을 있는 대로 고른 것은? [3점]

[탐구 과정]

- 답지를 ㉠<u>걷다</u>(←거두다)
- 가사를 ㉡<u>외다</u>(←외우다)
- 일에 ㉢<u>서툴다</u>(←서투르다)
- 집에 ㉣<u>머물다</u>(←머무르다)

⇩

| 모음이 줄어들고 남은 자음을 앞 음절의 받침으로 적은 준말입니까? | 아니요 → ☐ |

↓ 예

| 모음 어미 '-어, -었-'이 결합된 형태의 활용형이 표준어로 인정되지 않는 준말입니까? | 아니요 → ☐ |

↓ 예

[A]

① ㉠, ㉢   ② ㉡, ㉣   ③ ㉢, ㉣
④ ㉠, ㉡, ㉢   ⑤ ㉠, ㉡, ㉣

[2024년 9월 고1 학평 11-12번]

[919-920] 다음 글을 읽고 물음에 답하시오.

우리가 활용하는 사전은 수록 대상과 제시 방법을 미리 규정하여 표제어를 선정한다. 『표준국어대사전』의 경우 표준어뿐만 아니라 흔히 쓰는 비표준어도 수록 대상으로 하고 있으며 일반어와 전문어, 고유 명사까지도 수록하고 있다. 또한 사전에는 단어 이하의 단위만 수록하는 것이 원칙이지만 전문어와 고유 명사의 경우 구까지도 수록하고 있다.

[A] 『표준국어대사전』의 표제어 표기는 한글만 사용하는 것이 원칙이다. 'TV'나 '4계절'처럼 일상 속에서 관용적으로 로마자나 숫자로 표기하는 것도 '티브이'나 '사계절'과 같이 한글로 표기하여 자모 순서에 따라 제시한다. '큰아버지'와 같은 합성어나 '(머리를) 빗기다'와 같은 파생어는 붙임표(-)로 분석하여 '큰-아버지'나 '빗-기다'와 같이 제시한다. 또한 '짓밟히다'처럼 접두사 '짓'과 피동 접사 '-히-'가 동시에 결합했을 때는 피동 접사 '-히-' 앞에 붙임표를 한 번만 제시한다. 하지만 '삶'처럼 파생어여도 '살+ㅁ'과 같이 분석되어 구성 성분이 음절로 나누어지지 않을 때는 붙임표를 따로 제시하지 않는다.

한글 맞춤법에 띄어 쓰는 것이 원칙이나 붙여 쓰는 것도 허용한 전문어나 고유 명사는 '^' 기호를 사용하여 표시하고 있다. 또 접사와 어미처럼 자립적으로 쓰이지 않고 반드시 다른 말과 결합해야 하는 표제어는 결합하는 부분에 '-'를 붙여 표시하고 있다. 비표준어 표제어의 경우 '→' 기호를 활용하여 표준어의 뜻풀이를 참고하도록 안내하고 있다.

표제어는 가나다순으로 배열하고 있으며, 자모의 순서는 초성의 경우 'ㄱ, ㄲ, ㄴ, ㄷ, ㄸ, ㄹ, ㅁ, ㅂ, ㅃ, ㅅ, ㅆ, ㅇ, ㅈ, ㅉ, ㅊ, ㅋ, ㅌ, ㅍ, ㅎ', 중성의 경우 'ㅏ, ㅐ, ㅑ, ㅒ, ㅓ, ㅔ, ㅕ, ㅖ, ㅗ, ㅘ, ㅙ, ㅚ, ㅛ, ㅜ, ㅝ, ㅞ, ㅟ, ㅠ, ㅡ, ㅢ, ㅣ'의 순서로 배열하고 있고, 종성은 초성의 배열 순서를 따른다. 동음이의어의 경우는 어휘 형태, 문법 형태 순서로 배열한다. 이때, 어휘 형태는 명사, 대명사, 수사, 동사, 형용사, 관형사, 부사, 감탄사, 어근의 순서로, 문법 형태는 어미, 접사의 순서로 배열한다.

919

[A]를 바탕으로 추론한 내용으로 적절하지 <u>않은</u> 것은?

① '1월'과 '9월'은 사전에 한글로 표기되므로 '1월'보다 '9월'이 먼저 제시된다.
② '새해'는 '새'와 '해'가 합쳐진 단어이므로 '새-해'로 표기한다.
③ '비웃음'은 '비웃다'에 접사 '음'이 결합한 단어이므로 '비웃-음'으로 표기한다.
④ '뒤집히다'는 접두사 '뒤-'와 피동 접사 '-히-'가 동시에 결합하고 있으므로 '뒤-집히다'로 표기한다.
⑤ '기쁨'은 '기쁘-+-ㅁ'과 같이 분석되어 구성 성분이 음절로 나누어지지 않으므로 '기쁨'으로 표기한다.

920

<보기>는 표제어를 순서 없이 나열한 자료이다. 윗글을 참고했을 때, 이에 대한 이해로 적절하지 <u>않은</u> 것은?

> **보 기**
>
> **윗어른**「명사」→ 웃어른.
> **왠지**「부사」왜 그런지 모르게. 또는 뚜렷한 이유도 없이.
> **이**「명사」『언어』한글 자모 'ㅣ'의 이름.
> **-이**「어미」하게할 자리에 쓰여, 상태의 서술이나 느낌을 나타내는 종결 어미.
> **-이-**「접사」'사동'의 뜻을 더하는 접미사.
> **이상^결정**『화학』결정면이 모두 같은 크기와 모양으로 된 배열을 가진 가상적 결정.

① '윗어른'은 비표준어이지만 사람들이 흔히 쓰고 있어서 표제어로 선정되었겠군.
② '왠지', '윗어른', '이상^결정'의 순서로 사전에 배열되어 있겠군.
③ 접사 '-이-'는 명사 '이'와 어미 '-이' 사이에 수록되어 있겠군.
④ 어미 '이'와 접사 '이'는 반드시 다른 말과 결합해야만 쓰일 수 있겠군.
⑤ '이상^결정'을 보니 전문어의 경우 둘 이상의 단어가 모인 말도 표제어로 실려 있겠군.

[2021년 3월 고3 학평 38-39번]

[921-922] 다음 글을 읽고 물음에 답하시오.

(가)

　표준 발음법 제5장에서는 '음의 동화'에 대해 다루고 있다. 동화는 음운 변동 중 한 음운이 다른 음운으로 바뀌는 교체에 속한다. 대표적인 예로 'ㄱ, ㄷ, ㅂ'이 비음 'ㄴ, ㅁ' 앞에서 각각 동일한 조음 위치의 비음인 'ㅇ, ㄴ, ㅁ'으로 조음 방법이 바뀌는 비음화, 'ㄴ'이 'ㄹ'의 앞 또는 뒤에서 동일한 조음 위치의 유음인 'ㄹ'로 조음 방법이 바뀌는 유음화가 있다. 예컨대 '맏물[만물]'에서는 비음화가 일어나고, '실내[실래]'에서는 유음화가 일어난다.

[A]
　한편 동화를 일으키는 음운은 동화음, 동화음의 영향을 받는 음운은 피동화음이라고 하는데, 동화는 동화의 방향이나 동화의 정도에 따라 나눌 수 있다. 동화의 방향에 따라서는 동화음이 피동화음에 선행하는 동화, ㉠동화음이 피동화음에 후행하는 동화로 나눌 수 있다. 그리고 동화의 정도에 따라서는 ㉡피동화음이 동화음과 완전히 같아지는 동화, 피동화음이 동화음의 조음 위치나 조음 방법과 같은 일부 특성만 닮는 동화로 나눌 수 있다. 예컨대 '실내'에서는 동화음이 피동화음에 선행하며 피동화음이 동화음과 완전히 같아지는 동화가 일어나지만, '맏물'에서는 동화음이 피동화음에 후행하며 피동화음이 동화음의 조음 방법만 닮는 동화가 일어난다.

(나)

　국어의 로마자 표기는 국어의 표준 발음법에 따라 적는 것을 원칙으로 한다. 다음은 국어의 로마자 표기법의 일부를 정리한 것이다.

> 1. 표기 일람
> 　(1) 모음
>
> | ㅏ | ㅗ | ㅜ | ㅣ | ㅐ | ㅕ | ㅛ | ㅘ |
> |---|---|---|---|---|---|---|---|
> | a | o | u | i | ae | yeo | yo | wa |
>
> · 장모음의 표기는 따로 하지 않는다.
>
> 　(2) 모음
>
> | ㄱ | ㄷ | ㅂ | ㅅ | ㅁ | ㅇ | ㄹ |
> |---|---|---|---|---|---|---|
> | g, k | d, t | b, p | s | m | ng | r, l |
>
> · 'ㄱ, ㄷ, ㅂ'은 모음 앞에서는 'g, d, b'로, 자음 앞이나 어말에서는 'k, t, p'로 적는다.
> · 'ㄹ'은 모음 앞에서는 'r'로, 자음 앞이나 어말에서는 'l'로 적는다. 단, 'ㄹㄹ'은 'll'로 적는다.
>
> 2. 표기상의 유의점
> · 음운 변화가 일어날 때에는 변화의 결과에 따라 적는다.
> · 고유 명사는 첫 글자를 대문자로 적는다.

921

(가)와 (나)를 참고해 <보기>의 ⓐ~ⓔ를 로마자로 표기하려 할 때, 이에 대한 설명으로 적절한 것은?

> **보 기**
>
> ○ ⓐ대관령[대:괄령]에서 ⓑ백마[뱅마] 교차로까지는 멀다.
> ○ ⓒ별내[별래] 주민들은 ⓓ삽목묘[삼몽묘]를 구입하였다.
> ○ 작년에 농장 주인은 ⓔ물난리[물랄리]로 피해를 보았다.
>
> 　　　　　　　　　　　* ⓐ~ⓒ는 지명임.

① ⓐ : 종성 위치에서만 유음화가 일어나 [대:괄령]으로 발음되므로 'Dae:kwallyeong'로 표기해야 한다.

② ⓑ : 초성 위치에서만 비음화가 일어나 [뱅마]로 발음되므로 'Baengma'로 표기해야 한다.

③ ⓒ : 초성 위치에서만 유음화가 일어나 [별래]로 발음되므로 'Byeollae'로 표기해야 한다.

④ ⓓ : 초성 위치와 종성 위치에서 비음화가 일어나 [삼몽묘]로 발음되므로 'sammongmyo'로 표기해야 한다.

⑤ ⓔ : 초성 위치와 종성 위치에서 유음화가 일어나 [물랄리]로 발음되므로 'mullalri'로 표기해야 한다.

922

[A]를 바탕으로 <보기>에서 일어나는 동화의 양상을 분석할 때, ㉠과 ㉡이 모두 일어나는 단어만을 골라 묶은 것은?

> **보 기**
>
> 곤란[골:란]　　　국민[궁민]　　　읍내[음내]
> 입문[임문]　　　칼날[칼랄]

① 곤란, 입문　　　　　② 국민, 읍내

③ 곤란, 국민, 읍내　　④ 곤란, 입문, 칼날

⑤ 국민, 입문, 칼날

[2019년 11월 고1 학평 11-12번]

[923-924] 다음 글을 읽고 물음에 답하시오.

[A]

현대 국어의 표기는 '표준어를 소리대로 적되, 어법에 맞도록 함을 원칙으로 한다.'라는 한글맞춤법 규정을 따른다. 표준어를 소리대로 적는다는 것은 표준어를 발음 나는 대로 적는 표음주의를, 어법에 맞도록 한다는 것은 각 형태소의 본 모양을 밝혀 적는 표의주의를 채택한 것이다. 그런데 일반적인 활용 규칙에서 어긋나는 경우, 합성어나 파생어를 구성함에 있어서 구성 요소가 본뜻에서 멀어진 경우 등에는 표음주의가 채택된다.

이러한 표기 원칙이 제정되기 전 국어의 표기 방식은 이어적기, 끊어적기, 거듭적기 등의 다양한 방식으로 나타났다. 자음으로 끝나는 체언이 모음으로 시작되는 조사를 만나거나 자음으로 끝나는 용언의 어간이나 어근이 모음으로 시작되는 어미나 접사를 만날 때, 이어적기는 앞 형태소의 끝소리를 뒤 형태소의 첫소리로 옮겨 적는 방식이고, 끊어적기는 실제 발음과는 달리 형태소의 본 모양을 밝혀서 끊어 적는 방식이다. 그리고 거듭적기는 앞 형태소의 끝소리를 뒤 형태소의 첫소리에도 다시 적는 표기 방식으로, '말씀+이'를 '말씀미'와 같은 방식으로 적는 것이다. 한편 'ㅋ, ㅌ, ㅍ'을 'ㄱ, ㄷ, ㅂ'과 'ㅎ'으로 나누어 표기하는 방식인 재음소화 표기가 나타나기도 했는데, '깊이'를 '깁히'와 같이 적는 경우를 예로 들 수 있다.

923

<보기>는 '한글맞춤법'의 일부를 정리한 학습지이다. [A]를 바탕으로 <보기>의 ㉠~㉤을 이해한 내용으로 적절하지 <u>않은</u> 것은? [3점]

보 기

제15항 용언의 어간과 어미는 구별하여 적는다.
　　　　예) ㉠먹고, ㉡좋아

[붙임] 두 개의 용언이 어울려 한 개의 용언이 될 적에, 앞말의 본뜻이 유지되고 있는 것은 그 원형을 밝히어 적고, 그 본뜻에서 멀어진 것은 밝히어 적지 아니한다.
　(1) 앞말의 본뜻이 유지되고 있는 것 예) 돌아가다
　(2) 본뜻에서 멀어진 것 예) ㉢사라지다, 쓰러지나

제18항 다음과 같은 용언들은 어미가 바뀔 경우, 그 어간이나 어미가 원칙에 벗어나면 벗어나는 대로 적는다.
　1. 어간의 끝 'ㅂ'이 'ㅜ'로 바뀔 적 예) ㉣쉽다, 맵다
　2. 어간의 끝음절 '르'의 'ㅡ'가 줄고, 그 뒤에 오는 어미 '-아/-어'가 '-라/-러'로 바뀔 적 예) ㉤가르다, 부르다

① ㉠은 단어의 기본형인 '먹다'와 마찬가지로 표의주의 방식을 채택하고 있군.

② ㉡은 어간과 어미를 구별하여 형태소의 본 모양을 밝혀 적는 방식으로 표기하고 있군.

③ ㉢은 합성어를 구성함에 있어서 앞말이 본뜻에서 멀어져 발음 나는 대로 적는 방식을 채택하고 있군.

④ ㉣은 활용할 때, '쉽고'와 같은 표의주의 표기와 '쉬우니'와 같은 표음주의 표기를 모두 확인할 수 있군.

⑤ ㉤은 활용할 때, '갈라'와 같이 일반적인 활용 규칙에서 어긋난 경우에는 표의주의 방식으로 표기하고 있군.

924

윗글을 바탕으로 <보기>의 ⓐ~ⓖ를 탐구한 내용으로 적절하지 <u>않은</u> 것은?

보 기

○ 머리셔 브라매 ⓐ<u>노피</u> 하눌해 다핫고 갓가이셔 보니 아ᅀᆞ라히 하눌햇 ⓑ<u>므레</u> 줌겻ᄂᆞ니
　(멀리서 바람에 높이 하늘에 닿았고 가까이서 보니 아스라이 하늘의 물에 잠겼나니)　　-『번역박통사』

○ 고경병은 광쉬 ⓒ<u>사ᄅᆞᆷ이</u>니 임신왜ᄂᆞᆫ의 의빙을 슈챵ᄒᆞ아 금산 ⓓ<u>도적글</u> 티다가 패ᄒᆞ여
　(고경명은 광주 사람이니 임진왜란에 의병을 이끌어 금산 도적을 치다가 패하여)　　-『동국신속삼강행실도』

○ ⓔ<u>붉은</u> 긔운이 하늘을 뛰노더니 이랑이 소리를 ⓕ<u>놉히</u> ᄒᆞ야 나를 불러 져긔 믈 밋츨 보라 웨거늘 급히 눈을 ⓖ<u>드러보니</u>
　(붉은 기운이 하늘을 뛰놀더니 이랑이 소리를 높이 하여 나를 불러 저기 물 밑을 보라 외치거늘 급히 눈을 들어 보니)　　-『의유당관북유람일기』

① ⓐ는 이어적기를 하고 있는 반면 ⓕ는 거듭적기를 하고 있군.

② ⓑ는 앞 형태소의 끝소리를 뒤 형태소의 첫소리로 옮겨 적고 있군.

③ ⓒ는 체언과 조사가 결합할 때 형태소의 본 모양을 밝히시 ~~끊어 적고 있군~~

④ ⓓ는 앞 형태소의 끝소리를 뒤 형태소의 첫소리에도 다시 적고 있군.

⑤ ⓔ와 ⓖ는 용언의 어간이 모음으로 시작하는 어미를 만날 때 표기하는 방식이 서로 다르군.

[2022년 9월 고1 학평 12-13번]
[925-926] 다음 글을 읽고 물음에 답하시오.

언어학자인 소쉬르는 '시간은 모든 것을 변화시킨다. 언어라고 해서 이 보편 법칙을 벗어날 리가 없다.'라고 했다. 이처럼 시간의 흐름에 따라 언어가 변화하기도 하는데 이를 언어의 특성 중 역사성이라고 한다. 이러한 언어의 역사성을 의미와 형태 측면에서 살펴보자.

단어의 의미 변화 양상에는 의미의 확대, 축소, 이동이 있다. 의미 확대는 단어 본래의 의미보다 그 뜻의 사용 범위가 넓어지는 것이고, 반대로 의미 축소는 본래의 의미보다 그 뜻의 사용 범위가 좁아지는 것이다. 그리고 단어의 의미가 조금씩 달라져서 본래의 의미와 거리가 먼 다른 의미로 바뀌기도 하는데, 이를 ㉠의미 이동이라고 한다.

단어의 형태 변화는 ㉡음운의 변화로 인한 것과 유추로 인한 것 등이 있다. 중세 국어의 음운 중 'ㆍ', 'ㅿ', 'ㅸ' 등이 시간이 지나면서 다른 음운으로 바뀌거나 소실되었는데, 이에 따라 단어의 형태도 바뀌게 되었다. 'ㆍ'는 첫째 음절에서는 'ㅏ'로, 둘째 음절 이하에서는 'ㅡ'로 주로 바뀌었으며 'ㅿ'은 대부분 소실되었고 'ㅸ'은 주로 반모음 'ㅗ/ㅜ'로 바뀌었다. 한편 유추란 어떤 단어가 의미적 혹은 형태적으로 비슷한 다른 단어를 본떠 변화하는 것을 말한다. 과거에 '오다'의 명령형은 '오다'에만 결합하는 명령형 어미 '-너라'가 결합한 '오너라'였으나, 사람들이 일반적인 명령형 어미인 '-아라'가 쓰일 것이라고 유추하여 사용한 결과 현재에는 '-아라'가 결합한 '와라'도 쓰인다.

[A] 이와 같은 역사성뿐만 아니라 언어의 특성에는 언어의 내용인 '의미'와 그것을 나타내는 형식인 '말소리' 사이의 관계가 필연적이지 않다는 자의성, 말소리와 의미는 사회의 인정을 통해 관습적으로 결합되어 있어 그 결합은 개인이 함부로 바꿀 수 없는 약속이라는 사회성, 언어를 통해 연속적인 대상이나 개념을 분절적으로 인식하게 된다는 분절성 등이 있다.

925

[A]를 바탕으로 추론한 내용으로 적절하지 <u>않은</u> 것은?

① 경계가 뚜렷하지 않은 '무지개'의 색을 일곱 가지 색으로 구분하는 것은 언어를 통해 대상을 분절적으로 인식하는 것이겠군.

② 여러 사람들이 '소리 없이 빙긋이 웃는 웃음'을 '미소'라고 말하는 것은 의미와 말소리가 관습적으로 결합되어 있기 때문이겠군.

③ 동일한 의미의 대상을 한국어로는 '개', 영어로는 'dog'라고 말하는 것은 의미와 말소리의 관계가 필연적이지 않기 때문이겠군.

④ '바다'의 의미를 '나무'라는 말소리로 표현하면 의사소통이 제대로 안 되는 것은 언어가 개인이 함부로 바꿀 수 없는 사회적 약속이기 때문이겠군.

⑤ '차다'라는 말소리가 '(발로) 차다', '(날씨가) 차다', '(명찰을) 차다' 등 다양한 의미에 대응하는 것은 연속적인 개념을 언어로 나누어 인식하고 있는 것이겠군.

926

<보기>는 언어의 역사성과 관련하여 학생이 수집한 자료이다. ⓐ~ⓔ 중 윗글의 ㉠과 ㉡에 모두 해당하는 것은?
[3점]

> **보 기**
>
> ○ '어리다'는 '나이가 적다'라는 의미인데 예전에는 '어리석다'라는 의미를 나타냈고, 예전에도 '어리다'의 형태로 쓰였다. ⸺⸺⸺ ⓐ
> ○ '서울'은 '나라의 수도'와 '한반도의 중심부에 있는 도시'를 의미하는데 과거에는 '나라의 수도'만을 의미했고, '셔블'의 형태로 쓰였다. ⸺⸺⸺ ⓑ
> ○ '싸다'는 '비용이 보통보다 낮다'라는 뜻의 단어인데 예전에는 '그 정도의 값어치가 있다'라는 의미를 나타냈고, '쓰다'의 형태로 쓰였다. ⸺⸺⸺ ⓒ
> ○ '마음'은 '사람이 본래부터 지닌 성격이나 품성'을 뜻하는 단어인데 예전에는 이와 함께 '심장'을 의미하기도 했고, 'ᄆᆞᅀᆞᆷ'의 형태로 쓰였다. ⸺⸺⸺ ⓓ
> ○ '서로'는 '짝을 이루는 상대'라는 뜻으로, 예전에 '서르'라고 썼는데 사람들이 일반적으로 부사가 '-로'로 끝나는 것에서 추측하여 사용한 결과 '서르'는 '서로'로 변했다. ⸺⸺⸺ ⓔ

① ⓐ　　② ⓑ　　③ ⓒ　　④ ⓓ　　⑤ ⓔ

[2022년 11월 고1 학평 12-13번]
[927-928] 다음 글을 읽고 물음에 답하시오.

> 관형어와 부사어는 다른 말을 수식하는 문장 성분이다. 관형어는 체언을 수식하고 부사어는 주로 용언을 수식한다. 관형어나 부사어가 실현되는 방법은 주로 다음과 같다.
>
> (가) 저 바다로 어서 떠나자.
> (나) 찬 공기가 따뜻하게 변했다.
> (다) 민지의 동생이 학교에 갔다.
>
> (가)의 '저'와 '어서'처럼 관형사와 부사가 그 자체로 각각 관형어와 부사어로 쓰일 수 있다. 또한 (나)의 '찬'과 '따뜻하게'처럼 용언의 어간에 전성 어미가 결합하거나, (다)의 '민지의'와 '학교에'처럼 체언에 격 조사가 결합하여 쓰일 수도 있다.
> 관형어와 부사어는 문장에서 필수적인 성분이 아니므로 일반적으로 생략이 가능하다. 다만, ㉠의존 명사를 수식하는 관형어나 ㉡서술어가 필수적으로 요구하는 부사어는 생략할 수 없다. 또한 관형어와 부사어는 각각 여러 개를 겹쳐서 사용할 수 있다.
> 중세 국어의 관형어와 부사어도 현대 국어와 전반적으로 유사한 양상을 보였으나 격 조사가 쓰일 때 차이를 보였다. 관형격 조사의 경우, 사람이나 동물과 같은 유정 체언 중 높임의 대상이 아닌 것과 결합할 때는 '이/의'가 쓰였다. 그리고 무정 체언이나 높임의 대상이 되는 유정 체언과 결합할 때는 'ㅅ'이 쓰였다. 부사격 조사의 경우, 결합하는 체언의 끝음절 모음이 양성 모음이면 '애', 음성 모음이면 '에', 'ㅣ'나 반모음 'ㅣ'이면 '예'가 쓰였는데 특정 체언 뒤에서는 '이/의'가 쓰이기도 했다.

927

윗글을 바탕으로 <보기>의 중세 국어 자료를 이해한 내용으로 적절하지 <u>않은</u> 것은? [3점]

> **보 기**
>
> ○ 불휘 기픈 남ᄀᆞᆫ ᄇᆞᄅᆞ매 아니 뮐씨
>   (뿌리가 깊은 나무는 바람에 아니 흔들리므로)
>   - 「용비어천가」
>
> ○ 員(원)의 지븨 가샤 避仇(피구)ᄒᆞᇙ 소니 마리
>   (원의 집에 가셔서 피구할 손의 말이)
>   - 「용비어천가」
>
> ○ 뎌 부텻 行(행)과 願(원)과 工巧(공교)ᄒᆞ신 方便(방편)은
>   (저 부처의 행과 원과 공교하신 방편은)
>   - 「석보상절」

① '기픈'을 보니 현대 국어와 마찬가지로 용언 어간에 전성 어미가 결합한 형태의 관형어가 사용되었음을 알 수 있군.
② 'ᄇᆞᄅᆞ매'를 보니 현대 국어와 달리 끝음절 모음이 양성 모음인 체언과 결합할 때는 부사격 조사 '애'가 사용되었음을 알 수 있군.
③ '아니'를 보니 현대 국어와 마찬가지로 부사 자체가 부사어로 사용되었음을 알 수 있군.
④ '員(원)의 지븨'를 보니 현대 국어와 마찬가지로 관형어가 여러 개 겹쳐서 사용되었음을 알 수 있군.
⑤ '부텻'을 보니 현대 국어와 달리 높임의 대상이 되는 유정 체언과 결합할 때는 관형격 조사 'ㅅ'이 사용되었음을 알 수 있군.

928

밑줄 친 부분이 ㉠, ㉡에 해당하는 예로 적절한 것은?

① ┌ ㉠ : <u>작은</u> 것이 아름답다.
　└ ㉡ : 내가 <u>회장으로</u> 그 회의를 주재하였다.

② ┌ ㉠ : <u>그</u> 집은 주변 풍경과 잘 어울린다.
　└ ㉡ : 이 그림은 가짜인데도 <u>진짜와</u> 똑같다.

③ ┌ ㉠ : 친구에게 책을 <u>한</u> 권 선물 받았다.
　└ ㉡ : 강아지들이 <u>마당에서</u> 뛴다.

④ ┌ ㉠ : 자라나는 어린이들은 <u>나라의</u> 보배이다.
　└ ㉡ : 이삿짐을 <u>바닥에</u> 가지런히 놓았다.

⑤ ┌ ㉠ : 그는 <u>노력한</u> 만큼 좋은 결과를 얻었다.
　└ ㉡ : 나는 꽃꽂이를 <u>취미로</u> 삼았다.

[2017년 11월 고2 학평 14-15번]

[929-930] 다음 글을 읽고 물음에 답하시오.

시제란 발화시를 기준으로 사건시의 선후 관계에 따라 과거, 현재, 미래를 구분하는 문법 범주를 가리킨다. 이때 발화시는 말하는 시점을, 사건시는 사건이 일어나는 시점을 말한다.

과거 시제는 일반적으로 사건시가 발화시에 선행하는 시간 표현으로 규정되는데, 선어말 어미 '-았-/-었-'과 관형사형 어미 '-(으)ㄴ' 등을 통해 실현된다. 그리고 '어제', '옛날'과 같은 시간 부사어와 결합하여 그 의미가 구체화되기도 한다. 현재와 단절된 상황이나 먼 과거는 '-았었-/-었었-'을 통해 표현되기도 한다. 과거 시제 선어말 어미 중 '-더-'는 발화자가 과거에 경험한 일을 회상할 때 쓰이는데, 주어가 1인칭인 경우 쓰임에 제약이 따르기도 한다. '-았-/-었-'이 사용되었다고 해도 경우에 따라 사건시가 발화시와 일치하는 현재의 일이나 사건시가 발화시 이후인 미래의 일을 표시하는 데에도 쓰일 수 있다.

현재 시제는 일반적으로 사건시와 발화시가 일치하는 시간 표현이다. 동사의 경우 선어말 어미 '-는-/-ㄴ-'을 통해, 형용사와 서술격 조사의 경우에는 선어말 어미 없이 현재 시제를 표현한다. 또한 관형사형 어미 '-는', '-(으)ㄴ'을 통해서도 현재 시제를 표현할 수 있으며, '지금'과 같은 시간 부사어와 결합하여 그 의미가 구체화되기도 한다. 현재 시제가 사용된 표현은 보편적인 사실과 미래에 예정된 일을 나타낼 때에도 사용된다.

미래 시제는 사건시가 발화시 이후인 시간 표현이다. 이를 표현하는 선어말 어미로는 보편적으로 '-겠-'이 사용되며, '-(으)리-'가 사용되어 예스러운 의미를 나타내기도 한다. 그리고 관형사형 어미로는 '-(으)ㄹ'이 사용된다. 미래 시제는 '내일'과 같은 시간 부사어와 결합하여 의미가 구체화되기도 한다.

중세 국어도 과거, 현재, 미래의 삼분 체계를 가진다는 점에서 현대 국어와 동일하다. 다만 이를 표현하는 방식에 있어서는 차이가 있었다. 중세 국어에서 동사의 경우, 과거 시제는 선어말 어미 없이 표현하거나 선어말 어미 '-더-'를 사용하여 표현하였다. 중세에는 '-더-'가 현대 국어와는 달리 모든 인칭에 두루 쓰였으며, 1인칭 주어와 함께 쓰이는 경우에는 '-다-'로 나타났다. 현재 시제는 선어말 어미 '-ㄴ-/-ㄴ-'을 써서 표현하였으며, 이는 보편적인 사실을 나타내기도 한다. 미래 시제는 '-리-'를 써서 표현하였다.

929

다음은 현대 국어의 시제에 대한 탐구 활동지의 일부이다. 윗글을 바탕으로 할 때 ㉮에 들어갈 내용으로 적절하지 <u>않은</u> 것은? [3점]

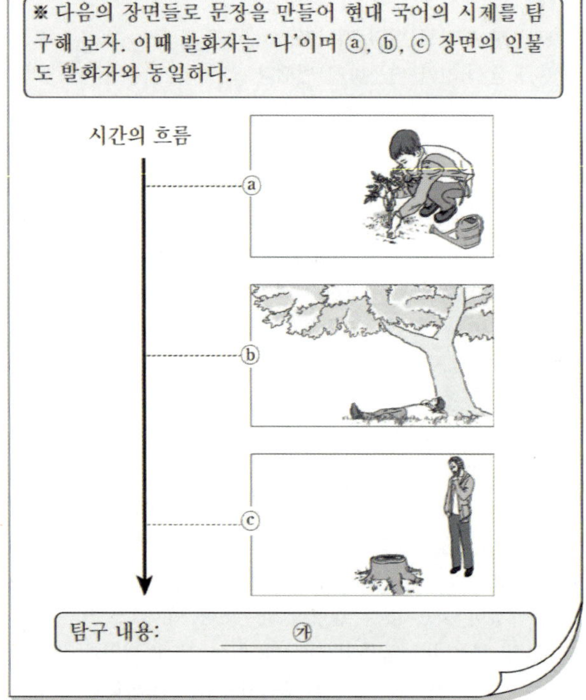

① ⓐ에서 발화시와 사건시가 동일하다면, 선어말 어미 '-는-'을 사용하여 '나는 묘목을 심는다.'와 같이 표현할 수 있다.

② ⓐ에서 사건시가 발화시 이후인 ⓑ를 나타내고자 한다면, 선어말 어미 '-겠-'을 사용하여 '묘목이 자라면 나무 아래에서 잘 수 있겠지.'와 같이 표현할 수 있다.

③ ⓐ를 시간적으로 거리가 먼 ⓒ에서 발화한다면, 선어말 어미 '-었었-'을 사용하여 '나는 묘목을 심었었지.'와 같이 표현할 수 있다.

④ ⓒ에서 ⓑ를 회상하여 발화할 때 '나는 나무 아래에서 자더라.'와 같은 표현이 어색한 것은 선어말 어미 '-더-'의 사용에 제약이 따르기 때문이다.

⑤ ⓒ에서 발화시보다 사건시가 선행할 때 선어말 어미 '-았-'을 사용하여 '이제 나무 아래에서 낮잠은 다 잤다.'와 같이 표현할 수 있다.

930

윗글을 바탕으로 <보기>의 밑줄 친 부분에 나타난 중세 국어의 특징을 이해한 내용으로 적절하지 <u>않은</u> 것은?

보 기

(가) 주거미 닐오디 "내 ᄒᆞ마 <u>명종(命終)호라</u>"　「월인석보」
[현대어 풀이] 주검이 말하기를, "내가 이미 죽었다."

(나) 내 <u>롱담ᄒᆞ다라</u>　「석보상절」
[현대어 풀이] 내가 농담하였다.

(다) 네 이제 또 <u>묻ᄂᆞ다</u>　「월인석보」
[현대어 풀이] 네가 이제 또 묻는다.

(라) 하ᄂᆞᆯ히며 사ᄅᆞᆷ 사ᄂᆞᆫ 싸ᄒᆞᆯ 다 <u>뫼호아</u> 세계(世界)라 ᄒᆞ<u>ᄂᆞ니라</u>　「월인석보」
[현대어 풀이] 하늘이며 사람 사는 땅을 다 모아서 세계라 한다.

(마) 내 이제 분명(分明)히 너ᄃᆞ려 <u>닐오리라</u>　「석보상절」
[현대어 풀이] 내가 이제 분명히 너에게 말하겠다

---

① (가) : 시제를 나타내는 선어말 어미 없이 과거의 의미를 나타내고 있군.
② (나) : 주어가 1인칭이므로 선어말 어미 '-다-'를 사용하여 과거의 의미를 나타내고 있군.
③ (다) : 선어말 어미 '-ᄂᆞ-'를 통해 현재의 의미를 나타내고 있군.
④ (라) : 현재형 선어말 어미가 사용되어 보편적인 사실을 나타내고 있군.
⑤ (마) : 오늘날 사용되지 않는 선어말 어미를 통해 미래의 의미를 나타내고 있군.

[2018년 3월 고2 학평 14-15번]

[931-932] 다음 글을 읽고 물음에 답하시오.

다른 문장 속에 들어가 하나의 문장 성분처럼 쓰이는 문장을 안긴문장이라고 하며, 이 안긴문장을 포함한 문장을 안은문장이라고 한다. 안긴문장에는 명사절, 관형절, 부사절, 서술절, 인용절이 있는데, 이 가운데 명사절은 서술어로 쓰인 용언의 어간에 명사형 어미 '-(으)ㅁ', '-기'가 붙어 만들어진다. 명사형 어미는 안긴문장에서 서술어로 쓰이는 용언이 서술 기능을 그대로 유지하면서 명사처럼 기능하도록 용언의 문법적인 기능을 바꾼다.

ㄱ. <u>그것이 사실임</u>이 틀림없다.
ㄴ. 나는 <u>그것이 사실이기</u>를 바란다.

명사절은 문장에서 주어, 목적어, 부사어 등 다양한 문장 성분으로 쓰이는데, 위의 예문에서 ㄱ의 명사절은 주어의 기능을 하고, ㄴ의 명사절은 목적어의 기능을 한다.

한편 중세 국어에서도 다양한 명사형 어미가 사용되어 만들어진 명사절이 문장에서 여러 가지 문장 성분으로 쓰였다. 중세에 사용된 명사형 어미로는 '-옴/움'과 '-기', '-디' 등이 있었다. 이 가운데 '-옴'과 '-움'은 모음 조화에 따라 양성 모음 뒤에서는 '-옴'이, 음성 모음 뒤에서는 '-움'이 쓰였다.

931

윗글을 참고할 때, ㉠~㉣ 중 명사절이 동일한 문장 성분으로 사용된 것끼리 묶인 것은?

보 기

㉠ 농부들은 비가 오기를 기다린다.
㉡ 지금은 집에 가기에 이른 시간이다.
㉢ 그는 1년 후에 돌아가기로 결심했다.
㉣ 어린 아이들은 병원에 가기 싫어한다.

---

① ㉠, ㉡ / ㉢, ㉣
② ㉠, ㉢ / ㉡, ㉣
③ ㉠, ㉣ / ㉡, ㉢
④ ㉠ / ㉡, ㉢, ㉣
⑤ ㉠ / ㉡, ㉢ / ㉣

932

윗글을 참고할 때, ⓐ~ⓔ 중 명사절이 포함되어 있지 <u>않은</u> 것은? [3점]

보 기

ⓐ 날로 뿌메 뻔한킈 흐고져
  (나날이 씀에 편하게 하고자)
ⓑ 구르믜 축추기 둡듯 흐시니라
  (구름이 축축하게 덮듯 하시니라)
ⓒ 부모롤 현뎌케 홈이 효도이 무춤이니라
  (부모를 드러나게 함이 효도의 끝이니라)
ⓓ 본향(本鄕)애 도라옴만 굳디 몯흐니라
  (본향에 돌아옴만 같지 못하니라)
ⓔ 내 겨지비라 가져 가디 어려볼씨
  (내가 계집이라 가져가기 어려우니)

---

① ⓐ ② ⓑ ③ ⓒ ④ ⓓ ⑤ ⓔ

[2018년 6월 고2 학평 11-12번]

[933-934] 다음 글을 읽고 물음에 답하시오.

현대 국어와 중세 국어는 문법적으로 많은 차이가 있는데, 격 조사의 차이도 그중 하나이다. 현대 국어에서는 주격 조사로 '이 / 가'를, 목적격 조사로 '을 / 를'을, 관형격 조사로 '의'를 사용하고 있지만, 중세 국어에서는 음운 환경에 따라 주격 조사, 목적격 조사, 관형격 조사가 오늘날보다 다양하게 사용되었다.

먼저 주격 조사는 '이'만 사용하였는데, 이때 '이'는 음운 환경에 따라 그 형태가 조금씩 달랐다. 앞말이 자음으로 끝나면 '이'를 썼지만, 'ㅣ'를 제외한 모음으로 끝나면 'ㅣ'를 붙여 썼고, 'ㅣ'로 끝나면 주격 조사를 표기하지 않았다. 예를 들어, '사름'에는 '이'가 붙고, '부텨'에는 'ㅣ'가 붙는다. 그러나 '비'와 같은 경우에는 따로 주격 조사를 붙이지 않는다.

다음으로 목적격 조사는 '올 / 을 / 롤 / 를'을 사용하였다. 앞말이 자음으로 끝날 경우 '올 / 을', 모음으로 끝날 경우 '롤 / 를'로 표기하였다. 또 앞말의 모음이 양성 모음이면 '올 / 롤'로, 음성 모음이면 '을 / 를'로 표기하였다. 각각의 상황을 예로 들면, '무숨'에는 '올'이, '구름'에는 '을'이, '나'에는 '롤'이, '너'에는 '를'이 붙는다.

[A]
끝으로 관형격 조사는 단어의 의미와 음운 환경에 따라 '이 / 의'와 'ㅅ'을 사용하였다. '이 / 의'는 앞에 오는 명사가 사람이나 동물일 때 사용하였는데, 앞말의 모음이 양성 모음일 때는 '이'를, 음성 모음일 때는 '의'를 사용하였다. 'ㅅ'은 앞에 오는 명사가 사람이면서 높임의 대상이거나, 사람도 아니고 동물도 아닐 때 사용하였다. 예를 들어, '놈'은 사람이고 'ㆍ(아래아)'가 양성 모음이기 때문에 '이'가 붙고, '벌'은 동물이고 'ㅓ'가 음성 모음이기 때문에 '의'가 붙는다. 반면에 '부텨'는 사람이면서 높임의 대상이기 때문에 'ㅅ'이 붙는다.

933

윗글에 대한 이해로 적절하지 <u>않은</u> 것은?

① 현대 국어의 주격 조사 중에는 중세 국어에서 사용하지 않았던 것이 있다.
② 중세 국어에는 음운 환경에 따라 주격 조사를 표기하지 않는 경우도 있었다.
③ 현대 국어보다 중세 국어에서 사용된 목적격 조사의 형태가 더 다양하였다.
④ 중세 국어에서 앞말이 모음으로 끝나면 예외 없이 주격 조사 'ㅣ'가 사용되었다.
⑤ 중세 국어에서 앞말의 모음이 양성 모음이고 자음으로 끝나면 목적격 조사로 '올'을 사용하였다.

934

[A]를 참고할 때, <보기>의 ㉠과 ㉡에 들어갈 조사로 적절한 것은?

보 기

[중세 국어] 거붑 + ㉠ 터리 굳고
[현대 국어] 거북의 털과 같고

[중세 국어] 하ᄂᆞᆯ + ㉡ 光明이 믄득 번ᄒᆞ거늘
[현대 국어] 하늘의 광명이 문득 훤하거늘

	㉠	㉡
①	의	ㅅ
②	이	이
③	의	이
④	이	ㅅ
⑤	의	의

[2019년 3월 고2 학평 11-12번]

[935-936] 다음 글을 읽고 물음에 답하시오.

반모음과 관련된 대표적인 음운 현상으로 '반모음 첨가'와 '반모음화'가 있다. 현대 국어에서 반모음 첨가는 모음으로 끝나는 형태소 뒤에 모음으로 시작하는 형태소가 올 때 일어난다. 어간 '피-'에 어미 '-어'가 결합할 때 '피어'가 [피여]로 소리 나는 경우가 대표적인데 이때 어미에는 'ㅣ'계 반모음인 'ǐ'가 첨가된다. 어미 '-어'에 'ǐ'가 첨가되어 '되어[되여]', '쉬어[쉬여]'로 발음되는 경우도 마찬가지이다. 이렇게 어간이 'ㅣ, ㅚ, ㅟ'로 끝날 때 어미에 반모음 'ǐ'가 첨가되어 발음되는 경우는 표준 발음으로 인정되지만 표기할 때는 음운 변동이 일어나지 않은 형태로 해야 한다.

한편 '피어'는 [펴:]로 발음되기도 한다. '피 + 어 → [펴:]'의 경우처럼 두 개의 단모음이 나란히 놓일 때 하나의 단모음이 반모음으로 교체되는 음운 현상을 반모음화라고 부른다. 반모음화는 반모음과 성질이 비슷한 단모음에 적용되는 것으로, [펴:]의 경우 단모음 'ㅣ'가 소리가 유사한 반모음 'ǐ'로 교체된 것이다. [펴:]와 같이 반모음화가 일어난 경우도 규범상 표준 발음으로 인정된다.

15세기 국어 자료에서도 반모음 첨가나 반모음화가 일어난 것으로 추정되는 흔적을 찾을 수 있다. 15세기에는 표음적 표기*를 지향했기 때문에 문헌의 표기 상태를 통해 당시의 음운 현상을 추론할 수 있는데, 15세기 국어 자료에서 반모음 첨가나 반모음화가 일어난 것으로 보이는 표기들이 관찰되는 것이다. 어간 '쉬-'에 어미 '-어'가 결합할 때 '쉬여'로 표기된 사례나 어간 '흐리-'에 어미 '-어'가 결합할 때 '흐리여'로 표기된 것은 반모음 첨가가 일어난 사례로 생각된다. 여기서 '쉬여'는 현대 국어의 [피여]와는 다른 음운 환경에서 반모음 첨가가 일어난 것인데, 15세기에는 'ㅟ' 표기가 'ㅜ'와 'ǐ'가 결합한 이중 모음을 나타냈을 것으로 추정되기 때문이다. 'ㅓ, ㅐ, ㅔ, ㅚ, ㅢ' 표기도 'ㅟ'와 마찬가지 방식으로 이중 모음을 나타냈을 것으로 추정된다. 따라서 '쉬여'는 ㉠'ㅓ, ㅐ, ㅔ, ㅚ, ㅟ, ㅢ'가 이중 모음을 나타낸 것이라고 할 경우 반모음 'ǐ' 뒤에서 일어난 반모음 첨가의 사례인 것이다. 이와 달리 어간 '쑤미-'에 어미 '-어'가 결합할 때 '쑤며'로 표기된 경우는 현대 국어의 [펴:]처럼 ㉡어간이 'ㅣ'로 끝나는 용언에서 일어난 반모음화의 사례라고 할 수 있다. 또한 15세기 국어에서 체언 '바' 뒤에 주격 조사 '이'가 붙을 때 '배'로 표기된 사례도 반모음화로 설명할 수 있다.

---

* 표음적 표기: 발음 형태대로 적는 표기 방식.

935

윗글에 대한 이해로 적절하지 <u>않은</u> 것은?

① 현대 국어에서 '피어'를 [펴:]로 발음하는 것은 표준 발음으로 인정된다.

② 현대 국어에서 '피어'를 [펴:]로 발음할 때는 어간의 단모음이 반모음으로 교체된다.

③ 현대 국어에서 '피어'에 반모음 첨가가 일어나도 '피여'라고 적는 것은 허용되지 않는다.

④ 15세기 국어의 'ㅚ' 표기는 단모음 'ㅗ'와 반모음 'ㅣ'가 결합한 이중 모음을 나타냈을 것으로 추정된다.

⑤ 15세기 국어의 체언 '바'에 주격 조사 '이'가 붙어 '배'로 표기된 사례에서는 체언의 단모음이 반모음으로 교체되었을 것으로 추정된다.

936

<보기>의 ⓐ~ⓓ 중 윗글의 ㉠과 ㉡에 해당하는 사례로 적절한 것은?

보 기	
15세기 국어 자료 (현대어 풀이)	**밑줄 친 부분의 음운 변동 과정**
ⓐ<u>내</u> 이룰 爲윙ᄒᆞ야 (내가 이를 위하여)	나 + 이 → 내
수비 ⓑ<u>니겨</u> (쉽게 익혀)	니기 + 어 → 니겨
빗 바다ᄋᆞ로 ⓒ<u>긔여</u> (배의 바닥으로 기어)	긔 + 어 → 긔여
ᄯᅡ해 ⓓ<u>디여</u> (땅에 거꾸러져)	디 + 어 → 디여

	㉠	㉡
①	ⓑ	ⓐ
②	ⓒ	ⓑ
③	ⓒ	ⓓ
④	ⓓ	ⓐ
⑤	ⓓ	ⓒ

[937-938] 다음 글을 읽고 물음에 답하시오.

국어에서는 시간을 언어적으로 표현한 것을 시간 표현이라고 한다. 시간 표현에는 시제와 동작상이 있는데, 시제는 말하는 시점인 발화시를 기준으로 어떤 동작이나 상태가 일어난 시점인 사건시와의 관계를 과거, 현재, 미래와 같은 시간으로 나타내는 문법 요소이다.

동작상은 시간의 흐름 속에서 동작이 일어나는 양상을 표현하는 문법 요소이다. 일반적으로 동작상은 '-고 있다', '-아/어 있다' 등과 같이 보조적 연결 어미와 보조 용언의 결합으로 실현된다. 또한 '-(으)면서', '-고서' 등과 같은 연결 어미를 통해서 실현되기도 한다. 동작상은 어떤 사건이 특정 시간의 흐름 속에서 계속 이어지고 있음을 나타내는 진행상과, 어떤 사건이 끝났거나 끝난 후의 결과가 지속되고 있음을 나타내는 완료상으로 구분할 수 있다.

그런데 '그가 넥타이를 매고 있다.'라는 문장에서처럼 진행상을 나타내는 대표적인 표현이 완료상으로도 해석되는 경우가 있다. 이 문장은 그가 넥타이를 매는 중이라는 진행상으로 해석할 수도 있지만, 넥타이를 맨 채로 있다는 완료상으로 해석할 수도 있다. 이와 같이 신체에 무언가를 접촉하는 행위 중 어느 정도 시간의 폭을 요구하는 동사에, '-고 있다'가 쓰이면 중의적인 의미를 가지게 된다.

중세 국어에서도 '-아/어 잇다' 등과 같이 보조적 연결 어미와 보조 용언의 결합이나, '-(으)며셔', '-고셔' 등과 같은 연결어미를 통해 동작상이 실현되었음을 확인할 수 있다. 한편 중세 국어의 '-아/어 잇다'는 현대 국어의 '-아/어 있다'와 달리 진행상을 실현할 때와 완료상을 실현할 때 모두 사용되었다. 그리고 어간과 결합하는 보조적 연결 어미 '-아'는 'ᄒᆞ-' 뒤에서 '-야'의 형태로 바뀌어 나타났다.

937

윗글을 바탕으로 <보기>를 탐구한 내용으로 적절하지 **않은** 것은? [3점]

> **보 기**
>
> ㄱ. 동생이 책을 읽고 있다.
> ㄴ. 꽃이 아름답게 피어 있다.
> ㄷ. 나는 노래를 부르면서 걸었다.
> ㄹ. 그는 빨간 티셔츠를 입고 있다.
> ㅁ. 나는 밥을 먹고서 집을 나섰다.

① ㄱ은 사건시와 발화시가 일치하는 시제가 나타나며, '-고 있다'를 통해 사건이 계속 이어지고 있음을 표현하고 있다.

② ㄴ은 어떤 사건이 끝난 후의 결과가 지속되고 있음을 나타내는 완료상이 실현되어 있다.

③ ㄷ은 연결 어미를 통해 시간의 흐름 속에서 사건이 완료되었음을 표현하고 있다.

④ ㄹ은 진행상으로 해석할 수도 있지만, 완료상으로도 해석할 수 있다.

⑤ ㅁ은 사건시가 발화시보다 앞서는 시제가 나타나며, '-고서'를 통해 사건이 끝났음을 나타내는 동작상을 표현하고 있다.

938

윗글을 참고하여 <보기>를 이해한 내용으로 적절하지 **않은** 것은?

> **보 기**
>
> **[중세 국어 자료]**
>
> ㄱ. 고ᄌ기 안자 잇거늘
>   [현대어] 꼿꼿하게 앉아 있거늘
> ㄴ. 서늘ᄒ 듸 쉬며셔 자더니
>   [현대어] 서늘한 곳에서 쉬면서 잤는데
> ㄷ. 누늘 長常(장상) 쌀아 잇더라
>   [현대어] 눈을 항상 쳐다보고 있었다.
> ㄹ. ᄢᅴ 무든 옷 닙고 시름ᄒ야 잇더니
>   [현대어] 때 묻은 옷을 입고 걱정하고 있더니
> ㅁ. 문 닫고셔 오직 닐오디
>   [현대어] 문을 닫고서 오직 이르되

① ㄱ에는 '-아 잇다'가 활용된 형태로 완료상이 표현되어 있음을 확인할 수 있겠군.

② ㄴ에는 연결 어미가 사용되어 동작상이 표현되어 있음을 확인할 수 있겠군.

③ ㄷ에는 '-아 잇나'의 활용된 형태가 인내 ᄩ으이 '-이 잇다'와 달리 진행의 의미로 표현되어 있음을 확인할 수 있겠군.

④ ㄷ과 ㄹ을 비교해 보니 보조적 연결 어미 '-아'가 'ㅎ-' 뒤에서는 '-야'의 형태로 나타나 있음을 확인할 수 있겠군.

⑤ ㄹ과 ㅁ에서는 보조적 연결 어미와 보조 용언이 결합된 형태로 동작상이 표현되어 있음을 확인할 수 있겠군.

[2021년 6월 고2 학평 11-12번]

[939-940] 다음 글을 읽고 물음에 답하시오.

의문문은 일반적으로 화자가 청자에게 질문하여 대답을 요구하는 문장이다. 의문문은 상대 높임에 따라 다양한 의문형 종결 어미로 표현되며, 의문사가 함께 나타나기도 한다. 의문문의 가장 대표적인 유형이 판정 의문문과 설명 의문문이다.

판정 의문문은 화자의 질문에 대하여 긍정이나 부정의 대답을 요구하는 의문문이다. 판정 의문문이 부정문일 때는 질문하는 사람에 긍정적이면 '응/예/네'로, 부정적이면 '아니(요)'로 대답한다. 판정 의문문 중 화자가 이미 알고 있거나 믿고 있는 사실에 대하여 청자의 동의를 구하거나 확인을 할 때는 어미 '-지' 또는 '-지 않-'을 활용한다. 예를 들어, 청자가 밥을 먹은 것을 확인하기 위해, "밥은 먹었지?" 또는 "밥은 먹었지 않니?"라는 의문문을 쓸 수 있다. 한편 "너는 학교에 갔니 안 갔니?"처럼 선택을 요구하는 의문문도 가부의 답변을 요구한다는 점에서 판정 의문문에 포함한다.

설명 의문문은 주로 의문사가 사용되어 그 의문사가 가리키는 내용에 대하여 청자가 구체적으로 설명해 주기를 요구하는 의문문이다. 의문사에는 '누구, 무엇, 어디, 언제' 등의 의문 대명사, '몇, 어떤'과 같은 의문 관형사, '왜, 어찌'와 같은 의문 부사, '어떠하다, 어찌하다'와 같은 의문 용언 등이 있다. 예를 들어, "어디 가니?"의 경우, "학교 가요."와 같은 대답을 요구하면 설명 의문문이다. 의문 대명사가 포함된 의문문의 경우, 상황에 따라 판정 의문문으로 사용되기도 한다. 이때의 의문 대명사는 정해지지 아니한 사람, 물건, 방향, 장소 따위를 가리키는 부정칭 대명사로 볼 수 있다. 앞의 "어디 가니?"의 경우, "예." 또는 "아니요."의 대답을 요구하면 판정 의문문이 되며, 이때의 '어디'는 부정칭 대명사로 사용된 것이다.

한편, 중세 국어에서는 현대 국어에서와 달리 보조사를 사용해서도 의문문을 만들 수 있었다. 즉, 의문사나 '-녀', '-뇨'와 같은 종결 어미 외에도 '가'와 '고'와 같은 보조사를 이용하여 의문문을 만들었다.

939

윗글을 바탕으로 <보기>를 탐구한 내용으로 적절하지 **않은** 것은?

> **보 기**
>
> ○ 일찍 등교한 친구끼리 교실에서
>   A : 왜 이리 힘이 없어. ㉠아침 못 먹었어?
>   B : 응, ㉡너도 못 먹었지? 매점 가서 해결하자.
> ○ 함께 하교하는 친구끼리 버스 안에서
>   A : ㉢너 오늘 저녁에 무엇을 하니?
>   B : 아니. ㉣넌 무엇을 하니?
> ○ 친구끼리 길을 걸으면서
>   A : ㉤아까부터 왜 자꾸 웃기만 하는 거야?
>   B : 어제 본 영화가 자꾸 생각이 나서.

① ㉠ : 청자의 반응으로 보아 청자에게 긍정이나 부정의 대답을 요구하는 것으로 볼 수 있다.

② ㉡ : 자신이 믿고 있는 사실을 청자에게 확인하려는 것으로 볼 수 있다.

③ ㉢ : 이어지는 대답에 따르면 의문사가 가리키는 내용을 설명해 달라는 의도를 드러낸 것으로 볼 수 있다.

④ ㉣ : 청자가 긍정이나 부정의 대답을 하면 의문사를 부정칭 대명사로 사용한 것으로 볼 수 있다.

⑤ ㉤ : 청자의 반응으로 보아 화자는 의문의 초점에 대해 구체적인 설명을 요청하는 것으로 볼 수 있다.

940

윗글을 참고하여 <보기>의 중세 국어를 이해한 내용으로 가장 적절한 것은? [3점]

> **보 기**
>
> **[탐구 과제]** 다음에 제시된 사례들을 바탕으로 중세 국어의 의문문에 대해 알아보자.
>
>   ㄱ. 이 ᄯᆞ리 너희 종가
>   [현대 국어] 이 딸이 너희의 종인가?
>   ㄴ. 이 大施主(대시주)의 功德(공덕)이 하녀 져그녀
>   [현대 국어] 이 대시주의 공덕이 많으냐 적으냐?
>   ㄷ. 이 엇던 光名(광명)고
>   [현대 국어] 이것이 어떤 광명인가?
>   ㄹ. 太子(태자)ㅣ 이제 어듸 잇ᄂᆞ뇨
>   [현대 국어] 태자는 지금 어디 있느냐?
>
> **[탐구 결과]** 'ㄱ'과 'ㄴ'은 판정 의문문에, 'ㄷ'과 'ㄹ'은 설명 의문문에 해당한다.

① 판정 의문문과 달리 설명 의문문에서는 종결 어미를 활용하였다.

② 긍정이나 부정의 대답을 요구할 때 사용하는 의문사가 따로 있었다.

③ 판정 의문문을 만들 때는 보조사와 종결 어미를 동시에 사용하였다.

④ 판정 의문문에 사용되는 보조사와 종결 어미의 형태가 설명 의문문과 달랐다.

⑤ 의문사를 포함한 의문문이 청자에게 선택을 요청하는 의문문으로 쓰이기도 했다.

[2021년 11월 고2 학평 11-12번]

[941-942] 다음 글을 읽고 물음에 답하시오.

부사어는 문장 구성에 부속적인 성분으로 주로 용언을 꾸며 주는 말이다. 부사어는 수식 범위에 따라서 성분 부사어와 문장 부사어로 나눌 수 있다. 성분 부사어는 문장의 특정한 성분을 수식하는 부사어이다. 이때 문장의 특정한 성분이란 서술어나 관형어, 부사어 등을 일컫는다. 문장 부사어는 문장 전체를 수식하는 부사어인데 이들 중 일부는 특정 표현과 호응 관계를 이루기도 한다. 부사어 중에는 문장과 문장을 이어 주는 기능을 하는 접속 부사어도 있는데, 일반적으로 문장 부사어에 포함된다.

부사어는 수의적 성분이지만 간혹 서술어가 필수적으로 요구하는 성분이 되기도 한다. '동생이 귀엽게 군다.'와 '민들레는 씀바귀와 비슷하다.'에서 '귀엽게'와 '씀바귀와'가 없으면 각각의 문장은 불완전한 문장이 된다.

부사어는 주로 세 가지 방식으로 형성된다. 첫 번째는 부사가 그대로 부사어가 되는 것이다. 두 번째는 용언의 어간에 부사형 어미가 붙어 부사어가 되는 것이다. 세 번째는 체언에 부사격 조사가 붙어 부사어가 되는 것이다. 이때 부사격 조사는 종류가 매우 다양하며, 같은 형태의 부사격 조사라고 해도 문맥에 따라 다양한 의미로 사용되기도 한다. '바람에 꽃이 지다.'에서 '에'는 '원인'을 의미하지만, '오후에 운동을 한다.'에서 '에'는 '시간'을 의미하는 것이 이와 같은 예이다.

[A]
> 중세 국어의 부사격 조사는 현대 국어와 유사한 방식으로 나타나는 경우가 많았지만, 일부 부사격 조사에서는 현대 국어와 다른 양상을 보이기도 한다. 그중 대표적인 것으로는 '애/에/예, 이/의', '오로/으로', '라와', '이' 등이 있다. 첫 번째로 '장소'의 의미를 나타내는 부사격 조사인 '애/에/예'는 결합한 체언의 끝음절 모음이 양성 모음이면 '애', 음성 모음이면 '에', 'ㅣ'나 반모음 'ㅣ'이면 '예'가 쓰였는데, 특정 체언들 뒤에서는 '이/의'로 쓰이기도 했다. 두 번째로 '오로/으로'는 '출발점'의 의미를 나타내는 부사격 조사로 쓰였는데, 현대 국어에서는 '으로'가 '출발점'을 나타내는 의미로 쓰이지 않는다. 세 번째로 '비교'의 의미를 가지고 있는 부사격 조사인 '라와'는 현대 국어에는 나타나지 않으며, 마찬가지로 '비교'의 의미를 가지고 있는 부사격 조사인 '이'는 현대 국어에서는 사용되지 않는다.

941

윗글을 바탕으로 <보기>를 이해한 내용으로 적절하지 않은 것은?

> **보 기**
>
> **엄마** : 민수야, ㉠아침에 ㉡신구와 싸웠다며?
> **민수** : 엄마, ㉢설마 제가 잘못했다고 생각하시는 거예요?
> **엄마** : 아니야. ㉣결코 그렇지 않아. 민수가 무엇 ㉤때문에 그랬는지 알고 싶어서 그래.
> **민수** : 죄송해요. 제가 오해했어요. ㉥그런데 생각해보니 제가 친구를 너무 ㉦편하게 대했던 것 같아요.

① ㉠과 ㉤은 같은 형태의 부사격 조사가 서로 다른 의미로 사용되었군.

② ㉡과 ㉣은 서술어가 필수적으로 요구하는 성분이겠군.

③ ㉣은 문장 전체를 수식하며 특정 표현과 호응 관계를 이루고 있군.

④ ㉥은 문장과 문장을 이어 주는 기능을 하고 있군.

⑤ ㉦은 용언의 어간에 부사형 어미가 붙어 특정한 성분을 꾸며 주고 있군.

942

[A]를 참고할 때, <보기>의 ⓐ~ⓔ에 들어갈 내용으로 적절하지 않은 것은? [3점]

> **보 기**
>
> **[탐구 주제]**
> ◦ 중세 국어의 부사격 조사에 대해 탐구해 보자.
>
> **[탐구 자료]**

예	성분 분석	탐구 결과
내히 이러 바ᄅᆞ래 가ᄂᆞ니 (내가 이루어져 바다에 가느니)	→ 바ᄅᆞᆯ+애 →	ⓐ
뎌 지븨 가려 ᄒᆞ시니. (저 집에 가려 하시니)	→ 집+의 →	ⓑ
貪欲앳 브리 이 블라와 더으니라 (탐욕의 불은 이 불보다 더한 것이다)	→ 블+라와 →	ⓒ
거부븨 터리 ᄀᆞ고 (거북의 털과 같고)	→ 털+이 →	ⓓ
이에셔 사던 저그로 오ᄂᆞᆳ낤 ᄀᆞ장 (여기에서 살던 때로부터 오늘날까지)	→ 적+으로 →	ⓔ

① ⓐ : '애'는 선행 체언의 끝음절 모음이 양성 모음이기 때문에 사용된 것이겠군.

② ⓑ : '의'는 특정 체언 뒤에 붙어 장소를 나타내는 부사격 조사로 사용된 것이겠군.

③ ⓒ : '라와'는 현대 국어에서 쓰이지 않는 부사격 조사가 비교의 의미로 사용된 것이겠군.

④ ⓓ : '이'는 현대 국어와 달리 'ㅣ'모음 뒤에서 부사격 조사로 사용된 것이겠군.

⑤ ⓔ : '으로'는 현대 국어에서의 의미와 달리 출발점의 의미로 사용된 것이겠군.

[2022년 3월 고2 학평 11-12번]

[943-944] 다음 글을 읽고 물음에 답하시오.

높임 표현은 높임의 대상에 따라 주체 높임, 객체 높임, 상대 높임으로 나뉜다. 주체 높임은 서술의 주체, 곧 문장의 주어가 지시하는 대상을 높이는 것이다. 현대 국어의 주체 높임은 선어말 어미 '-(으)시-'나 주격 조사 '께서', 특수 어휘 '잡수다', '계시다' 등을 통해 실현된다. 중세 국어의 주체 높임도 선어말 어미 '-(ㅇ/으)시-'로 실현되었으며, 이는 '-(ㅇ/으)샤-'로도 나타났다. 또한 '좌시다', '겨시다' 등의 높임을 나타내는 특수 어휘도 존재하였다.

[A] 주체 높임은 일반적으로 주체의 나이가 화자보다 많거나 사회적 지위 등이 화자보다 높을 때 실현된다. 하지만 주체와 청자의 관계, 담화 상황 등을 고려하여 주체가 높임의 대상이라도 높이지 않거나, 주체가 높임의 대상이 아니라도 높이기도 한다. 가령 방송과 같은 공적 담화에서는 객관성을 고려하여 주체를 높이지 않는 경우가 있다. 또한 주체의 신체 일부, 소유물 등 주체와 밀접한 관련이 있는 대상을 높임으로써 주체를 간접적으로 높일 수도 있는데, 이를 간접 높임이라고 한다.

객체 높임은 서술의 객체인, 문장의 목적어나 부사어가 지시하는 대상을 높이는 것이다. 현대 국어의 객체 높임은 부사격 조사 '께'나 '모시다', '여쭙다' 등의 특수 어휘를 통해서만 실현된다. 중세 국어의 객체 높임은 부사격 조사 '끠'나 '뫼시다(모시다)', '엳줍다' 등의 특수 어휘뿐만 아니라, 객체 높임의 선어말 어미 '-ᄉᆞᆸ-, -ᅀᆞᆸ-, -ᄌᆞᆸ-' 등으로도 실현되었다.

상대 높임은 화자가 대화의 상대인 청자를 높이거나 낮추는 것으로 현대 국어의 상대 높임은 주로 '-습니다', '-아라/-어라' 등의 종결 어미로 실현된다. 중세 국어의 상대 높임 또한 현대 국어와 마찬가지로 주로 종결 어미로 실현되었지만, 현대 국어와 달리 상대 높임의 선어말 어미 '-이-', '-잇-'이 존재했다. 선어말 어미 '-이-'는 평서형에서, '-잇-'은 의문형에서 각각 나타나며 상대를 아주 높일 때 사용되었다.

943

[A]를 바탕으로, <보기>를 이해한 내용으로 적절하지 **않은** 것은?

> **보 기**
>
> ㄱ. (아버지께) 선생님께서는 책이 많으십니다.
> ㄴ. (방송에서) 세종대왕이 한글을 창제했습니다.
> ㄷ. (수업에서 선생님이) 발표할 어린이는 손 드시면 됩니다.
> ㄹ. (어린 손자에게) 너희 엄마는 언제 출근하셨니?
> ㅁ. (할아버지께) 아버지는 아직 병원에 가지 않았습니다.

① ㄱ에서는 '선생님'의 소유물인 '책'을 높임으로써 '선생님'을 간접적으로 높이고 있다.

② ㄴ에서는 담화의 객관성을 고려해 '세종대왕'을 높이지 않고 있다.

③ ㄷ에서는 수업이라는 담화 상황을 고려해 '어린이'를 높이고 있다.

④ ㄹ에서는 주체인 '엄마'와 청자인 '손자'의 관계를 고려해 '엄마'를 높이고 있다.

⑤ ㅁ에서는 주체인 '아버지'와 화자의 관계를 고려해 '아버지'를 높이고 있다.

944

윗글을 바탕으로, <보기>의 a~c를 탐구한 내용으로 적절하지 **않은** 것은? [3점]

> **보 기**
>
> a. [중세 국어] 大師(대사) 흥샨 일 아니면 뉘 혼 거시잇고
>   [현대 국어] 대사가 하신 일이 아니면 누가 한 것입니까?
>
> b. [중세 국어] 이 도ᄂᆞᆯ 가져가 어마니믈 供養(공양)ᄒᆞᅀᆞᆸ고
>   [현대 국어] 이 돈을 가져가 어머님을 공양하고
>
> c. [중세 국어] 太子(태자)ᄅᆞᆯ ᄢᅥ려 안ᅀᆞᄫᅡ 부인끠 뫼셔 오니
>   [현대 국어] 태자를 싸 안아 부인께 모셔 오니

① a : 중세 국어에서는 '-샤-'를, 현대 국어에서는 '-시-'를 사용하여 주체인 '대사'를 높이고 있다.

② a : 중세 국어에서는 현대 국어에 없는 '-잇-'을 사용하여 대화의 상대인 청자를 높이고 있다.

③ b : 중세 국어에서는 현대 국어에 없는 '-ᅀᆞᆸ-'을 사용하여 객체인 '어마님'을 높이고 있다.

④ c : 중세 국어에서는 '끠'를, 현대 국어에서는 '께'를 사용하여 객체인 '부인'을 높이고 있다.

⑤ c : 중세 국어에서는 '뫼셔'를, 현대 국어에서는 '모셔'를 사용하여 주체인 '태자'를 높이고 있다.

[2022년 9월 고2 학평 11-12번]

[945-946] 다음 글을 읽고 물음에 답하시오.

주어가 스스로 동작이나 행위를 하는 것을 능동이라 하고, 주어가 다른 대상에 의해 동작이나 행위를 당하게 되는 것을 피동이라 한다. 능동문이 피동문으로 바뀔 때 능동문의 주어는 피동문의 부사어가 되고, 능동문의 목적어는 피동문의 주어가 된다.

피동은 크게 피동사 피동과 '-아/-어지다' 피동으로 나뉜다. 피동사 피동은 파생어인 피동사에 의한다고 하여 파생적 피동이라고 부르기도 하는데, 피동사는 능동사 어간을 어근으로 하여 피동 접미사 '-이-, -히-, -리-, -기-'가 붙어 만들어진다. 이 때 '(건반을) 누르다'가 '눌리다'로 바뀌는 것처럼 동사의 불규칙 활용 형태로 나타나는 경우도 있다.

그러나 모든 능동사가 피동사로 파생될 수 있는 것은 아니다. '던지다, 지키다'와 같이 어간이 'ㅣ' 모음으로 끝나는 동사의 경우에는 피동 접미사가 결합하기 어렵고, '만나다'나 '싸우다'와 같이 대칭되는 대상이 필요한 동사, '알다'나 '배우다'와 같이 주체의 지각과 관련된 동사 등은 피동사로 파생되지 않는다.

'-아/-어지다' 피동은 동사의 어간에 보조적 연결 어미 '-아/-어'에 보조 동사 '지다'가 결합한 '-아/-어지다'가 붙어서 이루어 지는데, 이를 통사적 피동이라고도 부른다. 동사에 '-아/-어지다'가 결합되면 피동의 의미를 나타내지만, 형용사에 '-아/-어지다'가 결합되면 동사화되어 상태의 변화를 나타낼 뿐 피동의 의미를 나타내지 않는다.

15세기 국어에서도 피동 표현이 사용되었다. 파생적 피동은 능동사 어간을 어근으로 하여 피동 접미사 '-이-, -히-, -기-'가 붙어 만들어졌는데, 이때 'ㄹ'로 끝나는 어간에 피동 접미사 '-이-'가 결합하면 이어적지 않고 분철하여 표기하였다. 통사적 피동은 보조적 연결 어미 '-아-/-어-'와 보조 동사 '디다'가 결합한 '-아/-어디다'가 사용되었다. 한편, 15세기 국어에는 피동 접미사와 결합하지 않고도 피동의 의미를 나타내는 동사가 현대 국어보다 많이 존재했다.

945

윗글을 이해한 내용으로 적절하지 <u>않은</u> 것은?

① '(물건이) 실리다'는 피동사 파생이 동사의 불규칙 활용 형태로 나타난 것이다.

② '(소리가) 작아지다'는 용언의 어간에 '아지다'가 결합하여 피동의 의미를 나타낸다.

③ '(줄이) 꼬이다'는 동사 어간 '꼬'에 피동 접미사 '이'가 결합하여 피동사로 파생되었다.

④ '경찰이 도둑을 잡다.'가 피동문으로 바뀔 때에는 능동문의 목적어가 피동문의 주어로 바뀐다.

⑤ '(아버지와) 닮다'는 대칭되는 대상이 필요한 동사로 피동 접미사와 결합하여 파생되지 않는다.

946

윗글을 바탕으로 <보기>의 ⓐ~ⓓ를 탐구한 내용으로 적절하지 <u>않은</u> 것은? [3점]

보 기

○ 風輪에 ⓐ<u>담겨</u>(담-+-기-+-어)
  [풍륜에 담겨]
○ 뫼해 살이 ⓑ<u>박거늘</u>(박-+-거늘)
  [산에 화살이 박히거늘]
○ 옥문이 절로 ⓒ<u>열이고</u>(열-+-이-+-고)
  [옥문이 절로 열리고]
○ 드트리 드외이 ⓓ<u>붓아디거늘</u>(ᄇᅀᅡ-+-아디-+-거늘)
  [티끌이 되어 부수어지거늘]

① ⓐ는 능동사 어간에 접미사 '-기-'가 결합하여 피동사가 되었군.

② ⓑ는 파생적 피동이 일어난 단어가 아님에도 피동의 의미를 나타내고 있군.

③ ⓒ는 'ㄹ'로 끝나는 어간에 접미사 '-이-'가 결합한 후 분철되어 표기되었군.

④ ⓓ는 동사 어간 'ᄇᅀᅡ-'에 '-아디-'가 붙어 피동의 의미를 나타내고 있군.

⑤ ⓑ와 ⓓ는 모두 피동 접미사를 사용하지 않았으므로 통사적 피동에 해당하는군.

Part 07 문법 비문학 - 핵심 기출 문제

[2025년 3월 고2 학평 11-12번]

[947-948] 다음 글을 읽고 물음에 답하시오.

현대 국어의 관형격 조사 '의'는 표준 발음법에 따라 [ㅢ]로 발음하는 것이 원칙이나 [ㅔ]로 발음하는 것도 허용되므로 부사격 조사 '에'와 혼동되는 경우가 있다. 관형격 조사 '의'와 부사격 조사 '에'는 체언과 결합하여 각각 관형어와 부사어를 이룬다. 관형어는 체언만을 수식하는 반면, 부사어는 주로 용언을 수식하고 간혹 관형어나 다른 부사어 등을 수식한다. '의'와 '에'는 여러 의미를 나타낼 수 있다. 예컨대 '의'는 '동생의 가방'처럼 ⓐ뒤 체언이 앞 체언에 소유되거나 소속됨을, '과학자의 연구'처럼 ⓑ앞 체언이 뒤 체언이 나타내는 행동의 주체임을 나타낸다. 또 '에'는 '동생이 집에 갔다.'처럼 ⓒ이동의 도착점을, '나는 저녁에 운동을 한다.'처럼 ⓓ시간을, '형은 큰 소리에 잠을 깼다.'처럼 ⓔ원인을 나타낸다. 중세 국어의 관형격 조사에는 '이/의', 'ㅅ'이 주로 쓰였다.

'이/의'는 앞 체언이 사람이나 동물과 같은 유정 체언이면서 존대의 대상이 아닐 때 쓰였는데, 앞 체언의 끝음절 모음이 양성 모음(·, ㅗ, ㅏ 등)일 때 '이', 음성 모음(ㅡ, ㅜ, ㅓ 등)일 때 '의'가 쓰이는 것이 원칙이었다. 또 'ㅅ'은 앞 체언이 유정 체언이면서 존대의 대상이거나, 식물이나 무생물과 같은 무정 체언일 때 쓰였다. 가령 '사ᄉᆞ미 쁠'[사슴의 뿔]의 관형어 '사ᄉᆞ미'(사슴 + 이)에서 '이'는 유정 체언 '사슴' 뒤에 결합해, '쁠'이 '사슴'의 소유임을 나타낸다. 또 '부텻 말쏨'[부처의 말씀]의 관형어 '부텻'(부텨 + ㅅ)에서 'ㅅ'은 존대의 대상인 유정 체언 '부텨' 뒤에 결합해, '말쏨'을 한 주체가 '부텨'임을 나타낸다.

현대 국어의 부사격 조사 '에'에 대응하는 중세 국어의 부사격 조사에는 '애/에/예'와 '이/의'가 있었다. 일반적으로 앞 체언의 끝음절 모음이 양성 모음일 때 '애', 음성 모음일 때 '에'가 쓰였고 앞 체언이 단모음 'ㅣ'나 반모음 'ㅣ'로 끝날 때 '예'가 쓰였다. 예컨대 '겨스레 눈 오디 아니ᄒᆞ니'[겨울에 눈 오지아니하니]의 '겨스레'(겨슬 + 에)에서 '에'는 끝음절 모음이 음성 모음인 체언 '겨슬' 뒤에 결합해 시간을 나타낸다. 중세 국어에서는 특정한 체언 뒤에서 관형격 조사와 형태가 같은 부사격 조사 '이/의'가 쓰이기도 했다. 예를 들어 '바틔'[밭에](밭 + 이), '우희'[위에](우ㅎ + 의)와 같이 주로 앞 체언의 끝음절 모음이 양성 모음일 때 '이', 음성 모음일 때 '의'가 쓰였다.

947

윗글을 읽고 이해한 내용으로 적절하지 <u>않은</u> 것은?

① 현대 국어의 관형격 조사 '의'는 [ㅢ]나 [ㅔ]로 발음할 수 있다.

② 중세 국어에서 관형격 조사는 유정 체언과 결합할 때 그 체언이 존대의 대상인지 아닌지에 따라 다른 형태로 쓰였다.

③ 현대 국어와 달리, 중세 국어의 관형격 조사는 체언 뒤에 결합하여 이동의 도착점을 나타내는 부사어를 이룰 수 있다.

④ 현대 국어와 중세 국어에서 모두, 관형격 조사는 여러 의미를 나타낼 수 있다.

⑤ 현대 국어와 중세 국어에서 모두, 관형격 조사는 체언 뒤에 결합하여 관형어를 이룬다.

948

윗글의 ⓐ~ⓔ를 바탕으로 <보기>를 이해한 내용으로 적절한 것은? [3점]

> **보 기**
>
> ㄱ. 아드리(아들 + 이) 소놀 자바
>   [아들의 손을 잡아]
> ㄴ. 수픐(수플 + ㅅ) 가온디 잇거든
>   [수풀의 가운데 있는데]
> ㄷ. 그 져비 바ᄅᆞ 그 무더믜(무덤 + 의) ᄂᆞ라가아
>   [그 제비가 바로 그 무덤에 날아가서]
> ㄹ. 서리예(서리 + 예) 프른 남기 뻐러뎌
>   [서리에 푸른 나무가 떨어져]
> ㅁ. 또 나 아ᄎᆞ미(아춤 + 이) 닉더니
>   [또 나서 아침에 익더니]

① ㄱ의 '아드리'에서 관형격 조사 '이'는 끝음절 모음이 음성 모음인 유정 체언 뒤에 결합하여 ⓐ를 나타내는군.

② ㄴ의 '수픐'에서 관형격 조사 'ㅅ'은 무정 체언 뒤에 결합하여 ⓑ를 나타내는군.

③ ㄷ의 '무더믜'에서 부사격 조사 '의'는 끝음절 모음이 음성 모음인 체언 뒤에 결합하여 ⓒ를 나타내는군.

④ ㄹ의 '서리예'에서 부사격 조사 '예'는 반모음 'ㅣ'로 끝난 체언 뒤에 결합하여 ⓓ를 나타내는군.

⑤ ㅁ의 '아ᄎᆞ미'에서 부사격 조사 '이'는 끝음절 모음이 양성 모음인 체언 뒤에 결합하여 ⓔ를 나타내는군.

[2016년 6월 고3 모평 11-12번]

[949-950] 다음은 용언의 활용에 관한 탐구 활동과 자료이다. <대화 1>과 <대화 2>는 학생의 탐구 활동이고, <자료>는 학생들이 수집한 학술 자료이다. 물음에 답하시오.

<대화 1>

A : '(길이) 좁다'와 '(이웃을) 돕다'는 어간의 끝이 'ㅂ'으로 같잖아? 그런데 '좁다'는 '좁고', '좁아'로 활용하고 '돕다'는 '돕고', '도와'로 활용하여, 모음으로 시작하는 어미 앞에서의 활용형이 달라.

B : 그러고 보니 '(신을) 벗다'와 '(노를) 젓다'도 어간의 끝이 'ㅅ'으로 같은데, '벗다'는 '벗어'로 활용하고 '젓다'는 '저어'로 활용해서, 모음으로 시작하는 어미 앞에서의 활용형이 달라.

A : 그렇구나. 어간의 끝이 같은데도 왜 이렇게 다르게 활용하는 걸까? 우리 한번 같이 자료를 찾아보고 답을 알아볼래?

<자료>

현대 국어 '좁다'와 '돕다'의 15세기 중엽의 국어에서의 활용형을 보면, '좁다'는 '좁고', '조바'처럼 자음과 모음으로 시작하는 어미 앞 모두에서 어간이 '좁-'으로 나타난다. 그러나 '돕다'는 자음으로 시작하는 어미 앞에서는 '돕고'처럼 어간이 '돕-'으로, 모음으로 시작하는 어미 앞에서는 '도ᄫᅡ'처럼 어간이 '도ᇦ-'으로 나타난다. 다음으로 현대 국어 '벗다'와 '젓다'의 15세기 중엽의 국어에서의 활용형을 보면, '벗다'는 '벗고', '버서'처럼 자음과 모음으로 시작하는 어미 앞 모두에서 어간이 '벗-'으로 나타난다. 그러나 '젓다'는 자음으로 시작하는 어미 앞에서는 '젓고'처럼 어간이 '젓-'으로, 모음으로 시작하는 어미 앞에서는 '저ᅀᅥ'처럼 어간이 '젓-'으로 나타난다. 당시 국어의 음절 끝에는 'ㄱ, ㄴ, ㄷ, ㄹ, ㅁ, ㅂ, ㅅ, ㆁ'의 8개의 소리가 올 수 있었기에 '눕고'의 'ㅂ'과 '섯고'의 'ㅅ'은 각각 'ㅸ'이 'ㅂ'으로 교체되고 'ㅿ'이 'ㅅ'으로 교체된 것을 표기한 것이다. 그리고 '도ᄫᅡ'와 '저ᅀᅥ'는 'ㅸ'과 'ㅿ'이 뒤 음절의 첫소리로 연음된 것을 표기한 것이다.

그런데 'ㅸ', 'ㅿ'은 15세기와 16세기를 지나면서 소실되었다. 먼저 'ㅸ'은 15세기 중엽을 넘어서면서 '도ᄫᅡ>도와', '더ᄫᅥ>더워'에서와 같이 'ㅏ' 또는 'ㅓ' 앞에서는 반모음 'ㅗ/ㅜ[w]'로 바뀌었고, '도ᄫᆞ시니>도오시니', '셔ᄫᆞᆯ>셔울'에서와 같이 'ㆍ' 또는 'ㅡ'가 이어진 경우에는 모음과 결합하여 'ㅗ' 또는 'ㅜ'로 바뀌었으나, 음절 끝에서는 이전과 다름없이 'ㅂ'으로 나타났다. 다음으로 'ㅿ'은 16세기 중엽에 '아ᅀᆞ>아ᅌᆞ', '저ᅀᅥ>저어'에서와 같이 사라졌으며, 음절 끝에서는 이전과 다름없이 'ㅅ'으로 나타났다. 이런 변화를 겪은 말 중에 '셔울', '도오시니', '아ᅌᆞ'는 18~19세기를 거쳐 '서울', '도우시니', '아우'로 바뀌어 오늘날에 이르렀다.

<대화 2>

A : 자료를 보니 'ㅸ', 'ㅿ'이 사라지면서 '도ᄫᅡ'가 '도와'로, '저ᅀᅥ'가 '저어'로 활용형이 바뀌었네.

B : 그럼 '(고기를) 굽다'가 '구워'로 활용하고, '(밥을) 짓다'가 '지어'로 활용하는 것도 같은 거겠네!

A : 맞아. 그래서 현대 국어에서는 '굽다'하고 '짓다'가 불규칙 활용을 하게 된 거야.

949

위 탐구 활동과 자료에 대한 이해로 적절하지 <u>않은</u> 것은?

① 현대 국어의 '도와', '저어'와 같은 활용형은 어간의 형태가 달라지는 불규칙 활용에 해당하는군.

② 15세기 국어의 '도ᄫᅡ'가 현대 국어에서 '도와'로 나타나는 것은 'ㅸ'이 어간 끝에서 'ㅂ'으로 바뀐 결과이군.

③ 15세기 국어의 '저ᅀᅥ'가 현대 국어에서 '저어'로 나타나는 것은 'ㅿ'의 소실로 어간의 끝 'ㅿ'이 없어진 결과이군.

④ 15세기 국어의 '돕고'와 현대 국어의 '돕고'는, 자음으로 시작하는 어미 앞에서 어간의 모양이 달라지지 않았군.

⑤ 15세기 국어의 '젓고'와 현대 국어의 '젓고'는, 자음으로 시작하는 어미 앞에서 어간의 모양이 달라지지 않았군.

950

위 탐구 활동과 자료에 따라, 현대 국어 용언들의 15세기 중엽 이전과 17세기 초엽에서의 활용형을 바르게 추정한 것은?

		15세기 중엽 이전			17세기 초엽		
		-게	-아/-어	-은/-은	-게	-아/-어	-은/-은
①	(마음이) 곱다	곱게	고ᄫᅡ	고ᄫᆞᆫ	곱게	고와	고온
②	(선을) 긋다	긋게	그ᅀᅥ	그슨	긋게	그서	그슨
③	(자리에) 눕다	눕게	누ᄫᅥ	누ᄫᆞᆫ	눕게	누워	누은
④	(머리를) 빗다	빗게	비서	비슨	빗게	비서	비슨
⑤	(손을) 잡다	잡게	자ᄫᅡ	자ᄫᆞᆫ	잡게	자바	자븐

[2016년 10월 고3 학평 11-12번]

[951-952] 다음 글을 읽고 물음에 답하시오.

> [대화]
> 학생 A : '볍씨'는 '벼'와 '씨'가 결합한 말이잖아? 그런데 왜 '벼씨'가 아니라 '볍씨'야?
> 학생 B : 그러고 보니 '살'과 '고기'가 결합한 말도 'ㄱ'이 'ㅋ'으로 바뀌어서 '살코기'로 쓰이고 있어.
> 학생 A : 그렇구나. 왜 두 말이 어울릴 적에 'ㅂ' 소리나 'ㅎ' 소리가 덧나는 경우가 있는 것일까?
>
> [자료]
> 현대 국어와 달리 15세기 국어에서는 어두에 두 개 이상의 서로 다른 자음, 즉 어두 자음군이 올 수 있었다. 그러한 자음군 중 맨 앞의 'ㅂ'은 당시에는 실제로 발음되었을 것으로 추정된다. 이 'ㅂ'은 훗날 탈락하였으나 과거에 만들어진 복합어 속에 그 흔적이 남아 있는 경우가 있다. 가령, 현대 국어의 '벼+씨→볍씨'에서 'ㅂ'이 생겨나는 이유는 'ᄡᅵ>씨'의 변화와 관련이 있다. 15세기에는 'ᄡᅵ'의 어두에 'ㅂ'이 있었는데, 당시 '벼+ᄡᅵ→벼ᄡᅵ'가 만들어진 후 나중에 'ᄡᅵ'의 어두에 있는 'ㅂ'이 앞 형태소의 받침 자리로 가서 붙어 '볍씨'와 같은 어형이 생성되었다. 'ᄡᅵ>씨'에서 보듯이 훗날 단일어에서는 'ㅂ'이 탈락하였다. 그러나 ㉠복합어 속에서는 'ㅂ'이 탈락되지 않고 그대로 남아 있는 경우가 현대 국어에서 확인된다. 15세기 국어에는 체언 종성에 'ㅎ'을 가진 단어들이 존재했는데, 이를 'ㅎ' 종성 체언이라고 한다. 이 'ㅎ' 역시 훗날 탈락하였으나 과거에 만들어진 단어 속에 그 흔적이 남아 있는 경우가 있다. 대표적인 'ㅎ' 종성 체언이었던 '술ㅎ'을 살펴보자. 'ㅎ' 종성 체언은 단독형으로 쓰일 때는 'ㅎ'이 실현되지 않았으나 '술ㅎ+이→술히'처럼 모음으로 시작하는 말 앞에서는 연음이 되어 나타났다. 현대 국어의 '살+고기→살코기'에서 'ㄱ'이 'ㅋ'으로 바뀌는 이유 역시 '술ㅎ>살'의 변화와 관련이 있다. 'ㅎ' 종성 체언은 'ㄱ, ㄷ, ㅂ'으로 시작하는 말과 결합할 때 'ㅎ' 종성이 뒤에 오는 'ㄱ, ㄷ, ㅂ'과 결합하여 'ㅋ, ㅌ, ㅍ'으로 축약되어 나타났다. 즉 '술ㅎ'이 '고기'와 결합한 말이 만들어질 때 'ㅎ'이 'ㄱ'과 결합하여 축약되었으므로 '살코기'와 같은 어형이 생성된 것이다. 현대 국어에서 단일어의 'ㅎ' 종성은 대체로 소멸하였으나 '살코기' 외에도 ㉡복합어 속에서 'ㅎ'이 탈락하지 않고 그대로 남아 있는 경우가 더 있다.

951

위 '대화'와 '자료'에 대한 이해로 적절하지 <u>않은</u> 것은?

① 15세기 국어에서 'ᄡᅵ'의 어두에 있는 'ㅂ'은 실제로 발음이 되었을 것으로 추정되는군.

② 15세기 어두 자음군 중 맨 앞의 'ㅂ'은 단일어에서 훗날 탈락하였군.

③ 15세기 국어의 'ㅎ' 종성 체언은 모음으로 시작하는 말 앞에서는 'ㅎ'이 실현되지 않았겠군.

④ 현대 국어에는 어두에 두 개 이상의 서로 다른 자음이 오는 말이 존재하지 않는군.

⑤ 현대 국어의 '살코기'에서 'ㅋ'은 'ㅎ' 종성 체언의 흔적이 단어에 남아 있는 것이군.

952

㉠, ㉡에 해당하는 예만을 <보기>에서 골라 바르게 묶은 것은?

> **보 기**
> a. 휩쓸다 : '휘-'와 '쓸다'가 결합한 말인데, '쓸다'는 옛말 '᭖다'에서 온 말이다.
> b. 햅쌀 : '해-'와 '쌀'이 결합한 말인데, '쌀'은 옛말 '᭪'에서 온 말이다.
> c. 수꿩 : '수-'와 '꿩'이 결합한 말인데, '수'는 옛말에서 'ㅎ'을 종성으로 가지고 있었다.
> d. 안팎 : '안'과 '밖'이 결합한 말인데, '안'은 옛말에서 'ㅎ'을 종성으로 가지고 있었다.
> e. 들뜨다 : '들다'와 '뜨다'가 결합한 말인데, '뜨다'는 옛말 '쁘다'에서 온 말이다.

	㉠	㉡
①	a, b	c
②	a, e	c
③	a, b	d
④	b, e	d
⑤	a, b, e	c, d

[2017년 4월 고3 학평 14-15번]

[953-954] 다음 글을 읽고 물음에 답하시오.

화자가 어떤 대상에 대하여 높임의 태도를 나타내는 문법 기능을 높임법이라 한다. 높임법은 높임이나 낮춤의 대상이 누구냐에 따라 주체 높임법, 객체 높임법, 상대 높임법으로 나누어 진다.

주체 높임법은 화자가 문장의 주어인 서술의 주체에 대하여 높임의 태도를 나타내는 방법이다. 현대 국어에서는 선어말 어미 '-시-'를 통해 높임이 실현되는 것이 가장 일반적인 형태이지만, '주무시다'와 같은 특수한 어휘나 조사 '께서'에 의해 주체 높임법이 실현되기도 한다. 중세 국어의 경우에도 주로 '-시-'와 특수한 어휘가 사용된다는 점에서 현대 국어와 유사하다.

객체 높임법은 문장의 목적어나 부사어가 지시하는 대상, 곧 서술의 객체에 대하여 높임의 태도를 나타내는 방법이다. 현대 국어에서는 '드리다'와 같은 특수한 어휘나 조사 '께' 등을 통해 실현된다. 중세 국어의 경우에는 대표적으로 객체 높임 선어말 어미 '-숩-'을 통해 객체 높임이 실현되었으며, '-숩-'은 앞뒤의 음운적 환경에 따라 '-숩-, -줍-, -숳-, -슣-, -줗-'으로 실현되기도 하였다. 또한 현대 국어와 같이 특수한 어휘들이 사용되어 객체 높임이 실현되기도 하였다.

상대 높임법은 화자가 청자인 상대방에 대하여 높이거나 낮추어 말하는 법을 일컫는다. 현대 국어에서 상대 높임법은 종결 표현에 의해 실현된다. 중세 국어의 경우에는 종결 표현이나 상대 높임 선어말 어미 '-이-, -잇-' 등을 통해 실현되었다.

953

윗글을 바탕으로 <보기>를 이해한 내용으로 적절하지 **않은** 것은?

> **보 기**
>
> · 仁義之兵(인의지병)을 遼左(요좌)ㅣ ㉠깃ᄉᆞᄫᆞ니
> [현대어 풀이] 인의의 군대를 요동 사람들이 기뻐하니
>
> · 聖孫(성손)이 ㉡一怒(일노)ᄒᆞ시니 六百年(육백년) 天下(천하)ㅣ 洛陽(낙양)애 ㉢올ᄆᆞ니이다
> [현대어 풀이] 성손(무왕)이 한번 노하시니 육백 년의 천하가 낙양으로 옮아간 것입니다.
>
> · 聖宗(성종)을 ㉣뫼셔 九泉(구천)에 가려 하시니
> [현대어 풀이] 성스러운 어른을 모시고 저승에 가려 하시니
>
> · 하ᄂᆞ히 駙馬(부마) 달애샤 두 孔雀(공작)일 ㉤그리시니이다
> [현대어 풀이] 하늘이 부마를 달래시어 두 공작을 그리신 것입니다.
>
>   - 「용비어천가(龍飛御天歌)」

① ㉠은 현대 국어와는 달리, 선어말 어미 '-숩-'을 사용하여 목적어가 지시하는 대상을 높이고 있다고 할 수 있다.

② ㉡은 현대 국어와 마찬가지로 선어말 어미 '-시-'를 사용하여 '聖孫(성손)'을 높이고 있다고 할 수 있다.

③ ㉢은 현대 국어와는 달리, 청자를 높이기 위해 '-이-'라는 선어말 어미가 사용되었다고 할 수 있다.

④ ㉣은 현대 국어와 마찬가지로 서술의 주체를 높이기 위해 특수한 어휘가 사용된 것이라고 할 수 있다.

⑤ ㉤은 선어말 어미 '-시-'와 '-이-'를 사용하여 각각 문장의 주체와 청자인 상대방을 모두 높이고 있다고 할 수 있다.

954

윗글과 <보기 1>을 바탕으로 <보기 2>에서 사용된 높임의 양상을 바르게 분석하여 제시한 것은?

> **보기 1**
>
> 주체 높임에는 서술의 주체를 직접 높이는 직접 높임과, 높여야 할 대상의 신체 부분, 개인적 소유물 등을 높임으로써 해당 인물을 높이는 간접 높임이 있다.

> **보기 2**
>
> 아버지는 허리가 아프셔서 한영이가 아버지 대신 할아버지를 뵙고 왔습니다.

	주체 높임		객체 높임	상대 높임
	직접 높임	간접 높임		
①	X	O	O	높임
②	X	O	X	낮춤
③	O	X	O	높임
④	X	O	X	낮춤
⑤	O	X	O	낮춤

[2017년 수능 11-12번]
[955-956] 다음 글을 읽고 물음에 답하시오.

국어의 단어들은 ㉠어근과 어근이 결합해 만들어지기도 하고 어근과 파생 접사가 결합해 만들어지기도 한다. 어근과 파생 접사가 결합한 단어는 ㉡파생 접사가 어근의 앞에 결합한 것도 있고, ㉢파생 접사가 어근의 뒤에 결합한 것도 있다. 어근이 용언 어간이나 체언일 때, 그 뒤에 결합한 파생 접사는 어미나 조사와 혼동될 수도 있다. 그러나 파생 접사는 주로 새로운 단어를 만든다는 점에서 차이가 있다. 이에 비해 ㉣어미는 용언 어간과 결합해 용언이 문장 성분이 될 수 있도록 해 주고, ㉤조사는 체언과 결합해 체언이 문장 성분임을 나타내 줄 뿐 새로운 단어를 만들지는 않는다. 이 점에서 어미와 조사는 파생 접사와 분명하게 구별된다.

이러한 일반적인 상황과는 달리, 용언 어간에 어미가 결합한 형태나, 체언에 조사가 결합한 형태가 시간이 지나면서 새로운 단어가 된 경우도 있다. 먼저 용언의 활용형이 역사적으로 굳어져 새로운 단어가 된 예가 있다. 부사 '하지만'은 '하다'의 어간에 어미 '-지만'이 결합했던 것이었는데, 시간이 지나면서 굳어져 새로운 단어가 되었다. 다음으로 체언에 조사가 결합한 형태가 역사적으로 굳어져 새로운 단어가 된 예도 있다. 명사 '아기'에 호격 조사 '아'가 결합했던 형태인 '아가'가 시간이 지나면서 새로운 단어가 되었다.

[A]
또 다른 예로 미지칭의 인칭 대명사에, 의문문을 만드는 보조사 '고/구'가 결합한 형태가 굳어져 새로운 인칭 대명사가 된 경우를 들 수 있다. '이는 엇던 사름고 (이는 어떤 사람인가?)'에서 볼 수 있듯이 중세 국어에서 보조사 '고/구'는 문장에 '엇던', '므슴', '어느' 등과 같은 의문사가 있을 때, 체언 또는 의문사 그 자체에 결합해 의문문을 만들었다. 이와 같은 방식의 의문문 구성은 근대 국어를 거쳐 현대 국어의 일부 방언에까지 지속되고 있다.

955

다음 문장에서 ㉠~㉤에 해당하는 예를 찾아 이를 설명한 내용으로 적절하지 <u>않은</u> 것은?

아기장수가 맨손으로 산 위에 쌓인 바위를 깨뜨리는 모습이 멋졌다.

① '아기장수가'의 '아기장수'는 ㉠에 해당하는 예로, 어근 '아기'와 어근 '장수'가 결합했다.

② '맨손으로'의 '맨손'은 ㉡에 해당하는 예로, 파생 접사 '맨-'이 어근 '손' 앞에 결합했다.

③ '쌓인'의 어간은 ㉢에 해당하는 예로, 파생 접사 '-이-'가 어근 '쌓-' 뒤에 결합했다.

④ '깨뜨리는'은 ㉣에 해당하는 예로, 어미 '-리는'이 용언 어간 '깨뜨-'와 결합했다.

⑤ '모습이'는 ㉤에 해당하는 예로, 조사 '이'가 체언 '모습'과 결합했다.

956

다음 [A]를 바탕으로 <보기>의 '자료'를 탐구한 '탐구 내용'으로 적절하지 <u>않은</u> 것은?

보 기

[탐구 목표]
현대 국어의 인칭 대명사 '누구'의 형성에 대해 이해한다.

[자료]
(가) 중세 국어 : 15세기 국어
· 누를 니르더뇨 (누구를 이르던가?)
· 네 스승이 누고 (네 스승이 누구인가?)
· 느믄 누구 (남은 누구인가?)
(나) 근대 국어
· 이 벗은 누고고 (이 벗은 누구인가?)
· 져 흔 벗은 누구고 (저 한 벗은 누구인가?)
(다) 현대 국어
· 누구를 찾으세요?
· 누구에게 말했어요? 

[탐구 내용]

[탐구 결과]
미지칭의 인칭 대명사에 의문문을 만드는 보조사 '고/구'가 결합했던 형태인 '누고', '누구'는 시간이 지나면서 점점 굳어져 새로운 단어가 되었는데, 오늘날에는 '누구'만 남게 되었다.

① (가)에서 미지칭의 인칭 대명사의 형태는 '누', '누고', '누구'이다.

② (나)에서 미지칭의 인칭 대명사의 형태는 '누고', '누구'이다.

③ (다)에서 미지칭의 인칭 대명사의 형태는 '누구'이다.

④ (가)에서 (나)로의 변화를 보니, '누고', '누구'는 체언과 보조사가 결합한 형태였다가 새로운 단어가 되었다.

⑤ (나)에서 (다)로의 변화를 보니, 현대 국어에서는 미지칭의 인칭 대명사로 '누고'는 쓰이지 않고 '누구'만이 쓰이고 있다.

[957-958] 다음을 읽고 물음에 답하시오.

중세 국어에서는 주체나 객체로 표현되는 인물이 신분이나 지위가 높은 경우, 대개 그 인물을 직접적으로 높여 표현하였다. 그런데 어떤 때에는 현대 국어의 간접 높임에서처럼 높임의 대상이 되는 인물의 신체 부분, 소유물, 생각 등을 높임으로써 실제 높여야 할 인물을 간접적으로 높이기도 하였다.

(1) 太子(태자)ㅣ 東門(동문) 밧긔 <u>나가시니</u>
　　(태자께서 동문 밖에 나가시니)
(2) 부텻 누니 비록 <u>붉ᄀ시나</u>
　　(부처의 눈이 비록 밝으시나)

(1)의 '-시-'와 (2)의 '-ᄋ시-'는 모두 현대 국어의 '-(으)시-'처럼 주체를 높이기 위한 선어말 어미이다. 그러나 (1)과 (2)에 쓰인 '-(ᄋ)시-'의 쓰임에는 차이가 있다. 즉 (1)에서는 주체인 '太子(태자)'를 직접적으로 높이고 있지만, (2)에서는 '부텨'의 신체 부분인 '눈'을 주체 높임 선어말 어미를 통해 높임으로써 실제 높이고자 하는 대상인 '부텨'를 간접적으로 높이고 있다.

한편 현대 국어에서는 객체 높임을 나타내기 위해 주로 '모시다', '뵙다' 등의 특수 어휘를 활용하지만 중세 국어에서는 주로 객체 높임 선어말 어미를 활용하였다.

(3) 너희 스승을 <u>보ᅀᆞᆸ고져</u> ᄒ노니
　　(너희 스승을 뵙고자 하나니)
(4) 부텻 敎化(교화)를 <u>돕ᅀᆞᆸ고</u>
　　(부처의 교화를 돕고)

(3)의 '-ᅀᆞᆸ-'과 (4)의 '-ᅀᆞᆸ-'은 중세 국어의 객체 높임 선어말 어미이다. (3)과 (4)는 모두 객체 높임 선어말 어미를 통해 객체에 해당되는 인물을 높이고 있다는 공통점이 있지만, 그 인물을 직접적으로 높이느냐 간접적으로 높이느냐에 차이가 있다. 즉 (3)에서 '-ᅀᆞᆸ-'은 객체인 '스승'을 직접적으로 높이는 데 비해, (4)에서 '-ᅀᆞᆸ-'은 '敎化(교화)'를 높임으로써 실제 높이고자 하는 대상인 '부텨'를 간접적으로 높이고 있다.

957

윗글을 바탕으로 하여 <보기>의 ㄱ~ㅁ을 이해한 내용으로 적절하지 <u>않은</u> 것은?

보 기

ㄱ. 王(왕)ㅅ 일후믄 濕波(습파)ㅣ러시니
　　(왕의 이름은 습파이시더니)
ㄴ. 님금 恩私(은사)를 <u>갑ᅀᆞᆸ고져</u>
　　(임금의 은사를 갚고자)
ㄷ. 龍王(용왕)이 世尊(세존)을 <u>보ᅀᆞᆸ고</u>
　　(용왕이 세존을 뵙고)
ㄹ. 太子(태자)ㅣ 講堂(강당)애 <u>모도시니</u>
　　(태자께서 강당에 모으시니)
ㅁ. 諸佛(제불)을 供養(공양)ᄒᆞᅀᆞᆸ게 ᄒᆞ쇼셔
　　(제불을 공양하게 하소서)

① ㄱ에서는 '-시-'를 통해 '일훔'을 높임으로써 '王(왕)'을 간접적으로 높이고 있군.
② ㄴ에서는 '-ᅀᆞᆸ-'을 통해 '恩私(은사)'를 높임으로써 '님금'을 간접적으로 높이고 있군.
③ ㄷ에서는 '-ᅀᆞᆸ-'을 통해 '世尊(세존)'을 높임으로써 '龍王(용왕)'을 간접적으로 높이고 있군.
④ ㄹ에서는 '-시-'를 통해 '太子(태자)'를 직접적으로 높이고 있군.
⑤ ㅁ에서는 '-ᅀᆞᆸ-'을 통해 '諸佛(제불)'을 직접적으로 높이고 있군.

958

다음은 윗글과 관련된 [활동]과 이를 수행하는 학생들의 대화이다. '학생 2'의 분류 기준으로 가장 적절한 것은?
[3점]

[활동] 문맥을 고려하여 ⓐ~ⓓ에 사용된 '높임 표현'을 기준을 세워 분류하시오.

· 우리 할아버지의 치아는 여전히 ⓐ<u>튼튼하시다.</u>
· 언니가 고모님을 공손하게 안방으로 ⓑ<u>모시다.</u>
· 아버지께서는 저녁거리를 사러 장에 ⓒ<u>가시다.</u>
· 형님께서 부르신 그분의 생각이 ⓓ<u>타당하시다.</u>

① 소유물을 높인 표현이 사용되는가의 여부
② 높임 대상을 직접적으로 높이는가의 여부
③ 객체에 해당하는 인물을 높이는가의 여부
④ 신체 부분을 높인 표현이 사용되는가의 여부
⑤ 객체 높임 선어말 어미가 활용되는가의 여부

[2018년 수능 12-13번]

[959-960] 다음 글을 읽고 물음에 답하시오.

국어사적 사실이 현대 국어의 일관되지 않은 현상을 이해하는 데 도움이 되는 경우가 많다. 예를 들어 'ㄹ'로 끝나는 명사 '발', '솔', '이틀'이 ㉠'발가락', ㉡'소나무', ㉢'이튿날'과 같은 합성어들에서는 받침 'ㄹ'의 모습이 일관되지 않는데, 이를 이해하기 위해서는 이들 단어의 옛 모습을 알아야 한다.

'소나무'에서는 '발가락'에서와는 달리 받침 'ㄹ'이 탈락하였고, '이튿날'에서는 받침이 'ㄹ'이 아닌 'ㄷ'이다. 모두 'ㄹ' 받침의 명사가 결합한 합성어인데 왜 이러한 차이를 보이는 것일까? 현대 국어에는 받침 'ㄹ'이 'ㄷ'으로 바뀌거나, 명사와 명사가 결합할 때 'ㄹ'이 탈락하는 규칙이 없기 때문에 이러한 차이는 현대 국어의 규칙만으로는 설명할 수 없다.

'발가락'은 중세 국어에서 대부분 '밠 가락'으로 나타난다. 중세 국어에서 'ㅅ'은 관형격 조사로 사용되었으므로 '밠 가락'은 구로 파악된다. 이는 '밠 엄지 가락(엄지발가락)'과 같은 예를 통해 잘 알 수 있다. 이후 'ㅅ'은 점차 관형격 조사의 기능을 잃고 합성어 내부의 사이시옷으로만 흔적이 남았는데, 이에 따라 중세 국어 '밠 가락'은 현대 국어 '발가락[발까락]'이 되었다.

[A] ┌ '소나무'는 중세 국어에서 명사 '솔'에 '나무'의 옛말인 '나모'가 결합하고 'ㄹ'이 탈락한 합성어 '소나모'로 나타난다. 중세 국어에서는 현대 국어와 달리 명사와 명사가 결합하여 합성어가 될 때 'ㄴ, ㄷ, ㅅ, ㅈ' 등으로 시작하는 명사 앞에서 받침 'ㄹ'이 탈락하는 규칙이 있었기 때문에 '솔'의 'ㄹ'이 탈락하였다.

'이튿날'은 중세 국어에서 자립 명사 '이틀'과 '날' 사이에 관형격 조사 'ㅅ'이 결합한 '이틄 날'로 많이 나타나는데, 이 'ㅅ'은 '이틄 밤', '이틄 길'에서의 'ㅅ'과 같은 것이다. 중세 국어에서 '이틄 날'은 '이틋 날'로도 나타났는데, 근대 국어로 오면서는 'ㄹ'이 탈락한 합성어 '이틋날'로 굳어지게 되었다. 이와 함께 'ㅅ'이 관형격 조사의 기능을 잃어 가고, 받침 'ㅅ'과 'ㄷ'의 발음이 구분되지 않게 되었다. 이에 따라 「한글 맞춤법」에서는 '이튿날'의 표기와 관련하여 "끝소리가 'ㄹ'인 말과 딴 말이 어울릴 적에 'ㄹ' 소리가 'ㄷ' 소리로 나는 것"으로 보아 이를 '이튿날'로 적도록 했다. 그러나 이때의 'ㄷ'은 'ㄹ'이 변한 것으로 설명되지 않으므로 중세 국어 '뭀 사룸'에서 온 '뭇사람'에서처럼 'ㅅ'으로 적는 것이 국어의 변화 과정을 고려한 관점에 부합한다고 할 수 있다. └

959

윗글을 참고할 때, ㉠~㉢과 같이 이러한 차이 를 보이는 예를 <보기>에서 각각 하나씩 찾아 그 순서대로 제시한 것은?

> **보 기**
>
> | | |
> |---|---|
> | 무술(물+술) | 쌀가루(쌀+가루) |
> | 낟알(낟+알) | 솔방울(솔+방울) |
> | 섣달(설+달) | 푸나무(풀+나무) |

① 솔방울, 무술, 낟알
② 솔방울, 푸나무, 섣달
③ 푸나무, 무술, 섣달
④ 쌀가루, 푸나무, 낟알
⑤ 쌀가루, 솔방울, 섣달

960

[A]를 바탕으로 <보기>의 '자료'를 탐구한 내용으로 적절하지 <u>않은</u> 것은? [3점]

> **보 기**
>
> **[탐구 주제]**
> ○ '숟가락'은 '젓가락'과 달리 왜 첫 글자의 받침이 'ㄷ'일까?
>
> **[자료]**
>
> | 중세 국어의 예 | |
> |---|---|
> | • 술 자부며 져 노흐니 (숟가락 잡으며 젓가락 놓으니) | |
> | • 숤 긑 (숟가락의 끝), 졋 가락 긑 (젓가락 끝), 수져 (수저) | |
> | • 물 (무리), 뭀 사룸 (뭇사람, 여러 사람) | |
>
> | 근대 국어의 예 | 현대 국어의 예 |
> |---|---|
> | • 숫가락 쟝ᄉ (숟가락 장사) | • *술로 밥을 뜨다 |
> | • 뭇사룸 (뭇사람) | • 숟가락으로 밥을 뜨다 |
> | | • 밥 한 술 |
>
> ※ '*'는 문법에 맞지 않음을 나타냄.

① 중세 국어 '술'과 '져'는 중세 국어 '이틀'처럼 자립 명사라는 점에서 현대 국어 '술'과는 차이가 있군.

② 중세 국어 '술'과 '져'의 결합에서 'ㄹ'이 탈락한 합성어가 현대 국어 '수저'로 이어졌군.

③ 중세 국어 '술'과 '져'는 명사를 수식할 때, 중세 국어 '이틀'이나 '물'과 같이 모두 관형격 조사 'ㅅ'이 결합할 수 있었군.

④ 근대 국어 '숫가락'이 현대 국어에 와서 '숟가락'으로 적히는 것은, 국어의 변화 과정을 고려한 관점에 부합하지 않는다는 점에서 '이튿날'의 경우와 같군.

⑤ 현대 국어 '숟가락'과 '뭇사람'의 첫 글자 받침이 다른 이유는 중세 국어 '숤'과 '뭀'이 현대 국어로 오면서 'ㄹ'이 탈락한 후 남은 'ㅅ'의 발음이 서로 달랐기 때문이군.

[2019년 4월 고3 학평 11-12번]

[961-962] 다음 글을 읽고 물음에 답하시오.

하나의 형태소가 환경에 따라 다르게 나타나기도 하는데, 그 모습들을 이형태라고 한다. 이형태가 성립하기 위해서는 하나의 형태소가 다른 모습으로 나타나더라도 그 의미가 서로 동일해야 한다. '이'와 '가'는 주어의 자격을 나타내는 조사로 그 의미가 서로 동일하다. 하지만 의미의 동일성만으로는 이형태를 구분하기 힘든 경우가 있다. 이럴 때는 각각의 형태가 상보적 분포를 보이는지 확인하면 이형태인지를 알 수 있다. 주격 조사 '이'는 자음 뒤에만 나타나고 주격 조사 '가'는 모음 뒤에만 나타나므로, 이 두 형태가 나타나는 음운 환경은 서로 겹치지 않는다. 따라서 '이'와 '가'는 상보적 분포를 보이고, 의미가 동일하기 때문에 이형태 관계에 있다. 이형태는 음운 환경에 따라 다른 모습으로 나타나는 경우가 많은데 이를 음운론적 이형태라고 한다. '막았다'의 '-았-'과 '먹었다'의 '-었-'은 앞말 모음의 성질이 양성인지 음성인지에 따라 형태가 결정되므로 음운론적 이형태이다. 이와 달리 음운론적으로 설명할 수 없는 예외적인 환경에서 나타나는 이형태를 형태론적 이형태라고 한다. '하였다'의 '-였-'은 '하-'라는 특정 형태소와 어울려 음운론적으로 설명할 수 없는 경우이므로, '-였-'은 '-았- / -었-'과 형태론적 이형태의 관계에 있다.

이형태는 중세 국어에서도 나타났는데 현대 국어와 차이점을 보이기도 했다. 현대 국어에서 부사격 조사 '에'는 이형태가 존재하지 않는다. 하지만 중세 국어에서는 앞말 모음의 성질에 따라 이형태가 존재했다. 앞말의 모음이 양성 모음일 때는 '애'가, 음성 모음일 때는 '에'가, 단모음 '이' 또는 반모음 'ㅣ'일 때는 '예'가 사용되었다.

961

윗글을 바탕으로 <보기>의 자료를 탐구한 내용으로 적절하지 <u>않은</u> 것은? [3점]

> **보 기**
>
> ○ 이 사과는 민수한테 주는 선물이다.
>   　 ⓐ(ㄱ)　　 ⓑ(ㄴ)
> ○ 네 일은 네가 알아서 하여라.
>   　 ⓒ　　　 ⓓ
> ○ 영수야 내 손을 꼭 잡아라.
>   　 ⓔ　　　　 ⓕ
> ○ 영숙아 민수에게 책을 주어라.
>   　 ⓖ　 ⓗ　　 ⓘ

① ㉠은 모음 뒤에만 나타나고 ㉡은 자음 뒤에만 나타나기 때문에 서로가 나타나는 음운 환경이 겹치지 않겠군.

② ㉢과 ㉨은 상보적 분포를 보이지 않으므로 이형태의 관계가 아니라고 할 수 있겠군.

③ ㉣은 ㉥, ㉧과 비교했을 때, 특정 형태소와 어울려 음운론적으로 설명할 수 없는 이형태라고 볼 수 있겠군.

④ ㉤과 ㉦은 손아랫사람을 부를 때 쓰는 호격 조사로 형태론적 이형태의 관계이겠군.

⑤ ㉥과 ㉧은 앞말 모음의 성질에 따라 형태가 결정되겠군.

962

윗글을 참고할 때, <보기>의 ⓐ~ⓓ에 들어갈 말로 적절한 것은?

> **보 기**
>
> ○ **탐구 자료**
>   [중세 국어] 狄人(적인)ㅅ 서리(ⓐ) 가샤
>   [현대 국어] 오랑캐들의 사이에 가시어
>   [중세 국어] 世尊(세존)이 象頭山(상두산)(ⓑ) 가샤
>   [현대 국어] 세존께서 상두산에 가시어
>   [중세 국어] 九泉(구천)(ⓒ) 가려 하시니
>   [현대 국어] 저승에 가려 하시니
>
> ○ **탐구 내용**
>   ⓐ~ⓒ는 부사격 조사로, 앞말 모음의 성질에 따라 상보적 분포를 보인다. 따라서 ⓐ~ⓒ는 (ⓓ) 이형태의 관계라고 할 수 있다.

	ⓐ	ⓑ	ⓒ	ⓓ
①	예	애	에	음운론적
②	예	에	애	형태론적
③	애	에	예	음운론적
④	애	예	에	형태론적
⑤	에	애	예	음운론적

[2019년 7월 고3 학평 13-14번]

[963-964] 다음 글을 읽고 물음에 답하시오.

용언은 문장에서 사용될 때 다양한 모습으로 변화한다. 이때 변하지 않고 고정된 부분을 어간이라고 하고, 그 뒤에 붙어서 변화하는 부분을 어미라고 한다. 어간에 다양한 어미들이 결합하는 것을 활용이라고 하는데, '씻다'처럼 활용할 때 어간이나 어미의 기본 형태가 유지되거나, '쓰다'처럼 활용할 때 기본 형태가 달라진다 해도 그 현상을 일반적인 음운 규칙으로 설명할 수 있으면 이를 규칙 활용이라고 한다.

반면 특정한 환경이나 조건에서 불규칙적으로 어간이나 어미의 형태 변화가 일어나는 것은 불규칙 활용이라고 한다. 불규칙 활용은 '싣다'와 같은 'ㄷ' 불규칙, '젓다'와 같은 'ㅅ' 불규칙, '돕다'와 같은 'ㅂ' 불규칙, '푸다'와 같은 '우' 불규칙처럼 어간이 바뀌는 경우, '하다'와 같은 '여' 불규칙처럼 어미가 바뀌는 경우, '파랗다'와 같은 'ㅎ' 불규칙처럼 어간과 어미가 모두 바뀌는 경우로 구분할 수 있다.

현대 국어에서 기본 형태가 달라지는 용언의 규칙 활용과 불규칙 활용은 중세 국어 용언의 활용과 밀접한 관련이 있다. 중세 국어에서도 단모음과 단모음이 결합할 때 하나의 모음이 탈락하는 현상이 활발하게 일어났다. 대표적으로 'ᄡᅳ다'가 'ᄡᅥ'처럼 활용하는 'ㅡ' 탈락이 있는데 이는 현대 국어의 'ㅡ' 탈락에 대응한다.

또한 중세 국어에서 '싣다'의 어간이 자음으로 시작하는 어미 앞에서는 '싣-', 모음으로 시작하는 어미 앞에서는 '실-'로 교체되는 현상은 현대 국어의 'ㄷ' 불규칙으로 이어진다. '돕다'와 '젓다' 역시 자음으로 시작하는 어미 앞에서는 어간의 기본 형태를 유지하지만, 그 외의 경우에는 '도ᇦ-'과 '저ᇫ-'으로 교체된다. 이러한 교체는 'ㅸ'이 'ㅏ' 또는 'ㅓ' 앞에서 반모음 'ㅗ/ㅜ[w]'로 변화하거나 'ㆍ' 또는 'ㅡ'와 결합하여 'ㅗ' 또는 'ㅜ' 로 바뀌어 현대 국어에서 'ㅂ' 불규칙으로 나타난다. 그리고 'ㅿ'은 소실되어 현대 국어에서 'ㅅ' 불규칙으로 나타난다. 또한 어간이거나 어간의 일부인 'ᄒᆞ-'에 모음으로 시작하는 어미가 결합할 때 어미가 '-아'가 아닌 '-야'로 나타나는 것은 현대 국어의 '여' 불규칙으로 이어진다.

963

<보기>는 윗글을 바탕으로 용언의 활용에 대해 탐구한 내용이다. ㉠~㉢에 들어갈 말로 적절한 것은?

보 기

[탐구 과제]

다음 자료를 보고, 용언의 활용 양상을 탐구해 보자.

[탐구 자료]

따르다 : 따르- + -고 → 따르고 / 따르- + -어 → 따라
푸르다 : 푸르- + -고 → 푸르고 / 푸르- + -어 → 푸르러
묻다[問] : 묻- + -고 → 묻고 / 묻- + -어 → 물어
묻다[埋] : 묻- + -고 → 묻고 / 묻- + -어 → 묻어

[탐구 결과]

'따르다'는 (㉠)처럼 'ㅡ'가 모음으로 시작하는 어미 앞에서 탈락하는 규칙 활용을 하는 반면, '푸르다'는 (㉡)에서 '따르다'와 다른 활용 양상을 보인다는 점에서 불규칙 활용을 한다. 또한 '묻다[問]'는 (㉢)에서 '묻다[埋]'와 다른 활용 양상을 보인다는 점에서 불규칙 활용을 한다.

	㉠	㉡	㉢
①	잠그다	어간	어미
②	다다르다	어간	어미
③	부르다	어미	어간
④	들르다	어미	어간
⑤	머무르다	어미	어간

964

윗글을 바탕으로 <보기>를 이해한 내용으로 적절하지 <u>않은</u> 것은? [3점]

보 기

(가) 중세 국어	(나) 현대 국어
○ 부텻 德을 놀애 지ᅀᅥ	부처의 덕(德)을 노래로 지어
○ 人生 즐거ᄫᅳᆫ ᄠᅳ디	인생(人生) 즐거운 뜻이
○ 一方이 변ᄒᆞ야	일방(一方)이 변하여

① (가)의 '지ᅀᅥ'는 '짓다'의 어간이 모음으로 시작하는 어미 앞에서 '지ᇫ-'으로 교체되는 현상을 보여 주는군.

② (가)의 '즐거ᄫᅳᆫ'은 '즐겁다'의 어간이 모음으로 시작하는 어미 앞에서 '즐거ᇦ-'으로 교체되는 현상을 보여 주는군.

③ (가)의 '지ᅀᅥ'가 (나)에서 '지어'로 나타나는 것은 'ㅿ'이 소실된 결과이군.

④ (가)의 '즐거ᄫᅳᆫ'이 (나)에서 '즐거운'으로 나타나는 것은 'ㅸ'이 탈락한 결과이군.

⑤ (가)의 '변ᄒᆞ야'와 (나)의 '변하여'는 모두 활용을 할 때 어미의 기본 형태가 달라진 것이군.

[965-966] 다음 글을 읽고 물음에 답하시오.

> (1) 영수는 서울에서/서울에 산다.
> (2) 민수는 방에서/*방에 공부하고 있다.
> (3) 학교에서 체육 대회를 열었다.

(1)에서는 '에'와 '에서'를 다 쓸 수 있는데, 왜 (2)에서는 '에서'를 쓰고 '에'는 쓸 수 없을까? 또 왜 (3)에서는 '에서'를 주격 조사로 쓸 수 있을까?

'에'와 '에서'는 모두 '장소'를 의미하는 말에 붙지만, (1)에서 '서울'은 '에'가 붙어 위치를 나타내는 [지점]의 의미가 되고, '에서'가 붙어 행위를 하거나 일이 발생하는 [공간]의 의미가 된다. 즉, 똑같은 장소라도 지점으로 인식되면 '에'를 쓰고, 공간으로 인식되면 '에서'를 쓴다. (2)에서 '방에'를 쓸 수 없는 이유는 '공부'라는 행위를 하는 장소인 '방'은 지점이 아니라 공간의 의미를 가져야 하기 때문이다. 이렇듯 '에'와 '에서'의 쓰임이 구분되는 것은 '에서'의 중세 국어 형태인 '에셔'의 형성 과정에 기인한다.

중세 국어에서는 부사격 조사 '애/에/예, 이/의'와 '이시다(현대 국어 '있다')'의 활용형인 '이셔'가 결합된 말들이 줄어 '애셔/에셔/예셔, 이셔/의셔'가 되었다. 그런데 이들은 본래 '이시다'를 포함하므로, 그 의미상 어떤 공간 속에 있음을 전제한다. 따라서 '애셔/에셔/예셔, 이셔/의셔' 앞의 명사는 공간으로 인식되었다. 그런데 이렇게 새로운 형태가 만들어졌지만 중세 국어에서는 현대 국어와 달리 이 새로운 형태가 쓰일 자리에 '애/에/예, 이/의'가 쓰이는 경우가 많았다. 이는 '애/에/예, 이/의'가 현대 국어의 '에'와 '에서'의 쓰임을 모두 지니고 있었음을 의미한다.

한편, '애셔/에셔/예셔, 이셔/의셔' 앞의 명사가 어떤 구성원으로 이루어진 공간이나 집단을 나타내면, 그 공간이나 집단 속에 있는 구성원의 행위를 그 공간이나 집단의 행위로 표현하는 것이 가능해진다. 그에 따라 중세 국어에서 '애셔/에셔/예셔, 이셔/의셔'가 주격 조사로도 쓰인 경우가 있다. 이들은 현대 국어의 '에서'로 이어지는데 (3)과 같은 예에서 그러한 쓰임을 확인할 수 있다.

현대 국어의 '에서'가 주격 조사로 쓰일 때에는 '에서' 앞에 공간이나 집단을 나타내는 명사가 오고 유정 명사는 올 수 없다. 부사격 조사 '에'에 '서'가 붙은 '에서'가 주격 조사로 쓰인 것처럼 부사격 조사 '께'에 '서'가 붙은 '께서'도 주격 조사로 쓰인다. '께서'의 중세 국어 형태인 부사격 조사 '끠셔' 역시 '끠'와 '셔'가 결합하여 형성되었는데, 근대 국어를 거치면서 주격 조사로 변화하여 현대 국어의 '께서'로 이어졌다. 중세 국어의 '에셔', 현대 국어의 '에서'와 달리 중세 국어의 '끠셔', 현대 국어의 '께서'는 높임의 유정 명사 뒤에 나타난다

965

윗글의 내용과 일치하는 것은?

① 중세 국어에서 '에' 앞의 명사는 공간의 의미를 나타낼 수 있었다.
② 현대 국어에서 '에' 앞에 붙을 수 있는 명사는 '에서' 앞에 붙을 수 없다.
③ 중세 국어의 '애/에/예'는 '이/의'와 달리 주격 조사로 쓰일 수 있었다.
④ 현대 국어 '에서'의 중세 국어 형태인 '에셔'에서 '셔'는 지점의 의미를 나타냈다.
⑤ 중세 국어 '에셔'가 주격 조사로 쓰일 수 있었던 이유는 '에셔' 앞에 유정 명사가 오기 때문이다.

966

윗글을 바탕으로 <보기>를 이해한 내용으로 적절하지 않은 것은?

보 기

현대 국어의 예

㉠ 그 지역에서 공룡 화석이 발견되었다.
㉡ 정부에서 홍수 대책안을 발표하였다.
㉢ 할머니께서 저녁 늦게 식사를 하셨다.

중세 국어의 예

㉣ 一物이라도 그위예셔 다 아오물 슬노라
(물건 하나라도 관청에서 다 빼앗음을 슬퍼하노라.)
㉤ 부텨끠셔 十二部經이 나시고
(부처님으로부터 12부의 경전이 나오고)

① ㉠ : 공간을 의미하는 '그 지역'에 주격 조사 '에서'가 붙었군.
② ㉡ : 집단을 의미하는 '정부'에 주격 조사 '에서'가 붙었군.
③ ㉢ : 높임의 유정 명사인 '할머니'에 주격 조사 '께서'가 붙었군.
④ ㉣ : '그위예셔'는 '그위'에 주격 조사 '예셔'가 붙었군.
⑤ ㉤ : 높임의 유정 명사인 '부텨'에 부사격 조사 '끠셔'가 붙었군.

문법 비문학 – 핵심 기출 문제

[2019년 10월 고3 학평 12-13번]

[967-968] 다음 글을 읽고 물음에 답하시오.

관형사형 어미는 용언의 어간에 붙어 용언이 관형사와 같은 기능을 수행하게 하는 어미이다. 현대 국어에서 관형사형 어미는 '-(으)ㄴ', '-는', '-(으)ㄹ' 등으로, 이들이 용언의 어간에 붙으면 관형절이 만들어진다. 일반적으로 관형절은 '관계 관형절'과 '동격 관형절'로 분류된다. 수식을 받는 체언이 관형절 속의 한 성분으로 쓰일 수 있으면 관계 관형절이고, 그렇지 않으면 동격 관형절이다. 한편 동격 관형절은 관형절이 만들어지는 과정에서 원래 문장의 종결 어미가 그대로 유지되는 관형절과, 그렇지 않은 관형절로 다시 나눌 수 있다.

중세 국어에서도 현대 국어에서처럼 관형절을 관계 관형절과 동격 관형절로 구분할 수 있다. 중세 국어의 대표적인 관형사형 어미는 '-(ㅇ/으)ㄴ'과 '-(ㅇ/으)ㄹ'로, 각각 과거 시제와 미래 시제를 나타내는 것과 관련된다. 또한 관형절에서 현재 시제는 동사의 경우 '-ㄴ' 앞에 선어말 어미 '-ㄴ-'를 붙여 나타냈다. 예컨대 '八婇女의 기론 찻므리 모ᄌ랄씨(팔채녀가 길은 찻물이 모자라므로)'에서 '八婇女의 기론'은 사건시가 발화시보다 앞서는 시제가 나타난 관계 관형절이고, '주글 싸ᄅ미어니(죽을 사람이니)'에서 '주글'은 발화시가 사건시보다 앞서는 시제가 나타난 관계 관형절이다. 그리고 '本來 求ᄒ논 ᄆᅀᆷ 업다이다(본래 구하는 마음 없었습니다)'에서 '本來 求ᄒ논'은 발화시와 사건시가 일치하는 시제가 나타난 동격 관형절이다.

한편 중세 국어에서는 현대 국어에서와 달리 '-ㄴ'이 명사절을 이끄는 경우도 있었다. 곧 '-ㄴ'이 붙은 절 뒤에 절의 수식을 받는 체언이 없는 상태로, '그딋 혼 조초(그대 한 것 좇아)'에서 '그딋 혼'을 예로 들 수 있다. '혼'[ㅎ-+-오-+-ㄴ]에서 선어말 어미 뒤에 쓰인 '-ㄴ'은 '~ㄴ 것' 정도로 해석된다. 더불어 '威化 振旅ᄒ시ᄂ로(위화도에서 군대를 돌이키신 것으로)'에서처럼 명사절을 이끄는 '-ㄴ' 뒤에 조사가 붙은 경우도 있었다. 'ᄒ시ᄂ로'[ㅎ-+-시-+-ㄴ+ᄋ로]는 '-ㄴ' 바로 뒤에 부사격 조사가 붙어 있는 예이다.

967

윗글을 바탕으로 a~c를 탐구한 내용으로 적절하지 <u>않은</u> 것은?

> a. 福이라 <u>호ᄂᆯ</u>[ㅎ-+-오-+-ㄴ+ᄋᆯ] 나ᅀᅡ라
>   (복이라 한 것을 바치러)
> b. 智慧 너비 <u>비췰</u>[비취-+-ㄹ] 느지오
>   (지혜가 널리 비칠 조짐이오)
> c. 法 <u>즐기ᄂᆫ</u>[즑-+-이-+-ᄂ-+-ㄴ] ᄆᅀᆞ미 잇던댄
>   (법 즐기는 마음이 있더라면)

① a의 '호ᄂᆯ'에서 조사가 어미 '-ㄴ' 바로 뒤에 붙어 있음을 확인할 수 있군.
② a의 '호ᄂᆯ'에서 '-ㄴ'은 '~ㄴ 것'으로 해석되며 명사절을 이끄는 기능을 하고 있음을 확인할 수 있군.
③ b의 '비췰'에서 '-ㄹ'을 통해 발화시가 사건시보다 앞서는 시제가 나타나 있음을 확인할 수 있군.
④ b와 c에서 관형절의 수식을 받는 체언이 절 뒤에 드러나 있음을 확인할 수 있군.
⑤ b와 c에 있는 관형절은 수식을 받는 체언이 관형절 속에서 한 성분으로 쓰일 수 있는 특징이 있음을 확인할 수 있군.

968

윗글을 근거로 <보기>의 ㉠~㉣을 바르게 분류한 것은?

> **보 기**
>
> **[탐구 자료]**
> ○ ㉠<u>힘찬</u> 함성이 운동장에 울려 퍼졌다.
> ○ 누나는 ㉡<u>자동차가 전복된</u> 기억을 떠올렸다.
> ○ 나는 ㉢<u>형이 조사한</u> 자료를 보고서에 인용했다.
> ○ ㉣<u>내가 그 일을 한다는</u> 사실은 확실히 변함없다.
>
> **[탐구 과정]**
>
> 동격 관형절에 해당합니까? — 아니요 ⇨ [A]
> ⇩ 예
> 관형절이 만들어지는 과정에서 원래 문장의 종결 어미가 그대로 유지됩니까? — 아니요 ⇨ [B]
> ⇩ 예
> [C]

	[A]	[B]	[C]
①	㉠	㉡	㉢, ㉣
②	㉠	㉡, ㉢	㉣
③	㉢	㉠, ㉣	㉡
④	㉠, ㉢	㉡	㉣
⑤	㉠, ㉢	㉣	㉡

[2020년 7월 고3 학평 12-13번]

[969-970] 다음 글을 읽고 물음에 답하시오.

관형어는 체언을 수식하는 문장 성분으로 관형사나 체언이 그대로 관형어가 되기도 하며, 체언에 관형격 조사 '의'가 결합된 형태나 용언의 관형사형으로도 나타난다. 또한 관형절도 관형어의 기능을 한다. 관형어는 필수적인 성분은 아니지만 수식을 받는 체언이 의존 명사이면 그 앞에 반드시 관형어가 와야 한다. 한편 관형격 조사 '의'는 앞과 뒤의 체언을 의미상으로 어떤 관계에 놓이도록 연결하는 역할을 한다. 예를 들어 '조국 통일의 위업'은 앞 체언과 뒤 체언이 ㉠'의미상 동격'의 관계, '나의 옷'은 '소유주-대상'의 관계, '우리의 각오'는 ㉡'주체-행동'의 관계, '조카의 아들'은 '사회적·친족적' 관계로 연결된 것이다.

중세 국어의 관형어도 현대 국어와 같은 방식으로 실현되는 경우가 많았다. 하지만 현대 국어에서는 자주 나타나지 않거나 현대 국어의 관형어와 구별되는 특이한 현상도 있었다.

(가) 사ᄅᆞ미 몸 (사람의 몸)

(나) 불휘 기픈 남ᄀᆞᆫ (뿌리가 깊은 나무는)

(다) 前生앳 이리 (전생에서의 일이)

(라) 아비의 便安히 안존 둘 (아비가 편안히 앉은 것을)

(가)에는 관형격 조사 '의'의 결합에 의한, (나)에는 관형사형 어미 '-(ᄋᆞ/으)ㄴ'이 붙어서 만들어진 관형절에 의한 관형어가 나타난다. 이와 달리 (다)의 '前生앳'은 '체언 + 부사격 조사'로 이루어진 부사어에 관형격 조사 'ㅅ'이 붙어 관형어가 된 경우이다. (라)의 '아비의'는 '아비가'로 해석되는데, '안존'의 의미상 주어인 '아비'에 주격 조사가 붙지 않고 관형격 조사 '의'가 붙은 것으로 안긴문장의 의미상 주어가 관형격 형태로 나타나는 경우에 해당한다. (다)와 (라) 같은 용법들은 현대 국어에도 일부 남아 있다.

969

윗글을 참고할 때, ㉠, ㉡에 해당하는 예끼리 묶인 것으로 적절한 것은?

	㉠	㉡
①	너의 부탁	친구의 자동차
②	자기 합리화의 함정	친구의 사전
③	회장의 칭호	영희의 오빠
④	은호의 아버지	친구의 졸업
⑤	질투의 감정	국민의 단결

970

윗글을 바탕으로 <보기>의 밑줄 친 관형어를 탐구한 내용으로 적절하지 <u>않은</u> 것은? [3점]

보 기

<중세 국어의 예>

ⓐ <u>부텻</u> 것 도죽혼 罪　　(부처의 것을 도둑질한 죄)

ⓑ <u>시미 기픈</u> 므른　　(샘이 깊은 물은)

<현대 국어의 예>

ⓒ <u>어머니의</u> 낡은 지갑은

ⓓ <u>저자와의</u> 대화

① ⓐ의 '부텻'은 의존 명사 앞에 쓰여 생략할 수가 없군.

② ⓑ의 '시미 기픈'은 현대 국어와 같은 관형사형 어미가 쓰인 것이군.

③ ⓐ의 '부텻'은 체언에 관형격 조사가 결합한 형태가, ⓑ의 '시미 기픈'은 관형절이 관형어의 기능을 하고 있군.

④ ⓒ의 '어머니의'는 관형절의 의미상 주어가 관형격으로 실현된 것으로 중세 국어의 용법과 관련이 있는 표현이군.

⑤ ⓓ의 '저자와의'는 부사어 뒤에 관형격 조사가 붙어 관형어가 된 것으로 중세 국어에서도 찾을 수 있는 용법이군.

문법 비문학 – 핵심 기출 문제

[2020년 10월 고3 학평 11-12번]

[971-972] 다음 글을 읽고 물음에 답하시오.

사동 표현은 주어가 남에게 동작을 하도록 시키는 뜻을 나타내는 것으로, 파생적 사동과 통사적 사동으로 구분될 수 있다. 우선 파생적 사동은 사동 접사 '-이-, -히-, -리-, -기-, -우-, -구-, -추-' 등이 붙어 만들어지는데, '높이다', '좁히다', '울리다', '옮기다', '비우다' 등이 그 예이다. 다만 일부 용언은 사동 접사의 결합에 제약이 있기도 하다. 예컨대 '(회사에) 다니다', '(손을) 만지다'와 같이 어간이 'ㅣ'로 끝나는 동사, '(형과) 만나다', '(원수와) 맞서다'와 같이 특정한 상대 등을 필수적으로 요구하는 동사, '(돈을) 주다'와 같이 주거나 받는 뜻을 가진 동사 등은 대개 사동 접사가 결합되지 못한다. 한편 사동 표현은 '먹게 하다', '잡게 하다'와 같이 '-게 하다'에 의해 만들어지기도 하는데 이를 통사적 사동이라 한다.

15세기 국어에서도 사동 표현이 쓰였다. 우선 파생적 사동은 주로 '-이-, -히-, -기-, -오/우-, -호/후-, -ㅇ/으-' 등이 붙어 만들어졌다. 다만 '걷다'와 같은 ㄷ 불규칙 용언에 '-이-'가 결합될 때에는 어간 '걷-'의 받침 'ㄷ'이 'ㄹ'로 바뀌어 '걸이다'[걸리다]로 쓰였다. 한편 현대 국어의 '-게 하다'에 해당하는 통사적 사동도 있었다. 이때 보조적 연결 어미는 '-게/긔'가 주로 쓰였는데, 모음이나 자음 'ㄹ'로 끝나는 어간 뒤, 혹은 '이다'의 '이-' 뒤에서는 '-에/의'로도 쓰였다. '얻게 ᄒ다'[얻게 하다]는 '얻-'에 '-게 ᄒ다'가 결합된 통사적 사동의 예이다.

971

윗글을 바탕으로 할 때, <보기>에서 적절한 것만을 있는 대로 고른 것은?

> **보 기**
>
> ㄱ. '(선물을) 받다', '(시간이) 늦다'는 모두 파생적 사동이 불가능한 동사이다.
> ㄴ. '(넋을) 기리다'와 달리 '(연을) 날리다'는 사동 접사가 붙어 만들어진 동사이다.
> ㄷ. '(공을) 던지다'와 달리 '(추위를) 견디다'는 어간이 'ㅣ'로 끝나기 때문에 사동 접사가 결합되지 못한다.
> ㄹ. '(적과) 싸우다', '(동생과) 닮다'는 모두 특정한 상대 등을 필수적으로 요구하는 동사이기 때문에 사동 접사가 결합되지 못한다.

① ㄱ, ㄴ 　　② ㄱ, ㄷ 　　③ ㄴ, ㄹ
④ ㄱ, ㄷ, ㄹ 　　⑤ ㄴ, ㄷ, ㄹ

972

<보기>의 사동 표현에서 ⓐ~ⓓ를 탐구해 얻은 결과로 적절하지 __않은__ 것은?

> **보 기**
>
> ○ 사ᄅᆞ물 ⓐ알의(알-+-의) ᄒᆞᄂᆞᆫ 거시라
> 　[사람을 알게 하는 것이라]
> ○ 風流를 ⓑ들이(듣-+-이-)ᅀᆞᆸ더니
> 　[풍류를 들리더니]
> ○ ᄒᆡ마다 數千人을 ⓒ사ᄅᆞ(살-+-ㅇ-)니
> 　[해마다 수천 인을 살리니]
> ○ 서르 ᄧᅡᆨ ⓓ마촐씨니(맞-+-호-+-ㄹ씨니)
> 　[서로 짝 맞출 것이니]

① ⓐ에서는 'ㄹ'로 끝나는 어간 뒤에 보조적 연결 어미 '-의'가 결합되었군.
② ⓑ에서는 사동 접사가 결합될 때 어간 받침 'ㄷ'이 'ㄹ'로 바뀌었군.
③ ⓑ를 통사적 사동으로 바꾸어 표현하면 '드데 ᄒ'로 나타낼 수 있겠군.
④ ⓒ는 '-ㅇ-'가, ⓓ는 '-호-'가 동사 어간에 결합하여 만들어진 파생적 사동이겠군.
⑤ ⓒ, ⓓ에는 현대 국어에서 사용되지 않는 형태의 사동 접사가 결합되었군.

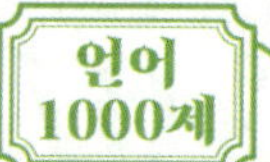

[2021년 수능 35-36번]

[973-974] 다음 글을 읽고 물음에 답하시오.

국어에서는 일반 어휘처럼 문법 형태소에서도 하나의 형태가 여러 의미로 쓰이거나 여러 형태가 하나의 의미로 쓰이는 현상을 발견할 수 있다. 가령, 전자로는 현대 국어에서 명사 '높이'에 쓰인 명사 파생 접사 '-이'와 부사 '높이'에 쓰인 부사 파생 접사 '-이'를 예로 들 수 있다. 명사 파생 접사 '-이'는 여러 의미로 쓰인다. 예컨대 '놀이'에서는 '…하는 행위'의 의미를, '구두닦이'에서는 '…하는 사람'의 의미를, '연필깎이'에서는 '…하는 데 쓰이는 도구'의 의미를 나타낸다. 후자로는 현대 국어의 명사 파생 접사 '-이'와 '-음'을 예로 들 수 있다.

중세 국어에서도 명사 파생 접사 '-이'와 부사 파생 접사 '-이'가 존재하였다. 가령, 현대 국어의 '길이'와 마찬가지로 '기릐(길- + -이)'의 '-이'는 형용사 어간에 붙어 명사도 만들고 부사도 만들었다. 또한 '-이'는 '사리(살- + -이)'처럼 동사 어간에 붙어 '…하는 행위'의 의미를 나타내기도 하였으나, '…하는 사람', '…하는 데 쓰이는 도구'의 의미를 나타내지는 않았다.

중세 국어에서 명사 파생 접사 '-이'처럼 용언 어간에 붙는 명사 파생 접사 '-의'도 쓰였는데, 이 '-의'는 '-이'와 달리 부사는 파생하지 않았다. 또한 접사 '-의'는 모음 조화에 따라 양성 모음 뒤에서는 '-이'로 쓰였는데, 접사 '-이'는 중세 국어에서 'ㅣ' 모음이 양성 모음도 아니고 음성 모음도 아니어서 모음 조화와는 무관하게 결합하였다.

> 너븨(넙- + -의)도 ㄱ티 ㅎ고 [넓이도 같이 하고]
> 노피(높- + -이) 다숫 자히러라 [높이가 다섯 자였다]

한편, 중세 국어에서는 '의'가 앞 체언에 붙어 관형격 조사와 부사격 조사로 쓰이기도 했다. 관형격 조사는 평칭의 유정 체언 뒤에 쓰였고, 부사격 조사는 서술어와 호응하여 장소나 시간을 나타내는 부사어에서 쓰였다. 그런데 이들 '의'도 모음 조화에 따라 양성 모음 뒤에서는 '이'로 쓰였다.

> 버믜(범 + 의) 쎠나 [범의 뼈나]
> 사ᄅᆞ미 (사ᄅᆞᆷ + 이) 무레 [사람의 무리에]

> 무틔(뭍 + 의) ᄃᆞ니는 [뭍에 다니는]
> 바미(밤 + 이) 나디 아니ᄒᆞ느니 [밤에 나가지 아니하니]

973

윗글을 바탕으로 추론한 내용으로 적절한 것은?

① 현대 국어의 '책꽂이'에서 '-이'는 '…하는 행위'의 의미를 나타내는 접사이다.
② 현대 국어 '놀이'에서의 '-이'는 중세 국어 '사리'에서의 '-이'와 달리 '…하는 사람'의 의미로 쓰인다.
③ 현대 국어 '길이'처럼 중세 국어 '기릐'도 명사와 부사로 쓰였다.
④ 중세 국어에서 접사 '-이'가 붙어 파생된 단어는 두 가지 품사로 쓰였다.
⑤ 중세 국어에서 체언에 조사 '의'가 붙은 말은 관형어나 부사어로 쓰였다.

974

윗글을 바탕으로 <보기>의 중세 국어 자료를 이해한 내용으로 적절하지 않은 것은?

> **보 기**
>
> ㉠ 王ㅅ 겨틔 안잿다가 [왕의 곁에 앉아 있다가]
> ㉡ 曲江ㅅ 구븨예 ᄀᆞ마니 ᄃᆞ니노라
>   [곡강의 굽이에 가만히 다니노라]
> ㉢ 光明이 ᄇᆞᆰ기 비취여 [광명이 밝히 비치어]
> ㉣ 글지싀예 위두ᄒᆞ고 [글짓기에 으뜸이고]
> ㉤ ᄯᆞ리 일후믄 [딸의 이름은]

① ㉠에서 '겨틔'의 '의'는 모음 조화에 따라 결합한 부사격 조사이군.
② ㉡에서 '구븨'의 '-의'는 모음 조화에 따라 결합한 부사 파생 접사이군.
③ ㉢에서 'ᄇᆞᆰ기'의 '-이'는 모음 조화와 무관하게 결합한 부사 파생 접사이군.
④ ㉣에서 '글지싀'의 '-이'는 모음 조화와 무관하게 결합한 명사 파생 접사이군.
⑤ ㉤에서 'ᄯᆞ리'의 '의'는 모음 조화에 따라 결합한 관형격 조사이군.

[2022년 3월 고3 학평 38-39번]

[975-976] 다음 글을 읽고 물음에 답하시오.

현대 국어에서 명사를 파생하는 접미사로 널리 쓰이는 것에 '-(으)ㅁ'이 있다. 접미사 '-(으)ㅁ'은 동사나 형용사를 명사로 바꿀 수 있으며 '묶음, 기쁨'과 같은 단어를 만든다. 한글 맞춤법에서는 어간에 '-(으)ㅁ'이 붙어서 명사로 된 것은 그 어간의 원형을 밝히어 적도록 규정하고 있다. '-(으)ㅁ'이 비교적 널리 여러 어간에 결합할 수 있고 이것이 결합하여 만들어진 단어의 의미가 어간의 본뜻을 유지하고 있기 때문이다. 이는 가령 '무덤'이 기원적으로 '묻-'에 '-엄'이 붙어서 된 것이기는 하지만 '-엄'은 현대 국어에서 새로운 단어를 만들지 못하므로 '무덤'에서 어간의 원형인 '묻-'을 밝히어 적지 않는 것과 대조된다.

그런데 명사형 어미에도 '-(으)ㅁ'이 있어서, 현대 국어에서 '-(으)ㅁ'이 결합한 단어들 중에는 형태는 같으나 품사가 다른 경우가 있다. 예를 들어 '그가 시원한 웃음을 크게 웃음은 시험에 합격했기 때문이다.'에서 앞에 나오는 '웃음'은 관형어 '시원한'의 수식을 받는 명사이므로 여기서 '-음'은 명사 파생 접미사이다. 그러나 뒤에 나오는 '웃음'은 명사절에서 서술어로 기능하고 있으며 부사어 '크게'의 수식을 받는 동사의 명사형이다. 그러므로 여기서 '-음'은 명사형 어미이다. '크게 웃음'을 '크게 웃었음'으로 바꾸어 쓸 수 있는 것에서 알 수 있듯이, 어미 '-(으)ㅁ'은 '-았/었-', '-겠-', '-(으)시-' 등 대부분의 선어말 어미와 결합할 수 있다.

현대 국어와 달리, 중세 국어에서는 ㉠파생 명사와 ㉡명사형 어미가 결합한 용언의 활용형이 형태적으로 구별되었다. 예를 들어 '짜 그륨과[땅을 그림과]'에서 서술어로 기능하는 '그륨'은 동사 '(그림을) 그리다'의 명사형인데, '그리다'의 파생 명사는 '그리-'에 '-ㅁ'이 붙어서 만들어진 '그림'이었다. 일반적으로 중세 국어에서는 명사 파생 접미사 '-(ᄋ/으)ㅁ'과 명사형 어미 '-옴/움'이 형태상으로 구분되었다. 모음 조화에 따라 양성 모음 뒤에서는 접미사 '-(ᄋ)ㅁ'과 어미 '-옴'이, 음성 모음 뒤에서는 접미사 '-(으)ㅁ'과 어미 '-움'이 쓰였다. 그러다가 'ᆞ'가 소실되고 명사형 어미의 형태가 달라지는 등 여러 변화를 입어 현대 국어에서는 명사 파생 접미사와 명사형 어미가 모두 '-(으)ㅁ'으로 나타나게 되었다.

975 

윗글을 통해 <보기>의 ㄱ~ㅁ을 이해한 내용으로 적절하지 **않은** 것은?

> **보 기**
>
> ㄱ. 나이도 어린 동생이 고난도의 <u>춤</u>을 잘 <u>춤</u>이 신기했다.
> ㄴ. 차가운 <u>주검</u>을 보니 그제야 그의 <u>죽음</u>이 실감이 났다.
> ㄷ. 나는 그를 조용히 <u>도움</u>으로써 지난날의 은혜에 보답했다.
> ㄹ. 작가에 대해서 많이 <u>앎</u>이 오히려 감상을 방해하기도 한다.
> ㅁ. 그를 전적으로 <u>믿음</u>에도 결과를 직접 확인할 필요는 있었다.

① ㄱ에서 '고난도의'의 수식을 받는 '춤'은 명사이고, '잘'의 수식을 받는 '춤'은 동사의 명사형이다.
② ㄴ에서 '죽음'은 접미사 '-음'이 붙어서 된 말이므로 '주검'과는 달리 어간의 원형을 밝히어 적는다.
③ ㄷ에서 '도움'은 동사의 명사형으로, 명사절에서 서술어로 기능하고 있다.
④ ㄹ에서 '앎'의 '-ㅁ'은 '알-'에 붙어 품사를 동사에서 명사로 바꾸었다.
⑤ ㅁ에서 '믿음'의 '믿-'과 '-음' 사이에는 선어말 어미 '-었-'이 끼어들 수 있다.

976 

윗글을 바탕으로 하여, 제시된 중세 국어 용언들의 ㉠과 ㉡을 바르게 추정한 것은?

		㉠	㉡
①	(물이) 얼다	어름	어룸
②	(길을) 걷다	거름	거롬
③	(열매가) 열다	여룸	여름
④	(사람이) 살다	사롬	사룸
⑤	(다른 것으로) 골다	ᄀᆞ름	ᄀᆞ룸

[2022년 7월 고3 학평 35-36번]

[977-978] 다음 글을 읽고 물음에 답하시오.

접속 조사는 둘 또는 그 이상의 단어나 구를 같은 자격으로 이어 주는 조사이다. 접속 조사는 주로 체언과 결합하며, 이때 나열된 단어나 구들이 하나의 명사구가 되어 동일한 문장 성분으로 기능한다.

[A] 접속 조사에는 '와/과, (이)랑, (이)며, 하고' 등이 있다. 이 중 '와/과, (이)랑, (이)며'는 '봄에 개나리와 철쭉꽃과 진달래가 핀다.'에서처럼 결합하는 체언의 음운 환경에 따라 바뀌어 나타난다. 즉, 앞 음절이 모음으로 끝나면 '와, 랑, 며'가 쓰이고 앞 음절이 자음으로 끝나면 '과, 이랑, 이며'가 쓰인다. '(이)랑, 하고'는 체언이 나열될 때 마지막 체언에까지 결합할 수 있어서 '삼촌하고 이모하고 다 직장에 갔어요.'와 같이 쓰일 수 있다. 그런데 부사격 조사에도 '와/과'가 있기 때문에 접속 조사 '와/과'와 구분해야 한다. '나는 꽃과 나무를 사랑한다.'에서 접속 조사 '과'가 쓰인 '꽃과'는 생략해도 문장이 성립된다. 이와 달리 '나는 누나와 눈이 닮았다.'에서 부사격 조사와 결합한 '누나와'는 문장에서 반드시 필요한 필수적 부사어로, 생략할 수 없다.

중세 국어에서도 접속 조사는 현대 국어의 접속 조사와 같은 기능을 하였다. 접속 조사에는 '와/과, 호고, (이)며, (이)여' 등이 있는데 '와/과'의 결합 양상은 현대 국어와 차이가 있다.

ㄱ. 나모와 곳과 果實와는 [나무와 꽃과 과실은]

ㄱ처럼 중세 국어에서 '와'는 모음이나 'ㄹ'로 끝나는 체언과 결합하고 '과'는 'ㄹ'을 제외한 자음으로 끝나는 체언과 결합한다. ㄱ의 '果實와'에서처럼 '와/과'는 마지막 체언에까지 결합하는 것이 일반적이지만 그렇지 않은 경우도 있었다. 또한 마지막 체언과 결합한 '와/과' 뒤에 격조사가 결합하는 경우도 있었다. 한편 '(이)며, (이)여'는 '열거'의 방식으로, '호고'는 '첨가'의 방식으로 접속의 기능을 나타내었다.

977

[A]를 참고하여 이해한 내용으로 적절하지 <u>않은</u> 것은?

① '나는 시와 음악을 좋아한다.'에서 '시와 음악을'의 문장 성분은 목적어이다.

② '네가 벼루와 먹을 가져오너라.'에서 '벼루와'를 생략하여도 문장이 성립된다.

③ '친구랑 나랑 함께 꽃밭을 만들었다.'에서 '랑'은 체언들을 이어 주는 접속 조사이다.

④ '가방과 신발을 샀다.'에서 '과'는 부사격 조사로서 '가방과'는 서술어가 필수적으로 요구하는 성분이 된다.

⑤ '수박하고 참외하고 먹자.'와 같이 '하고'는 결합하는 체언의 끝 음절의 음운 환경이 달라도 형태가 변하지 않는다.

978

윗글을 바탕으로 <보기>의 중세 국어 자료를 탐구한 내용으로 적절하지 <u>않은</u> 것은? [3점]

> **보 기**
>
> ⓐ 옷과 뵈와로 佛像을 꾸미숩바도
>   [옷과 베로 불상을 꾸미었어도]
> ⓑ 子息이며 종이며 집앉 사르물 다 眷屬이라 호느니라
>   [자식이며 종이며 집안의 사람을 다 권속이라 하느니라]
> ⓒ 밤과 낮과 法을 니르시니
>   [밤과 낮에 법을 이르시니]
> ⓓ 입시울와 혀와 엄과 니왜 다 됴호며
>   [입술과 혀와 어금니와 이가 다 좋으며]

① ⓐ에서 '옷과 뵈와'는 접속 조사에 의해 하나의 명사구를 이루고 있군.

② ⓑ에서 '이며'는 열거의 방식으로 '子息'과 '종'을 같은 자격으로 이어 주는 기능을 하고 있군.

③ ⓒ를 보니, 접속되는 마지막 체언에 '와/과'가 결합하지 않는 사례가 있었음을 확인일 수 있군.

④ ⓐ와 ⓓ를 보니, '와/과' 뒤에 격조사가 결합한 형태가 있었음을 확인할 수 있군.

⑤ ⓒ와 ⓓ를 보니, 'ㄹ'을 제외한 자음으로 끝나는 체언은 '과'와, 모음이나 'ㄹ'로 끝나는 체언은 '와'와 결합했음을 확인할 수 있군.

[2022년 10월 고3 학평 35-36번]

[979-980] 다음 글을 읽고 물음에 답하시오.

음운 변동은 음운이 환경에 따라 바뀌는 현상이다. 음운 변동 중에는 음절의 끝소리 규칙, 비음화, 경음화가 있는데, 이들은 현대 국어와 15세기 국어에서 적용 양상의 차이가 있다.

우선 현대 국어에서 음절의 끝소리 규칙은 음절의 끝에 'ㄱ, ㄴ, ㄷ, ㄹ, ㅁ, ㅂ, ㅇ' 이외의 다른 하나의 자음이 오면 평파열음인 'ㄱ, ㄷ, ㅂ' 중 하나로 바뀌는 현상을 말한다. '밖→[박]', '꽃→[꼳]', '잎→[입]'이 그 예이다. 한편 15세기 국어의 음절의 끝소리 규칙은 음절의 끝에서 발음될 수 없는 자음이 음절의 끝에 오면 'ㄱ, ㄷ, ㅂ, ㅅ' 중 하나로 바뀌는 현상으로, '곶→곳', '빛→빗'이 그 예이다. 이는 음절 끝에서 발음될 수 있는 자음이 'ㄱ, ㄴ, ㄷ, ㄹ, ㅁ, ㅂ, ㅅ, ㅇ'으로 제한된 것과 관련이 있다.

다음으로 비음화는 평파열음이 비음 앞에서 동일한 조음 위치의 비음으로 바뀌는 현상이다. '국물→[궁물]', '받는→[반는]', '입는→[임는]'은 현대 국어에서 비음화가 일어난 예이다. 15세기 국어에서 비음화는 현대 국어에서만큼 활발하게 일어나지 않았고, 'ㄷ'의 비음화가 일어난 경우가 대부분이었다. '묻노라→문노라'는 용언의 활용형에서 'ㄷ'의 비음화가 일어난 예이다. 한편 15세기 국어에서 비음화는 현대 국어에서와 마찬가지로 음절의 끝소리 규칙이 일어난 후 실현되기도 했다. '븥는→븓는→븐는', '낳ᄂ니→낟ᄂ니→난ᄂ니'는 음절의 끝소리 규칙으로 'ㅌ', 'ㅎ'이 'ㄷ'으로 바뀐 후 비음화가 실현된 예이다. 그런데 현대 국어에서와 달리 15세기 국어에서는 'ㅂ'의 비음화는 드물게 확인되고, 'ㄱ'의 비음화는 일어나지 않았다.

마지막으로 경음화는 평음이 일정한 조건에서 경음으로 바뀌는 현상이다. 현대 국어의 경음화에는 평파열음 뒤의 경음화, 어간 끝 'ㄴ, ㅁ' 뒤의 경음화, 'ㄹ'로 끝나는 한자와 'ㄷ, ㅅ, ㅈ'으로 시작하는 한자가 결합할 때 'ㄹ' 뒤의 경음화, 관형사형 어미 '-(으)ㄹ' 뒤의 경음화 등이 있다. '국밥→[국빱]', '더듬지→[더듬찌]', '발달→[발딸]', '할 것을→[할꺼슬]'이 그 예이다. 한편 15세기 국어에서는 '갈딩→갈띠'에서처럼 관형사형 어미 '-(ᄋᆞ/으)ㄹ' 뒤에서의 경음화가 흔히 일어났다. 평파열음 뒤의 경음화는 일어났을 것이라고 추측되나 표기에 잘 나타나지는 않는다. 또한 비음으로 끝나는 용언 어간 뒤에서 일어나는 경음화는 나타나지 않았고, 한자어에서 유음 뒤의 경음화는 확인되지 않는다.

979

윗글을 통해 알 수 있는 내용으로 적절하지 <u>않은</u> 것은?

① 15세기 국어의 '걷는→건는'은 'ㄷ'의 비음화가 일어난 예일 것이다.

② 현대 국어와 달리 15세기 국어의 '막-+-노라'에서는 비음화가 일어나지 않았을 것이다.

③ 현대 국어의 'ㄱ-ㅇ', 'ㄷ-ㄴ', 'ㅂ-ㅁ'은 동일한 조음 위치의 '평파열음-비음'에 해당하는 쌍일 것이다.

④ 15세기 국어의 '안-+-게', '굼-+-고'에서는 모두 어미의 평음 'ㄱ'이 경음 'ㄲ'으로 바뀌지 않았을 것이다.

⑤ 15세기 국어의 '젇-+-노라', '빛+나다'에서는 모두 음절의 끝소리 규칙과 비음화가 순차적으로 일어났을 것이다.

980

윗글을 참고할 때, <보기>의 [A]에 들어갈 '학생'의 답으로 적절하지 <u>않은</u> 것은? [3점]

> **보 기**
>
> **선생님** : 다음 제시된 현대 국어 자료에서 일어난 음운 변동을 설명해 봅시다.
>
> > ㉠ 겉멋만 → [건먼만]　　　㉡ 꽃식물 → [꼳씽물]
> > ㉢ 낮잡는 → [낟짬는]
>
> **학생** : ＿＿＿＿＿＿[A]＿＿＿＿＿＿

① ㉠에서는 음절 끝의 자음이 'ㄴ'으로 바뀌는 비음화가 두 번 일어났습니다.

② ㉡에서는 음절 끝의 자음이 'ㅇ'으로 바뀌는 비음화가 한 번 일어났습니다.

③ ㉡, ㉢에서 일어난 경음화는 평파열음 뒤에서 일어났습니다.

④ ㉠과 달리 ㉡, ㉢에서는 음절 끝의 자음이 'ㄷ'으로 바뀌는 음절의 끝소리 규칙이 일어났습니다.

⑤ ㉢과 달리 ㉠, ㉡에서는 'ㅁ'으로 인해 비음화가 일어났습니다.

[2023년 6월 고3 모평 35-36번]

[981-982] 다음 글을 읽고 물음에 답하시오.

[A]
　‘나의 살던 고향’은 ‘내가 살던 고향’과 같은 의미로 ‘나’에 관형격 조사 ‘의’가 결합하여 ‘살던’의 의미상 주어를 나타내는 특이한 구조이다. 이처럼 관형격 조사 ‘의’가 주격 조사처럼 해석되는 경우가 중세 국어에서도 확인된다. 예를 들어, ‘聖人의(聖人 + 의) ᄀᆞᄅ치샨 法[성인의 가르치신 법]’의 경우, ‘聖人’은 관형격 조사 ‘의’와 결합하고 있지만 후행하는 용언인 ‘ᄀᆞᄅ치샨’의 의미상 주어로 기능하고 있다. 그런데 이러한 ‘의’는 중세 국어 관형격 조사 결합 원칙의 예외에 해당한다. 중세 국어의 관형격 조사는 평칭의 유정 체언에는 모음 조화에 따라 ‘이/의’가, 무정 체언 또는 존칭의 유정 체언에는 ‘ㅅ’이 결합하는 원칙이 있었는데, ‘ㅅ’이 쓰일 자리에 ‘의’가 쓰였기 때문이다.

　중세 국어 격조사 결합 원칙의 또 다른 예외는 부사격 조사에서도 확인된다. 시간이나 장소를 나타내는 부사격 조사는 결합하는 선행 체언의 끝음절을 기준으로,

　모음 조화에 따라 ‘나죵애’(나죵 + 애), ‘ᄆᆞ레’(ᄆᆞᆯ + 에)에서처럼 ‘애/에’가 쓰인다. 단, 끝음절이 모음 ‘이’나 반모음 ‘ㅣ’로 끝날 때에는 ㉠‘뉘예’(뉘 + 예)에서처럼 ‘예’가 쓰였다. 그런데 ‘애/에/예’가 쓰일 위치에 부사격 조사인 ‘이/의’가 쓰이는 경우도 있다. 이러한 예외는 ‘봄’, ‘나조ㅎ[저녁]’, ㉡‘우ㅎ[위]’, ‘밑’ 등의 일부 특수한 체언들에서 확인된다. 가령, ‘나조ㅎ’에는 ‘이’가 결합하여 ㉢‘나조희’(나조ㅎ + 이)로, ‘밑’에는 ‘의’가 결합하여 ‘미틔’(밑 + 의)로 나타났다.

　중세 국어의 부사격 조사 가운데 관형격 조사가 그 구성 성분으로 분석되는 독특한 경우도 있다. 가령, ‘이그에’는 관형격 조사 ‘이’에 ‘그에’가 결합된 형태이고 ‘ㅅ긔’ 역시 관형격 조사 ‘ㅅ’에 ‘긔’가 결합된 부사격 조사다. 이늘은 ㉣‘ᄂᆞ미그에’(ᄂᆞᆷ + 이그에)나 ‘어마닚긔’(어마님 + ㅅ긔)와 같이 사용되었는데 평칭의 유정 명사 ‘ᄂᆞᆷ’에는 ‘이그에’가, 존칭의 유정 명사 ‘어마님’에는 ‘ㅅ긔’가 쓰인다. 중세 국어의 ‘이그에’와 ‘ㅅ긔’는 각각 현대 국어의 ‘에게’와 ㉤‘께’로 이어진다.

982

[A]를 바탕으로 <자료>를 탐구한 내용으로 적절한 것은? [3점]

자 료
ⓐ 수픐(수플 + ㅅ) 神靈이 길헤 나아 　[현대어 풀이 : 수풀의 신령이 길에 나와] ⓑ ᄂᆞ미(ᄂᆞᆷ + 이) 말 드러ᅀᅡ 알 씨라 　[현대어 풀이 : 남의 말 들어야 아는 것이다] ⓒ 世界ㅅ(世界 + ㅅ) 일ᄋᆞᆯ 보샤 　[현대어 풀이 : 세계의 일을 보시어] ⓓ 이 사ᄅᆞ미 (사ᄅᆞᆷ + 이) 잇ᄂᆞᆫ 方面을 　[현대어 풀이 : 이 사람의 있는 방면을] ⓔ 孔子의(孔子 + 의) 기티신 글워리라 　[현대어 풀이 : 공자의 남기신 글이다]

① ⓐ : ‘神靈(신령)’이 존칭의 유정 명사이므로 ‘수플’에 ‘ㅅ’이 결합한 것이군.

② ⓑ : ‘ᄂᆞᆷ’이 유정 명사이고 끝음절 모음이 음성 모음이므로 ‘이’가 결합한 것이군.

③ ⓒ : ‘世界(세계)ㅅ’이 ‘보샤’의 의미상 주어이고, ‘ㅅ’은 예외적 결합이군.

④ ⓓ : ‘이 사ᄅᆞ미’가 ‘잇ᄂᆞᆫ’의 의미상 주어이고, ‘이’는 예외적 결합이군.

⑤ ⓔ : ‘孔子(공자)의’가 ‘기티신’의 의미상 주어이고, ‘의’는 예외적 결합이군.

981

윗글의 ㉠~㉤을 이해한 내용으로 적절하지 <u>않은</u> 것은?

① ㉠은 부사격 조사 ‘예’와 결합하는 선행 체언의 끝음절에서 반모음 ‘ㅣ’가 확인된다.

② ㉡에 시간이나 장소를 나타내는 부사격 조사가 결합하면 ‘우희’가 된다.

③ ㉢은 현대 국어로 ‘저녁의’로 해석되어 관형격 조사의 쓰임이 확인된다.

④ ㉣의 ‘이그에’에서는 관형격 조사 ‘이’가 분석된다.

⑤ ㉤이 현대 국어에서 존칭 체언에 사용되는 것은 중세 국어 관형격 조사 ‘ㅅ’과 관련된다.

[2023년 7월 고3 학평 35-36번]

[983-984] 다음 글을 읽고 물음에 답하시오.

부정의 뜻을 나타내는 문장을 부정문이라고 하는데, 부정문에는 '안' 부정문과 '못' 부정문이 있다. '안' 부정문은 주어의 의지에 의한 의지 부정이나 객관적인 사실을 부정하는 단순 부정을 나타내고, '못' 부정문은 주어의 능력 또는 상황에 의한 부정을 나타낸다. '안' 부정문에는 부정 부사 '안(아니)'이나 용언 '아니다', 보조 용언 '아니하다(않다)'를, '못' 부정문에는 부정 부사 '못'이나 보조 용언 '못하다'를 사용한다. 그리고 명령문과 청유문의 부정에는 보조 동사 '말다'를 사용한다.

이 가운데 '안' 부정문은 서술어의 종류에 따라 다양한 형태로 나타나는데, 서술어가 '체언+이다'로 된 경우에는 체언에 보격 조사 '이/가'를 붙여 '체언+이/가 아니다'의 형태로 나타난다. 서술어가 용언인 경우에는 서술어 앞에 '안'을 놓거나 용언의 어간에 보조적 연결 어미 '-지'를 붙여 '-지 아니하다'의 형태로 나타난다. 이때 전자를 '짧은 부정문', 후자를 '긴 부정문'이라고 한다. 그런데 짧은 부정문은 용언에 따라 부정문을 만들 수 없는 경우가 있다.

ㄱ. *밥이 안 설익다. / ㄴ. *내가 너를 안 앞서다.
※ '*'는 비문임을 나타냄.

일반적으로 '안' 부정문은 ㄱ, ㄴ과 같이 서술어로 쓰인 용언이 파생어나 합성어인 경우 짧은 부정문을 만들면 자연스럽지 않은 문장이 된다. 그러나 사동사, 피동사, 접미사 '-하다'로 파생된 일부 용언이나 '돌아가다, 들어가다'와 같이 보조적 연결어미를 매개로 한 합성 동사는 어떤 제약도 없이 짧은 부정문을 만들 수 있다.

한편 중세 국어에서의 '안' 부정문은 현대 국어와 달리 수식언인 관형사와 부사의 앞에 '아니'가 위치하는 부정도 나타났다. 서술어가 용언인 경우에는 현대 국어와 마찬가지로 짧은 부정문과 긴 부정문이 모두 사용되었는데, 짧은 부정문은 서술어 앞에 '아니'를 사용하고, 긴 부정문은 보조적 연결 어미 '-디'를 사용하여 '-디 아니ᄒ다'의 형태로 나타났다. 한편 접미사 '-ᄒ다'가 결합한 동사의 어근이 명사나 한자어일 경우에는 어근과 접미사 '-ᄒ다' 사이에 '아니'를 넣어 짧은 부정문을 만들어 사용하기도 하였다.

983

윗글에 대한 이해로 적절하지 <u>않은</u> 것은?

① 짧은 부정문인 '그가 모기에 안 뜯기다.'가 자연스러운 이유는 서술어인 '뜯기다'가 합성 동사이기 때문이겠군.

② 짧은 부정문인 '이 자동차가 안 값싸다.'가 자연스럽지 않은 이유는 서술어인 '값싸다'가 합성어이기 때문이겠군.

③ 짧은 부정문인 '그가 약속 시간을 안 늦추다.'가 자연스러운 이유는 서술어인 '늦추다'가 사동사이기 때문이겠군.

④ 짧은 부정문인 '보따리가 한 손으로 안 들리다.'가 자연스러운 이유는 서술어인 '들리다'가 피동사이기 때문이겠군.

⑤ 짧은 부정문인 '할아버지 댁 마당이 안 드넓다.'가 자연스럽지 않은 이유는 서술어인 '드넓다'가 파생어이기 때문이겠군.

984

윗글을 바탕으로 <보기>의 중세 국어 자료를 이해한 내용으로 적절하지 <u>않은</u> 것은?

> **보 기**
>
> ⓐ 敢히 노티 아니ᄒ다라 [감히 놓지 아니하더라]
> ⓑ 비록 아니 여러 나리라도 [비록 여러 날이 아니더라도]
> ⓒ 妙法이 둘 아니며 세 아닐씨
> [묘법이 둘이 아니며 셋이 아니므로]
> ⓓ 塞外北狄인들 아니 오리잇...가
> [변방 밖의 북쪽 오랑캐인들 아니 오겠습니까]
> ⓔ 나도 現在 未來 一切 衆生ᄋᆞᆯ 시름 아니 호리라
> [나도 현재와 미래의 모든 중생에 대해 시름 아니 하리라]

① ⓐ와 ⓒ를 보니, '안' 부정문이 용언과 체언에 대한 부정을 나타내는 데 모두 사용되었음을 알 수 있군.

② ⓐ와 ⓓ를 보니, '안' 부정문이 평서문과 의문문에서 모두 사용되었음을 알 수 있군.

③ ⓐ와 ⓔ를 보니, '안' 부정문이 긴 부정문과 짧은 부정문에서 모두 사용되었음을 알 수 있군.

④ ⓑ와 ⓔ를 보니, '안' 부정문이 관형사와 부사에 대한 부정을 나타내는 데 모두 사용되었음을 알 수 있군.

⑤ ⓒ와 ⓔ를 보니, '안' 부정문이 단순 부정과 의지 부정을 나타내는 데 모두 사용되었음을 알 수 있군.

[2023년 10월 고3 학평 35-36번]

[985-986] 다음 글을 읽고 물음에 답하시오.

어떤 말의 앞이나 뒤에 다른 말이 올 수 있는 말들의 관계를 결합 관계라 한다. 현대 국어의 의존 명사와 결합하는 선행 요소의 유형에는 관형사, 체언, 체언에 관형격 조사가 붙은 것, 용언의 관형사형 등이 있다. 의존 명사 중에는 ㉠다양한 유형의 선행 요소와 결합하는 것도 있으나, 그렇지 않은 것도 있다. 즉 '것'과 같이 '어느 것, 언니 것, 생각한 것' 등 다양한 유형의 선행 요소와 두루 결합하는 의존 명사가 있는 반면, '가 본 데'의 '데'나, '요리할 줄'의 '줄'과 같이 ㉡선행 요소로 용언의 관형사형과만 결합하는 의존 명사도 있다.

의존 명사와 결합하는 후행 요소로는 격 조사와 용언 등이 있다. 의존 명사 중에는 ㉢다양한 격 조사와 결합하여 여러 문장 성분으로 쓰이는 것도 있으나, ㉣특정 격 조사와만 결합하는 것도 있다. 예를 들어, '데'는 다양한 격 조사와 결합하여 여러 문장 성분으로 두루 쓰이지만, '만난 지(가) 오래되었다'의 '지'는 주격 조사와만 결합하여 주어로 쓰인다. '요리할 줄(을) 몰랐다', '그런 줄(로) 알았다'의 '줄'은 주로 목적격 조사나 부사격 조사와 결합하여 목적어나 부사어로 쓰이고 주어로는 쓰이지 않는다. 또한 '뿐'은 '읽을 뿐이다'처럼 서술격 조사 '이다'와 결합하거나 '그럴 뿐(이) 아니라'처럼 보격 조사와만 결합하여 쓰인다. 한편 의존 명사가 용언과 결합할 때는 ㉤다양한 용언과 결합하여 쓰일 수 있는 것과 ㉥특정 용언과만 결합하는 것이 있다. 예를 들어, '것'은 다양한 용언과 두루 결합하지만, '줄'은 주로 '알다, 모르다'와 결합한다.

중세 국어에서도 선행 요소나 후행 요소와 결합할 때 제약 없이 두루 결합하는 의존 명사와 그렇지 않은 의존 명사가 있었다. 가령 중세 국어 '것'은 '어느 거시 이 가온디 기물[어느 것이 이 가운데 감을]', '奇異ᄒᆞᆫ 거슬 머구머[기이한 것을 머금어]' 등과 같이 여러 유형의 선행 요소 및 후행 요소와 두루 결합하여 쓰였다. 반면 현대 국어의 '지'에 해당하는 중세 국어 '디'는 선행 요소 및 후행 요소와의 결합에 제약이 있었다. 즉 'ᄆᆞᆯ 돌여 ᄃᆞ니건 디 스믈 히니[말 달려 다닌 지 스물 해니]', '여희연 디 ᄒᆞ마 다ᄉᆞᆺ 히로디[헤어진 지 벌써 다섯 해로되]'와 같이 '디'는 선행 요소로 용언의 관형사형과만 결합할 수 있었고, 문장에서는 주어로만 쓰였다.

985

㉠~㉥ 중 <보기>의 '바'에 해당하는 것만을 고른 것은? [3점]

> **보 기**
>
> **의존 명사 '바'**
> ○ 우리가 나아갈 바를 밝혔다.
> ○ 이것이 우리가 생각한 바이다.
> ○ 그것은 *그 / *생각의 바와 다르다.
> ○ 그것에 대해 내가 아는 바가 없다.
> ○ 그가 우리 사회에 공헌한 바가 크다.
> ※ '*'는 어법에 맞지 않음을 나타냄.

① ㉠, ㉢, ㉤ ② ㉠, ㉣, ㉥ ③ ㉡, ㉢, ㉤
④ ㉡, ㉣, ㉤ ⑤ ㉡, ㉣, ㉥

986

윗글과 <보기>의 중세 국어 자료를 이해한 내용으로 적절하지 <u>않은</u> 것은?

> **보 기**
>
> ○ 달옳 ⓐ주리 업스시니이다
> [다를 줄이 없으십니다]
> ○ 眞光이 어두우며 붉근 ⓑ딜 다 비취샤
> [진광이 어두우며 밝은 데를 다 비추시어]
> ○ 부텻 일훔 念홀 ⓒ뿌네 이런 功德 됴흔 利를 어드리오
> [부처님의 이름을 생각할 뿐에 이런 공덕 좋은 이로움을 얻으리오]

① ⓐ의 '줄'은 현대 국어 '줄'과 달리, 주격 조사와 결합할 수 있었군.

② ⓐ의 '줄'은 중세 국어 '깃'과 달리, 선행 요소로 용언의 관형사형과 결합할 수 있었군.

③ ⓑ의 '디'는 현대 국어 '데'와 같이, 선행 요소로 용언의 관형사형과 결합할 수 있었군.

④ ⓑ의 '디'는 중세 국어 '디'와 달리, 목적격 조사와 결합할 수 있었군.

⑤ ⓒ의 '쑨'은 현대 국어 '뿐'과 달리, 부사격 조사와 결합할 수 있었군.

[2023년 수능 35-36번]

[987-988] 다음 글을 읽고 물음에 답하시오.

　훈민정음 초성자는 발음 기관을 본떠서 만든 기본자 5자가 있고 이를 바탕으로 가획의 원리(예 : ㄱ → ㅋ)에 따라 만든 가획자 9자와 그렇지 않은 이체자 3자가 있다. 중성자는 하늘, 땅, 사람의 모습을 본떠서 만든 기본자 3자가 있고 이를 토대로 한 초출자, 재출자가 각 4자가 있다. 종성자는 초성자를 다시 쓰되 종성에서 실제 발음되는 소리에 대응되는 8자만으로 충분하다 보았는데, 이는 『훈민정음』(해례본) 용자례에서 확인된다.

　용자례에서는 이들 글자를 위주로 하여 실제 단어를 예로 들고 있다. 예컨대, 용자례에 쓰인 '콩'은 초성자 아음 가획자인 'ㅋ'의 예시 단어이다. 이 방식을 응용하면 '콩'은 중성자 초출자 'ㅗ'와 종성자 아음 이체자 'ㆁ'의 예시로도 쓸 수 있다. 용자례의 예시 단어 일부를 정리하여 제시하면 다음과 같다.

<초성자 용자례>

	아음	설음	순음	치음	후음	반설음	반치음
기본자	골	노로	뫼(산)	셤	버얌(뱀)		
가획자	콩	뒤(띠)	벌	죠히(종이)			
		고티	파	채	부헝		
이체자	러울(너구리)					어름	이△(아위)

<중성자 용자례>

기본자	툭/ᄃ리	믈/그력(기러기)		깃
초출자	논/벼로	밥	누에	브섭
재출자	쇼	남샹(거북의 일종)	슈룹(우산)	뎔

<종성자 용자례>

8종성자	독	굼벙(굼벵이)	반되(반딧불이)	갇(갓)
	범	섭(섶)	잣	별

　이 중 일부 단어들은 오랜 시간이 지나면서 다양한 변화를 겪었다. 여기에는 표기법상의 변화라고 할 수 있는 예와 실제 소리가 변한 예, 그리고 다른 말이 덧붙어 같은 의미의 새 단어가 만들어진 예들이 포함된다. 예를 들어, '어름'을 '얼음'으로 적게 된 것은 표기법상의 변화로 볼 수 있다. 소리의 변화 중 자음이 변화한 경우로는 ⓐ'고티'(>고치)나 '뎔'(>절)처럼 구개음화를 겪은 유형이 있다. 모음이 변화한 경우에는, ⓑ'셤'(>섬)이나 '쇼'(>소)처럼 단모음화한 유형, 'ᄃ리'(>다리)나 '툭'(>턱)처럼 'ㆍ'가 변한 유형, ⓒ'믈'(>물)이나 '브섭'(>부엌)처럼 원순모음화를 겪은 유형, '노로'(>노루)나 '벼로'(>벼루)처럼 끝음절에서 'ㅗ>ㅜ' 변화를 겪은 유형 등이 있다. 다른 말이 덧붙어 같은 의미의 새 단어가 만들어진 경우로는 ⓓ'부헝'(>부엉이)처럼 접사가 결합한 유형과 ⓔ'골'(>갈대)처럼 단어가 결합한 유형이 있다.

※ 본문 예시에서 후음 기본자는 'ㅇ', 아음 이체자는 'ㆁ'으로 표기함.

987

윗글에 대한 이해로 적절한 것은?

① 훈민정음의 모든 기본자는 발음 기관을 본떠 만든 것이다.
② 초성자 기본자는 모두 용자례 예시 단어의 종성에 쓰인다.
③ <초성자 용자례>의 가획자 중 단어가 예시되지 않은 자음자 하나는 아음에 속한다.
④ <초성자 용자례> 중 아음 이체자의 예시 단어는, 초성자의 반설음자와 종성자의 반설음자의 예시 단어로 쓸 수 있다.
⑤ <중성자 용자례> 중 초출자 'ㅓ'의 예시 단어는, 반치음 이체자와 종성자 순음 기본자의 예시 단어로 쓸 수 있다.

988

윗글을 바탕으로 중세 국어 단어의 변화 양상을 이해한 내용으로 적절하지 <u>않은</u> 것은?

① '벼리 딘'(>별이 진)의 '딘'은 ⓐ에 해당한다.
② '셔울 겨샤'(>서울 계셔)의 '셔울'은 ⓑ에 해당한다.
③ '플 우희'(>풀 위에)의 '플'은 ⓒ에 해당한다.
④ '산 거믜'(>산 거미)의 '거믜'는 ⓓ에 해당한다.
⑤ '닥 닙'(>닥나무 잎)의 '닥'은 ⓔ에 해당한다.

[2024년 3월 고3 학평 35-36번]

[989-990] 다음 글을 읽고 물음에 답하시오.

단어의 품사를 분류할 때 단어가 가지는 의미로 인해 품사를 혼동할 수 있다. 예컨대, '이것은 보관하고, 나머지는 파기해라.'에서 '나머지'가 '이것'을 제외한 다른 것들을 가리킨다고 생각하여 '이것'과 같은 품사라고 생각할 수 있다. 하지만 '이것'은 대명사로서 말하는 이에게 가까이 있는 어떤 사물이든 대신할 수 있는 반면에, '나머지'는 명사로서 '어떤 한도에 차고 남은 부분'이라는 의미를 일정하게 가지고 있다. 또한 '길게 남기다.'와 '길이 남기다.'에서 '길게'와 '길이'는 '길-'의 의미와 관련되므로, 모두 형용사라고 생각할 수 있다. 하지만 '길게'는 '길-'에 어미 '-게'가 결합한 형용사의 활용형이고, '길이'는 '같이', '깨끗이'처럼 '길-'에 부사 파생 접미사 '-이'가 결합하여 만들어진 부사이다.

한 단어가 두 가지 이상의 품사로 쓰일 수 있다는 점도 품사 분류 시에 유의해야 한다. '박자가 늦다.'에서 '늦다'는 속도가 느림을 나타내는 형용사로 쓰였다. 하지만 '그는 약속 시간에 항상 늦는다.'에서는 어간 '늦-'에 어미 '-는-'이 결합하여 전형적인 동사의 특성이 나타난다. 따라서 '늦다'는 형용사, 동사의 두 가지 품사로 쓰인다. 다른 사례로 '열'은 조사와 결합할 수 있으며, 정확한 수량을 나타내므로 수사로만 분류하기 쉽다. 하지만 '열 명이 왔다.'에서 '열'은 관형사인 '한'이나 '두'와 같이, 뒤에 오는 체언을 꾸며 주고 조사와 결합하지 않는다는 점에서 관형사로 분류하는 것이 일반적이다. 이와 마찬가지로 '그보다는 낫다.'의 '그'는 대명사로 분류하고, '그 책보다는 낫다.'의 '그'는 관형사로 분류한다.

ⓐ중세 국어와 현대 국어에서 대응하는 단어의 품사가 같은 경우가 많다. 예컨대, '벼개를 노피 벼엿고[베개를 높이 베고 있고]'의 '노피'는 현대 국어의 '높이'처럼 부사로 분류할 수 있다. 하지만 현대 국어에서는 관형사로만 쓰이는 '새'가 중세 국어에서는 '새롤[새것을]'처럼 '새것'이라는 의미를 가진 명사로도 쓰였다. 이처럼 ⓑ중세 국어와 현대 국어에서 대응하는 단어가 쓰일 수 있는 품사가 다른 경우도 있다. 또한 중세 국어에서는 '많이'의 의미로 쓰이던 명사 '할'이 현대 국어에서는 접사 '맏-'이 된 것처럼 ⓒ중세 국어에서는 단어였지만 현대 국어에서는 품사 분류의 대상에서 제외되는 경우도 있다.

989

윗글을 바탕으로 <보기>의 ㉠~㉰을 탐구한 내용으로 적절한 것은?

> **보 기**
>
> ○ ㉠의 장소에서도 잘 ㉡크는 식물이 ㉢둘이 있다.
> ○ 크기가 ㉣큰 무가 ㉤여러 개가 있어서 ㉰반씩 나누었다.

① ㉠과 ㉣은 뒤에 오는 체언을 꾸며 주고 조사와 결합하지 않는다는 점에서 같은 품사로 분류할 수 있겠군.
② ㉠과 ㉢은 어떤 사물을 가리킨다는 의미를 가진다는 점에서 같은 품사로 분류할 수 있겠군.
③ ㉡과 ㉣은 어간에 동일한 형태의 어미가 결합하고 있다는 점에서 같은 품사로 분류할 수 있겠군.
④ ㉢과 ㉤은 대상의 수량을 정확하게 나타낸다는 점에서 같은 품사로 분류할 수 있겠군.
⑤ ㉣과 ㉰은 어미가 결합하며 뒤에 오는 성분을 꾸며 준다는 점에서 같은 품사로 분류할 수 있겠군.

990

윗글을 바탕으로 <자료>를 이해한 내용으로 적절한 것은? [3점]

> **자 료**
>
> (가) 중세 국어 : 어늬(어느 + ㅣ) 解脫이 아니리오
> 　　[현대어 풀이 : 어느 것이 해탈이 아니리오]
> (나) 중세 국어 : 기픠(깊- + -의) 잇는 龍이 소리 업고
> 　　[현대어 풀이 : 깊이 있는 용이 소리 없고]
> (다) 중세 국어 : 窓ᄋᆞ로 여서(엿- + -어)
> 　　[현대어 풀이 : 창으로 엿보아]
> (라) 중세 국어 : ᄂᆞᆶ(ᄂᆞᆯ + ᄋᆞᆯ) 사ᄒᆞ라
> 　　[현대어 풀이 : 날것을 썰어]
> (마) 중세 국어 : 니르고져 홇 배(바 + ㅣ) 이셔도
> 　　[현대어 풀이 : 이르고자 할 바가 있어도]

① (가)에서 중세 국어의 '어느'는 ⓐ의 사례로, 현대 국어의 '어느'처럼 관형사로 분류할 수 있다.
② (나)에서 중세 국어의 '기픠'는 ⓑ의 사례로, 현대 국어의 부사 '깊이'와 달리 형용사로 분류할 수 있다.
③ (다)에서 중세 국어의 '엿-'은 ⓑ의 사례로, 현대 국어의 접사 '엿-'과 달리 동사로 분류할 수 있다.
④ (라)에서 중세 국어의 '눌'은 ⓒ의 사례로, 현대 국어의 접사 '날-'과 달리 명사로 분류할 수 있다.
⑤ (마)에서 중세 국어의 '바'는 ⓒ의 사례로, 현대 국어의 '바'와 달리 명사로 분류할 수 있다.

[2024년 7월 고3 학평 35-36번]

[991-992] 다음 글을 읽고 물음에 답하시오.

현대 국어 표기의 기준이 되는 한글 맞춤법 규정은 표준어를 소리대로 적는다는 기본 원칙에 어법을 고려하여 형태소의 본 모양을 밝혀 적는다는 또 하나의 원칙을 덧붙이고 있다. 그렇다면 중세 국어와 근대 국어의 표기는 어떤 특징이 있을까? 종성의 표기와 연음이 되는 환경에서의 표기를 중심으로 그 특징을 알아보자.

먼저 종성의 표기를 보면, 중세 국어에서는 원칙적으로 종성 표기에 여덟 개의 자음만 사용하였다. 이러한 표기법은 『훈민정음』 해례본의 '종성은 ㄱ, ㆁ, ㄷ, ㄴ, ㅂ, ㅁ, ㅅ, ㄹ의 여덟 자로써 넉넉히 쓸 수 있다.'의 내용에 근거를 두고 있다. 이렇게 ㉠종성 표기를 여덟 자에 국한시킨다는 것은 한 형태소가 환경에 따라 모습을 바꿀 때 바뀐 대로 적는다는 뜻이다. 그런데 중세 국어의 문헌 가운데 「용비어천가」의 '깊고', '곶'처럼 ⓐ예외도 나타난다. 근대 국어에서는 종성의 'ㄷ'과 'ㅅ'이 발음상의 구별이 어려워지면서 'ㄷ'을 'ㅅ'으로 적는 경향이 나타났고, 그 결과 종성 표기에는 'ㄱ, ㄴ, ㄹ, ㅁ, ㅂ, ㅅ, ㅇ'의 일곱 자가 사용되었다.

다음으로 연음이 되는 환경에서의 표기를 보자. 받침이 있는 체언이나 용언 어간에 모음으로 시작하는 조사나 어미가 붙을 때 받침의 자음 소리가 뒤의 초성에 옮겨 가서 발음되는 연음이 일어난다. 중세 국어에서는 이러한 환경에서 소리 나는 대로 적는 이어 적기가 나타난다. 예를 들어 「용비어천가」의 '시미 기픈 므른'의 '시미', '기픈', '므른'이 있다. 그런데 중세 국어 문헌 가운데 「월인천강지곡」에는 현대 국어와 같이 끊어 적기를 한 경우가 보인다. ⓑ체언이 'ㄴ, ㄹ, ㅁ, ㅇ, ㅿ'과 같은 불청불탁의 자음으로 끝날 경우에 끊어 적기가 나타났고, 용언 어간이 'ㄴ, ㅁ'으로 끝날 경우에도 끊어 적기가 나타났다. 근대 국어에서는 ⓒ체언이나 용언 어간의 말음을 뒤에 이어 오는 조사나 어미의 초성에도 다시 적는 거듭 적기가 나타났다. '사룸미', '깁픈'이 이에 해당한다. 이는 중세 국어의 이어 적기 방식이 현대 국어의 끊어 적기 방식으로 가는 과도기적 현상으로 볼 수 있다.

이처럼 시대의 흐름에 따라 표기의 양상은 다양한 모습으로 나타난다. 우리말 표기의 시대별 특징을 살펴보면서 그 변화 양상과 법칙을 탐구하는 것은 국어의 다양한 모습을 이해할 수 있다는 점에서 의의가 있다.

991

㉠을 통해 알 수 있는 내용으로 가장 적절한 것은? [3점]

① 종성에서는 'ㅂ'과 'ㅍ'의 발음이 구별되었다.
② 종성에서는 'ㄷ'과 'ㅅ'의 발음의 구별이 어려웠다.
③ 종성에 오는 자음은 여덟 개의 자음 중 하나로 소리 났다.
④ 종성에서 여덟 자의 자음 표기를 통해 형태소의 본모양을 밝혀 적고자 했다.
⑤ 여덟 자 이외의 자음은 종성에서 환경에 따라 바뀐 모습으로 표기하지 않았다.

992

ⓐ~ⓒ에 해당하는 예로 적절한 것은?

	ⓐ	ⓑ	ⓒ
①	맞고(맞고)	안아(안아)	님믈(님을)
②	첫(첫)	담아(담아)	동녁킈(동녘의)
③	받(밭)	꿈안해(꿈 안에)	먹글(먹을)
④	몇(몇)	ᄆᆞᅀᆞᆷ애(마음에)	사라(살아)
⑤	닢(잎)	손ᄋᆞ로(손으로)	님금미(임금이)

[2024년 수능 35-36번]

[993-994] 다음 글을 읽고 물음에 답하시오.

훈민정음 반포 직후 간행된 『용비어천가』, 『석보상절』, 『월인천강지곡』을 보면 표기법이 통일되어 있지 않다. 예컨대 『훈민졍음』(해례본)의 팔종성가족용, 즉 'ㄱ, ㆁ, ㄷ, ㄴ, ㅂ, ㅁ, ㅅ, ㄹ'로 모든 끝소리를 표기할 수 있다는 원리는 세 문헌에서 모두 예외가 보이는데 예외가 되는 표기가 서로 달랐다.

[A] 고유어의 이어 적기와 끊어 적기에서도 이들은 차이가 난다. 체언과 조사, 용언 어간과 어미의 결합에서, 『용비어천가』와 『석보상절』은 이어 적기 방식을 취했다. 다만, 『석보상절』은 체언의 끝소리가 'ㆁ'일 때 '쥬ᇰ의'(중의)처럼 이어 적기도 하고, '즁ᄋᆞ란'(중은)처럼 끊어 적기도 하였다. 『월인천강지곡』은 체언의 끝소리가 울림소리인 'ㆁ, ㄴ, ㅁ, ㄹ, ㅿ'일 때와 용언 어간의 끝소리가 'ㄴ, ㅁ'일 때 끊어 적기를 하였고, 그 밖에는 이어 적기를 하였다. 다만, 'ᄡᅳ늘', '말ᄊᆞᄆᆞᆯ', '우ᅀᅮ믈'에서는 이어 적기가 보인다.

사잇소리 표기에서는, 『용비어천가』는 'ㄱ, ㄷ, ㅂ, ㅅ, ㆆ, ㅿ'을 썼는데, 이 가운데 'ㅿ'은 '나라ᇫ 일훔'(나라의 이름), '님금ᇫ ᄆᆞᅀᆞᆷ'(임금의 마음), '바ᄅᆞᇫ 우희'(바다의 위에) 등과 같이 모음 및 'ㄴ, ㅁ, ㄹ' 등의 울림소리 사이에서 나타났다. 『석보상절』은 사잇소리 표기에 'ㅅ'을 썼지만 'ㅅ' 대신 'ㄱ, ㄷ, ㆆ'을 쓰기도 하였다. 이와 달리 『월인천강지곡』은 사잇소리 표기를 'ㅅ'으로 통일하였다. 이후 문헌에서 사잇소리 표기는 'ㅅ'으로 통일되어 갔으며, 현대 국어에서 '촛불'의 'ㅅ'처럼 합성어의 사잇소리 표기에 남아 있다.

한자를 적을 때는, 『용비어천가』는 따로 한자의 음을 제시하지 않았지만, 『석보상절』은 한자를 적고 이어서 그 한자의 음을 제시하였으며, 『월인천강지곡』은 한자의 음을 적고 이어서 그 한자를 제시하였다.

한편 『용비어천가』는 'ㅸ'을 가진 'ᄃᆞᄫᆡ다'(되다), 'ᄒᆞᄫᆞᅀᅡ'(혼자)를 이 형태로만 썼는데, 『석보상절』은 'ᄃᆞᄫᆡ다'는 'ᄃᆞᄫᆡ다'나 'ᄃᆞ외다'로 썼고, 'ᄒᆞᄫᆞᅀᅡ'는 'ᄒᆞ오ᅀᅡ'로만 썼으며, 『월인천강지곡』은 각각 'ᄃᆞ외다', 'ᄒᆞ오ᅀᅡ'로만 썼다.

993

윗글을 바탕으로 이해한 내용으로 적절하지 <u>않은</u> 것은?

① 『용비어천가』에 나타나는 '높고'와 '빛'은 팔종성가족용의 원리에 어긋나는 예이다.

② 'ᄋᆞᄂᆞᆳ'(오늘)과 '날' 사이의 사잇소리 표기는 『용비어천가』에서는 'ㅿ', 『월인천강지곡』에서는 'ㅅ'을 썼다.

③ 현대 국어 '바닷물'의 'ㅅ' 표기는 중세 국어 사잇소리 표기에서 유래하였다.

④ 중세 국어 한자음이 '텬'인 '天'은 『석보상절』에서 '天텬', 『월인천강지곡』에서 '텬天'으로 적었다.

⑤ '혼자'의 중세 국어 표기는 『용비어천가』, 『석보상절』, 『월인천강지곡』 세 문헌을 통틀어 세 가지가 나타난다.

994

[A]와 <자료>를 통해 탐구한 내용으로 적절하지 <u>않은</u> 것은? [3점]

자 료

○ 뎌녁 ⓐ<u>ᄀᆞᅀᅢ</u>(ᄀᆞᇫ + 애) 걷나가샤
[저쪽 가에 건너가시어] - 『석보상절』

○ 뫼화 그르세 ⓑ<u>담아</u>(담- + -아)
[모아서 그릇에 담아] - 『월인천강지곡』

○ ⓒ<u>누네</u>(눈 + 에) 빗 봄과
[눈에 빛 봄과] - 『석보상절』

○ 쏜 살이 세 낱 ⓓ<u>붑</u>뿐(붑 + 뿐) ᄢᅦ여디니
[쏜 화살이 세 개 북만 꿰어지니] - 『월인천강지곡』

○ 너희 ⓔ<u>스ᄉᆼ</u>니믈(스ᄉᆼ + -님 + 을) 보ᅀᆞᆸ고져 ᄒᆞ노니
[너희 스승님을 뵙고자 하니] - 『석보상절』

① ⓐ는 『용비어천가』에서 'ᄀᆞᅀᅢ'로 적혀 있겠군.

② ⓑ는 『석보상절』에서 '다마'로 적혀 있겠군.

③ ⓒ는 『월인천강지곡』에서 '눈에'로 적혀 있겠군.

④ ⓓ가 조사 '을'과 결합하면 동일 문헌에서 '붑을'로 적히겠군.

⑤ ⓔ가 조사 '이'와 결합하면 동일 문헌에서 '스스이'나 '스ᄉᆼ이'로 적히겠군.

[2025년 3월 고3 학평 35-36번]

[995-996] 다음 글을 읽고 물음에 답하시오.

현대 국어에서 선어말 어미 '-더-'는 일반적으로 과거 어느 때의 사건을 회상할 때 쓰인다. 그러나 '내일부터 버스 요금이 오르더라.', '그가 지금도 서울에 살더라.'와 같이 미래나 현재의 사건에도 '-더-'가 쓰일 수 있는데, 이때 '-더-'가 쓰인 것은 화자가 그 사실을 알게 된 시점이 과거이기 때문이다. 즉 현대 국어의 '-더-'가 표현하는 과거는 사건이 발생한 시점이 아니라 화자가 사건을 인식한 시점이라고 할 수 있다. '-더-'는 자신이 직접 지각하여 새롭게 알게 된 사실을 떠올리며 말할 때 쓰는 것이므로, 일반적인 맥락에서는 평서문에서 1인칭 주어가, 의문문에서 2인칭 주어가 '-더-'와 함께 쓰이면 자연스럽지 않다. 그러나 감정이나 감각을 표현하는 형용사가 서술어일 때에는 예외적으로 평서문에서 1인칭 주어가, 의문문에서 2인칭 주어가 '-더-'와 함께 쓰인다.

중세 국어에서 선어말 어미 '-더-'는 현재나 미래의 사건에 쓰이지 않았으며, 주어의 인칭과 관련하여 현대 국어의 '-더-'가 지닌 특징도 나타내지 않았다. 이는 중세 국어의 '-더-'가 현대 국어의 '-더-'와 달리 단순히 사건이 과거에 발생한 것임을 나타낼 뿐 '어떤 사실을 지각을 통해 새로 알게 됨.'과 같은 의미를 갖지 않았기 때문이다. 중세 국어의 '-더-'는 환경에 따라 실현되는 형태가 다양했는데, 문장의 주어가 1인칭 화자 자신일 때 나타나는 선어말 어미 '-오-'와 결합하면 융합형 '-다-'로, 서술격 조사 '이다'의 '이-' 뒤에서는 '-러-'로 실현되었다. 또한 '-더-'와 주체 높임 선어말 어미 '-시-'가 연달아 쓰일 경우에는 '-더시-'로 나타나 '-시더-'의 순서로 나타나는 현대 국어와는 차이가 있었다.

과거 시제 선어말 어미 '-앗-/-엇-'이 근대 국어 시기에 확립되면서 '-더-'는 '어떤 사실을 지각을 통해 새로 알게 됨.'으로 그 의미가 바뀌었다. 현대 국어에서 '-더-'가 표현하는 인식의 시점이 과거에 국한되는 것은 '-더-'가 과거 시제를 나타냈던 이전 시기의 특징이 잔존해 있기 때문이다. 다만 '-더-'의 변화가 어느 순간 모든 환경에서 일사불란하게 일어난 것은 아니었다. 관형사절은 언어 변화 침투의 속도가 느려 '-앗-/-엇-'이 과거 시제 선어말 어미로 확립된 이후로도, 중세 국어의 '-더-'가 나타냈던 의미가 과거 시제 관형사형 어미 '-던'에 남아 있는 채로 현대 국어까지 유지되고 있다.

995

윗글에 대한 이해로 적절하지 않은 것은?

① 중세 국어에서 과거 시제는 특정한 선어말 어미에 의해 실현될 수 있다.

② 현대 국어의 '-더-'가 쓰인 문장에서 화자의 사건 인식 시점은 과거가 아닐 수 있다.

③ 현대 국어에서 관형사절의 과거 시제는 관형사형 어미 '-던'을 통해 표현될 수 있다.

④ 현대 국어의 평서문에서 1인칭 주어가 '-더-'와 함께 쓰이게 되는 적절한 예로 '간밤에 나는 좀 춥더라.'를 들 수 있다.

⑤ 현대 국어와 중세 국어에서 '-더-'의 의미가 서로 다른 것은 근대 국어 시기에 확립된 과거 시제 선어말 어미와 관련이 있다.

996

윗글을 바탕으로 <보기>를 탐구한 내용으로 적절하지 않은 것은? [3점]

> **보 기**
>
> **[중세 국어의 예]**
> ㉠ 太子ㅣ 닐오딕 내 롱담ㅎ다라
> (태자가 이르되 "내가 농담하였다.")
> ㉡ 부텻 나히 셜흔세히러시니
> (부처님의 연세가 서른셋이셨으니)
> ㉢ 내 ㅎ던 이리 甚히 외다ᄉ이다
> (내가 하던 일이 심히 잘못되었습니다.)
>
> **[현대 국어의 예]**
> ㉣ * 내일부터 오르던 버스 요금은 첫차부터 적용된다.
>
> ※ '*'은 어법에 맞지 않음을 나타냄.

① ㉠은 중세 국어에서 감정이나 감각을 표현하는 형용사가 서술어인 경우가 아님에도 평서문의 1인칭 주어가 '-더-'와 함께 쓰였음을 보여 주는군.

② ㉡은 중세 국어에서 '-더-'와 '-시-'가 연이어 쓰일 때 현대 국어와는 선어말 어미의 결합 순서가 달랐음을 보여 주는군.

③ ㉠과 ㉡은 중세 국어의 '-더-'가 환경에 따라 다양한 형태로 실현되었음을 보여 주는군.

④ ㉢은 중세 국어의 '-던'이 주어의 인칭과 관련하여 현대 국어의 '-더-'가 갖는 특징을 나타내지 않는다는 점에서 현대 국어의 '-던'과는 차이가 있었음을 보여 주는군.

⑤ ㉣은 중세 국어의 '-더-'가 나타냈던 의미가 현대 국어의 '-던'에 남아 있기 때문에 '-던'이 미래의 사건에 쓰일 수 없음을 보여 주는군.

[997-998] 다음 글을 읽고 물음에 답하시오.

음절은 독립해서 발음할 수 있는 최소 단위로 초성, 중성, 종성으로 이루어진다. 음절을 이루는 데에는 몇 가지 제약이 있는데, 이러한 음절 구조 제약은 한 음절 내에서만 일어난다. 음절 구조 제약은 음운 변동이 일어나는 주요 원인으로 작용하기도 한다. 음절 구조 제약을 어기는 형태의 음절은 발음될 수 없기 때문에 음운 변동이 적용되어 제약을 어기지 않게끔 만들어 주는 것이다.

현대 국어에는 종성에 올 수 있는 자음의 최대 개수가 한 개라는 제약이 있다. '넋', '닭'과 같이 겹받침으로 끝나는 형태소라고 하더라도 두 자음이 종성에서 모두 발음되는 경우는 없다. 이런 형태소 뒤에 모음으로 시작하는 형식 형태소가 와서 연음이 되는 경우를 제외하면 예외 없이 자음군 단순화가 적용되어 겹받침 중 하나가 반드시 탈락한다. 반면 15세기 국어에서는 자음군 단순화가 필수적으로 적용되지는 않았는데, 이는 종성에서 최대 두 개의 자음까지 발음될 수 있었기 때문이다. 종성에서 최대 두 개의 자음이 발음되었다는 것은 원칙적으로 단어를 소리 나는 대로 적었던 당시 종성 표기에서 자음군이 확인된다는 것을 통해 알 수 있다. 'ㅺ, ㅼ'처럼 'ㅅ'으로 시작하는 겹받침을 가진 형태소들은 예외 없이 자음군 단순화가 적용되었으나, 'ㅄ'의 경우 용언과 달리 체언에는 자음군 단순화가 적용되지 않았다. 비음이나 'ㄹ'로 시작하는 겹받침의 경우에는 'ㅀ'을 제외하면 자음군 단순화가 적용되지 않았다.

또한 현대 국어에는 종성에 올 수 있는 자음의 종류가 'ㄱ, ㄴ, ㄷ, ㄹ, ㅁ, ㅂ, ㅇ'의 일곱 가지라는 제약이 있다. 이 제약을 어기는 형태, 즉 '녘', '뭍', '잎'처럼 종성에서 발음될 수 없는 자음이 종성에 놓이면 그 자음은 음절의 끝소리 규칙의 적용을 받아 'ㄱ, ㄷ, ㅂ' 중 하나로 바뀌게 된다. 자음군 단순화와 마찬가지로 연음이 일어나지 않는 한 음절의 끝소리 규칙은 항상 적용된다. 한편 15세기 국어에서는 종성에서 발음될 수 있는 자음이 'ㄱ, ㄴ, ㄷ, ㄹ, ㅁ, ㅂ, ㅅ, ㅇ'의 여덟 종류로 제한되었다. 따라서 종성에서 발음될 수 없는 자음은 음절의 끝소리 규칙이 적용되어 'ㄱ, ㄷ, ㅂ, ㅅ' 중 하나로 바뀌어 발음되었다. 'ㅈ, ㅊ'이 'ㅅ'으로 교체된다는 점을 제외하면 현대 국어와 큰 차이가 없으나, 당시에는 'ㅋ'이나 'ㄲ'으로 끝나는 형태소가 존재하지 않았기 때문에 실제로는 'ㄷ, ㅂ, ㅅ'으로 바뀌는 현상만 확인된다.

997

윗글에 대한 이해로 적절하지 <u>않은</u> 것은?

① 음절 구조 제약의 적용 범위는 한 음절 내부로 국한된다.

② 현대 국어에서 음절의 끝소리 규칙과 자음군 단순화는 모두 연음이 일어나지 않는 환경에서 반드시 적용된다.

③ 현대 국어와 달리 15세기 국어에는 종성에서 발음될 수 없는 자음이 'ㄱ'으로 교체되는 현상은 확인되지 않는다.

④ 종성에 'ㄷ'이 오면 종성에서 발음될 수 있는 자음의 종류를 제한하는 제약을 만족시키기 위한 음운 변동이 일어난다.

⑤ 15세기 이래로 음절 종성에 대한 제약은 종성에 올 수 있는 자음의 개수와 종류를 더 제한하는 쪽으로 변화가 일어났다.

998

윗글을 통해 알 수 있는 내용으로 적절한 것은?

① 15세기 국어의 '값 + 과'에서는 자음군 단순화가 적용되었을 것이다.

② 15세기 국어의 '닭- + -게'에서는 자음군 단순화가 적용되지 않았을 것이다.

③ 15세기 국어의 '높- + -고'에서는 음절의 끝소리 규칙이 적용되지 않았을 것이다.

④ 15세기 국어의 '늙- + -ᄂ니', '앓- + -는'에서는 모두 자음군 단순화가 적용되지 않았을 것이다.

⑤ 15세기 국어의 '좇- + -디', '앉- + -더라'에서는 모두 음절의 끝소리 규칙이 적용되었을 것이다.

[999~1000] 다음 글을 읽고 물음에 답하시오.

한글은 음소 문자이다. 그렇다면 'ㅁ'은 소리일까, 문자일까? 'ㅁ'은 문자이다. 기호는 형식과 내용의 결합으로 이루어져 있는데, 문자 자체는 형식이고 그 문자가 나타내는 소리가 내용이다. 예컨대 'ㅁ'은 [마]의 초성에서 나는 소리인 양순 비음을 나타내는 형식이고, 내용은 양순 비음이다. 형식과 내용의 결합은 자의적이다. 'ㅏ'로 소리 [a]를 나타내는데 '아'로도 소리 [a]를 나타내는 것, 그리고 현대 국어에서는 연구개 비음을 'ㅇ'으로 나타내는 데 비해 15세기 국어에서는 'ㆁ'으로 나타낸 것은 이를 보여 준다.

<한글 맞춤법>에 따르면 한글 자모는 자음자 'ㄱㄴㄷㄹㅁㅂㅅㅇㅈㅊㅋㅌㅍㅎ' 14자, 모음자 'ㅏㅑㅓㅕㅗㅛㅜㅠㅡㅣ' 10자 총 24자이다. '자모'는 자음자와 모음자를 아울러 이르는 말이다. 24자 외의 자모는 2개 이상의 자모를 '어울러 쓴 것'이다.

24자모는 각각 하나의 소리를 나타내는 것이 일반적이지만, 'ㅛ'처럼 반모음과 단모음의 연쇄인 이중 모음 ([jo])을 나타내는 것도 있다. 어울러 쓴 모음자 중에는 단모음을 나타내는 것도 있고, 이중 모음을 나타내는 것도 있다. 'ㅔ'와 'ㅘ'는 각각 'ㅓ'와 'ㅣ', 'ㅗ'와 'ㅏ'를 어울러 쓴 것인데, 'ㅔ'는 단모음 ([e])을, 'ㅘ'는 이중 모음 ([wa])을 나타낸다. 'ㄱ' 두 개를 어울러 쓴 'ㄲ'도 초성에서 하나의 소리, 즉 된소리 [k']를 나타내는데, 15세기 국어에서는 'ㅅ'과 'ㄱ'을 어울러 쓴 합용 병서 'ㅺ'으로 [k']를 나타냈다.

한편 어울러 쓴 자모 하나가 두 종류의 소리와 결합한 경우도 있고, 반대로 하나의 이중 모음이 어울러 쓴 자모 두 종류와 결합한 경우도 있다. <표준 발음법>에 따르면 'ㅚ', 'ㅟ'는 각각 단모음으로 발음하지만 이중 모음으로도 발음할 수 있다. 이는 어울러 쓴 모음자 'ㅚ'가 단모음, 이중 모음 두 종류의 소리와 결합한 것으로 전자의 예이다. 이에 비해 이중 모음 [we]는 어울러 쓴 모음자 'ㅞ'로 나타내는데, 'ㅚ'로도 나타낼 수 있다. 이는 후자의 예이다.

형식과 내용의 결합은 변할 수 있다. 'ㅇ'은 내용은 그대로이면서 형식이 바뀐 예이다. 현대 국어와 달리 'ㅔ'는 15세기 국어에서는 이중 모음([əj])을 나타냈는데, 이는 형식은 그대로이면서 내용이 변한 예이다. 형식과 내용이 모두 변한 경우도 있다.

999

윗글에 대한 이해로 적절하지 <u>않은</u> 것은?

① '마'의 'ㅏ'는 형식이고, 그 내용은 'ㅏ'가 나타내는 소리이다.

② 현대 국어 '콩'의 'ㅇ'과 15세기 국어 '콩'의 'ㆁ'은 그 내용이 같다.

③ 한글 자모 24자 중 자음자에는 두 소리의 연쇄를 나타내는 것도 있다.

④ 이중 모음을 나타내는 것 중에는 24자모의 모음자 3개를 어울러 쓴 것도 있다.

⑤ 'ㅟ'는 'ㅜ', 'ㅣ'를 어울러 쓴 것이고, 두 종류의 소리를 나타낸다.

1000

윗글과 <보기>를 바탕으로 <자료>를 탐구한 것으로 적절하지 <u>않은</u> 것은? [3점]

> **보 기**
>
> ○ 『훈민정음』(해례본)에는 <한글 맞춤법>의 한글 자모 24자 외에 'ㆆ, ㅿ, ㆁ, ㆍ' 4자가 더 있었다.
> ○ 15세기 국어에서 'ㅄ, ㅳ, ㅴ, ㅵ'의 합용 병서는 초성에서 두 소리의 연쇄로 발음되는 자음군을 나타냈다.
> ○ 15세기 국어의 'ㅿ'은 15세기 국어의 'ㅅ'과 같은 조음 위치의 유성 마찰음을 나타냈다.
> ○ 15세기 국어에서는 경구개음이 자음 체계에 존재하지 않아서 구개음화가 발생하지 않았다.

> **자 료**

	㉠	㉡	㉢	㉣	㉤
15세기 국어	앗겨 (←앗기어)	이ㅳㅐ	어버ㅿㅣ	ㄱㆍ득	즐기디
현대 국어	아껴 (←아끼어)	입때	어버이	가득	즐기지

① ㉠을 보니, 15세기 국어의 'ㅕ'는 현대 국어의 'ㅕ'와 형식도 같고 내용도 반모음과 단모음의 연쇄인 이중 모음으로 같군.

② ㉡을 보니, 15세기 국어의 'ㅳ'은 'ㅂ'이 나타내는 소리와 'ㄷ'이 나타내는 소리의 연쇄였고, 'ㅳ'의 'ㄷ'은 현대 국어의 'ㄸ'과 형식과 내용이 모두 달랐군.

③ ㉢을 보니, 15세기 국어의 'ㅿ'은 형식과 내용이 모두 소멸되었군.

④ ㉣을 보니, 15세기 국어의 'ㆍ'는 형식이 소멸되었고 내용은 다른 소리로 변했군.

⑤ ㉤을 보니, 'ㅈ'은 'ㅔ'와 마찬가지로 15세기 국어와 현대 국어에서 형식은 같고 내용은 다르군.

MEMO

MEMO

MEMO

MEMO

MEMO

- 언어와 매체 고1, 고2, 고3 교육청, 평가원 기출 총망라
- 최고의 선생님들의 최고의 해설 강의 탑재
- 언어와 매체 전 영역 필수 개념 탑재
- 학습자 중심, 언어 필수 개념의 체계적 구성
- 언어와 매체 완벽 정복을 위한 30일 프로젝트

 솔빛국어연구소

발행일 2026년
지은이 솔빛국어팀
펴낸곳 (주)솔빛국어연구소
디자인 이지은

 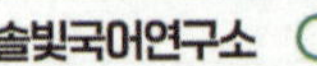 솔빛국어연구소  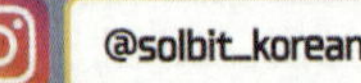 @solbit_korean 팔로우   솔빛국어 구독   

실력은 비탈길처럼 느는 게 아니라
계단처럼 늘어.

계단, 한 계단, 한 계단. 평범처럼 보이지만
사실은 한 계단씩 오르고 있는 거야.

그러니까 절대 포기하지 마.

천재는 주변 사람들이
모두 미쳐갈 때
평범한 것을
꾸준히 할 수 있는 사람이다.

- 모건 하우절, 〈돈의 심리학〉 -

언어 1000제

정답 및 해설

솔빛국어팀

솔빛국어연구소

언어와 매체 기출 총망라

전문항 해설 강의 탑재

언매 전영역 필수 개념 탑재

언어 필수 개념의 체계적 구성

매체 N제 다운로드

반드시 성적을 올리는 국어 전문가!
솔빛 국어연구소

솔빛 국어연구소 X 미래엔

N기출 수능 국어

- 단계별 접근으로 수능 실전력 향상!
- 우수 기출과 최신 제재 융합 기출 문제로 등급 상승!
- 근거있는 정오답 상세 해설로 출제자의 함정 뛰어넘기!

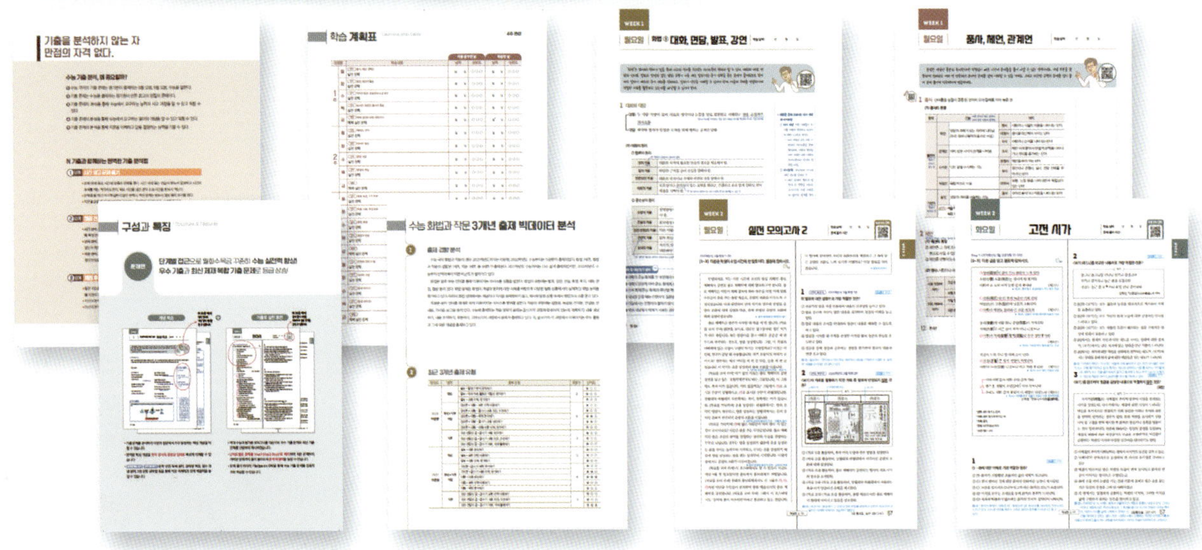

대한민국 최고의 콘텐츠를 만들기 위해

선생님 **방동진** 선생님, **윤관수** 선생님, **송현정** 선생님, **임주연** 선생님, **서주희** 선생님, **정재민** 선생님, **최민식** 선생님, **박정훈** 선생님, **진수빈** 선생님, **김소윤** 선생님, **김도성** 선생님, **최범선** 선생님, **안현경** 선생님

연구원 **김병섭** 팀장, **최재호** 팀장, **이윤성** 연구원, **하유빈** 연구원, **최슬기** 연구원, **김다희** 연구원, **이지은** 디자이너, **홍예은** 마케터

현장 멘토 **권은정** 실장, **임수민** 실장, **강동현** 멘토, **강미주** 멘토, **강윤지** 멘토, **고은채** 멘토, **공하연** 멘토, **김도유** 멘토, **김동윤** 멘토, **김민주** 멘토, **김서연** 멘토, **김정원** 멘토, **김태규** 멘토, **김하은** 멘토, **김현서** 멘토, **박서정** 멘토, **박서현** 멘토, **박승주** 멘토, **박시현** 멘토, **박유림** 멘토, **박정윤** 멘토, **박지원** 멘토, **박태이** 멘토, **송승희** 멘토, **신예린** 멘토, **안동주** 멘토, **안서진** 멘토, **양다은** 멘토, **여하진** 멘토, **유필상** 멘토, **이가연** 멘토, **이다은** 멘토, **이서현** 멘토, **이은채** 멘토, **이재진** 멘토, **이주영** 멘토, **이채원** 멘토, **이채윤** 멘토, **이하경** 멘토, **장윤나** 멘토, **조수경** 멘토, **조유진** 멘토, **최현서** 멘토, **홍채경** 멘토, **황유정** 멘토

언어 1000제

정답 및 해설

솔빛국어팀

솔빛국어연구소

언어와 매체
기출 총망라

전문항
해설 강의
탑재

언매 전영역
필수 개념
탑재

언어 필수 개념의
체계적 구성

매체 N제
다운로드

언어 1000제

정답 및 해설

단어

1	2	3	4	5
③	③	③	②	②
6	7	8	9	10
①	⑤	①	④	②
11	12	13	14	15
④	③	⑤	①	③
16	17	18	19	20
④	③	①	①	⑤
21	22	23	24	25
⑤	①	①	④	④
26	27	28	29	30
①	④	②	①	④
31	32	33	34	35
③	②	②	②	④
36	37	38	39	40
②	②	②	③	②
41	42	43	44	45
④	②	①	⑤	①
46	47	48	49	50
①	③	③	④	④
51	52	53	54	55
③	③	⑤	④	⑤
56	57	58	59	60
③	①	⑤	⑤	④
61	62	63	64	65
④	⑤	②	①	②
66	67	68	69	70
⑤	③	③	④	⑤
71	72	73	74	75
⑤	①	②	⑤	③
76	77	78	79	80
①	④	⑤	①	③
81	82	83	84	85
①	④	③	⑤	①
86	87	88	89	90
⑤	⑤	①	④	④
91	92	93	94	95
①	④	③	①	④
96	97	98	99	100
①	①	②	④	④
101	102	103	104	105
③	④	①, ③	①	④
106	107	108	109	110
④	③	③	②	②
111	112	113	114	115
③	②	②	④	①
116	117	118	119	120
⑤	①	②	③	③

1) ③

선택 비율	① 6%	② 15%	③ 59%	④ 15%	⑤ 3%

해 : 품사 분류 기준 중 '형태'는 형태의 변화 여부를 말하므로 '깊다'와 '모르다'는 가변어, 나머지는 불변어이다. '기능'은 문장 내에서 하는 역할이므로 '호수', '강', '누구', '깊이'는 주어가 될 수 있는 체언이며, '깊다'와 '모르다'는 주로 서술어 역할을 하는 용언이며, '가, 의, 는, 도'는 조사이므로 관계언이다. '의미'는 개별 단어가 갖는 의미가 아니라 품사 전체가 갖는 의미로서 명사는 '사물의 이름을 나타내는 말', 형용사는 '사물의 상태를 나타내는 말'과 같은 것이다. 이에 따르면, '깊다'는 형용사, '모르다'는 동사, '호수, 강, 깊이'는 명사, '누구' 대명사, '가, 의, 는, 도'는 조사로 분류된다.

2) ③

선택 비율	① 3%	② 1%	③ 78%	④ 5%	⑤ 9%

해 : ㄱ은 앞말이 문장에서 일정한 자격을 가질 수 있게 해 주는 격조사, ㄴ은 두 말을 같은 자격으로 이어 주는 접속 조사, ㄷ은 앞말에 특별한 의미를 더해 주는 보조사의 예이다. ㄹ은 체언(꽃)과 용언(예쁘게), 부사(천천히) 뒤에 쓰인 예이고, ㅁ은 '이', 생략, '만+으로+도'의 형태로 이루어진 예이다. ③ '만'은 '한정', '도'는 '더함'의 뜻을 앞말에 더해 주는 보조사로 앞말의 품사는 바꾸지 않는다.

3) ③

선택 비율	① 18%	② 6%	③ 47%	④ 3%	⑤ 24%

해 : '두'는 관형사로 문장 안에서 수식의 기능을 하는 단어이지만, '하나'는 수사로 문장 안에서 수식의 기능을 하지 않으므로 적절하지 않다.

[오답풀이] ① '도'와 '만'은 조사로, 형태가 변하지 않는 단어이므로 적절하다. ② '이루었다'와 '그린'은 동사로, 형태가 변하는 단어이므로 적절하다. ④ '나무'와 '꽃'은 명사로, 사물의 이름을 나타내므로 적절하다. ⑤ '넓게'와 '희미하다'는 형용사로, 대상의 상태를 나타내므로 적절하다.

4) ②

선택 비율	① 2%	② 36%	③ 20%	④ 2%	⑤ 38%

해 : '밝다'는 동사와 형용사로 모두 쓸 수 있다. 그런데 ㉠에서는 현재 시제 선어말 어미 '-는-'이 결합하였으므로 이때 '밝다'는 동사이다. ㉡의 '밝는다'는 '밤이 지나고 환해지며 새날이 오다'라는 뜻으로, 시간의 변화에 따라 환해진다는 '작용(어떤 현상을 일으키거나 영향을 미침)'을 나타내므로 동사이다.

5) ②

선택 비율	① 10%	② 34%	③ 12%	④ 31%	⑤ 11%

해 : <보기 2>에 제시된 단어 중 '둘째', '여섯'은 수 관형사로 쓰이지만, 수사로도 쓰일 수 있는 단어이다. <보기 2>에 제시된 단어 중 '하나'는 관형사로 쓰이지 않는다. 따라서 수 관형사로만 쓰이는 단어에 해당하는 것은 '세'이다.

6) ①

선택 비율	① 37%	② 9%	③ 8%	④ 24%	⑤ 19%

해 : ㉠에서의 '마저'는 '이미 어떤 것이 포함되고 그 위에 더함'의 뜻을 더해 주는 보조사이고, '도'는 '역시, 또 한'의 뜻을 더해 주는 보조사로, '마저도'는 '보조사+ 보조사'로 결합된 형태이다.

7) ⑤

선택 비율	① 5%	② 3%	③ 6%	④ 7%	⑤ 78%

해 : 관형사형 어미 '-(으)ㄴ'이 결합했을 때 동사는 과거 시제를 나타내고, 형용사는 현재 시제를 나타낸다. '우리가 이긴 시합'에서는 '이기다'의 어간에 관형사 형 어미 '-(으)ㄴ'이 결합하여 과거 시제를 나타내고 있기 때문에 '이기다'는 동사이다.

8) ①

선택 비율	① 83%	② 4%	③ 2%	④ 8%	⑤ 3%

해 : 재귀 대명사는 문장 내에서 앞에 나온 체언을 다시 나 타내는 3인칭 대명사이다. 문장의 의미를 이해함으로 써 재귀 대명사가 나타내는 체언을 구체적으로 파악해 볼 수 있다. ㄱ의 '자기'는 '동생'이 아니라 '정우'를 나타내고 있다.

[오답풀이] ② '저'는 '엄마'가 아니라 '막내'를 나타내는 재귀 대명사이다. ③ '저희'는 '선생님'이 아니라 '아이들' 을 나타내는 재귀 대명사이다. ④ '당신'은 '손님'이 아니라 '할머니'를 나타내는 재귀 대명사이다. ⑤ '스스로'는 '신입생'이 아니라 '선배들'을 나타내는 재귀 대명사처럼 쓰이고 있다.

9) ④

선택 비율	① 16%	② 11%	③ 14%	④ 50%	⑤ 7%

해 : '아홉'은 수사이고, '학생'은 명사이므로 서로 다른 품 사이다.

[오답풀이] ① '착실한'과 '이다'는 활용하여 그 형태가 변하는 가변어이다. ③ '은'은 보조사이고, '이다'는 서술격 조사로 둘 다 관계언이다. ⑤ '매우'는 부사이고, '착 실한'은 형용사이다.

10) ②

선택 비율	① 11%	② 79%	③ 4%	④ 1%	⑤ 3%

해 : ⓐ '이'는 명사 '사과'를, ⓑ '그'는 명사 '책'을 수식하 는 관형사이다. ⓒ '여기'는 장소를 나타내는 대명사이 다. ⓓ '이리'는 용언 '오게'를, ⓔ '그리'는 용언 '보내 겠습니다'를 수식하는 부사이다.

11) ④

선택 비율	① 4%	② 3%	③ 13%	④ 73%	⑤ 5%

해 : '아주'는 뒤에 이어지는 관형사 '새'를 수식하고 있으 므로 적절하다.

[오답풀이] ① '매우'는 뒤에 이어지는 부사 '빨리'를 수식하고 있으므로 적절하지 않다. ② '설마'는 '나에게 맞는 옷이 없을까?'를 수식하는 문장 부사이므로 적절하

지 않다. ③ '바로'는 뒤에 오는 명사인 '옆'을 수식 하고 있으므로 적절하지 않다. ⑤ '과연'은 '그 아이 는 재능이 정말 뛰어나군.'을 수식하고 있는 문장 부 사이다. 그러나 '정말'은 뒤에 이어지는 형용사 '뛰 어나군'을 수식하므로 적절하지 않다.

12) ③

선택 비율	① 3%	② 2%	③ 64%	④ 22%	⑤ 6%

해 : 보조사는 앞말에 특별한 뜻을 더해주는 조사이다. 하 지만 '나는 개와 고양이를 좋아한다.'에서 '와'는 '개' 와 '고양이'가 같은 자격으로 서술어의 목적어가 되도 록 이어서 하나의 명사구를 형성하는 기능을 하고 있 다. 따라서 '와'는 보조사가 아니라 접속 조사이다.

[오답풀이] ① '오직 새소리만 들렸다.'에서 '만'은 '다른 것으로 부터 제한하여 어느 것을 한정함.'의 뜻을 더해 주는 보조사이다. ② '시험까지 한 달도 안 남았다.'에서 '도'는 체언류나 부사어, 연결 어미 '-아 / 어, -게, -지, -고' 등의 뒤에 붙어 '이미 어떤 것이 포함되고 그 위에 더함.'의 뜻을 더해 주는 보조사이다. ④ '할 아버지께서는 신문을 보셨다.'에서 '는'은 받침 없는 체언이나 부사어, 일부 연결 어미 뒤에 붙어 '강조' 의 뜻을 더해 주는 보조사이다. ⑤ '그는 평생 가족 밖에 모르고 살았다.'에서 '밖에'는 주로 체언이나 명 사형 어미 뒤에 붙어 '그것 말고는', '그것 이외에 는', '기꺼이 받아들이는', '피할 수 없는'의 뜻을 더 해 주는 보조사이다.

13) ⑤

선택 비율	① 3%	② 2%	③ 14%	④ 5%	⑤ 73%

해 : ㄴ의 '새로'는 동사 '사다'의 활용형인 '산'을 꾸며 주 는 부사이므로 적절하지 않다.

[오답풀이] ① ㄱ에서 '이'는 뒤에 오는 체언인 명사 '상점'을 꾸 며 주는 지시 관형사이므로 적절하다. ② ㄱ에서 '헌' 은 뒤에 오는 체언인 명사 '물건'의 상태를 드러내 주 는 성상 관형사이므로 적절하다. ③ ㄴ의 '다섯'은 수 사로 주격 조사 '이'와 결합하고 있으므로 적절하다. ④ ㄱ의 '두'는 뒤에 오는 체언인 의존 명사 '곳'을 수식하고, ㄷ의 '한'은 뒤에 오는 체언인 의존 명사 '벌'을 수식하는 수 관형사이므로 적절하다.

14) ①

선택 비율	① 53%	② 17%	③ 10%	④ 11%	⑤ 9%

해 : '노력한 만큼 대가를 얻다.'의 '만큼'은 의존 명사로 체언에 해당하나 '나도 너만큼은 할 수 있다.'의 '만 큼'은 조사로 관계언에 해당하므로 적절하지 않다.

[오답풀이] ② '잘 익은 사과 다섯 개를 샀다.'의 '다섯'은 관형 사로 수식언에 해당하나 '둘에 다섯을 더하면 일곱 이다.'의 '다섯'은 수사로 체언에 해당하므로 적절 하다. ③ '회의실에 아직 아무도 안 왔다.'에서 '아 무'는 대명사로 체언에 해당하나 '아무 사람이나 만 나서는 안 된다.'의 '아무'는 관형사로 수식언에 해 당하므로 적절하다. ④ '그 일은 모두에게 책임이 있다.'의 '모두'는 명사로 체언에 해당하나 '형이 그 릇에 담긴 물을 모두 쏟았다.'의 '모두'는 부사로

수식언에 해당하므로 적절하다. ⑤ '이 나무는 모양 새가 아주 좋군요.'의 '이'는 관형사로 수식언에 해당하나 '이는 또한 우리가 생각하던 바입니다.'의 '이'는 대명사로 체언에 해당하므로 적절하다.

15) ③

선택 비율	① 5%	② 5%	③ 83%	④ 2%	⑤ 3%

해 : <보기 1>에서 ㉠의 '달리기'는 명사로서 관형어 '하는'의 수식을 받으며, ㉡의 '달리기'는 동사로서 부사어 '빨리'의 수식을 받는다. <보기 2>에서 ㉠과 품사가 같은 것, 즉 명사인 것은 ㉯와 ㉰인데, ㉯는 '추-'에 접미사 '-(으)ㅁ'이 붙은 명사로서 관형어 '현란한'의 수식을 받으며, ㉰는 '걷-'에 접미사 '-(으)ㅁ'이 붙은 명사로서 관형어 '학생들의'의 수식을 받는다.

[오답풀이] ① ㉯는 '추-'에 접미사 '-(으)ㅁ'이 붙은 명사로서 관형어 '현란한'의 수식을 받기 때문에 ㉠과 품사가 같지만, ㉮는 '웃-'에 명사형 어미 '-(으)ㅁ'이 붙은 동사로서 부사어 '멋쩍게'의 수식을 받으므로 ㉠이 아니라 ㉡과 품사가 같다. ② ㉮는 '웃-'에 명사형 어미 '-(으)ㅁ'이 붙은 동사로서 부사어 '멋쩍게'의 수식을 받으며, ㉱는 '그리-'에 명사형 어미 '-(으)ㅁ'이 붙은 동사로서 부사어 '잘'의 수식을 받는다. 따라서 ㉮와 ㉱는 둘 다 ㉠이 아니라 ㉡과 품사가 같다. ④ ㉯는 '추-'에 접미사 '-(으)ㅁ'이 붙은 명사로서 관형어 '현란한'의 수식을 받기 때문에 ㉠과 품사가 같지만, ㉱는 '그리-'에 명사형 어미 '-(으)ㅁ'이 붙은 동사로서 부사어 '잘'의 수식을 받으므로 ㉠이 아니라 ㉡과 품사가 같다. ⑤ ㉰는 '걷-'에 접미사 '-(으)ㅁ'이 붙은 명사로서 관형어 '학생들의'의 수식을 받기 때문에 ㉠과 품사가 같지만, ㉱는 '그리-'에 명사형 어미 '-(으)ㅁ'이 붙은 동사로서 부사어 '잘'의 수식을 받으므로 ㉠이 아니라 ㉡과 품사가 같다.

16) ④

선택 비율	① 3%	② 2%	③ 10%	④ 76%	⑤ 7%

해 : <보기>는 하나의 단어가 동사와 형용사 두 가지로 쓰이는 경우를 설명하고 있다. ④의 '기대가 크다'에서 '크다'는 기대나 생각이 보통 정도를 넘는다는 뜻으로 상태를 나타내므로 형용사이다. '쑥쑥 큰다'에서 '크다'는 '자라다'의 뜻으로 작용을 나타내므로 동사이다.

17) ③

선택 비율	① 2%	② 10%	③ 77%	④ 4%	⑤ 5%

해 : 이 문항은 격 조사와 보조사에 대한 설명을 바탕으로 격 조사와 보조사를 구분할 수 있는지 여부를 묻고 있다. 정답은 ③으로, '친구한테'의 '한테'는 어떤 행동이 미치는 대상임을 나타내는 격 조사이다. '에게'보다 구어적인 말로, 부사격 조사에 해당한다. '한테'는 다른 문장 성분에는 쓰일 수 없는데, 예를 들어 '내가'를 대신하여 '나한테'를 쓰면 해당 문장 성분의 격이 주격에서 부사격으로 바뀌게 된다. 이렇게 '한테'는 부사격 조사로만 쓰이는 격 조사에 해당하며 보조사가 아니다.

[오답풀이] ① '밤에만'의 '만'은 다른 것으로부터 제한하여 어느 것을 한정함을 나타내는 보조사이다. ② '오늘은'의

'은'은 '선수들은', '간식은'과 같이 다른 문장 성분에도 쓰일 수 있으므로 보조사에 해당한다. ④ '악기도'의 '도'는 이미 어떤 것이 포함되고 그 위에 더함의 뜻을 나타내는 보조사이다. ⑤ '책으로까지'의 '까지'는 '도'와 비슷한 의미를 지녀, 이미 어떤 것이 포함되고 그 위에 더함의 뜻을 나타내는 보조사이다.

18) ①

선택 비율	① 94%	② 1%	③ 1%	④ 3%	⑤ 1%

해 : ㉠의 '칠'은 단위를 나타내는 의존명사인 '개월'과 함께 쓰이고 있으므로 수관형사이다. ㉢의 '다섯'과 ㉣의 '팔'은 각각 단위를 나타내는 의존명사인 '판', '년'과 함께 쓰이고 있으므로 수관형사이고, ㉤와 ㉥는 단위를 나타내는 의존명사와 함께 쓰이지 않으므로 수사이다.

19) ①

선택 비율	① 92%	② 1%	③ 2%	④ 2%	⑤ 1%

해 : 자립 명사가 단위성 의존 명사의 기능을 하는 현상을 정확하게 이해할 수 있는지를 묻고 있는 문항으로, 정답은 ①이다. ①~⑤의 밑줄 친 명사는 모두 수량을 표현하는 말 뒤에 쓰여 특정 대상을 세는 단위를 나타내는데, 이 중 자립 명사로 쓰이지 않는 것을 찾으면 된다. ①의 '군데'는 '한 군데, 두 군데, 몇 군데' 등에서처럼 '낱낱의 곳을 세는 단위'의 의미를 지니는 의존 명사로 항상 관형어의 수식을 받아야 하며, 자립 명사로는 쓰이지 않는다.

[오답풀이] ② '그릇'은 '그릇을 비우다, 그릇을 씻다' 등에서처럼 '음식이나 물건 따위를 담는 기구'의 의미를 지니는 자립 명사로 쓰인다. ③ '덩어리'는 '덩어리가 지다, 우박이 덩어리로 쏟아진다' 등에서처럼 '크게 뭉쳐서 이루어진 것'의 의미를 지니는 자립 명사로 쓰인다. ④ '숟가락'은 '숟가락으로 먹다, 숟가락을 놓다' 등에서처럼 '밥이나 국물 따위를 떠먹는 기구'의 의미를 지니는 자립 명사로 쓰인다. ⑤ '발자국'은 '발자국이 남다, 발자국을 따라가다' 등에서처럼 '발로 밟은 자리에 남은 모양'의 의미를 지니는 자립 명사로 쓰인다.

20) ⑤

선택 비율	① 2%	② 22%	③ 4%	④ 7%	⑤ 65%

해 : <보기>의 '빵만으로'에서 보조사 '만'은 격 조사 '으로' 앞에 붙어 있다.

[오답풀이] ④ '어서요'에서 조사 '요'는 부사 '어서' 뒤에 붙어 있다.

21) ⑤

선택 비율	① 4%	② 18%	③ 6%	④ 2%	⑤ 66%

해 : ⑤의 '처럼'은 체언에 결합하여 모양이 비슷하거나 같음을 나타내는 격 조사이다.

[오답풀이] ①의 '라도'는 체언에 결합하여 '썩 좋은 것은 아니나 그런대로 괜찮음'의 뜻을 더해 주는 보조사이고, ②의 '야'는 체언에 결합하여 '강조'의 뜻을 더해 주는 보조사이고, ③의 '는'은 어미에 결합하여 '대조'나 '강조'의 뜻을 더해 주는 보조사이고, ④의 '만'은 부사에 결합하여 '강조'의 뜻을 더해 주는 보조사이다.

22) ①

선택 비율	① 90%	② 2%	③ 2%	④ 3%	⑤ 1%

해 : '채'는 의존 명사로 '이미 있는 상태 그대로 있다는 뜻을 나타내는 말'이다. '체'는 의존 명사로 '그럴듯하게 꾸미는 거짓 태도나 모양'을 의미한다. '-째'는 접사로 '그대로, 또는 전부'를 의미한다. 따라서 '껍질째'는 '껍질'이라는 명사에 '-째'라는 접사가 붙어 '껍질 그대로 또는 전부'라는 의미가 되므로 바르게 쓰였다.

[오답풀이] ② '앉아 있는 상태 그대로 있다.'라는 의미로 쓰인 것이므로 의존 명사 '채'가 쓰여 '앉은 채로'라고 써야 한다. ③ '똑똑한 척 꾸미는 거짓 태도나 모양'이라는 의미로 쓰인 것이므로 의존 명사 '체'가 쓰여 '똑똑한 체'라고 써야 한다. ④ '살아 있는 상태 그대로'라는 의미로 쓰인 것이므로 의존 명사 '채'가 쓰여 '산 채'라고 써야 한다. ⑤ '죽은 척 꾸미는 거짓 태도나 모양'을 의미하는 것이므로 의존 명사 '체'가 쓰여 '죽은 체를 했다'라고 써야 한다.

23) ①

선택 비율	① 31%	② 25%	③ 7%	④ 27%	⑤ 7%

해 : ㄱ의 '그곳'은 어떤 처소를 지시하는 대명사에 해당하지만 ㄴ의 '그'는 어떤 처소나 대상을 지시하는 대명사에 해당하지 않는다. ㄱ의 '그곳'은 지시 대명사, ㄴ의 '그'는 지시 관형사이다.

[오답풀이] ② ㄱ의 '아주'와 ㄴ의 '잘'은 모두 용언 앞에 놓여서 그 뜻을 한정하는 부사에 해당한다. ③ ㄱ의 '구울'(굽다)은 'ㅂ' 불규칙 용언, ㄷ의 '지어'(짓다)는 'ㅅ' 불규칙 용언이다. 즉 ㄱ의 '구울'과 ㄷ의 '지어'는 모두 용언의 어간이 불규칙적으로 활용되는 동사에 해당한다. ④ ㄱ의 '쉽게'(쉽다)와 ㄷ의 '멋진'(멋지다)은 모두 어떤 대상의 성질이나 상태를 나타내는 형용사에 해당한다. ⑤ ㄴ의 '가'는 주격 조사, ㄷ의 '에서'는 부사격 조사이다. ㄴ의 '가'와 ㄷ의 '에서'는 모두 앞말과 다른 말과의 문법적인 관계를 나타내는 조사에 해당한다.

24) ④

선택 비율	① 9%	② 4%	③ 16%	④ 63%	⑤ 5%

해 : '밝은'은 ⓒ에 따라 분류하면 용언, ⓓ에 따라 분류하면 형용사이다. 한편 '잡았어'는 ⓒ에 따라 분류하면 용언, ⓓ에 따라 분류하면 동사이다. 따라서 두 단어를 ⓒ이나 ⓓ 중 어느 것에 따라 분류하더라도 서로 다른 부류로 분류된다는 설명은 적절하지 않다.

25) ④

선택 비율	① 23%	② 14%	③ 33%	④ 21%	⑤ 8%

해 : 학습 활동으로 제시된 문장에서는 '나만을'에서 '보조사-격 조사'의 결합 유형이, '자기한테만'에서 '격 조사-보조사'의 결합 유형이 나타난다. ④에서는 '이것뿐이라면'에서 '보조사-격 조사'의 결합 유형이 나타나고, '말로 써는'에서 '격 조사-보조사'의 결합 유형이 나타난다.

[오답풀이] ① '고양이만이'에서 '보조사-격 조사'의 결합 유형이 나타난다. '집이나마'에 쓰인 '이나마'는 어떤 상황이 이루어지거나 어떻다고 말해지기에는 부족한 조건이지만 아쉬운 대로 인정됨을 나타내는 보조사이다. ② '큰누나에게까지는'의 '에게까지'에서 '격 조사-보조사'의 결합 유형이 나타나고, '까지는'에서 '보조사-보조사'의 결합 유형이 나타난다. ③ '규정만으로'에서 '보조사-격 조사'의 결합 유형이 나타나고, '이밖에는'에서 '보조사-보조사'의 결합 유형이 나타난다. ⑤ '우리만의'에서 '보조사-격 조사'의 결합 유형이 나타난다. '조금이라도'에 쓰인 '이라도'는 그것이 썩 좋은 것은 아니나 그런대로 괜찮음을 나타내는 보조사이다.

26) ①

선택 비율	① 84%	② 2%	③ 5%	④ 8%	⑤ 1%

해 : '잘못'은 앞 어근인 '잘'과 뒤 어근인 '못'의 품사가 모두 부사인 합성 부사이다.

[오답풀이] ② '하나하나'는 수사인 '하나'가 반복되어 결합한 단어이다. ③ '어느새'에서 '어느'는 관형사이고 '새'는 명사이다. ④ '이른바'에서 '이른(이르다)'은 동사이고 '바'는 명사이다. ⑤ '두루두루'는 부사인 '두루'가 반복되어 결합한 단어이다.

27) ④

선택 비율	① 2%	② 6%	③ 10%	④ 78%	⑤ 4%

해 : 하나의 문장에 용언이 2개 이상 쓰일 때, 문장의 주체를 주되게 서술하는 용언을 본용언이라 하고, 본용언과 연결되어 그것의 뜻을 보충하는 역할을 하는 용언을 보조 용언이라 한다. 또한 본용언과 보조 용언으로 구성된 문장에서 본용언은 그것만으로 문장의 주체를 서술하여 문장이 성립하지만, 보조 용언만으로 문장을 구성하면 문장이 성립하지 않는다. 따라서 ㄱ의 '덥다'는 본용언으로 쓰인 것이며, ㄴ의 '더워'는 본용언으로 '온다'는 보조 용언으로 쓰인 것이다. 반면 ㄷ에 쓰인 '먹고'와 '갔다'니, ㄹ에 쓰인 '접이'와 '끼었다'는 각각 모두 본용언으로 쓰인 것이다. 이를 바탕으로 ㄴ을 '날씨가 덥다'와 '날씨가 온다' 등의 두 문장으로 분석하면 '날씨가 온다'는 문장은 의미가 성립하지 않는다. 따라서 'ㄴ과 ㄷ은 모두 ㄹ처럼 의미가 성립하는 두 문장으로 나눌 수 있다'는 진술은 적절하지 않다.

[오답풀이] ① ㄱ은 '덥다'라는 용언이 홀로 쓰인 문장이고, ㄴ은 ㄱ에 사용된 용언인 '덥다'의 활용형 '더워'가 본용언으로 '온다'라는 용언이 보조 용언으로 쓰인 문장이다. 따라서 '한 용언이 홀로 쓰이기도 하고 다른 용언과 어울려 쓰이기도 한다'는 진술은 적절하다. ② ㄴ은 앞에 있는 '더워'가 실질적인 의미를 가진 본용언이며, 뒤에 있는 '온다'가 본용언에 의미를 더해주는 보조 용언이므로 '뒤의 용언이 앞의 용언의 의미를 보충하는 역할을 한다'는 진술은 적절하다. ③ ㄷ의 '먹고'와 '갔다'는 모두 실질적인 의미를 지닌 본용언으로 사용되고 있다. 이 경우 '철수가 밥을 먹고 갔다.'는 올바른 문장이나 '철수가 밥을 먹고갔다.'는 비문이라고 한 것으로 보아 두 용언이 모두 '실질적인 의미를 가지고 있으면 띄어 써야 한다'는 진술은 적절하다. ⑤ ㄴ은 '덥(다)+어', ㄷ은 '먹(다)+고', ㄹ은 '접(다)+어'로 형태소를 분석할 수 있는데, 이때 사용된 '아/어', '고'는 용언과 용언을 연결하고 있는 보조적 연결어미이므로 '어미로 연결되어 있다'는 진술은 적절하다.

28) ②

선택 비율	① 6%	② 53%	③ 16%	④ 10%	⑤ 15%

해 : ⓒ은 음운의 첨가가 일어나지 않았으며, 음운의 탈락과 교체가 일어나 음운의 개수가 하나 줄었다.

[오답풀이] ① ㉠은 음운 변동 중 음운의 교체와 축약이 일어나 음운 변동의 결과 음운의 개수가 하나 줄었다. ③ ㉢은 음운 변동 중 교체만이 일어나 음운 변동의 결과 음운의 개수에 변화가 없다. ④ ㉣은 음운 변동 중 음운의 교체와 첨가가 일어나 음운 변동의 결과 음운의 개수가 하나 늘었다. ⑤ ㉤은 음운 변동 중 음운의 첨가와 교체가 일어나 음운 변동의 결과 음운의 개수가 하나 늘었다.

29) ①

선택 비율	① 63%	② 10%	③ 6%	④ 6%	⑤ 12%

해 : 이 문항은 제시된 '확인 사항'에 따라 ㉠, ㉡, ㉢이 어떤 구조로 이루어져 있는지를 탐구하고 그에 따라 띄어쓰기를 올바르게 할 수 있는지 여부를 묻고 있다. '확인 사항'에서 '단어는 사전에 표제어로 실린다.'라고 하였으니, ㉠으로 분류되는 '살아가다'는 하나의 단어임을 알 수 있다. 하나의 단어는 그 내부에서 띄어쓰기를 하지 않기 때문에 '살아가다'로 적어야 한다. 또한, '확인 사항'에서 '-아'와 '-아서'가 교체 가능할 때에는 '본용언+본용언'의 구성이라 하였으며, 본용언은 하나의 단어이기 때문에 두 개의 본용언은 띄어 써야 한다. 따라서 '받아서 가다'가 가능한 ㉡의 '받아가다'는 '본용언+본용언'의 구성이며 '받아 가다'로 띄어 써야 함을 알 수 있다. 끝으로, ㉢의 '닮아가다'는 '닮아서 가다'가 성립하지 않기 때문에 한 단어이거나 '본용언+보조 용언' 구성이다. 그런데 만일 '닮아가다'가 한 단어라면 사전에 표제어로 실렸을 것이라는 점을 고려할 때 '닮아가다'는 '본용언+보조 용언'의 구성임을 알 수 있다. 따라서 '보조 용언은 띄어 씀을 원칙으로 하되 붙여 씀도 허용한다.'라는 '확인 사항'에 따라 띄어 쓴 '닮아 가다'와 붙여 쓴 '닮아가다'가 모두 가능하다. 이러한 과정을 고려할 때 ㉠, ㉡, ㉢의 띄어쓰기를 올바르게 한 것은 ①이다.

[오답풀이] ② ㉡'받아가다'는 본용언+본용언의 구성으로 두 개의 단어이기 때문에 띄어서 쓴 '받아 가다'만 옳은 표기이다. ㉢'닮아가다'는 띄어 쓴 '닮아 가다'와 붙여 쓴 '닮아가다' 모두 가능하다. ③ ㉡'받아가다'는 띄어서 '받아 가다'로 써야 하며, ㉢'닮아가다'는 띄어 쓴 '닮아 가다'와 붙여 쓴 '닮아가다' 모두 가능하다. ④ ㉠'살아가다'는 붙여서 '살아가다'로 써야 하며, ㉡'받아가다'는 본용언 + 본용언의 구성으로 두 개의 단어이기 때문에 띄어서 쓴 '받아 가다'만 옳은 표기이다. ㉢'닮아가다'는 띄어 쓴 '닮아 가다'와 붙여 쓴 '닮아가다' 모두 가능하다. ⑤ ㉠'살아가다'는 붙여서 '살아가다'로 써야 하며, ㉡'받아가다'는 띄어서 '받아 가다'로 써야 한다.

30) ④

선택 비율	① 4%	② 3%	③ 5%	④ 82%	⑤ 3%

해 : 보조 용언 구성 '-고 있-'이 진행상(ⓐ)의 의미를 지닐 때, 완료상(ⓑ)의 의미를 지닐 때, 두 의미로 모두 해석 가능한 때(ⓒ)에 대한 설명을 기반으로 해당되는 사례들을 파악할 수 있는지를 묻는 문항이다. 문맥이 충분하게 주어지지 않은 상황에서 '안경을 벗고 있다.'라는 문장에 대해 진행상과 완료상의 의미로 모두 해석하는 것이 가능하지만, ④에서는 '안경을 잃어버린 뒤의 상황'이라는 일정한 문맥이 부여되어 해당 문장은 '안경을 벗고 지낸다.' 정도의 완료상의 의미만 나타나기 때문이다.

[오답풀이] ① '양치질을 하는 중이었어요.'로 교체하여도 원래의 의미가 유지되는 것을 볼 때 진행상(ⓐ)의 예로 적절하다. ② '오해하는 중이다.'로 교체하면 부자연스러운 문장이 되고, 오해를 하고 있는 상태의 지속이라는 의미가 나타나기 때문에 완료상(ⓑ)의 예로 적절하다. ③ '아는 중이다.'로 교체하면 부자연스러운 문장이 되고, 생신임을 아는 상태의 지속이라는 의미가 나타나기 때문에 완료상(ⓑ)의 예로 적절하다. ⑤ 해당 문맥에서 '넥타이를 매고 있네.'는 '신입 사원이 넥타이를 매는 동작을 진행한다는 의미', '신입 사원이 현재 넥타이를 매고 있는 상태로 있다는 의미'로 모두 해석 가능하기 때문에 진행상과 완료상의 의미로 모두 해석 가능한 때(ⓒ)의 예로 적절하다.

31) ③

선택 비율	① 3%	② 4%	③ 81%	④ 5%	⑤ 4%

해 : ㉢에 사용된 '집어먹다'는 국어사전에 '집어먹다「1」'로 등재된 합성 동사이다. (가)에 따르면 합성 동사는 반드시 붙여 써야 하고, 각각의 용언이 주어와 호응할 경우 두 용언은 반드시 띄어 써야 하므로 적절하지 않다.

[오답풀이] ① (나)를 참고할 때 ㉠은 국어사전에 '집어먹다「2」'로 등재된 단어이므로 합성 동사이다. (가)에 따르면 합성 동사는 반드시 붙여 써야 하므로 적절하다. ② ㉡은 뒤의 용언 '먹었다'만으로 문장이 성립되지 않으므로 두 용언은 '본용언+보조 용언'의 관계이다. (가)에 따르면 본용언과 보조 용언은 띄어 쓰는 것이 원칙이라고 했으므로 적절하다. ④ ㉣은 두 용언 사이에 다른 문장 성분이 올 수 있으므로 두 용언은 '본용언+본용언'의 관계이다. (가)에 따르면 이러한 경우에는 반드시 띄어 써야 하므로 적절하다. ⑤ ㉤은 사전에 등재된 단어가 아니고, 뒤에 용언 '먹었다'만으로 문장이 성립되지 않으므로 두 용언은 '본용언+보조 용언'의 관계이다. (가)에 따르면 본용언과 보조 용언은 띄어 쓰는 것이 원칙이지만 붙여 쓰는 것도 허용한다고 했으므로 적절하다.

32) ②

선택 비율	① 5%	② 69%	③ 4%	④ 6%	⑤ 13%

해 : ㉡은 본용언 '적어' 뒤에 보조 용언 '둘', '만하다'가 거듭 나타나는 경우이므로 <보기 1>의 '본용언 뒤에 ~ 쓸 수 있다'에 따라 적절하지 않다.

33) ②

선택 비율	① 1%	② 94%	③ 2%	④ 1%	⑤ 1%

해 : ㉡에서 '잊을까 싶다'는 보조적 연결 어미 '을까'와 보조 용언 '싶다'의 구성으로 쓰여 친구들이 동작을 잊을까 걱정하는 화자의 심리적 태도를 나타낸 것이다.

34) ②

| 선택 비율 | ① 12% | ② 55% | ③ 14% | ④ 9% | ⑤ 8% |

해 : '묻다'는 '일을 드러내지 아니하고 속 깊이 숨기어 감추다'의 뜻으로 사용되는 낱말로 '묻고, 묻어, 묻게, 묻으며' 등으로 규칙적으로 활용된다.

[오답풀이] ①의 '퍼'는 '우'가 모음 어미 앞에서 탈락하는 경우로 '우' 불규칙이다.(푸-+-어→퍼) ③의 '들으면서'는 'ㄷ'이 모음 어미 앞에서 'ㄹ'로 변하는 'ㄷ' 불규칙이다.(듣-+-으면서→들으면서) ④의 '도와'는 'ㅂ'이 모음 어미 앞에서 '오/우'로 변하는 'ㅂ' 불규칙이다.(돕-+-아→도와) ⑤의 '올라'는 '르'가 모음 어미 앞에서 'ㄹㄹ' 형태로 변하는 '르' 불규칙이다.(오르-+-아→올라)

35) ④

| 선택 비율 | ① 5% | ② 13% | ③ 11% | ④ 60% | ⑤ 9% |

해 : '치르다'는 '치르+어→치러'와 같이 활용하는데, 여기서 'ㅡ'가 탈락한다. 이것은 일정한 환경에서 예외 없이 'ㅡ'가 탈락하는 일반적인 음운 규칙으로 설명할 수 있으므로 규칙 활용에 해당한다. 반면 '흐르다'는 활용할 때 '흐르+어→흘러'와 같이 모음 어미 앞에서 어간의 '르'가 'ㄹㄹ' 형태로 변하는 '르' 불규칙 활용이므로 ㉠에 해당한다.

36) ②

| 선택 비율 | ① 10% | ② 82% | ③ 3% | ④ 1% | ⑤ 1% |

해 : '깨달은'의 어간을 '깨닫-'이 아닌 '깨달-'로 잘못 파악하면 '-은'을 잘못 붙인 것으로 오해할 수 있다. 하지만 '깨달은'은 어간 '깨닫-'에 관형사형 어미 '-은'이 붙어 형성된 단어로, 어간의 끝소리가 'ㄹ'인 경우에 해당하지 않는다. 어간의 끝소리 'ㄷ'이 'ㄹ'로 바뀐 것은 ㄷ 불규칙에 의한 것으로, '깨달은'은 옳은 표기에 해당한다.

37) ②

| 선택 비율 | ① 10% | ② 61% | ③ 7% | ④ 13% | ⑤ 6% |

해 : '파래서'는 어간인 '파랗-', 어미인 '-아서'의 형태가 모두 변해, 어간과 어미가 모두 바뀐 불규칙 활용에 해당한다.

[오답풀이] ① '갈라'는 어간 '가르-'에 모음으로 시작하는 어미가 결합될 때 '갈라'로 활용하는 어간이 바뀌는 용언이다. ③ '지어'는 어간 '짓-'에 어미 '-어'가 결합할 때 어간 '짓-'에서 'ㅅ'이 탈락하므로 어간이 변하는 불규칙 활용에 해당한다. ④ '묻다'는 어간 '묻-'에 어미 '-어'가 결합할 때 '묻-'이 '물-'로 변하므로 어간이 변하는 불규칙 활용에 해당한다. ⑤ '하다'는 어간 '하-'에 어미 '-여'가 결합하므로 어미가 불규칙하게 변하는 활용에 해당한다.

38) ②

| 선택 비율 | ① 5% | ② 87% | ③ 3% | ④ 1% | ⑤ 1% |

해 : '쏟다'의 활용형이 '쏟은'이라는 데에서 어간 끝 'ㄷ'인 용언이 관형사형 어미 '-은'과 결합할 때 'ㄷ'이 그대로 유지되는 것을 확인할 수 있고, '듣다'의 활용형

이 '들은'이라는 데에서 'ㄷ'이 'ㄹ'로 교체되는 것을 확인할 수 있다. 또, '내밀다'의 활용형이 '내민'이고, '부풀다'의 활용형이 '부푼'이라는 데에서 어간 끝이 'ㄹ'인 용언에 관형사형 어미 '-ㄴ'이 결합하면 'ㄹ'이 탈락한다는 것을 확인할 수 있다.

39) ③

| 선택 비율 | ① 14% | ② 10% | ③ 43% | ④ 22% | ⑤ 8% |

해 : "한쪽으로 휘어져 있다."라는 뜻의 '굽다'와 "불에 익히거나 타게 하다."라는 뜻의 '굽다'는 동음이의 관계의 용언들이다. 이 용언들을 활용시키면 "한쪽으로 휘어져 있다."라는 뜻을 지닌 '굽다'는 '굽어서'로 활용되는 규칙 활용을 하지만, "불에 익히거나 타게 하다."라는 뜻의 '굽다'는 '구워서'로 활용되어 어간 '굽-'의 'ㅂ'이 '우'로 바뀌는 불규칙 활용을 한다.

[오답풀이] ① "병이나 상처 따위가 고쳐져 본래대로 되다."라는 뜻의 '낫다'와 "보다 더 좋거나 앞서 있다."라는 뜻의 '낫다'는 동음이의 관계의 용언들이다. 이 용언들을 활용시키면 "병이나 상처 따위가 고쳐져 본래대로 되다."라는 뜻의 '낫다'와 "보다 더 좋거나 앞서 있다."라는 뜻의 '낫다'는 모두 '나아서'로 활용되어 어간 '낫-'의 'ㅅ'이 탈락하는 불규칙 활용을 한다. ② "발라 놓거나 바느질한 것 따위가 반반하지 못하고 우글쭈글해지다."라는 뜻의 '울다'와 "슬프거나 아프거나 너무 좋아서 견디다 못하여 소리를 내면서 눈물을 흘리다."라는 뜻의 '울다'는 동음이의 관계의 용언들이다. 이 용언들을 활용시키면 "발라 놓거나 바느질한 것 따위가 반반하지 못하고 우글쭈글해지다."라는 뜻의 '울다'와 "슬프거나 아프거나 너무 좋아서 견디다 못하여 소리를 내면서 눈물을 흘리다."라는 뜻의 '울다'는 모두 '울어서'로 활용되는 규칙 활용을 한다. ④ "미리 알려주다."라는 뜻의 '이르다'와 "어떤 장소나 시간에 닿다."라는 뜻의 '이르다'는 동음이의 관계의 용언들이다. 이 용언들을 활용시키면 "미리 알려주다."라는 뜻의 '이르다'는 '일러서'로 활용되어 어간 '이르-'에서 'ㅡ'가 탈락하고 'ㄹ'이 생기는 불규칙 활용을 한다. "어떤 장소나 시간에 닿다."라는 뜻의 '이르다'는 '이르러서'로 활용되어 어간 '이르-'에 기본 형태의 어미 '-어서'가 결합되지 않고 '-러서'가 결합되는 불규칙 활용을 한다. ⑤ "불이 붙어 불길이 오르다."라는 뜻의 '타다'와 "탈것이나 짐승의 등 따위에 몸을 얹다."라는 뜻의 '타다'는 동음이의 관계의 용언들이다. 이 용언들을 활용시키면 "불이 붙어 불길이 오르다."라는 뜻의 '타다'와 "탈것이나 짐승의 등 따위에 몸을 얹다."라는 뜻의 '타다'는 모두 '타서'로 활용되는 규칙 활용을 한다.

40) ②

| 선택 비율 | ① 3% | ② 90% | ③ 1% | ④ 1% | ⑤ 2% |

해 : '치러'는 '치르다'가 기본형으로, '치르-'가 어미 '-어'와 결합하여 활용할 때, 어간의 'ㅡ'가 탈락한 것이다. ②의 '잠가' 역시 '잠그다'가 기본형으로, '잠그-'가 어미 '-아'와 결합하여 활용할 때, 어간의 'ㅡ'가 탈락한

정답 및 해설

형태이므로 ㉠의 사례로 적절하다.

[오답풀이] ① '깨우다'가 '깨워'가 된 것은 규칙 활용으로, 모음이 축약된 형태이다. ③ '굽다'가 '구워'가 된 것은 ㅂ 불규칙 활용이다. ④ '하얗다'가 '하얘'가 된 것은 ㅎ 불규칙 활용이다. ⑤ '듣다'가 '들어'가 된 것은 ㄷ 불규칙 활용이다.

41) ④

선택 비율	① 21%	② 3%	③ 6%	④ 63%	⑤ 4%

해 : '묻었다'는 활용될 때 어간과 어미의 기본 형태가 바뀌지 않는 용언이고, '우러러'는 활용될 때 어간이나 어미의 기본 형태가 바뀌는 모습을 일정한 규칙으로 설명할 수 있는 용언이므로 ㉠에 해당한다. '일러'는 활용될 때 어간이 불규칙적으로 바뀌는 용언이므로 ㉡에 해당한다. '이르러'는 활용될 때 어미가 불규칙적으로 바뀌는 용언이므로 ㉢에 해당한다. '파래'는 활용될 때 어간과 어미가 모두 불규칙적으로 바뀌는 용언이므로 ㉣에 해당한다.

42) ②

선택 비율	① 5%	② 61%	③ 14%	④ 17%	⑤ 1%

해 : ⓑ의 '거르-+-어서 → 걸러서'는 '르 불규칙 활용'에 해당하지만, '푸르-+-어 → 푸르러'는 '러 불규칙 활용'에 해당하기에 용언 활용의 예로 적절하지 않다.

[오답풀이] ① '담그-+-아 → 담가', '예쁘-+-어도 → 예뻐도'는 둘 다 '으'로 끝나는 용언 어간이 모음으로 시작하는 어미 앞에서 'ㅡ'가 탈락하는 'ㅡ 탈락'에 해당한다. ③ '갈-+-(으)ㄴ → 간'과 '살-+-니 → 사니'는 둘 다 'ㄹ'로 끝나는 어간이 특정 어미 앞에서 'ㄹ'이 탈락하는 'ㄹ 탈락'에 해당한다. ④ '하얗-+-았던 → 하얬던', '동그랗-+-아 → 동그래'는 둘 다 'ㅎ 불규칙 활용'에 해당한다. ⑤ '젓-+-어 → 저어', '긋-+-은 → 그은'은 둘 다 'ㅅ 불규칙 활용'에 해당한다.

43) ①

선택 비율	① 55%	② 16%	③ 19%	④ 3%	⑤ 5%

해 : '내딛다'는 '내디디다'의 준말로 '내딛고, 내딛지, 내딛자' 등과 같이 자음으로 시작하는 어미의 활용형에는 쓰지만, '내딛어, 내딛으며, 내딛으니' 등과 같이 모음으로 시작하는 어미의 활용형에는 쓰지 않는다. '그녀는 새로운 삶에 첫발을 내딛었다.'에서 '내딛었다'는 '내디디었다(내디뎠다)'로 써야 한다.

[오답풀이] ② '서투르다'는 본말로 '서투르지, 서투르니, 서투러' 등과 같이 자음이나 모음으로 연결되는 어미의 활용형을 모두 쓸 수 있기에 '서투른'은 '서투르-'에 어미 '-ㄴ'이 결합된 단어로 그 활용형으로 적절한 예이다. ⑤ '건드리다'는 본말로 '건드리며, 건드리니, 건드리어' 등과 같이 자음이나 모음으로 연결되는 어미의 활용형을 모두 쓸 수 있기에 '건드려도(건드리어도)'는 단어의 활용형으로 적절한 예이다.

44) ⑤

선택 비율	① 7%	② 5%	③ 6%	④ 2%	⑤ 77%

해 : ⓑ에서 '파랗다'가 '파래'가 된 것은 불규칙 활용이지만, 어간의 'ㅎ'과 어미가 모두 없어진 것은 아니다.

[오답풀이] ① ⓐ에서는 어간 '입-'의 형태가 유지되었지만, ⓑ에서는 어간 '아름답-'의 'ㅂ'이 달라졌다. ② ⓐ에서는 어간 '쑤-'의 형태가 유지되었지만, ⓑ에서는 어간 '푸-'의 'ㅜ'가 없어졌다. ③ ⓐ에서는 어간 '걸-'의 형태가 유지되었지만, ⓑ에서는 어간 '걷-'의 'ㄷ'이 달라졌다. ④ ⓐ에서는 어간 '씻-'의 형태가 유지되었지만, ⓑ에서는 어간 '잇-'의 'ㅅ'이 없어졌다.

45) ①

선택 비율	① 39%	② 12%	③ 20%	④ 13%	⑤ 13%

해 : ㉠의 '노랗-+-아 → 노래'는 불규칙 활용이면서 양성 모음끼리의 모음조화가 적용된 경우이다. '조그맣-+-아 → 조그매'는 이 유형에 해당한다. 그러나 '이렇-+-어서 → 이래서'는 불규칙 활용이면서 모음조화가 적용되지 않는 ㉡ 유형에 해당한다.

[오답풀이] ② '꺼멓-+-어 → 꺼메', '뿌옇-+-었다 → 뿌옜다'는 불규칙 활용이면서 음성 모음끼리의 모음조화가 적용되므로 ㉠-2 유형에 해당한다. ③ ㉡의 '어떻-+-어 → 어때'는 불규칙 활용이면서 모음조화가 적용되지 않은 경우이다. '둥그렇-+-었다 → 둥그렜다', '멀겋-+-어 → 멀게'는 불규칙 활용이면서 음성 모음끼리의 모음조화가 적용되므로 ㉠-2 유형에 해당한다. ④ ㉢-1의 '닿아'는 규칙 활용이면서 활용형의 줄어듦이 불가능한 경우이다. '낳-+-아서 → 낳아서', '땋-+-았다 → 땋았다' 역시 '*나서, *땄다'로 줄어들 수 없기 때문에 ㉢-1 유형에 해당한다. ⑤ ㉢-2의 '놓아(→ 놔)'는 규칙 활용이면서 활용형의 줄어듦이 가능한 경우이다. '넣어', '쌓아'는 '*너, *싸'로 줄어들 수 없으므로 ㉢-2가 아닌 ㉢-1 유형에 해당한다.

46) ①

선택 비율	① 87%	② 4%	③ 2%	④ 1%	⑤ 2%

해 : 시험에 합격하겠다는 '나'의 의지가 드러나 있다.

[오답풀이] ②, ③ 가능성 ④, ⑤ 추측의 의미를 가지고 있다.

47) ③

선택 비율	① 2%	② 2%	③ 93%	④ 2%	⑤ 2%

해 : 선어말 어미 '-는-'이 부사어 '조만간'과 함께 사용되어 미래에 확실히 일어날 사건을 표현하는 데에 쓰인 경우이므로 적절하지 않다.

[오답풀이] ① 선어말 어미 '-ㄴ-'이 부사어 '곧'과 함께 사용되어 미래에 확실히 일어날 사건을 표현하는 데에 쓰인 경우이므로 적절하다. ② 선어말 어미 '-는-'이 보편적 진리라고 받아들여지는 과학적 사실을 표현하는 데에 쓰인 경우이므로 적절하다. ④ 선어말 어미 '-ㄴ-'이 부사어 '매년', '이맘때'와 함께 사용되어 과거에서부터 일정하게 반복되는 일을 표현하는 데에 쓰인 경우이므로 적절하다. ⑤ 선어말 어미 '-ㄴ-'이 역사적 사건을 생동감 있게 표현하는 데에 쓰인 경우이므로 적절하다.

48) ③

선택 비율	① 1%	② 1%	③ 91%	④ 4%	⑤ 0%

[해] : '-겠-'은 미래 시제를 나타내는 것 이외에 추측이나 의지, 가능성 등을 표현하기 위해 쓰인다. ㄷ처럼 '-겠-'이 과거 시제 선어말 어미인 '-었-'과 결합되면 추측의 의미만 나타낸다.

[오답풀이] ④ '그 목표를 제가 꼭 이루겠습니다.'는 말하는 사람의 의지를 나타내며 말하는 사람과 주어 2인 '제가'가 일치한다. ⑤ '어린애도 알겠다. / 할 수 있겠다.'의 '-겠-'은 가능성이나 능력을 나타낸다.

49) ④

선택 비율	① 8%	② 8%	③ 6%	④ 70%	⑤ 5%

[해] : ⓐ의 '-려고'와 ⓒ의 '-게'는 앞 문장과 뒷 문장을 '목적'의 의미 관계로 이어주는 기능을 하는 종속적 연결 어미이다. ⓑ의 '-게'는 보조용언인 '됐거든요'를 본용언에 이어 주는 기능을, ⓓ의 '-고'는 보조용언인 '있었는데'를 본용언에 이어주는 기능을 하는 보조적 연결 어미이다. ⓔ의 '-고'는 앞문장과 뒷문장을 '나열'의 의미관계로 이어주는 기능을 하는 대등적 연결 어미이다.

50) ④

선택 비율	① 5%	② 3%	③ 9%	④ 63%	⑤ 18%

[해] : 연결 어미 '-(으)려고'는 '어떤 행동을 할 의도나 욕망을 가지고 있음'을 나타내는 연결 어미이다. ㄹ에 제시된 사례를 통해, 연결 어미 '-(으)려고'가 선어말 어미 '-었/았-'이나 '-겠-'과는 결합할 수 없으나, 선어말 어미 '-(으)시-'와는 결합할 수 있음을 알 수 있다. '가시려고'는 '가-+-시-+-려고', '가셨으려고'는 '가-+-시-+-었-+-으려고', '가시겠으려고'는 '가-+-시-+-겠-+-으려고'로 분석된다. 따라서 ④의 진술은 적절하지 않다.

[오답풀이] ① ㄱ에 제시된 사례를 통해, 의도의 의미를 나타내는 연결 어미 '-(으)려고'로 연결된 문장에서는 앞 절의 주어('영희가')와 뒤 절의 주어('철호가')가 같지 않으면 문법적으로 잘못된 문장이 될 수 있음을 알 수 있다. ⑤ ㅁ에 제시된 사례를 통해, 연결 어미 '-(으)려고'가 동사 어간('하-') 뒤에는 붙을 수 있지만 형용사 어간('건강하-') 뒤에는 붙지 않음을 알 수 있다.

51) ③

선택 비율	① 8%	② 11%	③ 65%	④ 6%	⑤ 7%

[해] : 제시된 탐구 과정을 확인하면 '아니요'는 부정의 대답 '아니'에 보조사 '요'가 붙어 된 말이고, '아니오'는 '아니다'의 어간 '아니-'에 종결 어미 '-오'가 붙어 된 말임을 알 수 있다. 따라서 ㉠에는 종결 어미 '-오'의 문법적 특성에 대한 진술이 제시되어야 한다. 정답은 ③으로, "당신이 와서 기쁘오.", "나는 주인공이 아니오." 등에서 확인할 수 있듯이, 평서문에서도 종결 어미 '-오'가 쓰일 수 있기 때문이다. 참고로, 마지막의 '적용' 단계에 제시된 빈칸에는 '요'가 아닌 '-오'가 와서 '안

되오'가 되어야 한다. '되다'의 어간 '되-'에 종결 어미 '-오'가 붙은 형태이기 때문이다. 만일 빈칸에 '요'가 올 수 있기 위해서는 '되어'의 준말 '돼'에 보조사 '요'가 붙은 '돼요'의 형태가 제시되어야 한다.

[오답풀이] ① '-오'는 종결 어미이기 때문에 어간에 붙는다는 진술은 타당하다. '아니-', '기쁘-' 등은 모두 어간이며 여기에 '-오'가 붙어 '아니오', '기쁘오'로 실현됨을 통해 확인할 수 있다. ② '멈추시오'는 '멈추- + -시- + -오'로 분석되어 '용언 어간 + 선어말 어미 + 종결 어미'의 구조인데, 이를 통해 '-오'가 선어말 어미에 붙을 수 있음을 확인할 수 있다. ④ '-오'를 뺀 상태의 문장을 확인해 보면, "*얼마나 기쁘", "*일단 멈추시."처럼 문장이 성립하지 않음을 확인할 수 있다. ⑤ '가십시오, 가오, 가게, 가라(가렴, 가려무나)'에서 확인할 수 있듯이, '-오'는 상대방을 보통 정도로 높이는 기능을 한다. 즉, '-오'는 상대 높임법의 하오체에서 쓰이는 종결 어미이다.

52) ③

선택 비율	① 1%	② 1%	③ 93%	④ 1%	⑤ 2%

[해] : 종결 어미는 한 문장을 종결되게 하는 어말 어미로 그 종류에 따라 평서형 종결 어미, 감탄형 종결 어미, 의문형 종결 어미, 명령형 종결 어미, 청유형 종결 어미로 나눌 수 있다. <보기>에 제시된 ㉠ '읽었다'의 '-다'는 평서형 종결 어미에 해당한다. 연결 어미는 용언의 어간에 붙어 다음 말에 연결하는 구실을 하는 어말 어미로 두 문장을 연결해 주는 기능을 한다. <보기>에 제시된 ㉡ '장미꽃이고'의 '-고'는 연결어미에 해당한다. 끝으로, 전성 어미는 용언의 어간에 붙어 다른 품사의 기능을 수행하게 하는 어말 어미로 명사형 전성 어미, 관형사형 전성 어미와 부사형 전성 어미로 나뉘며 <보기>에 제시된 ㉢ '읽을'의 '-을'은 관형사형 전성 어미에 해당한다. 정답은 ③으로, '가는'의 '-는'은 ㉡의 연결 어미가 아닌 ㉢의 전성 어미, 그중에서도 관형사형 전성 어미에 해당한다.

[오답풀이] ① '도착했겠구나'의 '-구나'는 흔히 감탄의 뜻을 지니거나 화자가 새롭게 알게 된 사실에 주목하게 한다. 또한 문장을 끝맺어 주는 기능을 하는 어말 어미기 때문에 종결 어미(㉠)에 해당한다. ② '오시지'의 '-지'는 어떤 사실을 물을 때 쓰이는 어말 어미로 종결 어미(㉠)에 해당한다. 맥락에 따라 '-지'가 어떤 사실을 긍정적으로 서술하거나 명령하거나 제안하는 등의 의미로도 쓰이는데, 이 경우에도 모두 종결 어미(㉠)에 해당한다. ④ '먹었으나'의 '-으나'는 앞 절의 내용과 뒤 절의 내용이 서로 다름을 나타내는 어말 어미로, 두 문장을 연결해 주는 연결 어미(㉡)에 해당한다. ⑤ '운동하기에'의 '-기'는 용언의 어간 '운동하-'에 붙어 그 말이 명사 구실을 하게 하는 어말 어미로, 전성 어미(㉢)에 해당한다.

53) ⑤

선택 비율	① 1%	② 3%	③ 3%	④ 2%	⑤ 91%

[해] : ㉤의 '-기-'는 행위 주체인 '도둑'이 자신의 의지와 상관없이 다른 대상인 '경찰'에 의해 동작을 당하는 것

을 나타내기 위해 사용된 피동 접미사이다.

[오답풀이] ① ㉠에서는 행위 주체인 '할머니'를 높이기 위해 '먹다'의 높임말인 '들다'에 선어말 어미 '-시-'를 사용하고 있다. 또한 ㉡에서는 행위 주체인 '아버지'를 높이기 위해 '날리다'에 선어말 어미 '-시-'를 사용하고 있다. ② ㉠의 '-ㄴ-'은 현재를, ㉢의 '-었-'은 과거를 나타내기 위해 사용된 선어말 어미이다. ③ ㉡의 '-리-'는 행위 주체인 '아버지'가 다른 대상인 '연'이 날도록 하는 것을 나타내기 위해 사용된 사동 접미사이다. ④ ㉣의 '-겠-'은 '가다'라는 행위에 대한 행위 주체 '나'의 의지를 나타내기 위해 사용된 선어말 어미이다.

54) ④

선택 비율	① 1%	② 4%	③ 1%	④ 92%	⑤ 0%

해 : <보기>의 설명을 통해 선어말 어미 '-았-/-었-'의 다양한 의미를 탐구할 수 있는지 여부를 평가하는 문항이다. 소풍날 날씨는 괜찮았는지 과거 시간에 '날씨'라는 상태가 나빴음을 나타내고 있기 때문에 '나빴어'에서 '-았-'은 사건이나 상태가 과거임을 나타낸다. '과거에 일어난 사건의 결과 상태가 현재까지 지속됨'을 나타내는 ⓑ의 경우라면 '아주 나빠 있어', '나쁘고 있어'로 고쳐도 의미가 변하지 않아야 하는데 어색한 문장이 되므로 ⓑ가 아니라 ⓐ에 해당한다.

[오답풀이] ① '어제'는 과거 시제와 함께 나타나는 시간 부사이다. '보았어'는 '어제'와 호응하여 과거의 사건을 나타낸다. '보았어'의 '-았-'은 어제 B가 무엇을 했는지 보여 주는 것이다. ② '아까'도 과거 시제와 함께 나타나는 시간 부사이다. B가 집에 없던 일이 과거의 일임을 나타낸다. 그러므로 '갔어'의 '-았-'은 할머니 생신 선물 사러 간 것이 과거의 사건임을 나타낸다. ③ '아직도'를 보면 알 수 있듯이 목이 잠긴 상태가 과거의 일이 아니라 현재까지 지속되고 있음을 나타낸다. 또한 '잠겨 있어'로 바꾸어도 의미가 달라지지 않는 것으로 보아 ⓑ의 경우에 해당한다. ⑤ 과제를 준비하려면 앞으로 잠을 잘 수 없다는 의미로 말하고 있으므로 '잤어'의 '-았-'은 아직 일어나지 않은 미래의 일을 확정적인 사실로 받아들이고 있음을 나타낸다.

55) ⑤

선택 비율	① 1%	② 1%	③ 1%	④ 0%	⑤ 94%

해 : 예문을 통해 동사 어간에 결합되는 연결 어미 '-(으)며'의 문법적 의미를 정확하게 파악할 수 있는지를 묻고 있는 문항으로, 정답은 ⑤이다. <보기>의 ㉠에서는 앞뒤 문장의 주어가 서로 같고, '-(으)며'를 '-(으)면서'로 바꾸어 쓸 수 있을 경우에 '-(으)며'는 앞뒤 문장의 동작이 동시에 일어남을 나타낸다고 설명한다. 이에 따를 때, ⑤는 '일부는 버스를 이용하면서 일부는 지하철을 이용한다'가 의미적으로 어색하다는 점에서 '-(으)며'를 '-(으)면서'로 교체할 수 없고, 앞뒤 문장의 주어 '일부'가 서로 다른 집단을 지칭한다는 점에서 앞뒤 문장의 주어가 서로 같다고 보기도 어렵다. 따라서 ⑤의 '-(으)며'는 '앞뒤 문장의 동작이 동시에

일어남'의 의미를 지니시 않으며, '이것은 감이며 저것은 사과이다', '남편은 친절하며 부인은 인정이 많다'에서처럼 '두 가지 이상의 동작이나 상태를 나열'하는 의미를 지닌다.

[오답풀이] ①~④는 모두 앞 문장과 뒤 문장의 주어가 서로 같다는 점, '-(으)며'를 '-(으)면서'로 교체하여 쓸 수 있다는 점에서 '-(으)며'가 '앞뒤 문장의 동작이 동시에 일어남'의 의미를 지니는 예문이다.

56) ③

선택 비율	① 4%	② 7%	③ 61%	④ 8%	⑤ 17%

해 : '-겠-'은 주체의 의지를 나타내는 기능과 화자의 추측을 나타내는 기능을 한다. ㉢에서의 '-겠-'은 주체의 의지를 나타내는 것이 아니라 화자의 추측을 나타낸다. 일반적으로 2인칭, 3인칭 인물의 의지는 화자가 알 수 없으므로 주체의 의지를 나타내는 것으로 해석할 수 없고, 과거 일에 대해서는 주체의 의지를 말할 수 없는 것이 원칙이다. 가령 "나는 집에 가겠다."는 미래의 일이므로 주체의 의지를 나타낼 수 있으나 "나는 집에 갔겠다."는 과거의 일이므로 주체의 의지를 나타낼 수 없다. 따라서 ㉢의 '-겠-'은 주체의 의지를 나타내는 기능을 한다고 볼 수 없다.

[오답풀이] ① '심었구나'는 용언 어간 '심-'과 선어말어미 '-었-', 종결 어미 '-구나'가 결합한 것이다. 이때 '-었-'은 과거 시제를 나타내며, '-구나'는 문장을 감탄형으로 끝맺게 하는 기능을 한다. ② '청소하는'은 용언 어간 '청소하-'와 관형사형 전성 어미 '-는'이 결합한 것이다. 이때 관형사형 전성 어미 '-는'은 현재 시제를 나타낸다. 참고로 동사의 경우, 과거 시제를 나타내는 관형사형 전성 어미는 '-ㄴ/은' 혹은 '-던'이고, 미래 시제를 나타내는 관형사형 전성 어미는 '-ㄹ'이다. ④ '읽은'은 용언 어간 '읽-'과 관형사형 전성어미 '-은'이 결합한 것이다. 이때 관형사형 전성 어미 '-은'은 동사에 쓰일 경우, 과거시제를 나타낸다. ⑤ '불겠지만'은 용언 어간 '불-'과 선어말어미 '-겠-', 연결어미 '-지만'이 결합한 것이다. 이때 선어말어미 '-겠-'은 화자의 추측을 나타내는 기능을 하고, 연결어미 '-지만'은 '주말에 바람이 불겠다'와 '(주말에) 비는 오지 않을 것이다'라는 문장을 대등하게 이어주는 역할을 한다.

57) ①

선택 비율	① 70%	② 5%	③ 4%	④ 8%	⑤ 11%

해 : ㉠의 예문에 쓰인 '-겠-'은 미래의 사건이 아닌 과거나 현재의 사건을 추측하는 데에 쓰이고 있다. ㉠의 앞 문장에서 '-았-'과 '-겠-'이 함께 쓰였다는 점, ㉠의 뒤 문장에서 '지금'이라는 부사와 '-겠-'이 함께 쓰였다는 점에서 미래의 사건을 추측하는 데에 쓰이고 있는 것이 아니라는 것을 알 수 있다.

[오답풀이] ② ㉡의 '막차를 놓쳤으니 나는 집에 다 갔다.'에 쓰인 '-았-'은 아직 이루어지지 않은 사건에 대한 확신을 나타내기 때문에 과거 시제를 나타내는 데 쓰였다고 보기 어렵다. ③ ㉢의 앞 문장에 쓰인 '-ㄹ'은 '올 것이다'와 함께 쓰였다는 점에서 미래의 사건

을 나타내는 관형사형 어미로 볼 수 있지만 뒤 문장의 관형사형 어미 '-ㄹ'은 '왔다'의 '-았-'과 함께 쓰였다는 점에서 미래의 사건을 나타낸다고 보기 어렵다. ④ ㉣의 '진학한다고'에 쓰인 '-ㄴ-'은 '내년에'와 함께 쓰인다는 점에서 미래의 사건을 나타낸다. ⑤ ㉤의 앞 문장에 쓰인 형용사 '작다'는 '오늘'과 함께 쓰여 현재 시제를 나타내고 있다. 이때 시제 선어말 어미가 결합하지 않고 기본형 그대로 사용되고 있음을 알 수 있다.

58) ⑤

선택 비율	① 3%	② 3%	③ 5%	④ 17%	⑤ 69%

해 : ⑤의 예문은 꿈속의 일이나 무의식중에 일어난 일에 대해 말하는 것이 아니다. 때문에 ㉤의 예가 아니라 ㉡의 예로 보아야 한다. 본인만이 직접 느껴 알 수 있는 감각인 '쓰다'가 서술어인 평서문에서 1인칭 주어와 '-더-'가 함께 쓰이기 때문이다.

[오답풀이] ① 새삼스럽거나 새롭게 알게 된 '다음 주에 약속이 있'다는 내용은 미래의 일이지만 수첩을 보고 그것을 안 시점은 과거인 '아까'이기 때문에 선어말 어미 '-더-'를 써서 표현한다는 점에서 ㉠의 예로 적절하다. ② 본인만이 직접 느껴 알 수 있는 감정인 '놀랍다'는 형용사가 서술어로 쓰였으며, 평서문에서 1인칭 주어인 '나'와 '-더-'가 함께 쓰인다는 점에서 ㉡의 예로 적절하다. ③ 본인만이 직접 느껴 알 수 있는 감정인 '밉다'가 서술어인 의문문에서 2인칭 주어인 '너'와 '-더-'가 함께 쓰인다는 점에서 ㉢의 예로 적절하다. ④ 본인만이 직접 느껴 알 수 있는 감정인 '기쁘다'가 서술어인 의문문이기는 하지만, 수사의문문의 형식을 띄고 있으므로 1인칭 주어와 '-더-'가 함께 쓰일 수 있는 경우라는 점에서 ㉣의 예로 적절하다.

59) ⑤

선택 비율	① 7%	② 8%	③ 9%	④ 11%	⑤ 62%

해 : '흰 눈이 내립니다.'에서 '흰'의 '-ㄴ'은 현재의 상태를 나타내는 관형사형 어미이므로 '-ㄴ' ②의 예문으로 추가해야 한다.

[오답풀이] ① '간다'를 보면 '-ㄴ-'은 종결 어미 '-다'의 앞에 붙을 수 있음을 확인할 수 있다. '짠'의 '-ㄴ'과 '유명한'의 '-ㄴ'은 뒤에 다른 어미가 붙을 수 없다. ② '간다'는 '가신다'로, '짠'은 '짜신'으로, '유명한'은 '유명하신'으로 쓸 수 있다. ③ '짠'은 '옷'을 수식하고, '유명한'은 '성악가'를 수식하는 관형어 구실을 하고 있다. ④ '간다'와 '유명한'은 현재 시제를 나타내고, '짠'은 과거 시제를 나타냄을 확인할 수 있다.

60) ④

선택 비율	① 3%	② 1%	③ 2%	④ 91%	⑤ 1%

해 : ⓐ와 ⓑ는 앞 절의 동작이 이루어진 그대로 지속되는 가운데 뒤 절의 동작이 일어남을 나타내는 경우이므로 ㉢에 해당하는 예이다.

61) ④

선택 비율	① 19%	② 5%	③ 30%	④ 42%	⑤ 3%

해 : ⓓ의 '(갈증이) 가셨겠구나'는 '가시-+-었-+-겠-+-구나'로 형태소가 분석되며, 이때의 '-었-', '-겠-'은 선어말 어미이고 '-구나'는 종결 어미이다. 따라서 선어말 어미 두 개와 종결 어미가 사용되었다.

[오답풀이] ① ⓐ의 '즐거우셨길'은 '즐겁-+-(으)시-+-었-+-기+-ㄹ'로 형태소가 분석되며, '-(으)시-', '-었-'은 선어말 어미이고 '-기'는 전성 어미이다. 이때의 'ㄹ'은 목적격 조사이다. ② ⓑ의 '샜을'은 '새-+-었-+-을'로 형태소가 분석되며, 이때의 '-었-'은 선어말 어미이고 '-을'은 전성 어미이다. ③ ⓒ의 '번거로우시겠지만'은 '번거롭-+-(으)시-+-겠-+-지만'으로 형태소가 분석되며, 이때의 '-(으)시-', '-겠-'은 선어말 어미이고 '-지만'은 연결 어미이다. ⑤ ⓔ의 '다다른'은 '다다르-+-ㄴ'으로 형태소가 분석되며, 이때의 '-ㄴ'은 전성 어미이다. ⓔ에는 선어말 어미가 사용되지 않았다.

62) ⑤

선택 비율	① 3%	② 11%	③ 8%	④ 7%	⑤ 73%

해 : '별이 많다'는 '별'과 '이', '많-', '-다'로 분석된다. 이때 '별'을 제외한 나머지는 다른 형태소와 결합하여 쓰이는 '의존 형태소'이다.

[오답풀이] ① '하늘에'는 '하늘'과 '에'가 결합된 것이므로 자립 형태소 하나와 의존 형태소 하나로 분석된다. ② '이'는 의존 형태소이다. ③ '많다'는 '많-'과 '-다'라는 의존 형태소 두 개로 구성되어 있다. ④ '에'와 '이'는 모두 의존 형태소이다.

63) ②

선택 비율	① 6%	② 57%	③ 4%	④ 11%	⑤ 19%

해 : <보기>를 보면 '먹었다'는 '먹-'+'-었-'+'-다'로 형태소를 분석할 수 있음을 알 수 있다. 이를 보면 '었'은 자립할 수 없는 형태소이며 '었'은 '먹', '다'라는 자립할 수 없는 형태소와 결합하고 있음을 알 수 있다. 따라서 자립할 수 없는 형태소를 자립할 수 있는 형태소와 결합한다는 진술은 적절하지 않다.

[오답풀이] ① '는', '를'은 홀로 쓰일 수 없으니 자립성이 없다. 하지만 다른 자립성이 없는 형태소와는 달리 조사의 경우는 <보기>의 선생님의 설명 중, 자립할 수 있는 형태소에 붙으면서 쉽게 분리할 수 있는 말에 해당하는 경우로 단어로 인정된다. <보기>의 단어와 형태소를 분리하여 보여주는 표를 보면 단어로 인정함을 알 수 있다. ③ '는', '를', '었', '다'는 주격조사, 목적격 조사, 과거시제 선어말어미, 종결어미로 문법적 기능을 하는데 <보기>를 보면 형태소로 분류되고 있다. ④ <보기>를 보면 '풋사과', '먹었다'를 단어로 보고 있음을 알 수 있다. 또한 '풋사과'는 '풋'+'사과'로 '먹었다'는 '먹-'+'-었-'+'-다'로 형태소 분석이 되고 있다. 따라서 단어 중에는 더 작은 단위인 형태소로 분석되기도 한다는 진술은 적절하다. ⑤ '먹'은 '먹다'의 어간으로 실질적인 의미를 지닌다. 하지만 자립성이 없어 <보기>에서 단어로 인정하지 않음을

알 수 있다. '나'의 경우는 실질적인 의미를 지니는 형태소이면서 자립성이 있으므로 단어로 본다. 즉, 실질적인 의미를 지닌 형태소라도 모두 단어가 되는 것은 아니다.

64) ①

선택 비율	① 40%	② 10%	③ 28%	④ 11%	⑤ 9%

해 : '하늘이 매우 높고 푸르다'의 자립 형태소는 '하늘', '매우'로 2개이다.

[오답풀이] ② 형식 형태소는 '이, -고, -다'로 3개이다. ③ 의존 형태소는 '이, 높-, -고, 푸르-, -다'로 5개이다. ④ 실질 형태소이면서 의존 형태소는 '높-, 푸르-'로 2개이다. ⑤ 실질 형태소이면서 자립 형태소는 '하늘, 매우'로 2개이다.

65) ②

선택 비율	① 2%	② 72%	③ 21%	④ 2%	⑤ 1%

해 : 명사 '경찰'은 실질적 의미가 있는 실질 형태소이므로 ㉠에는 '예'라는 답이 적절하다. '을'은 조사로서 홀로 쓰일 수 없는 의존 형태소이므로 ㉡에는 '아니요'라는 답이 적절하다. 마지막으로 '잡-'은 용언의 어간인데, 홀로 쓰이지 못하지만 '달아나지 못하게 하다'라는 실질적 의미를 지닌 실질 형태소이다. 따라서 ㉢에는 '예'라는 답이 적절하다.

66) ⑤

선택 비율	① 2%	② 11%	③ 9%	④ 4%	⑤ 72%

해 : '놀았-'도 '놀-'과 '-았-'으로 나눌 수 있으므로, '놀았다'는 세 개의 형태소로 이루어진 말이다.

67) ③

선택 비율	① 27%	② 9%	③ 43%	④ 10%	⑤ 25%

해 : '기쁨'은 실질 형태소이자 의존 형태소인 '기쁘-'와 형식 형태소이자 의존 형태소인 '-ㅁ'이 결합한 것이고, '춤'은 실질 형태소이자 의존 형태소인 '추-'와 형식 형태소이자 의존 형태소인 '-ㅁ'이 결합한 것이다. 따라서 '기쁨'과 '춤'은 ㉡과 ㉢에 속하는 형태소로 이루어져 있으므로 적절하지 않다.

[오답풀이] ① '비로소'와 '것'은 모두 실질 형태소이자 자립 형태소이므로 ㉠에 속한다. ② '바라던'의 '바라-'와 '이루자'의 '이루-'는 모두 실질 형태소이자 의존 형태소이므로 ㉡에 속한다. ④ '형은'의 '형'은 실질 형태소이자 자립 형태소이고, '은'은 형식 형태소이자 의존 형태소이므로 '형은'에는 ㉠, ㉢에 속하는 형태소만 있다. ⑤ '젖어'는 실질 형태소이자 의존 형태소인 '젖-'이 형식 형태소이자 의존 형태소인 '-어'와 결합한 것이고, '추었다'는 실질 형태소이자 의존 형태소인 '추-'가 형식 형태소이자 의존 형태소인 '-었-', '-다'와 결합한 것이다. 따라서 '젖어'와 '추었다'에는 ㉡과 ㉢에 속하는 형태소만 있다.

68) ③

선택 비율	① 7%	② 1%	③ 85%	④ 2%	⑤ 2%

해 : 우선 밑줄 친 '은/는', '듣-/들-', '-았-/-었'은 모두 반드시 다른 말과 결합하여 쓰여야 하는 의존 형태소들이다. 또한 이들은 각각 받침의 유무 및 결합하는 어간과 어미의 차이에 따라, 즉 음운 환경에 따라 그 모습을 달리하는 이형태의 관계가 있는 형태소들이다. 먼저, '은/는'은 결합하는 말에 받침이 있는가, 없는가에 따라 형태가 바뀐다. 또한, '듣다'의 어간 '듣-'은 모음으로 시작되는 어미 '-어라'와 결합할 때 '들-'로 형태가 바뀐다. 마지막으로, 과거 시제의 선어말 어미 '-았-/-었-'은 어간 끝음절의 모음에 따라 형태가 바뀌어 실현된다.

[오답풀이] ① 반드시 다른 말과 결합하여 쓰인다는 진술은 타당하지만, '듣-/들-'은 실질 형태소(어휘 형태소)이다. ② 음운 환경에 따라 형태가 바뀐다는 진술은 타당하지만, '듣-/들-'은 실질 형태소(어휘 형태소)이다. ④ '은/는'은 의존 형태소이지만 예외적으로 단어의 자격을 가진다. 그러나 나머지는 단어의 자격을 가질 수 없다. 또한, '은/는', '-았-/-었-'은 문법적 의미를 나타내는 형식 형태소(문법 형태소)이지만, 동사 어간 '듣-/들-'은 실질적 의미를 나타내는 실질 형태소(어휘 형태소)이다. ⑤ 반드시 다른 말과 결합하여 쓰인다는 진술은 타당하지만, 해당 형태소들은 모두 의존 형태소들이기 때문에 기본적으로 단어의 자격을 가질 수 없다. 그러나 '은/는'과 같은 조사의 경우는 예외적으로 단어의 자격을 부여한다.

69) ④

선택 비율	① 6%	② 5%	③ 12%	④ 66%	⑤ 9%

해 : 의미를 가진 가장 작은 말의 단위를 형태소라고 한다. 형태소는 자립성의 유무에 따라 자립 형태소와 의존 형태소로 나뉘고, 실질적 의미의 유무에 따라 실질 형태소와 형식 형태소로 나뉜다. 밑줄 친 '묻-/물-', '-었-/-았-', '는/은'은 모두 반드시 다른 말과 결합하여 쓰이는 의존 형태소들이다. 또한 이들은 음운 환경에 따라 형태가 바뀐다. '묻-'은 자음으로 시작하는 어미 앞에 나타나고, '물-'은 모음으로 시작하는 어미 앞에 나타난다. 어미 '-었-/-았-'은 어간 끝음절의 모음에 따라 형태가 바뀌고, 조사 '는/은'은 결합하는 앞말의 끝음절에 받침이 있는가, 없는가에 따라 형태가 바뀐다. 그리고 '-었-/-았-', '는/은'은 실질적 의미 없이 문법적인 의미를 나타내는 형식 형태소이고, '묻-/물-'은 실질적 의미를 나타내는 실질 형태소이다.

70) ⑤

선택 비율	① 1%	② 5%	③ 3%	④ 3%	⑤ 85%

해 : '찾아냈다'는 '찾- + -아 + 내- + -었- + -다'로 형태소 분석이 되며, '찾-'과 '내-'는 ㉡에 속하고 '-아', '-었-', '-다'는 ㉢에 속한다.

[오답풀이] ① 대명사 '우리'와 부사 '드디어'는 ㉠에 속한다. ② '비', '길'은 ㉠에 속하고, '를', '을'은 ㉢에 속한다. ③ '맞다'의 어간 '맞-'은 ㉡에, '맞서다가'의 접두사 '맞-'은 ㉢에 속한다. ④ '바람'은 ㉠에 속하고, '에'는 ㉢에 속한다.

71) ⑤

선택 비율	① 14%	② 33%	③ 4%	④ 11%	⑤ 37%

해 : b. '막내딸'(막내 + 딸)은 자립 형태소이면서 실질 형태소인 '막내'와 '딸'로 이루어져 있다. c. '햇감자'의 '햇-'과 '조금씩'의 '-씩'은 접사로, 형식 형태소이다. d. '삶은'에서 실질 형태소는 '삶-'이고, '깨물어'(깨- + 물- + -어)에서 실질 형태소는 '깨-'와 '물-'이다.

[오답풀이] a. '삶은'(삶- + -은), '설익어서'(설- +익- + -어서)는 모두 의존 형태소로만 이루어져 있어 자립 형태소가 존재하지 않는다. '햇감자'(햇- + 감자)는 의존 형태소인 '햇-'과 자립 형태소 '감자'로 이루어져 있다.

72) ①

선택 비율	① 55%	② 24%	③ 2%	④ 1%	⑤ 17%

해 : '하늘'은 하나의 어근으로 이루어진 단일어, '논밭'은 '논'과 '밭', '높푸르다'는 '높다'와 '푸르다'가 결합한 합성어, '지우개'는 접미사 '-개'가, '헛수고'는 접두사 '헛-'이 어근과 결합한 파생어이다.

73) ②

선택 비율	① 2%	② 88%	③ 3%	④ 1%	⑤ 4%

해 : 합성어와 파생어에 대한 개념을 바탕으로 어휘를 구별할 수 있는지를 묻는 문제이다. 합성어는 어근과 어근이 결합한 단어이고, 파생어는 어근과 접사가 결합한 단어이다. 그러므로 '물고기'는 '물(어근)+고기(어근)'로 구성된 합성어이고, '책가방'은 '책(어근) + 가방(어근)'으로 구성된 합성어이다. 반면, '지우개'는 '지우(어근) + 개(접사)'로 구성된 파생어이며, '심술쟁이'는 '심술(어근) + 쟁이(접사)'로 구성된 파생어이다.

74) ⑤

선택 비율	① 1%	② 1%	③ 1%	④ 3%	⑤ 93%

해 : '겁먹다'는 '겁'과 '먹다'가 결합하여 만들어진 말로, 목적어 '겁(을)'과 서술어 '먹다'의 관계를 나타내고 있는 합성어이다.

[오답풀이] ① '혼나다'는 주어 '혼(이)'과 서술어 '나다'의 관계를 나타내고 있다. ② '빛나다'는 주어 '빛(이)'과 서술어 '나다'의 관계를 나타내고 있다. ③ '힘들다'는 주어 '힘(이)'과 서술어 '들다'의 관계를 나타내고 있다. ④ '앞서다'는 부사어 '앞(에)'과 서술어 '서다'의 관계를 나타내고 있다.

75) ③

선택 비율	① 6%	② 1%	③ 82%	④ 4%	⑤ 4%

해 : '달리기'는 '달리-'의 어근과 '-기'의 접사로 이루어진 단어이나.

76) ①

선택 비율	① 59%	② 1%	③ 13%	④ 9%	⑤ 15%

해 : <보기>를 통해 어근, 접사의 개념과 단어의 구성 방식을 이해한 뒤 구체적인 단어를 분석한다. '새해'는 관형사 어근 '새'와 명사 어근 '해'가 결합한 합성어이다.

[오답풀이] ② '밤낮'은 명사 어근 '밤'과 명사 어근 '낮'이 결합한 합성어이다. ③ '구경꾼'은 명사 어근 '구경'과 접사 '-꾼'이 결합한 파생어이다. ④ '이슬비'는 명사 어근 '이슬'과 명사 어근 '비'가 결합한 합성어이다. ⑤ '민들레'는 하나의 어근으로 이루어진 단일어이다.

77) ④

선택 비율	① 9%	② 3%	③ 7%	④ 72%	⑤ 7%

해 : '검붉다'는 두 어근 '검-'과 '붉-'이 결합하였으므로 합성어이지만, '나무꾼'은 어근 '나무'에 접사 '-꾼'이 결합한 파생어이다.

[오답풀이] ① 어근 '솟-'에 접사 '치-'가 결합하였다. ② 실질적인 뜻을 가진 두 어근 '밤'과 '하늘'의 결합이다. ③ '지우개'는 어근 '지우-'에 접미사 '-개'가 결합한 것이므로 파생어이고, '닭고기'는 두 어근 '닭'과 '고기'의 결합이므로 합성어이다. ⑤ '개살구'는 어근 '살구'에 '야생 상태의', '질이 떨어지는'의 의미를 가진 접두사 '개-'가, '부채질'은 어근 '부채-'에 접미사 '-질'이 결합한 파생어이다.

78) ⑤

선택 비율	① 4%	② 7%	③ 3%	④ 8%	⑤ 75%

해 : 제시된 자료를 통해 '-쟁이'는 어떤 일을 직업으로 하는 사람이나 그런 사람을 낮잡아 이를 때 쓰이는 말이고, '-장이'는 '관련된 기술을 가진 기술자'의 뜻일 때 붙는 말임을 알 수 있다. 따라서 ㅁ에서 '대장쟁이'는 수공업적인 방법으로 쇠를 달구어 연장 따위를 다루는 일인 '대장일'을 하는 '기술자'를 의미하므로 '-장이'가 붙고 '중매쟁이'는 결혼이 이루어지도록 중간에서 소개하는 일인 '중매'를 하는 사람을 의미하므로 '-쟁이'가 붙는다. 따라서 (1), (2), (3)의 예로 '욕심쟁이, 중매쟁이, 대장장이'를 추가할 수 있다.

[오답풀이] ③ 자료 (1)~(3)에서 '-쟁이'와 '-장이'는 '고집, 거짓말, 노래, 그림, 땜, 옹기'의 명사와 결합하여 새로운 단어를 만든다. ④ 자료 (1)~(3)에서 '-쟁이'와 '-장이'는 명사인 '고집, 거짓말, 노래, 그림, 땜, 옹기'와 결합하여 '고집쟁이, 거짓말쟁이, 노래쟁이, 그림쟁이, 땜장이, 옹기장이'의 단어를 만들었다. 결합 전후를 비교할 때 품사는 변화하지 않는다.

79) ①

선택 비율	① 79%	② 9%	③ 7%	④ 3%	⑤ 2%

해 : '맺음말'은 어근 '맺-'과 접사 '-음'이 결합한 파생어에 어근 '말'이 결합하여 형성된 단어로서 ㉠에 해당하는 단어이다.

[오답풀이] ② '눈물샘'은 어근 '눈'과 어근 '물'이 결합한 합성어에 어근 '샘'이 결합하여 형성된 단어로서 '(어근+어근)+어근'의 구조이다. ③ '옷걸이'는 어근 '걸-'에 접사 '-이'가 결합한 파생어와, 어근 '옷'이 결합하여 형성된 단어로서 '어근+(어근+접사)'의 구조이다. ④ '가위질'은 어근 '가위'에 접사 '-질'이 결합한 파생어로 '어근+접사'의 구조이다. ⑤ '헛걸음'은 어근 '걸-'에 접사 '-음'이 결합한 파생어에 접사 '헛-'이

결합하여 형성된 단어로서 '접사+(어근+접사)'의 구조이다.

80) ③

선택 비율	① 5%	② 61%	③ 20%	④ 7%	⑤ 4%

해 : '군소리'는 '소리'라는 어근에 '쓸데없는'의 뜻을 더하는 접사인 '군-'이 결합한 파생어이나, '군밤'은 '군(구운)'과 '밤'이라는 어근끼리 결합한 말이므로 합성어이다.

81) ①

선택 비율	① 96%	② 0%	③ 1%	④ 2%	⑤ 1%

해 : '짓기'는 다시 '짓(-다)+기'로 분석되므로 '말다툼'과 단어의 계층 구조가 동일하다.

82) ④

선택 비율	① 2%	② 5%	③ 3%	④ 87%	⑤ 3%

해 : '살다'는 동사이며 '되살리다'도 동사이므로, 접두사 '되-'와 접미사 '-리-'에 의해 품사가 바뀐다는 진술은 적절하지 않다.
[오답풀이] ① ㉠의 '헛-'과 ㉣의 '되-'는 '사람의 도리를 못하다'는 의미와 '다시'라는 의미로, 어근의 의미를 한정해주는 기능을 한다. ② ㉡의 '-ㅁ'은 어근과 결합하여 '살다'의 품사를 동사에서 명사로 바꾸어 주는 기능을 한다. ③ '-리-'는 어근과 결합하여 '살다'를 사동의 의미를 갖게 한다. ⑤의 '헛-'과 '-ㅁ'은 각각 어근의 앞과 뒤에서 결합하는 접두사와 접미사이다.

83) ③

선택 비율	① 4%	② 29%	③ 57%	④ 3%	⑤ 4%

해 : '마소'는 '말'과 '소'가 결합하면서 'ㄹ'이 탈락하여 만들어진 합성어로, 형태 변화는 있으나 의미 변화가 없다.
[오답풀이] ① '어제'와 '오늘'이 결합한 합성어로, 형태 변화는 없으나 '아주 최근이나 요 며칠 사이'라는 의미로 쓰였으므로 원래의 의미가 변화하였다. ② '안'과 '밖'이 결합한 합성어로, 형태 변화가 있으며, '사람의 안팎'으로 쓰일 경우에는 '마음속의 생각과 겉으로 드러나는 행동'이라는 뜻으로 쓰이므로 의미가 변화하였다. ④ '세'와 '네'가 결합한 합성어로, 형태 변화는 있으나 의미 변화는 없다. ⑤ '솔'과 '나무'가 결합한 합성어로, '솔'의 'ㄹ'이 탈락하여 형태 변화는 있으나 의미 변화는 없다.

84) ⑤

선택 비율	① 21%	② 6%	③ 3%	④ 5%	⑤ 62%

해 : '앞서다'는 체언 '앞'과 용언 '서다'의 연결을 통해 만들어진 통사적 합성어에 해당된다.
[오답풀이] ① '낯설다'는 체언 '낯'과 용언 '설다'의 연결을 통해 만들어진 통사적 합성어로, ㉠의 적절한 예에 해당된다. ② '첫사랑'은 관형사 '첫'과 체언 '사랑'의 연결을 통해 만들어진 통사적 합성어로, ㉡의 적절한 예에 해당된다. ③ '뜬소문'은 용언 '뜨다'의 관형사형 '뜬'과 체언 '소문'의 연결을 통해 만들어진 통사적 합성어로, ㉢의 적절한 예에 해당된다. ④ '덮밥'은 용언의 어간 '덮-'에 체언 '밥'이 연결되어 만들어진 비통사적 합성어로, ㉣의 적절한 예에 해당된다.

85) ①

선택 비율	① 55%	② 4%	③ 4%	④ 5%	⑤ 28%

해 : <보기>는 '-음'과 결합하여 파생 명사가 되는 경우와 용언의 명사형이 되는 경우에 대해 설명하고 있다. 파생 명사는 어근에 명사화 접미사가 결합하여 새로운 명사를 만든 것이므로 사전에 등재된다. ①의 '수줍음'은 어근 '수줍-'에 접사 '-음'이 결합하여 명사가 된 것으로 관형어 '그녀의'의 수식을 받을 수 있다. 따라서 사전의 표제어이다.
[오답풀이] ② '없음'은 '없다'의 어간 '없-'에 명사형 어미 '-음'이 결합한 것이다. ③ '먹음'은 '먹다'의 어간 '먹-'에 명사형 어미 '-음'이 결합한 것이다. ④ '많음'은 '많다'의 어간 '많-'에 명사형 어미 '-음'이 결합한 것이다. ⑤ '걸음'은 '걷다'의 어간 '걷-'에 명사형 어미 '-음'이 결합한 것이다.

86) ⑤

선택 비율	① 5%	② 11%	③ 12%	④ 19%	⑤ 50%

해 : ㉢은 부사 '딸꾹'에 접사 '-질'이 결합하여 명사가 된 것으로, 품사가 바뀌는 경우인 [A]로 구분할 수 있다. ㉣은 부사 '일찍'에 접사 '-이'가 결합하여 부사가 된 것으로, 품사가 바뀌지 않는 경우인 [B]로 구분할 수 있다.
[오답풀이] ㉠은 형용사 '높다'의 어근 '높-'에 접미사 '-이-'가 결합하여 동사가 된 것으로, 품사가 바뀌는 경우인 [A]로 구분할 수 있다. ㉡은 형용사 '깊다'의 어근 '깊-'에 접미사 '-이'가 결합하여 부사가 된 것으로, 품사가 바뀌는 경우인 [A]로 구분할 수 있다.

87) ⑤

선택 비율	① 4%	② 4%	③ 18%	④ 11%	⑤ 60%

해 : '수꿩, 숫양'은 주위 환경에 따라 다른 형태를 가지는 접두사 '수-/숫-'이 결합하여 만들어진 단어이지만(㉣), 접두사가 결합하는 단어 '꿩'과 '양'이 모두 명사이므로 둘 이상의 품사에 결합하여 새로운 단어를 만든다는 설명(㉢)에는 해당하지 않는다.
[오답풀이] ① '군-(접두사)+기침(명사)', '군-(접두사)+살(명사)'이므로 ㉠에 해당한다. ② '빗-(접두사)+나가다(동사)', '빗-(접두사)+맞다(동사)'이며, 동사는 용언이므로 ㉡에 해당한다. ③ '헛-(접두사)+디디다(동사)', '헛-(접두사)+수고(명사)'이므로 ㉢에 해당한다. ④ '새-(접두사)+빨갛다(형용사)', '샛-(접두사)+노랗다(형용사)'이며, 형용사는 용언이므로 ㉡과 ㉣에 모두 해당한다.

88) ①

선택 비율	① 84%	② 4%	③ 4%	④ 4%	⑤ 2%

해 : '더욱이'는 부사 '더욱'의 어근에 접사 '-이'가 결합된 파생어이고, 접사가 결합했으나 품사는 '더욱'과 동일한 부사이므로 적절하지 않다.

[오답풀이] ② '드넓다'는 형용사 '넓다'의 어근에 접사 '드-'가 결합된 파생어이고, 품사는 '넓다'와 동일한 형용사이므로 적절하다. ③ '넓이'는 형용사 '넓다'의 어근에 접사 '-이'가 결합된 파생어이고, 품사는 명사이므로 적절하다. ④ '뒤덮다'는 동사 '덮다'의 어근에 접사 '뒤-'가 결합된 파생어이고, 품사는 '덮다'와 동일한 동사이므로 적절하다. ⑤ '덮개'는 동사 '덮다'의 어근에 접사 '-개'가 결합된 파생어이고, 품사는 명사이므로 적절하다.

89) ④

선택 비율	① 5%	② 30%	③ 6%	④ 43%	⑤ 13%

해 : '-음¹'의 용례 '믿었음' 뒤에 결합한 '이'는 주격 조사이며, '옳음' 뒤에 결합한 '을'은 목적격 조사이다. '-음²'의 용례 '믿음', '묶음' 뒤에 결합한 '을'은 목적격 조사로 '-음²'의 뒤에도 '-음¹'과 마찬가지로 격조사가 결합할 수 있음을 확인할 수 있다.

[오답풀이] ① '-음¹'의 뜻풀이 중 '어미 '-었-', '-겠-' 뒤에 붙어'와 제시된 용례인 '믿었음'을 통해 확인할 수 있다. ② '-음¹'은 용언의 어간 뒤에 붙는 어미로, '-음¹'이 결합한 말은 용언의 활용형이므로 본래의 품사는 그대로 유지된다. ③ '-음²'의 용례 '그는 서랍에서 종이 한 묶음을 꺼냈다.'에서 '묶음'을 수식하는 관형어 '한'을 통해 확인할 수 있다. ⑤ '-음¹'의 뜻풀이를 보면 '-음¹'은 용언이 명사 구실을 하게 하는 명사형 어미로서, 제시된 용례인 '믿었음'과 '옳음'은 각각 주어인 '그는'과 '그의 판단이'와 어울려 명사절을 형성함을 알 수 있다. 반면, '-음²'의 뜻풀이를 보면 '-음²'는 명사를 만드는 접미사로 명사절을 만들 수는 없다.

90) ④

선택 비율	① 9%	② 11%	③ 10%	④ 62%	⑤ 6%

해 : <보기>에 제시된 순화어의 사례 중 ⓑ에서 '깜짝'은 부사, '출연'은 명사로 '부사+명사(체언)' 구성의 비통사적 합성어이다. ⓓ에서 '덮-'은 동사의 어간, '지붕'은 명사로 '동사(용언)의 어간+명사(체언)' 구성의 비통사적 합성어에 해당한다.

[오답풀이] ⓐ에서 '뜨는'은 동사의 어간 '뜨-'에 관형사형 전성 어미 '-는'이 결합한 용언의 관형사형이며, '곳'은 명사로 '용언의 관형사형+체언' 구성의 통사적 합성어에 해당한다. ⓒ에서 '생각'과 '그물'은 각각 명사로 '체언+체언' 구성의 통사적 합성어이다.

91) ①

선택 비율	① 65%	② 17%	③ 7%	④ 4%	⑤ 5%

해 : '울음보'는 ㉠에서 어근 '울음'과 접사 '-보'로 분석되고 ㉡에서 어근 '울-'과 접사 '-(으)ㅁ'으로 분석되므로 적절하니.

[오답풀이] ② '헛웃음'은 ㉠에서 어근 '웃음'과 접사 '헛-'으로 분석되고 ㉡에서 어근 '웃-'과 접사 '-(으)ㅁ'으로 분석된다. 따라서 ㉠에서 어근과 어근으로 분석된다는 진술은 적절하지 않다. ③ '손목뼈'는 ㉠에서 어근 '손목'과 어근 '뼈'로 분석되고 ㉡에서 어근 '손'과

어근 '목'으로 분석된다. 따라서 ㉠에서 어근과 접사로 분석된다는 진술은 적절하지 않다. ④ '얼음길'은 ㉠에서 어근 '얼음'과 어근 '길'로 분석되고 ㉡에서 어근 '얼-'과 접사 '-(으)ㅁ'으로 분석된다. 따라서 ㉠에서 어근과 접사로 분석되고, ㉡에서 어근과 어근으로 분석된다는 진술은 직절하지 않다. ⑤ '물놀이'는 ㉠에서 어근 '물'과 어근 '놀이'로 분석되고 ㉡에서 어근 '놀-'과 접사 '-이'로 분석된다. 따라서 ㉡에서 어근과 어근으로 분석된다는 진술은 적절하지 않다.

92) ④

선택 비율	① 8%	② 15%	③ 7%	④ 56%	⑤ 11%

해 : '돌다리'는 명사(돌)와 명사(다리), '하얀색'은 용언의 관형사형(하얀)과 명사(색), '잘생기다'는 부사(잘)와 용언(생기다)이 결합한 말이기 때문에 통사적 합성어에 해당하고, '덮밥'은 용언의 어간(덮-)과 명사(밥), '높푸르다'는 용언의 어간(높-)과 용언의 어간(푸르-)이 직접 결합한 말이기 때문에 비통사적 합성어에 해당한다.

93) ③

선택 비율	① 23%	② 2%	③ 44%	④ 5%	⑤ 23%

해 : '놀이터'는 어근 '놀이'와 어근 '터'로 먼저 나뉘므로 합성어이다. '놀이'는 다시 어근 '놀-'과 접미사 '-이'로 나뉜다. 따라서 '놀이터'는 ㉠에 해당하는 예로 적절하다.

[오답풀이] ① '집안일'은 '집안'과 '일'로 나뉘며, '집안'이 다시 '집'과 '안'으로 나뉘므로 '(어근+어근)+어근'의 구조로 된 합성어이다. ② '내리막'은 '내리-'와 '-막'으로 나뉘므로 '어근+접미사'의 구조로 된 파생어이다. ④ '코웃음'은 '코'와 '웃음'으로 나뉘며, '웃음'이 다시 '웃-'과 '-음'으로 나뉘므로 '어근+(어근+접미사)'의 구조로 된 합성어이다. ⑤ '울음보'는 '울음'과 '-보'로 나뉘며, '울음'이 다시 '울-'과 '-음'으로 나뉘므로 '(어근+접미사)+접미사'의 구조로 된 파생어이다.

94) ①

선택 비율	① 33%	② 10%	③ 19%	④ 21%	⑤ 17%

해 : '일찍이'는 부사 어근 '일찍'에 접사 '-이'가 붙어 부사가 된 단어로, 접사 '-이'는 어근의 품사를 바꾸지 않는다. 따라서 ㉠의 예로 적절하지 않다.

[오답풀이] ② '마음껏'은 명사 어근 '마음'에 접사 '-껏'이 붙어 부사로 바뀌었다. ③ '가리개'는 동사 어근 '가리-'에 접사 '-개'가 붙어 명사로 바뀌었다. ④ '높이다'는 형용사 어근 '높-'에 접사 '-이'가 붙어 동사로 바뀌었다. ⑤ '슬기롭다'는 명사 어근 '슬기'에 접사 '-롭-'이 붙어 형용사로 바뀌었다.

95) ④

선택 비율	① 8%	② 11%	③ 27%	④ 48%	⑤ 6%

해 : ㄴ과 ㅂ은 모두 접두사가 결합한 파생어이므로 접사가 어근 뒤에 결합하지 않은 [A]에 해당한다. ㄷ은 형용

사 어근 뒤에 접미사가 결합하여 형성된 동사이며, ㅁ은 동사 어근 뒤에 접미사가 결합하여 형성된 명사이므로, ㄷ과 ㅁ은 접사가 어근 뒤에 결합하고, 파생어의 품사와 어근의 품사가 동일하지 않은 [B]에 해당한다. ㄱ은 명사 어근 뒤에 접미사가 결합하여 형성된 명사이며, ㄹ은 동사 어근 뒤에 접미사가 결합하여 형성된 동사이므로, ㄱ과 ㄹ은 모두 접사가 어근 뒤에 결합하고 파생어의 품사와 어근의 품사가 동일한 [C]에 해당된다.

96) ①

선택 비율	① 64%	② 8%	③ 11%	④ 9%	⑤ 8%

⑭ : ㉠과 ㉡에 쓰인 '건너뛰다'는 각각 '일정한 공간을 사이에 두고 건너편으로 뛰다.', '차례를 거치지 않고 거르다.'라는 의미를 지닌 말로, 두 용언 사이에 다른 문장 성분이 들어갈 수 없으므로 모두 합성 동사이다.

97) ①

선택 비율	① 40%	② 15%	③ 36%	④ 4%	⑤ 2%

⑭ : '싸움꾼'은 어근 '싸우-'에 명사를 만드는 접미사 '-ㅁ'이 결합하여 '싸움'이 되고, 여기에 다시 '어떤 일을 습관적으로 하는 사람'이라는 뜻을 더하는 접미사 '-꾼'이 결합된 말로, [(어근+접미사)+접미사]의 구조로 되어 있다.

[오답풀이] ② '군것질'은 [(접두사(군-)+어근(것))+접미사(-질)]의 구조로 된 파생어이다. ③ '놀이터'는 [(어근(놀-)+접미사(-이))+어근(터)]의 구조로 된 합성어이다. ④ '병마개'는 [어근(병)+(어근(막-)+접미사(-애))]의 구조로 된 합성어이다. ⑤ '미닫이'는 [(어근(밀-)+어근(닫-))+접미사(-이)]의 구조로 된 파생어이다.

98) ②

선택 비율	① 1%	② 91%	③ 2%	④ 1%	⑤ 5%

⑭ : ㉠은 '뛰어가다'에서와 같이 어간이 연결 어미로 연결되어 형성된 단어에 대한 설명인데, ②의 '돌아서다' 역시 '돌다'의 어간 '돌-'에 연결 어미 '-아'가 붙어 '서다'와 연결되어 형성된 합성어이다.

[오답풀이] ① '꿈꾸다'는 체언 '꿈'과 용언 '꾸다'가 결합한 합성어이다. ③ '뒤섞다'는 '몹시, 마구, 온통'의 뜻을 지니는 접두사 '뒤-'와 용언 '섞다'가 결합한 파생어이다. ④ '빛나다'는 체언 '빛'과 용언 '나다'가 결합한 합성어이다. ⑤ '오르내리다'는 용언의 어간 '오르-'와 또 다른 용언의 어간 '내리-'가 연결 어미 없이 직접 결합하여 합성어가 된 경우로, <보기>의 '오가다'와 같은 경우이다.

99) ④

선택 비율	① 2%	② 9%	③ 2%	④ 82%	⑤ 2%

⑭ : 용언은 그것이 단일어인지, 파생어인지, 복합어인지에 따라 어간의 구성이 다르다. 단일어인 용언의 경우 어간과 어근은 동일하다. '치솟다'처럼 파생어인 경우, '치솟-'(어간)이 '치-'(접사)+'솟-'(어근)으로 이루어져 있으며, '샘솟다'처럼 합성어인 경우, '샘솟-'(어간)이

'샘'(어근)+'솟-'(어근)으로 이루어져 있다. 이를 선생님이 제시한 세 단어에 적용하면, '줄이다'의 경우 파생어이므로 어간 '줄이-'가 줄-'(어근)+'-이-'(접사)로 이루어져 있고, '힘들다'의 경우 합성어이므로 어간 '힘들-'이 '힘'(어근)+'들-'(어근)로 이루어져 있으며, '오가다'의 경우 어간 '오가-'가 '오-'(어근)+'가-'(어근)로 이루어져 있다.

100) ④

선택 비율	① 3%	② 9%	③ 7%	④ 77%	⑤ 2%

⑭ : '그것을 즐기거나 그 정도가 심한 사람'의 의미를 더하는 '-보'는 명사나 동사와 결합하여 새로운 단어를 만든다. '꾀보'는 어근(명사) '꾀'에 접미사 '-보'가 결합하여 '잔꾀가 많은 사람'으로 의미는 더해지나 품사는 명사로 변함이 없으므로 품사가 바뀌었다는 진술은 적절하지 않다.

101) ③

선택 비율	① 2%	② 2%	③ 93%	④ 1%	⑤ 1%

⑭ : '나날'은 준첩어, '겹겹'은 첩어이기 때문에 ㉮에 해당한다. 또한 '오뚝'과 '일찍'은 부사이므로 ㉯에 해당하고, '즐겁-'은 'ㅂ'불규칙 용언의 어간이기 때문에 ㉰에 해당한다.

102) ④

선택 비율	① 3%	② 4%	③ 4%	④ 81%	⑤ 7%

⑭ : '넘다'의 어간에서 파생된 '너머'를 적을 때는 어간 '넘-'의 원형을 밝히어 적지 않는다. '너머'는 어간에 '-이'나 '-음/-ㅁ' 이외의 모음으로 시작한 접미사가 붙어서 다른 품사(명사)로 바뀐 말이므로 ㉢에 따라

103) ①, ③

선택 비율	① 53%	② 5%	③ 4%	④ 31%	⑤ 5%

⑭ : <보기>의 설명에 따르면, [A]는 합성어를 일차적으로 직접 구성 성분 분석을 했을 때 나오는 구성 성분 중 맨 끝의 구성 성분, 즉 가장 나중 어근의 품사에 따라 합성어의 품사가 결정되는 경우이다. 예컨대, <보기>에서 예로 든 '큰집'을 직접 구성 성분 분석하면, '큰'과 '집'으로 분석되는데, 이 가운데 뒤쪽 어근인 '집'의 품사가 명사이므로, '큰집'의 품사 역시 명사가 된다. 그런데 ①의 '어느새'는 '어느(관형사)'와 '새(명사)'가 결합되어 새로운 품사인 부사가 된 말이므로, [A]의 사례로 볼 수 없다. ③ '늦-'은 접두사이므로 늦잠은 파생어이다. 따라서 위의 <보기> 합성어의 설명에 어긋나므로 적절하지 않다.

[오답풀이] ② '남달랐다'는 형용사로, '남(명사)'과 '다르다(형용사)' 중 나중 어근인 '다르다'의 품사를 따른 것이다. ④ '낯선'은 '낯설다'의 관형사형으로 품사는 형용사이다. 이는 '낯(명사)'과 '설다(형용사)' 중 나중 어근인 '설다'의 품사를 따른 것이다. ⑤ '하루빨리'는 부사로, '하루(명사)'와 '빨리(부사)' 중 나중 어근의 품사를 따른 것이다.

104) ①

선택 비율	① 59%	② 10%	③ 14%	④ 6%	⑤ 9%

해 : 이 문항은 합성어를 어근들의 결합 방식에 따라 두 가지 유형으로 설명한 뒤, 각각의 유형에 해당하는 사례를 파악할 수 있는지를 묻고 있다. 이 문항을 정확하게 풀이하기 위해서는 통사적 합성어와 비통사적 합성어에 대한 개념 이해와 함께, 밑줄 친 단어의 결합 방식을 분석할 수 있어야 한다. 용언과 용언은 연결 어미로 이어지는 것이 우리말의 일반적 문장 구조에서 나타나는 방식이다. 그러나 '뛰노는'은 '뛰-+놀-+-는'으로 분석되고, 우리말의 일반적 문장 구조와 다르게 연결 어미로 이어지지 않았으므로 '뛰노는'은 비통사적 합성어라고 할 수 있다.

[오답풀이] ② '몰라볼'은 '모르-+-아+보-+-ㄹ'로 분석되는데, 용언 '모르-'와 용언 '보-'가 연결 어미 '-아'로 이어져 있으므로 통사적 합성어에 해당한다. ③ '타고난'은 '타-+-고+나-+-ㄴ'으로 분석되는데, 용언 '타-'와 용언 '나-'가 연결 어미 '-고'로 이어져 있으므로 통사적 합성어에 해당한다. ④ '지난달'은 '지나-+-ㄴ+달'로 분석되는데, 용언 '지나-'가 체언 '달'을 수식하면서 관형사형 어미 '-ㄴ'과 결합하여 쓰였으므로 통사적 합성어에 해당한다. ⑤ '굳은살'은 '굳-+-은+살'로 분석되는데, 용언 '굳-'이 체언 '살'을 수식하면서 관형사형 어미 '-은'과 결합하여 쓰였으므로 통사적 합성어에 해당한다.

105) ④

선택 비율	① 8%	② 7%	③ 5%	④ 76%	⑤ 2%

해 : ㉠은 용언의 어간 '살-'과 명사형 어미 '-기'가 결합한 것이고, 부사어 '홀로'의 수식을 받고 있으며 '살-'은 서술하는 기능을 유지하고 있다. ㉡은 용언의 어간 '자-'와 명사형 어미 '-ㅁ'이 결합한 것이고, 부사어 '충분히'의 수식을 받고 있으며 '자-'는 서술하는 기능을 유지하고 있다. ㉢은 어근 '얼-'에 접사 '-음'이 결합한 명사로서 '시원한'이라는 관형어의 수식을 받는다. ㉣은 어근 '놀-'에 접사 '-이'가 결합한 명사로서 '건전한'이라는 관형어의 수식을 받는다. ㉤은 용언의 어간 '아름답-'에 명사형 어미 '-기'가 결합한 것이고, 부사어 '매우'의 수식을 받는다.

106) ④

선택 비율	① 4%	② 6%	③ 6%	④ 78%	⑤ 4%

해 : 통사적 합성어는 단어 형성 방식이 일반적인 문장 형성 방식과 부합하는 합성어이며, 비통사적 합성어는 단어 형성 방식이 일반적인 문장 형성 방식과 부합하지 않는다. ㉣에서 '굵-', '밀-'은 동사 어근, '도구'는 명사 어근이다. 동사 어근이 어미와 결합하는 절차를 거치지 않고 명사 어근과 직접 결합하는 것은 일반적인 문장 형성 방식과 부합하지 않는다. 따라서 ㉣에서 제시된 단어들은 비통사적 합성어이므로, 이들을 파생어로 진술한 ④는 적절하지 않다.

[오답풀이] ① ㉠에서 '오이', '껍질', '칼'은 명사 어근이다. 명사가 명사를 수식하는 것은 일반적인 문장 형성 방식과 부합한다. ② ㉡에서 '깜작깜작', '사각사각'은 부사 어근, '칼'은 명사 어근이다. 부사가 명사를 수식하는 것은 일반적인 문장 형성 방식과 부합하지 않는다. ③ ㉢에서 '까-', '깎-'은 동사 어근, '-개'는 접사이다. ⑤ ㉤에서 '박박', '쓱쓱'은 부사 어근, '-이'는 접사이다.

107) ③

선택 비율	① 9%	② 5%	③ 55%	④ 10%	⑤ 19%

해 : '겹겹이'는 어근 '겹'과 '겹'이 결합한 데 접미사 '-이'가 결합하였으며, 명사에서 부사로 품사가 바뀌었으므로 적절하다.

[오답풀이] ① '군것질'은 어근 '것'에 접두사 '군-'이 결합된 파생어에 접미사 '-질'이 결합된 것이며 품사가 변하지 않았으므로 적절하지 않다. ② '바느질'은 어근 '바늘'에 접미사 '-질'이 결합된 것이며 품사가 변하지 않았으므로 적절하지 않다. ④ '다듬이'는 '다듬다'라는 동사에서 어근에 해당하는 '다듬-'에 접미사 '-이'가 결합되어 동사에서 명사로 품사가 바뀐 것이므로 적절하지 않다. ⑤ '헛웃음'은 '웃다'라는 동사의 어근에 해당하는 '웃-'에 접미사 '-음'이 결합되어 동사에서 명사로 품사가 바뀐 후 접두사 '헛-'이 결합되었으므로 적절하지 않다.

108) ③

선택 비율	① 4%	② 5%	③ 71%	④ 8%	⑤ 9%

해 : '넓다'는 형용사이고, '넓히다'는 동사이므로 품사가 달라지고, '(방이) 넓다'에서 '(방을) 넓히다'로 문장 구조가 달라진다. '팔다'와 '팔리다'는 모두 동사이므로 품사가 달라지지 않고, '(책을) 팔다'에서 '(책이) 팔리다'로 문장 구조가 달라진다.

109) ②

선택 비율	① 24%	② 41%	③ 5%	④ 18%	⑤ 4%

해 : '떠넘기면'의 어간은 '떠넘기-'이다. '떠넘기-'는 직접 구성 요소가 어근 '뜨-'와 어근 '넘기-'로 분석되기 때문에 ㉡을 충족한다. 또한, '넘기-'는 다시 어근 '넘-'과 접사 '-기-'로 분석되기 때문에 '떠넘기-'는 3개의 구성 요소로 이루어져 있으므로 ㉠도 충족한다.

[오답풀이] ① '내리쳤다'의 어간은 '내리치-'이다. '내리치-'는 어근 '내리-'와 어근 '치-'로 분석되기 때문에 ㉡을 충족한다. 그러나 '내리치-'는 2개의 구성 요소로 이루어져 있으므로 ㉠을 충족하지 못한다. ③ '헛돌았다'의 어간은 '헛돌-'이다. '헛돌-'은 접사 '헛-'과 어근 '돌-'로 분석되기 때문에 ㉡을 충족하지 못한다. 또한, 2개의 구성 요소로 이루어져 있어서 ㉠ 또한 충족하지 못한다. ④ '오간다'의 어간은 '오가-'이다. '오가-'는 어근 '오-'와 어근 '가-'로 분석되기 때문에 ㉡은 충족하지만 2개의 구성 요소로 이루어져 있어서 ㉠을 충족하지 못한다. ⑤ '짓밟혀도'의 어간은 '짓밟히-'이다. '짓밟히-'는 직접 구성 요소가 접사 '짓-'과 어근 '밟히-'로 분석되기 때문에 ㉡을 충족하지 못한다. '밟히-'는 다시 어근 '밟-'과 접사 '-히-'로 분석되기 때문에 '짓밟히-'는 3개의 구성 요소로 이루어져 있으므로 ㉠은 충족한다.

110) ②

선택 비율	① 5%	② 73%	③ 6%	④ 9%	⑤ 4%

해 : '굵은소금'은 형용사 '굵다'의 활용형 '굵은'과 명사 '소금'이 결합한 합성 명사이다.

[오답풀이] ① '새해'는 관형사 '새'와 명사 '해'가 결합한 합성 명사이다. ③ '산나물'은 명사 '산'과 명사 '나물'이 결합한 합성 명사이다. ④ '척척박사'는 부사 '척척'과 명사 '박사'가 결합한 합성 명사이다. ⑤ '어린아이'는 형용사 '어리다'의 활용형 '어린'과 명사 '아이'가 결합한 합성 명사이다.

111) ③

선택 비율	① 12%	② 10%	③ 47%	④ 18%	⑤ 10%

해 : ㉠은 동사의 관형사형 '이른'과 의존 명사 '바'가 결합하여 만들어진 합성어이다. 만들어진 합성어의 품사는 부사로, 뒤 어근의 품사와 일치하지 않는다. ㉡은 동사 어간 '감-'에 동사 '싸다'가 결합하여 만들어진 합성어로 우리말의 일반적인 문장 구성 방식에 맞지 않다. ㉢은 부사 '바로'에 동사 '잡다'가 결합하여 만들어진 합성어로, 우리말의 일반적인 문장 구성 방식에 맞다. 만들어진 합성어의 품사는 동사로, 뒤 어근의 품사와 일치한다. ㉣은 동사의 관형사형 '건널'에 명사 '목'이 결합하여 만들어진 합성어이다. 만들어진 합성어의 품사는 명사로, 뒤 어근의 품사와 일치한다.

112) ②

선택 비율	① 3%	② 86%	③ 3%	④ 4%	⑤ 2%

해 : '새롭게'는 어근 '새' 뒤에 접미사 '-롭다'가 붙어 형성된 말 '새롭다'의 활용형이므로 ㉠에 해당하는 예로 볼 수 없다.

[오답풀이] ① '시퍼런'은 어근 '퍼렇-' 앞에 접두사 '시-'가 붙어 형성된 말 '시퍼렇다'의 활용형으로, ㉠에 해당하는 예이다. ③ '복된'은 어근 '복' 뒤에 접미사 '-되다'가 붙어 형성된 말 '복되다'의 활용형으로, ㉡에 해당하는 예이다. ④ '정답게'는 어근 '정' 뒤에 접미사 '-답다'가 붙어 형성된 말 '정답다'의 활용형으로, ㉡에 해당하는 예이다. ⑤ '사랑스러운'은 어근 '사랑' 뒤에 접미사 '-스럽다'가 붙어 형성된 '사랑스럽다'의 활용형으로, ㉡에 해당하는 예이다.

113) ②

선택 비율	① 3%	② 48%	③ 6%	④ 18%	⑤ 23%

해 : '사례 1'에서 ㉠은 접사인데, 학생들의 반응에서 ㉠을 어근으로 알고 있는 학생들이 접사로 알고 있는 학생들보다 더 적으므로, ㉠을 잘못 알고 있는 학생들이 더 적음을 알 수 있다. 또한 '한복판'은 접사 '한-'과 어근이 결합한 단어이므로 접사인 ㉠이 쓰인 예로 적절하다.

[오답풀이] ① '사례 1'에서 ㉠은 접사로, ㉠을 잘못 알고 있는 학생들이 더 많다는 내용은 적절하지 않다. 또한 '한번'은 어근 '한'과 다른 어근이 결합한 단어이므로, 접사인 ㉠이 쓰인 예로 적절하지 않다. ③ '사례 2'에서 ㉡은 어근으로, ㉡을 잘못 알고 있는 학생들이 더 많다는 내용은 적절하다. 하지만 '먹이'는 어근과 접사 '-이'가 결합한 단어이므로, 어근인 ㉡이 쓰인 예로 적절하지 않다. ④ '사례 2'에서 ㉡은 어근으로, ㉡을 잘못 알고 있는 학생들이 더 적다는 내용은 적절하지 않다. 또한 '미닫이'는 어근과 접사 '-이'가 결합한 단어이므로, 어근인 ㉡이 쓰인 예로 적절하지 않다. ⑤ '사례 3'에서 ㉢은 접사로, ㉢을 잘못 알고 있는 학생들이 더 적다는 내용은 적절하지 않다. 또한 '알사탕'은 어근 '알'과 다른 어근이 결합한 단어이므로, 접사인 ㉢이 쓰인 예로 적절하지 않다.

114) ④

선택 비율	① 1%	② 18%	③ 2%	④ 67%	⑤ 10%

해 : ㉣에 쓰인 접사는 '-치-', '-리-', '-히-', '-뜨리(다)'이다. '살리다', '입히다'에 쓰인 접사는 주동사에 결합하여 사동사를 파생하지만, '밀치다'와 '깨뜨리다'에 쓰인 접사는 강조의 뜻을 더할 뿐 사동사를 파생하지는 않는다.

[오답풀이] ① ㉠에서 확인되는 접사 '-이', '-음', '-기', '-개'는 각각 '넓-', '믿-', '크-', '지우-'와 같은 용언에 결합하여 명사를 만든다. ② ㉡에서 확인되는 접사 '-이다', '-대다', '-거리다'는 각각 '끄덕', '출렁', '반짝'과 같은 부사에 결합하여 동사를 만든다. ③ ㉢에서 확인되는 접사 '-보', '-꾼', '-쟁이', '-꾸러기'는 '울보(걸핏하면 우는 아이)', '낚시꾼(취미로 낚시를 가지고 고기잡이를 하는 사람)', '멋쟁이(멋있거나 멋을 잘 부리는 사람)', '장난꾸러기(장난이 심한 아이. 또는 그런 사람)'와 같이 사람을 가리키는 의미의 단어를 만든다. ⑤ ㉤에서 확인되는 접사는 '-질', '풋-', '휘-', '-기-'이다. '-질'은 명사 어근 '부채'에 결합하여 명사 '부채질'을, '풋-'은 명사 어근 '나물'에 결합하여 명사 '풋나물'을, '휘-'는 동사 어근 '감다'에 결합하여 동사 '휘감다'를, '-기-'는 동사 어근 '빼앗다'에 결합하여 동사 '빼앗기다'를 만든다.

115) ①

선택 비율	① 69%	② 5%	③ 2%	④ 1%	⑤ 20%

해 : ㉠ '어느새'는 어근 '어느'와 어근 '새'로 구성되어 있다. '꺾쇠'는 어근 '꺾-'과 어근 '쇠'로 구성되어 있다. ㉡ '마음껏'은 어근 '마음'과 접미사 '-껏'으로 구성되어 있다. 이때 접미사 '-껏'은 명사인 어근 뒤에 붙어서 품사를 부사로 바꾸어 준다. '지우개'는 어근 '지우-'와 접미사 '-개'로 구성되어 있다. 이때 접미사 '-개'는 동사인 어근 뒤에 붙어서 품사를 명사로 바꾸어 준다.

[오답풀이] '헛수고'는 접두사 '헛-'과 어근 '수고'로 구성되어 있다. '톱질'은 어근 '톱'과 접미사 '-질'로 구성되어 있다. 이때 접미사 '-질'은 어근의 뒤에 붙지만 품사를 바꾸어 주지는 않는다.

116) ⑤

선택 비율	① 1%	② 4%	③ 5%	④ 3%	⑤ 84%

해 : '새-, 샛-, 시-, 싯-'은 결합하는 형용사의 어두음과

첫음절의 모음에 따라 각각 다르게 사용되는데, '새-, 시-'는 어두음이 '된소리, 거센소리, ㅎ'일 때 사용하고, '샛-, 싯-'은 어두음이 'ㄴ, ㅁ과 같은 울림소리일 때 사용한다. 또한 '새-, 샛-'은 결합하는 형용사의 첫음절의 모음이 'ㅏ, ㅗ'외 같은 양성 모음일 때 사용하고, '시-, 싯-'은 'ㅓ, ㅜ'와 같은 음성 모음일 때 사용한다.

117) ①

선택 비율	① 89%	② 5%	③ 1%	④ 1%	⑤ 1%

해 : '여닫다'는 어근과 어근으로 이루어진 합성어이고, '접히다'는 동사 '접다'의 어근에 접미사 '-히-'가 결합하며 만들어진 동사이다. '높이다'는 형용사 '높다'의 어근에 접미사 '-이-'가 결합해 만들어진 동사이다.

118) ②

선택 비율	① 2%	② 71%	③ 6%	④ 16%	⑤ 4%

해 : '보리밥'은 앞의 어근 '보리'가 뒤의 어근 '밥'을 수식하는 합성어이므로 ⓒ에 해당한다. 따라서 '보리밥'이 두 어근이 대등하게 결합한 합성어인 ⓐ에 해당한다고 이해한 내용은 적절하지 않다.

119) ③

선택 비율	① 2%	② 5%	③ 87%	④ 4%	⑤ 3%

해 : ⓒ과 ⓑ은 파생어 용언으로 모두 어간이 접두사와 어근으로 구성되어 있다. 따라서 ⓒ과 ⓑ의 어간이 접두사와 어근으로 구성되었다는 이해는 적절하다.

120) ③

선택 비율	① 1%	② 1%	③ 93%	④ 2%	⑤ 3%

해 : '오르내리다'는 용언의 어간 '오르'와 용언의 어간 '내리'가 결합되어 있으므로 비통사적 합성어에 해당한다.
[오답풀이] ① '눈물'은 명사 '눈'과 명사 '물'이 결합되어 있으므로 통사적 합성어에 해당한다. ② '큰형'은 용언의 관형사형 '큰'과 명사 '형'이 결합되어 있으므로 통사적 합성어에 해당한다. ④ '덮밥'은 용언의 어간 '덮'과 명사 '밥'이 결합되어 있으므로 비통사적 합성어에 해당한다. ⑤ '높푸르다'는 용언의 어간 '높'과 용언의 어간 '푸르'가 결합되어 있으므로 비통사적 용성어에 해당한다.

문장

121	122	123	124	125
①	④	③	⑤	②
126	127	128	129	130
①	①	②	②	⑤
131	132	133	134	135
①	④	③	②	⑤
136	137	138	139	140
①	④	③	⑤	⑤
141	142	143	144	145
⑤	③	④	②	①
146	147	148	149	150
④	②	②	③	④
151	152	153	154	155
④	⑤	④	④	⑤
156	157	158	159	160
③	①	④	④	④
161	162	163	164	165
①	②	②	③	④
166	167	168	169	170
③	①	①	②	④
171	172	173	174	175
④	⑤	⑤	④	⑤
176	177	178	179	180
⑤	②	③	①	④
181	182	183	184	185
①	②	②	①	④
186	187	188	189	190
③	⑤	①	④	①
191	192	193	194	195
①	②	②	①	④
196	197	198	199	200
①	④	④	⑤	①
201	202	203	204	205
⑤	②	⑤	③	⑤
206	207	208	209	210
②	③	②	①	③
211	212	213	214	215
⑤	③	⑤	⑤	②
216	217	218	219	220
①	③	③	①	②
221	222	223	224	225
②	⑤	④	①	②
226	227	228	229	230
②	②	②	②	③
231	232	233	234	235
④	⑤	①	①	②
236	237	238	239	240
③	⑤	④	②	⑤
241	242	243	244	245
④	④	①	①	①
246	247	248	249	250
③	①	①	③	③

정답 및 해설

251	252	253	254	255
⑤	③	④	②	⑤
256	257	258	259	260
②	②	①	④	⑤
261	262	263	264	265
⑤	⑤	④	①	②
266	267	268	269	270
③	④	⑤	④	②
271	272	273	274	275
④	②	③	③	②
276	277	278	279	280
③	①	④	②	⑤
281	282	283	284	285
②	③	②	②	⑤
286	287	288	289	290
④	③	⑤	①	①
291	292	293	294	295
①	①	③	⑤	②
296	297	298	299	300
①	⑤	②	③	①
301	302	303	304	305
②	②	③	⑤	①
306	307	308	309	310
①	④	④	③	②
311	312	313	314	315
②	④	⑤	④	②
316	317	318	319	320
①	⑤	④	④	⑤
321	322	323	324	325
③	①	②	①	①

121) ①

선택 비율	① 86%	② 4%	③ 3%	④ 4%	⑤ 3%

해 : '민수는 성격이 좋은 학생이다.'는 '성격이 좋은'이라는 관형절(안긴문장)을 포함한 안은문장이다.

[오답풀이] ②와 ③은 홑문장이고, ④와 ⑤는 이어진문장이다.

122) ④

선택 비율	① 1%	② 7%	③ 1%	④ 85%	⑤ 4%

해 : 해당 문장의 서술어 '돌려주었다'는 문법적으로 완전한 문장을 이루기 위해 주어(철수는), 목적어(책을), 필수 부사어(민규에게)를 필요로 한다. '어제'는 생략할 수 있는 부사어이다.

123) ③

선택 비율	① 6%	② 4%	③ 76%	④ 5%	⑤ 7%

해 : 관형어는 체언을 수식하는 기능을 한다. ㉢에서 관형격 조사 '-의'가 붙지 않은 '시골'은 관형격 조사가 없어도 뒤에 있는 체언 '풍경'을 수식하고 있으므로 관형어이다.

[오답풀이] ① '파란'은 체언 '옷'의 의미 범위를 축소하고 있다. ② '이 우산은 새 것이다.'에서 관형어 '새'가 없으면 문장이 성립되지 않는다. ④ '읽은'에서 '-은'은 과거, '읽을'에서 '-을'은 미래를 나타낸다. ⑤ '내가

읽은(안긴 문장)'이 다른 문장(안은 문장)의 '책'을 수식하는 관형어의 기능을 하고 있다.

124) ⑤

선택 비율	① 3%	② 6%	③ 1%	④ 1%	⑤ 88%

해 : ㄴ의 부사어 '동생으로'는 서술어 '삼았다'가 반드시 필요로 하는 필수적인 성분이므로 적절하지 않다.

[오답풀이] ① ㄱ의 '색종이를'은 목적어로서 필수적인 성분이므로 적절하다. ② ㄱ의 '꼼꼼한'과 ㄴ의 '옆집의'는 모두 관형어로서 필수적이지 않은 성분이고 문장 안에서 뒤에 오는 체언을 수식하는 기능을 하므로 적절하다. ③ ㄱ의 '소윤이가'와 ㄴ의 '경민이는'은 주어로서 필수적인 성분이므로 적절하다. ④ ㄱ의 '잘랐다'와 ㄴ의 '삼았다'는 서술어로서 필수적인 성분이므로 적절하다.

125) ②

선택 비율	① 3%	② 82%	③ 5%	④ 4%	⑤ 3%

해 : 문장성분 부사어 중 '필수 부사어'에 관한 문항이다. ②의 서술어 '주다'는 주어, 목적어와 함께 부사어를 필수 성분으로 요구한다. 따라서 '철수에게'라는 부사어가 있어야 문법적으로 완전한 문장을 이룬다.

126) ①

선택 비율	① 90%	② 3%	③ 3%	④ 2%	⑤ 1%

해 : "나는 그 책도 샀다."라는 문장의 구문 도해를 나타내기 위해서는 해당 문장의 짜임을 이해해야 한다. 이 문장은 주어 '나는', 관형어 '그', 목적어 '책도', 서술어 '샀다'로 이루어진 문장이다. 그러므로 중간에 내리그은 세로줄 왼편에는 주성분인 주어(나는), 목적어(책도), 서술어(샀다)를, 오른편에는 부속 성분인 관형어(그)를 배치해야 한다. 이때 서로 다른 두 성분 사이에는 가로로 외줄을 그어야 하고, 주어인 '나는'과 그 외의 부분을 구분할 때에는 가로로 쌍줄을 그어야 한다. 또한 '는', '도'와 같은 조사는 앞말과의 사이에 짧은 세로줄을 그어 표시해야 한다.

127) ①

선택 비율	① 72%	② 12%	③ 3%	④ 3%	⑤ 8%

해 : '산책을'은 체언 '산책'에 목적격 조사 '을'이 결합된 경우로 '체언 + 목적격 조사 '을/를'의 경우에 해당한다.

[오답풀이] ② '이사도'는 체언 '이사'에 '역시'라는 의미를 더해 주는 보조사 '도'가 붙은 경우로 ㄱ에 해당한다. ③ '꽃구경'은 체언 '꽃구경'이 단독으로 쓰인 경우로 ㄴ에 해당한다. ④ '배낭여행'은 체언 '배낭여행'이 단독으로 쓰인 경우로 ㄴ에 해당한다. ⑤ '한길만을'은 체언 '한길'에 '단독'이라는 의미를 더해 주는 보조사 '만'과 목적격 조사 '을'이 함께 쓰인 경우로 ㄷ에 해당한다.

128) ②

선택 비율	① 24%	② 54%	③ 10%	④ 7%	⑤ 4%

해 : '탐구 관련 지식'을 고려할 때, 문장 성분의 경우 ㉠,

ⓛ은 체언인 명사 '글'을 한정하고 있고, ⓒ, ⓔ은 용언인 동사 '달린다'를 한정하고 있음을 알 수 있다. 그러므로 문장 성분에 따라 분류할 때, 'ⓐ, ⓛ'(관형어)과 'ⓒ, ⓔ'(부사어)로 구분할 수 있다. 또한 품사의 경우 ⓐ, ⓒ은 활용할 수 있음을 알 수 있고, ⓛ은 명사 '글'을, ⓔ은 동사 '달린다'를 수식하고 있음을 알 수 있다. 그러므로 품사에 따라 분류할 때, 'ⓐ, ⓒ'(형용사), 'ⓛ'(관형사), 'ⓔ'(부사)로 구분할 수 있다.

129) ②

선택 비율	① 4%	② 74%	③ 9%	④ 5%	⑤ 6%

[해] : '되었다'는 주어와 보어가 필요한 서술어이다. ㄴ에서 '올해'는 시간을 나타내는 부사어로서 '되었다'가 꼭 필요로 하는 성분이 아니다.

[오답풀이] ① ㄱ에서 '찍었다'는 '동생'의 동작을 나타내므로 서술어이다. ③ ㄱ에서 '찍었다'는 동작의 대상이 필요한 말이며 이때 대상은 '사진'이므로 '사진을'이 목적어이다. '되었다'는 동작의 대상이 필요하지 않은 서술어이므로 ㄴ에는 목적어가 없다. ④ ㄱ에서 '찍었다'의 주체는 '동생'이므로 '동생이'가 주어이다. ㄴ에서 '되었다'의 주체는 '언니'이므로 '언니는'이 주어이다. '대학생이'는 '되었다'가 주어 외에 필요로 하는 보어이다. ⑤ ㄱ에 쓰인 주성분은 주어, 목적어, 서술어이고, ㄴ에 쓰인 주성분은 주어, 보어, 서술어이다. 따라서 주성분의 종류는 세 가지이다.

130) ⑤

선택 비율	① 11%	② 17%	③ 6%	④ 10%	⑤ 57%

[해] : '쉽게'는 형용사인 '쉽다'의 활용형으로 서술어인 '합격했다'를 수식한다.

[오답풀이] ① '처음과'는 체언 '처음'에 부사격 조사 '과'가 결합한 형태로 관형어인 '같은'을 수식한다. ② '마음으로'는 체언 '마음'에 부사격 조사 '으로'가 결합된 형태로 서술어인 '했다'를 수식한다. ③ '그래서'는 부사로서, '그는 처음과 ~ 공부를 했다.'라는 문장과 '아주 쉽게 ~ 대학에 합격했다.'라는 문장을 이어 준다. ④ '아주'는 부사로서, 부사어인 '쉽게'를 수식한다.

131) ①

선택 비율	① 83%	② 2%	③ 3%	④ 5%	⑤ 3%

[해] : 특정 서술어의 문형 정보를 추출하는 과정을 일련의 절차로 제시한 후 이를 다른 서술어에도 적용하여 이해할 수 있는지를 묻고 있는 문항이다. 다소 복잡하게 문항이 구현되어 있지만 <보기>에서도 설명하듯이 특정 서술어가 요구하는 필수적 문장 성분을 정확하게 파악하면 어렵지 않게 정답을 찾을 수 있다. <보기>에서 '지내다'의 문형 정보로 【-게】를 제시한 것은 결국 필수적 부사어 '소용하게, 편하게'를 추출한 것에 따른 결과이기 때문이다. 정답은 ①고, 제시된 두 예문에서 '산으로, 가죽으로'는 '되다'가 필수적으로 요구하는 부사어이며, 이때 '되다'는 '어떤 재료나 성분으로 이루어지다'의 의미를 지닌다. 따라서 '되다'의 문형 정보를 【…으로】로 추출하는 것은 타당하다.

[오답풀이] ② '아무렇지 않게, 자연스럽게'가 생략되어도 제시된 문장들이 어색하지 않은 것을 보면, 이들은 '넘어가다'의 필수적 부사어가 아니다. 따라서 '넘어가다'의 문형 정보로 【-게】를 추출하는 것은 타당하지 않다. 오히려 제시된 두 예문에서 주어를 제외한 필수적 문장 성분은 '속임수에', '꾀에'이기 때문에 【…에/에게】를 '넘어가다'의 문형 정보로 추출해야 한다. ③ '옷 때문에, 한밤중에'가 생략되어도 제시된 문장들이 어색하지 않은 것을 보면, 이들은 '다투다'의 필수적 부사어가 아니다. 따라서 '다투다'의 문형 정보로 【…에】를 추출하는 것은 타당하지 않다. 오히려 제시된 두 예문에서 주어를 제외한 필수적 문장 성분은 '언니와', '누군가와'이기 때문에 【…와/과】를 '다투다'의 문형 정보로 추출해야 한다. ④ '사은품으로, 부록으로'가 생략되어도 제시된 문장들이 어색하지 않은 것을 보면, 이들은 '딸리다'의 필수적 부사어가 아니다. 따라서 '딸리다'의 문형 정보로 【…으로】를 추출하는 것은 타당하지 않다. 오히려, 제시된 두 예문에서 주어를 제외한 필수적 문장 성분은 '가방에, 그 책에'이기 때문에 【…에/에게】를 '딸리다'의 문형 정보로 추출해야 한다. ⑤ '깨끗하게, 허옇게'가 생략되어도 제시된 문장들이 어색하지 않은 것을 보면, 이들은 '빠지다'의 필수적 부사어가 아니다. 따라서 '빠지다'의 문형 정보로 【-게】를 추출하는 것은 타당하지 않다. 오히려, '때가, 물이'라는 주어를 제외한 필수적 문장 성분은 '옷에서, 청바지에서'이기 때문에 【…에서】를 '빠지다'의 문형 정보로 추출해야 한다.

132) ④

선택 비율	① 5%	② 8%	③ 21%	④ 53%	⑤ 11%

[해] : ⓒ에서는 '신임'과 '장관'이 결합해 명사구를 이루고 여기에 조사가 붙어 주어가 이루어졌다. ⓔ에서는 '새'와 '컴퓨터'가 결합해 명사구를 이루고 여기에 조사가 붙어 수어가 이루어졌다.

[오답풀이] ① 주어인 '나도'는 '대명사+조사'의 형태이고, 주어인 '바깥이'는 '명사+조사'의 형태이다. ② '도'와 '은'은 보조사로, 보조사가 붙은 형태로 주어가 나타나기도 한다. ③ ⓛ에서 주어는 동작의 주체가 아니다. ⑤ '고물이'는 보어이다.

133) ③

선택 비율	① 1%	② 1%	③ 94%	④ 1%	⑤ 1%

[해] : ③에 쓰인 부사어 '너무'는 서술어 '샀다'를 수식하는 것이 아니라 관형어 '헌'을 수식하고 있다.

[오답풀이] ① '주어-서술어'의 구성으로 이루어진 절인 '눈이 부시게'가 부사어로 쓰여 '푸른'을 수식하고 있다. ② 명사 '하늘'에 부사격 조사 '에서'가 결합한 '하늘에서'와 부사 '펑펑'이 각각 부사어로 쓰여 서술어 '내리고 있다'를 수식하고 있다. ④ ⓐ의 '엄마와'와 ⓛ의 '취미로'는 모두 서술어를 수식하는 부사어인데 후자아 달리 전자는 문장의 구성에 반드시 필요한 필수적 부사어이다. ⑤ 일반적으로 보어는 '되다', '아니다' 앞에 보격 조사 '이/가'를 취하여 (생략이나 보조사 실현 가능) 나타나는 문장 성분을 의미하기 때문에 ⓛ의 '재가'는 보어이며, ⓐ은 명사에

부사격 조사 '로'가 결합한 부사어이다. 그런데 둘 모두 서술어 '되었다'가 반드시 필요로 하는 성분이라는 점에서는 공통적이다.

134) ②

선택 비율	① 4%	② 71%	③ 6%	④ 10%	⑤ 6%

[해] : ⓑ에서는 부사 '아주'가 관형사 '옛'을 수식하는 부사어로 쓰였다. 부사는 주로 용언을 수식하는 기능을 하지만, 때에 따라 관형사나 다른 부사 등도 수식할 수 있다.

[오답풀이] ① ⓐ에서는 명사 '빵'이 보조사 '은'과 결합하여 목적어로 쓰였다. 목적격 조사는 '을/를'이다. ③ ⓒ에서는 명사 '어른'이 조사와 결합 없이 보어로 쓰인 것이다. ④ ⓓ에서 '장미였다'는 '장미이었다'의 줄임말이므로, 명사 '장미'에 서술격 조사 '이다'와 선어말 어미 '-었-'이 결합하여 서술어로 쓰였다. ⑤ ⓔ에서는 수 관형사 '세'가 의존 명사 '마리'를 수식하는 관형어로 쓰였다. '세'는 관형사이며, '셋'이 수사이다.

135) ⑤

선택 비율	① 5%	② 4%	③ 3%	④ 3%	⑤ 84%

[해] : '온갖'은 문장에서 생략할 수 없는 필수 성분에 해당하지 않는다.

[오답풀이] ① 관형사는 문장에서 그대로 관형어로 쓰인다. 그 예로 '그', '이', '온갖'을 들 수 있다. ② '정해진', '있는', '방황했던'은 모두 용언의 관형사형이 관형어로 쓰인 것이다. ③ '그', '이'는 모두 지시 관형사가 관형어 역할을 하므로 앞에서 이미 언급된 것을 가리키며 뒤에 있는 말을 꾸며 주는 역할을 한다. ④ '나의'와 '사춘기의'는 각각 대명사와 명사에 관형격 조사 '의'가 결합하여 관형어로 쓰인 것이다.

136) ①

선택 비율	① 46%	② 3%	③ 3%	④ 3%	⑤ 42%

[해] : <보기>의 문장에서 '유리하다'는 주어 외에 '…에'(부사어)를 필수 성분으로 요구하는 서술어이다. 또한 '그 광물이 원래는 귀금속에 속했다.'에서 '속하다' 역시 주어 외에 '…에'(부사어)를 필수 성분으로 요구하는 서술어이다. 따라서 밑줄 친 서술어가 요구하는 필수 성분의 개수(2개)와 종류(주어, 부사어)가 <보기>의 문장과 같다.

[오답풀이] ② '그는 바람이 불기에 옷깃을 여몄다.'에서 '여미다'는 주어 외에 '…을'(목적어)을 필수 성분으로 요구하는 서술어이다. 따라서 <보기>의 문장과 비교해 볼 때 밑줄 친 서술어가 요구하는 필수 성분의 개수는 2개로 동일하지만, 필수 성분의 종류가 다르다. ③ '우리는 원두막을 하루 만에 지었다.'에서 '짓다'는 주어 외에 '…을'(목적어)을 필수 성분으로 요구하는 서술어이다. 따라서 <보기>의 문장과 비교해 볼 때 밑줄 친 서술어가 요구하는 필수 성분의 개수는 2개로 동일하지만, 필수 성분의 종류가 다르다. ④ '나는 시간이 남았기에 그와 걸었다.'에서 '걷다'는 주어만을 필수 성분으로 요구하는 서술어이다. 따라서 <보기>의 문장과 비교해 볼 때 밑줄 친 서술

어가 요구하는 필수 성분의 개수와 종류가 다르다. ⑤ '나는 구호품을 수해 지역에 보냈다.'에서 '보내다'는 주어 외에 '…을'(목적어)과 '…에/에게' 또는 '…으로'(부사어)를 필수 성분으로 요구하는 서술어이다. 따라서 <보기>의 문장과 비교해 볼 때 밑줄 친 서술어가 요구하는 필수 성분의 개수와 종류가 다르다.

137) ④

선택 비율	① 7%	② 9%	③ 10%	④ 55%	⑤ 17%

[해] : '전혀'는 부사로, 관형어 '딴'을 수식하는 부사어로 쓰인다(ⓒ). '한순간에'는 '체언+조사'로, 서술어 '해결했다'를 수식하는 부사어로 쓰인다(ⓔ).

[오답풀이] ① '방긋이'는 부사로, 관형어 '웃는'을 수식하는 부사어로 쓰인다(ⓒ). '참'은 부사로, 부사어 '귀엽게'를 수식하는 부사어로 쓰인다(ⓐ). ② '조금'은 부사로, 관형어 '굵은'을 수식하는 부사어로 쓰인다(ⓒ). '세로로'는 '체언+조사'로, 서술어 '그었다'를 수식하는 부사어로 쓰인다(ⓔ). ③ '무턱대고'는 부사로, 관형어 '싫어하는'을 수식하는 부사어로 쓰인다(ⓒ). '많이'는 부사로, 서술어 '있다'를 수식하는 부사어로 쓰인다. ⑤ '원칙대로'는 '체언+조사'로, 서술어 '처리했다'를 수식하는 부사어로 쓰인다(ⓔ). '깔끔히'는 부사로, 서술어 '처리했다'를 수식하는 부사어로 쓰인다.

138) ③

선택 비율	① 5%	② 8%	③ 75%	④ 3%	⑤ 6%

[해] : '누나가 새 책을 샀다.'라는 문장은 주어, 관형어, 목적어, 서술어로 이루어져 있다. 이 중 관형어 '새'는 서술어 '샀다'가 필수적으로 요구하는 문장 성분이 아니다. 따라서 ㄷ의 서술어 '샀다'는 주어와 목적어를 필요로 하는 두 자리 서술어이다.

[오답풀이] ① ㄱ의 '되었다'는 주어와 보어를 모두 필요로 한다. 따라서 '되었다'는 두 자리 서술어이다. ② ㄴ의 '같다'는 주어와 부사어를 모두 필요로 한다. 따라서 '같다'는 두 자리 서술어이다. ④ ㄹ의 '부른다'는 주어와 목적어를 모두 필요로 한다. 따라서 '부른다'는 두 자리 서술어이다. ⑤ ㅁ의 '붙였다'는 주어와 부사어, 목적어를 모두 필요로 한다. 따라서 '붙였다'는 세 자리 서술어이다.

139) ⑤

선택 비율	① 2%	② 0%	③ 21%	④ 4%	⑤ 70%

[해] : ㄱ의 '먹었다'는 주어 '희선이는'과 목적어 '빵을'이 반드시 필요하므로 두 자리 서술어이며, ㄴ의 '피었다'는 주어 '장미꽃이'가 반드시 필요하므로 한 자리 서술어이다.

[오답풀이] ① '희선이는'은 주어로서, '먹었다'의 필수 성분이므로 생략하면 안 된다. ② ㄴ의 '빨간'은 '장미꽃'을 꾸며주는 관형어이므로 생략해도 문장이 성립하지만, '장미꽃이'는 주어이므로 문장 성립에 필요하다. ③ '먹었다'는 목적어를 반드시 필요로 하지만, '피었다'는 목적어를 요구하지 않는다. ④ '맛있는'은

관형어, '활짝'은 부사어로서 둘 다 뒤의 말을 꾸며 주는 수식어이므로, 생략해도 문장 성립 여부에 영향을 주지 않는다.

140) ⑤

선택 비율	① 2%	② 3%	③ 3%	④ 1%	⑤ 91%

㉔ : '닮았다'는 '상우는'이라는 주어만으로는 문장이 성립하지 않으며, 반드시 '아버지와'라는 부사어를 필수적으로 요구하므로 두 자리 서술어이다.

[오답풀이] ③ '입었다'는 두 자리 서술어이며, '입혔다'는 세 자리 서술어가 된다. ④ '여긴다'와 '삼았다'는 '누가', '무엇을', '무엇으로'라는 성분을 필요로 하므로 세 자리 서술어이다.

141) ⑤

선택 비율	① 3%	② 2%	③ 6%	④ 3%	⑤ 84%

㉔ : '철수는 물고기를 많이 잡았다'에서 '잡았다'는 주어(철수는)와 목적어(물고기를)를 필수적으로 요구하는 두 자리 서술어이다. 부사어 '많이'는 생략 가능한 문장 성분이다.

[오답풀이] ① '콩쥐가'와 '어머니는'은 서술어 '만들었다'의 주체를 나타내는 말이기 때문에 필요한 성분이다. ② '옷을'과 '아들을'은 생략하면 문장이 성립하지 않으므로 생략할 수 없다. ③ '의사로'는 부사어라도 '~을 ~(으)로 만들다'는 문장에 꼭 필요한 성분이지만, '예쁘게'는 '만들었다'를 꾸며주는 부사어로 생략이 가능하다. ④ '친구는 내 손을 살며시 잡았다'에서 '잡았다'는 주어 '친구는', 목적어 '손을'이라는 문장 성분을 필수적으로 요구하는 두 자리 서술어이다.

142) ③

선택 비율	① 12%	② 9%	③ 55%	④ 10%	⑤ 12%

㉔ : '가다'의 경우 ㉠은 주어 '친구가'와 부사어 '서울로'를 필요로 하는 두 자리 서술어이고, ㉡은 주어 '구김이'와 부사어 '바지에'를 필요로 하는 두 자리 서술어이다. 이와 달리 ㉢은 주어 '시계가'만 필요로 하는 한 자리 서술어이다. '생각하다'의 경우 ㉣은 주어 '학생이'와 목적어 '진로를'을 필요로 하는 두 자리 서술어이고, ㉤은 주어 '우리가'와 목적어 '투표를', 부사어 '의무로'를 필요로 하는 세 자리 서술어이다.

143) ②

선택 비율	① 8%	② 76%	③ 5%	④ 6%	⑤ 2%

㉔ : 이 문항은 '서술어 자릿수'의 개념에 대한 이해를 바탕으로 서술어가 요구하는 문장 성분이 빠져 문법적으로 정확하지 못한 문장을 올바른 문장으로 수정할 수 있는지 여부를 평가하고 있다. ②에 제시된 '문제는 우리가 예의를 지키지 못하는 경우가 많다.'라는 문장은 주어와 서술어가 호응하지 않아 문법적으로 정확하지 못한 문장이 된 경우로, 이를 '문제는 우리가 예의를 지키지 못하는 경우가 많다는 사실이다.'라고 수정한 것은 서술어가 필수적으로 요구하는 문장 성분을 보충함으로써 문장을 정확하게 고친 경우가 아니다.

[오답풀이] ① 서술어 '요청하다'는 【…에/에게 …을】의 꼴로 쓰여, 부사어와 목적어를 요구하는 세 자리 서술어이다. '그들은 양식이 다 떨어지자 식량 공급을 요청했다.'에는 부사어가 사용되지 않았으므로 '정부에'를 보충하여 문법적으로 정확한 문장으로 수정한 것이다. ③ 서술어 '소개하다'는 【…에/에게 …을】의 꼴로 쓰여, 부사어와 목적어를 요구하는 세 자리 서술어이다. '나는 오늘 점심을 먹으면서 내 친구를 소개하였다.'에는 부사어가 사용되지 않았으므로 '누나에게'를 보충하여 문법적으로 정확한 문장으로 수정한 것이다. ④ 서술어 '삼다'는 【…을 …으로】의 꼴로 쓰여, 목적어와 부사어를 요구하는 세 자리 서술어이다. '우리는 전화위복의 계기로 삼아 지금보다 강해질 것이다.'에는 목적어가 사용되지 않았으므로 '그 일을'을 보충하여 문법적으로 정확한 문장으로 수정한 것이다. ⑤ '어떤 분야에 대하여 잘 알지 못하다.'의 뜻을 지니는 서술어 '어둡다'는 【…에】의 부사어를 요구하는 두 자리 서술어이다. '형은 이곳에 온 지 얼마 되지 않아 어두울 수밖에 없다.'에는 부사어가 사용되지 않았으므로 '동네 지리에'를 보충하여 문법적으로 정확한 문장으로 수정한 것이다.

144) ②

선택 비율	① 7%	② 75%	③ 7%	④ 3%	⑤ 5%

㉔ : ㉡은 주어 '글이'만 필수적으로 요구하는 한 자리 서술어인데 주어와 부사어를 필수적으로 요구하는 두 자리 서술어로 기술되었으므로 적절하지 않다.

[오답풀이] ① ㉠은 주어 '불씨가'만 필수적으로 요구하는 한 자리 서술어로 쓰였다. ③ ㉢은 주어인 '그는', 목적어인 '벼슬을'을 필수적으로 요구하는 두 자리 서술어로 쓰였다. ④ ㉣은 주어인 '그는', 목적어인 '일손을'을 필수적으로 요구하는 두 자리 서술어로 쓰였다. ⑤ ㉤은 주어인 '형은', 목적어인 '책을', 부사어 '책상 위에'를 필수적으로 요구하는 세 자리 서술어로 쓰였다.

145) ①

선택 비율	① 48%	② 9%	③ 14%	④ 26%	⑤ 4%

㉔ : '계시다'는 주어와 부사어를 필수적으로 요구하는 서술어이다. '도착하다' 역시 주어와 부사어를 필수적으로 요구하는 서술어이다.

[오답풀이] ② '계속되던 일이나 움직임이 멈추거나 끝나다.'의 뜻을 지니는 '그치다'는 주어를 필수적으로 요구하는 서술어이다. '탈것에서 밖이나 땅으로 옮아가다.'의 뜻을 지니는 '내리다'는 주어와 부사어를 필수적으로 요구하는 서술어이다. ③ '무엇이 되게 하다.'의 뜻을 지니는 '만들다'는 주어, 목적어, 부사어를 필수적으로 요구하는 서술어이다. '한숨도 자지 아니하고 밤을 지내다.'의 뜻을 지니는 '새우다'는 주어, 목적어를 필수적으로 요구하는 서술어이다. ④ '어떤 재료나 성분으로 이루어지다.'의 뜻을 지니는 '되다'는 주어, 부사어를 필수적으로 요구하는 서술어이다. '어떤 사실을 부정하는 뜻을 나타내는 말'인 '아니다'는 주어, 보어를 필수적으로 요구하는 서술어이다. ⑤ '일정한 한도를 넘어 정도가 심하다.'의 뜻을 지니는 '지나치다'는 주어를 필수

적으로 요구하는 서술어이다. '어떤 곳을 머무르거나 들르지 않고 지나가거나 지나오다.'의 뜻을 지니는 '지나치다'는 주어, 목적어를 필수적으로 요구하는 서술어이다.

146) ④

선택 비율	① 14%	② 7%	③ 5%	④ 67%	⑤ 7%

해 : 관형사 '온갖'이 관형어로 쓰였으며, '하셨다'에 선어말 어미 '-(으)시-'가 나타난다. 또한, 한 자리 서술어 '길어지다', 두 자리 서술어 '하다'를 포함한다.
[오답풀이] ① 관형사 '세'가 관형어로 쓰였으며, '편찮으신'에 선어말 어미 '-(으)시-'가 나타난다. 또한, 한 자리 서술어 '편찮다', 세 자리 서술어 '모시다'를 포함한다. ② 관형사 '몇'이 관형어로 쓰였으며, '읽으시다'와 '드셨다'에 각각 선어말 어미 '-(으)시-'가 나타난다. 또한, 두 자리 서술어 '읽다', 두 자리 서술어 '들다'를 포함한다. ③ 관형어로 쓰인 관형사가 없으며, '합격하셨다'에 선어말 어미 '-(으)시-'가 나타난다. 또한, 한 자리 서술어 '끊임없다', 두 자리 서술어 '합격하다'를 포함한다. ⑤ 관형사 '저'가 관형어로 쓰였으며, 높임 표현을 나타내는 선어말 어미가 나타나지 않는다. 또한, 세 자리 서술어 '팔다', 한 자리 서술어 '맛있다', 두 자리 서술어 '다시다'를 포함한다.

147) ②

선택 비율	① 3%	② 83%	③ 3%	④ 6%	⑤ 2%

해 : ㄱ, ㄷ은 '암벽 등반은 재미있고 힘들다.', '암벽 등반은 재미있지만 힘들다.'라고 앞 절과 뒤 절의 순서를 바꾸어도 의미에 변화가 생기지 않으므로 대등하게 이어진 문장이고, ㄴ은 '암벽 등반은 재미있어서 힘들다.'라고 앞 절과 뒤 절의 순서를 바꾸면 의미에 변화가 생기므로 종속적으로 이어진 문장이다. 따라서 ㄱ, ㄴ, ㄷ이 모두 앞 절과 뒤 절의 순서를 바꾸어도 의미에 변화가 생기지 않는다는 설명은 적절하지 않다.
[오답풀이] ① ㄱ, ㄴ, ㄷ은 '암벽 등반은 힘들다'와 '암벽 등반은 재미있다'라는 두 홑문장이 이어진 문장이다. ③ 두 홑문장의 주어가 '암벽 등반'으로 같으므로, 뒤 절의 주어는 생략 가능하다.

148) ②

선택 비율	① 2%	② 81%	③ 7%	④ 4%	⑤ 3%

해 : <보기>를 통해 부사절의 개념에 대해 이해한 뒤 부사절을 찾는다. '이가 시리도록'은 원래 '이가 시리다.'라는 문장에 부사형 어미 '-도록'이 결합하여 서술어 '차가웠다'를 수식하기 때문에 부사절로 볼 수 있다.
[오답풀이] ① 밑줄 친 부분은 서술어를 수식하지 않으며, 주격 조사 '가'가 결합하여 체언처럼 쓰이기 때문에 명사절이다. ③ 밑줄 친 부분은 조사 '고'가 사용되어 자신의 말을 간접 인용한 것이므로 인용절이다. ④ 밑줄 친 부분은 '마음이 따뜻하다'라는 문장에 관형사형 어미 '-ㄴ'이 결합하여 명사 '사람'을 수식하기 때문에 관형절이다. ⑤ 밑줄 친 부분은 '우리가 어제 돌아오다.'라는 문장에 관형사형 어미 '-ㄴ'이 결합하여 명사 '사실'을 수식하기 때문에 관형절이다.

149) ③

선택 비율	① 2%	② 3%	③ 81%	④ 10%	⑤ 2%

해 : ㉡의 직접 인용문에서 쓰인 주체 높임 표현 '계시다'가 간접 인용문에서는 '있다'로 바뀌어 주체 높임 표현과 객체 높임 표현이 모두 실현되지 않았다.

150) ④

선택 비율	① 5%	② 11%	③ 9%	④ 64%	⑤ 9%

해 : ㉣은 '날이 추워지다.'와 '방한 용품이 필요하다.'가 연결 어미 '-면'을 통해 종속적으로 이어진 문장이다. 연결 어미 '-면'은 '날이 추워지다.'가 '방한 용품이 필요하다.'의 조건임을 나타낸다.
[오답풀이] ① ㉠은 '우리와 함께 일하기'가 명사절로서 안은문장에서 목적어의 역할을 하고 있다. ② ㉡은 '후각이 훨씬 예민하다'가 서술절로서 안은문장에서 서술어의 역할을 하고 있다. ③ ㉢은 '그가 우리를 도와준'이 관형절로서 안은문장에서 명사 '일'을 꾸며 주는 관형어의 역할을 하고 있다. ⑤ ㉤은 '관객들이'가 주어이고 '메웠다'가 서술어인, 주어와 서술어의 관계가 한 번 나타나는 홑문장이다.

151) ④

선택 비율	① 8%	② 6%	③ 17%	④ 57%	⑤ 9%

해 : ⓐ의 안긴문장 '소리도 없이'는 용언 '나갔다'를 수식하는 부사절이고, ⓒ의 안긴문장 '어머니께서 시장에서 산'은 체언 '수박'을 수식하는 관형절이다.
[오답풀이] ① ⓐ에서는 '소리도'가 주어이다. ② ⓑ는 목적격 조사 '을'과 결합하여 해당 문장의 목적어 기능을 수행한다. ③ ⓒ의 안긴문장 속에는 '사다'라는 용언을 수식하는 부사어 '시장에서'가 있지만, 체언을 수식하는 관형어는 존재하지 않는다. ⑤ ⓑ의 안긴문장에는 목적어가 없다. 반면 ⓒ는 목적어인 '수박'이 생략되어 있다.

152) ⑤

선택 비율	① 1%	② 1%	③ 17%	④ 4%	⑤ 77%

해 : 직접 인용을 간접 인용으로 바꿀 때는 자신의 관점에서 높임, 시간, 인칭, 지시, 문장 종결 표현 등을 적절히 다시 서술해야 한다. ㅁ에서 '민지'가 부른 '너'는 '나'에 해당하므로, 인칭 표현인 '너'를 '나'로 바꾸어 '지아는 나에게 민지가 나를 불렀다고 했다.'로 바꾸어야 한다.
[오답풀이] ① ㄱ은 문장 종결 표현인 '폈구나'를 '폈다'로 적절히 바꿔 서술하였다. ② ㄴ은 높임 표현인 '갔어요'를 '갔다'로 적절히 바꿔 서술하였다. ③ ㄷ은 시간 표현인 '내일'을 '오늘'로 적절히 바꿔 서술하였다. ④ ㄹ은 지시 표현인 '이'를 '그'로 적절히 바꿔 서술하였다.

153) ④

선택 비율	① 4%	② 8%	③ 10%	④ 67%	⑤ 11%

해 : ㄱ은 '그는 나에게 내가 자기의 책을 보았냐고 물었다'와 같이 간접 인용 문장으로 바꿀 수 있다. 이 경우 직접 인용 문장과 비교했을 때, 인용 조사(라고 →

고), 인용절의 대명사(당신 → 내, 저(의) → 자기(의)), 높임 표현(-시(었)- → (-았-)), 종결 어미(-습니까 → -냐)에 변화가 생긴다. ㄴ은 '나는 어제 그에게 그녀는 오늘 도착한다고 말했다'와 같이 간접 인용 문장으로 바꿀 수 있다. 이 경우 직접 인용 문장과 비교했을 때, 인용 조사(라고 → 고), 인용절의 시간 표현(내일 → 오늘), 종결 어미(-ㅂ니다 → -ㄴ다)에 변화가 생긴다.

154) ④

선택 비율	① 3%	② 2%	③ 9%	④ 73%	⑤ 13%

해 : '다섯'은 수관형사로서 단위성 의존명사 '개'를 꾸며주고 있다는 내용은 적절하지만, '동전 다섯'은 문장의 요건을 갖추고 있지 못하므로 '동전 다섯'을 관형절로 진술한 부분은 적절하지 않다.

[오답풀이] ① '유명한'은 용언인 '유명하다'의 어간에 관형사형 어미 '-ㄴ'이 결합된 말이며, 제시된 문장에서 명사 '관광지'를 꾸며주고 있으므로 적절한 진술이다. ② '그녀의'는 체언인 '그녀'에 관형격 조사 '의'가 결합된 말이며 제시된 문장에서 명사 '화단'을 꾸며주고 있으므로 적절한 진술이다. ③ '산'은 용언인 '사다'의 어간에 관형사형 어미 '-ㄴ'이 결합된 말이며, 제시된 문장에서 명사 '꽃'을 꾸며주고 있으므로 적절한 진술이다. ⑤ '어느'와 '그'는 관형격 조사나 관형사형 어미가 결합하지 않은 말로서 품사는 관형사이며, 제시된 문장에서 각각 명사 '지역', '사실'을 꾸며주고 있으므로 적절한 진술이다.

155) ⑤

선택 비율	① 4%	② 3%	③ 12%	④ 25%	⑤ 53%

해 : 이 문항은 여러 문장을 통해 서술절의 의미, 기능을 탐구할 것을 요구하고 있다. ㄴ의 '나무가'는 서세 무릎에서 '많다'와 함께 서술어의 기능을 하고 있다. 하지만 ㄷ의 '대학생이'는 서술어 '되다'가 요구하는 필수적인 성분인 보어이다.

[오답풀이] ① ㄱ의 '토끼는 앞발이 짧다.'의 경우 '앞발이'의 서술어는 '짧다'이고, '토끼는'의 서술어의 기능을 하는 서술절은 '앞발이 짧다'이다. ㄴ의 '이 산은 나무가 많다.'의 경우 '나무가'의 서술어는 '많다'이고, '산은'의 서술어의 기능을 하는 서술절은 '나무가 많다'이다. ㄷ의 '우리 오빠는 대학생이 되었다.'의 경우 '오빠는'의 서술어는 '되었다'이고 '대학생이'는 '되다'가 필수적으로 요구하는 보어이다. ② ㄱ의 '토끼는'은 '앞발이 짧다'의 서술절의 주어이다. ③ ㄴ의 '나무가 많다'는 '산은'의 서술절이다. ④ ㄱ과 ㄴ의 '앞발이 짧다'와 '나무가 많다'는 각각 전체 주어 '토끼는'과 '산은'의 서술어의 기능을 하는 서술절이다.

156) ③

선택 비율	① 11%	② 17%	③ 51%	④ 14%	⑤ 4%

해 : ⓒ은 '영수는 학교로 가 버렸다.'와 '영수는 말도 없었다.'가 결합된 문장이다. 이때 안긴문장인 '말도 없이'는 안은문장의 서술어인 '가 버렸다'를 수식하고 있는

부사절이다. 따라서 부사어인 '학교에'를 수식한다는 것은 잘못된 설명이다.

[오답풀이] ① '키가 매우 크다'가 서술절로, 안은문장의 주어인 '영수는'을 서술한다. ② '꽃이 핀'이 관형절로, 체언인 '사실'을 수식하여 의미를 제한하고 있다. ④ 명사절인 '공원에 가기'의 주어는 '영수는'으로 안은문장과 동일하다. ⑤ 인용절인 '빨리 오라'는 안은문장의 주어인 '영수'의 말을 따온 것이다.

157) ①

선택 비율	① 65%	② 8%	③ 10%	④ 5%	⑤ 10%

해 : 연결 어미 '-으면'은 앞의 절과 뒤의 절이 조건의 의미 관계임을 나타낸다.

[오답풀이] ② '-(으)려고'는 의도, ③ '-어도'는 양보, ④ '-는데'는 배경, ⑤ '-어서'는 인과의 의미 관계를 나타내는 연결 어미이다.

158) ④

선택 비율	① 5%	② 10%	③ 3%	④ 66%	⑤ 13%

해 : '단풍잎이 바람이 불면 흔들린다.'는 ㄹ인 '단풍잎이 흔들린다.'에 ㄱ인 '바람이 분다.'가 관형절로 안겨 있지 않으므로 적절하지 않다.

[오답풀이] ① '바람이 불어서 단풍잎이 흔들린다.'는 ㄱ과 ㄹ이 종속적 연결어미 '-어서'로 연결된 이어진 문장이므로 적절하다. ② '차가운 바람이 분다.'는 ㄴ이 ㄱ에 관형절로 안기면서 ㄴ의 주어가 생략된 문장이므로 적절하다. ③ '바람이 차갑고 단풍잎이 빨갛다.'는 ㄴ과 ㄷ이 대등적 연결어미 '-고'로 연결된 이어진 문장이므로 적절하다. ⑤ '흔들리는 단풍잎이 빨갛다.'는 ㄹ이 ㄷ에 관형절의 형태로 안겨 이루어진 문장이므로 적절하다.

159) ④

선택 비율	① 31%	② 6%	③ 9%	④ 40%	⑤ 12%

해 : 겹문장은 절과 절이 이어지거나 절이 전체 문장의 한 성분으로 안기면서 이루어진다. (나)와 (다)에서 ⓒ과 ⓜ은 전체 문장의 관형어와 목적어 기능을 하며 안기어 있다. (가)는 ㉠과 ㉡의 절이 이어져 이루어진 겹문장이다.

[오답풀이] ① ㉠은 ㉡에 대하여 '조건'의 의미를 갖는다. 따라서 두 절의 위치를 바꾸면 의미가 달라진다. ② ⓒ은 관형절로 '마을'을 꾸며 주는 역할을 한다. ③ ⓜ은 명사절로 전체 문장의 목적어 역할을 한다. 따라서 목적어가 생략될 경우 전체 문장의 의미는 불완전해진다. ⑤ (가)~(다)는 모두 '주어+서술어'의 관계가 문장 속에 두 번씩 나타나고 있는 겹문장이다.

160) ④

선택 비율	① 7%	② 13%	③ 6%	④ 66%	⑤ 6%

해 : '나는 꽃이 활짝 핀 봄이 오기를 기다린다.'에서 관형절 '꽃이 활짝 핀'이 '봄'을 수식하고 있고, 명사절 '봄이 오기'가 전체 문장에서 목적어로 쓰이고 있다.

161) ①

| 선택 비율 | ① **39%** | ② 20% | ③ 9% | ④ 10% | ⑤ 20% |

해 : 관형절 '그가 여행을 간'과 이 관형절이 안긴 '그녀는 사실을 몰랐다.'라는 문장에는 서로 중복된 단어가 없다. 따라서 생략된 문장 성분 없이 관형절이 안은문장의 체언 '사실'을 수식하고 있으므로 ㉠의 예에 해당하지 않는다.

[오답풀이] ② 관형절 '내가 사는'의 부사어 '마을에'가 관형절이 수식하는 체언 '마을'과 동일하여 생략되었다. ③ 관형절인 '책장에 있던'의 주어 '소설책이'가 관형절이 수식하는 '소설책'과 중복되어 생략되었다. ④ 관형절인 '동생이 먹을'의 목적어 '딸기를'이 관형절이 수식하는 체언 '딸기'와 중복되어 생략되었다. ⑤ 관형절인 '골짜기에 흐르는'의 주어 '물이'가 관형절이 수식하는 체언 '물'과 중복되어 생략되었다.

162) ②

| 선택 비율 | ① 7% | ② **42%** | ③ 6% | ④ 21% | ⑤ 22% |

해 : ㉠ '누나가 주인임이 밝혀졌다.'에서 '누나가 주인임'은 명사절이고 안은문장 안에서 주어의 기능을 한다. ㉡ '삼촌은 농담을 던짐으로써 분위기를 풀었다.'에서 '(삼촌이) 농담을 던짐'은 명사절이고 안은문장 안에서 부사어의 기능을 한다. ㉢ '형은 동생이 고향으로 돌아오기만 기다렸다.'에서 '동생이 고향으로 돌아오기'는 명사절이고 안은문장 안에서 목적어의 기능을 한다. ㉠~㉢의 안긴문장은 모두 명사절로 종류는 동일하다. ㉠의 안긴문장은 주어, ㉡의 안긴문장은 부사어, ㉢의 안긴문장은 목적어로 안은문장 안에서 각각 다른 기능을 한다.

163) ②

| 선택 비율 | ① 9% | ② **56%** | ③ 7% | ④ 18% | ⑤ 8% |

해 : ㄴ은 안긴문장 '사진이 벽에 걸려 있다.'와 안은문장 '나는 사진을 떠올렸다.'에서 공통된 체언인 '사진'이 생략된 관형절을 안은 문장이라는 점에서 Ⓐ와 같은 유형이므로 적절하지 않다.

[오답풀이] ① ㄱ은 안긴문장 '그가 시를 지었다.'에서 안은문장 '시는 감동적이었다.'와의 공통된 체언인 '시'를 생략하여 관형절 '그가 지은'을 만들었다는 점에서 적절하다. ③ ㄷ은 '그가 한국에 돌아왔다.'라는 안긴문장이 생략된 성분 없이 체언 '소문'을 수식하는 관형어로 쓰이고 있다는 점에서 적절하다. ④ ㄹ은 관형절인 '그 사람이 나를 속일'이 문장의 필수 성분을 모두 갖추고 있다는 점에서 적절하다. ⑤ ㅁ은 안긴문장 '땀이 이마에 흘렀다.'와 안은문장 '나는 수건으로 땀을 닦았다.'의 공통된 체언인 '땀'이 관형절 '이마에 흐르는'에서 생략되어 있다는 점에서 적절하다.

164) ③

| 선택 비율 | ① 16% | ② 35% | ③ **35%** | ④ 8% | ⑤ 3% |

해 : ㄴ은 홑문장으로 서술어는 '좋아한다' 1개이며, ㄷ은 겹문장 중 이어진문장으로 서술어는 '시인이자'와 '선생님이다' 2개이다.

[오답풀이] ① ㄱ은 서술절을 가진 안은문장으로 주어 '나는'과 서술어의 역할을 하는 서술절 '키가 크다'로 이루어져 있고, '키가 크다'는 주어 '키가'와 서술어 '크다'로 이루어져 있다. ㄷ은 이어진문장으로 앞 절의 주어 '그녀는', 서술어 '시인이자', 뒤 절의 주어 '그녀는', 서술어 '선생님이다'로 이루어져 있다. 따라서 ㄱ과 ㄷ을 이루고 있는 문장 성분은 주어와 서술어로 동일하다. ② ㄱ은 '나는'이 안은문장의 주어이고 '키가 크다'라는 서술절이 서술어의 역할을 하는, 서술절을 가진 안은문장이다. ㄹ은 '그녀가 사과를 먹고'와 '나는 배를 먹는다'라는 2개의 절이 대등하게 이어져 있다. 따라서 ㄱ, ㄹ은 모두 주어와 서술어의 관계가 두 번 나타나 있다. ④ ㄴ의 '나는'은 주어, '여름만'은 목적어이고, ㄹ의 '그녀가', '나는'은 주어, '사과를', '배를'은 목적어이므로 ㄴ과 ㄹ은 모두 주어와 목적어를 포함하고 있다. ⑤ ㄷ과 ㄹ은 대등하게 연결된 이어진문장으로, ㄷ은 '-자'라는 대등적 연결 어미를, ㄹ은 '-고'라는 대등적 연결 어미를 포함하고 있다.

165) ④

| 선택 비율 | ① 7% | ② 5% | ③ 5% | ④ **52%** | ⑤ 29% |

해 : ㄷ의 안긴문장인 '수업이 끝나기'에는 생략된 필수 성분이 없다. ㄹ의 안긴문장인 '조종사가 된'에는 안은문장과 공통되는 요소인 주어 '소년이'가 생략되어 있다고 볼 수 있다. '조종사가'는 보어이다.

[오답풀이] ① ㄱ의 안긴문장인 '여행을 가기'에는 주어 '내가'가 생략되어 있다. ② ㄴ의 안긴문장은 '그녀가 착함'이다. 안긴문장의 주어는 '그녀가', 안은문장의 주어는 '우리는'이다. ③ ㄴ과 ㄷ의 안긴문장은 각각 목적격 조사 '을', '를'과 결합하여 안은문장의 목적어로 쓰인다. ⑤ ㄱ의 안긴문장은 명사절, ㄹ의 안긴문장은 관형사절로 서로 종류가 다르지만, 안은문장에서 각각 체언을 수식하는 관형어로 쓰인다.

166) ③

| 선택 비율 | ① 35% | ② 7% | ③ **42%** | ④ 9% | ⑤ 6% |

해 : ㉢은 주어와 서술어 관계가 한 번만 나타나는 홑문장으로, 주어는 '이곳은'이며 서술어는 '아름답다'이다. 다른 문장 속에서 하나의 문장 성분처럼 쓰이는 문장은 안긴문장으로, 안긴문장이 있는 문장은 주어와 서술어의 관계가 두 번 이상 나타나는 겹문장인 안은문장이다.

[오답풀이] ① ㉠에는 주어 '아이가'가 생략된 안긴문장인 '예쁜'이 있으며, '예쁜'은 체언인 '아이'를 꾸며 주는 관형사절이다. ② ㉡은 주어 '나는'과 서술어 '샀다'가 한 번 나타나는 홑문장이다. ④ ㉣은 주어 '날씨가'와 서술어 '추웠으나'로 이루어진 홑문장과 생략된 주어 '날씨가'와 서술어 '따뜻하다'로 이루어진 홑문장이 대등적 연결 어미 '-으나'로 대등하게 연결된 이어진문장이다. ⑤ ㉤은 주어 '눈이'와 서술어 '올지라도'로 이루어진 홑문장과 주어 '우리는'과 서술어 '나간다'로 이루어진 홑문장이 종속적 연결 어미 '-ㄹ지라도'로 종속적으로 연결된 이어진 문장이다.

167) ①

선택 비율	① 75%	② 4%	③ 10%	④ 8%	⑤ 3%

[해] : '그는 영수가 집에 간다고 했다.'는 인용을 나타내는 조사 '고'가 쓰인 인용절을 가진 안은문장이다. 안은문장의 주어는 '그는'이고 안긴문장의 주어는 '영수가'이므로 안긴문장의 주어가 생략되어 있지 않다.

168) ①

선택 비율	① 62%	② 15%	③ 11%	④ 8%	⑤ 4%

[해] : ⓐ에는 홑문장 또는 안긴문장을 가지지 않은 이어진문장이, ⓑ에는 관형절을 가진 안은문장을 제외한 안은문장이, ⓒ에는 관형절을 가진 안은문장이 들어가야 한다. ㄱ은 '동생이 돌아왔다는'이라는 관형절을 가진 안은문장이고, ㄹ은 '옆집에 사는'이라는 관형절을 가진 안은문장이다. ㄴ은 홑문장이며 ㄷ은 '마음 씀씀이가 크다'라는 서술절을 가진 안은문장이다.

169) ②

선택 비율	① 22%	② 47%	③ 13%	④ 9%	⑤ 8%

[해] : '이번 책이 독자들에게 많이 읽히기'는 목적어 역할을 하는 명사절이지만, '읽히기'는 '읽다'에 피동 접미사 '-히-'가 결합한 피동사이므로 적절하지 않다.

[오답풀이] ① '내가 건강하기'는 목적어 역할을 하는 명사절이고, '바라는'은 용언의 관형사형이 '분'을 수식하는 관형어이므로 적절하다. ③ '대회에 나가지 못했음'은 목적어 역할을 하는 명사절이고, '나가지 못했음'은 '-지 못하다'라는 형태의 긴 부정이면서 능력 부정이므로 적절하다. ④ '환자를 어서 눕히라고'에 간접 인용절이 사용되었고, '눕히라'의 기본형 '눕히다'는 '눕다'에 사동 접미사 '-히-'가 결합한 사동사이므로 적절하다. ⑤ '이곳이 어디냐고'에 간접 인용절이 사용되었고, '묻지 못했다'는 '-지 못하다'라는 형태의 긴 부정이면서 능력 부정이므로 적절하다.

170) ④

선택 비율	① 3%	② 1%	③ 6%	④ 86%	⑤ 1%

[해] : '일찍 먹기'는 명사절로 안긴문장이며 '일찍 먹기' 뒤에 붙은 '는'은 조사이다. 따라서 관형절이 아닌 명사절이다.

[오답풀이] ① '코가 길다'는 '코끼리는'이라는 주어를 서술하는 서술절이다. ② '소리도 없이'는 '-이'라는 부사형 어미를 사용하여 '다가왔다'라는 서술어를 수식하여 부사어의 기능을 하는 부사절이다. ③ '-기'라는 명사형 어미를 사용하여 만든 명사절이다. ⑤ '자기가 옳다고'는 간접 인용 조사 '고'가 쓰인 인용절이다.

171) ④

선택 비율	① 1%	② 1%	③ 1%	④ 94%	⑤ 2%

[해] : <보기>의 (다)는 (가)가 (나)에 관형절로 안겨 만들어진 겹문장인데, 이때 (가)의 '민수'와 (나)의 '민수'가 중복되어 (다)의 관형절에서는 (가)의 주어 '민수가'가 실현되지 않은 것이다. 그런데 ④는 '정수가 은희와 결혼했

다.'가 '나는 사실을 몰랐다.'에 관형절로 안기는 과정에서 중복되는 성분이 없기 때문에 겹문장을 형성할 때 원래 있던 주어 '정수가'가 생략되지 않았다.

[오답풀이] ① '동생이 숙제를 한다.'가 '형이 동생을 불렀다.'에 관형절로 안기는 과정에서 '동생'이 중복되어 원래 있던 주어 '동생이'가 생략되었다. ② '형이 대학생이 되었다.'가 '동생은 형과 여행을 했다.'에 관형절로 안기는 과정에서 '형'이 중복되어 원래 있던 주어 '형이'가 생략되었다. ③ '경희가 버스에 탔다.'가 '영수가 경희에게 말을 걸었다.'에 관형절로 안기는 과정에서 '경희'가 중복되어 원래 있던 주어 '경희가'가 생략되었다. ⑤ '화가가 이 그림을 그렸다.'가 '그는 화가의 전시회에 갔다.'에 관형절로 안기는 과정에서 '화가'가 중복되어 원래 있던 주어 '화가가'가 생략되었다.

172) ⑤

선택 비율	① 10%	② 16%	③ 16%	④ 9%	⑤ 46%

[해] : 이 문항에서는 문장 성분과 문장의 구조에 대한 지식을 바탕으로 제시된 두 문장을 분석할 것을 요구하고 있다. 두 문장은 각각 '내가 노래 부르기', '이 지역 토양이 벼농사에 적합함'이라는 명사절이 '친구들은 원한다.'와 '우리는 몰랐다.'에 안겨 있는 겹문장이다. ㉠의 안긴문장 '내가 노래 부르기'에는 '노래(를)'라는 목적어가 있지만, ㉡의 안긴문장 '이 지역 토양이 벼농사에 적합함'에는 목적어가 없다. ㉡에서 '벼농사에'는 '적합함'이라는 서술어가 필수적으로 요구하는 부사어이지 목적어가 아니다.

[오답풀이] ① ㉠과 ㉡의 문장 성분을 큰 틀에서 분석해 보면, 각각 [주어 + 목적어(주어 + 목적어 + 서술어) + 서술어], [주어 + 목적어(주어 + 부사어 + 서술어) + 서술어]이고 구분할 수 있는데, 부사어는 ㉡에만 나타날 뿐 ㉠에는 나타나지 않는다. ② ㉠과 ㉡은 모두 명사절로 안겨 있는 문장이며, 두 문장 모두에서 부사절은 나타나지 않는다. ③ ㉠과 ㉡은 모두 명사절로 안겨 있는 문장이며, 두 문장 모두에서 서술절이나 관형절은 나타나지 않는다. ④ ㉠의 문장에는 관형어가 나타나지 않는다. ㉡의 문장에는 '이'가 '지역'을 수식하는 관형어로 쓰이고 있으며, '이 지역'이라는 구 역시 '토양'을 수식하는 관형어로 쓰인다.

173) ⑤

선택 비율	① 3%	② 3%	③ 1%	④ 2%	⑤ 91%

[해] : '영희는 동생이 산 빵을 먹었다.'는 관형절인 '동생이 빵을 산'을 안은 문장이고, '그는 우리가 돌아온 사실을 모른다.'는 관형절인 '우리가 돌아온'을 안은 문장이다. 이때, '동생이 빵을 산'은 안은 문장의 '빵을'과 겹치므로 관형절의 목적어인 '빵을'이 생략되었지만, '우리가 돌아온'은 생략된 성분이 없으므로 적절하지 않다.

174) ④

선택 비율	① 12%	② 17%	③ 12%	④ 51%	⑤ 5%

[해] : ㄱ은 주어(그가)와 서술어(되었다)의 관계가 한 번만

나타나는 홑문장이고, ㄴ은 '창문이(주어) 많다(서술어)'라는 문장이 다시 전체 문장에 서술절로 안겨 있는 겹문장이다.

[오답풀이] ① ㄱ에서 '대학생이'의 문장 성분은 보어이다. ③ ㄱ의 '마침내', ㄴ의 '아주'는 부사어이다. ⑤ ㄷ은 명사절을 안은 문장이며, ㄹ은 대등하게 이어진 문장이다.

175) ⑤

선택 비율	① 24%	② 6%	③ 18%	④ 8%	⑤ 40%

해 : ㄴ의 안긴문장은 '지훈이가 성실하고 눈이 크다는'인데, 이 문장에는 목적어가 없다.

176) ⑤

선택 비율	① 2%	② 1%	③ 2%	④ 4%	⑤ 88%

해 : '그 사람과 나는 오래 전부터 서로 사귀어 왔다.'에는 ①~④와 같이 '와/과'가 사용되었지만, 이 문장은 두 개의 홑문장, 즉 '그 사람은 오래 전부터 서로 사귀어 왔다.'와 '나는 오래 전부터 서로 사귀어 왔다.'로 분리되지 않는다. 이 문장에 쓰인 '과'는 행위의 상대임을 나타내는 부사격 조사로, <보기>의 설명대로 서술어가 '사귀어 왔다' 하나이므로 ⑤는 이어진 문장이 아닌 홑문장이다.

[오답풀이] '이어진문장'이란 '이것은 장미꽃이고, 저것은 국화꽃이야.'처럼 둘 이상의 홑문장이 이어진 것으로, 이때 서술어의 개수는 특별한 경우를 제외하면 이어진 홑문장의 개수와 같다. 그런데 <보기>에 제시된 문장의 경우, 서술어의 개수가 하나뿐이어서 홑문장처럼 보이지만, 실제로는 두 홑문장이 결합된 이어진문장이다. 이처럼 주어나 목적어, 부사어 등의 특정 문장 성분들이 접속 조사 '와/과'에 의해 이어져 홑문장처럼 보이는 이어진문장이 있는데, ①~④가 여기에 해당한다. 하나씩 살펴보면, ①은 '나는 시를 좋아한다.'와 '나는 소설을 좋아한다.'가, ②는 '그녀는 집에서 공부했다.'와 '그녀는 도서관에서 공부했다.'가, ③은 '고향의 산은 예전 그대로였다.'와 '고향의 하늘은 예전 그대로였다.'가, ④는 '성난 군중이 앞문으로 들이닥쳤다.'와 '성난 군중이 뒷문으로 들이닥쳤다.'가 각각 결합된 이어진문장이며, 이때 쓰인 '와/과'는 접속 조사이다.

177) ②

선택 비율	① 3%	② 83%	③ 4%	④ 5%	⑤ 2%

해 : ㉡의 주어 '나는'의 서술어는 '기다렸고'이고, ㉣은 '기다렸고'의 목적어 역할을 하는 명사절이므로 ㉣을 '나는'의 서술어라고 진술한 것은 적절하지 않다.

178) ③

선택 비율	① 8%	② 17%	③ 57%	④ 9%	⑤ 7%

해 : 이 문항은 관형절을 안은문장에 대해 설명한 뒤, 안긴문장인 관형절을 완결된 문장으로 바꾸었을 때 밑줄 친 단어가 어떤 문장 성분으로서의 기능을 하는지 묻고 있다. '나는 어제 부모님이 시키신 일을 오늘에야

다 끝냈다.'에서 안긴문장인 관형절을 완결된 문장으로 바꾸면 '어제 부모님이 일을 시키셨다.'가 된다. '일'은 뒤에 '을'이 붙어 목적어로 기능을 하는 ㉡에 해당하는 예라 할 수 있다. 그러나 '두 사람이 어제 헤어진 공원이 지금 공사 중입니다.'에서 안긴문장인 관형절을 완결된 문장으로 바꾸면 '두 사람이 어제 공원에서 헤어졌다.'가 된다. '공원'은 뒤에 '에서'가 붙어 부사어로 기능을 하고 있어 ㉢에 해당하는 예이다.

[오답풀이] ① '어제 결혼한 그들에게 나는 미리 선물을 주었다.'에서 안긴문장인 관형절을 완결된 문장으로 바꾸면 '그들이 어제 결혼했다.'가 된다. '그들'은 뒤에 '이'가 붙어 주어로 기능을 하고 있다. '누나를 많이 닮은 친구를 우리는 오늘도 만났다.'에서 안긴문장인 관형절을 완결된 문장으로 바꾸면 '친구가 누나를 많이 닮았다.'가 된다. '친구'는 뒤에 '가'가 붙어 주어로 기능을 하고 있다. ② '나무로 된 탁자에 동생이 낙서를 하고 있다.'에서 안긴문장인 관형절을 완결된 문장으로 바꾸면 '탁자가 나무로 되었다.'가 된다. '탁자'는 뒤에 '가'가 붙어 주어로 기능을 하고 있다. '그들은 시대에 뒤떨어진 생각을 여전히 하고 있다.'에서 안긴문장인 관형절을 완결된 문장으로 바꾸면 '생각이 시대에 뒤떨어졌다.'가 된다. '생각'은 뒤에 '이'가 붙어 주어로 기능을 하고 있다. ④ '친구가 나에게 준 옷이 나는 마음에 든다.'에서 안긴문장인 관형절을 완결된 문장으로 바꾸면 '친구가 나에게 옷을 주었다.'가 된다. '옷'은 뒤에 '을'이 붙어 목적어로 기능을 하고 있다. '누나는 털실로 짠 장갑도 내게 주었습니다.'에서 안긴문장인 관형절을 완결된 문장으로 바꾸면 '누나는 털실로 장갑을 짰다.'가 된다. '장갑'은 뒤에 '을'이 붙어 목적어로 기능을 하고 있다. ⑤ '아이들이 운동장에서 공을 찬 주말을 기억해 보세요.'에서 안긴문장인 관형절을 완결된 문장으로 바꾸면 '아이들이 주말에 운동장에서 공을 찼다.'가 된다. '주말'은 '에'가 붙어 부사어로 기능을 하고 있다. '그는 관중이 쓰레기를 남긴 경기장을 열심히 청소했다.'에서 안긴문장인 관형절을 완결된 문장으로 바꾸면 '관중이 경기장에 쓰레기를 남겼다.'가 된다. '경기장'은 뒤에 '에'가 붙어 부사어로 기능을 하고 있다.

179) ①

선택 비율	① 91%	② 2%	③ 2%	④ 3%	⑤ 1%

해 : <보기>의 첫 번째 예시에서 인용된 발화는 어제 말한 것이므로, ⓐ는 어제 시점에서의 '내일', 곧 '오늘'이 되어야 한다. 또 '계십시오'는 아들이 아버지에게 한 말이기 때문에 높임 표현을 쓴 것인데, 아버지가 말할 때 아들의 말이 간접 인용이 되면 아버지인 '나'가 자기 자신을 높이는 표현을 쓸 수 없으므로 '있-'으로 서술어를 바꾸어야 하고 명령문을 간접 인용할 때에는 '-(으)라고'를 써야 하므로 '있으라고'로 말해야 한다. <보기>의 두 번째 예시에서 인용된 발화는 언니가 말한 것이므로, ⓒ에는 주어 '언니'를 다시 가리키는 재귀 대명사 '자기'를 사용한 '자기의'가 들어가야 한다. 또 직접 인용의 명령형 '남겨라'는 간접 인용에서는 어간 '남기-'에 '-(으)라고'가 붙어야 하므로 '남기라고'가 되어야 한다.

180) ④

선택 비율	① 8%	② 7%	③ 6%	④ 73%	⑤ 3%

해 : ㄷ의 안긴문장의 주어는 '동생이'이고 안은문장의 주어는 '오빠가'이므로 ㄷ의 안긴문장의 주어는 안은문장의 주어와 다르다. 그러나 ㅁ의 안긴문장과 안은문장의 주어는 모두 '누나가'라고 볼 수 있다.

[오답풀이] ① ㄱ의 안긴문장은 안은문장에서 주어로 쓰이고 있고, ㄴ의 안긴문장은 안은문장에서 관형어로 쓰이고 있다. ② ㄴ과 ㄷ의 안긴문장은 각각의 안은문장에서 둘 다 관형어로 쓰이고 있다. ③ ㄷ의 안긴문장은 안긴문장 속에 목적어가 생략되어 있으나, ㄴ의 안긴문장은 안긴문장 속에 필수 성분이 생략되지 않았다. ⑤ ㄹ의 안긴문장은 안은문장에서 목적어로 쓰이고 있고, ㅁ의 안긴문장은 안은문장에서 부사어로 쓰이고 있다.

181) ①

선택 비율	① 90%	② 2%	③ 2%	④ 3%	⑤ 1%

해 : '그가 아끼던 제자가 상을 받았음을 그녀가 알려 줬다.'에서 문장 전체의 서술어는 '알려 줬다'이고, '알려 줬다'의 주어는 '그녀가'이다. 그리고 명사절인 '제자가 상을 받았음'에서 '받았음'의 주어는 '제자가'이다. 또 관형절인 '그가 아끼던'에서 '아끼던'의 주어는 '그가'이다.

182) ②

선택 비율	① 12%	② 38%	③ 8%	④ 33%	⑤ 6%

해 : 문장 성분과 문장 구조에 대해 주어진 예문을 탐구하는 문항이다. ㄷ에는 '피곤해하던'이라는 관형절과 '엄마가 모르게'라는 부사절이 안겨 있다. 또한 ㄹ에는 '그가 시장에서 산'이라는 관형절과 '값이 비싸다'라는 서술절이 안겨 있다. ㄷ에는 ㄹ과 달리 서술어의 기능을 하는 안긴문장인 서술절이 안겨 있지 않다.

[오답풀이] ① 체언을 수식하는 안긴문장은 관형절을 의미한다. ㄱ에는 '따뜻한'이라는 관형절이, ㄴ에는 '내가 만난'이라는 관형절이 안겨 있다. ③ ㄱ에는 명사절 '봄이 빨리 오기' 속에 부사어 '빨리'가 포함되어 있고, ㄴ에는 서술절 '마음이 정말 착하다' 속에 부사어 '정말'이 포함되어 있다. ④ ㄱ에 안겨 있는 문장인 '따뜻한'에는 '봄이'라는 주어가 생략되어 있고, ㄹ에 안겨 있는 문장인 '그가 시장에서 산'에는 '배추를'이라는 목적어가 생략되어 있다. ⑤ ㄷ에서 부사절 '엄마가 모르게'는 부사어의 기능을 하는 안긴문장이고, ㄹ에서 관형절 '그가 시장에서 산'은 관형어의 기능을 하는 안긴문장이다.

183) ②

선택 비율	① 6%	② 84%	③ 4%	④ 2%	⑤ 2%

해 : 홑문장 ㉠이 관형절인 '철수가 산책을 한'의 형태가 되어 ㉡에 안기는 과정에서 ㉠의 부사어 '공원에서'가 생략되었다.

184) ①

선택 비율	① 44%	② 9%	③ 11%	④ 21%	⑤ 13%

해 : ㉠에서 '내 친구의 것이다'는 '내 친구의 것'이라는 구에 '이다'라는 서술격 조사가 붙어 주어인 '자전거는'을 서술하고 있으나 주어와 서술어의 관계가 나타나지 않으므로 안긴문장이 아니다. ㉢에서 '손가락이 길다'는 '손가락이'라는 주어와 '길다'라는 서술어를 갖추고 있으면서 문장 전체의 주어인 '영수는'을 서술하고 있으므로 서술어의 기능을 하는 안긴문장에 해당한다.

[오답풀이] ② ㉠의 '내가 빌린'은 주어와 서술어를 갖춘 문장으로 용언의 어간에 관형사형 어미를 붙여 체언인 '자전거'를 수식하는 안긴문장을 만든 것이다. ㉣의 '마을에 사는'은 주어인 '사람들이'가 생략되고 관형사절로 쓰여서 체언인 '사람들'을 수식하는 안긴문장이다. ③ ㉡의 '공연이 시작되기'는 안긴 문장으로, 이 문장에서 부사어는 나타나지 않는다. ㉢의 '피아노를 잘 치는'은 안긴문장으로, 이 문장에서 '잘'은 부사어에 해당하며, '손가락이 누구보다 길다'는 안긴문장으로, 이 문장에서 '누구보다'는 부사어에 해당한다. ④ ㉡의 '공연이 시작되기'는 명사인 '전'을 꾸며주는 관형어의 기능을 하는 안긴문장이다. ㉣의 '파수꾼이 마을에 사는 사람들을 속였음'은 명사절로 안긴문장으로 조사 '이'와 결합하여 문장에서 주어의 기능을 하고 있다. ⑤ ㉢의 '피아노를 잘 치는'은 주어인 '영수가'가 생략되어 있는 안긴문장이다. ㉣의 '마을에 사는'은 주어인 '사람들이'가 생략되어 있는 안긴문장이다.

185) ④

선택 비율	① 6%	② 5%	③ 16%	④ 62%	⑤ 9%

해 : ㉣에는 '내가 늘 쉬-'가 전성 어미 '-던'을 통해 관형절로 안겨 있으며, 안긴문장에 부사어 '공원에서'가 생략되어 있다.

[오답풀이] ① ㉠에는 '자식이 건강하-'가 전성 어미 '-기'를 통해 명사절로 안겨 있으며, 안긴문장에 생략된 문장 성분은 없다. ② ㉡에는 '연락도 없-'이 전성 어미 '-이'를 통해 부사절로 안겨 있으며, 안긴문장에 생략된 문장 성분은 없다. ③ ㉢에는 '자신의 판단이 옳았-'이 전성 어미 '-음'을 통해 명사절로 안겨 있으며, 안긴문장에 생략된 문장 성분은 없다. ⑤ ㉤에는 '아주 어렵-'이 전성 어미 '-은'을 통해 관형절로 안겨 있으며, 안긴문장에는 주어 '과제가'가 생략되어 있다.

186) ③

선택 비율	① 3%	② 3%	③ 75%	④ 16%	⑤ 2%

해 : '동주는 반짝이는 별을 응시했다.'에서 '별을'은 '반짝이는' 주체라는 점에서 안긴문장의 주어이면서 '응시하-'는 대상이기에 안은문장의 목적어이다.

[오답풀이] ① '그는 위기를 좋은 기회로 삼았다.'의 '삼았다'는 주어 이외에도 목적어(위기를)와 필수적 부사어(기회로)를 필수적으로 요구한다. ② '바다가 눈이 부시게 파랗다.'에서 안은문장의 '바다가'는 '파랗다'의 주어이고, 안긴문장의 '눈이'는 '부시게'의 주어이다. ④ '그는 위기를 좋은 기회로 삼았다.'의 '좋은'은 안긴

문장인 '기회가 좋다.'의 서술어이고, '동주는 반짝이는 별을 응시했다.'의 '반짝이는'은 안긴문장인 '별이 반짝이다.'의 서술어이다. ⑤ '바다가 눈이 부시게 파랗다.'의 '눈이 부시게'는 부사절로, 부사어의 기능을 하고, '동주는 반짝이는 별을 응시했다.'의 '반짝이는'은 관형절로, 관형어의 기능을 한다. 따라서 모두 수식의 기능을 한다고 볼 수 있다.

187) ⑤

선택 비율	① 10%	② 5%	③ 14%	④ 9%	⑤ 60%

〔해〕 : ㉯에서 '장애물 달리기'는 명사절이 아니기 때문에 목적어의 기능을 하는 안긴문장은 없다.

[오답풀이] ①, ② ㉮에서 '그 사람이 범인임'은 주어의 기능을 하는 명사절이고, '그'는 '사람'을 수식하는 관형어이다. ③ ㉯에서 '부상을 당한'은 '선수'를 수식하는 관형절이고, '부상을 당한'에서 주어는 생략되어 있다. ④ ㉰에서 '성적이 많이 오르기'는 목적어의 기능을 하는 안긴문장이고, '많이'는 '오르기'를 수식하는 부사어이다. ㉮의 안긴문장 속에는 부사어가 없다.

188) ①

선택 비율	① 77%	② 7%	③ 5%	④ 4%	⑤ 5%

〔해〕 : 제시된 겹문장은 '날씨가 춥다'가 관형절로 안겨 '날씨'를 꾸며 주므로 '명사절을 안은 문장'이라는 조건을 만족하지 않는다. 이때 안긴절의 주어 '날씨가'는 생략된다.

[오답풀이] ② 제시된 겹문장은 '동생은 얼음을 먹었다'가 관형절로 안겨 '동생'을 꾸며 주므로 조건을 만족한다. ③ 제시된 겹문장은 '동생은 추위와 상관없다'가 부사절로 안겨 '먹었다'를 꾸며 주므로 조건을 만족한다. ④ 제시된 겹문장은 '날씨가 춥다'가 간접 인용절로 안겨 있으므로 조건을 만족한다. ⑤ 제시된 겹문장은 '형은 물을 마셨다'와 '동생은 얼음을 먹었다'가 연결 어미 '-지만'을 통해 대등하게 이어진 문장이므로 조건을 만족한다.

189) ④

선택 비율	① 4%	② 4%	③ 12%	④ 74%	⑤ 3%

〔해〕 : ㉣에는 부사어가 생략된 관형절이 있고, 목적어로 쓰인 명사절이 있다.

[오답풀이] ① ㉠에는 주어가 생략된 관형절인 '약속 시간에 늦은'이 있고, 명사절은 없다. ② ㉡에는 관형절이 없고, 주어로 쓰인 명사절인 '마지막 문제를 풀기'가 있다. ③ ㉢에는 목적어가 생략된 관형절인 '아버지께서 주신'이 있고, 명사절은 없다. ⑤ ㉤에는 관형절이 없고, 목적어로 쓰인 명사절인 '우리가 어제 목적지에 도착했음'이 있다.

190) ①

선택 비율	① 62%	② 18%	③ 7%	④ 7%	⑤ 4%

〔해〕 : ㉠이 서술어인 문장은 '주기적으로 운동하기가 건강의 첫걸음이다.'이며, '주기적으로 운동하-'에 명사형 어미 '-기'가 결합한 명사절이 주격 조사 '가'와 함께 쓰여 문장의 주어 기능을 하고 있다.

[오답풀이] ② ㉡이 서술어인 문장은 '그것을 꾸준하게 실천하다.'이며, 문장의 목적어 역할을 하고 있는 '그것을'은 명사절이라고 할 수 없다. 따라서 여기에는 명사절이 존재하지 않는다. ③ ㉢이 서술어인 문장은 '그것을 꾸준하게 실천하기 원한다.'이며, '그것을 꾸준하게 실천하-'에 명사형 어미 '-기'가 결합한 명사절이 목적어로 쓰이고 있다. ④ ㉣이 서술어인 문장은 '계획(을) 세우기가 제대로 되다.'이며, '계획(을) 세우-'에 명사형 어미 '-기'가 결합한 명사절이 주어로 쓰이고 있다. 또한, '제대로'가 필수적 부사어로 서술어 '되다'를 보충하고 있다. ⑤ ㉤이 서술어인 문장은 '제대로 된 계획 세우기가 선행되어야 한다.'이며, '제대로 된 계획 세우-'에 명사형 어미 '-기'가 결합한 명사절이 주격 조사 '가'와 함께 쓰여 문장의 주어 기능을 하고 있다.

191) ①

선택 비율	① 36%	② 3%	③ 29%	④ 8%	⑤ 21%

〔해〕 : ⓐ에 '비가 온다는'은 전성 어미 '-는'이 쓰인 관형절의 예로, 다른 문장 속에 들어가 체언 '예보'를 꾸며 주고 있다. 인용절에는 조사 '라고, 고'가 쓰여 '~온다고', '~온다라고'와 같이 사용되어야 한다.

[오답풀이] ② ⓑ는 '공원이 많고 거리가 깨끗하-'에 전성 어미 '-(으)ㄴ'이 결합하여 관형절로 쓰여 체언 '도시'를 수식하고 있다. ③ ⓒ는 '바람이 거세지고 어둠이 내리-'에 전성 어미 '-기'가 결합하여 명사절로 쓰이고 있다. ④ ⓓ는 전성 어미 '-음'이 결합한 명사절이며, 목적격 조사 '을'과 결합하여 안은문장에서 주성분인 목적어로 쓰이고 있다. ⑤ ⓔ는 전성 어미 '-는'이 결합한 관형절이다. 조사와의 결합 없이, 체언인 '들판'을 수식하는 부속 성분인 관형어로 쓰이고 있다.

192) ②

선택 비율	① 2%	② 83%	③ 4%	④ 4%	⑤ 4%

〔해〕 : ㉡에서 '그가 범인이 아니었음'은 부사격 조사 '에'와 결합하여 부사어의 기능을 하고 있다. '그가 범인이 아니었음' 외에는 ㉡에 다른 안긴문장이 없으므로, ㉡에 서술어의 기능을 하는 안긴문장이 있다는 설명은 적절하지 않다.

[오답풀이] ① ㉠에서 '봄이 어서 오기'는 목적격 조사 '를'과 결합하여 목적어의 기능을 하고 있다. ③ ㉢에서 '우유를 마신'은 '아이'를 수식하는 관형어의 기능을 하고 있다. ④ ㉢의 안긴문장 '우유를 마신' 속에는 부사어가 없다. ㉠의 안긴문장 '봄이 어서 오기' 속에는 '오기'를 수식하는 부사어 '어서'가 있다. ⑤ ㉡의 안긴문장 '그가 범인이 아니었음'에는 주어 '그가'가 드러나 있고, ㉢의 안긴문장 '우유를 마신'에는 주어가 생략되어 있다.

193) ②

선택 비율	① 7%	② 72%	③ 2%	④ 14%	⑤ 2%

해 : ⓐ는 서술절이고 ⓑ는 관형절, 관형어로 쓰인 명사절이며 ⓒ는 ⓐ, ⓑ를 제외한 것이므로 관형어로 쓰이지 않은 명사절, 부사절, 인용절 중 하나이다. 명사절은 주어, 목적어, 부사어, 관형어로 모두 쓰일 수 있기 때문에 주의해야 한다. ㉠의 밑줄 친 부분은 '노래를 부르다'가 명사형 어미 '-기'와 결합한 명사절이고 주격 조사와 결합하여 안은문장의 주어로 쓰였으므로 ⓐ나 ⓑ에 해당하지 않고 ⓒ에 해당한다. ㉡의 밑줄 친 부분은 '아무도 모르다'가 부사형 어미 '-게'와 결합한 부사절이므로 ⓐ나 ⓑ에 해당하지 않고 ⓒ에 해당한다.

[오답풀이] ㉢의 밑줄 친 부분은 '동생이 오다'가 명사형 어미 '-기'와 결합한 명사절이지만 뒤의 체언 '전'을 수식하고 있으므로 ⓑ에 해당한다. ㉣의 밑줄 친 부분은 '마음씨가 착하다'가 안은문장의 서술어로 쓰이고 있으므로 서술절이고 ⓐ에 해당한다.

194) ①

선택 비율	① 81%	② 6%	③ 5%	④ 1%	⑤ 4%

해 : '아버지가 만든 책꽂이가 제일 멋지다.'는 '책꽂이가 제일 멋지다.'와 '아버지가 책꽂이를 만들었다.'라는 두 문장이 결합한 문장이다. '아버지가 책꽂이를 만들었다.'가 '책꽂이가 제일 멋지다.'에 안기면서 목적어 '책꽂이를'이 생략되었다. 따라서 '아버지가 만든 책꽂이가 제일 멋지다.'는 목적어가 생략된 관형절을 가진 안은문장이 된다.

[오답풀이] ② '어머니는 그 일이 끝나기를 기다렸다.'는 '그 일이 끝나기'라는 명사절을 가진 안은문장이다. 이때 '그 일이 끝나기'라는 안긴문장에 생략된 문장 성분은 없다. ③ '그녀는 지난주에 고향 집으로 떠났다'는 '그녀'라는 주어와 '떠났다'라는 서술어의 관계가 한 번만 나타나는 홑문장이다. ⑤ '형은 개를 좋아하지만 나는 싫어한다.'는 '형은 개를 좋아한다.'와 '나는 개를 싫어한다.'라는 두 문장이 동등한 자격으로 이어진문장이다.

195) ④

선택 비율	① 6%	② 3%	③ 6%	④ 80%	⑤ 2%

해 : ④는 '상태'라는 명사에 '로'라는 부사격 조사가 붙은 형태이다. 또한 '상태'를 관형사절이 꾸미고 있으므로 선생님의 질문에 대한 답으로 옳은 것은 ④이다.

[오답풀이] ⓐ 관형사절을 찾을 수 없다. ⓑ 관형사절을 찾을 수 없다. ⓒ 관형사절이 꾸미고 있는 명사에 부사격 조사가 붙지 않았다. ⓔ 관형사절이 꾸미고 있는 명사에 부사격 조사가 붙지 않았다.

196) ①

선택 비율	① 63%	② 14%	③ 10%	④ 6%	⑤ 5%

해 : '화단도 아닌 곳에 진달래꽃이 피었다.'에서 서술어 '피었다'는 한 자리 서술어이다. 또한 관형사절인 '화단도 아닌' 속에 보어 '화단도'가 포함되어 있다. 한 자리 서술어가 포함되면서 관형사절 속에 보어가 포함되어야 한다는 조건을 모두 충족하고 있는 문장은 ①이다.

197) ④

선택 비율	① 5%	② 4%	③ 5%	④ 66%	⑤ 18%

해 : ㄴ의 '너는'은 안긴문장의 주어이면서 안은문장의 주어이므로 적절하다.

198) ④

선택 비율	① 1%	② 5%	③ 13%	④ 77%	⑤ 2%

해 : '이곳이'는 직접 인용절의 발화인 친구의 입장에서 기술된 지시 표현이고, 직접 인용절을 가진 안은 문장이 간접 인용절을 가진 안은 문장으로 바뀔 경우 '이곳이'는 '나'의 입장에서 기술된 '그곳이'로 바뀌어 나타난다.

199) ⑤

선택 비율	① 6%	② 7%	③ 5%	④ 12%	⑤ 67%

해 : ㉠에서 안긴문장의 주어는 '아들이'이고, 안은문장의 주어는 '어머니는'이다. ㉡에서 안긴문장의 주어는 '파수꾼이'이고 안은문장의 주어는 '동물은'이다. ㉢에서 안긴문장의 주어와 안은문장의 주어는 모두 '감독이'이다.

200) ①

선택 비율	① 36%	② 6%	③ 6%	④ 46%	⑤ 3%

해 : ㉠의 관형사절 '내 친구가 보낸'에는 '누군가에게 혹은 어디에' 정도의 필수적 부사어가 생략되어 있고, ㉡의 명사절 '테니스 배우기'에는 '내가' 정도의 주어가 생략되어 있다.

[오답풀이] ② ㉠의 명사절은 '를'과 결합하여 목적어 기능을 한다. ③ ㉠의 명사절만 '받다'의 주체인 주어가 생략되어 있다. ㉢의 안긴문장은 관형사절 '우리 가족이 점심을 먹은'이며, 주어가 생략되지 않았다. ④ ㉢의 안긴문장은 전체 문장에서 관형어 기능을 하며, ㉣의 안긴문장 '신이 닳도록'은 전체 문장에서 부사어 기능을 한다. ㉢에서의 보어는 '우리 가족이 점심을 먹은 식당이'이다. ⑤ ㉢의 관형사절 '우리 가족이 점심을 먹은'에는 목적어가 생략되지 않았으며, ㉣의 관형사절 '아름다운'에는 주어가 생략되어 있다.

201) ⑤

선택 비율	① 2%	② 23%	③ 3%	④ 6%	⑤ 63%

해 : 부사절 '재주가 있게'는 서술어 '생겼다'가 필수적으로 요구하는 성분으로 쓰인 것이므로 적절하다.

[오답풀이] ① 부사절 '밤이 새도록'은 서술어 '하였다'가 필수적으로 요구하는 성분으로 쓰인 것이 아니므로 적절하지 않다. ② 관형절 '그가 있는'은 서술어 '샀다'기 필수적으로 요구하는 성분으로 쓰인 것이 아니므로 적절하지 않다. ③ 부사절 '말도 없이'는 서술어 '떠나 버렸다'가 필수적으로 요구하는 성분으로 쓰인 것이 아니므로 적절하지 않다. ④ 관형절 '부지런한'

과 부사절 '나와는 달리'는 서술어 '일어난다'가 필수적으로 요구하는 성분으로 쓰인 것이 아니므로 적절하지 않다.

202) ②

| 선택 비율 | ① 6% | ② 56% | ③ 21% | ④ 9% | ⑤ 6% |

해 : '선생님께서는 여전히 학교 근처에 사시는지요?'는 현재 시제가 쓰인 문장이고, '살다'는 주어와 부사어를 필요로 하는 두 자리 서술어이다. 따라서 ⓐ, ⓑ가 모두 실현되었다.

[오답풀이] ① '그 집 마당에는 감나무 한 그루가 자란다.'는 '-ㄴ다'를 통해 현재 시제가 쓰였음을 알 수 있다. 그러나 '자라다'는 주어를 필요로 하는 한 자리 서술어이다. 따라서 ⓑ는 실현되지 않았다. ③ '산중에 있으므로 여기는 도시보다 조용합니다.'는 현재 시제가 쓰인 문장이다. 그러나 연결 어미 '-으므로'가 쓰인 이어진문장으로, 안긴문장은 없다. 따라서 ⓒ는 실현되지 않았다. ④ '오늘부터 아침으로 과일만 먹기로 마음먹었니?'에서는 안긴문장 '오늘부터 아침으로 과일만 먹기'가 전체 문장의 부사어로 기능한다. 그러나 '-었-'을 통해 이 문장에는 과거 시제가 쓰였음을 알 수 있다. 따라서 ⓐ는 실현되지 않았다. ⑤ '오래전 큰아버지께 받은 책에 곰팡이가 슬었어.'에서 안은문장 전체의 서술어 '슬다'는 주어와 부사어를 필요로 하는 두 자리 서술어이다. (참고로 안긴문장 '오래전 큰아버지께 받은'의 서술어 '받다'는 주어, 목적어, 부사어를 필요로 하는 세 자리 서술어이다.) 그러나 안긴문장은 전체 문장의 부사어가 아니라 관형어로 기능한다.

203) ⑤

| 선택 비율 | ① 3% | ② 1% | ③ 2% | ④ 5% | ⑤ 87% |

해 : 'ㄷ'은 문장 성분이 생략되지 않은 관형사절을 가진 안은문장이며 'ㄹ'은 주어가 생략된 관형사절을 가진 안은문장이다.

204) ③

| 선택 비율 | ① 4% | ② 6% | ③ 78% | ④ 7% | ⑤ 4% |

해 : ㄴ은 명사절을 안은 문장, ㅁ은 인용절을 안은 문장이므로 (가)로 분류할 수 있다. ㄹ과 ㅂ은 관형사절을 안은 문장이며, 안긴문장 내에 생략된 성분이 없으므로 (나)로 분류할 수 있다. ㄱ과 ㄷ은 관형사절을 안은 문장이며 ㄱ은 안긴문장에 목적어가 생략되어 있고, ㄷ은 안긴문장에 주어가 생략되어 있으므로 (다)로 분류할 수 있다.

205) ⑤

| 선택 비율 | ① 5% | ② 2% | ③ 8% | ④ 4% | ⑤ 81% |

해 : ㄹ의 안긴문장에는 목적어와 필수적 부사어가 포함되어 있지만 ㅁ의 안긴문장에는 필수적 부사어가 포함되어 있지 않다. 그러므로 ㄹ과 ㅁ의 안긴문장에 필수적 부사어와 목적어가 있다고 이해한 내용은 적절하지 않다.

206) ②

| 선택 비율 | ① 3% | ② 85% | ③ 4% | ④ 5% | ⑤ 3% |

해 : 그가 "청소를 같이 해요."라고 발화하였다면 ㉠과 같이 '청소를 같이 하자고'로 간접 인용될 수 있다. 상대 높임의 종결 어미는 간접 인용의 과정에서 한 가지로 한정되며 청유형에서는 '하자고'처럼 나타나기 때문이다.

[오답풀이] ① '그제'는 어제의 전날이다. 그가 그제에 "모레는 청소를 같이 하자."라고 발화하였다면 ㉠과 같이 '오늘은 청소를 같이 하자고'로 간접 인용될 수 있다. ③ ㉡의 '자기'는 '김 선생'을 가리킨다. 원래의 발화는 "나도 시를 좋아한다." 정도일 것이며, '나'의 자리에 2인칭 주어가 오면 ㉡과 같이 간접 인용될 수 없다. ④ 상대 높임의 종결 어미는 간접 인용의 과정에서 한 가지로 한정된다는 점에서, 원래의 발화가 "나도 시를 좋아합니다."이었어도 ㉡과 같이 '시를 좋아한다고'로 간접 인용될 수 있다. ⑤ ㉢에서 '내일'이나 '있겠냐'라는 시간 표현이 사용된 것은 정자가 '어제' '내가 모레 퇴원할 수 있겠지?'와 같이 미래 시제 선어말 어미 '-겠-'을 가진 발화를 했기 때문으로 볼 수 있다. 즉 '퇴원'을 할 수 있을지도 모르는 '내일'은 원 발화의 시점인 '어제'를 기준으로 해도 미래이므로, 원 발화 역시 미래 시제 선어말 어미 '-겠-'을 가질 수 있다.

207) ③

| 선택 비율 | ① 6% | ② 8% | ③ 76% | ④ 6% | ⑤ 3% |

해 : '지금 상황은 그가 차기 학생회장이 되기에 매우 유리하다.'에서 안은문장의 서술어인 '유리하다'는 두 자리 서술어이다. 또한 명사절인 '그가 차기 학생회장이 되기'는 조사와 결합하여 안은문장의 부사어로 기능하고 있고, 보어 '학생회장이'가 포함되어 있다. 따라서 <보기>의 조건을 모두 만족하는 문장은 ③이다.

208) ②

| 선택 비율 | ① 7% | ② 82% | ③ 5% | ④ 3% | ⑤ 3% |

해 : 어미 '-(으)ㅁ', '-기'는 명사절을, 어미 '-(으)ㄴ', '-는' 등은 관형절을, 어미 '-도록' 등은 부사절을, 조사 '고', '라고'는 인용절을 나타내는 표지가 된다. ㉠은 이러한 어미나 조사가 없는 절로, 서술절을 의미한다. '바람이 더 잘 통한다'는 어미나 조사 없이 다른 문장에 안겨 있는 서술절이므로 적절하다.

[오답풀이] ① 어미 '-도록'이 붙은 부사절이 사용되었으므로 적절하지 않다. ③ 어미 '-는'이 붙은 관형절이 사용되었으므로 적절하지 않다. ④ 어미 '-기'가 붙은 명사절이 사용되었으므로 적절하지 않다. ⑤ 조사 '고'가 붙은 인용절이 사용되었으므로 적절하지 않다.

209) ①

| 선택 비율 | ① 82% | ② 3% | ③ 5% | ④ 7% | ⑤ 3% |

해 : 관형사절의 원래 문장 '(생략된 주어) 함께 어울렸다.'가 '기억'의 내용에 해당하여, 수식받는 명사 '기억'이 관형사절의 문장 성분이 될 수 없는 경우이다. ㉠이

아니라 ⓒ의 예로 적절하다.

[오답풀이] ② '사건'이 관형사절의 원래 문장 '(생략된 주어) 어제 박물관에서 일어났다.'의 주어에 해당하여, 수식받는 명사 '사건'이 관형사절의 문장 성분이 될 수 있는 경우이다. ③ 관형사절의 원래 문장 '방수가 잘 되지 않는다.'가 '단점'의 내용에 해당하여, 수식받는 명사 '단점'이 관형사절의 문장 성분이 될 수 없는 경우이다. ④ 관형사절의 원래 문장 '전쟁이 끝나다.'가 '가능성'의 내용에 해당하여, 수식받는 명사 '가능성'이 관형사절의 문장 성분이 될 수 없는 경우이다. ⑤ 관형사절의 원래 문장 '(생략된 주어) 새벽마다 운동을 했다.'가 '경험'의 내용에 해당하여, 수식받는 명사 '경험'이 관형사절의 문장 성분이 될 수 없는 경우이다.

210) ③

선택 비율	① 4%	② 5%	③ 78%	④ 2%	⑤ 11%

해 : ㄷ. 관형사절 '그가 제약 회사에 다녔다는'에는 생략된 문장 성분이 없으며, 필수적 부사어 '제약 회사에'가 있다. ㅁ. 명사절 '동생이 자기 일에 자부심을 가지고 있음'에는 생략된 문장 성분이 없으며, 필수적 부사어 '자기 일에'가 있다.

211) ⑤

선택 비율	① 2%	② 2%	③ 5%	④ 2%	⑤ 87%

해 : 종결 어미 '-어라'는 동일한 형태가 다른 문장 유형을 실현한다. '늦을 것 같으니까 어서 씻어라.'는 종결 어미 '-어라'로 인해 명령문이 실현되고, '그 사람을 몹시도 만나고 싶어라.'는 종결 어미 '-어라'로 인해 감탄문이 실현된다.

[오답풀이] ① 종결 어미 '-니'로 인해 의문문이 실현된다. ② 종결 어미 '-ㄹ게'로 인해 평서문이 실현된다. ③ 종결 어미 '-구나'로 인해 감탄문이 실현된다. ④ 종결 어미 '-ㅂ시다'로 인해 청유문이 실현된다.

212) ③

선택 비율	① 3%	② 4%	③ 86%	④ 2%	⑤ 3%

해 : '잠깐, 내가 안경을 어디다 뒀더라?'는 의문문이지만 청자에게 요청하는 것이 아니다. 'B'의 대답을 고려했을 때, 'A'의 말은 혼자 있는 상황에서 화자가 안경을 찾으면서 하는 혼잣말이다.

[오답풀이] ① 조용히 해 줄 것을, ② 창문을 열어줄 것을, ④ 비켜 줄 것을, ⑤ 차를 세워줄 것을 청자에게 요청하는 문장이다.

213) ⑤

선택 비율	① 1%	② 0%	③ 5%	④ 1%	⑤ 90%

해 : 일부 의문문과 청유문이 화자가 청자에게 특정 행동을 할 것을 요청하는 의미를 담고 있음을 이해할 수 있는지를 묻고 있는 문항으로, 정답은 ⑤이다. ⑤의 '어디 보자'는 특정한 청자를 염두에 두고 하는 발화가 아니며, 혼잣말에 가깝기 때문이다. 이어지는 B의 발화 '거기서 혼자 뭐 해요'를 통해서도 이러한 점을 어렵지 않게 포착할 수 있다.

[오답풀이] ① 의문문을 통해 화자가 청자에게 기다리는 행위를 함께할 것을 요청하고 있다. ② 청유문을 통해 화자가 청자에게 다친 곳을 보여 줄 것을 요청하고 있다. ③ 청유문을 통해 화자가 청자에게 내릴 수 있게 비켜 달라고 요청하고 있다. ④ 의문문을 통해 화자가 청자에게 모자를 벗어 줄 것을 요청하고 있다.

214) ⑤

선택 비율	① 6%	② 7%	③ 9%	④ 32%	⑤ 44%

해 : 서술의 주체인 '할머니'를 높이고 있으므로 주체 높임에 해당한다.

[오답풀이] ① 부사어가 나타내는 대상인 '할머니'를 높여 '줄' 대신 '드릴'을 사용하고 있으므로 객체 높임에 해당한다. ② 목적어가 나타내는 대상인 '할머니'를 높여 '보고' 대신 '뵙고'를 사용하고 있으므로 객체 높임에 해당한다. ③ 목적어가 나타내는 대상인 '할머니'를 높여 '데리고' 대신 '모시고'를 사용하고 있으므로 객체 높임에 해당한다. ④ 부사어가 나타내는 대상인 '큰아버지'를 높여 '에게' 대신 '께'를 사용하고 있으므로 객체 높임에 해당한다.

215) ②

선택 비율	① 14%	② 66%	③ 5%	④ 3%	⑤ 9%

해 : '형은 어머니께 그 책을 드렸다'는 객체 높임법이 사용된 문장으로 '께'와 '드렸다'를 통해 문장의 목적어 '어머니'에 대한 높임의 태도를 나타낸다.

[오답풀이] ① '선생님께서는 댁에 계십니다'는 문장의 주체인 '선생님'을 높여 주는 주체 높임법이다. ③ '할아버지께서는 눈이 밝으십니다'는 문장의 주체인 '할아버지'의 신체 일부를 간접적으로 높여 주는 주체 높임법이다. ④ '할머니, 아버지가 지금 막 도착했어요'는 주체(아버지)가 화자보다는 높임의 대상이지만 청자(할머니)가 주체(아버지)보다 높임의 대상이므로 주체에 대해 높임 표현을 사용하지 않은 문장이다. ⑤ '윤우야, 선생님께서 빨리 교무실로 오라고 하셔'는 문장의 주체인 '선생님'을 높여 주는 주체 높임법이다.

216) ①

선택 비율	① 61%	② 9%	③ 13%	④ 8%	⑤ 7%

해 : <보기>에 제시된 문장들에서 ㄱ은 부사격 조사 '께'와 서술어 '드리다'를 활용하여 객체인 '할아버지'를 높이고 있고, ㄴ은 주격 조사 '께서'와 서술어 '계시다'를 활용하여 주체인 '할아버지'를 높이고 있고, ㄷ은 주격 조사 '께서'와 서술어 '가시다'를 활용해서는 주체인 '어머니'를 높이고, 서술어 '모시다'를 활용해서는 객체인 '할아버지'를 높이고 있다. 따라서 객체 높임법만 사용된 문장은 ㄱ, 주체 높임법만 사용된 문장은 ㄴ, 객체 높임법과 주체 높임법이 모두 사용된 문장은 ㄷ임을 알 수 있다.

217) ③

| 선택 비율 | ① 6% | ② 3% | ③ 69% | ④ 7% | ⑤ 13% |

해 : ⓒ의 '말씀'은 서술의 주체인 '부모님'을 높이는 특수 어휘이다.

218) ③

| 선택 비율 | ① 10% | ② 7% | ③ 77% | ④ 2% | ⑤ 1% |

해 : <보기 2>에서 조사 '께서'는 주체인 '어머니'를 높이고 있고, '가셨다'는 '가-+-시-+-었-+-다'로 분석할 수 있는데, 선어말 어미 '-시-'가 주체인 '어머니'를 높이고 있다. 또한 '모시다'라는 특수 어휘를 통해 객체인 '할머니'를 높이는 객체 높임법을 사용하고 있다.

219) ①

| 선택 비율 | ① 91% | ② 2% | ③ 2% | ④ 1% | ⑤ 1% |

해 : 높임 표현은 발신자와 수신자의 관계 및 의도, 사회 문화적 상하 관계, 이야기 장면과 같이 담화 상황에 따라 사용 여부가 달라진다. ①과 같이 문장의 주체가 높임의 대상이 될 때 주격 조사 '가'를 '께서'로 고쳐 말하는 것이 바람직하다.

220) ②

| 선택 비율 | ① 3% | ② 53% | ③ 15% | ④ 16% | ⑤ 10% |

해 : ⓑ에서 객체 높임의 대상은 서술의 객체인 '아버지'이고, 상대 높임의 대상은 대화의 청자인 '아버지'이므로, 객체 높임과 상대 높임의 대상이 다르다는 진술은 적절하지 않다.

[오답풀이] ① ⓐ에서 주체 높임의 대상은 서술의 주체인 '아버지'이고, 상대 높임의 대상은 대화의 청자인 '아버지'로 동일하므로, 주체 높임과 상대 높임의 대상이 같다는 진술은 적절하다. ③ ⓒ에서 객체 높임의 대상은 서술의 객체인 '아버지'이고, 상대 높임의 대상은 대화의 청자인 '아버지'이므로, 객체 높임과 상대 높임의 대상이 같다는 진술은 적절하다. ④ ⓓ에서 주체 높임의 대상은 생략된 서술의 주체인 '할머니'이고, 상대 높임의 대상은 대화의 청자인 '아버지'이므로, 주체 높임과 상대 높임의 대상이 다르다는 진술은 적절하다. ⑤ ⓔ에서 주체 높임의 대상은 서술의 주체인 '어머니'이고, 객체 높임의 대상은 서술의 객체인 '할머니'이고, 상대 높임의 대상은 대화의 청자인 '아버지'이다. 그러므로 주체 높임, 객체 높임, 상대 높임의 대상이 모두 다르다는 진술은 적절하다.

221) ②

| 선택 비율 | ① 6% | ② 64% | ③ 6% | ④ 5% | ⑤ 1% |

해 : ㄱ은 부사격 조사 '께'를 사용하여 문장의 객체인 '할아버지'를 높이고 있으므로 적절하지 않다.

[오답풀이] ① ㄱ은 종결 어미 '-어라'를 사용하여 청자인 '범서'를 낮추고 있으므로 적절하다. ③ ㄴ은 종결 어미 '-습니다'를 사용하여 청자인 '아버지'를 높이고 있으므로 적절하다. ④ ㄴ은 특수 어휘 '모시다'를 사용하여 문장의 객체인 '할머니'를 높이고 있으므로 적절하다. ⑤ ㄷ은 선어말 어미 '-으시-'를 사용하여

'어머니'의 생각인 '걱정'을 높여 주체를 간접적으로 높이고 있으므로 적절하다.

222) ⑤

| 선택 비율 | ① 27% | ② 9% | ③ 21% | ④ 15% | ⑤ 28% |

해 : ⓒ은 주체인 '할아버지'를 높이기 위해 격조사 '께서', 특수 어휘 '주무시다'를 사용하고 있다. 따라서 문법 요소 분석 중 주체 높임의 경우 격조사, 특수 어휘는 사용하고, 선어말 어미를 사용하지 않는다는 분석은 적절하다. 또한 객체 높임의 경우 격조사, 특수 어휘 모두 사용하지 않는다는 분석은 적절하다.

[오답풀이] ① ㉠은 주체인 '삼촌'을 높이기 위해 격조사 '께서', 특수 어휘 '계시다'를 사용하고 있다. 또한 객체인 '삼촌'을 높이기 위해 특수 어휘 '드리다'를 사용하고 있다. 따라서 문법 요소 분석 중 객체 높임의 경우 격조사, 특수 어휘에 대한 분석은 올바르다. 하지만 주체 높임의 경우에는 격조사에 대한 분석만 올바르게 하였고, 특수 어휘, 선어말 어미에 대한 분석은 올바르지 않으므로 적절하지 않다. ② ㉡은 주체인 '어머니'를 높이기 위해 격조사 '께서', 선어말 어미 '-시-'를 사용하고 있다. 따라서 문법 요소 분석 중 주체 높임의 경우 특수 어휘, 선어말 어미에 대한 분석은 올바르며, 객체 높임의 경우 특수 어휘에 대한 분석은 올바르다. 하지만 주체 높임의 경우에는 격조사에 대한 분석이 올바르지 않으며 객체 높임의 경우에는 격조사에 대한 분석이 올바르지 않으므로 적절하지 않다. ③ ㉢은 객체인 '할머니'를 높이기 위해 특수 어휘 '모시다'를 사용하고 있다. 따라서 문법 요소 분석 중 주체 높임의 경우 격조사, 특수 어휘, 선어말 어미에 대한 분석은 올바르며, 객체 높임의 경우 특수 어휘에 대한 분석은 올바르다. 하지만 객체 높임의 경우 격조사에 대한 분석은 올바르지 않으므로 적절하지 않다. ④ ㉣은 객체인 '선생님'을 높이기 위해 격조사 '께', 특수 어휘 '여쭤보다'를 사용하고 있다. 따라서 문법 요소 분석 중 주체 높임의 경우 격조사, 특수 어휘, 선어말 어미에 대한 분석은 올바르며, 객체 높임의 경우 특수 어휘에 대한 분석은 올바르다. 하지만 객체 높임의 경우 격조사에 대한 분석은 올바르지 않으므로 적절하지 않다.

223) ④

| 선택 비율 | ① 12% | ② 8% | ③ 18% | ④ 59% | ⑤ 4% |

해 : '선생님께'에서 '께'는 부사격 조사 '에게'의 높임에 해당하며 문장의 객체를 높이는 표현이다. 문장의 주체인 동생을 높이는 표현은 사용되지 않았으므로 해당 문장은 ㉴에 들어가기에 적절하지 않다.

[오답풀이] ① '고모를 뵙고'에서 '보다'의 높임으로 '뵙다'를 사용하여 객체 높임 표현이 나타나지만 주체를 높이는 표현은 사용되지 않았다. ② '께서'나 '-(으)시-' 등과 같이 주체를 높이는 표현이 사용되지 않았다. ③ '입으셔야'에서 주체 높임 선어말 어미 '-으시-'를 사용하여 문장의 주체를 높였지만 특수 어휘는 사용되지 않았다. ⑤ '할머니께서는'의 '께서'에서 주체를

높이는 표현을 확인할 수 있고, '주무시니'에서 '자
다'를 높인 특수 어휘를 사용하여 주체를 높이고 있
음을 확인할 수 있다.

224) ①

선택 비율	① 66%	② 20%	③ 2%	④ 5%	⑤ 5%

해 : <보기 2>의 문장은 주어에 해당하는 인물은 '영희'이
며 서술어에는 주체 높임 선어말 어미 '-시-'가 쓰이
지 않았으므로, [주체 높임-]로 실현되었다. 문장의 목
적어가 가리키는 대상은 '할머니'이며 그 인물을 높이
는 표현인 '모시고'가 쓰였으므로, [객체 높임+]로 실
현되었다. 문장에 말을 듣는 상대를 높이는 '요'가 쓰
였으므로, [상대 높임+]로 실현되었다.

225) ②

선택 비율	① 2%	② 68%	③ 7%	④ 3%	⑤ 17%

해 : '제가 할머니를 모시고 왔습니다.'라는 문장의 종결 어
미 '-습니다'를 통해 상대를 높였다는 것을 확인할 수
있다. 또한 객체에 해당하는 '할머니'를 높였다는 것
을 특수 어휘 '모시고'를 통해 확인할 수 있다.

[오답풀이] ① 종결 어미 '-어요'가 붙은 형태이므로 상대를 높
였음을 확인할 수 있으나, 그 외의 높임 표현은 확
인할 수 없다. ③ 객체가 지시하는 대상인 '할아버
지'를 높였다는 것을 조사 '께'와 특수 어휘 '드려'를
통해 확인할 수 있으나, 종결 어미 '-어'가 붙은 형
태이므로 상대는 낮추어 표현한 것임을 확인할 수
있다. ④ 종결 어미 '-죠'는 '-지요'의 줄임말로 이를
통해 상대를 높였음을 확인할 수 있으며, 선어말어
미 '-시-'를 통해 주체를 높였음을 확인할 수 있다.
그러나 이 문장에서 객체 높임은 쓰이지 않았다. ⑤
종결 어미 '-어'를 통해 상대를 낮췄음을 확인할 수
있으며, 조사 '께서'와 선어말어미 '-시-'를 통해 주
체를 높이고 있음을 확인할 수 있다.

226) ②

선택 비율	① 16%	② 73%	③ 4%	④ 3%	⑤ 1%

해 : 조사 '께서'와 선어말 어미 '-시-'를 통해 주체 높임이
실현되었다. '할머니'를 높이기 위해 특수 어휘 '모시
고'를 활용하여 객체 높임을 실현하였다. 영희에게는
'해체'를 사용하여 낮추고 있다.

227) ②

선택 비율	① 7%	② 71%	③ 6%	④ 10%	⑤ 4%

해 : ㉡의 '데리고'를 '모시고'로 수정한 것은 주체인 삼촌
이 아니라 객체인 할머니를 직접적으로 높인 것이므
로 적절하지 않다.

[오답풀이] ① ㉠의 '계신가요'를 '있으신가요'로 수정한 것은 주
체인 아버지를 간접적으로 높인 것이므로 적절하다.
③ ㉢의 '이'를 '께서'로, '온다고'를 '오신다고'로 수
정한 것은 주체인 부장님을 직접적으로 높인 것이므
로 적절하다. ④ ㉣의 '한테'를 '께'로, '주라고'를
'드리라고'로 수정한 것은 객체인 할아버지를 직접적
으로 높인 것이므로 적절하다. ⑤ ㉤의 '한테'를 '께'

로, '물어봐'를 '여쭤봐'로 수정한 것은 객체인 선생
님을 직접적으로 높인 것이므로 적절하다.

228) ②

선택 비율	① 5%	② 71%	③ 7%	④ 11%	⑤ 3%

해 : ㉡에서 '-으시-'는 생략된 주어의 지시 대상인 '어머
니'를, '요'는 상대인 '점원'을 높이기 위해 쓰였다.

[오답풀이] ① ㉠에서는 문법적 수단인 조사 '께'와 어휘적 수단
인 동사 '드리다'를 통해 부사어의 지시 대상인 '어
머니'를 높이고 있다. ③ ㉢에서 '모시다'는 목적어
의 지시 대상인 '부모님'을, '께서'는 주어의 지시 대
상인 '손님들'을 높이기 위해 쓰였다. ④ ㉣에서는
문법적 수단인 종결어미 '-ㅂ니다'를 통해 대화의 상
대방인 '손님'을 높이고 있다. ⑤ ㉤에서는 어휘적
수단인 '뵙다'를 통해 목적어의 지시 대상인 '어머
니'를 높이고 있다.

229) ②

선택 비율	① 2%	② 72%	③ 3%	④ 20%	⑤ 1%

해 : ㉡에서 '말씀'은 말하는 이(경준)가 높이는 대상인 '선
생님'과 밀접한 관계를 맺는 대상이기 때문에 높임 표
현을 사용해야 한다. 따라서 '있었니'가 아니라 '있으
셨니'로 표현하는 것이 적절하다.

[오답풀이] ① ㉠에서 서술어 '준비하다'의 주체는 '경준'이기 때
문에 영희의 입장에서 높임의 선어말 어미 '-시-'를
사용하여 말할 필요가 없다. ③ ㉢에서 서술의 객체
인 '선생님'을 높이기 위해서는 '묻다'가 아니라 객체
높임법에 사용되는 특수한 동사 '여쭈다'를 써서 말
해야 한다. ④ ㉣의 '자기'는 '앞에서 이미 말하였거
나 나온 바 있는 사람을 도로 가리키는 삼인칭 대명
사'(재귀 대명사)이다. 그런데 이 대명사가 영희가 높
여야 하는 대상인 '선생님'을 가리키기 때문에 높임
의 의미를 지니는 '당신'으로 바꾸어 말해야 한다.
⑤ ㉤의 주체는 영희의 입장에서 높여야 하는 대상
인 '선생님'이기 때문에 주체 높임을 실현하여 '말씀
하셨잖아'라고 말해야 한다.

230) ③

선택 비율	① 3%	② 24%	③ 56%	④ 3%	⑤ 10%

해 : ㉢에서 문장의 객체인 '할아버지'에 대해 '모시고'라는
어휘를 사용하여 높임을 실현하고 있으므로 조사를 통
해 높임을 실현하고 있다는 설명은 적절하지 않다.

[오답풀이] ① ㉠에서 화자인 '혜연'이 자신을 기준으로 대상인
'할머니'를 파악하여 지칭어인 '할머니'를 사용하고
있으므로 적절하다. ② ㉡에서 문장의 주체인 '어머
니'는 화자인 '삼촌'이 높여야할 대상이므로 특수한
어휘 '계시다(계시니)'를 통해 높임을 실현하고 있으
므로 적절하다. ④ ㉣에서 화자인 '삼촌'이 청자인
'혜연'을 기준으로 대상인 '어머니'를 파악하여 지칭
어인 '어머니'를 사용하고 있으므로 적절하다. ⑤ ㉤
에서 청자인 '삼촌'이 화자인 '혜연'보다 높은 대상
이므로 종결어미 '-아요'를 통해 높임을 실현하고
있으므로 적절하다.

231) ④

| 선택 비율 | ① 3% | ② 4% | ③ 3% | ④ 84% | ⑤ 4% |

해 : '선생님'은 주체가 아니라 상대이다. 이 문장의 주체는 '제(나)'이다.

[오답풀이] ② 행위의 대상이 되는 '어머니'를 높이기 위해 '주다'의 의미를 지닌 특수 어휘 '드리다'를 사용하여 높임을 실현하고 있다. 또한 '에게'의 의미를 지닌 격조사 '께'를 사용하여 높임을 실현하고 있다. ⑤ ㉢에서 청자는 '아버지'이므로 상대는 '아버지'이고 높임의 대상인 '아버지'를 종결 어미 '-습니다'를 사용하여 높이고 있다.

232) ⑤

| 선택 비율 | ① 1% | ② 9% | ③ 2% | ④ 6% | ⑤ 79% |

해 : 관형사절 '동생이 찾아뵈려던'에는 객체 높임의 대상인 '선생님'이 생략되어 있다. 이 대상은 안은문장의 목적어로 실현되었다.

[오답풀이] ① '편찮으시던 어르신께서는 좀 건강해지셨나요?'는 안긴문장('편찮으시던')에서의 주체 높임의 대상인 '어르신'이 안은문장에서 주어로 실현된 겹문장이므로, ㉠에 들어갈 예로 적절하지 않다. ② '오빠는 고향에 계신 부모님을 집으로 모시고 갔다.'는 안긴문장('고향에 계신')에서의 주체 높임의 대상인 '부모님'이 안은문장에서 목적어로 실현된 겹문장이므로, ㉠에 들어갈 예로 적절하지 않다. ③ '나는 할아버지께서 선물을 주신 날짜를 아직도 기억해.'는 안긴문장('할아버지께서 선물을 주신')에서 주체 높임이 실현된 것으로, ㉠에 들어갈 예로 적절하지 않다. ④ '누나는 다음 주에 인사를 드릴 할머니께 편지를 썼어요.'는 안긴문장('다음 주에 인사를 드릴')에서의 객체 높임의 대상인 '할머니'가 안은문장에서 부사어로 실현된 겹문장이므로, ㉠에 들어갈 예로 적절하지 않다.

233) ①

| 선택 비율 | ① 76% | ② 1% | ③ 13% | ④ 1% | ⑤ 6% |

해 : ① '저희'는 그 자체에 낮춤의 의미가 있는 특수 어휘로, '드리다'는 그 자체에 높임의 의미가 담긴 특수 어휘로 볼 수 있다.

[오답풀이] ② '연세'를 그 자체에 높임의 의미가 담긴 특수 어휘로 볼 수 있으나, 그 자체에 낮춤의 의미가 있는 특수 어휘는 사용되지 않았다. ⑤ '모시다'를 그 자체에 높임의 의미가 담긴 특수 어휘로 볼 수 있으나, 그 자체에 낮춤의 의미가 있는 특수 어휘는 사용되지 않았다.

234) ①

| 선택 비율 | ① 63% | ② 6% | ③ 15% | ④ 8% | ⑤ 5% |

해 : ㉠에는 부사어가 지시하는 대상인 '할머니'를 높이기 위한 조사 '께'와 특수한 어휘 '여쭈러'가 사용되었다.

235) ②

| 선택 비율 | ① 2% | ② 81% | ③ 3% | ④ 9% | ⑤ 2% |

해 : ㉢에서 '동생'을 '할머니'로 바꾸면 '나는 할머니께 책을 읽혔다.'가 된다. 책을 '읽히는' 주체는 '나'이기 때문에 '읽혔다'에 '-시-'를 넣을 수 없다.

[오답풀이] ① ⓐ, ⓑ에서 '형'을 '어머니'로 바꾸면 각각 '어머니께서 동생을 업으셨다.', '동생이 어머니께 업혔다.'가 되므로 적절한 설명이다. ③ ⓓ에서 '동생'을 '할머니'로 바꾸면 '나는 할머니께서 책을 읽으시게 하였다.'가 된다. '읽는' 주체는 '할머니'이기 때문에 '읽게'에 '-으시-'를 넣어야 한다. ④ ⓐ, ⓑ는 각각 '형이 동생을 업고 있다.'와 '동생이 형에게 업히고 있다.'가 된다. 이 중 '형이 동생을 업고 있다.'는 완료상과 진행상으로 모두 해석될 수 있지만 '동생이 형에게 업히고 있다.'는 진행상으로만 해석된다. ⑤ ⓐ, ⓒ는 각각 '형이 동생을 업고 있다.'와 '나는 동생에게 책을 읽히고 있다.'가 되고, 둘 다 진행상으로 해석될 수 있다.

236) ③

| 선택 비율 | ① 12% | ② 14% | ③ 67% | ④ 5% | ⑤ 3% |

해 : 안긴문장 '고향에 계신'에서는 특수 어휘 '계시다'를 통해 주체인 '할머니'를 높이고 있으므로 적절하다.

[오답풀이] ① 안긴문장 '친척 어르신께 안부를 여쭙기'에서는 특수 어휘 '여쭙다'를 사용하고 있으나 객체인 '친척 어르신'을 높이고 있으므로 적절하지 않다. ② 안긴문장 '오랜만에 뵌'에서는 특수 어휘 '뵈다'를 사용하고 있으나 객체인 '은사님'을 높이고 있으므로 적절하지 않다. ④ 안긴문장 '머리가 하얗게 세신'에서는 주체인 '할아버지'를 높이고 있으나 특수 어휘가 아닌 선어말 어미 '-시-'를 사용하고 있으므로 적절하지 않다. ⑤ 안긴문장 '삼촌이 편하게 쉬시도록'에서는 주체인 '삼촌'을 높이고는 있으나 특수 어휘가 아닌 선어말 어미 '-시-'를 사용하고 있으므로 적절하지 않다.

237) ⑤

| 선택 비율 | ① 4% | ② 1% | ③ 3% | ④ 3% | ⑤ 90% |

해 : '께'는 객체인 '아버지'를, '-습니다'는 청자인 '아버지'를 높이기 위해 사용되었으므로 둘은 같은 대상을 높이기 위해 사용되었다.

[오답풀이] ① '-시-'는 주체인 '선생님'을, '요'는 대화 상황의 청자인 '선생님'을 높이기 위해 사용되었으므로 둘은 같은 대상을 높이기 위해 사용되었다. ② '주무시는'은 주체인 '어머니'를, '께'는 객체인 '어머니'를 높이기 위해 사용되었으므로 둘은 같은 대상을 높이기 위해 사용되었다. ③ '여쭙고'는 객체인 '할머니'를, '찾아뵈어도'는 객체인 '삼촌'을 높이기 위해 사용되었다. ④ '모시고'는 객체인 '할머니'를, '-십시오'는 청자인 할아버지를 높이기 위해 사용되었다.

238) ④

선택 비율	① 2%	② 1%	③ 2%	④ 90%	⑤ 2%

해 : ㄹ의 '적었었다'는 '적다'에 선어말 어미 '-었었-'이
　　결합된 말로, 현재와 다르거나 단절되어 있는 과거의
　　사건을 나타내고 있다.
[오답풀이] ⑤ '잤다'는 '자다'에 선어말 어미 '-았-'이 결합된
　　　　말이지만, 과거 사실을 말하는 것이 아니라 미래의
　　　　상황을 나타내기 위해 쓰인 것이다.

239) ②

선택 비율	① 1%	② 63%	③ 6%	④ 12%	⑤ 16%

해 : 사건시와 발화시가 일치하는 시제는 현재 시제, 사건
　　시가 발화시보다 앞서는 시제는 과거 시제, 사건시가
　　발화시보다 나중인 시제는 미래 시제이다. ㄴ은 부사
　　어 '곧'과 선어말 어미 '겠'을 활용하여 미래 시제를
　　표현하고 있다.
[오답풀이] ① 선어말 어미 'ㄴ'을 활용하여 현재 시제를 표현하
　　　　고 있다. ④ ㄷ에서는 관형사형 어미 '-(으)ㄹ'을 활
　　　　용하여 미래 시제를 표현하고 있으며, ㄹ에서는 관
　　　　형사형 어미 '-(으)ㄴ'을 활용하여 과거 시제를 표현
　　　　하고 있다.

240) ⑤

선택 비율	① 4%	② 1%	③ 4%	④ 10%	⑤ 81%

해 : ㉤은 어간 '가-'에 관형사형 어미 '-ㄴ'이 결합하여 발
　　화시를 기준으로 사건시가 앞선 시제를 나타내므로 적
　　절하지 않다.
[오답풀이] ① ㉠은 어간 '살-'에 관형사형 어미 '-ㄹ'이 결합
　　　　하여 발화시를 기준으로 사건시가 나중인 시제를
　　　　나타내므로 적절하다. ② ㉡은 시간 부사어로, 발화
　　　　시를 기준으로 사건시가 나중인 시제를 나타내므로
　　　　적절하다. ③ ㉢은 어간 '하-'에 선어말 어미 '-ㄴ
　　　　-'이 결합하여 발화시와 사건시가 일치하는 시제를
　　　　나타내므로 적절하다. ④ ㉣은 어간 '번지-'에 선어
　　　　말 어미 '-었-'이 결합하여 발화시를 기준으로 사
　　　　건시가 앞선 시제를 나타내므로 적절하다.

241) ④

선택 비율	① 9%	② 1%	③ 4%	④ 85%	⑤ 1%

해 : '읽은'은 동사 '읽다'의 어간 '읽-'에 관형사형 어미 '-
　　은'이 결합한 경우이므로 과거 시제이다. 현재 시제
　　를 나타내기 위해서는 어간 '읽-'에 관형사형 어미
　　'-는'이 결합하여 '읽는'으로 활용해야 한다.
[오답풀이] ① 동사 '자다'의 어간 '자'에 관형사형 어미 '-ㄴ'
　　　　이 결합하여 과거 시제를 나타낸다. ② 형용사 '푸
　　　　르다'의 어간 '푸르-'에 관형사형 어미 '-던'이 결
　　　　합하여 과거 시제를 나타낸다. ③ 형용사 '깨끗하
　　　　다'의 어간 '깨끗하-'에 관형사형 어미 '-ㄴ'이 결
　　　　합하여 현재 시제를 나타낸다. ⑤ 동사 '떠나다'의
　　　　어간 '떠나-'에 관형사형 어미 '-ㄹ'이 결합하여 미
　　　　래 시제를 나타낸다.

242) ④

선택 비율	① 3%	② 2%	③ 8%	④ 85%	⑤ 0%

해 : 발화시가 ⓓ일 때 기준시는 ⓒ이고 가까운 미래의 추측
　　에 해당하는 '-겠-'이 쓰였으므로 사건시는 ④에 해당
　　된다.

243) ①

선택 비율	① 56%	② 15%	③ 12%	④ 13%	⑤ 2%

해 : '먹은'의 관형사형 어미 '-은', '맛있었다'의 선어말 어
　　미 '-었-'이 쓰여 발화시보다 사건시가 앞선 과거 시
　　제가 실현되었다.
[오답풀이] ② 시간 부사어 '내일'과 '읽을'의 관형사형 어미 '-
　　　　을'이 쓰여 발화시보다 사건시가 나중인 미래 시제
　　　　가 실현되었다. ③ 시간 부사어 '이미'와 '도착했다'
　　　　의 선어말 어미 '-았-'이 쓰여 발화시보다 사건시가
　　　　앞선 과거 시제가 실현되었다. ④ 시간 부사어 '작
　　　　년'과 '왔었다'의 선어말 어미 '-았었-'이 쓰여 발화
　　　　시보다 사건시가 앞선 과거 시제가 실현되었다. ⑤
　　　　시간 부사어 '지금'과 '한다'의 선어말 어미 '-ㄴ-'이
　　　　쓰여 발화시와 사건시가 일치하는 현재 시제가 실현
　　　　되었다.

244) ①

선택 비율	① 61%	② 7%	③ 15%	④ 6%	⑤ 11%

해 : 안긴문장에 시간을 나타내는 부사어 '내일'이 사용되
　　었고, 안은문장의 서술어에 과거 시제 선어말 어미가
　　사용되어 두 조건이 모두 실현되었다.
[오답풀이] ② 안은문장의 서술어에 과거 시제 선어말 어미가 포
　　　　함되지 않았다. ③ 안긴문장에 시간을 나타내는 부사
　　　　어가 포함되지 않았다. ④ 안긴문장에 시간을 나타내
　　　　는 부사어가 포함되지 않았다. ⑤ 안은문장의 서술어
　　　　에 과거 시제 선어말 어미가 포함되지 않았다.

245) ①

선택 비율	① 45%	② 6%	③ 13%	④ 30%	⑤ 5%

해 : 관형사절은 '언니가 만든', '은사이신'이다. '언니가 만
　　든'은 과거 시제를, '은사이신'은 현재 시제를 표현하
　　고 있다.
[오답풀이] ② 현재 시제를 표현하는 관형사절(밝은)만 나타나
　　　　있다. ③ 과거 시제를 표현하는 관형사절(내가 책을
　　　　사던)만 나타나 있다. ④ 과거 시제를 표현하는 관
　　　　형사절(집에 들어온, 오빠가 한, 내가 자주 듣던)이
　　　　세 번 나타나 있다. ⑤ 과거 시제를 표현하는 관형
　　　　사절(최근 출간된)과 미래 시제를 표현하는 관형사
　　　　절(검색할)이 나타나 있다.

246) ③

선택 비율	① 2%	② 2%	③ 88%	④ 1%	⑤ 6%

해 : '산 책'에서 '산'의 '-ㄴ'은 과거 시제를 나타낸다. '-
　　ㄴ'은 사건시가 발화시에 앞선다고 할 수 있다.

247) ①

선택 비율	① 90%	② 1%	③ 4%	④ 2%	⑤ 0%

해 : '너는 이제 집에 돌아오면 혼났다.'의 '-았-'은 미래의 일을 표현하는 데 쓰였다. 과거 시제 선어말 어미의 특수한 용법으로 볼 수 있다.

248) ①

선택 비율	① 57%	② 18%	③ 12%	④ 6%	⑤ 4%

해 : (가)와 (나)에서 앞 절과 뒤 절의 사건들은 모두 과거에 일어났다. 그런데 (나)의 앞 절에는 과거 시제 선어말 어미 '-었-'이 사용된 반면에 (가)의 앞 절에는 어간 '먹-'에 바로 어미 '-다가'가 결합하여 시제 선어말 어미가 나타나고 있지 않다.

[오답풀이] ② (가)와 (다)의 앞 절에는 시제 선어말 어미가 없지만, 뒤 절의 시제가 과거이므로 과거로 해석된다. ③ (가)와 (라)의 앞 절에는 과거 시제 선어말 어미 '-았-/-었-'이 쓰이지 않았다. ④ (나)에서는 찌개를 끓이는 행위가 끝나고 찌개를 식히는 행위가 일어났으며, (다)에서는 종이를 접는 행위가 끝나고 종이를 주머니에 넣는 행위가 일어났다. ⑤ (라)에서는 두 사건의 인과 관계를 '-아서/-어서'가 나타내 주고 있지만, (다)에서는 두 사건이 인과 관계로 해석되지 않는다.

249) ③

선택 비율	① 35%	② 11%	③ 41%	④ 4%	⑤ 6%

해 : ⓓ의 '남은'은 동사 '남다'의 어간에 과거를 나타내는 관형사형 어미 '-(으)ㄴ'이 결합된 형태이므로 ⓛ에 해당한다. ①의 '찬'은 '이미'라는 부사로 과거 시제임을 짐작할 수 있으며, 동사 '차다'의 어간에 과거를 나타내는 관형사형 어미 '-(으)ㄴ'이 결합된 형태이므로 ⓛ에 해당한다.

[오답풀이] ① ⓐ의 '뜬'은 동사 '뜨다'의 어간에 과거를 나타내는 관형사형 어미 '-(으)ㄴ'이 결합된 형태이므로 ⓛ에 해당한다. ② ⓑ의 '부르던'은 동사 '부르다'의 어간에 과거를 나타내는 관형사형 어미 '-던'이 결합된 형태이다. ⓒ의 '푸르던'은 형용사 '푸르다'의 어간에 과거를 나타내는 관형사형 어미 '-던'이 결합된 형태이므로 ⓔ에 해당한다. 따라서 ⓒ의 '푸르던'만 ⓔ에 해당한다. ④ ⓔ의 '읽는'은 동사 '읽다'의 어간에 현재를 나타내는 관형사형 어미 '-는'이 결합된 형태이므로 ⓛ에 해당하지 않는다. ⑤ ⓖ의 '빠른'은 형용사 '빠르다'의 어간에 현재를 나타내는 관형사형 어미 '-(으)ㄴ'이 결합된 형태이므로 ⓖ에 해당한다.

250) ③

선택 비율	① 1%	② 3%	③ 92%	④ 1%	⑤ 2%

해 : ⓛ은 '갔음'의 '-았-'과 '들었다'의 '-었-'을 통해 과거 시제가 나타나므로 ⓐ가 실현되었음을 알 수 있으며, '그가 아침에 수영장에 갔음'이라는 명사절이 문장 안에 안겨 있으므로 ⓒ가 실현되었음을 알 수 있다.

[오답풀이] ① '할머니를 모시고'에 객체인 '할머니'를 높이는 객체 높임 표현인 '모시고'가 사용되어 ⓑ가 실현되었음을 알 수 있다. ⓐ와 ⓒ는 실현되지 않았다. ② '나오셨습니다'의 '-었-'을 통해 과거 시제가 나타나므로 ⓐ가 실현되었음을 알 수 있다. ⓑ와 ⓒ는 실현되지 않았다. ④ '비가 그치기'라는 명사절이 문장 안에 안겨 있으므로 ⓒ가 실현되었음을 알 수 있다. ⓐ와 ⓑ는 실현되지 않았다. ⑤ '갔습니다'의 '-았-'을 통해 과거 시제가 나타나므로 ⓐ가 실현되었음을 알 수 있다. '어머니께 식사를 차려 드리고'에 객체인 '어머니'를 높이는 객체 높임 표현인 '께'와 '드리고'가 사용되어 ⓑ가 실현되었음을 알 수 있다. ⓒ는 실현되지 않았다.

251) ⑤

선택 비율	① 3%	② 1%	③ 2%	④ 2%	⑤ 90%

해 : ⓔ의 긴 부정문과 ⓜ의 짧은 부정문은 의미상의 차이가 나타나지 않는다.

[오답풀이] ① ⓖ, ⓛ, ⓒ, ⓜ은 '못'과 '안'을 사용하여 만든 짧은 부정문이다. ② ⓛ에서 '안'은 동사 앞에서 '하고 싶지 않다'는 화자의 의지를 보여주는 역할을 한다. ③ ⓒ에서 '못'은 동사 앞에서 '능력이 없어서 할 수 없다'는 뜻을 보여주는 역할을 한다. ④ ⓔ은 '못하다'를 사용하여 만든 긴 부정문이다.

252) ③

선택 비율	① 0%	② 2%	③ 94%	④ 2%	⑤ 1%

해 : ㄴ에서 '못'은 능력 부정을 나타내는 부사로, 축구를 하고 싶어도 할 수 없는 '그'의 능력을 부정하고 있다.

[오답풀이] ① ㄱ에서 '안'을 '못'으로 바꾸면 '나팔꽃이 못 예쁘다.'가 되어 어색한 문장이 된다. ② ㄱ에서 '안'은 상태 부정을 나타내는 부사로, '예쁘다'라는 상태를 부정하고 있다. ④ ㄴ을 '그는 다리를 다쳐 축구를 하지 못한다.'로 바꾸어도 어법상에 문제가 생기지는 않는다. ⑤ ㄷ의 '아니다'는 부정 형용사로, '고래'가 '어류'라는 것을 부정하고 있다.

253) ④

선택 비율	① 8%	② 3%	③ 13%	④ 71%	⑤ 3%

해 : '비가 내리지 않았다'에는 '-지 아니하다'라는 긴 부정 표현이 사용되었다. 또한 비가 내리지 않은 현상을 나타낸 것이므로, 이는 의지나 능력이 아닌 단순히 사실이나 상태를 부정하는 의미로 사용되었다고 할 수 있다.

[오답풀이] ① '못'을 사용한 짧은 부정 표현으로, 단순한 사실 부정에 해당한다. ② '안'을 사용한 짧은 부정 표현으로, 의지 부정에 해당한다. ③ '-지 못하다'를 사용한 긴 부정 표현으로, 능력 부정에 해당한다. ⑤ '-지 아니하다'를 사용한 긴 부정 표현으로, 의지 부정에 해당한다.

254) ②

선택 비율	① 2%	② 89%	③ 2%	④ 2%	⑤ 2%

해 : '그때 거기 소나무 한 그루가 있었잖아.'는 그때 거기에 소나무 한 그루가 있었다는 사실을 '-잖다'를 사용하여 확인하고 있는 문장으로, '-잖다'가 부정을 표현하는 것이 아닌, 사실을 확인하는 의미로 사용되었다.

[오답풀이] ①의 '달갑잖아'는 '흡족하지 않다.'라는 뜻으로, '달갑다'를 부정하고 있다. ③의 '두렵잖아요'는 '마음에 염려스럽지 않다.'라는 뜻으로, '두렵다'를 부정하고 있다. ④의 '남부럽잖아'는 '형편이 좋아서 남이 부럽지 않을 만하다.'라는 뜻으로, '남부럽다'를 부정하고 있다. ⑤의 '적잖아요'는 '수나 양이 일정한 기준을 넘는다.'라는 뜻으로, '적다'를 부정하고 있다.

255) ⑤

선택 비율	① 3%	② 7%	③ 4%	④ 6%	⑤ 77%

해 : '꽃이 안 예쁘다.'는 부정 부사 '안'이 쓰인 짧은 부정문이다. 그러나 '예쁘다'는 행동 주체의 의지가 작용할 수 없는 형용사이므로, '꽃이 안 예쁘다.'는 행동 주체인 '꽃'의 의지가 작용할 수 있는 행위를 부정하는 의지 부정이 아니라, 상태 부정에 해당한다.

[오답풀이] ① 긴 부정문의 명령문을 '위험한 곳에는 가지 않아라.'처럼 쓸 수 없으므로, '마라'를 이용하여 긴 부정문의 명령문을 만들 수 있다. ② '못하다'를 이용한 긴 부정문으로 능력 부정을 나타내고 있다. ③ 부정 부사 '못'을 이용한 짧은 부정문으로 능력 부정을 나타내고 있다. ④ '않다'를 이용한 긴 부정문으로 단순히 사실을 부정하는 상태 부정을 나타내고 있다.

256) ②

선택 비율	① 0%	② 96%	③ 1%	④ 1%	⑤ 1%

해 : ㉠에는 짧은 '못' 부정문과 긴 '못' 부정문이 모두 올 수 있고, ㉡에는 '안' 부정문이되 짧은 부정문이, ㉢에는 '안' 부정문이되 긴 부정문이 적절하다.

257) ②

선택 비율	① 2%	② 93%	③ 1%	④ 3%	⑤ 1%

해 : ㄴ은 '해가 비치다'는 객관적 사실을 부정하는 표현이며, 긴 부정문뿐만 아니라 짧은 부정문이 모두 가능하다.

258) ①

선택 비율	① 84%	② 3%	③ 3%	④ 4%	⑤ 3%

해 : ㉠의 '지루하다 못해 졸리다'에서 '못해'는 지루하다는 상태에 미치지 않음을 의미하는 것이 아니라, 지루함의 상태가 극에 달해 지루함을 넘어 졸린 상태에 이른 것을 뜻하므로 '지루하다'의 상태에 미치지 않았다는 것도, 뒷말을 부정하고 있다는 것도 모두 적절하지 않다.

[오답풀이] ② 부정 표현 중에서 '능력'이나 '그 밖의 다른 상황'으로 인한 부정을 표현하는 '못' 부정문은 부사 '못'을 활용하거나 용언 '못하다'에 의해 실현되는 것이 일반적이다. 따라서 ㉡에서는 '자전거를 탄다'의 부정문으로 '못 탄다'와 '타지 못한다' 모두가 가능하다는 것을 보여 주고 있다. ③ 명령문의 부정 표현에서는 '안' 부정과 '못' 부정이 아닌 '말다' 부정을 사용한다. ⑤ ㉢에서 '분명히'는 '했다', '하지 않았나' 모두와 호응을 이루지민 '결코'는 '하지 않았다'와만 호응을 이룬다. 이를 통해 반드시 부정 표현과 함께 쓰여야 하는 부사가 있다는 것을 알 수 있다.

259) ④

해 : '-지 않다'라는 보조 용언을 사용한 긴 부정문으로, 긍정문을 단순히 부정하는 단순 부정을 나타낸다.

[오답풀이] ① 부정 부사 '안'을 사용한 짧은 부정문으로, 긍정문을 단순히 부정하는 단순 부정을 나타낸다. ② '-지 않다'라는 보조 용언을 사용한 긴 부정문으로, 주체의 의지에 따라 행동을 하지 않음을 의미하는 의지 부정을 나타낸다. ③ '-지 못하다'라는 보조 용언을 사용한 긴 부정문으로, 주체의 능력이 부족하거나 어떤 원인에 의해 행동을 하지 못함을 의미하는 능력 부정을 나타낸다. ⑤ 부정 부사 '못'을 사용한 짧은 부정문으로, 주체의 능력이 부족하거나 어떤 원인에 의해 행동을 하지 못함을 의미하는 능력 부정을 나타낸다.

260) ⑤

선택 비율	① 6%	② 2%	③ 2%	④ 12%	⑤ 76%

해 : ㉠의 '고요하지 않다'는 형용사 '고요하다'가 서술어로 쓰이며 '-지 않다'가 단순 부정을 나타내고 있다. ㉡의 '비가 안 오다'는 무정물 '비'가 주어로, 동사 '오다'가 서술어로 쓰이며 '안'이 단순 부정을 나타내고 있다. 따라서 〈보기〉의 ㉠, ㉡에 해당하는 예로 적절하다.

[오답풀이] ① ㉠은 동사 '발달하다'가 서술어로 쓰인 경우이며, ㉡은 무정물 '옷'이 주어로, 동사 '도착하다'가 서술어로 쓰인 경우이다. ② ㉠은 형용사 '어렵다'가 서술어로 쓰인 경우이며, ㉡은 유정물 '저'가 주어로, 동사 '잊다'가 서술어로 쓰인 경우이다. ③ ㉠은 형용사 '궁금하다'가 서술어로 쓰인 경우이며, ㉡은 유정물 '동생'이 주어로, 동사 '가져가다'가 서술어로 쓰인 경우이다. ④ ㉠은 동사 '놀라다'가 서술어로 쓰인 경우이며, ㉡은 무정물 '전기'가 주어로, 동사 '통하다'가 서술어로 쓰인 경우이다.

261) ⑤

선택 비율	① 5%	② 11%	③ 2%	④ 5%	⑤ 77%

해 : 관형사절 '그가 못 읽은'이 안긴절로 쓰였으며, 이 안긴절에는 짧은 부정 표현 '못'이 쓰였다. '읽었다'에서 확인할 수 있듯이 안은문장은 사건시가 발화시보다 앞서는 과거 시제이다.

[오답풀이] ① 관형사절 '차갑지 않은'이 안긴절로 쓰였으며, 이 안긴절에는 긴 부정 표현 '-지 않다'가 쓰였다. '먹었었다'에서 확인할 수 있듯이 안은문장은 사건시가 발화시보다 앞서는 과거 시제이다. ② 관형사절 '바쁜'과 인용절 '바쁜 업무들이 안 끝났다고'가 안긴절로 쓰였으며, 인용절에는 짧은 부정 표현 '안'이 쓰였다. '통보했다'에서 확인할 수 있듯이 안은문장은 사건시가 발화시보다 앞서는 과거 시제이다. ③ 인용절 '결코 포기를 하지 않겠다고'가 안긴절로 쓰였으며, 이 안긴절에는 긴 부정 표현 '-지 않다'가 쓰였다. '결심했다'에서 확인할 수 있듯이 안은문장은 사건시가 발화시보다 앞서는 과거 시제이다. ④ 관형사절 '그 버스가 제때 못 올'이 안긴절로 쓰였으며, 이 안긴절에는 짧은 부정 표현 '못'이 쓰였다. '예상한다'에서 확인할 수 있듯이 안은문장은 사건시와 발화시가 일치하는 현재 시제이다.

262) ⑤

선택 비율	① 0%	② 1%	③ 0%	④ 1%	⑤ 98%

[해] : '태풍에 건물이 흔들리다.'는 건물이라는 주체가 태풍에 의해 흔들림을 당하는 것을 표현한 문장이다. 즉, 주체가 남에 의해 어떤 동작을 당하는 것으로 표현한 것이다.

[오답풀이] ①의 '당기다'와 ④의 '놀리다'는 능동 표현이고, ②의 '감기다'와 ③의 '먹이다'는 사동 표현이다.

263) ④

선택 비율	① 6%	② 27%	③ 1%	④ 51%	⑤ 11%

[해] : 사동은 중의적 의미를 가질 수 있다. 그러나 ④의 '할머니께서 손자에게 색동옷을 스스로 입게 하셨다.'는 '할머니께서 손자로 하여금 스스로 색동옷을 입게 하셨다.'는 의미로만 쓰인다. 만약, '할머니께서 손자에게 색동옷을 입히셨다.'라고 했다면 종전의 의미에 더해 '할머니께서 손자에게 직접 색동옷을 입히셨다.'라는 의미가 더 생겨 중의적일 수 있다.

[오답풀이] ②의 '재우다'의 경우 어간 '자-'에 사동 접미사 '-이-'와 '-우-' 두 개가 붙은 경우이다. ⑤의 '먹이다'는 어간 '먹-'에 사동 접미사 '-이-'가 결합한 형태이지만 사동을 나타내지 않고 '사육하다'의 의미로 쓰인다.

264) ①

선택 비율	① 92%	② 1%	③ 2%	④ 1%	⑤ 1%

[해] : ①은 주어가(이 문장에서는 생략되어 있음) 다른 주체(동생)에 의해 빼앗기는 동작을 당하고 있으므로 피동 표현이 활용된 문장이다.

[오답풀이] ②와 ③은 능동 표현이다. ④ '숙이다'는 '앞이나 한쪽으로 기울어지게 하다' 라는 의미를 나타내고 있으므로 피동 표현에 해당하지 않는다. ⑤ '굽히다' '굽게 하다'의 의미를 나타내고 있으므로 피동 표현에 해당하지 않는다.

265) ②

선택 비율	① 8%	② 70%	③ 6%	④ 6%	⑤ 7%

[해] : '만지다'의 경우는 피동 접미사 '-이-, -히-, -리-, -기-'를 붙여서 짧은 피동표현을 만들지 못하는 동사이므로 적절하다.

[오답풀이] ① 동사의 어근에 피동 접미사 '-기-'를 붙여 '낚싯줄이 물고기에 의해 끊겼다.'와 같이 짧은 피동을 만들 수 있으므로 적절하지 않다. ③ 동사의 어근에 피동 접미사 '-이-'를 붙여 '동생의 이름이 민수에 의해 불렸다.'와 같이 짧은 피동을 만들 수 있으므로 적절하지 않다. ④ 동사의 어근에 피동 접미사 '-히-'를 붙여 '도토리가 다람쥐에 의해 땅에 묻혔다.'와 같이 짧은 피동을 만들 수 있으므로 적절하지 않다. ⑤ 동사의 어근에 피동 접미사 '-기-'를 붙여 '음식이 요리사에 의해 접시에 담겼다.'와 같이 짧은 피동을 만들 수 있으므로 적절하지 않다.

266) ③

선택 비율	① 8%	② 4%	③ 73%	④ 5%	⑤ 8%

[해] : '안겼다'는 '두 팔로 감싸게 하거나 그렇게 하여 품 안에 있게 하다'의 의미로 주어가 다른 주체에 의해 동작을 당하는 피동 표현이 실현된 것이 아니므로 적절하지 않다.

[오답풀이] ① '풀렸다'는 '모르거나 복잡한 문제 따위가 밝혀지거나 해결되다'의 의미로 피동 표현이 실현된 것이므로 적절하다. ② '읽혔다'는 '글에 담긴 뜻이 헤아려져 이해되다'의 의미로 피동 표현이 실현된 것이므로 적절하다. ④ '깎였다'는 '풀이나 털 따위가 잘리다'의 의미로 피동 표현이 실현된 것이므로 적절하다. ⑤ '이용되다'는 '대상이 필요에 따라 이롭게 쓰이다'의 의미로 피동 표현이 실현된 것이므로 적절하다.

267) ④

선택 비율	① 1%	② 2%	③ 6%	④ 76%	⑤ 13%

[해] : '그려졌다'는 '그리-'에 피동의 의미를 나타내는 '-어지다'만 결합한 형태로 이중 피동 표현이 아니므로 적절하지 않다.

[오답풀이] ① '긁혔다'는 '긁-'에 피동 접사 '-히-'가 결합했으므로 적절하다. ② '빼앗겼다'는 '빼앗-'에 피동 접사 '-기-'가 결합하여 주어인 '형'이 '동생'에게 '인형을 빼앗기는' 상황을 나타내는 피동 표현이므로 적절하다. ③ '세워졌다'는 '세우-'에 피동의 의미를 나타내는 '-어지다'가 결합하여 장형 피동으로 실현되고 있으므로 적절하다. ⑤ '나뉘었다'는 '나누-'에 피동 접사 '-이-'가 결합하여 '나뉘-'로 줄어든 형태의 피동 표현이므로 적절하다.

268) ⑤

선택 비율	① 2%	② 10%	③ 6%	④ 8%	⑤ 74%

[해] : ⓜ의 '새겨졌다'는 '새기다'에 '-어지다'가 결합한 말로서, 피동의 문법 요소가 한 번만 나타났으므로 이중 피동이 아니다.

[오답풀이] ① ㉠은 주어가 제힘으로 동작을 하는 능동문이다. ② ㉡의 '덮였다'는 '덮다'에 피동 접미사 '-이-'가 사용된 피동사가 쓰인 피동문이다. ③ ㉢을 능동문으로 바꾸면 '사람들이 음식을 버렸다.'가 된다. ④ ㉣을 능동문으로 바꾸면 '사냥꾼이 토끼를 잡았다.'가 된다.

269) ④

선택 비율	① 3%	② 10%	③ 4%	④ 82%	⑤ 1%

[해] : '되었다'는 '어떤 때나 시기, 상태에 이르다'라는 의미는 있지만, 피동의 의미는 없다.

[오답풀이] ① '들렸다'는 타동사 어근 '듣-'에 접미사 '-리-'가, ② '보였다'는 타동사 어근 '보-'에 접미사 '-이-'가 결합하여 만들어진 피동이다. ③ '만들어졌다'는 동사 어간 '만들-'에 '-어지다'가 결합한 피동 표현이다. ⑤ 피동의 뜻을 가진 '당하다'라는 어휘를 사용하여 피동의 의미를 표현하고 있다.

270) ②

선택 비율	① 2%	② 91%	③ 3%	④ 2%	⑤ 2%

해 : ㄱ을 능동문으로 바꾸면, '폭풍이 마을을 휩쓸다.'가 된다. 피동문의 부사어 '폭풍에'는 능동문에서 주어 '폭풍이'가 된다.

[오답풀이] ③ ㄴ을 능동문으로 바꾸면 '경찰이'가 주어가 되면서 행위의 주체가 된다. ④ '잡혀지다'는 '잡-히-어지다'로 분석되므로 지나친 피동 표현이다.

271) ④

선택 비율	① 4%	② 3%	③ 1%	④ 88%	⑤ 4%

해 : ㄴ의 주동문 '그가 집에 가다'에서 '집에 가'는 동작의 주체는 '그'이며, 이 문장의 사동문인 '(영희가) 그를 집에 가게 하다'에서도 '집에 가'는 동작의 주체는 '그'이므로 동작의 주체는 동일하다.

[오답풀이] ① ㄱ~ㄷ의 주동문을 사동문으로 바꾸면 ㄱ에서는 '철수', ㄴ에서는 '영희', ㄷ에서는 '어머니'라는 새로운 주어가 필요하다. ② ㄱ에서 주동문의 주어는 사동문에서 부사어로, ㄴ과 ㄷ에서 주동문의 주어는 사동문에서 목적어로 바뀌었다. ③ '먹다'에 '-시키다'를 붙인 형태인 '먹게 시키다'는 성립할 수 없다. ⑤ '가다'에 사동 접사를 붙인 형태는 성립할 수 없다.

272) ②

선택 비율	① 4%	② 83%	③ 3%	④ 4%	⑤ 4%

해 : 능동문인 ⓒ '나는 그림을 보았다'에서 목적어 '그림을'은 피동문인 ⓓ '그림이 나에게 보였다'에서 주어인 '그림이'로 바뀐다. 따라서 ⓒ과 ⓓ를 보니 능동문의 목적어가 피동문에서도 목적어가 된다는 진술은 적절하지 않다.

[오답풀이] ① 능동문 ㉠에 나타나는 주어 '언니가'는 피동문인 ⓐ에서 부사어 '언니에게'로 바뀌고 있으므로 적절하다. ③ 주동문 ㉡이 사동문인 ㉢로 바뀔 때 '형이'라는 새로운 주어가 나타나고 있으므로 적절하다. ④ 피동문 ⓐ에서 피동사 '안겼다'와 사동문 ⓑ에서 사동사 '안겼다'의 형태가 같으므로 적절하다. ⑤ 사동문 ⓑ에서 '안겼다'는 '-기-'라는 접미사에 의해, 사동문 ⓓ에서 '보게 했다'는 '-게 하다'에 의해 만들어지고 있으므로 적절하다.

273) ③

선택 비율	① 8%	② 7%	③ 50%	④ 25%	⑤ 7%

해 : '돕다'는 피동사로 파생되지 않는다. '동생이 부모님께 칭찬을 들었다.'는 '들리었다(들-+-리-+-었-+-다)'로 서술어의 피동사가 존재함에도 불구하고 파생적 피동문으로 바꿀 수 없는 능동문이다. '칭찬이 부모님에 의해 동생에게 들렸다.'는 어색한 문장이다.

[오답풀이] ① '주다'는 피동사로 파생되지 않는다. '고양이가 쥐를 잡았다.'에서, '잡다'는 '잡히다'라는 피동사가 있고, '쥐가 고양이에게 잡혔다(잡-+-히-+-었-+-나).'로 파생적 피동이 가능하다. ② '먹다'는 '먹히니'로 파생된다. '사람들이 열심히 풀을 뽑았다.'의 '뽑다'는 '뽑히다'라는 피동사가 있지만 '풀이 열심히 사람들에게 뽑혔다.'라는 파생적 피동문은 어색한 문장이 된다. ④ '만나다'는 피동사로 파생되지 않는다.

'학생들이 벽화를 멋지게 그렸다.'의 '그리다'는 '그려지다'로 '-어지다'라는 보조 용언이 붙어 '벽화가 학생들에 의해 멋지게 그려졌다'라는 통사적 피동문은 되지만 파생적 피동문은 없다. ⑤ '나누다'는 '나뉘다(나누-+-이-+-다)'로 파생된다. '누나가 일부러 문을 세게 닫았다.'에서 '닫다'는 '닫히다'로 피동사는 존재하지만 파생적 피동문으로 바꾸면 '문이 일부러 누나에게 세게 닫혔다.'로 어색한 문장이 된다.

274) ③

선택 비율	① 14%	② 14%	③ 58%	④ 3%	⑤ 8%

해 : ㉠의 주동문의 주어 '철수가'는 사동문에서 '철수를'이라는 목적어로 바뀌었지만, ㉡의 주동문의 주어 '동생이'는 사동문에서 '동생에게'라는 부사어로 바뀌었으므로 적절하지 않다.

[오답풀이] ① ㉡의 사동문은 '-이-'라는 사동 접미사를 활용한 형태를 보이고 있다. 하지만 ㉠은 사동 접미사를 활용한 사동문을 만들 수 없으므로 적절하다. ② ㉡의 사동문에서 사동 접미사 '-기-' 대신 '-게 하다'를 활용해 사동문을 만들면 '인부들이 이삿짐을 방으로 옮게 하다.'와 같이 어색한 문장이 되므로 적절하다. ④ ㉠과 ㉡은 모두 주동문이 사동문으로 되면서 '내가'와 '누나가'라는 새로운 주어가 생겼으므로 적절하다. ⑤ ㉠, ㉡과 달리 ㉢은 사동문에 대응하는 주동문이 비문이므로 적절하다.

275) ②

선택 비율	① 9%	② 47%	③ 25%	④ 7%	⑤ 9%

해 : 제시된 탐구 과정을 보면 A는 주동문은 존재하여도 그것을 사동문으로 바꿀 수 없는 경우이다. ㉡이 A에 해당하는데, ㉡을 사동문으로 만든 'X(?)가 그에게 한 아름에 더미를 버렸나'는 비문법적인 문장이기 때문이다. B는 주동문의 서술어로 쓰인 용언의 어간을 어근으로 삼아 사동 접미사를 붙여 파생적 사동문으로 바꿀 수 있는 경우이다. ㉠이 B에 해당하는데, ㉠은 '그가 물통에 물을 가득 채웠다.'와 같이 파생적 사동문으로 바꿀 수 있기 때문이다. C는 주동문을 사동문으로 바꿀 수는 있으나, 파생적 사동문으로 바꿀 수 없는 경우이다. ㉢이 C에 해당하는데, 서술어인 '모았다(모으다)'의 어간 '모으-'에 '-게 하다'를 붙여 '모으게 했다'와 같이 통사적 사동문으로 바꿀 수는 있으나, '모았다(모으다)'는 어간 '모으-'를 어근으로 삼아 사동 접미사가 붙어 사동사로 파생되지 않으므로 파생적 사동문으로는 바꿀 수 없기 때문이다.

276) ③

선택 비율	① 7%	② 13%	③ 50%	④ 14%	⑤ 13%

해 : ㄱ은 서술어가 필요로 하는 문장 성분의 개수가 주어, 부사어로 2개이며, ㄷ은 서술어가 필요로 하는 문장 성분의 개수가 주어 1개이므로 적설하시 않다.

[오답풀이] ① ㄱ의 능동문은 '엄마가 아기를 안았다.'로 서술어가 필요로 하는 문장 성분의 개수는 주어, 목적어로 2개이므로 적절하다. ② ㄴ의 주동문은 '엄마가 아기를 안았다.'로 서술어가 필요로 하는 문장 성분의 개

수는 주어, 목적어로 2개이므로 저절하다. ④ ㄴ의 주동문은 '엄마가 아기를 안았다.'로 서술어가 필요로 하는 문장 성분의 개수가 주어, 목적어로 2개이고, ㄹ의 주동문은 '학생들이 사진첩을 보았다.'로 서술어가 필요로 하는 문장 성분의 개수가 주어, 목적어로 2개이므로 적절하다. ⑤ ㄷ은 서술어가 필요로 하는 문장 성분의 개수가 주어 1개이고, ㄹ은 서술어가 필요로 하는 문장 성분의 개수가 주어, 부사어, 목적어로 3개이므로 적절하다.

277) ①

선택 비율	① 66%	② 8%	③ 5%	④ 7%	⑤ 11%

해 : '가려진'은 기본형 '가리다'에 '-어지다'만 붙은 것으로 피동 표현을 두 번 겹쳐 쓴 이중 피동 표현의 예가 아니다.

[오답풀이] ② '쓰여진'은 기본형 '쓰다'에 피동 접미사 '-이-'와 '-어지다'가 붙은 이중 피동 표현이다. ③ '담겨진'은 기본형 '담다'에 피동 접미사 '-기-'와 '-어지다'가 붙은 이중 피동 표현이다. ④ '열려진'은 기본형 '열다'에 피동 접미사 '-리-'와 '-어지다'가 붙은 이중 피동 표현이다. ⑤ '보여진'은 기본형 '보다'에 피동 접미사 '-이-'와 '-어지다'가 붙은 이중 피동 표현이다.

278) ④

선택 비율	① 5%	② 3%	③ 6%	④ 79%	⑤ 4%

해 : ㄹ에서 '대통령'을 뽑은 행위의 주체는 '국민들'이다. ㄹ은 행위의 주체가 누구나 아는 사람이어서 말할 필요가 없을 때 피동 표현을 사용할 수 있는 경우이다.

[오답풀이] ① ㄱ에서 쏘는 행위의 주체는 '벌'이고 행위의 대상은 '그'이다. ㄱ은 '그'를 부각하기 위해 피동 표현을 사용한 경우이다. ② ㄴ은 피동 표현을 통해 '편지'를 찢은 주체인 '나'를 밝히지 않고 있다. ③ ㄷ은 행위의 주체인 '기자'가 중요하지 않을 때 피동 표현을 사용할 수 있는 경우이다. ⑤ ㅁ은 '날씨'를 푼 행위의 주체를 분명히 설정하기 어려워 피동 표현을 사용한 경우이다.

279) ②

선택 비율	① 21%	② 29%	③ 13%	④ 10%	⑤ 25%

해 : ㄱ의 '잡혔다'의 '잡히다'는 '말 따위가 문제로 삼아지다.'라는 의미를 지닌 피동사로 사용되었으므로 피동 접미사가 사용된 경우이고, ㄴ의 '잡혔다'에서 '잡히다'는 '담보로 맡기다.'라는 의미를 지닌 사동사로 사용되었으므로 사동 접미사가 사용된 경우이다.

280) ⑤

선택 비율	① 5%	② 13%	③ 3%	④ 10%	⑤ 66%

해 : 이 문항에서는 <보기>의 설명을 바탕으로 사동사와 피동사를 올바르게 구분할 수 있는지를 묻고 있다. 정답은 ⑤로, ㄱ'형이 친구에게 꽃다발을 안기다'의 '안기다'는 사동사이며, ㄴ'아기 곰이 어미 품에 안기다'의 '안기다'는 피동사이다.

[오답풀이] ① '운동화 끈을 풀다', '피로를 풀다'와 비교할 때 ㄱ'운동화 끈이 풀리다'의 '풀리다'와 ㄴ'피로가 풀리다'의 '풀리다'는 모두 피동사이다. ② '엄마가 아이를 등에 업다'와 비교할 때 ㄱ'아이가 엄마 등에 업히다'의 '업히다'는 피동사이며, '이모가 아이를 업다'와 비교할 때 ㄴ'누나가 이모에게 아기를 업히다'의 '업히다'는 사동사이다. ③ '옷이 마르다'와 비교할 때 ㄱ'옷을 말리다'의 '말리다'는 사동사이다. ㄴ의 '말리다'는 '다른 사람이 하고자 하는 어떤 행동을 못하게 방해하다'의 뜻을 지니며 피동사도 아니고 사동사도 아니다. ④ '몸이 녹다', '고드름이 녹다'와 비교할 때 ㄱ'새들이 몸을 녹이다'의 '녹이다'와 ㄴ'햇살이 고드름을 녹이다'의 '녹이다'는 모두 사동사이다.

281) ②

선택 비율	① 3%	② 85%	③ 2%	④ 2%	⑤ 5%

해 : <보기1>을 통해 '-시키다'는 다른 대상에게 동작이나 행동을 하게 하는 것임을 알 수 있다. 이를 문장에서 적절하게 사용한 것은 <보기2>의 ㄱ, ㄷ, ㄹ이다.

282) ③

선택 비율	① 2%	② 3%	③ 88%	④ 2%	⑤ 1%

해 : ㄷ의 경우, 능동문과 피동문 모두 여러 가지로 해석되는 의미를 가지지 않으므로 능동문과 달리 피동문이 여러 가지 의미로 해석되는 문장의 사례로 볼 수 없다. ㄴ의 경우, 능동문이 두 명의 학생이 총 참새 네 마리를 잡은 경우, 두 명의 학생이 각각 참새 네 마리를 잡아 총 여덟 마리를 잡은 경우와 같이 중의적으로 해석될 수 있다.

[오답풀이] ① ㄱ의 능동문에서는 '눈이 세상을 덮는 동작'이 연상되는 것에 비해, 피동문에서는 그런 동작이 잘 드러나지 않는다. ② ㄱ과 ㄴ은 모두 능동문의 주어였던 '눈이'와 '두 학생이'가 피동문의 부사어인 '눈에'와 '두 학생에게'로 나타나는 사례이다. ④ '날리다'는 목적어를 가지지 않는 자동사인 '날다'에서 파생된 경우이다. ⑤ '날씨'가 바뀌는 행위는 자연적인 것으로서 문장의 의미 자체가 상황 의존성을 강하게 가져 동작성을 표현하기 어려우므로, 대응하는 능동문을 상정하기가 어렵다.

283) ②

선택 비율	① 2%	② 93%	③ 1%	④ 1%	⑤ 0%

해 : ㄴ은 말을 꺼내기 거북할 때에 쓰는 말로서 대명사가 아닌 감탄사이다. 대명사로서의 '저기'는 화자와 청자 모두에게서 멀리 떨어져 있는 사물을 가리킬 때 쓰이지만 이 예는 감탄사로 쓰인 것이다.

[오답풀이] ① '끊은 게 아니고 끊어진 거'라고 한 것은 본인의 의지로 사건이 일어난 것이 아님을 의미한다. 이처럼 상황이 일어나게 된 것이 능동적이고 의지적인 행위 때문이 아니라 불가항력적인 일 때문일 경우에는 주로 피동 표현을 사용한다. ③ '아차'라는 감탄사는 어떤 것, 특히 무엇이 잘못된 것을 갑자기 깨달았을 때 하는 말이다. ④ 어떤 이의 능력 부족이나 불가피한 상황 때문에 어떤 일이 이루어지지 않

앉음을 나타낼 때에는 '못' 부정 표현을 사용한다. ⑤ "자세히 말해 볼래?"는 형식상으로는 의문문이지만 내용상으로는 말해 달라는 요청의 의미를 담고 있다. 이렇게 문장 종결 표현과 발화의 의도가 일치하지 않는 문장이 있는데 이를 간접 표현이라 한다.

284) ②

선택 비율	① 9%	② 66%	③ 10%	④ 7%	⑤ 5%

해 : ㉠의 '녹았다'는 주어를 필요로 하는 한 자리 서술어이고, ㉡의 '녹였다'는 사동사로 주어와 목적어를 필요로 하는 두 자리 서술어이다. ㉢의 '보았다'는 주어와 목적어를 필요로 하는 두 자리 서술어이고, ㉣의 '보였다'는 피동사로 주어를 필요로 하는 한 자리 서술어이다. 따라서 ㉡은 사동문이며, ㉢과 서술어 자릿수가 같다.

285) ⑤

선택 비율	① 16%	② 6%	③ 5%	④ 9%	⑤ 61%

해 : ⑤에서 ㉠의 '쓸리다'는 '쓸다²①'의 피동사이고, ㉡의 '쓸리다'는 '쓸다²①'의 사동사이다. ㉡의 '쓸리다'는 '쓸게 하다'와 의미가 상통한다는 점에서도 이를 확인할 수 있다.

[오답풀이] ① ㉠의 '갈리다'는 피동사이고, ㉡의 '갈리다'는 사동사이다. 그런데 ㉠의 '갈리다'는 '갈다¹②'에 대응함에 비해 ㉡의 '갈리다'는 '쟁기나 트랙터 따위의 농기구나 농기계로 땅을 파서 뒤집다'의 뜻을 지니는 '갈다'에 대응한다. ② ㉠과 ㉡의 '깎이다'는 둘 다 '깎다①③'에 대응하는 피동사이다. ③ ㉠과 ㉡의 '묻히다'는 둘 다 '묻다¹①'에 대응하는 사동사이다. ④ ㉡의 '물리다'는 '물다²①②'에 대응하는 피동사이고, ㉠의 '물리다'는 '입 속에 넣어 두다'의 뜻을 지니는 '물다'에 대응하는 사동사이다.

286) ④

선택 비율	① 9%	② 4%	③ 27%	④ 45%	⑤ 13%

해 : ㉣의 '선생님께서~읽히셨다.'는 접사에 의한 사동 표현이고, '선생님께서~읽게 하셨다.'는 '-게 하다'에 의한 사동 표현인데, 이는 모두 '선생님께서 철수에게 책을 읽도록 시키는' 간접 사동의 의미로만 해석된다.

[오답풀이] ① ㉠의 '낮춘다'는 '낮다'라는 형용사에 사동 접사 '-추-'가 결합된 사동사이다. ② ㉡은 주동문이 사동문으로 바뀔 때 서술어에서 주어와 목적어, 그리고 부사어를 요구하는 세 자리 서술어로 바뀌었다. ③ '이삿짐이 방으로 옮다'로 쓸 수 없으므로 ㉢의 경우 대응하는 주동문을 만들 수가 없다는 이해는 적절하다. ⑤ ㉤에서 자동사가 서술어로 사용된 주동문의 주어 '아기가'는 사동문에서 목적어로, 타동사가 서술어로 사용된 주동문의 주어 '철수가'는 사동문에서 부사어로 바뀌었다.

287) ③

선택 비율	① 10%	② 5%	③ 70%	④ 5%	⑤ 8%

해 : '밝혀졌다'는 '드러나지 않거나 알려지지 않은 사실, 내용, 생각 따위를 드러내 알리다'의 뜻을 지니는 동사 '밝히다'에 '-어지-'가 결합한 경우이기 때문에 ㉢에 해당하는 예이다.

[오답풀이] ① '입히다'는 동사 '입다'에 '-히-'가 결합한 형태이지만, 이때의 '-히-'는 피동 접사가 아니라 사동 접사이다. ② '건네받다'의 '받다'는 '다른 사람이 주거나 보내오는 물건 따위를 가지다'의 뜻을 지니는 동사이다. ④ 이 문장은 자연적으로 발생하는 사태를 표현하는 경우가 아닐 뿐더러 '많은 사람들이 그 사람을 존경하다.'처럼 피동문에 대응하는 능동문을 상정할 수 있다. '존경받다'는 ㉡에 해당하는 예이다. ⑤ '이루다'는 타동사이므로 '-어지-'가 결합한 '이루어지다'는 ㉢에 해당하는 예가 아니다.

288) ⑤

선택 비율	① 6%	② 26%	③ 22%	④ 9%	⑤ 37%

해 : '걸려 버렸다'는 본용언과 보조 용언의 결합으로 이루어진 서술어이기 때문에 ㉢이 실현되었다. '보이다'는 피동 접미사 '-이-'가 결합한 피동사이기 때문에 ㉠이 실현되었다.

[오답풀이] ① '손꼽히다'는 피동 접미사 '-히-'가 결합한 피동사이다(㉠). 제시된 문장에서 서술어로 기능하는 안긴문장은 쓰이지 않았다. ② '담기다'는 피동 접미사 '-기-'가 결합한 피동사이다(㉠). 제시된 문장에서 본용언과 보조 용언의 결합으로 이루어진 서술어는 쓰이지 않았다. '모아 왔다'에 쓰인 '오다'는 보조 용언이 아니라 본용언이다. '오다'가 보조 용언으로 쓰일 때에는 '그는 예전부터 사진을 모아 왔다.'에서처럼 '앞말이 뜻하는 행동이나 상태가 말하는 이 또는 말하는 이가 정한 기준점으로 향하거나 가까워짐. 또는 그렇게 계속 진행됨.'의 뜻을 나타낸다. ③ '친구가 마음이 여려서'에서 '마음이 여려서'는 서술어로 기능하는 안긴문장이다(㉡). 제시된 문장에서 피동 접미사가 결합한 피동사는 쓰이지 않았다. ④ '우표가 올해 들어 값이 올랐다.'에서 '값이 올랐다'는 서술어로 기능하는 안긴문장이다(㉡). 제시된 문장에서 본용언과 보조 용언의 결합으로 이루어진 서술어는 쓰이지 않았다.

289) ①

선택 비율	① 40%	② 8%	③ 9%	④ 37%	⑤ 6%

해 : '시작되자'에 쓰인 접미사 '-되-'는 명사 어근 '시작'에 결합하여 동사 '시작되다'를 파생한다. '낮췄다'에 쓰인 접미사 '-추-'는 형용사 어근 '낮-'에 결합하여 동사 '낮추다'를 파생한다.

[오답풀이] ② '낮췄다'의 '-추-'는 사동 파생 접미사이고, '빼앗겼다'의 '-기-'는 피동 파생 접미사이다. ③ '시작되자'의 '-되-'는 피동 파생 접미사이고, '말리는'의 '-리-'는 사동 파생 접미사이다. ④ '친구랑'의 '랑'은 앞말이 함께 어떤 행동을 하거나 상대로 하는 대상임을 나타내는 부사격 조사이고, '미술관이랑'의 '이랑'은 둘 이상의 사물을 같은 자격으로 이어 주는 접속 조사이다. 따라서 두 조사는 이형태 관계가 아니다. ⑤ '만나'의 어미 '-아'는 연결 어미이고, '가'의 어미 '-아'는 종결 어미이다.

290) ①

| 선택 비율 | ① 91% | ② 1% | ③ 2% | ④ 1% | ⑤ 1% |

해 : <보기>는 필요한 문장성분이 생략되어 의미가 제대로 전달되지 않는 문장에 대한 설명이다. '내 친구 영수는 얼굴이 닮았다.'는 문장에 필요한 부사어가 빠져 있어 의미가 제대로 전달되지 않는 문장이므로 ㉠에 들어갈 예로 적절하다.

[오답풀이] ② '그는 하얀색 운동화를 신고 있었다'는 '신고 있었다'의 의미가 중의적으로 해석되는 문장이다. ③ '예고'라는 단어에 '미리'라는 의미가 포함되어 있어 불필요한 요소가 포함된 문장이다. ④ '소중한'의 수식 범위가 모호하여 의미가 중의적으로 해석되는 문장이다. ⑤ 부사어인 '절대로'가 서술어와 호응이 되지 않는 문장이다.

291) ①

| 선택 비율 | ① 85% | ② 5% | ③ 2% | ④ 4% | ⑤ 3% |

해 : ①은 문장에서 '귀여운'이 수식하는 말이 '동생'인지, '동생의 강아지'인지 불분명하여 중의적으로 해석되는 문장이다.

[오답풀이] ② '좋아한다'의 비교 대상이 불분명한 데서 중의적으로 해석된다. ③ '신고 계신다'가 진행인지 완료인지 불분명한 데서 중의적으로 해석된다. ④ '나'와 '그녀'가 결혼한 것인지 '나'와 '그녀'가 각각 다른 사람과 결혼한 것인지 불분명한 데서 중의적으로 해석된다. ⑤ '사과'와 '귤'이 각각 하나씩 두 개인지, '사과'와 '귤'이 각각 두 개인지 불분명한 데서 중의적으로 해석된다.

292) ①

| 선택 비율 | ① 87% | ② 3% | ③ 5% | ④ 1% | ⑤ 2% |

해 : '나는 형과 누나가 추천한 영화를 보았다.'라는 문장은 '누나가 추천한 영화를 형과 내가 본 것'과, '형과 누나가 추천한 영화를 내가 본 것'으로 중의적 해석이 가능하다. 여기에 '집에서'를 넣는다고 해서 중의성이 해소되는 것은 아니다.

293) ③

| 선택 비율 | ① 0% | ② 1% | ③ 94% | ④ 2% | ⑤ 0% |

해 : ㄷ의 '아파서'가 '만약'과 호응하지 않는 것은 적절하지만 '만약'과 호응하려면 '아파서'를 '아프면'으로 바꾸어야 한다.

294) ⑤

| 선택 비율 | ① 3% | ② 6% | ③ 3% | ④ 14% | ⑤ 71% |

해 : 중의성이 있는 문장이 명확하게 해석되지 못하는 이유를 구체적으로 파악한다. 문장 ㉤은 지훈이가 웃으면서 소민이를 맞이했는지, 소민이가 웃으면서 들어왔는지가 모호하기 때문에 명확하게 해석하기 어렵다. '지훈이와 소민이'가 동시에 웃으며 만났다는 의미는 이 문장에서 찾을 수 없다.

[오답풀이] ① ㉠의 예문에서는 경준이의 신체 중 손이 큰지, 경준이의 씀씀이가 큰지 명확하지 않다. ② 효정이 구두를 신고 있는 중인지, 구두를 신은 상태인지 명확하지 않다. ③ 아름다운 사람이 그녀인지 어머니인지 명확하지 않다. ④ 접속 조사 '와'의 결합 때문에, ㉣은 어머니께서 나에게 주신 것이 사과 하나와 귤 하나인지, 사과와 귤이 각각 두 개인지, 사과 하나와 귤 두 개인지 명확하지 않다.

295) ②

| 선택 비율 | ① 8% | ② 59% | ③ 11% | ④ 7% | ⑤ 11% |

해 : '형은 나보다 어머니를 더 좋아한다.'는 '형은 나와 어머니 중에서 어머니를 더 좋아한다.'와 '내가 어머니를 좋아하는 것보다 형이 어머니를 더 좋아한다.'로 중의적으로 해석된다.

296) ①

| 선택 비율 | ① 70% | ② 9% | ③ 8% | ④ 8% | ⑤ 2% |

해 : '그녀는 학교에서 회장이 되었다'에서 '회장이'는 서술어 '되었다'가 반드시 필요로 하는 보어이다.

[오답풀이] ② '그'와 '나' 둘 중에 누가 낚시를 더 좋아하는지 분명하지 않기 때문에 '내가 낚시를 좋아하는 것보다 그가 더 낚시를 좋아하다'로 의미가 분명하도록 고친 것이다. ③ 주어인 '우리 집의 특징은'과 서술어가 호응을 이루도록 문장을 고친 것이다. ④ 환경은 '개선시켜야' 할 대상이 아니라 우리가 환경을 '개선해야' 하는 것으로 지나친 사동 표현을 주동 표현으로 고친 것이다. ⑤ '조용히'와 조용하고 엄숙함을 뜻하는 '정숙'이 의미가 중복되기 때문에 '조용히'를 삭제한 것이다.

297) ⑤

| 선택 비율 | ① 3% | ② 4% | ③ 2% | ④ 3% | ⑤ 86% |

해 : 수정 문장 '민우는 나와 둘이서 윤서를 불렀다.'는 '민우와 나'가 주체가 되어 '윤서'를 불렀음을 의미한다. 전달 의도처럼 '나와 윤서'를 부른 사람이 '민우'임을 표현하기 위해서는 '민우는 혼자서 나와 윤서를 불렀다.'로 문장을 수정해야 한다.

[오답풀이] ①, ② ㄱ의 중의적 문장은 '관객 중 일부가 도착하지 않음.'과 '관객 중 누구도 도착하지 않음.'의 의미로 모두 해석될 수 있다. 수정 문장은 중의성 해소를 위해 조사 '는'을 추가하여 부정 표현의 범위를 한정한 것으로, '관객 중 일부가 도착하지 않음.'으로 해석된다. ③, ④ ㄴ의 중의적 문장은 '전학온 친구와 만난 때가 어제임.'과 '친구가 전학 온 것이 어제임.'의 의미로 모두 해석될 수 있다. 수정 문장은 중의성 해소를 위해 '어제'의 위치를 변경해 '어제'의 수식 범위를 한정한 것으로, '전학 온 친구와 만난 때가 어제임.'으로 해석된다.

298) ②

| 선택 비율 | ① 4% | ② 91% | ③ 1% | ④ 2% | ⑤ 1% |

해 : ㉠은 원래 문장에서 주어인 '문제는'에 호응하는 서술어가 없다. '모르고 있다'의 주어가 '누구도'이므로 '문제는'은 서술어 '것이다'가 필요하다. ㉢의 '구애받다'는 조사 '에'와 함께 쓰이므로 '시간을'을 '시간에'로

고쳐야 한다.

[오답풀이] ⓒ의 서술어인 '차지한다'는 타동사이므로 '자리 중'을 '자리로'가 아니라 목적어 '자리를'로 고쳐야 한다. ⓔ 부사 '비록'은 '-ㄹ지라도'나 '-지만'과 같은 어미가 붙는 용언과 함께 쓰이므로 '고단하면서'를 '고단하지만'으로 고쳐야 올바른 문장이 된다.

299) ③

선택 비율	① 0%	② 1%	③ 95%	④ 2%	⑤ 1%

해 : ㄴ에서 '뿌리 뽑아 근절해야 합니다'를 '근절해야 합니다'로 수정한 것은 '근절하다'와 '뿌리 뽑다'가 같은 의미를 지닌 표현이기 때문에 의미상 중복을 해소하기 위해 수정한 것이다. ㄷ에서 '남학생과 여학생 두 명을'을 '남학생 한 명과 여학생 한 명'으로 수정한 것은 수정 전 표현이 '남학생 한 명과 여학생 한 명' 또는 '남학생 두 명과 여학생 두 명' 등으로 해석될 수 있으므로 중의성을 해소하기 위해 의미가 정확히 드러나도록 수정한 것이다.

[오답풀이] ㄱ에서 '쳐다보았다'를 '바라보았다'로 수정한 것은 문맥에 어울리지 않는 단어이기 때문에 수정한 것이다. '쳐다보다'는 '아래에서 위를 올려다보다'라는 뜻인데 이 문장은 학생들을 동일 선상에서 보거나 내려다보는 상황이므로 '바라보다'로 바꾼 것이다. ㄹ에서 '아무리 강조해도 지나치지 않습니다'는 번역 투의 문장이기 때문에 '매우 중요합니다'로 수정한 것이다.

300) ①

선택 비율	① 60%	② 2%	③ 2%	④ 26%	⑤ 8%

해 : ㉠에서 '가던지 오던지 마음대로 해라.'라는 문장이 어법에 맞지 않는 것은 '-든지'을 써야 할 자리에 '-던지'을 썼기 때문이다. '-든지'와 '-던지'는 동사의 어간과 결합하여 쓰였으므로 어미임을 알 수 있다. ㉠은 어미를 잘못 사용했기 때문에 생긴 오류이다.

[오답풀이] ② 사람을 포함한 유정물에는 조사 '에게'를 쓰며 그 외의 무정물에는 조사 '에'를 쓴다.

301) ②

선택 비율	① 1%	② 81%	③ 5%	④ 5%	⑤ 5%

해 : ㄴ은 '나'가 음악을 좋아하는 정도보다 '그'가 음악을 좋아하는 정도가 더 강하다는 것인지, 아니면 '그'가 '나'와 '음악' 중 무엇을 더 좋아하는지 분명하지 않은 문장이다. 따라서 '그'와 '음악'을 비교 대상으로 한다는 설명은 부적절하다.

[오답풀이] ㄱ은 '예쁜'이 '영희'와 '동생' 중 누구를 꾸미는지 모호하므로, '영희의 예쁜 동생' 또는 '예쁜, 영희의 동생'처럼 어순을 바꾸거나 쉼표를 사용하여 '동생'을 꾸미는 것이 명료하게 드러나도록 해야 한다. ㄴ은 비교 내싱이 명료해지도록 '내가 음악을 좋아하는 것보다 그가 음악을 더 좋아한다.'처럼 수정해야 한다. ㄷ은 '영수를 보고 싶어 하는 친구들이 많다.' 또는 '영수가 많은 친구들을 보고 싶어 한다.'처럼 수정해야 주체가 명료해진다. ㄹ은 '아무도 오지 않았다.' 또는 '일부만 왔다.'처럼 수정하여 전체 부정

인지 부분 부정인지를 명확히 해야 한다. ㅁ은 입는 동작이 진행 중인지 입은 상태가 지속되는지를 명료하게 수정해야 한다.

302) ②

선택 비율	① 4%	② 68%	③ 23%	④ 2%	⑤ 1%

해 : ⓒ에서 '믿기다'는 '믿다'에 접미사 '-기'가 결합된 피동사이다. 이에 피동을 나타내는 '-어지다'를 결합하여 '믿겨지지'로 나타냈으므로 이중 피동에 해당한다.

[오답풀이] ㉠ '어제'는 과거를 나타내는 부사이다. 그러므로 현재를 나타내는 어미 '-ㄴ다'를 사용한 것은 적절하지 않다. ⓒ '자식'은 자격의 의미를 지니므로, 조사 '(으)로서'가 적절하다. ⓔ 아버지는 객체 높임의 대상이므로, 조사 '에게'를 '께'로, 서술어 '주었다'를 '드렸다'로 바꾸는 것이 적절하다. ⓜ '돌이켜 회상했다.'에서 '회상'은 '지난 일을 돌이켜 생각한다.'가 사전적 의미이므로 '돌이켜'를 삭제하는 것은 적절하다.

303) ③

선택 비율	① 3%	② 1%	③ 87%	④ 4%	⑤ 2%

해 : ⓑ에 따르면, 수정 전 문장에서 '왜냐하면'에 호응하는 서술어는 '때문이다'이므로 '-는 것이다'로 수정한 문장 역시 호응 관계가 자연스럽지 않으므로 적절하지 않다.

[오답풀이] ① ⓐ에 따르면 수정 전 문장에서는 '빠져나갈 방법을'의 목적어가 빠져 있으므로 적절하다 ② ⓐ에 따르면, 수정 전 문장에서 필부 부사어 '이모와'가 필요하므로 적절하다. ④ ⓑ에 따르면 수정전 문장의 '비록'을 '만약'으로 고쳐야 '입장이라면'과 호응을 이루므로 적절하다. ⑤ ⓒ에 따르면 수정 전 문장에서 '이미'와 '기존'이 의미상으로 중복된 표현이므로 삭제해야 한다.

304) ⑤

선택 비율	① 11%	② 1%	③ 3%	④ 5%	⑤ 77%

해 : 문장을 어법에 맞게 쓰기 위해서는 어휘의 적절한 사용, 서술어의 자릿수, 문장 성분 사이의 호응, 수식어와 피수식어의 호응, 문장 사이의 접속 표현 등을 고려해야 한다. ⓜ은 '남에게 고통을 주다.'와 '남의 마음을 상하게 하다.'라는 문장이 이어지며 문장 성분을 과도하게 생략한 경우이다.

[오답풀이] ① ㉠은 '-던지'나 '-든지'가 적절히 사용되었는가를 판단해야 하는 문장이다. '-던지'의 '-더-'는 과거 회상을 나타내는 선어말 어미가 결합한 것이며, 어미 '-든지'는 여러 동작이나 상태, 대상을 늘어놓고 그 가운데 어느 것이든 선택될 수 있음을 나타내는 어미이다. ② ⓒ은 문장에서 나타내고자 하는 의미에 적절한 단어가 사용되었는가를 고려해야 하는 문장이다. 기사의 속도를 니디낼 때에는, 어떤 동작을 하는 데 걸리는 시간이 짧다는 의미를 나타내는 '빠르다'를 사용하는 것이 적절하다. ③ ⓒ은 '내가하고 싶은 말은'과 서술어가 호응을 이루지 않아 문장이 어색하다. ④ ⓔ에서 '한결같이'의 수식의 대상이 '어려운'인지 '돕는'인지 불분명하여 중의적으로 해석된다.

305) ①

| 선택 비율 | ① 80% | ② 14% | ③ 2% | ④ 1% | ⑤ 1% |

해 : '상의하다'는 '어떤 일을 서로 의논하다.'는 의미를 지닌 서술어로, 의논의 대상이 되는 부사어를 필요로 한다. 따라서 '약사에게'가 아니라 공동의 의미를 지닌 부사격 조사 '와'가 결합된 '약사와'가 적절하다.

306) ①

| 선택 비율 | ① 58% | ② 13% | ③ 2% | ④ 20% | ⑤ 4% |

해 : '주다'는 부사어와 목적어를 필수적으로 요구하는 서술어이다. 따라서 부사어 '우리에게'를 추가하여 수정하였다. 그런데 수정한 이유를 보면 목적어가 없다고 진술하였으므로 이는 적절하지 않다.

[오답풀이] ② '믿겨지다'는 '믿다'의 이중 피동 표현이므로 이중 피동 표현을 사용하여 수정하였다는 진술은 적절하다. ③ '추고'가 빠져 있었으므로 목적어의 하나인 '춤'과 호응하는 서술어가 없어 수정하였다는 것은 적절하다. ④ 직접 인용을 나타내는 조사는 '라고'이며, 간접 인용을 나타내는 '고'이므로 조사가 잘못 사용되어 수정하였다는 것은 적절하다. ⑤ '온정'은 '따뜻한 사랑이나 인정'이란 뜻이므로 의미가 중복된 표현을 사용하여 수정하였다는 것은 적절하다.

307) ④

| 선택 비율 | ① 3% | ② 3% | ③ 2% | ④ 85% | ⑤ 4% |

해 : (가)는 '지원이의 꿈은'과 '되고 싶다'가 호응을 이루지 못하고 있는 문장이다. 즉 주어와 서술어 간의 호응이 이루어지지 않은 문장이다. (나)는 '이용하면서' 앞에 '자연을'이라는 목적어가 생략된 문장이다. 즉 필요한 문장 성분이 누락된 문장이다. (다)는 '형이' 만나고 싶어 하는 것인지, '형을' 만나고 싶어 하는 것인지 분명하지 않은 중의적 문장이다.

308) ④

| 선택 비율 | ① 7% | ② 8% | ③ 4% | ④ 67% | ⑤ 11% |

해 : ㄱ은 '친구가 일부가 오지 않았다'와 '친구가 한 명도 오지 않았다'로 해석된다. 이를 해소하기 위해 '모두'를 '아무도'나 '일부' 등의 단어로 교체하거나 '친구가 모두 오지는 않았다.'와 같이 본용언 뒤에 보조사 '는'을 사용한다. ㄴ은 '울면서'의 주체가 '그'나 '그녀'로 해석된다. 이를 해소하기 위해 '그가 떠나는 그녀를 울면서 안아 주었다.'와 같이 어순을 바꾼다.

309) ③

| 선택 비율 | ① 5% | ② 13% | ③ 74% | ④ 2% | ⑤ 3% |

해 : 이 문항은 중의적 의미를 지니는 문장을 제시한 후 이를 적절하게 해소하여 하나의 의미를 지니는 문장으로 수정할 수 있는지 여부를 묻는 문항으로, 정답은 ③이다. "언니가 교복을 입고 있다."는 동작의 진행과 완료에 따른 중의성을 지니는 문장으로, 교복을 입는 동작이 진행 중이라는 의미와 현재 교복을 다 입은 후의 상태라는 의미의 두 가지로 해석될 수 있다. 이때 ㉢처럼 "교복을 입는 중이다."로 고치면 동작이 진행 중이라는

의미만을 나타내게 되어 중의성을 해소할 수 있다. 그러나 ③에서와 같이 "지금 교복을 입고 있다."라고 수정하여도 여전히 동작의 진행과 완료에 따른 중의성은 해소되지 않는다. 즉, ③의 수정된 문장은 처음 문장과 마찬가지로 두 가지 의미로 해석되는 중의문이다.

[오답풀이] ① '예쁜 모자의 장식물'은 수식의 범위에 따른 중의성이 발생하는 표현으로, '모자가 예쁜 경우'와 '장식물이 예쁜 경우'의 두 가지 의미로 해석될 수 있다. 이때 '장식물이 예쁜 경우'만으로 의미를 한정하기 위해서는 ㉠의 '예쁜, 모자의 장식물'과 같이 쉼표를 사용할 수도 있고, ㉡의 '모자의 예쁜 장식물'처럼 단어의 위치를 바꿀 수도 있다. ② "다 오지 않았어."는 부정의 범위에 따른 중의성이 발생하는 표현으로, '손님들 중 일부만 온 경우'와 '한 명도 오지 않은 경우'의 두 가지 의미로 해석될 수 있다. 이를 '손님들 중 일부만 온 경우'만으로 의미를 한정하기 위해서는 ㉢의 "손님들 중 일부가 오지 않았어."나 ㉣의 "손님들이 다는 오지 않았어."처럼 표현을 수정하면 된다. ④ "형은 나보다 동생을 더 좋아한다."라는 문장은 비교의 대상에 따른 중의성이 발생하는 표현으로, '형이 나와 동생 중 동생을 더 좋아한다는 의미'와 '내가 동생을 좋아하는 것보다 형이 동생을 더 좋아한다'는 두 가지 의미로 해석될 수 있다. 이를 전자의 의미, 즉 '나와 동생이 비교 대상인 경우'로 한정하기 위해서는, ㉤의 "형은 나를 좋아하는 것보다 동생을 더 좋아한다."나 ④의 "형은 나와 동생 중에서 동생을 더 좋아한다."처럼 문장을 수정하면 된다. ⑤ "나는 웃으면서 매장에 들어오는 손님에게 인사했다."는 수식의 범위에 따른 중의성이 발생하는 문장으로, '나가 웃으면서 인사하는 경우'와 '손님이 웃으면서 매장에 들어오는 경우'의 두 가지 의미로 해석될 수 있다. 이를 전자의 의미로 한정하기 위해서는 ㉥의 "나는 매장에 들어오는 손님에게 웃으면서 인사했다."처럼 표현을 수정하거나 ⑤의 "매장에 들어오는 손님에게 나는 웃으면서 인사했다."처럼 단어의 위치를 바꾸면 된다.

310) ②

| 선택 비율 | ① 4% | ② 80% | ③ 8% | ④ 4% | ⑤ 2% |

해 : <보기>에서 주어와 서술어 사이의 호응이 이루어지지 않아 잘못된 문장에 대해 설명한 후, 같은 유형의 사례를 찾을 수 있는지를 묻고 있다. 정답은 ②로, 주어인 '특징은'과 호응하는 서술어가 없기 때문에 잘못된 문장이 된 경우이다.

[오답풀이] ① '구매'와 '구입'의 의미가 중복되어 잘못된 문장이다. "회원들은 상품을 싸게 구매할 수 있다."나 "회원들은 상품을 싸게 구입할 수 있다." 정도로 수정해야 한다. ③ '여간하다'는 부정어 앞에 쓰여 '이만저만하거나 어지간하다.'의 의미를 지니는 형용사이기 때문에 "아들의 성공 소식은 부모님께 여간한 기쁨이 아니었다."로 수정해야 한다. ④ 목적어와 서술어의 호응이 어색하여 잘못된 문장이다. 이 문장의 목적어는 '유해 물질'과 '연료 효율'인데 '연료 효율을 높여 주다.'는 성립하지만 '유해 물질을 높여 주다.'는 의미가 성립되지 않는다. ⑤ '형언하다'는 주

로 부정어와 함께 쓰여 '형용하여 말하다'의 의미를
지니는 동사이다. 따라서 "형언할 방법을 찾았다."는
잘못된 표현이다.

311) ②

선택 비율	① 3%	② 69%	③ 15%	④ 7%	⑤ 5%

해 : '의논하다'는 주어, 목적어, 필수적 부사어를 요구하는
세 자리 서술어이다. 그런데 '나는 어제 친구와 의논
했다.'라는 문장에는 목적어가 생략되어 있다. 그러므
로 이 문장을 '나는 어제 친구와 그 일을 의논했다.'
로 고쳐 쓴 이유는 문장의 필수 성분이 생략되어 있
기 때문이다.

[오답풀이] ① '예상'에 '미리'의 의미가 들어 있어 의미가 중복된
다. ③ '나는 눈이 시리도록 파란 하늘을 보았다.'에서
'눈이 시리도록'은 '파란'과 '보았다'를 모두 수식할 수
있어 문장의 의미가 중의적으로 해석된다. ④ '읽혀지
다'는 '읽다'에 피동 접미사 '-히-'가 결합된 '읽히다'
에 '-어지다'가 다시 결합된 이중피동이다.

312) ④

선택 비율	① 1%	② 3%	③ 1%	④ 91%	⑤ 4%

해 : '주호는 책을 나보다 더 좋아한다.'에서도 비교 대상은
명확하지 않다. '나'와 '책'이 비교 대상이라면 "주호
는 나를 좋아하는 것보다 책을 더 좋아한다."라고 고
쳐야 하고, '주호가 책을 좋아하는 것'과 '내가 책을
좋아하는 것'이 비교 대상이라면 "주호는 내가 책을
좋아하는 것보다 더 책을 좋아한다."라고 고쳐야 의미
의 중의성을 해소할 수 있다.

[오답풀이] ① '부르다'의 피동형은 접사 '-리-'를 사용한 '불리
다'이므로 ㉠으로 고친 것은 적절하다. ② 동작의 주
체가 '손님'이고 화자가 명령하는 상황이므로 해요체
의 종결 어미 '-세요'를 사용한 ㉡으로 고친 것은
적절하다. ③ '설레다'의 명사형은 명사형 어미 '-ㅁ'
이 결합한 '설렘'이므로 ㉢으로 고친 것은 적절하다.
⑤ '제품'은 높임의 대상이 아니어서 '-시-'를 쓸 수
없으므로 ㉣으로 고친 것은 적절하다.

313) ⑤

선택 비율	① 4%	② 5%	③ 19%	④ 2%	⑤ 68%

해 : ㉤의 '-기-'는 행위 주체인 '도둑'이 자신의 의지와 상
관없이 다른 대상인 '경찰'에 의해 동작을 당하는 것
을 나타내기 위해 사용된 피동 접미사이다.

[오답풀이] ① ㉠에서는 행위 주체인 '할머니'를 높이기 위해
'먹다'의 높임말인 '들다'에 선어말 어미 '-시-'를
사용하고 있다. 또한 ㉡에서는 행위 주체인 '아버지'
를 높이기 위해 '날리다'에 선어말 어미 '-시-'를 사
용하고 있다. ② ㉠의 '-ㄴ-'은 현재를, ㉢의 '-었-'
은 과거를 나타내기 위해 사용된 선어말 어미이다.
③ ㉡의 '-리-'는 행위 주체인 '아버지'가 다른 대상
인 '연'이 날도록 하는 것을 나타내기 위해 사용된
사동 접미사이다. ④ ㉣의 '-겠-'은 '가다'라는 행위
에 대한 행위 주체 '나'의 의지를 나타내기 위해 사
용된 선어말 어미이다.

314) ④

선택 비율	① 0%	② 1%	③ 0%	④ 96%	⑤ 2%

해 : 주어와 서술어의 호응이 어색한 문장이므로, '문제는
박물관에 전시된 유물이 다른 곳으로 이동되었다는
것이다.'로 수정해야 한다.

[오답풀이] ① 필요한 서술어가 생략되어 있으므로 '비가 내리
고 바람이 많이 불었다.'로 고쳐야 한다. ② 부정 서
술어 '안 된다'와 호응하는 부사인 '절대로'로 바꾸어
야 한다. ③ '회의를 갖는'은 외국어 번역투이므로,
'회의하는'으로 고쳐야 한다. ⑤ '근절'은 '다시 살아
날 수 없도록 아주 뿌리째 없애버림'이라는 뜻이므
로, 의미가 중복되는 것을 피하기 위해 '모든 사회악
을 근절해야 한다.' 또는 '모든 사회악을 뿌리 뽑아
야 한다.'로 수정해야 한다.

315) ②

선택 비율	① 3%	② 80%	③ 10%	④ 3%	⑤ 2%

해 : '필요 있다'의 부정 표현은 '필요 있지 않다'가 아닌
'필요 없다'로 쓴다. '없다'는 '있다'의 어휘적 부정
표현이다.

316) ①

선택 비율	① 87%	② 4%	③ 1%	④ 2%	⑤ 6%

해 : ㉠의 수정 과정에서 추가된 '물에'는 목적어 '발을'
수식하는 관형어가 아니라, '넣었다'를 수식하는 부사
어이다.

[오답풀이] ② ㉡에서는 '개선된다'를 '개선된다는 것이다'로 수
정하였는데, 이는 '내가 주장하는 바는'과 서술어가
호응하게 하기 위함이다. ③ ㉢에서는 '불편과 피해
를 입었다'를 '불편을 겪고 피해를 입었다'로 수정하
였는데, 이는 '불편을'에 호응하는 서술어가 없기 때
문에 '불편'과 호응하는 서술어 '겪고'를 추가하여
문장을 수정한 것이다. ④ ㉣에서는 '운동을 동참합
시다'를 '운동에 동참합시다'로 수정하였는데, 서술
어 '동참합시다'에 호응하는 부사어의 조사를 '에'로
올바르게 고친 것이다. ⑤ ㉤에서는 '여간 기쁜 일이
다'를 '여간 기쁜 일이 아니다'로 수정하였는데, '여
간'은 '그 상태가 보통으로 보아 넘길 만한 것임.'을
뜻하는 부사로, 부정의 의미를 나타내는 말과 호응
하기 때문에 '일이다'를 '일이 아니다'로 수정한 것이
다.

317) ⑤

선택 비율	① 3%	② 12%	③ 13%	④ 13%	⑤ 56%

해 : '착한 너의 후배를 나한테 빨리 소개해 주었으면 좋겠
다.'라는 문장에는 불필요하게 중복된 의미가 나타나
지는 않으므로 ㉤의 적절한 사례라고 보기 어렵다. ㉤
의 적절한 사례로는 '비가 올 것을 미리 예상하고 아
침에 우산을 챙겼다.' 등을 들 수 있다.

[오답풀이] ① 주어('내가 하고 싶은 말')와 서술어('배려해서 행
동하자')가 호응하지 않으므로 ㉠의 사례에 해당한
다. ② '비단'은 부정하는 말 앞에서 '다만', '오직'의
뜻으로 쓰이는 말이므로 ㉡의 사례에 해당한다. ③

서술어('두었다')가 요구하는 문장 성분인 부사어('…
에')가 부적절하게 생략된 경우이므로 ⓒ의 사례에
해당한다. ④ '짐'에 대한 서술어('싣다' 등)가 부적
절하게 생략된 경우이므로 ⓔ의 사례에 해당한다.

318) ④

선택 비율	① 6%	② 6%	③ 6%	④ 78%	⑤ 2%

해 : '윤서가 아침에 여행에서 돌아왔다는 것을 민수는 말
했다.'는 문장의 의미는 '윤서가 여행에서 돌아온' 시
점이 '아침'이라는 것으로, '돌아온 사실을 말한 시점
이 아침임'을 표현하기 위해서는 '민수는 윤서가 여행
에서 돌아왔다는 사실을 아침에 말했다.'고 수정해야
한다.

[오답풀이] ① '현우는 새로 산 옷을 입고 있다.'는 문장은 '입
은 상태의 지속'의 의미도 포함하므로, 옷을 입는 동
작이 진행 중임만을 나타내고자 할 때는 '현우는 새
로 산 옷을 입고 있는 중이다.'라고 진술해야 한다.
② '영철이는 지수보다 야구 경기를 더 좋아한다.'는
문장은 '지수도 야구 경기를 좋아하지만, 영철이가
더 좋아함.'의 의미 또한 포함하므로, '영철이가 더
좋아하는 것은 야구 경기임.'을 표현하기 위해서는
'영철이는 지수를 좋아하는 것보다 야구 경기를 더
좋아한다.'고 진술해야 한다. ③ '친구들이 약속 장
소에 다 나오지 않았다.'는 문장은 '모두 나오지 않
음.'의 의미 또한 포함하므로, '친구들이 일부만 참
석함'을 표현하고자 할 때는 '친구들이 약속 장소에
다는 나오지 않았다.'고 진술해야 한다. ⑤ '그는 내
게 장미와 튤립 두 송이를 주었다.'는 문장은 '장미
한 송이와 튤립 한 송이 받음'의 의미와 '장미 두 송
이와 튤립 두 송이'의 의미 또한 포함하므로, '받은
꽃의 개수가 세 송이임'을 표현하기 위해서는 '그는
내게 장미 한 송이와 튤립 두 송이를 주었다.'고 진
술해야 한다.

319) ④

선택 비율	① 18%	② 3%	③ 4%	④ 71%	⑤ 1%

해 : <보기 2>에서 바뀐 부분은 세 군데이다. 첫째, '참여
하려는'이 '참여한'으로 바뀌었다. 이는 이 문장이 담
고 있는 내용이 과거 일이기 때문에 과거 시제를 나
타내는 어미를 사용한 것이다. 이는 ⓒ을 고려한 수정
이다. 둘째, '각 지역에'가 '각 지역의'로 바뀌었다.
'각 지역의'가 '청소년들'을 꾸며 주는 관형어로 쓰여
야 하기 때문이다. 이는 ⓑ을 고려한 수정이다. '각
지역에'처럼 부사격 조사가 붙은 부사어로 쓰는 것은
'각 지역에 소통하고 답사하다'와 같이 서술어를 꾸며
준다는 뜻인데 이는 문법적으로 맞지 않는다. 셋째,
'답사함으로써' 앞에 '유적지를'이 첨가되었다. '답사
하다'라는 동사가 누가 어디를 답사하는지 밝혀 주어
야 하는 두 자리 서술어인데 목적어가 부당하게 생략
되었기 때문이다. 이는 ⓐ을 고려한 수정이다.

[오답풀이] ① ⓑ이 빠져 있다. ② ⓑ과 ⓒ이 빠져 있고 ⓐ이
부당하게 들어가 있다. ③ ⓐ과 ⓒ이 빠져 있고 ⓑ
이 부당하게 들어가 있다. ⑤ ⓐ이 빠져 있고 ⓐ이
부당하게 들어가 있다.

320) ⑤

선택 비율	① 2%	② 4%	③ 3%	④ 2%	⑤ 89%

해 : '인사 발령이 나서 가게 되었다'의 '가다'는 '직책이나
자리를 옮기다'의 의미로 필수적 부사어 [···(으)로]/[···
에/에게]를 요구한다. 따라서 '인사 발령이 나서 총무
과로 가게 되었다'처럼, '급히'가 아닌 필수적 부사어
가 있어야 한다.

321) ③

선택 비율	① 1%	② 2%	③ 94%	④ 1%	⑤ 0%

해 : 문법적으로 정확하지 못한 문장을 올바른 문장으로 고
쳐 쓰는 과정에서 고려해야 하는 요소들을 파악할 수
있는지를 묻는 문항으로, 정답은 ③이다. <자료>에서
수정 전후의 문장을 비교해 보면 두 가지가 달라졌는
데, '비록 초보자일수록'이 '비록 초보자일지라도'로
수정되었고, '그래서 작성할 수 있다'가 '그래서 문서
를 작성할 수 있다'로 고쳐졌다. 전자는 '비록'이라는
부사어와 연결 어미 '-ㄹ지라도'의 정확한 호응을 고
려한 결과이고, 후자는 '작성하다'의 목적어 '문서를'
이 누락된 것을 바로잡은 결과이다.

322) ①

선택 비율	① 95%	② 2%	③ 0%	④ 0%	⑤ 0%

해 : ⓒ은 부정 표현의 범위가 특정되지 않아서 문장이 중
의성을 가지는 경우이다. ⓒ에서 '않았다'를 '못했다'
로 바꾸어도 중의성을 해소할 수 없다.

[오답풀이] ③ '선생님의'를 '선생님을 그린'으로 교체하면 '선생
님이 그려진 그림'으로 의미를 확정할 수 있다.

323) ②

선택 비율	① 3%	② 90%	③ 2%	④ 1%	⑤ 1%

해 : 다양한 유형의 비문을 파악할 수 있는지를 묻는 문항
이다. ②에서는 문법적으로 잘못된 요소가 확인되지
않는다.

[오답풀이] ① '그는 이론을 발전해'라는 부분에서 주어와 서술
어가 호응되지 않는 문장이다. '그는 자기가 창안한
사회 이론을 더욱 발전시켜 사회 문제의 해결에 기
여하고자 하였다.' 정도로 수정해야 한다. ③ '생산
기술의 발달'과 '큰 변화를 겪었다'가 상응하지 않는
문장이다. '유럽은 18세기 후반부터 약 100년 동안
생산 기술이 발달하였고, 그에 따라 사회 조직의 큰
변화를 겪었다.' 정도로 수정해야 한다. ④ '요점은'
과 '알아야 한다'를 확인해 보면, 주어와 서술어가
호응되지 않는 문장이다. '이 책의 저자가 독자에게
말하려는 요점은 모름지기 사람은 남을 위하여 자기
를 희생할 줄도 알아야 한다는 점이다.' 정도로 수정
해야 한다. ⑤ '이름의 혼동'과 '줄거리를 잘 기억하
지 못했다'가 상응하지 않는 문장이다. '그의 작품들
은 엇비슷해서 학생들이 작품 이름을 혼동하거나 각
작품의 이야기 줄거리를 잘 기억하지 못했다.' 정도
로 수정해야 한다.

324) ①

선택 비율	① 60%	② 10%	③ 7%	④ 15%	⑤ 5%

[해] : '모름지기'는 '~해야 한다'와 호응하므로, ①은 '고등학생이라면 모름지기 그 정도는 다 할 줄 알아야 한다.' 정도로 수정되어야 바른 문장이 된다. 그러나 성분 간의 호응 문제는 <보기>에서 제시한 '문법적으로 바르지 않은 문장 유형' 중 어디에도 해당하지 않는다.

[오답풀이] ②는 '예상치 못한 결과가 나오더라도 실망할 필요가 없다.'와 같이 수정할 수 있는 문장으로, '연결어미가 의미에 맞게 사용되지 않은 경우'에 해당한다. ③은 '그 시설은 지금 민간에 위탁 운영되고 있다.'와 같이 수정할 수 있는 문장으로 <보기>의 '피동 표현이 중복되어 과도한 피동이 된 경우'에 해당한다. ④는 '특별한 일이 없을 때는 텔레비전을 보거나 라디오를 듣는다.'와 같이 수정할 수 있는 문장으로, '목적어에 대응하는 서술어가 잘못 생략된 경우'에 해당한다. ⑤는 '어머니'에게 '외할머니'가 높임의 대상이므로, 서술어 '드린'에 맞추어 높임의 격 조사 '께'를 써야 한다는 점에서 '높임 표현이 적절하게 사용되지 않은 경우'에 해당한다.

325) ①

선택 비율	① 87%	② 1%	③ 5%	④ 3%	⑤ 1%

[해] : '나이가 작다'는 잘못된 표현이다. '나이'는 크기의 개념이 아닌 수량이나 정도의 개념이기에 '크고 작음'이 아니라 '많고 적음'으로 고쳐, '나이가 많고 적음은 큰 의미가 없다.'라고 고쳐 써야 한다.

음운

326	327	328	329	330
②	②	③	①	③
331	332	333	334	335
①	③	④	①	③
336	337	338	339	340
④	①	①	②	①
341	342	343	344	345
④	①	④	①	⑤
346	347	348	349	350
①	④	②	②	①
351	352	353	354	355
①	②	④	③	⑤
356	357	358	359	360
⑤	⑤	①	②	①
361	362	363	364	365
①	①	⑤	①	④
366	367	368	369	370
③	⑤	①	④	②
371	372	373	374	375
①	②	②	②	②
376	377	378	379	380
①	②	③	⑤	①
381	382	383	384	385
①	④	⑤	①	①
386	387	388	389	390
⑤	②	④	①	①
391	392	393	394	395
①	③	③	②	④
396	397	398	399	400
③	④	①	⑤	⑤
401	402	403	404	405
①	①	③	②	⑤
406	407	408	409	410
⑤	①	⑤	①	③
411	412	413	414	415
②	④	④	②	④
416	417	418	419	420
②	①	⑤	③	④
421	422	423	424	425
④	①	③	⑤	②
426	427	428	429	430
⑤	③	①	⑤	②
431	432	433	434	435
⑤	③	⑤	②	④
436	437	438	439	440
④	③	④	⑤	⑤
441	442	443	444	445
⑤	⑤	②	②	①
446	447	448	449	450
③	③	⑤	③	⑤

451	452	453	454	455
③	⑤	④	①	①
456	457	458	459	460
①	②	④	①	①
461	462	463	464	465
④	②	④	④	①
466	467	468	469	470
②	③	④	①	⑤
471	472	473	474	475
④	③	②	①	④
476	477	478	479	480
③	①	①	④	④
481	482	483	484	485
④	③	④	④	⑤
486	487	488	489	490
④	④	①	①	④
491	492	493		
①	④	②		

326) ②

선택 비율	① 3%	② 81%	③ 4%	④ 3%	⑤ 9%

해 : '막대'에서는 받침 'ㄱ' 뒤에 'ㄷ'이 연결되어 'ㄷ'이 된소리로 발음된다. 그리고 '발전(發展)'은 한자어로서 'ㄹ' 받침 뒤에 연결되는 'ㅈ'은 된소리로 발음되는 사례이다.

[오답풀이] ① '국물'은 된소리로 발음되는 사례가 아니다. ③ '갈춤'에서 받침 'ㄹ' 뒤에 온 'ㅊ'은 된소리로 발음되지 않는다. ④ '솜이불'은 [솜니불]로 발음되는데, 이는 된소리 현상이 아니라 ㄴ첨가 현상의 사례에 해당한다. ⑤ '열기구'에서 받침 'ㄹ' 뒤에 'ㄱ'이 연결되었는데, 'ㄱ'은 된소리로 발음되지 않는다.

327) ②

선택 비율	① 5%	② 71%	③ 10%	④ 9%	⑤ 3%

해 : ⓑ의 '낳아'는 [나아]로 발음되지만, 'ㅎ'이 발음상 탈락되는 현상이 표기에는 반영되지 않는다.

[오답풀이] ① ⓐ의 '도니'를 보면 어간의 끝소리 'ㄹ'이 'ㄴ'으로 시작하는 어미 앞에서 탈락된다. ③ ⓒ의 '써'를 보면 어간의 모음 'ㅡ'가 모음으로 시작하는 어미 앞에서 탈락된다. ④ ⓓ의 '가'를 보면 동일 음운 'ㅏ'가 연결될 경우 하나가 탈락된다. ⑤ ⓐ와 ⓑ는 자음의 탈락, ⓒ와 ⓓ는 모음의 탈락이다.

328) ③

선택 비율	① 2%	② 2%	③ 85%	④ 8%	⑤ 0%

해 : '불'의 /ㅂ/은 조음 위치에 따라 입술소리이며, 조음 방법에 따라 안울림소리 중 파열음에 해당한 다. 즉, (불)은 두 입술을 맞닿으면서 목청을 울리지 않고 폐에서 나오는 공기의 흐름을 일단 막았다가 터뜨리면서 소리 내야 한다.

329) ①

선택 비율	① 91%	② 2%	③ 1%	④ 1%	⑤ 4%

해 : 'ㅐ'는 저모음(개모음), 'ㅔ'는 중모음(반개모음)으로 'ㅐ'는 'ㅔ'에 비해 입을 더 크게 벌려 혀의 높이를 낮춰서 발음해야 한다.

330) ③

선택 비율	① 5%	② 2%	③ 88%	④ 2%	⑤ 1%

해 : <보기>에 나타난 승리 조건 중 첫 번째는 전설 모음을, 두 번째는 평순 모음을, 세 번째는 고모음을 의미한다. 이를 모두 만족시키는 모음은 'ㅣ'이다.

331) ①

선택 비율	① 83%	② 6%	③ 2%	④ 2%	⑤ 3%

해 : 제시된 자료에서 'ㅁ'은 비음이자 울림소리로, 'ㅃ'은 파열음이자 안울림소리로 설명하였다. 따라서 비음인 'ㅁ'이 파열음인 'ㅃ'보다 강하게 파열되며 나는 소리라는 이해는 적절하지 않다.

332) ③

선택 비율	① 6%	② 1%	③ 79%	④ 10%	⑤ 2%

해 : ㉠에는 앞사람이 말한 '달', 뒷사람이 말한 '굴' 모두와 최소 대립쌍인 단어가 들어가야 한다. '둘'과 '달'은 [ㅜ]와 [ㅏ]의 차이가 있고, '둘'과 '굴'은 [ㄷ]과 [ㄱ]의 차이가 있다. 따라서 '둘'과 '달', '둘'과 '굴'은 최소 대립쌍이다.

[오답풀이] ①, ⑤ '꿀'과 '풀'은 뒤의 '굴'과 최소 대립쌍이지만, 앞의 '달'과 최소 대립쌍이 아니다. ②, ④ '답'과 '말'은 앞의 '달'과 최소 대립쌍이지만, 뒤의 '굴'과 최소 대립쌍이 아니다.

333) ④

선택 비율	① 7%	② 6%	③ 9%	④ 70%	⑤ 5%

해 : '국민 → [궁민]'에서 'ㄱ'이 'ㅇ'으로 변하였는데, 'ㄱ'은 파열음이고 'ㅇ'은 비음이므로 조음 방법이 변하였다. '물난리 → [물랄리]'에서 'ㄴ'이 'ㄹ'로 변하였는데, 'ㄴ'은 비음이고 'ㄹ'은 유음이므로 조음 방법이 변하였다.

[오답풀이] ① '국민 → [궁민]'에서 파열음 'ㄱ'이 'ㅇ'으로 바뀐 것은 뒤 자음 'ㅁ'의 영향을 받은 것이다. 그리고 바뀐 음운 'ㅇ'은 유음이 아니라 비음이다. ② '물난리 → [물랄리]'는 비음 'ㄴ'이 유음 'ㄹ'의 영향으로 유음 'ㄹ'로 바뀐 '유음화'가 일어났다. ③ '굳이 → [구지]'에는 잇몸소리 'ㄷ'이 'ㅣ' 모음 앞에서 센입천장소리 'ㅈ'으로 변하는 '구개음화'가 일어났다. ⑤ '굳이 → [구지]'에서 'ㄷ'이 'ㅈ'으로 변하였는데 'ㄷ'은 잇몸소리이고 'ㅈ'은 센입천장소리이므로 조음 위치가 변하였다. 그러나 '물난리 → [물랄리]'에서는 'ㄴ'이 'ㄹ'로 변하였는데 둘 다 잇몸소리이므로 조음 위치가 변하지 않았다.

334) ①

| 선택 비율 | ① 86% | ② 3% | ③ 5% | ④ 3% | ⑤ 1% |

해 : 우리말 음절의 초성 자리에는 자음이 둘 이상 오지 못한다. 제시된 자료 중 '끼', '딸'의 'ㄲ', 'ㄸ'는 각각 된소리에 해당하는 하나의 자음이다.

[오답풀이] ② 중성 자리에는 모음이 오는 것을 네 유형 모두에서 확인할 수 있다. ③ ㄷ과 ㄹ 유형에서 종성 자리에는 자음이 오는 것을 확인할 수 있다. ④ ㄱ 유형은 초성과 종성이 없이 중성으로만 이루어진 음절이며, ㄷ 유형은 초성이 없는 음절, ㄴ 유형은 종성이 없는 음절이라는 점에서 확인할 수 있다. ⑤ 네 유형 모두에 중성이 포함되어 있음을 통해 확인할 수 있다.

335) ③

| 선택 비율 | ① 8% | ② 9% | ③ 64% | ④ 10% | ⑤ 7% |

해 : '쉬리-소리'의 최소 대립쌍에서 'ㅟ'와 'ㅗ', '마루-머루'의 최소 대립쌍에서 'ㅏ'와 'ㅓ', '구실-구슬'의 최소 대립쌍에서 'ㅣ'와 'ㅡ'의 음운을 추출할 수 있다. 'ㅟ, ㅗ, ㅏ, ㅓ, ㅣ, ㅡ'에서 평순 모음은 'ㅏ, ㅓ, ㅣ, ㅡ'로 모두 4개로, 3개의 평순 모음이라는 것은 틀린 설명이다.

[오답풀이] ① 최소 대립쌍을 통해 추출한 음운 'ㅟ, ㅗ, ㅏ, ㅓ, ㅣ, ㅡ' 중, 전설 모음은 'ㅟ, ㅣ'로 모두 2개이다. ② 최소 대립쌍을 통해 추출한 음운 'ㅟ, ㅗ, ㅏ, ㅓ, ㅣ, ㅡ' 중, 중모음은 'ㅗ, ㅓ'로 모두 2개이다. ④ 최소 대립쌍을 통해 추출한 음운 'ㅟ, ㅗ, ㅏ, ㅓ, ㅣ, ㅡ' 중, 고모음은 'ㅟ, ㅣ, ㅡ'로 모두 3개이다. ⑤ 최소 대립쌍을 통해 추출한 음운 'ㅟ, ㅗ, ㅏ, ㅓ, ㅣ, ㅡ' 중, 후설 모음은 'ㅗ, ㅏ, ㅓ, ㅡ'로 모두 4개이다.

336) ④

| 선택 비율 | ① 2% | ② 5% | ③ 7% | ④ 81% | ⑤ 2% |

해 : 'ㅔ'는 [-후설성], [-고설성], [-저설성], [-원순성], 'ㅗ'는 [+후설성], [-고설성], [-저설성], [+원순성]의 변별적 자질의 특성을 가지고 있다. 따라서 'ㅔ'와 'ㅗ'는 [-고설성]으로 동일한 변별적 자질의 특성을 가지고 있으므로, [고설성]을 나타내는 변별적 자질의 특성이 서로 다르다는 진술은 적절하지 않다.

337) ①

| 선택 비율 | ① 82% | ② 11% | ③ 4% | ④ 1% | ⑤ 2% |

해 : '물놀이[물로리]'는 연음이 일어나 [놀]이 [로]로, 즉 '자음 + 모음 + 자음'에서 '자음 + 모음'으로 음절 유형이 바뀌었다. 또한 [이]가 [리]로, 즉 '모음'에서 '자음 + 모음'으로 음절 유형이 바뀌었다. '아랫입술[아랜닙쑬]'은 음운 변동(ㄴ첨가)이 일어나 [입]이 [닙]으로, 즉 '모음 + 자음'에서 '자음 + 모음 + 자음'으로 음절 유형이 바뀌었다. '육가현[육까켱]'은 음운 변동(거센소리되기)이 일어나 [각]이 [까]로, 즉 '자음 +모음 + 자음'에서 '자음 + 모음'으로 음절 유형이 바뀌었다. 반면 '닭고기[닥꼬기]'는 음운 변동(자음군단순화, 된소리되기)이 일어나지만 음절 유형은 바뀌지 않았다.

338) ①

| 선택 비율 | ① 89% | ② 6% | ③ 1% | ④ 1% | ⑤ 3% |

해 : 어간 'ㅋ-'와 어미 '-어서'가 만나 '커서'가 되는 과정에서 어간의 끝소리 'ㅡ'가 탈락하는 현상이다. 나머지는 축약이다.

339) ②

| 선택 비율 | ① 3% | ② 78% | ③ 7% | ④ 7% | ⑤ 2% |

해 : ⓑ의 '낳아'는 [나아]로 발음되지만, 'ㅎ'이 발음상 탈락되는 현상이 표기에는 반영되지 않는다.

[오답풀이] ① ⓐ의 '도니'를 보면 어간의 끝소리 'ㄹ'이 'ㄴ'으로 시작하는 어미 앞에서 탈락된다. ③ ⓒ의 '써'를 보면 어간의 모음 'ㅡ'가 모음으로 시작하는 어미 앞에서 탈락된다. ④ ⓓ의 '가'를 보면 동일 음운 'ㅏ'가 연결될 경우 하나가 탈락된다. ⑤ ⓐ와 ⓑ는 자음의 탈락, ⓒ와 ⓓ는 모음의 탈락이다.

340) ①

| 선택 비율 | ① 80% | ② 11% | ③ 3% | ④ 3% | ⑤ 1% |

해 : 받침으로 끝나는 말이 모음으로 시작하는 말을 만났을 때 받침의 발음 방법에 관한 문제이다. '옷 안'의 경우 뒷말 '안'이 명사로 실질 형태소이므로 앞말 '옷'의 받침 'ㅅ'이 대표음 'ㄷ'으로 바뀐 후 뒷말 첫소리에 이어져 [오단]으로 발음된다. '숲 위'의 경우도 뒷말 '위'가 실질 형태소이므로 같은 원리를 적용할 수 있다. 먼저 앞말 '숲'의 받침 'ㅍ'이 대표음 'ㅂ'으로 바뀌고, 이것이 다시 뒷말 첫소리에 이어져 [수뷔]로 발음되는 것이다.

341) ④

| 선택 비율 | ① 3% | ② 2% | ③ 1% | ④ 88% | ⑤ 3% |

해 : '부엌에[부어케]'는 '엌'의 'ㅋ'이 연음되어 발음된 것이다. 따라서 이는 음운 변동의 용례에 해당하지 않는다.

[오답풀이] ① '낫[낟]'은 'ㅅ'이 음절의 끝소리 규칙에 적용을 받아 'ㄷ'으로 교체된 경우이고, '신라[실라]'는 'ㄴ'이 인접 음운 'ㄹ'의 영향을 받아 'ㄹ'로 음운이 교체된 경우이다. ② '좋아[조:아]'는 'ㅎ'이 모음 어미 '-아' 앞에서 탈락한 경우이다. ③ '국화[구콰]'는 'ㄱ'이 'ㅎ'과 합쳐서 'ㅋ'으로 바뀌는 음운 축약의 용례이다. ⑤ '눈요기'는 [눈뇨기]로 발음되므로 '담요'처럼 'ㄴ'이 첨가되는 용례로 볼 수 있다.

342) ①

| 선택 비율 | ① 85% | ② 2% | ③ 1% | ④ 1% | ⑤ 8% |

해 : '값'은 [갑], '넋'은 [넉]으로 발음되므로 끝소리에 위치한 두 자음 중 뒤에 있는 자음(ㅅ)이 탈락하여 앞에 있는 자음만 발음되는 현상이 일어나는 단어에 해당한다.

[오답풀이] '닭'은 [닥], '삶'은 [삼]으로 발음되어 끝소리에 위치한 두 자음 중 앞에 있는 자음(ㄹ)이 뒤에 있는 자음이 발음되는 현상이 일어나는 단어이다.

343) ④

선택 비율	① 2%	② 1%	③ 3%	④ 91%	⑤ 2%

해 : '닫는'은 'ㄷ'이 'ㄴ' 앞에서 비음 'ㄴ'으로 바뀌어 [단는]으로, '권리'는 비음 'ㄴ'이 'ㄹ' 앞에서 유음 'ㄹ'로 바뀌어 [궐리]로 발음되므로 ㉠ [단는]은 비음화, ㉡ [궐리]는 유음화의 예에 해당된다.

[오답풀이] ① ㉠과 ㉡은 모두 비음화의 예이다. ② ㉠은 된소리되기의 예, ㉡은 유음화의 예이다. ③ ㉠, ㉡은 모두 비음화의 예이다. ⑤ ㉠은 'ㄴ' 첨가의 예, ㉡은 유음화의 예이다.

344) ①

선택 비율	① 93%	② 0%	③ 2%	④ 3%	⑤ 1%

해 : 화자가 빛이[비지]로 발음해야 할 상황에서 [비시]로 발음하여 청자가 빗이[비시]로 잘못 이해한 상황이다. 이는 앞말의 받침이 다음 음절의 첫소리로 옮겨가며 나는 발음을 잘못 발음하였기 때문이다.

345) ⑤

선택 비율	① 4%	② 2%	③ 1%	④ 1%	⑤ 89%

해 : ㉡은 조사이므로 ㉡의 'ㅢ'는 단모음으로 발음될 경우 [ㅔ]로 발음되고 ㉢은 단어의 첫음절이 아니므로 단모음으로 발음될 경우 ㉢의 'ㅢ'는 [ㅣ]로 발음된다.

[오답풀이] ① ㉠의 'ㅢ'는 단어의 첫음절이어서 이중 모음으로만 발음해야 하므로 적절한 진술이다. ② ㉡은 조사이기 때문에 ㉡의 'ㅢ'는 단모음 [ㅔ]로 발음되는 것도 허용하므로 적절한 진술이다. ③ ㉢은 단어의 첫음절이 아니기 때문에 ㉢의 'ㅢ'는 [ㅣ]로 발음되는 것도 허용하므로 적절한 진술이다. ④ 단모음으로 발음될 때 ㉠의 'ㅢ'는 [ㅔ]로 ㉢의 'ㅢ'는 [ㅣ]로 발음되므로 적절한 진술이다.

346) ①

선택 비율	① 76%	② 9%	③ 4%	④ 5%	⑤ 3%

해 : '종로[종노]'는 뒤의 음운이 앞의 음운에 영향을 받아 그와 비슷하거나 같게 소리 나는 순행 동화이다.

[오답풀이] ② 작년[장년] ③ 신라[실라] ④ 밥물[밤물] ⑤ 국민[궁민]은 앞의 음운이 뒤의 음운의 영향을 받는 역행 동화이다.

347) ④

선택 비율	① 3%	② 8%	③ 9%	④ 76%	⑤ 2%

해 : <보기>에 주어진 음운 규칙을 실제 단어에 적용한다. ㉠은 어간 받침이 'ㄴ(ㄵ), ㅁ(ㄻ)'인 용언의 활용 과정에서 나타나는 된소리되기의 예를 찾는 것이다. '담다'는 ㉠에 따라 [담따]로 발음한다. ㉡은 한자어에서 'ㄹ' 받침 뒤에 결합되는 자음 'ㄷ, ㅅ, ㅈ'에서 일어나는 된소리되기의 예를 찾는 것이다. '발전'은 ㉡에 따라 [발쩐]으로 발음한다.

[오답풀이] ① '신다'는 ㉠의 조건에 맞기 때문에 [신따]로 발음하지만, '굴곡(屈曲)'은 'ㄹ' 뒤에 결합되는 자음이 'ㄱ'이므로 ㉡의 조건에 맞지 않아 된소리되기가 일어나지 않는다. ② '앉다'는 ㉠의 조건에 맞으므로

[안따]로 발음되지만, '불법(不法)'은 'ㄹ' 뒤에 결합되는 자음이 'ㅂ'이므로 ㉡의 조건에 맞지 않아 된소리되기가 일어나지 않는다. ③ '넓다'에서는 어간 받침이 'ㄼ'이므로 ㉠의 조건에 맞지 않는다. '갈등(葛藤)'은 ㉡에 따라 [갈뜽]으로 발음한다. ⑤ '끓다'는 어간 받침이 'ㅀ'이므로 ㉠의 조건에 맞지 않아 된소리되기가 일어나지 않는다. '월세(月貰)'는 ㉡에 따라 [월쎄]로 발음한다.

348) ②

선택 비율	① 8%	② 82%	③ 3%	④ 4%	⑤ 1%

해 : ㉡에서 'ㄴ'은 'ㄹ' 앞이나 뒤에서 'ㄹ'로 발음하기에 [대괄령]이라고 읽는다.

349) ②

선택 비율	① 7%	② 76%	③ 6%	④ 3%	⑤ 5%

해 : '내복+약'은 ⓑ에 따라 [ㄴ] 소리가 첨가되고, ⓒ에 따라 받침소리 [ㄱ]이 [ㅇ]으로 발음되어 [내:봉냑]으로 발음되므로 적절하다

[오답풀이] ① '눈+요기'는 ⓑ에 따라 [ㄴ] 소리가 첨가되어 [눈뇨기]로 발음되므로 적절하지 않다. ③ '색+연필'은 ⓑ에 따라 [ㄴ] 소리가 첨가되고, ⓒ에 따라 받침소리 [ㄱ]이 [ㅇ]으로 발음되어 [생년필]로 발음되므로 적절하지 않다. ④ '들+일'은 ⓑ에 따라 [ㄴ] 소리가 첨가되고, ⓓ에 따라 첨가되는 [ㄴ] 소리가 [ㄹ]로 발음되어 [들:릴]로 발음되므로 적절하지 않다. ⑤ '칼+날'은 [ㄴ] 소리가 첨가되지 않고 원래의 [ㄴ] 소리가 앞 음절의 [ㄹ] 소리의 영향을 받아 [칼랄]로 발음되는 것이므로 적절하지 않다.

350) ①

선택 비율	① 91%	② 3%	③ 1%	④ 0%	⑤ 1%

해 : '국물'이 [궁물]로 발음되는 현상은 '국'의 종성인 'ㄱ'이 그 뒤에 오는 '물'의 초성인 'ㅁ'의 영향을 받아 'ㅇ'으로 바뀐 것이다. 따라서 '국물[궁물]'에서 일어나는 음운 변동은 한 음운이 다른 음운으로 바뀌는 현상인 '교체'에 해당한다. '몫'이 [목]으로 발음되는 현상은 '몫'의 종성에 있는 두 자음 중에서 'ㅅ'이 없어진 것이다. 따라서 '몫[목]'에서 일어나는 음운 변동은 있던 음운이 없어지는 현상인 '탈락'에 해당한다.

351) ①

선택 비율	① 69%	② 2%	③ 5%	④ 8%	⑤ 14%

해 : '물약'에서 [물냑]이 되면서 없던 음운인 'ㄴ'이 추가되었다.(첨가) 이는 앞말이 자음으로 끝나고 뒷말의 첫음절이 모음 '이, 야, 여, 요, 유'로 시작하는 경우에는 뒷말의 초성 자리에 'ㄴ'이 첨가되어 '니, 냐, 녀, 뇨, 뉴'로 발음되는 'ㄴ' 첨가에 해당한다. [물냑]이 [물락]이 되는 것은 'ㄴ'이 앞이나 뒤에 오는 유음 'ㄹ'의 영향으로 'ㄹ'로 바뀌는 현상인 유음화에 해당한다. 이는 한 음운이 다른 음운으로 바뀌는 교체에 해당한다.

352) ②

선택 비율	① 3%	② 90%	③ 1%	④ 2%	⑤ 1%

[해] : 표준 발음법 제23항에 따르면 받침 'ㄷ' 뒤에 연결되는 'ㄷ'은 된소리로 발음한다. 따라서 '뻗대도'는 [뻗때도]로 발음하므로 적절하지 않다.

[오답풀이] ① 표준 발음법 제23항에 따르면 '국밥'을 [국빱]으로 발음하므로 적절하다. ③ 표준 발음법 제24항에 따르면 '껴안다'를 [껴안따]로 발음하므로 적절하다. ④ 표준 발음법 제24항에 따르면 '삼고'를 [삼꼬]로 발음하므로 적절하다. ⑤ 표준 발음법 제26항에 따르면 '갈등(葛藤)'은 [갈뜽]으로 발음한다. 하지만, '결과(結果)'는 이 규정에 해당되지 않아 [결과]로 발음하므로 적절하다.

353) ④

선택 비율	① 6%	② 4%	③ 13%	④ 73%	⑤ 2%

[해] : '색연필[생년필]'에는 앞말이 자음으로 끝나고 뒷말이 모음 'ㅣ'나 반모음 'ㅣ'로 시작할 때 'ㄴ'이 덧붙는 '첨가(연→년)'와 'ㄱ'이 첨가된 'ㄴ'의 영향을 받아 'ㅇ'으로 바뀌는 '교체(색→생)'가 나타난다. 이는 '잡일[잠닐]'에서 일어나는 음운 변동과 같다.

[오답풀이] ① '법학[버팍]'에 나타나는 음운 변동은 '축약(ㅂ+ㅎ→ㅍ)'이다. ② '담요[담뇨]'에 나타나는 음운 변동은 '첨가(요→뇨)'이며 '교체'는 나타나지 않는다. ③ '국론[궁논]'에 나타나는 음운 변동은 '교체(국→궁, 론→논)'이며 '첨가'는 나타나지 않는다. ⑤ '한여름[한녀름]'에 나타나는 음운 변동은 '첨가(여→녀)'이며 '교체'는 나타나지 않는다.

354) ③

선택 비율	① 4%	② 7%	③ 70%	④ 4%	⑤ 12%

[해] : [ㄱ, ㄷ, ㅂ]으로 발음되는 받침 'ㄱ(ㄲ, ㅋ, ㄳ, ㄺ), ㄷ(ㅅ, ㅆ, ㅈ, ㅊ, ㅌ), ㅂ(ㅍ, ㄼ, ㄿ, ㅄ)' 뒤에서 'ㄱ, ㄷ, ㅂ, ㅅ, ㅈ'은 된소리인 [ㄲ, ㄸ, ㅃ, ㅆ, ㅉ]으로 각각 발음되는 된소리되기를 규정한 표준 발음법 제23항에 따라 '없단다'는 [업딴다]로 발음해야 하므로 제14항과는 관련이 없다.

355) ⑤

선택 비율	① 5%	② 5%	③ 4%	④ 57%	⑤ 27%

[해] : '땀받이[땀바지]'는 앞말의 끝소리 'ㄷ'이 연음되어 뒷말의 가운뎃소리 'ㅣ'와 만나 앞의 음운인 'ㄷ'이 'ㅈ'으로 바뀌는 교체 현상이 일어난다. 따라서 ⓒ이면서 ⓓ에 해당하므로 적절하지 않다.

[오답풀이] ① '마천루[마철루]'는 앞말의 끝소리 'ㄴ'과 뒷말의 첫소리 'ㄹ'이 만나 앞의 음운인 'ㄴ'이 'ㄹ'로 바뀌는 교체 현상이 일어난다. 따라서 ⊙이면서 ⓐ에 해당하므로 적절하다. ② '목덜미[목떨미]'는 앞말의 끝소리 'ㄱ'과 뒷말의 첫소리 'ㄷ'이 만나 뒤의 음운인 'ㄷ'이 'ㄸ'으로 바뀌는 교체 현상이 일어난다. 따라서 ⊙이면서 ⓑ에 해당하므로 적절하다. ③ '박람회[방남회]'는 앞말의 끝소리 'ㄱ'과 뒷말의 첫소리 'ㄹ'이 만나 앞의 음운인 'ㄱ'이 'ㅇ'으로, 뒤의 음운

인 'ㄹ'이 'ㄴ'으로 바뀌는 교체 현상이 일어난다. 따라서 ⊙이면서 ⓒ에 해당하므로 적절하다. ④ '쇠붙이[쇠부치]'는 앞말의 끝소리 'ㅌ'이 연음되어 뒷말의 가운뎃소리 'ㅣ'와 만나 앞의 음운인 'ㅌ'이 'ㅊ'으로 바뀌는 교체 현상이 일어난다. 따라서 ⓒ이면서 ⓓ에 해당하므로 적절하다.

356) ⑤

선택 비율	① 6%	② 5%	③ 5%	④ 6%	⑤ 76%

[해] : '활동 1'과 '활동 2'에 따르면 '000100'로 표시하는 경우는 순행 동화이고 '001000'으로 표시하는 경우는 역행 동화이다. '활동 자료'의 발음을 바탕으로 단어를 숫자로 표시하면 '잡념[잠념]'은 '001000'로 표시할 수 있으므로 이는 역행 동화에 해당한다.

[오답풀이] ① '국민'은 '001000'으로 표시할 수 있으므로 역행 동화이다. ② '글눈'은 '000100'으로 표시할 수 있으므로 순행 동화이다. ③ '명랑'은 '000100'으로 표시할 수 있으므로 순행 동화이다. ④ '신랑'은 '001000'으로 표시할 수 있으므로 역행 동화이다.

357) ⑤

선택 비율	① 4%	② 4%	③ 7%	④ 23%	⑤ 61%

[해] : '옷 한 벌[오탄벌]'이 발음될 때에는 'ㅅ'이 'ㄷ'으로 교체된 후 'ㅎ'과 만나 'ㅌ'으로 축약되는 현상이 일어난다.

358) ①

선택 비율	① 77%	② 3%	③ 6%	④ 7%	⑤ 5%

[해] : '늦게[늗께]'는 <보기>의 ⊙에서 받침 'ㅈ' 뒤에 연결되는 'ㄱ'이 된소리로 발음되는 경우에, '얹다[언따]'는 <보기>의 ⓒ에서 어간 받침 'ㄵ' 뒤에 결합되는 어미의 첫소리 'ㄷ'이 된소리로 발음되는 경우에 해당하는 단어이다.

[오답풀이] ② '있고[읻꼬]'는 <보기>의 ⊙에 해당하는 단어이다. ③ '늙다[늑따]'는 <보기>의 ⊙에 해당하는 단어이다. ④ '묶어[무꺼]'는 연음이 된 것으로 <보기>의 규정과는 상관이 없다. ⑤ '앉다[안따]'는 <보기>의 ⓒ에 해당하는 단어이다.

359) ②

선택 비율	① 7%	② 80%	③ 1%	④ 3%	⑤ 7%

[해] : '색연필'은 'ㄴ 첨가'에 의해 [색년필]이 된 후, 비음화에 의해 [생년필]이 되므로, 첨가와 교체 현상이 한 번씩 일어난다. 이를 좌표에 적용하면, 첨가의 경우 위쪽으로, 교체의 경우 오른쪽으로 이동해야 한다. 각 현상이 한 번씩 일어났으므로 '색연필[생년필]'은 별표에서 ㉲로 이동하게 된다. 그 결과 음운의 수가 한 개 늘어남을 좌표를 통해 파악할 수 있다.

360) ①

선택 비율	① 83%	② 3%	③ 3%	④ 7%	⑤ 1%

[해] : 표준 발음법 제23항부터 26항까지는 된소리되기의 환경을 다룬다. '옷고름'은 '옷[옫]'의 ㄷ(ㅅ) 받침 뒤에

연결되는 '고름'의 1음절 첫소리 'ㄱ'을 된소리로 발음해야 하므로 ㉠의 사례로 볼 수 있다. '젊고'는 어간 '젊-'의 받침 'ㅁ(ㄻ)' 뒤에 결합되는 어미 '-고'의 첫소리 'ㄱ'이 된소리로 발음되는 경우이므로 ㉡의 사례로 볼 수 있다.

361) ①

선택 비율	① 47%	② 13%	③ 25%	④ 6%	⑤ 7%

해 : '굳히다'는 'ㄷ'과 'ㅎ'이 'ㅌ'으로 축약(거센소리되기)되어 [구티다]가 된 후, 'ㅌ'이 'ㅊ'으로 교체(구개음화)되어 [구치다]로 발음된다.

[오답풀이] ② '미닫이'는 'ㄷ'이 'ㅈ'으로 교체(구개음화)되어 [미다디]가 [미다지]로 발음된다. 이때 축약은 일어나지 않는다. ③ '빨갛다'는 'ㅎ'과 'ㄷ'이 'ㅌ'으로 축약(거센소리되기)되어 [빨가타]로 발음된다. 이때 교체는 일어나지 않는다. ④ '솜이불'은 'ㄴ'이 첨가되어 [솜니불]로 발음된다. 이때 교체와 축약은 둘 다 일어나지 않는다. ⑤ '잡히다'는 'ㅂ'과 'ㅎ'이 'ㅍ'으로 축약(거센소리되기)되어 [자피다]로 발음된다. 이때 교체는 일어나지 않는다.

362) ①

선택 비율	① 81%	② 5%	③ 8%	④ 3%	⑤ 1%

해 : '맨입'은 '맨'과 '입'이 결합하면서 'ㄴ' 첨가가 일어나고, '쌓아'에서는 'ㅎ'의 탈락이 일어난다. '입학'은 'ㅂ'과 'ㅎ'의 두 음운이 합쳐져 한 음운 'ㅍ'으로 줄어드는 축약이 일어나고, '칼날'은 'ㄴ'이 'ㄹ'을 만나 'ㄹ'로 교체되는 현상이 일어난다.

363) ⑤

선택 비율	① 3%	② 3%	③ 5%	④ 4%	⑤ 82%

해 : '중력'은 [중녁]으로 발음되어 뒤 음절의 초성 자리에 놓인 음운이 바뀌고, '칼날'은 [칼랄]로 발음되어 뒤 음절의 초성 자리에 놓인 음운이 바뀌고, '톱밥'은 [톱빱]으로 발음되어 뒤 음절의 초성 자리에 놓인 음운이 바뀌므로 '중력', '칼날', '톱밥'은 ㉠에 해당한다. '먹물'은 [멍물]로 발음되어 앞 음절의 종성 자리에 놓인 음운이 바뀌고, '집념'은 [짐념]으로 발음되어 앞 음절의 종성 자리에 놓인 음운이 바뀌므로 '먹물', '집념'은 ㉡에 해당한다.

364) ①

선택 비율	① 71%	② 7%	③ 6%	④ 9%	⑤ 4%

해 : <보기 1>의 표준 발음법 제11항 규정에 따라 겹받침 'ㄺ'은 자음 앞에서 [ㄱ]으로 발음하며, 제23항 규정에 따라 겹받침 'ㄺ' 뒤에 연결되는 'ㅈ'은 된소리로 발음하므로 <보기 2>의 ㉠은 [익찌]로 발음한다.

[오답풀이] ② 제14항 규정에 따라 겹받침이 모음으로 시작된 어미와 결합되는 경우, 뒤엣것만을 뒤 음절 첫소리로 옮겨 발음하므로 ㉡은 [안자]로 발음한다. ③ 제11항 규정에 따라 겹받침 'ㄻ'은 자음 앞에서 [ㅁ]으로 발음하므로 ㉢은 [옴겨]로 발음한다. ④ 제11항 규정에 따라 겹받침 'ㄼ'은 자음 앞에서 [ㅂ]으로 발음하며, 제23항 규정에 따라 겹받침 'ㄼ' 뒤에 연결

되는 'ㄱ'은 된소리로 발음하므로 ㉣은 [읍꼬]로 발음한다. ⑤ 제10항 규정에 따라 'ㅄ'은 자음 앞에서 [ㅂ]으로 발음하며, 제23항 규정에 따라 'ㅄ' 뒤에 연결되는 'ㅈ'은 된소리로 발음하므로 ㉤은 [갑찐]으로 발음한다.

365) ④

선택 비율	① 2%	② 7%	③ 27%	④ 60%	⑤ 1%

해 : '독서[독써]'는 'ㅅ'이 'ㅆ'으로 교체된 결과로 음운 개수의 변동이 없고, '[써]'는 음절 유형이 '자음+모음'이다.

366) ③

선택 비율	① 9%	② 3%	③ 69%	④ 3%	⑤ 14%

해 : ⓐ '끝인사'의 '인사'는 실질 형태소이다. ⓑ '곧이'의 '-이'는 형식 형태소이므로 구개음화 현상이 일어나 [고지]로 발음된다. ⓒ '곧이어'의 '이어'는 실질 형태소이므로 구개음화 현상이 일어나지 않아 [고디어]로 발음된다.

367) ⑤

선택 비율	① 2%	② 1%	③ 7%	④ 9%	⑤ 79%

해 : '불놀이'는 ㉡이 적용되어 [불로리]로 발음된다.

[오답풀이] ① '신라'는 ㉠이 적용되어 'ㄴ'이 'ㄹ' 앞에서 [ㄹ]로 발음된다. ② '칼날'은 ㉡이 적용되어 'ㄴ'이 'ㄹ' 뒤에서 [ㄹ]로 발음된다. ③ '생산량'은 ㉢이 적용되어 'ㄹ'이 'ㄴ' 뒤에서 [ㄴ]으로 발음된다. ④ '물난리'는 ㉠과 ㉡이 모두 적용되어 'ㄴ'이 'ㄹ'의 앞과 뒤에서 [ㄹ]로 발음된다.

368) ①

선택 비율	① 67%	② 8%	③ 8%	④ 8%	⑤ 7%

해 : '국밥[국빱]'은 음절 끝 'ㄱ' 뒤에 'ㅂ'이 와서 'ㅂ'이 'ㅃ'으로 교체가 일어난 것으로, 음운의 변동 전과 후의 음운 개수는 각각 6개로 같다. '굳히다[구치다]'는 'ㄷ'이 'ㅎ'과 결합하여 'ㅌ'으로 축약된 후 'ㅣ'모음으로 시작되는 형식 형태소와 만나 'ㅊ'으로 교체가 일어난 것으로, 음운의 변동 결과 음운 개수가 7개에서 6개로 줄어든다. '급행열차[그팽녈차]'는 'ㅂ'이 'ㅎ'과 결합하여 'ㅍ'으로 축약되고 '열차'에 'ㄴ'첨가가 일어난 것으로, 음운의 변동 결과 음운 개수는 10개로 음운의 변동 전과 동일하다. 또한 '국밥[국빱]', '굳히다[구치다]', '급행열차[그팽녈차]'는 모두 음운의 변동 결과가 표기에 반영되지 않았다.

369) ④

선택 비율	① 4%	② 2%	③ 10%	④ 67%	⑤ 15%

해 : '해맑다'는 'ㄹ'이 탈락하고, 'ㄷ'이 'ㄸ'으로 교체되어, 음운이 줄어들었으므로 적절하다.

[오답풀이] ① '샅샅이'는 'ㅌ'이 'ㄷ'으로 교체되고, 'ㅅ'이 'ㅆ'으로 교체되며, 'ㅌ'이 'ㅣ' 앞에서 'ㅊ'로 교체되어, 음운의 개수는 변화가 없으므로 적절하지 않다. ② '넓히다'는 'ㅂ'과 'ㅎ'이 결합하여 'ㅍ'으로 축약되어, 음운이 줄어들었으므로 적절하지 않다. ③ '교육열'은 'ㄴ'이 첨가되고, 'ㄱ'이 'ㅇ'으로 교체되어, 음

운이 늘어났으므로 적절하지 않다. ⑤ '국화꽃'은 'ㄱ'과 'ㅎ'이 결합하여 'ㅋ'으로 축약되고, 'ㅊ'이 'ㄷ'으로 교체되어, 음운이 줄어들었으므로 적절하지 않다.

370) ②

선택 비율	① 5%	② 77%	③ 10%	④ 3%	⑤ 6%

해 : ㄱ. 난로[날로]'는 뒤의 음운 'ㄹ'의 영향으로 앞의 음운 'ㄴ'이 'ㄹ'로 바뀌며, 조음 방법만 바뀌는 단어에 해당한다. 'ㄹ. 톱날[톰날]'은 뒤의 음운 'ㄴ'의 영향으로 앞의 음운 'ㅂ'이 'ㅁ'으로 바뀌며, 조음 방법만 바뀌는 단어에 해당한다.

[오답풀이] ㄴ. 맏이[마지]'는 뒤의 음운 'ㅣ'의 영향으로 앞의 음운 'ㄷ'이 'ㅈ'으로 바뀌며, 조음 방법과 조음 위치가 모두 바뀌는 단어에 해당한다. 'ㄷ. 실내[실래]'는 앞의 음운 'ㄹ'의 영향으로 뒤의 음운 'ㄴ'이 'ㄹ'로 바뀌며, 조음 방법만 바뀌는 단어에 해당한다.

371) ①

선택 비율	① 68%	② 15%	③ 3%	④ 5%	⑤ 8%

해 : '옷맵시[온맵씨]'에서는 비음화와 된소리되기가 둘 다 발생하였으며, '꽃말[꼰말]'에서는 비음화는 발생하고 된소리되기는 발생하지 않았다.

[오답풀이] ② '덮개[덥깨]'에서는 비음화는 발생하지 않고 된소리되기는 발생하였으며, '묵념[뭉념]'에서는 비음화는 발생하고 된소리되기는 발생하지 않았다. ③ '부엌문[부엉문]'과 '앞날[암날]'에서는 모두 비음화가 발생하고 된소리되기가 발생하지 않았다. ④ '광안리[광알리]'에서는 비음화와 된소리되기가 둘 다 발생하지 않았고, '권력가[궐력까]'에서는 비음화는 발생하지 않고 된소리되기는 발생하였다. ⑤ '귓속말[귇쏭말]'과 '습득물[습뜽물]'에서는 모두 비음화와 된소리되기가 둘 다 발생하였다.

372) ②

선택 비율	① 7%	② 64%	③ 13%	④ 6%	⑤ 10%

해 : '학생 1'이 쓴 '솜이불[솜:니불]'에서는 첨가가 일어나고, '학생 3'이 쓴 '밟히다[발피다]'에서는 축약이 일어난다. 앞 학생이 쓴 단어에서 일어나지 않는 음운 변동이 일어나는 단어를 쓰는 활동이므로 첨가와 축약을 제외하고 교체 또는 탈락이 일어나는 단어를 쓰면 된다. '옷맵시[온맵씨]'에서는 다른 음운 변동 없이 교체만 일어나므로 적절하다.

[오답풀이] ① '삯일[상닐]'에서는 탈락, 교체, 첨가가 일어난다. ③ '겉핥기[거탈끼]'에서는 교체, 탈락, 축약이 일어난다. ④ '색연필[생년필]'에서는 첨가, 교체가 일어난다. ⑤ '넓죽하다[넙쭈카다]'에서는 탈락, 교체, 축약이 일어난다.

373) ②

선택 비율	① 5%	② 80%	③ 7%	④ 3%	⑤ 6%

해 : <보기>에 제시된 대로 고유어 A와 B가 합쳐질 때, 탐구 과정의 <사이시옷을 표기하는 조건> ㄱ, ㄴ, ㄷ 중에서 하나가 일어나면 앞말인 A의 받침으로 사이시옷을 표기할 수 있다. 학습 과제에 제시된 대로, '위'와 '쪽'이 합쳐져서 만들어진 단어의 발음은 [위쪽]이다. 이때 ㄱ ~ ㄷ 중에서 어떠한 음운 변동도 일어나지 않는다. B에 해당하는 단어인 '쪽'의 초성은 '위'와 합쳐지기 전에도, '위'와 합쳐져 [위쪽]으로 발음될 때도 모두 된소리 'ㅉ'이기 때문이다. 그러므로 '위'의 받침에 사이시옷을 적어 '윗쪽'이라고 표기하는 것은 적절하지 않다.

[오답풀이] ① '비'와 '길'이 합쳐진 단어의 발음은 [비낄]이다. 탐구 과정의 B에 해당하는 '길'의 발음은 '비'와 합쳐지기 전에는 [길]이었지만, 합쳐진 후에는 [낄]이 된다. 새로운 단어가 만들어지는 과정에서 B의 초성이 예사소리 'ㄱ'에서 된소리 'ㄲ'으로 바뀐 것이므로, a는 탐구 과정의 <사이시옷을 표기하는 조건> ㄱ에 해당한다. 그러므로 '비'의 받침에 사이시옷을 적어 '빗길'이라고 표기하는 것은 적절하다. ③ '코'와 '날'이 합쳐진 단어의 발음은 [콘날]이다. 탐구 과정의 A에 해당하는 '코'의 발음은 '날'과 합쳐지기 전에는 [코]였지만, 합쳐진 후에는 [콘]이 된다. 새로운 단어가 만들어지는 과정에서 A의 종성에 'ㄴ'이 생긴 것이므로, c는 탐구 과정의 <사이시옷을 표기하는 조건> ㄴ에 해당한다. 그러므로 '코'의 받침에 사이시옷을 적어 '콧날'이라고 표기하는 것은 적절하다. ④ '이'와 '몸'이 합쳐진 단어의 발음은 [인몸]이다. 탐구 과정의 A에 해당하는 '이'의 발음은 '몸'과 합쳐지기 전에는 [이]였지만, 합쳐진 후에는 [인]이 된다. 새로운 단어가 만들어지는 과정에서 A의 종성에 'ㄴ'이 생긴 것이므로, d는 탐구 과정의 <사이시옷을 표기하는 조건> ㄴ에 해당한다. 그러므로 '이'의 받침에 사이시옷을 적어 '잇몸'이라고 표기하는 것은 적절하다. ⑤ '배'와 '일'이 합쳐진 단어의 발음은 [밴닐]이다. 탐구 과정의 A에 해당하는 '배'의 발음은 '일'과 합쳐지기 전에는 [배]였지만, 합쳐진 후에는 [밴]이 된다. 또한 B에 해당하는 '일'의 발음은 '배'와 합쳐지기 전에는 [일]이었지만, 합쳐진 후에는 [닐]이 된다. 새로운 단어가 만들어지는 과정에서 A의 종성과 B의 초성에 각각 'ㄴ'이 생긴 것이므로, e는 탐구 과정의 <사이시옷을 표기하는 조건> ㄷ에 해당한다. 그러므로 '배'의 받침에 사이시옷을 적어 '뱃일'이라고 표기하는 것은 적절하다.

374) ②

선택 비율	① 4%	② 58%	③ 18%	④ 16%	⑤ 5%

해 : '닳고[달코]'에서는 앞말의 'ㅎ'과 뒷말의 'ㄱ'이 합쳐져 'ㅋ'으로 소리 나는 축약만 일어났다.

[오답풀이] ① '밥값[밥깝]'에서 뒷말의 'ㄱ'은 'ㄲ'으로 교체되고, 뒷말의 겹받침 'ㅄ' 중 'ㅅ'이 탈락했다. ③ '물약[물략]'에서 '물'과 '약' 사이에 'ㄴ'이 첨가되고, 앞말의 'ㄹ'과 첨가된 'ㄴ'이 만나 'ㄴ'이 'ㄹ'로 교체됐다. ④ '닫힌[다친]'에서 앞말의 'ㄷ'과 뒷말의 'ㅎ'이 만나 'ㅌ'으로 축약됐다. 'ㅌ'은 다시 모음 'ㅣ'의 영향으로 'ㅊ'으로 교체됐다. ⑤ '삯일[상닐]'에서 앞말 '삯'의 겹받침 'ㄳ' 중 'ㅅ'이 탈락하고, 앞말과 뒷말

사이에 'ㄴ'이 첨가된다. 그리고 앞말의 'ㄱ'과 뒷말
의 'ㄴ'이 만나 'ㄱ'이 'ㅇ'으로 교체됐다.

375) ②

선택 비율	① 7%	② 55%	③ 15%	④ 12%	⑤ 11%

해 : '털양말[털량말]'에서는 첨가인 'ㄴ' 첨가와 교체인 유음
화가 일어난다. 따라서 첨가와 교체가 모두 일어나고 있
으므로 적절하다.
[오답풀이] ① '묻히다[무치다]'는 축약인 거센소리되기와 교체인
구개음화가 일어나며, 탈락은 일어나지 않으므로 적절
하지 않다. ③ '굵적굵적[극쩍꾹쩍]'은 탈락인 자음군
단순화와 교체인 된소리되기가 일어나며, 첨가는 일어
나지 않으므로 적절하지 않다. ④ '척박하다[척빠카
다]'는 교체인 된소리되기와 축약인 거센소리되기가
일어나며, 탈락은 일어나지 않으므로 적절하지 않다.
⑤ '굵다랗다[국:따라타]'는 탈락인 자음군 단순화, 교
체인 된소리되기, 축약인 거센소리되기가 일어나며,
첨가는 일어나지 않으므로 적절하지 않다.

376) ①

선택 비율	① 39%	② 24%	③ 14%	④ 14%	⑤ 7%

해 : 제13항 규정에 의하면 '동녘에서'는 [동녀케서]로 발음
해야 한다. '동녘'의 'ㅋ'은 홑받침이고, '에서'는 모음
으로 시작하는 조사이므로 제 음가대로 뒤 음절 첫소
리로 옮겨 발음한다.

377) ②

선택 비율	① 3%	② 89%	③ 1%	④ 1%	⑤ 6%

해 : '갈등'은 <보기>에 해당되지 않으며, 제26항 '한자어에
서 'ㄹ'받침 뒤에 연결되는 'ㄷ, ㅅ, ㅈ'은 된소리로 발
음한다.'는 조항에 따라 [갈뜽]으로 발음한다.
[오답풀이] ① '덮개'는 제23항에 따라 [덥깨]로 발음하고, ③
'낯설다'는 제23항에 따라 [낟썰다]로 발음하며, ④
'머금다'는 제24항에 해당되므로 [머금따]로 발음한
다. ⑤ '남기다'는 제24항 '다만, 피동, 사동의 접미
사 '-기-'는 된소리로 발음하지 않는다.'는 조항에
따라 [남기다]로 발음한다.

378) ③

선택 비율	① 3%	② 0%	③ 91%	④ 3%	⑤ 2%

해 : '영업용'은 '영업+용'으로 두 단어가 결합할 때, 뒤 단
어의 첫소리가 '요'이므로 'ㄴ'이 첨가된다. 그리고 첨
가된 'ㄴ'의 영향으로 비음화 현상이 일어나 앞 단어의
받침소리 'ㅂ'이 'ㅁ'으로 발음된다.

379) ⑤

선택 비율	① 7%	② 3%	③ 4%	④ 2%	⑤ 82%

해 : '홑이불'은 [홑이불](제9항)→[홑니불](제29항)→[혼니불]
(제18항)로 되는 단어이다. <보기>와 동일한 과정을
거친다.
[오답풀이] ① '못난이'는 [몯난이](제9항)→[몬나니](제18항)의
과정을 거친다. ② '부엌문'은 [부억문](제9항)→[부
엉문](제18항)의 과정을 거친다. ③ '색연필'은 [색년

필](제29항)→[생년필](제18항)의 과정을 거친다. ④
'옷맵시'는 [옫맵씨](제9항)→[온맵씨](제18항)의 과정
을 거친다.

380) ①

선택 비율	① 67%	② 7%	③ 7%	④ 11%	⑤ 5%

해 : 표준 발음법 제10항과 제14항은 겹받침의 발음에 대한
것이다. '여덟'의 'ㄼ'은 어말에 위치해 있어 표준 발음
법 제10항에 따라 [여덜]로 발음한다.
[오답풀이] ② '앉아'의 'ㄵ'은 제14항에 따라 모음 앞에서 [안
자]로 발음한다. ③ '넓이'의 'ㄼ'은 모음으로 시작된
접미사와 결합되는 경우이기에 표준 발음법 제14항
에 따라 [널비]로 발음한다. ④ '밟고'의 'ㄼ'은 자음
앞에 위치하여 표준 발음법 제10항 '다만'에 의해
[밥꼬]로 발음한다. ⑤ '값을'의 'ㅄ'은 모음으로 시
작된 조사와 결합되는 경우이기에 표준 발음법 제14
항에 따라 [갑쓸]로 발음한다.

381) ①

선택 비율	① 74%	② 4%	③ 6%	④ 9%	⑤ 4%

해 : '넋도'는 제10항에 따라 [넉또]로 발음해야 하고, '넋
이'는 제14항에 따라 [넉씨]로 발음해야 하는 것으로
보아 '넋도'와 '넋이'의 발음에 동일한 규정이 적용된
다는 것은 적절하지 않음을 알 수 있다.
[오답풀이] ② '없을'을 [업쓸]로 '읊어'를 [을퍼]로 발음해야 하
는 것은 모두 제14항의 규정을 따른 것이므로 적절
하다. ③ '꽃을'을 [꼬츨]로 발음해야 하는 것은 제
13항의 규정을 따른 것이므로 적절하다. ④ '있어'
를 [이써]로 발음해야 하는 것은 제13항의 규정을
따른 것이고, '앉아'를 [안자]로 발음해야 하는 것은
제4항의 규정을 따른 것이므로 적절하다. ⑤ '값'을
[갑]으로 발음해야 하는 것은 제10항의 규정을, '값
을'을 [갑쓸]로 발음해야 하는 것은 제14항의 규정
을 따른 것이므로 적절하다.

382) ④

선택 비율	① 4%	② 3%	③ 3%	④ 75%	⑤ 11%

해 : '갖고'는 '가지고'에서 어간 '가지'와 자음으로 시작하
는 어미 '고'가 만나 어간의 끝음절 모음인 'ㅣ'가 탈
락하면서 준말이 만들어진 경우이므로 '자음으로 시작
하는 어미가 결합할 때 준말이 만들어지지 않는다.'라
는 진술은 적절하지 않다
[오답풀이] ① '갖고'는 '가지고'에서 어간의 끝음절 모음 'ㅣ'
가 탈락하여 준말이 만들어졌으므로 적절하다. ②
'디뎠다'는 형태소 분석을 하면 어간의 끝음절 모음
인 'ㅣ'와 모음으로 시작하는 어미 '-었'이 만나 '-
였'이 되었으므로 적절하다. ③ '엊저녁'은 어근 '어
제'와 어근 '저녁'이 만나 앞 어근인 '어제'의 끝음
절인 '제'의 모음 'ㅔ'가 탈락하고 자음 'ㅈ'만 남아
서 앞음절 '어'의 받침으로 간 말이므로 적절하다
⑤ '디디었다'를 준말로 만들때 '딛었다'는 규정에
어긋나는 것으로 보아 적절하다.

383) ⑤

선택 비율	① 4%	② 5%	③ 8%	④ 30%	⑤ 51%

해 : 제25항은 용언 어간 뒤에 결합되는 어미의 첫소리 'ㄱ, ㄷ, ㅅ, ㅈ'에 관한 것으로 ⑤의 '여덟과'와는 관계가 없다. '여덟과'는 수사가 조사와 결합한 경우로 [여덜과]로 발음해야 한다.

[오답풀이] ④ '신기다'는 '신다'에 사동접미사 '-기-'가 붙은 것으로 표준어 규정 제24항의 '다만' 조항에 해당한다. 따라서 '신기다'는 [신기다]로 발음해야 한다.

384) ①

선택 비율	① 76%	② 5%	③ 8%	④ 6%	⑤ 3%

해 : ⊙의 '꽃잎'은 [꼳닙](제29항)→[꼰닙](제18항)으로, ⓒ의 '색연필'은 [색년필](제29항)→[생년필](제18항)로 음운이 바뀌어 발음된다. 따라서 <보기1>의 두 조항이 모두 적용되었다.

[오답풀이] ⓒ의 '식용유'는 [시굥뉴]로 발음되므로 제29항과 연음이 적용된 사례이고, ⓔ의 '직행열차'는 [지캥녈차]로 발음되므로 제29항과 거센소리되기가 적용된 사례이다. 따라서 ⓒ과 ⓔ에는 제18항이 적용되지 않았다.

385) ①

선택 비율	① 88%	② 1%	③ 7%	④ 1%	⑤ 1%

해 : 심리[심니]는 받침 'ㅁ'의 영향을 받아 'ㄹ'이 'ㄴ'으로 발음되므로 제19항에 따른 것이고, 두통약[두통냑]은 합성어로서 앞 단어의 끝이 자음 'ㅇ'이고, 뒤 단어의 첫음절이 '야'이므로 'ㄴ'을 첨가하여 [두통냑]으로 발음된다. 이것은 제29항에 따른 것이다.

[오답풀이] ②의 점령[점녕], 상록수[상녹쑤]는 제19항, ③의 콩엿[콩녇], 안녘름[안녀름]은 제20항, ④의 국밀[궁밀]은 <보기>에 제시되어 있지 않은 비음화, 눈요기[눈뇨기]는 제29항, ⑤의 종로[종노]는 제19항, 물난리[물랄리]는 <보기>에 제시되어 있지 않은 유음화의 사례이다.

386) ⑤

선택 비율	① 13%	② 3%	③ 2%	④ 5%	⑤ 75%

해 : ⓜ은 'ㄴ'으로 끝나는 형태소와 'ㅣ' 모음으로 시작하는 형태소가 결합할 때 없던 음운 'ㄴ'이 추가된 것이므로 첨가에 해당한다.

[오답풀이] ① ⊙은 'ㅂ'의 영향을 받아 'ㄱ'이 'ㄲ'으로 바뀐 현상이므로 교체에 해당한다. ② ⓒ은 'ㅎ'으로 끝나는 어간과 모음으로 시작하는 어미가 결합하여 'ㅎ'이 없어진 현상이므로 탈락에 해당한다. ③ ⓒ은 'ㄱ'이 'ㄴ'의 영향을 받아 'ㅇ'으로 바뀐 현상이므로 교체에 해당한다. ④ ⓔ은 'ㅎ'과 'ㅅ'이 합쳐져서 'ㅊ'이 된 현상이므로 축약에 해당한다.

387) ②

선택 비율	① 7%	② 80%	③ 3%	④ 2%	⑤ 5%

해 : '물약'의 표준 발음은 [물략]이다. 이렇게 발음되는 데는 ⓐ가 적용된다.

[오답풀이] ① '색연필'은 ⓐ를 적용하여 '연'을 [년]으로 발음하고 ⓑ를 적용하여 '색'을 [생]으로 발음하는 것이다. ③ '잡는다'는 ⓑ를 적용하여 [잠는다]로 발음하는 것이다. ④ '강릉'은 ⓒ를 적용하여 [강능]으로 발음하는 것이다. ⑤ '물난리'의 '난'은 앞뒤에 'ㄹ'이 이어지므로 ⓓ를 적용하여 [물랄리]로 발음하는 것이다.

388) ④

선택 비율	① 8%	② 9%	③ 14%	④ 54%	⑤ 13%

해 : '크-+-어서 → 커서'의 경우 어간의 모음 'ㅡ'가 탈락한 것이다(ⓒ, ⓔ).

[오답풀이] ① '싫다[실타]'는 'ㅎ'과 'ㄷ'이 만나 'ㅌ'이 되는 축약 현상이 일어난 경우이다(⊙, ⓔ). ② '좋아요[조아요]'는 'ㅎ'이 탈락하는 현상이 일어난 경우이다(ⓒ, ⓔ). ③ '울-+-는 → 우는'은 'ㄹ'이 탈락하는 현상이 일어난 경우이다(ⓒ, ⓔ). ⑤ '나누-+-었다 → 나눴다'는 'ㅜ'와 'ㅓ'가 만나 'ㅝ'가 되는 축약 현상이 일어난 경우이다(⊙, ⓔ).

389) ①

선택 비율	① 63%	② 5%	③ 16%	④ 2%	⑤ 11%

해 : '깎아'는 쌍받침이 모음으로 시작되는 어미 '-아'와 결합되는 경우이므로, 제13항에 따라 [까까]로 발음해야 한다.

[오답풀이] ④, ⑤의 발음은 제13항과, ②, ③의 발음은 제14항과 관련된다.

390) ①

선택 비율	① 82%	② 4%	③ 2%	④ 4%	⑤ 5%

해 : <보기 1>의 제13항에서 홑받침이 모음으로 시작된 조사가 결합되는 경우에는 제 음가대로 뒤 음절 첫소리로 옮겨 발음함을 알 수 있다. 그런데 ⊙인 늘녘이는 '들녘'의 받침 'ㅋ'이 모음으로 시작된 조사 '이'와 결합되는 경우이다. 따라서 '들녘이'의 'ㅋ'은 제 음가대로 뒤 음절 첫소리로 옮겨 발음되어 [들려키]로 발음해야 한다. ⊙에서 '들녘'의 'ㅋ'이 제13항이 적용되어 [ㄱ]으로 발음된다는 진술은 적절하지 않다.

[오답풀이] ② <보기>의 제9항에서 받침 'ㅋ'은 자음 앞에서 대표음 [ㄱ]으로 발음함을 알 수 있다. 그런데 ⓒ인 '들녘도'는 '들녘'의 받침 'ㅋ'이 'ㄷ'과 결합되는 경우이다. 그러므로 ⓒ에서 '들녘'의 'ㅋ'이 제9항이 적용되어 [ㄱ]으로 발음된다는 진술은 적절하다. ③ <보기>의 제23항에서 받침 'ㄱ(ㄲ, ㅋ, ㄳ, ㄺ)' 뒤에 연결되는 'ㄷ'은 된소리로 발음함을 알 수 있다. 그런데 ⓒ인 '들녘도'는 받침 'ㅋ' 뒤에 'ㄷ'이 연결되는 경우이다. 그러므로 ⓒ인 '들녘도'의 '도'에서 'ㄷ'이 제23항이 적용되어 [ㄸ]으로 발음된다는 진술은 적절하다. ④ <보기>의 제18항에서 받침 'ㄱ(ㄲ, ㅋ, ㄳ, ㄺ)'은 'ㄴ, ㅁ' 앞에서 [ㅇ]으로 발음함을 알 수 있다. 그런데 ⓒ인 '들녘만'은 받침 'ㅋ'이 'ㅁ' 앞에 있는 경우이다. 그러므로 ⓒ인 '들녘만'의 'ㅋ'이 제18항이 적용되어 [ㅇ]으로 발음된다는 진술은 적절하다. ⑤ <보기>의 제20항에서 'ㄴ'은 'ㄹ'의 앞이나 뒤에서 [ㄹ]로 발음함을 알 수 있다. 그런데 ⊙, ⓒ, ⓒ의 공통된 단어인 '들녘'은 받침

‘ㄹ’ 뒤에 ‘ㄴ’이 이어지는 경우임을 알 수 있다. 그러므로 ㉠, ㉡, ㉢에서 ‘들녘’의 ‘ㄴ’이 제20항이 적용되어 [ㄹ]로 발음된다는 진술은 적절하다.

391) ①

선택 비율	① 66%	② 10%	③ 5%	④ 11%	⑤ 6%

해 : ‘맨입’은 ㄴ 첨가가 일어나 [맨닙]으로 발음되고, ‘국민’은 비음화가 일어나 [궁민]으로 발음된다. ㄴ 첨가와 비음화가 모두 일어나는 단어는 ‘막일’이다. ‘막일’은 ㄴ 첨가를 통해 [막닐]로, 비음화를 통해 [망닐]로 발음된다.

[오답풀이] ② ‘담요’는 [담뇨]로 발음되어 ㄴ 첨가만 일어난다. ③ ‘낙엽’은 연음을 통해 [나겹]으로 발음된다. 참고로 연음은 음운 변동 현상에 해당하지 않는다. ④ ‘곡물’은 [공물]로 발음되어 비음화만 일어난다. ⑤ ‘강약’은 [강약/강냑]으로 발음되는데, 전자로 발음 시 음운 변동 현상이 나타나지 않는다. 후자로 발음 시에는 ㄴ첨가만 나타난다.

392) ③

선택 비율	① 16%	② 4%	③ 73%	④ 2%	⑤ 2%

해 : ‘불여우[불려우]’는 [ㄴ]이 첨가되어 [불녀우], [ㄴ]이 [ㄹ]로 교체되어 [불려우]로 발음된다. 따라서 ㉠은 ⓑ, ㉡은 ⓐ에 해당한다.

393) ③

선택 비율	① 5%	② 7%	③ 76%	④ 5%	⑤ 4%

해 : ‘맛없다[마덥따]’는 ‘맛’의 받침 ‘ㅅ’이 ‘ㄷ’으로 교체되는 ‘음절의 끝소리 규칙’과 ‘없-’의 받침 ‘ㅄ’중 ‘ㅅ’이 탈락되고 ‘ㅂ’이 남는 ‘자음군 단순화’가 일어나고, ‘-다’의 첫소리 ‘ㄷ’이 ‘ㄸ’으로 교체되는 ‘된소리되기’가 일어나므로 ‘교체’와 ‘탈락’ 현상이 일어난다. 그리고 ‘영업용[영엄뇽]’은 ‘용’에 ‘ㄴ’이 첨가되는 ‘ㄴ첨가’와 ‘업’의 받침 ‘ㅂ’이 ‘ㅁ’으로 교체되는 ‘비음화’가 일어나므로 ‘첨가’와 ‘교체’ 현상이 일어난다. 또한 ‘깨끗하다[깨끄타다]’는 ‘끗’의 받침 ‘ㅅ’이 ‘ㄷ’으로 교체되는 ‘음절의 끝소리 규칙’, 교체된 받침인 ‘ㄷ’과 ‘하다’의 첫소리 ‘ㅎ’이 만나 ‘ㅌ’으로 축약되는 ‘자음 축약’이 일어나므로 ‘교체’와 ‘축약’이 일어난다. 마지막으로 ‘급행열차[그팽녈차]’는 ‘급’의 받침 ‘ㅂ’과 ‘행’의 첫소리 ‘ㅎ’이 축약되어 ‘ㅍ’이 되므로 ‘자음 축약’이 일어나고, ‘열차’의 ‘열’에 ㄴ첨가가 일어나므로 ‘축약’과 ‘첨가’가 일어난다. 그러므로 ⓐ에는 ‘맛없다’가, ⓑ에는 ‘깨끗하다’가, ㉢에는 ‘영업용’이, ⓓ에는 ‘급행열차’가 적절하다.

394) ②

선택 비율	① 12%	② 32%	③ 27%	④ 15%	⑤ 11%

해 : ‘옷깃’은 명사 ‘옷’과 명사 ‘깃’이 결합하여 만들어진 합성 명사이다. 그리고 발음은 [옫낃…]으로 둘째 어근의 첫소리 ‘ㄱ’이 된소리 ‘ㄲ’으로 바뀌는 현상이 나타난다. 하지만 이 때 나타나는 현상은 [ㄱ, ㄷ, ㅂ]으로 발음되는 받침 ‘ㄱ(ㄲ, ㅋ, ㄳ, ㄺ), ㄷ(ㅅ, ㅆ, ㅈ, ㅊ, ㅌ), ㅂ(ㅍ, ㄼ, ㄿ, ㅄ)’ 뒤에서 ‘ㄱ, ㄷ, ㅂ, ㅅ, ㅈ’은 된소리인 [ㄲ, ㄸ, ㅃ, ㅆ, ㅉ]으로 각각 발

음되는 된소리되기에 해당하는 것으로, 사잇소리 현상의 앞 어근의 끝소리가 울림소리이고 뒤 어근의 첫소리가 안울림 예사소리이면 뒤의 예사소리가 된소리로 바뀌는 현상과는 다르다.

[오답풀이] ① ‘빨랫돌’은 ‘빨래’와 ‘돌’이 결합하여 만들어진 합성 명사로, 앞 어근의 끝소리가 울림소리인데 뒤 어근의 첫소리인 안울림 예사소리가 된소리로 바뀐다는 점으로 볼 때, ㉮에 해당하는 예이다. ③ ‘홑이불’의 발음은 [혼니불]로, 발음할 때 ‘ㄴ’의 첨가가 나타난다. 하지만 ‘홑이불’은 접사 ‘홑-’과 명사 ‘이불’이 결합하여 만들어진 파생 명사이다. ④ ‘뱃머리’는 ‘배’와 ‘머리’가 결합하여 만들어진 합성 명사로, ‘ㅁ’으로 시작하는 뒤 어근의 앞에서 모음으로 끝난 앞 어근의 끝소리에 ‘ㄴ’이 첨가된다는 점으로 볼 때, ㉯에 해당하는 예이다. ⑤ ‘깻잎’은 ‘깨’와 ‘잎’이 결합하여 만들어진 합성 명사로, 앞 어근이 모음으로 끝나고 뒤 어근이 ‘ㅣ’로 시작되는데 앞 어근의 끝소리와 뒤 어근의 첫소리에 모두 ‘ㄴ’이 첨가된다는 점으로 볼 때, ㉯에 해당하는 예이다.

395) ④

선택 비율	① 13%	② 4%	③ 11%	④ 65%	⑤ 4%

해 : 제14항의 ‘ㅅ’은 된소리로 발음한다는 규정에 의거하여 ‘값이’는 [갑씨]라고 발음해야 한다.

396) ③

선택 비율	① 4%	② 8%	③ 52%	④ 16%	⑤ 18%

해 : ㉢에서는 앞말의 끝소리 ‘ㄷ’과 뒤에 오는 접사 ‘히’의 ‘ㅎ’이 축약하여 ‘티’가 된 후에 ‘ㅣ’ 모음의 영향을 받아 ‘치’로 변하는 구개음화가 나타난다. 따라서 이 경우 ‘ㅎ’이 탈락하여 구개음화가 나타나는 것이 아니다.

397) ④

선택 비율	① 5%	② 4%	③ 10%	④ 71%	⑤ 7%

해 : ㉠은 첨가, ㉡은 교체, ㉢은 탈락, ㉣은 축약에 대한 설명이다. ‘구급약[구·금냑]’은 ‘ㄴ’이 첨가된 후 ‘ㅂ’이 ‘ㄴ’과 만나 ‘ㅁ’으로 교체되었다. ‘물엿[물련]’은 ‘ㄴ’이 첨가된 후 ‘ㄹ’의 영향으로 ‘ㄴ’이 ‘ㄹ’로 교체되었으며, ‘ㅅ’은 ‘ㄷ’으로 교체되었으므로 적절하다.

[오답풀이] ① ‘설날[설ː랄]’은 교체만 일어나므로 적절하지 않다. ② ‘없을[업ː쓸]’은 교체만 일어나므로 적절하지 않다. ③ ‘끓이다[끄리다]’는 탈락만 일어나므로 적절하지 않다. ⑤ ‘꿋꿋하다[꾿꾸타다]’는 교체와 축약이 일어나므로 적절하지 않다.

398) ①

선택 비율	① 50%	② 14%	③ 11%	④ 10%	⑤ 13%

해 : ‘읽느라’가 [잉느라]로 발음될 때, 어간의 겹받침 중 ‘ㄹ’이 탈락하고(자음군 단순화), ‘ㄱ’이 뒤의 ‘ㄴ’의 영향을 받아 ‘ㅇ’으로 교체된다(비음화).

[오답풀이] ② ‘훑고서’가 [훌꼬서]로 발음될 때, ‘ㄱ’이 ‘ㄲ’으로 교체되고(된소리되기), 어간의 겹받침 중 ‘ㅌ’이 탈락된다(자음군 단순화). ③ ‘예삿일’이 [예산닐]로 발음

될 때, 'ㄴ'이 첨가되며, 둘째 음절의 받침인 'ㅅ'이 'ㄷ'으로 교체되고(음절의 끝소리 규칙), 첨가된 'ㄴ'의 영향으로 'ㄷ'이 'ㄴ'으로 교체된다(비음화). ④ '알약을'이 [알랴글]로 발음될 때, 'ㄴ'이 첨가되고, 첨가된 'ㄴ'이 첫째 음절의 받침인 'ㄹ'의 영향으로 'ㄹ'로 교체된다(유음화). [알랴글]은 [알략을]이 연음된 것으로 연음은 음운 변동에 포함되지 않는다. ⑤ '앓았다'가 [아랃따]로 발음될 때, 어간의 겹받침 중 'ㅎ'이 탈락하며, 둘째 음절의 받침인 'ㅆ'이 'ㄷ'으로 교체되고(음절의 끝소리 규칙), 'ㄷ'의 영향으로, 'ㄷ'이 'ㄸ'으로 교체된다(된소리되기). [아랃따]는 [알안따]가 연음된 것으로 연음은 음운 변동에 포함되지 않는다.

399) ⑤

선택 비율	① 4%	② 17%	③ 18%	④ 9%	⑤ 49%

해 : ㄷ의 '올여름'은 ㄴ 첨가, 유음화가 일어나므로 두 번 이상의 음운 변동이 일어나지만, ㄹ의 '해돋이'는 구개음화만 일어나므로 두 번 이상의 음운 변동이 일어나지 않는다.

[오답풀이] ① ㄱ의 '신라'는 앞의 음운인 'ㄴ'이 뒤의 음운인 유음 'ㄹ'의 성질을 닮아 유음 'ㄹ'로 변동되었고, ㄴ의 '국물'은 앞의 음운인 'ㄱ'이 뒤의 음운인 비음 'ㅁ'의 성질을 닮아 비음 'ㅇ'으로 변동되었다. ② ㄱ의 '신라'는 'ㄴ'이 'ㄹ'로 바뀌는 교체 현상이 일어나고, ㄷ의 '올여름'은 ㄴ 첨가가 일어나 [올녀름]이 되고 뒤의 음운 'ㄴ'이 앞의 음운 'ㄹ'의 영향으로 'ㄹ'로 바뀌는 교체(유음화)가 일어나 [올려름]이 된다.

400) ⑤

선택 비율	① 3%	② 2%	③ 11%	④ 8%	⑤ 73%

해 : ⓒ의 '꽃이슬'은 [꼰니슬]로, ⓓ의 '솜이불'은 [솜니불]로 발음될 때 'ㄴ'이라는 새로운 음운이 생기는 '첨가'가 공통적으로 일어나므로 적절하다.

401) ①

선택 비율	① 51%	② 5%	③ 4%	④ 5%	⑤ 32%

해 : '놓는[논는]'은 받침 'ㅎ'이 'ㄷ'으로 교체되고, 앞의 'ㄷ'이 뒤의 'ㄴ'의 영향을 받아 'ㄴ'으로 교체된다. '칼날[칼랄]'은 뒤의 'ㄴ'이 앞의 'ㄹ'의 영향을 받아 'ㄹ'로 교체된다. 두 단어는 교체만 일어났으므로 음운 변동 전후 음운의 수가 동일하다. '닳아[다라]'는 앞 음절의 겹받침 중 'ㅎ'이 탈락하고, 앞 음절의 'ㄹ'이 뒤 음절로 연음된다. '막일[망닐]'은 뒤 음절에 'ㄴ'이 첨가되며, 첨가된 'ㄴ'의 영향으로 앞 음절의 'ㄱ'이 'ㅇ'으로 교체된다. 두 단어는 각각 탈락, 첨가가 일어났으므로 음운 변동 전후 음운의 수가 동일하지 않다.

[오답풀이] ② 모두 자음의 변동만 일어났다. ③ 모두 음운 변동의 결과가 표기에 반영되지 않았다. ④ '놓는[논는]'과 '닳아[다라]'에서는 앞 음절에서만, '칼날[칼랄]'에서는 뒤 음절에서만, '막일[망닐]'에서는 앞 음절과 뒤 음절 모두에서 음운 변동이 일어났다. ⑤ '놓는[논는]', '칼날[칼랄]', '막일[망닐]'에서만 조음 방법이 같아지는 음운 변동이 일어났다.

402) ①

선택 비율	① 63%	② 3%	③ 13%	④ 7%	⑤ 11%

해 : '달님[달림]'은 한 음운이 '앞'의 음운의 영향을 받아 '유음'으로 바뀌어 '조음 방법'이 바뀐 것이다. '공론[공논]'은 한 음운이 '앞'의 음운의 영향을 받아 '비음'으로 바뀌어 '조음 방법'이 바뀐 것이다. '논리[놀리]'는 한 음운이 '뒤'의 음운의 영향을 받아 '유음'으로 바뀌어 '조음 방법'이 바뀐 것이다.

403) ③

선택 비율	① 10%	② 5%	③ 69%	④ 8%	⑤ 4%

해 : '작년[장년]'은 음운 'ㄱ'이 비음 'ㄴ' 앞에서 비음 'ㅇ'으로 바뀌므로 ㉠의 예에 해당한다. 그리고 '칼날[칼랄]'은 음운 'ㄴ'이 유음 'ㄹ' 뒤에서 유음 'ㄹ'로 바뀌어 ㉡의 예에 해당하므로 적절하다.

[오답풀이] ① '겹눈[겸눈]'은 음운 'ㅂ'이 비음 'ㄴ' 앞에서 비음 'ㅁ'으로 바뀌므로 ㉠의 예에 해당하지만, '맨입[맨닙]'은 첨가가 나타나 ㉡의 예에 해당하지 않으므로 적절하지 않다. ② '실내[실래]'는 음운 'ㄴ'이 유음 'ㄹ' 뒤에서 유음 'ㄹ'으로 바뀌므로 ㉡의 예에 해당하고, '국물[궁물]'은 음운 'ㄱ'이 비음 'ㅁ' 앞에서 비음 'ㅇ'으로 바뀌어 ㉠의 예에 해당하므로 적절하지 않다. ④ '백마[뱅마]'는 음운 'ㄱ'이 비음 'ㅁ' 앞에서 비음 'ㅇ'으로 바뀌므로 ㉠의 예에 해당하지만, '잡히다[자피다]'는 음운의 축약이 나타나 ㉡의 예에 해당하지 않으므로 적절하지 않다. ⑤ '끓이다[끄리다]'는 음운의 탈락이 나타나므로 ㉠의 예에 해당하지 않고, '물놀이[물로리]'는 음운 'ㄴ'이 유음 'ㄹ' 뒤에서 유음 'ㄹ'로 바뀌어 ㉡의 예에 해당하므로 적절하지 않다.

404) ②

선택 비율	① 10%	② 64%	③ 7%	④ 12%	⑤ 4%

해 : '살피-+-어'가 [살펴]로 발음되는 경우, 'ㅕ'는 반모음 'ㅣ'와 단모음 'ㅓ'가 결합된 것이므로, 어간의 단모음 'ㅣ'가 반모음 'ㅣ'로 교체되었음을 알 수 있다.

[오답풀이] ① '[뛰여]'는 반모음 'ㅣ'가 어미의 단모음 'ㅓ'에 첨가되는 현상에 해당한다. ③ '[치러]'는 어간의 모음 'ㅡ'가 탈락되는 현상에 해당한다. ④ '[끼여]'는 반모음 'ㅣ'가 어미의 단모음 'ㅓ'에 첨가되는 현상에 해당한다. ⑤ '[자서]'는 어간의 단모음 'ㅏ'가 탈락되는 현상에 해당한다.

405) ⑤

선택 비율	① 8%	② 28%	③ 3%	④ 2%	⑤ 56%

해 : '팥빵[팓빵]'은 받침 'ㅌ'이 'ㄷ'으로 바뀌는 평파열음화(교체)가 일어나고, '많던[만턴]'은 'ㅎ'과 뒤의 'ㄷ'이 'ㅌ'으로 합쳐지는 거센소리되기(축약)가 일어난다. '애틋한[애트탄]'은 받침 'ㅅ'이 'ㄷ'으로 바뀌는 평파열음화(교체)가 일어나고, 앞의 'ㄷ'과 뒤의 'ㅎ'이 'ㅌ'으로 합쳐지는 거센소리되기(축약)가 일어난다.

[오답풀이] ① '낯설고[낟썰고]'는 받침 'ㅊ'이 'ㄷ'으로 바뀌는

평파열음화(교체)가 일어나고, 'ㄷ' 뒤의 'ㅅ'이 'ㅆ'으로 바뀌는 된소리되기(교체)가 일어난다. ② '놓더라[노터라]'는 'ㅎ'과 뒤의 'ㄷ'이 'ㅌ'으로 합쳐지는 거센소리되기(축약)가 일어난다. ③ '맞는지[만는지]'는 받침 'ㅈ'이 'ㄷ'으로 바뀌는 평파열음화(교체)가 일어나고, 'ㄷ'이 'ㄴ'의 영향을 받아 'ㄴ'으로 바뀌는 비음화(교체)가 일어난다. ④ '먹히는[머키는]'은 'ㄱ'과 뒤의 'ㅎ'이 'ㅋ'으로 합쳐지는 거센소리되기(축약)가 일어난다.

406) ⑤

선택 비율	① 7%	② 4%	③ 25%	④ 3%	⑤ 59%

해 : ㉠의 '꽃잎[꼰닙]'은 교체와 첨가가 일어났으며 음운의 개수로 늘었다. ㉡의 '맑지[막찌]'는 탈락과 교체가 일어났으며 음운의 개수는 줄었다. ㉢의 '막힘없다[마키멉따]'는 축약과 탈락과 교체가 일어났으며 음운의 개수는 줄었다. 따라서 '㉡과 ㉢은 음운의 개수가 줄었습니다.'라는 진술은 적절하다.

407) ①

선택 비율	① 83%	② 2%	③ 9%	④ 1%	⑤ 2%

해 : '좋고[조:코]'는 'ㅎ'이 인접한 'ㄱ'과 합쳐져 'ㅋ'으로 축약되므로 ㉮의 예로 적절하며, '닿아[다아]'는 음절 끝소리의 'ㅎ'이 모음으로 시작하는 형식형태소 '-아' 앞에서 탈락하므로 ㉯의 예로 적절하다.

[오답풀이] ② '쌓네[싼네]'는 음절 끝소리의 'ㅎ'이 'ㄷ'으로 교체되고, 인접한 비음의 영향으로 'ㄷ'이 'ㄴ'으로 교체되므로 ㉯의 예로 적절하지 않다. ③ '넣는[넌:는]'은 음절 끝소리의 'ㅎ'이 'ㄷ'으로 교체되고 인접한 비음의 영향으로 'ㄷ'이 'ㄴ'으로 교체되므로 ㉮의 예로 적절하지 않다. ⑤ '좁힌[조핀]'은 'ㅎ'이 인접한 'ㅂ'과 합쳐져 'ㅍ'으로 축약되므로 ㉮의 예로 적절하지만, '닳지[달치]'는 'ㅎ'이 인접한 'ㅈ'과 합쳐져 'ㅊ'으로 축약되므로 ㉯의 예로 적절하지 않다.

408) ⑤

선택 비율	① 3%	② 7%	③ 7%	④ 7%	⑤ 74%

해 : '않대[안타]'는 'ㅎ(ㄶ)' 뒤에 'ㄷ'이 결합되어 [ㅌ]으로 발음되는 경우로, 이는 ㉢이 아니라 ㉠에 따른 것이다.

[오답풀이] ① '끓고[끌코]'는 'ㅎ(ㅀ)' 뒤에 'ㄱ'이 결합되어 'ㅋ'으로 발음되는 경우로, 이는 ㉠에 해당한다. ② '쌓지[싸치]'는 'ㅎ' 뒤에 'ㅈ'이 결합되어 [ㅊ]으로 발음되는 경우로, 이는 ㉠에 해당한다. ③ '닿네[단네]'는 'ㅎ' 뒤에 'ㄴ'이 결합되어 'ㅎ'이 [ㄴ]으로 발음되는 경우로, 이는 ㉡에 해당한다. ④ '놓여[노여]'는 'ㅎ' 뒤에 모음으로 시작된 어미가 결합되어 'ㅎ'을 발음하지 않는 경우로, 이는 ㉢에 해당한다.

409) ①

선택 비율	① 65%	② 8%	③ 4%	④ 17%	⑤ 4%

해 : '값만'은 'ㅅ'이 탈락하는 자음군 단순화와 'ㅂ'이 'ㅁ'의 영향을 받아 'ㅁ'으로 교체되는 비음화가 적용되어 [감만]으로 발음된다. '흙과'는 'ㄹ'이 탈락하는 자음군

단순화와 두 번째 음절의 초성인 'ㄱ'이 'ㄲ'으로 교체되는 된소리되기가 적용되어 [흑꽈]로 발음된다.

[오답풀이] ② '잃는'은 자음군 단순화와 유음화가 적용되어 [일른]으로 발음되며, '읊고'는 자음군 단순화와 음절의 끝소리 규칙, 된소리되기가 적용되어 [읍꼬]로 발음된다. ③ '덮지'는 음절의 끝소리 규칙과 된소리되기가 적용되어 [덥찌]로 발음되며, '밝혀'는 거센소리되기에 의해 [발켜]로 발음된다. ④ '밟는'은 자음군 단순화와 비음화에 의해 [밤:는]으로 발음되며, '닭다'는 음절의 끝소리 규칙과 된소리되기에 의해 [닥따]로 발음된다. ⑤ '젊어'는 'ㅁ'이 뒤 음절로 연음되어 [절머]로 발음되며, '짧지'는 자음군 단순화와 된소리되기에 의해 [짤찌]로 발음된다.

410) ③

선택 비율	① 5%	② 6%	③ 73%	④ 10%	⑤ 4%

해 : <보기>의 학습 자료 ㄱ~ㄷ에 나타난 음운의 변동을 분석하면 '목화솜[모콰솜]'은 'ㄱ'와 'ㅎ'이 합쳐져 'ㅋ'이 되는 음운의 축약이 1회 나타나고, '흙덩이[흑떵이]'는 'ㄺ'의 'ㄹ'이 탈락하는 음운의 탈락 1회와 'ㄷ'이 'ㄸ'으로 교체되는 음운의 교체 1회가 나타나며 '새벽이슬[새병니슬]'은 'ㄴ'이 새로 첨가되는 음운의 첨가 1회, 'ㄱ'이 'ㅇ'으로 교체되는 음운의 교체 1회가 나타난다. 따라서 '두 개의 음운이 하나의 음운으로 합쳐지는 현상이 일어났는가?'라는 질문에 대한 답변으로 ㄱ에만 '예'라고 표시하였으므로 적절하다.

411) ②

선택 비율	① 6%	② 38%	③ 5%	④ 35%	⑤ 12%

해 : '뚫는'은 뚫는 → [뚤는] → [뚤른]에서 'ㅎ'이 탈락하고 'ㄴ'이 'ㄹ'로 교체된다. 이때 'ㅎ'의 탈락으로 인해 음운은 1개가 줄어든다.

[오답풀이] ① '국밥[국빱]'에서 'ㅂ'은 'ㅃ'으로 교체된다. 이때 음운 개수에는 변화가 없다. ③ '막내[망내]'에서 'ㄱ'은 'ㅇ'으로 교체된다. 이때 음운 개수에는 변화가 없다. ④ '물약 → [물냑] → [물략]'에서 'ㄴ'이 첨가되고 이 'ㄴ'이 'ㄹ'로 교체된다. 이때 'ㄴ'이 첨가되므로 음운은 1개 늘어난다. ⑤ '밟힌[발핀]'에서 'ㅂ'과 'ㅎ'이 결합하여 'ㅍ'으로 축약된다. 이때 두 음운이 결합하여 하나의 음운이 되었으므로 음운은 1개 줄어든다.

412) ④

선택 비율	① 2%	② 9%	③ 4%	④ 81%	⑤ 5%

해 : '읽고'의 발음은 [일꼬]인데, 첫째 음절의 종성에서 자음군 단순화가, 둘째 음절의 초성에서 된소리되기가 일어났다. 자음군 단순화가 먼저 일어난다고 가정할 경우, 첫째 음절의 종성은 [ㄹ]로 발음되는데, 일고[일고]의 발음을 참고할 때 종성 [ㄹ] 뒤에서는 된소리되기가 일어나지 않았다. 따라서 종성 [ㄹ] 뒤에 'ㄱ'이 연결된다는 것은 된소리되기가 반드시 일어나는 조건이 아니므로 @에는 '조건이 아니다'가 들어간다. 그런데 된소리되기가 먼저 일어난다고 가정할 경우, 첫째 음절 종성의 두 자음 중 뒤의 자음 'ㄱ'이 뒤의 자

음 'ㄱ'을 만나면 된소리되기가 일어나 둘째 음절의 초성이 [ㄲ]로 발음되므로 ⓑ에는 [ㄲ]이 들어간다. 그 후 첫째 음절 종성에서 자음군 단순화가 일어난다면 첫째 음절 종성이 [ㄹ]로 발음되어 읽고 [일꼬]의 발음을 설명할 수 있으므로 ⓒ에는 '있다'가 들어간다.

413) ④

선택 비율	① 20%	② 5%	③ 14%	④ 53%	⑤ 8%

해 : '맏형[마텽], 짧다[짤따], 색연필[생년필]'은 음운 변동의 결과로 음운의 개수가 줄어들거나 늘어나지만, '불나방[불라방], 붙이다[부치다]'는 음운의 개수에 변화가 없다.

[오답풀이] ① '짧다[짤따]'는 자음군 단순화(탈락)와 된소리되기 현상(교체)이, '색연필[생년필]'은 'ㄴ' 첨가(첨가)와 비음화 현상(교체)이 일어나므로, 음운 변동이 두 번 일어난 경우에 해당한다. 그에 반해 '맏형[마텽]'은 자음 축약 현상(축약)이, '불나방[불라방]'은 유음화 현상(교체)이, '붙이다[부치다]'는 구개음화 현상(교체)이 일어나므로, 음운 변동이 한 번만 일어난 경우에 해당한다. ② 자료의 단어들은 모두 음운 변동의 결과가 표기에 반영되지 않는다. ③ '붙이다[부치다]'는 구개음화 현상이, '색연필[생년필]'은 'ㄴ'첨가 현상이 일어나는데, 이는 모두 뒤 음절의 모음 'ㅣ' 또는 반모음 'ㅣ'의 영향을 받는다. ⑤ '불나방[불라방]'은 유음화 현상이 일어나는데, 이는 뒤 음절의 'ㄴ'이 'ㄹ'로 바뀌어 인접한 두 음운이 완전히 같아진 것이다.

414) ②

선택 비율	① 6%	② 60%	③ 6%	④ 12%	⑤ 15%

해 : ⓛ의 '끓는'은 자음군 단순화로 인해 [끌는]으로 바뀐 후 유음화되어 [끌른]으로 발음되는데, 이때 뒤의 자음인 'ㄴ'이 앞의 자음인 'ㄹ'에 동화되는 음운 변동이 일어난다.

[오답풀이] ① ㉠에서는 자음군 단순화로 인해 '닭장'의 겹받침 중 'ㄹ'이 탈락하였고, ⓛ에서도 자음군 단순화로 인해 '끓는'의 겹받침 중 'ㅎ'이 탈락하였는데, 이는 모두 음절 끝에 둘 이상의 자음이 오지 못하기 때문에 일어나는 음운 변동이다. ③ ㉠에서 탈락된 음운은 'ㄹ'이고 ⓒ에서 첨가된 음운은 'ㄴ'이므로 서로 다르다. ④ ⓒ에서는 음운 변동의 결과 음운 개수가 7개에서 8개로, 1개가 늘었고, ㉠, ⓛ에서는 음운의 개수가 7개에서 6개로, 1개가 줄었다. ⑤ ⓛ은 유음 'ㄹ'의 영향을 받아 비음 'ㄴ'이 유음으로 바뀌고, ⓒ은 파열음 'ㄷ'이 비음 'ㄴ'의 영향을 받아 비음으로 바뀌어 인접한 자음과 조음 방법이 같아졌다. ㉠에서 'ㄱ'은 파열음이고 'ㅉ'은 파찰음으로 조음 방법이 같지 않다.

415) ④

선택 비율	① 14%	② 6%	③ 12%	④ 57%	⑤ 11%

해 : ⓛ의 부엌문→부억문→[부엉문]에서 일어나는 음절의 끝소리 규칙과 비음화는 모두 교체에 해당하며, ⓒ의 벼훑이[벼훌치]에서 일어나는 구개음화 역시 교체에 해당하므로, ⓛ, ⓒ에서 공통적으로 일어난 음운 변동은 교체가 적절하다.

[오답풀이] ① 음운 변동이 ㉠에서 2번(자음군 단순화, 된소리되기), ⓛ에서 2번(음절의 끝소리 규칙, 비음화), ⓒ에서 1번(구개음화) 일어난 것으로 보아, 음운 변동의 횟수는 같지 않으므로 적절하지 않다. ② ㉠에서 자음군 단순화는 탈락에 해당하므로 음운의 개수가 줄어들었으나, ⓛ에서는 교체만 일어나 음운의 개수가 달라지지 않았으므로 적절하지 않다. ③ ㉠에서는 흙[흑]으로 겹받침 중 'ㄹ'의 탈락이 일어났으나, ⓒ에서는 탈락이 일어나지 않았으므로 적절하지 않다. ⑤ ⓒ에서는 새로운 음운이 첨가되는 음운 변동이 일어나지 않았으므로 적절하지 않다.

416) ②

선택 비율	① 8%	② 54%	③ 15%	④ 11%	⑤ 13%

해 : ⓛ은 음운의 첨가가 일어나지 않았으며, 음운의 탈락과 교체가 일어나 음운의 개수가 하나 줄었다.

[오답풀이] ① ㉠은 음운 변동 중 음운의 교체와 축약이 일어나 음운 변동의 결과 음운의 개수가 하나 줄었다. ③ ⓒ은 음운 변동 중 교체만이 일어나 음운 변동의 결과 음운의 개수에 변화가 없다. ④ ⓔ은 음운 변동 중 음운의 교체와 첨가가 일어나 음운 변동의 결과 음운의 개수가 하나 늘었다. ⑤ ⓜ은 음운 변동 중 음운의 첨가와 교체가 일어나 음운 변동의 결과 음운의 개수가 하나 늘었다.

417) ①

선택 비율	① 26%	② 11%	③ 29%	④ 17%	⑤ 18%

해 : '많은'의 'ㅎ'은 모음으로 시작하는 어미 '-은' 앞에서 탈락하는 현상이 일어나므로 적절하지 않다.

[오답풀이] ② '놓고'의 'ㅎ'은 뒤의 'ㄱ'을 만나 거센소리 'ㅋ'으로 축약되는 현상이 일어나므로 적절하다. ③ '꽂히다'에서는 받침 'ㅈ'이 뒤 음절의 첫소리 'ㅎ'과 만나 거센소리 'ㅊ'으로 축약되는 현상이 일어나므로 적절하다. ④ '앓는'의 'ㅎ'은 자음군 단순화를 통해 탈락하고 뒤의 'ㄴ'이 앞의 'ㄹ'을 만나 유음 'ㄹ'로 교체되는 현상이 일어나므로 적절하다. ⑤ '쌓네'의 'ㅎ'은 음절의 끝소리 규칙에 따라 'ㄷ'이 된 후, 뒤의 'ㄴ'을 만나 비음 'ㄴ'으로 교체되는 현상이 일어나므로 적절하다.

418) ⑤

선택 비율	① 1%	② 5%	③ 10%	④ 2%	⑤ 80%

해 : 탐구 단계에 제시된 내용을 살펴보면, 'ㄴ'이 'ㄷ' 앞에서 된소리로 발음되기 위해서는 'ㄴ'이 어간 받침에 해당해야 한다는 것을 알 수 있다. '신다'에서 'ㄴ'은 어간 '신-'의 받침에 해당하므로 그 뒤에 오는 어미의 첫소리 'ㄷ'이 된소리로 발음된다. 그러나 '난다'에서 'ㄴ'은 어간 '날-'의 받침에 해당하지 않고 현재 시제를 나타내는 선어말 어미에 해당하므로, 그 뒤에 오는 어미의 첫소리 'ㄷ'이 된소리로 발음되지 않는 것이다.

419) ③

선택 비율	① 15%	② 5%	③ 66%	④ 9%	⑤ 2%

해 : ⓒ '막일'은 앞말의 끝이 자음이고, 뒷말이 '이'로 시작하는 경우에 해당하므로 'ㄴ' 소리가 첨가되는데, [막닐]이 아닌 [망닐]로 발음한다. 그 이유는 앞말의 받침인 'ㄱ'이 뒷말의 첫소리에 첨가된 'ㄴ'의 영향을 받아 'ㅇ'으로 비음화 되었기 때문이다. 따라서 'ㅁ'의 영향으로 'ㄱ'이 비음화 되었다는 진술은 적절하지 않다.

[오답풀이] ① ⓐ는 앞말인 '코'가 모음으로 끝나고 뒷말인 '날'이 'ㄴ'으로 시작되므로 앞말의 끝소리에 'ㄴ'이 첨가된 경우이므로 적절한 진술이다. ② ⓑ는 앞말인 '색'이 자음 'ㄱ'으로 끝나고 뒷말이 '여'로 시작되므로 뒷말의 첫소리에 'ㄴ' 소리가 첨가된 경우이므로 적절한 진술이다. ④ ⓓ는 앞말 '물'의 끝이 자음이고 뒷말이 '야'로 시작하는 경우에 해당하므로 'ㄴ' 소리가 첨가되는데, [물냑]이 아닌 [물략]으로 발음한다. 그 이유는 뒷말의 첫소리에 첨가된 'ㄴ'이 앞말의 받침인 'ㄹ'의 영향을 받아 'ㄹ'로 유음화되었기 때문이다. 따라서 적절한 진술이다. ⑤ ⓔ는 앞말이 모음으로 끝나고 뒷말이 'ㅁ'으로 시작되므로 앞말의 끝소리에 'ㄴ'이 첨가된 경우인데, 사이시옷을 추가하여 '잇몸'이라고 표기한 것이므로 적절한 진술이다.

420) ④

선택 비율	① 3%	② 5%	③ 4%	④ 78%	⑤ 8%

해 : 이 문항은 제시된 사례들의 정확한 발음을 파악하여 음절의 끝소리 규칙을 단계적으로 탐구할 수 있는지 여부를 묻고 있다. 제시된 8개의 사례는 각각 '부엌[부억], 간[간], 옷[옫], 빚[빋], 달[달], 섬[섬], 앞[압], 창[창]'으로 발음된다. 정답은 ④로, '밖'이 [박]으로, '밑'이 [믿]으로 발음되는 현상 역시 음절의 끝소리 규칙에 해당한다. '부엌[부억]'을 통해 'ㄱ'이 음절 끝의 자음으로 발음될 수 있다는 점과 '옷[옫]', 빚[빋]'을 통해 'ㄷ'이 음절 끝의 자음으로 발음될 수 있다는 점을 고려할 때, '밖[박]', '밑[믿]'은 음절의 끝소리 규칙의 사례로 적합하다.

[오답풀이] ① 제시된 사례 중에서 '부엌'은 [부억]으로 발음되어 음절 끝의 자음이 'ㅋ'에서 'ㄱ'으로 바뀌기 때문에 ㉠의 진술은 타당하지 않다. ② '부엌[부억]', '앞[압]'은 거센소리(ㅋ, ㅍ)일 때 음절 끝 자음이 바뀐 경우이고 '달', '섬', '창'은 울림소리(ㄹ, ㅁ, ㅇ)일 때 음절 끝 자음이 바뀌지 않은 경우이지만, '옷[옫]', '빚[빋]'을 보면 예사소리(ㅅ, ㅈ)일 때에도 음절 끝 자음이 바뀌기도 한다. 따라서 ㉡은 타당한 진술이 아니다. ③ '옷[옫]', '빚[빋]'을 통해 'ㄷ'으로도 바뀐 경우를 확인할 수 있기 때문에 ㉢은 타당한 진술이 아니다. ⑤ 위의 사례들을 종합하여 볼 때, 음절 끝에서 발음될 수 있는 자음은 'ㄱ(부엌), ㄴ(간), ㄷ(옷, 빚), ㄹ(달), ㅁ(섬), ㅂ(앞), ㅇ(창)'이다. 따라서 이를 'ㄱ, ㄴ, ㄹ, ㅁ, ㅂ, ㅅ, ㅇ'라고 진술한 ㉤은 타당하지 않다.

421) ④

선택 비율	① 6%	② 1%	③ 4%	④ 84%	⑤ 1%

해 : 이 문항은 한글맞춤법 제30항의 사이시옷 표기에 대한 조항을 단계별로 도식화하여 제시한 후, 개별 사례에 적용하여 탐구할 수 있는지 여부를 묻는 문항으로, 정답은 ④이다. '장마비'는 '장마+비'의 합성어 구조로 1단계와 2단계를 만족한다. 그러나 그 발음은 [장마삐] 혹은 [장맏삐]이므로, 3-2단계가 아닌 3-1단계를 만족한다. 즉, 사이시옷을 표기하여 '장맛비'로 적는 것은 맞지만, 단계에 대한 설명이 잘못되었다.

[오답풀이] ① '개살구'의 '개-'는 '야생 상태의' 또는 '질이 떨어지는', '흡사하지만 다른'의 뜻을 더하는 접두사이기 때문에 '개살구'는 합성어가 아닌 파생어이다. 따라서 1단계를 만족하지 못해 사이시옷을 표기하지 않은 '개살구'로 적어야 한다. ② '총무과'는 '총무(總務)+과(課)', 즉 '한자어+한자어'의 구조이므로 2단계를 만족하지 못해 사이시옷을 표기하지 않은 '총무과'로 적어야 한다. ③ '만둣국'은 '만두(饅頭)+국'의 구조로 1단계와 2단계를 모두 만족하며, 그 발음이 [만두꾹] 혹은 [만둗꾹]이므로, 3-1단계를 만족한다. 따라서 사이시옷을 표기하여 '만둣국'으로 적어야 한다. ⑤ '허드렛일'은 '허드레+일'의 구조로 1단계와 2단계를 모두 만족하며, 그 발음이 [허드렌닐]이므로, 3-3단계를 만족한다. 따라서 사이시옷을 표기하여 '허드렛일'로 적어야 한다.

422) ①

선택 비율	① 68%	② 8%	③ 9%	④ 5%	⑤ 8%

해 : 제13항에서는 홑받침이나 쌍받침이 모음으로 시작된 조사나 어미, 접미사 등과 같은 형식 형태소와 결합되는 경우에는, 제 음가대로 뒤 음절 첫소리로 옮겨 발음하도록 규정하고 있다. '앞앞이'의 '-이'는 부사를 만드는 접미사, 즉 형식 형태소이기 때문에 '앞이'는 [아피]로 발음해야 한다. 또한, 제15항에서는 받침 뒤에 모음 'ㅏ, ㅓ, ㅗ, ㅜ, ㅚ'들로 시작하는 실질 형태소가 연결되는 경우에는 받침을 대표음으로 바꾸어서 뒤 음절 첫소리로 옮겨 발음하도록 규정하고 있다. 따라서 '앞앞'은 [아밥]으로 발음해야 한다. 즉, '앞앞이'는 [아바피]로 발음해야 한다. 정답은 ①로, '무릎 이야'에서 '이야'는 조사, 즉 형식 형태소이기 때문에 제13항(㉠)에 따라 [무르피야]로 발음하며, '무릎 아래'의 '아래'는 실질 형태소이기 때문에 제15항(㉡)에 따라 [무르바래]로 발음한다.

[오답풀이] ② '서녘이나'와 '서녘에서'의 '이나'와 '에서' 모두 조사, 즉 형식 형태소이기 때문에 제13항(㉠)에 따라 [서녀키나]와 [서녀케서]로 발음한다. ③ '겉으로'의 '으로'는 조사, 즉 형식 형태소이기 때문에 제13항(㉠)에 따라 [거트로]로 발음한다. '겉아가미'의 '아가미'는 실질 형태소이기 때문에 제15항(㉡)에 따라 [거다가미]로 발음한다. ④ '배꽃이'의 '이'는 조사, 즉 형식 형태소이기 때문에 제13항(㉠)에 따라 [배꼬치]로 발음한다. '배꽃 위'의 '위'는 실질 형태소이기 때문에 제15항(㉡)에 따라 [배꼬뒤]로 발음한다. ⑤ '빛에'와 '빛이며'의 '에'와 '이며' 모두 조사,

즉 형식 형태소이기 때문에 제13항(㉠)에 따라 [비제]와 [비지며]로 발음한다.

423) ③

선택 비율	① 7%	② 4%	③ 66%	④ 8%	⑤ 13%

해 : 이 문항은 세 가지 음운 변동 현상을 제시한 뒤, 각각에 대해 분석하고 다른 사례에 적용할 것을 요구하고 있다. 제시된 음운 변동 현상은 각각 ㉠음절의 끝소리 규칙, ㉡된소리되기(경음화), ㉢거센소리되기(유기음화)이다. 정답은 ③으로, '따뜻하다'는 '따뜻 → [따뜯]'의 과정에서 ㉠음절의 끝소리 규칙이 일어나며, '따뜯하다 → [따뜨타다]'의 과정에서 ㉢거센소리되기(유기음화)가 일어난다.

[오답풀이] ① ㉠은 음절 종성의 자음이 'ㄱ, ㄴ, ㄷ, ㄹ, ㅁ, ㅂ, ㅇ' 중 하나로 바뀌는 변동이지만, ㉡은 음절 초성의 자음 중 예사소리가 된소리로 바뀌는 변동이다. ② ㉠에서 '앞 → [압]'의 사례에서는 거센소리가 예사소리로 바뀌었지만 다른 사례들에서는 그러한 양상이 나타나지 않는다. 또한 ㉢은 거센소리로 변동되는 현상이지, 거센소리가 된소리로 바뀌는 변동이 아니다. ④ ㉡은 음운의 개수에는 변화가 없지만, 동화 현상이 아닌 된소리되기 현상이고, ㉢은 두 음운이 하나로 합쳐지는 축약 현상이기 때문에 동화 현상이 아니다. 따라서 ㉡과 ㉢의 변동은 둘 다 뒤의 자음이 앞의 자음에 동화된 것이 아니다. ⑤ ㉢이 음운의 축약에 속하는 것은 맞지만, ㉡은 음운의 첨가에 속하지 않는다. 음운의 첨가는 원래 없던 소리가 추가되는 현상을 가리키는데 ㉡은 음운의 수에는 변함이 없이 교체만 이루어진다.

424) ⑤

선택 비율	① 1%	② 1%	③ 1%	④ 0%	⑤ 97%

해 : <보기>는 'ㅎ 탈락' 현상을 설명하고 있다. '좋아요'를 [조아요]라고 발음하는 것은 음절의 끝소리 'ㅎ'이 모음으로 시작하는 어미와 결합하여 탈락한 것으로 이에 해당한다.

[오답풀이] ① '하얗다'를 [하야타]로 읽는 것은 'ㅎ'과 'ㄷ'의 축약에 의한 것이다. ② '좁히다'를 [조피다]로 발음하는 것은 'ㅎ'과 'ㅂ'의 축약에 의한 것이다. ③ '놓는다'를 [논는다]로 발음하는 것은 음절의 끝소리 규칙과 비음화에 의한 것이다. ④ '그렇죠'를 [그러쵸]로 발음하는 것은 'ㅎ'과 'ㅈ'의 축약에 의한 것이다.

425) ②

선택 비율	① 7%	② 82%	③ 3%	④ 6%	⑤ 2%

해 : '금융'은 '합성어 및 파생어에서, 앞 단어나 접두사의 끝이 자음이고 뒤 단어나 접미사의 첫음절이 '이, 야, 여, 요, 유'인 경우에는, 'ㄴ' 음을 첨가하여 [니, 냐, 녀, 뇨, 뉴]로 발음한다'는 표준 발음법 제 29항의 원칙에 따라 [금늉]으로 발음한다. 다만, '금융'의 경우는 표기대로 발음되는 것이 허용되므로 [그뮹]으로도 발음할 수 있다.

[오답풀이] ① '항로'는 표준 발음법 제19항의 적용을 받아 [항노]로 발음된다. ③, ④ '광한루'와 '칼날'은 표준 발음법 제20항의 적용을 받아 [광할루], [칼랄]과 같이 발음된다. ⑤ '밥물'은 표준 발음법 제18항의 적용을 받아 [밤물]과 같이 발음된다.

426) ⑤

선택 비율	① 14%	② 17%	③ 3%	④ 6%	⑤ 59%

해 : ㄱ은 음절의 끝소리 규칙에 의한 교체, ㄴ은 'ㅣ'나 'ㅣ'모음 계열 앞에서의 'ㄴ'첨가, ㄷ은 된소리되기에 의한 교체, ㄹ은 자음 축약과 모음 축약의 예이다. ⑤의 '집에 가'에서 '가'는 '가아'에서 'ㅏ'가 탈락하는 음운 변동이 일어난다.

427) ③

선택 비율	① 2%	② 1%	③ 94%	④ 0%	⑤ 3%

해 : '다만 4'에 의하면, '의무'에서 '의'는 단어의 첫 음절이므로 [의]로 발음해야 한다. '무예'와 '예절'은 '다만 2'에 해당하지 않으므로 표준발음법에 따라 이중 모음으로 발음해야 한다. '다만 4'에 의해 '예의'는 [예이], '의의'는 [의이], '절의'는 [절이]→[저리]로도 발음함이 허용된다.

428) ①

선택 비율	① 82%	② 11%	③ 2%	④ 3%	⑤ 2%

해 : '식물[싱물]', '입는[임는]', '뜯는[뜬는]'은 각각 'ㄱ, ㅂ, ㄷ'이 'ㅁ, ㄴ, ㄴ' 앞에서 'ㅇ, ㅁ, ㄴ'으로 바뀐다. 이를 제시된 자음 분류표에서 살펴보면, 파열음이 비음 앞에서 비음으로 변동했음을 확인할 수 있다. 따라서 세 사례 모두 두 자음이 만나서 발음될 때 앞 자음의 조음 방식이 파열음에서 비음으로 변한 것이라는 결론을 도출할 수 있다.

429) ⑤

선택 비율	① 4%	② 3%	③ 6%	④ 3%	⑤ 83%

해 : '나의 삶만'에서 '삶만'은 명사 '삶'에 자음으로 시작된 조사 '만'이 결합한 경우로, 표준 발음이 [삼만]인 것은 자음 앞에서 겹받침 'ㄻ'을 [ㅁ]으로 발음해야 한다는 ㉠에 따른 결과이다.

[오답풀이] ① '삶과 자연'의 '삶과'는 명사 '삶'에 자음으로 시작된 조사 '과'가 붙은 경우로, 표준 발음이 [삼과]인 것은 자음 앞에서 겹받침 'ㄻ'을 [ㅁ]으로 발음한다는 ㉠에 따른 결과이다. ② '국수를 삶고'의 '삶고'는 '삶다'의 어간 '삶-'에 자음으로 시작된 어미 '-고'가 결합되는 경우로, 표준 발음이 [삼꼬]인 것은 자음 앞에서 겹받침 'ㄻ'을 [ㅁ]으로 발음한다는 ㉠과, 겹받침 'ㄻ' 뒤에 결합되는 어미의 첫소리 'ㄱ'을 된소리로 발음한다는 ㉢에 따른 결과이다. ③ '바람직한 삶'에서 '삶'의 표준 발음이 [삼]인 것은 어말에서 겹받침 'ㄻ'을 [ㅁ]으로 발음한다는 ㉠에 따른 결과이다. ④ '삶에 대한 의지'의 '삶에'는 명사 '삶'에 모음으로 시작된 조사 '에'가 붙은 경우로, 표준 발음이 [살메]인 것은 겹받침 'ㄻ'이 모음으로 시작된 조사와 결합되면 뒤의 'ㅁ'만을 뒤 음절 첫소리로 옮겨 발음한다는 ㉡에 따른 결과이다.

430) ②

선택 비율	① 10%	② 77%	③ 2%	④ 6%	⑤ 2%

해 : '집안일'이 [지바닐]이 아니라 [지반닐]로 소리 나는 것은 사잇소리 현상으로 설명할 수 있다. 합성 명사의 뒷말이 모음 'ㅣ'로 시작될 때 'ㄴ'이 하나 또는 둘이 겹쳐 나타나는 'ㄴ첨가'에 해당한다.

431) ⑤

선택 비율	① 1%	② 1%	③ 1%	④ 0%	⑤ 94%

해 : '여덟이다'는 [여덜비다]로 발음하는 것이 표준 발음에 해당한다.

432) ③

선택 비율	① 27%	② 4%	③ 64%	④ 0%	⑤ 2%

해 : 이 문항은 모음의 변동을 세 가지 유형으로 나누어 설명한 뒤, 각각의 유형에 해당하는 사례를 파악할 수 있는지를 묻고 있다. 이 문항을 정확하게 풀이하기 위해서는 모음의 변동 유형 자체에 대한 이해와 함께, 단모음, 이중 모음, 반모음에 대한 개념적 이해가 선행되어야 한다. 주어진 조건에 따라 단모음으로 끝나는 어간과 단모음으로 시작하는 어미의 결합을 중심으로 모음의 변동 양상을 살펴보면, ⓒ의 '살피 + 어 → [살펴]'에서는 'ㅣ + ㅓ → ㅕ'의 변동이 일어나 단모음 'ㅣ'와 단모음 'ㅓ'가 합쳐져 이중 모음 'ㅕ'로 변동되는 양상을 확인할 수 있다. 또한, ⓒ의 '배우 + 어 → [배워]'에서 역시 'ㅜ + ㅓ → ㅝ'의 변동이 일어나는데, 단모음 'ㅜ'와 단모음 'ㅓ'가 합쳐져 이중 모음 'ㅝ'로 변동됨을 확인할 수 있다. 따라서 두 개의 단모음이 합쳐져 이중 모음으로 변동되는 유형인 ⓐ에 해당하는 것은 ⓒ과 ⓒ이다.

[오답풀이] ⓐ의 '기 + 어 → [기여]'에서 모음의 변동 양상을 표현해 보면, 'ㅣ + ㅓ → ㅣ + ㅕ'로 나타난다. 즉, 어간의 단모음 'ㅣ'는 변동되지 않지만, 어미의 단모음 'ㅓ'는 이중 모음 'ㅕ'로 변동된다. 그런데 이때의 'ㅕ'는 반모음 'ㅣ[j]'와 단모음 'ㅓ'가 결합하여 이루어진 이중 모음이기 때문에, ⓐ의 모음 변동 양상은 'ㅣ + ㅓ → ㅣ + ㅣ[j] + ㅓ'로 표현할 수 있다. 즉, ⓐ은 두 개의 단모음 사이에 반모음 'ㅣ[j]'가 첨가된 유형에 해당한다. ⓔ의 '나서 + 어 → [나서]'에서 모음의 변동 양상을 살펴보면 'ㅓ + ㅓ → ㅓ'로 나타나므로, ⓔ은 두 개의 단모음 중 하나가 없어지는 유형에 해당한다.

433) ⑤

선택 비율	① 6%	② 1%	③ 47%	④ 10%	⑤ 33%

해 : 이 문항에서는 표준 발음법 제8항에 대한 이해를 바탕으로, 받침 발음의 원칙을 지키기 위한 탈락과 교체의 음운 변동 양상을 파악할 것을 요구하고 있다. 즉, 음운 변동의 양상 자체를 탈락과 교체로 구분하는 것이 아니라, '받침 발음의 원칙'을 지키기 위한 탈락과 교체를 파악하는 것이 핵심이다. '밟는'이 [밤:는]으로 발음되는 과정을 보면, 우선 겹받침 'ㄼ' 중 'ㄹ'이 탈락되어 ⓐ이 적용된 것을 확인할 수 있다. 또한, [밥:는*]이 아니라 [밤:는]으로 발음됨을 통해 'ㅂ'이 'ㅁ'으로 교체되는 것도 확인할 수 있다. 그렇지만 이때의

교체는 '받침 발음의 원칙'을 지키기 위한 자음의 교체가 아니다. 'ㅂ'은 받침소리로 발음되는 'ㄱ, ㄴ, ㄷ, ㄹ, ㅁ, ㅂ, ㅇ'에 포함되어 있다는 점, '밟고, 밟지'는 [밥:꼬], [밥:찌]로 발음되어 'ㅂ'이 교체되지 않는다는 점을 고려해야 하기 때문이다. '밟는'이 [밤:는]으로 발음되는 과정에서 'ㅂ'이 'ㅁ'으로 교체되는 것은 뒤이어 소리 나는 'ㄴ'의 영향에 따른 비음화의 결과이며, 이는 '받침 발음의 원칙'을 지키기 위한 교체 현상이 아니기 때문에 ⑤에는 ⓒ이 적용되지 않는다.

[오답풀이] ① '읽다'가 [익따]로 발음되어 겹받침 'ㄺ' 중 'ㄹ'이 탈락하는 현상(ⓐ)을 확인할 수 있다. ② '옮는'이 [옴:는]으로 발음되어 겹받침 'ㄻ' 중 'ㄹ'이 탈락하는 현상(ⓐ)을 확인할 수 있다. ③ '닭지'가 [닥찌]로 발음되어 'ㄲ'이 'ㄱ'으로 발음되는데, 이를 'ㄲ'에서 'ㄱ'이 탈락되어 'ㄱ'으로만 발음되는 것으로 해석하여 ⓐ의 적용을 받은 것으로 파악하면 안 된다. 'ㄲ'은 겹받침이 아니라 하나의 자음이며, 따라서 자음 'ㄲ'이 받침소리로 발음되는 7개 자음 중 하나인 자음 'ㄱ'으로 교체되어 발음된다는 ⓒ의 적용을 받은 것으로 보아야 한다. ④ '읊기'가 [읍끼]로 발음되는 과정을 보면, 우선 겹받침 'ㄿ' 중 'ㄹ'이 탈락되어 ⓐ의 적용을 받는다. 이때 '읊'의 'ㅍ'은 'ㄱ, ㄴ, ㄷ, ㄹ, ㅁ, ㅂ, ㅇ'에 속하지 않으므로 'ㅂ'으로 교체되어 발음되는데, 이 과정에서 ⓒ의 적용을 받는다. 이때 'ㅍ'이 'ㅂ'으로 교체되는 것은 '받침 발음의 원칙'을 지키기 위한 현상으로 ⑤에서 'ㅂ'이 'ㅁ'으로 교체되는 현상과는 차이가 있다.

434) ②

선택 비율	① 2%	② 88%	③ 4%	④ 2%	⑤ 2%

해 : 음운 변동의 유형 중 '교체'는 한 음운이 다른 음운으로 바뀌는 현상으로서 음절의 끝소리 규칙, 비음화, 유음화, 구개음화 등이 이에 해당한다. '탈락'은 한 음운이 없어지는 현상으로서 'ㄹ' 탈락, 'ㅎ' 탈락, 'ㅡ' 탈락 등이 이에 해당한다. '첨가'는 없던 음운이 새로 생기는 현상으로서 ㄴ첨가, 반모음 첨가 등이 이에 해당한다. '축약'은 두 음운이 합쳐져 다른 음운으로 바뀌는 현상으로서 거센소리되기 등이 있다. <보기>에 제시된 사례 중 '웃하고[오타고]'는 [옫하고](교체) → [오타고](축약)의 음운 변동을 겪는다. 한편 '홑이불[혼니불]'은 [홑니불](교체, 첨가) → [혼니불](교체)의 음운 변동을 겪는다.

435) ④

선택 비율	① 6%	② 4%	③ 5%	④ 79%	⑤ 3%

해 : '밝기[발끼]'는 'ㄺ'이 모음으로 시작된 조사나 어미, 접미사가 아니라 자음으로 시작된 접미사인 '-기'와 결합하므로, 뒤엣것인 'ㄱ'을 뒤 음절 첫소리로 옮겨 발음할 수 없다. 따라서 ⓔ에 해당하는 예가 아니다.

[오답풀이] ① '밝다[박따]'는 'ㄺ'이 자음인 'ㄷ' 앞에서 'ㄱ'으로 발음되고 있으므로, ⓐ에 해당하는 예이다. ② '밝게[발께]'는 'ㄺ'이 '밝-'이 용언의 어간 말음에 해당하고 'ㄱ' 앞에서 'ㄹ'로 발음되고 있으므로, ⓒ에 해당하는 예이다. ③ '밝혔다[발켣따]'는 'ㄺ'이 뒤 음절 첫소리인 'ㅎ'과 결합하여 'ㄱ'과 'ㅎ'을 합쳐서 [ㅋ]

으로 발음되고 있으므로, ⓒ에 해당하는 예이다. ⑤ '밝는다[방는다]'는 'ㄹㄱ'이 'ㄴ' 앞에서 [ㅇ]으로 발음되고 있으므로, ⓜ에 해당하는 예이다.

436) ④

선택 비율	① 3%	② 2%	③ 2%	④ 91%	⑤ 2%

圖 : '맨입[맨닙]'은 선행 요소가 자음으로 끝나고 후행 요소가 모음 'ㅣ'로 시작할 때 'ㄴ'이 새로 생기는 첨가 현상에 속하며, '설날[설:랄]'은 'ㄴ'이 앞에 오는 'ㄹ'의 영향으로 'ㄹ'로 바뀌는 교체 현상에 속한다. 그리고, '좋은[조은]'은 'ㅎ'이 탈락하는 현상에 속한다. 따라서 ㉠에는 첨가 현상이 나타나는 단어를, ㉡에는 교체와 탈락 현상이 함께 나타나는 단어를 넣어야 한다. '논일'은 'ㄴ'첨가가 발생하므로 ㉠에 적합하고, '닳는[달른]'은 자음군 단순화에 의한 'ㅎ'탈락과 더불어 교체 현상이 일어나므로 ㉡에 적절하다. '늦여름[는녀름]'과 '나뭇잎[나문닙]'은 교체 현상으로 '음절의 끝소리', '비음화'와 함께 'ㄴ'첨가가 나타나고, '닳은[다은]'은 'ㅎ'탈락만 나타나며, '칼날[칼랄]'은 교체만 나타나므로 적절하지 않다.

437) ③

선택 비율	① 0%	② 3%	③ 92%	④ 1%	⑤ 2%

圖 : '꽃망울'은 받침 'ㅊ'이 'ㅁ' 앞에서 [ㄴ]으로 발음되어 [꼰망울]로 발음된다. 따라서 18항이 적용되었다는 진술은 타당하나, 23항에는 해당되지 않으므로 적절하지 않은 진술이다.

[오답풀이] ① '앞마당'은 받침 'ㅍ'이 'ㅁ' 앞에서 [ㅁ]으로 발음되어 [암마당]으로 발음된다. 따라서 18항이 적용되었다는 진술은 적절하다. ② '늦가을'은 받침 'ㅈ' 뒤에 연결되는 'ㄱ'이 [ㄲ]으로 발음되므로 23항이 적용되었다는 진술은 적절하다. ④ '맞먹다'는 받침 'ㅈ'이 'ㅁ' 앞에서 [ㄴ]으로 발음되며, 받침 'ㄱ' 뒤에 연결되는 'ㄷ'이 [ㄸ]으로 발음된다. 따라서 18항과 23항이 모두 적용되었다는 진술은 적절하다. ⑤ '홑낚시'는 받침 'ㅌ'이 'ㄴ' 앞에서 [ㄴ]으로 발음되며, 받침 'ㄲ' 뒤에 연결되는 'ㅅ'이 [ㅆ]으로 발음된다. 따라서 18항과 23항이 모두 적용되었다는 진술은 적절하다.

438) ④

선택 비율	① 9%	② 5%	③ 10%	④ 69%	⑤ 4%

圖 : ⓒ은 동화이다. 왜냐하면 조음 위치로 양순음이고 조음 방법으로 파열음인 'ㅂ'이 조음 위치로 치조음이고 조음 방법으로 비음(콧소리)인 'ㄴ'의 영향을 받아 조음 위치로 양순음이고 조음 방법으로 비음인 'ㅁ'으로 바뀌었기 때문이다. 즉, ⓒ에서 '뽑'이 [뽐]으로 발음되는 것은 'ㅂ'이 조음 위치는 바뀌지 않은 채 뒤에 오는 'ㄴ'의 조음 방법과 같은 조음 방법으로 발음되어 'ㅁ'으로 변한 현상이다.

[오답풀이] ① 'ㄱ'이 'ㄲ'으로 발음되는 것은 'ㄷ'의 영향을 받은 것이 아니다. 왜냐하면 'ㄲ'은 'ㄷ'과 조음 위치나 조음 방법이 모두 다르기 때문이다. 따라서 동화가 아니다. ② 'ㅎ'과 'ㄱ'이 결합하여 'ㅋ'으로 발음되는 것은 두 음운이 한 음운으로 합쳐져 줄어든 음운

의 축약으로서 음운의 교체인 동화 현상이 아니다. ③ '훑네[훌레]'는 우선 'ㅌ'이 탈락하고 앞에 있는 'ㄹ'의 영향을 받아 뒤의 'ㄴ'이 'ㄹ'로 발음된 것이다. 따라서 'ㄴ'이 'ㄹ'로 동화된 것은 'ㅌ'의 영향을 받은 것이 아니다. ⑤ 'ㅂ'이 'ㄷ'의 영향을 받아 'ㄷ'이 되었다는 것은 [넑더라]로 발음된다는 뜻인데, 이는 한국어에 존재하지 않는 발음이다. 음절 말에 두 개의 자음이 발음되는 것은 국어에서 불가능하기 때문이다. 설령 [넑더라]를 억지로 발음한다 해도 '넓더라[널떠라]'와는 다른 발음이므로, 이 답지의 진술은 틀린 것이다.

439) ⑤

선택 비율	① 2%	② 3%	③ 4%	④ 5%	⑤ 84%

圖 : '얹지만'을 [언찌만]으로 발음하는 것은 어간 받침 'ㄵ' 뒤에 결합되는 어미의 첫소리인 'ㅈ'을 된소리 [ㅉ]으로 발음하는 것이므로 ㉠에 해당한다. 한편, '앉을수록'은 어간 '앉-'과 어미 '-을수록'으로 분석되는데, 이것을 [안즐쑤록]으로 발음하는 것은 '-(으)ㄹ'로 시작되는 어미인 '-(으)ㄹ수록'의 '-(으)ㄹ' 뒤에 연결되는 'ㅅ'을 된소리 [ㅆ]으로 발음한 것이므로 ㉢에 해당한다.

[오답풀이] ① '품을 적에'를 [푸믈쩌게]로 발음하는 것은 관형사형 '-(으)ㄹ' 뒤에 연결되는 'ㅈ'을 된소리 [ㅉ]으로 발음하는 것이므로 ㉢에 해당한다. 한편, '삼고'를 [삼꼬]로 발음하는 것은 어간 받침 'ㅁ' 뒤에 결합되는 어미의 첫소리인 'ㄱ'을 된소리 [ㄲ]으로 발음하는 것이므로 ㉠에 해당한다. ② '넓거든'을 [널꺼든]으로 발음하는 것은 어간 받침 'ㄼ' 뒤에 결합되는 어미의 첫소리 'ㄱ'을 된소리 [ㄲ]으로 발음하는 것이므로 ㉡에 해당한다. 한편, '얇을지라도'는 어간 '얇-'과 어미 '-을지라도'로 분석되는데, 이것을 [얄블찌라도]로 발음하는 것은 '-(으)ㄹ'로 시작되는 어미인 '-(으)ㄹ지라도'의 '-(으)ㄹ' 뒤에 연결되는 'ㅅ'을 된소리 [ㅉ]으로 발음하는 것이므로 ㉢에 해당한다. ③ '신겠네요'를 [신:껜네요]로 발음하는 것은 어간 받침 'ㄴ' 뒤에 결합되는 어미의 첫소리인 'ㄱ'을 된소리 [ㄲ]으로 발음하는 것이므로 ㉠에 해당한다. 한편, '밟지도'를 [밥:찌도]로 발음하는 것은 어간 받침 'ㄼ' 뒤에 결합되는 어미의 첫소리 'ㅈ'을 된소리 [ㅉ]으로 발음하는 것이므로 ㉡에 해당한다. ④ '비웃을지언정'은 어간 '비웃-'과 어미 '-을지언정'으로 분석되는데, 이것을 [비우슬찌언정]으로 발음하는 것은 '-(으)ㄹ'로 시작되는 어미인 '-(으)ㄹ지언정'의 '-(으)ㄹ' 뒤에 연결되는 'ㅈ'을 된소리 [ㅉ]으로 발음한 것이므로 ㉢에 해당한다. 한편, '훑던'을 [훌떤]으로 발음하는 것은 어간 받침 'ㄾ' 뒤에 결합되는 어미의 첫소리 'ㄷ'을 된소리 [ㄸ]으로 발음한 것이므로 ㉡에 해당한다.

440) ⑤

선택 비율	① 3%	② 1%	③ 1%	④ 11%	⑤ 84%

圖 : ㄱ은 음절의 끝소리 규칙(교체), ㄴ은 자음군 단순화(탈락), ㄷ은 거센소리되기(축약)의 예이다. ⑤의 '핥다 →[할따]'의 음운 변동 현상에는 탈락은 일어나지만 축약은 일어나지 않는다. ㄴ과 ㄷ이 모두 일어난 예로는 '값하다 →[갑하다] → [가파다]'가 있다.

441) ⑤

선택 비율	① 8%	② 3%	③ 5%	④ 6%	⑤ 79%

해 : '여닫이'의 '여'는 '열다'의 어간 '열'이 '닫다'와 합성되면서 'ㄹ'이 탈락한 경우로 제28항에 해당한다.

[오답풀이] ① '칼날'을 [칼랄]이라고 발음하지만 제27항에 의거하여 '칼날'로 표기한다. ② '소나무'는 제28항에 의거하여 '솔나무'라고 표기하지 않는다.

442) ⑤

선택 비율	① 2%	② 3%	③ 5%	④ 4%	⑤ 87%

해 : '사랑할수록'은 '사랑하다'의 어간 '사랑하'에 'ㄹ'로 시작하는 어미 'ㄹ수록'이 결합한 경우이다. 따라서 제27항 [붙임] 규정을 적용하여 [사랑할쑤록]이라고 발음해야 한다.

[오답풀이] ④ 표준 발음법 제27항에 의하면, '갈 데가'는 관형사형 '(으)ㄹ' 뒤에 'ㄷ'이 연결되므로 [갈떼가]로 발음한다.

443) ②

선택 비율	① 1%	② 94%	③ 0%	④ 2%	⑤ 0%

해 : ㉠~㉣의 사례를 통해 음운 변동의 종류를 제시한 후 같은 변동에 해당하는 또 다른 사례를 연결할 수 있는지를 묻고 있는 문항으로, 정답은 ②이다. ㉡의 '흙까지[흑까지]'에서 '흙'이 [흑]으로 발음되는 것은 자음군 단순화에 따른 것인데, ②의 '값싸다'가 [갑싸다]로, '닭똥'이 [닥똥]으로 발음되는 것 역시 이 현상에 따른 결과이기 때문이다.

[오답풀이] ① ㉠의 '밥하고'가 [바파고]로 발음되는 것은 거센소리되기에 따른 것이다. '먹히다'가 [머키다]로 발음되는 것 역시 이 현상에 따른 것이지만, '목걸이'가 [목꺼리]로 발음되는 것은 된소리되기에 따른 결과이다. ③ ㉢의 '잡고'가 [잡꼬]로 발음되는 것은 된소리되기에 따른 것이다. '굳세다'가 [굳쎄다]로 발음되는 것 역시 이 현상에 따른 것이지만, '솜이불'이 [솜:니불]로 발음되는 것은 /ㄴ/ 첨가에 따른 결과이다. ④ ㉣의 '듣는다'가 [든는다]로 발음되는 것은 비음화에 따른 것이다. '겁내다'가 [검내다]로 발음되는 것 역시 이 현상에 따른 것이지만, '맨입'이 [맨닙]으로 발음되는 것은 /ㄴ/ 첨가에 따른 결과이다. ⑤ ㉤의 '칼날'이 [칼랄]로 발음되는 것은 유음화에 따른 것이다. '설날'이 [설:랄]로 발음되는 것 역시 이 현상에 따른 것이지만, '잡히다'가 [자피다]로 발음되는 것은 거센소리되기에 따른 결과이다.

444) ②

선택 비율	① 17%	② 64%	③ 6%	④ 5%	⑤ 5%

해 : 구개음화와 관련되는 표준 발음법 규정을 개별 사례에 적용하여 이해할 수 있는지를 묻고 있는 문항으로, 정답은 ②이다. 이 문항을 해결하기 위해서는 구개음화에 대한 이해뿐 아니라 구개음화의 형태론적 조건을 설명하는 과정에서 사용되는 조사, 접미사 등의 개념을 파악하고 있어야 한다. ②의 '솥이나'는 명사 '솥'에 접속 조사 '이나'가 결합된 경우로, '솥이나'를 [소치나]로 발음하는 것은 ㉠에 따른 결과이다.

[오답풀이] ① '같이'의 '-이'는 조사가 아니라 어근 '같-'에 결합되는 부사 파생 접미사이다. 따라서 '같이'를 [가치]로 발음하는 것은 ㉠이 아닌 ㉡에 따른 결과이다. ③ '팥이다'의 '이-'는 접미사가 아니라 서술격 조사 '이다'의 어간이다. 따라서 '팥이다'를 [파치다]로 발음하는 것은 ㉡이 아닌 ㉠에 따른 결과이다. ④ '받히다'의 '-히-'는 피동 접미사이기 때문에, '받히다'를 [바치다]로 발음하는 것은 ㉡이 아닌 ㉢에 따른 결과이다. ⑤ '붙이다'는 '붙다'에 사동 접미사 '-이-'가 결합된 사동사이다. ㉢에서는 접미사 '-히-'가 결합되는 경우를 규정하고 있기 때문에 '붙이다'를 [부치다]로 발음하는 것을 ㉢에 따른 결과로 볼 수는 없다. 접미사 '-이-'가 결합되는 경우를 설명하는 규정은 ㉡이다.

445) ①

선택 비율	① 82%	② 5%	③ 5%	④ 3%	⑤ 5%

해 : ㉠의 '깎는'은 음절의 끝소리 규칙에 따라 [깍는]이 되었다가 비음화에 따라 [깡는]이 된다. ㉡의 '흙만'은 자음군 단순화에 따라 [흑만]이 되었다가 비음화에 따라 [흥만]이 된다.

446) ③

선택 비율	① 3%	② 3%	③ 91%	④ 0%	⑤ 0%

해 : <보기 1>의 표준 발음법 '제5항 다만 3'에 따라, '희망'의 '희'는 자음을 첫소리로 가지고 있는 음절이므로 'ㅢ'는 [ㅣ]로 발음한다. 따라서 [히망]이 표준 발음이다.

447) ③

선택 비율	① 6%	② 3%	③ 70%	④ 17%	⑤ 1%

해 : 두 종류의 음운 변동 현상이 일어나는 사례들을 유형별로 제시한 후, 각각에 대해 정확하게 파악할 수 있는지를 묻는 문항이다. ㉢의 '숯도'는 [숯도] → 숟도 → [숟또]로, '옷고름'은 [옷고름] → 옫고름 → [옫꼬름]으로 발음되어 교체에 의한 대표음화와 된소리되기가 일어난다. ㉣의 '닦는'은 [닦는] → [닥는] → [당는]으로, '부엌문'은 [부엌문] → [부억문] → [부엉문]으로 발음되어 교체에 의한 대표음화와 비음화가 일어난다. 따라서 ㉢과 ㉣에 대해 '음절 끝에서 발음되는 자음이 7개로 제한되는 현상', 즉 음절의 끝소리 규칙이 일어난다고 설명한 ③은 적절하다. 또한 ③에서 제시하고 있는 '깊다' 역시 [깊다] → [깁다] → [깁따]로 발음되어 교체에 의한 대표음화가 일어나는 경우로 적절한 예이다.

[오답풀이] ① ㉠의 '옳지[올치]', '좁히다[조피다]'는 각각 'ㅎ+ㅈ → ㅊ', 'ㅂ+ㅎ → ㅍ'의 음운 축약 현상이 일어나지만, ㉡의 '끊어[끄너]', '쌓이다[싸이다]'에서는 'ㅎ'이 탈락한다. ② 앞서 살폈듯이, ㉢에서는 된소리되기가 일어난다. 또한, ㉤의 '읽지[익찌]', '훑거나[훌꺼나]'에서는 자음군 단순화와 된소리되기가 일어난다. 그렇지만, ㉠에서는 된소리되기가 일어나지 않는다. ④ '겉모양'은 [겉모양] → [걷모양] → [건모양]으로 발음되어 ㉣과 마찬가지로 교체에 의한 대표

음화와 비음화가 일어난다. 그러나 비음화는 조음 위치가 같아지는 현상이 아니라 조음 방법이 같아지는 현상이므로 적절하지 않다. ⑤ '앉고'는 [앉고] → [안고] → [안꼬]로 발음되어 받침 자음의 일부가 탈락하는 자음군 단순화와 된소리되기가 일어난다. ⓒ에서 역시 자음군 단순화가 일이니지만 ⓔ에서는 겹받침이 쓰이지 않았기 때문에 자음군 단순화가 일어나지 않는다.

448) ⑤

선택 비율	① 2%	② 2%	③ 3%	④ 8%	⑤ 82%

해 : 음운 환경에 따른 겹받침의 다양한 발음 방식을 제시한 뒤, 그에 따른 각 사례별 발음 방식을 파악할 수 있는지를 묻는 문항이다. '닭하고'의 '닭'은 ⓑ에 따라 [닥]으로 발음하며, 여기에 '하고'가 결합하면 ⓔ에 따라 'ㄱ'과 'ㅎ'을 합쳐서 [ㅋ]로 발음해야 하기 때문이다. 따라서 ⑤는 '닭하고'의 발음에 적용된 내용과 발음이 모두 바르게 제시된 경우이다.

[오답풀이] ① '여덟이'는 '여덟'과 모음으로 시작된 조사 '이'가 결합한 경우이기 때문에 ⓐ에 따라 겹받침의 뒤엣것만을 뒤 음절 첫소리로 옮겨 [여덜비]로 발음해야 한다. ② '몫을'은 '몫'과 모음으로 시작된 조사 '을'이 결합한 경우이기 때문에 ⓐ의 적용을 받는다. 그런데 ⓐ에서 'ㅅ'은 [ㅆ]로 발음해야 한다고 했기 때문에 [목슬]이 아니라 [목쓸]로 발음해야 한다. ③ '흙만'의 '흙'은 ⓑ에 따라 [흑]으로 발음하며, 여기에 '만'이 결합하면 ⓒ에 따라 [흑만]이 아닌 [흥만]으로 발음해야 한다. ④ '값까지'의 '값'은 ⓑ에 따라 [갑]으로 발음한다. 그런데 ⓓ는 [ㄱ] 뒤에 'ㄱ, ㄷ, ㅂ, ㅅ, ㅈ'이 연결되는 경우를 설명하고 있기 때문에 '까지'가 결합한 '값까지'의 발음은 ⓓ의 적용을 받지 않는다.

449) ③

선택 비율	① 8%	② 9%	③ 29%	④ 23%	⑤ 28%

해 : '낫다'는 활용할 때 '낫다[낟따], 나아[나아]'와 같이 음운의 교체와 탈락 현상이 일어난다. 이에 비해 '낳다'는 '낳다[나타], 낳아[나아]'와 같이 음운의 축약과 탈락 현상이 일어난다. 따라서 '낫다'와 '낳다'가 활용할 때 공통적으로 일어나는 음운 변동은 '탈락'이 된다. 그리고 활용의 유형을 보자면, 같은 'ㅅ' 받침을 가진 '웃다'는 '웃고, 웃지, 웃어서, 웃으니'와 같이 어간과 어미가 규칙적인 데 반해, '낫다'는 '낫고, 낫지, 나아서, 나으니'와 같이 어간의 'ㅅ'이 탈락하므로 불규칙 활용을 한다. 따라서 '낫다'는 활용할 때 일어나는 음운 탈락이 표기에 반영되는 단어이다. 한편, '낳다'는 '낳고, 낳지, 낳아서, 낳으니'와 같이 규칙 활용을 하는 단어로, 어간의 형태가 변화하지 않는다. 따라서 '낳다'는 활용할 때 일어나는 음운 탈락이 표기에 반영되지 않는 단어이다. 이러한 사실을 종합하면, (가)에는 '탈락'이, (나)에는 불규칙 활용이면서 표기에 반영됨을 나타내는 기호 ⓒ가, (다)에는 규칙 활용이면서 표기에 반영되지 않음을 나타내는 기호 ⓑ가 들어가게 되어 정답은 ③이 된다.

450) ⑤

선택 비율	① 8%	② 8%	③ 30%	④ 7%	⑤ 44%

해 : 이 문항은 음운 변동에 대한 지식을 바탕으로 <보기>에 제시된 음운 변동의 예를 분석할 것을 요구하고 있다. '굵+고 → [글고] → [글꼬]', '잃+지 → [일치]'의 음운 현상에서 '잃지'의 경우 'ㅎ'과 'ㅈ'이 'ㅊ'으로 축약되는 현상이 일어났지만, '굵고'의 경우 자음이 축약되는 현상이 일어나지 않았다.

[오답풀이] ① '맑+네 → [막네] → [망네]', '값+도 → [갑도] → [갑또]'의 음운 현상에서는 음절 끝에 둘 이상의 자음이 오지 못하기 때문에 둘 중 하나의 자음은 탈락하는 현상(자음군 단순화)이 일어나고 있다. '맑'의 'ㄺ'에서 'ㄹ'이 탈락한 것, '값'의 'ㅄ'에서 'ㅅ'이 탈락한 것이 그것이다. ② '맑+네 → [막네] → [망네]', '꽃+말 → [꼳말] → [꼰말]', '입+니 → [임니]'의 음운 현상에서는 인접하는 자음과 조음 방법이 같아진 음운 변동(비음화)이 일어나고 있다. '막'의 'ㄱ'(파열음)이 'ㄴ'(비음)의 영향을 받아 'ㅇ'(비음)으로 교체된 것, '꼳'의 'ㄷ'(파열음)이 'ㅁ'(비음)의 영향을 받아 'ㄴ'(비음)으로 교체된 것, '입'의 'ㅂ'(파열음)이 'ㄴ'(비음)의 영향을 받아 'ㅁ'(비음)으로 교체된 것이 그것이다. ③ '낯+일 → [낟닐] → [난닐]', '물+약 → [물냑] → [물략]'의 음운 현상에서는 자음이 교체된 음운 변동을 확인할 수 있다. '낯'의 'ㅊ'이 'ㄷ'으로, 그 'ㄷ'이 다시 'ㄴ'으로 교체된 것, '물약'에 'ㄴ'이 첨가된 후 'ㄴ'이 'ㄹ'로 교체된 것이 그것이다. ④ '낯+일 → [낟닐] → [난닐]', '꽃+말 → [꼳말] → [꼰말]', '팥+죽 → [팓죽] → [팓쭉]'의 음운 현상에서는 음절 끝에 올 수 있는 자음이 제한되어 있기 때문에 음운 변동(음절 끝소리의 규칙)이 일어나고 있다. '낯'의 'ㅊ'이 'ㄷ'으로 교체된 것, '꽃'의 'ㅊ'이 'ㄷ'으로 교체된 것, '팥'의 'ㅌ'이 'ㄷ'으로 교체된 것이 그것이다.

451) ③

선택 비율	① 4%	② 3%	③ 88%	④ 1%	⑤ 2%

해 : ⓒ의 '입문하여[임문하여]'에서 '입문'이 [임문]으로 발음되는 것은 비음화에 의한 것인데, '집문서'가 [짐문서]로, '맏누이'가 [만누이]로 발음되는 것 역시 비음화에 의한 것이다.

452) ⑤

선택 비율	① 8%	② 9%	③ 2%	④ 6%	⑤ 73%

해 : (가)에서는 음절의 종성에 마찰음, 파찰음이 오거나 파열음 중 거센소리나 된소리가 올 경우 모두 파열음의 예사소리로 교체된다는 '음절 끝소리 규칙'에 대해 설명하고 있고, (나)에서는 음절의 종성에 자음군이 올 경우 한 사음이 덜락힌다는 '자음군 단순화'에 대해 설명하고 있다. '읊고'의 '읊-'은 음절의 종성에 자음군 'ㄿ'이 온 경우이므로 (나)의 '자음군 단순화'가 적용되어 'ㄹ'이 탈락된 [읖고]가 된다. 그리고 [읖고]에서 첫 음절의 종성은 거센소리 'ㅍ'이 온 경우이므로 (가)의 '음절 끝소리 규칙'이 적용되어 'ㅍ'이 'ㅂ'으로

교체된 [읍고]가 된다. 또한 음절의 종성과는 관련이 없으나 [읍고]는 예사소리가 된소리로 바뀌는 '된소리되기'에 의해 'ㄱ'이 'ㄲ'으로 교체된 [읍꼬]가 된다. 그러므로 '읊고'는 음절의 종성과 관련해서 (가)와 (나)에 해당하는 음운 변동이 모두 나타남을 알 수 있다.

[오답풀이] ① '꽂힌'은 'ㅈ'이 'ㅎ'과 만나 거센소리인 'ㅊ'이 되는 '거센소리되기'(축약)가 일어나 [꼬친]이 된 것으로, (가)와 (나)에 해당하는 음운 변동이 모두 나타나지 않는다. ② '몫이'는 연음으로 인해 [목시]가 된 후, 예사소리가 된소리로 바뀌는 '된소리되기'(교체)에 의해 [목씨]가 된 것으로, (가)와 (나)에 해당하는 음운 변동이 모두 나타나지 않는다. ③ '비옷'은 음절의 종성에 마찰음인 'ㅅ'이 온 경우에 해당한다. (가)에서 설명한 '음절 끝소리 규칙'(교체)에 의해 마찰음 'ㅅ'이 파열음 'ㄷ'으로 교체되어 [비옫]이 된 것으로, (가)에 해당하는 음운 변동은 나타나지만 (나)에 해당하는 음운 변동은 나타나지 않는다. ④ '않고'는 'ㄱ'이 'ㅎ'과 만나 거센소리인 'ㅋ'이 되는 '거센소리되기'(축약)가 일어나 [안코]가 된 것으로, (가)와 (나)에 해당하는 음운 변동이 모두 나타나지 않는다.

453) ④

선택 비율	① 3%	② 2%	③ 7%	④ 83%	⑤ 2%

해 : ⓒ '묻히고'에서 '묻-'은 받침이 'ㄷ'인 형태소이고, '-히-'는 접미사이므로 형식 형태소이다. <보기 1>에 근거할 때, '묻-'의 'ㄷ'이 '-히-'의 'ㅎ'과 결합하여 [ㅌ]이 된 후 구개음화 현상이 일어나 [ㅊ]으로 교체되어 [무치고]로 발음되므로 적절하다.

[오답풀이] ① ㉠은 '붙-'에 형식 형태소인 접미사 '-이-'와 관형사형 어미 '-ㄴ'이 결합된 단어이다. 따라서 '붙-'은 접미사의 모음 'ㅣ'와 만나 구개음화 현상이 일어나므로 적절하지 않다. ② ㉡의 '-이'는 형식 형태소이고, '낱'의 받침 'ㅌ'은 [ㅊ]으로 발음되므로 적절하지 않다. ③ ㉢에서 '이랑'은 모음 'ㅣ'로 시작하는 실질 형태소이므로 적절하지 않다. ⑤ ㉤에서 '이불'은 실질 형태소로, 구개음화 현상이 일어나는 조건에 해당하지 않으므로 적절하지 않다.

454) ①

선택 비율	① 67%	② 6%	③ 13%	④ 9%	⑤ 3%

해 : 교체, 탈락, 첨가, 축약의 음운 변동이 일어날 때 나타나는 음운 개수의 변화 양상을 바르게 이해하고 있는지 묻고 있는 문항이다. 음운의 개수는 교체가 일어나면 변하지 않고, 탈락이나 축약이 일어나면 각각 한 개가 줄어든다. 반면 첨가가 일어나면 한 개가 늘어난다. '흙하고'는 자음군 단순화에 의해 'ㄹ'이 탈락하여 [흑하고]로 바뀐 후 다시 자음 축약에 의해 'ㄱ'과 'ㅎ'이 축약되어 [흐카고]가 된다. 탈락과 축약이 일어나 결과적으로 음운의 개수가 두 개 줄어들었다.

[오답풀이] ② '저녁연기'는 ㄴ첨가에 의해 'ㄴ'이 첨가되어 [저녁년기]로 바뀐 후 다시 비음화에 의해 'ㄱ'이 'ㅇ'으로 교체되어 [저녕년기]가 된다. 첨가 및 교체가 한 번 일어나 음운의 개수는 한 개 늘어났다. ③ '부엌문'은 음절의 끝소리 규칙에 의해 'ㅋ'이 'ㄱ'으로 교

체되어 [부억문]으로 바뀐 후 다시 비음화에 의해 'ㄱ'이 'ㅇ'으로 교체되어 [부엉문]이 된다. '볶는'은 음절의 끝소리 규칙에 의해 'ㄲ'이 'ㄱ'으로 교체되어 [복는]으로 바뀐 후 다시 비음화에 의해 'ㄱ'이 'ㅇ'으로 교체되어 [봉는]이 된다. '부엌문', '볶는'은 각각 교체가 두 번 일어나 음운의 개수는 모두 변하지 않았다. ④ '얹지'는 자음군 단순화에 의해 'ㅈ'이 탈락하여 [언지]로 바뀐 후 다시 경음화에 의해 'ㅈ'이 'ㅉ'으로 교체되어 [언찌]가 된다. '묽고'는 자음군 단순화에 의해 'ㄱ'이 탈락하여 [물고]로 바뀐 후 다시 경음화에 의해 'ㄱ'이 'ㄲ'으로 교체되어 [물꼬]가 된다. '얹지'와 '묽고'는 각각 탈락과 교체가 한 번씩 일어나 음운의 개수는 모두 한 개씩 줄어들었다. ⑤ '넓네'는 자음군 단순화에 의해 'ㅂ'이 탈락하여 [널네]로 바뀐 후 유음화에 의해 'ㄴ'이 'ㄹ'로 교체되어 [널레]가 된다. '밝는'은 자음군 단순화에 의해 'ㄹ'이 탈락하여 [박는]으로 바뀐 후 비음화에 의해 'ㄱ'이 'ㅇ'으로 교체되어 [방는]이 된다. '넓네'와 '밝는'은 각각 탈락과 교체가 한 번씩 일어나 음운의 개수는 모두 한 개씩 줄어들었다.

455) ①

선택 비율	① 78%	② 4%	③ 3%	④ 5%	⑤ 7%

해 : '깎다[깍따]'는 '깎[깍]'에서 음절의 끝소리 규칙이 나타나고, '다[따]'에서 된소리되기가 나타난다. 두 가지 모두 음운의 교체에 해당하므로 '깎다[깍따]'는 한 가지 유형의 음운 변동이 나타난 경우이다.

[오답풀이] ②, ③ 첨가('ㄴ' 첨가), 교체(비음화)가 나타난다. ④ 탈락(자음군 단순화), 축약(거센소리되기)이 나타난다. ⑤ 첨가('ㄴ' 첨가), 교체(유음화, 된소리되기)가 나타난다.

456) ①

선택 비율	① 81%	② 4%	③ 4%	④ 4%	⑤ 4%

해 : '밭은소리'는 용언 '밭다'의 활용형인 '밭은'과 명사인 '소리'가 결합하여 만들어진 단어이다. 이때 어미 '-은'이 형식 형태소이므로, '밭은'은 연음하여 [바튼]으로 발음한다.

[오답풀이] ② 조사 '으로'는 형식 형태소이고, 어근 '알'은 실질 형태소이므로 [나트로], [나달]로 발음한다. ③ 어근 '어금니'는 실질 형태소이므로 [아버금니]로 발음한다. ④ 어근 '웃-'은 실질 형태소이고, 접사 '-음'은 형식 형태소이므로 [거두슴]으로 발음한다. ⑤ 조사 '을'은 형식 형태소이므로 [바틀]로 발음한다.

457) ②

선택 비율	① 6%	② 78%	③ 7%	④ 3%	⑤ 4%

해 : ㉠ '흙일'은 '흙일 → [흑일] → [흑닐] → [흥닐]'의 음운 변동이 일어나는데 자음군 단순화(탈락), ㄴ첨가(첨가), 비음화(교체)를 확인할 수 있다. ㉡ '닳는'은 '닳는 → [달는] → [달른]'의 음운 변동이 일어나는데 자음군 단순화(탈락)와 유음화(교체)를 확인할 수 있다. ㉢ '발야구'는 '발야구 → [발냐구] → [발랴구]'의 음운 변동이 일어나는데 ㄴ첨가(첨가)와 유음화(교체)를 확인

할 수 있다. 따라서 ㉠~㉢에서 공통적으로 일어난 음운 변동은 '교체'임을 알 수 있다. '첨가'는 ㉠과 ㉢에서만 일어날 뿐 ㉡에서는 일어나지 않는다.

[오답풀이] ① ㉠에서는 3회의 음운 변동이, ㉡과 ㉢에서는 2회의 음운 변동이 일어난다. ③ '교체'는 음운 변동의 결과에 따른 음운의 개수 변화에 영향을 주지 않음을 고려하면, ㉠에서는 자음군 단순화(탈락)와 ㄴ첨가(첨가)가 모두 일어났기 때문에 음운 변동의 결과에 따른 음운의 개수에 변화가 없다. ㉡에서는 자음군 단순화(탈락)가 일어났기 때문에 하나가 줄었고, ㉢에서는 ㄴ첨가(첨가)가 일어났기 때문에 하나가 늘었다. ④ ㉡은 자음군 단순화(탈락), 유음화(교체)가, ㉢은 ㄴ첨가(첨가)와 유음화(교체)가 일어났기 때문에 ㉡과 ㉢에서 일어난 음운 변동의 횟수는 같다. ⑤ ㉠과 ㉢에서 첨가된 음운은 둘 다 'ㄴ'이다.

458) ④

선택 비율	① 5%	② 3%	③ 17%	④ 65%	⑤ 7%

해 : ㉠에서 'ㅌ'이 'ㄷ'으로 바뀐 후 다시 'ㄴ'으로 바뀌었으므로 음운 교체가 2회 일어났고, ㉡에서 'ㅅ'이 'ㄷ'으로 바뀐 후 다시 'ㄴ'으로 바뀌었으므로 음운의 교체가 2회 일어났다. 따라서 음운 교체 횟수가 같다는 진술은 적절하다.

[오답풀이] ① ㉢에서는 'ㄴ'이 첨가되었으나 ㉠에서는 음운 첨가가 나타나지 않았으므로 적절하지 않다. ② ㉡의 'ㄳ'이 'ㄱ'으로 발음되는 것에서는 음운의 탈락이 일어났지만, ㉢에서는 음운 탈락이 나타나지 않았으므로 적절하지 않다. ③ ㉠에서는 'ㅌ'이 'ㅣ' 앞에서 'ㅊ'으로 교체되어 나타나고, ㉢에서는 'ㅂ'이 'ㅎ'과 만나 'ㅍ'으로 합쳐지는 축약이 나타났으므로 적절하지 않다. ⑤ ㉡에서 'ㄳ'이 'ㄱ'으로 발음될 때는 탈락이 1회 일어났고, ㉢에서 'ㅅ'이 'ㅆ'으로 발음될 때에는 교체가 1회 일어났으므로 적절하지 않다.

459) ①

선택 비율	① 52%	② 10%	③ 14%	④ 12%	⑤ 9%

해 : '도매가격(都賣價格)'과 '도맷값(都賣-)'은 둘 다 합성 명사이기 때문에 ⓐ조건 때문에 사이시옷 표기가 갈렸다고 볼 수 없다. '도매가격'은 '한자어+한자어'이고 '도맷값'은 '한자어+고유어'라는 점으로 보아 사이시옷 표기 여부가 갈리게 하는 1가지 조건은 ⓑ라고 보아야 한다. 이외의 ⓒ, ⓓ조건들은 두 단어 모두 앞말인 '도매'가 모음으로 끝나며(ⓒ), 뒷말 첫소리가 된소리로 바뀐다(ⓓ).

[오답풀이] ② '전세방(傳貰房)'은 '한자어+한자어'이고 '아랫방(--房)'은 '고유어+한자어'라는 점에서 사이시옷 표기여부가 갈린다(ⓑ). 반면 둘은 모두 합성 명사이며(ⓐ), 결합하는 앞말인 '전세'와 '아래'가 모두 모음으로 끝나고(ⓒ), 각각 [전세빵], [아래빵]으로 발음되어 모두 뒷말 첫소리가 된소리로 바뀐다(ⓓ). ③ '버섯국'은 앞말인 '버섯'이 자음으로 끝나고, '소쌧국'은 앞말인 '소개'가 모음으로 끝난다는 점에서 사이시옷 표기여부가 갈린다(ⓒ). 반면 '버섯국'과 '조갯국'은 모두 합성명사이며(ⓐ), '고유어+고유어'의 구조이다(ⓑ). 또한 두 단어는 [버섣꾹], [조개꾹]으로 발음되어 모두 뒷말 첫소리가 된소리로 발음된다(ⓓ). ④ '인사말(人事-)[인사말]'은 앞말 끝소리에

'ㄴ' 소리가 덧나지 않음에 비해 '존댓말(尊待-)[존댄말]'은 'ㄴ' 소리가 덧난다는 점에서 사이시옷 표기 여부가 갈려 ㉢에 해당하는 조건은 ⓓ임을 알 수 있다. 그 외에는 둘 모두 합성명사이며(ⓐ), 결합하는 두 말의 어종이 '한자어+고유어'이다(ⓑ). 또한 두 단어 모두 앞말이 모음으로 끝난다(ⓒ). ⑤ '나뭇가지[나무까지]'는 뒷말 첫소리가 된소리로 바뀜에 비해 '나무껍질[나무껍찔]'은 그렇지 않기 때문에 ⓓ 조건에서 사이시옷 표기 여부가 갈린다.

460) ①

선택 비율	① 71%	② 5%	③ 15%	④ 4%	⑤ 2%

해 : ⓐ: ㉠(굵는)의 비표준 발음 [글른]은 '굵는 → [글는] → [글른]'의 과정을 거친 것으로 자음군 단순화 후 유음화가 나타나고, ㉡(짧네)의 표준 발음 [짤레] 역시 '짧네 → [짤네] → [짤레]'의 과정으로 자음군 단순화 후 유음화가 나타난 것이다. 따라서 ⓐ에는 유음화가 들어가야 한다. ⓑ: ㉠(굵는)의 표준 발음 [긍는]은 '굵는 → [극는] → [긍는]'의 과정을 거친 것으로 자음군 단순화 후 비음화가 일어난 것이고, ㉡(짧네)의 비표준 발음 [짬네] 또한 '짧네 → [짭네] → [짬네]'의 과정을 거친 것으로 자음군 단순화 후 비음화가 일어난 것으로 보아야 한다. 따라서 ⓑ에는 비음화가 들어가야 한다. ⓒ: ㉢(끊기고)의 표준발음인 [끈키고]는 예사소리인 'ㄱ'이 'ㅎ'을 만나 'ㅋ'으로 바뀐 것이고, ㉣(뚫지)의 표준 발음인 [뚤치] 역시 예사소리인 'ㅈ'이 'ㅎ'을 만나 'ㅊ'로 바뀐 것으로 거센소리되기만 일어난 것이다.

461) ④

선택 비율	① 3%	② 4%	③ 8%	④ 80%	⑤ 3%

해 : '앉을수록'을 [안즐쑤록]으로 발음하는 것은 '(-으)ㄹ'로 시작되는 어미인 '-(으)ㄹ수록'의 '-(으)ㄹ' 뒤에 연결되는 'ㅅ'을 [ㅆ]로 발음하는 것이므로 ㉣에 해당한다. 한편 '기댈 곳이'를 [기댈꼬시]로 발음하는 것은 관형사형 '-(으)ㄹ' 뒤에 연결되는 'ㄱ'을 [ㄲ]으로 발음하는 것이므로 이 또한 ㉣에 해당한다.

[오답풀이] ① '국밥'을 [국빱]으로 발음하는 것은 앞말의 받침 'ㄱ' 뒤에 연결되는 'ㅂ'을 [ㅃ]으로 발음하는 것이므로 ㉠에 해당한다. 한편 '삶고'를 [삼꼬]로 발음하는 것은 어간 받침 'ㅁ(ㄻ)' 뒤에 결합되는 어미의 첫소리인 'ㄱ'을 [ㄲ]으로 발음하는 것이므로 ㉡에 해당한다. ② '꽃다발'을 [꼳따발]로 발음하는 것은 앞말의 받침 'ㄷ(ㅊ)' 뒤에 연결되는 'ㄷ'을 [ㄸ]으로 발음하는 것이므로 ㉠에 해당한다. 한편 '핥지만'을 [할찌만]으로 발음하는 것은 어간 받침 'ㄾ' 뒤에 결합되는 어미의 첫소리 'ㅈ'을 [ㅉ]으로 발음한 것이므로 ㉡에 해당한다. ③ '읊조리다'를 [읍쪼리다]로 발음하는 것은 앞말의 받침 'ㅂ(ㄿ)' 뒤에 연결되는 'ㅈ'을 [ㅉ]으로 발음하는 것이므로 ㉠에 해당한다. 한편 '먹을지언정'은 어간 '먹-'과 어미 '-을지언정'으로 분석되는데, 이것을 [머글찌언정]으로 발음하는 것은 '-(으)ㄹ'로 시작되는 어미인 '-(으)ㄹ지언정'의 '-(으)ㄹ' 뒤에 연결되는 'ㅈ'을 [ㅉ]으로 발음한 것이므로 ㉣에 해당한다. ⑤ '훑다'를 [훌따]로 발음하는 것은 어간 받침 'ㄾ' 뒤에 결합되는 어미의 첫소

리 'ㄷ'을 [ㄸ]으로 발음하는 것이므로 ⓒ에 해당한다. 한편 '떠날지라도'는 어미 '-(으)ㄹ지라도'의 '-(으)ㄹ' 뒤에 연결되는 'ㅈ'을 [ㅉ]으로 발음하는 것이므로 ⓓ에 해당한다.

462) ②

선택 비율	① 3%	② 76%	③ 11%	④ 6%	⑤ 2%

해 : ⓑ에서 축약은 일어나지 않으므로 적절하지 않다.

[오답풀이] ① ⓐ에서 받침 'ㅎ'과 'ㄱ', 'ㄷ', 'ㅈ'이 결합하여 축약이 일어나 [ㅋ], [ㅌ], [ㅊ]로 발음된다. ③ ⓒ에서 '놓는'은 음절의 끝소리 규칙과 비음화가 일어나 [녿는 → 논는]으로 발음된다. '쌓네'도 음절의 끝소리 규칙과 비음화가 일어나 [싿네 → 싼네]로 발음된다. ④ ⓓ에서 '않는'과 '많네'는 'ㅎ'이 탈락하여 [안는], [만:네]로 발음된다. ⑤ ⓔ에서 '낳은', '놓아'는 각각 모음으로 시작하는 어미 '-은'과 '-아'가 올 때 'ㅎ'이 탈락하여 [나은], [노아]로 발음된다. 그리고 '쌓이다'는 모음으로 시작하는 접사 '-이-' 앞에서 'ㅎ'이 탈락하여 [싸이다]로 발음된다.

463) ④

선택 비율	① 3%	② 7%	③ 5%	④ 71%	⑤ 11%

해 : ⓔ'같이[가치]'는 구개음화가, ⓜ'난로[날:로]'는 유음화가 일어난다. 이는 음운 교체에 해당하므로 음운의 수에 변화가 없다. 따라서 A에 해당한다. ㉠'집안일[지반닐]'은 'ㄴ' 첨가가 일어나므로 음운의 수가 늘어난다. 따라서 B에 해당한다. ㉡'좋은[조:은]'은 'ㅎ'탈락이, ⓗ'옮는[옴:는]'은 자음군 단순화가 일어난다. 이는 음운 탈락에 해당하므로 음운의 수가 줄어들지만 새로운 음운은 없다. 따라서 C에 해당한다. ㉢'않고[안코]'는 'ㅎ'과 'ㄱ'이 만나 새로운 음운인 'ㅋ'이 되는 음운 축약이 일어난다. 따라서 D에 해당한다.

464) ④

선택 비율	① 16%	② 5%	③ 12%	④ 58%	⑤ 7%

해 : ㉠의 '풀잎[풀립]'에서는 ㄴ 첨가, 유음화, 평파열음화가 일어난다. ㉡의 '읊네[음네]'에서는 자음군 단순화, 평파열음화, 비음화가 일어난다. ㉢의 '벼훑이[벼훌치]'에서는 구개음화가 일어난다. ㉠에서 일어나는 ㄴ 첨가는 음운 개수가 늘어나는 음운 변동이지만, ㉢에서 일어나는 구개음화는 음운 개수에 변화가 없는 음운 변동이다.

[오답풀이] ① ㉠에서는 ㄴ 첨가, 유음화, 평파열음화가, ㉡에서는 자음군 단순화, 평파열음화, 비음화가 일어난다. ② ㉠에서 일어난 유음화와 ㉡에서 일어난 비음화는 둘 다 인접한 자음과 조음 방법이 같아지는 음운 변동이다. ③ ㉠에서 첨가된 음운은 'ㄴ'이고, ㉡에서 탈락된 음운은 'ㄹ'이다. ⑤ ㉠에서 일어난 유음화는 'ㄹ'로 인해 'ㄴ'이 동화되는 음운 변동이고, ㉢에서 일어난 구개음화는 모음 'ㅣ'나 반모음 'j'로 인해 구개음이 아닌 음(ㄷ, ㅌ)이 특정 환경에서 경구개음(ㅈ, ㅊ)으로 동화되는 음운 변동이다.

465) ①

선택 비율	① 58%	② 5%	③ 10%	④ 12%	⑤ 12%

해 : '산란기[살:란기]'는 역행적 유음화가, '표현력[표현녁]'은 'ㄹ'의 비음화가 일어난다.

[오답풀이] ②'줄넘기[줄럼끼]'는 순행적 유음화가, '입원료[이붠뇨]'는 'ㄹ'의 비음화가 일어난다. ③'결단력[결딴녁]'과 '생산량[생산냥]'은 모두 'ㄹ'의 비음화가 일어난다. ④ '의견란[의:견난]'과 '향신료[향신뇨]'는 모두 'ㄹ'의 비음화가 일어난다. ⑤ '대관령[대:괄령]'은 역행적 유음화가, '물난리[물랄리]'는 역행적 유음화와 순행적 유음화가 모두 일어난다.

466) ②

선택 비율	① 3%	② 72%	③ 17%	④ 3%	⑤ 2%

해 : '안팎을'은 '안팎' 뒤에 모음으로 시작하는 형식 형태소(조사)가 이어지므로 음절의 끝소리 규칙을 적용하지 않고 연음해야 정확한 발음([안파끌])인데, 음절의 끝소리 규칙을 적용하고 연음을 해서 부정확한 발음([안파글])을 하게 되었다. 부정확한 발음을 하게 된 이유로 ㉠에 들어갈 말로 적절하다.

[오답풀이] ① 겹받침을 가진 말 뒤에 모음으로 시작하는 조사가 결합할 때는 겹받침의 앞 자음은 음절의 종성에서 발음되고 겹받침의 뒤 자음은 다음 음절 초성으로 이동하여 발음된다. '찰흙이'는 자음군 단순화를 적용하지 않고 겹받침의 뒤 자음만 다음 음절 초성으로 이동하여 [찰흘기]로 발음해야 한다. [찰흐기]로 부정확하게 발음하는 것은 자음군 단순화를 먼저 적용하고 연음한 결과로 볼 수 있다. ③ '넋이'는 자음군 단순화를 적용하지 않고 겹받침의 뒤 자음만 다음 음절 초성으로 이동하여 [넉씨]로 발음해야 한다. 이때, '시'가 아닌 '씨'로 발음되는 것은 '넉'의 'ㄱ'에 의한 된소리되기의 영향이다. [너기]로 부정확하게 발음하는 것은 자음군 단순화를 먼저 적용하고 연음한 결과로 볼 수 있다. ④ '끝을'은 연음하여 [끄틀]로 발음해야 한다. 구개음화는 'ㅣ'나 반모음 'y'로 시작하는 형식 형태소와 결합할 때 발생되는 음운 현상이기 때문에 '끝을'과는 무관하다. ⑤ '숲에'는 연음하여 [수페]로 발음해야 한다. 이때 '숲에'를 [수베]로 부정확하게 발음하는 것은 음절의 끝소리 규칙을 적용한 뒤에 연음하였기 때문으로 볼 수 있다. 거센소리되기는 예사소리 'ㄱ', 'ㄷ', 'ㅂ', 'ㅈ'이 'ㅎ'을 만나 각각 거센소리 'ㅋ', 'ㅌ', 'ㅍ', 'ㅊ'로 발음되는 현상이기 때문에 '숲에'와는 무관하다.

467) ③

선택 비율	① 10%	② 2%	③ 75%	④ 9%	⑤ 1%

해 : '밟힌'은 'ㅂ'과 'ㅎ'이 'ㅍ'으로 축약되는 현상이 일어나 [발핀]으로 발음된다. 그리고 '숱한'은 'ㅌ'이 'ㄷ'으로 바뀌는 음절의 끝소리 규칙과, 'ㄷ'과 'ㅎ'이 'ㅌ'으로 축약되는 현상이 일어나 [수탄]으로 발음된다. '밟힌', '숱한' 모두 음운 변동의 결과 전체 음운의 개수가 1개 줄어들게 된다.

468) ④

선택 비율	① 2%	② 4%	③ 11%	④ 77%	⑤ 2%

해 : '국물[궁물]'에서의 [궁]은 'ㄱ'이 'ㅇ'으로 교체된 결과이고, 음절 유형은 '국④', '궁④'이어서 변화가 없다.

[오답풀이] ① '밥상[밥쌍]'에서의 [쌍]은 'ㅅ'이 'ㅆ'으로 교체된 결과이고, 음절 유형은 '상④', '쌍④'이어서 변화가 없다. ② '집일[짐닐]'에서의 [닐]은 'ㄴ'이 첨가된 결과이고, 음절 유형은 '일③' → '닐④'로 달라졌다. ③ '의복함[의보캄]'에서의 [캄]은 'ㄱ'과 'ㅎ'이 'ㅋ'으로 축약된 결과이지만, 음절 유형은 '함④', '캄④'이어서 변화가 없다. ⑤ '화살[화살]'에서의 [화]는 '활 + 살'의 과정에서 'ㄹ'이 탈락된 결과이고, 음절 유형은 '활④' → '화②'로 달라졌다.

469) ①

선택 비율	① 83%	② 5%	③ 5%	④ 3%	⑤ 2%

해 : '잘 입다'를 이어서 한 마디로 발음하면 첨가와 교체가 일어나 [잘립따]가 되고, '값 매기다'를 이어서 한 마디로 발음하면 탈락과 교체가 일어나 [감매기다]가 된다. 따라서 ㄱ과 ㄴ에서 공통적으로 일어나는 음운 변동의 유형은 교체이다. 이러한 교체가 일어나는 예는 '책 넣는다[챙넌는다]'이다.

[오답풀이] ② '좋은 약[조:은냑]'에서는 탈락과 첨가가 일어난다. ③ '잘한 일[잘한닐]'에서는 첨가가 일어난다. ④ '슬픈 얘기[슬픈내기]'에서는 첨가가 일어난다. ⑤ '먼 옛날[먼:녠날]'에서는 첨가와 교체가 일어난다.

470) ⑤

선택 비율	① 2%	② 7%	③ 2%	④ 3%	⑤ 83%

해 : ㉠에서는 '밭'과 '일'이 결합하면서 'ㄴ'이 첨가되었고, '밭[받]'의 'ㄷ'이 'ㄴ'을 만나 'ㄴ'으로 교체되었다. ㉡에서는 '훑-'의 'ㄾ'에서 'ㅌ'이 탈락한 뒤 'ㄹ'과 'ㄴ'이 만나 'ㄴ'이 'ㄹ'로 교체되었다. ㉢에서는 '같-'의 'ㅌ'이 'ㅣ' 모음과 만나 'ㅊ'으로 교체되었다. 따라서 공통적으로 일어난 음운 변동은 교체이므로 탈락과 교체가 일어났다는 진술은 적절하지 않다.

[오답풀이] ① ㉠의 '밭'에서는 음절 끝에 올 수 있는 자음이 7개(ㄱ, ㄴ, ㄷ, ㄹ, ㅁ, ㅂ, ㅇ)로 제한되어 있기 때문에 음운 변동이 일어나 'ㅌ'이 'ㄷ'으로 교체 되었다. ② ㉠은 첨가로 인해 음운의 개수가 1개 늘었고, ㉡은 탈락으로 인해 음운의 개수가 1개 줄었다. ③ ㉠의 '밭'과 '일'은 모두 실질 형태소, ㉢의 '같-'은 실질 형태소, '-이'는 형식 형태소이다. ④ ㉡은 '훑-'의 자음 'ㄹ'로 인해 뒤의 'ㄴ'이 'ㄹ'로 교체된 것이고, ㉢은 'ㅌ'이 뒤에 오는 모음 'ㅣ'로 인해 'ㅊ'으로 교체된 것이다.

471) ④

선택 비율	① 10%	② 2%	③ 5%	④ 66%	⑤ 15%

해 : '견디-+-어서'가 [견뎌서]로 발음될 때에는 'ㅣ + ㅓ → ㅕ(j + ㅓ)'의 음운 변동이 일어난다. 용언 어간의 단모음 'ㅣ'가 '-어'로 시작하는 어미와 결합할 때 반모음 'j'로 교체되는 것을 확인할 수 있다.

[오답풀이] ① '뛰-+-어'가 [뛰여]로 발음될 때에는 반모음 'j'가 첨가되는 현상이 나타난다. ② '차-+-아도'가 [차도]로 발음될 때에는 단모음 'ㅏ'가 탈락되는 동일 모음 탈락 현상이 일어난다. ③ '잠그-+-아'가 [잠가]로 발음될 때에는 단모음 'ㅡ' 탈락이 일어난다. ⑤ '키우-+-어라'가 [키워라]로 발음될 때에는 단모음 'ㅜ'가 반모음 'w'로 교체되는 현상이 나타난다.

472) ③

선택 비율	① 5%	② 2%	③ 88%	④ 1%	⑤ 1%

해 : '강릉[강능]'을 발음할 때에는 'ㄹ'이 'ㄴ'으로 바뀐다. 'ㄹ'과 'ㄴ'은 모두 치조음이므로 조음 위치에 변화가 없다. 그러나 조음 방법은 유음 'ㄹ'에서 비음 'ㄴ'으로 한 번 변한다.

473) ②

해 : '서울역'은 '서울'과 '역'의 합성어이고, 앞말인 '서울'이 자음으로 끝났으며 뒷말인 '역'의 첫소리가 모음 'ㅕ'이므로, 뒷말의 첫소리에 [ㄴ]이 첨가된다. 그리고 첨가된 'ㄴ'은 앞말의 받침 'ㄹ'의 영향으로 [ㄹ]로 발음된다. 이는 각각 'ㄴ' 첨가와 유음화가 일어나는 것으로, 첨가와 교체가 한 번씩 일어나 [서울력]으로 발음된다.

[오답풀이] ① '읽는'의 첫 음절 겹받침은 'ㄹ'이 탈락하여 'ㄱ'으로 발음되고, [ㄱ]은 뒷말의 첫소리 비음 'ㄴ' 때문에 [ㅇ]으로 발음된다. 이는 각각 자음군 단순화와 비음화가 일어나는 것으로, 탈락과 교체가 일어나 [잉는]으로 발음된다. ③ '복잡한'의 첫 음절 받침 'ㄱ'의 영향으로 두 번째 음절의 첫소리 'ㅈ'이 [ㅉ]으로 발음되고, 둘째 음절의 받침 'ㅂ'과 셋째 음절의 첫소리 'ㅎ'이 줄어 [ㅍ]으로 발음된다. 이는 각각 된소리되기와 거센소리되기가 일어나는 것으로, 교체와 축약이 한 번씩 일어나 [복짜판]으로 발음된다. ④ '깊숙이'의 첫 음절 받침 'ㅍ'은 받침에서 발음될 수 없기 때문에 [ㅂ]으로 발음되고, 비끈 'ㅂ'의 영향으로 둘째 음절의 첫소리 'ㅅ'이 [ㅆ]으로 발음된다. 이는 각각 음절의 끝소리 규칙, 된소리되기가 일어나는 것으로 교체가 두 번 일어난 것이며, 마지막으로 둘째 음절의 받침 'ㄱ'이 뒤 음절의 첫소리로 내려져 [깁쑤기]로 발음된다. ⑤ '읊다'의 첫 음절 겹받침은 'ㄹ'이 탈락하여 남은 'ㅍ'이 [ㅂ]으로 발음되고, 이 'ㅂ'의 영향으로 뒤 음절 첫소리 'ㄷ'이 [ㄸ]으로 바뀌어 발음된다. 이는 각각 자음군 단순화, 음절의 끝소리 규칙, 된소리되기가 일어나는 것으로 한 번의 탈락과 두 번의 교체가 일어나 [읍따가]로 발음된다.

474) ①

선택 비율	① 45%	② 6%	③ 7%	④ 5%	⑤ 34%

해 : '확인된 문제'의 사례에서 '출력된 자료'는 '표기된 자료'의 '표준 발음'이 그대로 출력되어 있다. 따라서 '표기된 자료'와 '출력된 자료'를 비교하여 분석하면 프로그램이 분석하지 못한 음운 변동 현상을 알 수 있다. 먼저 '끊어지다[끄너지다]'에는 'ㅎ 탈락'이, '암탉[암탁]'에는 '자음군 단순화'가 일어나는데, 프로그램은 음운의 탈락 현상을 분석하지 못한 것을 알 수 있다. 또한 '없애다[업:째다]'에는 '된소리되기'가, '피붙

이[피부치]'에는 '구개음화'가, '웃어른[우더른]'에는 '음절의 끝소리 규칙'이 일어나는데, 프로그램은 음운의 교체 현상을 분석하지 못한 것을 알 수 있다. 따라서 프로그램이 분석하지 못한 음운 변동 현상은 ㉠, ㉡이다.

475) ④

선택 비율	① 5%	② 1%	③ 1%	④ 89%	⑤ 1%

해 : '급행요금[그팽뇨금]'에서는 '급'의 끝소리 'ㅂ'과 'ㅎ'이 축약되어 거센소리 [ㅍ]으로 발음되고 '급행'과 '요금' 사이에서 'ㄴ'이 첨가된다. 탈락의 음운 변동은 일어나지 않는다.

[오답풀이] ① '물약'에서 'ㄴ' 첨가가 일어나고 첨가된 'ㄴ'이 '물'의 끝소리 'ㄹ'의 영향을 받아 [ㄹ]로 바뀌어 발음된다. ② '읊는'에서 '읊'의 끝에 오는 두 자음 중 'ㄹ'이 탈락되고, 남은 'ㅍ'이 'ㅂ'으로 바뀌고 뒤에 오는 'ㄴ'의 영향을 받아 [ㅁ]으로 바뀌어 발음된다. ③ '값하다'에서 '값'의 끝에 오는 두 자음 중 'ㅅ'이 탈락되고, 남은 'ㅂ'이 뒤에 오는 'ㅎ'과 축약되어 거센소리 [ㅍ]으로 발음된다. ⑤ '넓죽하다'에서 '넓'의 끝에 오는 두 자음 중 'ㄹ'이 탈락되고, 남은 'ㅂ'의 영향을 받아 뒤의 자음 'ㅈ'이 된소리 [ㅉ]으로 발음이 바뀐다. '죽'의 끝소리 'ㄱ'과 뒤의 자음 'ㅎ'이 만나 거센소리 [ㅋ]으로 축약되어 발음된다.

476) ③

선택 비율	① 3%	② 1%	③ 88%	④ 5%	⑤ 1%

해 : ㉠ [자료] (4)의 사례를 보면 어간이 'ㄹ'로 끝날 때 그 어간 바로 뒤에 오는 어미의 초성에서는 된소리되기가 일어나지 않는다. 따라서 '가설 1'은 합리적이지 않다. ㉡ [자료] (1)의 현상이 어간 종성에서 일어나 어간 종성의 'ㅌ'이 'ㄷ'으로 교체된 후, [자료] (3)의 교체가 일어날 수 있다. 이후에 어간 종성에서 탈락이 일어났다고 볼 수 있다. 따라서 '가설 2'를 통해 '훑다'가 [훌따]로 발음되는 과정을 적절히 설명할 수 있다.

477) ①

선택 비율	① 84%	② 3%	③ 4%	④ 3%	⑤ 2%

해 : '훑이'는 '무엇을 훑는 데에 쓰는 기구.'라는 뜻을 가진 단어로, '훑-+-이'로 분석된다. 용언의 어간 '훑-'에 모음으로 시작하는 접사 '-이'가 결합된 경우로, 'ㅌ'이 'ㅊ'으로 교체되는 구개음화가 일어나 [훌치]로 발음된다. 하지만 자음군 단순화는 일어나지 않는다.

478) ①

선택 비율	① 84%	② 6%	③ 4%	④ 2%	⑤ 1%

해 : '떠서'는 용언의 어간 말음 'ㅡ'가 모음으로 시작하는 어미 앞에서 탈락되었으며, 이는 모음 탈락에 해당하는 것으로 음운 변동의 결과가 표기에 반영된 것이다. '좋아[조:아]'는 용언의 어간 말음 'ㅎ'이 모음으로 시작하는 어미 앞에서 탈락되었으며, 이는 자음 탈락에 해당하는 것으로 음운 변동의 결과가 표기에 반영되지 않았다. '둥근'은 용언의 어간 말음 'ㄹ'이 'ㄴ'앞에서 탈락되었으며, 이는 자음 탈락에 해당하는 것으로 음운 변동의 결과가 표기에 반영된 것이다.

479) ④

선택 비율	① 12%	② 6%	③ 9%	④ 68%	⑤ 3%

해 : '겉늙다[건늑따]'에서는 '겉'의 'ㅌ'이 음절의 끝소리 규칙의 적용을 받아 'ㄷ'으로 바뀌면 비음화 현상이 적용되어 'ㄴ'으로 발음된다.

[오답풀이] ① '밖만[방만]'에서는 '밖'의 'ㄲ'이 음절의 끝소리 규칙의 적용을 받아 'ㄱ'으로 바뀌면 비음화 현상이 적용되어 'ㅇ'으로 발음된다. ② '폭넓다[퐁널따]'에서는 '폭'의 'ㄱ'이 비음화 현상의 영향으로 'ㅇ'으로 발음된다. ③ '값만[감만]'에서는 '값'의 'ㅄ'이 자음군 단순화의 적용을 받아 'ㅂ'으로 바뀌면 비음화 현상이 적용되어 'ㅁ'으로 발음된다. ⑤ '호박잎[호방닙]'에서는 '호박 + 잎'의 과정에서 ㄴ 첨가가 일어나고, 이 'ㄴ'의 영향으로 '호박'의 'ㄱ'에 비음화 현상이 적용되어 'ㅇ'으로 발음된다.

480) ④

선택 비율	① 4%	② 2%	③ 6%	④ 80%	⑤ 5%

해 : ⓓ의 '안겨라'는 '안-+-기-+-어라'로 분석되는데, 이때의 '-기-'는 피·사동 접사이다. 즉, 용언 어간에 피·사동 접사가 결합한 경우이기 때문에 'ㄱ'이 된소리로 발음되지 않는 것이다.

[오답풀이] ① ⓐ의 '푼다'는 용언 어간에 종결 어미 '-ㄴ다'가 결합한 경우로, 'ㄴ'과 'ㄷ'이 모두 어미에 속하는 소리이기 때문에 된소리되기가 일어나지 않는다. ② ⓑ의 '여름도'는 체언 '여름'과 조사 '도'가 결합한 경우이기 때문에 된소리되기가 일어나지 않는다. ③ ⓒ의 '잠가'는 '잠그-+-아'로 분석되는데, 'ㅁ'과 'ㄱ'이 모두 '잠그-'라는 하나의 형태소 안에 속하는 소리이기 때문에 된소리되기가 일어나지 않는다. ⑤ ⓔ의 '큰지'는 용언 어간에 어미 '-ㄴ지'가 결합한 경우로, 'ㄴ'과 'ㅈ'이 모두 어미에 속하는 소리이기 때문에 된소리되기가 일어나지 않는다.

481) ④

선택 비율	① 2%	② 5%	③ 4%	④ 82%	⑤ 4%

해 : '벽난로'에서는 종성 위치의 'ㄱ'에서 'ㅇ'으로의 음운 변동이, 종성 위치의 'ㄴ'에서 'ㄹ'로의 음운 변동이 각각 일어난다.

482) ③

선택 비율	① 2%	② 15%	③ 67%	④ 8%	⑤ 6%

해 : '값없이[가법씨]'는 자음군 단순화와 된소리되기가, ⓒ의 '칡넝쿨[칭넝쿨]'은 자음군 단순화와 비음화가 일어나 모두 탈락과 교체가 각 한 번씩 일어나므로 적절하다.

[오답풀이] ① '백합화[배카퐈]'는 거센소리되기가 두 번 일어나 축약이 두 번, ⓐ의 '국화꽃[구콰꼳]'은 음절의 끝소리 규칙과 거센소리되기가 일어나 교체와 축약이 각 한 번씩 일어나므로 적절하지 않다. ② '샅샅이[삳싸치]'는 음절의 끝소리 규칙, 된소리되기, 구개음화가 일어나 교체가 세 번, ⓑ의 '옆집[엽찝]'은 음절의 끝소리 규칙과 된소리되기가 일어나 교체가 두 번 일어나므로 적절하지 않다. ④ '몫몫이[몽목씨]'는 자음

군 단순화, 비음화, 된소리되기가 일어나 탈락이 한 번, 교체가 두 번 일어나고, ⓓ의 '삶일[삼닐]'은 자음군 단순화, 'ㄴ'첨가, 비음화가 일어나 탈락, 첨가, 교체가 각 한 번씩 일어나므로 적절하지 않다. ⑤ '백분율[백뿐뉼]'은 된소리되기와 'ㄴ'첨가가 일어나 교체와 첨가가 각 한 번씩 일어나고, ⓔ의 '호박엿 [호:방녇]'은 비음화, 음절의 끝소리 규칙, 'ㄴ'첨가가 일어나 교체가 두 번, 첨가가 한 번 일어나므로 적절하지 않다.

483) ④

선택 비율	① 5%	② 12%	③ 4%	④ 72%	⑤ 4%

ㅙ : 제시된 단어들에서 일어나는 음운 변동을 정리하면 다음과 같다.

제시 단어 [표준 발음]	ⓐ음절의 끝소리 규칙	ⓑ자음군 단순화	ⓒ된소리되기
넓디넓다 [널띠널따]	×	○	○
높푸르다 [놉푸르다]	○	×	×
늦깍이 [늗까끼]	○	×	×
닭갈비 [닥깔비]	×	○	○
쑥대밭 [쑥때받]	○	×	○
앞장서다 [압짱서다]	○	×	○
읊다[읍따]	○	○	○
있다[읻따]	○	×	○
짓밟디 [짇빱따]	○	○	○
흙빛[흑삗]	○	○	○

따라서 ⓐ, ⓑ, ⓒ가 모두 일어나는 ㉮로 분류되는 단어는 '읊다[읍따], 짓밟다[짇빱따], 흙빛[흑삗]'이고, ⓐ, ⓒ가 일어나는 ㉯로 분류되는 단어는 '쑥대밭[쑥때받], 앞장서다[압짱서다], 있다[읻따]'이다.

484) ④

선택 비율	① 9%	② 2%	③ 4%	④ 79%	⑤ 4%

ㅙ : '겉옷'은 '겉'의 'ㅌ'이 'ㄷ'으로 바뀐 후 실질 형태소인 '옷'의 첫소리로 옮겨 발음(ⓓ)되고, '옷'의 'ㅅ'이 'ㄷ'으로 바뀌어 발음(ⓒ)되기 때문에 [거돋]으로 발음된다. '국밥만'은 '밥'의 첫소리 'ㅂ'이 'ㄱ' 뒤에서 발음되기에 'ㅃ'으로 발음(ⓑ)되고, '밥'의 종성 'ㅂ'이 'ㅁ' 앞에서 'ㅁ'으로 발음(ⓐ) 되기 때문에 [국빰만]으로 발음된다. 파생어인 '백분율'은 '분'의 'ㅂ'이 'ㄱ' 뒤에서 발음되기에 'ㅃ'으로 발음(ⓑ)되고, '율' 앞에 오는 단어의 끝이 자음이기 때문에 [뉼]로 발음(ⓔ)되므로 [백뿐뉼]로 발음된다. 합성어인 '색연필'은 '연' 앞에 오는 단어의 끝이 자음이기 때문에 [년]으로 발음(ⓔ)되며, '색'의 'ㄱ'이 'ㄴ' 앞에서 'ㅇ'으로 발음(ⓐ)되기 때문에 [생년필]로 발음된다. 파생어인 '헛일'

은 '일' 앞에 오는 단어의 끝이 자음이기 때문에 [닐]로 발음(ⓔ)되고, '헛'의 'ㅅ'이 'ㄷ'으로 바뀌어 발음(ⓒ)되는데, 이때 'ㄷ'은 'ㄴ' 앞에서 'ㄴ'으로 발음(ⓐ)되므로 [헌닐]로 발음된다.

485) ⑤

선택 비율	① 3%	② 5%	③ 7%	④ 14%	⑤ 68%

ㅙ : '버들잎 → [버들립]'에서는 '버들'과 '잎' 사이에 'ㄴ'이 첨가되며, 첨가된 'ㄴ'이 'ㄹ'의 영향으로 'ㄹ'로 교체된다. 또한, 음절의 끝소리 규칙에 따라 'ㅍ'이 'ㅂ'으로 교체된다. 따라서 첨가가 한 번, 교체가 두 번 일어난다. '덧입어 → [던니버]'에서는 '덧'과 '입어' 사이에 'ㄴ'이 첨가된다. 또한, 음절의 끝소리 규칙에 따라 'ㅅ'이 'ㄷ'으로 교체되며, 교체된 'ㄷ'은 'ㄴ'의 영향으로 'ㄴ'으로 교체된다. 따라서 첨가가 한 번, 교체가 두 번 일어난다. 둘 다 ㉤에 해당하는 예이다.

[오답풀이] ① '재밌는 → [재믿는] → [재민는]'에서는 교체가 두 번 일어난다. '얽매는 → [억매는] → [엉매는]'에서는 탈락이 한 번, 교체가 한 번 일어난다. ② '불이익 → [불니익] → [불리익]'에서는 첨가가 한 번, 교체가 한 번 일어난다. '견인력 → [겨닌녁]'에서는 교체가 한 번 일어난다. ③ '똑같이 → [똑같이] → [똑까치]'에서는 교체가 두 번 일어난다. '파묻힌 → [파무틴] → [파무친]'에서는 축약이 한 번, 교체가 한 번 일어난다. ④ '읊조려 → [읇조려] → [읍쪼려]'에서는 교체가 두 번, 탈락이 한 번 일어난다. '겉늙어 → [걷늙어] → [건늘거]'에서는 교체가 두 번 일어난다.

486) ④

선택 비율	① 5%	② 2%	③ 3%	④ 85%	⑤ 3%

ㅙ : '첫여름[천녀름]'은 첨가('ㄴ' 첨가)가 한 번, 교체(음절의 끝소리 규칙, 비음화)가 두 번 일어나고, '넓죽하다 [넙쭈카다]'는 탈락(자음군 단순화)이 한 번, 교체가 두 번(음절의 끝소리 규칙, 된소리되기) 일어나므로 ㉠과 ㉡에 모두 해당한다.

487) ④

선택 비율	① 11%	② 7%	③ 15%	④ 64%	⑤ 4%

ㅙ : ㉠은 자음군 단순화, ㉡은 거센소리되기, ㉢은 음절의 끝소리 규칙, ㉣은 된소리되기이다. '숱하다[수타다]'는 발음할 때 음절의 끝소리 규칙과 거센소리되기가 일어난다. 따라서 '숱하다[수타다]'는 ㉡, ㉢이 모두 일어난 예로 적절하다.

488) ①

선택 비율	① 90%	② 2%	③ 4%	④ 2%	⑤ 2%

ㅙ : ㉠의 '실없네[시럼네]'는 '없 → 업'의 자음군 단순화(ⓐ)가 일어나 'ㅂ → ㅁ'의 비음화(ⓒ)가 일어날 조건이 마련된 것이다.

[오답풀이] ② ㉡의 '깊숙이[깁쑤기]'는 '깊 → 깁'의 음절의 끝소리 규칙(ⓓ)이 일어나 'ㅅ → ㅆ'의 된소리되기(ⓑ)가 일어날 조건이 마련된 것이다. ③ ㉢의 '짓밟지[짇빱찌]'는 '짓 → 짇'의 음절의 끝소리 규칙

(ⓓ)이 일어나 'ㅂ → ㅃ'의 된소리되기(ⓑ)가 일어날 조건이 마련된 것이다. ④ ㉣의 '꺾는[껑는]'은 '꺾 → 꺽'의 음절의 끝소리 규칙(ⓓ)이 일어나 'ㄱ → ㅇ'의 비음화(ⓒ)가 일어날 조건이 마련된 것이다. ⑤ ㉤의 '훑고[훌꼬]'는 '훑 → 훌'의 음절의 끝소리 규칙(ⓓ)이 일어나 'ㄱ → ㄲ'의 된소리되기(ⓑ)가 일어날 조건이 마련된 것이다.

489) ①

선택 비율	① 82%	② 2%	③ 2%	④ 4%	⑤ 10%

해 : '할게'의 경우 어간 '하-'에 '-ㄹ'로 시작되는 어미 '-ㄹ게'가 붙어 [할께]로 발음되므로 표준 발음법 제27항의 [붙임]에 해당한다.

490) ④

선택 비율	① 2%	② 2%	③ 2%	④ 93%	⑤ 1%

해 : '들녘을'의 '을'은 형식 형태소이기 때문에 음절의 끝소리 규칙(ⓔ)을 적용하지 않고 [들녀클]로 발음해야 한다. [들녀글]로 잘못 발음하는 것은 음절의 끝소리 규칙을 적용하였기 때문이다.
[오답풀이] ① '인류가'는 유음화(㉠)를 적용하여 [일류가]로 발음해야 한다. [인뉴가]로 잘못 발음하는 것은 'ㄹ'의 비음화(㉡)를 적용하였기 때문이다. ② '순환론'은 'ㄹ'의 비음화(㉡)를 적용하여 [순환논]으로 발음해야 한다. [순활론]으로 잘못 발음하는 것은 유음화(㉠)를 적용하였기 때문이다. ③ '코끝이'는 구개음화(㉢)를 적용하여 [코끄치]로 발음해야 한다. [코끄티]로 잘못 발음하는 것은 구개음화를 적용하지 않았기 때문이다. ⑤ '봄여름'은 ㄴ 첨가(㉣)를 적용하여 [봄녀름]으로 발음해야 한다. [보며름]으로 잘못 발음하는 것은 ㄴ 첨가를 적용하지 않았기 때문이다.

491) ①

선택 비율	① 87%	② 4%	③ 3%	④ 3%	⑤ 2%

해 : ⓐ에서는 'ㅅ → ㄷ(덧 → 덛)', 'ㅎ → ㄷ(쌓 → 싿)', 'ㄷ → ㄴ(싿 → 싼)'의 자음 교체가 확인된다. 'ㅅ(치조음, 마찰음) → ㄷ(치조음, 파열음)', 'ㄷ(치조음, 파열음) → ㄴ(치조음, 비음)'은 조음 방법만 변한 경우이고, 'ㅎ(후음, 마찰음) → ㄷ(치조음, 파열음)'은 조음 위치와 조음 방법이 모두 변한 경우이다.
[오답풀이] ② ⓑ에서는 'ㄱ → ㅇ', 'ㄹ → ㄴ', 'ㄷ → ㄸ'의 자음 교체가 확인된다. 'ㄱ → ㅇ', 'ㄹ → ㄴ'은 조음 방법만 변한 경우이고, 'ㄷ → ㄸ'은 조음 위치와 조음 방법 둘 다 변하지 않은 경우(평음 → 경음의 변화는 있음.)이다. ③ ⓒ에서는 'ㅆ → ㄷ', 'ㄱ → ㄲ'의 자음 교체가 확인된다. 'ㅆ → ㄷ'은 조음 방법만 변한 경우이고, 'ㄱ → ㄲ'은 조음 위치와 조음 방법 둘 다 변하지 않은 경우(평음 → 경음의 변화는 있음.)이다. ④ ⓓ에서는 'ㅌ → ㄷ', 'ㅅ → ㄷ', 'ㄷ → ㄴ'의 자음 교체가 확인된다. 'ㅌ → ㄷ'은 조음 위치와 조음 방법 둘 다 변하지 않은 경우이고, 'ㅅ → ㄷ', 'ㄷ → ㄴ'은 조음 방법만 변한 경우이다. ⑤ ⓔ에서는 'ㅈ → ㄷ', 'ㅂ → ㅃ', 'ㅌ → ㅊ'의 자음 교체가 확인된다. 'ㅈ →

ㄷ', 'ㅌ → ㅊ'은 조음 위치와 조음 방법이 모두 변한 경우이고, 'ㅂ → ㅃ'은 조음 위치와 조음 방법 둘 다 변하지 않은 경우(평음 → 경음의 변화는 있음.)이다.

492) ④

선택 비율	① 10%	② 6%	③ 8%	④ 73%	⑤ 4%

해 : ㉣ '끓는[끌른]'은 자음군 단순화, 유음화가 일어난다. ㉣에서는 자음군 단순화가 일어났으므로 음절 끝에 올 수 있는 자음 개수의 제한으로 인한 음운 변동이 일어났다는 진술은 적절하다. 그러나 ㉡ '맺힌[매친]'은 발음할 때 거센소리되기만 일어나므로 ㉡에 대한 설명으로는 적절하지 않다.
[오답풀이] ① ㉠ '꽃잎에[꼰니페]'는 'ㄴ' 첨가, 음절의 끝소리 규칙, 비음화가 일어나고, ㉢ '읊조리며[읍쪼리며]'는 음절의 끝소리 규칙, 자음군 단순화, 된소리되기가 일어난다. 따라서 ㉠, ㉢에서는 모두 음운 변동이 각각 세 번씩 일어났다. ② ㉤ '구급약[구:금냑]'은 'ㄴ' 첨가, 비음화가 일어난다. ㉠, ㉤에서는 모두 첨가된 'ㄴ'으로 인해 비음화가 일어났으며, 비음화가 일어나면 조음 방법이 변하게 된다. ③ ㉡에서는 거센소리되기, ㉢에서는 자음군 단순화가 일어나 음운 변동의 결과 음운의 개수가 줄어들었다. ⑤ ㉣에서는 유음화, ㉤에서는 비음화가 일어난다. 유음화와 비음화는 모두 인접한 자음과 조음 방법이 같아지는 음운 변동이다.

493) ②

선택 비율	① 1%	② 92%	③ 3%	④ 1%	⑤ 3%

해 : '맑지[막찌]'는 된소리되기와 자음군 단순화가 일어나 교체 1회, 탈락 1회가 일어났으므로 ⓐ를 만족하고, '백합꽃[배캅꼳]'은 음절의 끝소리 규칙과 거센소리되기가 일어나 교체 1회, 축약 1회가 일어났으므로 ⓑ를 만족하며, '짓이기다[진니기다]'는 음절의 끝소리 규칙과 비음화, ㄴ 첨가가 일어나 교체 2회, 첨가 1회가 일어났으므로 ⓒ를 만족하여 적절하다.
[오답풀이] ① '홑이불[혼니불]'은 음절의 끝소리 규칙과 비음화, ㄴ 첨가가 일어나 교체 2회, 첨가 1회가 일어났으므로 ⓒ를 만족하지만, '굳이[구지]'는 구개음화가 일어나 교체 1회가 일어났으므로 ⓐ를 만족하지 않고, '직행열차[지캥녈차]'는 거센소리되기와 ㄴ 첨가가 일어나 축약 1회, 첨가 1회가 일어났으므로 ⓑ를 만족하지 않아 적절하지 않다. ③ '밟는[밤:는]'은 비음화와 자음군 단순화가 일어나 교체 1회, 탈락 1회가 일어났으므로 ⓐ를 만족하고, '탓하다[타타다]'는 음절의 끝소리 규칙과 거센소리되기가 일어나 교체 1회, 축약 1회가 일어났으므로 ⓑ를 만족하지만, '옷맵시[온맵씨]'는 음절의 끝소리 규칙과 비음화, 된소리되기가 일어나 교체 3회가 일어났으므로 ⓒ를 만족하지 않아 적절하지 않다. ④ '칡뿌리[칙뿌리]'는 자음군 단순화가 일어나 탈락 1회가 일어났으므로 ⓐ를 만족하지 않고, '밝히다[발피다]'는 거센소리되기가 일어나 축약 1회가 일어났으므로 ⓑ를 만족하지 않고, '물약[물략]'은 유음화와 ㄴ 첨가가 일어나 교체

1회, 첨가 1회가 일어났으므로 ⓒ를 만족하지 않아 적절하지 않다. ⑤ '넓둥글다[넙뚱글다]'는 된소리되기와 자음군 단순화가 일어나 교체 1회, 탈락 1회가 일어났으므로 ⓐ를 만족하고, '홑일[훈:닐]'은 음절의 끝소리 규칙과 비음화, ㄴ 첨가가 일어나 교체 2회, 첨가 1회가 일어났으므로 ⓒ를 만족하지만, '커나랗다[커:다라타]'는 거센소리되기가 일어나 축약 1회가 일어났으므로 ⓑ를 만족하지 않아 적절하지 않다.

의미 및 담화

494	495	496	497	498
①	①	③	⑤	⑤
499	500	501	502	503
③	③	④	①	④
504	505	506	507	508
⑤	③	③	⑤	②
509	510	511	512	513
③	③	⑤	①	⑤
514	515	516	517	518
④	⑤	③	④	③
519	520	521	522	523
⑤	②	④	①	⑤
524	525	526	527	528
④	③	⑤	②	④
529	530	531	532	533
③	⑤	③	⑤	④
534	535	536	537	538
④	⑤	④	④	④
539	540	541	542	543
⑤	②	⑤	③	②
544	545	546	547	548
③	④	③	⑤	③
549	550	551	552	553
①	③	⑤	①	④
554	555	556	557	558
③	③	②	②	⑤
559	560	561	562	563
④	③	④	③	⑤
564	565	566	567	568
②	①	③	②	⑤
569	570	571	572	573
③	②	①	⑤	④
574	575	576	577	578
⑤	②	⑤	③	④
579	580	581	582	583
①	④	⑤	①	②
584				
②				

494) ①

선택 비율	① 90%	② 1%	③ 2%	④ 2%	⑤ 2%

[해] : '벗다'는 문맥에 따라 여러 가지 뜻을 가진다. '누명을 벗다.'에서 '벗다'는 '누명이나 치욕 따위를 씻다.'라는 뜻이다. 이때 '벗다'의 반의어는 '사람이 죄나 누명 따위를 가지거나 입게 되다.'라는 뜻의 '쓰다'가 될 수 있다. '배낭을 벗다.'에서 '벗다'는 '메거나 진 배낭이나 가방 따위를 몸에서 내려놓다.'라는 뜻이다. 이때 '벗다'의 반의어는 '어깨에 걸치거나 올려놓다.'라는 뜻의 '메다'가 될 수 있다.

[오답풀이] ② '안경을 벗다.'에서 '벗다'는 '사람이 자기 몸 또는 몸의 일부에 착용한 물건을 몸에서 떼어내다.'라는 뜻이다. 이때 '벗다'의 반의어는 '얼굴에 어떤 물건을 걸거나 덮어쓰다.'라는 뜻의 '쓰다'가 될 수 있다. 그러나 '끼다'가 '배낭을 벗다.'에서 '벗다'의 반의어라고 할 수 없다. ⑤ '허물을 벗다.'에서 '벗다'는 '동물이 껍질, 허물, 털 따위를 갈다.'의 뜻이다. 이때 '벗다'의 반의어는 '쓰다'가 될 수 없다.

495) ①

선택 비율	① 84%	② 4%	③ 5%	④ 3%	⑤ 2%

[해] : ㉠의 '열어'는 '닫히거나 잠긴 것을 트거나 벗기다'라는 중심적 의미로, ㉡의 '열어'는 '모임이나 회의 따위를 시작하다'라는 주변적 의미로 사용되었다.

[오답풀이] ② ㉠의 '먹고'는 '어떤 마음이나 감정을 품다'라는 주변적 의미로, ㉡의 '먹지'는 '음식을 입을 통해 배 속에 들여보내다'라는 중심적 의미로 사용되었다. ③ ㉠의 '잡고'는 '사람이 시간이나 장소, 방향 따위를 골라 정하거나 차지하다'라는 주변적 의미로, ㉡의 '잡았다'는 '일, 기회 따위를 얻다'라는 주변적 의미로 사용되었다. ④ ㉠의 '갔다'는 '직책이나 자리를 옮기다'라는 주변적 의미로, ㉡의 '갔다'는 '한 곳에서 다른 곳으로 장소를 이동하다'라는 중심적 의미로 사용되었다. ⑤ ㉠의 '멀었다'는 '시간적으로 사이가 길거나 오래다'라는 주변적 의미로, ㉡의 '멀었다'는 '거리가 많이 떨어져 있다'라는 중심적 의미로 사용되었다.

496) ③

선택 비율	① 1%	② 2%	③ 90%	④ 1%	⑤ 3%

[해] : '아래'는 '조건, 영향 따위가 미치는 범위'라는 의미로 쓰여 '열등함'의 의미를 갖는 경우로 볼 수 없다. '아래'가 '열등함'의 의미를 갖는 경우는 '신분, 지위, 정도 따위에서 어떠한 것보다 낮은 쪽'이라는 의미로 쓰이는 경우이다.

[오답풀이] ① '위'는 '신분, 지위, 정도 따위에서 어떠한 것보다 높거나 나은 쪽'이라는 의미로 쓰여 '우월함'의 의미를 나타낸다. ② '앞서다'는 '발전이나 진급, 중요성 따위의 정도가 남보다 높은 수준에 있거나 빠르다.'라는 의미로 쓰여 '우월함'의 의미를 나타낸다. ④ '뒤떨어지다'는 '발전 속도가 느려 도달하여야 할 수준이나 기준에 이르지 못하다.'라는 의미로 쓰여 '열등함'의 의미를 나타낸다. ⑤ '뒷걸음질'은 '본디보다 뒤지거나 뒤떨어짐.'이라는 의미로 쓰여 '열등함'의 의미를 나타낸다.

497) ⑤

선택 비율	① 7%	② 3%	③ 9%	④ 5%	⑤ 75%

[해] : '소녀'와 '사람'은 상하 관계에 있는데, 이는 두 단어가 갖는 의미 자질 중 두 개가 대립을 이루기 때문이 아니라, '소녀'의 의미 자질이 '사람'의 의미 자질을 포함하며 여기에 [+여성]과 [-성인]을 더 갖고 있기 때문이다.

[오답풀이] ① '사람'의 의미 자질은 '숙녀'의 의미 자질에 포함되고, '숙녀'의 의미 자질보다 하나 이상 적으므로 '사람'은 '숙녀'의 상의어이다. ② '여자'의 의미 자질은 '사람'의 의미 자질을 포함하고, [+여성]을 더 갖고 있으므로 '여자'는 '사람'의 하의어이다. ③ '소녀'의 의미 자질은 '여자'의 의미 자질을 포함하고, [-성인]을 더 갖고 있으므로 하의어인 '소녀'는 상의어인 '여자'보다 구체적인 의미를 가진다. ④ [-여성]을 가진 '신사'와 [+여성]을 가진 '숙녀'는 하나의 의미 자질만 대립을 이루고, 나머지 의미 자질은 같으므로 '신사'는 '숙녀'와 반의 관계에 있다.

498) ⑤

선택 비율	① 5%	② 17%	③ 2%	④ 9%	⑤ 65%

[해] : '서다'의 중심적 의미는 '사람이나 동물이 발을 땅에 대고 다리를 쭉 뻗으며 몸을 곧게 한다.'이고, '앉다'의 중심적 의미는 '사람이나 동물이 윗몸을 바로 한 상태에서 엉덩이에 몸무게를 실어 다른 물건 위에 몸을 올려놓거나 무릎을 구부려 엉덩이를 다리나 발 위에 올려놓다.'이다. ⑤의 '서다'와 '앉다'는 이러한 중심적 의미로 사용되어 반의 관계가 성립한다.

[오답풀이] ①, ③의 '서다'와 '앉다'는 모두 주변적 의미로 사용되었다. ②의 '서다'는 중심적 의미로 쓰였으나, '앉다'는 '새나 곤충 따위가 일정한 곳에 내려 자기 몸을 다른 물건 위에 놓다.'라는 주변적 의미로 사용되었다. ④의 '서다'는 주변적 의미로, '앉다'는 중심적 의미로 사용되었다.

499) ③

선택 비율	① 2%	② 1%	③ 94%	④ 1%	⑤ 0%

[해] : ⓒ은 문맥상 '어떠한 일을 이루고자 하는 마음'을 의미하므로 '의지'로 바꾸어야 한다.

500) ③

선택 비율	① 2%	② 1%	③ 91%	④ 1%	⑤ 2%

[해] : '그는 자신의 뿌리를 찾고자 노력한다.'에서 '뿌리'는 자연물 '뿌리'가 아니라 사물이나 현상을 이루는 근본을 비유적으로 이르는 말이므로 중심적 의미가 아니라 주변적 의미로 쓰인 것이다. '잡초가 다시 자라지 않도록 뿌리를 뽑았다.'에서의 '뿌리'는 자연물 자체를 드러내는 중심적 의미로 쓰였다. 그러므로 중심적 의미와 주변적 의미의 순서가 뒤바뀌었다.

[오답풀이] ① '천체 망원경으로 밤하늘의 별을 관찰했다.'에서의 '별'은 자연물 자체를 가리키는 중심적 의미로 쓰였고 '어제 물리학계의 큰 별이 졌다.'에서의 '별'은 어떤 분야에서 위대한 업적을 남긴 대가를 비유적으로 이르는 말이므로 주변적 의미로 쓰였다. ② '천둥과 번개를 동반한 비가 내렸다.'에서의 '번개'는 자연 현상 자체를 가리키는 중심적 의미로 쓰였고 '그는 도망가는 데만큼은 정말 번개야.'에서의 '번개'는 동작이 아주 빠르고 날랜 사람이나 사물을 비유적으로 이르는 말이므로 주변적 의미로 쓰였다. ④ '일출을 기다리는 우리 앞에 붉은 태양이 떠올랐다.'에서의 '태양'은 자연물 자체를 가리키는 중심적 의미로 쓰였고 '그녀는 그가 자기 마음의 태양이라고 말했다.'에서의 '태양'은 매우 소중하거나 희망을 주는 존재를 비유적으로 이르는 말이므로 주변적 의미로 쓰였다. ⑤ '들판에는 풀잎마다 이슬이 맺혔다.'에서의 '이슬'은 자연물 자체를 가리키는 중심적 의미로 쓰였고 '그녀의 두 눈에 맺힌 이슬이 뜨겁게 흘러내렸다.'에서의 '이슬'은 눈물을 비유적으로 이르는 말이므로 주변적 의미로 쓰였다.

501) ④

선택 비율	① 2%	② 2%	③ 5%	④ 86%	⑤ 3%

[해] : 'ㄹ'의 첫 번째 예문을 보면 '속'이 신체에 대해 쓰였으므로, ④에서 '속'이 추상적인 대상을 가리킬 때 쓰인다는 설명은 적절하지 않다.

[오답풀이] ① 'ㄱ'을 보면 '속'과 '안'은 '건물 {속/안}으로 들어가다.'와 같이 공통적으로 쓰인다는 점에서 '사물이나 영역의 내부'라는 공통 의미를 지닌 유의어라 할 수 있다. ② 'ㄴ'을 보면 시간적 범위를 나타낼 때는 '속'이 아니라, '안'이 쓰이는 것을 확인할 수 있다. ③ 'ㄷ'처럼 사람의 마음이나 태도 등을 나타내는 관용구에는 '안'이 아니라 '속'이 쓰이는 것을 볼 수 있다. ⑤ 'ㅁ'의 첫 번째 예문에서는 '속'과 '겉'의 대립 관계를, 두 번째 예문에서는 '안'과 '바깥'의 대립 관계를 확인할 수 있으므로, '속'은 '겉'과 반의 관계를, '안'은 '바깥'과 반의 관계를 형성한다고 할 수 있다.

502) ①

선택 비율	① 94%	② 1%	③ 0%	④ 3%	⑤ 0%

[해] : <보기>에서는 본래 공간과 관련된 중심적 의미를 지니고 있던 '가깝다'가 추상화되어 주변적 의미도 지니게 되었음을 설명하고 있다. ①의 '물은 낮은 곳으로 흐른다.'에서 '낮다'는 '아래에서 위까지의 높이가 기준이 되는 대상이나 보통 정도에 미치지 못하는 상태에 있다.'라는 의미로 쓰여 공간과 관련된 중심적 의미를 나타내지만, '환경에 대한 관심도가 낮다.'에서 '낮다'는 '품위, 능력, 품질 따위가 바라는 기준보다 못하거나 보통 정도에 미치지 못하는 상태에 있다.'라는 의미로 쓰여 중심적 의미가 추상화된 주변적 의미를 나타낸다.

[오답풀이] ② '크다'의 중심적 의미는 '사람이나 사물의 외형적 길이, 넓이, 높이, 부피 따위가 보통 정도를 넘는다.'이다. '그는 성공할 가능성이 크다.'에서 '크다'는 '가능성 따위가 많다.'라는 주변적 의미로 쓰였으며, '힘든 만큼 기쁨이 큰 법이다.'에서의 '크다' 역시 '일의 규모, 범위, 정도, 힘 따위가 대단하거나 강하다.'라는 주변적 의미로 쓰였다. ③ '넓다'의 중심적 의미는

'면이나 바닥 따위의 면적이 크다.'이다. '두 팔을 최
대한 넓게 벌렸다.'와 '도로 폭이 넓어서 좋다.'에서
'넓다'는 모두 '너비가 크다.'라는 중심적 의미로 쓰
였다. ④ '좁다'의 중심적 의미는 '면이나 바닥 따위
의 면적이 작다.'이다. '내 좁은 소견을 말씀드렸다.'
와 '마음이 좁아서는 곤란하다.'에서 '좁다'는 모두
'마음 쓰는 것이 너그럽지 못하다.'라는 주변적 의미
로 쓰였다. ⑤ '작은 힘이라도 보태고 싶다.'에서 '작
다'는 '일의 규모, 범위, 정도, 중요성 따위가 비교
대상이나 보통 수준에 미치지 못하다.'라는 주변적
의미로 쓰였으며, '우리 학교는 운동장이 작다.'에서
'작다'는 '길이, 넓이, 부피 따위가 비교 대상이나 보
통보다 덜하다.'라는 중심적 의미로 쓰였다.

503) ④

선택 비율	① 3%	② 1%	③ 3%	④ 89%	⑤ 2%

해 : ㄷ은 문맥상 소비자의 입장에서 말하는 것으로, 값을
깎아주어야 다시 구매를 하러 올 것이라는 의미로 해
석된다. 그러므로 ㄷ의 '에누리'는 '값을 내리는 일'의
의미로 쓰였다고 볼 수 있다.

[오답풀이] ② '뜬금없이 그런 말'을 하는 것을 '주책이다'라고
표현한 것으로 보아 ㄴ의 '주책'은 '일정한 줏대가
없이 되는 대로 하는 짓'이라는 부정적인 의미로 쓰
였다고 볼 수 있다. ③ '주책없다'와 '주책이다'는 같
은 의미로 쓰인다. ⑤ '적게 팔고도 많은 이윤을 남
긴다'고 했으므로 '에누리 없이 장사'를 한다는 것
은 가격을 낮추는 일이 없이 장사를 한다는 것으로
봐야한다. 그러므로 '에누리'는 '값을 내리는 일'의
의미로 쓰인 것으로 볼 수 있다.

504) ⑤

선택 비율	① 4%	② 1%	③ 1%	④ 2%	⑤ 90%

해 : '어머니께서 목도리를 한 코씩 떠 나가셨다.'의 '코'는
'그물이나 뜨개질한 물건의 눈마다의 매듭'을 의미하
므로 소리는 같지만 중심적 의미가 다른 동음이의어
'코²'이고 ㉢에 해당한다.

[오답풀이] ① '묽은 코가 옷에 묻어 휴지로 닦았다.'의 '코'는
'코¹'의 두 번째 의미 '콧구멍에서 흘러나오는 액체'
이므로 ㉠ 중심적 의미가 아니라 ㉡ 주변적 의미에
해당한다. ② '어부가 쳐 놓은 어망의 코가 끊어졌
다.'의 '코'는 '그물이나 뜨개질한 물건의 눈마다의
매듭'을 의미하므로 소리는 같지만 중심적 의미가
다른 동음이의어 '코²'이고 ㉡이 아니라 ㉢에 해당한
다. ③ '코끼리는 긴 코를 자유자재로 사용한다.'의
'코'는 '코¹'의 첫 번째 의미 '포유류의 얼굴 중앙에
튀어나온 부분'이므로 ㉡ 주변적 의미가 아니라 ㉠
중심적 의미에 해당한다. ④ '동생이 갑자기 코를 다
쳐서 병원에 갔다.'의 '코'는 '코¹'의 첫 번째 의미
'포유류의 얼굴 중앙에 튀어나온 부분'이므로 ㉡ 주
변적 의미가 아니라 ㉠ 중심적 의미에 해당한다.

505) ③

선택 비율	① 3%	② 14%	③ 73%	④ 4%	⑤ 7%

해 : ㉢에서 '종소리를 듣다'의 '듣다'는 '소리를 감각 기관

을 통해 알아차리다.'라는 의미이고, '잔소리로 듣다'의
'듣다'는 '어떤 것을 무엇으로 이해하거나 받아들이다.'
라는 의미로, 이 둘은 다의어 관계이다. 그런데 전자
는 주어와 목적어를 필수적으로 요구하는 두 자리 서
술어이고, 후자는 주이, 목적어, 부사어를 필수적으로
요구하는 세 자리 서술어이다. 따라서 다의어 관계이
지만 필수 성분의 개수가 다른 경우에 해당한다.

[오답풀이] ① ㉠에서 쓰인 '불'은 각각 '물질이 산소와 화합하
여 높은 온도로 빛과 열을 내면서 타는 것'과 '불이
타는 듯이 열렬하고 거세게 타오르는 정열이나 감정
을 비유적으로 이르는 말'의 의미를 지니며, 이 둘은
다의어 관계이다. ② ㉡에서 '가위표를 치다'의 '치
다'는 '붓이나 연필 따위로 점을 찍거나 선이나 그림
을 그리다.'의 뜻을 지니며, '구슬을 치다'의 '치다'
는 '손이나 손에 든 물건으로 물체를 부딪게 하는
놀이나 운동을 하다.'의 뜻을 지닌다. 이 둘은 동음
이의어 관계이다. ④ ㉣에서 '엷은 화장'의 '엷다'는
'빛깔이 진하지 아니하다.'의 의미이고, '엷은 잠'의
'엷다'는 '말이나 행동 따위가 깊지 아니하고 가볍
다.'라는 의미로, 이 둘은 다의어 관계이다. 그러나
전자의 반의어는 '짙다', 후자의 반의어는 '깊다'로,
이 둘은 반의어가 같은 경우가 아니다. ⑤ ㉤에서
'봄이 오다'의 '오다'는 '계절 따위가 현재나 가까운
미래에 닥치다.'라는 의미이고, '노력에서 오다'의
'오다'는 '어떤 현상이 어떤 원인에서 비롯하여 생겨
나다.'의 의미로, 이 둘은 다의어 관계이다. 그런데
전자는 주어만을 필수적으로 요구하는 한 자리 서술
어이고, 후자는 주어와 부사어를 필수적으로 요구하
는 두 자리 서술어이다. 따라서 필수 성분의 개수와
종류가 모두 동일한 경우에 해당하지 않는다.

506) ③

선택 비율	① 2%	② 2%	③ 91%	④ 1%	⑤ 1%

해 : 담화 상황에서 지시어의 기능을 파악할 수 있는지 확인
하기 위한 질문이다. 담화 상황에서 지시어를 효과적으
로 사용하면 불필요한 반복을 피하고 말하고자 하는 내
용을 더욱 간결하게 전달할 수 있다. ㉢은 말하는 이인
'지수'와 듣는 이인 '성모'로부터 멀리 떨어진 장소를
가리키는 지시어이므로 적절하지 않다.

[오답풀이] ① ㉠은 듣는 이인 '지수'에게 가까이 있는 사물을
가리킬 때 사용하는 지시어로, '지수가 끼고 있는 장
갑'을 가리키고 있다. ② ㉡은 말하는 이와 듣는 이,
모두에게 가까운 장소를 가리키는 말로 '성모'와 '지
수'가 대화를 나누는 장소를 가리킨다. ④ ㉣은 말하
는 이와 듣는 이, 모두에게서 멀리 떨어진 장소로,
대화의 장소에서는 보이지 않는 곳인 '편의점'을 가
리킨다. ⑤ ㉤은 '지수'의 언니가 장갑을 산 '가게'를
가리키는 말이다.

507) ⑤

선택 비율	① 4%	② 1%	③ 2%	④ 0%	⑤ 90%

해 : ㉤은 지완에 앞서 원세의 말에 나온 '제출할 작품'을
지칭하는 지시어이므로 ㉤은 지완이 이미 언급했던 것
이 아니라 원세의 말을 받아서 사용한 것이다.

[오답풀이] ① ㉠은 지완에게는 멀리, 원세에게는 가까이 있는 무릎 담요를 지칭하는 지시어이다. ② ㉡은 화자와 청자에게 멀리 떨어져 있지만 둘 다 보고 있는 대상을 지칭하는 '저'를 사용했는데, 이는 화자와 청자가 둘 다 보고 있다는 것을 전제로 한다. ③ ㉢은 원세의 '일기예보에서는 날이 풀린다고 하던데.'라는 문장을 받아 사용한 대용어이다. ④ ㉣은 대화의 화제를 날씨에서 제출할 작품으로 돌리기 위해 사용한 접속어이다.

508) ②

선택 비율	① 1%	② 94%	③ 2%	④ 0%	⑤ 0%

해 : 효과적인 담화를 위해 사용하는 '이', '그', '저'는 대상과 말하는 이, 듣는 이 사이의 거리에 따라 선택되는 지시·대용표현이다. ㉡은 화자인 '효준'과 청자인 '유로'에게 모두 멀리 떨어져 있는 진열대를 지칭하는 표현이고, ㉤은 화자인 '유로'와 청자인 '효준'이 있는 장소에서는 현재 보이지 않는 □□매장을 가리키는 표현이다. 따라서 ㉡을 사용하여 '효준'이 지시한 장소는 ㉤이 나타내는 장소와 동일하지 않다.

[오답풀이] ① ㉠은 화자인 '효준'과 청자인 '유로'에게 모두 멀리 떨어져 있는 진열대의 운동화를 가리키므로 적절한 진술이다. ③ ㉢은 화자인 '효준'에게 가까이 있는 운동화를 가리키므로 적절한 진술이다. ④ ㉣은 화자인 '유로'에게는 멀지만, 청자인 '효준'에게 가까운 운동화를 가리키는 표현이고, ㉢도 '효준'에게 가까운 운동화를 가리키는 표현이므로 적절한 진술이다. ⑤ 화자인 '유로'와 청자인 '효준'이 있는 장소에서는 현재 보이지 않는 □□매장을 가리키므로 적절한 진술이다.

509) ③

선택 비율	① 2%	② 1%	③ 87%	④ 3%	⑤ 5%

해 : ㉣은 '원장님'의 말을 높이기 위해 사용한 것이고 ㉧은 '학생'이 자신의 말을 낮추기 위해 사용한 것이므로 적절하지 않다.

[오답풀이] ① ㉠과 ㉡은 모두 '원장님'을 높이기 위해 사용한 것이므로 적절하다. ② ㉢과 ㉦은 모두 학생과 원장님이 전화로 약속을 잡았던 날을 지칭하므로 적절하다. ④ ㉤은 화자와 청자 모두로부터 멀리 떨어져 있는 곳을 가리키므로 적절하다. ⑤ ㉧은 현재의 담화 상황에 참여하지 않는 학생의 아버지를 지칭하므로 적절하다.

510) ③

선택 비율	① 2%	② 3%	③ 90%	④ 2%	⑤ 1%

해 : ㉤은 물병 두 개를 가리키며, ㉥은 '물병'을 가리킨다.

[오답풀이] ① ㉡은 '버스'의 상위어로서 ㉠을 가리킨다. ② ㉢과 ㉣은 다른 단어이지만 둘 다 대화를 나누고 있는 장소를 가리킨다. ④ ㉦은 화자와 청자인 '지현'과 '경준'을 모두 포함한다. ⑤ ㉧은 뒤에 나오는 '민재'를 가리킨다.

511) ⑤

선택 비율	① 3%	② 2%	③ 2%	④ 4%	⑤ 89%

해 : ㉤은 문구점에 갔을 때를 의미하고, ㉦은 약속 시간인 '내일 12시'를 가리키므로 ㉤은 ㉦과 같은 대상을 가리키는 것이 아니다.

[오답풀이] ① 화자와 청자를 모두 포함한다. ② '저번에 놀자고' 약속했던 것을 가리킨다. ③ ㉢은 약속 장소를 묻기 위해 사용한 표현이고, ㉣은 약속 장소인 '학교 앞 정류장'을 가리킨다. ④ 아직 정해지지 않은 대상인 '사고 싶은' 것을 가리킨다.

512) ①

선택 비율	① 96%	② 2%	③ 0%	④ 1%	⑤ 0%

해 : '다시 말해서'는 앞의 내용 중 핵심 내용을 간명하게 말함으로써 여가의 의미를 강조하고 있다.

513) ⑤

선택 비율	① 2%	② 2%	③ 0%	④ 1%	⑤ 95%

해 : (가)는 신문이라는 매체를 통해 이루어진 문어 담화로서 (나)에 비해 기록성과 보관성이 높다고 할 수 있다.

[오답풀이] ② '뜬금없이 그런 말'을 하는 것을 '주책이다'라고 표현한 것으로 보아 ㄴ의 '주책'은 '일정한 줏대가 없이 되는 대로 하는 짓'이라는 부정적인 의미로 쓰였다고 볼 수 있다. ③ '주책없다'와 '주책이다'는 같은 의미로 쓰인다. ⑤ '적게 팔고도 많은 이윤을 남긴다'고 했으므로 '에누리 없이 장사'를 한다는 것은 가격을 낮추는 일이 없이 장사를 한다는 것으로 봐야한다. 그러므로 '에누리'는 '값을 내리는 일'의 의미로 쓰인 것으로 볼 수 있다.

[오답풀이] ① (나)의 경우 '택시 기사가 손님이 놓고 내린 돈가방을 경찰서에 신고했다'라는 정보만 제공되는 것에 비해 (가)의 경우 이와 같은 내용 외에도 습득(분실)한 금액, 날짜, 시간, 경찰서에 신고한 과정 등이 구체적이고 체계적으로 제시되어 있으므로 적절한 진술이다. ② (나)에서 '대단하네, 그 사람'은 문장의 순서를 고려할 때, '(그 사람이) 대단하다.'이므로 적절한 진술이다. ③ (나)에서 '근데', '난' 등의 줄임말은 일상적 구어 담화의 특징이라고 할 수 있으므로 적절한 진술이다. ④ (나)는 일상적인 대화이자 구어 담화의 사례인데, '그 얘기(를) 들었어?' '(그 사람은 가방의 주인이) 사례금을 줬는데도 안 받고' 등을 통해 알 수 있듯 문어 담화에 비해 구어 담화에서는 조사나 주어 등의 문법 요소가 자주 생략됨을 알 수 있다.

514) ④

선택 비율	① 3%	② 2%	③ 2%	④ 90%	⑤ 1%

해 : 아들은 '배가 너무 고파요.'라는 평서문을 사용해 상대방인 엄마에게 '제가 배가 고프니 먹을 것을 주세요.'라는 요구의 의미를 표현하고 있다

515) ⑤

선택 비율	① 4%	② 1%	③ 2%	④ 1%	⑤ 89%

[해] : '뮤지컬 함께 보러 가자.'라는 화자의 발화는 청유형 어미 '-자'를 사용한 청유문으로 표현되었으며, 요청의 의미를 담고 있기 때문에 직접 발화에 해당한다.

[오답풀이] ① 반장의 발화는 평서형으로 표현되었으나, 떠드는 학생에게 조용히 하라는 지시의 뜻을 담고 있으므로 간접 발화이다. ② 엄마의 발화는 의문형으로 표현되어 있으나, 게임을 그만하라는 지시의 뜻을 담고 있으므로 간접 발화이다. ③ 시어머니의 발화는 의문형으로 표현되었으나, 우산을 들고 마중을 가는 게 어떠냐는 요청의 뜻을 담고 있으므로 간접 발화이다. ④ 사장의 발화는 의문형으로 표현되어 있으나, 실수를 하지 말라는 주의의 뜻을 담고 있으므로 간접 발화이다.

516) ③

선택 비율	① 7%	② 3%	③ 81%	④ 5%	⑤ 2%

[해] : 반장은 선생님의 신발장의 신발을 치우라는 말을 책상의 책을 치우라는 이야기로 받아들이고 있기 때문에 원활한 의사소통을 하고 있다고 볼 수 없다.

[오답풀이] ① (가)는 목적어와 서술어, (나)는 주어와 목적어가 생략되었으므로 공통적으로 목적어가 생략되었다는 것은 적절한 말이다. ② 반장은 상황 맥락에 따라 (가)에서는 주어를 제외한 문장 성분을, (나)에서는 부사어와 서술어를 제외한 문장성분을 생략하고 있어 상황 맥락에 따라 생략하는 문장 성분에 차이가 생긴다고 볼 수 있다. ④ (라)의 경우 '제가'라는 주어와 '신발장을'이라는 목적어, '치울게요'라는 서술어를 생략한 것으로 볼 수 있다. ⑤ 선생님께서 신발을 치우라고 한 말의 대답이므로 문장성분을 복원한다면, '제가 선생님께서 시키신 신발장 정리를 끝냈어요' 정도의 문장으로 표현할 수 있다.

517) ④

선택 비율	① 4%	② 6%	③ 5%	④ 72%	⑤ 10%

[해] : ㄹ은 언어적 맥락을 중심으로 상대방의 발화를 이해한 것이다.

[오답풀이] ① '영수'의 발화는 '조금 춥다'라는 앞선 두 사람의 발화를 상황 맥락을 중심으로 이해한 것이다. ② '철호'의 발화는 "나도 조금 추워!"라는 앞선 자신의 발화를 '영수'가 상황 맥락을 중심으로 정확히 이해했다는 것을 알려주고 있다. ③ '선희'의 발화는 "조금 춥구나!"라는 앞선 자신의 발화가 언어적 맥락을 중심으로 이해되어야 한다는 것을 밝히고 있다. ⑤ '승객 1'은 "내립시다."라는 앞선 자신의 발화를 '승객 2'가 제대로 이해하지 못하자 언어적 맥락을 중심으로 자신의 발화가 이해될 수 있도록 다시 말하였다.

518) ③

선택 비율	① 3%	② 2%	③ 89%	④ 2%	⑤ 2%

[해] : ㄷ은 딸의 발화 이전에 아버지가 이야기한 '저 옷이랑 같이 입으면'의 내용을 대신하여 표현하고 있는 대용 표현이다. 그러므로 '아버지가 앞에서 한 말과 관련된 세부 사항이 뒤에 추가될 것임을 나타낸다.'라는 진술은 적절하지 않다.

[오답풀이] ① '이거'는 가리키는 대상이 화자와 가깝게 위치할 때 쓰이는 지시 표현이므로 '지시하는 대상이 청자인 은주에 비해 화자인 아버지에게 가까이 있음을 나타낸다.'라는 진술은 적절하다. ② '저'는 상황 맥락 속에 존재하는 대상을 직접적으로 가리키는 지시 표현으로 아버지와 딸 사이에 진행되고 있는 대화의 맥락으로 볼 때 '지시하는 대상을 청자인 은주도 볼 수 있음을 전제로 한다.'라는 진술은 적절하다. ④ '그렇게'는 앞서 아버지가 이야기한 내용을 대신하는 대용 표현이므로 고모한테 고맙다고 전화 한 통 드리라는 말을 대신하여 담화의 중복을 피한다는 진술은 적절하다. ⑤ '그런데'는 고모한테 전화 한 통 드리라는 화제에서 영화를 보러 가자는 화제로 바꾸고 있으므로 화제를 다른 데로 돌리는 기능을 한다는 진술은 적절하다.

519) ⑤

선택 비율	① 12%	② 6%	③ 20%	④ 7%	⑤ 53%

[해] : 청유형 종결 어미는 말하는 이가 듣는 이에게 같이 행동할 것을 제안하거나(예 함께 공부하자), 말하는 이의 행동 수행을 제안하기도 하지만(예 나도 한마디 하자), 말 듣는 이의 행동 수행을 촉구하기도 한다(예 표 좀 빨리 팝시다). 주어진 담화에서는 '아들'에게 '심호흡' 해 볼 것을 권하는 것이지 함께 행동할 것을 제안하는 것은 아니다.

520) ②

선택 비율	① 2%	② 84%	③ 4%	④ 4%	⑤ 3%

[해] : '어제' 형이 '내일' 시험을 본다고 말한 것은 인용을 하는 화자가 말한 시점을 기준으로 할 때, 형이 '오늘' 시험을 본다는 것을 의미한다. 따라서 [자료]의 간접 인용에서의 시간 표현은 '오늘'이 적절하므로, 시간 표현 '오늘'을 '어제'로 바꿔야 한다는 설명은 적절하지 않다.

[오답풀이] ① '자기'는 앞서 언급한 '형'을 다시 가리키는 3인칭 재귀 대명사로, '나'를 '자기'로 바르게 바꿨다는 설명은 적절하다. ③ '이곳'은 인용을 하는 화자의 관점에서 먼 거리에 있는 '형'이 위치한 곳을 가리키므로, '이곳'을 '그곳'으로 바르게 바꿨다는 설명은 적절하다. ④ 평서문은 간접 인용에서 종결 어미가 '-다'로 바뀌므로, '-아'를 '-다'로 바르게 바꿨다는 설명은 적절하다. ⑤ 간접 인용에서는 조사 '고'가 쓰이므로, 직접 인용에 쓰이는 조사 '라고'를 '고'로 바꿔야 한다는 설명은 적절하다.

521) ④

선택 비율	① 4%	② 0%	③ 2%	④ 93%	⑤ 0%

[해] : 선지 ④의 문장에서는 '이렇게 한 다음'이라는 표현에서 지시 표현('이렇게')과 순서, 과정을 직접적으로 드러내는 어휘('다음')가 모두 사용되고 있다.

[오답풀이] ① '먼저'는 직접적으로 순서나 과정을 드러내는 어

휘(ⓑ)이다. ② '우리'라는 2인칭 지시대명사(㉠가 사용되었다. ③ '그러니'는 접속 부사(㉠)로, 응집성을 표현하는 형식에 해당된다. ⑤ 앞뒤 문장에서 '사포질'이라는 단어가 반복되어 담화의 후반부가 연필꽂이 만들기 중 '사포질' 단계와 관련되어 있음을 드러내고 있다.

522) ①

선택 비율	① 72%	② 3%	③ 11%	④ 11%	⑤ 2%

해 : ㉠의 '그것'은 대용 표현으로 사용된 지시 대명사로서, 담화 맥락 안에서 '영희가 말도 없이 책을 가져갔다'는 사실을 가리키고 있다. A가 '~났더라'라고 하여 민수가 화가 많이 났음을 직접 확인했음을 말하고 있으므로 이를 사실이냐고 묻는다는 것은 어색하다.

[오답풀이] ② ㉡의 '자기'는 B가 앞서 언급한 '영희'를 도로 나타내기 위해 사용한 재귀 대명사이다. ③ ㉢의 '아무나'는 화자가 불특정 대상을 가리키기 위해 사용한 부정칭 대명사이다. ④ ㉣의 '누구'는 지시 대상을 정확히 모르고 있어서 사용한 미지칭 대명사이다. ⑤ ㉤의 '거기'는 담화 맥락상 A가 앞서 언급한 '교실'을 가리키기 위해 사용한 지시 대명사이다.

523) ⑤

선택 비율	① 2%	② 1%	③ 1%	④ 5%	⑤ 88%

해 : 대화 상황 내에 사용되는 호칭어와 지칭어를 정확하게 파악할 수 있는지를 묻는 문항이다. <보기>의 담화 상황은 엄마와 아들의 대화이기 때문에 ⑭ '누나'는 화자와 청자를 제외한 제삼자를 가리키지만 ◎의 '영수'는 청자인 아들을 가리킨다.

[오답풀이] ① ㉠ '엄마'와 ⑭ '누나'는 모두 청자인 아들(영수)의 관점에서 지칭어를 사용한 경우이다. ② ㉆ '우리 아들'은 영수를 지칭하는 것이기 때문에, ㉠과 ㉆은 모두 현재의 담화 상황에 참여하고 있는 사람을 가리킨다. ③ ㉡과 ㉢의 '저거'는 모두 '저 옷 가게 광고판'이라는 동일한 대상을 가리킨다. ④ ㉣의 '오늘'과 ⑭의 '어제'는 모두 '2015년 12월 30일'의 동일한 날을 가리킨다.

524) ④

선택 비율	① 3%	② 2%	③ 2%	④ 89%	⑤ 1%

해 : ㉣에서 소연은, 학교에 늦은 지연에게 학교에 빨리 가고 명령하려는 의도를 '가라'는 명령형 종결 표현을 통해 지연에게 전달하고 있으므로 화자의 의도와 종결 표현을 일치시키지 않고 있다고 진술한 것은 적절하지 않다.

525) ③

선택 비율	① 2%	② 1%	③ 93%	④ 1%	⑤ 1%

해 : '우리'는 대화 맥락에 따라 서로 다른 대상을 가리킬 수 있다. <보기>의 대화 중 ⓑ는 대화 참여자 '수빈, 나경, 세은' 모두를 포함한다. 또한, ⓒ의 '우리' 역시 머리핀을 사러 같이 갈 수 없는 '수빈'을 포함한 대화 참여자 세 명을 모두 가리킨다. 이는 전체적인 대화 맥락을 통해, 그리고 ⓑ와 함께 쓰인 '셋이', ⓒ와 함

께 쓰인 '다 같이'를 통해 확인할 수 있다.

[오답풀이] ⓐ의 '우리'가 가리키는 대상은 나경 혹은 나경을 포함한 형제자매로 볼 수 있다. 마찬가지로 ⓒ의 '우리' 역시 수빈 혹은 수빈의 가족 구성원을 의미하는 것으로 볼 수 있다. 또한, ⓑ나 ⓔ와 달리, ⓓ의 '우리'가 가리키는 대상에는 청자인 수빈이 포함되지 않는다.

526) ⑤

선택 비율	① 3%	② 1%	③ 6%	④ 3%	⑤ 84%

해 : ⊗의 '저희'에는 청자인 선배는 포함되지 않는다. 화자인 후배 2가 후배 1과 자신을 함께 낮추기 위해 '저희'를 사용한 것이다.

[오답풀이] ① ㉠의 '학교에서'는 행동이 이루어지고 있는 처소를 나타내는 부사격 조사 '에서'가 결합한 부사어이고, ㉡의 '학교에서'는 단체를 나타내는 명사 뒤에 붙는 주격 조사 '에서'가 결합한 주어이다. ② 후배 2가 이전 발화에서 '저희가 선배님과 함께 제안했던'이라고 표현한 것에 비추어 볼 때, ㉢의 '우리'에는 화자인 선배와 청자인 후배 1, 후배 2가 모두 포함되어 있다. ③ '자신의 형편을 감안해 달라는 동아리가'라는 표현에서 ㉣의 '자신'은 '동아리'를 가리킨다. ④ 동아리 활동 지원 예산안에 대한 학교와 동아리 간의 입장 차이라는 대화 맥락에 비추어 볼 때, ㉤의 '서로'에는 예산안 수용 여부를 결정하는 ㉡의 '학교'와 예산안을 제안한 동아리에 소속된 ㉥의 '우리'가 모두 포함된다.

527) ②

선택 비율	① 1%	② 90%	③ 5%	④ 1%	⑤ 1%

해 : ㉡이 가리키는 대상은 '영이'와 '별이'이고, ⑭이 가리키는 대상은 '영이'와 '별이'와 '민수'이므로, ㉡이 가리키는 대상은 ⑭이 가리키는 대상에 포함된다.

[오답풀이] ① ㉠이 가리키는 대상은 '민수'와 '영이'이고, ㉡이 가리키는 대상은 '영이'와 '별이'이므로 ㉠과 ㉡이 가리키는 대상은 동일하지 않다. ③ ㉢이 가리키는 대상은 '봄이'와 '솜이'이고, ⑭이 가리키는 대상은 '민수'와 '영이'와 '봄이'이므로 ㉢이 가리키는 대상은 ⑭이 가리키는 대상에 포함되지 않는다. ④ ㉣이 가리키는 대상은 '민수'와 '봄이'와 '솜이'이고, ㉤이 가리키는 대상은 '영이'와 '별이'와 '민수'이므로 ㉣과 ㉤이 가리키는 대상은 동일하지 않다. ⑤ ㉤이 가리키는 대상은 '민수'와 '봄이'와 '솜이'이고, ⑭이 가리키는 대상은 '민수'와 '영이'와 '봄이'이므로 ㉤과 ⑭이 가리키는 대상은 동일하지 않다.

528) ④

선택 비율	① 5%	② 3%	③ 12%	④ 74%	⑤ 3%

해 : ⑭의 '왔어'는 정수가 화자인 민수가 있던 장소로 이동했음을 나타내지만 ⊗의 '왔었구나'는 정수가 화자인 희철이 있던 장소로 이동했음을 나타내지 않는다.

[오답풀이] ① ㉠의 '내일'과 ⑭의 '어제'는 둘 다 발화 시점에 따라 언제인지가 결정된다. ② ㉡의 '네 말'은 이전

발화를 가리킴에 비해 ⓒ의 '저기 저'는 '○○ 서점' 을 가리킨다. ③ ⓔ의 '정수'는 고유 명사이기 때문에 지시 대상이 고정되지만 ⓗ의 '네'는 대명사이기 때문에 담화 참여자에 따라 지시 대상이 결정된다. ⑤ ⓘ의 '우리'는 '민수, 희철'을 가리키고 ⓙ의 '우리'는 '기영, 민수, 희철'을 가리킨다.

529) ③

선택 비율	① 4%	② 2%	③ 85%	④ 3%	⑤ 4%

해 : ⓐ의 '시간'은 영화가 시작하는 시간인 6시를 뜻한다. ⓒ의 '1시간 앞서'는 ⓐ의 영화 시간 6시를 기준으로 하며, ⓔ의 '미리'도 ⓐ의 영화 시간 6시를 기준으로 그보다 앞선 때를 가리킨다.

[오답풀이] ① 영화의 시작 시간을 가리키는 ㉠과 ⓐ은 같은 시간이다. ② ⓒ의 '미리'는 '어제'라는 과거를 가리키지만, ⓔ의 '미리'는 지혜와 평화가 영화가 시작하기 전 만나서 저녁을 먹기로 한 5시에서 6시 사이를 의미하기 때문에 미래를 가리킨다. ④ ⓔ의 '가지'는 지혜와 평화가 영화관 인근에서 저녁을 먹고 영화관으로 이동하는 것을 가리킨다. ⓗ의 '와'는 영민이 학교에서 상담을 마치고 영화관으로 이동하는 것을 가리킨다. 따라서 이동의 출발 장소는 서로 다르다. ⑤ 동일한 장소인 분식집이 영화관을 등지느냐, 마주보느냐에 따라 영화관을 기준으로 왼쪽에 있는가, 오른쪽에 있는가가 결정된다.

530) ⑤

선택 비율	① 2%	② 5%	③ 1%	④ 3%	⑤ 89%

해 : ⓗ은 예은, 세욱을 지시하고 ⓛ은 예은, 세욱, 나라를 지시하고 있어 ⓗ이 지시하는 대상은 ⓛ이 지시하는 대상에 포함되므로 적절하다.

531) ③

선택 비율	① 2%	② 2%	③ 92%	④ 3%	⑤ 1%

해 : ⓛ이 가리키는 대상은 승준, 아영, 민찬, 서우로 ⓔ이 가리키는 대상인 서우를 포함한다.

[오답풀이] ① ㉠은 발화 시점을 기준으로 과거를, ⓔ은 발화 시점을 기준으로 미래를 가리킨다. ② ㉠이 가리키는 시간대는 ⓗ이 가리키는 시간대보다 앞선다. ④ ⓛ이 가리키는 대상은 승준, 아영, 민찬, 서우이고, ⓗ이 가리키는 대상은 민찬, 승준이다. ⑤ ⓔ이 가리키는 대상은 승준, 아영, 민찬으로 <보기>의 담화에 참여한 모든 사람들이지만, ⓗ이 가리키는 대상은 민찬, 승준으로 <보기>의 담화 참여자 중 아영이 빠져 있다.

532) ⑤

선택 비율	① 6%	② 3%	③ 2%	④ 1%	⑤ 88%

해 : ⓛ이 가리키는 대상은 '엄마'이다. ⓗ은 청유형이지만 맥락상 명령의 의미를 띠고 있다. 그러므로 ⓗ의 주체에는 '엄마'가 포함되지 않는다.

[오답풀이] ① ㉠의 주체는 '엄마'이고, ⓘ이 가리키는 대상은 '엄마'와 '아빠'이다. ② ⓛ은 청자인 '엄마'를 가리키고, 재귀칭 대명사로 쓰인 ⓗ은 '할머니'를 가리킨다.

③ ⓔ은 안내문의 일부를, ⓗ은 공간을 가리킨다. ④ ⓗ은 오늘 떠나는 여행 이후의 여행을, ⓛ은 오늘 떠나는 여행보다 앞선 이전의 여행을 가리킨다.

533) ④

선택 비율	① 2%	② 5%	③ 3%	④ 89%	⑤ 1%

해 : ⓗ의 '그건'은 간식 준비가 훨씬 힘들다는 정원의 발화를 가리키며, ⓗ의 '그건'은 앞서 이야기한 '□□ 고등학교'와의 역할 분담을 가리킨다.

[오답풀이] ① ㉠의 '여기'는 현재 담화가 이루어지고 있는 카페를 의미하고, ⓔ의 '거기'는 '□□ 고등학교'를 의미한다. ② ⓛ의 '이번'은 곧 다가올 때를 가리키기 때문에 발화시와 동일하지 않으며, ⓔ의 '그때'는 작년에 연합 체육 대회를 했던 때를 가리키기 때문에 발화시 이전의 때를 가리킨다. ③ ⓗ의 '그쪽'과 ⓗ의 '거기'는 '□□ 고등학교'를 나타내며, 이는 청자를 포함한 대상이 아니다. ⑤ ⓘ의 '그래'는 상대의 발화에 동의한다는 의미이고, ⓗ의 '그러네'는 '만족스럽지 않다', '괜찮지 않다'의 의미로 대화의 맥락상 상대의 발화대로 수행하기는 어렵다는 의미이다.

534) ④

선택 비율	① 4%	② 3%	③ 5%	④ 79%	⑤ 7%

해 : ④의 예문은 타다²-②의 예이므로 틀린 진술이다.

[오답풀이] ① 타다¹과 타다²는 둘 다 둘 이상의 의미를 가지므로 다의어이다. ② 타다¹과 타다²는 서로 다른 표제어로 실려 있고 의미상 관련이 없으며 단지 소리만 같으므로 동음이의 관계이다. ③ 타다¹-②와 타다²는 둘 다 【…을】이라 표시되어 있으므로 목적어를 필요로 함을 알 수 있다. ⑤ 타다²-①은 '받다'의 의미로 쓰이고 있으므로 반의어로는 '주다'가 가능하다.

535) ⑤

선택 비율	① 3%	② 4%	③ 4%	④ 23%	⑤ 62%

해 : '맡다'에는 '느끼다', '눈치채다'와 같이 주체의 능동적 행위를 나타내는 의미가 나타나 있다. 피동의 의미는 포함되어 있지 않다.

[오답풀이] ① '맞다'와 '맡다'는 서로 표기를 다르게 하지만 모두 [맏따]로 발음된다. ② '맞다'와 '맡다'는 모두 동사라는 정보가 있으므로 적절하다. ③ '맞다'와 '맡다'의 표제어에는 각각 두 가지 이상의 의미가 등재되어 있으므로 다의어임을 알 수 있다. ④ '맞다'(1)의 '…에게 …을', (2)의 '…에 …을'을 통해 '맞다'는 부사어와 목적어를 필요로 하는 단어임을 알 수 있다. 그러나 '맡다'는 '…을'을 통해 목적어만을 필요로 하는 단어임을 알 수 있다.

536) ④

선택 비율	① 17%	② 2%	③ 7%	④ 70%	⑤ 1%

해 : '차다¹'은 '일정한 공간에 사람, 사물, 냄새 따위가 더 들어갈 수 없이 가득하게 되다.'라는 의미이므로 '물이 가득 차다.'라는 예문을 추가하는 것은 적절하다.

[오답풀이] ① '비다¹'의 ㉠과 ⓛ은 다의 관계이다. ② '빈 수레

가 요란하다.'라는 속담의 '빈'은 '차다¹' ㉠의 반의
어를 활용한 것이다. ③ '차다¹'과 '비다¹'은 모두 목
적어가 필요 없는 용언이다.

537) ④

선택 비율	① 4%	② 14%	③ 5%	④ 72%	⑤ 2%

해 : '국토가 산으로 되어 있다'의 '되다'는 되다¹ [2]와 같이
'어떤 재료나 성분으로 이루어지다'의 의미이다.

[오답풀이] ① 되다¹과 되다²는 형태는 같지만 사전에 각기 다른
표제어로 수록되어 있는 별개의 단어이다. ② 되다¹
[1]은 주어 이외에 보어를 필요로 하며, [2]는 필수적
으로 부사어를 필요로 한다. ③ 되다¹은 동사로 사물
이나 사람의 동작이나 작용을 나타나며, 되다²는 형
용사로 사물이나 사람의 성질이나 상태를 나타낸다.
⑤ 되다² [2]는 '일이 힘에 벅차다'이므로 유의어로
'힘들다'를 쓸 수 있다. 따라서 유의어를 활용하여
'일이 힘들면 쉬어 가면서 해라.'와 같은 문장을 만
들 수 있다.

538) ④

선택 비율	① 5%	② 1%	③ 11%	④ 75%	⑤ 5%

해 : 사전에 드러난 여러 가지 정보를 활용한다. '들다01'의
중심적 의미는 ㉠이다.

[오답풀이] ① '들다01'과 '들다04'는 여러 주변적 의미를 가지고
있음을 <보기>에서 확인할 수 있으므로 다의어이다.
② '그가 방으로 들자 잠자던 아이가 깨어났다.'의
'들다'는 밖에서 안으로 향한 행동이므로 '들다01㉠'
의 예문이다. ③ '들다01㉡'은 예문과 설명을 통해 주
어와 필수적 부사어를 반드시 요구하는 두 자리 서
술어임을 알 수 있으며, '들다04㉠'은 예문과 설명을
통해 주어와 목적어, 필수적 부사어를 반드시 요구
하는 세 자리 서술어임을 알 수 있다. ⑤ '들다04㉡'
의 예문을 통해 ⓐ에 들어갈 문장성분은 '…을'임을
알 수 있다.

539) ⑤

선택 비율	① 5%	② 3%	③ 2%	④ 2%	⑤ 85%

해 : '끌다2'는 '끌다1'과 달리【…에서 …을】의 문장 구조를
취하고 있으므로, 문장 구조상 부사어를 필요로 한다.

540) ②

선택 비율	① 9%	② 59%	③ 13%	④ 10%	⑤ 6%

해 : '어리다¹'은 【…에】의 문장 구조를 취하고 있으므로, 문
장 구조상 '필수 부사어'를 필요로 한다.

[오답풀이] ① '어리다¹'과 '어리다²'는 각각 한 단어가 두 가지
이상의 의미를 가지고 있으므로 '다의어'이다. ③
'어리다¹'과 '어리다²'는 형태는 같지만 서로 다른 의
미를 지니고 있으므로 동음이의 관계에 있다. ④ '입
가에 미소가 어리다.'의 '어리다'는 '어리다¹'의 ㉡의
의미로 ⑤ '어린 소견'의 '어린'은 '어리다²'의 ㉡의
의미로 각각 사용되고 있다.

541) ⑤

선택 비율	① 10%	② 6%	③ 10%	④ 2%	⑤ 70%

해 : 국어사전에 제시된 정보에 비추어 볼 때, '없다'는 '없
어, 없으니, 없는'으로 활용하고, '있다'는 '있어, 있으
니, 있는'으로 활용하고 있음을 알 수 있다. 어간 '없-'
과 '있-'의 형태에 변화가 없는 것으로 보아 활용할 때
어간의 형태가 불규칙적으로 변하는 단어가 아님을 알
수 있다.

[오답풀이] ① '없다'는 [업:따]와 같이 장음 부호(:)를 표시하
여 어간이 긴소리로 발음된다는 것을 나타내고 있
다. ② '있다'는 하나의 표제어 아래에 '사람이나 동
물이 어느 곳에서 떠나거나 벗어나지 아니하고 머물
다.'와 '사람, 동물, 물체 따위가 실제로 존재하는 상
태이다.'라는 의미를 나타내고 있다. 이로 보아 '있
다'는 두 가지의 뜻을 제시한 다의어이다. ③ '있다
(1)'은 【…에】와 같이 주어 외에 필수적으로 갖추어
야 하는 문장 성분에 대한 정보를 나타내고 있다.
④ '없다'는 '사람, 동물, 물체 따위가 실제로 존재하
지 않는 상태이다.'라는 의미의 형용사, '있다 (2)'는
'사람, 동물, 물체 따위가 실제로 존재하는 상태이
다.'라는 의미의 형용사이다. 이로 보아 품사가 서로
같고, 의미상 반의 관계에 있음을 알 수 있다.

542) ③

선택 비율	① 3%	② 2%	③ 83%	④ 8%	⑤ 2%

해 : '빼다'는 '속에 들어 있는 것을 밖으로 나오게 하다.'의
의미이므로 무르다²의 ①-㉠의 유의어로 적절하지 않다.

543) ②

선택 비율	① 5%	② 74%	③ 3%	④ 4%	⑤ 12%

해 : '기분이 개다.'는 '(비유적으로) 언짢거나 우울한 마음
이 개운하고 홀가분해지다.'의 의미이므로 개다¹「2」
의 용례에 해당한다.

544) ③

선택 비율	① 4%	② 4%	③ 63%	④ 11%	⑤ 16%

해 : 설명을 통해 활용정보에는 구개음화가 일어날 때의 발
음이 제시된다는 것을 알 수 있으므로, '밭'의 경우 활
용정보인 '밭이[바치]'를 통해 구개음화가 일어나는 것
을 확인할 수 있다. 그러나 '낯'의 경우, 활용정보인
'낯이[나치]'는 연음될 때의 발음으로 구개음화가 일어
나는 것을 확인할 수 없으므로 적절하지 않다.

[오답풀이] ① 설명을 통해 발음정보에는 음절의 끝소리 규칙이
일어나는 체언의 발음이 제시된다는 것을 알 수 있
으므로 '낯'의 경우, 발음정보인 [낟]을 통해 음절의
끝소리 규칙이 일어나는 것을 확인할 수 있다고 한
진술은 적절하다. ② 설명을 통해 발음정보에는 자
음군 단순화가 일어나는 체언의 발음이 제시된다는
것을 알 수 있으므로 '흙'의 경우, 발음정보인 [흑]을
통해 자음군 단순화가 일어나는 것을 확인할 수 있
다고 한 진술은 적절하다. ④ 설명을 통해 활용정보
에는 음절의 끝소리 규칙이나 자음군 단순화가 일어
나는 체언이 연음될 때의 발음이 제시된다는 것을

알 수 있으므로 '밭'과 '흙'의 경우, 활용정보인 '밭을[바틀]'과 '흙이[흘기]'를 통해 연음될 때 발음 양상을 확인할 수 있다고 한 진술은 적절하다. ⑤ 설명을 통해 활용정보에는 비음화가 일어나는 경우의 발음이 제시된다는 것을 알 수 있으므로 '낯', '밭', '흙'의 경우, 활용정보인 '낯만[난만]', '밭만[반만]', '흙만[흥만]'을 통해 비음화가 일어나는 양상을 확인할 수 있다는 진술은 적절하다.

545) ④

선택 비율	① 3%	② 2%	③ 5%	④ 86%	⑤ 2%

㉮ : '길이가 얼마나 되는지를 재어 보아라.'는 '자, 저울 따위의 계기를 이용하여 길이, 너비, 높이, 깊이, 무게, 온도, 속도 따위의 정도를 알아보다.'의 의미이므로 재다'-① 의 용례에 해당한다.

546) ③

선택 비율	① 7%	② 5%	③ 76%	④ 3%	⑤ 7%

㉮ : ㉡은 '주다'의 높임말로 '드리다'[1]의 의미이고, '할머니께 말씀을 드리다.'의 '드리다'는 '윗사람에게 그 사람을 높여 말을 하다'인 '드리다'[2]의 의미로 사용되었다.

[오답풀이] ① ㉠은 '밖에서 속이나 안으로 향해 가거나 오게 하다.'의 의미로 ㉠이 포함된 문장은 '들이다'[1]의 용례라고 할 수 있다. ② ㉠은 '들이다'[1]의 의미인 '밖에서 속이나 안으로 향해 가게 하거나 오게 하다.'에 해당하므로 <보기 1>에 제시된 '들이다'[1]의 문형 정보 【…을 …에】를 참고하면 ㉠이 포함된 문장에 목적어가 생략되어 있음을 알 수 있다. 따라서 목적어 '우리를'을 추가하여 문장을 수정하였다. ④ ㉢은 '들이다'[2]의 의미인 '어떤 일에 돈, 시간, 노력, 물자 따위를 쓰다'의 의미로 쓰인 것이므로 '들여'라고 고쳐 써야 한다. ⑤ <보기 1>에 제시된 사전의 뜻풀이를 보면 '드리다'와 '들이다'는 다의어이다. 따라서 ㉠과 ㉡의 의미는 사전의 표제어 아래 제시된 여러 뜻풀이 중 하나에 해당된다.

547) ⑤

선택 비율	① 3%	② 5%	③ 6%	④ 7%	⑤ 76%

㉮ : '차다¹'의 【…에】,【…으로】를 보면 '차다¹'은 주어 이외에 부사어가 반드시 필요하다는 점을 알 수 있다. 하지만 '차다²'는 주어만 필요로 한다.

548) ③

선택 비율	① 4%	② 2%	③ 84%	④ 7%	⑤ 1%

㉮ : '아우는 형의 말을 비밀로 묻어 두었다.'의 '묻다'는 '일을 드러내지 아니하고 속 깊이 숨기어 감추다.'의 의미이므로, '묻다²-②'의 용례이다.

[오답풀이] ① 사전의 정보 【…에 …을】, 【…에 …을】 / 【…을 …으로】를 통해 주어 이외에도 목적어와 부사어를 필수적으로 요구하는 서술어임을 알 수 있다. ② '묻다²'와 '묻다³'은 다른 표제어로 기술되어 있으므로 동음이의어이다. ④ '묻다³'은 '묻다²'와 달리 모음으

로 시작하는 어미가 결합할 때, [물어, 물으니]와 같이 불규칙 활용이 일어난다. ⑤ '질문하다'는 '알고자 하는 바를 얻기 위해 묻다.'라는 의미이므로 '묻다³'의 '물었다'와 바꾸어 쓸 수 있다.

549) ①

선택 비율	① 84%	② 3%	③ 3%	④ 5%	⑤ 2%

㉮ : '그는 들려오는 소문에 신경을 썼다.'는 '쓰다³ ②'의 용례에 해당하므로 적절하지 않다.

[오답풀이] '쓰다³ ①'의 문형 정보 【…에 …을】과 용례, '쓰다³ ②'의 문형 정보 【…에/에게 …을】과 용례로 보아 '쓰다³ ①'과 '쓰다³ ②'는 모두 목적어와 어울려 써야 하므로 적절하다. ③ '쓰다³'과 '쓰다⁶'은 사전에 별개의 표제어로 기술되어 있는 것으로 보아 동음이의 관계이므로 적절하다. ④ '쓰다³'과 '쓰다⁶'은 각각 하나의 표제어 아래 여러 뜻을 지니는 다의어이므로 적절하다. ⑤ '쓰다⁶'은 형용사이고 '쓰다³'은 동사로, '쓰다⁶'은 '쓰다³'과 달리 성질이나 상태를 나타내는 말이므로 적절하다.

550) ③

선택 비율	① 2%	② 4%	③ 73%	④ 14%	⑤ 4%

㉮ : '무딘 칼을 날카롭게 갈다.'는 '갈다²-①'의 용례에 해당한다.

[오답풀이] ① '갈다¹', '갈다²', '갈다³'은 서로 글자의 음이 같으나 뜻이 다르므로 동음이의어이다. ② '갈다³'은 의미 ①과 ②를 가진 다의어이다. ④ '갈다¹'은 【…을 …으로】라는 문형 정보를 통해 부사어를 요구할 수도 있음을 확인할 수 있다. ⑤ '갈다¹', '갈다²', '갈다³'은 '가니[가니]'라는 활용 정보를 통해 '갈-'에 '-니'가 결합할 때 표기와 발음이 같음을 확인할 수 있다.

551) ⑤

선택 비율	① 3%	② 4%	③ 11%	④ 2%	⑤ 77%

㉮ : '마음가짐이 바르다.'는 '바르다² ②'의 용례에 해당하므로 적절하지 않다.

[오답풀이] ③ '바르다¹'의 【…을 …에】【…을 …으로】를 보면, '바르다¹'은 주어 이외에 목적어와 부사어가 반드시 필요하다는 점을 알 수 있다. 하지만 '바르다²'는 주어만 필요로 한다. ④ '바르다¹'의 품사는 동사이고, '바르다²'의 품사는 형용사이다.

552) ①

선택 비율	① 85%	② 3%	③ 4%	④ 5%	⑤ 4%

㉮ : '작다'와 '적다'처럼 혼동될 수 있는 단어를 정확히 사용하기 위해 사전에 제시된 정보를 활용할 수 있다. ㄱ은 '수효나 분량, 정도가 일정한 기준에 미치지 못하다.'의 의미에 해당하므로, '작다¹', '작다²'와 '적다²'를 고려할 때 '적다'가 적절하다. '작다²'에 사용된 화살표(→)는 '작다²'를 '적다'로 바꾸어 쓰라는 의미이므로 그에 따라 '적다²'의 의미를 함께 참고해야 한다.

[오답풀이] ② ㄴ은 '정하여진 크기에 모자라서 맞지 아니하다.'의 의미에 해당하므로 '작다¹'의 「2」를 고려할

때 '작다'가 적절하다. ③ ㄷ은 '일의 규모, 범위, 정도, 중요성 따위가 비교 대상이나 보통 수준에 미치지 못하다.'의 의미에 해당하므로 '작다¹'의 「3」을 고려할 때 '작다'가 적절하다. ④ ㄹ은 '사람 됨이나 생각 따위가 좁고 보잘것없다.'의 의미에 해당하므로 '작다¹'의 「4」를 고려할 때 '작다'가 적절하다. ⑤ ㅁ은 '수효나 분량, 정도가 일정한 기준에 미치지 못하다.'의 의미에 해당하므로 '작다¹', '작다²'와 '적다²'를 고려할 때 '적다'가 적절하다.

553) ④

선택 비율	① 5%	② 17%	③ 27%	④ 45%	⑤ 4%

해 : '이 킬로미터를 걸어라'에서 '이'는 '킬로미터'라는 단위를 나타내는 말 앞에 쓰였으므로 '이³ [2]의 용례에 해당한다.

[오답풀이] ① '모자를 쓴 이'에서 '이'는 사람을 뜻하므로 '이¹'의 용례에 해당한다. ② 다의어는 하나의 표제어에 여러 개의 뜻풀이가 있는 방식으로 사전에 제시되므로 적절한 진술이다. ③ '이보다'에서 '이'는 '보다'라는 조사와 결합하여 대명사로 쓰였으며, '이 점을'에서 '이'에는 관형사로 쓰여 조사가 붙지 않으므로 조사의 결합 가능 여부에 따라 품사를 구별한다는 진술은 적절하다. ⑤ 동음이의관계는 사전에 별개의 표제어로 기술되므로 적절한 진술이다.

554) ③

선택 비율	① 19%	② 4%	③ 66%	④ 6%	⑤ 3%

해 : '화살이 포물선을 그리며 날아간다.'에 쓰인 '그리다'는 '어떤 모양을 일정하게 나타내다.'의 의미이므로, 그리다² ①의 의미를 보여주는 예문으로 넣기에는 부적절하다.

555) ③

선택 비율	① 2%	② 4%	③ 86%	④ 3%	⑤ 2%

해 : ㉢의 '발걸음이 늦다.'는 '늦다[Ⅱ③]'의 의미에 해당하므로 적절하지 않다.

[오답풀이] ① '~시간에'와 같은 용례를 살펴볼 때, ㉠에 들어갈 말은 【…에】가 적절하다. ② 형용사는 성질이나 상태를 나타내는 말이므로 [Ⅱ① ② ③]을 볼 때 ㉡에 들어갈 말은 형용사가 적절하다. ④ ㉣에 제시된 '그는 다른 사람보다 서류 작성이 늦다.'는 '곡조, 동작 따위의 속도가 느리다.'의 의미에 해당하는 예이므로 적절하다. ⑤ '이르다'는 대중이나 기준을 잡은 때보다 앞서거나 빠르다는 의미이므로 그것의 반의어는 '늦다[Ⅱ①]'이 적절하다.

556) ②

선택 비율	① 2%	② 43%	③ 23%	④ 23%	⑤ 6%

해 : '그들의 만남은 우연적이었다.'의 '우연적'은 '아무런 인과 관계 없이 뜻하지 아니하게 일어나는 것'이라는 뜻의 명사이다. '그들의 만남은 우연적이었다.'의 '우연적'이 체언이나 체언 구실을 하는 말 뒤에 붙어 서술어 자격을 가지게 하는 격 조사인 '-이다'와 결합

하고 있는 것에서도 '우연적'이 관형사가 아니라 명사에 해당한다는 것을 알 수 있다.

[오답풀이] ③ '우연하다'의 용례로 형용사 '우연하다'가 관형사형으로 바뀌어 명사 '계기'를 꾸며 준 '우연한 계기'를 추가할 수 있다.

557) ②

선택 비율	① 11%	② 72%	③ 6%	④ 6%	⑤ 4%

해 : 용례의 '벌써', '~ㄴ지 오래', '이미' 등의 시간 표지나 '-었-'의 선어말어미를 통해 그르다⁰¹이 [Ⅱ]-「1」의 의미로 사용될 경우에는 주로 과거 시제에 쓰인다는 것을 확인할 수 있다.

558) ⑤

선택 비율	① 4%	② 4%	③ 5%	④ 10%	⑤ 74%

해 : (가)의 '뿐'은 의존 명사와 조사, (나)의 '뿐'은 불완전 명사(의존 명사)에 해당한다는 점에 비추어 볼 때, (가)와 (나)의 '뿐'은 모두 다른 말에 기대어 쓰이는 말로, 자립하여 쓰일 수 없다.

[오답풀이] ① (가)의 '뿐⁰¹'은 앞에 오는 말과 띄어 쓰이고 있지만, (나)의 '뿐'은 앞에 오는 말과 붙여 쓰이고 있다. ② (가)의 '뿐⁰¹'과 (나)의 '뿐'은 각각 (1)과 (2)의 두 가지 뜻을 가지고 있음을 확인할 수 있다. ③ '내가 가진 것은 이것뿐이다.'에서 '뿐'은 '그것만이고 더는 없다.'는 뜻으로 쓰이므로, (가)의 '뿐⁰²', (나)의 '뿐' (1)의 뜻에 해당한다. ④ (가)에서는 용언 뒤의 '뿐'은 의존 명사, 체언 뒤의 '뿐'은 조사로 보아 서로 다른 표제어 '뿐⁰¹', '뿐⁰²'로 등재하고 있다. 반면 (나)에서는 모두 불완전명사로 보아 하나의 표제어 '뿐'으로 등재하고 있다.

559) ④

선택 비율	① 8%	② 8%	③ 10%	④ 63%	⑤ 8%

해 : '김치가 잘 숙성되었다.'의 '숙성되다'는 '효소나 미생물의 작용에 의하여 발효된 것이 잘 익다.'의 의미이므로, '열매나 씨가 여물다.'의 의미인 '익다①'의 유의어가 아니다.

560) ③

선택 비율	① 3%	② 2%	③ 90%	④ 1%	⑤ 1%

해 : '버스가 고장이 나 승객들이 차표를 도로 물리는 소동이 있었다.'는 물리다¹의 용례가 아니라 물리다³[1]「1」의 용례에 해당하므로 적절하지 않다.

[오답풀이] ① 물리다¹, 물리다², 물리다³은 사전에 별개의 표제어로 등재되어 있는 것으로 보아 서로 동음이의 관계이므로 적절하다. ② 물리다²의 경우 [1], [2], 물리다³의 경우 [1], [2]를 보아 하나의 단어가 두 가지 이상의 뜻을 가진 다의어임을 알 수 있으므로 적절하다. ④ 물리다²[1]의 【…에/에게 …을】, 물리다¹의 【…에/에게】를 볼 때 물리다²[1]의 서술어 자릿수가 더 많다는 것을 알 수 있으므로 적절하다. ⑤ '약속 날짜를 이틀 뒤로 물리다.'라는 용례를 볼 때 '정해진 시기를 뒤로 늦추다.'가 들어가는 것은 적절하다.

561) ④

선택 비율	① 5%	② 3%	③ 5%	④ 80%	⑤ 4%

해 : ④는 '받치다²'의 뜻 중 '비나 햇빛과 같은 것이 통하지 못하도록 우산이나 양산을 펴 들다'의 예이다. ㉣의 적절한 예로는 '배경 음악이 그 장면을 잘 받쳐 주어서 훨씬 감동적이었다.'가 있다.

562) ③

선택 비율	① 13%	② 15%	③ 56%	④ 7%	⑤ 7%

해 : '차가 경적을 울리며 멈추다.'에서 '멈추다'는 '사물의 움직임이나 동작이 그치다.'라는 의미를 지니므로 '멈추다 [1] 「1」'의 용례에 해당한다.

[오답풀이] ① '그치다 「1」'의 문형 정보와 용례를 보니, '그치다 「1」'은 자동사로도 쓰일 수 있고 타동사로도 쓰일 수 있군. ② '그치다 「2」'의 문형 정보와 용례를 보니, '그치다 「2」'는 부사어를 반드시 필요로 하는군. ③ '멈추다 [2]'의 용례로 '차가 경적을 울리며 멈추다.'를 추가할 수 있겠군. ④ '그치다'와 '멈추다'는 두 가지 이상의 의미를 지니고 있는 다의어군. ⑤ '그치다 「1」'과 '멈추다'의 뜻풀이와 용례를 보니, 두 단어는 유의 관계에 있군.

563) ⑤

선택 비율	① 5%	② 3%	③ 7%	④ 7%	⑤ 75%

해 : '굵다[1]'은 '물체의 지름이 보통의 경우를 넘어 길다.'라는 의미이고 '두껍다[1]'은 '두께가 보통의 정도보다 크다.'라는 의미이므로, '두꺼운 손가락'은 '굵은 손가락'으로 쓰는 것이 적절하다.

[오답풀이] ① 각 단어는 모두 2개 이상의 서로 관련된 의미를 가지므로 다의어이다. ② '열차의 기적 소리가 가늘게 들려왔다.'에서 '가늘다'는 '소리의 울림이 보통에 미치지 못하고 약하다.'라는 의미이므로, 이 문장은 '가늘다[2]'의 용례로 볼 수 있다. ③ '그 책은 수요층이 두껍다.'에서 '두껍다'는 '층을 이루는 사물의 높이나 집단의 규모가 보통의 정도보다 크다.'라는 의미이므로, 이 문장은 '두껍다[2]'의 용례로 볼 수 있다. ④ '나뭇가지가 가늘다.'에서 '가늘다'는 '물체의 지름이 보통의 경우에 미치지 못하고 짧다.'라는 의미이므로, 이 문장은 '가늘다[1]'의 용례로 볼 수 있다.

564) ②

선택 비율	① 14%	② 47%	③ 23%	④ 7%	⑤ 7%

해 : '올챙이가 개구리가 되었다.'에서 '개구리가'의 '가'는 '로'로 바꾸어 쓸 수 있다. 하지만 '가[1]㉢'을 통해 볼 때, ㉣의 '가'는 '되다' 앞에 쓰여 바뀌게 되는 대상을 나타낸 것이지, '아니다' 앞에 쓰여 부정하는 대상을 나타낸 것이 아님을 알 수 있다.

565) ①

선택 비율	① 43%	② 30%	③ 5%	④ 17%	⑤ 3%

해 : '메우다'는 '뚫려 있거나 비어 있는 곳을 막거나 채우다'의 뜻이고 '고르다¹ ㉠'의 의미는 '가지런하게 하다'

의 의미이기 때문에 이 둘은 유의어로 보기 어렵다.

[오답풀이] ② '방바닥이 고르지 않다'의 '고르다'는 '차이가 없이 한결 같다'의 의미이다. ④ '고르다¹, 고르다²'는 어미 '-아'와 결합하면 '골라'로 활용되는 불규칙 용언이다. ⑤ '줄을 고르다'의 '고르다'는 '고르다¹ ㉡'의 의미를 지닌 동사이며, '치아가 고르다'의 '고르다'는 '고르다² ㉠'의 의미에 해당하므로 형용사이다.

566) ③

선택 비율	① 0%	② 1%	③ 93%	④ 4%	⑤ 1%

해 : '크다[2]'는 '동식물이 몸의 길이가 자라다.'의 의미로 쓰이는 동사이기 때문에 '작다㉢'과 반의 관계를 형성하지 않는다. '크다[2]'의 용례에서 '크다'를 '작다'로 바꾼 '키가 몰라보게 작는구나.'가 성립되지 않는 점이나, [반의어] 표시가 '작다'와 '크다[1]'의 사이로 한정된 점을 통해서도 '크다[2]'와 '작다㉢'이 반의 관계가 아님을 확인할 수 있다.

[오답풀이] ① '크다[1]'과 '크다[2]'에 각각 ⃞과 ⃞의 국어사전 약호가 붙은 것을 통해 전자는 형용사이고 후자는 동사라는 품사의 차이를 확인할 수 있다. ② '크다[1] ㉠'과 '작다㉠'은 반의 관계를 형성하기 때문에 '눈이 작다.', '글씨를 작게 적는다.'는 '작다㉠'의 용례가 될 수 있다. ④ 뜻풀이를 고려할 때, '키가 자라서 바지가 작다.'는 '작다㉡'의 적절한 용례이다. ⑤ '작다㉢'의 뜻풀이를 고려할 때, '작은 실수를 하다.'는 적절한 용례이다.

567) ②

선택 비율	① 1%	② 90%	③ 2%	④ 3%	⑤ 2%

해 : '추석을 맞아 온 가족이 모였다.'의 '맞아'는 맞다² 「2」의 용례에 해당한다.

568) ⑤

선택 비율	① 1%	② 0%	③ 1%	④ 1%	⑤ 97%

해 : '어떤 기준이나 정도가 약하다.'의 의미를 지니는 '덜하다'의 반의어로는 '더하다 [Ⅱ]②'가 아니라 '더하다 [Ⅰ]'이 적합하다. '덜하다'와 '더하다[Ⅰ]'의 뜻풀이를 비교해보면 둘 모두 【…보다】어떤 기준보다 정도가 약하다/심하다'의 의미를 지니고 있다는 점을 알 수 있다. 또한 두 항목의 용례를 비교해 보아도 '더하다/덜하다' 사이의 반의 관계를 확인할 수 있다.

[오답풀이] ① '더하다[Ⅰ]'은 '심하다'라는 상태의 의미를 지니기 때문에 형용사이다. '더하다[Ⅰ]'의 반의어인 '덜하다'가 형용사라는 점을 통해서도 추론할 수 있다. ② ㉡에는 '더하다[Ⅱ]①'의 문형 정보가 제시되어야 하는데, 이는 제시된 용례를 통해 파악할 수 있다. 제시된 용례 중 '2만 원을 3만 원과 더하면 5만 원이다.'는 【…을 …과】에 해당하며, '아래의 숫자들을 모두 더하시오.'는 【…을 (…과)】에서 '…과'가 나타나시 않을 때는 여럿임을 뜻하는 말이 목적어로 오는 경우이다. 이렇게 볼 때, ㉡에는 '둘에 셋을 더하면 다섯이다.'와 관련된 문형이 요구되는데, 【…에 …을】이 이에 해당한다. ③ '더하다[Ⅱ]②'는 '어떤 요소가 더 있게 하다'라는 뜻을 지니고, 【…에/에게

…을】가 문형 정보 중 하나임을 고려할 때, '그의 등장은 영화에 재미를 더했다.'는 '더하다[Ⅱ]②'의 용례로 적합하다. ④ '더하다[Ⅱ]③'의 의미가 '어떤 정도나 상태가 더 크거나 심하게 되다.'라는 점, 해당 용례로 '그는 갈수록 고약한 잠버릇이 더했다.'가 제시된 점을 고려할 때, '그들의 횡포가 점점 더한다.'는 '더하다[Ⅱ]③'의 용례로 적합하다.

569) ③

| 선택 비율 | ① 4% | ② 3% | ③ 54% | ④ 4% | ⑤ 32% |

[해] : '소금의 무게를 저울에 달아 보았다.'에서 '달다'는 '(…을 …에) 저울로 무게를 헤아리다.'는 뜻이므로, '물건을 일정한 곳에 걸거나 매어 놓다.'라는 뜻인 '달다¹' ㉠의 용례로 추가하기에는 부적절하다.

[오답풀이] ① 동음이의어는 사전에 별개의 표제어로 등재된다. ② <보기>에 제시된 서술어의 활용 정보에 따르면, '달다¹'과 '달다²'는 모두 연결 어미 '-니'가 결합되면 어간의 'ㄹ'이 탈락하면서 '다니'로 활용된다. ⑤ <보기>에 제시된 서술어가 필수적으로 요구하는 문장 성분 정보에 따르면, '달다¹'은 주어 외에도 부사어('…에')와 목적어('…을')를 필수적으로 요구하는 서술어이고, '달다²'는 주어 외에 필수적으로 요구하는 문장 성분이 없는 서술어이다.

570) ②

| 선택 비율 | ① 2% | ② 90% | ③ 1% | ④ 1% | ⑤ 5% |

[해] : '약을 사 먹으라고 누나가 나에게 돈을 주다.'의 '주다'는 '물건 따위를 남에게 건네어 가지거나 누리게 하다.'의 의미인 '주다1①'에 해당하므로 적절하지 않다.

[오답풀이] ① '주다1①'은 '물건 따위를 남에게 건네어 가지거나 누리게 하다.'의 의미이므로, 반의어는 '다른 사람이 주거나 보내오는 물건 따위를 가지다.'의 의미인 '받다1①'이다. ③ '아무렇지도 않게 내뱉은 말이 다른 사람에게 상처를 주다.'의 '주다'는 '좋지 아니한 영향을 미치게 하다.'의 의미인 '주다1③'에 해당하므로 적절한 용례이다. ④ '받다1②'의 용례는 '날아오는 공을 받다.'의 의미이므로 반의어로 '던지다'를 넣을 수 있다. ⑤ '받다1③'의 용례는 '따끈한 차를 찻잔에 받다.'이므로 ㉣에 들어갈 내용은 '…을 …에'임을 알 수 있다.

571) ①

| 선택 비율 | ① 86% | ② 2% | ③ 8% | ④ 2% | ⑤ 0% |

[해] : '그는 낯선 사람과 잘 사귄다.'는 낯선 사람이 사귀는 행위의 상대임을 나타내고 있으므로 ㉢에 들어가기에 적절한 예문이다. 그 예문은 ㉠의 '다른 것과 비교하거나 기준으로 삼는 대상임을 나타내는' 의미를 갖지 않는다.

[오답풀이] ② '그는 형님과 고향에 다녀왔다.'는 다름 사람과 '일 따위를 함께' 하는 뜻을 드러내므로 ㉡에 들어가기에 적절한 예문이다. ③ ㉢은 모두 격 조사로서의 의미를 보인 것이다. 보조사나 접속 조사로 보기 어렵다. ④ '과'의 유의어인 '하고'와 마찬가지로 '이랑'도 "닭{하고, 이랑} 오리는 동물이다.", "책

{하고, 이랑} 연필을 가져와라."가 성립하므로 적절한 진술이다. ⑤ 앞말이 받침 있는 체언일 경우에는 '과'가 쓰이고, 앞말이 받침 없는 체언일 경우에는 '와'가 쓰인다. 곧 앞의 체언이 자음으로 끝나면 '과', 모음으로 끝나면 '와'가 쓰인다. 예컨대 '말과 소'에서는 '과'가 쓰이지만 '소와 말'에서는 '와'가 쓰인다.

572) ⑤

| 선택 비율 | ① 2% | ② 1% | ③ 3% | ④ 2% | ⑤ 90% |

[해] : '초콜릿이 순식간에 녹았다.'는 고체인 초콜릿이 열기나 습기로 말미암아 제 모습을 갖고 있지 못하고 물러지거나 물처럼 된 상태를 진술한 문장이므로 이때의 '녹다'는 '녹다 ① ㉡'의 뜻이다. 그러므로 이때에는 주어 이외의 다른 문장 성분이 필수적이지 않다. 또한 '녹다 ②'의 뜻일 경우에는 '…에' 성분이 필수적으로 있어야 하지만 '순식간에'는 필수적으로 있어야 하는 성분이 아니므로 해당 문장의 '녹다'는 '녹다 ②'일 수 없다.

[오답풀이] ① '굳다'는 ㉴, ㉵을 통해 동사와 형용사로 모두 쓰일 수 있음을 알 수 있으나 '녹다'는 ㉴을 통해 동사로만 쓰일 수 있음을 알 수 있다. ② '시멘트가 굳다'는 '굳다 ① ㉠'의 예로 제시되어 있다. 이는 '녹다 ① ㉡'의 반의어로 제시되어 있는데, '녹다 ① ㉡'의 예시에서 '엿이 녹다'가 제시되어 있다. ③ '굳다 Ⅲ'는 흔들리거나 바뀌지 아니할 만큼 힘이나 뜻이 강하다는 뜻을 가지고 있으므로 '마음을 굳게 닫다'와 같은 용례를 추가할 수 있다. ④ '녹다 ② ㉡'은 어떤 물체나 현상 따위에 스며들거나 동화된다는 뜻을 가지고 있으므로 '글에는 글쓴이의 생각이 녹아 있다.'와 같은 용례를 추가할 수 있다.

573) ④

| 선택 비율 | ① 6% | ② 3% | ③ 3% | ④ 52% | ⑤ 33% |

[해] : '한-번Ⅰ'과 '한-번Ⅱ'는 각각 명사와 부사로서, 모두 문장에서 자립하여 쓰일 수 있다.

[오답풀이] ② '둘째 번'은 '두 번째의 차례'를 나타내므로 ㉡에 들어갈 말은 '차례'이다.

574) ⑤

| 선택 비율 | ① 2% | ② 1% | ③ 1% | ④ 2% | ⑤ 95% |

[해] : <보기>에 나타난 '배¹', '배²', '배³'은 서로 의미적 연관성이 없다. 즉 동음이의 관계에 있는 말이므로 사전에도 별개의 표제어로 실려 있다.

575) ②

| 선택 비율 | ① 1% | ② 71% | ③ 5% | ④ 21% | ⑤ 0% |

[해] : 부사와 조사로 쓰일 수 있는 '같이'와, '같이'와 '하다'가 결합한 '같이하다'에 대한 국어사전의 내용을 정확하게 이해할 수 있는지를 묻는 문항이다. 조사로 쓰이는 '같이②'는 '얼음장같이 차갑다'처럼 '앞말의 전형적인 어떤 특징처럼(②①)'의 의미를 지니기도 하고, '새벽같이 떠나다'처럼 '앞말이 나타내는 그때를 강조하

는 의미(②②)를 지니기도 하는데, ②의 '매일같이 지하철을 타다'에 쓰인 '같이'는 후자의 의미를 지닌다.
[오답풀이] ① '같이①'은 부사로 쓰이는 경우이고, '같이②'는 부사격 조사로 쓰이는 경우이다. 이는 '부', '조'라는 국어사전의 품사 정보를 통해서도 확인할 수 있다. ③ '같이하다'의 뜻풀이에 '같이①'의 의미기 담겨 있는 것을 볼 때, '같이하다'는 '같이'와 '하다'의 복합어로 볼 수 있다. ④ 문형 정보가 【(…과) …을】로 제시되어 있음을 볼 때, '같이하다'는 '~과'의 형태로 쓰이는 부사어가 반드시 필요할 때에는 세 자리 서술어, 그렇지 않을 때에는 두 자리 서술어로 쓰일 수 있음을 알 수 있다. 예를 들어, '나는 그와 의견을 같이한다.'는 전자의 용례이며, '그들은 견해를 같이했다.'는 후자의 용례이다. 이때, 후자의 경우에는 '그들은'처럼 여럿임을 뜻하는 말이 주어로 온다. ⑤ '같이하다① = 함께하다①'의 정보를 제시하는 점을 볼 때, '평생을 같이한'과 '평생을 함께한'은 서로 바꾸어 쓸 수 있다.

576) ⑤

선택 비율	① 3%	② 6%	③ 3%	④ 4%	⑤ 82%

해 : '뻔하다'에서 '뻔-'은 의존 명사이기 때문에, '-하다02②'가 아니라 '-하다02④'의 용례에 해당한다.

577) ③

선택 비율	① 9%	② 6%	③ 51%	④ 29%	⑤ 2%

해 : 사전의 활용 정보를 보면, '이르다¹'은 '이르러, 이르니'와 같이 활용되며, '이르다²'와 '이르다³'은 '일러, 이르니'와 같이 활용됨을 알 수 있다. 따라서 '이르다¹'은 어미의 기본 형태가 달라지는 불규칙 용언임을 알 수 있고, '이르다²'와 '이르다³'은 어간의 기본 형태가 달라지는 불규칙 용언임을 알 수 있다.

578) ④

선택 비율	① 10%	② 4%	③ 11%	④ 66%	⑤ 5%

해 : <보기>의 사전 자료를 통해 '크다'[Ⅱ]는 주어만을 요구하지만 '크다'[Ⅱ]의 사동인 '키우다'는 주어 외에도 목적어를 요구한다는 것을 알 수 있으므로, '크다'[Ⅱ]는 사동사로 바뀌면 서술어의 자릿수가 하나 늘어난다는 서술은 적절하다.
[오답풀이] ① 동음이의어는 사전에 별개의 표제어로 기술하는데, <보기>에서 '크다'[Ⅰ]과 '크다'[Ⅱ]는 하나의 표제어 안에 기술되어 있다. ② '크다'[Ⅰ] 뜻의 반의어로는 '작다'가 가능하지만, '크다'[Ⅱ] 뜻의 반의어로는 가능하지 않다. ③ '키가 몰라보게 컸구나.'에서 '컸구나'는 '동식물이 몸의 길이가 자라다.'라는 뜻으로 쓰이고 있으므로, '키가 몰라보게 컸구나.'는 '크다'[Ⅱ]의 용례에 해당한다. ⑤ <보기>를 보면 '크다'는 어미 '-어'가 결합하면 어간 '크-'의 끝의 모음이 탈락하시만 '키우나'는 어미 '-어'가 결합해도 어간 '키우-'의 끝의 모음이 탈락하지 않는다.

579) ①

선택 비율	① 89%	② 1%	③ 4%	④ 2%	⑤ 1%

해 : ㉠에서는 「10」의 뜻풀이가 새롭게 추가되었음을 확인할 수 있다. 그렇지만 중심적 의미에 대한 뜻풀이인 「1」은 개정 전과 개정 후에 변화가 없다.
[오답풀이] ② 국어사전에서 '[ ]'는 표준 발음을 나타내는 기호로 쓰이는데, 개정 전에는 [김ː밥]만 인정하였다가 개정 후에는 [김ː밥]과 [김ː빱] 모두를 표준 발음으로 인정하는 양상을 확인할 수 있다. ③ '냄새'에 대한 뜻풀이는 개정 전후가 동일하지만 '내음'은 개정 전에는 경상도 방언으로 처리하였던 데 반해, 개정 후에는 표준어 표제어로 등재하고 새로운 뜻풀이를 제시하는 양상을 확인할 수 있다. ④ '태양계'의 개정 전후 뜻풀이에서는 '9개의 행성 → 8개의 행성'의 변화를 확인할 수 있는데, 이는 명왕성은 행성이 아니라는 과학적 정보를 새롭게 반영한 결과이다. ⑤ ㉤에서는 '스마트폰'을 표제어로 추가한 양상을 확인할 수 있는데, 이는 이전에는 없던 문물이 새롭게 등장함에 따라 이를 지칭하는 표현을 표제어로 올린 것이다.

580) ④

선택 비율	① 2%	② 9%	③ 2%	④ 80%	⑤ 3%

해 : 문맥상 '수밖에'의 '밖에'는 <보기 1>의 2의 의미로 쓰인 것으로 조사이기 때문에 체언과 붙여 써야 하므로 적절하지 않다.
[오답풀이] ① 출입문을 넘어선 복도 쪽을 지칭하는 것이므로 적절하다. ② 문맥상 '며칠 밖에 남지 않았다'는 '며칠 이외에는 시간이 남지 않았다'라는 의미이므로 조사인 '밖에'는 붙여 쓰는 것이 적절하다. ③ '뜻밖에도 아쉬움이 더 크다'라는 것은 자신의 예상과는 달리 아쉬움이 더 크다는 의미이기 때문에 '뜻밖에도'는 유의어인 '의외로'로 바꿔 쓸 수 있으므로 적절하다. ⑤ '기대 밖에'에 쓰인 '밖'은 '한도나 범위에 들지 않는 나머지 다른 부분이나 일.'의 의미로 사용되었으므로 적절하다.

581) ⑤

선택 비율	① 3%	② 39%	③ 13%	④ 4%	⑤ 38%

해 : ⓐ에는 '두 대상이나 물체의 사이가 썩 가깝게', '시간이나 길이가 아주 짧게'의 의미를 가진 다의어의 표제어가 들어가야 한다. 이러한 의미를 가진 다의어는 '바투'이다. 또한 ⓑ에는 '두 대상이나 물체의 사이가 썩 가깝게'라는 의미를 지닌 '어머니는 아들에게 바투 다가가 두 손을 움켜쥐었다.'(㉣)라는 예문이 들어가는 것이 적절하다. 그리고 ⓒ에는 '시간이나 공간이 다붙어 몹시 가깝다.'라는 의미를 지닌 '약속 날짜를 너무 밭게 잡았다.'(㉠), '서로 밭게 앉아 더위를 참기 어려웠다.'(㉡)라는 예문이 들어가는 것이 적절하다.
[오답풀이] ① '밭게'는 '밭다'의 활용형으로 표제어에 등재될 수 없다. 또한 '약속 날짜를 너무 밭게 잡았다'에서 '밭게'는 '시간이나 길이가 아수 짧게'의 의미로 ⓑ의 예가 될 수 없다. ② '밭게'는 '밭다'의 활용형으로 표제어에 등재될 수 없다. 같은 맥락으로 ㉡은 '밭다'의 활용형으로 ⓑ가 될 수 없다. ㉢의 '제출 기한을 너무 바투 잡았다'에서 '바투'는 '밭다'에서 파생된 단어

로, 아예 다른 단어이기 때문에 ⓒ의 예가 될 수 없다. ③ '밭게'는 '밭다'의 활용형으로 표제어에 등재될 수 없다. 같은 맥락으로 ⓛ은 '밭다'의 활용형으로 ⓑ가 될 수 없다. ⓔ의 '어머니는 아들에게 바투 다가가'에서 '바투'는 '밭다'에서 파생된 단어로, 아예 다른 단어이기 때문에 ⓒ의 예가 될 수 없다. ④ ⓒ의 '제출 기한을 너무 바투 잡았다'에서 '바투'는 '시간이나 길이가 아주 짧게'의 의미로 바투 뭐2의 예에 해당한다. 따라서 ⓒ은 ⓑ의 예가 될 수 없다.

582) ①

선택 비율	① 86%	② 3%	③ 3%	④ 3%	⑤ 2%

해 : ㉠은 '-겠-' 뒤에 붙어 쓰여 의문을 나타내는 종결 어미로 사용되었다. 따라서 '-지3'에 해당하므로 적절하지 않다.

583) ②

선택 비율	① 3%	② 74%	③ 7%	④ 9%	⑤ 5%

해 : ㉠은 수량을 나타내는 말 앞에 쓰여 '대략'의 뜻을 지닌 '한01 ④'이므로 관형사이고, ㉤은 조건의 뜻을 나타내는 '한02 ②'이므로 명사이다.

[오답풀이] ① '한 이불'을 덮고 잔다는 것은 '같은 이불'을 덮고 잔다는 의미이므로 ㉡은 '한01 ③'이다. ③ ㉡은 '한01 ③', ㉢은 '한02 ①'로, '한01'과 '한02'는 별개의 표제어로 기술되었으므로 동음이의 관계이다. ④ ㉣의 '한'은 뒤에 오는 체언 '걸음'에 수량의 의미를 더한 경우이므로 '한01 ①'에 해당한다. ⑤ '한 친구'와 '한 마을'의 '한'은 모두 '어떤'의 의미로 쓰였으므로 둘 다 '한01 ②'에 해당한다.

584) ②

선택 비율	① 4%	② 81%	③ 4%	④ 4%	⑤ 4%

해 : (가)의 '대로10-(1)'은 '앞에 오는 말에 근거하거나 달라짐이 없다.'는 의미를 나타내고 있으며, (나)의 '대로6-(4)'는 '서로 구별되게 따로따로'의 의미를 나타내고 있다. 둘을 비교해 볼 때, 두 말의 쓰임은 유사하지 않다고 판단할 수 있다.

<h2 style="text-align:center">국어의 규범</h2>

585	586	587	588	589
⑤	③	⑤	⑤	⑤
590	591	592	593	594
⑤	③	④	⑤	④
595	596	597	598	599
④	③	①	④	①
600	601	602	603	604
②	③	①	⑤	①
605	606	607	608	609
⑤	②	④	①	②
610	611	612	613	614
⑤	①	③	③	②
615	616	617	618	619
③	⑤	②	②	①
620	621	622	623	624
①	④	④	②	②
625	626	627	628	629
⑤	①	⑤	④	③
630	631	632	633	634
②	⑤	④	①	①
635				
③				

585) ⑤

선택 비율	① 3%	② 6%	③ 5%	④ 1%	⑤ 84%

해 : (ㄱ)의 '밖에'는 조사로 한 단어이며, (ㄴ)의 '밖에'는 명사 '밖'과 조사 '에'가 결합된 두 단어이다.

586) ③

선택 비율	① 7%	② 2%	③ 83%	④ 5%	⑤ 2%

해 : '일찍'은 '-하다'가 붙어서 '일찍하다'가 되지 않는다. 그러므로 ㉠을 근거로 할 수 없다. 또한 부사 어근 '일찍'과 접사 '-이'로 분석되기 때문에 ㉢을 근거로 할 수 없다. 해당 예는 '일찍'에 접사 '-이'가 붙어 의미를 더하고 있는 경우이므로, ㉡에 근거하여 부사의 원형을 밝혀 적는 것이 옳은 표기이다.

587) ⑤

선택 비율	① 5%	② 3%	③ 7%	④ 9%	⑤ 74%

해 : 나-2의 '반드시'는 '반듯-'을 어근으로 볼 경우, 여기에 '-이'가 붙어서 '꼭, 기필코' 등의 의미를 지닌 말을 만들어 낸다고 설명하기 어렵다. 따라서 '반드시'는 어휘화된 산물로 판단하여 소리 나는 대로 표기하도록 하고 있다.

588) ⑤

선택 비율	① 2%	② 1%	③ 6%	④ %7	⑤ 81%

해 : '수'는 의존 명사이므로 앞말과 띄어 써야 한다. 그러므로 '수'를 조사로 보아 '기여할수'의 띄어쓰기가 적절하다고 판단한 것은 적절하지 않다.

589) ⑤

| 선택 비율 | ① 10% | ② 3% | ③ 4% | ④ 5% | ⑤ 75% |

해 : '윗집, 위쪽, 위층'의 자료에서 '윗-'과 '위-'의 쓰임의 차이를 확인할 수 있다. 'ㅈ'은 예사소리이고, 'ㅉ,ㅊ'은 각각 된소리와 거센소리이므로 예사소리 앞에서는 '윗-', 된소리나 거센소리 앞에서는 '위-'를 사용함을 확인할 수 있다.

[오답풀이] '윗사람'과 '웃어른'의 자료에서 '윗-'과 '웃-'의 차이를 확인할 수 있다. '아랫사람'은 사용하는 단어이나 '아랫어른'이라는 단어는 사용하지 않으므로, '윗-'과 '웃-'의 차이는 '위 아래의 대립의 유무'임을 확인할 수 있다.

590) ⑤

| 선택 비율 | ① 4% | ② 5% | ③ 11% | ④ 8% | ⑤ 69% |

해 : ⓒ는 체언 '그것'과 조사 '이'가 어울려 줄어진 경우로 ㄴ(제33항)의 규정을 적용한 적절한 사례이다.

[오답풀이] ① 체언 '무엇'과 조사 '을'이 어울려 준 대로 적은 경우로 ㄴ에 해당한다. ② 체언 '이것'과 조사 '은'이 어울려 준 대로 적은 경우로 ㄴ에 해당한다. ③ 체언이 단독으로 쓰인 경우로 ㄱ과 ㄴ 어디에도 해당하지 않는다. ④ 체언 '여기'와 조사 '에'를 구별하여 적었으므로 ㄱ에 해당한다.

591) ③

| 선택 비율 | ① 15% | ② 2% | ③ 50% | ④ 15% | ⑤ 15% |

해 : 앞말에 조사가 붙을 때 그 뒤에 오는 보조 용언은 띄어 쓴다. ⓒ '웃고만 있었다'의 본용언 '웃고'에 보조사 '만'이 붙었기 때문에 뒤에 오는 보조 용언 '있었다'를 띄어 쓴 것이다.

[오답풀이] ④ '척'은 '그럴 듯하게 꾸미는 거짓 태도나 모양'을 뜻하는 의존 명사이므로 앞말과 띄어 쓴다.

592) ④

| 선택 비율 | ① 4% | ② 1% | ③ 4% | ④ 69% | ⑤ 19% |

해 : '무심하지'는 ㉠의 규정에 따라 'ㅎ'이 다음 음절의 첫소리와 어울려 거센소리로 되는 경우이므로 '무심지'가 아니라 '무심치'로 적어야 하므로 적절하지 않다.

593) ⑤

| 선택 비율 | ① 4% | ② 2% | ③ 2% | ④ 4% | ⑤ 85% |

해 : '무엇이든지 주저하지 말고 시작해 봐.'에서의 '-든지'는 물건이나 일의 내용을 가리지 아니하다의 뜻으로 쓰였기 때문에 '제56항 2'에 따라 '무엇이든지'로 쓴다.

594) ④

| 선택 비율 | ① 3% | ② 18% | ③ 6% | ④ 64% | ⑤ 7% |

해 : '높이'의 어근 '높-'에 '-하다'나 '-거리다'가 붙을 수 없으므로, 한글 맞춤법 제23항을 적용해, '노피'를 '높이'로 정정해야겠다고 판단한 것은 적절하지 않다. '높이'는 어간 '높-'에 '-이'가 결합해 만들어진 명사이므로, 제19항을 적용하여 '노피'를 '높이'로 정정하는 것

이 적절하다.

[오답풀이] ① '돌아가다'는 앞말인 '돌다'와 뒷말인 '가다'가 결합한 합성 동사로, 앞말인 '돌다'의 본뜻을 유지하고 있다. 따라서 한글 맞춤법 제15항 [붙임 1]을 적용해, '도라가다'를 '돌아가다'로 정정해야겠다고 판단한 것은 적절하다. ② '드러나다'는 두 개의 용언이 어울려 한 개의 용언이 될 적에 그 본뜻에서 멀어진 합성 동사이다. 따라서 한글 맞춤법 제15항 [붙임 1]을 적용해 '드러났다'로 표기한 것이 적절하다고 판단한 것은 적절하다. ③'얼음'은 어간 '얼-'에 '-음'이 결합해 만들어진 명사이다. 따라서 한글 맞춤법 제19항을 적용해 '얼음'으로 표기한 것이 적절하다고 판단한 것은 적절하다. ⑤ '홀쭉이'는 어근 '홀쭉-'에 '-이'가 결합해 만들어진 명사이고, 어근 '홀쭉-'에 '-하다'가 결합할 수 있다. 따라서 한글 맞춤법 제23항을 적용해 '홀쭈기'를 '홀쭉이'로 정정해야겠다고 판단한 것은 적절하다.

595) ④

| 선택 비율 | ① 15% | ② 7% | ③ 7% | ④ 59% | ⑤ 10% |

해 : '먹을 만큼'에서 '만큼'은 '먹을'이라는 용언의 관형사형 뒤에서 '앞의 내용에 상당한 수량이나 정도임을 나타내는 말'을 뜻하는 의존명사이므로 앞말과 띄어 쓴다.

[오답풀이] ① '아는대로'에서 '대로'는 '아는'이라는 용언의 관형사형 뒤에서 '어떤 모양이나 상태와 같이'를 뜻하는 의존명사이므로 앞말과 띄어 써야 한다. ② '약해질대로'에서 '대로'는 '약해질'이라는 용언의 관형사형 뒤에서 '어떤 상태가 매우 심하다는 뜻을 나타내는 말'을 뜻하는 의존명사이므로 앞말과 띄어 써야 한다. ③ '생각 대로'에서 '대로'는 '생각'이라는 체언 뒤에서 '앞에 오는 말에 근거하거나 달라짐이 없음'을 뜻하는 조사이므로 앞말에 붙여 써야 한다. ⑤ '만 만큼'에서 '만큼'은 '만'이라는 체언 뒤에서 '앞말과 비슷한 정도나 한도임'을 뜻하는 조사이므로 앞말에 붙여 써야 한다.

596) ③

| 선택 비율 | ① 3% | ② 8% | ③ 78% | ④ 4% | ⑤ 3% |

해 : '마당의 눈이 희다.'에서 '희다'는 ㉠에 따라 어간 '희-'에 어미 '-어'가 결합해 '희어'로 적는다

597) ①

| 선택 비율 | ① 36% | ② 22% | ③ 20% | ④ 8% | ⑤ 11% |

해 : '안개꽃 밖에'의 '밖에'는 조사로 한글맞춤법 제41항을 적용해 '안개꽃밖에'로 써야 한다. 따라서 제41항을 적용해 '안개꽃밖에'로 정정해야겠다는 진술은 적절하다.

598) ④

| 선택 비율 | ① 5% | ② 13% | ③ 32% | ④ 38% | ⑤ 10% |

해 : '지붕'은 명사 '집'과 접미사 '웅'이 결합하여 만들어진 말로, ⓒ 규정에 따라 명사의 원형을 밝히어 적지 않은 것이고, '마감'은 '막다'의 어간인 '막'과 접미사 '암'이 결합하여 만들어진 말로 ⓒ 규정에 따라 어간의 원형을 밝히어 적지 않은 것이다.

599) ①

| 선택 비율 | ① 76% | ② 3% | ③ 16% | ④ 1% | ⑤ 1% |

해 : ㉠은 책을 두고 온 곳, 처소에 해당하는 '집' 뒤에 붙는 것이므로 처소의 부사격 조사 '에'와 보조사 '요'가 결합한 '에요'가 들어가야 한다. ㉡은 '아니다'의 어간 뒤에 붙는 것이므로 '에요'가 들어가야 한다. ㉢은 받침이 있는 체언인 '학생' 뒤에 결합하는 것이므로 '이에요'가 들어가야 한다.

600) ②

| 선택 비율 | ① 5% | ② 79% | ③ 9% | ④ 2% | ⑤ 3% |

해 : ㉠, ㉡의 '보다'는 '책이나 신문 따위를 읽다'라는 의미로 쓰였으므로 동사이며, ㉠, ㉡ 중 띄어쓰기가 바르게 된 것은 ㉠이다. ㉢, ㉣의 '보다'는 '나'라는 체언에 결합하여 '~에 비해서'라는 뜻을 나타내며 조사이며 조사는 앞말에 붙여 쓰므로 ㉢, ㉣ 중 띄어쓰기가 바르게 된 것은 ㉣이다. ㉤, ㉥의 '보다'는 '어떤 수준에 비하여 한층 더'라는 의미로 쓰였으므로 부사이며, ㉤, ㉥ 중 띄어쓰기가 바르게 된 것은 ㉤이다.

601) ③

| 선택 비율 | ① 12% | ② 5% | ③ 65% | ④ 6% | ⑤ 10% |

해 : '앎'은 어간 '알-'에 '-ㅁ'이 붙어서 된 명사이지만 원래 어간의 뜻과 멀어진 것이 아니며 어간의 원형도 유지되고 있다. 따라서 이는 Ⅱ의 ㄱ이 아니라 Ⅰ의 ㄱ에 해당한다.

602) ①

| 선택 비율 | ① 71% | ② 12% | ③ 7% | ④ 4% | ⑤ 3% |

해 : <보기>는 용언의 어미 '-아/-어'가 결정되는 환경에 대한 설명이다. 이 원칙에 해당하지 않는 것은 ① '하다'로, 활용할 때 어미 '-아'가 '-여'로 바뀌어 '하여'가 된다. 이는 한글맞춤법 제18항 '어미가 바뀔 경우, 그 어간이나 어미가 원칙에 벗어나면 벗어나는 대로 적는다.'라는 내용과 관련된 것으로, 불규칙 용언에 해당하는 경우이다.

[오답풀이] ② 되어, ③ 보아, ④ 겪어, ⑤ 베어 등으로 활용한다.

603) ⑤

| 선택 비율 | ① 17% | ② 3% | ③ 10% | ④ 8% | ⑤ 59% |

해 : '뻐꾸기'로 표기하는 이유는 동사나 형용사가 파생될 수 없는 어근이 접미사와 결합했기 때문이다.

604) ①

| 선택 비율 | ① 90% | ② 1% | ③ 5% | ④ 1% | ⑤ 1% |

해 : '놓이어'를 '놓여'로 줄여 쓴 것은 <한글 맞춤법> 제36항에 따른 것이지 <한글 맞춤법> 제35항 [붙임 1]에 따른 것은 아니다. '놓이어'가 '놓-'로 시작되어 <한글 맞춤법> 제35항 [붙임 1] 규정을 따라야 한다고 생각할지 모르지만, 이 규정은 '놓아'가 '놔'로 줄어들 때에만 적용된다. '놓이어'를 '놓여'로 줄여 쓴 것은 '놓이-'의 'ㅣ' 뒤에 '-어'가 왔기 때문이므로, '' ㅣ' 뒤에 '-어'가 와서 'ㅕ'로 줄 적에는 준 대로 적는다.'라는

<한글 맞춤법> 제36항에 따른 결과이다.

[오답풀이] ③ '누이니'를 '뉘니'로 쓴 것은 'ㅜ'로 끝난 어간에 '-이-'가 와서 'ㅟ'로 줄 적에는 준 대로 적는다는 <한글 맞춤법> 제37항에 따른 것이다.

605) ⑤

| 선택 비율 | ① 3% | ② 2% | ③ 3% | ④ 1% | ⑤ 88% |

해 : ㄴ의 '-대'는 '-다고 해'가 줄어든 말이고, ㄷ의 '-데'는 '-더라'와 같은 의미로 쓰이므로 바꾸어도 의미가 달라지지 않는다.

[오답풀이] ㄱ. '많대?'의 '-대'는 [Ⅰ]에 제시된 것처럼, '승우가 회사에서 할 일이 많다.'는 사실을 주어진 것으로 치고, 그것을 못마땅하게 여기는 뜻을 드러낸다. ㄴ. '덥대'는 [Ⅱ]에 제시된 것처럼, '덥다고 해'가 줄어든 말로, 남이 말한 내용을 간접적으로 전달하고 있다. ㄷ. '잘하데'는 '잘하더라'와 같은 의미를 전달하는 것으로, 과거에 직접 경험하여 알게된 사실을 현재로 옮겨 말하는 것이다.

606) ②

| 선택 비율 | ① 8% | ② 73% | ③ 1% | ④ 13% | ⑤ 3% |

해 : '홀쭉이'는 어근인 '홀쭉'에 접미사 '-하다'가 붙을 수 있고, 이 어근에 접미사 '-이'가 붙어서 된 명사이다. 매미는 어근인 '맴' 뒤에 접미사 '-하다'가 붙을 수 없고, 접미사 '-이'가 붙어서 명사가 되었다. 따라서 ㉠과 ㉡에는 각각 홀쭉이와 매미가 적절하다.

607) ④

| 선택 비율 | ① 3% | ② 3% | ③ 3% | ④ 85% | ⑤ 3% |

해 : '씩씩'은 'ㄱ' 받침 뒤에서 나는 된소리로, 같은 음절이 겹쳐 나는 경우에 해당하므로 ⓒ로 설명할 수 있다. 따라서 ⓑ에 따라 '씩씩'으로 표기한다는 것은 적절한 진술이 아니다.

[오답풀이] ① '으뜸'은 두 모음 사이에 된소리가 나므로 적절한 진술이다. ② '거꾸로'는 두 모음 사이에 된소리가 나므로 적절한 진술이다. ③ '살짝'은 'ㄹ' 받침 뒤에서 된소리가 나므로 적절한 진술이다. ⑤ '낙찌'는 'ㄱ' 받침 뒤에서 된소리가 나지만, 같은 음절이나 비슷한 음절이 겹쳐나는 경우가 아니므로 된소리로 적지 않는다. 따라서 ⓒ에 따라 '낙지'로 표기하는 것은 적절한 진술이다.

608) ①

| 선택 비율 | ① 45% | ② 13% | ③ 7% | ④ 13% | ⑤ 20% |

[오답풀이] ② '-든지'가, ③ '어떡해'가, ④ '바라'나 '바란다'가, ⑤ '넉넉지'가 올바른 표기이다.

609) ②

| 선택 비율 | ① 4% | ② 71% | ③ 12% | ④ 2% | ⑤ 9% |

해 : '저 친구, 저러다가 큰일 한번 내겠어.'는 쉼표를 '문장 앞부분에서 조사 없이 쓰인 제시어나 주제어의 뒤에 쓰는 예에 해당한다. ㉡의 '문장의 연결 관계를 분명히 하고자 할 때 절과 절 사이에 쓴다.'에 해당

는 예는 '콩 심은 데 콩 나고, 팥 심은 데 팥 난다.' 등이다.

610) ⑤

선택 비율	① 3%	② 9%	③ 7%	④ 11%	⑤ 67%

해 : '책을 다 읽는데만 이틀이 걸렸다.'에서 '읽는데'의 '데'는 '데'의 「2」에 해당하므로 '읽는 데'처럼 띄어 써야 한다.

[오답풀이] ① '있는데'의 '-는데'는 어미이므로 붙여 써야 한다. ② '가는 데'의 '데'는 '데1'의 「2」에 해당하므로 띄어 써야 한다. ③ '잘하데'의 '-데'는 '-데2'에 해당하므로 붙여 써야 한다. ④ '의지할 데'의 '데'는 '데1'의 「1」에 해당하므로 띄어 써야 한다.

611) ①

선택 비율	① 45%	② 14%	③ 8%	④ 16%	⑤ 15%

해 : '깨끗하지 않다'에서 '하' 앞의 받침의 소리는 [ㄷ]이므로 '하'가 통째로 줄어든다. 그러므로 '깨끗지 않다'로 쓰는 것이 맞다.

[오답풀이] ② '연구하도록'에서 '하' 앞에는 받침이 없어 받침 소리가 [ㄱ, ㄷ, ㅂ]이 아니므로 '하'의 'ㅎ'이 남는다. 그러므로 'ㅎ'이 'ㄷ'과 어울려 거센소리가 되어 '연구토록'으로 쓰는 것이 맞다. ③ '간편하게'에서 '하' 앞의 받침의 소리는 [ㄴ]으로 [ㄱ, ㄷ, ㅂ]이 아니므로 '하'의 'ㅎ'이 남는다. 그러므로 'ㅎ'이 'ㄱ'과 어울려 거센소리가 되어 '간편케'로 쓰는 것이 맞다. ④ '생각하다 못해'에서 '하' 앞의 받침의 소리는 [ㄱ]이므로 '하'가 통째로 줄어든다. 그러므로 '생각다 못해'로 쓰는 것이 맞다. ⑤ '답답하지 않다'에서 '하' 앞의 받침의 소리는 [ㅂ]이므로 '하'가 통째로 줄어든다. 그러므로 '답답지 않다'로 쓰는 것이 맞다.

612) ③

선택 비율	① 4%	② 12%	③ 75%	④ 5%	⑤ 2%

해 : '혼삿길'은 '혼사'와 '길'의 합성어로 '젓가락'처럼 앞말이 모음으로 끝나고 뒷말의 첫소리가 된소리로 나기 때문에 사이시옷을 붙인 것이다. '섣달'은 '설'과 '달'이 결합되면서 끝소리 'ㄹ'이 'ㄷ' 소리로 나기 때문에 한글맞춤법에 따라 '설달' 대신 '섣달'로 쓴다.

613) ③

선택 비율	① 6%	② 6%	③ 77%	④ 5%	⑤ 4%

해 : (다)에서 '뿐' 앞에 있는 '그것'은 대명사로서 체언에 해당한다. 선생님의 설명에 의하면 '뿐' 앞에 체언이 올 경우 '뿐'은 조사로 사용된 것이어서 붙여 쓴다고 했으므로 '그것'과 '뿐'을 띄어 쓴 것은 적절하지 않다.

[오답풀이] ① '할'은 용언의 관형사형이므로 '만큼'은 의존명사로 사용된 것이어서 띄어 써야 한다. ② '나'는 대명사로서 체언에 해당하므로 '대로'는 조사로 사용된 것이어서 붙여 써야 한다. ④ '못해'는 '정도가 극에 달한 나머지'의 의미를 가진 형용사로, 하나의 단어로 사용된 것이므로 붙여 써야 한다. ⑤ '못하구나'는 '비교 대상에 미치지 아니함'의 의미를 가진 형용사로, 하나의 단어로 사용된 것이므로 붙여 써야 한다.

614) ②

선택 비율	① 1%	② 91%	③ 2%	④ 1%	⑤ 2%

해 : ㉠ '들어서다 / 드러서다'는 '앞 음절의 끝 자음을 모음으로 시작되는 뒤 음절의 초성으로 이어 소리를 내는' 연음 현상에 따른 발음이 표기로 잘못 이어진 사례이다. 그러나 '높이다'를 '높히다'로 잘못 적는 것은 '높다'에 결합하는 사동 접미사를 '-이-'가 아닌 '-히-'로 잘못 파악한 경우로 연음 현상에 따른 잘못된 표기의 사례가 아니다.

[오답풀이] ① ㉠의 '들어서다 / 드러서다'는 '들어서다'의 연음에 따른 발음 [드러서다]가 표기로 잘못 이어진 사례이다. ③ ㉡의 '그렇지 / 그러치'는 '그렇지'의 거센소리되기에 따른 발음 [그러치]가 표기로 잘못 이어진 사례이다. 거센소리되기는 'ㄱ, ㄷ, ㅂ, ㅈ'이 'ㅎ'과 만나 거센소리인 'ㅋ, ㅌ, ㅍ, ㅊ'으로 발음되는 현상을 가리킨다. ④ '얽혀'는 거센소리되기에 따라 [얼켜]로 발음되는데, 이를 표기에까지 반영하여 '얼켜'로 잘못 적는 것은 ㉡의 사례로 볼 수 있다. ⑤ ㉢은 '해돋이'의 구개음화에 따른 발음 [해도지]가 표기로 잘못 이어진 사례인데, '금붙이' 역시 구개음화에 따라 [금부치]로 발음되기 때문에 이를 '금부치'로 잘못 적는 것은 같은 유형의 사례로 볼 수 있다. 구개음화는 끝소리가 'ㄷ', 'ㅌ'인 형태소가 모음 'ㅣ'나 반모음 'ㅣ[y]'로 시작되는 형식 형태소와 만나면 그것이 구개음 'ㅈ', 'ㅊ'으로 발음되는 현상을 가리킨다.

615) ③

선택 비율	① 2%	② 3%	③ 90%	④ 1%	⑤ 2%

해 : '다만 4'에 의하면, '의무'에서 '의'는 단어의 첫음절이므로 [의]로 발음해야 한다. '무예'와 '예절'은 '다만 2'에 해당하지 않으므로 표준발음법에 따라 이중 모음으로 발음해야 한다. '다만 4'에 의해 '예의'는 [예이], '의의'는 [의이], '절의'는 [절이] → [저리]로도 발음함이 허용된다.

616) ⑤

선택 비율	① 5%	② 6%	③ 5%	④ 6%	⑤ 78%

해 : '일찍이'는 부사 '일찍'에 '-이'가 붙어서 역시 부사 '일찍이'가 된 것이므로 ㉢의 '더욱이'와 같은 규정이 적용된 사례이다. '더욱이' 역시 부사 '더욱'에 '-이'가 붙어서 부사 '더욱이'가 된 것이기 때문이다.

[오답풀이] ① '급히'는 '급하다'의 어근 '급-'에 '-히'가 붙어 부사가 된 것이므로 ㉤과 같은 규정이 적용된 사례이다. ㉤의 '꾸준히' 역시 '꾸준하다'의 어근 '꾸준-'에 '-히'가 붙어 부사가 된 것이기 때문이다. ② '방긋이'는 부사 '방긋'에 '-이'가 붙어서 역시 부사 '방긋이'가 된 것이므로 ㉢과 같은 규정이 적용된 사례이다. ㉢의 '생긋이' 역시 부사 '생긋'에 '-이'가 붙어 부사가 된 것이기 때문이다. ③ '많이'는 '많다'의 어간 '많-'에 '-이'가 붙어서 부사가 된 것이므로 ㉠과 같은 규정이 적용된 사례이다. ㉠의 '같이' 역시 어간 '같-'에 '-이'가 붙어서 부사가 된 것이기 때문이

다. ④ '깊이'는 '깊다'의 어간 '깊-'에 '-이'가 붙어서 부사가 된 것이므로 ㉠과 같은 규정이 적용된 사례이다. ㉠의 '굳이' 역시 어간 '굳-'에 '-이'가 붙어서 부사가 된 것이기 때문이다.

617) ②

| 선택 비율 | ① 5% | ② 54% | ③ 4% | ④ 8% | ⑤ 27% |

해 : '부치다'는 '편지를 부치다.'처럼 '편지나 물건 따위를 일정한 수단이나 방법을 써서 상대에게로 보내다.'의 의미를 지니기도 하고, 제시된 용례처럼 '어떤 문제를 다른 곳이나 다른 기회로 넘기어 맡기다.'의 의미를 지닐 때에는 '안건을 회의에 부치다.', '표결에 부치다.', '재판에 부치다.', '투표에 부치다.' 등처럼 쓰인다. '부치다'와 흔히 혼동하기 쉬운 '붙이다'는 대체로 '붙다'의 사동사로 쓰여 '봉투에 우표를 붙이다.', '벽에 메모지를 붙이다.', '연탄에 불을 붙이다.', '계약에 조건을 붙이다.' 등과 같이 쓰인다.

[오답풀이] ① '어제저녁'의 준말로, '엇저녁'이 아니라 '엊저녁'으로 써야 한다. ③ '적지 않은'의 준말로, '적쟎은'이 아니라 '적잖은'으로 써야 한다. ④ 김치의 일종을 뜻하는 말로, '깍뚜기'가 아니라 '깍두기'가 바른 표기이다. ⑤ '편편하고 얇으면서 꽤 넓다.'의 의미를 지니는 말로, '넙적하게'가 아니라 '넓적하게'가 바른 표기이다.

618) ②

| 선택 비율 | ① 2% | ② 83% | ③ 3% | ④ 8% | ⑤ 1% |

해 : 자음을 첫소리로 가지고 있는 음절의 'ㅢ'가 'ㅣ'로 소리 나는 경우가 있더라도, 소리 나는 대로 적지 않고 본 모양인 'ㅢ'를 밝혀 적도록 규정하였다. 따라서 각 형태소의 본 모양을 밝히어 적는 원칙인 ㉡을 확인할 수 있다.

[오답풀이] ① 'ㄷ, ㅌ'이 구개음화되어 'ㅈ, ㅊ'으로 발음되더라도, 그 기본 형태를 밝히어 'ㄷ, ㅌ'으로 적도록 규정하고 있으므로 ㉡을 확인할 수 있다. ④ 어간에 명사화 접미사 '-이'나 '-음'이 결합하여 된 단어라고 해도, 그 어간의 본뜻과 멀어진 것은 어간 형태소의 뜻이 유지되고 있지 않기 때문에 원형을 밝혀 적을 필요가 없어서 소리 나는 대로 적도록 규정하고 있으므로 ㉠을 확인할 수 있다.

619) ①

| 선택 비율 | ① 89% | ② 3% | ③ 2% | ④ 1% | ⑤ 2% |

해 : 'ㅚ' 뒤에 '-어'가 붙은 형태는 'ㅙ'로 줄어질 수 있으므로 '쐬어라'는 '쐐라'로 줄어질 수 있고 표기도 그렇게 하여야 한다. 그러므로 '쐬라'는 틀린 표기이다.

[오답풀이] ② '괴-'와 '-느냐'가 결합하는 것은 'ㅚ' 뒤에 '-어'가 붙는 경우가 아니므로 'ㅙ'의 표기가 나올 수 없다. ③ 'ㅚ'와 '-어'가 'ㅙ'로 줄어지는 것이므로 '쐐도'의 원래 말은 '쐬어도'이고 이는 어간 '쐬-'와 어미 '-어도'가 결합한 말임을 알 수 있다. ④ '뵈-'와 '-어서'의 결합인 '뵈어서'는 'ㅚ' 뒤에 '-어'가 오는 경우이므로 '봬서'로 줄어질 수 있다. ⑤ '쇠-'와 '-더라도'가 결합하는 것은 'ㅚ' 뒤에 '-어'가 붙는 경우가 아니므로 'ㅙ'의 표기가 나올 수 없다.

620) ①

| 선택 비율 | ① 89% | ② 2% | ③ 2% | ④ 1% | ⑤ 3% |

해 : ㉠의 '아니요'는 '아니오'로 표기하여야 하는데, 종결형에서 사용되는 어미 '-오'는 '요'로 소리가 나더라도 '오'로 적어야 하기 때문이다. 이를 설명한 규정 ⓐ를 ㉠의 올바른 표기 과정에 적용되는 원칙으로 짝지은 ①이 정답이다.

[오답풀이] ㉡ '가지요'의 '요'는 종결 어미 '-지' 뒤에 덧붙은 보조사이다. '요'가 보조사임은 이를 뺀 '영화 구경 가지.'가 성립됨을 통해서 알 수 있다. 어미 뒤에 덧붙는 조사 '요'의 표기를 규정한 것은 ⓒ이다. ㉢ '설탕이요'의 '요'는 어떤 사물이나 사실 따위를 열거할 때 쓰이는 연결 어미이며, '이-'는 서술격 조사 '이다'의 어간이다. ⓑ의 설명을 볼 때 '이요'로 적어야 한다.

621) ④

| 선택 비율 | ① 2% | ② 3% | ③ 8% | ④ 85% | ⑤ 5% |

해 : '옷소매'와 '밥알'은 모두 합성어이지만 소리 나는 대로 '옫쏘매', '바발'로 적지 않고 어법에 맞도록 적고 있기 때문이다. 즉, '옷소매'와 '밥알'은 ⓑ만 충족하는 합성어이다.

[오답풀이] ① '이파리'는 ㉠의 사례가 되지만, '얼음'은 소리 나는 대로 '어름'으로 적지 않고 어법에 맞도록 적은 파생어이다. ② '마소'는 ㉡의 사례가 되지만, '낮잠'은 소리 나는 대로 '낟짬'으로 적지 않고 어법에 맞도록 적은 합성어이다. ③ '웃음'은 ㉢의 사례가 되지만, '바가지'는 어법에 맞도록 '박아지'로 적지 않고 소리 나는 대로 적은 파생어이다. ⑤ '꿈'은 ㉣의 사례가 되지만, '사랑니'는 소리 나는 대로 적은, 즉 ⓐ만 충족하는 합성어이다.

622) ④

| 선택 비율 | ① 6% | ② 11% | ③ 9% | ④ 65% | ⑤ 6% |

해 : '귀머거리'는 동사 '귀먹다'의 어간 '귀먹-'에 접미사 '-어리'가 붙어서 명사가 된 말로, 어간에 '-이'나 '-음' 이외의 모음으로 시작된 접미사가 붙어서 다른 품사로 바뀐 것은 그 어간의 원형을 밝히어 적지 아니한다는 규정 즉, ㉡의 규정을 적용한 것이다. 따라서 ㉣의 규정을 적용했다는 진술은 적절하지 않다.

[오답풀이] ① '다듬이'는 동사 '다듬다'의 어간 '다듬-'에 '-이'가 붙어서 명사가 된 말로, 그 어간의 원형을 밝혀 적은 것이므로, ㉠의 규정을 적용한 것이라는 진술은 적절하다. ② '마개'는 동사 '막다'의 어간 '막-'에 접미사 '-애'가 붙어서 명사가 된 말로, 그 어간의 원형을 밝혀 적지 않았으므로, ㉡의 규정을 적용한 것이라는 진술은 적절하다. ③ '삼발이'는 명사 '삼발' 뒤에 '-이'가 붙어서 된 말로, 그 명사의 원형을 밝혀 적었으므로, ㉢의 규정을 적용한 것이라는 진술은 적절하다. ⑤ '덮개'는 동사 '덮다'의 어간 '덮-'에 자음으로 시작된 접미사 '-개'가 붙어서 된 말로, 그 어간의 원형을 밝혀 적었으므로, ㉣의 규정을 적용한 것이라는 진술은 적절하다.

623) ②

선택 비율	① 10%	② 67%	③ 5%	④ 6%	⑤ 10%

해 : '서울'이라는 체언과 결합하고 있다는 점과 후배가 선배에게 대답하는 말이라는 점을 고려하면, ㄴ의 밑줄친 '요'는 청자에게 존대의 뜻을 나타내는 보조사 '요'에 해당한다고 볼 수 있다. 따라서 ㄴ의 밑줄 친 '요'를 연결형의 '이요'로 바꾸어 적는 것은 적절하지 않다.

[오답풀이] ① 종결형에서 사용되는 어미 '-오'는 [요]로 발음할 수 있으므로, ㄴ의 '이오'는 [이요]로 발음할 수 있다. ③ 종결형에서 사용되는 어미 '-오'는 하오체의 종결 어미이므로, ㄷ의 밑줄 친 문장은 하오체 문장에 해당한다. ④ ㄹ에는 하오체가 쓰이고 있어, ㄹ의 밑줄 친 '요'는 '-이오'가 모음으로 끝나는 체언('영화') 뒤에서 줄어 쓰인 형태에 해당한다. ⑤ ㅁ에는 해요체가 쓰이고 있어, ㅁ의 밑줄 친 '요'는 둘 다 체언과 결합하여 청자에게 존대의 뜻을 나타내는 보조사에 해당한다고 볼 수 있다.

624) ②

선택 비율	① 12%	② 64%	③ 8%	④ 4%	⑤ 10%

해 : 본동사와 본동사는 띄어 써야 하므로 '주고 갔다'로 띄어 써야 한다.

[오답풀이] ① 어미는 어간과 붙여 써야 하므로 적절하다. ③ 형용사는 앞말과 띄어 써야 하므로 적절하다. ④ 의존 명사는 앞말과 띄어 써야 하므로 적절하다. ⑤ 조사는 앞말과 붙여 써야 하므로 적절하다.

625) ⑤

선택 비율	① 21%	② 4%	③ 4%	④ 9%	⑤ 58%

해 : 문장의 각 단어는 띄어 써야 하지만, 조사는 예외적으로 그 앞말에 붙여 써야 한다. ㄱ의 '보다'는 서로 차이가 있는 것을 비교하는 경우, 비교의 대상이 되는 말에 붙어 '~에 비해서'라는 뜻을 나타내는 격 조사이므로 앞말에 붙여 쓴다. ㄷ의 '밖에'는 '그것 말고는', '그것 이외에는' 등의 뜻을 나타내는 보조사이므로 앞말에 붙여 쓴다. ㄹ의 '만큼'은 앞말과 비슷한 정도나 한도임을 나타내는 격 조사이므로 앞말에 붙여 쓴다.

[오답풀이] ㄴ의 '뿐'은 '다만 어떠하거나 어찌할 따름'이라는 뜻을 나타내는 의존 명사이므로 앞말과 띄어 써야 한다.

626) ①

선택 비율	① 70%	② 6%	③ 10%	④ 5%	⑤ 6%

해 : '멋쟁이'는 명사 '멋' 뒤에 자음으로 시작된 접미사 '-쟁이'가 붙어서 된 것이므로 ㉠에 해당한다. '굵기'는 어간 '굵-' 뒤에 자음으로 시작된 접미사 '-기'가 붙어서 된 것이므로 ㉡에 해당한다. '얄따랗다'는 '얇다'에서 '얄따랗다'가 될 때 겹받침 중 앞의 'ㄹ'만 발음되므로 ㉢에 해당한다.

[오답풀이] ② '값지다'는 명사 '값' 뒤에 자음으로 시작된 접미사 '-지다'가 붙어서 된 것이므로 ㉠에 해당한다. ④ '오뚝이'는 부사 '오뚝' 뒤에 모음으로 시작된 접미사 '-이'가 붙어서 만들어진 단어이다.

627) ⑤

선택 비율	① 7%	② 2%	③ 17%	④ 13%	⑤ 58%

해 : 우선적으로 ㉤을 적용한다고 하였으므로, 어간 '누-'에 '-이-'가 결합한 '누이-'가 '뉘-'로 줄고, 여기에 '-어'가 결합하여 '뉘어'의 형태가 된다. ㉣은 'ㅣ' 뒤에 '-어'가 와서 'ㅕ'로 줄 적에는 준 대로 적는다는 규정인데, '뉘-'에 쓰인 모음 'ㅟ'는 모음 'ㅣ'가 아니므로 그 뒤에 '-어'가 결합한다고 해도 'ㅕ'의 형태로 줄여 쓸 수 없다. 따라서 '누+-이-+-어'를 '뉘여'의 형태로 적을 수 없다. 참고로, '누+-이-+-어'에 ㉤이 아닌 ㉣을 적용하면 '이'와 그 뒤에 놓인 '-어'가 'ㅕ'로 줄어 '누여'로 적을 수 있다. 즉 '누+-이-+-어'는 '뉘어' 혹은 '누여'의 형태로만 적을 수 있고, '뉘여'의 형태로 적을 수는 없다.

[오답풀이] ① ㉠을 적용하면, '개+-었-+-다'는 'ㅐ' 뒤에 '-었-'이 어울려 '갰다'로 줄고, '베+-어'는 'ㅔ' 뒤에 '-어'가 어울려 '베'로 준다. ② ㉡을 적용하면, '꼬+-아'는 모음 'ㅗ'로 끝난 어간에 '-아'가 어울려 '꽈'로 줄고, '쑤+-었-+-다'는 모음 'ㅜ'로 끝난 어간에 '-었-'이 어울려 '쒔다'로 준다. ③ ㉤을 적용하면, '차+-이-'는 'ㅏ'로 끝난 어간에 '-이-'가 와서 'ㅐ'로 준다. 그 뒤에 '-었다'가 결합하면 '채었다'로 적을 수 있다. ④ 우선적으로 ㉤을 적용한다고 하였으므로, 어간 '쏘-'에 '-이-'가 결합한 '쏘이-'가 '쐬-'로 줄고, 여기에 '-어'가 결합하여 '쐬어'의 형태가 된다. 여기에 ㉢을 적용하면, 'ㅚ' 뒤에 '-어'가 어울려 'ㅙ'로 줄어 '쐐'의 형태로 적을 수 있다.

628) ④

선택 비율	① 1%	② 1%	③ 4%	④ 88%	⑤ 4%

해 : 한글 맞춤법 제38항에 의하여 '보이어'는 '보-' 뒤에 '-이어'가 어울려 '뵈어' 또는 '보여'로 줄어들 수 있다.

[오답풀이] ① '꼬았다'는 '꼬-'에 '-았-'이 어울려 '꽜다'로 줄어들 수 있다. ② '쇠었다'는 '쇠-'에 '-었-'이 어울려 '쇘다'로 줄어들 수 있다. ③ '괴어'는 '괴-'에 '-어'가 어울려 '괘'로 줄어들 수 있다. ⑤ '트이어'는 '트-' 뒤에 '-이어'가 어울려 '틔어' 또는 '트여'로 줄어들 수 있다.

629) ③

선택 비율	① 3%	② 2%	③ 83%	④ 11%	⑤ 2%

해 : '개구리'는 어근 '개굴'에 접미사 '-이'가 결합하여 파생된 단어이다. 각 형태소의 본모양을 밝혀 적지 않고 연음되어 발음되는 형태대로 적은 표준어이므로 ㉠에 해당하는 단어로 적절하다. '오뚝이'는 어근 '오뚝'에 접미사 '-이'가 결합하여 파생된 단어이다. '개구리'와 달리 각 형태소의 본모양을 밝혀 적은 표준어이므로 ㉡에 해당하는 단어로 적절하나.

[오답풀이] ① '많이'는 어근 '많-'에 접미사 '-이'가 결합하여 파생된 단어이므로 ㉡에 해당하는 단어로 적절하다. '덮개'는 어근 '덮-'에 접미사 '-개'가 결합하여 파생된 단어이므로 ㉠에 해당하는 단어로 적절하지 않다. ② '얼음'은 어근 '얼-'에 접미사 '-음'이 결합하여 파

생된 단어이므로 ㉠에 해당하는 단어로 적절하지 않다. '화살'은 어근 '활'과 어근 '살'이 결합한 단어이므로 ㉡에 해당하는 단어로 적절하지 않다. ④ '이파리'는 어근 '잎'에 접미사 '-아리'가 결합하여 파생된 단어이므로 ㉠에 해당하는 단어로 적절하다. '우스개'는 어근 '웃-'에 접미사 '-으개'가 결합하여 파생된 단어이므로 ㉡에 해당하는 단어로 적절하지 않다. ⑤ '어렴풋이'는 어근 '어렴풋-'에 접미사 '-이'가 결합하여 파생된 단어이므로 ㉠에 해당하는 단어로 적절하지 않다. '끄트머리'는 어근 '끝'에 접미사 '-으머리'가 결합하여 파생된 단어이므로 ㉡에 해당하는 단어로 적절하지 않다.

630) ②

선택 비율	① 17%	② 60%	③ 5%	④ 10%	⑤ 7%

해 : 받침 'ㅁ, ㅇ' 뒤에 연결되는 'ㄹ'은 [ㄴ]으로 발음해야 한다는 규정에 따라 '탐라'는 [탐나]로 발음되고, 이를 로마자 표기법에 따라 표기하면 'Tamna'가 된다.

[오답풀이] ① 받침 'ㅁ, ㅇ' 뒤에 연결되는 'ㄹ'은 [ㄴ]으로 발음해야 한다는 규정에 따라 '종로'는 [종노]로 발음되므로 'Jongno'라고 표기해야 한다. ③ 받침소리로는 'ㄱ, ㄴ, ㄷ, ㄹ, ㅁ, ㅂ, ㅇ' 7개 자음만 발음한다는 규정에 따라 '벚꽃'은 [벋꼳]으로 발음되므로 'beotkkot'으로 표기해야 한다. ④ 'ㄱ'은 모음 앞에서는 'g'로 적는다는 규정에 따라 올바른 로마자 표기는 'Gangneung'이다. ⑤ 'ㄹㄹ'은 'll'로 적는다는 규정에 따라 올바른 로마자 표기는 'Hallasan'이다.

631) ⑤

선택 비율	① 1%	② 2%	③ 1%	④ 2%	⑤ 92%

해 : 이 문항에서는 제시된 ㉠, ㉡, ㉢의 로마자 표기 사례를 통해 로마자 표기의 원칙을 수험생들이 탐구할 수 있는지 여부를 묻고 있다. 정답은 ⑤로, ㉢'앞집'은 [압찝]으로 발음되지만 '장롱[장:농]'에서와 마찬가지로 'ㅈ'를 'j'로 적고 있음을 통해 확인할 수 있다. 다시 말해, '앞집'에서 일어나는 된소리되기(ㅈ → [ㅉ])가 로마자 표기에 반영되지 않는다는 추론이 가능하다.

[오답풀이] ① [가락]을 'garak'으로 적은 사례에서 모음 앞의 'ㄱ'과 어말의 'ㄱ'을 각각 'g'와 'k'로 다르게 적는다는 사실을 확인할 수 있다. 로마자 표기법에서는 'ㄱ, ㄷ, ㅂ'은 모음 앞에서는 'g, d, b'로, 자음 앞이나 어말에서는 'k, t, p'로 적는다고 규정하고 있다. ② '앞'의 'ㅍ'과 '집'의 'ㅂ'을 모두 'p'로 적었음을 확인할 수 있는데, 이는 로마자 표기는 국어의 표준 발음법에 따라 적는 것을 원칙으로 하기 때문이다. 즉, '앞'은 [압]으로 발음되기 때문에 종성을 'p'로 적는 것이다. ③ 장음을 표시하는 별도의 표기가 로마자 표기에 반영되지 않았다는 점을 통해 이러한 사실을 확인할 수 있다. ④ 로마자 표기법에서는 '음운 변화가 일어날 때에는 변화의 결과에 따라 적는다.'라고 규정하는데, '장롱'은 자음 동화가 일어나 [장:농]으로 발음되기 때문에 'jangnong'으로 적는 것이다. 자음 동화는 '음절 끝의 자음이 그 뒤에 오는 자음과 만날 때, 어느 한쪽이 다른 쪽을 닮아

서 그와 비슷하거나 같은 소리로 바뀌기도 하고, 양쪽이 서로 닮아서 두 소리가 다 바뀌기도 하는 현상'을 가리킨다.

632) ④

선택 비율	① 3%	② 4%	③ 2%	④ 85%	⑤ 3%

해 : '집일'은 제29항에 따라 'ㄴ' 소리가 첨가되고, 제18항에 따라 'ㅂ'이 [ㅁ]으로 발음되어 [짐닐]로 발음된다. 따라서 '집일'을 로마자로 표기하려면 표준 발음법 제18항, 제29항에 대한 이해가 필요하다.

[오답풀이] ① '덮이다'는 제13항에 따라 [더피다]로 발음되므로, 표준 발음법 제13항에 대한 이해가 필요하다는 진술은 적절하다. ② '웃어른'은 제15항에 따라 [우더른]으로 발음되므로, 표준 발음법 제15항에 대한 이해가 필요하다는 진술은 적절하다. ③ '굳이'는 제17항에 따라 [구지]로 발음되므로, 표준 발음법 제17항에 대한 이해가 필요하다는 진술은 적절하다. ⑤ '색연필'은 제29항에 따라 'ㄴ' 소리가 첨가되고, 제18항에 따라 'ㄱ'이 [ㅇ]으로 발음되어 [생년필]로 발음되므로, 표준 발음법 제18항, 제29항에 대한 이해가 필요하다는 진술은 적절하다.

633) ①

선택 비율	① 73%	② 5%	③ 13%	④ 4%	⑤ 3%

해 : '독립문'은 [동님문]으로, '대관령'은 [대괄령]으로 발음된다. 그러므로 표기 일람에 따라 각각 'Dongnimmun'과 'Daegwallyeong'로 적어야 한다.

634) ①

선택 비율	① 82%	② 5%	③ 6%	④ 3%	⑤ 1%

해 : ㉠에서는 끝소리가 'ㄷ', 'ㅌ'인 형태소가 모음 'ㅣ'나 반모음 'ㅣ[j]'로 시작되는 형식 형태소와 만나면 그것이 구개음 'ㅈ', 'ㅊ'으로 변하는 구개음화가 일어나며, 이러한 음운 변동은 '땀받이[땀바지]'에서도 일어난다. 한편 구개음화는 로마자 표기에 반영되는데, 이는 '같이[가치]'를 'gati'가 아니라 'gachi'로 적은 것을 통해 확인할 수 있다.

[오답풀이] ② ㉡에서는 된소리되기가 일어나며, 이는 '삭제[삭쩨]'에서도 일어난다. 된소리되기는 로마자 표기에 반영되지 않는데, 이는 '잡다[잡따]'를 'japtta'가 아니라 'japda'로 적은 것을 통해 확인할 수 있다. ③ ㉢에서는 거센소리되기가 일어나며, '닳아[다라]'에서는 'ㅎ 탈락'이 일어난다. 용언의 활용에서의 거센소리되기는 로마자 표기에 반영되는데, 이는 '놓지[노치]'를 'nohji'가 아니라 'nochi'로 적은 것을 통해 확인할 수 있다. ④ ㉣에서는 'ㄴ 첨가'가 일어나며, 이는 '한여름[한녀름]'에서도 일어난다. 'ㄴ 첨가'는 로마자 표기에 반영되는데, 이는 '맨입[맨닙]'을 'maenip'이 아니라 'maennip'으로 적은 것을 통해 확인할 수 있다. ⑤ ㉤에서는 비음화가 일어나며, 이는 '밥물[밤물]'에서도 일어난다. 비음화는 로마자 표기에 반영되는데, 이는 '백미[뱅미]'를 'baekmi'가 아니라 'baengmi'로 적은 것을 통해 확인할 수 있다.

635) ③

| 선택 비율 | ① 7% | ② 3% | ③ 85% | ④ 2% | ⑤ 1% |

[해] : 프랑스의 수도를 적을 때 '파리'로 적어야 할까, '빠리'로 적어야 할까?'라는 질문은 외래어 표기에는 된소리를 원칙적으로 쓰지 않는디는 <외래어 표기법>의 '표기의 기본 원칙' 중 제4항에 따라 판단할 수 있다. '파리'로 적어야 한다. 'racket'의 발음 [t]를 받침으로 표기할 때, 'ㄷ', 'ㅅ', 'ㅌ' 중 무엇으로 적어야 할까?'라는 질문은 외래어 표기 시 받침과 관련된 규정이므로, '받침에는 'ㄱ, ㄴ, ㄹ, ㅁ, ㅂ, ㅅ, ㅇ'만을 쓴다.'라고 하는 <외래어 표기법>의 '표기의 기본 원칙' 중 제3항 따라 판단할 수 있다. 'ㅅ'으로 표기해야 한다. '[f]를 표기하기 위한 새로운 기호를 만들어야 하지 않을까요?'라는 질문은 '외래어는 국어의 현용 24 자모만으로 적는다.'라고 하는 <외래어 표기법>의 '표기의 기본 원칙' 중 제1항에 따라 판단할 수 있다.

중세 국어

636	637	638	639	640
③	①	②	③	④
641	642	643	644	645
①	①	④	②	①
646	647	648	649	650
①	①	③	⑤	⑤
651	652	653	654	655
③	①	②	②	⑤
656	657	658	659	660
③	④	②	②	②
661	662	663	664	665
①	⑤	③	⑤	④
666	667	668	669	670
③	③	⑤	①	③
671	672	673	674	675
①	③	⑤	②	①
676	677	678	679	680
①	③	④	①	②
681	682	683	684	685
③	④	③	②	③
686	687	688	689	690
①	⑤	①	④	②
691	692	693	694	695
③	②	①	①	①
696	697	698	699	700
⑤	⑤	②	⑤	③
701	702	703	704	705
④	⑤	⑤	④	③
706	707	708	709	710
②	①	①	⑤	⑤
711	712	713	714	715
③	③	①	①	③
716	717	718	719	720
①	①	⑤	④	①
721	722	723	724	725
②	③	①	③	①
726	727	728		
③	③	⑤		

636) ③

| 선택 비율 | ① 1% | ② 2% | ③ 90% | ④ 2% | ⑤ 3% |

[해] : <보기>에서 기본자에 가획을 하여 만든 것이 가획자라고 설명했다. 그러나 이체자 'ㆁ, ㄹ, ㅿ'은 각각 'ㄱ, ㄴ, ㅅ'과 소리 나는 위치는 같지만 가획의 방법에 따라 만든 글지가 아니라고 하였으므로 이체자 'ㅿ'이 가획하여 만들었다는 것은 적절하지 않다.

[오답풀이] ① <보기>의 표로 볼 때 'ㅋ'은 기본자 'ㄱ'을 가획한 것이므로 적절한 진술이다. ② <보기>의 표로 볼 때 'ㄴ'과 'ㄹ'은 같은 위치에서 소리가 나는 혓소리이므로 적절한 진술이다. ④ <보기>의 설명으로 볼 때 가

획자 'ㅎ'은 기본자 'ㅇ'을 가획한 것으로 더 세게 소리가 나므로 적절한 진술이다. ⑤ <보기>의 설명으로 볼 때 자음은 발음 기관을 상형한 것이므로 적절한 진술이다.

637) ①

선택 비율	① 91%	② 2%	③ 2%	④ 2%	⑤ 0%

해 : ⓐ는 발음할 때 소리가 깊으므로 적절하지 않다.

[오답풀이] ② ⓑ는 평평한 모양이지만 ⓐ는 둥근 모양이므로 적절하다. ③ ⓒ는 혀를 오그라들지 않게 발음하지만 ⓐ는 오그라지게 해서 발음하므로 적절하다. ④ ⓐ, ⓑ, ⓒ는 가운뎃소리 열한 자의 일부이므로 적절하다. ⑤ ⓐ는 하늘을, ⓑ는 땅을, ⓒ는 사람을 각각 본뜬 모양이므로 적절하다.

638) ②

선택 비율	① 2%	② 83%	③ 6%	④ 3%	⑤ 3%

해 : 훈민정음의 초성 중에서 이[齒]의 모양을 본뜬 기본자는 잇소리 'ㅅ'이며, 여기에 '가획'의 원리에 따라 획을 더하여 만든 글자는 가획자 'ㅈ, ㅊ'이다. 중성 중에서 초출자 'ㅗ'에 기본자 'ㆍ'를 결합하여 만든 글자는 재출자 'ㅛ'이다. '상형'이나 '가획'의 원리를 적용하지 않고 별도로 만든 이체자는 'ㆁ, ㄹ, ㅿ'이다. 이러한 조건을 모두 만족하는 글자는 '�'이다.

639) ③

선택 비율	① 1%	② 2%	③ 83%	④ 9%	⑤ 2%

해 : 이 문항은 한글의 제자 원리에 대한 정확한 이해를 바탕으로, 제시된 학생들의 설명이 어떤 원리에 기반하고 있는지를 분류할 수 있는가를 묻고 있다. '학생3'은 한글의 자음자에서 <예사소리>-<거센소리>-<된소리> 사이의 관계를 설명하고 있는데, <예사소리>-<거센소리>의 관계를 <A>-<A에 획 추가>로 표현한 것을 통해 '나'의 '가획의 원리'를 확인할 수 있다. 또한, <예사소리>-<된소리>는 <A>-<AA>로 표현한 것을 통해 '다'의 '초성자를 나란히 써서 또 다른 초성자로 사용하였다.'라는 '병서(竝書)의 원리'를 확인할 수 있다. 예컨대, 'ㄱ-ㅋ-ㄲ'에서 거센소리 'ㅋ'은 예사소리 'ㄱ'에 가획하여 만든 글자이고, 된소리 'ㄲ'은 'ㄱ'을 나란히 이어 써서 만든 글자이다.

[오답풀이] ① '학생 1'은 자음자 중 'ㄱ'이 어떠한 모습을 형상화한 것인지를 설명하고 있는데, 이는 '가'의 '상형의 원리'에 해당한다. '가'에서 초성자와 중성자의 기본자는 상형의 원리로 만들었다고 하였는데, 초성의 기본자 'ㄱ, ㄴ, ㅁ, ㅅ, ㅇ'과 중성의 기본자 'ㆍ, ㅡ, ㅣ'는 각각 발음 기관과 천지인(天地人)을 상형하여 만든 글자이다. ② '학생 2'는 'ㆍ, ㅡ, ㅣ'의 기본자를 바탕으로 모든 모음자를 휴대 전화 자판으로 입력할 수 있음을 언급하고 있는데, 이는 '라'의 중성자의 제자 원리에 해당한다. 모음자라 불리는 중성자는 기본자 'ㆍ, ㅡ, ㅣ'를 바탕으로 'ㅡ'와 'ㆍ'를 합성하여 'ㅗ, ㅜ'를 만들고, 'ㅣ'와 'ㆍ'를 합성하여 'ㅏ, ㅓ'를 만들었다. 여기에 다시 'ㆍ'를 하나씩 더해 'ㅛ, ㅑ, ㅠ, ㅕ'를 만들어 모두 11자의 중성자(모음자)를 완성한 것이다. ③ '학생 4'는 'ㅁ'에 획을 더해 만든 자음자 'ㅂ, ㅍ'은 모두 'ㅁ' 모양을 공통적으로 지니며, 이것은 'ㅁ, ㅂ, ㅍ'의 공통된 소리 특징을 반영한다는 설명을 하고 있는데, 여기에는 '나'의 '가획의 원리'가 반영되었다. ④ '학생 5'는 종성자, 즉 받침 글자를 따로 만들지 않았다는 점을 설명하는데, 이 점은 한글이 과학적이고 경제적인 문자로 평가받는 특징 중 하나이지만 제시된 제자 원리 중에는 이 점에 대한 서술은 나타나지 않는다.

640) ④

선택 비율	① 14%	② 3%	③ 2%	④ 77%	⑤ 2%

해 : 현대 국어의 '것은'과 비교해 볼 때 근대 국어의 '거슨'은 앞 글자의 받침 'ㅅ'을 이어 적은 것에 해당하므로 적절하지 않다.

641) ①

선택 비율	① 61%	② 5%	③ 6%	④ 7%	⑤ 19%

해 : '中듕國·귁·에'의 현대어 풀이가 '중국과'인 것에 비추어 볼 때, 비교 부사격 조사로 사용된 것임을 알 수 있다. 따라서 조사 '에'가 앞말이 사건의 원인이 됨을 나타낸다는 것은 적절하지 않은 설명이다.

[오답풀이] ② 중세 국어에서 '어리다'는 현대어 풀이에 비추어 볼 때 '어리석다'라는 의미로 사용되었음을 알 수 있다. 현대 국어에서 '나이가 적다.'라는 의미로 쓰이는 '어리다'와 의미가 서로 다름을 알 수 있다. ③ '·ᄠᅳ·들'에서는 'ㅳ'과 같이 단어의 초성에 서로 다른 두 자음자를 나란히 적었음을 알 수 있다. ④ '便뼌安한·킈'에서 'ㆆ'과 같이 중세국어에서는 현대 국어에서 사용되지 않는 자음자가 있었음을 알 수 있다. ⑤ 'ᄯᆞᄅᆞ·미니·라'에서 한 음절의 종성 'ㅁ'을 다음 자의 초성에 옮겨 표기하는 방식이 활용되었음을 알 수 있다.

642) ①

선택 비율	① 58%	② 4%	③ 8%	④ 22%	⑤ 5%

해 : ㉠인 '中듕國귁에'는 현대어 풀이 '중국과'로 해석되므로, 중세 국어에서는 '에'가 비교를 의미하는 조사로 쓰였음을 알 수 있다. 따라서 앞말이 장소임을 표시하는 조사라는 진술은 적절하지 않다.

[오답풀이] ② ㉡에서 중세 국어의 '-ㄹ씨'는 현대어 풀이 '-므로'에 해당하며, 이는 앞말이 뒤에 오는 내용과 인과 관계로 연결됨을 표시하는 어미이므로 적절하다. ③ ㉢에서 중세 국어의 '-ㄴ'은 현대어 풀이 '-은'에 해당하며, 이는 앞말이 뒤에 오는 말을 수식함을 표시하는 어미이므로 적절하다. ④ ㉣에서 중세 국어의 'ㅣ'는 현대어 풀이 '가'에 해당하며, 이는 앞말이 문장의 주어임을 표시하는 조사이므로 적절하다. ⑤ ㉤에서 중세 국어의 '을'은 현대어 풀이에서 '을'에 해당하며, 이는 앞말이 문장의 목적어임을 표시하는 조사이므로 적절하다.

643) ④

| 선택 비율 | ① 6% | ② 28% | ③ 3% | ④ 49% | ⑤ 13% |

해 : '가시니'는 어간 '가-'뒤에 주체 높임의 선어말 어미 '-시-'에 의해 높임 표현이 실현된 것으로 특수 어휘가 사용된 것이 아니므로 적절하지 않다.

[오답풀이] ① 'ᄠᅳ긔'는 초성에 어두 자음군 'ᄡ'가 쓰였으므로 적절하다. ② 'ᄰᅵ믈'은 목적격 조사 '을'이 쓰였고, '자최ᄅᆞᆯ'은 목적격 조사 'ᄅᆞᆯ'이 쓰였으므로 적절하다. ③ '브리ᅀᆞᄫᅡ'의 'ㅿ, ㅸ'은 현대 국어에는 사용되지 않는 문자이므로 적절하다. ⑤ '거름, 조차'는 '걸음, 좇아'를 이어 적기한 것이므로 적절하다.

644) ②

| 선택 비율 | ① 11% | ② 29% | ③ 19% | ④ 29% | ⑤ 9% |

해 : ㄱ의 '어미를'은 '어미'에 '를'이, ㄷ의 'ᄯᆞᆯ'은 'ᄯᆞᆯ'에 '을'이 결합하고 있으며 이때 '를'과 '을'은 현대어 풀이에서 각각 목적격 조사 '를'과 '을'에 대응하고 있으므로 조사의 형태가 서로 동일하게 사용되었다는 것은 적절하지 않다.

[오답풀이] ① ㄱ의 '羅睺羅(라후라)ㅣ'는 '羅睺羅(라후라)'에 'ㅣ'가, ㄷ의 '仙人(선인)이'는 '仙人(선인)'에 '이'가 결합하고 있으며 이때 'ㅣ'와 '이'는 현대어 풀이에서 각각 주격 조사 '가'와 '이'에 대응하고 있으므로 적절하다. ③ ㄴ의 '瞿曇(구담)이'는 '瞿曇(구담)'에 '이'가, ㄷ의 '南堀(남굴)'에 'ㅅ'이 결합하고 있으며 이때 '이'와 'ㅅ'은 모두 현대어 풀이에서 관형격 조사 '의'에 대응하고 있으므로 적절하다. ④ ㄴ의 '深山(심산)애'는 '深山(심산)'에 '애'가 ㄷ의 '時節(시절)에'는 '時節(시절)'에 '에'가 결합하고 있으며 이때 '애'와 '에'는 현대어 풀이에서 모두 부사격 조사 '에'에 대응하고 있으므로 적절하다. ⑤ ㄴ의 '果實(과실)와'는 '果實(과실)'에 '와'가, ㄹ의 '病(병)과'는 '病(병)'에 '과'가 결합하고 있으며 이때 '와'와 '과'는 모두 현대어 풀이에서 조사 '과'에 대응하고, 각각 '果實(과실)'과 '를', '病(병)'과 '死(사)'를 이어주고 있으므로 적절하다.

645) ①

| 선택 비율 | ① 76% | ② 1% | ③ 7% | ④ 1% | ⑤ 12% |

해 : 두음법칙은 어떤 소리가 단어의 첫머리에서 발음되는 것을 꺼리는 현상으로, 본래 첫소리가 'ㄴ'이나 'ㄹ'인 한자음이 단어의 첫머리에 쓰일 때, 'ㄴ'이나 'ㄹ'이 탈락하거나 'ㄹ'이 'ㄴ'으로 바뀌어 발음되는 것이다. 그러나 '녜'는 두음법칙이 적용되지 않았으므로 적절하지 않다.

[오답풀이] ② 'ᄲᅳ리고'와 '쁠며'는 현대 국어 '뿌리고'와 '쓸며'와 달리 초성에 서로 다른 두 개의 자음이 함께 쓰였으므로 적절하다. ③ '어버이를'은 현대 국어 '어버이를'과 달리 목적격 조사 'ᄅᆞᆯ'이 쓰였으므로 적절하다 ④ 'ᄉᆞ랑ᄒᆞ며'는 현대 국어 '사랑하며'와 달리 'ㆍ'가 표기에 사용되었으므로 적절하다. ⑤ 현대 국어 '나라를'은 체언 '나라'와 목적격 조사 '를'이 결합한 것이다. 이와 달리, '나라ᄒᆞᆯ'은 'ㅎ'을 끝소리로 가진 체언 '나라ㅎ'에 목적격 조사 'ᄋᆞᆯ'이 결합한 것이므로 적절하다.

646) ①

| 선택 비율 | ① 82% | ② 6% | ③ 7% | ④ 3% | ⑤ 2% |

해 : '내ㅎ'와 '이'가 결합할 때, '이'는 모음으로 시작하는 조사이므로 '내ㅎ'와 '이'가 결합하면 'ㅎ'은 뒤따르는 모음에 이어 적어서 '내히'라고 써야 한다. '우ㅎ'와 '과'가 결합할 때, '과'는 ㄱ으로 시작하는 조사이므로 '우ㅎ'와 '과'가 결합하면 'ㅎ'은 뒤따르는 'ㄱ'과 어울려 'ㅋ'으로 나타나서 '우콰'라고 써야 한다. 따라서 ㉠에는 '내히'를, ㉡에는 '우콰'를 쓰는 것이 적절하다.

647) ①

| 선택 비율 | ① 70% | ② 3% | ③ 10% | ④ 13% | ⑤ 5% |

해 : '바미'는 '밤'과 부사격 조사 '이'가 결합한 것으로, 현대 국어의 부사격 조사 '에'와 달리 끝음절이 양성 모음인 체언에 '이'가 사용되어 모음 조화를 따르고 있으므로 적절하지 않다.

[오답풀이] ② '조사'는 현대 국어에는 존재하지 않는 'ㅿ'이 표기에 사용되었으므로 적절하다. ③ '비저'는 현대 국어에서 '빚어'로 끊어 적기 하는 것과 달리 이어 적기를 하였으므로 적절하다. ④ '醫員(의원)ᄃᆞ려'는 현대 국어의 부사격 조사 '한테'와 형태가 다른 부사격 조사 'ᄃᆞ려'가 쓰였으므로 적절하다. ⑤ '쁘들'은 현대 국어와 달리 어두 자음군인 'ㅄ'이 쓰였으므로 적절하다.

648) ③

| 선택 비율 | ① 10% | ② 11% | ③ 49% | ④ 4% | ⑤ 25% |

해 : '보미(봄에)'는 '왯는(와 있는)'과 호응하는 부사어이므로 '보미'의 '이'는 부사격 조사이다. 중세 국어에는 현대 국어와 달리 부사격 조사로 '이'로 쓰였다.

[오답풀이] ① '부톄'는 '부텨'에 주격 조사 'ㅣ'가 결합한 것이다. ② '안즈시니'는 어간 '앉'에 어미 '-ᄋᆞ시니'가 결합하여 이어 적기가 된 것이다. ④ '뛰노니'에서 '뛰'의 'ㅳ'을 통해 어두자음군이 존재하였음을 알 수 있다. ⑤ '뫼헤'는 'ㅎ' 종성 체언인 '뫼ㅎ'에 부사격 조사 '에'가 결합한 것이다.

649) ⑤

| 선택 비율 | ① 5% | ② 7% | ③ 3% | ④ 11% | ⑤ 74% |

해 : 중세 국어에서 목적격 조사는 선행 체언의 받침 유무와 모음 조화에 따라 '을/을/를/를'이 결합하였다. <보기>의 'ᄰᅵ믈'은 체언 'ᄰᅵ님'의 끝음절에 받침이 있어 목적격 조사 '을'이 결합한 것이며, 'ᄌᆞ비를'은 체언 'ᄌᆞ비'의 끝음절에 받침이 없어 목적격 조사 '를'이 결합한 것이므로 선행 체언의 모음에 따라 목적격 조사의 형태가 다르게 나타났다는 서술은 적절하지 않다.

[오답풀이] ① '삐'의 초성 'ᄡ'에서 서로 다른 두 개 이상의 자음이 초성에 사용되었음을 확인할 수 있으므로 적절하다. ② 중세 국어에서 '어엿브다'는 '가엾다'의 의미로, 현대 국어의 '어여쁘다'와 다른 의미로 사용되었다. '어엿비'가 현대어 '가엾게'로 해석되는 것을 통해서도 이를 확인할 수 있으므로 적절하다. ③ '기르ᅀ

ᄫᆞ니'를 표기하는 데 'ㅿ', 'ㆍ', 'ㅸ'이 모두 쓰였으나 이 세 개의 음운은 현대 국어에서 소실된 음운이므로 적절하다. ④ '니르니라'는 현대어 '일렀느니라'와 다르게 두음법칙이 적용되지 않았음을 확인할 수 있으므로 적절하다.

650) ⑤

선택 비율	① 1%	② 3%	③ 2%	④ 3%	⑤ 91%

㉭ : ⑤의 '져비'는 현대 국어의 '제비'에 해당하는 단어로 현대 국어로 오면서 형태가 변하였지만 의미는 달라진 것은 아니다.

[오답풀이] ① '몰·곤·ᄀᆞ·룶'은 띄어쓰기를 하지 않았다. ② 'ᄆᆞᅀᆞᆯ'에서 볼 수 있듯이 중세 국어에서는 현대 국어에서 사용하지 않는 자음인 반치음과 모음인 아래아를 사용하였다. ③ '아·나'에서 알 수 있듯이 중세 국어에서는 소리 나는 대로 적는 표기 방식(이어적기)을 적용하였다. ④ ':긴녀·릆'과 같이 글자 왼쪽에 방점을 찍어 성조를 표시한 것 역시 중세 국어의 특징이다.

651) ③

선택 비율	① 0%	② 3%	③ 91%	④ 5%	⑤ 1%

㉭ : 중세국어에서 /ㅣ/ 모음으로 끝나는 체언 뒤에 'ᄂᆞᆫ'이 오는 사례는 '머리+ᄂᆞᆫ'이다. 따라서 정답은 ③번이다.

652) ①

선택 비율	① 45%	② 12%	③ 14%	④ 15%	⑤ 13%

㉭ : 중세 국어에서 용언 '돕다'는 객체높임 선어말어미 '-ᄋᆞᆸ'을 사용하여 객체높임을 표현할 수 있지만,현대 국어에서는 '돕다'에 해당하는 특수 어휘가 없어 객체높임을 표현할 수 없다. 굳이 객체높임을 표현하고자 한다면 '도와 드리니'와 같이 다른 특수어휘와 함께 사용할 수밖에 없다. 더욱이 '도우시니'는 객체를 높이는 표현이 아니고, 주체높임 선어말어미 '-시-'를 사용하여 주체를 높이는 표현이므로 ㉠이 현대 국어에서 '도우시니'의 형태로 바뀌어 객체높임을 표현했다는 진술은 적절하지 않다.

[오답풀이] ② ㉢이 사용된 문장은 객체높임이 실현된 문장일 것이므로, 현대 국어에서라면 '뵙다'라는 특수한 어휘를 사용하여 객체높임을 표현한 것으로 추측할 수 있다. ③ ㉠은 선어말어미 '-ᅀᆞᆸ-'의 받침 'ㅸ'을 뒷말인 'ㆍ'에 이어적어 '돕ᄉᆞᄫᆞ니'와 같이 표기했고, ㉢은 선어말어미 '-ᅀᆞᆸ-'의 받침 'ㅸ'을 뒷말인 'ㆍ'에 이어적어 '보ᅀᆞᄫᆞ면'과 같이 표기했다. 그러므로 ㉠, ㉢이 선어말어미의 받침 'ㅸ'을 뒷말에 이어적어 표기했다는 진술은 적절하다.④ ㉠~㉢은 모두 객체높임이 사용된 용언이다. 객체높임법은 문장의 목적어와 부사어가 높임의 대상일 때 이를 높이는 것이므로, ㉠~㉢이 포함된 문장의 목적어나 부사어 자리에 높임의 대상이 온다는 진술은 적절하다. ⑤ ㉠~㉢을 보니, 중세 국어의 객체높임 선어말어미로는 여러 가지 형채가 있었다는 진술은 적절하다.

653) ②

선택 비율	① 3%	② 56%	③ 29%	④ 3%	⑤ 6%

㉭ : '선생님'의 설명을 통해 모음조화에 대해 이해를 하고, 제시된 18세기 문헌에서 모음조화가 지켜지지 않은 경우를 찾는 문항이다. ㉡ '하ᄂᆞᆯ을'의 경우, 모음조화가 지켜졌다면 '하ᄂᆞᆯ'이 양성 모음으로 되어 있으므로 다음에 오는 목적격 조사는 '을'이 아닌 'ᄋᆞᆯ'이 되어야 한다.

654) ②

선택 비율	① 4%	② 58%	③ 3%	④ 24%	⑤ 8%

㉭ : '(받ᄌᆞ온) 거시라'는 현대어 '(받은) 것이므로'로 풀이되므로, 이때의 '-라'는 종속적 연결어미임을 알 수 있다. '-라'가 평서형 종결어미로 사용된 예는 'ᄆᆞᄎᆞᆷ이니라'이다. 중세 국어에서는 평서형 종결어미로'-다'가 아닌 '-라'를 사용하였다.

[오답풀이] ① 'ᄃᆞ려'는 '에게'의 의미를 지닌 부사격 조사로 현대 국어에는 사용하지 않는 형태의 조사이다. ③ '샹히오디'는 '상하게 하지'로 풀이되므로 '-게 ᄒᆞ다'의 의미를 지니는 사동 표현이다. ④ '몸을'은 '父母를'과 비교하면 모음조화가 지켜지지 않고 있다. ⑤ '홈이'는 '호미'로 이어적지 않고 음절 단위로 끊어 적었다. 현대 국어에서도 '함이'로 표기되어 있다.

655) ⑤

선택 비율	① 10%	② 4%	③ 4%	④ 0%	⑤ 79%

㉭ : 부서법에 따르면 초성은 단독으로 발음되지 않고 반드시 중성을 붙여 써야 한다. 이때 중성 중 어떤 것은 초성의 아래에 붙여 쓰고, 또 어떤 것은 초성의 왼쪽이 아니라 오른쪽에 붙여 써야 한다.

[오답풀이] ㉠ 훈민정음의 초성이 발음기관의 모양을 상형하여 기본자 'ㄴ'을 만들고 기본자에 가획의 원리를 적용하여 'ㄷ', 'ㅌ'을 만든 후 예외적인 이체자 'ㄹ'을 만들었음을 보여준다. ㉡ 훈민정음의 중성이 '하늘[天], 땅[地], 사람[人]'을 상형하여 기본자를 만들고 기본자를 서로 합하는 합용의 원리를 적용하여 초출자와 재출자를 만들었음을 보여준다. ㉢ 'ㅇ'을 순음 글자인 'ㅂ, ㅁ, ㅍ, ㅃ'의 아래에 이어적어 새로운 글자인 순경음 'ㅸ, ㅱ, ㆄ, ㅹ'을 만드는 연서의 방법이다. ㉣ 두 글자를 왼쪽에서 오른쪽으로 나란히 이어쓰는 병서로, 같은 글자를 나란히 쓰는 '각자병서'(ㄲ, ㄸ, ㅃ, ㅆ, ㅉ, ㆅ)와 다른 글자를 나란히 쓰는 '합용 병서'(ㅺ, ㅳ, ㅶ)이다.

656) ③

선택 비율	① 11%	② 1%	③ 81%	④ 2%	⑤ 1%

㉭ : 중세 국어에서 동사의 경우, 서술어에 시제 관련 선어말 어미가 사용되지 않으면 과거 시제라는 내용으로 보아, ㄷ이 현재 시제라고 한 것은 적절하지 않다.

[오답풀이] ① 서술어에'-다-'의 형태를 사용하면 과거 시제라는 내용으로 보아, ㄱ이 과거 시제라고 한 것은 적절하다. ② 서술어에 선어말 어미 '-ᄂᆞ-'를 사용하면 현재 시제라는 내용으로 보아, ㄴ이 현재 시제라고 한 것은 적절하다. ④ 서술어에 선어말 어미 '-

더-'를 사용하면 과거 시제라는 내용으로 보아, ㄹ 이 과거 시제라고 한 것은 적절하다. ⑤ 서술어에 선어말어미'(-으)리-'를 사용하면 미래 시제라는 내용으로 보아 ㅁ이 미래 시제라고 한 것은 적절하다.

657) ④

선택 비율	① 4%	② 4%	③ 7%	④ 76%	⑤ 7%

해 : '끊어 적기'란 받침을 가진 실질 형태소가 형식 형태소와 만날 때, 실질 형태소와 형식 형태소를 구별해서 적는 방식을 일컫는 말이다. 반면 '이어 적기'란, 소리 나는 대로 적는 표음적 표기를 말한다. 예를 들어 '사람'+'이'를 '사람이'라고 표기한다면 '끊어 적기', '사라미'라고 표기한다면 '이어 적기'에 해당된다. ㉣의 '조초미'는 '조촘+이'로 분석될 수 있는데, 이를 이어 적기하여 '조초미'로 표기한 것이다. 그러므로 '끊어 적기'로 파악한 ④는 적절한 탐구 내용으로 볼 수 없다.

[오답풀이] ① ㉠ '말이'가 아닌 '마리'로 표기하였으므로, '이어 적기'에 해당된다. ② '두음 법칙'은 일부 소리가 단어의 첫머리에 발음되는 것을 꺼려 다른 소리로 발음되는 것으로, 'ㅣ, ㅑ, ㅕ, ㅛ, ㅠ' 앞에서의 'ㄹ'과 'ㄴ'이 'ㅇ'이 되고, 'ㅏ, ㅓ, ㅗ, ㅜ, ㅡ, ㅐ, ㅔ, ㅚ' 앞의 'ㄹ'은 'ㄴ'으로 변하는 것이다. ㉡ '닐오디'는 'ㄴ'음이 'ㅣ'모음 앞에서 'ㅇ'으로 변하지 않고, 'ㄴ'을 유지하고 있으므로 '두음 법칙'이 적용되지 않았음을 알 수 있다. ③ '어딘'에 '구개음화'가 일어났다면 '어진'이라고 해야 한다. 하지만 '어딘'으로 표기된 것을 볼 때, '구개음화'가 일어나지 않았다. ⑤ ㉤ '노픈'은 '높- + -은'으로 양성 모음의 어미인 '-은'이 사용되었으므로 '모음조화'가 지켜진 것이다. '모음조화'가 지켜지지 않았다면, '노픈'으로 표기되어야 한다.

658) ②

선택 비율	① 8%	② 71%	③ 4%	④ 7%	⑤ 8%

해 : ㉡의 '제'는 '저+ㅣ'로 현대어 풀이를 참고하면 '자기의'와 같은 의미로 사용되었다. 따라서 'ㅣ'는 주격 조사가 아니라 관형격 조사이다.

659) ②

선택 비율	① 7%	② 75%	③ 10%	④ 2%	⑤ 3%

해 : ㉡ '보미'는 체언 '봄'과 조사 형태를 밝혀 적지 않고 이어적기를 한 것이다.

660) ②

선택 비율	① 5%	② 80%	③ 2%	④ 3%	⑤ 8%

해 : 중세 국어에서는 각 글자의 왼편에 점을 찍어 소리의 높낮이를 표시하였다. '아·니·믈·씨'에서 '아'는 점이 없으므로 낮은 소리(평성), '니'와 '씨'는 점이 한 개이므로 높은 소리(거성), '믈'은 점이 두 개이므로 처음은 낮고 나중이 높은 소리(상성)에 해당한다. 이를 고려할 때 ⓐ는 '평성-거성-상성-거성'으로 소리의 높낮이를 표시할 수 있다.

661) ①

선택 비율	① 36%	② 9%	③ 42%	④ 7%	⑤ 3%

해 : 첫 번째 문장의 주어는 '부톄(부처가)'이므로 주어가 3인칭이다. 또 '누가, 언제' 등과 같은 물음말이 없으므로 '-가', '-ㄹ가'와 같은 '아'형 어미를 사용해야 한다. 두 번째 문장의 주어는 '네(너는)'로서 주어가 2인칭이므로 '-ㄴ다'를 사용해야 한다.

662) ⑤

선택 비율	① 11%	② 8%	③ 17%	④ 14%	⑤ 48%

해 : ㉤은 객체 높임 선어말 어미 '-줍-'을 통해 객체 높임을 실현하였을 뿐, 현대 국어처럼 '여쭙다'라는 특수 어휘를 사용하지는 않았다.

[오답풀이] ① ㉠은 '효도ㅎ+옴'으로 분석되어, 현대 국어의 명사형 어미 '-(으)ㅁ'과 다른 형태임을 알 수 있다. ② ㉡의 'ㅳ'은 현대 국어에서는 사용되지 않는 어두 자음군에 해당한다. ③ ㉢은 '聖孫(성손)+올'로 분석되어 '올'이 현대 국어의 목적격 조사 '을'과 다른 형태임을 알 수 있다. ④ ㉣은 문장의 주체인 '하늘'을 높이고자 현대 국어와 동일하게 주체높임 선어말 어미 '-시-'를 사용하고 있다.

663) ③

선택 비율	① 4%	② 8%	③ 39%	④ 37%	⑤ 9%

해 : '부얌'은 끝소리가 자음이므로 주격 조사 '이'가 나타난다. 따라서 '부얌'과 '이'가 결합하여 '부야미'가 된다. '불휘'는 끝소리가 반모음 'ㅣ'이므로 아무런 형태가 나타나지 않는다. 따라서 그대로 '불휘'이다. '대장부'는 'ㅣ'도 반모음 'ㅣ'도 아닌 모음으로 끝나므로, 주격 조사 'ㅣ'가 쓰인다. 따라서 '대장뷔'가 된다.

664) ⑤

선택 비율	① 12%	② 17%	③ 6%	④ 9%	⑤ 54%

해 : ㉤은 '어느'에 목적격 조사가 결합한 형태로, ㉤에 사용된 '어느'는 현대 국어의 '어느 것'이라는 의미를 가진 옛말이므로 대명사이다. 이는 <보기 2>의 '어느 02'에 해당하므로 적절하지 않다.

[오답풀이] ① ㉠은 체언 '나라'를 수식하고 있으므로 관형사이다. 따라서 <보기 2>의 '어느 01'과 품사가 동일하다는 진술은 적절하다. ② ㉡은 '어느'에 주격 조사 'ㅣ'가 붙은 형태이다. ㉡에 사용된 '어느'는 현대 국어의 '어느 것'이라는 의미를 가진 옛말이므로 대명사이다. 따라서 <보기 2>의 '어느 02'에 해당하므로 적절하다. ③ ㉢은 용언인 '듣ㅈ보리잇…고'를 수식하고 있으므로 부사이다. 따라서 <보기 2>의 '어느 03'으로 쓰였다는 진술은 적절하다. ④ ㉣은 용언인 '플리'를 수식하는 부사이고, <보기 2>의 '어느 01'은 관형사이므로 적절하다.

665) ④

선택 비율	① 8%	② 6%	③ 7%	④ 69%	⑤ 8%

해 : ㉡에서 주체인 '아들'을 높이지 않으므로 적절하지 않다.

[오답풀이] ① '니르샤디'의 선어말 어미 '-샤-'를 통해 주체 높

임법이 실현된 것은 확인되지만, 주체는 생략되어 드러나지 않는다. ② '묻줍고'의 선어말 어미 '-줍-'을 통해 객체 높임법이 실현된 것을 확인할 수 있다. ③ '오시니잇…고'의 선어말 어미 '-시-'를 통해 주체 높임법이 실현된 것을 확인할 수 있다. ⑤ '뫼숩고'의 선어말 어미 '-숩-'을 통해 객체인 '어마님'을 높이고 있음을 확인할 수 있다.

666) ③

선택 비율	① 9%	② 18%	③ 54%	④ 5%	⑤ 12%

해 : '거부븨 터리 곧고'에서 '의'는 관형격 조사로 사용되었고, 앞 단어 '거붑'의 마지막 음절의 모음이 음성 모음이므로 '의'의 형태로 실현된 것이다. '바미 비취니'에서 '이'는 부사격 조사로 사용되었고, 앞 단어 '밤'의 모음이 양성 모음이므로 '이'의 형태로 실현된 것이다.

667) ③

선택 비율	① 5%	② 6%	③ 63%	④ 10%	⑤ 15%

해 : <보기>에서 '-오-'는 어말 어미 앞에서 문법적인 기능을 하는 어미임을 알 수 있다. 그런데 ㉢의 '롱담ㅎ다라'에서 '-다'는 '-더-'가 '-오-'와 결합하여 나타난 형태이므로 적절하지 않다.

668) ⑤

선택 비율	① 6%	② 4%	③ 10%	④ 7%	⑤ 71%

해 : '얼굴'은 중세 국어에서 '형체'라는 의미를 가지고 있었으나, 현대 국어에서는 '낯'이라는 의미로만 사용되고 있어서 중세보다 의미가 축소되었다.
[오답풀이] ① '기픈'은 어간의 받침 'ㅍ'을 어미의 첫소리로 옮겨 소리 나는 대로 표기한 것이다. ② '믤씨'는 현대 국어에서는 사용되지 않는 단어이다. ③ '룰'은 현대 국어의 '를'과 형태가 다르다. ④ '뿔디면'에는 현대 국어에서 쓰이지 않는 어두자음군 'ㅄ'이 사용되었다.

669) ①

선택 비율	① 63%	② 17%	③ 7%	④ 6%	⑤ 4%

해 : '얻논 藥(약)이 (㉠)'은 해석에 '무엇인가?'를 통해 구체적 답변을 요구하는 설명 의문문임을 알 수 있다. 그러므로 의문 보조사 '고'를 사용하여 '므스것고'가 적절하다. '이 ᄹ리 너희 (㉡)'는 '예' 또는 '아니오'의 판정을 요구하는 의문문이므로 의문 보조사 '가'를 사용한다. '엇뎨 일후미 (㉢)'은 '어찌'를 통해 설명을 요구하는 의문문이라는 것을 알 수 있고, '선야'라는 이름이 모음으로 끝나므로 의문 보조사 '오'를 사용한다.

670) ③

선택 비율	① 8%	② 9%	③ 52%	④ 24%	⑤ 4%

해 : 현대 국어의 '살코기'는 중세 국어의 '숧ㅎ'과 '고기'가 결합하여 'ㅎ 종성 체언'의 흔적이 남은 단어이다. 제시된 중세 국어 자료에 의하면, 'ㅎ 종성 체언'은 단독형으로 쓰일 때에는 'ㅎ'이 나타나지 않았으므로, '살코기'의 '살'은 중세 국어에서 단독으로 쓰일 경우

'숧'의 형태로 사용되었을 것이다.
[오답풀이] ① '안팎'은 '안'과 '밖'이 어울려 쓰인 것으로 '안ㅎ'의 흔적이 남은 경우에 해당한다. ② '수캐'는 중세 국어에서 '수ㅎ'와 '개'가 어울려 쓰인 것으로 '수'의 'ㅎ' 종성이 'ㄱ'과 어울려 'ㅋ'이 되는 거센소리되기가 이루어진 것이다. ④ 중세 국어에서 '나라'는 'ㅎ 종성 체언'으로, 모음으로 시작하는 조사 '이'와 결합할 경우 'ㅎ'을 이어 적어 '나라히'와 같은 형태로 나타난다. ⑤ '암평아리'는 중세 국어에서 'ㅎ 종성 체언'인 '암ㅎ'과 '병아리'가 결합하여 '암평아리'가 된 단어로, 'ㅎ 종성 체언'의 흔적이 남은 단어이다.

671) ①

선택 비율	① 79%	② 3%	③ 11%	④ 3%	⑤ 2%

해 : ㉠의 현대어 '가겠습니다'를 통해 ㉠은 동사의 미래 시제임을 알 수 있고 이때의 중세 국어 표현은 선어말 어미 '-리-'를 사용한 '가리이…다'이다. ㉡의 현대어 '스승이시다'를 통해 ㉡은 '체언+이다'의 현재 시제임을 알 수 있고 이때의 중세 국어 표현은 특정한 선어말 어미를 사용하지 않은 '스스이…시다'이다. ㉢의 현대어 '묻는다'를 통해 ㉢은 동사의 현재 시제임을 알 수 있고 이때의 중세 국어 표현은 선어말 어미 '-ㄴ-'를 사용한 '묻ㄴ다'이다.

672) ③

선택 비율	① 9%	② 7%	③ 52%	④ 25%	⑤ 3%

해 : ㉢에서는 '선혜'를 높이는 주체 높임 선어말 어미인 '-샤-'가 사용되었음을 확인할 수 있다.
[오답풀이] ① ㉠은 현대 국어에서 '이르되'로 쓰는 것으로 보아, 중세 국어에는 두음 법칙이 적용되지 않았음을 확인할 수 있다. ② ㉡은 현대 국어에서 '좋음이'로 쓰는 것으로 보아, 중세 국어에는 이어 적기가 사용되었음을 확인할 수 있다. ④ ㉣은 현대 국어에서 '석 달을'로 쓰는 것으로 보아, 중세 국어에는 체언에 조사가 결합할 때 모음조화를 지켰음을 확인할 수 있다. ⑤ ㉤에서 'ㅿ'은 현대 국어에서 쓰이지 않는 자음임을 확인할 수 있다.

673) ⑤

선택 비율	① 4%	② 4%	③ 11%	④ 11%	⑤ 68%

해 : ㉤에서 동사 '가던다'는 선어말어미 '-더-'를 사용하여 과거 시제를 표현하고 있으므로 아무런 선어말어미도 사용하지 않는 방식으로 과거 시제를 표현했다는 진술은 적절하지 않다.
[오답풀이] ① 동사 '닐오리라'는 선어말어미 '-리-'를 사용하여 미래 시제를 표현하고 있으므로 적절하다. ② 동사 '묻ㄴ다'는 선어말어미 '-ㄴ-'를 사용하여 현재 시제를 표현하고 있으므로 적절하다. ③ 형용사 '어엿브다'는 아무런 선어말어미를 쓰지 않고 현재 시제를 표현하고 있으므로 적절하다. ④ 형용사 '업더라'는 선어말어미 '-더-'를 사용하여 과거 시제를 표현하고 있으므로 적절하다.

674) ②

| 선택 비율 | ① 3% | ② 51% | ③ 12% | ④ 15% | ⑤ 17% |

해 : ⓒ에서 현대 국어 '내가'는 '나'의 이형태인 '내'와 주격조사 '가'가 결합된 형태이고, 중세 국어의 '내'는 '나'와 주격조사 'ㅣ'가 결합된 형태이다. 따라서 주격조사가 생략되었다는 말은 적절하지 않다.

[오답풀이] ① 'ㆍ'가 쓰인 것으로 보아, 현대 국어에 쓰이지 않는 모음이 사용되고 있음을 확인할 수 있다. ③ 현대 국어에서 '같은가'로 쓰인 것으로 보아, 중세 국어에는 이어적기가 사용되었음을 확인할 수 있다. ④ 현대 국어에서 '이르더니'로 쓰인 것으로 보아, 중세 국어에는 두음법칙이 적용되지 않았음을 확인할 수 있다. ⑤ 현대 국어에서 '생각지'로 쓰인 것으로 보아, 중세 국어에는 구개음화가 일어나지 않았음을 확인할 수 있다.

675) ①

| 선택 비율 | ① 57% | ② 9% | ③ 16% | ④ 7% | ⑤ 9% |

해 : 'ᄇᆞ르매'는 'ᄇᆞ름'의 양성 모음 'ㆍ'와 조사 '애'의 양성 모음 'ㅐ'가 어울려 나타나며, 'ᄲᅮ·메'는 'ᄢᅮᆷ'의 음성 모음 'ㅜ'와 조사 '에'의 음성 모음 'ㅔ'가 어울려 나타난다.

[오답풀이] ② 'ᄠᅳ·들'은 'ᄠᅳᆮ'의 음성 모음 'ㅡ'와 조사 '을'의 음성 모음 'ㅡ'가 어울려 나타난다. ③ '거부븨'는 '거붑'의 음성 모음 'ㅜ'와 조사 '의'의 음성 모음 'ㅢ'가 어울려 나타난다. ④ 'ᄆᆞᅀᆞᆯ'은 'ᄆᆞᅀᆞᆷ'의 양성 모음 'ㆍ'와 조사 '올'의 양성 모음 'ㆍ'가 어울려 나타나며, '바ᄂᆞᆯ'은 '바늘'의 양성 모음 'ㆍ'와 조사 '올'의 양성 모음 'ㆍ'가 어울려 나타난다. ⑤ '나를'은 '나'의 양성 모음 'ㅏ'와 조사 '를'의 양성 모음 'ㆍ'가 어울려 나타나며, '도ᄌᆞ기'는 '도ᄌᆞᆨ'의 양성 모음 'ㆍ'와 조사 '이'의 양성 모음 'ㅣ'가 어울려 나타난다.

676) ①

| 선택 비율 | ① 50% | ② 7% | ③ 12% | ④ 20% | ⑤ 9% |

해 : '보샤'의 '-샤-'는 주체 높임 선어말 어미로 사용되었으므로 적절하지 않다.

[오답풀이] ② '솔보디'에서 현대 국어와 달리 'ㆍ'와 'ㅸ'이 표기에 사용되었으므로 적절하다. ③ '어리오'의 '어리다'는 현대 국어와 달리 '어리석다'라는 의미로 사용되었으므로 적절하다. ④ '사ᄅᆞ미'에서 현대 국어의 관형격 조사 '의'가 양성 모음 'ㆍ' 뒤에서 '이'의 형태로 쓰이고 있으므로 적절하다. ⑤ '닙고'는 현대 국어와 달리 두음법칙이 적용되지 않았으므로 적절하다.

677) ③

| 선택 비율 | ① 3% | ② 9% | ③ 81% | ④ 3% | ⑤ 3% |

해 : ⓐ는 자음 'ㅁ'으로 끝나는 체언 'ᄆᆞᅀᆞᆷ' 뒤에 주격 조사 '이'가 나타났고, ⓒ는 자음 'ㄹ'로 끝나는 체언 '겨슬' 뒤에 주격 조사 '이'가 나타났으므로 ⓐ와 ⓒ는 ㉠에 해당한다. ⓑ는 모음 'ㅣ'로 끝나는 체언 '어미' 뒤에 주격 조사가 나타나지 않았고, ⓓ는 모음 'ㅣ'로

끝나는 체언 '줄기' 뒤에 주격 조사가 나타나지 않았으므로 ⓑ와 ⓓ는 ㉡에 해당한다. ⓔ는 모음 'ㅣ'도 반모음 'ㅣ'도 아닌 모음 'ㅗ'로 끝나는 체언 '孝道(효도)' 뒤에 주격 조사가 'ㅣ'가 나타났으므로 ㉢에 해당한다.

678) ④

| 선택 비율 | ① 7% | ② 15% | ③ 10% | ④ 62% | ⑤ 6% |

해 : '니ᄅᆞ샤디'는 현대어 '이르시되'에 해당하는 것으로, 선어말 어미 '-샤-'를 사용하여 주체를 높이고 있다.

[오답풀이] ① 음절의 첫머리에 'ᄢ'처럼 자음이 연속으로 둘 이상 오는 것을 어두자음군이라고 한다. ② 'ㅅ'은 현대어 '의'에 해당하는 관형격 조사이다. ③ '사ᄅᆞ미라'는 체언 '사ᄅᆞᆷ'과 서술격 조사 '이라'가 결합한 형태로, 체언의 종성을 조사의 초성으로 이어적었다. ⑤ '모ᄅᆞᆫ다'는 현대어 '모르느냐'에 해당하는 것으로, 의문형 어미 '-ㄴ다'가 사용되었다.

679) ①

| 선택 비율 | ① 60% | ② 15% | ③ 17% | ④ 4% | ⑤ 4% |

해 : ㉠은 '소ᄂᆞᆯ'로, 앞말의 모음이 양성 모음이고, 앞말에 받침이 있어 목적격 조사 '올'이 실현되고 이어 적기한 형태로 나타난 경우이다. ㉡은 'ᄠᅳ들'로, 앞말의 모음이 음성 모음이고, 앞말에 받침이 있어 목적격 조사 '을'이 실현되고 이어 적기한 형태로 나타난 경우이다. ㉢은 '부텨를'로, 앞말의 모음이 음성 모음이고, 앞말에 받침이 없어 목적격 조사 '를'이 실현된 경우이다.

680) ②

| 선택 비율 | ① 9% | ② 69% | ③ 11% | ④ 7% | ⑤ 5% |

해 : '아비'는 모음 '이'로 끝난 체언 뒤에서 주격 조사가 '∅(영형태)'로 실현되었으므로 적절하지 않다.

[오답풀이] ① '王薦(왕천)의'는 유정 체언인 '王薦(왕천)' 뒤에서 관형격 조사 '의'가 실현되었으므로 적절하다. ③ '아ᄃᆞ리(아둘이)'는 자음 'ㄹ'로 끝난 체언 뒤에서 주격 조사 '이'가 실현되었으므로 적절하다. ④ '하ᄂᆞᆳ'은 무정 체언인 '하ᄂᆞᆯ' 뒤에서 관형격 조사 'ㅅ'이 실현되었으므로 적절하다. ⑤ '너를'은 음성 모음 'ㅓ' 뒤에서 목적격 조사 '를'이 실현되었으므로 적절하다.

681) ③

| 선택 비율 | ① 5% | ② 5% | ③ 80% | ④ 6% | ⑤ 5% |

해 : ㉢의 '누브며'는 현대어 '누우며'에 해당하는 것으로, 높임의 의미를 나타내는 특수 어휘가 아니다.

[오답풀이] ① ㉠은 현대어 '출가하시어'에 해당하는 것으로, 선어말 어미 '-사-'를 통해 주체인 '善慧(선혜)'를 높이고 있다. ② ㉡은 현대어 '꿈을'에 해당하는 것으로, 어두자음군 'ㅺ'을 사용하고 있다. ④ ㉣은 현대어 '달을'에 해당하는 것으로, 체언 '둘'에 목적격 조사 '올'이 결합하여 모음 조화가 지켜진 것이다. ⑤ ㉤은 현대어 '이르소서'에 해당하는 것으로, 단어의 첫

머리에 'ㄴ'이 나타났으므로, 두음법칙이 적용되지 않았다.

682) ④

| 선택 비율 | ① 15% | ② 11% | ③ 21% | ④ 46% | ⑤ 7% |

⬚ : ㄴ에 사용된 선어말 어미 '-숩-'은 '夫人(부인)'이 아니라 '太子(태자)'를 높이기 위해 사용되었다.

[오답풀이] ㄱ에서는 주체인 '文殊(문수)'를 높이기 위해 선어말 어미 '-샤-'가 사용되었다. ② ㄱ에서는 객체인 '摩耶(마야)'를 높이기 위해 조사 '끠'와 선어말 어미 '-숩-'이 사용되었다. ③ ㄴ에서는 객체인 '太子(태자)'를 높이기 위해 특수 어휘 '모셔'가 사용되었다. ⑤ ㄷ에서는 주체인 '耶輸(야수)'를 높이기 위해 선어말 어미 '-시-'가 사용되었다.

683) ③

| 선택 비율 | ① 6% | ② 7% | ③ 76% | ④ 9% | ⑤ 3% |

⬚ : ㉠에는 일정한 설명을 요구하는 설명 의문문의 종결 어미 '-뇨'가 쓰여야 하므로 '잇ᄂ뇨'가 적절하다. ㉡에는 긍정이나 부정의 대답을 요구하는 판정 의문문의 종결 어미 '-녀'가 쓰여야 하므로 '그러터녀'가 적절하다. ㉢에는 2인칭 주어가 쓰인 의문문의 종결 어미 '-ㄴ다'가 쓰여야 하므로 '求(구)ᄒᄂ다'가 적절하다.

684) ②

| 선택 비율 | ① 2% | ② 74% | ③ 10% | ④ 10% | ⑤ 2% |

⬚ : ㄱ의 'ᄆᄋᆞᆯ'과 'ᄀᆞᇫ'의 첫째 음절 'ᄆᆞ'와 'ᄀᆞ'는 현대 국어에서 각각 '마'와 '가'로 바뀌고, 둘째 음절에서 공통적으로 쓰인 'ᇫ'은 현대 국어에서 '을'로 바뀐다. 이를 통해 'ᄆᄋᆞᆯ'과 'ᄀᆞᇫ' 모두 첫째 음절의 'ᆞ'는 'ㅏ'로 바뀌고, 둘째 음절의 'ᆞ'는 'ㅡ'로 바뀌었음을 확인할 수 있다. 그러므로 ㄱ에 쓰인 'ᆞ'가 현대 국어에서 첫째 음절과 둘째 음절에서 변화된 음운의 모습이 같았다는 진술은 적절하지 않다.

[오답풀이] ① ㄱ을 보면 'ᄆᄋᆞᆯ'과 'ᄀᆞᇫ'의 'ᇫ'은 변천 과정 중에 모두 소멸하였음을 확인할 수 있다. ③ ㄴ에서 '덥다'의 어간이 모음으로 시작하는 어미 '-어'와 결합하여 '더뷔'로 바뀐 것을 볼 때, '덥다'의 'ㅂ'이 모음으로 시작하는 어미와 결합하여 'ㅸ'으로 바뀌는 것을 알 수 있다는 진술은 적절하다. ④ '고바'는 'ㅸ' 뒤에 양성 모음 'ㅏ'가 결합하여 현대 국어에서 '고와'로 변화했고, '구버'는 'ㅸ' 뒤에 음성 모음 'ㅓ'가 결합하여 현대 국어에서 '구워'로 변화했다. 그러므로 'ㅸ'에 결합되는 어미의 모음에 따라 현대 국어에서의 표기가 달라졌다는 진술은 적절하다. ⑤ 'ᄆᄋᆞᆯ'과 'ᄀᆞᇫ'은 현대 국어에서 각각 '마을'과 '가을'로, '고바'와 '구버'는 현대 국어에서 각각 '고와'와 '구워'로 변화한 것을 볼 때, 'ㅸ'과 'ᇫ'은 현대 국어에서 쓰이지 않음을 확인할 수 있다. 이를 통해 'ㅸ'과 'ᇫ'이 현대 국어에 표기되지 않게 되었다는 진술은 적절하다.

685) ③

| 선택 비율 | ① 2% | ② 7% | ③ 82% | ④ 2% | ⑤ 4% |

⬚ : 이 문항은 15세기 국어의 음운과 표기의 특징을 제시한 후 사례를 통해 탐구할 수 있는 능력을 평가하고 있다. 정답은 ③으로, ㉢에서는 종성의 'ㄷ'과 'ㅅ'이 다르게 발음되었다고 진술하고 있음에 비해 ③에서는 '어엿비'의 'ㅅ'이 'ㄷ'으로 발음되었다고 진술하고 있다.

[오답풀이] ① '수비'에서 오늘날에는 쓰이지 않는 자음인 'ㅸ'을 확인할 수 있다. ② ㉡의 진술에 의하면, '쁘들'의 'ㅃ'은 'ㅂ'과 'ㄷ'의 두 개의 자음 모두 발음되었음을 확인할 수 있다. ④ ㉣에서 방점을 찍어 성조를 구분하였다고 했는데, '히여'의 '히'에는 방점 ':'가, '여'에는 방점 '·'가 쓰인 것으로 보아 두 음절의 성조가 서로 달랐음을 추론할 수 있다. ⑤ 연철 표기는 이어 적기를, 분철 표기는 끊어 적기를 의미하는데, '뿌메'에서는 이어 적기(연철 표기)를 확인할 수 있다.

686) ①

| 선택 비율 | ① 88% | ② 4% | ③ 2% | ④ 3% | ⑤ 1% |

⬚ : 현대국어에서는 체언과 목적격 조사가 결합할 때 체언의 끝소리의 받침 유무에 따라 '을/를'을 구별하여 사용하고 있지만, 15세기 국어에서는 체언의 끝소리가 양성모음인지 음성모음인지도 고려하였다는 진술을 바탕으로 각 단어에 어울리는 목적격 조사를 찾는 것이다. '사룸'의 '룸'은 받침이 있고 양성모음이기 때문에 '올'이 오며, '천하'의 '하'는 받침이 없고 양성모음이기 때문에 '룰'이 오며, '누'는 받침이 없고 음성모음이기 때문에 '를'이 오며, '뜯'은 받침이 있고 음성모음이기 때문에 '을'이 온다.

687) ⑤

| 선택 비율 | ① 2% | ② 74% | ③ 10% | ④ 10% | ⑤ 2% |

⬚ : '미드니잇가'에서 어간 '믿-'의 받침 'ㄷ'을 어간의 종성과 어미 '-으니잇가'의 초성으로 겹쳐 표기했다면 '믿드니잇가'로 표기해야 하므로, ⑤는 적절하지 않다.

[오답풀이] ① ㉠에는 현대국어에서 쓰이지 않는 자음 'ᇫ'과 모음 'ᆞ'가 쓰였다. ② '구드시리이다'의 '-이-'는 상대높임 선어말어미로서 듣는 이를 높이는 표현으로 사용되었으므로 이는 적절하다. ③ '하'는 대상을 직접 호칭하여 높이는 조사로서 여기에서는 '님금'을 높이는 역할을 하고 있다. ④ 중세국어에서 장소를 나타내는 부사격 조사는 현대국어와 달리 '애, 의, 예'의 세 가지 형태가 있었다. 이때, '애'는 양성모음 아래에서, '에'는 음성모음 아래에서, '예'는 'ㅣ' 모음 아래에서 사용되었는데, ㉣의 '낙수'에 '예'가 붙은 것에 대해, '낙수'는 당시 [낙쉬]와 같이 발음되어 뒤에 부사격 조사로 '예'가 사용된 것으로 추측된다.

688) ①

| 선택 비율 | ① 78% | ② 1% | ③ 16% | ④ 1% | ⑤ 1% |

⬚ : 이 문항은 <보기 1>에 제시된 설명을 바탕으로 중세국어의 관형격 조사의 특징을 파악하여 <보기 2>의 사례에 적용할 수 있는지 여부를 평가하고 있다. 정답

은 ①이다. 먼저, ㉠의 '아들'은 높임의 대상이 아닌 사람으로 'ᆞ'가 양성 모음에 해당하기 때문에 관형격 조사로 '이'를 취해야 한다. 이때, 'ᆞ'가 양성 모음임을 판단하기 위해서는 <보기 1>의 (예) 중에서 첫 번째에 제시한 '놈'에 관형격 조사 '이'가 결합하였다는 점을 확인하면 된다. 현대어 풀이를 통해 볼 때 ㉡의 '술위'는 현대 국어 '수레'에 해당하는데, 이는 사람이나 동물을 나타내는 말에 해당하지 않는다. 따라서 끝음절의 모음이 양성 모음인지 음성 모음인지 여부와 관계없이 관형격 조사 'ㅅ'을 취해야 한다. <보기 1>의 (예) 중에서 네 번째에 제시한 '나모(나무)'가 'ㅅ'을 관형격 조사로 취한 것과 같은 이치이다.

689) ④

선택 비율	① 4%	② 4%	③ 3%	④ 82%	⑤ 3%

[해] : 2인칭인 '너'를 3인칭인 '그'로 바꾸면, ㄷ은 판정 의문문이므로, '모르던가'로 바꾸는 것이 적절하다.

[오답풀이] ① '엇던'이 쓰이면 설명 의문문이 되므로, '죵고'로 바꾸는 것이 적절하다. ② '평안'이 쓰이면 판정 의문문이 되므로, '흔가'로 바꾸는 것이 적절하다. ③ ㄴ과 ㄹ은 의문사를 사용하여 설명을 요구하고 있다. ⑤ ㄷ과 ㄹ을 통해 주어가 2인칭인 경우에는 판정 의문문과 설명 의문문에 따른 구분이 없이 특수한 의문형 종결어미 '-ㄴ다'가 쓰임을 알 수 있다.

690) ②

선택 비율	① 2%	② 93%	③ 0%	④ 3%	⑤ 2%

[해] : 중세 국어 '업던'과 현대 국어 '없던' 사이의 비교를 통해서는 소리 나는 대로 표기하는 방식인 이어 적기(연철, 連綴)를 확인할 수는 없다.

[오답풀이] ① 'ㄷ'이 'ㅣ' 모음 앞에서 'ㅈ'으로 변하지 않고 '모딘'으로 쓰인 것으로 보아 중세 국어에서는 구개음화 현상이 나타나지 않았음을 확인할 수 있다. ③ '하늘히'에는 'ᆞ'가 쓰였는데 이는 현대 국어에서는 쓰이지 않는 모음이다. 일반적으로 음소로서의 'ᆞ'는 18세기에 거의 소실된 것으로 파악된다. ④ 중세 국어에서는 양성 모음 'ㅗ'와 양성 모음 'ㅐ'가 어울려 '모새'였던 것이 현대 국어에서는 양성 모음 'ㅗ'와 음성 모음 'ㅔ'가 어울려 '못에'가 된 것으로 보아 현대 국어에 비해 중세 국어에서는 상대적으로 모음조화가 잘 지켜진 것으로 파악할 수 있다. ⑤ '열븐'에는 'ㅸ(ㅂ순경음)'이 쓰였는데 이는 현대 국어에서는 쓰이지 않는 자음이다. 'ㅸ'은 15세기 중반부터 반모음으로 바뀌기 시작하여 현대 국어 '고와, 구워'의 사례에서처럼 'ㅸ'이 [w]로 변하여 이중 모음을 형성한 사례가 일부 확인된다.

691) ③

선택 비율	① 1%	② 5%	③ 89%	④ 1%	⑤ 1%

[해] : 이 문항은 중세 국어와 현대 국어를 문법적, 표기적으로 비교하여 이해할 수 있는 능력을 평가하고 있다. 이 문항을 정확하게 풀이하기 위해서는 중세 국어에 대한 의미적 이해는 물론 선지에 제시된 문법 용어들에 대한 기본적인 이해도 뒷받침되어야 한다. 현대 국

어의 '걸음을'을 중세 국어에서는 '거르믈'로 표기하였는데, 이는 '어근의 원형을 밝혀 적은 것(분철)'이 아니라 '소리대로 적은 것(연철)'이다. 즉, 현대 국어는 '걸음을'로 어근의 원형을 밝혀 적고, 중세 국어는 '거르믈'로 소리대로 적었다는 차이가 있다.

[오답풀이] ① 현대 국어 '부처의'와 중세 국어 '부텻'을 비교해 보면, 현대 국어에서는 관형격 조사로 '의'가 쓰임에 비해, 중세 국어에서는 'ㅅ'이 쓰였음을 확인할 수 있다. ② 현대 국어에서는 객체인 '부처의 말씀'을 높이기 위한 선어말 어미가 쓰이지 않음에 비해, 중세 국어에서는 객체인 '부텻 말'을 높이기 위해 '-ㅈ-'이라는 선어말 어미가 쓰였음을 확인할 수 있다. ④ 현대 국어에서는 '-시-'로, 중세 국어에서는 '-샤-'로 주체 존대 선어말 어미가 쓰임을 확인할 수 있다. ⑤ 현대 국어 '바가'와 중세 국어 '배'를 비교해 보면, 현대 국어에서는 주격 조사로 '가'가 쓰임에 비해, 중세 국어에서는 주격 조사 'ㅣ'가 모음으로 끝나는 체언 '바'에 결합되어 '배'로 나타남을 확인할 수 있다.

692) ②

선택 비율	① 4%	② 74%	③ 2%	④ 2%	⑤ 15%

[해] : 어두의 'ㄴ'에 모음 'ㅣ'가 결합되었으나 'ㄴ'이 탈락하지 않고 있으므로 두음 법칙이 적용된 예라고 보기 어려우며, 오히려 현대 국어('이르시되')에서는 두음 법칙이 적용되고 있으므로 현대 국어와 차이가 있다

[오답풀이] ① 모음으로 끝나는 체언('부텨')에 주격 조사가 '가'가 아니라 'ㅣ'가 결합했다는 점에서 현대 국어와 차이가 있다. ③ '부텨' 다음에 관형격 조사로 '의'가 아니라 'ㅅ'이 쓰였다는 점에서 현대 국어와 차이가 있다. ④ 문장의 주어인 '야수'를 높이기 위해 어간에 선어말 어미 '-시-'를 결합하고 있다는 점에서 현대 국어와 공통적이다. ⑤ 문장의 목적어인 '부텨'를 높이기 위해 어간에 선어말 어미 '-ᅀᆞᆸ-'를 결합하고 있다는 점에서, 객체 높임의 선어말 어미가 없는 현대 국어와 차이가 있다.

693) ①

선택 비율	① 58%	② 3%	③ 2%	④ 20%	⑤ 15%

[해] : 중세국어에서 목적격 조사는 목적어 자리에 위치한 체언의 모음의 종류와 종성의 유무에 따라 '을/를, 을/를'이 사용되었다. ㉠은 문장의 주어이고 주격조사 'ㅣ'가 사용되었으므로 목적격 조사가 사용되었다는 진술은 적절하지 않다.

[오답풀이] ② ㉡의 '뻬니'에서 'ㅃ'는 세 개의 자음으로 이루어져 있으므로 음절의 초성에서 두 개 이상의 자음이 사용되었다는 진술은 적절하다. ③ ㉢의 'ᅀ', 'ㅸ', 'ᆞ'는 현대 국어에서 사용되지 않으므로 적절하다. ④ 모음소화란 양성 모음은 양성 모음끼리, 음성 모음은 음성 모음끼리 어울리는 현상이다. 'ㅣ'의 'ㅐ'는 양성 모음이므로 ㉣은 모음조화가 지켜졌다는 진술은 적절하다. ⑤ 구개음화는 'ㄷ, ㅌ'이 'ㅣ'와 만나서 'ㅈ, ㅊ'으로 변화하는 현상이므로 ㉤에서 구개음화 현상이 나타나지 않았다는 진술은 적절하다.

694) ①

선택 비율	① 89%	② 2%	③ 5%	④ 0%	⑤ 1%

해 : ㉠은 '나랗'과 '올'의 결합인데, 'ㅎ' 종성 체언 뒤에 모음으로 시작하는 조사 '올'이 결합되었으므로 'ㅎ'을 뒤따르는 모음에 이어 적어 '나라홀'로 써야 한다. ㉡은 '깊'과 'ㅅ'의 결합인데, 'ㅎ' 종성 체언 뒤에 관형격 조사 'ㅅ'이 결합되었으므로 'ㅎ'이 나타나지 않아 '깂'로 써야 한다. ㉢은 '않'과 '과'의 결합이고 '과'는 'ㄱ'으로 시작하는 조사인데, 'ㅎ'이 뒤따르는 'ㄱ'과 어울리면 'ㅋ'이 되므로 '안콰'로 써야 한다.

[오답풀이] ② ㉡, ㉢의 어형이 잘못 제시되었다. ③ ㉡의 어형이 잘못 제시되었다. ④ ㉠, ㉡, ㉢의 어형이 모두 잘못 제시되었다. ⑤ ㉠의 어형이 잘못 제시되었다.

695) ①

선택 비율	① 44%	② 10%	③ 12%	④ 4%	⑤ 27%

해 : ㉠은 주체 높임 선어말 어미 '-시-'이다. '-시-'는 목적어 즉 객체인 '聖子(성자)'를 높이는 것이 아니라 주체인 '하늘'을 높이고 있다.

[오답풀이] ③ 중세 국어의 객체 높임은 선어말 어미 '-줍-'을 사용하여 실현되지만, 현대 국어에서는 높임의 뜻을 가진 어휘 '여쭙다'를 사용하여 실현된다.

696) ⑤

선택 비율	① 6%	② 3%	③ 3%	④ 4%	⑤ 82%

해 : 이 문항에서는 중세 국어와 현대 국어를 문법적으로 비교하여 이해할 수 있는지를 묻고 있다. 이 문항을 정확하게 해결하기 위해서는 중세 국어에 대한 의미적 이해는 물론 선택지에 제시된 문법 용어들에 대한 기본적인 이해도 뒷받침되어야 한다. 정답은 ⑤로, 다섯 가지 욕구[五欲]를 설명하는 각 문장의 마지막에서 반복되는 '홀 씨라'가 생략되었음을 감안하면, '먹고져'의 '-고져'는 종결 어미가 아니라 연결 어미로 쓰였음을 확인할 수 있다. 대응되는 현대어 풀이가 '먹고자 (하는 것이다)'임을 통해서도 어렵지 않게 이를 파악할 수 있다. 현대어 풀이에서 '먹고자 (하다)'의 '-고자'는 어떤 행동을 할 의도나 욕망을 가지고 있음을 나타내는 연결 어미이다.

[오답풀이] ① '五欲온'의 현대어 풀이는 '오욕은'인데, 이때의 '은'은 문장 속에서 어떠한 대상이 화제임을 나타내는 보조사이다. '이 책은 재미있다, 오늘은 모의고사를 보는 날이다' 등의 예문을 떠올려 보면 쉽게 알 수 있다. ② 현대어 풀이의 '눈에 좋은 빛'은 목적격 조사 '을'이 생략되었지만 '보고자'의 목적어임을 감안하면, '누네 됴호 빗' 역시 '보고져'의 목적어임을 알 수 있다. ③ '귀예'의 현대어 풀이는 '귀에'인데, 이때의 '에'는 앞말이 목표나 목적 대상의 부사어임을 나타내는 격 조사이다. '몸에 좋은 음식, 감기에 잘 듣는 약' 등의 예문을 떠올려 보면 쉽게 알 수 있다. ④ 현대어 풀이의 '좋은 빛, 좋은 소리, 좋은 냄새, 좋은 맛, 좋은 옷'에서의 '좋은'이 용언 '좋다'가 관형사형으로 활용한 형태임을 감안하면, 중세 국어 '됴호' 역시 용언 '둏다'의 관형사형임을 알 수 있다.

697) ⑤

선택 비율	① 6%	② 11%	③ 8%	④ 1%	⑤ 74%

해 : ㉤에는 객체를 높이기 위한 선어말 어미가 아니라 주체 '선혜'를 높이기 위한 선어말 어미가 사용되었다.

698) ②

선택 비율	① 4%	② 79%	③ 2%	④ 6%	⑤ 6%

해 : 현대 국어와의 비교를 통해 중세 국어의 문법적, 표기적 특징을 정확하게 파악할 수 있는지를 묻는 문항이다. ㉢ '仙人(선인)이'와 ㉦ '蓮花(연화)ㅣ'의 현대어 풀이가 '선인이'와 '연꽃이'임을 고려할 때, '이'와 'ㅣ'는 모두 주격 조사임을 확인할 수 있다. 따라서 '격조사의 종류가 달라서'라는 ②의 기술은 타당하지 않다. 중세 국어의 주격 조사는 체언의 끝소리 종류에 따라 형태가 달리 실현되었는데, '선인'은 자음으로 끝나는 체언이어서 '이'가, '연화'는 'ㅣ' 이외의 모음으로 끝나는 체언이어서 'ㅣ'가 결합한 것이다. 중세국어에서 체언이 'ㅣ' 모음으로 끝나는 경우에는 주격 조사가 실현되지 않는다.

[오답풀이] ① 현대어 풀이가 '대사 하신 일'임을 고려할 때 ㉠의 'ㅎ샨'에는 주체 존대 선어말 어미 '-샤-'가 쓰였음을 확인할 수 있다. ③ 현대어 풀이가 '남굴의 선인'임을 고려할 때 ㉢ '남굴ㅅ선인'의 'ㅅ'이 현대 국어 관형격 조사 '의'에 대응됨을 확인할 수 있다. ④ ㉣과 ㉥에 쓰인 부사격 조사는 현대 국어로는 모두 '에'이지만 중세 국어에서는 '세간애'와 '시절에'로 달리 나타남을 확인할 수 있다. 이는 앞말의 끝모음 'ㅏ', 'ㅓ'에 따라 달리 실현되는 모음조화에 따른 결과이다. ⑤ ㉧ '쉽디'는 현대 국어에서는 '쉽지'로 실현되는데, 'ㄷ → ㅈ'의 구개음화에 따른 결과이다.

699) ⑤

선택 비율	① 4%	② 12%	③ 9%	④ 22%	⑤ 50%

해 : '미틔'의 현대어 풀이는 '밑에'이므로 '의'는 높이지 않는 유정 명사에 결합되는 관형격 조사가 아니라 장소를 나타내는 부사격 조사이다.

[오답풀이] ① '하놄'의 현대어 풀이는 '하늘의'이므로 'ㅅ'은 무정 명사에 결합되는 관형격 조사임을 알 수 있다. ② '請ㅎᆞᆸ쇼셔'의 현대어 풀이는 '청하십시오'이므로 '-ᇿ-'은 '부텨'를 높이기 위한 객체 높임 선어말 어미임을 알 수 있다. 자음 앞에서는 '-ᇿ-'이 사용되나 모음 앞에서는 '-ᇀ-'이 쓰였다. ③ '아라보리로소니잇가'의 현대어 풀이는 '알아보겠습니까?'이므로 '-잇가'는 판정 의문문의 '-아' 계열 의문형 어미임을 알 수 있다. '-잇가'는 의문사가 없는 의문문에 쓰인다. 반면에 의문사가 있는 의문문에는 '-잇고'가 쓰인다. '예/아니요'로 판정하여 대답할 만한 판정 의문문은 의문사 없는 의문문이므로 '-잇가'가 쓰인 것이다. ④ '내'의 현대어 풀이는 '내가'이므로 '내'가 '나'의 주격형임을 알 수 있다. 그러므로 밑줄 친 '내'는 '나+ㅣ(주격 조사)'로 분석되는데, 이때의 'ㅣ'는 모음으로 끝나는 체언 뒤에 쓰여 이중 모음을 이룬다.

700) ③

선택 비율	① 5%	② 2%	③ 29%	④ 7%	⑤ 55%

해 : 동사는 목적어 필요 여부에 따라 타동사와 자동사로 구분된다. 우선 중세 국어의 '큰 ᄆᆞᅀᆞᄆᆞᆯ(ᄆᆞᅀᆞᆷ+ᄋᆞᆯ) 여러(열-+-이)'와 '번게 구르믈(구름+을) 흐터(흩-+-어)', 현대 국어의 '큰 마음을 열어'와 '번개가 구름을 흩어'에서 '열다'와 '흩다'의 목적어가 모두 드러나 있으므로 중세 국어와 현대 국어에서 두 동사는 모두 타동사로 쓰였음을 알 수 있다. 그리고 중세 국어의 '自然히 ᄆᆞᅀᆞ미(ᄆᆞᅀᆞᆷ+이) 여러(열-+-어)'와 '散心은 흐튼(흩-+-은) ᄆᆞᅀᆞ미라(ᄆᆞᅀᆞᆷ+-이라)'에서 '열다'와 '흩다'는 목적어를 필요로 하지 않기에 자동사임을 알 수 있다. 그러나 현대 국어의 경우 '열다'와 '흩다'는 ⓐ와 ⓑ의 첫째 번 문장에서처럼 목적어가 있을 때는 자연스럽게 쓰이지만, '자연히 마음이 열리어(열-+-리-+-어)'와 '산심은 흩어진(흩-+-어지-+-ㄴ) 마음이다.'에서처럼 목적어가 없을 경우에는 피동 표현이 결합돼 쓰이는 모습을 통해 자동사로는 쓰이지 않고 타동사로만 쓰임을 알 수 있다.

701) ④

선택 비율	① 5%	② 7%	③ 9%	④ 68%	⑤ 8%

해 : 중세 국어에 나타나는 서술격 조사의 실현 양상을 탐구하는 문항이다. <보기 1>의 설명에 따를 때, 중세 국어에서는 서술격 조사가 앞에 결합하는 체언의 끝소리에 따라 다르게 실현되었다. 즉 (1) 체언의 끝소리가 자음일 때는 '이', (2) 체언의 끝소리가 모음 '이'이거나 반모음 'ㅣ'일 때는 아무런 형태가 나타나지 않는 '영 형태(∅)', (3) 체언의 끝소리가 모음 '이'도, 반모음 'ㅣ'도 아닌 모음일 때는 'ㅣ'로 실현되었다. <보기 2>의 ㉮에서는 체언 '니' 뒤에 서술격 조사가 붙는 경우이므로 (2)에 해당해 형태가 실현되지 않는 '니+-라'로 쓰이고, ㉯에서는 체언 '바' 뒤에 서술격 조사가 붙는 경우이므로 (3)에 해당해 'ㅣ'로 실현되는 '바+ㅣ+-라'로 쓰인다. 그리고 ㉰에서는 체언 '다락' 뒤에 서술격 조사가 붙는 경우이므로 (1)에 해당해 '이'로 실현되는 '다락+이+-라'로 쓰인다. ㉮에는 '니라', ㉯에는 '바'의 'ㅏ'와 'ㅣ'가 결합한 형태인 '배라', ㉰에는 체언의 끝소리가 서술격 조사 '이'의 첫소리로 연음된 형태인 '다라기라'가 들어가야 적절하다.

702) ⑤

선택 비율	① 4%	② 4%	③ 9%	④ 8%	⑤ 73%

해 : ㉢의 '를'은 목적격 조사로, 모음으로 끝나는 체언과 결합했음을 알 수 있다.

[오답풀이] ③ ㉡은 모음으로 끝나는 체언 '바'에 주격 조사 'ㅣ'가 붙은 것이다.

703) ⑤

선택 비율	① 7%	② 13%	③ 5%	④ 6%	⑤ 66%

해 : ⓓ의 '보ᅀᆞᆸ고'에 쓰인 선어말 어미는 '-ᅀᆞᆸ-'인데, 이는 듣는 이, 즉 '세존(世尊)'을 높이기 위하여 쓰인 것이 아니라 문장의 객체, 즉 '여래(如來)'를 높이기 위해 쓰인 것이다. '보ᅀᆞᆸ고'의 현대어 풀이가 '뵙고'인 점을

통해 이를 알 수 있다.

[오답풀이] ① 중세 국어에서는 설명 의문문이냐 판정 의문문이냐에 따라 서로 다른 종결 어미가 쓰였다. ⓐ는 의문사 '무슴'을 포함하는 설명 의문문이기 때문에 '-ᄂᆞ뇨'가, ⓑ는 판정 의문문이기 때문에 '-ᄂᆞ녀'가 쓰인 것이다. ⓐ와 ⓑ의 현대어 풀이에서는 동일한 종결 어미가 나타남을 볼 때 중세 국어의 이러한 특징은 현대 국어와 대비된다. ② ⓐ의 '마를'에서는 목적격 조사 '을'이, ⓒ의 '벼를'에서는 목적격 조사 '을'이 확인된다. '을'과 '을'은 선행 체언의 모음이 양성 모음이냐 음성 모음이냐에 따라 달리 선택되었기 때문에 모음조화에 따라 결정되었음을 알 수 있다. 현대어에서는 둘 모두 '을'로 실현됨을 볼 때 중세 국어의 이러한 특징은 현대 국어와 대비된다. ③ 중세 국어에서는 부르는 대상을 존칭하고자 할 때에 '世尊하, 大王하, 님금하' 등에서처럼 존칭의 호격 조사 '하'가 쓰였다. 호격 조사 '하'는 현대 국어에서는 쓰이지 않으며, ⓓ에서 '世尊하'를 '세존이시여'로 풀이하였듯이 '(이)여'와 '-시-'가 결합한 형태인 '(이)시여'가 존칭의 호격 조사로 쓰이는 경우가 있다. ④ ⓒ의 '보더시니'가 현대어로는 '보시더니'로 풀이됨을 볼 때 선어말 어미 '-시-'와 '-더-'의 결합 순서가 중세 국어와 현대 국어에서 차이가 있는 경우가 있음을 알 수 있다.

704) ④

선택 비율	① 6%	② 9%	③ 7%	④ 69%	⑤ 6%

해 : '사ᄉᆞ미'는 체언인 '등'을 꾸며 주는 관형어로, 체언인 '사ᄉᆞᆷ'에 관형격 조사 '이'를 붙인 것이다. '도ᄌᆞ기'는 체언인 '입'을 꾸며 주는 관형어로, 체언인 '도ᄌᆞᆨ'에 관형격 조사 '이'를 붙인 것이다.

[오답풀이] ① 'ᄃᆞ리'는 '돌'에 주격 조사 '이'를 붙인 것이다. '비취요미'는 '비취욤'에 '이'를 붙인 것으로 이때 '이'는 다른 대상과 비교하는 의미를 나타내는 부사격 조사이다. ② '네'는 '너'에 수식 조사 'ㅣ'를 붙인 것이고, '부톄'는 '부텨'에 보격 조사 'ㅣ'를 붙인 것이다. ③ '부텻'은 '몸'을 꾸며 주는 관형어로 '부텨'에 관형격 조사 'ㅅ'을 붙인 것이다. '가짓'은 '상(相)'을 꾸며 주는 관형어로 '가지'에 관형격 조사 'ㅅ'을 붙인 것이다. ⑤ '모믈'은 '몸'에 목적격 조사 '을'을 붙인 것이고, '부텨를'은 '부텨'에 목적격 조사 '를'을 붙인 것으로, 형태가 다른 목적격 조사를 사용하고 있다.

705) ③

선택 비율	① 6%	② 3%	③ 76%	④ 12%	⑤ 1%

해 : ㉠이 설명하는 예문에서 객체는 부사어 '부텻긔(부처께)'의 '부텨(부처)'이다. '왕(王)'은 주체이며, 'ᄆᆞᅀᆞ믈(마음을)'은 목적어로 쓰였다. 객체인 '부텨(부처)'를 높이기 위해 '내야'가 아니라 '내ᅀᆞᄫᅡ(내-+-ᅀᆞᇦ-+-아)'가 쓰인 것이다. 한편, ㉡이 설명하는 예문에서 객체 높임 선어말 어미는 어간 '듣-'과 어미 '-ᄋᆞ며' 사이에 결합하는데, <보기>에서 어간 말음이 'ㄷ'이고 뒤에 모음으로 시작하는 어미가 올 때 쓰이는 객체 높임 선어말 어미의 형태는 '-ᄌᆞᇦ-'이라고 설명하고 있다. 따라서 '듣- + -ᄌᆞᇦ- + -ᄋᆞ며'를 연철(이어 적기)한 '듣ᄌᆞᄫᆞ며'가 적절하다.

[오답풀이] ① ㉠이 설명하는 예문에서 '王(왕)'은 객체 높임의 대상이 아닌, 주체이다. ② ㉠이 설명하는 예문에서 '王(왕)'은 객체 높임의 대상이 아닌, 주체이다. 한편, ㉡이 설명하는 예문에서 객체 높임 선어말 어미는 어간 '듣-'과 모음으로 시작하는 어미 '-으며' 사이에 결합하기 때문에 사용해야 하는 객체 선어말 어미는 '-습-'이 아니라 '-줍-'이다. ④ ㉡이 설명하는 예문에서 객체 높임 선어말 어미는 어간 '듣-'과 모음으로 시작하는 어미 '-으며' 사이에 결합하기 때문에 사용해야 하는 객체 선어말 어미는 '-숩-'이 아니라 '-줍-'이다. ⑤ ㉠이 설명하는 예문에서 '무숨'은 객체 높임의 대상이 아닌, 목적어이다. 한편, ㉡이 설명하는 예문에서 객체 높임 선어말 어미는 어간 '듣-'과 모음으로 시작하는 어미 '-으며' 사이에 결합하기 때문에 사용해야 하는 객체 선어말 어미는 '-숩-'이 아니라 '-줍-'이다.

706) ②

선택 비율	① 17%	② 65%	③ 8%	④ 6%	⑤ 2%

해 : ㉠을 포함한 문장은 설명 의문문이기 때문에 보조사 '고'가 결합한 형태인 '므스고'가 ㉠에 들어가야 한다. ㉡과 ㉢을 포함한 문장은 둘 다 주어가 2인칭이기 때문에 종결 어미 '-ㄴ다'가 결합한 형태인 '가는다', '아니ᄒᆞᆫ다'가 각각 ㉡과 ㉢에 들어가야 한다.

707) ①

선택 비율	① 84%	② 4%	③ 5%	④ 2%	⑤ 2%

해 : ⓐ의 '나리'는 '날 + 이'로 자음 다음에 주격 조사 '이'가 나타난 경우(㉠)이다. 마찬가지로, ⓓ의 '아드리'는 '아들 + 이'로 자음 다음에 주격 조사 '이'가 나타난 경우(㉠)이다.

[오답풀이] ⓑ의 '太子(태자)'는 주격 조사가 '∅(영형태)'로 실현되는 음운 조건이 아니므로, 음운 조건에 관계없이 주격 조사가 생략된 경우(㉢)이다. 만일 주격 조사가 생략되지 않았다면 ⓔ처럼 '太子ㅣ'로 나타났어야 한다. ⓒ의 'ᄃᆞ리'는 'ᄃᆞ리 + ∅'로 모음 '이' 다음에 주격 조사가 '∅(영형태)'로 실현된 경우(㉡)이다. ⓑ의 현대어 풀이에서는 주격 조사가 생략된 것에 비해 ⓒ의 현대어 풀이에서는 주격 조사가 생략되지 않았다는 점에서 주격 조사가 '∅(영형태)'로 실현되었음을 알 수 있다. ⓔ의 '孔子ㅣ'는 모음 '이'와 반모음 'ㅣ' 이외의 모음인, '孔子(공자)'의 'ㅏ' 다음에 주격 조사 'ㅣ'가 나타난 경우이다.

708) ①

선택 비율	① 83%	② 6%	③ 3%	④ 4%	⑤ 2%

해 : 선행 체언인 '아바님(아버님)'은 유정물이고 존칭의 대상이기 때문에 ㉠은 관형격 조사 'ㅅ'이 결합하여 '아바닚 곁'이 되어야 한다.

[오답풀이] ② 선행 체언인 '그력(기러기)'은 유정물이지만 존칭의 대상이 아니기 때문에 ㉡은 모음조화에 따라 관형격 조사 '의'가 결합하여 '그력의 목'이 된다. ③ 선행 체언인 '아들(아들)'은 유정물이지만 존칭의 대상이 아니

기 때문에 ㉢은 모음조화에 따라 관형격 조사 '이'가 결합하여 '아드리 나ᄒ'가 된다. ④ 선행 체언인 '수플(수풀)'은 무정물이기 때문에 ㉣은 관형격 조사 'ㅅ'이 결합하여 '수픐 가온디'가 된다. ⑤ 선행 체언인 '등잔(등잔)'은 무정물이기 때문에 ㉤은 관형격 조사 'ㅅ'이 결합하여 '등잣 기름'이 된다.

709) ⑤

선택 비율	① 11%	② 5%	③ 29%	④ 4%	⑤ 50%

해 : '뿌메'는 'ᄡᅳ- + -움 +에'로 분석되고 이때의 '-움'은 명사형 전성어미이다. 'ᄡᅳ-'는 'ᄡᅳ다'의 어간이며 'ᄡᅳ다'는 현대어 풀이를 보면 '사용하다'라는 의미를 지닌다는 것을 알 수 있다.

[오답풀이] ① '말ᄊᆞ미'는 '말ᄊᆞᆷ+ 이'로, '훓 배'의 '배'는 '바 +ㅣ'로 분석된다. 이를 통해 주격 조사의 형태가 다르다는 것을 확인할 수 있다. 중세 국어의 주격 조사로 자음 뒤에서는 '이'가, 모음 'ㅣ'나 반모음 'j'를 제외한 모음 뒤에서는 'ㅣ'가 쓰였다. ② 중세 국어 'ᄒᆞ다'는 현대어 '많다'에 대응하며, 동사가 아닌 형용사이다. ③ 방점은 강약이 아니라 소리의 고저, 즉 성조를 표시하는 기능을 한다. 예시의 각 글자 왼편에 한 점을 찍은 것은 거성(높은 소리)을 의미한다. ④ 'ᄒᆞ여'와 'ᄲᅠᆫ한킈 ᄒᆞ고져'는 각각 현대어 '하여금'과 '편하게 하고자'와 대응한다. 모두 피동 표현이 아니라 사동 표현이다.

710) ⑤

해 : '이롤'이 '이를'로 풀이된 것으로 보아, '롤'이 목적격 조사로 쓰인 것은 맞으나, 'ㅣ'는 양성 모음이 아니라 중성 모음이다.

[오답풀이] ① '나랏'이 '나라의'라고 풀이된 것으로 보아, 'ㅅ'이 현대 국어의 관형격 조사 '의'로 기능함을 알 수 있다. ② '배'가 '바가'로 풀이된 것으로 보아, '배'는 '바+ㅣ'로 구성되었으며 'ㅣ'는 현대어 '가'에 해당한다. 따라서 'ㅣ'가 현대 국어의 주격 조사 '가'와 유사한 기능을 함을 알 수 있다. ③ 현대 국어는 초성에서 같은 자음 두 개를 나란히 쓰는 '각자 병서'만을 허용한다. 'ㅼ'는 서로 다른 두 개의 자음을 나란히 쓰는 '합용 병서'이다. ④ '놈'은 '사람'으로 풀이되었는데, 이는 현대 국어에서는 남자를 얕잡아 이르는 말로 의미가 축소되었다.

711) ③

선택 비율	① 3%	② 11%	③ 70%	④ 9%	⑤ 4%

해 : (가)의 '불휘라'는 '불휘 + ∅라'로 분석되는데, 체언의 끝소리가 반모음 'ㅣ'로 끝나는 이중 모음(ㅟ)이기 때문에 '∅라'가 결합한 것이다. (나)의 '이제라, 아래라'는 체언 '이제, 아래' 뒤에 조사 '∅라'가 결합한 것으로, 이를 통해 'ㅔ, ㅐ'가 반모음 'ㅣ'로 끝나는 이중 모음이었음을 알 수 있다.

[오답풀이] ① '지비라'는 '집+이라'로 체언의 끝소리가 자음일 때에 '이라'가 결합한 사례이다. ② '스싀라'는 '스싀 +∅라'로 체언의 끝소리가 단모음 '이'일 때에 '∅라'가 결합한 사례이다. ④ '젼치라'는 '젼ᄎ+ㅣ라'로

체언의 끝소리가 '그 밖의 모음'에 해당하는 'ㆍ'일 때에 'ㅣ라'가 결합한 사례이다. ⑤ '곡됴라'는 '곡도+ㅣ라'로 체언의 끝소리가 '그 밖의 모음'에 해당하는 'ㅗ'일 때에 'ㅣ라'가 결합한 사례이다.

712) ③

| 선택 비율 | ① 6% | ② 3% | ③ 80% | ④ 4% | ⑤ 4% |

해 : '니르샨'을 통해 주체를 높이는 선어말 어미가 쓰였음을 확인할 수 있으나, 이때 높임의 대상은 수달이 아니라 태자이다.

[오답풀이] ① '金으로'와 '양ㅇ로'를 통해, '金으로'와 '양ㅇ로'에 쓰인 부사격 조사는 중세 국어에서 앞 음절 모음이 음성 모음일 때는 음성 모음으로 시작하는 조사 '으로'로, 양성 모음일 때는 양성 모음으로 시작하는 조사인 'ㅇ로'로 달리 나타났음을 확인할 수 있다. ② '뜸'을 통해 중세 국어에서는 'ㅼ'과 같이 단어 첫머리에 자음이 연속하여 올 수 있었음을 확인할 수 있다. ④ '太子ㅅ'이 '태자의'로 풀이됨을 통해 중세 국어에서는 체언 '太子'에 관형격 조사로 'ㅅ'이 결합하였음을 확인할 수 있다. ⑤ '거즛마를'을 통해 중세 국어에서 체언 '거즛말'에 조사 '일'이 결합할 때 앞말의 받침이 뒤의 초성으로 연음되는 것을 표기에 반영하는 방식인 이어적기를 하였음을 확인할 수 있다.

713) ①

| 선택 비율 | ① 70% | ② 2% | ③ 2% | ④ 11% | ⑤ 13% |

해 : '불휘'에는 반모음 'ㅣ'로 끝난 체언 '불휘' 뒤에 주격 조사가 ∅(영형태)로 실현되어 주격 조사의 형태가 나타나지 않고, '시미'에는 자음으로 끝난 체언 '심' 뒤에 주격 조사 '이'가 결합해 체언의 끝소리가 연음되어 나타나 있으므로 적절하지 않다.

[오답풀이] ② 'ᄇᆞ르매'는 명사 'ᄇᆞ름'에 조사 '애'가, 'ᄀᆞ모래'는 명사 'ᄀᆞ물'에 조사 '애'가 결합하고 있으며 이때 '애'는 현대어 풀이에서 부사격 조사 '에'에 대응하고 있으므로 적절하다. ③ '하ᄂᆞ니'는 현대어 풀이에서 '많으니'에 대응하고 있으므로 적절하다. ④ '므른'에는 명사 '믈'의 끝소리 'ㄹ'을 조사 '은'의 첫소리로, '바ᄅᆞ래'에는 명사 '바룰'의 끝소리 'ㄹ'을 조사 '애'의 첫소리로 옮겨 적는 방식이 사용되었음을 알 수 있으므로 적절하다. ⑤ '내히'에는 끝소리에 'ㅎ'을 가진 체언이 모음으로 시작하는 조사인 '이'를 만나 'ㅎ'이 연음되어 나타나 있으므로 적절하다.

714) ①

| 선택 비율 | ① 83% | ② 3% | ③ 7% | ④ 3% | ⑤ 1% |

해 : 'ᄃᆞ리'는 'ᄃᆞᆯ(달) + 이'로 분석되는데, 'ᄃᆞᆯ'이 자음으로 끝난 체언이기 때문에 주격 조사 '이'가 쓰인 것이다. 따라서 'ᄃᆞ리'는 ㉠에 해당하는 예가 아니다. 중세 국어의 주격 조사로는 '이' 외에도 모음 '이'나 반모음 'ㅣ'로 끝난 체언 뒤에서 'ㅿ'가, 그 외의 모음으로 끝난 체언 뒤에서 'ㅣ'가 일반적으로 쓰였다.

[오답풀이] ② '바블(=밥+을)'은 목적격 조사 '을'이 자음으로 끝나는 체언 뒤에 쓰인 것으로, ㉡에 해당하는 예이다.

③ '나못(=나모+ㅅ)'은 관형격 조사 'ㅅ'이 사물인 체언 뒤에 쓰인 것으로, ㉢에 해당하는 예이다. ④ '므로(=믈+로)'는 부사격 조사 '로'가 'ㄹ'로 끝나는 체언 뒤에 쓰인 것으로, ㉣에 해당하는 예이다. ⑤ '님금하(=님금+하)'는 호격 조사 '하'가 존대 대상인 체언 뒤에 쓰인 것으로, ㉤에 해당하는 예이다.

715) ③

| 선택 비율 | ① 5% | ② 5% | ③ 79% | ④ 1% | ⑤ 7% |

해 : '從(종)ᄒᆞᆸ디'에서는 주체를 높이는 선어말 어미가 쓰였음을 확인할 수 없으므로 적절하지 않다.

[오답풀이] ① '부톄'에서 '부텨'에 주격 조사 'ㅣ'가 결합했음을 확인할 수 있으므로 적절하다. ② '니르샤도'에서 두음 법칙이 적용되지 않았음을 확인할 수 있으므로 적절하다. ④ '어려ᄫᅳ며'에서 현대 국어에 쓰이지 않는 음운인 'ㅸ'이 존재했음을 확인할 수 있으므로 적절하다. ⑤ '사ᄅᆞ미'에서 현대 국어와 다른 형태의 관형격 조사 '이'가 사용되었음을 확인할 수 있으므로 적절하다.

716) ①

| 선택 비율 | ① 64% | ② 5% | ③ 7% | ④ 4% | ⑤ 17% |

해 : '보ᅀᆞᆸ고져'에는 객체 높임의 선어말 어미 '-ᅀᆞᆸ-'이 쓰였다. 따라서 문법적 수단을 통해 객체인 '너희 스승님'을 높이는 것이다.

[오답풀이] ② '舍利弗ᄭᅴ'에는 객체 높임의 조사 'ᄭᅴ'가 쓰였다. 따라서 문법적 수단을 통해 객체인 '舍利弗(사리불)'을 높이는 것이다. ③ 조사 'ᄭᅴ'와 객체 높임의 동사 'ᅀᅥᆸ다'는 둘 다 객체인 '世尊(세존)'을 높이는 데 쓰이고 있다. ④ 조사 'ᄭᅦ'는 '이모님'을 높이는 데 쓰이고, 동사 '모시다'는 '어머님'을 높이는 데 쓰이고 있다. ⑤ '선생님'이 주체이고, '그 아이'가 객체이기 때문에 객체 높임의 동사 '여쭈다'를 사용하는 것은 적절하지 않다.

717) ①

| 선택 비율 | ① 72% | ② 10% | ③ 9% | ④ 3% | ⑤ 3% |

해 : '붇, ᄣ, 흙' 외에 '스ᄀᆞᄫᅮᆯ'에서도 종성 글자 'ㄹ'을 확인할 수 있다.

[오답풀이] ② ㉡는 ㅂ 순경음의 표기에 대한 내용으로, '사ᄫᅵ, 스ᄀᆞᄫᅮᆯ'에서 'ㅸ'을 확인할 수 있다. ③ ㉢는 초성과 종성 자리에 쓰이는 병서에 대한 내용으로, 'ᄭᅵ니, ᄣ, 흙'에서 각각 'ㅺ, ㅳ, ㄺ'을 확인할 수 있다. ④ ㉣는 초성 글자 아래에 쓰이는 중성 글자에 대한 내용으로, '붇, 스ᄀᆞᄫᅮᆯ, 흙'에서 'ㅜ, ㅡ, ㆍ'를 확인할 수 있다. ⑤ ㉤는 초성 글자 오른쪽에 쓰이는 중성 글자에 대한 내용으로, 'ᄭᅵ니, 사ᄫᅵ, ᄣ'에서 'ㅣ, ㅏ'를 확인할 수 있다.

718) ⑤

| 선택 비율 | ① 6% | ② 6% | ③ 8% | ④ 10% | ⑤ 67% |

해 : '바ᄅᆞ래'는 체언 '바룰'의 모음이 양성 모음으로 부사격 조사 '애'가 쓰였고, '그르세'는 체언 '그릇'의 모음이 음성 모음으로 부사격 조사 '에'가 쓰였다. 즉, 체

언의 모음이 양성 모음이냐 음성 모음이냐에 따라 조사의 형태가 다르게 나타난다고 볼 수 있다.

719) ④

선택 비율	① 2%	② 3%	③ 24%	④ 62%	⑤ 7%

: '받ᄌᆞᆸ신대'는 부사어가 지시하는 대상인 '대왕'을 높이기 위한 객체 높임 선어말 어미가 결합한 것이므로 적절하지 않다.

[오답풀이] ① '부텻'은 높임의 대상인 '부텨'에 관형격 조사 'ㅅ'이 결합한 형태이므로 적절하다. ② '노ᄑᆞ샤'는 '부텨'의 신체 일부인 '뎡바깃뼈'를 높이는 간접 높임이 실현된 것이므로 적절하다. ③ 'ᄀᆞᆮ실씨'는 현대 국어와 같은 형태의 주체 높임 선어말 어미 '-시-'가 결합한 형태이므로 적절하다. ⑤ '좌시다'는 높임의 의미를 갖는 특수 어휘로서 주체인 '왕'을 높이는 것이므로 적절하다.

720) ①

선택 비율	① 68%	② 12%	③ 6%	④ 9%	⑤ 3%

: ⓐ에서는 체언 '바를'에 부사격 조사 '애'가 결합한 '바ᄅᆞ래'가 부속 성분인 부사어로 쓰이고 있다. ⓑ에서는 체언 '나랗'에 관형격 조사 'ㅅ'이 결합한 '나랏'이 부속 성분인 관형어로 쓰이고 있다. 또한, 체언 '中國'에 부사격 조사 '에'가 결합한 '中國에'가 부속 성분인 부사어로 쓰이고 있다. ⓒ에서는 체언 '生人'에 관형격 조사 '이'가 결합한 '生人이'가 부속 성분인 관형어로 쓰이고 있다.

[오답풀이] ⓓ에서 체언과 조사가 결합한 것은 '子息이'와 '양지'인데 둘 다 주성분인 주어로 쓰이고 있다. ⓔ에서 체언과 조사가 결합한 것은 '내'와 '네'인데 둘 다 주성분인 주어로 쓰이고 있다.

721) ②

선택 비율	① 13%	② 78%	③ 5%	④ 3%	⑤ 1%

: ⓑ에서 '이'는 '도즈기'에서는 관형격 조사로, '아츠미'에서는 부사격 조사로 사용되고 있으므로 적절하지 않다.

[오답풀이] ① ⓐ에서 '브르ᄂᆞ다'와 달리 선어말 어미 '-이-'가 사용된 '잇ᄂᆞ이다'는 상대를 높이고 있으므로 적절하다. ③ ⓒ에서 '님그믈'은 음성 모음이 사용된 체언 '님금'에 목적격 조사 '을'이, '오술'은 양성 모음이 사용된 체언 '옷'에 목적격 조사 'ᄋᆞᆯ'이 결합하여 모음조화가 지켜졌음을 알 수 있으므로 적절하다. ④ ⓓ에서 판정 의문문인 '반ᄃᆞ기 모매 잇ᄂᆞ녀'에는 종결 어미 '-녀'가, 의문사 '어듸'를 사용한 설명 의문문인 '究羅帝 이제 어듸 잇ᄂᆞ뇨'에는 종결 어미 '-뇨'가 사용되어 서로 다른 종결 어미가 사용되었으므로 적절하다. ⑤ ⓔ에서 'ᄠ', 'ᄭ'과 같이 초성에 서로 다른 자음이 함께 쓰일 수 있었음을 알 수 있으므로 적절하다.

722) ③

선택 비율	① 4%	② 7%	③ 76%	④ 8%	⑤ 4%

: '많다'의 '-다'를 '多'로 표기하고 '다'로 읽는 방식은 한자의 본뜻을 무시하고 음으로 읽은 경우이기 때문

에 ⓒ에 해당한다.

[오답풀이] ① '불[火]'을 '火'로 표기하고 '불'로 읽는 방식은 한자의 본뜻을 유지하고 훈으로 읽은 경우이기 때문에 ㉠에 해당한다. ② '흙[土]'을 '土'로 표기하고 '흙'으로 읽는 방식은 한자의 본뜻을 유지하고 훈으로 읽은 경우이기 때문에 ㉠에 해당한다. ④ '시옷'의 '옷'을 '衣'로 표기하고 '옷'으로 읽는 방식은 한자의 본뜻을 무시하고 훈으로 읽은 경우이기 때문에 ⓛ에 해당한다. ⑤ '찬물을'의 '을'을 '乙'로 표기하고 '을'로 읽는 방식은 한자의 본뜻을 무시하고 음으로 읽은 경우이기 때문에 ⓒ에 해당한다.

723) ①

선택 비율	① 86%	② 4%	③ 5%	④ 1%	⑤ 4%

: '妙光이 녜 燈明을 돕ᄉᆞ바 然燈ㅅ 스스이… ᄃᆞ외시고[묘광이 옛적 등명을 도와 연등의 스승이 되시고]'에서는 주체 높임의 선어말 어미 '-시-'를 통해 문장의 주체인 '妙光(묘광)'을 높이고 있다. '(妙光이) 이제 釋迦를 돕ᄉᆞ바 燈明ㅅ 道를 니ᅀᅳ시며[(묘광이) 이제 석가를 도와 등명의 도를 이으시며]'에서는 주체 높임의 선어말 어미 '-으시-'를 통해 문장의 주체인 '妙光(묘광)'을 높이고 있다. '내 부텨끠 말ᄊᆞ 올ᄒᆞᅀᆞᄫᅩ디 (내가 부처께 말씀을 드리되)'에서는 객체 높임의 선어말 어미 '-ᅀᆞᆸ-'을 통해 문장의 객체인 '부텨(부처)'를 높이고 있다.

724) ③

선택 비율	① 41%	② 1%	③ 46%	④ 1%	⑤ 11%

: ㉠과 ⓛ은 나무를 의미하는 중세 국어의 단어가 각각 조사 '마다', '와'와 결합한 것이고, ⓒ과 ⓔ은 하루를 의미하는 중세 국어의 단어가 조사 '도', '은'과 결합한 것이다. 이 단어들은 자음으로 시작하는 조사나 조사 '와'와 결합할 때 '나모', 'ᄒᆞᄅᆞ'의 형태로 나타나고, '와'를 제외한 모음으로 시작하는 조사와 결합할 때 '낢', '홀ㄹ'의 형태로 나타났다. 따라서 ㉠~ⓔ에 들어갈 말은 각각 '나모마다', '나모와', 'ᄒᆞᄅᆞ도', '홀ᄅᆞᆫ'이다.

725) ①

선택 비율	① 74%	② 3%	③ 2%	④ 6%	⑤ 15%

: 어미 '-(으)ㅁ', '-기'는 명사절을, 어미 '-(으)ㄴ', '-는' 등은 관형절을, 어미 '-도록' 등은 부사절을, 조사 '고', '라고'는 인용절을 나타내는 표지가 된다. ㉠은 이러한 어미나 조사가 없는 절로, 서술절을 의미한다. '바람이 더 잘 통한다'는 어미나 조사 없이 다른 문장에 안겨 있는 서술절이므로 적절하다.

[오답풀이] ① 어미 '-도록'이 붙은 부사절이 사용되었으므로 적절하지 않다. ③ 어미 '-는'이 붙은 관형절이 사용되었으므로 적절하지 않다. ④ 어미 '-기'가 붙은 명사절이 사용되었으므로 적절하지 않다. ⑤ 조사 '고'가 붙은 인용절이 사용되었으므로 적절하지 않다.

726) ③

선택 비율	① 5%	② 4%	③ 81%	④ 6%	⑤ 5%

[해] : '아바님(아버님)'은 끝음절에 받침이 있고 끝음절의 모음이 'ㅣ'이기 때문에, '올/을'과 결합한다. 그리고 '꿈(꿈)'도 끝음절에 받침이 있고 끝음절의 모음이 음성 모음이기 때문에, '을'과 결합한다. 따라서 해당 선지는 적절하다.

[오답풀이] ① '바롤(바다)'은 끝음절에 받침이 있고 끝음절의 모음이 양성 모음이기 때문에, '올'과 결합한다. 그리고 '아바님(아버님)'또한 '올/을'과 결합이 가능하므로 둘 다 해당한다. ② '벼로(벼루)'는 끝음절에 받침이 없고 끝음절의 양성 모음이기 때문에, '를'과 결합한다. 반면에 '염규(부추)'는 끝음절에 받침이 없고 끝음절의 모음이 음성 모음이기 때문에, '를'과 결합하며, 따라서 ㉣에 해당한다. ④ '둡게(덮개)'는 끝음절에 받침이 없고 끝음절의 모음이 'ㅔ'이기 때문에, '롤/를'과 결합한다. 그리고 '염규(부추)' 또한 '를'과도 결합이 가능하므로 둘 다 해당한다. ⑤ '아바님(아버님)'은 ㉠과 ㉢에 공통으로 들어갈 수 있다. ㉡과 ㉣에 공통으로 들어갈 단어는 '둡게(덮개)'이다.

727) ③

선택 비율	① 1%	② 1%	③ 96%	④ 2%	⑤ 1%

[해] : ㉢의 '지븨(집 + 의)'는 현대어 풀이가 '집에'이므로 무정명사인 체언(집) 뒤에 장소를 나타내는 부사격 조사 '의'가 쓰였음을 알 수 있다.

[오답풀이] ① ㉠의 '부텻(부텨 + ㅅ)'은 현대어 풀이가 '부처의'이므로 존경의 자질이 부여되는 체언(부텨) 뒤에 관형격 조사 'ㅅ'이 쓰였음을 알 수 있다. ② ㉡의 '소놀(손 + 올)'은 자음으로 끝나는 체언(손) 뒤에서 목적격 조사 '올'이 쓰였음을 알 수 있다. ④ ㉣의 '님금하(님금 + 하)'는 현대어 풀이가 '임금이시여'이므로 존대의 대상인 체언(님금) 뒤에 호격 조사 '하'가 쓰였음을 알 수 있다. ⑤ ㉤의 '첫소리룰(첫소리 + 룰)'은 모음으로 끝나는 체언(첫소리) 뒤에서 목적격 조사 '룰'이 쓰였음을 알 수 있다.

728) ⑤

선택 비율	① 3%	② 5%	③ 10%	④ 7%	⑤ 74%

[해] : '즈슴ᄒ다(즈음하다)'에서 확인되는 의미 변화는 원래의 의미는 사라지고 새로운 의미가 생기는 '이동'이다. 주어진 자료에서 이를 확인하기 위해서는 중세 국어 ㉢에서의 뜻이 현대 국어에서는 사라졌는지, 현대 국어 ㉥에서의 뜻이 중세 국어에서는 나타나지 않는지를 따져야 한다. 이를 통해, 중세 국어 '즈슴ᄒ다'는 '사이에 있다'의 뜻으로 쓰였지만 현대 국어 '즈음하다'는 '특정한 때에 다다르거나 그러한 때를 맞다'의 뜻으로 쓰임을 확인해야 한다.

[오답풀이] ① 'ᄉ싀(사이)'에서 확인되는 의미 변화는 원래의 의미가 유지되고 새로운 의미가 더해지는 '확대'이다. 주어진 자료에서 이를 확인하기 위해서는, 중세 국어 ㉠에서의 뜻이 현대 국어에서도 유지되는지, 현대 국어 ㉣에서의 뜻이 중세 국어에서는 나타나지 않는 새로운

것인지를 따져야 한다. 이를 통해, 중세 국어 'ᄉ싀'는 '거리나 공간'의 뜻으로만 쓰였지만 현대 국어 '사이'는 '거리나 공간'에 더해 '서로 맺은 관계. 또는 사귀는 정분'의 뜻으로도 쓰임을 확인해야 한다. ②, ③ '놀다(놀다)'에서 확인되는 의미 변화는 원래의 의미 중 일부가 사라지는 '축소'이다. 주어진 자료에서 이를 확인하기 위해서는, 중세 국어 ㉡에서의 뜻이 현대 국어에서는 사라졌는지, 현대 국어 ㉤에서의 뜻이 중세 국어에서도 나타나는지를 따져야 한다. 이를 통해, 중세 국어 '놀다'는 '놀이하다'와 '연주하다'의 뜻으로 쓰였지만 현대 국어 '놀다'는 '연주하다'라는 뜻으로는 쓰이지 않음을 확인해야 한다. ④ '즈슴ᄒ다(즈음하다)'에서 확인되는 의미 변화가 '이동'이므로, 이에 맞게 중세 국어 ㉢에서의 뜻이 현대 국어에서는 사라졌는지, 현대 국어 ㉥에서의 뜻이 중세 국어에서는 나타나지 않는지를 따져야 한다.

Part 08 정답 및 해설

문법 비문학

729	730	731	732	733
①	⑤	①	②	②
734	735	736	737	738
④	⑤	④	②	③
739	740	741	742	743
⑤	①	⑤	②	⑤
744	745	746	747	748
④	④	④	⑤	④
749	750	751	752	753
②	④	⑤	④	④
754	755	756	757	758
③	⑤	④	④	③
759	760	761	762	763
⑤	④	③	⑤	⑤
764	765	766	767	768
⑤	②	④	②	①
769	770	771	772	773
④	①	④	④	③
774	775	776	777	778
②	②	⑤	①	④
779	780	781	782	783
②	①	④	④	③
784	785	786	787	788
②	①	⑤	②	④
789	790	791	792	793
④	③	④	④	②
794	795	796	797	798
④	③	②	③	③
799	800	801	802	803
②	④	④	②	②
804	805	806	807	808
⑤	①	②	⑤	①
809	810	811	812	813
④	④	②	②	⑤
814	815	816	817	818
④	④	①	①	③
819	820	821	822	823
②	③	④	⑤	②
824	825	826	827	828
①	③	⑤	②	③
829	830	831	832	833
②	②	③	②	①
834	835	836	837	838
④	③	④	⑤	⑤
839	840	841	842	843
③	⑤	④	①	③
844	845	846	847	848
②	⑤	①	③	⑤
849	850	851	852	853
④	②	①	⑤	④
854	855	856	857	858
③	②	①	⑤	③
859	860	861	862	863
①	②	①	①	③

864	865	866	867	868
①	⑤	③	②	②
869	870	871	872	873
⑤	④	③	④	②
874	875	876	877	878
①	④	②	⑤	②
879	880	881	882	883
③	⑤	④	②	④
884	885	886	887	888
②	②	①	③	①
889	890	891	892	893
③	①	⑤	②	④
894	895	896	897	898
③	②	①	④	⑤
899	900	901	902	903
⑤	④	⑤	①	③
904	905	906	907	908
②	③	①	⑤	③
909	910	911	912	913
①	②	⑤	⑤	③
914	915	916	917	918
③	⑤	④	④	③
919	920	921	922	923
④	③	③	①	⑤
924	925	926	927	928
①	⑤	③	④	⑤
929	930	931	932	933
⑤	⑤	③	②	④
934	935	936	937	938
①	⑤	②	③	⑤
939	940	941	942	943
③	④	②	④	⑤
944	945	946	947	948
⑤	②	⑤	③	③
949	950	951	952	953
②	①	③	③	④
954	955	956	957	958
①	④	①	③	③
959	960	961	962	963
②	⑤	④	①	④
964	965	966	967	968
④	①	①	⑤	④
969	970	971	972	973
⑤	④	③	③	⑤
974	975	976	977	978
②	④	①	④	③
979	980	981	982	983
⑤	④	③	⑤	①
984	985	986	987	988
④	③	②	④	④
989	990	991	992	993
①	④	③	⑤	⑤
994	995	996	997	998
④	②	④	④	⑤
999	1000			
③	②			

729) ①

선택 비율	① 58%	② 14%	③ 13%	④ 6%	⑤ 7%

해 : 국어에서 '아니다' 앞에 조사 '이/가'를 취하여 나타나는 문장 성분을 보어라고 말한다. ㉠의 문장 중 조사 '이'는 체언인 '인물'에 붙어 보어가 되게 하는 격 조사이다. 따라서 주어의 자격을 갖게 한다는 설명은 적절하지 않다.

730) ⑤

선택 비율	① 12%	② 4%	③ 10%	④ 11%	⑤ 60%

해 : '너는 부산에서 몇 시에 출발할 예정이냐?'에 사용된 조사 '에서'는 체언인 '부산' 뒤에 붙어서 앞말이 문장에서 부사어 자격을 갖게 한다. 그러나 '우리 학교에서 올해도 우승을 차지했다.'에 쓰인 조사 '에서'는 단체를 나타내는 명사인 '학교' 뒤에 붙어 앞말이 문장에서 주어의 자격을 갖게 한다. 따라서 ⑤의 두 문장에 쓰인 조사 '에서'는 형태는 같지만 문장에서 서로 다른 기능을 하고 있음을 알 수 있다.

[오답풀이] ① 두 문장에 쓰인 조사 '가'는 모두 앞말을 강조하는 뜻을 나타내고 있다. ② 두 문장에 쓰인 조사 '를'은 모두 체언 뒤에 붙어 앞말이 문장에서 목적어 자격을 갖게 한다. ③ 두 문장에 쓰인 조사 '에'는 모두 체언 뒤에 붙어 앞말이 문장에서 부사어 자격을 갖게 한다. ④ 두 문장에 쓰인 조사 '과'는 모두 체언 뒤에 붙어 앞말이 문장에서 부사어 자격을 갖게 한다.

731) ①

선택 비율	① 76%	② 7%	③ 5%	④ 5%	⑤ 4%

해 : '만큼'은 관형어 '노력한'의 수식을 받는 의존 명사이므로, 앞말과 띄어 써야 한다.

[오답풀이] ② '만큼'은 체언 '형' 뒤에 붙는 조사이므로 앞말과 붙여 써야 한다. ③ '만큼'은 관형어 '몰랐던'의 수식을 받는 의존 명사이므로, 앞말과 띄어 써야 한다. ④ '만큼'은 관형어 '바랄'의 수식을 받는 의존 명사이므로 앞말과 띄어 써야 한다. ⑤ '만큼'은 체언 '고향' 뒤에 붙는 조사이므로 앞말과 붙여 써야 한다.

732) ②

선택 비율	① 11%	② 47%	③ 18%	④ 12%	⑤ 10%

해 : 의존 명사 '만'을 수식하는 관형어는 관형사형 어미 '-(으)ㄹ'과만 결합할 수 있으므로 선행어 제약이 있다.

[오답풀이] ① 의존 명사 '바'는 '바가'와 같이 목적격 조사 이외에 다른 조사와도 결합할 수 있으므로 후행어 제약이 없다. ③ 의존 명사 '무렵'은 '무렵에'와 같이 서술격 조사 이외에 다른 조사와도 결합할 수 있으므로 후행어 제약이 없다. ④ 의존 명사 '리'는 주격 조사와만 결합할 수 있으므로 후행어 제약이 있다. ⑤ 의존 명사 '채'를 수식하는 관형어는 관형사형 어미 '-(으)ㄴ'과만 결합할 수 있으므로 선행어 제약이 있다.

733) ②

선택 비율	① 5%	② 51%	③ 18%	④ 5%	⑤ 19%

해 : '나는 아버지보다 어머니와 닮았다.'에서의 '와'는 부사격 조사로 쓰였다.

734) ④

선택 비율	① 4%	② 14%	③ 14%	④ 61%	⑤ 4%

해 : ㉣에 쓰인 조사 '에게'와 '로'는 모두 부사격 조사이다.

[오답풀이] ① '길을 걷다가 철수가* 만났다.'에서 주격 조사 '가'와 목적격 조사 '를'은 서로 겹쳐 쓸 수 없다. ② '그 말을 한 것이 당신만이(당신이만*) 아니다.'에서 보조사 '만'과 보격 조사 '이'가 함께 쓰일 때는 보격 조사가 보조사의 뒤에 쓰인다. ③ '그녀는 전원에서의(전원의에서*) 여유로운 삶을 꿈꾼다.'에서 부사격 조사는 다른 격조사와 겹쳐 쓸 때 다른 격조사의 앞에 쓰이므로, 부사격 조사 '에서'와 관형격 조사 '의'가 결합할 때 관형격 조사는 부사격 조사의 뒤에 쓰인다. ⑤ '빵만도* 먹었다.'에서 의미가 모순되는 보조사는 겹쳐 쓰기 어려우므로 '만'과 '도'는 겹쳐 쓰지 못한다.

735) ⑤

선택 비율	① 15%	② 4%	③ 5%	④ 5%	⑤ 69%

해 : '즐거운'은 '마음에 거슬림이 없이 흐뭇하고 기쁘다.'라는 뜻을 지니는 '즐겁다'의 어간에 관형사형 어미 '-은'이 결합한 형태로, 형용사이다. 형용사는 활용을 하고 사물의 성질이나 상태를 나타낸다. ㉤은 관형사에 대한 설명으로, 제시된 예문에서 관형사는 쓰이지 않았다.

[오답풀이] ① ㉠은 명사에 대한 설명으로, 제시된 예문에서는 '옛날, 사진, 기억'이 이에 해당한다. ② ㉡은 동사에 대한 설명으로, 제시된 예문에서는 '보니, 떠올랐다'가 이에 해당한다. ③ ㉢은 수사에 대한 설명으로, 제시된 예문에서는 '하나'가 이에 해당한다. ④ ㉣은 조사에 대한 설명으로, 제시된 예문에서는 '을, 가'가 이에 해당한다. '을'은 목적격 조사이고, '가'는 주격 조사이다.

736) ④

선택 비율	① 2%	② 2%	③ 3%	④ 87%	⑤ 4%

해 : 마지막 문단의 '존재', '소유'와 같이 상태의 의미를 나타내는 '있다'는 형용사로 쓰인다는 설명에 따라 ④의 '있다'와 '없다'는 형용사로 쓰임을 알 수 있다. '있다', '없다'의 경우 동사와 형용사로 쓰일 때 모두 관형사형 어미 '-는'과 결합할 수 있다고 하였기 때문에 예문 '돈이 있는(없는) 사람'은 '있다', '없다'가 동사로 쓰였는지, 형용사로 쓰였는지를 판별하는 기준이 되기 어렵다.

[오답풀이] ① '예쁜다'가 쓰인 문장이 비문임을 통해 현재 시제 선어말 어미 '-ㄴ/는-'은 형용사와 결합할 수 없음을 확인할 수 있다. ② '예뻐라', '예쁘자'가 쓰인 문장이 비문이기에 명령형·청유형 어미는 형용사와 결합할 수 없음을 확인할 수 있다. ③ '예쁘려고', '예쁘러'가 쓰인 문장이 비문이기에 의도나 목적을 나타내는 연결 어미 '-려고', '-러'는 형용사와 결합할

수 없음을 확인할 수 있다. ⑤ '나무가 크다.'의 '크
다'와 '머리카락이 길다.'의 '길다'는 속성이나 상태
를 나타내는 형용사이다. '나무가 쑥쑥 큰다.'의 '크
다'와 '머리카락이 잘 긴다.'의 '길다'는 상태의 변화
를 나타내는 동사이다. 후자는 선어말 어미 '-ㄴ-'과
결합할 수 있다.

737) ②

선택 비율	① 2%	② 68%	③ 3%	④ 20%	⑤ 5%

해 : ㄱ의 '두'는 후행하는 명사 '사람'을 수식하는 관형사
이다.

738) ③

선택 비율	① 3%	② 4%	③ 78%	④ 6%	⑤ 7%

해 : 현대 국어에서 '새'는 '새 학기가 되다.'의 '새'처럼
'학기'라는 명사를 수식하는 관형사로만 쓰이고 있다.
반면 중세 국어에서 '새'는 관형사, 명사, 부사로 두
루 쓰였다. '새 구스리 나며'의 '새'는 후행하는 명사
를 수식하는 관형사로, '이 나래 새롤 맛보고'의 '새'
는 조사와 결합하여 '새로 나오거나 만든 것'이라는
의미를 지닌 명사로, '새 出家ᄒᆞᆫ 사ᄅᆞ미니'의 '새'는
후행하는 용언을 수식하는 부사로 두루 쓰였다.
[오답풀이] ①, ② 현대 국어에서 '이'는 대명사로도 관형사로도
쓰이고 있다. '이보다 더 좋을 수는 없다.'의 '이'는
조사와 결합하여 '말하는 이에게 가까이 있거나 말
하는 이가 생각하고 있는 대상'을 가리키는 대명사
로, '이 사과는 맛있다.'의 '이'는 '사과' 라는 명사를
수식하는 관형사로 쓰이고 있다. 중세 국어 '이' 또
한 현대 국어와 마찬가지로 대명사와 관형사로 쓰였
다. '내 이룰 爲ᄒᆞ야'의 '이'는 조사와 결합한 대명사
로, '내 이 도ᄅᆞᆯ 가져가'의 '이'는 후행하는 명사를
수식하는 관형사로 쓰였다.

739) ⑤

선택 비율	① 3%	② 3%	③ 4%	④ 4%	⑤ 86%

해 : 본용언과 보조 용언으로 모두 쓰이는 용언이 존재한
다. 예를 들어 '보다'는 '눈으로 대상의 존재나 형태
적 특징을 알다.'라는 의미의 본용언 또는 '행위를 시
도하다.'라는 의미의 보조 용언으로 모두 쓰인다.
[오답풀이] ① 보조 용언은 본용언과 달리 서술어로 홀로 쓰일
수 없다. ② 본용언과 보조 용언 사이에는 다른 문
장 성분이 올 수 없으므로, 보조 용언의 바로 앞에
는 부사어가 올 수 없다. ③ 보조 용언은 본용언의
의미를 보충하는 용언이므로 본용언의 의미를 대신
나타낼 수 없다. ④ 보조 용언은 본용언 뒤에 위치
하여 의미를 덧붙인다.

740) ①

선택 비율	① 76%	② 3%	③ 6%	④ 8%	⑤ 7%

해 : 본용언과 보조 용언은 여러 가지 방법을 통해 구별할
수 있다. 하나는 의미를 통해 구별하는 방법이 있다.
본용언은 문장의 주어를 주되게 서술하는 의미를 갖
고, 보조 용언은 본용언의 행위를 희망, 시도하는 등

본용언만으로는 나타내기 어려운 의미를 덧붙인다. 그
리고 본용언과 보조 용언 사이에는 다른 문장 성분이
올 수 없고, '-어서 / 아서'나 '-고서'와 같이 행위나
작용의 선후 관계를 나타내는 어미로 둘을 연결할 수
없다. ㉠의 '가다'는 '장소를 이동하다'라는 의미를 나
타내어 문장의 주어를 주되게 서술하므로, 보조 용언
이 아니라 본용언이다
[오답풀이] ② ㉡의 '싶다'는 본용언 '받다'의 행위를 희망한다는
의미를 덧붙이므로 보조 용언으로 볼 수 있다. ③
㉢의 '보다'는 본용언 '듣다'의 행위를 시도한다는 의
미를 덧붙이므로 보조 용언으로 볼 수 있다. ④ ㉣
은 '남아서 주자'처럼 선후 관계를 나타내는 어미인
'-아서'를 사용하여 '남다'와 '주다'라는 두 용언을
연결하면 자연스럽지 않으므로, ㉣의 '주다'는 보조
용언으로 볼 수 있다. ⑤ ㉤은 '열어 아주 놓다' 처
럼 '열다'와 '놓다' 사이에 다른 문장 성분을 넣으면
자연스럽지 않으므로, ㉤의 '놓다'는 보조 용언으로
볼 수 있다

741) ⑤

선택 비율	① 4%	② 9%	③ 7%	④ 13%	⑤ 64%

해 : 2문단에서 보조 용언 '않다'는 앞에 오는 본용언의 품
사를 따름을 알 수 있다. 따라서 ⓐ의 '않겠다'는 보
조 형용사로, ⓒ의 '않았다'는 보조 동사로 보아야 한
다. 2문단에서 보조 용언 '보다'가 어떤 일을 경험한
다는 의미를 나타내는 경우에는 보조 동사이고, 앞말
이 뜻하는 행동이나 상태에 대한 걱정이라는 의미를
나타내는 경우에는 보조 형용사임을 알 수 있다. 따라
서 ⓑ의 '봐'는 보조 형용사로, ⓔ의 '보지'는 보조 동
사로 보아야 한다. 2문단에서 보조 용언 '하다'는 앞
말의 행동이나 상태에 대한 바람이라는 의미를 나타내
는 경우에는 보조 동사임을 알 수 있다. 따라서 ⓓ의
'한다'는 보조 동사로 보아야 한다.

742) ②

선택 비율	① 8%	② 63%	③ 12%	④ 9%	⑤ 6%

해 : ⑧의 '먹어 치우고 일어났다'는 본용언 '먹어', 보조
용언 '치우고', 본용언 '일어났다'의 순서로 연결된 경
우이므로 적절하지 않다.
[오답풀이] ① ⒜의 '던져서 베어 버렸다'는 본용언 '던져서', 본
용언 '베어', 보조 용언 '버렸다'의 순서로 연결된 경
우이므로 적절하다. ③ ⒞의 '깨어 있어 행복했다'는
본용언 '깨어', 보조 용언 '있어', 본용언 '행복했다'
의 순서로 연결된 경우이므로 적절하다. ④ ⒟의 '앉
아 있게 생겼다'는 본용언 '앉아', 보조 용언 '있게',
보조 용언 '생겼다'의 순서로 연결된 경우이므로 적
절하다. ⑤ ⒠의 '먹고 싶게 되었다'는 본용언 '먹
고', 보조 용언 '싶게', 보조 용언 '되었다'의 순서로
연결된 경우이므로 적절하다.

743) ⑤

선택 비율	① 13%	② 11%	③ 4%	④ 4%	⑤ 66%

해 : '캐묻다'는 '캐물어, 캐물으니'처럼 불규칙적으로 활용하는 용언이므로 ㉠을 만족하고, '엿듣다'도 '엿들어, 엿들으니'처럼 불규칙적으로 활용하는 용언이므로 ㉠을 만족한다. 또, '캐묻다'와 '엿듣다'는 모두 어간 말음인 'ㄷ'이 모음으로 시작되는 어미 앞에서 'ㄹ'로 변하는 활용을 하는 'ㄷ' 불규칙 용언이므로 활용 양상이 동일하며 ㉡ 역시 만족하는 용언의 짝이다.

[오답풀이] ① '구르다'는 '굴러, 구르니'처럼 불규칙적으로 활용하는 용언이므로 ㉠을 만족하고, '잠그다'는 '잠가, 잠그니'처럼 활용하는데 표준국어대사전 기준과 같이 불규칙적으로 활용하는 용언으로 보면 ㉠을 만족하지만, 학교 문법이나 수능 특강 기준과 같이 'ㅡ' 탈락을 규칙 활용으로 보면 ㉠을 만족하지 않는다. 한편 '구르다'는 어간의 끝음절 '르'가 어미 '-어' 앞에서 'ㄹㄹ'로 바뀌는 '르' 불규칙 활용을 하는 용언이고, '잠그다'는 표준국어대사전 기준과 같이 용언의 어간 'ㅡ'가 '아'나 '어' 앞에서 탈락하는 'ㅡ' 불규칙 활용을 하는 용언으로 보더라도 활용 양상이 동일하지 않기 때문에 ㉡은 만족하지 못한다. '잠그다'가 ㉠을 만족하는 것으로 보든 만족하지 않는 것으로 보든 이 선지는 ㉡을 만족하지 못하므로 적절하지 않다. ② '흐르다'는 '흘러, 흐르니'처럼 불규칙적으로 활용하는 용언이므로 ㉠을 만족하고, '푸르다'도 '푸르러, 푸르니'처럼 불규칙적으로 활용하는 용언이므로 ㉠을 만족하지만, '흐르다'는 어간의 끝음절 '르'가 어미 '-어' 앞에서 'ㄹㄹ'로 바뀌는 '르' 불규칙 활용을 하는 용언이고, '푸르다'는 어미의 '-어'가 '-러'로 바뀌는 활용을 하는 용언이므로 활용 양상이 동일하지 않기 때문에 ㉡은 만족하지 못한다. ③ '뒤집다'는 '뒤집이, 뒤집으니'처럼 규칙적으로 활용하는 용언이므로 ㉠을 만족하지 못하고, '껴입다'도 '껴입어, 껴입으니'처럼 규칙적으로 활용하는 용언이므로 ㉠을 만족하지 못한다. 둘 다 규칙 활용 용언이고 활용 양상이 동일하기 때문에 ㉡은 만족한다. ④ '붙잡다'는 '붙잡아, 붙잡으니'처럼 규칙적으로 활용하는 용언이므로 ㉠을 만족하지 못하고, '정답다'는 '정다워, 정다우니'처럼 불규칙적으로 활용하는 용언이므로 ㉠을 만족한다. '붙잡다'과 '정답다'는 서로 활용 양상이 다르기 때문에 ㉡도 만족하지 못한다.

744) ④

선택 비율	① 5%	② 3%	③ 4%	④ 77%	⑤ 9%

해 : ⓓ의 '쌓으니'는 [싸으니]로 발음되므로 교체가 아니라 탈락이 나타난다. 그리고 그 결과가 표기에 반영되지는 않았다.

[오답풀이] ① ⓐ의 '서'는 '서다'의 어간 '서-'가 어미 '-어'와 결합하면서 동일 모음의 탈락이 일어나 '서'로 실현된 결과가 활용형의 표기에 반영된 것이므로, 탈락이 나타나고 그 결과가 표기에 반영되었다. ② ⓑ의 '꺼'는 '끄다'의 어간 '끄-'가 어미 '-어'와 결합하면서 어간의 'ㅡ' 모음 탈락이 일어나 '꺼'로 실현된

결과가 활용형의 표기에 반영된 것이므로, 탈락이 나타나고 그 결과가 표기에 반영되었다. ③ ⓒ의 '푸니'는 '풀다'의 어간 '풀-'이 어미 '-니'와 결합하면서 어간의 'ㄹ' 탈락이 일어나 '푸니'로 실현된 결과가 활용형의 표기에 반영된 것이므로, 탈락이 나타나고 그 결과가 표기에 반영되었다. ⑤ ⓔ의 '믿는'은 [민는]으로 발음되므로 교체가 나타나지만 그 결과가 표기에 반영되지는 않았다.

745) ④

선택 비율	① 5%	② 3%	③ 5%	④ 80%	⑤ 5%

해 : '이다'의 활용 양상은 대체로 형용사의 활용 양상과 유사하다. 따라서 동사는 형용사에 비해 '이다'와 활용 양상이 유사하다는 것은 윗글에 대한 이해로 적절하지 않다.

[오답풀이] ① 국어 문장에서 서술어로 쓰이는 것은 동사와 형용사, 그리고 체언에 '이다'가 붙어서 이루어지는 표현이다. 따라서 동사와 형용사는 문장에서 서술어로 쓰일 수 있다는 것은 적절하다. ② 형용사가 활용할 때는 '예쁘구나'와 같이 '-구나'가 쓰이고, '예뻐라!'와 같이 '-어라'가 쓰이기도 한다. 따라서 형용사는 활용할 때 감탄형 어미와 결합할 수 있다는 것은 적절하다. ③ 용언 어간에 여러 가지 어미가 붙는 일을 활용이라 한다. 따라서 용언이 활용할 때 어간에 붙는 부분을 어미라고 한다는 것은 적절하다. ⑤ '이다'가 활용할 때는 명령형 어미 '-아라/어라', 청유형 어미 '-자'와는 결합하지 않는다. 따라서 '이다'는 활용할 때 명령형 어미나 청유형 어미와는 결합하지 않는다는 것은 적절하다.

746) ④

선택 비율	① 4%	② 4%	③ 5%	④ 79%	⑤ 6%

해 : '열어라'는 어간 '열-'과 어미 '-어라'로 분석할 수 있다. 명령형 어미 '-아라/어라'는 동사 어간에만 결합하고 형용사 어간에는 결합할 수 없으므로, '열어라'는 어간이 명령형 어미 '-어라'와 결합한 것으로 보아 형용사가 아니라 동사이다.

[오답풀이] ① '씻는다'는 어간 '씻-'과 어미 '-는다'로 분석할 수 있다. '-는다'는 동사 활용에 쓰이는 어미이므로, '씻는다'는 어간이 '-는다'와 결합한 것으로 보아 동사이다. ② '춥구나'는 어간 '춥-'과 어미 '-구나'로 분석할 수 있다. '-구나'는 형용사 활용에 쓰이는 어미이므로, '춥구나'는 어간이 '-구나'와 결합한 것으로 보아 형용사이다. ③ '먹자'는 어간 '먹-'과 어미 '-자'로 분석할 수 있다. 청유형 어미 '-자'는 동사 어간에만 결합하고 형용사 어간에는 결합할 수 없으므로, '먹자'는 어간이 '-자'와 결합한 것으로 보아 동사이다. ⑤ '사람이냐'는 '사람이-+-냐'로 분석할 수 있다. 체언 '사람'에 '이다'가 결합한 말인 '사람이다'의 어간에 '-(으)냐'가 결합한 것이다.

747) ⑤

선택 비율	① 5%	② 4%	③ 3%	④ 5%	⑤ 81%

해 : 선어말 어미는 어간과 어말 어미 앞에 오는 어미로,

한 용언에 두 개가 동시에 쓰일 수 있다. 예를 들어 '가신다'에는 높임을 나타내는 선어말 어미인 '-시-'와 현재 시제를 나타내는 선어말 어미인 '-ㄴ-'이 결합해 있다.

[오답풀이] ① 어미는 어간의 뒤에 결합한다. ② 어간이나 어미가 하나의 용언을 이루기 위해서는 어간과 어미가 서로 결합하여야 한다. ③ 어미는 용언이 활용할 때 형태가 변하는 부분이다. ④ 어말 어미는 용언이 활용할 때 반드시 나타나야 한다.

748) ④

선택 비율	① 4%	② 9%	③ 2%	④ 79%	⑤ 3%

해 : '뜨는'은 어간 '뜨-'에 전성 어미 '-는'이 결합한 형태의 용언이다. 그런데 여기서 '뜨는'은 뒤에 오는 체언인 '해'를 꾸며준다. 즉, '뜨는'은 주로 용언을 수식하는 기능을 하는 단어인 부사가 아니라 체언을 수식하는 기능을 하는 단어인 관형사처럼 쓰이고 있다.

[오답풀이] ① '알다'의 어간 '알-'에 어미 '-니'가 결합할 때는 '아니'와 같이 쓰이면서 어간의 'ㄹ'이 탈락한다. ② '맛있다'의 어간은 '맛있-'이다. 또한 여기에 종결 어미 '-구나'가 결합하면서 문장을 종결하는 기능을 하고 있다. ③ '높다'의 어간은 '높-'이다. 또한 여기에 연결 어미 '-고'가 결합하면서 앞뒤 말을 연결하는 기능을 하고 있다. ⑤ '먹다'의 어간은 '먹-'이다. '먹었다'에는 단어의 끝에 오는 어미인 어말 어미 '-다'가 있으며, 선어말 어미 '-었-'이 쓰여 과거 시제를 나타내고 있다.

749) ②

선택 비율	① 4%	② 53%	③ 11%	④ 21%	⑤ 9%

해 : '계시는'은 어간 '계시-'와 어말 어미 '-는'으로 구성되어 있으므로 ㉠의 예로 들 수 있으며, '드렸다'는 어간 '드리-', 선어말 어미 '-었-', 어말 어미 '-다'로 구성되어 있으므로 ㉡의 예로 들 수 있다.

[오답풀이] ① '끝난'은 어간 '끝나-'와 어말 어미 '-ㄴ'으로 구성되어 있고, '아니다'는 어간 '아니-'와 어말 어미 '-다'로 구성되어 있으므로 모두 ㉠의 예로 들 수 있다. ③ '가는'은 어간 '가-'와 어말 어미 '-는'으로 구성되어 있고, '알았다'는 어간 '알-', 선어말 어미 '-았-', 어말 어미 '-다'로 구성되어 있으므로 각각 ㉠과 ㉡의 예로 들 수 있다. ④ '지나고'는 어간 '지나-'와 어말 어미 '-고'로 구성되어 있고, '왔겠군'은 어간 '오-', 선어말 어미 '-았-', 선어말 어미 '-겠-', 어말 어미 '-군'으로 구성되어 있으므로 각각 ㉠과 ㉡의 예로 들 수 있다. ⑤ '있겠다'는 어간 '있-', 선어말 어미 '-겠-', 어말 어미 '-다'로 구성되어 있고, '쓰셨을'은 어간 '쓰-', 선어말 어미 '-시-', 선어말 어미 '-었-', 어말 어미 '-을'로 구성되어 있으므로 각각 ㉡과 ㉢의 예로 들 수 있다.

750) ④

선택 비율	① 7%	② 4%	③ 16%	④ 58%	⑤ 12%

해 : ⓑ'놓여'는 '놓-', '-이-', '-어'로 구성되어 있다. (물건을) '놓다'가 (물건이) '놓이다'가 되면 필요로 하는

문장 성분이 달라지므로 이때 결합한 '-이-'는 선어말 어미가 아니라 접사로 판단할 수 있다.

[오답풀이] ① ⓐ'구겼지만'은 '구기-', '-었-', '-지만'으로 구성되어 있다. '-었-'은 과거 시제를 나타내는 선어말 어미이며 접사가 아니다. ② ⓐ에는 추측의 선어말 어미가 결합하지 않았다. ③ ⓑ에는 접사만 결합하였지 선어말 어미는 결합하지 않았다. ⑤ ⓒ '담갔다'는 '담그-', '-았-', '-다'로 구성되어 있다. '-았-'은 과거 시제를 나타내는 선어말 어미이며 접사가 아니다.

751) ⑤

선택 비율	① 8%	② 9%	③ 8%	④ 27%	⑤ 48%

해 : ㉮ 보조적 연결 어미 '-고'는 단어와 단어를 잇는 기능을 하나, '나무가 태풍을 못 견디고 쓰러졌다.'에서 '-고'는 '나무가 태풍을 못 견뎠다.'와 '나무가 쓰러졌다.'의 문장과 문장을 이어 준다. 또, '나무가 태풍을 못 견디고서 쓰러졌다.'와 같이 '-고' 뒤에 '-서'가 붙을 수 있다. 따라서 보조적 연결 어미의 쓰임으로 적절하지 않다.

[오답풀이] ① '그가 떠나고 말았다.'에서 '-고'는 본용언 '떠나다'에 '앞말이 뜻하는 행동이 끝내 실현됨'이라는 의미를 지닌 보조 용언 '말다'를 이어 주는 기능을 한다. 또, '그가 떠나고서 말았다.'와 같이 '-고' 뒤에 '-서'가 붙을 수 없으므로 '-고'는 보조적 연결 어미로 적절하다. ② '자꾸 따지고 들지 마라.'에서 '-고 는 본용언 '따지다'에 '앞말이 뜻하는 행동을 거칠고 다그치듯이 함'이라는 의미를 지닌 보조 용언 '들다'를 이어 주는 기능을 한다. 또, '자꾸 따지고서 들지 마라.'와 같이 '-고' 뒤에 '-서'가 붙을 수 없으므로 '-고'는 보조적 연결 어미로 적절하다. ③ '너 아직도 울고 있구나.'에서 '-고'는 본용언 '울다'에 '앞말이 뜻하는 행동이 계속 진행됨'이라는 의미를 지닌 보조 용언 '있다'를 이어 주는 기능을 한다. 또, '너 아직도 울고서 있구나.'와 같이 '-고' 뒤에 '-서'가 붙을 수 없으므로 '-고'는 보조적 연결 어미로 적절하다. ④ '빨리 숙제부터 하고 나서 놀아라.'에서 '-고'는 본용언 '하다'에 '앞말이 뜻하는 행동이 끝났음'이라는 의미를 지닌 보조 용언 '나다'를 이어 주는 기능을 한다. 또, '빨리 숙제부터 하고서 나서 놀아라.'와 같이 '-고' 뒤에 '-서'가 붙을 수 없으므로 '-고'는 보조적 연결 어미로 적절하다.

752) ④

선택 비율	① 10%	② 5%	③ 9%	④ 72%	⑤ 5%

해 : ⓒ에서 '차고'의 '차다'는 사전적 의미상 '발로 내어 지르거나 받아 올리다.'라는 뜻으로, 공을 차는 동작의 결과가 지속되지 않는다. 이에 의미 자질을 [+완결성][-지속성]으로 표시할 수 있으므로, '-고'는 시간적 순차 관계를 나타낸다. 따라서 '차고'의 '-고'는 ㉢이 아닌 ㉡에 해당하므로 적절하지 않다.

[오답풀이] ① ⓐ에서 앞뒤 절의 주어가 각각 '지호'와 '성주'로 다르며 시제 선어말 어미 '-았-'이 앞뒤 절에

모두 쓰이는 것으로 보아, '갔고'의 '-고'는 ㉠에 해당하므로 적절하다. ② ⓐ는 '성주는 보건실에 갔고, 지호는 교무실에 갔어요.'와 같이 앞뒤 절의 순서를 바꾸어 쓸 수 있으므로 적절하다. ③ ⓑ에서 '업다'는 체육 선생님이 성주를 업는 동작의 결과가 지속되는 것으로 보아, '업고'의 '-고'는 ㉢에 해당하므로 적절하다. ⑤ ⓓ에서 '확인하고'의 '확인하다'는 선생님이 '보건실에 가서' 성주의 상태를 '확인'한 사건이 끝난 후 '부모님께 연락드'리는 뒤 절의 사건이 연달아 일어나는 것으로 보아, '확인하고'의 '-고'는 ㉡에 해당하므로 적절하다.

753) ④

선택 비율	① 12%	② 4%	③ 5%	④ 60%	⑤ 17%

해 : ⓐ에 조사는 '까지', '는', '을', '도'가 있으며, ⓑ에는 '께서', '로', '를'이 있다. 따라서 조사는 ⓐ에 4개, ⓑ에는 3개가 있다.

[오답풀이] ② '온갖'은 뒤에 오는 체언인 '재료'를 수식하는 수식언(관형사)이다. ⑤ 가변어는 ⓐ에 2개('모르고', '있다'), ⓑ에도 2개('곱게', '빛으셨다')가 있다. '곱게'는 용언(형용사)인 '곱다'가 '고와', '고우니'처럼 활용되는 형태이므로 가변어이다.

754) ③

선택 비율	① 4%	② 3%	③ 78%	④ 4%	⑤ 8%

해 : '식구 모두가 여행을 떠났다.'의 '모두'는 조사 '가'와 결합하여 문장에서 주어의 기능을 하는 체언(명사)이고, '그릇에 담긴 소금을 모두 쏟았다.'의 '모두'는 용언 '쏟았다'를 수식하는 부사이다.

[오답풀이] ① 수사와 관형사(수 관형사)이다. ② 동사와 형용사이다. ④ 모두 조사이다. ⑤ 부사와 조사이다.

755) ⑤

선택 비율	① 10%	② 10%	③ 32%	④ 8%	⑤ 37%

해 : '울렸네'는 어간 '울리-'와 과거 시제 선어말 어미 '-었-', 종결 어미 '-네'가 결합하여 활용된 용언이다. 따라서 '울렸네'는 ㉡에 속하므로 적절하지 않다.

[오답풀이] ① '끝내겠습니다'는 어간 '끝내-'와 선어말 어미 '-겠-', 대화의 상대방을 높이는 기능을 하는 종결 어미 '-습니다'가 결합하여 활용된 용언이므로 적절하다. ② '준비하기'는 어간 '준비하-'와 명사형 전성 어미 '-기'가 결합하여 활용된 용언이므로 적절하다. ③ '들어가신'은 어간 '들어가-'와 문장의 주체를 높이는 기능을 하는 선어말 어미 '-시-', 어말 어미 '-ㄴ'이 결합하여 활용된 용언이므로 적절하다. ④ '계신'은 어간 '계시-'와 관형사형 전성 어미 '-ㄴ'이 결합하여 활용된 용언이므로 적절하다.

756) ④

선택 비율	① 1%	② 7%	③ 1%	④ 87%	⑤ 0%

해 : ㉰의 '-고'는 앞 문장과 뒤 문장을 나열의 의미 관계로 이어 주는 대등적 연결 어미이다. ㉴의 '-어'와 ㉵의 '-고'는 앞 문장이 뒤 문장의 원인이라는 의미를

가지도록 이어 주는 종속적 연결 어미이다. ㉯의 '-고'와 ㉶의 '-어'는 본용언과 보조 용언을 이어 주는 보조적 연결 어미이다.

757) ④

선택 비율	① 3%	② 14%	③ 11%	④ 55%	⑤ 17%

해 : '여기는 그저께 낮만큼 더웠다.'에 쓰인 '그저께'의 품사는 명사이고 문장 성분은 관형어이다. 한편 '꽃이 그저께 피었다.'에 쓰인 '그저께'의 품사는 부사이고 문장 성분은 부사어이다.

[오답풀이] ① '내 생일은 그저께가 아니라 어제였다.'에 쓰인 '그저께'는 명사이다. 격 조사 '가'와 결합하여 쓰인다는 점에서 이를 확인할 수 있다. '그저께 본 달은 매우 밝았다.'에 쓰인 '그저께'는 부사이다. '그는 그저께 왔다.'에서와 같이 용언을 수식하고 있다는 점에서 이를 확인할 수 있다. ② '그는 세계적으로 매우 유명하다.'에 쓰인 '세계적'은 명사이다. 격 조사 '으로'와 결합하여 쓰인다는 점에서 이를 확인할 수 있다. '그는 그저께 서둘러 여기를 떠났다.'에 쓰인 '그저께'는 부사이다. '그는 그저께 왔다.'에서와 같이 용언을 수식하고 있다는 점에서 이를 확인할 수 있다. ③ '첫눈이 그저께 왔다.'에 쓰인 '그저께'의 품사는 부사이고 문장 성분은 부사어이다. '그는 세계적 명성을 얻었다.'에 쓰인 '세계적'의 품사는 관형사이고 문장 성분은 관형어이다. ⑤ '그는 세계적인 선수이다.'에서의 '세계적인'은 명사 '세계적'에 조사 '이-'와 어미 '-ㄴ'이 결합하여 관형어로 쓰이고 있다. '그는 세계적으로 매우 유명하다.'에서의 '세계적으로'는 명사 '세계적'에 조사 '으로'가 결합하여 부사어로 쓰이고 있다.

758) ③

선택 비율	① 2%	② 16%	③ 78%	④ 2%	⑤ 3%

해 : '바퀴'는 자립 명사와 의존 명사로 모두 쓰이기 때문에 ㉠에 해당한다. ⓒ의 '일곱 바퀴나'에서는 관형어의 수식을 받아야만 문장에 쓰일 수 있는 의존 명사로 사용되었다. 참고로 ⓑ의 '자전거 바퀴를'에 쓰인 '바퀴'는 자립 명사이다.

[오답풀이] ① '마당'은 자립 명사와 의존 명사로 모두 쓰이기 때문에 ㉠에 해당한다. ⓐ의 '급한 마당에'에서는 관형어의 수식을 받아야만 문장에 쓰일 수 있는 의존 명사로 사용되었다. 참고로 ⓒ의 '넓은 마당을'에 쓰인 '마당'은 자립 명사이다. ② '약간'은 '약간의 돈'처럼 명사로 쓰이기도 하고, '약간 피곤했다'처럼 부사로 쓰이기도 한다. 하나의 단어가 둘 이상의 품사로 사용되는 품사 통용의 경우이기 때문에 ㉠에 해당하지 않는다. ⓑ의 '약간'은 명사로 쓰인 경우이며, ⓓ의 '약간'은 부사로 쓰인 경우이다. ④ '가지다'는 본동사와 보조 동사로 모두 쓰이기 때문에 ㉡에 해당한다. ⓓ의 '껴 가지고'에서는 '앞말이 뜻하는 행동의 결과나 상태가 그대로 유지되거나, 또는 그럼으로써 뒷말의 행동이나 상태가 유발되거나 가능하게 됨을 나타내는' 보조 동사로 사용되었다. 참고로 ⓔ의 '모임을 가지고'에 쓰인 '가

지다'는 본동사이다. ⑤ '버리다'는 본동사와 보조 동사로 모두 쓰이기 때문에 ⓒ에 해당한다. ⓔ의 '와 버렸다'에서는 '앞말이 나타내는 행동이 이미 끝났음을 나타내는' 보조 동사로 사용되었다. 참고로 ⓐ의 '휴지통에 버렸다'에 쓰인 '버리다'는 본동사이다.

759) ⑤

선택 비율	① 1%	② 1%	③ 1%	④ 3%	⑤ 94%

해 : 2문단에서 '보조 용언은 용언이 어휘적 의미가 희박해지고 문법적 의미를 지니게 된 것'이라고 하였으므로 적절하지 않다.

[오답풀이] ① 1문단에서 '어미와 접사의 경우는 자립 가능하지 않으므로 단어가 아니며, 따라서 띄어 쓰지 않는다'라고 하였으므로 적절하다. ② 1문단에서 '띄어쓰기는 ~ 정확한 이해를 도와'라고 하였으므로 적절하다. ③ 1문단에서 '조사는 단어임에도 예외적으로 앞말과 붙여 쓰는데'라고 하였으므로 적절하다. ④ 2문단에서 '보조 용언도 형태상 활용을 하고 기능상 서술어의 역할을 한다'라고 하였으므로 적절하다.

760) ④

선택 비율	① 7%	② 7%	③ 8%	④ 75%	⑤ 3%

해 : '태워 갈게'는 본용언 '태워'와 본용언 '갈게'가 연결 된 것으로, '태워서 갈게'의 연결 어미 '-어서'가 '서'가 줄어들어 된 연결 어미 '-어'가 연결된 것이다. 5문단에서 '본용언과 본용언이 연결된 것'인 경우 '띄어 써야 한다'고 하였으므로, '태워'와 '갈게'는 띄어써야 한다. 따라서 '태워'와 '갈게'를 붙여 쓸 수 없다는 것은 적절하다.

[오답풀이] ① '파고들어 보았다'는 합성어인 본용언 '파고들어'와 보조 용언 '보았다'가 연결 어미 '-어'로 연결된 것이다. 4문단에서 '본용언이 합성어나 파생어인 경우, 보조 용언을 붙여서' '쓰는 것은 허용되지 않는다'라고 하였으므로 '파고들어'와 '보았다'를 붙여 쓸 수 있다는 것은 적절하지 않다. ② '손써 보자'는 합성어인 본용언 '손써'와 보조 용언 '보자'가 연결 어미 '-어'로 연결된 것이다. 4문단에서 '본용언이 합성어나 파생어인 경우' '본용언의 활용형이 2음절일 때는' '붙여 쓰는 것이 허용된다'라고 하였으므로 '손써'와 '보자'를 붙여 쓸 수 없다는 것은 적절하지 않다. ③ '머물러 볼 법하다'는 본용언 '머물러'와 보조용언 '볼'이 연결 어미 '-어'로 연결되어 있고, 그 뒤에 보조 용언 '법하다'가 연결되어 있는 것으로 본용언에 보조 용언이 거듭하여 연결된 경우이다. 4문단에서 '본용언에 보조 용언이 거듭하여 연결된 경우에는' '본용언 바로 뒤의 보조 용언만 붙여 쓰는 것은 허용된다'라고 하였으므로 '머물러'와 '볼'을 붙여 쓸 수 없다는 것은 적절하지 않다. ⑤ '올 듯도 하다'는 의존 명사 '듯'에 조사 '도'가 붙고 그 뒤에 용언 '하다'가 온 것으로, 의존 명사와 용언이 나열된 것이다. 5문단에서 '의존 명사에 조사가 붙어 의존 명사와 용언이 나열된 것'일 때는 '띄어 써야 한다'고 하였으므로 '듯도'와 '하다'를 붙여 쓸 수 있다는 것은 적절하지 않다.

761) ③

선택 비율	① 5%	② 4%	③ 75%	④ 6%	⑤ 8%

해 : ⓒ은 명사이고, ⓔ은 의존 명사이다. 명사와 의존 명사는 조사가 붙어 문장 안에서 주어, 목적어 등으로 사용되므로 적절하다.

[오답풀이] ① ⓖ은 조사이기 때문에 꾸미는 말의 꾸밈을 받을 수 없으므로 적절하지 않다. ② ⓖ은 조사이고 ⓔ은 의존 명사이다. 조사와 의존 명사는 자립하여 쓰일 수 없지만 단어로 인정되므로 적절하지 않다. ④ ⓓ은 의존 명사로 문장 안에서 홀로 사용될 수 없으므로 적절하지 않다. ⑤ 홀로 쓰일 수 있는 말에 붙어 쉽게 분리되는 특징이 있는 것은 조사이다. ⓒ과 ⓓ은 모두 의존 명사이기 때문에 적절하지 않다.

762) ⑤

선택 비율	① 11%	② 4%	③ 12%	④ 10%	⑤ 61%

해 : '그츨씨'는 실질 형태소 '긏-'에 형식 형태소 '-ㄹ씨'가 결합한 단어이므로 적절하지 않다.

[오답풀이] ① '나모'는 모음으로 시작하는 조사 앞에서 '낢'으로 나타나는 실질 형태소이므로 적절하다. ② 'ᄇᆞᄅᆞ매'는 명사 'ᄇᆞᄅᆞᆷ'과 조사 '애', 'ᄀᆞᄆᆞ래'는 명사 'ᄀᆞᄆᆞᆯ'과 조사 '애'로 이루어진 말이므로 적절하다. ③ '뮐씨'는 동사 어간 '뮈-'와 어미 '-ㄹ씨'로 이루어진 말이므로 적절하다. ④ '므른'은 명사 '믈'과 조사 '은'으로 이루어진 말로, '믈'은 하나의 형태소이자 하나의 단어이므로 적절하다.

763) ⑤

선택 비율	① 6%	② 24%	③ 4%	④ 3%	⑤ 61%

해 : 실질 형태소는 자립 형태소인 경우(사과)도 있고 의존 형태소인 경우(먹-)도 있으므로 실질 형태소가 모두 자립적인 성격을 지니는 것은 아니다.

[오답풀이] ① 형태소는 뜻을 가진 가장 작은 말의 단위(1문단)이므로 이를 쪼개면 뜻이 사라진다(2문단). ② '를'은 조사이므로 의존 형태소에 해당하며 단어이다. 또 '먹었다'는 '먹-', '-었-', '-다'라는 의존 형태소만으로 단어가 형성된 경우에 해당한다. ③ '사과', '를'은 형태소 하나가 단어 하나를 형성하는 경우이다. ④ '를', '-었-', '-다'는 문법적인 기능만 수행하는 형식 형태소이다.

764) ⑤

선택 비율	① 6%	② 13%	③ 11%	④ 20%	⑤ 48%

해 : <보기>의 문장에서 형태소는 '그, 가, 풀, 밭, 을, 맨-, 발, 로, 뛰-, -ㄴ-, -다'로 분석할 수 있다. 형식 형태소에는 어미, 조사, 접사가 있는데(4문단), '-ㄴ-, -다'는 어미이고 '가, 을, 로'는 조사이다. '맨-'은 다른 말에 붙어서 의미를 더하는 성질을 지니는 접사이다. 따라서 형식 형태소는 모두 6개(가, 을, 맨-, 로, -ㄴ-, -다)이다.

[오답풀이] ① 다른 말을 넣어서 뜻이 달라진다면 그 단위는 뜻을 지니고 있는 것이다. 따라서 '풀', '밭'은 형태소이다. ② '맨-'의 유무로 단어의 뜻이 달라지므로 '맨-'은 형태소이다. ③ '-ㄴ-'이 현재 시제를 나타

내는 문법적인 뜻이 있으므로 하나의 형태소이다. ④ 자립 형태소는 문장에서 다른 말이 없어도 쓰일 수 있는 형태소이므로(5문단), <보기> 문장에는 자립 형태소가 4개(그, 풀, 밭, 발)이다.

765) ②

선택 비율	① 4%	② 86%	③ 4%	④ 2%	⑤ 4%

㉠ : '(얼굴이) 부어[부어]'에서 어간 '붓-'이 모음으로 시작하는 어미 '-어' 앞에서 어간 말 'ㅅ'이 탈락하여 '부-'라는 형태로 실현된 것은 일반적인 음운 규칙으로 설명할 수 없는 경우이므로 적절하지 않다.

[오답풀이] ① '몇'은 모음으로 시작하는 조사 앞에서는 '몇이[며치]', 비음을 제외한 자음 앞에서는 '몇도[멷또]', 비음 앞에서는 '몇만[면만]'으로 실현되어 각각 '몇', '멷', '면'이라는 형태로 나타나고, 이형태가 분포하는 환경이 서로 겹치지 않아 상보적 분포를 보이고 있으므로 적절하다. ③ '숲과[숩꽈]', '숲조차[숩쪼차]'에서 '숲'은 각각 'ㄱ', 'ㅈ'으로 시작하는 형태소 '과', '조차'와 결합하였지만 '숩'이라는 동일한 형태로 실현되었으므로 적절하다. ④ '(날씨가) 궂다[굳따]'에서 어간 '궂-'은 종성에 자음 'ㄱ, ㄴ, ㄷ, ㄹ, ㅁ, ㅂ, ㅇ'만 올 수 있다는 음운론적 제약으로 인해 '굳-'이라는 이형태로 실현되었으므로 적절하다. ⑤ '(글씨를) 적느라고[정느라고]'에서 어간 '적-'은 비음 앞에 'ㄱ, ㄷ, ㅂ'과 같은 평파열음이 연속해서 결합할 수 없다는 음운론적 제약으로 인해 '정-'이라는 이형태로 실현되었으므로 적절하다.

766) ④

선택 비율	① 2%	② 8%	③ 8%	④ 78%	⑤ 3%

㉠ : '감자[감짜]'는 '삼소차[삼소차] (없다)'와 비교해 보면, 어미 '-자'가 'ㅁ' 뒤에서 교체된 것이 필연적으로 일어나는 교체가 아니라는 것을 알 수 있으므로 비자동적 교체에 해당한다. 또 '감자[감짜]'에서 '-자'가 '-짜'로 교체되는 것은 비음으로 끝나는 어간 뒤에서 일어나는 된소리되기라는 일반적인 음운 규칙으로 설명할 수 있으므로 규칙적 교체에 해당한다.

[오답풀이] ① '고우니[고우니]'는 '(손가락이) 곱으니[고브니]'와 비교해 보면, 어간 '곱-'이 'ㅡ'와 같은 모음 앞에서 교체된 것이 필연적으로 일어나는 교체가 아니라는 것을 알 수 있으므로 비자동적 교체에 해당한다. 또 '고우니[고우니]'에서 '곱-'이 'ㅡ'와 같은 모음 앞에서 '고우-'로 교체되는 것은 일반적인 음운 규칙으로 설명할 수 없으므로 불규칙적 교체에 해당한다. ② '짚는[짐는]'은 [짐는]으로만 발음할 수 있으며, 어간 '짚-'이 '짐-'으로 교체되는 것은 종성에 자음 'ㅍ'이 올 수 없다는 음운론적 제약과 비음 앞에 평파열음이 연속해서 결합할 수 없다는 음운론적 제약으로 인해 형태소의 형태가 교체된 것이므로 자동적 교체에 해당한다. 또 '짚는[짐는]'에서 '짚-'이 '짐-'으로 교체되는 것은 음절의 끝소리 규칙과 비음화라는 일반적인 음운 규칙으로 설명할 수 있으므로 규칙적 교체에 해당한다. ③ '들어서[드러서]'는 '(땅

이) 굳어서[구더서]'와 비교해 보면, 어간 '듣-'이 'ㅓ'와 같은 모음 앞에서 교체된 것이 필연적으로 일어나는 교체가 아니라는 것을 알 수 있으므로 비자동적 교체에 해당한다. 또 '들어서[드러서]'에서 '듣-'이 'ㅓ'와 같은 모음 앞에서 '들-'로 교체되는 것은 일반적인 음운 규칙으로 실명할 수 없으므로 불규칙적 교체에 해당한다. ⑤ '묻고[묻꼬]'는 [묻꼬]로만 발음할 수 있으며, 어미 '-고'가 '-꼬'로 교체되는 것은 'ㄷ'과 같은 평파열음 뒤에 예사소리가 연속해서 결합할 수 없다는 음운론적 제약으로 인해 형태소의 형태가 교체된 것이므로 자동적 교체에 해당한다. 또 '묻고[묻꼬]'에서 '-고'가 '-꼬'로 교체되는 것은 된소리되기라는 일반적인 음운 규칙으로 설명할 수 있으므로 규칙적 교체에 해당한다.

767) ②

선택 비율	① 4%	② 86%	③ 4%	④ 1%	⑤ 2%

㉠ : 2문단에 따르면 '어간'은 용언 등이 활용될 때 형태가 변하지 않는 부분을 가리키는 개념이다. '높다'는 '높고', '높지'와 같이 활용하는데, 이때 형태가 변하지 않는 부분이 바로 '높-'이다. 반면 3문단에 따르면 '어근'은 단어를 구성할 때, 실질적 의미를 나타내는 부분을 가리키는 개념이다. 또한 어간을 분석할 때에는 어간만을 대상으로 하는데, '높다'는 어간과 어근 모두 '높-'으로 동일하다.

768) ①

선택 비율	① 58%	② 9%	③ 15%	④ 12%	⑤ 3%

㉠ : [자료]에서 a에 들어갈 수 있는 단어는 '자라다'이다. '자라다'의 어간과 어근 모두 '자라-'로 동일하다. b에 들어갈 수 있는 단어는 '먹히다', '치솟다', '휘감다'이다. '먹히다'의 어간은 '먹히-'이고, 어근은 '먹-'이다. '먹히-'는 어근 '먹-'에 접사 '-히-'가 결합된 단어이다. '치솟다'의 어간은 '치솟-'이고 어근은 '솟-'이다. '치솟-'은 어근 '솟-'에 접사 '치-'가 결합된 단어이다. '휘감다'의 어간은 '휘감-'이고 어근은 '감-'이다. '휘감-'은 어근 '감-'에 접사 '휘-'가 결합된 단어이다. c에 들어갈 수 있는 단어는 '검붉다'이다. '검붉다'는 어간은 '검붉-'이고 어근은 '검-', '붉-'이다. '검붉-'은 어근 '검-'과 어근 '붉-'이 결합된 단어이다.

769) ④

선택 비율	① 2%	② 2%	③ 3%	④ 89%	⑤ 4%

㉠ : 복합어는 어근과 어근으로 이루어진 합성어와 어근과 접사로 이루어진 파생어를 아울러 이르는 말이며, 어근과의 결합 위치에 따라 둘로 나뉘는 것은 접사이다. 접사 중 어근 앞에 위치하는 것은 접두사, 어근 뒤에 위치하는 것은 접미사이다.

[오답풀이] ① 단일어는 하나의 어근으로만 이루어진 단어를 이르는 말이다. ② 복합어는 합성어와 파생어를 아울러 이르는 말이다. ③ 접사는 항상 다른 말과 결합하여 쓰이기에 홀로 쓰지 못함을 나타내는 붙임표(-)를 붙인다. ⑤ 접사는 단어를 구성하는 요소의

하나로, 어근과 결합하여 어근에 특정한 의미를 더
하거나 어근의 의미를 제한한다.

770) ①

선택 비율	① 81%	② 4%	③ 5%	④ 3%	⑤ 7%

해 : 직접 구성 성분 분석은 단어를 둘로 나누어 단어의 짜
임을 파악하는 방법으로, 나뉜 두 부분 중 하나가 접
사인지 여부가 단어 분류의 판단 기준이 된다. ①의
'볶음밥'의 직접 구성 성분은 '볶음'과 '밥'으로 볼 수
있으며, 나뉜 두 부분 모두 접사가 아니다. 따라서 '볶
음밥'은 '[어근+접사]+어근'으로 분석되는 합성어로 분
류한다.

[오답풀이] ② '덧버선'의 직접 구성 성분은 '덧-'과 '버선'으로
볼 수 있으며, '덧버선'은 '접사+어근'으로 분석되는
파생어로 분류한다. ③ '문단속'의 직접 구성 성분
은 '문'과 '단속'으로 볼 수 있으며, '문단속'은 '어
근+어근'으로 분석되는 합성어로 분류한다. ④ '들
고양이'의 직접 구성 성분은 '들-'과 '고양이'로 볼
수 있으며, '들고양이'는 '접사+어근'으로 분석되는
파생어로 분류한다. ⑤ '창고지기'의 직접 구성 성
분은 '창고'와 '-지기'로 볼 수 있으며, '창고지기'
는 '어근+접사'로 분석되는 파생어로 분류한다.

771) ④

선택 비율	① 12%	② 12%	③ 22%	④ 45%	⑤ 6%

해 : '깊이'의 '-이'는 어미가 아니라 파생 접사에 해당되는
예이다.

[오답풀이] ⑤ '흐르고'의 '-고'는 어간 '흐르-'에 붙어 문법적
기능을 표시하는 어미이다. 따라서 기본형인 '흐르
다'가 사전에 표제어로 등재된다.

772) ④

선택 비율	① 10%	② 12%	③ 22%	④ 43%	⑤ 10%

해 : ㉠는 어근과 결합하여 새로운 단어를 만들 때 어근의
품사를 바꾸는 지배적 접사이다. '높다랗다'는 형용사
어근 '높-'에 접미사 '-다랗-'이 붙어 이루어진 형용사
로, 접미사 '-다랗-'은 품사를 바꾸지 않는 한정적 접
사임을 알 수 있다.

[오답풀이] ② '찰랑거리다'는 부사인 어근 '찰랑'에 파생 접사
'-거리-'가 붙어 동사가 된 것이다. ③ '좁히다'는 형
용사 '좁다'의 어근 '좁-'에 파생 접사 '-히-'가 붙어
동사가 된 것이다.

773) ③

선택 비율	① 2%	② 7%	③ 70%	④ 7%	⑤ 12%

해 : ㉠은 '피'라는 명사와 '땀'이라는 명사가 결합한 합성
명사이고, ㉣은 '송이'라는 명사 두 개가 결합한 합성
부사이므로 적절하지 않다.

[오답풀이] ① ㉠은 사람이나 동물의 혈액을 의미하는 '피'와 사
람이나 동물의 피부에서 분비되는 액체를 의미하는
'땀'이 결합하여 문맥상 '노력과 수고'라는 새로운
의미로 사용된 융합 합성어이므로 적절하다. ② ㉡
은 '봄'과 '비'가 결합한 합성 명사이며, 의미상 선행
어근이 후행 어근을 수식하는 종속 합성어이므로 적

절하다. ④ ㉢은 대등 합성어이면서 합성 명사이고,
㉣은 종속 합성어이면서 합성 명사이므로 적절하다.
⑤ ㉡은 대등 합성어이면서 합성 명사이지만, ㉣은
대등 합성어이면서 합성 부사이므로 적절하다.

774) ②

선택 비율	① 4%	② 69%	③ 13%	④ 6%	⑤ 6%

해 : '하루빨리'는 명사 '하루'와 부사 '빨리'가 결합한 비통
사적 합성어이므로 적절하지 않다.

[오답풀이] ① '또다시'는 부사 '또'와 부사 '다시'가 결합한 통
사적 합성어이므로 적절하다. ③ '첫사랑'은 관형사
'첫'과 명사 '사랑'이 결합한 통사적 합성어이므로
적절하다. ④ '붙잡다'는 용언 '붙다'와 '잡다'의 어
간이 연결어미 없이 직접 결합한 비통사적 합성어이
므로 적절하다. ⑤ '굳세다'는 용언 '굳다'와 '세다'
의 어간이 연결어미 없이 직접 결합한 비통사적 합
성어이므로 적절하다.

775) ②

선택 비율	① 4%	② 66%	③ 14%	④ 11%	⑤ 5%

해 : '군살'은 접사 '군-'과 어근 '살'로 이루어져 있다.

[오답풀이] ① '쌓다'와 '쌓이다'의 어근은 모두 '쌓-'으로 동일
하다. ③ '헛발질'의 '헛-'은 접두사, '-질'은 접미사
이다. ④ '맨손'의 어근 '손'은 '손발', '손등', '손바
닥' 등에서 볼 수 있는 것처럼 다른 말과 자유롭게
결합할 수 있다. ⑤ '따뜻하다'의 어근은 '따뜻-'으
로, 품사가 분명하지 않고 다른 말과의 결합에도
제약이 따르는 불규칙 어근이다.

776) ⑤

선택 비율	① 4%	② 5%	③ 5%	④ 32%	⑤ 54%

해 : ⓐ '치솟다'는 접두사 '치-'가 어근 '솟다' 앞에 붙어,
'풋사랑'은 접두사 '풋-'이 어근 '사랑' 앞에 붙어 그
의미를 제한하고 있다. ⓑ '없이'는 접미사 '-이'가 어
근 '없-' 뒤에 붙어 단어의 품사를 형용사에서 부사로
바꾸고 있으며, '좁히다'는 접미사 '-히-'가 어근 '좁
-' 뒤에 붙어 단어의 품사를 형용사에서 동사로 바꾸
고 있다.

[오답풀이] '눈높이'는 '눈'과 '높-' 두 개의 어근과 접미사 '-
이'로 이루어져 있다. '슬기롭다'는 어근 '슬기'에
접미사 '-롭-'이 붙어 단어의 품사를 명사에서 형
용사로 바꾸고 있다.

777) ①

선택 비율	① 80%	② 7%	③ 7%	④ 4%	⑤ 3%

해 : 2문단에서 '의미 성분 분석이란 단어의 의미를 더 작은
의미 단위인 의미 성분으로 분해하여 표시하는 방법'이
라고 하였으므로 적절하다.

[오답풀이] ② 2문단에서 하위어는 상위어의 의미 성분을 모두
포함하면서 다른 의미 성분을 추가로 지닌다고 하였
으므로 적절하지 않다. ③ 2문단에서, 동일한 상위어
를 공유하는 같은 층위의 단어를 공하위어라고 하였
으므로 적절하지 않다. ④ 2문단에서 의미 성분 분석

은 각 단어가 해당 성분을 포함하는지 포함하지 않는지를 [+], [-] 기호를 통해 표시할 수 있다고 하였으므로 적절하지 않다. ⑤ 1문단에서 '상하 관계는 ~ 단어가 하위어이다.'라고 하였으므로 적절하지 않다.

778) ④

선택 비율	① 4%	② 14%	③ 19%	④ 58%	⑤ 5%

해 : 6문단에서 부분 관계를 '한 단어가 다른 단어가 지시하는 대상의 일부를 나타내는 관계'이며 'A는 B의 일종이다.'라는 관계가 성립하지 않는 관계라고 했으므로 '손가락'과 '손'은 부분 관계이다. 부분 관계에서도 '일방적 함의 관계가 성립할 수는 있다'라고 하였고 이때 ㉡의 1)이 참이면 반드시 2)가 참이고, 2)가 거짓이면 반드시 1)이 거짓이므로 이 진술은 적절하지 않다.

[오답풀이] ① 2문단에서 '하위어는 상위어의 의미 성분을 ~ 의미가 더 구체적이다.'라고 했고, ㉠의 '물고기'와 '동물'은 상하 관계이므로 적절하다. ② 2문단에서 '동물'의 의미 성분은 [+생명체][+움직임]으로, '물고기'의 의미 성분은 [+생명체][+움직임][+아가미]로 분석되어 있고, '물고기'가 '동물'의 모든 의미 성분을 포함하고 있는 상하 관계이므로 적절하다. ③ '손가락'은 '손'이 지시하는 대상의 일부를 나타내는 관계이므로 부분 관계이고 부분 관계는 'A는 B의 일종이다.'라는 관계가 성립하지 않으므로 적절하다. ⑤ ㉢의 '개'와 '반려동물'은 5문단에서 '어떤 단어가 특정 문맥에서만, 다른 단어의 하위어로 인식되는 경우'에 해당하는 유사 상하 관계로 ㉢의 1)과 2) 사이에는 일방적 함의 관계가 성립하고, 3)과 4) 사이에는 일방적 함의 관계가 성립하지 않으므로 적절하다.

779) ②

선택 비율	① 5%	② 48%	③ 2%	④ 42%	⑤ 2%

해 : ㄷ의 '사대'는 '사범'과 '대학'에서 첫 음절만 따서 형성된 경우로, 선생님의 마지막 설명 중 '인터넷'과 '강의'가 합쳐지면서 줄어든 말인 '인강'과 형성 방식이 동일하다. ㅁ의 '비빔냉면'은 용언의 활용형 '비빔'과 명사 '냉면'이 결합한 경우로, 선생님의 설명 중 '건널목, 노림수, 섞어찌개'와 형성 방식이 동일하다.

[오답풀이] ㄱ의 '선생님'을 줄여 '샘'을 만든 것은 앞말과 뒷말의 일부 음절을 딴 방식에 해당하지 않는다. ㄴ의 '개살구'는 접두사 '개-'와 명사 '살구'가 결합한 파생 명사이기 때문에 제시된 수업 대화의 사례로 보기 어렵다. ㄹ의 '점잔'은 '점잖은 태도'를 뜻하는 명사인데, 형용사 '점잖다'로부터 만들어진 말임을 확인할 수 있을 뿐 합성 명사가 아니기 때문에 제시된 수업 대화의 사례로 보기 어렵다.

780) ①

선택 비율	① 75%	② 8%	③ 13%	④ 1%	⑤ 1%

해 : '잘못'은 명사로도 쓰이고 부사로도 쓰이는 단어인데, ①에서는 합성 명사로 쓰이고 있다. 여기에서 앞말 '잘'과 뒷말 '못'은 모두 부사이므로 ①의 '잘못'은 부사와 부사가 결합하여 합성 명사가 형성된 경우로 ㉠의 예로 적절하다.

[오답풀이] ② '새것'은 관형사 '새'와 명사 '것'이 결합하여 합성 명사가 형성된 경우로 수업 대화 중 '새색시'와 같은 형성 방식의 예이다. ③ '요사이'는 관형사 '요'와 명사 '사이'가 결합하여 합성 명사가 형성된 경우로 수업 대화 중 '새색시'와 같은 형성 방식의 예이다. ④ '오늘날'은 명사 '오늘'과 명사 '날'이 결합하여 합성 명사가 형성된 경우로 수업 대화 중 '논밭, 불고기'와 같은 형성 방식의 예이다. ⑤ '갈림길'은 용언 '갈리다'의 활용형 '갈림'과 명사 '길'이 결합하여 합성 명사가 형성된 경우로 수업 대화 중 '건널목, 노림수, 섞어찌개'와 같은 형성 방식의 예이다.

781) ④

선택 비율	① 5%	② 4%	③ 8%	④ 78%	⑤ 3%

해 : '노픠'는 '나못(나무의)'이라는 관형어의 수식을 받고 있고(2문단에서 명사는 관형어의 수식을 받는다는 점을 알 수 있음.), 중세 국어의 명사 파생 접미사 '-이'가 결합한 형태이다.(4문단) 즉 '노픠'는 '높-'에 명사 파생 접미사 '-이'가 결합한 파생 명사이다. '노피'는 부사 파생 접미사 '-이'의 형태를 띄고 있고(4문단), 예시에서 '나는'이라는 서술어를 수식하고 있다.(2문단에서 부사는 다른 부사어나 서술어를 수식함을 알 수 있음.) 즉, '노피'는 '높-'에 부사 파생 접미사 '-이'가 결합한 파생 부사이다.

[오답분석] ① '여름'은 '열-'에 명사 파생 접미사 '-음'이 결합한 파생 명사이며 관형어 '좋은'의 수식을 받고 있고, 서술성이 없다. 반면 '여룸'은 '열-'에 명사형 전성 어미 '-움'이 결합한 동사의 명사형이며 서술성을 지니고 있다. ② '거름'은 '걷-'에 명사 파생 접미사 '-음'이 결합한 파생 명사이며 예시에서 '흔(한)'이라는 관형어의 수식을 받고 있다. '거룸'은 '걷-'에 명사형 전성 어미 '-움'이 결합한 동사의 명사형이며 서술성을 지니다. ③ 3문단에 의하면, 중세 국어의 명사형 전성 어미는 모음조화에 따라 '-옴/-움'이 각각 결합함을 알 수 있다. 또한 4문단의 '노픠'에 대한 설명을 통해 '-이'와 결합하는 'ㅗ'는 양성 모음임을 알 수 있다. 따라서 중세 국어 '높-'에는 명사형 전성 어미 '-옴'이 결합한다. ⑤ 4문단 마지막 문장에 따라 중세 국어에서 부사 파생 접미사 '-이'의 결합은 모음조화의 영향을 받지 않음을 알 수 있다. 따라서 '곧다', '굳다'가 '-이'와 결합할 때 그 형태가 모음조화에 따라 달라지지 않는다는 것을 알 수 있다.

782) ④

선택 비율	① 5%	② 3%	③ 4%	④ 81%	⑤ 4%

해 : '도움'과 '믿음'은 모두 해당 절에서 서술어로 쓰이고 있다. 또한 '믿음'은 부사어 '온전히'의 수식을 받고 있다. 따라서 '도움'과 '믿음'은 모두 동사의 명사형으로 명사형 전성 어미 '-(으)ㅁ'이 붙은 형태로, ㉠에 해당함을 알 수 있다.

[오답풀이] ① '앎'은 부사어 '많이'의 수식을 받으며 해당 절에서 서술어로 쓰이고 있으므로 ㉠에 해당하지만, '슬픔'은 관형어 '격한'의 수식을 받는 동시에 서술어로 쓰이고 있지 않으므로 명사이며, 따라서 ㉠에 해당하

지 않음을 알 수 있다. ② '볶음'은 관형어 '멸치'의 수식을 받으며 서술어로 쓰이고 있지 않기 때문에 ㉠에 해당하지 않는다. '기쁨'은 부사어 '몹시'의 수식을 받으므로 ㉠에 해당하는 형용사의 명사형이다. ③ '묶음'은 관형어 '큰'의 수식을 받고 서술어로 사용되고 있기 때문에 ㉠에 해당하지 않는다. 반면 '춤'은 서술어로 쓰인다는 점에서 ㉠에 해당하는 동사의 명사형임을 알 수 있다. ⑤ '울음'은 서술어로 쓰이지 않으며 명사임을 알 수 있다. 따라서 '울음'은 ㉠에 해당하지 않는다. '웃음'은 부사어 '밝게'의 수식을 받으며 해당 절에서 서술어로 사용되고 있다는 점에서 ㉠에 해당하는 동사의 명사형임을 알 수 있다.

783) ③

선택 비율	① 3%	② 10%	③ 75%	④ 4%	⑤ 5%

[해] : ③의 '보살피다'는 '보다'의 어간 '보-'가 연결 어미 없이 용언 '살피다'에 바로 결합한 비통사적 합성어이다.
[오답풀이] ① '어깨동무'는 명사 '어깨'와 명사 '동무'가 결합한 합성 명사로 통사적 합성어이다. ② '건널목'은 용언 '건너다'의 어간과 관형사형 어미 '-ㄹ'이 결합한 용언의 관형사형이 명사 '목'과 결합한 합성 명사로 통사적 합성어이다. ④ '여닫다'는 용언 '열다'와 용언 '닫다'가 연결 어미 없이 결합한 합성 동사로 비통사적 합성어이다. ⑤ '검버섯'은 용언 '검다'의 어간 '검-'이 연결 어미 없이 명사 '버섯'과 바로 결합한 합성 명사로 비통사적 합성어이다.

784) ②

선택 비율	① 2%	② 79%	③ 7%	④ 6%	⑤ 4%

[해] : (나)의 '즌흙'은 '즐다(현대 국어의 '질다')'의 관형사형 '즌'이 명사 '흙'과 결합한 통사적 합성어로서 현대 국어의 '진흙'과 동일한 방법으로 합성된 것이다.
[오답풀이] ③ (다)의 '아라듣다'는 용언 '알다'와 연결 어미 '-아' 그리고 용언 '듣다'가 결합한 통사적 합성어로 현대 국어의 '알아듣다'와 동일한 방법으로 합성된 것이다. ④ (라)의 '솟나다'는 용언 '솟다'와 용언 '나다'가 연결 어미 없이 바로 결합한 비통사적 합성어인데 현대 국어의 '솟아나다'는 연결 어미 '-아'와 함께 결합한 통사적 합성어로 쓰이고 있으므로 현대 국어와 다르게 합성된 것이다. ⑤ (라)와 (마)를 통해 현대 국어의 '솟아나다'가 중세 국어에서는 비통사적 합성어인 '솟나다'와 통사적 합성어인 '소사나다'의 두 가지 형태로 모두 쓰였을 것이라고 볼 수 있다.

785) ①

[해] : '먹고살다'는 용언의 어간 '먹-'과 또 다른 용언의 어간 '살-'이 연결 어미 '-고'로 연결된 합성어이며, '새색시'는 관형사 '새'가 명사 '색시'를 수식하는 방식으로 연결된 합성어이다.
[오답풀이] ② '뛰놀다'는 용언의 어간 '뛰-'와 또 다른 용언의 어간 '놀-'이 연결 어미 없이 연결된 합성어이며, '먹거리'는 용언의 어간 '먹-'과 명사 '거리'가 관형사형 어미 없이 연결된 합성어이다. ③ '갈라서다'는 용언의 어간 '가르-'와 또 다른 용언의 어간 '서-'가

연결 어미 '-아'로 연결된 합성어이며, '척척박사'는 부사 '척척'이 명사 '박사'를 수식하는 방식으로 연결된 합성어이다. ④ '걸어오다'는 용언의 어간 '걷-'과 또 다른 용언의 어간 '오-'가 연결 어미 '-어'로 연결된 합성어이며, '큰아버지'는 용언의 관형사형 '큰(크-+-ㄴ)'이 체언 '아버지'를 수식하는 방식으로 연결된 합성어이다. ⑤ '빛나다'는 의미상 주어인 명사 '빛' 뒤에 동사인 '나다'가 서술어로 결합한 합성어, '돌다리'는 명사 '돌'이 명사 '다리'를 수식하는 방식으로 연결된 합성어이다.

786) ⑤

[해] : '날아가다'는 어근 '날다'와 '가다'의 의미만으로도 그 의미를 파악할 수 있고, '가다'의 하의어이므로 종속 합성어이다.
[오답풀이] ① '막내딸'은 어근 '막내'와 '딸'의 의미만으로도 그 의미를 파악할 수 있고, '딸'의 하의어이므로 종속 합성어이다. ② '손발'은 어근 '손'과 '발'의 의미만으로도 그 의미를 파악할 수 있고, '발'의 하의어가 아니므로 대등 합성어이다. ③ '밤낮'은 어근 '밤'과 '낮'의 의미만으로도 그 의미를 파악할 수 있고, '낮'의 하의어가 아니므로 대등 합성어이다. ④ '잡아먹다'는 '경비, 시간, 자재, 노력 따위를 낭비하다'의 의미로 어근 '잡다'와 '먹다'의 의미만으로 그 의미를 파악하기 어렵고, '먹다'의 하의어가 아니므로 융합 합성어이다.

787) ②

선택 비율	① 7%	② 27%	③ 51%	④ 5%	⑤ 7%

[해] : ㉯와 ㉰를 형태소 단위까지 분석하면, 각각 '(집+안) + (싸우-+-ㅁ)'과 '(논+밭) + (갈-+-이)'로 분석되어 '(어근+어근) + (어근+접사)'의 내부 구조가 동일함을 확인할 수 있다. ㉮는 '새우 + (볶-+-음)'으로 분석되고, ㉱는 '[탈+(추-+-ㅁ)] + (놀-+-이)'로 분석되기 때문에 ㉯, ㉰와 내부 구조가 동일하지 않다.

788) ④

선택 비율	① 3%	② 3%	③ 6%	④ 81%	⑤ 4%

[해] : '입꼬리'와 '도끼눈'에서 주변적 의미를 나타내는 어근은 각각 '꼬리'와 '도끼'로, 그 위치가 서로 다르다.
[오답풀이] ① '칼잠'과 '구름바다'에서 중심적 의미를 나타내는 어근은 각각 '잠'과 '구름'으로, 그 위치가 다르다. ② '머리글'과 '물벼락'에서 중심적 의미를 나타내는 어근은 각각 '글'과 '물'로, 그 위치가 다르다. ③ '일벌레'와 '벼락공부'에서 주변적 의미를 나타내는 어근은 각각 '벌레'와 '벼락'으로, 그 위치가 다르다. ⑤ '꼬마전구'와 '꿀잠'에서 주변적 의미를 나타내는 어근은 각각 '꼬마'와 '꿀'로, 그 위치가 같다.

789) ④

[해] : '놀이방'은 직접 구성 요소가 '놀이'와 '방'이다. '놀이'는 '놀-'과 '-이'로 형태소를 나눌 수 있으며 이는 모두 의존 형태소이다. '단맛'은 직접 구성 요소가 '단'

과 '맛'이다. '단'은 '달-'과 '-ㄴ'으로 형태소를 나눌 수 있으며 이는 모두 의존 형태소이다.

[오답풀이] ① '용꿈'은 직접 구성 요소가 '용'과 '꿈'이며, 이 중에서 '꿈'은 '꾸-'와 '-ㅁ'으로 형태소를 나눌 수 있으므로 한 개의 자립 형태소로 이루어진 어근이 아니다. ② '망치질'은 직접 구성 요소가 '망치'와 '-질'이며, '-질'은 접사이므로 '망치질'은 파생어이다. 그러나 '봄날'은 직접 구성 요소가 '봄', '날'이기 때문에 어근과 어근이 결합한 합성어이다. ③ '지은이'의 직접 구성 요소는 '지은'과 '이'이며, '이'는 자립 형태소이다. 그러나 '짓-+-은'으로 분석되는 '지은'에는 자립 형태소가 없다. ⑤ 의미를 고려할 때 '꽃고무신'의 직접 구성 요소는 '꽃'과 '고무신'이다.

790) ③

선택 비율	① 3%	② 2%	③ 73%	④ 3%	⑤ 17%

해 : '직접'과 '선거'의 첫음절끼리 결합한 '직선'은 ⓒ에 해당한다. 또한, '직선'이 여러 선거 방식 중의 하나라는 점에서 '직선'은 '선거'와 상하 관계를 맺는다.

[오답풀이] ① '흰자'는 '흰자위'의 일부가 줄어들어 형성되었기 때문에 ㉠에 해당한다. 또한, '흰자'와 '흰자위'는 서로 바꾸어 써도 그 의미에 차이가 거의 없으므로 서로 유의 관계를 맺는다. ② '공격'과 '수비'의 첫음절끼리 결합한 '공수'는 ⓒ에 해당한다. 또한, '공수'는 '공격과 수비를 아울러 이르는 말'이기 때문에 '공격', '수비' 각각과 상하 관계를 맺는다. ④ '민간'의 앞부분과 '투자'의 뒷부분이 결합한 '민자'는 ⓒ에 해당한다. 또한, '민자'가 여러 투자 방식 중의 하나라는 점에서 '민자'는 '투자'와 상하 관계를 맺는다. ⑤ '외국'의 앞부분과 '영화'의 뒷부분이 결합한 '외화'는 ⓒ에 해당한다. 또한, '외화'가 영화의 일종이라는 점에서 '외화'는 '영화'와 상하 관계를 맺는다.

791) ④

선택 비율	① 7%	② 2%	③ 1%	④ 87%	⑤ 1%

해 : '야호'는 독립어, '우리가'는 주어, '드디어'는 부사어, '힘든'은 관형어, '관문을'은 목적어, '통과했어'는 서술어이므로 주성분에는 '우리가', '관문을', '통과했어'가, 부속 성분에는 '드디어', '힘든'이, 독립 성분에는 '야호'가 해당되므로 적절하다.

792) ④

선택 비율	① 5%	② 5%	③ 19%	④ 68%	⑤ 1%

해 : '할아버지께서 어제 입학 선물을 주셨다.'에서 서술어 '주셨다'가 반드시 필요로 하는 부사어가 생략되었으므로 적절하지 않다.

[오답풀이] ① '그는 친구에게 보냈다.'에서 서술어 '보냈다'가 반드시 필요로 하는 목적어가 생략되었으므로 적절하다. ② '이번 일은 결코 성공해야 한다.'에서 부사어 '결코'는 서술어 '성공해야 한다'와 어울리지 않으므로 적절하다. ③ '그의 뛰어난 점은 필기를 잘한다.'에서 주어 '그의 뛰어난 점은'은 서술어 '잘한다'와 어울리지 않으므로 적절하다. ⑤ '사람들은 즐겁게 춤과 노래를 부르고 있다.'에서 목적어 '춤과 노래를'은 서술어 '부르고 있다'와 어울리지 않으므로 '사람들은 즐겁게 춤을 추고 노래를 부르고 있다.'가 적절하다.

793) ②

선택 비율	① 20%	② 64%	③ 4%	④ 4%	⑤ 4%

해 : 품사는 단어를 의미, 형태, 기능으로 분류한 갈래를 의미한다. 현행 학교 문법에서는 단어의 품사를 명사, 대명사, 수사, 동사, 형용사, 관형사, 부사, 조사, 감탄사로 분류한다. 문장 성분은 문장을 구성하는 성분으로, 주성분에 주어, 서술어, 목적어, 보어가 있고, 부속 성분에 관형어, 부사어가 있으며, 독립 성분에 독립어가 있다. <자료>의 1문단은 관형어가 '문장을 구성하는 성분', 즉 문장 성분에 따라 분류된 것임을 밝히고, '체언 앞에서 그 뜻을 꾸며 주는 기능'을 하는 것이라고 정의하고 있다. 또한 <자료>의 5문단은 관형사에 대해 '체언 앞에서 체언의 뜻을 꾸며주는 품사'라고 정의하면서, 관형사가 품사에 따른 분류임을 밝히고 있다. 그리고 관형사의 특성으로서 조사와 결합하지 않는다는 점과 활용이 불가능하다는 점을 제시하고 있다.

794) ④

선택 비율	① 2%	② 2%	③ 2%	④ 85%	⑤ 6%

해 : c에서 '남자의 친구'는 '성별이 남자인 이와 친구 관계에 있는 사람'을 가리키는 것으로 해석된다. 하지만 '의'를 생략하여 '남자 친구'가 되면, '성별이 남자인 친구'나 '이성 교제의 대상으로서의 남자'를 가리키는 것으로 해석되어 의미에 변화가 생긴다.

[오답풀이] ① a~d는 체언 '친구'를 꾸며 주어 어떠한 친구가 여기 있는지 구체적으로 밝혀주고 있다. ② 체언 '이상'은 관형격 조사 '의' 없이 체언 '친구'를 꾸며 주고 있으므로 관형어로 볼 수 있다. ③ '예쁜'의 기본형은 '예쁘다'로, 어간 '예쁘-'에 관형사형 어미가 결합하여 '예쁜', '예쁠' 등의 관형어를 만들 수 있다. ⑤ '옛'은 '친구'의 의미를 꾸며주면서 조사가 결합하지 않고 활용이 불가능한 단어이므로 관형사가 관형어가 된 경우로 볼 수 있다.

795) ③

선택 비율	① 13%	② 9%	③ 58%	④ 9%	⑤ 8%

해 : ⓒ의 '듣는다'는 주어 '그들은' 이외에 목적어 '농담을'과 부사어 '진담으로'를 더 필요로 하므로 '주어 외에 두 개의 문장 성분을 필요로 한다.'는 올바른 이해이다.

[오답풀이] ① ⓐ는 주어와 목적어를 필수적으로 요구하는 두 자리 서술어이다. ② ⓑ는 주어와 목적어 외에 부사어를 필수적으로 필요로 한다. 부사어 '누나에게'를 생략할 경우 불완전한 문장이 된다. ④ ⓐ는 주어와 목적어를 필요로 하는 서술어이고, ⓓ는 주어와 부사어를 필요로 하는 서술어이므로, ⓐ와 ⓓ는 서로 다른 문장 성분을 필요로 하는 서술어이다. ⑤ ⓑ와 ⓓ는 사전적 의미가 서로 다른 동음이의어이다. ⓑ는 주어, 목적어, 부사어를 필요로 하는 세 자리 서술어이고, ⓓ는 주어, 부사어를 필요로 하는 두 자리 서술어이다.

796) ②

선택 비율	① 9%	② 66%	③ 3%	④ 3%	⑤ 15%

해 : ①, ③, ④, ⑤에서 밑줄 친 단어의 경우 생략하였을 때 의미가 불완전한 문장이 되는 반면, ②의 '통나무로'의 경우 '만들었다'의 재료를 의미하는 부사어로서 생략하여도 문장이 성립하기 때문에 필수적 부사어라 할 수 없다.

797) ③

선택 비율	① 5%	② 11%	③ 69%	④ 4%	⑤ 8%

해 : '뒤돌아'는 '뒤로 돌다'의 의미이기 때문에 ©과 동일하게 부사어와 서술어의 관계를 보여 준다.

[오답풀이] ① '값싸게'는 '값이 싸다'의 의미이기 때문에 ⊙과 동일하게 주어와 서술어의 관계를 보여 준다. ② '눈부신'은 '눈이 부시다'의 의미이기 때문에 ⊙과 동일하게 주어와 서술어의 관계를 보여 준다. ④ '밤새워'는 '밤을 새우다'의 의미이기 때문에 ⓒ과 동일하게 목적어와 서술어의 관계를 보여 준다. ⑤ '앞서서'는 '앞에 서다'의 의미이기 때문에 ©과 동일하게 부사어와 서술어의 관계를 보여 준다.

798) ③

선택 비율	① 4%	② 3%	③ 78%	④ 10%	⑤ 3%

해 : ©의 '담쌓다'는 '담을 쌓다.'라는 구성 요소의 의미를 벗어나 '관계나 인연을 끊다.'라는 새로운 의미를 획득했으며, '야식과'와 같은 필수 부사어를 요구한다.

[오답풀이] ① ⓐ의 '목말라'는 '목이 마르다.(물 따위가 몹시 먹고 싶다.)'라는 구성요소의 의미를 벗어나 '어떠한 것을 간절히 원하다.'라는 새로운 의미를 획득한 경우이다. ② ⓑ의 '점찍어'는 '점을 찍다.'라는 구성 요소의 의미를 벗어나 '어떻게 될 것이라고 또는 어느 것이라고 마음속으로 정하다.'라는 새로운 의미를 획득했으며, '간식으로'와 같은 필수 부사어를 요구한다. ④ ⓓ의 '녹슬지'는 '녹이 슬다.(쇠붙이가 산화하여 빛이 변하다.)'라는 의미에서 '오랫동안 쓰지 않고 버려두어 낡거나 무디어지다.'라는 새로운 의미를 획득했으며, '그녀는 노래 실력이 녹슬지 않았다.'가 성립하는 데에서 알 수 있듯이 필수 부사어를 요구하지 않는다. ⑤ ⓔ의 '눈뜨게'는 '눈을 뜨다.(감았던 눈을 벌리다.)'라는 구성 요소의 의미를 벗어나 '잘 알지 못했던 이치나 원리 따위를 깨달아 알게 되다.'라는 새로운 의미를 획득했으며, '최신 이론에'와 같은 필수 부사어를 요구한다.

799) ②

선택 비율	① 2%	② 84%	③ 7%	④ 3%	⑤ 2%

해 : '삼다'는 주어와 목적어, 필수적 부사어를 요구하는 세 자리 서술어인데 '선생님께서 제자로 삼으셨다.'는 주어인 '선생님께서'와 필수적 부사어인 '제자로'는 있지만 목적어가 갖추어지지 않았으므로 ⊙에 해당하는 예로 적절하다.

[오답풀이] ① '잡다'는 주어와 목적어를 요구하는 두 자리 서술어인데 '동생이 내 손을 꼭 잡았다.'는 주어인 '동생

이'와 목적어인 '손을'이 모두 갖추어져 있으므로 ⊙에 해당하는 예로 적절하지 않다. ③ '쉽다'는 주어만을 요구하는 한 자리 서술어인데 '이 책의 내용은 생각보다 쉽다.'에는 주어인 '내용은'이 갖추어져 있으므로 ⊙에 해당하는 예로 적절하지 않다. ④ '만들다'는 주어와 목적어를 요구하는 두 자리 서술어인데 '나는 밤새 보고서를 겨우 만들었다.'는 주어인 '나는'과 목적어인 '보고서를'이 모두 갖추어져 있으므로 ⊙에 해당하는 예로 적절하지 않다. ⑤ '소개하다'는 주어와 목적어, 필수적 부사어를 요구하는 세 자리 서술어인데 '그는 자신의 친구에게 나를 소개했다.'는 주어인 '그는', 목적어인 '나를', 필수적 부사어인 '친구에게'가 모두 갖추어져 있으므로 ⊙에 해당하는 예로 적절하지 않다.

800) ④

선택 비율	① 3%	② 15%	③ 18%	④ 29%	⑤ 32%

해 : ⓒ는 '어떤 직분이나 신분의 생활을 하다.'라는 의미를 고려할 때 주어와 목적어를 필요로 하는 두 자리 서술어이므로 부사어를 필수적으로 요구하지 않는다. 그리고 어떤 직분이나 신분을 의미하는 체언하고만 어울리는 선택 자질은 목적어 자리에 오는 단어에만 해당하므로 적절하지 않다.

[오답풀이] ① ⓐ는 '생명을 지니고 있다.'라는 의미를 고려할 때 주어에 '생명을 지닌 존재'를 선택하여 결합해야 서술어의 의미가 온전하게 표현되므로 적절하다. ② ⓑ는 주어와 부사어를 요구하는 두 자리 서술어이고 ⓒ는 주어와 목적어를 요구하는 두 자리 서술어이므로 필수적으로 요구하는 문장 성분의 종류는 다르지만. 요구하는 문장 성분의 개수는 2개이므로 적절하다. ③ ⓑ는 '어느 곳에 거주하거나 거처하다.'의 의미를 고려할 때 필수적으로 요구되는 부사어 자리에 '장소'를 의미하는 체언이, ⓓ는 '어떤 사람과 결혼하여 함께 생활하다.'의 의미를 고려할 때 필수적으로 요구되는 부사어 자리에 '결혼을 하여 함께 생활하는 사람'을 의미하는 체언이 한정되므로 적절하다. ⑤ ⓔ는 '과'가 나타나지 않을 때 여럿임을 뜻하는 말이 주어로 온 문장의 서술어이므로 한 자리 서술어이고 ⓐ 또한 한 자리 서술어이므로 적절하다.

801) ④

선택 비율	① 6%	② 3%	③ 6%	④ 44%	⑤ 39%

해 : 두 명사가 나란히 올 때 앞의 명사는 관형어로 쓰이지만, 관형사로 품사가 바뀌는 것은 아니다.

[오답풀이] ① 관형사는 고정된 형태로 쓰인다(3문단). ② 관형사와 관형어는 모두 체언을 꾸며 준다(1문단). ③ 관형사 외에도 관형어로 쓰일 수 있다(2문단). ⑤ 관형사형 어미가 결합한 '예쁜'의 품사는 형용사 이다(4문단).

802) ②

선택 비율	① 9%	② 60%	③ 15%	④ 9%	⑤ 4%

해 : ㄴ에서 관형어는 '모든'과 '달리는'이며, 이들의 품사는 각각 관형사와 동사이다.

[오답풀이] ① ㄱ에서 관형어는 '새', '어머니의'이며 이들의 품사는 각각 관형사, 명사 + 조사이다. ③ ㄷ에서 관형어는 '친한'이며 이것의 품사는 형용사이다. ④ ㄹ에서 관형어는 '우리', '가던'이며 이들의 품사는 각각 대명사, 동사이다. ⑤ ㅁ에서 관형어는 '대부분의', '여름'이며 이들의 품사는 각각 명사+조사, 명사이다.

803) ②

선택 비율	① 5%	② 64%	③ 7%	④ 13%	⑤ 10%

해 : ㉡은 명사절로 안긴문장으로, 절 전체가 명사처럼 쓰여 서술어 '알리며'의 목적어 역할을 한다.

804) ⑤

선택 비율	① 2%	② 4%	③ 3%	④ 3%	⑤ 85%

해 : 앞 절인 '갑자기 문이 열리다'와 뒤 절인 '사람들이 놀랐다'가 연결 어미 '-어서'로 이어지며, 앞 절이 뒤 절에 대해 '원인'의 종속적인 의미 관계로 해석된다.

[오답풀이] ① 앞 절인 '무쇠도 갈다'와 뒤 절인 '바늘이 된다'가 연결 어미 '-면'으로 이어지며, 앞 절이 뒤 절에 대해 '조건'의 종속적인 의미 관계로 해석된다. ② 앞 절인 '하늘도 맑다'와 뒤 절인 '바람도 잠잠하다'가 연결 어미 '-고'로 이어지며, 앞 절과 뒤 절이 '나열'의 대등한 의미 관계로 해석된다. ③ 앞 절인 '나는 시험공부를 하다'와 뒤 절인 '(나는) 학교에 간다'가 연결 어미 '-러'로 이어지며, 앞 절이 뒤 절에 대해 '목적'의 종속적인 의미 관계로 해석된다. ④ 앞 절인 '함박눈이 내렸다'와 뒤 절인 '날씨가 따뜻하다'가 연결 어미 '-만'으로 이어지며, 앞 절과 뒤 절이 '대조'의 대등한 의미 관계로 해석된다.

805) ①

선택 비율	① 69%	② 13%	③ 3%	④ 13%	⑤ 2%

해 : ㉠에서 명사절은 '학교에 빨리 가기'이고, 조사 '를'과 결합해 목적어 기능을 한다. 조사 '에'는 명사절 내에서 '학교'와 결합해 부사어 기능을 하게 한다.

[오답풀이] ② 주어와 서술어 관계가 '라일락이 피었다.'로 한 번만 나타나 있다. ③ '눈이 부시게'는 어미 '-게'가 붙어 만들어진 부사절이다. ④ 관형사절 '그녀가 좋아하는'과 서술절 '인기가 많다.'가 나타나 있다. ⑤ '바닷가에 놀러 가자.'에 조사 '고'가 결합한 인용절이 나타나 있다.

806) ②

선택 비율	① 7%	② 64%	③ 7%	④ 10%	⑤ 13%

해 : ㉯에서 관형사절은 '운동하는'이고, 주어에 해당하는 '딸이'가 생략되어 있으므로 ㉮의 조건에 해당한다.

[오답풀이] ① 관형사절은 '내가 살던'으로 주어가 생략되지 않았고, 부사어 '마을에'가 생략되었다. ③ 연결 어미 '-면'을 사용한 이어진문장이다. ④ 홑문장으로서 관형사절이 없다. ⑤ 관형사절은 '우리 회사가 새로 개발한'으로 주어가 생략되지 않았고, 목적어 '제품을'이 생략되었다.

807) ⑤

선택 비율	① 6%	② 8%	③ 5%	④ 12%	⑤ 66%

해 : '여겼다'는 주어(그는), 목적어(직업을), 부사어(천직으로)를 필수적으로 요구하므로 세 자리 서술어이다.

[오답풀이] ① '되었다'는 주어(계절이), 보어(가을이)를 필수적으로 요구하므로 두 자리 서술어이다. ② '닮았다'는 주어(오빠는), 부사어(아빠와)를 필수적으로 요구하므로 두 자리 서술어이다. ③ '피었다'는 주어(장미꽃이)만을 필수적으로 요구하므로 한 자리 서술어이다. ④ '고치셨다'는 주어(아버지께서), 목적어(집을)를 필수적으로 요구하므로 두 자리 서술어이다.

808) ①

선택 비율	① 65%	② 6%	③ 14%	④ 11%	⑤ 2%

해 : ㄱ에서 안은문장의 주어는 '누나는'이고, 안긴문장의 주어는 '마음이'이다.

809) ④

선택 비율	① 2%	② 5%	③ 5%	④ 74%	⑤ 15%

해 : 두 번째 유형의 관형사절은 어떤 체언 앞에서든 나타날 수 있다. 따라서 관형사절 뒤에는 내용을 보충해줄 필요가 있는 체언만 올 수 있다는 서술은 적절하지 않다.

[오답풀이] ① '이것은 내가 읽은 책이다.'의 '내가 읽은'은 '책'이라는 체언을 수식하고 있다. ② '그는 우리가 학교로 돌아온 사실을 안다.'의 '우리가 학교로 돌아온'은 문장이 필요로 하는 모든 성분을 갖추고 있다. ③ '우리가 학교로 돌아왔다.'와 '우리가 학교로 돌아온'을 비교하면 서술어의 형태가 '돌아왔다'에서 '돌아온'으로 변했음을 알 수 있다. ⑤ '그는 이미 흐르는 땀을 닦았다.'의 '이마에 흐르는'에서 '땀이'가 생략되었다.

810) ④

선택 비율	① 2%	② 35%	③ 6%	④ 50%	⑤ 6%

해 : '철수가 학급 회장이 되었다.'에서 보어가 생략된 관형사절을 가정하면 '철수가 된 학급 회장'의 형태가 된다. 보어가 생략되고 주어가 '되다' 앞으로 이동하면, 원래 문장에서 주어였던 문장 성분이 더 이상 주어로 쓰이지 못하고 보어처럼 해석된다. 따라서 보어가 쓰인 문장을 관형사절로 만들 때 관형사절이 수식하는 체언이 관형사절의 보어 안에 포함되어 있으면 관형사절을 만들 수 없다.

[오답풀이] ① '철수가 학급 회장이 되었다.'가 '영희가 철수를 불렀다.'에 관형사절로 들어가면, 관형사절이 수식하는 대상인 '철수'를 포함한 관형사절의 문장 성분이 생략되어, '영희가 학급 회장이 된 철수를 불렀다.'가 된다. ② '철수가 학급 회장이 되었다.'가 '영희가 학급 회장을 불렀다.'에 관형사절로 들어가면, 관형사절이 수식하는 대상인 '학급 회장'을 포함한 관형사절의 문장 성분이 생략되어, '영희가 철수가 된 학급 회장을 불렀다.'가 된다. ③ '학급 회장이 된'에서 '학급 회장이'는 '되다' 앞에 있으므로

관형사절의 보어이다. ⑤ 학습 과정을 통해 관형사절을 만들 때 주어와는 달리 보어가 생략되면 원래 문장과 의미가 달라진다는 것을 확인할 수 있다.

811) ②

| 선택 비율 | ① 18% | ② 57% | ③ 7% | ④ 11% | ⑤ 6% |

해 : 이 글에 따르면, 직접 구성 요소로 분석되는 말이 실제로 존재해야 하고 직접 구성 요소들과 그 전체 구성의 의미가 서로 통해야 한다. '눈웃음'은 직접 구성 요소로 나누면 '눈+웃음'이 된다. 3문단에서 직접 구성 요소로 분석되는 말이 실제로 존재해야 한다고 하였는데 '눈웃다'는 존재하지 않으므로 '눈웃-+-음'으로는 분석할 수 없다. '웃음'은 '웃-+-음'으로 구성된 파생어이다. '-음'이 명사 파생 접미사이기 때문이다. 그러므로 '눈웃음'은 그 직접 구성 요소 중 하나인 '웃음'이 파생어인 합성어이다.

[오답풀이] ① '나들이옷'은 '나들이+옷'로 분석되는 합성어이다. '나들이'는 '나들-+-이(접미사)'로 분석되는 파생어이다. 그러므로 '나들이옷'은 그 직접 구성 요소 중 하나가 파생어인 합성어이다. ③ '드높이(다)'는 '드높-+-이-'로 분석된다. 그러므로 파생어이다. '드높-'은 '드-(접두사)+높-'으로 분석되는 파생어이다. 그러므로 '드높이다'는 그 직접 구성 요소 중 하나가 파생어인 파생어이다. ④ '집집이'는 '집집+-이(접미사)'로 분석되는 파생어이다. '집집'은 '집+집'으로 분석되는 합성어이다. 그러므로 '집집이'는 그 직접 구성 요소 중 하나가 합성어인 파생어이다. ⑤ '놀이터'는 '놀이+터'로 분석되는 합성어이다. '놀이'는 '놀-+-이(접미사)'로 분석되는 파생어이다. 그러므로 '놀이터'는 그 직접 구성 요소 중 하나가 파생어인 합성어이다.

812) ②

| 선택 비율 | ① 6% | ② 64% | ③ 7% | ④ 19% | ⑤ 2% |

해 : 이 글의 4문단에서 문장은 주어와 서술어(혹은 서술어를 포함한 주어 이외의 부분)로 직접 구성 요소를 분석할 수 있음을 알 수 있다. ⓒ의 서술어는 '들었다'이다. '소포가'는 '들었다'의 주어가 될 수 없으므로, 직접 구성 요소를 '소포가'와 '도착했다고 들었다'로 나눌 수 없고, '들었다'의 주어가 생략된 것으로 이해하여야 한다. 즉 ⓒ은 "(언니는/민수는/…) 소포가 도착했다고 들었다."와 같은 문장에서 ( )부분을 생략한 것이다. 그러므로 ⓒ은 '소포가 도착했다고'와 '들었다'로 분석되어야 한다. '소포가 도착했다고'는 인용절로 안긴 절이다.

[오답풀이] ① ㉠은 문장 전체의 주어 '지희는'과 서술절 서술어 '목소리가 곱다'로 이루어진 서술절을 안은문장이므로 올바른 분석이다. ③ ⓒ은 주어 '동수가'와 서술어를 포함한 나머지 부분 '미애에게 선물을 주었다'로 이루어진 문장이다. ④ ㉣은 서술어가 '밝혀졌다'이고 주어는 '그가 익명의 기부자임이'이다. ⑤ ㉤의 서술어는 '명언이다'이고 주어는 '인생은 짧고 예술은 길다는 말은'이다. 참고로 '인생은 짧고 예술은 길다는'은 '말'을 꾸며 주는 관형사절이다.

813) ⑤

| 선택 비율 | ① 10% | ② 21% | ③ 6% | ④ 19% | ⑤ 42% |

해 : ㄴ의 '소리도 없이'라는 안긴문장은 '그가 사라졌음'이라는 명사절에 안겨 있다. 그러나 ㄷ의 경우 '운동장을 달리는'이라는 안긴문장과 '발밑을 조심하'라는 안긴문장이 있으나 각각의 안긴문장 안에 또 다른 문장이 안겨 있지 않으므로 적절하지 않다.

[오답풀이] ① ㄱ은 '아이가 먹기'라는 명사절에 '에'라는 부사격 조사가 붙어 부사어로 기능하고 있으므로 적절하다. ② ㄴ은 '소리도 없이'라는 부사절이 뒤에 오는 용언을 수식하고 있으므로 적절하다. ③ '발밑을 조심하라고'에서 '고'는 간접 인용을 나타내는 조사이므로 적절하다. ④ ㄱ의 '잘 다져진'과 ㄷ의 '운동장을 달리는'은 모두 뒤에 오는 체언을 수식하는 관형절로, 주어가 생략되어 있으므로 적절하다.

814) ④

| 선택 비율 | ① 6% | ② 13% | ③ 8% | ④ 64% | ⑤ 7% |

해 : (가)의 'ᄆ솔히 멀면'은 현대어 풀이를 바탕으로 종속적으로 이어진 문장임을 짐작할 수 있으므로 적절하지 않다.

[오답풀이] ① (가)의 '乞食ᄒᆞ디'가 현대어 풀이의 '걸식하기'에 해당하는 것을 볼 때, '-디'에 기대어 명사절이 되었으므로 적절하다. ② (나)의 '이 東山은 남기 됴홀ᄊᆡ'는 '이 동산은 나무가 좋으므로'라는 현대어 풀이로 볼 때 '남기 됴홀ᄊᆡ'가 '이 東山은'의 서술어로서 기능하고 있으므로 적절하다. ③ (다)의 '곳 됴코'는 '꽃이 좋고'라는 현대어 풀이로 볼 때 대등하게 이어진 문장임을 짐작할 수 있으며 '둏다'의 어간 '둏-'에 '-고'가 붙어 있으므로 적절하다. ⑤ (나)의 '됴홀ᄊᆡ'의 현대어 풀이 '좋으므로'와 (다)의 '밀ᄊᆡ'의 현대어 풀이 '흔들리므로'를 통해 현대국어와 형태는 다르지만 문장을 종속적으로 연결해주는 '-ㄹᄊᆡ'가 사용되었음을 확인할 수 있으므로 적절하다.

815) ④

| 선택 비율 | ① 3% | ② 3% | ③ 5% | ④ 87% | ⑤ 2% |

해 : '-러'는 가거나 오거나 하는 동작의 목적을 나타내는 연결 어미로 앞 절과 뒤 절의 주어가 같아야 한다는 제약이 있다. '나는 그를 만나러 그녀와 도서관에 갔다.'라는 문장은 '나는 그를 만나다.'와 '나는 그녀와 도서관에 갔다.'가 어미 '-러'로 연결된 겹문장으로 앞 절과 뒤 절의 주어가 같다.

[오답풀이] ① '그는 집에 가기를 싫어한다.'는 '그는 ~ 를 싫어한다.'라는 문장에 '그가 집에 가다.'가 명사절로 안겨 있는 겹문장이다. 두 절에는 동일한 대상을 지시하는 '그'가 있고, '그'가 안긴문장에서 생략되었으므로 ㉠에 해당한다. ② '그는 자기가 착하다고 생각한다.'라는 문장은 '그가 착하다.'가 인용절로 안겨 있는 겹문장이다. 안긴문장의 '그'가 안은문장의 '그'와 동일한 대상을 지시하므로 안긴 문장의 '그'가 '자기'로 바뀌었다. 따라서 ㉠에 해당한다. ⑤ '-면서'는 두 가지 이상의 움직임이나 사태 따위가 동시에 겸하여 있음을 나타내는 연결 어미로 앞 절과 뒤 절의 주어가 같아야 하는 제약이 있다. '그는 신문을 보면

서 밥을 먹는다.'는 '그는 신문을 본다.'와 '그는 밥을 먹는다.'가 어미 '- 면서'로 연결된 겹문장으로 앞 절과 뒤 절의 주어가 같아야 하는 제약이 있으므로 ⓔ에 해당한다.

816) ①

| 선택 비율 | ① 80% | ② 3% | ③ 3% | ④ 2% | ⑤ 12% |

해 : ⓐ에서 '덥지 않다'의 '덥다'는 본용언, '않다'는 보조 용언이다. 본용언 '덥다'가 생략된 '오늘은 날씨가 많이 않다.'는 주어 '날씨가'와 호응하는 성분이 존재하지 않으므로 비문이 되는 반면, 보조 용언 '않다'가 생략된 '오늘은 날씨가 많이 덥다'는 성립이 가능하다.

[오답풀이] ③ ⓑ의 '사다'와 '모으다'는 '그는 한동안 소설책만 꾸준히 샀다.'와 '그는 한동안 소설책만 꾸준히 모았다.'처럼 둘 중 하나만 서술어 자리에 나타나도 문장이 성립하므로, 두 동사 모두 문장 속의 '그는', '소설책만'과 관련을 맺고 있다. ⑤ ⓒ에서 '그녀는 이웃집 아이를 위해 노래를 싶었다.'는 '싶다'가 '그녀는'과 호응하지 않으므로 비문이다. 따라서 '싶다'는 문장 전체의 서술어로 볼 수 없다.

817) ①

| 선택 비율 | ① 43% | ② 8% | ③ 3% | ④ 22% | ⑤ 24% |

해 : 두 문장에 쓰인 '과'는 접속 조사가 아니라 다른 것과 비교하거나 기준으로 삼는 대상임을 나타내는 부사격 조사이다. 두 문장의 의미가 유지되는 것은 부사어의 위치 이동이 비교적 자유롭기 때문에 일어나는 현상이다. 이는 같은 단위끼리 대등하게 이어진 병렬 구성이 아니다.

[오답풀이] ② 해당 문장에 쓰인 '-고'는 앞뒤 절의 두 사실 간에 계기적인 관계가 있음을 나타내는 법설 어미이기 때문에 '나는 빵을 먹-'과 '기분이 좋아졌-'이 대등하게 연결되지 않았다. ③ 동일한 단위가 조사나 어미 없이 나열되는 것으로도 병렬 구성을 이룰 수 있다는 제시문의 설명을 통해 볼 때 해당 문장에는 명사 '팥', '콩', '쌀'이 나열된 병렬 구성이 있다. ④ 해당 문장에서는 '오래 걷기'와 '빨리 걷기'가 접속 조사 '랑'으로 대등하게 연결되어 있다. ⑤ 해당 문장에서는 '동생은 중학생이었-'과 '형은 대학생이었-'이 연결 어미 '-으나'로 대등하게 연결되어 있다.

818) ③

| 선택 비율 | ① 4% | ② 37% | ③ 47% | ④ 10% | ⑤ 2% |

해 : ⓒ의 선행절에서 '체력 단련'과 '방을 청소한'은 단위가 동일하지 않은 요소이기 때문에 병렬 구성을 이루기에 적절하지 않다(㉠). 또한, ⓒ의 후행절에서는 선행절의 '집을'과 동일한 문장 성분이 아닌 '집에'가 생략되어서 적절하지 않다(㉡).

[오답풀이] ① ⓐ의 선행설에서는 '체력을 단련하-'와 '방 청소'는 단위가 동일하지 않은 요소이기 때문에 병렬 구성을 이루기에 적절하지 않다(㉠). ② ⓑ의 후행절에서 '국이나 빵을 굽느라고'는 대등하게 연결된 모든 요소가 동일한 성분에 호응하지 않아서 적절하지 않

다(㉢). 또한, ⓒ의 후행절에서는 선행절의 '집을'과 동일한 문장 성분이 아닌 '집에'가 생략되어서 적절하지 않다(㉡). ④ ⓓ의 후행절에서 '국이나 빵을 굽느라고'는 대등하게 연결된 모든 요소가 동일한 성분에 호응히지 않아서 적절하지 않다(㉢). ⑤ ⓔ의 후행절에서는 선행절의 '집을'과 동일한 문장 성분이 아닌 '집에'가 생략되어서 적절하지 않다(㉡).

819) ②

| 선택 비율 | ① 4% | ② 77% | ③ 2% | ④ 6% | ⑤ 10% |

해 : '교수님'의 소유물인 '책'을 높임으로써 높여야 할 대상인 '교수님'을 간접적으로 높이고 있다.

820) ③

| 선택 비율 | ① 7% | ② 9% | ③ 68% | ④ 13% | ⑤ 1% |

해 : 특수 어휘 '뵙다'를 사용하여 서술의 객체인 '선생님'을 높이고 있으므로 객체 높임이 실현된 것이다.

821) ④

| 선택 비율 | ① 2% | ② 4% | ③ 3% | ④ 82% | ⑤ 8% |

해 : 시간 부사 '어제'와 선어말 어미 '-았-'을 사용하여 과거 시제를 표현하고 있다.

[오답풀이] ① '잔다'에 현재 시제 선어말어미 '-ㄴ-'이 쓰였다. 현재 시제는 발화시와 사건시가 일치하는 시제이다. ② '잔다'에 현재 시제 선어말어미 '-ㄴ-'이 쓰였으나 관형사형 어미는 찾을 수 없다. ③ 시간 부사 '어제'와 '봤다'에 쓰인 과거 시제 선어말어미 '-았-'을 통해 과거 시제임을 알 수 있다. 발화시와 사건시가 일치하는 것은 현재 시제이므로 적절하지 않다. ⑤ '내리겠습니다'에 미래 시제 선어말어미 '-겠-'이 쓰였고, '곧'이라는 시간 부사로 미래 시제를 나타내고 있다. 미래 시제는 발화시보다 사건시가 나중인 시간 표현이다.

822) ⑤

| 선택 비율 | ① 16% | ② 1% | ③ 2% | ④ 1% | ⑤ 77% |

해 : 과거 시제 선어말어미 '-았-/-었-'은 대체로 과거 시제를 표현하지만 반드시 그런 것은 아니다. ⑤에서와 같이 '어머니께 혼나는 일'은 아직 실현되지 않은 미래에 벌어질 일인데, 그것을 마치 이미 정해진 사실인 것처럼 확신을 가지고 표현할 때에도 과거 시제 선어말어미 '-았-/-었-'을 사용하기도 한다.

[오답풀이] ①, ②, ④ '-았-/-었-'이 과거 시제를 표현하고 있다. ③ 본문의 '-았-/-었-'이 '과거에 이루어진 어떤 상태가 현재까지 지속되는 경우'에 해당하는 문장으로 볼 수 있다.

823) ②

| 선택 비율 | ① 2% | ② 66% | ③ 21% | ④ 5% | ⑤ 3% |

해 : ㉠은 동사 '내리다'에 선어말 어미 '-ㄴ-'이 결합한 '내린다'와 부사어 '지금'을 통해 현재 시제임을 알 수 있다. ㉡은 동사의 어간 '내리-'에 관형사형 어미 '-ㄹ'과 의존 명사 '것'이 결합한 '내릴 것'과 부사어 '내일'을

통해 미래 시제임을 알 수 있다. 하지만 선어말 어미를 활용한 시간 표현은 나타나지 않는다. ⓒ은 동사의 어간 '찾아가'에 관형사형 어미 '-ㄴ'이 결합한 '찾아간'과 동사 '내리다'에 선어말 어미 '-었-'이 결합한 '내렸다'를 통해 과거 시제임을 알 수 있다.

824) ①

선택 비율	① 90%	② 2%	③ 1%	④ 2%	⑤ 2%

해 : '잠시 후 결과가 발표된다.'에서 선어말 어미 'ㄴ'은 미래를 나타내는 경우에 해당하며, '일찍 출발하느라 고생했겠다.'에서 선어말 어미 '겠'은 추측을 나타내는 경우에 해당한다.

[오답풀이] ② ⓐ의 선어말 어미 'ㄴ'은 미래를 나타내는 경우, ⓑ의 선어말 어미 '겠'은 완곡한 표현을 나타내는 경우에 해당한다. ⑤ ⓐ의 선어말 어미 '는'은 현재를 나타내는 경우, ⓑ의 선어말 어미 '겠'은 추측을 나타내는 경우에 해당한다.

825) ③

선택 비율	① 4%	② 5%	③ 74%	④ 11%	⑤ 3%

해 : '놓였다'는 '놓이다'의 어간 '놓이-'와 과거 시제 선어말 어미 '-었-'과 종결 어미 '-다'가 결합한 것으로 이해할 수 있다. 과거 시제 선어말 어미 '-였-'은 어간 '하-'에 결합한다.

[오답풀이] ① '먹는다'에서 선어말 어미 '-는-'은 현재 시제를 나타낸다. ② '자란다'에서 선어말 어미 '-ㄴ-'은 현재 시제를 나타낸다. ④ '입장하겠습니다'에서 선어말 어미 '-겠-'은 미래 시제를 나타낸다. ⑤ '폈다'에서 선어말 어미 '-었-'은 과거 시제를 나타낸다.

826) ⑤

선택 비율	① 8%	② 6%	③ 5%	④ 5%	⑤ 72%

해 : ⓐ는 용언의 어간에 선어말 어미를 결합하지 않은 것이다. ⓑ는 용언의 어간에 선어말 어미 '-ㄴ-'를 결합한 것이다. ⓒ는 용언의 어간에 선어말 어미 '-더-'를 결합한 것이다. ⓓ는 용언의 어간에 선어말 어미를 결합하지 않은 것이다. ⓔ는 용언의 어간에 선어말 어미 '-리-'를 결합한 것이다.

827) ②

선택 비율	① 3%	② 79%	③ 4%	④ 10%	⑤ 2%

해 : ⓛ은 '안' 부정문의 주어인 '물품'이 의지를 가질 수 없는 경우에 해당하므로 '단순 부정'으로 해석해야 한다. 따라서 '단순 부정'과 '의도 부정'으로 모두 해석이 가능하다는 진술은 적절하지 않다.

828) ③

선택 비율	① 1%	② 4%	③ 82%	④ 6%	⑤ 4%

해 : ⓒ는 현대 국어에서 '못 들으며'로 해석되는 것을 통해 중세 국어에서 동작 주체의 능력 부족을 드러내는 부정문이 사용되었음을 알 수 있으므로 적절하지 않다.

829) ②

선택 비율	① 4%	② 75%	③ 4%	④ 10%	⑤ 4%

해 : '여간'은 부정문 형식의 문장에 함께 쓰여 그 문장의 의미를 강한 긍정으로 해석되게 하는 단어로서, ㄴ에서 '여간'으로 인해 문장이 의미가 '탐스럽다'를 강조하는 긍정으로 해석된다.

[오답풀이] ③ ㄷ의 '밖에'는 '이것밖에 하지 못했다'에서와 같이 부정 의미의 용언과 어울려 쓰인다. ④ '좀처럼'은 부정 의미의 용언과 어울려 쓰이는데, 부정 의미의 용언이 나타나지 않더라도 부정 의미를 내포하는 문맥에서도 쓰일 수 있다. ㄹ의 '그 아이들이 좀처럼 제 말을 듣겠습니까?'는 '그 아이들이 좀처럼 제 말을 듣지 않는다'를 뜻하므로 '좀처럼'이 쓰일 수 있다. ⑤ '옴짝달싹하다'는 부정 의미의 용언과 어울려 쓰인다. 따라서 ㅁ은 '나는 무서워서 그 자리에서 옴짝달싹하지 못했다'와 같이 수정하여야 어법에 맞는다.

830) ②

선택 비율	① 1%	② 72%	③ 15%	④ 1%	⑤ 8%

해 : ⓛ의 국어사 자료의 '별로'는 긍정 의미의 용언이 나타난 문맥에서도 쓰이고, 부정 의미의 용언이 나타난 문맥에서도 쓰이고 있다. 그러나 현대 국어에서 '별로'는 부정 의미의 용언이 나타난 문맥에서만 쓰인다.

[오답풀이] ⓜ의 자료를 보면, 현대 국어의 '귀찮다'는 국어사 자료 '귀치 아니컨만'에서 알 수 있듯이 '귀하지 아니하다'가 축약된 형태이다. 현대 국어 '귀찮다'는 '마음에 들지 아니하고 괴롭거나 성가시다'라는 의미로 사용되고 있다. ⓒ의 자료를 보면, 현대 국어의 '시원찮다'는 국어사 자료 '시원치 아니ᄒ여'에서 알 수 있듯이 '시원하지 아니하다'가 축약된 형태이다. 현대 국어 '시원찮다'는 국어사 자료에서 확인할 수 있는 의미와 유사하게 쓰이고 있음을 알 수 있다.

831) ③

선택 비율	① 8%	② 6%	③ 54%	④ 20%	⑤ 21%

해 : ㄷ은 화자인 '형'이 조사 '께서'와 특수한 어휘 '계시다'를 사용하여 주체인 '할아버지'를 높이고 있으므로 적절하지 않다.

[오답풀이] ① ㄱ은 화자인 '회장'이 학급회의라는 공적인 상황에서 종결 어미 '하십시오체'를 사용하여 상대인 '학급 친구들'을 높이고 있으므로 적절하다. ② ㄴ은 화자인 '언니'가 특수한 어휘 '뵙다'를 사용하여 객체인 '할머니'를 높이고 있으므로 적절하다. ④ ㄹ은 화자인 '학생'이 선어말 어미 '-시-'를 사용하여 '선생님'을 간접적으로 높이고 있으므로 적절하다. ⑤ ㅁ은 화자인 '아들'이 조사 '께'를 사용하여 객체인 '아버지'를 높이고 있으므로 적절하다.

832) ②

선택 비율	① 5%	② 68%	③ 3%	④ 14%	⑤ 7%

해 : '버려지는'은 어간 '버리-'에 어미 '-어지다'가 쓰인 피동 표현이다. 피동 접미사 '-리-'가 결합하지 않았으므

로 적절하지 않다.

[오답풀이] ① '담긴'은 능동의 동사 어근 '담-'에 피동 접미사 '-기-'가 결합하여 실현된 피동 표현이므로 적절하다. ③ 명사 '구조' 뒤에 '-되다'가 결합하여 주어 '강아지들'이 '구조' 행위를 당하는 것을 표현하고 있으므로 적절하다. ④ '쓴나고'와 같이 능동 표현으로 바뀔 경우 '쓰인다고'의 주어인 '성금이'는 목적어 '성금을'로 바뀌므로 적절하다. ⑤ '열리는'은 행사를 여는 주체보다 '유기견 보호 행사'가 주어로서 강조되는 효과가 있으므로 적절하다.

833) ①

선택 비율	① 90%	② 3%	③ 2%	④ 2%	⑤ 2%

[해] : 피동 표현은 행위의 대상에 초점을 맞추어 표현하는 방법이므로 피동 표현을 사용하면 행위의 주체보다 행위의 대상이 강조된다.

[오답풀이] ②, ④ 피동 표현은 행위의 대상에 초점을 맞추어 표현하는 방법이므로 객관적인 느낌을 주고자 할 때, 행위의 주체를 모르거나 설정하기 어려울 때 사용할 수 있다. ③ 주어가 자기 힘으로 동작이나 행위를 주체적으로 행하는 것을 능동, 주어가 다른 주체에 의해 동작이나 행위를 당하는 것을 피동이라 한다. ⑤ 연결 어미를 이용하여 구성된 '-아/어지다' 또는 '-게 되다'를 어간에 결합함으로써 피동의 의미를 나타낼 수 있다.

834) ④

선택 비율	① 3%	② 12%	③ 4%	④ 50%	⑤ 31%

[해] : '보여진다'에서는 '-이-'와 '-어지다'를 함께 사용한 이중 피동이 나타나며, 이때 '-어지다'는 접미사가 아니다.

[오답풀이] ① 능동문의 주어인 '아버지가'가 피동문의 부사어인 '아버지에게'로 바뀌었다. ② 명사 '파악' 뒤에 '-되다'를 붙여 피동의 의미를 표현하였다. ③ '꺾이다'는 자연적인 상태 변화를 나타내기 때문에 이에 대응하는 능동문을 상정하기 어렵다. ⑤ ㄱ에서는 '안다'의 어간에 피동 접미사 '-기-'가 결합하여, ㄷ에서는 '꺾다'의 어간에 피동 접미사 '-이-'가 결합하여 피동의 의미를 표현하고 있다.

835) ③

선택 비율	① 13%	② 8%	③ 72%	④ 3%	⑤ 2%

[해] : 제시문에서는 명사 '먹이'나 '넓이'는 각각 동사와 형용사의 어근에 접미사 '-이'가 붙어 형성된 단어로, '먹이'와 '넓이'의 '먹-'과 '넓-'은 서술어로 기능하지 못한다고 설명하고 있다. ⓒ에서 '놀이'는 동사의 어근 '놀-'에 접미사 '-이'가 붙어 형성된 단어에 해당하므로 서술어로 기능하지 못한다고 볼 수 있다.

[오답풀이] ① '녹이다'의 어간 '녹이-'는 '녹다'의 어간 '녹-'과 구별된다는 제시문의 내용에 비추어 볼 때, ⓐ에서 '비워'의 어간 '비우-'는 '시간이 빈다.'에서 '빈다'의 어간 '비-'와 구별됨을 알 수 있다. ② ⓑ에서 '높이'는 형용사 '높다'의 어근 '높-'에 접미사 '-이'가 붙어 형성된 단어이지만, '높이'의 품사는 명사가 아

닌 부사이다. ④ 하나의 접미사가 모든 동사나 형용사에 자유롭게 결합하는 것은 아니라는 내용에 비추어 볼 때, ⓓ에서 '끓였다'의 어근인 '끓-'에 붙은 접미사 '-이-' 역시 모든 동사에 자유롭게 결합하는 것은 아니다. 예를 들어 '살다'(*살이다), '읽다'(*읽이다) 등과 같이 접미사 '-이-'가 결합하지 못하는 동사도 있다. ⑤ ⓔ에서 '오시기'는 '오-+-시-+-기'로 분석된다. 어근과 접미사 사이에는 다른 형태소가 끼어들 수 없다는 제시문의 내용에 비추어 볼 때, '-기'는 접미사가 아님을 알 수 있다. 어간 '오-'와 명사형 어미 '-기' 사이에 주체 높임의 선어말 어미 '-시-'가 끼어든 것에 해당한다. 명사형 어미가 붙은 경우 해당 단어의 품사는 바뀌지 않으므로, '오시기'의 품사는 명사가 아닌 동사이다.

836) ④

선택 비율	① 5%	② 3%	③ 6%	④ 77%	⑤ 7%

[해] : 접미사가 동사나 형용사에 붙어 사동의 의미(주어가 동작을 다른 대상에게 하도록 시키는 것을 나타내는 의미)를 더한 예(㉠)와 접미사가 타동사에 붙어 피동(주어가 다른 대상에 의해 동작을 당하는 것을 나타내는 의미)의 의미를 더한 예(㉡)를 찾아야 한다. ④의 ㉠은 '보이지 않게 몸을 감추다.'라는 의미를 가진 동사 '숨다'에 접미사 '-기-'가 붙어 사동의 의미가 더해진 예에 해당하고, ㉡은 '눈꺼풀을 내려 눈동자를 덮다.'라는 의미를 가진 동사 '감다'에 접미사 '-기-'가 붙어 피동의 의미가 더해진 예에 해당한다.

[오답풀이] ① ㉠은 '기쁨, 슬픔 따위의 감정을 억누르지 못하거나 아픔을 참지 못하여 눈물을 흘리다. 또는 그렇게 눈물을 흘리면서 소리를 내다.'라는 의미를 가진 동사 '울다'에 접미사 '-리-'가 붙어 사동의 의미가 더해졌고, ㉡은 '물체가 일정한 축을 중심으로 원을 그리면서 움직이다.'라는 의미를 가진 동사 '돌다'에 접미사 '-리-'가 붙어 사동의 의미가 더해졌다. ② ㉠은 '걱정이나 근심, 긴장 따위를 잊거나 풀어 없애다.'라는 의미를 가진 동사 '놓다'에 접미사 '-이-'가 붙어 피동의 의미가 더해졌고, ㉡은 '다 쓰지 않거나 정해진 수준에 이르지 않아 나머지가 있게 되다.'라는 의미를 가진 동사 '남다'에 접미사 '-기-'가 붙어 사동의 의미가 더해졌다. ③ ㉠은 '물체의 전체 면이나 부분에 대하여 힘이나 무게를 가하다.'라는 의미를 가진 동사 '누르다'에 접미사 '-리-'가 붙어 피동의 의미가 더해졌고, ㉡은 '물체를 잡아당기어 가르다.'라는 의미를 가진 동사 '찢다'에 접미사 '-기-'가 붙어 피동의 의미가 더해졌다. ⑤ ㉠은 '공중에 떠서 어떤 위치에서 다른 위치로 움직이다.'라는 의미를 가진 동사 '날다'에 접미사 '-리-'가 붙어 사동의 의미가 더해졌고, ㉡은 '어떤 일에 대한 책임을 지고 담당하다.'라는 의미를 가진 동사 '맡다'에 접미사 '-기-'가 붙어 사동의 의미가 더해졌다.

837) ⑤

선택 비율	① 4%	② 5%	③ 5%	④ 6%	⑤ 78%

[해] : 단형 사동, 즉 주동문의 동사나 형용사 어근에 사동

접미사가 붙은 사동사에 의한 사동은 직접 사동과 간접 사동의 두 가지 의미를 모두 표현할 수 있지만 장형 사동, 즉 '-게 하다'에 의한 사동은 간접 사동의 해석만을 허용한다. <보기>에서 ㉢은 단형 사동이고 ㉣은 장형 사동이므로 ㉢은 ㉣과 달리 직접 사동과 간접 사동의 의미 모두로 해석될 수 있다.

[오답풀이] ①, ② ㉠을 '아이들이'를 주어로 삼는 단형 사동문으로 바꾸면 '아이들이 얼음 위에서 팽이를 돌린다.'가 된다. ㉠의 주어인 '팽이가'는 목적어인 '팽이를'로 바뀌었으며 서술어의 자릿수가 한 자리에서 두 자리로 바뀌었음을 알 수 있다. ③, ④ ㉡을 '선생님께서'를 주어로 삼는 단형 사동문으로 바꾸면 '선생님께서 지원이에게 그 일을 맡기셨다.'가 된다. ㉡의 주어인 '지원이가'는 부사어인 '지원이에게'로 바뀌었으며 서술어의 자릿수가 두 자리에서 세 자리로 바뀌었음을 알 수 있다.

838) ⑤

선택 비율	① 4%	② 3%	③ 3%	④ 7%	⑤ 80%

[해] 어근 형태가 '밧-'(15세기)과 '벗-'(현대)으로 서로 다름에도 불구하고 두 어근에 결합하는 사동 접미사가 '-기-'로 동일하다는 것을 알 수 있다.

[오답풀이] ① '얼-'이라는 동일한 어근에 대해 15세기 국어에서는 사동 접미사로 '-우-'가 결합되고 현대 국어에서는 '-리-'가 결합됨을 알 수 있다. ② ㉡에서 '일케'는 현대 국어의 '잃게'에 해당한다. 그러므로 ㉡은 현대 국어의 '-게 하다'에 해당하는 15세기 국어의 '-게 ᄒᆞ다'가 쓰인 모습을 보여 준다고 말할 수 있다. ③ 어근 '앉-'과 사동 접미사 '-히-'의 결합형에 대한 표기가 15세기 국어에서는 소리 나는 대로 적은 '안치-'인 반면 현대 국어에서는 '앉히-'라는 점을 알 수 있다. ④ 현대 국어에서는 쓰이지 않는 사동 접미사 '-ᄋᆞ-'가 15세기 국어에서 쓰였음을 확인할 수 있다.

839) ③

선택 비율	① 6%	② 15%	③ 58%	④ 10%	⑤ 7%

[해] '수식 구문'에 따른 구조적 중의성은 하나의 수식어가 둘 이상의 피수식어를 수식할 수 있는 상황에서 발생한다. 즉, 둘 이상의 수식어가 하나의 피수식어를 수식하는 상황에서는 구조적 중의성이 나타나지 않는다.

[오답풀이] ① 광고와 유머 등에서 의도적으로 중의적 표현을 사용하는 경우도 있다. ② '차'의 경우, '車'와 '茶'의 표기를 병행하여 동음이의어에 따른 중의성을 해소할 수 있다.

840) ⑤

선택 비율	① 10%	② 5%	③ 12%	④ 13%	⑤ 58%

[해] '학생들이 컴퓨터 한 대를 사용한다.'는, '한 대의 컴퓨터를 학생들이 함께 사용한다.'는 의미도 되고, '학생들이 각각 컴퓨터 한 대씩을 사용한다.'는 의미도 되기 때문에 중의성이 발생한다. 이때, '모든'을 '학생들이' 앞에 추가한다고 해도 중의성은 해소되지 않는다.

[오답풀이] ① 다의어인 '길'을 '도로'로 바꾸면 중의성을 해소할 수 있다. ② '착한 주희의 동생을 만났다.'에서 '착한'

은 '주희'와 '동생'을 모두 수식할 수 있다. 그런데 '착한'과 '주희의'의 어순을 바꾸면, '착한'이 '동생'만 수식하기 때문에 중의성을 해소할 수 있다. ③ '나는 영호와 민주를 보았다.'는 '나와 영호'가 함께 '민주'를 보았다는 의미도 되고, '나'가 '영호와 민주' 두 명을 보았다는 의미도 된다. 그런데 '나는' 뒤에 쉼표(문장 부호)를 찍으면, '나'가 '영호와 민주' 두 명을 만났다는 의미가 되어 중의성을 해소할 수 있다. ④ '회원들이 다 오지 않았다.'는 '회원들이 한 명도 오지 않았다.'는 의미도 되고, '회원들 중 일부만 왔다.'는 의미도 된다. 그런데 '회원들이 다는 오지 않았다.'처럼 보조사 '는'을 추가하면, '회원들 중 일부만 왔다.'는 의미가 되어 중의성을 해소할 수 있다.

841) ④

선택 비율	① 5%	② 3%	③ 3%	④ 84%	⑤ 3%

[해] 'ᅪ'는 이중 모음으로 반모음 '[w]'가 단모음 'ㅏ' 앞에서 결합한 소리이다.

[오답풀이] ① 'ㅠ'는 이중 모음으로, 반모음과 단모음이 결합한 소리이다. 이중 모음은 입술 모양이나 혀의 위치가 발음 도중에 변한다. ② 'ㅐ'는 단모음으로, 발음할 때 입술 모양이나 혀의 위치가 변하지 않는다. ③ 'ㅖ'의 발음은 'ㅣ'를 짧게 발음하는 것과 유사한 소리인 반모음 '[j]' 뒤에서 'ㅔ'가 결합한 것이다. ⑤ 반모음은 홀로 쓰일 수 없는 소리이고 이중 모음의 발음은 반모음이 단모음과 결합한 것이다.

842) ①

선택 비율	① 53%	② 15%	③ 6%	④ 17%	⑤ 7%

[해] '표준어 규정'에 따르면 'ㅚ'와 'ㅟ'는 단모음으로 발음하는 것이 원칙이지만 이중 모음으로 발음하는 것도 허용한다. 'ㅚ'를 이중 모음으로 발음할 경우에는 반모음 '[w]'와 'ㅔ' 소리를 연속하여 발음하며 이 소리는 'ㅞ'의 발음에 해당한다. 따라서 ㉠에 들어갈 발음으로 적절한 것은 [차뭬]이다. 'ㅟ'를 이중 모음으로 발음할 경우에는 반모음 '[w]'와 'ㅣ' 소리를 연속하여 발음하며 이 소리는 'ㅑ, ㅒ, ㅕ, ㅖ, ㅘ, ㅙ, ㅛ, ㅝ, ㅞ, ㅠ, ㅢ'의 발음 중에 없으므로 ㉡은 '포함되어 있지 않아'가 적절하다.

843) ③

선택 비율	① 5%	② 21%	③ 63%	④ 7%	⑤ 1%

[해] '[밤만]'을 듣고 '밥만'을 복원했다면 비음화 규칙이 인식의 틀로 작동한 결과이겠지만, '밤만'으로 복원했다면 음운 규칙이 인식의 틀로 작동한 것이 아니다.

[오답풀이] ① 첫째 문단의 '국어는 한 음절 내에서 모음 앞이나 뒤에 각각 최대 하나의 자음을 둘 수 있지만'을 통해 '몫 → [목]'의 자음군 단순화를 추론할 수 있다. ② 둘째 문단의 '음운은 그 자체로는 뜻이 없다. 음운이 하나 이상 모여 뜻을 가지면 의미의 최소 단위인 형태소가 된다.'라는 설명을 통해 음운 'ㄹ'이 그 자체로는 뜻이 없지만 '갈 곳'의 'ㄹ'은 관형사형 전성 어미로 쓰이는 뜻의 최소 단위가 된다는 점을 추론할 수 있다. ④ 셋째 문단의 '국어의 음절 구조

와 맞지 않는 소리를 듣는다면 국어의 음절 구조에 맞게 바꾸고'를 통해 영어 'spring'을 3음절 '스프링'으로 인식하는 과정에서 국어 음절 구조 인식의 틀이 작동하였음을 추론할 수 있다. ⑤ 셋째 문단의 '국어에 없는 소리를 듣는다면 국어에서 가장 가까운 음운으로 바꾸어 인식하게 된다.'를 통해 영어 'v'를 국어 'ㅂ'로 인식하는 양상을 추론할 수 있다.

844) ②

선택 비율	① 16%	② 66%	③ 12%	④ 3%	⑤ 1%

ⓐ '앞일 → [암닐]'에서는 음절 말 평파열음화, ㄴ 첨가, 비음화가 일어나는데, 음절 말 평파열음화는 '앞'이라는 형태소 내부에서 발생하고, ㄴ 첨가와 비음화는 '앞'과 '일'이라는 형태소가 만나는 경계에서 발생한다. ⓒ '넣고 → [너코]'에서는 거센소리되기가 일어나는데, '넣-'과 '-고'라는 형태소가 만나는 경계에서 발생한다. ⓔ '굳이 → [구지]'에서는 구개음화가 일어나는데, '굳-'과 '-이'라는 형태소가 만나는 경계에서 발생한다.

[오답풀이] ⓑ '장미꽃 → [장미꼳]'에서는 음절 말 평파열음화가 일어나는데, 이러한 음운 변동은 '장미'와 '꽃'이라는 형태소가 만나는 경계에서 발생하는 것이 아니라 '꽃'이라는 형태소 내부에서 발생한다. ⓓ '걱정 → [걱쩡]'에서는 된소리되기가 일어나지만, '걱정'은 단일어이므로 이러한 음운 변동이 형태소 경계에서 발생하는 것은 아니다.

845) ⑤

선택 비율	① 4%	② 5%	③ 5%	④ 19%	⑤ 64%

셋째 문단에서 '구개음화는 끝소리 'ㄷ, ㅌ'이 모음 'ㅣ'로 시작되는 조사나 접미사 앞에서 구개음 'ㅈ, ㅊ'으로 발음되는 현상'이라고 하였다. 이때 바뀌는 음운은 'ㄷ, ㅌ'에만 해당하므로, 구개음화는 모음의 소리는 그대로인 채 자음의 소리만 바뀌는 현상이라고 할 수 있다.

[오답풀이] ① 첫째 문단에서 '음운의 동화는 인접한 두 음운 중 어느 한쪽 또는 양쪽이 서로 비슷하거나 같은 소리로 바뀌는 현상'이라고 하였으므로 적절하다. ② 비음화, 유음화, 구개음화가 일어나면 인접한 두 음운의 성격이 비슷하거나 같은 소리로 바뀐다. 다섯째 문단에서 '성격이 비슷하거나 같은 소리가 연속되면 발음할 때 힘이 덜 들게' 된다고 하였으므로 음운의 동화가 일어날 때 조음 위치나 조음 방식이 바뀌면 발음의 경제성이 높아짐을 알 수 있다. ③ 둘째 문단에서 비음화는 '비음이 아닌 'ㅂ, ㄷ, ㄱ'이 'ㅁ, ㄴ' 앞에서' 바뀌는 현상이고, 유음화는 '비음 'ㄴ'이 유음 'ㄹ'의 앞이나 뒤에서' 바뀌는 현상이라 하였으므로 비음화와 유음화가 일어나는 인접한 두 음운은 모두 자음이라는 것을 알 수 있다. ④ 셋째 문단에서 구개음화는 '모음 'ㅣ'로 시작하는 조사나 접미사 앞'에 'ㄷ, ㅌ'이 인접할 때 일어나는 현상이라고 하였으므로, 자음으로 시작하는 조사나 접미사 앞에서는 구개음화가 일어날 수 없다는 것을 알 수 있다.

846) ①

선택 비율	① 80%	② 4%	③ 2%	④ 7%	⑤ 5%

자음 체계표를 보면 a는 파열음 'ㅂ'이 비음 'ㅁ'의 영향으로 비음 'ㅁ'으로 바뀌는 비음화의 예이고, b는 비음 'ㄴ'이 유음 'ㄹ'의 영향으로 유음 'ㄹ'로 바뀌는 유음화의 예이다. 비음화와 유음화 모두 조음 방식이 바뀌는 현상이다. 이와 달리 c는 끝소리 'ㄷ'이 접미사 'ㅣ' 앞에서 'ㅈ'으로 발음되는 구개음화의 예이다. 잇몸소리이면서 파열음인 'ㄷ'이 센입천장소리이면서 파찰음인 'ㅈ'로 바뀌었으므로 조음 위치와 조음 방식이 모두 바뀐 경우에 해당한다.

847) ③

선택 비율	① 11%	② 4%	③ 57%	④ 4%	⑤ 21%

이 글에 제시된 음운 변동 중 ⓐ에는 거센소리되기, ⓑ에는 비음화가 일어나는 단어가 들어가야 한다. '맏형[마텽]'은 'ㄷ'과 'ㅎ'이 합쳐져 거센소리 'ㅌ'으로 발음되므로 ⓐ에 해당하고, '식물[싱물]'은 'ㄱ'이 비음 'ㅁ'의 영향을 받아 비음 'ㅇ'으로 바뀌어 발음되므로 ⓑ에 해당한다.

[오답풀이] ① '창밖[창박]'은 음절 끝의 자음 'ㄲ'이 'ㄱ'으로 발음된다. '능력[능녁]'은 비음화가 일어난다. ② '놓다[노타]'는 거센소리되기가 일어난다. '다섯[다섣]'은 음절 끝의 자음 'ㅅ'이 'ㄷ'으로 발음된다. ④ '쓰-+-어→써[써]'는 모음 탈락이, '법학[버팍]'은 거센소리되기가 일어난다. ⑤ '타-+-아라→타라[타라]'는 모음 탈락이, '집념[짐념]'은 비음화가 일어난다.

848) ⑤

선택 비율	① 5%	② 2%	③ 11%	④ 2%	⑤ 78%

'서녘선[서녁선]'은 음절 끝의 자음 'ㅋ'이 'ㄱ'으로 바뀐 후, 비음화가 일어나므로 ㉠의 예에 해당한다.

[오답풀이] ① '굽히지[구피지]'는 거센소리되기만 일어난다. ② '작년[장년]'은 비음화만 일어난다. ③ '않고[안코]'는 거센소리되기만 일어난다. ④ '장미꽃[장미꼳]'은 음절 끝의 자음 'ㅊ'이 'ㄷ'으로 발음되는 음운 변동만 일어난다.

849) ④

선택 비율	① 2%	② 12%	③ 2%	④ 73%	⑤ 9%

'옛이야기[옌:니야기]'는 첨가에 해당하는 'ㄴ첨가'와 교체에 해당하는 '음절의 끝소리 규칙, 비음화'가 적용되었다. 이때 음운의 개수가 늘어났으므로 적절하다.

850) ②

선택 비율	① 14%	② 63%	③ 6%	④ 9%	⑤ 5%

㉠의 '떠'는 어간 '뜨-'의 모음 'ㅡ'가 '-아/-어'로 시작하는 어미와 결합하여 탈락하는 경우로 음운 변동이 표기에 반영된 것이고, ㉡의 '가서'는 어간 '가-'의 모음 'ㅏ'가 '-아/-어'로 시작하는 어미가 결합할 때 'ㅏ'가 탈락한 경우로 음운 변동이 표기에 반영된 것이므로 적절하지 않다.

[오답풀이] ① ㉠의 '서라'는 어간 '서'의 모음 'ㅓ'와 '-아/-어'

로 시작하는 어미가 결합할 때 'ㅓ'가 탈락하는 경우
로 음운 변동이 표기에 반영된 것이고, ⓒ의 '끊어
라' 는 어간 '끊-'의 끝소리 'ㅎ'이 모음으로 시작하
는 어미 앞에서 탈락하는 경우로 음운 변동이 표기
에 반영되지 않은 것이므로 적절하다. ③ ㉠의 '꺼'
는 어간 '끄-'의 모음 'ㅡ'가 '-아/-어'로 시작하는
어미와 결합하여 탈락하는 경우로 음운 변동이 표기
에 반영된 것이고, ⓒ의 '신고'는 어간의 끝소리 'ㄴ'
뒤에서 어미의 첫소리가 된소리로 교체되는 경우로
음운 변동이 표기에 반영되지 않은 것이므로 적절하
다. ④ ㉠의 '마는'은 어간 '말-'의 끝소리 'ㄹ'이
'ㄴ'으로 시작하는 어미 앞에서 탈락하는 경우로 음
운 변동이 표기에 반영된 것이고, ⓒ의 '쌓은'은 어
간 '쌓-'의 끝소리 'ㅎ'이 모음으로 시작하는 어미
앞에서 탈락하는 경우로 음운 변동이 표기에 반영되
지 않은 것이므로 적절하다. ⑤ ㉠의 '너는'은 어간
'널-'의 끝소리 'ㄹ'이 'ㄴ'으로 시작하는 어미 앞에
서 탈락하는 경우로 음운 변동이 표기에 반영된 것
이고, ⓒ의 '담고'는 어간의 끝소리 'ㅁ' 뒤에서 어미
의 첫소리가 된소리로 교체되는 경우로 음운 변동이
표기에 반영되지 않은 것이므로 적절하다.

851) ①

선택 비율	① 63%	② 6%	③ 12%	④ 9%	⑤ 8%

해 : '(밥을) 먹다'에서 일어나는 된소리되기는 받침 'ㄱ,
ㄷ, ㅂ' 뒤에 'ㄱ, ㄷ, ㅂ, ㅅ, ㅈ'이 올 때 일어나는
된소리되기로 용언에서만 일어나는 유형은 아니다.
[오답풀이] ② '밀도(密度)'에서 일어나는 된소리되기는 한자어
에서 'ㄹ' 받침 뒤에 'ㄷ, ㅅ, ㅈ'이 연결될 때 일어
나는 된소리되기이다. ③ '납득'에서 일어나는 된소
리되기는 받침 'ㄱ, ㄷ, ㅂ' 뒤에 'ㄱ, ㄷ, ㅂ, ㅅ,
ㅈ'이 올 때 일어나는 된소리되기로 예외 없이 일어
나는 현상이다. ④ '솔개'에서는 'ㄹ' 뒤에 된소리되
기가 일어나지 않지만 '줄 것'에서 된소리되기가 일
어나는 이유는 '줄'의 '-ㄹ'이 관형사형 어미이기 때
문이다. ⑤ '(고기를) 삶고'에서 일어나는 된소리되
기는 용언의 어간 받침 'ㄴ(ㄵ), ㅁ(ㄻ)' 뒤에 'ㄱ,
ㄷ, ㅅ, ㅈ'으로 시작하는 어미가 올 때 일어나는 현
상이다.

852) ⑤

선택 비율	① 5%	② 3%	③ 5%	④ 12%	⑤ 73%

해 : '불고기'에서는 '물고기'와 달리 된소리되기가 일어나
지 않으므로 '불고기'는 중세 국어의 관형격 조사
'ㅅ'과 관련이 없다고 볼 수 있다. 따라서 '불고기'는
중세 국어에서 '불+ㅅ+고기'로 분석될 수 없다.

853) ④

선택 비율	① 3%	② 9%	③ 5%	④ 81%	⑤ 1%

해 : 2문단에서 '오늘날에는 실제 발음에서 'ㅔ'와 'ㅐ'를
명확하게 구별하지 못하는 경우가 대부분'이라고 했
는데, 오늘날 실제 발음에서 'ㅔ'와 'ㅐ'가 명확히 구
별된다고 했으므로 적절하지 않다.
[오답풀이] ① 1문단에서 '표준 발음법은 한글의 표기와 발음

이 일치하지 않는 경우에 올바른 발음을 알려 주는
역할을 한다.'라고 했으므로 적절하다. ② 2문단에
서 '실제 발음을 모두 표준 발음으로는 인정하지
않'는다고 했으므로 적절하다. ③ 2문단에서 '발음
상의 관습'을 감안한다는 '전통성'을 고려하여, '이
전부터 오랜 기간 구별되어 왔으며 단어의 의미 변
별에도 중요한 역할'을 한 '모음의 장단에 대해 세
부적으로 규정을 해 두었다'고 했으므로 적절하다.
⑤ 3문단에서 '닭이'를 [다기]로 발음하는 것은 합
리성이 떨어지기 때문에 표준 발음으로 인정하지
않는'다고 했으므로 적절하다.

854) ③

선택 비율	① 9%	② 7%	③ 62%	④ 6%	⑤ 15%

해 : ㉠의 '같이[가치]'와 ⓒ의 '얻기[얻:끼]'는 각각 구개음
화와 된소리되기가 일어난 단어로, 음운 변동의 결과
가 표기에 반영되지 않아 Ⓐ에 해당하므로 적절하다.
[오답풀이] ① ㉠의 '나가서(나가-+-아서)[나가서]'와 ⓒ의 '펴
서(펴-+-어서)[펴서]'는 모두 모음 탈락이 일어난
단어로, 음운 변동의 결과가 표기에 반영되어 Ⓑ에
해당하므로 적절하지 않다. ② ㉠의 '높푸른[놉푸
른]'은 음절의 끝소리 규칙이 일어난 단어로, 음운
변동의 결과가 표기에 반영되지 않아 Ⓐ에 해당하
고, ⓒ의 '바빠(바쁘-+-아)[바빠]'는 모음 탈락이 일
어난 단어로, 음운 변동의 결과가 표기에 반영되어
Ⓑ에 해당하므로 적절하지 않다. ④ ⓒ의 '원래[월
래]'는 유음화가 일어난 단어로, 음운 변동의 결과
가 표기에 반영되지 않아 Ⓐ에 해당하고, ⓒ의 '반
드시[반드시]'는 음운 변동이 일어나지 않아 Ⓐ와
Ⓑ 모두에 해당하지 않으므로 적절하지 않다. ⑤
ⓒ의 '답한[다판]'과 ⓒ의 '삶[삼:]'은 각각 거센소리
되기와 자음군 단순화가 일어난 단어로, 음운 변동
의 결과가 표기에 반영되지 않아 Ⓐ에 해당하므로
적절하지 않다.

855) ②

선택 비율	① 3%	② 78%	③ 6%	④ 4%	⑤ 10%

해 : 유음 탈락은 용언의 활용 과정에서 'ㄹ'로 끝나는 용
언의 어간 뒤에 'ㄴ, ㅂ, ㅅ'으로 시작하는 어미가 결
합하거나 어미 '-오'가 결합할 때, 단어의 형성 과정
에서 'ㄴ, ㄷ, ㅅ, ㅈ' 앞에 'ㄹ'이 있을 때 그 'ㄹ'이
탈락하는 현상이다.
[오답풀이] ① 유음 탈락은 '발등', '철새'와 같은 단어에서 확인
할 수 있듯이 단어의 형성 과정에서 'ㄹ'이 'ㄴ, ㄷ,
ㅅ, ㅈ' 앞에서 탈락하지 않는 경우도 있으므로, 동
일한 음운 환경에 놓여 있다 하더라도 필수적으로
일어나는 현상은 아니다. ③ 'ㄹ'로 끝나는 용언의
어간 뒤에 모음으로 시작하는 어미 '-오'가 결합할
경우 'ㄹ'이 탈락한다. ④ 'ㅎ'의 탈락은 'ㅎ'으로 끝
나는 용언의 어간 뒤에 모음으로 시작하는 어미나
접미사가 결합할 때 일어난다. ⑤ 'ㅎ'이 탈락하는
경우와 'ㅎ'과 다른 자음이 만나 축약되는 경우 모두
음운 변동 결과가 표기에 반영되지 않는다.

856) ①

선택 비율	① 48%	② 5%	③ 18%	④ 25%	⑤ 4%

해 : ⓐ는 어간 '살-'에 어미 '-ㅂ니다'가 결합하여 '삽니다'로 활용되어 'ㄹ'이 탈락한 경우에 해당한다. 어미 '-ㅂ니다'는 'ㄴ'으로 시작하는 어미가 아니다.

857) ⑤

선택 비율	① 8%	② 11%	③ 8%	④ 11%	⑤ 59%

해 : 현대 국어에서 표준 발음으로 인정되는 구개음화는 음절 끝소리가 'ㄷ, ㅌ'인 형태소가 단모음 'ㅣ'로 시작하는 조사나 접사 같은 형식 형태소와 결합하여 'ㅈ, ㅊ'으로 변하는 경우나, 음절 끝소리가 'ㄷ'이고 뒤에 접사 '-히-'가 올 때 'ㄷ'과 'ㅎ'이 축약되어 'ㅌ'이 되고 이것이 구개음 'ㅊ'으로 되는 경우이다. '끝인사'를 [끄친사]로 발음하지 않는 이유는 '끝' 뒤에 붙는 '인사'가 형식 형태소가 아니기 때문이다.

[오답풀이] ① '같이'를 [가치]로 발음하는 이유는 표준 발음으로 인정되는 'ㄷ-구개음화'가 일어나기 때문이다. ② '많지만'을 [만치만]으로 발음하는 이유는 자음 축약이 일어나기 때문이다. 이 경우는 현대 국어에서 표준 발음으로 인정되는 구개음화의 사례가 될 수 없다. ③ '맏이'를 [마디]로 발음하지 않는 이유는 'ㄷ-구개음화'가 일어난 [마지]가 표준 발음으로 인정되기 때문이다. ④ '곁으로'를 [겨트로]로 발음하지 않는 이유는 연음하여 발음한 [겨트로]가 표준 발음이기 때문이다. 이 경우 현대 국어에서 표준 발음으로 인정되는 구개음화의 사례가 될 수 없다.

858) ③

선택 비율	① 6%	② 9%	③ 51%	④ 19%	⑤ 13%

해 : '김시'의 '시'는 과거에도 초성의 자음이 'ㅅ'이었다. 그러므로 '김치'의 '치'에서 구개음화가 일어나지 않은 것은 '치'의 본래 모음이 'ㅣ'였기 때문이라는 이해는 적절하지 않다

[오답풀이] ① 피동화음이 'ㄷ, ㅌ, ㄸ'인 경우는 'ㄷ-구개음화'에 해당하므로 '딤치'가 '짐치'로 변하는 과정에서 일어난 구개음화는 'ㄷ-구개음화'에 해당한다. ② '딤치'의 '딤'이 '짐치'의 '짐'으로 변한 것이므로 '딤치'가 '짐치'로 변하는 과정에서 일어난 구개음화는 형태소 내부에서 일어났다. ④ 언중은 '짐치'를 'ㄱ-구개음화'가 일어난 형태라고 생각했기 때문에 '김치'로 교정했을 것이다. ⑤ 'ㄷ' 뒤에 오는 모음이 원래 'ㅣ'가 아닌 다른 모음이었던 단어들에는 과거에 구개음화가 일어나지 않았다. 그러므로 '김치'의 본래 형태가 '딤치'였고 형태소 내부에서의 'ㄷ-구개음화'가 사라진 후에 'ㅢ'가 'ㅣ'로 변화했다면 구개음화는 일어나지 않았을 것이다.

859) ①

선택 비율	① 72%	② 4%	③ 7%	④ 6%	⑤ 8%

해 : 4문단에 따르면 '믿는'의 '믿-'은 비음인 'ㄴ' 앞에 평파열음인 'ㄷ'이 올 수 없어 '민-'으로 교체되었으므로 자동적 교체에 해당한다. 5문단에 따르면 '안고'는 비음으로 끝나는 어간 '안-' 뒤에서 '-고'가 '-꼬'로 교체되는 경우로, '-고'는 비음인 'ㄴ' 뒤에 'ㄱ, ㄷ, ㅈ'과 같은 자음이 오지 못해 '-꼬'로 교체된 것이 아니므로 비자동적 교체에 해당한다.

860) ②

선택 비율	① 5%	② 52%	③ 14%	④ 20%	⑤ 7%

해 : ⓑ의 '책'은 환경에 따라 '책이[채기]', '공책은[공채근]', '책도[책또]'에서는 [책]으로 '책만[챙만]'에서는 [챙]으로 실현된다. 따라서 '책'은 기본형을 따로 정할 필요가 없는 경우에 해당하는 것이 아니라, 이형태가 복수로 존재하여 기본형을 정해 주는 경우에 해당한다.

[오답풀이] ① ⓐ의 '닭'은 환경에 따라 [닥], [당] 등으로 실현되며 상보적 분포를 보인다. ⑤ ⓔ의 '잎'은 환경에 따라 [입], [임] 등으로 실현되므로 이들을 대표할 수 있는 형태인 '잎'을 기본형으로 설정한다.

861) ①

선택 비율	① 62%	② 4%	③ 3%	④ 18%	⑤ 11%

해 : '쌓던'은 거센소리되기가 우선적으로 적용되어 [싸턴]으로 발음되며, 거센소리되기는 음운 변동의 유형 중 축약에 해당한다.

[오답풀이] ② '잃고'는 어간 말 'ㅎ'과 어미의 첫소리 'ㄱ'이 결합하여 'ㅋ'으로 바뀌는 거센소리되기가 일어나 [일코]로 발음된다. ③ '끓이다'는 어근 '끓-' 뒤에 접미사 '-이-'가 결합한 경우이므로, 'ㅎ'이 탈락하고 'ㄹ'이 뒤 음절의 첫소리로 연음되어 [끄리다]로 발음된다. ④ '칡하고[치카고]'는 겹받침 'ㄺ'에서 'ㄹ'이 탈락하고 'ㄱ'과 'ㅎ'이 만나 'ㅋ'으로 바뀌는 축약이 일어난다. '하찮은[하차는]'은 'ㅎ' 탈락이 일어난다. 따라서 공통적으로 일어난 음운 변동은 탈락이다. ⑤ '먹히다[머키다]'는 'ㄱ'과 'ㅎ'이 만나 'ㅋ'으로 바뀌는 축약이 일어나고, '끓고서[끈코서]'는 'ㅎ'과 'ㄱ'이 만나 'ㅋ'으로 바뀌는 축약이 일어난다. 따라서 각각 음운 변동이 한 번씩만 일어난 것이다.

862) ①

선택 비율	① 65%	② 6%	③ 7%	④ 11%	⑤ 8%

해 : ⓐ는 받침 'ㅈ'이 'ㄷ'으로 교체되고 'ㄷ'과 'ㅎ'이 만나 거센소리 'ㅌ'으로 바뀐 것이므로 ㉡에 따른 것이라고 할 수 있다.

[오답풀이] ② ⓑ는 'ㅈ'과 'ㅎ'이 곧바로 합쳐져 'ㅊ'으로 바뀐 것이므로 ㉠에 따른 것이라고 할 수 있다. ③ ⓒ는 겹받침 'ㄺ'에서 'ㄹ'이 탈락하고 'ㄱ'과 'ㅎ'이 만나 거센소리 'ㅋ'으로 바뀐 것이므로 ㉡에 따른 것이라고 할 수 있다. ④ ⓓ는 받침 'ㅈ'이 'ㄷ'으로 교체되고 'ㄷ'과 'ㅎ'이 만나 'ㅌ'으로 바뀐 것이므로 ㉡에 따른 것이라고 할 수 있다. ⑤ ⓔ는 겹받침 'ㄼ'의 'ㅂ'이 접미사 '-히-'의 'ㅎ'과 곧바로 합쳐져 'ㅍ'으로 바뀐 것이므로 ㉠에 따른 것이라고 할 수 있다.

863) ③

선택 비율	① 10%	② 10%	③ 44%	④ 12%	⑤ 21%

해 : '읊다'의 '읊'은 종성에 오는 두 자음 중 하나가 탈락하고, 남은 자음은 교체되어 '읍'으로 발음되므로 ㉠과 ㉡이 모두 적용되었다. 그러나 음절 유형에는 변화가 없으므로 ⓐ에 해당한다는 설명은 적절하지 않다.

[오답풀이] ① '흙화덕[흐콰덕]'은 '흙'에서 종성의 두 자음 중 하나가 탈락하여 '흑'으로 발음되므로 ㉠이 적용되었고, 축약으로 인해 첫 번째 음절 유형이 달라져 ⓐ에 해당하므로 적절하다. ② '낱알[나:달]'은 '낱'에서 종성이 교체되어 '낟'으로 발음되므로 ㉡이 적용되었고, 연음으로 모든 음절 유형이 달라져 ⓑ에 해당하므로 적절하다. ④ '솜이불[솜:니불]'은 종성에서 탈락과 교체가 일어나지 않으므로 ㉠과 ㉡ 중 어떤 것도 적용되지 않고, 'ㄴ'첨가로 두 번째 음절 유형이 달라져 ⓐ에 해당하므로 적절하다. ⑤ '훑어[훌터]'는 '훑'의 종성에서 탈락과 교체가 일어나지 않으므로 ㉠과 ㉡ 중 어떤 것도 적용되지 않고, 연음으로 두 번째 음절 유형이 달라져 ⓑ에 해당하므로 적절하다.

864) ①

선택 비율	① 65%	② 6%	③ 7%	④ 11%	⑤ 8%

해 : '삭막[상막]'은 앞 음절 종성의 공명도가 뒤 음절 초성의 공명도보다 낮으므로 앞 음절 종성 'ㄱ'이 'ㅇ'으로 바뀌어 ㉣가 일어났고, '공론[공논]'은 앞 음절 종성의 공명도가 뒤 음절 초성의 공명도보다 낮으므로 뒤 음절 초성 'ㄹ'이 'ㄴ'으로 바뀌어 ㉥가 일어났으므로 적절하다.

865) ⑤

선택 비율	① 3%	② 8%	③ 9%	④ 10%	⑤ 71%

해 : 자음군 단순화는 겹받침 뒤에 모음으로 시작하는 형식 형태소가 오면 일어나지 않지만, 모음으로 시작하는 실질 형태소가 오면 일어난다(3, 4문단).

[오답풀이] ① 자음군 단순화는 음절 끝에서 하나의 자음만 발음될 수 있다는 음절 구조 제약에 의해 일어난다(1문단). ② 'ㅎ'으로 끝나는 용언의 어간 뒤에 모음으로 시작하는 어미나 접미사가 결합하면 'ㅎ' 탈락이 일어난다(6문단). ③ 겹받침 뒤에 아무런 형태소가 오지 않는 경우 자음군 단순화가 일어난다(2문단). ④ 자음군 단순화가 일어날 때, 같은 자음군이라도 탈락하는 자음의 위치는 조건에 따라 달라질 수 있다(5문단).

866) ③

선택 비율	① 25%	② 7%	③ 52%	④ 11%	⑤ 4%

해 : '넓다[널따]'는 자음군 단순화가 일어나, 뒤 자음이 탈락한 것으로, ㉠에 해당한다. '긁는[긍는]'은 자음군 단순화가 일어나, 앞 자음이 탈락한 후 비음화가 일어난 것으로, ㉡에 해당한다.

[오답풀이] '밖을[바끌]'은 자음군 단순화가 일어나지 않고, 된소리 'ㄲ'이 연음된다. '참삶[참삼]'은 자음군 단순화가

일어나 앞 자음이 탈락하고, 다른 음운 변동은 함께 일어나지 않는다.

867) ②

선택 비율	① 6%	② 69%	③ 10%	④ 8%	⑤ 7%

해 : '이웃에게'를 발음할 때, [이우데게]라는 비표준 발음이 나타나는 이유는 '이웃'의 'ㅅ'을 음절의 끝소리 규칙을 적용해 [ㄷ]으로 교체한 후 표준 발음법 제13항을 적용하였기 때문이다. '이웃에게'는 홑받침이 모음으로 시작된 형식 형태소와 결합하는 경우에 해당하므로 표준 발음법 제13항에 따라 [이우세게]로 발음해야 한다.

[오답풀이] ① '맏이'에 [마디]라는 비표준 발음이 나타나는 이유는 표준 발음법 제13항만을 적용하였기 때문이다. '맏이'는 구개음화를 적용해 [마지]로 발음해야 한다. ③ '안팎을'에 [안파글]이라는 비표준 발음이 나타나는 이유는 '안팎'의 'ㄲ'을 음절의 끝소리 규칙을 적용해 [ㄱ]으로 교체한 후 표준 발음법 제13항을 적용하였기 때문이다. '안팎을'은 표준 발음법 제13항만을 적용해 [안파끌]로 발음해야 한다. ④ '숯을'에 [수틀]이라는 비표준 발음이 나타나는 이유는 '숯'의 'ㅊ'을 음절의 끝소리 규칙을 적용해 [ㄷ]으로 교체한 후 표준 발음법 제13항을 적용하였기 때문이다. '숯을'은 표준 발음법 제13항만을 적용해 [수츨]로 발음해야 한다. ⑤ '숱이'에 [수티]라는 비표준 발음이 나타나는 이유는 표준 발음법 제13항만을 적용하였기 때문이다. '숱이'는 구개음화를 적용해 [수치]로 발음해야 한다.

868) ②

선택 비율	① 8%	② 69%	③ 9%	④ 4%	⑤ 9%

해 : [A]에 언급된 표준 발음법 제11항에 따르면, 겹받침 'ㄺ'은 'ㄱ'을 제외한 자음 앞에서 [ㄱ]으로 발음해야 한다. 따라서 '맑다'는 [막따]로 발음해야 한다.

[오답풀이] ① 표준 발음법 제10항에 따르면, 겹받침 'ㄼ'은 자음 앞에서 [ㄹ]로 발음해야 하므로 '넓다'는 [널따]로 발음해야 한다. ③ 표준 발음법 제11항에 따르면, 용언의 어간 말음 'ㄺ'은 'ㄱ' 앞에서 [ㄹ]로 발음해야 하므로 '묽고'는 [물꼬]로 발음해야 한다. ④ 표준 발음법 제14항에 따르면, 겹받침이 모음으로 시작된 형식 형태소와 결합되는 경우에는 뒤엣것만을 뒤 음절 첫소리로 옮겨 발음해야 하고, 이 경우 'ㅅ'은 된소리로 발음해야 하므로 '몫이'는 [목씨]로 발음해야 한다. ⑤ 표준 발음법 제14항에 따르면, 겹받침이 모음으로 시작된 형식 형태소와 결합되는 경우에는 뒤엣것만을 뒤 음절 첫소리로 옮겨 발음해야 하므로 '여덟이'는 [여덜비]로 발음해야 한다.

869) ⑤

선택 비율	① 5%	② 4%	③ 9%	④ 10%	⑤ 70%

해 : 15세기 국어에서는 양성 모음으로 끝난 어간에 붙는 연결 어미 '-아'가 'ㅎ-' 뒤에서 '-야'로 바뀌었다. 현대 국어에서도 '하-' 뒤에서는 '-여'가 나타난다. 활용형을 구성하는 모음의 조합을 보면 'ㄱ독ㅎ야'는 모음

조화를 지키고 있으나, 현대 국어의 '가득하여'는 모음 조화를 지키고 있지 않으므로, ㉠과 ㉡을 모두 확인할 수 있는 예로 적절하지 않다.

[오답풀이] ① 15세기 국어와 현대 국어에서 용언 어간 '알-'의 모음이 양성 모음이므로 어미 '-아'가 선택된 것이다. '아라'는 '알아'를 연철 표기한 것이다. ② 15세기 국어와 현대 국어에서 용언 어간 '먹-'의 모음이 음성 모음이므로 어미 '-어'가 선택된 것이다. '머거'는 '먹어'를 연철 표기한 것이다. ③ 15세기 국어에서는 '끼오-'의 끝음절 모음이 양성 모음이므로 어미 '-아'가 선택된 것이고, 현대 국어에서는 '깨우-'의 끝음절 모음이 음성 모음이므로 어미 '-어'를 선택한 것이다. 따라서 모두 모음 조화를 지킨 사례로 볼 수 있다. ④ 15세기 국어에서 용언 어간 '쓰-'의 끝음절 모음이 음성 모음이므로 어미 '-어'가 선택된 것이고, 현대 국어에서도 '쓰-'의 끝음절 모음이 음성 모음이므로 어미 '-어'가 선택된 것이다.

870) ④

선택 비율	① 6%	② 6%	③ 8%	④ 68%	⑤ 10%

해 : 주어진 글에서 조사 '와'와 '과'는 모음 조화가 적용되지 않았다고 설명하고 있다. '와'와 '과'의 모음은 'ㅘ'로 동일하므로 모음 조화가 적용되는 이형태가 아니다. 따라서 17세기에 모음 조화의 약화에 따라 조사 사용에 혼란이 있었음을 '초와'와 '파과'를 통해 확인하는 것은 적절하지 않다.

[오답풀이] ① '겨슬'의 'ㅕ'와 'ㅡ'는 음성 모음에 해당하고, 'ㅎ르'의 'ㆍ'는 양성 모음이다. 따라서 한 단어 내에서 모음 조화가 잘 지켜졌음을 확인할 수 있다. ② '오술'은 체언 '옷'에 목적격 조사 '을'이 결합한 것이고, '쥭을'은 체언 '쥭'에 목적격 조사 '을'이 결합한 것이다. '오술'은 양성 모음끼리 결합한 것이고, '쥭을'은 음성 모음끼리 결합한 것이므로 체언에 목적격 조사가 결합할 때 모음 조화가 지켜졌음을 확인할 수 있다. ③ 'ㅎ더라'에서 '-더-'가 양성 모음을 지닌 'ㅎ-' 뒤에 결합되어 있는 것으로 보아 용언 어간에 '-더-'가 결합할 때에는 모음 조화가 적용되지 않았음을 확인할 수 있다. ⑤ 'ㄴ뮳'과 'ㄴ믈'의 차이는 둘째 음절의 'ㆍ'가 'ㅡ'로 변한 것이다.

871) ③

선택 비율	① 4%	② 7%	③ 53%	④ 7%	⑤ 26%

해 : 비음화, 자음 축약(거센소리되기)과 같은 현상은 음운과 관련된 조건만으로 규칙성을 파악할 수 있다. 파열음인 예사소리 뒤에서 일어나는 된소리되기도 마찬가지이다. 그런데 용언 어간 말 비음 뒤에서 일어나는 된소리되기는 용언의 어간과 어미라는 형태소와 관련된 조건까지 필요하다. <보기>의 ⓑ는 발음될 때 파열음인 예사소리 뒤에서 일어나는 된소리되기가 일어나고 ⓒ는 자음 축약이 일어난다. 이 두 현상은 모두 음운과 관련된 조건만 필요한 음운 변동이다.

[오답풀이] ① 장애음과 비음이 이어지거나 예사소리인 파열음 뒤에 예사소리가 이어질 때에는 자연스럽게 발음하기가 어려워 예외 없이 음운 변동이 일어난다. ② 국어

에서 규칙적으로 일어나는 음운 변동은 표준 발음에 반영한다. ④ 자음 축약이 일어날 때에는 형태소와 관련된 조건이 필요 없다. ⑤ '뜯기-'는 어간이며, 예사소리인 파열음 뒤에서 된소리되기가 일어난다.

872) ④

선택 비율	① 9%	② 10%	③ 11%	④ 59%	⑤ 9%

해 : 예사소리인 파열음 뒤에서 일어나는 된소리되기는 예외 없이 일어나는 음운 변동이다. 따라서 '국수'로 적더라도 발음은 [국쑤]로 하게 된다. 이 점을 고려하여 한글 맞춤법에서는 '국수, 몹시'와 같은 단어를 제5항에 '다만' 규정을 두어 발음에서 나는 된소리를 예사소리로 적게 하고 있다.

[오답풀이] ① 두 모음 사이라는 음운과 관련된 조건만으로는 된소리되기를 설명할 수 없다. 그래서 한글 맞춤법 제5항에는 뚜렷한 까닭 없이 된소리가 일어나는 조건으로 '두 모음 사이'를 제시하고 있다. ② 예사소리인 파열음 뒤에서 일어나는 된소리되기는 규칙적인 현상이다. ③ '딱닥'으로 적어도 발음은 예외 없이 [딱딱]이 된다. 그러나 한글 맞춤법에서는 제5항의 '다만' 규정과 제13항을 두어 '딱딱'으로 적게 하고 있다. ⑤ '잔뜩'은 부사이며, 한글맞춤법 제5항에 'ㄴ, ㄹ, ㅁ, ㅇ' 받침 뒤에서 뚜렷한 까닭 없이 된소리가 나는 단어로 제시되어 있다.

873) ②

선택 비율	① 4%	② 77%	③ 5%	④ 7%	⑤ 4%

해 : 축약이란 두 개의 음운이 합쳐져 하나의 음운으로 줄어드는 현상을 말한다. 국어에서는 'ㅎ'과 예사소리 'ㄱ, ㄷ, ㅂ, ㅈ'이 만나면 거센소리로 축약되는 현상이 일어난다. <보기>의 밑줄 친 ㉣은 그중에서도 용언의 어간 받침 'ㅎ' 뒤에 예사소리 'ㄱ, ㄷ, ㅈ'으로 시작되는 어미가 올 때 일어나는 축약을 가리키고 있다. ②에서 어간 '놓-'과 어미 '-기'가 결합하여, 용언 어간 말음의 'ㅎ'과 어미의 'ㄱ'이 거센소리로 축약되었다.

[오답풀이] ① '한몫[한목]'을 발음할 때, 종성에 있는 자음군에서 자음 하나가 탈락하므로 ㉡이 일어난다. ③ '끓지[끌치]'를 발음할 때, 용언 어간 말음의 'ㅎ'과 뒤에 오는 어미의 'ㅈ'이 'ㅊ'으로 축약되므로 ㉣이 일어난다. ④ '값할[가팔]'을 발음할 때, 종성의 자음군에서 자음 하나가 탈락하므로 ㉡이 일어난다. 'ㅂ'과 'ㅎ'의 축약이 일어나지만 용언 어간 말음 'ㅎ' 뒤에 'ㄱ, ㄷ, ㅈ'으로 시작하는 어미가 결합할 때 일어나는 축약은 아니다.

874) ①

선택 비율	① 54%	② 16%	③ 7%	④ 11%	⑤ 9%

해 : ㉮에서는 '하눓'에 조사 '이'가 붙어 '하눌히'로 연음되었으므로 음운의 개수에 변동이 없다. 그러나 ㉯에서는 '하눓'의 말음인 'ㅎ'과 뒤에 오는 '도'의 'ㄷ'이 'ㅌ'으로 축약되어 '하눌토'로 나타났으므로, 음운의 개수가 줄어들었다.

[오답풀이] ② '하눓'과 '하눌' 모두 'ㅎ'은 실현되지 않았으며, '하눓'은 관형격 조사 'ㅅ'이 결합되어 있는 것이다. ③ '하눌토'에서 'ㅌ'은 '하눓'의 말음인 'ㅎ'과 뒤에 오는 조사 '도'의 'ㄷ'이 축약되어 나타난 것이므로,

'ㅎ'의 존재를 알 수 있다. ④ '하눐'은 관형격 조사 'ㅅ'이 결합한 것으로, 'ㅎ'이 실현되지 않았다. ⑤ '하눓'에 조사 '도, 과'가 결합하면 'ㅎ'과 'ㄷ, ㄱ'이 축약되어 '하눌토, 하눌콰'로 나타났다.

875) ④

| 선택 비율 | ① 1% | ② 4% | ③ 1% | ④ 90% | ⑤ 1% |

해 : '몫'은 [목]으로 발음되므로 발음을 기준으로 할 때 '목'과 '몫'은 '자음+모음+자음'의 같은 음절 유형에 해당한다.

[오답풀이] ① '싫증'은 싫은 생각이나 느낌을 뜻하는 말로, 실제 발음은 [실쯩]이지만 소리대로 적지 않고 '싫증'으로 표기한다. 이는 단어의 의미를 효과적으로 전달하기 위해 첫 글자인 '싫'의 형태를 고정하여 표기한 것이다. ② '북소리'의 실제 발음은 [북쏘리]이지만 '북소리'로 표기하며, '국물'의 실제 발음은 [궁물]이지만 '국물'로 표기한다. 이는 표기가 실제 발음을 그대로 드러내지 않는 경우의 예에 해당한다. ③ '나뭇잎[나문닙]'의 마지막 음절은 [닙]이고, '잎새[입쌔]'의 첫 음절은 [입]이므로, 실제 발음대로라면 '나뭇잎'의 마지막 음절과 '잎새'의 첫 음절은 같지 않다. 그런데 표기된 글자 하나하나를 '음절'이라고 인식하는 관습을 규칙으로 하여 끝말잇기가 이루어질 때는 '나뭇잎'의 '잎'과 '잎새'의 '잎'을 각각 '음절'이라고 받아들여 '나뭇잎' 뒤에 '잎새'를 연결할 수 있는 것이다. ⑤ '북어[부거]'의 음절 유형은 [부]의 경우 '자음+모음', [거]의 경우 '자음+모음'에 해당하므로, 표기 형태인 '북어'가 음절 유형을 그대로 나타내지 않는 경우의 예에 해당한다. '강변[강변]'의 음절 유형은 [강]의 경우 '자음+모음+자음', [변]의 경우 '자음+모음+자음'에 해당하므로, 표기 형태인 '강변'에 음절 유형이 그대로 나타나는 경우의 예에 해당한다.

876) ②

| 선택 비율 | ① 5% | ② 76% | ③ 7% | ④ 5% | ⑤ 5% |

해 : '옷만 → 옫만 → [온만]'에서는, 'ㅅ → ㄷ'으로 음절 구조 제약과 관련된 교체가 한 번(음절의 끝소리 규칙), 'ㄷ → ㄴ'(비음화)으로 음절 구조 제약과 무관한 교체가 한 번 일어난다.

[오답풀이] ① '굳이[구지]'에는 음절 구조 제약과 무관한 교체인 구개음화가 한 번 일어난다. ③ '물약[물략]'에는 음절 구조 제약과 무관한 첨가인 'ㄴ' 첨가가 한 번, 음절 구조 제약과 무관한 교체인 유음화가 한 번 일어난다. ④ '값도[갑또]'에는 음절 구조 제약(종성에는 둘 이상의 자음이 올 수 없다는 제약)과 관련된 탈락인 자음군 단순화가 한 번, 음절 구조 제약과 무관한 교체인 된소리되기가 한 번 일어난다. ⑤ '핥는[할른]'에는 음절 구조 제약(종성에는 둘 이상의 자음이 올 수 없다는 제약)과 관련된 탈락인 자음군 단순화가 한 번, 음절 구조 제약과 무관한 교체인 유음화가 한 번 일어난다.

877) ⑤

| 선택 비율 | ① 6% | ② 2% | ③ 2% | ④ 1% | ⑤ 86% |

해 : '부릴'의 어간은 실제 발음에서 나타나는 형태인 '부리-'를 대표 형태로 선택해 표기한 것이므로 적절하지 않다.

[오답풀이] ① '들어'의 발음은 [드러]로, 음운 변동 없이 연음된 것이므로 적절하다. ② '더운'과 '덥고'는 어간의 의미가 같지만 어간을 '더우-'와 '덥-'의 두 가지 형태로 적은 것이므로 적절하다. ③ '여름'과 '장마'는 표준어를 발음되는 대로 표기한 것이므로 적절하다. ④ '끝이'를 '끄치'로 적지 않고 '끝'이라는 대표 형태를 선택하여 표기한 것은 의미 파악을 위해 어법에 맞도록 한다는 원칙에 따라 적은 것이므로 적절하다.

878) ②

| 선택 비율 | ① 2% | ② 82% | ③ 5% | ④ 3% | ⑤ 6% |

해 : 대표 형태가 '달-'이라면 [달코]와 [달치만]을 음운 변동으로 설명할 수 없지만, 대표 형태가 '닳-'이라면 [달코]와 [달치만]을 축약으로 설명할 수 있으므로 적절하다.

879) ③

| 선택 비율 | ① 1% | ② 3% | ③ 91% | ④ 3% | ⑤ 3% |

해 : 거센소리되기의 경우, 순행적 거센소리되기와 역행적 거센소리되기 모두 표준 발음으로 인정된다.

[오답풀이] ② 자음군 단순화는 대부분의 방언에서 일어난다. ④ 'ㅚ', 'ㅟ'가 있는 단어는 표준 발음으로 발음하더라도 사람에 따라 다르게 발음할 수 있다.

880) ⑤

| 선택 비율 | ① 1% | ② 3% | ③ 5% | ④ 4% | ⑤ 88% |

해 : '읊는[음는]'은 발음할 때, 음절의 끝소리 규칙, 비음화, 자음군 단순화가 일어난다. 표준 발음법 제18항에서 받침 'ㄿ'을 명시하고 있으므로, 제18항이 적용되는 예로 '읊는[음는]'을 제시할 수 있다.

[오답풀이] ① '창밖[창박]'은 음절의 끝소리 규칙만 일어난다. ② '읽고[일꼬]'를 발음할 때, 거센소리되기는 일어나지 않는다. ③ '끓고[끈코]'는 순행적 거센소리되기가 일어난다. ④ 표준 발음법 제12항의 [붙임 1]은 역행적 거센소리되기와 관련된다.

881) ④

| 선택 비율 | ① 2% | ② 3% | ③ 3% | ④ 87% | ⑤ 5% |

해 : '쓰 + 어[써]'의 경우처럼 '본뜨 + 어[본떠]'에서도 '으'가 탈락하는 음운 변동이 일어나며 이는 표기에 반영된다. '닳 + 아서[다라서]'에서는 'ㅎ' 탈락이 일어나는데 이는 표기에 반영되지 않는다.

[오답풀이] ① 세 번째 문단에서 '르' 불규칙 활용과 '러' 불규칙 활용 모두 표기에 반영된다고 하였기 때문에 불규칙 활용 용언의 어간과 어미를 원래 형태대로 적는다는 진술은 적절하지 않다. ② 첫 번째 문단에서 '쌓다'의 예를 들어 '쌓+고[싸코]'에서는 거센소리되기, '쌓+아[싸아]'에서는 'ㅎ' 탈락, '쌓 + 는[싼는]'에서는 음절의 끝소리 규칙과 비음화가 적용된다고 하

였다. 따라서 용언의 어간이 여러 어미와 결합할 때 한 가지 음운 변동만 일어난다는 진술은 적절하지 않다. ③ '날+니[나니]'의 경우처럼 '풀+니[푸니]'에서도 'ㄹ' 탈락이 일어나며 이는 표기에 반영된다. ⑤ '(정상에) 이르다'는 어미 '어'가 '러'로 바뀌어 '이르러'로 활용하는 '러' 불규칙 용언이다. '(주의 사항을) 이르다'는 모음으로 시작하는 어미와 결합할 때 어간이 '일ㄹ'로 바뀌어 '일러' 등으로 활용하는 '르' 불규칙 용언이다. '러' 불규칙 활용은 어미가 불규칙하게 변하는 경우이며, '르' 불규칙 활용은 어간이 불규칙하게 변하는 경우이다.

882) ②

선택 비율	① 2%	② 66%	③ 11%	④ 18%	⑤ 3%

해 : '(회사에) 다녀'는 '다니+어'의 음절이 줄어 '다녀'가 된다는 점에서 ㉡의 사례로 적절하다. 그러나 '어울리려고'는 '어울리+려고'로 분석되어 모음 '아/어'로 시작하는 어미와 결합하는 경우가 아니기 때문에 ㉡의 사례로 적절하지 않다.

[오답풀이] ① '꼬+아서[꽈:서]'와 '보+아서[봐:서]' 모두 어간 말 모음 '오'가 반모음 'w'로 교체된 경우(㉠)에 해당한다. ③ '버티+어'가 [버티여]로 발음되는 경우는 어미 '어'에 반모음 'j'가 첨가된 것이므로 ㉢의 사례로 적절하다. 그러나 '잇다'는 'ㅅ' 불규칙 용언이기 때문에 활용에서 이러한 현상이 일어나지 않는다. ④ '나무라+아서[나무라서]'는 어간 말 모음이 '아/어'인 경우의 동일 모음 탈락(㉣)의 사례이다. 그러나 '따라서'의 어간 '따르-'는 어간 말 모음이 '으'이기 때문에 ㉣의 사례에 해당 하지 않는다. ⑤ '담그+아[담가]', '모으+아[모아]'는 어간 말 모음 '으'가 탈락하는 경우이기 때문에 ㉤의 사례로 적절하다.

883) ④

선택 비율	① 7%	② 4%	③ 8%	④ 78%	⑤ 2%

해 : 3문단에 따르면 등급 반의어는 한쪽 단어의 긍정이 다른 쪽 단어의 부정을 함의하지만, 이것의 역(逆)은 성립하지 않는다. 따라서 '영수 집은 학교에서 가깝다.'에서 '가깝다'를 부정하면 '가깝지 않다'가 되는데, 이때 '가깝지 않다'고 해서 반드시 '멀다'는 것은 아니므로 '멀다'의 의미와 동일하다는 추론은 적절하지 않다.

[오답풀이] ① '좋다/나쁘다'는 등급 반의어이므로, 2문단에 근거하여 '올해는 사과의 품질이 작년보다 더 좋다.'와 같이 비교 표현을 쓸 수 있다. ② '무겁다/가볍다'는 등급 반의어이므로, 2문단에 근거하여 사람들이 생각하는 가방의 무게는 다를 수 있다. ③ '멀다/가깝다'는 등급 반의어이므로, 2문단에 근거하여 '기차역은 여기에서 아주 멀다.'와 같이 정도 부사의 수식을 받을 수 있다. ⑤ 4문단에 따르면 등급 반의어의 경우 '중간 정도'에 해당하는 부분을 나타내는 별도의 말이 존재하기도 한다. '뜨겁다/차갑다'는 등급 반의어로 중간 정도를 나타내는 별도의 말인 '미지근하다'가 존재한다.

884) ②

선택 비율	① 3%	② 71%	③ 3%	④ 20%	⑤ 1%

해 : ⓐ, ⓑ의 '오다/가다'는 등급 반의어가 아닌 방향 반의어이다. ⓒ, ⓓ의 '크다/작다'는 등급 반의어이다. 어떤 대상의 크기에 대한 사전 지식이 없어서 대상의 '크거나 작은 정도'를 물을 때, '문학관이 작아?'보다 '문학관이 커?'와 같이 묻는 것이 일반적이다. 즉, '크다'(ⓒ)가 '작다'에 비해 언어적으로 더 일반적인 경향을 나타내는 의미로 쓰인다. ⓔ, ⓕ의 '길다/짧다'는 등급 반의어이다. 어떤 대상의 길이에 대한 사전 지식이 없어서 대상의 '길거나 짧은 정도'를 물을 때, '줄이 짧아?'보다 '줄이 길어?'와 같이 묻는 것이 일반적이다. 즉, '길다'(ⓔ)가 '짧다'에 비해 언어적으로 더 일반적인 경향을 나타내는 의미로 쓰인다.

885) ②

선택 비율	① 3%	② 75%	③ 9%	④ 10%	⑤ 2%

해 : 1문단에서 하의어는 상의어보다 의미 성분의 수가 많다고 하였다. '조류'는 '참새', '제비', '꿩'에 대해서는 상의어이므로 '조류'는 '참새', '제비', '꿩'보다 의미 성분의 수가 적다.

[오답풀이] ① 1문단에서 하의어일수록 그 단어가 지시하는 지시 대상의 범위가 좁아진다고 하였다. '동물'은 '어류'에 대해 상의어이므로 '동물'이 지시하는 지시 대상의 범위가 '어류'보다 더 넓다. ④ 3문단에서 반의어는 나머지 의미 성분을 공유하고 단 하나의 의미 성분에 대해서만 차이를 가지는 단어라고 하였다. '아버지'와 '어머니'는 반의어이므로 '성별'이라는 의미 성분을 제외한 나머지 의미 성분을 공유하고 있다. ⑤ 1문단에서 상의어와 하의어의 관계는 단어에 따라 상대적이라고 하였다. '조류'는 '동물'에 대해서 하의어이고 '제비'에 대해서는 상의어이기 때문에 상하 관계의 상대성을 파악할 수 있다.

886) ①

선택 비율	① 78%	② 12%	③ 8%	④ 1%	⑤ 1%

해 : [A]에는 '벽이나 못 따위에 어떤 물체를 떨어지지 않도록 매달아 올려놓다.'의 의미로 쓰인 '걸다'의 반의어인 '떼다'가 와야 한다. [B]에는 '자물쇠, 문고리를 채우거나 빗장을 지르다.'의 의미로 쓰인 '걸다'를 사용한 '대문에 빗장을 걸었다.'나 '문에 자물쇠를 걸지 않았다.'와 같은 예문이 와야 한다. [C]에는 '기계 장치가 작동되도록 하다.'의 의미로 쓰인 '걸다'의 반의어인 '끄다'가 와야 한다.

887) ③

선택 비율	① 4%	② 4%	③ 72%	④ 9%	⑤ 9%

해 : 상하 관계에서는 하의어들이 상의어의 의미를 이어받아 상의어를 의미적으로 함의한다. 즉 상의어보다 의미 자질이 많은 하의어가 상의어를 의미적으로 함의한다는 것이다. 제시된 사전 내용에 비추어 볼 때, '기구'는 '악기'의 상의어이고, '악기'는 '북'의 상의어이다. 그러므로 '악기'는 '기구'를 의미적으로 함의하고

‘북’은 ‘악기’를 의미적으로 함의한다고 볼 수 있다.
[오답풀이] ① 상의어일수록 일반적이고 포괄적인 의미를 지니며 하의어일수록 구체적이고 한정적인 의미를 지닌다. ‘타악기’는 ‘실로폰’의 상의어로서 ‘실로폰’보다 포괄적인 의미를 갖는다고 볼 수 있다. ② ‘타악기’가 ‘두드려서 소리를 내는 악기’라는 의미를 가지고 있음에 비추어 볼 때, ‘북’은 ‘타악기’의 하의어에 해당하므로 [두드림]이라는 의미 자질을 가진다고 볼 수 있다. ④ 공하의어는 상의어인 어떤 단어에 대해 같은 계층에 있는 하의어를 일컫는 말이다. 제시된 사전의 내용을 통해 볼 때 ‘기구-악기-타악기-심벌즈’라는 상하 관계를 만들어 낼 수 있으므로, ‘타악기’와 ‘심벌즈’는 모두 ‘기구’의 하의어에 해당하지만 ‘기구’의 공하의어에는 해당하지 않는다고 볼 수 있다. ⑤ 하의어는 상의어보다 의미 자질을 더 가져 의미 자질 개수가 더 많다. ‘악기’의 사전 풀이에 비추어 볼 때 ‘현악기’와 ‘관악기’는 ‘악기’의 공하의어에 해당함을 알 수 있는데, 이를 통해 ‘현악기’와 ‘관악기’가 ‘악기’의 상의어인 ‘기구’보다 의미 자질의 개수가 더 많다고 볼 수 있다.

888) ①

선택 비율	① 69%	② 20%	③ 3%	④ 2%	⑤ 3%

해 : 비양립 관계와 상보적 반의 관계를 모두 만족시키는 단어 쌍을 찾는 문항이다. 비양립 관계와 상보적 반의 관계를 모두 만족시키기 위해서는 하나의 상의어가 같은 계층의 두 단어만을 공하의어로 포함하면서 그 두 단어들이 양립하지 않으며 반대의 의미를 나타내야 한다. <보기>의 문맥에서 ‘지구의 양극’이라는 표현으로 보아 ‘북극’과 ‘남극’은 ‘극’이라는 상의어에 대해 공하의어이다. 그리고 ‘북극’이면서 동시에 ‘남극’인 경우는 없어 비양립 관계가 성립하고, ‘극’이 ‘북극’과 ‘남극’만을 공하의어로 포함하면서 ‘북극’과 ‘남극’이 반대의 의미를 나타내는 상보적 반의 관계도 성립하고 있으므로 ㉠과 ㉡을 모두 만족시키는 단어 쌍에 해당한다.
[오답풀이] ② 상의어를 ‘계절’로 본다면 ‘여름’과 ‘겨울’은 공하의어이고, ‘여름’이면서 동시에 ‘겨울’일 수는 없어 비양립 관계가 성립한다. 하지만 ‘계절’에는 ‘봄’, ‘가을’이라는 하의어도 있어 상보적 반의 관계에는 해당하지 않는다. ③ 상의어를 ‘조류’로 본다면 ‘펭귄’과 ‘갈매기’는 공하의어이고, ‘펭귄’이면서 동시에 ‘갈매기’일 수는 없어 비양립 관계가 성립한다. 하지만 ‘조류’에는 ‘닭’, ‘오리’ 등과 같은 하의어도 있어 상보적 반의 관계에는 해당하지 않는다. ④ ‘여름’과 ‘계절’은 공하의어에 해당하지 않아 비양립 관계도 성립하지 않고, 상보적 반의 관계에도 해당하지 않는다. ⑤ 상의어를 ‘동물’로 본다면 ‘개’와 ‘갈매기’는 공하의어이고 ‘개’이면서 동시에 ‘갈매기’일 수는 없어 비양립 관계가 성립한다. 하지만 ‘동물’에는 ‘펭귄’, ‘닭’, ‘오리’ 등과 같은 하의어도 있어 상보적 반의 관계에는 해당하지 않는다.

889) ③

선택 비율	① 6%	② 3%	③ 72%	④ 7%	⑤ 10%

해 : ‘예전’의 ‘도야지’는 돼지의 새끼를 나타내는 개념이고, 지금의 ‘돼지’는 돼지 전체를 나타내는 개념이다.

[오답풀이] ① ‘예전’의 ‘도야지’에 해당하는 개념은 ‘돝(돼지)의 새끼’인데, 이 개념은 지금도 존재한다. ② ‘예전’의 ‘돝’은 돼지이고, ‘도야지’는 돼지의 새끼이기 때문에 ‘돝’이 ‘도야지’의 하의어라는 진술은 적절하지 않다. ④ ‘예전’에는 ‘돝’, ‘도야지’가 모두 쓰였기 때문에 지금의 ‘어린 돼지’에 해당하는 어휘적 빈자리가 없었다. ⑤ ‘예전’의 ‘도야지’의 개념은 돼지의 새끼인데, 지금은 이를 나타내기 위해 ‘아기 돼지, 새끼 돼지’처럼 단어가 아닌 구를 사용한다.

890) ①

선택 비율	① 82%	② 8%	③ 4%	④ 2%	⑤ 1%

해 : ㄱ에서 학생 1이 두 번째, 세 번째 사위를 구별하여 가리키는 단어가 없어 이들을 ‘둘째 사위, 셋째 사위’라고 입력하는 것은 단어가 아닌 구를 만들어 어휘적 빈자리를 채우는 첫 번째 방식의 사례로 적절하다.
[오답풀이] ㄴ에는 ‘꿩’의 새끼를 나타내는 단어로 ‘꺼병이’가 존재하므로 이는 어휘적 빈자리가 존재하는 경우로 적절하지 않다. 한편 ㄷ은 ‘금성’의 고유어인 ‘개밥바라기’와 ‘샛별’ 중 ‘샛별’을 택하는 내용으로, 이 역시 어휘적 빈자리를 보여주는 예로 적절하지 않다.

891) ⑤

선택 비율	① 2%	② 2%	③ 16%	④ 9%	⑤ 69%

해 : ‘눈’의 중심 의미는 ‘감각 기관’이고, ‘눈이 나빠지다’의 ‘눈’은 ‘시력’을 뜻하는 주변 의미이다. 3문단의 내용을 고려할 때, 주변 의미는 기존의 의미보다 추상성이 강화되는 경향이 있다고 하였다. ‘눈’의 기존 의미인 ‘감각 기관’에 비해, 확장된 주변 의미인 ‘시력’이라는 의미가 ‘더 구체적’이라는 추론은 적절하지 않다.
[오답풀이] ① 1문단에 따르면 중심 의미는 일반적으로 주변 의미보다 언어 습득의 시기가 빠르다. ‘별’은 중심 의미가 ‘천체의 일부’이고, 주변 의미가 ‘군인의 계급장’이기 때문에 ①은 추론 가능한 진술이다. ② 1문단에 따르면 중심 의미는 일반적으로 주변 의미보다 사용 빈도가 높다. ‘앉다’는 중심 의미가 ‘착석하다’이고, 주변 의미가 ‘직위나 자리를 차지하다’이기 때문에 ②는 추론 가능한 진술이다. ③ 4문단에 따르면 다의어의 중심 의미와 주변 의미는 서로 관련성을 갖는다. 그런데 ‘결론에 이르다’의 ‘이르다’와 ‘포기하기에는 아직 이르다’의 ‘이르다’ 사이에는 의미적 관련성이 없기 때문에 이 둘은 중심 의미와 주변 의미의 관계로 볼 수 없다. ④ 2문단에 따르면 다의어가 주변 의미로 사용되었을 때는 문법적 제약이 나타나기도 한다. ‘팽이가 돌다/팽이를 돌리다’에 쓰인 ‘돌다’에 비해 ‘군침이 돌다’에 쓰인 ‘돌다’는 사동형 ‘군침을 돌리다*’가 불가능한 문법적 제약을 지닌다. 이를 감안할 때, ‘군침이 돌다’의 ‘돌다’는 주변 의미로 사용된 것이라는 추론이 가능하다.

892) ②

선택 비율	① 4%	② 58%	③ 4%	④ 15%	⑤ 17%

해 : 민수가 말한 ‘빚쟁이’는 ‘남에게 돈을 빌려준 사람’을 뜻하는 반면, 영희가 말한 ‘빚쟁이’는 ‘빚을 진 사람’

을 뜻한다. 즉 다의어 '빚쟁이'의 의미들이 서로 대립적 관계를 맺고 있는 것이다. 마찬가지로, 영희가 말한 '금방'은 '말하고 있는 시점보다 바로 조금 전에'를 뜻하는 반면, 민수가 말한 '금방'은 '말하고 있는 시점부터 바로 조금 후에'를 뜻한다. 즉 다의어 '금방'의 의미들이 서로 대립적 관계를 맺고 있는 것이다.

[오답풀이] 영희가 말한 '돈'과 민수가 말한 '돈'은 둘 다 '화폐'를 뜻한다는 점에서 ㉠의 예로 적절하지 않다. 마찬가지로, '이틀 뒤에'의 '뒤'와 '발표 끝난 뒤에'의 '뒤'는 둘 다 '시간이나 순서상으로 다음이나 나중'을 뜻한다는 점에서 ㉠의 예로 적절하지 않다.

893) ④

선택 비율	① 47%	② 7%	③ 5%	④ 32%	⑤ 6%

해 : '새해맞이'의 '새해'는 관형사 '새'가 후행 명사 '해'를 수식하는 것으로 ㉠을 충족한다. 또한 '새해맞이'는 '새해를 맞이하는 일'이라는 의미를 나타내므로 ㉡을 충족하며 단어의 구성 요소들이 의미상 목적어와 서술어의 관계를 이룬다. 한편 '한몫하다'의 '한몫'은 관형사 '한'이 후행 명사 '몫'을 수식하는 것으로 분석되어 ㉠을 충족하고, '한몫하다'는 '한몫을 하다'라는 의미를 나타내므로 단어의 구성 요소들이 의미상 목적어와 서술어의 관계를 이뤄 ㉡을 충족한다.

[오답풀이] '두말없이'의 '두말'은 관형사 '두'가 후행 명사 '말'을 수식하는 것으로 분석되어 ㉠을 충족하지만, '두말없이'는 '두말이 없이'라는 의미를 나타내므로 단어의 구성 요소들이 의미상 주어와 서술어의 관계를 이루기에 ㉡을 충족하지 않는다. '숨은그림찾기'는 '숨은그림을 찾다'라는 의미를 나타내므로 단어의 구성 요소들이 의미상 목적어와 서술어의 관계를 이뤄 ㉡을 충족하지만, '숨은그림찾기'의 '숨은그림'에서는 관형사가 아닌 동사 어간 '숨-'에 어미 '-은'이 결합한 형태의 '숨은'이 후행 명사 '그림'을 수식해 ㉠을 충족하지 않는다.

894) ③

선택 비율	① 4%	② 5%	③ 84%	④ 3%	⑤ 2%

해 : '수세미'는 그릇을 닦을 때 쓰이기도 하던 특정 식물을 지칭하는 기존의 의미에 오늘날에는 공장에서 만들어져 나오는 일반적인 의미의 '설거지 도구'라는 새로운 의미가 더해진 사례이다. 그러나 '총각'은 '머리를 땋아 갈라서 틀어 맴'이라는 기존의 의미가 사라지고 오늘날에는 그 의미가 '결혼하지 않은 성년 남자'로 변화된 사례이다.

[오답풀이] ① 일상의 단어였던 '메주'를 사용하여 '치즈'를 '소젖메쥬'로 표현했듯이, 일상의 단어였던 '연지'를 사용하여 '립스틱'을 '입술연지'로 표현한 것이다. ② '총각, 부대찌개'에 과거의 관습과 시대의 흔적이 담겨 있듯이, '변사'에도 무성 영화가 상영되었던 당대의 시대상이 반영되어 있다. ④ '원어기-전화기'의 사례처럼 '가죽띠-허리띠'도 대상에 대한 인식이 다를 때 그것을 표현하는 단어가 달라지기도 함을 보여 주는 사례이다. ⑤ '양반'은 원래 조선 시대의 특

정 신분을 가리키는 말이었다는 점에서 신분 구분이 있었던 당시의 시대상을 반영하고 있다.

895) ②

선택 비율	① 2%	② 70%	③ 7%	④ 7%	⑤ 11%

해 : '그 책을 줘.'의 '그'는 관형사이고 '그는 여기 있다.'의 '그'는 대명사로, 두 단어는 모두 형태 변화가 없는 불변어이지만 품사가 동일하지 않으므로 적절하지 않다.

[오답풀이] ① '반드시'와 '반듯이'는 모두 [반드시]로 발음되어 소리가 같지만 표기가 다르므로 적절하다. ③ '전등을 갈다.'의 '갈다'와 '칼을 갈다.'의 '갈다'는 모두 동사로 품사가 동일하고, 모두 '갈고, 갈아, 가니, 가오'와 같이 활용하여 활용하는 양상이 언제나 동일하므로 적절하다. ④ '커튼을 걷다.'의 '걷다'는 '걷고, 걷어, 걷으니'와 같이 활용하고 '비를 맞으며 걷다.'의 '걷다'는 '걷고, 걸어, 걸으니'와 같이 활용하여, 활용하는 양상이 언제나 동일하지는 않으므로 적절하다. ⑤ '한 사람이 왔다.'의 '한'은 관형사이고, '힘이 닿는 한 돕겠다.'의 '한'은 명사로 품사가 동일하지 않으므로 적절하다.

896) ①

선택 비율	① 77%	② 13%	③ 4%	④ 2%	⑤ 2%

해 : '누르다 1'은 동사이고 '누르니, 눌러'와 같이 활용하며, '누르다 2'는 형용사이고 '누르니, 누르러'와 같이 활용하여, 두 단어는 품사가 다르고 활용 양상이 언제나 동일하지는 않다. 또 '이르다 1'은 동사이고 '이르니, 이르러'와 같이 활용하며, '이르다 2'는 형용사이고 '이르니, 일러'와 같이 활용하므로 두 단어는 품사가 다르고 활용 양상이 언제나 동일하지는 않다. 그러나 '이르다 1'과 '이르다 3'은 모두 동사이고 '이르니, 일러'와 같이 활용하여 활용 양상이 동일하며, '바르다 1'과 '바르다 2' 또한 모두 동사이고 '바르니, 발라'와 같이 활용하여 활용 양상이 동일하다. 따라서 ㉠에 해당하는 예는 '누르다 1과 2, 이르다 1과 2'이다.

897) ④

선택 비율	① 5%	② 2%	③ 8%	④ 69%	⑤ 14%

해 : ⓐ의 '얼마'는 대상을 알지 못함을 나타내며 명사이다. ⓑ의 '무슨'은 대상이 정해지지 않아 불분명함을 나타내며 관형사이다. ⓒ의 '언제'는 대상이 정해지지 않아 불분명함을 나타내며 부사이다. ⓓ의 '어떤'은 맥락에 따라 대상을 알지 못하거나 대상이 정해지지 않아 불분명함을 나타내며 관형사이다. 따라서 ⓑ, ⓒ는 불분명함을 나타내며 품사는 서로 다르다.

898) ⑤

선택 비율	① 13%	② 28%	③ 9%	④ 23%	⑤ 28%

해 '어보세요.'는 가족 사이에, 특히 아들에게 일반적으로 사용할 법한 표현은 아니다. ㉰에서는 이들의 생각에 주의를 주는 정도의 특수한 의도를 가지고 상황에 어울리지 않는 호칭어를 쓰고 있다.

[오답풀이] ① ㉮는 '아들'이 '엄마'를 부르는 호칭어이고, ㉯는

'아빠'가 '아내'를 부르는 호칭어이다. ㉮와 ㉲는 화자와의 관계에 따라 같은 대상에 대한 호칭어가 달라지는 사례이다. ② ㉯은 사적 관계에 있고 비격식적인 상황에서 대상을 이름이나 친족어 등으로 이르거나 부를 수 있음을 보여 주는 사례이다. ㉰와 ㉳에서 화자와 대상의 친족 관계는 각각 조카와 이모, 형부와 처제로 다르지만 동일한 친족어를 사용하여 대상을 지칭하고 있다. 그러나 ㉳는 ㉰에 접미사 '-님'이 결합된 복합적 형식이라는 점에서 ㉰와 ㉳를 같은 형식으로 보기는 어렵다. ③ 제시된 상황은 가족 간의 대화 장면이므로 공적이고 격식적인 상황이라고 보기 어렵다. ④ ㉱은 공적 관계에 있고 격식적인 대화 상황에서 공적인 직위나 지위 등을 사용하여 대상을 이르거나 부를 수 있음을 보이는 사례인데, 제시된 상황은 가족 간의 대화 장면이므로 공적이고 격식적인 상황이라고 보기 어렵다. 또한 ㉱는 호칭어가 아니라 지칭어이다.

899) ⑤

선택 비율	① 3%	② 3%	③ 6%	④ 5%	⑤ 81%

해 : ⓕ의 '거기'는 앞서 영선의 발화에 언급된 '작년에 같이 갔던 수목원'을 대신하는 대용 표현이다.

[오답풀이] ① ⓐ는 '주말 나들이 장소 정하기'라는 담화 주제에서 벗어난 내용이므로 담화의 완결성을 떨어뜨리고 있다. ② ⓑ의 '거기'는 앞서 영선의 발화에 언급된 '놀이동산'을 대신하는 대용 표현이다. ③ ⓒ의 '여기'와 ⓓ의 '거기'는 발화 간의 관련성을 높이는 형식적 장치로서, 형태는 다르지만 모두 선희가 보여 준 사진 속의 동일한 장소 '해수욕장'을 가리킨다. ④ ⓔ의 '그리고'는 앞과 뒤의 발화를 대등하게 이어 주는 접속 부사이다.

900) ④

선택 비율	① 2%	② 3%	③ 9%	④ 80%	⑤ 4%

해 : '(할아버지께) 과일(을) 좀 드리-'의 의미를 고려할 때, '드리고'의 '드리-'는 문장의 '객체'인 할아버지를 높이고 있다.

[오답풀이] ① '할아버지께서'의 '께서'는 주체를 높이는 주격 조사로, 문장의 주체인 할아버지를 높이고 있다. ② '할아버지께서 방에 계시-'의 의미를 고려할 때, '계셨구나'의 '계시-'는 문장의 주체인 할아버지를 높이고 있다. ③ '계셨구나'의 '-구나'는 화자가 문장의 주체인 할아버지가 방에 계신다는 사실을 새롭게 알게 되었다는 점을 나타내고 있다. ⑤ '오렴'의 '-렴'은 화자가 청자에게 '할아버지께 과일을 드리고 오는 행동'을 요구하는 의도를 드러내고 있다.

901) ⑤

선택 비율	① 9%	② 4%	③ 3%	④ 6%	⑤ 76%

해 : '그는 십 분 만에 선물 상자의 매듭을 풀었다.'에 쓰인 '풀다'의 문형 정보로 '【…을 】'이 제시된다.

[오답풀이] ① ②-「1」의 문형 정보로 '【…에 …을】'이 제시된다. ② 원칙적으로 서술어는 주어를 항상 요구하므로 문형 정보에는 주어를 제외한 필수적 문장 성분에 대

한 정보가 제시된다. ③ ①-「1」의 문형 정보로 '【…을 】'이 제시되며, ②-「1」의 문형 정보로 '【…에 …을 】'이 제시된다. ④ ①-「1」과 ①-「5」의 문형 정보로 '【…을 】'이 제시된다.

902) ①

선택 비율	① 86%	② 3%	③ 4%	④ 1%	⑤ 4%

해 : 밑줄 친 문장에서 서술어와 목적어가 호응하지 않으므로 ㉠에 들어갈 말로 적절한 것은 '목적어'이다. 국어사전에서 여기에 쓰인 '풀다'의 의미로 '액체에 다른 액체나 가루 따위를 섞다'가 제시되어 있으므로 ㉡에 들어갈 말로 적절한 것은 '액체나 가루 따위에 해당하는 말'이다.

903) ③

선택 비율	① 4%	② 3%	③ 61%	④ 3%	⑤ 27%

해 : '수'는 의존 명사이므로 실질 형태소, '만'과 '은'은 보조사이므로 형식 형태소이다. 따라서 형태를 밝히어 적었다.

904) ②

선택 비율	① 3%	② 57%	③ 10%	④ 14%	⑤ 12%

해 : '높이'는 용언의 어간 '높-'에 접미사 '-이'가 붙어서 부사로 된 경우이므로 ㉡의 예에 해당한다.

905) ③

선택 비율	① 11%	② 28%	③ 34%	④ 12%	⑤ 12%

해 : '콧날'은 '코'와 '날'이 결합해 [콘날]로 발음되므로 '뒷말의 첫소리 'ㄴ, ㅁ' 앞에서 'ㄴ' 소리가 덧나는 경우'에 해당하기 때문에 적절하지 않다.

[오답풀이] ④ '우윳빛'은 한자어 '우유'와 고유어 '빛'이 결합된 형태이고, '오렌지빛'은 외래어 '오렌지'와 고유어 '빛'이 결합된 형태이다. '오렌지빛'은 '우윳빛'과 달리 '외래어가 포함된 합성어'로 사이시옷을 표기하지 않는 경우에 해당하기 때문에 적절하다. ⑤ '모래땅'은 '모래'와 '땅'이 결합된 형태로 뒷말의 첫소리가 본래 된소리이다. '모랫길'은 '모래'와 '길'이 결합하여 [모래낄/모랟낄]로 발음되므로 '뒷말의 첫소리가 된소리로 바뀌는 경우'에 해당하여 사이시옷이 표기된 것이므로 적절하다.

906) ①

선택 비율	① 73%	② 6%	③ 17%	④ 1%	⑤ 1%

해 : '해'와 '살'이 결합할 때, 이때의 '살'은 [탐구 자료]의 '살²'에 해당하는 명사이므로 ㉠은 합성어이다. 합성어에서 뒷말의 첫소리가 된소리로 바뀌는 경우 사이 시옷을 표기하는데, '해'와 '살'이 결합할 때, 뒷말의 첫소리가 된소리로 바뀌므로 ㉠에 들어갈 말은 '햇살'이다. '해'와 '님'이 결합할 때, 이때의 '님'은 [탐구 자료]의 '-님⁴'에 해당하는 접사이므로, ㉡은 파생어이다. 합성어와 달리 접사가 결합하여 만들어진 단어인 파생어에는 사이시옷이 표기되지 않으므로 '해님'의 형태가 적절하다. 따라서 ㉡에 들어갈 말은 '해님'이

고 ㉢에 들어갈 말은 '접사'이다.

907) ⑤

선택 비율	① 11%	② 3%	③ 9%	④ 3%	⑤ 72%

해 : 어근 '믿-'과 접미사 '-음'이 결합한 '믿음'은 형태소의 본모양을 밝혀 적은 말이다. 접미사 '-음'이 비교적 여러 어근에 결합하고, 결합한 후에도 어근의 본래 뜻이 유지되기 때문이다.

908) ③

선택 비율	① 7%	② 7%	③ 77%	④ 1%	⑤ 6%

해 : [A]에서 '지'는 어미 '-(으)ㄴ지, -(으)ㄹ지'의 일부일 때는 띄어 쓰지 않음을 확인할 수 있다. '무엇부터 해야 할 지를 모르겠다.'에서 '할 지'의 '지'는 어미 '-ㄹ지'의 일부이므로 '할지'라고 붙여 써야 한다.

[오답풀이] ① '동네 인심 한번 고약하구나.'에서 '한번'은 어떤 행동이나 상태를 강조하는 뜻을 나타내므로 '한번'이라고 써야 한다. ② '그를 만난 지도 꽤 오래되었다.'에서의 '지'는 시간의 경과를 나타내므로 앞말과 띄어 써야 한다. ④ '견우와 직녀는 일 년에 한 번 만난다.'에서 '번'이 일의 횟수를 나타내고 있으므로, '한 번'이라고 띄어 써야 한다. ⑤ '얼마나 부지런한지 세 명 몫의 일을 해낸다.'에서 '부지런한지'의 '지'는 어미 '-ㄴ지'의 일부이므로 붙여 써야 한다.

909) ①

선택 비율	① 88%	② 2%	③ 4%	④ 2%	⑤ 1%

해 : '부엌'의 발음은 [부억]이다. 이를 소리 나는 대로 적으면 '부억'이므로 적절하지 않다.

[오답풀이] ② 2문단에서 '이는 자음이나 모음과 같은 음소를 조합하여 다양한 말소리를 그대로 기호로 나타낼 수 있는 표음 문자인 한글'을 제시하고 있으므로 적절하다. ③ '모이'는 자음 'ㅁ'과 모음 'ㅗ'로 조합된 한 음절 '모'와 'ㅣ'로 된 한 음절 '이'를 소리 나는 대로 적은 것이므로 적절하다. ④ '웃으면'은 실질 형태소 '웃-'과 형식 형태소 '-으면'의 경계가 드러나도록 어법에 맞게 표기한 경우이므로 적절하다. ⑤ '갈비탕을 시켜 먹었다'와 '갈비탕을 식혀 먹었다'를 소리 나는 대로 적으면 '시켜'와 '식혀'의 의미 구별이 어려우므로 적절하다.

910) ②

선택 비율	① 4%	② 69%	③ 5%	④ 5%	⑤ 18%

해 : ㉠ '걷다'는 본말 '거두다'의 어간에서 끝음절의 모음 'ㅜ'가 줄어들고 자음 'ㄷ'만 남는 경우로, 자음 'ㄷ'을 앞 음절 '거'의 받침으로 적은 준말이므로 적절하다. ㉣ '갖고'는 본말 '가지고'의 어간에서 끝음절의 모음 'ㅣ'가 줄어들고 자음 'ㅈ'만 남는 경우로, 자음 'ㅈ'을 앞 음절 '가'의 받침으로 적은 준말이므로 적절하다.

[오답풀이] ㉡ '저녁놀'은 본말 '저녁노을'이 체언 '저녁'과 체언 '노을'이 결합한 말로 본말이 어간과 어미가 결합한 말이 아니므로 적절하지 않다. ㉢ '돼'는 본말 '되어'의 어간 '되-'와 어미 '-어'가 줄어든 말로 본말의 어간에서 끝모음의 모음이 줄어들고 자음만 남는 경

우가 아니므로 적절하지 않다. ㉤ '엊그저께'는 본말 '어제그저께'가 체언 '어제'와 체언 '그저께'가 결합한 말로 본말이 어간과 어미가 결합한 말이 아니므로 적절하지 않다.

911) ⑤

선택 비율	① 2%	② 3%	③ 1%	④ 3%	⑤ 88%

해 : 소리대로 적은 것은 발음 형태대로 적은 것을 의미한다. 하늘의 발음은 [하늘]로 발음 형태대로 표기한 것이므로 소리대로 적은 것에 해당한다.

912) ⑤

선택 비율	① 6%	② 7%	③ 5%	④ 13%	⑤ 67%

해 : 제시문에서 '이[齒]'가 합성어에서 '니'로 소리가 날 경우에는 어근의 의미 유지와 관계없이 '니'로 적는다고 하였다. 따라서 합성어인 '사랑니'의 경우 어근인 이[齒]는 본래의 의미를 유지하고 있지만 이와 관계없이 [니]로 소리가 나기 때문에 '사랑니'로 적은 것이다.

913) ③

선택 비율	① 21%	② 18%	③ 37%	④ 12%	⑤ 10%

해 : '뜯어먹다'는 '뜯어'와 '먹다' 사이에 '서'를 넣을 수 있으므로 ㉠에 해당하여 사전에 표제어로 실리지 않는다.

[오답풀이] ① '헌가방'은 '헌 내 가방'과 같이 중간에 다른 말이 끼어들 수 있으므로 ㉠에 해당하며 사전에 표제어로 실리지 않는다. ② '놓고가다'는 '놓고'와 '가다' 사이에 '서'를 넣을 수 있으므로 ㉠에 해당하며 사전에 표제어로 실리지 않는다. ④ '뜬소문'은 '근거 없이 떠도는 소문'이라는 의미로 중간에 다른 말이 끼어들면 의미가 변하므로 ㉡에 해당하여 사전에 표제어로 실린다. ⑤ '알아듣다'는 '남의 말을 듣고 그 뜻을 알다'의 의미로 구성 요소의 배열이 순차적이지 않아 ㉢에 해당하는 합성어이며, 합성어는 사전에 표제어로 실리므로 적절하다.

914) ③

선택 비율	① 18%	② 8%	③ 33%	④ 11%	⑤ 28%

해 : '읽는데'의 '데'는 데 「의존 명사」 「2」의 '일'이나 '것'의 의미이며 '읽는'이라는 용언의 관형사형인 관형어의 수식을 받고 있는 의존 명사이므로 '읽는'과 '데' 사이를 띄어 '읽는∨데'로 써야 한다.

[오답풀이] ② '가는데'의 '데'는 뒤 절에서 비가 오기 시작한 것을 설명하기 위하여 상관되는 상황인 '학교에 가는 상황'을 미리 말하기 위해 사용한 연결 어미 '-는데'의 일부이다. 따라서 어간 '가-'에 '-는데'라는 어미가 결합한 것이므로 '가는데'로 붙여 써야 한다.

915) ⑤

선택 비율	① 2%	② 7%	③ 3%	④ 4%	⑤ 81%

해 : 3문단에서 '둘 이상의 구성 성분으로 이루어진 표제어에는 가장 나중에 결합한 구성 성분들 사이에 붙임표가 한

번만 쓰인다.'라는 진술을 확인할 수 있다. 따라서 '논둑'과 '길'이 결합한 '논둑길'의 표제어는 '논둑-길'임을 알 수 있다. 또한 이를 통해 '논둑'과 '길'이 가장 나중에 결합했다는 정보를 확인할 수 있다.

[오답풀이] ① '맨발'에서 분석되는 접두사는 '맨-'이다. 2문단에서 접사는 언제나 다른 말과 결합해야 하므로 붙임표가 쓰여 표제어로 오른다는 점을 확인할 수 있다. ② '나만 비를 맞았다.'에서 쓰인 격 조사는 목적격 조사 '를'이다. 2문단에서 조사는 자립적으로 쓰이지 않지만 단어이므로 조사가 표제어로 오를 때에는 그 앞에 붙임표가 쓰이지 않는다는 점을 확인할 수 있다. ③ '저도 학교 앞에 삽니다.'에서 쓰인 동사는 '삽니다'이며, '삽니다'의 어간은 '살-'이다. 2문단에서 용언은 어간에 '-다'가 결합한 기본형이 표제어가 된다. 용언 어간은 자립적으로 쓰이지 않지만 용언 어간 '살-'과 어미 '-다' 사이에는 붙임표가 쓰이지 않는다는 점을 확인할 수 있다. ④ 3문단에서 복합어의 붙임표는 구성 성분들을 반드시 붙여 써야 한다는 점을 확인할 수 있다.

916) ④

선택 비율	① 2%	② 4%	③ 5%	④ 81%	⑤ 4%

해 : 4~6문단에서는 기원적으로 두 구성 성분이 결합한 단어이지만 붙임표가 쓰이지 않는 경우를 '현대 국어에서 새로운 단어를 만들지 못하는 접미사(생산력이 낮은 접미사)가 결합한 경우'와 '단어의 의미가 어근이나 어간의 본뜻과 멀어진 경우'로 나누어 설명하고 있다. <보기>의 '자주'는 '같은 일을 잇따라 잦게'라는 뜻풀이에서도 알 수 있듯이 어원이 되는 용언 '잦다'와 의미적 연관성을 지니고 있으나 현대 국어에서 새로운 단어를 만들지 못하는 접미사 '-우(잦- + -우)'가 쓰인 경우이므로 전자에 해당한다. <보기>의 '조차', '차마', '부터'는 각각 '좇다', '참다', '붙다'의 본뜻과 의미가 멀어진 것으로, ㉠에 해당하는 단어들이다.

[오답풀이] ①, ③, ⑤. '자주'는 '같은 일을 잇따라 잦게'라는 의미를 갖는 부사이고 '잦다'는 '잇따라 자주 있다'라는 의미를 가지므로 의미상 연관성이 존재한다는 점에서 단어의 의미가 어근이나 어간의 본뜻과 멀어지지 않은 경우에 해당한다.

917) ④

선택 비율	① 7%	② 4%	③ 13%	④ 67%	⑤ 7%

해 : '(잡초를) 베-+-었-+-다'와 '(베개를) 베-+-었-+-다'가 어울려 줄 적에는 한글 맞춤법 제34항 [붙임 1]의 적용을 받는다. 즉 어간 끝 모음 'ㅐ, ㅔ' 뒤에 '-어, -었-'이 어울려 줄 적에는 준 대로 적을 수 있다. 그러므로 준말의 형태인 '벴다'로 적어도 한글 맞춤법에 어긋나지 않는다.

918) ③

선택 비율	① 15%	② 6%	③ 69%	④ 4%	⑤ 3%

해 : '서툴다(←서투르다)는 모음 'ㅡ'가 줄어들고 남은 자음 'ㄹ'을 앞 음절의 받침으로 적은 준말이다. 그리고 모음 어미 '-어, -었-'이 결합된 형태의 준말의 활용

형 '*서툴어, *서툴었다'는 모두 표준어로 인정되지 않는다. 또한 '머물다(←머무르다)는 모음 'ㅡ'가 줄어들고 남은 자음 'ㄹ'을 앞 음절의 받침으로 적은 준말이다. 그리고 모음 어미 '-어, -었-'이 결합된 형태의 준말의 활용형 '*머물어, *머물었다'는 모두 표준어로 인정되지 않는다.

919) ④

선택 비율	① 6%	② 4%	③ 13%	④ 74%	⑤ 3%

해 : '뒤집히다'는 접두사 '뒤-'와 피동 접사 '-히-'가 동시에 결합한 파생어이므로 '뒤집-히-다'와 같이 피동 접사 앞에 붙임표로 분석하여 표기한다.

[오답풀이] ① '1월'과 '9월'은 사전에 '일월'과 '구월'로 표기되므로 표제어가 가나다순으로 배열된다는 원칙에 따라 '1월'보다 '9월'이 먼저 제시된다. ② '새해'는 '새'와 '해'가 합쳐진 합성어이므로 '새-해'와 같이 붙임표로 분석하여 표기한다. ③ '비웃음'은 '비웃다'에 접사 '-음'이 결합한 파생어이므로 '비웃-음'과 같이 붙임표로 분석하여 표기한다. ⑤ '기쁨'은 '기쁘다'에 명사 파생 접미사 '-ㅁ'이 결합하여 만들어진 파생어이지만 '기쁘- + -ㅁ'과 같이 구성 성분이 음절로 나누어지지 않아 붙임표를 따로 제시하지 않고 '기쁨'으로 표기한다.

920) ③

선택 비율	① 5%	② 8%	③ 80%	④ 4%	⑤ 4%

해 : 표제어가 동음이의어일 경우 어휘 형태, 문법 형태 순으로 배열하는 것이 원칙이며, 문법 형태 중에서는 어미, 접사의 순서로 배열하는 것이 원칙이다. 따라서 사전에는 명사 '이'가 가장 먼저 수록되어 있으며, 다음으로 어미 '-이'가 수록되어 있고, 마지막 순서로 접사 '-이-'가 수록되어 있다.

[오답풀이] ① 『표준국어대사전』은 흔히 쓰는 비표준어도 수록 대상으로 하고 있으며 비표준어 표제어의 경우 '→'를 활용하여 표준어의 뜻풀이를 참고하도록 안내하고 있으므로, '윗어른'은 비표준어이지만 사람들이 흔히 쓰고 있어서 선정된 표제어임을 알 수 있다. ② 표제어 배열에 있어 중성의 경우 'ㅙ, ㅟ, ㅣ'의 순서로 배열하고 있으므로 '왠지', '윗어른', '이상^결정'의 순서로 사전에 배열되어 있음을 알 수 있다. ④ 접사와 어미처럼 자립적으로 쓰이지 않고 반드시 다른 말과 결합해야 하는 표제어는 결합하는 부분에 '-'를 붙여 표시하고 있으므로, 어미 '-이'와 접사 '-이-'는 반드시 다른 말과 결합해야만 쓸 수 있는 표제어임을 알 수 있다. ⑤ 『표준국어대사전』에는 단어 이하의 단위만 수록하는 것이 원칙이지만 전문어의 경우 구까지도 수록하고 있으므로, '이상^결정'은 구이지만 전문어이기 때문에 표제어로 실려 있음을 알 수 있다.

921) ③

선택 비율	① 10%	② 10%	③ 61%	④ 8%	⑤ 9%

해 : '별내'[별래]에서는 초성 위치에 있는 'ㄴ'이 'ㄹ'의 뒤에서 동일한 조음 위치의 유음인 'ㄹ'로 바뀌는 유음

화가 일어난다. (나)를 고려할 때, '별내'[별래]의 로마자 표기는 'Byeollae'이다.
[오답풀이] ① '대관령'[대:괄령]의 로마자 표기는 'Daegwallyeong'이다. ② '백마'[뱅마]에서는 초성 위치가 아닌 종성 위치에서 비음화가 일어난다. ④ '삽목묘'[삼몽묘]에서는 두 종성 위치에서 비음화가 일어난다. ⑤ '물난리'[물랄리]의 로마자 표기는 'mullalli'이다.

922) ①

선택 비율	① 81%	② 3%	③ 3%	④ 8%	⑤ 2%

[해] : '곤란'[골:란]은 동화음 'ㄹ'이 피동화음 'ㄴ'에 후행하는 동화가 일어나며, 피동화음 'ㄴ'이 'ㄹ'로 바뀌어 동화음 'ㄹ'과 완전히 같아지는 동화가 일어난다. 그리고 '입문'[임문]은 동화음 'ㅁ'이 피동화음 'ㅂ'에 후행하는 동화가 일어나며, 피동화음 'ㅂ'이 'ㅁ'으로 바뀌어 동화음 'ㅁ'과 완전히 같아지는 동화가 일어난다.

923) ⑤

선택 비율	① 5%	② 5%	③ 7%	④ 12%	⑤ 69%

[해] : 1문단에서 일반적인 활용 규칙에서 어긋나는 경우에는 표음주의를 채택함을 알 수 있다. ㉤은 이에 해당하는 예로서, 어간에 어미 '-아'가 붙을 때 '갈라'와 같이 형태소의 본 모양을 밝혀 적지 않는 표음주의 표기를 하고 있으므로 적절하지 않다.
[오답풀이] ① ㉠인 '먹고'는 형태소 '먹-'과 '-고'가 합쳐진 것이고, 기본형 '먹다'는 형태소 '먹-'과 '-다'가 합쳐진 것이다. 따라서 '먹고'와 '먹다'는 각 형태소의 본 모양을 밝혀 적은 표의주의 표기를 하고 있으므로 적절하다. ② ㉡인 '좋아'는 어간인 '좋-'과 어미인 '-아'의 형태를 밝혀 적고 있는 표의주의 방식을 채택하고 있으므로 적절하다. ③ ㉢인 '사라지다'는 '살다'와 '지다'가 연결어미 '-아'에 의해 어울려 한 개의 용언이 된 합성어로, 앞말이 본뜻에서 멀어져서 원형을 밝혀 적지 않고 소리 나는 대로 적는 표음주의 표기를 하고 있으므로 적절하다. ④ ㉣인 '쉽다'는 어간에 어미 '-고'가 붙을 때는 '쉽고'와 같이 형태소의 본 모양을 밝혀 적는 표의주의 표기를 사용하고 있는데, 어간에 어미 '-으니'가 붙을 때는 '쉬우니'와 같이 형태소의 본 모양을 밝혀 적지 않는 표음주의 표기를 사용하고 있으므로 적절하다.

924) ①

선택 비율	① 61%	② 7%	③ 9%	④ 6%	⑤ 14%

[해] : ⓐ인 '노피'의 경우는 '높-'과 '-이'가 결합할 때 '높-'의 끝소리인 'ㅍ'이 '-이'의 첫소리로 옮겨 적는 이어적기를 하고 있는 예이다. 그러나 ⓑ인 '놉히'의 경우는 '높이'에서 'ㅍ'을 'ㅂ'과 'ㅎ'으로 나누어 표기하는 재음소화 표기에 해당하는 예이므로 이를 거듭적기라고 한 진술은 적절하지 않다.
[오답풀이] ② ⓑ인 '므레'는 체언 '믈'에 조사 '에'가 붙은 것으로, '믈'의 끝소리인 'ㄹ'이 '에'의 첫소리로 옮겨 적은 이어적기에 해당하므로 적절하다. ③ ⓒ인 '사룸이니'는 체언 '사룸'과 조사 '이니'가 결합할 때 형태소의 본 모양을 밝혀 적은 끊어적기에 해당하므로

적절하다. ④ ⓓ인 '도적글'은 '도적'의 끝소리인 'ㄱ'을 '을'의 첫소리에도 다시 적는 거듭적기에 해당하므로 적절하다. ⑤ ⓔ인 '붉은'은 어간 '붉-'과 어미 '-은'의 형태를 밝혀 적는 끊어적기에 해당하고, ⓕ인 '드러'는 어간 '들-'과 어미 '-어'가 결합할 때, '들-'의 끝소리 'ㄹ'이 '-어'의 첫소리로 옮겨 적은 이어적기에 해당하므로 적절하다.

925) ⑤

선택 비율	① 22%	② 8%	③ 11%	④ 2%	⑤ 55%

[해] : '차다'라는 하나의 말소리가 '(발로) 차다', '(날씨가) 차다', '(명찰)을 차다' 등의 다양한 의미에 대응하는 것은 말소리와 의미의 관계가 필연적이지 않고 자의적임을 보여 주는 언어의 자의성에 해당하는 사례이다.
[오답풀이] ① 언어를 통해 연속적인 대상이나 개념을 분절적으로 인식하는 언어의 분절성에 대한 사례이므로 적절하다. ②, ④ 말소리와 의미가 관습적으로 결합되어 있어 그 결합은 개인이 함부로 바꿀 수 없는 약속임을 보여 주는 언어의 사회성에 대한 사례이므로 적절하다. ③ 말소리와 의미의 관계가 필연적이지 않음을 보여 주는 언어의 자의성에 대한 사례이므로 적절하다.

926) ③

선택 비율	① 3%	② 8%	③ 74%	④ 10%	⑤ 3%

[해] : '싸다'는 '그 정도의 값어치가 있다'에서 '비용이 보통보다 낮다'로 의미가 이동했으며, 첫째 음절에서 'ㆍ'가 'ㅏ'로 바뀌어 음운의 변화로 인한 형태 변화를 겪었으므로 ㉠과 ㉡에 모두 해당한다.
[오답풀이] ① '어리다'는 의미 이동이 일어났으나 형태 변화는 일어나지 않은 단어이므로 적절하지 않다. ② '서울'은 음운이 변화로 인합 형태 변화가 일어났으나 의미가 확대된 단어이므로 적절하지 않다. ④ '마음'은 음운의 변화로 인한 형태 변화가 일어났으나 의미가 축소된 단어이므로 적절하지 않다. ⑤ '서로'는 유추에 의한 형태 변화가 일어난 단어이므로 적절하지 않다.

927) ④

선택 비율	① 8%	② 6%	③ 12%	④ 67%	⑤ 5%

[해] : '員(원)의'는 '員(원)'에 관형격 조사 '의'가 결합한 형태로 관형어이고, '지븨'는 '집'에 부사격 조사 '의'가 결합한 형태로 부사어이다. 따라서 관형어가 여러개 겹쳐서 사용된 것이 아니므로 적절하지 않다.
[오답풀이] ① '기픈'은 '깊-'에 관형사형 전성 어미 '-ㄴ'이 결합한 것으로, 현대 국어와 마찬가지로 용언 어간에 관형사형 전성 어미가 결합하여 관형어로 사용되었으므로 적절하다. ② '브르매'는 '브룸'과 부사격 조사 '애'가 결합한 것으로, 현대 국어와 달리 부사격 조사가 체언의 끝음절 모음이 양성인지 음성인지에 따라 서로 다른 형태가 사용되었으므로 적절하다. ③ '아니'는 부사로, 현대 국어와 마찬가지로 부사가 그 자체로 부사어로 사용되었으므로 적절하다. ⑤ '부텻'은 '부텨'에 관형격 조사 'ㅅ'이 결합한 것으로, 현대 국어와 달리 높임의 대상이 되는 유정 체

언과 결합할 때는 관형격 조사 'ㅅ'이 사용되었으므
로 적절하다.

928) ⑤

선택 비율	① 4%	② 12%	③ 8%	④ 4%	⑤ 70%

해 : '노력한'은 의존 명사 '만큼'을 수식하는 관형어이고, '취미로'는 서술어 '삼았다'가 필수적으로 요구하는 부사어이기 때문에 생략할 수 없으므로 각각 ㉠, ㉡에 해당하는 예이다.

[오답풀이] ① '회장으로'는 서술어 '주재하였다'가 필수적으로 요구하는 부사어가 아니므로 ㉡에 해당하지 않는다. ② '그'는 의존 명사를 수식하는 관형어가 아니므로 ㉠에 해당하지 않는다. ③ '마당에서'는 서술어 '뛰논다'가 필수적으로 요구하는 부사어가 아니므로 ㉡에 해당하지 않는다. ④ '나라의'는 의존 명사를 수식하는 관형어가 아니므로 ㉠에 해당하지 않는다.

929) ⑤

선택 비율	① 3%	② 4%	③ 2%	④ 11%	⑤ 77%

해 : '이제 나무 아래에서 낮잠은 다 잤다.'는 과거 시제 선어말 어미 '-았-'을 사용하였지만, 그 의미는 '앞으로는 나무 아래에서 낮잠을 잘 수 없다.'는 의미를 나타낸다. 따라서 사건시가 발화시 이후인 미래의 의미를 나타내므로 적절하지 않다.

[오답풀이] ① '나는 묘목을 심는다.'는 선어말 어미 '-는-'을 사용한 현재형 표현이므로 적절하다. ② '묘목이 자라면 나무 아래에서 잘 수 있겠지.'는 선어말 어미 '-겠-'을 사용하여 사건시가 발화시 이후임을 나타내므로 적절하다. ③ '나는 묘목을 심었었지.'는 선어말 어미 '-었었-'을 사용하여 시간적으로 거리가 먼 과거를 나타낸 표현이므로 적절하다. ④ '나는 나무 아래에서 자더라.'에는 선어말 어미 '-더-'가 사용되었는데, 주어가 1인칭인 경우에 '-더-'의 쓰임에 제약이 따르는 경우로 볼 수 있으므로 적절하다.

930) ⑤

선택 비율	① 12%	② 9%	③ 2%	④ 4%	⑤ 70%

해 : (마)의 '닐오리라'는 선어말 어미 '-리-'를 사용하여 미래의 의미를 나타내고 있는데, 선어말 어미 '-리-'는 현대 국어에서도 미래를 나타내기 위해 사용되고 있으므로 적절하지 않다.

[오답풀이] ① (가)의 '명종(命終)호라'는 시제를 나타내는 선어말 어미 없이 '죽었다'라는 과거의 의미를 나타내고 있으므로 적절하다. ② (나)의 '롱담ᄒᆞ다라'에서 선어말 어미 '-다-'는 1인칭 주어 '내'와 함께 쓰여 과거의 의미를 나타내고 있으므로 적절하다. ③ (다)의 '묻ᄂᆞ다'는 선어말 어미 '-ᄂᆞ-'가 쓰여 '묻는다'라는 현재의 의미를 나타내고 있으므로 적절하다. ④ (라)의 'ᄒᆞᄂᆞ니라'는 현재형 선어말 어미 '-ᄂᆞ-'가 사용되어 '하늘이며 사람 사는 땅을 다 모아서 세계'라고 하는 보편적 사실을 나타내고 있으므로 적절하다.

931) ③

선택 비율	① 7%	② 15%	③ 62%	④ 10%	⑤ 4%

해 : ㉠ '비가 오기'는 명사형 어미 '-기'가 붙어 만들어진 명사절로 목적격 조사와 결합하여 안은문장에서 목적어로 쓰인다. ㉡ '집에 가기'는 명사형 어미 '-기'가 붙어 만들어진 명사절로 부사격 조사 '에'와 결합하여 안은문장에서 부사어로 쓰인다. ㉢ '그는 1년 후에 돌아오기'는 명사형 어미 '-기'가 붙어 만들어진 명사절로 부사격 조사 '로'와 결합하여 안은문장에서 부사어로 쓰인다. ㉣ '어린 아이들은 병원에 가기'는 명사형 어미 '-기'가 붙어 만들어진 명사절로 안은문장에서 목적어로 쓰인다. 이때 목적격 조사는 생략되기도 한다. 따라서 ㉠과 ㉣은 안은문장에서 목적어로 쓰이는 명사절이고, ㉡과 ㉢은 안은문장에서 부사어로 쓰이는 명사절이다.

932) ②

선택 비율	① 15%	② 55%	③ 10%	④ 7%	⑤ 11%

해 : 중세 국어의 명사절은 명사형 어미 '-옴 / 움, -기, -디'가 붙어 만들어졌다. 중세 국어의 명사절도 안은문장에서 주어, 목적어, 부사어 등 다양한 문장성분으로 쓰였다. ⓐ '뿌메'는 'ᄡ+-움+-에'로 분석되며 음성 모음 아래에서 쓰이는 명사형 어미 '-움'이 결합된 명사절이다. ⓒ '부모를 현뎌케 홈'은 양성 모음 아래에서 쓰이는 명사형 어미 '-옴'이 붙어 만들어진 명사절이다. ⓓ '본향(本鄕)애 도라옴'에서는 양성 모음 아래에서 쓰이는 명사형 어미 '-옴'이 붙어 만들어진 명사절이다. ⓔ '가져 가디'는 명사형 어미 '-디'가 붙어 만들어진 명사절로 '가져 가디'는 '어려ᄫᅳ씨'의 주어로 쓰였다. 그러나 ⓑ는 명사절이 나타나지 않는다.

933) ④

선택 비율	① 12%	② 4%	③ 4%	④ 75%	⑤ 2%

해 : 중세 국어에서 앞말이 'ㅣ'모음으로 끝나면 주격 조사를 따로 표기하지 않았다. 따라서 앞말이 모음이라고 예외 없이 주격 조사 'ㅣ'가 사용되는 것은 아니다.

[오답풀이] ① 현대 국어의 주격 조사 중에는 중세 국어에서 사용하지 않았던 '가'가 있다. ② 주격 조사가 붙는 앞말이 'ㅣ' 모음으로 끝나면(음운 환경) 주격 조사를 따로 표기하지 않았다. ③ 현대 국어의 목적격 조사 형태는 '을 / 를'인데 중세 국어의 목적격 조사 형태는 '올 / 을 / 룰 / 를'이었다. ⑤ 중세 국어에서 앞말의 모음이 양성 모음일 때 목적격 조사로 '올 / 룰'을 사용하였고, 앞말이 자음으로 끝나면 '올 / 을'을 사용하였다. 따라서 앞말이 양성 모음이고 자음으로 끝났을 때 쓰이는 목적격 조사는 '올'임을 알 수 있다.

934) ①

선택 비율	① 61%	② 7%	③ 12%	④ 15%	⑤ 3%

해 : '거붑'은 동물이고 'ㅜ'가 음성 모음이기 때문에 관형격 조사로 '의'가 붙는다. '하늘'은 사람도 아니고 동물도 아니기 때문에 관형격 조사로 'ㅅ'이 붙는다.

935) ⑤

선택 비율	① 4%	② 16%	③ 20%	④ 9%	⑤ 48%

[해] : 15세기에 'ㅐ'는 'ㅏ'와 반모음 'ㅣ'가 결합한 이중 모음이었을 것으로 추정된다. 따라서 15세기 국어의 체언 '바'에 조사 '이'가 붙어 '배'로 표기된 사례에서는 조사의 단모음 'ㅣ'가 반모음 'ㅣ'로 교체되는 것이지 체언의 단모음이 'ㅣ'로 교체되는 것이 아니다.

[오답풀이] ① 현대 국어에서 '피어'를 [펴:]로 발음하는 반모음화의 사례는 규범상 표준 발음으로 인정된다. ② 반모음화는 반모음과 성질이 비슷한 단모음에 적용되는 것으로 현대 국어에서 '피어'를 [펴:]로 발음할 때는 어간 'ㅣ'가 반모음 'ㅣ'로 교체된다. ③ 어간이 'ㅣ, ㅚ, ㅟ'로 끝날 때 어미에 반모음 'ㅣ'가 첨가되더라도 표기할 때는 음운 변동이 일어나지 않은 형태로 표기해야 한다. 따라서 '피어'로 표기해야 한다. ④ 15세기 국어에서는 'ㅓ, ㅐ, ㅔ, ㅚ, ㅢ'가 'ㅟ' 표기와 마찬가지 방식으로 이중 모음을 나타냈을 것으로 추정된다. 따라서 'ㅚ' 표기는 단모음 'ㅗ'와 반모음 'ㅣ'가 결합한 이중 모음을 나타냈을 것으로 추정된다.

936) ②

선택 비율	① 10%	② 46%	③ 23%	④ 13%	⑤ 5%

[해] : ⓐ 15세기의 'ㅐ' 표기는 'ㅏ'와 반모음 'ㅣ'가 결합한 이중 모음을 나타냈을 것으로 추정된다. 따라서 '나+이 → 내'의 사례는 체언 '나'에 조사 '이'가 붙을 때 조사의 'ㅣ'가 반모음 'ㅣ'로 교체된 반모음화의 사례이다. ⓑ '니겨'는 어간 '니기-'에 어미 '-어'가 결합할 때 어간의 마지막 모음 'ㅣ'가 반모음 'ㅣ'로 교체된 반모음화의 사례이다. 따라서 '니겨'는 밑줄 친 ㉡의 사례에 해당한다. ⓒ 15세기의 'ㅢ' 표기는 'ㅡ'와 반모음 'ㅣ'가 결합한 이중 모음을 나타냈을 것으로 추정된다. 이에 따르면 '긔여'에서 어간 '긔-'는 반모음 'ㅣ'로 끝나므로 '긔여'는 반모음 'ㅣ' 뒤에서 반모음 'ㅣ'가 첨가된 반모음 첨가의 사례이다. 따라서 '긔여'는 밑줄 친 ㉠의 사례에 해당한다. ⓓ '디여'는 어간 '디-'에 어미 '-어'가 결합할 때 어미에 반모음 'ㅣ'가 첨가된 사례이다. 어간 '디-'는 'ㅣ'로 끝나므로 '디여'는 어간이 'ㅣ'로 끝나는 용언에서 일어난 반모음 첨가의 사례이다.

937) ③

선택 비율	① 3%	② 8%	③ 70%	④ 4%	⑤ 11%

[해] : ㄷ에서는 연결 어미 '-(으)면서'를 사용하여 노래를 부르는 동작이 시간의 흐름 속에서 계속 이어지고 있음을 나타내는 진행상을 표현하고 있다. 따라서 연결 어미를 통해 사건이 완료되었음을 표현한다는 진술은 적절하지 않다.

[오답풀이] ① ㄱ은 '동생'이 책을 읽는 사건이 일어난 시점인 사건시와 발화시가 일치하는 현재 시제가 나타나며 '-

고 있다'를 통해 진행상을 표현하고 있으므로 적절하다. ② ㄴ은 '-어 있다'를 통해 '꽃'이 핀 후의 결과가 지속되고 있음을 나타내는 완료상이 실현되어 있으므로 적절하다. ④ ㄹ은 그는 빨간 티셔츠를 입는 중이라는 진행상으로 해석할 수도 있지만 빨간 티셔츠를 입은 채로 있다는 완료상으로도 해석할 수 있으므로 적절하다. ⑤ ㅁ에서는 '나'가 밥을 먹고 집을 나서는 사건이 일어난 시점인 사건시가 발화시보다 앞서있는 과거 시제가 나타난다. 그리고 연결 어미 '-고서'를 통해 '나'가 밥을 먹는 동작이 끝났음을 나타내는 완료상을 표현하고 있으므로 적절하다.

938) ⑤

선택 비율	① 13%	② 3%	③ 26%	④ 7%	⑤ 49%

[해] : 4문단에서 중세 국어에서는 보조적 연결 어미와 보조 용언의 결합이나 '-(으)며셔', '-고셔' 등과 같은 연결 어미를 통해 동작상이 실현되었음을 알 수 있다. ㄹ의 '시름ᄒ야 잇더니'에서는 보조적 연결 어미와 보조 용언이 결합된 형태로 시간의 흐름 속에서 동작이 일어나는 양상인 동작상이 표현되어 있으나, ㅁ의 '닫고셔'에서는 연결 어미 '-고셔'로 동작상이 표현되어 있으므로, ㄹ과 ㅁ에서 보조적 연결 어미와 보조 용언이 결합된 형태로 동작상이 표현되어 있다는 진술은 적절하지 않다.

[오답풀이] ① ㄱ의 '안자 잇거늘'은 '-아 잇다'가 활용된 형태를 통해, 앉은 후의 결과가 지속되고 있음을 나타내는 완료상을 표현하고 있으므로 적절하다. ② ㄴ의 '쉬며셔'는 연결 어미 '-(으)며셔'를 통해 시간의 흐름 속에서 동작이 일어나는 양상인 동작상이 실현되어 있으므로 적절하다. ③ ㄷ의 '빨아 잇더라'에서 '-아 잇다'는 진행상을 표현하는데 현대 국어에서는 '-아 있다'가 완료상을 표현하므로 적절하다. ④ ㄷ의 '빨아 잇더라'와 달리 ㄹ의 '시름ᄒ야 잇더니'에서는 보조적 연결 어미 '-아'가 'ᄒ-' 뒤에서 '-야' 형태로 바뀌어 나타났으므로 적절하다.

939) ③

선택 비율	① 2%	② 3%	③ 68%	④ 21%	⑤ 3%

[해] : ㉢은 의문사 '무엇'이 포함된 의문문으로, 맥락에 따라 설명 의문문으로도, 판정 의문문으로도 쓰일 수 있다. ㉢의 경우, 청자의 반응이 '아니'이므로 판정 의문문으로 사용된 것으로 판단할 수 있으며, 의문사 '무엇'도 부정칭 대명사로 사용한 것이다. 따라서 의문사가 가리키는 내용을 설명해 달라는 의도를 드러낸 것으로 보기 어렵다.

[오답풀이] ① ㉠은 대답 '응'으로 보아 판정 의문문으로 사용된 것이므로 청자에게 긍정이나 부정의 대답을 요구하고 있다. ② ㉡은 종결 어미 '-지'를 사용하여 청자도 자신처럼 아침을 못 먹었을 것이라고 믿는 바를 확인하기 위한 판정 의문문이다. ④ ㉣은 청자의 반응에 따라 의문문의 유형이 달라질 수 있다. 청자에게 긍정이나 부정의 대답을 요구할 수도 있고, 의문사가 가리키는 내용을 설명해 주기를 요구할 수도 있다. ⑤ ㉤은 의문사 '왜'가 가리키는 내용에 대하

여 청자가 설명하는 대답을 하고 있으므로 설명 의
문문으로 판단할 수 있다.

940) ④

| 선택 비율 | ① 4% | ② 8% | ③ 14% | ④ 53% | ⑤ 18% |

해 : <보기>의 [탐구 결과]에 따르면, ㄱ과 ㄴ은 판정 의문
문, ㄷ과 ㄹ은 설명 의문문이다. 그리고 4문단에 의하
면, ㄱ의 '가'와 ㄷ의 '고'는 의문문을 만드는 보조사
이고, ㄴ의 '-녀'와 ㄹ의 '-뇨'는 의문문을 만드는 종
결 어미이다. 중세 국어에서는 판정 의문문에는 '아/
어' 계통의 보조사나 종결 어미가 사용되었고, 설명
의문문에는 '오' 계통의 보조사나 종결 어미가 사용되
었다. 따라서 <보기>의 사례들을 통해 중세 국어에서
는 판정 의문문에 사용되는 보조사나 종결 어미의 형
태가 설명 의문문과 달랐다고 판단할 수 있다.

941) ②

| 선택 비율 | ① 5% | ② 83% | ③ 4% | ④ 3% | ⑤ 3% |

해 : ㉡의 '친구와'는 '싸우다'가 필수적으로 요구하는 문장
성분이지만, ㉢의 '설마'는 없어도 문장의 성립에 영향
을 미치지 않는 수의적 성분이므로 적절하지 않다.

[오답풀이] ① ㉠의 '에'는 '아침'과 결합하여 '시간'의 의미를
나타내며, ㉣의 '에'는 '때문'과 결합하여 '원인'의
의미를 나타낸다. 같은 형태의 부사격 조사가 서로
다른 의미로 사용되고 있으므로 적절하다. ③ ㉤의
'결코'는 문장에서 '그렇지 않아'를 수식하고 있으
며, 부정 표현과 호응을 이루고 있으므로 적절하다.
④ ㉥의 '그런데'는 앞 문장과 뒤 문장을 이어주는
접속 부사어이므로 적절하다. ⑤ ㉦의 '편하게'는 어
간 '편하-'에 어미 '-게'가 붙어 '대했던'을 수식하고
있으므로 적절하다.

942) ④

| 선택 비율 | ① 7% | ② 4% | ③ 5% | ④ 76% | ⑤ 5% |

해 : ⓓ에서 '터리'의 '이'는 현대 국어와 달리 비교의 의미
를 가지고 있는 부사격 조사로 사용되었지만 'ㅣ'모음
뒤에서 사용된 것이 아니므로 적절하지 않다.

[오답풀이] ① ⓐ에서 '바르래'의 '애'는 선행 체언 '바롤'의 끝
음절 모음이 양성 모음이기 때문에 사용된 것이므로
적절하다. ② ⓑ에서 '지븨'의 '의'는 '집'이라는 특
정 체언 뒤에 붙어 장소를 나타내는 부사격 조사로
사용된 것이므로 적절하다. ③ ⓒ에서 '블라와'의
'라와'는 현대 국어와 달리 비교의 의미를 가지고 있
는 부사격 조사로 사용된 것이므로 적절하다. ⑤ ⓔ
에서 '저그로'의 '으로'는 현대 국어와 달리 출발점
의 의미로 사용된 것이므로 적절하다.

943) ⑤

| 선택 비율 | ① 13% | ② 3% | ③ 5% | ④ 5% | ⑤ 72% |

해 : ㅁ의 주체인 '아버지'는 화자에게 높임의 대상이지만,
청자인 '할아버지'에게는 높임의 대상이 아니다. 따라
서 화자는 주체인 '아버지'와 청자인 '할아버지'의 관
계를 고려하여 '할아버지' 앞에서 '아버지'를 높이지

않고 있다. 한편 청자인 '할아버지'는 화자에게 높임
의 대상이다. 따라서 화자는 '-습니다'를 사용하여 상
대 높임을 실현하고 있다.

[오답풀이] ① ㄱ의 화자는 선생님의 소유물인 '책'에 대한 높임
을 '-시-'로 실현함으로써 '선생님'을 간접적으로 높
이고 있다. ② ㄴ은 방송이라는 공적 담화의 객관성
을 고려해 '세종대왕'을 높이지 않고 있다. ③ ㄷ의
주체인 '어린이'는 화자에게 높임의 대상이 아니지
만, 화자는 수업이라는 공적인 담화 상황을 고려하
여 '어린이'에 대한 높임을 '-시-'로 실현하고 있다.
④ ㄹ의 주체인 '엄마'는 화자에게 높임의 대상이 아
니지만, 청자인 '손자'에게는 높임의 대상이다. 따라
서 화자는 주체인 '엄마'와 청자인 '손자'의 관계를
고려하여 '손자' 앞에서 '엄마'에 대한 높임을 '-시-'
로 실현하고 있다.

944) ⑤

| 선택 비율 | ① 4% | ② 13% | ③ 16% | ④ 5% | ⑤ 59% |

해 : c의 중세 국어 '뫼셔'와 현대 국어 '모셔'에서 '뫼시다'
와 '모시다'는 객체 높임에 사용되는 특수한 어휘로,
객체인 '태자'를 높이기 위해 중세 국어와 현대 국어
에서 각각 사용되었다.

[오답풀이] ① a의 중세 국어 'ᄒᆞ샨'과 현대 국어 '하신'에서, '-
샤-'와 '-시-'를 각각 사용하여 주체인 '대사'를 높
이고 있음을 알 수 있다. ② a의 중세 국어 '거시잇
고'와 현대 국어 '것입니까'를 통해, 중세 국어에서
는 현대 국어에 없는 상대 높임의 선어말 어미 '-잇'
을 사용하여 대화의 상대인 청자를 높이고 있음을
알 수 있다. ③ b의 중세 국어 '供養(공양)ᄒᆞᆸ고'와
현대 국어 '공양하고'를 통해, 중세 국어에서는 현대
국어에 없는 객체 높임의 선어말 어미 '-ᆸ-'을 사
용하여 객체인 '어마님'을 높이고 있음을 알 수 있
다. ④ c의 중세 국어 '부인끠'와 현대 국어 '부인께'
에서, 부사격 조사 '끠'와 '께'를 각각 사용하여 객체
인 '부인'을 높이고 있음을 알 수 있다.

945) ②

| 선택 비율 | ① 25% | ② 44% | ③ 11% | ④ 6% | ⑤ 13% |

해 : '(소리가) 작아지다'는 형용사 '작다'의 어간 '작-'에 '-
아/-어지다'가 결합하여 동사화된 것으로 상태의 변화
를 나타낸 것일 뿐 피동의 의미를 나타내지 않는다.

[오답풀이] ① '(물건이) 실리다'는 동사 '싣다'의 어간 '싣-'이
피동 접미사 '-리-'와 결합할 때 어간의 받침 'ㄷ'이
'ㄹ'로 바뀌는 불규칙 활용을 한 것이다. ③ '(줄이)
꼬이다'는 동사 어간 '꼬'에 피동 접미사 '-이-'가
결합하여 피동사가 되었다. ④ '경찰이 도둑을 잡
다.'의 능동문이 피동문인 '도둑이 경찰에게 잡히다.'
로 바뀔 때 능동문의 목적어인 '도둑을'이 피동문의
주어인 '도둑이'로 바뀌게 된다. ⑤ '(아버지와) 닮
다'는 피동 접미사와 결합하여 파생어가 될 수 없
는, 대칭되는 대상이 필요한 동사이다.

946) ⑤

| 선택 비율 | ① 3% | ② 11% | ③ 7% | ④ 10% | ⑤ 65% |

[해] : 통사적 피동은 어간에 '-아/-어디다'가 결합하여 만들어지는 것이므로 '붓아디거늘'은 통사적 피동이다. 그러나 '박거늘'은 피동 접미사나 '-아/-어디다'가 결합하지 않고 피동의 의미를 실현하는 것이므로 통사적 피동이 아니다.

[오답풀이] ① '담겨'는 능동사 어간 '담-'에 파생 접미사 '-기-'가 결합하여 피동사가 된 것이다. ② '박거늘'은 피동 접미사가 결합하지 않고 피동의 의미가 실현된 것이다. ③ '열이고'는 동사 어간 '열'이 'ㄹ'로 끝나므로 접미사 '-이-'가 결합한 후 분철되어 표기된 것이다. ④ '붓아디거늘'은 동사 어간 '붓-'에 보조적 연결 어미 '-아'와 보조 동사 '디다'가 결합된 '-아디-'를 사용하여 피동의 의미를 나타내고 있다.

947) ③

선택 비율	① 2%	② 6%	③ 72%	④ 13%	⑤ 6%

[해] : 현대 국어와 중세 국어에서 모두 관형격 조사는 체언 뒤에 결합하여 관형어를 이룬다. 따라서 중세 국어의 관형격 조사가 체언 뒤에 결합하여 이동의 도착점을 나타내는 부사어를 이룰 수 있다는 서술은 적절하지 않다.

[오답풀이] ① 표준 발음법에서는 관형격 조사 '의'는 [ㅢ]로 발음하는 것을 원칙으로 하나 [ㅔ]로 발음하는 것도 허용하고 있다. ② 중세 국어에서 관형격 조사는 앞 체언이 유정 체언이면서 존대의 대상일 때 'ㅅ'으로 쓰였고, 유정 체언이면서 존대의 대상이 아닐 때 '이/의'로 쓰였다. ④ 현대 국어와 중세 국어에서 모두, 관형격 조사는 뒤 체언이 앞 체언에 소유되거나 소속됨을 나타내기도 하고 앞 체언이 뒤 체언이 나타내는 행동의 주체임을 나타내는 등의 여러 의미를 나타낼 수 있다. ⑤ 현대 국어와 중세 국어에서 모두, 관형격 조사는 체언 뒤에 결합하여 관형어를 이루며, 관형어는 체언을 수식하는 역할을 한다.

948) ③

선택 비율	① 12%	② 13%	③ 57%	④ 11%	⑤ 8%

[해] : ㄷ에서 '무더믜'(무덤 + 의)는 끝음절 모음이 음성 모음인 체언 '무덤' 뒤에, 관형격 조사와 형태가 동일한 부사격 조사 '의'가 결합한 부사어이다. 이때 부사격 조사 '의'는 체언 뒤에 결합하여 이동의 도착점을 나타낸다.

[오답풀이] ① ㄱ에서 관형격 조사 '이'는 끝음절 모음이 양성 모음 'ㆍ'인 체언 뒤에 결합하고 있으므로, 관형격 조사 '이'가 끝음절 모음이 음성 모음인 체언과 결합하였다는 서술은 적절하지 않다. ② ㄴ에서 관형격 조사 뒤의 체언은 행동을 나타내지 않으므로, 관형격 조사 'ㅅ'이 앞 체언이 행동의 주체임을 나타낸다는 서술은 적절하지 않다. ④ ㄹ에서 부사격 조사 '예'는 단모음 '이'로 끝난 체언 뒤에 결합하여 원인을 나타내므로, 부사격 조사 '예'가 반모음 'ㅣ'로 끝난 체언 뒤에 결합하여 시간을 나타낸다는 서술은 적절하지 않다. ⑤ ㅁ에서 부사격 조사 '이'는 시간을 나타내고 있으므로, 부사격 조사 '이'가 원인을 나타낸다는 서술은 적절하지 않다.

949) ②

선택 비율	① 8%	② 61%	③ 13%	④ 9%	⑤ 7%

[해] : 이 문항은 15세기 국어와 현대 국어의 특징을 <대화 1>, <대화 2>와 <자료>를 바탕으로 탐구해 낼 수 있는지 여부를 평가하고 있다. <자료>를 통해 볼 때, 15세기 국어의 '도ᄫᅡ'가 현대 국어에서 '도와'로 나타난 것은 'ㅸ'이 'ㅏ' 앞에서 반모음 'ㅗ[w]'로 바뀐 결과이다. 따라서 'ㅸ'이 어간 끝에서 'ㅂ'으로 바뀌어 나타난 결과라고 할 수 없다.

[오답풀이] ① <대화 1>의 내용에서 현대 국어의 '돕다'는 '돕고', '도와'로 활용하고, 현대 국어의 '젓다'는 '젓고', '저어'로 활용하여 모음으로 시작하는 어미 앞에서의 활용형이 다름을 알 수 있다. 따라서 '돕다', '젓다'는 <대화 2>의 '굽다', '짓다'와 마찬가지로 어간의 형태가 달라지는 불규칙 활용을 하는 용언임을 알 수 있다. ③ <자료>에서 15세기 국어의 '젓다'는 모음으로 시작하는 어미 앞에서 어간이 '젓'으로 나타난다고 하였다. <대화 2>에서 'ㅿ'이 사라지면서 '저ᅀᅥ'가 '저어'로 활용형이 바뀌었다고 하였으므로, 15세기 국어의 '저ᅀᅥ'가 현대 국어에서 '저어'로 나타난 것은 'ㅿ'의 소실로 어간의 끝 'ㅿ'이 없어진 결과라 할 수 있다. ④ <자료>에서 15세기 국어의 '돕다'는 자음으로 시작하는 어미 앞에서 어간이 '돕-'으로 나타난다고 하였다. 현대 국어에서도 '돕다'는 자음으로 시작하는 어미 앞에서 '돕-'으로 나타나므로 이 둘은 자음으로 시작하는 어미 앞에서 어간의 모양이 달라지지 않았다고 할 수 있다. ⑤ <자료>에서 15세기 국어의 '젓다'는 자음으로 시작하는 어미 앞에서 어간이 '젓-'으로 나타난다고 하였다. 현대 국어에서도 '젓다'는 자음으로 시작하는 어미 뒤에서 '젓-'으로 나타나므로 이 둘은 자음으로 시작하는 어미 앞에서 어간의 모양이 달라지지 않았다고 할 수 있다.

950) ①

선택 비율	① 44%	② 12%	③ 24%	④ 10%	⑤ 8%

[해] : 이 문항은 주어진 탐구 활동과 자료를 바탕으로 현대 국어 용언들의 15세기 중엽 이전, 17세기 초엽의 활용형을 바르게 추정할 수 있는지의 여부를 평가하고 있다. '곱다'는 '돕다'와 현대 국어의 활용 양상(ㅂ 불규칙 활용)이 유사하다. 15세기 중엽에 '돕-'은 자음으로 시작하는 어미 앞에서 '돕-'으로, 모음으로 시작하는 어미 앞에서 '도ᄫ'으로 나타났다는 점에 비추어 볼 때, '곱다'의 15세기 중엽 이전 표기는 '곱게, 고ᄫᅡ 고ᄫᆫ'으로 나타났을 것이라 추정할 수 있다. 'ㅸ'은 15세기 중엽을 넘어서며 'ㅏ' 앞에서 반모음 'ㅗ'로, 'ㆍ' 앞에서 'ㅗ'로 바뀌었으며, 'ㆍ'가 이어진 경우에는 모음과 결합하여 'ㅗ'로 바뀌었으므로, 17세기 초엽에는 '곱게, 고와, 고온'으로 나타났을 것이라 추정할 수 있다.

[오답풀이] ② '긋다'는 '젓다'와 현대 국어의 활용 양상(ㅅ 불규칙 활용)이 유사하다. 15세기 중엽에 '젓-'은 자음으로 시작하는 어미 앞에서 '젓-'으로, 모음으로 시작하는 어미 앞에서 '저ᅀ'으로 나타났다는 점에 비추어

볼 때, '긋다'의 15세기 중엽 이전 표기는 '긋게, 그서, 그은'으로 나타났을 것이라 추정할 수 있다. 'ㅿ'은 16세기 중엽에 사라졌으므로, 17세기 초엽에는 '긋게, 그어, 그은'으로 나타났을 것이라 추정할 수 있다. ③ '눕다'는 '돕다'와 현대 국어의 활용 양상(ㅂ 불규칙 활용)이 유사하다. 15세기 중엽에 '돕-'은 자음으로 시작하는 어미 앞에서 '돕-'으로, 모음으로 시작하는 어미 앞에서 '돌'으로 나타났다는 점에 비추어 볼 때, '눕다'의 15세기 중엽 이전 표기는 '눕게, 누버, 누븐'으로 나타났을 것이라 추정할 수 있다. 'ㅸ'은 15세기 중엽을 넘어서며 'ㅓ' 앞에서 반모음 'ㅜ'로, 'ㅡ' 앞에서 'ㅜ'로 바뀌었으며, 'ㅡ'가 이어진 경우에는 모음과 결합하여 'ㅜ'로 바뀌었으므로, 17세기 초엽에는 '눕게, 누워, 누운'으로 나타났을 것이라 추정할 수 있다. ④ '빗다'는 '좁다'와 현대 국어의 활용 양상(규칙 활용)이 유사하다. 15세기 중엽에 '좁-'은 자음과 모음으로 시작하는 어미 앞에서 모두 어간이 '좁-'으로 나타났다는 점에 비추어 볼 때, '빗다'의 15세기 중엽 이전 표기는 '빗게, 비서, 비슨'으로 나타났을 것이라 추정할 수 있다. 16세기 중엽에 음절끝에서 이전과 다름없이 'ㅅ'이 나타났으므로, 17세기 초엽에도 '빗게, 비서, 비슨'으로 나타났을 것이라 추정할 수 있다. ⑤ '잡다'는 '좁다'와 현대 국어의 활용 양상(규칙 활용)이 유사하다. 15세기 중엽에 '좁-'은 자음과 모음으로 시작하는 어미 앞에서 모두 어간이 '좁-'으로 나타났다는 점에 비추어 볼 때, '잡다'의 15세기 중엽 이전 표기는 '잡게, 자바, 자븐'으로 나타났을 것이라 추정할 수 있다. 17세기 초엽 역시 '잡게, 자바, 자븐'으로 나타났을 것이라 추정할 수 있다.

951) ③

선택 비율	① 4%	② 3%	③ 88%	④ 2%	⑤ 1%

해 : 'ㅎ' 종성 체언은 '술히'처럼 모음으로 시작하는 말 앞에서는 연음이 되어 나타났다는 <자료>의 진술을 통해, 모음으로 시작하는 말 앞에서 'ㅎ'이 실현되었음을 알 수 있다.

[오답풀이] ① 어두 자음군 중 맨 앞의 'ㅂ'은 당시에는 실제로 발음되었을 것으로 추정된다는 진술을 통해 알 수 있다. ② 어두 자음군 중 맨 앞의 'ㅂ'은 훗날 탈락하였다는 진술과 훗날 단일어에서는 'ㅂ'이 탈락하였다는 진술을 통해 알 수 있다. ④ 현대 국어와 달리 15세기 국어에는 어두에 두 개 이상의 서로 다른 자음이 올 수 있었다는 진술을 통해 알 수 있다. ⑤ 'ㅎ'이 뒤에 오는 'ㄱ'과 결합하여 축약됐으므로 '살코기'의 어형이 생성된 것이라는 진술을 통해 알 수 있다.

952) ③

선택 비율	① 4%	② 3%	③ 84%	④ 2%	⑤ 5%

해 : a. '쁠다'의 어두에 있는 'ㅂ'이 앞 형태소의 받침 자리로 가서 붙어 '휩쁠다'의 어형이 생성되었을 것이라는 점에서, ㉠에 해당하는 예로 적절하다. b. '뿔'의 어두에 있는 'ㅂ'이 앞 형태소의 받침 자리로 가서 붙

어 '햅쌀'의 어형이 생성되었을 것이라는 점에서, ㉠에 해당하는 예로 적절하다. d. '안ㅎ'의 'ㅎ'이 '밖'의 'ㅂ'과 결합하여 'ㅍ'으로 축약되었을 것이라는 점에서, ㉡에 해당하는 예로 적절하다.

[오답풀이] c. '수펑'에서 'ㅎ' 종성 체언의 'ㅎ'의 흔적을 찾을 수 없어 ㉡에 해당하는 예로 보기 어렵다. e. '들뜨다'에서 어두 자음군 맨 앞의 'ㅂ'의 흔적을 찾을 수 없어 ㉠에 해당하는 예로 보기 어렵다.

953) ④

선택 비율	① 24%	② 3%	③ 10%	④ 54%	⑤ 8%

해 : ㉣은 서술의 객체인 '聖宗(성종)'을 높이기 위해 사용된 특수한 어휘이므로 적절하지 않다.

[오답풀이] ① ㉠에는 객체를 높이기 위해 현대 국어에서 사용하지 않는 객체 높임 선어말 어미를 사용하였으므로 적절하다. ② ㉡에는 문장의 주어인 '聖孫(성손)'을 높이기 위해 선어말 어미가 사용되었고, 현대 국어에서도 선어말 어미 '-시-'를 통해 주체 높임이 실현된다고 했으므로 적절하다. ③ ㉢에는 상대방을 높이기 위해 선어말 어미 '-이-'가 사용되었고, 현대 국어에서는 종결 표현에 의해 상대 높임이 실현된다고 했으므로 적절하다. ⑤ ㉤에는 동작의 주체와 상대방을 높이기 위해 각각 선어말 어미 '-시-'와 '-이-'가 사용되었으므로 적절하다.

954) ①

선택 비율	① 76%	② 5%	③ 12%	④ 2%	⑤ 3%

해 : '아버지는 허리가 아프셔서 한영이가 아버지 대신 할아버지를 뵙고 왔습니다.'에서는 '아프셔서'의 '-시-'를 통해 높여야 할 대상의 신체 일부분, 즉 '허리'를 높이는 간접 높임이 실현되었다. 또 '왔습니다'에서는 상대를 높이기 위해 '-습니다'를 사용했다. 그리고 '뵙고'는 객체를 높이기 위한 특수한 어휘이므로 객체 높임이 실현되었다.

955) ④

선택 비율	① 2%	② 2%	③ 25%	④ 68%	⑤ 1%

해 : '깨뜨리다, 깨뜨리고, 깨뜨리니, 깨뜨리지만' 등으로 활용을 하는 양상에 비추어 볼 때, 용언의 '깨뜨리는'의 어간은 '깨뜨리-'이고, 어미는 '-는'이다.

[오답풀이] ① '나이는 많지 아니하나 기개와 체질이 굳센 사람'의 뜻을 지니는 '아기장수'는 어근 '아기'와 어근 '장수'가 결합하여 형성된 합성어이다. ② '맨손'은 '다른 것이 없는'의 뜻을 더하는 접두사 '맨-'과 어근 '손'이 결합하여 형성된 파생어이다. ③ '쌓인'의 어간은 '쌓이-'인데, 이때 '쌓-'이 어근이며, '-이-'는 피동의 의미를 더하는 접미사이다. ⑤ '모습이'에서는 체언 '모습'과 조사 '이'가 결합한 양상을 확인할 수 있다.

956) ①

선택 비율	① 61%	② 7%	③ 2%	④ 26%	⑤ 2%

해 : [A]의 설명을 토대로 <보기>의 탐구 결과를 확인하면

미지칭의 인칭 대명사 '누'에 의문문을 만드는 보조사 '고/구'가 결합한 형태인 '누고, 누구'는 시간의 흐름에 따라 하나의 형태로 굳어졌으며, 현대 국어에서는 '누구'만 사용됨을 이해할 수 있다. 따라서 (가)의 중세 국어에서 미지칭의 인칭 대명사 형태를 '누, 누고, 누구'로 분석한 것은 적절하지 않다. 미지칭의 인칭 대명사는 '누'이며, '누고, 누구'는 '누'에 보조사 '고/구'가 결합한 형태이다.

[오답풀이] ② (나)의 근대 국어에서는 '누고 + 고, 누구 + 고'를 확인할 수 있는데 '누고, 누구'가 미지칭의 인칭 대명사로 나타난다. ③ 현대 국어인 (다)에서는 (나)에서 쓰인 '누고'는 나타나지 않으며 '누구'만 쓰임을 확인할 수 있다. ④ (가)의 '누 + 고 / 구'가 (나)의 '누고/누구 + 고'로 변화하였음을 볼 때 체언과 보조사가 결합한 형태인 '누 + 고/구'가 새로운 단어 '누고 / 누구'가 되었음을 확인할 수 있다. ⑤ (나)의 근대 국어에서는 '누고'와 '누구'가 모두 나타나지만 (다)의 현대 국어에서는 '누구'만 나타남을 확인할 수 있다.

957) ③

선택 비율	① 4%	② 4%	③ 71%	④ 3%	⑤ 15%

해 : '보숩고'에는 객체 높임 선어말 어미 '-숩-'이 사용되었다. '-숩-'은 世尊(세존)'을 직접적으로 높이고 있으므로, '龍王(용왕)'을 간접적으로 높이고 있다는 설명은 적절하지 않다.

958) ③

선택 비율	① 3%	② 11%	③ 65%	④ 3%	⑤ 15%

해 : ⓐ에서는 주체 높임 선어말 어미 '-시-'를 사용해 '치아'를 높임으로써 '할아버지'를 높이고 있다. ⓑ에서는 객체 높임을 나타내기 위한 특수 어휘 '모시다'를 사용해 '고모님'을 높이고 있다. ⓒ에서는 주체 높임 선어말 어미 '-시-'를 사용해 '아버지'를 높이고 있다. ⓓ에서는 주체 높임 선어말 어미 '-시-'를 사용해 '생각'을 높임으로써 '그분'을 높이고 있다. 'ⓑ'에는 객체 높임이 나타나 있고, 'ⓐ, ⓒ, ⓓ'에는 주체 높임이 나타나 있으므로, '학생2'는 객체에 해당하는 인물을 높이는가의 여부를 분류의 기준으로 삼았음을 알 수 있다.

959) ②

선택 비율	① 3%	② 67%	③ 13%	④ 11%	⑤ 3%

해 : 글의 내용을 고려할 때, ㉠, ㉡, ㉢은 모두 'ㄹ'로 끝나는 합성어이어야 한다. 특히 ㉠은 '발가락(발+가락)'과 같이 원래의 'ㄹ'받침이 그대로 유지되는 경우, ㉡은 '소나무(솔+나무)'와 같이 'ㄹ'이 탈락하는 경우, ㉢은 '이튿날(이틀+날)'과 같이 'ㄹ'이 'ㄷ'으로 교체되는 경우이다. ㉠~㉢의 사례를 순서대로 제시하면 원래의 'ㄹ' 받침이 그대로 유지된 '솔방울(솔+방울)', 'ㄹ'이 탈락한 '푸나무(풀+나무)', 'ㄹ'이 'ㄷ'으로 교체된 '섣달(설+달)'이 된다.

[오답풀이] ① '솔방울(솔+방울)', '무술(물+술)'은 적절하나 '날알'은 원래 받침이 'ㄷ'일 뿐, 'ㄹ'이 'ㄷ'으로 교체된 예가 아니므로 ㉢의 예로 적절하지 않다. ③ '무술(물+술)', '섣달(설+달)'은 적절하나 '푸나무(풀+나무)'는 'ㄹ' 받침이 그대로 유지되는 경우가 아니므로 ㉠의 예로 적절하지 않다. ④ '쌀가루(쌀+가루)', '푸나무(풀+나무)'는 적절하나 '날알'은 원래 받침이 'ㄷ'일 뿐, 'ㄹ'이 'ㄷ'으로 교체된 예가 아니므로 ㉢의 예로 적절하지 않다. ⑤ '쌀가루(쌀+가루)', '섣달(설+달)'은 적절하나 '솔방울(솔+방울)'은 'ㄹ'이 탈락하는 경우가 아니므로 ㉡의 예로 적절하지 않다.

960) ⑤

선택 비율	① 9%	② 4%	③ 10%	④ 24%	⑤ 50%

해 : [A]의 어느 부분에도 현대 국어로 오면서 'ㅅ'의 발음이 서로 달라 받침 'ㅅ'의 형태가 달라졌다는 내용은 언급되지 않았다. 따라서 '숟가락'과 '뭇사람'의 첫 글자 받침이 'ㄷ'과 'ㅅ'으로 서로 다른 이유를 발음의 측면에서 찾기는 어렵다.

[오답풀이] ① '이튿날'은 중세 국어에서 자립 명사 '이틀'과 '날'이 결합된 단어임을 [A]에서 밝히고 있다. 그리고 <보기> 중세 국어의 예인 '술 자브며 져 놓느니'를 통해 '술'과 '져'는 자립 명사임을 확인할 수 있다 그러나 현대 국어에서 '술'은 '*술로 밥을 뜨다.'의 사례와 같이 자립하여 쓰일 수 없고, '밥 한 술'의 사례처럼 다른 말 아래에 기대어 쓰이는 의존 명사에 해당한다. ② 중세 국어에서는 현대 국어와 달리 명사와 명사가 결합하여 합성어가 될 때 'ㄴ, ㄷ, ㅅ, ㅈ' 등으로 시작하는 명사 앞에서 받침 'ㄹ'이 탈락하는 규칙이 있었음을 [A]에서 언급하였다. 중세 국어의 예에 제시된 '수져(술+져)도 이에 해당하는데, 이를 통해 '술'과 '져'의 결합에서 'ㄹ'이 탈락한 합성어 '수져'가 현대 국어 '수저'로 이어졌음을 확인할 수 있다. ③ 중세 국어 '이틀'이나 '물'은 명사를 수식할 때, 모두 관형격 조사 'ㅅ'이 결합할 수 있었음을 '이틄 날', '믌 사룸'의 사례를 통해 확인할 수 있다. 또한 중세 국어 '술'과 '져' 역시 명사를 수식할 때, 모두 관형격 조사 'ㅅ'이 결합할 수 있었음을 '숤 근', '졋 가락 근'의 사례를 통해 확인할 수 있다. ④ '이틋날'을 '이튼날'로 적는 것은 '믌 사룸'을 '뭇사람'과 적는 것과 달리 국어의 변화 과정을 고려하지 않는 것임을 [A]에서 밝히고 있다. 제시된 자료를 볼 때, 근대 국어 '숫가락'은 현대 국어에 와서 '숟가락'으로 적기에, '이튼날'과 동일한 양상을 보임을 알 수 있다. 따라서 이 둘은 국어의 변화 과정을 고려한 관점에 부합하지 않는다고 할 수 있다.

961) ④

선택 비율	① 5%	② 13%	③ 9%	④ 64%	⑤ 7%

해 : ㉤과 ㉥은 손아랫사람을 부를 때 쓰는 호격 조사로 그 의미가 서로 동일하다. ㉤은 모음 뒤에만 쓰이고, ㉥은 자음 뒤에만 쓰이므로 ㉤과 ㉥은 서로 상보적 분포를 보이는 음운론적 이형태 관계라고 할 수 있다. 따라서 ㉤과 ㉥은 형태론적 이형태 관계라고 할 수 없으므로 적절하지 않다.

962) ①

| 선택 비율 | ① 82% | ② 5% | ③ 5% | ④ 3% | ⑤ 2% |

해 : ⓐ의 앞말 모음이 '이'이므로 ⓐ에는 '예'가, ⓑ의 앞말 모음이 양성 모음이므로 ⓑ에는 '애'가, ⓒ의 앞말 모음이 음성 모음이므로 ⓒ에는 '에'가 들어가는 것이 적절하다. ⓐ~ⓒ는 모두 부사격 조사로, 앞말 모음의 성질에 따라 상보적 분포를 보이므로 음운론적 이형태의 관계라고 할 수 있다.

963) ④

| 선택 비율 | ① 7% | ② 4% | ③ 11% | ④ 71% | ⑤ 5% |

해 : ㉠ '들르다'는 '들르- + -어'가 '들러'로 나타나 '따르다'와 마찬가지로 활용할 때 어간에서 '—'가 탈락하는 규칙 활용이다. ㉡ '푸르다'는 모음으로 시작하는 어미와 결합할 때 어미 '-어'가 '-러'로 변화하는 불규칙 활용, ㉢ '묻다[問]'는 모음으로 시작하는 어미와 결합할 때 어간이 '물-'로 교체되는 불규칙 활용에 해당한다.
[오답풀이] ①, ② '잠그다'와 '다다르다'는 '잠가'와 '다다라'로 활용하므로 규칙 활용을 하는 용언이지만, ㉡과 ㉢이 적절하지 않다. ③, ⑤ '부르다'와 '머무르다'는 '불러'와 '머물러'로 활용하므로 불규칙 활용에 해당한다.

964) ④

| 선택 비율 | ① 6% | ② 11% | ③ 6% | ④ 65% | ⑤ 10% |

해 : 'ㅸ'은 'ㅏ' 또는 'ㅓ' 앞에서는 반모음 [w]로 변화하고, '—'와 결합하여서는 'ㅜ'로 바뀌었으므로 '즐거븐'은 현대 국어의 '즐거운'으로 나타난 것이다.
[오답풀이] ① '지서'는 '짓다'의 어간이 모음으로 시작하는 어미 앞에서 '짓-'으로 교체된 활용형이다. ② '즐거븐'은 '즐겁다'의 어간이 모음으로 시작하는 어미 앞에서 '즐겁-'으로 교체된 활용형이다. ③ 'ㅿ'이 소실되어 '지서'는 현대 국어에서 '지어'로 나타난 것이다. ⑤ 중세 국어 '변ㅎ야'와 현대 국어 '변하여'는 활용할 때 모음으로 시작하는 어미가 결합하여 어미의 기본 형태가 달라진 것에 해당한다.

965) ①

| 선택 비율 | ① 73% | ② 5% | ③ 7% | ④ 6% | ⑤ 7% |

해 : 중세 국어에서는 '애/에/예, 이/의'가 현대 국어의 '에'와 '에서'의 쓰임을 모두 지니고 있었다는 진술을 통해, 중세 국어에서 '에' 앞의 명사가 공간의 의미를 나타낼 수 있었음을 확인할 수 있다.
[오답풀이] ② (1)에서 '에' 앞에 붙은 '서울'이 '에서' 앞에 붙을 수 있음을 확인할 수 있다. 다만, 같은 명사라도 [지점]으로 인식되느냐, [공간]으로 인식되느냐에 따라 '에'와 '에서'가 달리 쓰인다. ③ 중세 국어에서 '애셔/에셔/예셔, 이셔/의셔'가 주격 조사로도 쓰인 경우가 있다는 진술을 통해 사실이 아님을 알 수 있다. ④ '이시다'의 활용형인 '이셔'가 '에'에 결합되면서 '에셔'로 나타나는데, '이셔'의 의미상 어떤 공간 속에 있음을 전제한다는 진술을 통해 '셔'가 지점의

의미를 나타낸 것이 아님을 알 수 있다. ⑤ 지문의 마지막 문단을 통해 중세 국어 '에셔'는 현대 국어 '에서'와 마찬가지로 유정 명사 뒤에 나타나지 않는다는 것을 알 수 있다.

966) ①

| 선택 비율 | ① 53% | ② 5% | ③ 4% | ④ 20% | ⑤ 15% |

해 : '그 지역에서'는 부사어로, '에서'는 주격 조사가 아닌 부사격 조사이다.
[오답풀이] ② '정부에서'는 집단을 의미하는 주어로, '에서'는 주격 조사이다. ③ '할머니께서'는 주어이므로 '께서'는 주격 조사이다. 현대 국어의 '께서'는 높임의 유정 명사 뒤에 나타난다. ④ 현대어 풀이 중 '관청에서'가 주어로 쓰였음을 볼 때 '그위예셔' 역시 주어이며 이때의 '예셔'는 주격 조사임을 알 수 있다. ⑤ 현대어 풀이가 '부처님으로부터'이므로 '부텨씌셔'는 부사어이고, '씌셔'는 부사격 조사임을 알 수 있다. 중세 국어에서는 부사격 조사 '씌셔'가 쓰였음을 지문의 마지막 문단에서 확인할 수 있다.

967) ⑤

| 선택 비율 | ① 4% | ② 6% | ③ 8% | ④ 16% | ⑤ 63% |

해 : 수식을 받는 체언이 관형절 속의 한 성분으로 쓰일 수 있는 관형절은 관계 관형절이다. b의 '늦'이나 c의 'ㅁ숨'은 관형절의 수식을 받는 체언인데, 이들은 관형절 속의 한 성분으로 쓰일 수 없다.
[오답풀이] ① a의 '호놀[ᄒ+-오-+-ㄴ+올]'에서 조사 '올'이 어미 '-ㄴ' 바로 뒤에 붙어 있음을 확인할 수 있다. ② a의 '호놀[ᄒ+-오-+-ㄴ+올]'은 '한 것을'으로 해석된다. '-ㄴ'은 '~ㄴ 것'으로 해석되며 명사절을 이끄는 기능을 하고 있음을 확인할 수 있다. ③ b의 '비췰[비취-+-ㄹ]'에서 '-ㄹ'을 통해 발화시가 사건시보다 앞서는 미래 시제가 나타나 있음을 확인할 수 있다. ④ b에서는 '늦', c에서는 'ㅁ숨'이 관형절의 수식을 받는 체언임을 확인할 수 있다.

968) ④

| 선택 비율 | ① 4% | ② 22% | ③ 4% | ④ 59% | ⑤ 8% |

해 : '힘찬'(㉠)은 '함성이 힘차다.'로부터 만들어진 관계 관형절이다. 수식을 받는 체언 '함성'이 관형절 속에서 주어로 쓰일 수 있기 때문이다. '형이 조사한'(㉡)은 '형이 자료를 조사하다.'로부터 만들어진 관계 관형절이다. 수식을 받는 체언 '자료'가 관형절 속에서 목적어로 쓰일 수 있기 때문이다. '자동차가 전복된'(㉢)은 '자동차가 전복되다.'로부터 만들어진 동격 관형절이다. 그리고 관형절이 만들어지는 과정에서 원래 문장의 종결 어미가 그대로 유지되지 않는 관형절이다. '내가 그 일을 한다는'(㉣)은 '내가 그 일을 한다.'로부터 만들어진 동격 관형절이다. 그리고 관형절이 만들어지는 과정에서 원래 문장의 종결 어미가 그대로 유지되는 관형절이다.

969) ⑤

선택 비율	① 2%	② 4%	③ 2%	④ 3%	⑤ 87%

해 : '질투의 감정'의 '의'는 '질투'라는 것이 '감정'임을 나타내고 있으므로 '의'는 두 체언을 '의미상 동격'의 관계로 연결하고 있다고 볼 수 있다. '국민의 단결'에서 '의'는 '단결'이라는 행동을 하는 주체가 '국민'임을 나타내므로 '주체-행동'의 관계로 연결하고 있다고 볼 수 있다.

[오답풀이] ① '너의 부탁'의 '의'는 '주체-행동'의 관계를, '친구의 자동차'의 '의'는 '소유주-대상'의 관계를 나타낸다. ② '자기 합리화의 함정'에서 '의'는 '의미상 동격'의 관계를, '친구의 사전'의 '의'는 '소유주-대상'의 관계를 나타낸다. ③ '회장의 칭호'의 '의'는 '의미상 동격'의 관계를, '영희의 오빠'의 '의'는 '친족적' 관계를 나타낸다. ④ '은호의 아버지'의 '의'는 '친족적' 관계를, '친구의 졸업'의 '의'는 '주체-행동'의 관계를 나타낸다.

970) ④

선택 비율	① 4%	② 13%	③ 8%	④ 60%	⑤ 12%

해 : ⓒ의 '어머니의'는 관형격 조사 '의'에 의해 관형어가 나타난 것으로 관형절의 의미상 주어가 관형격으로 실현된 것이 아니다.

[오답풀이] ① 1문단에서 '수식을 받는 체언이 의존 명사이면 그 앞에 반드시 관형어가 와야 한다.'라고 했으므로 의존 명사 '것' 앞에 쓰인 관형어 '부텻'은 생략할 수 없다. ③ ⓐ의 '부텻'은 관형격 조사 'ㅅ'이 결합하여, ⓑ의 '시미 기픈'은 관형사형 어미가 붙어 만들어진 관형절이 관형어의 역할을 하고 있다. ⑤ ⓓ의 '저자와의'는 '체언+부사격 조사'로 이루어진 부사어에 관형격 조사 '의'가 붙어 관형어가 된 경우이다. 이는 (다)의 '前生앳'과 같은 방식으로 실현된 것이므로 중세 국어에서도 찾을 수 있는 용법임을 알 수 있다.

971) ③

선택 비율	① 6%	② 2%	③ 51%	④ 21%	⑤ 18%

해 : ㄴ. '기리다'는 '뛰어난 업적이나 바람직한 정신, 위대한 사람 따위를 칭찬하고 기억하다.'라는 뜻을 가진 동사로, 사동 접사가 붙어 있지 않다. 반면 '날리다'는 '공중에 띄워서 어떤 위치에서 다른 위치로 움직이게 하다.'라는 뜻을 가진 동사로, 사동 접사 '-리-'가 붙어 있다. ㄹ. 특정한 상대 등을 필수적으로 요구하는 동사의 경우 사동 접사의 결합에 제약이 있기도 하다. '싸우다', '닮다'는 모두 이러한 특성을 가진 동사이다.

[오답풀이] ㄱ. '늦다'는 어간 '늦-'에 '-추-'를 결합하여 '늦추다'와 같은 파생적 사동이 가능하다. 그러나 '받다'는 주거나 받는 뜻을 가진 동사에 해당하여 사동 접사가 결합되지 못한다. ㄷ. 어간이 'ㅣ'로 끝나는 동사의 경우 사동 접사의 결합에 제약이 있기도 하다. 그 예로 '던지다'와 '견디다'를 들 수 있다.

972) ③

선택 비율	① 4%	② 3%	③ 82%	④ 5%	⑤ 3%

해 : '들이숩더니'는 사동 접사 '-이-'가 결합된 파생적 사동의 예이다. 이를 통사적 사동으로 바꾸어 표현하려면 어간 '듣-'에 '-게 ㅎ다'를 붙이면 된다. '드데ㅎ'는 잘못된 사동 형태인데, 자음 'ㄷ'으로 끝나는 어간 뒤에 '-에 ㅎ-'를 붙인 것은 적절하지 않다.

973) ⑤

선택 비율	① 4%	② 2%	③ 9%	④ 8%	⑤ 74%

해 : 중세 국어에서 '의'는 앞 체언에 붙어 관형격 조사와 부사격 조사로 쓰인다고 하였다. 따라서 중세 국어에서 체언에 조사 '의'가 붙은 말은 관형어나 부사어로 쓰였다고 이해할 수 있다.

[오답풀이] ① 현대 국어의 '책꽂이'에서 '-이'는 '…하는 데 쓰이는 도구'의 의미를 나타내는 접사이다. ② 현대 국어 '놀이'에서의 '-이'와 중세 국어 '사리'에서의 '-이'는 모두 '…하는 행위'의 의미를 나타낸다. ③ 현대 국어의 '-이'는 명사와 부사를 파생하는 접사로, 이를 통해 파생된 '길이'는 명사와 부사로 쓰인다. 그러나 중세 국어의 '-의'는 명사 파생 접사일 뿐 부사는 파생하지 않으므로, 이를 통해 파생된 '기릐'는 부사로는 쓰이지 않고 명사로만 쓰인다. ④ 중세 국어에서 접사 '-의/이'는 명사만 파생하고 부사는 파생하지 않는다.

974) ②

선택 비율	① 5%	② 79%	③ 7%	④ 5%	⑤ 2%

해 : '구비(굽-+-의)'는 현대어 풀이에서 명사 '굽이'로 제시되어 있다. 따라서 이때 '-의'는 용언 어간에 붙어 명사를 파생하는 접사임을 알 수 있다. 음성 모음 'ㅜ'의 뒤에 결합하므로 모음 조화에 따라 '-이'가 아닌 '-의'가 쓰인 것은 맞으나, 그것이 부사 파생 접사라는 진술은 적절하지 않다.

[오답풀이] ① '겨틔(곁+의)'는 현대어 풀이에서 '곁에'로 제시되어 있다. 따라서 이때 '의'는 장소를 나타내는 체언에 붙은 부사격 조사임을 알 수 있다. 음성 모음 'ㅕ'의 뒤에 결합하므로 모음 조화에 따라 '이'가 아닌 '의'가 쓰인 것이다. ③ '볼기(볽-+-이)'는 현대어 풀이에서 '밝히'로 제시되어 있다. 따라서 이때 '-이'는 용언 어간에 붙어 부사를 파생하는 접사임을 알 수 있다. 접사 '-이'는 중세 국어에서 'ㅣ' 모음이 양성 모음도 아니고 음성 모음도 아니어서 모음 조화와는 무관하게 결합하였다고 하였다. ④ '글지쉬(글+짓-+-이)'는 현대어 풀이에서 '글짓기'로 제시되어 있다. 따라서 이때 '-이'는 용언 어간에 붙어 명사를 파생하는 접사임을 알 수 있다. 접사 '-이'는 중세 국어에서 'ㅣ' 모음이 양성 모음도 아니고 음성 모음도 아니어서 모음 조화와는 무관하게 결합하였다고 하였다. ⑤ '딸리(똘+이)'는 현대어 풀이에서 '딸의'로 제시되어 있다. 따라서 이때 '이'는 평칭의 유정 체언에 붙은 관형격 조사임을 알 수 있다. 양성 모음 'ㆍ'의 뒤에 결합하므로 모음 조화에 따라 '의'가 아닌 '이'가 쓰인 것이다.

Part 08 정답 및 해설

975) ④

| 선택 비율 | ① 3% | ② 13% | ③ 19% | ④ 58% | ⑤ 4% |

해 : '앎'은 해당 절에서 서술어로 쓰인다는 점, 부사어 '많이'의 수식을 받는다는 점에서 동사의 명사형임을 알 수 있다. 따라서 '앎'의 '-ㅁ'은 명사 파생 접미사가 아니라 명사형 어미에 해당하므로, '-ㅁ'이 품사를 동사에서 명사로 바꾸었다는 서술은 적절하지 않다.

976) ①

| 선택 비율 | ① 72% | ② 7% | ③ 7% | ④ 7% | ⑤ 4% |

해 : '얼-'에 명사 파생 접미사 '-음'이 결합한 파생 명사는 '어름'으로, 명사형 어미 '-움'이 결합한 활용형은 '어룸'으로 추정할 수 있다.

[오답풀이] ②, ③ '걷-(걸-), 열-'에 '-음'이 결합한 파생 명사는 각각 '거름', '여름'으로, '-움'이 결합한 활용형은 각각 '거룸', '여룸'으로 추정할 수 있다. ④, ⑤ '살-', '글'에 '-음'이 결합한 파생 명사는 각각 '사름', 'ㄱ롬'으로, '-움'이 결합한 활용형은 각각 '사룸', 'ㄱ룸'으로 추정할 수 있다.

977) ④

| 선택 비율 | ① 1% | ② 3% | ③ 2% | ④ 91% | ⑤ 1% |

해 : '가방과 신발을 샀다.'에서 '과'는 '가방과 신발'을 명사구로 만드는 접속 조사로, '가방과'를 생략해도 문장이 성립된다.

[오답풀이] ① '나는 시와 음악을 좋아한다.'에서 '시와 음악'은 접속 조사 '와'에 의해 하나의 명사구가 되어 동일한 문장 성분, 즉 목적어로 기능한다. ② '네가 벼루와 먹을 가져오너라.'에서 접속 조사와 결합한 '벼루와'를 생략하여도 문장이 성립된다. ③ '친구랑 나랑 함께 꽃밭을 만들었다.'에서 '랑'은 체언 '친구'와 '나'를 이어주는 접속 조사이다. ⑤ '수박하고 참외하고 먹자.'에서 '하고'는 자음으로 끝나는 체언 '수박', 모음으로 끝나는 체언 '참외'와 결합할 때 형태가 변하지 않았다.

978) ③

| 선택 비율 | ① 3% | ② 2% | ③ 59% | ④ 26% | ⑤ 7% |

해 : ⓒ의 접속되는 마지막 체언인 '낮'은 '과'와 결합하였다.

[오답풀이] ① ⓐ의 체언 '옷', '뵈'는 접속 조사 '와/과'에 의해 이어져서 하나의 명사구를 이루었다. ② ⓑ의 '子息', '쭁'은 접속 조사 '이며'에 의해 이어졌는데 이때 '이며'는 열거의 방식으로 쓰였다. ④ ⓓ의 '뵈와로'는 체언과 접속 조사가 결합한 '뵈와'에 격조사 '로'가 결합하였으며, ⓓ의 '니왜'는 체언과 접속 조사가 결합한 '니와'에 격조사 'ㅣ'가 결합하였다. ⑤ 자음으로 끝나는 체언인 '밤', '낮', '엄'은 '과'와 결합하였고, 모음으로 끝나는 체언인 '혀', '니', 그리고 'ㄹ'로 끝나는 체언인 '입시울'은 '와'와 결합하였다.

979) ⑤

| 선택 비율 | ① 1% | ② 3% | ③ 15% | ④ 27% | ⑤ 51% |

해 : 15세기 국어의 '절-+-노라'(전노라)에서는 음절의 끝

소리 규칙과 비음화가 순차적으로 일어났을 것이다. 하지만 '빛+나다'(빗나다)의 경우 음절의 끝소리 규칙만 일어나고 비음화는 일어나지 않았을 것이다.

980) ④

| 선택 비율 | ① 1% | ② 1% | ③ 4% | ④ 90% | ⑤ 1% |

해 : '겉멋만 → [건먼만]', '꽃식물 → [꼳씽물]', '낮잡는 → [낟짬는]' 모두에서 음절 끝의 자음이 'ㄷ'으로 바뀌는 음절의 끝소리 규칙이 일어났다.

981) ③

| 선택 비율 | ① 4% | ② 16% | ③ 67% | ④ 6% | ⑤ 6% |

해 : ⓒ의 '나조히 (나조ㅎ + 이)'는 '저녁의'가 아니라 '저녁에'로 해석된다. 이때의 '이'는 일부 특수한 체언들과 결합하는 부사격 조사이기 때문이다.

[오답풀이] ① ㉠은 '뉘'의 끝음절 '귀'에서 반모음 'ㅣ'가 확인되기 때문에 부사격 조사로 '애/에'가 아닌 '예'가 쓰인 경우이다. 참고로, 중세 국어의 'ㅐ, ㅔ, ㅚ, ㅟ'는 현대 국어와 달리 이중 모음이었다. ② ㉡의 '우ㅎ'는 모음 조화에 따라 부사격 조사 '의'가 결합하여 '우희'가 된다. ④ ㉢의 '이그에'는 관형격 조사 '이'에 '그에'가 결합되어 부사격 조사로 쓰인 경우라고 3문단에서 설명하였다. ⑤ ㉣의 '께'는 중세 국어 'ㅅ긔'가 현대 국어로 이어진 것임을 중세 국어에서 존칭의 유정 명사 '어마님'에 'ㅅ긔'가 쓰였다는 예를 통해 설명하였다. 그리고 존칭의 유정 체언에는 관형격 조사 'ㅅ'이 결합하는 원칙이 있었다는 1문단의 설명을 통해서도 '께'가 현대 국어에서 존칭 체언에 사용되는 것은 중세 국어 관형격 조사 'ㅅ'과 관련이 있음을 확인할 수 있다. 이는 평칭의 유정 체언과 결합하는 '이그에(에게)'에서 평칭의 유정 체언과 결합하는 관형격 조사 '이'가 분석되는 것과 비교가 된다.

982) ⑤

| 선택 비율 | ① 8% | ② 7% | ③ 7% | ④ 10% | ⑤ 65% |

해 : '공자의 남기신 글'은 '공자가 남기신 글'이라는 의미이므로 '孔子(공자)의'는 '기티신'의 의미상 주어이다. '孔子(공자)'가 존칭의 유정 체언이기 때문에 원칙적으로는 'ㅅ'이 결합하여야 하지만 '의'가 결합하였다. 따라서 예외적 결합이다.

[오답풀이] ① '수플'이 무정 체언이기 때문에 'ㅅ'이 결합한 것이다. ② '놈'이 평칭의 유정 체언이고 끝음절 모음(ㆍ)이 양성 모음이기 때문에 '이'가 결합한 것이다. ③ '世界(세계)ㅅ'를 '보샤'의 의미상 주어로 볼 수 없다. 또한 '世界(세계)'가 무정 체언이기 때문에 'ㅅ'이 결합한 것이어서 예외적 결합으로 볼 수도 없다. ④ '이 사ㄹ미'가 '잇는'의 의미상 주어이기는 하지만, '사름'이 평칭의 유정 체언이고 끝음절 모음(ㆍ)이 양성 모음이기 때문에 '이'가 결합한 것이어서 예외적 결합이 아니다.

983) ①

선택 비율	① 77%	② 4%	③ 9%	④ 3%	⑤ 4%

해 : '그가 모기에 안 뜯기다.'의 '뜯기다'는 어근 '뜯'과 피동 접미사 '기'가 결합된 피동사로 합성 동사가 아니다.

[오답풀이] ② '이 자동차가 안 값싸다.'의 '값싸다'는 명사 '값'과 동사 '싸다'가 결합된 합성어로, 합성어를 서술어로 사용해 짧은 '안' 부정문을 만들면 자연스럽지 않은 문장이 된다. ③ '그가 약속 시간을 안 늦추다.'의 '늦추다'는 어근 '늦'과 사동 접미사 '-추-'가 결합된 사동사로, 사동사를 서술어로 사용해 짧은 '안' 부정문을 만들 때는 제약이 없어 자연스러운 문장을 만들 수 있다. ④ '보따리가 한 손으로 안 들리다.'의 '들리다'는 어근 '들-'과 피동 접미사 '-리-'가 결합된 피동사로, 피동사를 서술어로 사용해 짧은 '안' 부정문을 만들 때는 제약이 없어 자연스러운 문장을 만들 수 있다. ⑤ '할아버지 댁 마당이 안 드넓다.'의 '드넓다'는 접두사 '드-'와 형용사 '넓다'가 결합된 파생어로, 파생어를 서술어로 사용해 짧은 '안' 부정문을 만들면 자연스럽지 않은 문장이 된다.

984) ④

선택 비율	① 2%	② 2%	③ 24%	④ 67%	⑤ 3%

해 : ⓑ에서 부정 부사 '아니'는 관형사 '여러'를 부정하고 있지만, ⓔ에서 부정 부사 '아니'는 부사가 아닌 용언 '호리라'를 부정하고 있다.

[오답풀이] ① ⓐ에서 보조 용언 '아니ᄒᆞ다'는 용언 '노티(놓-+-디)'를, ⓒ에서 용언 '아니며', '아닐씨'는 체언인 '둘', '세'를 부정하고 있다. ② ⓐ에서는 보조용언 '아니ᄒᆞ다'가 평서문에서 부정의 의미를 나타내고 있고, ⓓ에서는 부정 부사 '아니'가 의문문에서 부정의 의미를 나타내고 있다. ③ ⓐ에서는 '노티 아니ᄒᆞ다'의 긴 부정문이, ⓔ에서는 '호리라' 뒤에 '이니'를 놓은 짧은 부정문이 사용되고 있다. ⑤ ⓒ에서는 '묘법'이 둘이나 셋이 아니라는 객관적인 사실을 부정하고 있고, ⓔ에서는 시름을 하지 않겠다는 '나'의 의지에 의한 부정이 나타나고 있다.

985) ③

선택 비율	① 7%	② 1%	③ 75%	④ 10%	⑤ 4%

해 : 의존 명사 '바'는 선행 요소로 용언의 관형사형과만 결합한다. 후행 요소로는 주격 조사, 목적격 조사, 부사격 조사, 서술격 조사 등의 다양한 격 조사와 결합하여 쓰일 수 있다. 또한 의존 명사 '바'는 후행 요소로 다양한 용언과 결합하여 쓰일 수 있다.

986) ②

선택 비율	① 6%	② 80%	③ 4%	④ 3%	⑤ 5%

해 : ⓐ의 '줄'은 현대 국어 '줄'과 달리, 주격 조사와 결합할 수 있었고, 선행 요소로는 용언의 관형사형과 결합할 수 있었다. 중세 국어 '것'은 여러 유형의 선행 요소 및 후행 요소와 두루 결합하여 쓰였다. ⓑ의 '디'는 현대 국어 '데'와 같이, 선행 요소로 용언의 관형사형과 결합할 수 있었다. 또한 목적격 조사와 결합할 수 있었다. 중세 국어 '디'는 목적격 조사와 결합하여

쓰이지 않았다. ⓒ의 '뿐'은 현대 국어 '뿐'과 달리, 부사격 조사와 결합하여 쓰일 수 있었다.

987) ④

선택 비율	① 11%	② 15%	③ 12%	④ 40%	⑤ 20%

해 : <초성자 용자례> 중 아음 이체자의 예시 단어는 '러울'인데, 이 단어의 초성자와 종성자의 'ㄹ'은 반설음자이다. 따라서 '러울'로 초성자의 반설음자와 종성자의 반설음자를 예시할 수 있다.

[오답풀이] ① 초성자의 기본자 5자는 발음 기관을 본떠서 만들었지만 종성자의 기본자 3자는 하늘, 땅, 사람의 모습을 본떠서 만들었다. ② 초성자 기본자 'ㄱ, ㄴ, ㅁ, ㅅ, ㅇ' 중 'ㅇ'은 종성자에 쓰이지 않았다. 용자례에 제시된 '콩, 부형, 남샹, 굼벙'에는 종성자로 'ㆁ'이 쓰였다. ③ 가획자는 9자인데 <초성자 용자례>에는 8자만 단어가 예시되어 있다. 단어가 예시되지 않은 가획자는 'ㆆ'으로 'ㅇ, ㅎ'과 같이 후음에 속한다. ⑤ <중성자 용자례> 중 초출자 'ㅓ'의 예시 단어는 '브섭'인데, 'ㅿ'은 반치음 이체자이지만 'ㅂ'은 순음 가획자이다.

988) ④

선택 비율	① 2%	② 5%	③ 3%	④ 84%	⑤ 4%

해 : '거믜'(>거미)는 'ㅢ → ㅣ'의 변화가 드러날 뿐 접사가 결합하여 새로운 단어가 만들어지지는 않았다.

[오답풀이] ① '딘'(>진)에서는 '뎔'(>절)과 같이 'ㄷ → ㅈ'의 구개음화가 일어났다. ② '셔울'(>서울)에서는 '셤'(>섬)과 같이 'ㅕ→ㅓ'의 단모음화가 일어났다. ③ '플'(>풀)에서는 '믈'(>물)과 같이 'ㅡ → ㅜ'의 원순모음화가 일어났다. ⑤ '닥'(>닥나무)에서 는 '굴'(>갈대)에서 '굴'에 '대'가 결합한 것과 같이 '닥'에 '나무'라는 단어가 결합하여 새로운 단어가 만들어졌다.

989) ①

선택 비율	① 67%	② 3%	③ 9%	④ 14%	⑤ 7%

해 : ㉠, ㉣은 관형사로서 뒤에 오는 체언을 꾸며 주고 조사와 결합하지 않는다.

[오답풀이] ② ㉠은 관형사이고, ㉫은 명사이다. ③ ㉡은 어간에 어미 '-는'이 결합하였고, ㉢은 어간에 어미 '-ㄴ'이 결합하였다.

990) ④

선택 비율	① 11%	② 5%	③ 26%	④ 53%	⑤ 4%

해 : (라)에서 중세 국어의 '눌'에 조사 '을'이 결합할 수 있고, '눌'이 '날것'의 의미를 지니고 있음을 알 수 있다. 따라서 현대 국어의 접사 '날-'과 달리 명사임을 알 수 있다.

[오답풀이] ① (가)에서 중세 국어의 '어느'는 조사 'ㅣ'와 결합할 수 있다는 점에서 관형사로 쓰인 것이 아님을 알 수 있다. ② (나)에서 중세 국어의 '기피'는 '깊-'에 부사 파생 집미사 '-이'가 결합한 것으로, '노피'와 같이 부사이다.

991) ③

선택 비율	① 2%	② 13%	③ 72%	④ 7%	⑤ 6%

[해] : ㉠에서 '한 형태소가 환경에 따라 모습을 바꿀 때 바뀐 대로 적는다'는 것은 형태소의 본 모양을 밝혀 적는 것이 아니라 소리대로 적는다는 것이므로, 종성 표기를 여덟 자에 국한시킨다는 것은 종성에서 'ㄱ, ㅇ, ㄷ, ㄴ, ㅂ, ㅁ, ㅅ, ㄹ'의 여덟 자만 소리 났다는 것을 의미한다. 이를 통해 종성에 오는 자음은 여덟 개의 자음 중 하나로 소리 났음을 알 수 있다.

[오답풀이] ① 종성에서 'ㅍ'을 표기하지 않는 것으로 보아 'ㅍ'은 종성에서 소리 나지 않았음을 알 수 있다. 실제로 중세 국어에서는 종성에서 'ㅂ'과 'ㅍ'의 발음이 구별되지 않았다. ② 종성에서 'ㄷ'과 'ㅅ'이 각각 표기된 것으로 보아 발음상의 구별이 가능했다는 것을 알 수 있다. ④ 형태소의 본 모양을 밝혀 적는다는 것은 어법을 고려하는 것이다. 종성에 여덟 자의 자음을 표기하는 것은 소리대로 적는 것이므로 형태소의 본 모양을 밝혀 적는 것으로 볼 수 없다. ⑤ 여덟 자 이외의 자음을 종성에 표기할 경우 소리 나는 대로 적어야 하므로 여덟 개의 자음 중 하나로 바꾸어 표기해야 한다. 이는 환경에 따라 바뀐 모습을 바뀐 대로 적어 표기에 반영한 것이라고 볼 수 있다.

992) ⑤

선택 비율	① 10%	② 8%	③ 9%	④ 3%	⑤ 71%

[해] '닢'의 종성 'ㅍ'은 『훈민정음』 해례본에서 밝힌 여덟 개의 자음에 해당하지 않는 것으로 보아, 환경에 따라 바뀐 모습을 바뀐 대로 적지 않은 ⓐ에 해당한다. '손ᄋᆞ로'는 불청불탁의 자음인 'ㄴ'으로 끝난 체언 '손'에 조사 'ᄋᆞ로'가 와서 끊어 적기가 나타난 경우이므로 ⓑ에 해당한다. '님금미'는 'ㅁ'으로 끝난 체언 '님금'의 말음 'ㅁ'을 뒤에 이어 오는 조사 '이'의 초성에도 다시 적는 거듭 적기가 나타난 경우이므로 ⓒ에 해당한다.

[오답풀이] ① '맛고'는 여덟 개의 자음 중 하나인 'ㅅ'으로 표기하였으므로 ⓐ에 해당하지 않으며, '안아'는 용언 어간이 'ㄴ'으로 끝난 경우 끊어 적기가 된 예이므로 ⓑ에 해당하지 않는다. ② '담아'는 용언 어간이 'ㅁ'으로 끝난 경우 끊어 적기가 된 예이므로 ⓑ에 해당하지 않는다. ③ '받'은 여덟 개의 자음 중 하나인 'ㄷ'으로 표기하였으므로 ⓐ에 해당하지 않는다. '꿈안해'는 ㅎ종성 체언 '안ㅎ'의 종성 'ㅎ'이 조사 '애'에 이어 적기가 된 경우이므로 ⓑ에 해당하지 않는다. ④ '사라'는 용언 어간 '살-'의 받침인 'ㄹ'을 뒤에 이어 오는 어미 '-아'의 초성에 적어 소리 나는 대로 적는 이어 적기가 나타난 것이므로 ⓒ에 해당하지 않는다.

993) ⑤

선택 비율	① 4%	② 5%	③ 4%	④ 6%	⑤ 81%

[해] : '혼자'의 중세 국어 표기는 마지막 문단의 설명을 통해 확인할 수 있다. '용비어천가'에서는 'ᄒᆞᄫᅡ'의 형태로만 썼다고 설명하였고, '석보상절'과 '월인천강지곡'에서는 'ᄒᆞ오ᅀᅡ'로만 썼다고 설명하였다. 따라서 세 문헌을 통틀어 세 가지가 아니라 두 가지 형태로 나타났음을 알 수 있다.

[오답풀이] ① 1문단에서 설명한 팔종성가족용은 여덟 자음자(ㄱ, ㅇ, ㄷ, ㄴ, ㅂ, ㅁ, ㅅ, ㄹ)로 모든 끝소리를 표기할 수 있다는 원리이다. 따라서 '높고', '빛'처럼 'ㅍ', 'ㅊ'으로 끝소리를 적는 것은 이러한 원리에 어긋나는 예이다. ② '오늘 + 날'에서 사잇소리가 쓰이는 자리는 울림소리 사이이다. 3문단을 통해서 '용비어천가'에서는 울림소리 사이에 사잇소리 표기로 'ㅿ'을 썼으며, '월인천강지곡'에서는 사잇소리 표기를 'ㅅ'으로 통일하여 사용하였음을 확인할 수 있다. ③ 3문단의 마지막 문장에서 설명한 내용을 바탕으로 현대 국어 '바닷물'의 사잇소리 'ㅅ' 표기는 중세 국어의 사잇소리 표기 방식에서 유래한 것임을 추론할 수 있다. ④ '석보상절'에서는 한자를 적고 이어서 그 한자의 음을 제시하였다는 4문단의 설명을 통해 '天텬'과 같이 적었을 것임을 추론할 수 있다. 그리고 '월인천강지곡'에서는 한자의 음을 적고 이어서 그 한자를 제시하였다는 설명을 통해 '텬天'과 같이 적었을 것임을 추론할 수 있다.

994) ④

선택 비율	① 2%	② 4%	③ 6%	④ 82%	⑤ 6%

[해] : 고유어의 이어 적기와 끊어 적기에 대한 설명은 2문단에 제시되어 있다. '월인천강지곡'에서는 체언의 끝소리가 울림소리가 아닌 경우에는 이어 적기를 하였다는 설명을 통해 '붚 + 을'을 '부플'로 적었을 것임을 추론할 수 있다.

[오답풀이] ① '용비어천가'에서는 체언과 조사의 결합에 대해 이어 적기를 취했다는 설명을 통해 'ᄭᅩㅊ + 애'를 'ᄭᅩ채'로 적었을 것임을 추론할 수 있다. ② '석보상절'에서는 어간과 어미의 결합에 대해 이어 적기를 취했다는 설명을 통해 '담- + -아'를 '다마'로 적었을 것임을 추론할 수 있다. ③ '월인천강지곡'에서는 체언의 끝소리가 울림소리일 경우에는 끊어 적기를 취했다는 설명을 통해 '눈 + 에'를 '눈에'로 적었을 것임을 추론할 수 있다. ⑤ '석보상절'에서는 체언의 끝소리가 'ㅇ'일 때에는 이어 적기도 하고 끊어 적기도 하였다는 설명을 통해 '스승 + 이'를 '스스이…'나 '스승이'로 적었을 것임을 추론할 수 있다.

995) ②

선택 비율	① 7%	② 70%	③ 5%	④ 6%	⑤ 13%

[해] : 현대 국어에서 '-더-'가 표현하는 과거는 화자가 사건을 인식한 시점이며, 이는 과거에 국한된다. 따라서 현대 국어의 '-더-'가 쓰인 문장에서 화자의 사건 인식 시점이 과거가 아닐 수 있다는 진술은 적절하지 않다.

[오답풀이] ① 중세 국어에서 과거 시제는 선어말 어미 '-더-'에 의해 실현될 수 있다. ③ 현대 국어에서 과거 시제 관형사형 어미 '-던'을 통해 관형사절의 시제가 과거임을 표현할 수 있다. ④ 감각을 표현하는 형용사인 '춥다'가 서술어로 쓰인 평서문이므로 1인칭 주어가

'-더-'와 함께 쓰인다. ⑤ 근대 국어 시기에 선어말 어미 '-앗-/-엇-'이 새로운 과거 시제 선어말 어미로 확립되면서 중세 국어의 '-더-'는 그 의미가 '어떤 사실을 지각을 통해 새로 알게 됨.'으로 바뀌게 되었다.

996) ④

선택 비율	① 6%	② 11%	③ 6%	④ 69%	⑤ 9%

해 : 중세 국어와 현대 국어 모두에서 '-던'이 쓰인 관형 사절은 주어의 인칭과 관련하여 현대 국어의 '-더-' 가 갖는 특징을 나타내지 않는다.

[오답풀이] ① '내 롱담ᄒᆞ다라'는 감정이나 감각을 표현하는 형용사가 서술어인 평서문이 아님에도 1인칭 주어가 '-더-'와 함께 쓰였다. ② 중세 국어에서는 '-더-(-러-)'와 '-시-'가 연이어 쓰일 때 '-더시 -'('-러시-')로 나타나, '-시더-'의 순서로 나타나는 현대 국어와는 차이가 있었다. ③ ㉠은 '-더-'가 '-오-'와 결합한 융합형인 '-다-'로 실현된 것이고, ㉡은 '이다'의 '이-' 뒤에서 '-더-'가 '-러-'로 실현된 것이다. ⑤ 중세 국어의 '-더-'는 사건이 과거에 발생한 것임을 나타냈다. 이러한 의미가 현대 국어의 '-던'의 '-더-'에 남아 있기 때문에 관형사절에서는 미래의 사건에 '-던'을 사용할 수 없다.

997) ④

선택 비율	① 1%	② 3%	③ 16%	④ 78%	⑤ 3%

해 : 현대 국어와 15세기 국어 모두에서 'ㄷ'은 종성에서 발음될 수 있는 자음이므로, 종성에 'ㄷ'이 오면 종성에서 발음될 수 있는 자음의 종류를 제한하는 제약을 만족시키기 위한 음운 변동은 일어나지 않는다.

[오답풀이] ① 음절 구조 제약은 한 음절 내에서만 일어난다. ② 현대 국어에서 음절의 끝소리 규칙과 자음군 단순화는 모두 연음이 일어나지 않는 한 항상 적용된다. ③ 15세기 국어에는 'ㅋ'나 'ㄲ'로 끝나는 형태소가 존재하지 않았기 때문에 음절의 끝소리 규칙의 적용을 받아 'ㄱ'으로 교체되는 현상은 확인되지 않는다. ⑤ 15세기 이래로 음절 종성에 대한 제약은 종성에 놓일 수 있는 자음의 개수가 최대 두 개에서 한 개로, 자음의 종류는 8개에서 7개로 줄어드는 쪽으로 변화가 일어났다.

998) ⑤

선택 비율	① 4%	② 3%	③ 3%	④ 9%	⑤ 81%

해 : 15세기 국어에서는 음절 종성에서 'ㅈ, ㅊ'이 'ㅅ'으로 교체되었다. 따라서 '좇- + -디', '앚- + -더라'에서는 모두 음절의 끝소리 규칙이 적용되었다.

[오답풀이] ① '값'은 체언으로 15세기 국어의 '값 + 과'에서는 자음군 단순화가 적용되지 않았다. ② 15세기 국어에서 'ㅅ'으로 시작하는 겹받침을 가진 형태소인 '�-'에는 자음군 단순화가 적용되었다. ③ 15세기 국어에서 'ㅍ'은 종성에서 발음될 수 없는 자음으로, '높- + -고'에서는 음절의 끝소리 규칙이 적용되었다. ④ 15세기 국어의 '앓- + -논'에서는 자음군 단순화가 적용되었다.

999) ③

선택 비율	① 8%	② 6%	③ 46%	④ 24%	⑤ 17%

해 : 3문단에 따르면 한글 자모 24자 중 모음자에는 'ㅛ'처럼 두 소리의 연쇄를 나타내는 것이 있다. 자음자 14자 중에서 두 소리의 연쇄를 나타내는 것은 없다.

[오답풀이] ① 1문단에서 문자 'ㅁ'은 형식이고, 그 내용은 양순 비음이라고 한 것처럼 문자 'ㅏ'는 형식이고, 그 내용은 'ㅏ'가 나타내는 소리인 [a]이다. ② 현대 국어에서는 연구개 비음을 'ㅇ'으로 나타내는 데 비해 15세기 국어에서는 'ㆁ'으로 나타냈다는 1문단의 설명과 'ㆁ'은 내용은 그대로이면서 형식이 바뀐 예라는 5문단의 설명에 비추어 볼 때 '공'의 'ㅇ'과 '공'의 'ㆁ'은 그 내용이 같다. ④ 3문단에서 'ㅔ'는 'ㅓ'와 'ㅣ'를 어울러 쓴 것이라고 하였고, 4문단에서 어울러 쓴 모음자 'ㅞ'를 제시하고 있다. 'ㅞ'는 'ㅜ', 'ㅓ', 'ㅣ'를 어울러 쓴 것이다. ⑤ 'ㅟ'는 'ㅜ'와 'ㅣ'를 어울러 쓴 것이고, 4문단에서 설명하는 것처럼 단모음으로 발음하지만 이중 모음으로도 발음할 수 있다. 즉, 단모음, 이중 모음 두 종류의 소리를 나타낸다.

1000) ②

선택 비율	① 7%	② 37%	③ 14%	④ 6%	⑤ 37%

해 : 'ㅵ'는 <보기>에서 예시하는 'ㅄ, ㅶ, ㅴ' 등처럼 초성에서 두 소리의 연쇄로 발음되는 자음군을 나타낸 합용 병서에 해당한다. 즉, 'ㅂ'이 나타내는 소리와 'ㅼ'이 나타내는 소리의 연쇄를 나타낸다. 또한, 15세기 국어의 합용 병서 'ㅺ'으로 현대 국어의 'ㄲ'처럼 된소리 [k']를 나타냈다는 3문단의 설명에 비추어 볼 때, 'ㅵ'의 'ㅼ'은 된소리 [t']를 나타냈음을 알 수 있다. 따라서 'ㅵ'의 'ㅼ'은 현대 국어의 'ㄸ'과 형식은 다르나 내용은 된소리 [t']라는 점에서 같다.

[오답풀이] ① 15세기 국어 '앗겨(앗기어)'의 'ㅕ'와 현대 국어 '아껴(아끼어)'의 'ㅕ'는 둘 다 반모음과 단모음의 연쇄인 이중 모음이라는 점에서 내용이 같으며, 문자의 형태가 그대로라는 점에서 형식도 같다. ③ 'ㅿ'은 현대 국어에서 쓰이지 않는 문자라는 점에서 형식이 소멸된 것이다. 또한 'ㅿ'이 나타내는 소리인, 15세기 국어 'ㅅ'과 같은 조음 위치의 유성 마찰음은 현대 국어에는 존재하지 않는다는 점에서 그 내용도 소멸되었다. ④ 'ㆍ'는 현대 국어에서 쓰이지 않는 문자라는 점에서 형식이 소멸된 것이다. 또한 'ㆍ'가 나타내던 소리가 현대 국어에서는 'ㅏ'나 'ㅡ'로 나타난다는 점에서 그 내용은 다른 소리로 변한 것이다. ⑤ 5문단에서는 15세기 국어의 'ㅔ'는 현대 국어와 달리 이중 모음을 나타냈기 때문에 형식은 그대로이면서 내용이 변한 예라고 설명한다. 마찬가지로, 현대 국어의 'ㅈ'은 15세기 국어에서는 경구개음이 아니었다는 점에서, 15세기 국어의 'ㅈ'과 현대 국어의 'ㅈ'은 형식은 같고 내용은 다른 경우에 해당한다.

빠른 정답

1	2	3	4	5	6	7	8	9	10
③	③	③	②	②	①	⑤	①	④	②
11	12	13	14	15	16	17	18	19	20
④	③	⑤	①	③	④	③	①	①	⑤
21	22	23	24	25	26	27	28	29	30
⑤	①	①	④	④	①	④	②	①	④
31	32	33	34	35	36	37	38	39	40
③	②	②	②	④	②	②	②	④	②
41	42	43	44	45	46	47	48	49	50
④	②	①	⑤	①	①	③	③	④	④
51	52	53	54	55	56	57	58	59	60
③	③	⑤	④	⑤	③	①	⑤	⑤	④
61	62	63	64	65	66	67	68	69	70
④	⑤	②	①	②	⑤	③	③	④	⑤
71	72	73	74	75	76	77	78	79	80
⑤	①	②	⑤	③	①	④	⑤	①	③
81	82	83	84	85	86	87	88	89	90
①	④	③	⑤	①	⑤	⑤	①	④	④
91	92	93	94	95	96	97	98	99	100
①	④	③	①	④	①	①	②	④	④
101	102	103	104	105	106	107	108	109	110
③	④	①, ③	①	④	④	③	③	②	②
111	112	113	114	115	116	117	118	119	120
③	②	②	④	①	⑤	①	②	③	③
121	122	123	124	125	126	127	128	129	130
①	④	③	⑤	②	①	①	②	②	⑤
131	132	133	134	135	136	137	138	139	140
①	④	③	②	⑤	①	④	③	⑤	⑤
141	142	143	144	145	146	147	148	149	150
⑤	③	②	②	①	④	②	②	③	④
151	152	153	154	155	156	157	158	159	160
④	⑤	④	④	⑤	③	①	④	④	④
161	162	163	164	165	166	167	168	169	170
①	②	②	③	④	③	①	①	②	④
171	172	173	174	175	176	177	178	179	180
④	⑤	⑤	④	⑤	⑤	②	③	①	④
181	182	183	184	185	186	187	188	189	190
①	②	②	①	④	③	⑤	①	④	①
191	192	193	194	195	196	197	198	199	200
①	②	②	①	①	④	④	④	⑤	①
201	202	203	204	205	206	207	208	209	210
⑤	②	⑤	③	⑤	②	③	②	①	③
211	212	213	214	215	216	217	218	219	220
⑤	③	⑤	⑤	②	①	③	③	①	②
221	222	223	224	225	226	227	228	229	230
②	⑤	④	①	②	②	②	②	②	③
231	232	233	234	235	236	237	238	239	240
④	⑤	①	①	②	③	⑤	④	②	⑤
241	242	243	244	245	246	247	248	249	250
④	④	①	①	①	③	①	①	③	③
251	252	253	254	255	256	257	258	259	260
⑤	③	④	②	⑤	②	②	①	④	⑤
261	262	263	264	265	266	267	268	269	270
⑤	⑤	④	①	②	③	④	⑤	④	②
271	272	273	274	275	276	277	278	279	280
④	②	③	③	②	③	①	④	②	⑤

281	282	283	284	285	286	287	288	289	290
②	③	②	②	⑤	④	③	⑤	①	①
291	292	293	294	295	296	297	298	299	300
①	①	③	⑤	②	①	⑤	②	③	①
301	302	303	304	305	306	307	308	309	310
②	②	③	⑤	①	①	④	④	③	②
311	312	313	314	315	316	317	318	319	320
②	④	⑤	④	②	①	⑤	④	④	⑤
321	322	323	324	325	326	327	328	329	330
③	①	②	①	①	②	②	③	①	③
331	332	333	334	335	336	337	338	339	340
①	③	④	①	③	④	①	①	②	①
341	342	343	344	345	346	347	348	349	350
④	①	④	①	⑤	①	④	②	②	①
351	352	353	354	355	356	357	358	359	360
①	②	④	③	⑤	⑤	⑤	①	②	①
361	362	363	364	365	366	367	368	369	370
①	①	⑤	①	④	③	⑤	①	④	②
371	372	373	374	375	376	377	378	379	380
①	②	②	②	②	①	②	③	⑤	①
381	382	383	384	385	386	387	388	389	390
①	④	⑤	①	①	⑤	②	④	①	①
391	392	393	394	395	396	397	398	399	400
①	③	③	②	④	③	④	①	⑤	⑤
401	402	403	404	405	406	407	408	409	410
①	①	③	②	⑤	⑤	①	⑤	①	③
411	412	413	414	415	416	417	418	419	420
②	④	④	②	④	②	①	⑤	③	④
421	422	423	424	425	426	427	428	429	430
④	①	③	⑤	②	⑤	③	①	⑤	②
431	432	433	434	435	436	437	438	439	440
⑤	③	⑤	②	④	④	③	④	⑤	⑤
441	442	443	444	445	446	447	448	449	450
⑤	⑤	②	②	①	③	③	⑤	③	⑤
451	452	453	454	455	456	457	458	459	460
③	⑤	④	①	①	①	②	④	①	①
461	462	463	464	465	466	467	468	469	470
④	②	④	④	①	②	③	④	①	⑤
471	472	473	474	475	476	477	478	479	480
④	③	②	①	④	③	①	①	④	④
481	482	483	484	485	486	487	488	489	490
④	③	④	④	⑤	④	④	①	①	④
491	492	493	494	495	496	497	498	499	500
①	④	②	①	①	③	⑤	⑤	③	③
501	502	503	504	505	506	507	508	509	510
④	①	④	⑤	③	③	⑤	②	③	③
511	512	513	514	515	516	517	518	519	520
⑤	①	⑤	④	⑤	③	④	③	①	②
521	522	523	524	525	526	527	528	529	530
④	①	⑤	④	③	⑤	②	④	③	⑤
531	532	533	534	535	536	537	538	539	540
③	⑤	④	④	⑤	④	④	④	⑤	②
541	542	543	544	545	546	547	548	549	550
⑤	③	②	③	④	③	⑤	③	①	③
551	552	553	554	555	556	557	558	559	560
⑤	①	④	③	③	②	②	⑤	④	③

빠른 정답

561	562	563	564	565	566	567	568	569	570
④	③	⑤	②	①	③	②	⑤	③	②
571	572	573	574	575	576	577	578	579	580
①	⑤	④	⑤	②	⑤	③	④	①	④
581	582	583	584	585	586	587	588	589	590
⑤	①	②	②	⑤	③	⑤	⑤	⑤	⑤
591	592	593	594	595	596	597	598	599	600
③	④	⑤	④	④	③	①	④	①	②
601	602	603	604	605	606	607	608	609	610
③	①	⑤	①	⑤	②	④	①	②	⑤
611	612	613	614	615	616	617	618	619	620
①	③	③	②	③	⑤	②	②	①	①
621	622	623	624	625	626	627	628	629	630
④	④	②	②	⑤	①	⑤	④	③	②
631	632	633	634	635	636	637	638	639	640
⑤	④	①	①	③	③	①	②	③	④
641	642	643	644	645	646	647	648	649	650
①	①	④	②	①	①	①	③	⑤	⑤
651	652	653	654	655	656	657	658	659	660
③	①	②	②	⑤	③	④	②	②	②
661	662	663	664	665	666	667	668	669	670
①	⑤	③	⑤	④	③	③	⑤	①	③
671	672	673	674	675	676	677	678	679	680
①	③	⑤	②	①	①	③	④	①	②
681	682	683	684	685	686	687	688	689	690
③	④	③	②	③	①	⑤	①	④	②
691	692	693	694	695	696	697	698	699	700
③	②	①	①	①	⑤	⑤	②	⑤	③
701	702	703	704	705	706	707	708	709	710
④	⑤	⑤	④	③	②	①	①	⑤	⑤
711	712	713	714	715	716	717	718	719	720
③	③	①	①	③	①	①	⑤	④	①
721	722	723	724	725	726	727	728	729	730
②	③	①	③	①	③	③	⑤	①	⑤
731	732	733	734	735	736	737	738	739	740
①	②	②	④	⑤	④	②	③	⑤	①
741	742	743	744	745	746	747	748	749	750
⑤	②	⑤	④	④	④	⑤	④	②	④
751	752	753	754	755	756	757	758	759	760
⑤	④	④	③	⑤	④	④	③	⑤	④
761	762	763	764	765	766	767	768	769	770
③	⑤	⑤	⑤	②	②	②	①	④	①
771	772	773	774	775	776	777	778	779	780
④	④	③	②	②	⑤	①	④	②	①
781	782	783	784	785	786	787	788	789	790
④	④	③	②	①	⑤	②	④	④	③
791	792	793	794	795	796	797	798	799	800
④	④	⑤	④	⑤	②	④	③	②	④
801	802	803	804	805	806	807	808	809	810
④	②	②	⑤	①	②	⑤	①	④	④
811	812	813	814	815	816	817	818	819	820
②	②	⑤	④	④	①	①	③	②	③
821	822	823	824	825	826	827	828	829	830
④	⑤	②	①	③	⑤	②	③	②	②
831	832	833	834	835	836	837	838	839	840
③	②	①	④	③	④	⑤	⑤	③	⑤

841	842	843	844	845	846	847	848	849	850
④	①	③	②	⑤	①	③	⑤	④	②
851	852	853	854	855	856	857	858	859	860
①	⑤	④	③	②	①	⑤	③	①	②
861	862	863	864	865	866	867	868	869	870
①	①	③	①	⑤	③	②	②	⑤	④
871	872	873	874	875	876	877	878	879	880
③	④	②	①	④	②	⑤	②	③	⑤
881	882	883	884	885	886	887	888	889	890
④	②	④	②	②	①	③	①	③	①
891	892	893	894	895	896	897	898	899	900
⑤	②	④	③	②	①	④	⑤	⑤	④
901	902	903	904	905	906	907	908	909	910
⑤	①	③	②	③	①	⑤	③	①	②
911	912	913	914	915	916	917	918	919	920
⑤	⑤	③	③	⑤	④	④	③	④	③
921	922	923	924	925	926	927	928	929	930
③	①	⑤	①	⑤	③	④	⑤	⑤	⑤
931	932	933	934	935	936	937	938	939	940
③	②	④	①	⑤	②	③	⑤	③	④
941	942	943	944	945	946	947	948	949	950
②	④	⑤	⑤	②	⑤	③	③	②	①
951	952	953	954	955	956	957	958	959	960
③	③	④	①	④	①	③	③	②	⑤
961	962	963	964	965	966	967	968	969	970
④	①	④	④	①	①	⑤	④	⑤	④
971	972	973	974	975	976	977	978	979	980
③	③	⑤	②	④	①	④	③	⑤	④
981	982	983	984	985	986	987	988	989	990
③	⑤	①	④	③	②	④	④	①	④
991	992	993	994	995	996	997	998	999	1000
③	⑤	⑤	④	②	④	④	⑤	③	②

언어 1000제 | 정답 및 해설

 솔빛국어연구소

발행일 2026년
지은이 솔빛국어팀
펴낸곳 (주)솔빛국어연구소
디자인 이지은

 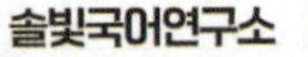 솔빛국어연구소   @solbit_korean  팔로우  솔빛국어  구독  

열정은 온도가 아니라 지속이다!

언어 1000제

정답 및 해설

교재 문의 및 정오표

 솔빛국어연구소

발행일 2026년
지은이 솔빛국어팀
펴낸곳 (주)솔빛국어연구소
디자인 이지은

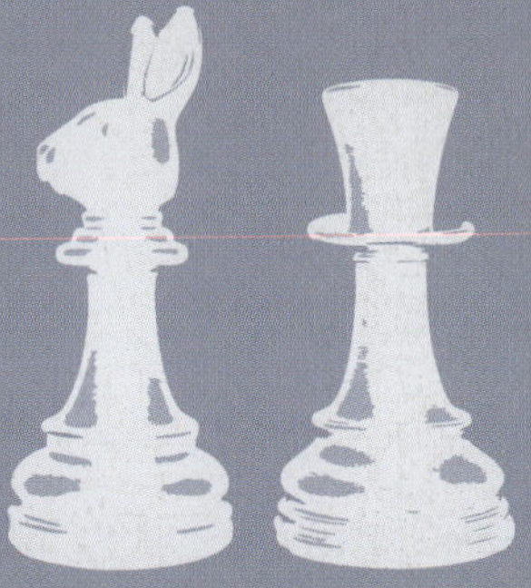

 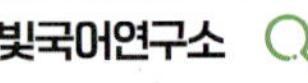 솔빛국어연구소   @solbit_korean 팔로우    솔빛국어 구독

우리가 반복적으로
하는 행동이 바로 우리 자신이 된다.

그러므로 탁월함은
행동이 아니라 습관이다.

- 아리스토텔레스 (철학자) -

매일 1%씩 나아지는 것은
당장 눈에 띄지 않지만,

그것이 1년 쌓이면
처음보다 37배 더 성장하게 된다.

- 제임스 클리어, <아주 작은 습관의 힘> -